厦门年鉴

YEARBOOK OF XIAMEN

2020

中共厦门市委员会　厦门市人民政府　主办
中共厦门市委党史和地方志研究室　编

方志出版社
Publishing House of Local Records

《厦门年鉴》编纂委员会

《厦门年鉴》编纂委员会办公室

《厦门年鉴》编审人员

编辑说明

一、《厦门年鉴》是中共厦门市委员会、厦门市人民政府组织编纂，中共厦门市委党史和地方志研究室承编的地方综合年鉴，以马克思列宁主义、毛泽东思想、邓小平理论、“三个代表”重要思想、科学发展观、习近平新时代中国特色社会主义思想为指导，坚持辩证唯物主义和历史唯物主义的立场、观点和方法，记述厦门的年度发展新情况。首部年鉴于2002年出版。

二、《厦门年鉴（2020）》的资料收录范围原则上为2019年1月1日至12月31日期间，厦门市自然、政治、经济、文化、社会和生态文明建设等方面情况。

三、《厦门年鉴（2020）》采取类目、分目、条目三级框架结构，内容较为丰富的在分目之下增设二级分目。全书共设专记、大事记、市情概貌、中共厦门市委员会、厦门市人民代表大会、厦门市人民政府、政协厦门市委员会、纪检监察、民主党派与工商联、群众团体、法治、军事、退役军人事务管理、台湾事务、应急管理、自然资源管理、城乡建设与管理、生态环境保护、经济管理与监督、财政·税务、金融业、口岸管理、开放型经济、农业农村、工业、交通·物流·邮政、信息业、商贸·会展、旅游业、民营经济、科学技术、社会科学、教育、文化、卫生健康·体育、社会民生、市辖区概览、人物·名录、附录、索引40个类目，其中含253个一级分目、46个二级分目、1945个条目。专记、大事记、名录、附录以及小资料不列入条目统计。卷首设置彩页专辑以凸显厦门的年度特色和地方特色。条目的文体以记述体为主，兼具说明体。

四、《厦门年鉴（2020）》对序数词的用法作了规范：在一般情况下，一到九十九的序数词使用汉字，100（含）以上的序数词使用阿拉伯数字，避免同一组统计数据汉字、阿拉伯数字混用；会议的届、次则一律使用汉字。表格中缺失的数字以空格表示，无此数字则以“—”表示。

五、《厦门年鉴（2020）》所收录的资料，除少数转载公开出版的报刊杂志外，主要由厦门市各党政军机关、群众团体、企事业单位提供。因统计口径的原因，与市统计局公布数据略有差异的，读者在使用时请以统计部门公布的数字为准。

厦门市地图
图例
设区市行政中心
县级行政中心
镇、乡
街道办事处
社区居委会
村委会
设区市界
县级界
高速公路
在建高速公路
高速公路连接线
铁路及车站
在建铁路
出入口 枢纽
国道
在建国道
省道
县道
街道
一般道路
地铁1、2号线
快速公交（BRT）
山峰
河流及水库
航海线
主要堤
隧道
桥梁
港口、码头
民用机场
厦门精位文化地理信息有限公司 编制 比例尺 1：310 000
审图号：厦S[2020]2号 资料截至2019年12月
注：本图界线仅供参考，不作划界依据。
泉州市
泉州市
漳州市
长泰县
岩溪镇
陈巷镇
枋洋镇
杭洋
岩溪
陈巷
长泰
天柱山
活盘水库
龙津溪
G1526甬莞
G76厦蓉
G355
S207
S318
大坪
尖石尾
西坑
淡溪
白交祠
军营
大尖山
尾林
水洋
小坪
罗溪
S507
上陵
莲花山
莲花
后埔
莲花镇
莲花水库
大溪山
石兜水库
黄地
内田
燕内
洋唐埔
蔡宅
新塘
后坂
凤南
南山
钉顶尾山
G2517厦沙
G324
厦门北站
厦门北
后溪镇
灌口镇
厦门
大帽山
侨英街道
集美区
集美街道
杏林
杏林湾水库
杏林街道
杏滨街道
杏林大桥
宝珠屿
新阳大桥
马銮湾
G15沈海
鹰厦
福厦
东孚街道
海沧
角美镇
厦门西
文圃山
蔡尖尾山
新阳街道
海沧区
海沧街道
嵩屿街道
海沧隧道（在建）
海沧大桥
厦门市
湖里街道
开元街道
鹭江街道
中华街道
思明区
鼓浪屿街道
鼓浪屿
厦港街道
滨海街道
厦门港
九龙江口
海门岛
厦漳大桥
G319
G228
S219
S217
福厦高铁

云顶山
芹山
茂
汪前
林
五峰
造水
溪
水
造
溪东水库
汀溪水库
竹坝水库
东西尖
柏峰山
后桥水库
南安南
紫帽山
紫帽镇
泉
邦湖山
S56南惠支线
新垵水库
G324
晋江
官桥
官桥镇
磁灶镇
福厦
晋江站
内坑镇
内坑
州
G15沈海
三秀山
明溪
古宅
竹山
后亭
金柄
后塘
宋宅
后垄
溪西
岩埔
西洋
上厝
军村
店仔
云头
风路
大帽山
石壁水库
五显镇
布塘
S213
山前埔
马山
东山
同街道
下峰
马塘
新圩镇
村尾
新厝
新圩
诗坂
水头西
水头
同安区
东宅
郭山
安海镇
市
龙泉
东寮
锄山
西锦
水头镇
洪塘镇
康浔
苏厝
苏店
桂林
埔后
石浔
S209
沈井
官路
琼坑
G324
翔安
内官
曾林
美山
后垵
福厦高铁
浦头
龙东
何厝
垵边
后许
赵岗
莲塘
西柯镇
同美
黎安
新垵
前垵
鸿渐山
五
吕厝
西炉
内垵
马巷镇
内厝镇
鸿山
马
东石镇
官浔
丙洲
赵厝
亭洋
后滨
舫阳
莲前
后田
同安大桥
山亭
市头
许厝
江
后莲
郑坂
黄厝
石井
石井镇
新店镇
朱坑
蔡浦
大宅
琼头
城场
翔安区
G228
东
陈塘
沙美
溪尾
吕塘
茂林
炉前
东坑
围
咀
下后滨
霞华
洪前
东园
鳄鱼屿
洪厝
港
垵山
钟宅
浦边
蔡厝
珩厝
霞浯
莲河
头
土屿
小百屿
刘五店
鼓锣
后村
东界
大百屿
湾
大离浦屿
浦园
大嶝大桥
田墘
东埕
轮渡
前浯
嶝崎
大嶝街道
小嶝
江
西滨
彭厝
小嶝岛
角屿
港
五缘大桥
翔安隧道
欧厝
澳头
大嶝岛
金门北东水道
后屿
街道
草屿
钟宅
泉金航线14海里（26千米）
湖里区
五通
照西礁
金山街道
厦门厦金湾直升机场
厦金航线9.7海里（18千米）
何厝
大尖礁
金山港
莲前街道
台
南埔
厦
赤礁
北太武山
云顶岩
门
乌礁
东
土屿
鼠屿
金门道
湾
侧
红山
金门岛
北碇头
水
槟榔屿
泉州市
海
道
烟屿
金门县
九宫码头
小金门岛
水头码头
料罗湾
峡
（33千米）

大事要闻

2019 年 1 月 6 日，2019 建发厦门马拉松赛在厦门国际会展中心鸣枪开跑，28208 名选手在“最美赛道”奔跑（何炳进　摄）

2019 年 4 月 29 日，福建省委常委、厦门市委书记胡昌升（左一）会见到厦门访问的老挝人民革命党中央总书记、国家主席本扬（右一）（郑晓东　摄）

2019 年 7 月 4 日，“临夏—厦门采购优质特色产品首发车”仪式在临夏州茶马古市举行。临夏—厦门采购优质特色产品首发车满载着临夏土特产，开往厦门　（吴晓菁　摄）

2019 年 8 月 4 日，厦门市与四川大学战略合作协议签约仪式在厦门举行，双方在厦门合作共建四川大学华西厦门医院、四川大学华西医学厦门研究院　（郑晓东　摄）

2019 年 9 月 3 日，以“坚持高质量发展 建设高素质高颜值现代化国际化城市”为主题的福建省庆祝中华人民共和国成立 70 周年厦门专场新闻发布会在省政府新闻发布厅举行。图为发布会现场　（黄少毅　摄）

2019 年 8 月 8 日，“厦门约巴”上线，运营模式全国首创。图为集可爱和智能于一身的厦门约巴　（林施赟　摄）

2019 年 9 月 26 日，由中国旅游集团和中国远洋海运集团共同投资运营的中国民族邮轮品牌“星旅远洋”旗下首艘豪华邮轮“鼓浪屿”号命名暨首航仪式在厦门国际邮轮母港举行　　（郑晓东　摄）

2019 年 10 月 1 日，马耳他籍豪华邮轮“精钻探索”号首度靠泊厦门港　　（王协云　摄）

2019 年 10 月 11 日，厦门开往梅州西的 D2393 次动车组在厦门站首发，是首趟从厦门站始发，前往梅州方向的动车组列车　　（王协云　摄）

2019 年 10 月 26 日，第二届厦门嘉庚文化周在厦门白鹭洲广场启动，并宣布厦门地铁 1 号线列车组被正式命名为"嘉庚号"。图为市民走进地铁"嘉庚号"模拟车厢参观　　（王协云　摄）

2019 年 11 月 1—3 日，2019 亚洲运动风筝锦标赛暨厦门国际风筝节在观音山举行　　（唐光峰　摄）

2019 年 12 月 1 日，厦门北站至漳州角美直达城际公交车开通。图为乘客正在厦门北站上车　（王协云　摄）

2019 年 12 月 4 日，厦门市“12·4”国家宪法日法治宣传活动暨公共法律服务志愿者联盟启动仪式在厦门五一广场举行　（林铭鸿　摄）

2019 年 12 月 14 日，中国东南地区规模最大的电音主题嘉年华 IMF 厦门超级音乐嘉年华 2.0 在厦门方特旅游区举行　　（林铭鸿　摄）

2019 年 12 月 21 日，“福建省厦门康氏肝病学术流派传承工作室揭牌仪式暨国家名老中医康良石先生诞辰百年学术活动”在厦门市中医院举行。康良石首创的“肝病疫郁理论”，指导临床肝病诊治疗效显著，享誉国内外，并创建肝病学术流派。图为厦门康氏肝病学术流派传承工作室揭牌现场　　（吴尔婷　摄）

旧版纸质和新版卡式道路运输证对比 （林施赟　摄）

2019 年 9 月 2 日上午，厦门市发出首张 IC 卡式道路运输电子证件，之后纸质道路运输证将逐步替换为 IC 卡形式。图为工作人员将卡式道路运输证交到驾驶员手中

（林施赟　摄）

2019 年 9 月 3 日，厦门市公安系统在厦门国际会展中心举行“忠诚保大庆”誓师大会暨应急处置实战演练。图为誓师大会现场

（孙二伟　摄）

2019 年 9 月 5 日，经最高人民法院批复设立的厦门知识产权法庭揭牌仪式在厦门自贸片区举行。图为厦门知识产权法庭诉讼服务中心

（郑晓东　摄）

2019 年 9 月 6 日，厦门后溪长途汽车站主站房平移工程拿到“建筑物整体旋转移动弧长最长”吉尼斯世界纪录。总长 162 米、宽 33.6 米、建筑面积 2.28 万平方米，总重 3 万吨的厦门后溪长途汽车站主站房，成功整体旋转 90 度，最长移位弧长 288 米。该项工程耗时近一年，于 2019 年 4 月 1 日完成平移。图为吉尼斯世界纪录荣誉授予仪式现场

（王协云　摄）

2019 年 9 月 12 日，位于同安区莲花镇军营村和白交祠村的厦门市委党校和同安区委党校高山教学点，成为福建省委党校和福建行政学院的现场教学基地，是省委党校在厦门唯一的现场教学基地

（陈嘉新　摄）

厦门两会

2019 年 1 月 8 日，中国人民政治协商会议第十三届厦门市委员会第三次会议在厦门人民会堂开幕　（黄嵘　摄）

2019 年 1 月 9 日，厦门市第十五届人民代表大会第三次会议在厦门人民会堂开幕 （郑晓东　摄）

城市基础建设

2019 年 1 月，厦门马銮湾核心区中心岛轮廓清晰，主干道路基已成型。年内，马銮湾新城大力推进公建配套、路网建设、景观绿化建设等

（张奇辉　摄）

2019 年 3 月 15 日，厦门五缘湾环岛干道跨线桥在旧桥拆除 3 年后原位复建完成，正式通车

（轨道交通集团　供图）

2019 年 5 月 13 日，厦门地铁 2 号线全线轨通（王协云 摄）

2019 年 5 月 28 日，厦门地铁 3 号线岛内段最长的矿山隧道顺利贯通（王协云 摄）

2019 年 6 月 30 日，BRT 文灶站和地铁 1 号线实现便捷换乘，是厦门市首个与地铁 1 号线便捷换乘的 BRT 站点（王协云 摄）

2019 年 12 月 25 日，厦门地铁 2 号线正式通车，标志着鹭岛正式驶入“双地铁时代”。图为乘坐地铁 2 号线的市民在吕厝站下车，现场井然有序（王协云 摄）

2019 年 5 月 24 日，厦门同安大道（同南公路 — 同安东路段）工程大轮山隧道全线贯通现场

（吴海奎　摄）

2019 年 6 月，厦门公路路网运行监测管理平台基本建成。厦门市智慧交通信息网覆盖综合交通运行、道路桥隧养护管理、交通执法等多个领域，总体水平全省领先，成为各部门单位的数据中心、服务中心、信息中心、指挥中心。图为厦门市公路局路网中心

（王协云　摄）

2019 年 6 月 3 日，厦门五通客运码头三期候船楼全面启用，为白色流线型建筑物，外观充满现代气息

（黄少毅　摄）

2019 年 10 月，厦门新机场片区航站楼前的交通中心建设现场。是年，厦门新机场建设实现机场快速路、机场大道示范段通车，安居小区、配套中学等社会事业建设稳步推进，工程建设实现连续 3 年安全“零事故”

（王协云　摄）

招商引资

2019 年 4 月 29 日，厦门市招商大会在厦门国际会展中心召开 （黄 嵘 摄）

2019 年 5 月 5 日，第二届数字中国建设峰会厦门分会暨产业招商推介会在厦门国际会议中心召开，推介会现场先后进行 26 个项目签约，总投资达到 351 亿元，其中数字经济项目 19 个、先进制造业项目 7 个。图为会议现场

（郑晓东 摄）

2019 年 6 月 24 日，福建省委常委、厦门市委书记胡昌升（左二）率队拜会上海证券交易所党委书记、理事长黄红元（右二）并签订《战略合作备忘录》
（郑晓东　摄）

2019 年 8 月 12 日，“牢记初心使命　携手再创辉煌”央地国企对接座谈会在厦门国际会议中心举行，厦门市属国企与央企成功签约 12 个项目，共同打造央地携手发展、合作共赢的新典范
（张奇辉　摄）

2019 年 9 月 27 日，厦门市金融产业促进大会在国际会议中心召开。大会现场，厦门市与 17 家金融机构总部签订战略合作协议，涉及未来 5 年约 2.5 万亿元的意向融资支持，以及各机构的金融科技、两岸业务等板块项目
（黄嵘　摄）

2019 年 11 月 26 日，位于厦门湾南岸的闽西南协同发展区重点项目——招商局·芯云谷正式开园，华为技术有限公司、腾讯云（北京）有限公司、中关村意谷（北京）科技服务有限公司等 30 家企业正式进驻 （黄树金 摄）

2019 年 12 月 16—18 日，厦门市首次举办招商“宣传大使”培训班 （林铭鸿 摄）

2019 年 12 月 20 日，位于厦门环东海域的美峰科创公园营销中心正式开放。美峰科创公园作为火炬高新区乃至全市招商引资的重要载体，为厦门市“大招商、招大商、招好商”提供载体支撑。图为美峰科创公园

（王火炎　摄）

科技创新与合作

2019 年 3 月 15 日，2019 厦门新能源 · 新材料 · 新未来国际产业技术对接会在厦门宾馆举行，来自日本、加拿大以及厦门和周边地区新能源产业链、创新链各环节的专家、学者，就锂电池关键技术、关键材料、梯次利用、储能优化、回收再利用等进行对接交流，共同探讨国内外最新研究和产业化进展，共觅携手向前的合作商机

（黄嵘　摄）

2019 年 4 月 6 日，首届“海丝云创”国际丝绸之路科技创新交流与合作论坛在厦门大学翔安校区开幕，论坛以“共享机遇，协作创新”为主题，来自中国科学院、俄罗斯科学院、国际欧亚科学院等的 20 余名院士及 10 多个国家和地区的知名学者，就国际科技创新合作问题展开深入交流与讨论。图为论坛上与会嘉宾倡议成立“海丝科技创新联盟”

（张奇辉　摄）

2019 年 4 月 22 日下午，由厦工中铁重型机械有限公司制造的福建首台双模盾构机顺利下线

（张奇辉　摄）

2019 年 5 月 5 日下午，第二届数字中国建设峰会厦门分会暨产业招商推介会在厦门国际会议中心召开。图为现场展示的借助“5G+VR 直播”设备，用户可以如临其境领略高空美景

（黄璜　摄）

2019 年 5 月 6 — 8 日，第二届数字中国建设峰会在福州海峡国际会展中心举行。图为厦企研发的互联网医院开放平台在数字中国建设成果展上亮相

（林露虹　摄）

2019 年 6 月 3 日，厦门市政府与国网福建省电力有限公司签署《厦门泛在电力物联网支撑智慧城市建设战略合作协议》。2019 年，国家电网选取厦门作为 7 个试点城市之一，厦门电网率先开展泛在电力物联网示范建设 （陈泉峰　摄）

2019 年 7 月 22 日，由教育部科技发展中心、厦门市委组织部主办的教育部"蓝火计划"首届厦门博士生工作团开团仪式在厦门市举行。"蓝火计划"是由教育部实施，以项目合作为重点，推动高校重大科技成果落户地方的行动计划 （黄嵘　摄）

2019 年 8 月 9 日，中国人工智能峰会暨多媒体信息识别技术竞赛成果发布会在厦门国际会议中心召开，31 个单位、35 支队伍获 A 级证书。会上，组委会宣布，中国人工智能大赛将永久落户厦门，每年举办。首届中国人工智能·多媒体信息识别技术竞赛于当年 4 月 25 日启动、8 月 2 日结束，历时百天，是国内首个综合性大型人工智能赛事　　（张奇辉　摄）

2019 年 9 月 8 日，2019 厦门人才企业榜单在厦洽会人才项目资本合作展馆发布，“厦门新兴产业十大贡献力人物”“厦门十大科创板潜力企业”“厦门十大黑科技产品”三大榜单同步揭晓。图为“厦门新兴产业十大贡献力人物”榜单揭晓现场　　（黄晓珍　摄）

2019 年 10 月 29 日，厦门市科技局、市金融监管局联合组织召开科技金融助力“三高”企业发展推进会。会上，市科技金融服务平台正式发布　　（市科技局　供图）

2019 年 11 月 15 日，厦船重工和 Siem Car Carriers 合作建造的两艘全球最大 7500 车 LNG 汽车滚装船在厦门海沧湾举行命名仪式，两艘滚装船分别命名为“西姆孔子”号和“西姆亚里士多德”号。该型号滚装船填补中国双燃料大型汽车滚装船自主设计建造技术的空白　　（高铭　摄）

2019 年 12 月 10 日，全国首批商用化纯电动集装箱牵引车在厦门港海润码头投用（王协云　摄）

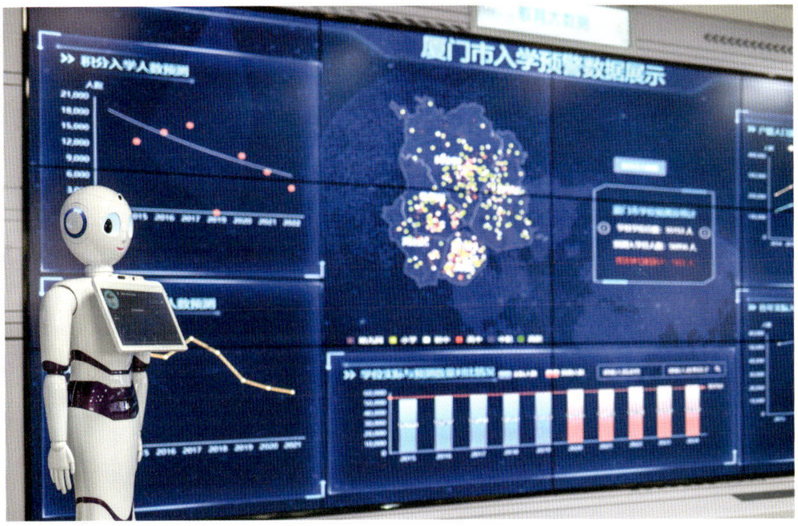

2019 年 12 月 24 日，厦门市教育信息化工作会议在市教育事务受理中心举行，“i 教育综合服务平台”同步投用。图为市教育事务受理中心利用机器讲解员讲解教育大数据（林铭鸿　摄）

2019 年 12 月 27 日，2019 中国（厦门）石墨烯新材料产业峰会在厦门举行，火炬高新区石墨烯产业政策受到众多参会企业关注（张奇辉　摄）

对外贸易及自贸片区

2019 年 1 月 23 日，厦门金龙客车出口阿联酋交车仪式在金龙客车厦门厂区举行，是中阿“一带一路”共建的又一成果。图为“整装待发”的 66 辆金龙豪华旅游中巴　（黄晓珍　摄）

2019 年 6 月 19 日，满载货物的厦门港务集团多式联运港站首发班列正从海沧海润码头驶出，发往江西赣州　（王协云　摄）

2019 年 6 月 27 日，台湾 — 厦门 — 莫斯科海铁联运货柜搭乘“中远之星”轮抵达厦门　（王协云　摄）

2019 年 7 月 2 日，厦门机场迎来首条跨越欧亚美三大洲第五航权货运航线，标志着福建正式开通首条“卢森堡 — 郑州 — 厦门 — 洛杉矶”第五航权货运航线，班期每周一班　　（厦门机场　供图）

2019 年 7 月 24 日，中欧（厦门）班列迎来印尼货物的过境首发。图为厦门海关对货物进行查验　　（厦门海关　供图）

2019 年 9 月 16 日下午，来自越南胡志明、马来西亚巴生港、泰国林查班、印尼雅加达的 5 个 40 尺集装箱在厦门海关办结海关手续，搭乘次日发运的中亚班列前往哈萨克斯坦热特苏、阿拉木图、努尔苏丹等城市　　（崔昊　摄）

2019 年 7 月 15 日，马士基“丝路海运”航线（NV2）启航仪式在嵩屿码头 2 号泊位举行。该航线是厦门港第一条专门为国际中转开辟的东南亚衔接航线 （王协云　摄）

2019 年 8 月 9 日，“中谷南海”轮首航厦门港，靠泊海沧港区新海达码头，是中谷海运集团落实与厦门市战略合作协议、强化在厦门布局第二总部业务的重要举措 （王协云　摄）

2019 年 11 月 8 日，厦门自贸片区高端装备及智能制造展示交易中心项目推介会在上海国家会展中心举行，厦门象屿集团和多家企业在推介会上签约　　　　（象屿集团　供图）

2019 年 12 月 23 日，象屿集团 68.8 亿元“印尼 250 万吨不锈钢一体化冶炼项目国际银团贷款”签约仪式在厦门举行。该项目是被国家发改委列入“一带一路”重点项目库的项目，是厦门市国有企业跨洋出海“走出去”开展国际资源合作的标志性项目。图签约仪式在现场　　　　（崔昊　摄）

对台交流

2019 年 4 月 12 日，2019 海峡两岸经贸论坛在厦门举行。该论坛是厦门工博会主旨论坛（黄晓珍　摄）

2019 年 4 月 28 日，装载 422 件台湾特色食品的集装箱通过台海快件航线运抵跨境电商产业园，在厦门海关所属邮局海关的监管下通关。该批个人物品快件为象屿集团高雄海外仓正式投入运营后利用高雄 — 金门 — 厦门海运快件渠道进口的首批快件（象屿集团　供图）

2019 年 6 月 15 日，大陆首个台资微循环公交项目（“里享行”微循环公交项目）在厦门启动。图为整装待发的车辆（王协云　摄）

2019 年 6 月 15 日，第十一届海峡论坛·第十七届海峡青年论坛在厦门佰翔酒店举行。该届论坛以“汇聚青春力量 筑梦共同家园”为主题，举办主旨论坛和第十一届两岸青年社团负责人圆桌会议、第三届两岸青年公益说、第二届两岸青年人才论坛、2019 两岸青年科技创新论坛 4 个子论坛。图为海峡青年论坛现场 （王火炎 摄）

2019 年 6 月 15 日，第十一届海峡论坛·海峡两岸工商合作论坛在厦门举行，两岸 300 多位工商界代表、企业家围绕“探索两岸经贸融合发展的新思路新路径”主题，先后从惠台政策解读、新经济发展、商事法律合作 3 个领域进行深入探讨，共寻合作发展新机遇 （黄嵘 摄）

2019 年 6 月 16 日，第十一届海峡论坛大会在厦门举行，两岸青年学生共同表演啦啦操《我们都是追梦人》　　（郑晓东　摄）

2019 年 6 月 18 日，一品创客两岸创意设计众包平台线下（湖里）基地“两岸设计师交流中心”揭牌，迎来首批 15 家两岸团队入驻　　（何炳进　摄）

2019 年 7 月 14 日，第十届厦金横渡活动举行。图为选手从小金门出发，游向厦门　　（林铭鸿　摄）

2019 年 9 月 20 日，2019 海峡两岸乐活节在海沧阿罗海城市广场开幕。图为两岸青年合唱《我的中国心》（黄嵘　摄）

2019 年 10 月 20 日，台湾彩车落地厦门展示交接仪式在集美新城举行（黄少毅　摄）

2019 年 10 月 19 日，第二届海峡两岸人文学论坛在厦门海沧台商投资区开幕。论坛上，两岸专家学者围绕“两岸”“人文”“处境”“出路”等关键词深入交流讨论　　（张奇辉　摄）

2019 年 11 月 1 日，2019 两岸文创人才对接会在会展中心举行，现场为首批 8 家文创产业实训基地授牌。两岸文创人才对接会为文博会首次举办　　（黄嵘　摄）

2019 年 11 月 5 日，第三届“三门”青年论坛主旨论坛暨 2019 厦门创新创业创造分享会在厦门举行　　（王协云　摄）

2019 年 11 月 22 — 24 日，第十一届海峡两岸国学论坛在厦门筼筜书院举行。图为论坛开幕式现场
（何青松　摄）

2019 年 12 月 21 日，2019 两岸斗茶茶王争霸赛颁奖典礼在海沧蔡尖尾山石室书院文化广场举行，千人齐品茶。青心乌龙、浓香型铁观音、清香型铁观音、武夷岩茶、普洱茶、白芽奇兰、白茶、红茶八大茶类“两岸茶王”及金奖等系列奖项得主，分别从台湾、云南及福建省漳州、武夷山、泉州安溪等地到厦门颁奖现场领奖（陈立新　摄）

第二十八届中国金鸡百花电影节

2019 年 11 月 19 日，第二十八届中国金鸡百花电影节在厦门市开幕，来自电影界代表 1000 余人参加开幕式。该届电影节持续到 23 日，评选出中国电影金鸡奖系列奖项（郑晓东　摄）

2019 年 11 月 20 日，第二十八届中国金鸡百花电影节举行导演论坛，众多导演畅谈电影创作（王火炎 摄）

2019 年 11 月 21 日，参加金鸡百花电影节的电影工作者到厦门同安区莲花镇军营村参观、学习（卢漳华 摄）

2019 年 11 月 23 日傍晚，第二十八届中国金鸡百花电影节闭幕红毯仪式在厦门海峡大剧院前举行，陈道明、成龙、黄渤、李明启、斯琴高娃等数百位电影明星陆续走上红毯（王火炎 摄）

2019 年 11 月 17 日，厦门会展沙滩，无人机喜迎第二十八届金鸡百花电影节

（王火炎　摄）

2019 年 11 月 23 日，第二十八届中国金鸡百花电影节闭幕在新落成的厦门海峡大剧院举行，是金鸡百花电影节史上最大的主场馆。红毯仪式，面朝大海。红毯总长度近 200 米、宽超过 20 米，可容纳 600 余人观礼

（王火炎　摄）

ZHANHUI LANTAN 展会·论坛

2019 年 4 月 12 — 15 日，2019 厦门工业博览会暨第二十三届海峡两岸机械电子商品交易会在厦门国际会展中心举行，展览面积 9.4 万平方米，展位规模约 4500 个，分别比上年增长 10.6% 和 14.3%。该届展会新引入 2019 厦门智能网联汽车展览会，新增流体设备暨五金展区和轨道交通暨智慧物流展区，并同期举办“2019 厦门智慧物流高峰论坛”

（市会展局　供图）

2019 年 4 月 12 日，厦门新材料产业大会在厦门大学科艺中心举行。会上，厦门大学材料学院与会代表推介厦门大学材料学院 15 个创新团队约 40 项技术成果，其中包括锂离子电池硅基薄膜负极材料、锂离子电池富锂锰基正极材料等　　　　（张奇辉　摄）

2019 年 5 月 9 —13 日，2019 中国厦门国际佛事用品（春季）展览会在厦门国际会展中心举行。图为展览会现场　　　　（何炳进　摄）

2019 年 9 月 7 日，中国国际绿色创新发展大会在厦门会展中心举行，主题为“大力推进生态文明建设，努力实现绿色发展目标 —— 共建新平台、共创新生态、共享新成果”（林铭鸿 摄）

2019 年 9 月 7 日，以“共商港航合作、共建丝路通道、共享经贸繁荣”为主题的首届丝路海运国际合作论坛在厦门开幕。论坛发布《“丝路海运”建设蓝皮书 2019》（郑晓东 摄）

2019 年 9 月 8 日，厦洽会厦门团签约仪式在会展中心举行。展会首日全市签约项目 56 个，总投资 861.91 亿元。其中，外资项目 20 个，总投资 21.68 亿美元；内资项目 36 个，总投资 720.99 亿元，无论是项目数和投资总额，都创下历年厦门团签约纪录新高　（蔡茂祥　摄）

2019 年 10 月 24 日，第四十四届全国文房四宝艺术博览会暨第五届海峡书画艺术产业博览会在厦门国际会展中心开幕，是全国文房四宝艺术博览会第一次在福建举办。该届展会集结 200 多家国内的文房四宝行业领军企业，成为该展会自 1988 年创办在北京以外省市举办的规模最大、参展商最多的一次

（张奇辉　王协云　张江毅　摄）

2019 年 11 月 1 日，2019 中国（厦门）商人节在厦门举行，海内外华商组织 700 多位与会代表共襄盛举。图为商人节大会现场　　　（张奇辉　摄）

2019 年 11 月 1 日，第十二届中国（厦门）国际游艇展览会在厦门启幕。该届展会围绕“滨海新生活”品牌宗旨，力图构建以五缘湾为中心的游艇产业生态圈　　　（张奇辉　摄）

2019 年 11 月 13 日，厦门市文化旅游会展产业发展大会在厦门国际会议中心召开，来自国内外 700 多位文化旅游会展业界企业家、投资人参会，共享发展新机遇，拓展合作新空间 （黄嵘 摄）

2019 年 11 月 13 日，作为厦门国际会展周的主要活动之一，厦门国际会展高峰论坛在厦门佰翔五通会展中心举办。500 多位来自世界各地的国际会展组织机构负责人、权威业界专家、商学研人士等齐聚论坛，围绕“融合共享创新发展”主题深入研讨、共谋发展 （张奇辉 摄）

采编设计：孙志红 审稿：李志宏 白延蜻 校对：阳晓儒

总　目

目　录

1. 专　记

2. 大 事 记

3. 市情概貌

4. 中共厦门市委员会

5. 厦门市人民代表大会

6. 厦门市人民政府

7. 政协厦门市委员会

8. 纪检监察

9. 民主党派与工商联

10. 群众团体

11. 法　　治

12. 军　　事

13. 退役军人事务管理

14. 台湾事务

15. 应急管理

16. 自然资源管理

17. 城乡建设与管理

18. 生态环境保护

19. 经济管理与监督

20. 财政·税务

21. 金融业

22. 口岸管理

23. 开放型经济

24. 农业农村

25. 工　业

26. 交通·物流·邮政

27. 信 息 业

28. 商贸・会展

29. 旅 游 业

30. 民营经济

31. 科学技术

32. 社会科学

33. 教　　育

34. 文　化

35. 卫生健康·体育

36. 社会民生

37. 市辖区概览

38. 人物·名录

39. 附　录

40. 索　引

Contents

1. Exclusive Chronicle

2. Chronicle of Events

3. General Situation of Xiamen Overview of City

4. Xiamen Municipal Committee of the Communist Party of China

5. Xiamen People's Congress

6. Xiamen Municipal People's Government

7. Consultative Conference

8. Discipline Inspection and Supervision

9. Non–communist Parties and Federation of Industry and Commerce

10. Mass Organization

11. Government by Law

12. Military Affairs

13. Veterans Affairs Management

14. Taiwan Affairs

15. Emergency Management

16.Natural Resource Management

17. Urban and Rural Construction and Management

18. Ecological Environment Protection

19. Economic Management & Supervision

20. Finance & Taxation

21. Financial Industry

22. Port Management

23. Open Economy

24. Agricultural and rural areas

25. Industry

26. Transportation, Logistics & Postal Service

27. Information Industry

28. Trade & Exhibition

29. Tourism

30. Private Economy

31. Science and Technology

32. Social Sciences

33. Education

34. Culture

35. Healthfulness & Sports

36. Society & the People's Livelihood

37. Overview of Municipal District

38. Figures & Name Index

39. Appendix

40. Index

(Translated by Yijuan Ji)

审　　稿：白延蜻
校　　对：孙志红

1 专 记

深入学习贯彻习近平新时代中国特色社会主义思想和党中央决策部署

2019 年，厦门市把深入学习贯彻习近平新时代中国特色社会主义思想作为检验“四个意识”“四个自信”“两个维护”的重大标尺，及时传达学习领会习近平总书记重要讲话重要指示批示精神、中共十九大精神和党中央决策部署，全面对标对表，扛起政治责任，狠抓贯彻落实。

一、全面贯彻落实习近平总书记在参加十三届全国人大二次会议福建代表团审议时的重要讲话精神。坚决把抓好贯彻落实习近平总书记重要讲话精神作为首要政治任务，引导广大党员干部用习近平总书记重要讲话精神统一思想和行动，感恩奋进、担当实干。召开中共厦门市委（简称市委）十二届九次全会，研究出台并贯彻落实《中共厦门市委关于深入学习贯彻习近平总书记在参加十三届全国人大二次会议福建代表团审议时的重要讲话精神的决定》和配套文件，推出 104 项具体举措，对探索海峡两岸融合发展新路、营造有利于创新创业创造良好发展环境、纵深推进跨岛发展、加强新时代党的建设等作出部署。落实中共福建省委（简称省委）关于深入贯彻落实习近平总书记重要讲话精神的部署要求，对学习贯彻落实情况进行再检查、再部署、再推动，确保学习贯彻落实工作往深里走、往实里走。

二、传达学习中共十九届四中全会精神。第一时间召开市委常委会（扩大）会议、理论学习中心组学习会，对全市学习贯彻作出部署。市委班子成员带头抓学习、抓宣讲、抓执行，深入基层一线，带动全市各级各部门迅速掀起学习宣传高潮，深刻领会全会精神内涵。筹备市委十二届十次全会，研究提出贯彻实施意见，确保四中全会确定的各项目标任务和省委十届九次全会的部署安排在厦门落实到位。

三、持续兴起新思想“大学习”热潮。把习近平新时代中国特色社会主义思想作为政治信仰和行动指南，市委理论学习中心组集中学习讨论 14 场。市委班子成员带头上党课，市委党校举办各主体班次 30 期，全市理论宣讲轻骑兵进基层宣讲 5000 余场。用好《学习时报》连载刊发的《习近平在厦门》系列采访实录等鲜活教材，编印《习近平同志对福建、厦门工作的重要指示批示精神选编》等特色辅学资料，带动全市深入学习习近平总书记在福建、厦门工作期间留下的科学理念、宝贵经验和优良作风，引导党员干部进一步坚定思想认同、政治认同、情感认同。

四、久久为功推进贯彻落实。把抓好习近平总书记重要讲话重要指示批示精神的贯彻落实作为市委常委会的重大政治责任，通过召开市委常委会会议、专题会等认真研究部署，细化落实举措，层层抓好贯彻落实。按照省委部署，全面梳理中共十八大以来习近平总书记重要指示批示涉及厦门市的有关工作，制定《专项整治实施方案》，健全定期开展“回头看”工作机制，深化整改落实措施，常抓不懈，确保实效。

五、科学谋划提升发展战略思路。牢记习近平总书记的殷切嘱托，对标对表高素质高颜值现代化国际化的要求，不断完善提升发展思路。牢牢抓住招商引资这个“牛鼻子”，召开全市招商大会、金融产业促进大会、央地合作座谈会、文化旅游会展产业发展大会、新经济发展大会，瞄准优势重点领域，出台优惠政策，建立一整套工作推进机制，致力在扩大优质经济增量方面实现新突破。牢牢抓住存量企业这个“基本盘”，召开高技术高成长高附加值企业发展大会，完善鼓励企业加大研发投入、增资扩产的配套政策，推动存量企业做强做优。牢牢抓住项目推进这个“主引擎”，建立健全项目分级调度和快速联动推进等机制，加快项目落地建设，推进经济发展全面提速增效。牢牢抓住民生需求这个“落脚点”，召开全市教育大会、健康厦门建设大会、主动创稳暨公安工作会议等，持续补齐民生社会事业短板，提升公共服务和市域社会治理现代化水平。牢牢抓住干部担当这个“动力源”，召开全市机关党的建设工作会议，每季度召开工作分析反思会，持续开展“对标先进、查找短板、争先进位”活动，通过正面激励、反向鞭策，引导全市干部坚决摒弃小岛意识，坚定跳起摸高、勇争一流的决心信心。

（市委办）

厦门市生态文明指数全国排名第一

2019 年 4 月 22 日，中国工程院生态文明建设重大咨询研究项目组在北京发布“生态文明建设若干战略问题研究（二期）”项目研究成果暨生态文明发展水平评估报告。报告显示，2017 年中国生态文明指数为 69.96 分，总体接近良好水平。厦门市生态文明指数得分 80.94 分，达到 A 级水平，在全国地级及以上城市中排名第一，整体上达到世界先进水平；生态环境质量公众满意率连续 3 年全省最高。国家生态文明建设指标体系研究与评估是“生态文明建设若干战略问题研究（二期）”项目的一项任务，由中国环境科学研究院、中国环境监测总站、北京林业大学、国家统计局统计科学研究所、中国生态文明研究与促进会等单位承担实施。此项研究构建以生态环境质量改善为核心、突出主体功能区差异的中国生态文明指数评估方法，完成 2015 年和 2017 年 325 个地级及以上城市（不含港、澳、台、三沙市及数据缺失地区）生态文明发展水平评估及变化分析，准确量化中国生态文明发展的态势。

2018 年，厦门市空气质量继续保持全国、全省前列，空气质量综合指数 3.31，比 2017 年同期改善 0.06，在全国 169 个重点城市排名第七；全市空气质量“优”的天数为 171 天，“良”的天数为 189 天，空气质量优良率 98.6%，在全国 169 个重点城市中排名第二。

水环境质量方面，厦门市集中式饮用水源水质和湖库地表水质监测指标均符合《地表水环境质量标准》Ⅲ类水质标准，其中湖边水库水质符合Ⅱ类标准；近海岸水质无明显变化，海域内石油类、重金属等无机污染物指标基本符合一、二类海水水质标准；筼筜湖主要污染物无机氮与活性磷酸盐浓度较基准年 2015 年分别改善了 57.8%、45.6%。

在声环境方面，2018 年厦门市城市昼间道路交通噪声下降 0.9dB（A），但昼间区域环境噪声质量总体一般，昼间区域环境噪声与 2017 年相比上升 0.1dB（A）。

该次评估结果显示，福建省、浙江省和重庆市在全国省区市中生态文明指数排名前三位，分别得分 75.73、75.43 和 74.81 分。生态文明指数排名前十的地级及以上城市依次是厦门市、杭州市、珠海市、广州市、长沙市、三亚市、惠州市、海口市、黄山市、大连市。其中，厦门市和杭州市生态文明指数得分超过 80 分，达到 A 级水平。上述排名前列的省市生态文明发展水平整体良好，各个领域发展比较均衡，特别是绿色环境和绿色设施领域明显高于全国水平。

作为习近平生态文明思想的重要孕育地和实践地，厦门市委、市政府始终牢记习近平总书记对厦门提出的“成为‘生态省’建设排头兵”的嘱托，全市上下一心、全力以赴、开拓进取，全面落实生态环境保护“党政同责一岗双责”，在生态文明建设上先行先试，不断取得开创性的成果。

2016 年 6 月以来，厦门市深入贯彻国家和省委、省政府关于生态环保工作决策部署，制定并深入实施《厦门市推进国家生态文明试验区建设暨厦门市生态文明体制改革行动方案》（以下简称“行动方案”），扎实推进生态环境保护和生态文明建设。至 2019 年生态文明发展水平评估报告发布，“行动方案”制定的 36 项改革任务基本完成，对应的 58 项改革成果也已出来 54 项，剩下 4 项在持续推进中，厦门市生态文明建设制度体系基本建成，率先探索走出一条“机制活、产业优、百姓富、生态美”的绿色发展之路，在实现经济快速发展的同时，生态环境质量持续改善，切实提升了市民群众的获得感。

（转自《厦门日报》2019 年 4 月 23 日第 A02 版并补充、编辑）

厦门市市级机构改革实施方案出台

2019 年，为贯彻落实《中共福建省委办公厅、福建省人民政府办公厅关于印发〈厦门市机构改革方案〉的通知》（以下简称《方案》）和《中共福建省委办公厅印发〈关于市县机构改革的总体意见〉的通知》（以下简称《通知》），2 月 27 日，厦门市委办公厅、市政府办公厅印发《厦门市市级机构改革实施方案》（以下简称《实施方案》），标志厦门市机构改革进入全面实施阶段。

《实施方案》明确厦门市市级党政机构改革的总体要求、机构设置等内容，确定共设置市级党政机构 55 个，其中党委机构 16 个、政府机构 39 个。同时，方案明确要求要统筹推进市人大、政协、群团组织和事业单位等其他市级各项改革任务。

2019 年 3 月底前，厦门市市直部门机构班子配备、人员转隶、挂牌和涉改部门“定职责、定机构、定编制”等改革工作基本完成。

一、《实施方案》对机构改革的总体要求

《实施方案》认真贯彻落实省委、省政府批复的《方案》，坚持以习近平新时代中国特色社会主义思想为指导，全面贯彻中共十九大和十九届二中、三中全会精神，贯彻落实习近平总书记关于深化党和国家机构改革的重要论述，牢固树立政治意识、大局意识、核心意识、看齐意识，坚持加强党的全面领导，坚持以人民为中心的发展思想，坚持社会主义市场经济改革方向，坚持优化协同高效，坚持以法治方式推进改革，坚持在中央统一领导下充分发挥地方积极性。

该次机构改革，认真贯彻落实习近平总书记加快建设“机制活、产业优、百姓富、生态美”新福建的重要指示精神，从机构职能上把加强党的领导落实到各领域各方面各环节，党中央明确的改革任务坚决落实到位，市级主要机构设置及其职能同中央保持基本对应，与省级机构改革有效衔接。

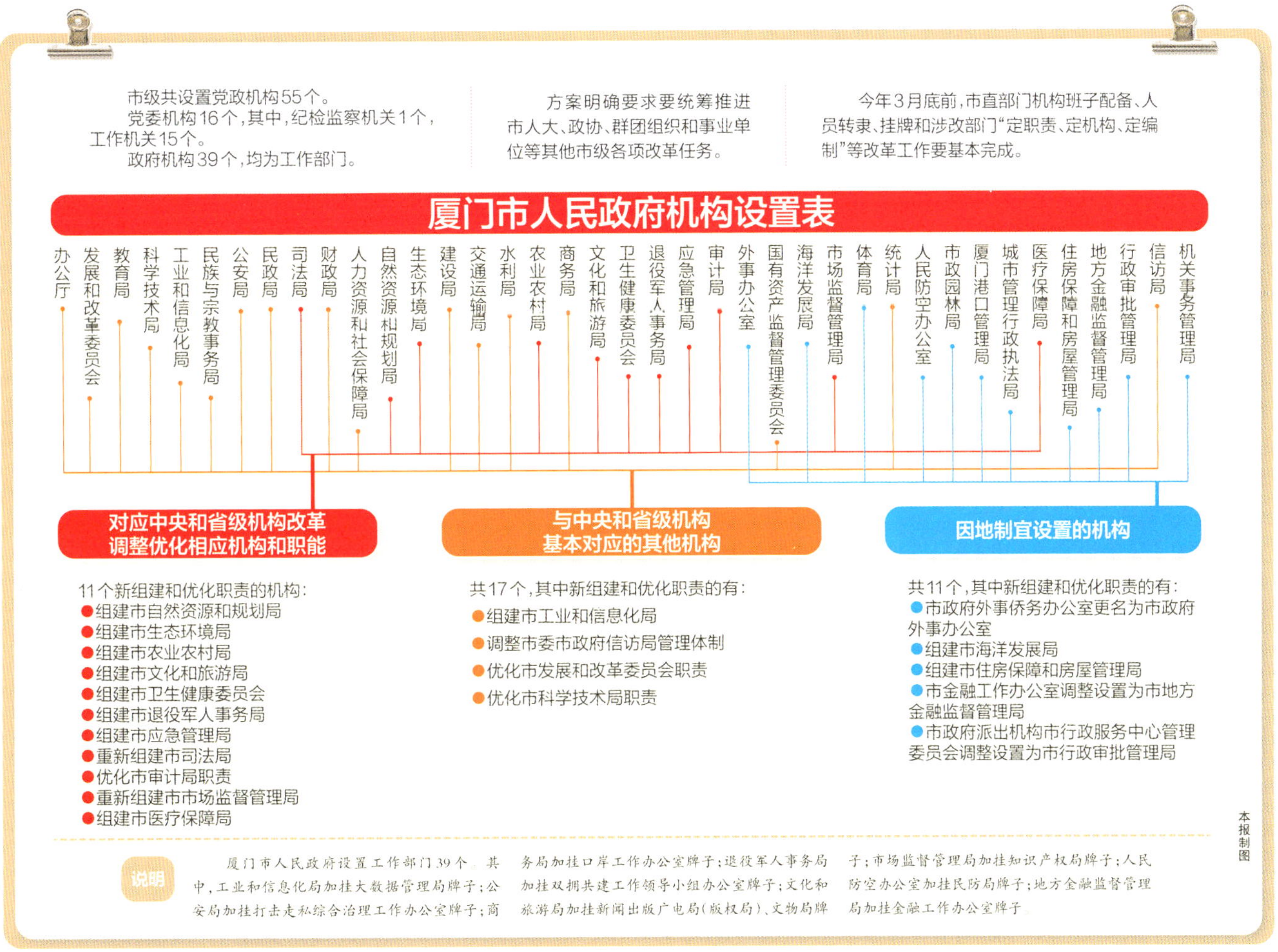

厦门市市级机构改革示意图

加快政府职能转变，使市场在资源配置中起决定性作用、更好发挥政府作用，强化社会管理和公共服务职能，切实解决人民群众最关心最直接最现实的利益问题。

统筹市区镇（街）各层级、党政群各领域改革，优化机构和职能配置，提高行政效能。

充分发挥法治规范和保障改革作用，在改革中完善和强化法治，坚决维护国家法制统一、政令统一、市场统一。

结合厦门实际，因地制宜设置机构，构建系统完备、科学规范、运行高效的机构职能体系，再创体制机制新优势，为践行“创新、协调、绿色、开放、共享”的发展理念，加快建设“五大发展”示范市提供体制机制保障。

二、市级党政机构设置

《实施方案》明确，厦门市市级共设置党政机构55个。

党委机构16个，其中纪检监察机关1个，工作机关15个。

政府机构39个，均为工作部门。

1. 市政府机构设置情况

工作部门39个：市政府办公厅、市发展和改革委员会、市教育局、市科学技术局、市工业和信息化局、市民族与宗教事务局、市公安局、市民政局、市司法局、市财政局、市人力资源和社会保障局、市自然资源和规划局、市生态环境局、市建设局、市交通运输局、市水利局、市农业农村局、市商务局、市文化和旅游局、市卫生健康委员会、市退役军人事务局、市应急管理局、市审计局、市外事办公室、市国有资产监督管理委员会、市海洋发展局、市市场监督管理局、市体育局、市统计局、市人民防空办公室、市市政园林局、厦门港口管理局、市城市管理行政执法局、市医疗保障局、市住房保障和房屋管理局、市地方金融监督管理局、市行政审批管理局、市信访局、市机关事务管理局。

其中：市工业和信息化局挂市大数据管理局牌子；市公安局挂市打击走私综合治理工作办公室牌子；市商务局挂市口岸工作办公室牌子；市退役军人事务局挂市双拥共建工作领导小组办公室牌子；市文化和旅游局挂市新闻出版广电局（市版权局）、市文物局牌子；市市场监督管理局挂市知识产权局牌子；市人民防空办公室挂市民防局牌子；市地方金融监督管理局挂市金融工作办公室牌子。

2. 新组建和优化职责的机构

组建市自然资源和规划局。将市国土资源与房产管理局的国土资源管理职责，市规划委员会的职责，以及市发展和改革委员会的组织编制主体功能区规划职责，市环境保护局的组织划定生态红线职责，市水利局的水资源调查和确权登记管理职责，市市政园林局（市林业局）的森林、湿地等资源调查和确权登记管理职责，市海洋与渔业局的拟订海洋功能区划、海域开发利用总体规划、无居民海岛保护规划以及海域海岛等资源调查和确权登记管理职责，相关部门的自然保护区管理职责等整合，组建市自然资源和规划局，作为市政府工作部门，副厅级。市辖区自然资源和规划部门作为市自然资源和规划局的派出机构。不再保留市国土资源与房产管理局、市规划委员会。

组建市生态环境局。将市环境保护局的职责，市发展和改革委员会的应对气候变化、减排职责，市经济和信息化局的应对气候变化相关职责，市国土资源与房产管理局的监督防止地下水污染职责，市水利局的编制水功能区划、排污口设置管理和流域水环境保护职责，市海洋与渔业局的海洋环境和渔业水域生态保护职责等整合，组建市生态环境局，作为市政府工作部门，副厅级。市辖区生态环境部门作为市生态环境局的派出机构，相应承接区级有关减排、排污口设置管理、流域水环境保护、农业面源污染治理、渔业水域生态保护等工作。不再保留市环境保护局。

组建市农业农村局。将市农业局（市委农村工作领导小组办公室）的职责，以及市发展和改革委员会的农业投资项目、市财政局的农业综合开发项目、市国土资源与房产管理局的农田整治项目、市水利局的农田水利建设项目等管理职责整合，组建市农业农村局，作为市政府工作部门，副厅级。市委农村工作领导小组办公室设在市农业农村局。不再保留市农业局。

组建市文化和旅游局。将市文化广电新闻出版局、市旅游发展委员会的职责整合，组建市文化和旅游局，作为市政府工作部门，副厅级。市文化和旅游局加挂市新闻出版广电局（市版权局）、市文物局牌子，归口市委宣传部领导。不再保留市文化广电新闻出版局、市旅游发展委员会。

组建市卫生健康委员会。将市卫生和计划生育委员会的职责，市发展和改革委员会承担的市深化医药卫生体制改革领导小组办公室职责，市老龄工作委员会办公室的职责，市安全生产监督管理局的职业安全健康监督管理职责整合，组建市卫生健康委员会，作为市政府工作部门，副厅级。保留市老龄工作委员会，日常工作由市卫生健康委员会承担。不再保留市卫生和计划生育委员会、市深化医药卫生体制改革领导小组办公室。

组建市退役军人事务局。将市民政局的退役军人优抚安置职责和拥军优属职责，市人力资源和社会保障局的军官转业安置职责等整合，组建市退役军人事务局，作为市政府工作部门，副厅级。市退役军人事务局加挂市双拥共建工作领导小组办公室牌子。

组建市应急管理局。将市安全生产监督管理局的职责，市政府办公厅的应急管理职责，市公安局的消防管理职责，市民政局的救灾职责，市国土资源与房产管理局的地质灾害防治相关职责，市水利局的水旱灾害防治相关职责，市市政园林局（市林业局）的森林防火相关职责，以及市防汛抗旱指挥部、市减灾委员会、市抗震救灾指挥部、市森林防火指挥部等职责整合，组建市应急管理局，作为市政府工作部门，副厅级。不再保留市安全生产监督管理局。

重新组建市司法局。将市司法局和市法制局的职责整合，重新组建市司法局，作为市政府工作部门，副厅级。不再保留市法制局。

优化市审计局职责。将市发展和改革委员会的重大项目稽察职责、市财政局的预算执行情况和其他财政收支情况监督检查职责、市政府国有资产监督管理委员会的相关经济责任审计和市属国有企业监事会的职责等划入市审计局，仍作为市政府工作部门，副厅级。不再保留市属国有企业监事会。

重新组建市市场监督管理局。将市市场监督管理局的职责，市质量技术监督局的职责，市发展和改革委员会的价格监督检查与依法查处价格垄断行为相关职责，市商务局受委托承担的反垄断相关职责、牵头打击侵权和假冒伪劣商品职责等整合，重新组建市市场监督管理局，作为市政府工作部门，副厅级。市辖区市场监督管理部门作为市市场监督管理局的派出机构。保留市食品安全委员会，具体工作由市市场监督管理局承担。不再保留市质量技术监督局。

组建市医疗保障局。将市财政局承担的城镇职工和城镇居民基本医疗保险、生育保险、药品和医疗服务价格管理、医疗救助职责，以及药品和医用耗材集中采购管理职责、药品配送管理职责，组织遴选药品配送企业和制定完善药品配送管理办法等职责划入市医疗保障局，作为市政府工作部门，副厅级。全市医疗保障机构实行市以下垂直管理。

3. 与中央和省级机构基本对应的其他机构

市政府办公厅、市发展和改革委员会、市教育局、市科学技术局、市工业和信息化局、市民族与宗教事务局、市公安局（加挂市打击走私综合治理工作办公室牌子）、市民政局、市财政局、市人力资源和社会保障局、市建设局、市交通运输局、市水利局、市商务局（加挂市口岸工作办公室牌子）、市政府国有资产监督管理委员会、市统计局、市政府信访局作为市政府工作部门，副厅级。其中：

组建市工业和信息化局。将市经济和信息化局的职责、市政府办公厅有关电子政务管理职责等整合，组建市工业和信息化局，加挂市大数据管理局牌子。不再保留市经济和信息化局。

调整市委市政府信访局管理体制。将市委市政府信访局由部门管理机构，调整为市政府工作部门，名称调整为市政府信访局。组建市委信访局，与市政府信访局合署办公。

优化市发展和改革委员会职责。将市粮食局的职责，市经济和信息化局有关区域合作等职责划入市发展和改革委员会。不再保留市粮食局。

优化市科学技术局职责。将市人力资源和社会保障局的外国专家管理职责划入市科学技术局。

4. 因地制宜设置的机构

市政府外事办公室、市海洋发展局、市体育局、市人民防空办公室（加挂市民防局牌子）、市市政园林局、市城市管理行政执法局、厦门港口管理局、市住房保障和房屋管理局、市地方金融监督管理局、市行政审批管理局、市机关事务管理局作为市政府工作部门，副厅级。其中：

市政府外事侨务办公室更名为市政府外事办公室。

组建市海洋发展局。在市海洋与渔业局有关统筹海洋经济发展和渔业管理相关职责的基础上，组建市海洋发展局。将市海洋与渔业局的渔船检验和监督管理职责划入厦门港口管理局。不再保留市海洋与渔业局。

组建市住房保障和房屋管理局。将市国土资源与房产管理局有关房产管理职责，市建设局有关社会保障性住房管理职责等整合，组建市住房保障和房屋管理局。

将市金融工作办公室调整设置为市地方金融监督管理局，保留市金融工作办公室牌子。

将市政府派出机构市行政服务中心管理委员会调整设置为市行政审批管理局。将市委机构编制委员会办公室承担的有关牵头、协调、指导、监督“放管服”改革和行政审批制度改革

2019年3月22日，市委副书记陈秋雄（左一）、副市长韩景义（右一）出席中共厦门市委外事工作委员会办公室、厦门市人民政府外事办公室揭牌仪式　　（市外办　供图）

工作等职责划归市行政审批管理局。

三、《实施方案》对市人大、政协等市级其他方面的改革统筹推进

市人大机构改革方面，整合市人大内务司法委员会、财政经济委员会、教育科学文化卫生委员会的相关职责，组建市人大社会建设委员会，作为市人大专门委员会，负责研究、拟订、审议劳动就业、社会保障、民政事务等方面的有关议案、地方性法规草案，开展调查研究，开展有关执法检查。市人大内务司法委员会更名为市人大监察和司法委员会，承担推动实现党内监督和国家机关监督有机统一方面相关职责。

市政协机构改革方面，将市政协经济城建委员会联系农业界和研究“三农”问题等职责、市政协人口资源环境委员会的职责整合，组建市政协资源环境和农业农村委员会。市政协文史和学习宣传委员会更名为市政协文化文史和学习委员会。将市政协教科文卫委员会承担的联系文化艺术界等相关工作调整到市政协文化文史和学习委员会。市政协教科文卫委员会更名为市政协教科卫体委员会。

深化群团组织改革方面，对于已经制定改革方案的市总

工会、团市委、市妇联、市科协等群团组织，要认真组织实施改革方案。要根据中央和省委精神，加快推进其他群团组织改革。协同推进市区群团组织改革。

四、《实施方案》对事业单位改革方面的部署

根据《方案》要求，在事业单位改革方面，主要有两个方面的内容：

一是将市委党史研究室与市政府地方志办公室整合，设置市委党史和地方志研究室，作为市委直属事业单位。

二是将事业单位承担的行政职能回归行政机构，实现政事分开。此后，除行政执法机构按照中央部署推进改革外，不再保留或新设承担行政职能的事业单位。改革后保留设置的事业单位，名称不再称“委、办、局”。

此外，《实施方案》明确厦门市同步实施市属事业单位划转调整，根据部门职责划转情况，坚持优化协同高效，按照“编随事走、人随编走”的原则，将职责划出部门所属相关事业单位及人员、编制划转给职责划入部门。

承担行政职能的事业单位，按要求改革后再调整隶属关系；其他事业单位应随主管部门调整，相应调整单位名称；划转后职能相同或相近的单位，相应整合机构、精简编制。

五、《实施方案》在强化机构编制管理方面，提出的具体要求

《实施方案》明确，要强化市委对机构编制工作的统一领导，严格执行机构编制管理法律法规和党内法规，严格机构编制管理权限和程序，严禁越权审批。

坚持总量控制，严禁超编进人、超职数配备领导干部，确保改革后机构设置不突破中央规定的限额，行政编制不突破中央核定的总量，事业编制不突破 2012 年年底基数。

清理不规范设置的机构和配备的职数，全面清理限额外设置的行政机构，规范管理合署办公机构、挂牌机构、议事协调机构、临时机构和派出机构。党政机关合并设立或合署办公的，实行一套工作机构、两个机关名称。从严从紧控制党政机构加挂牌子的数量，挂牌机构不单独核定编制和领导职数。议事协调机构一般不单设办事机构，具体工作由有关部门承担，部门承担联席会议日常工作的内设机构不加挂牌子、不刻制印章。临时机构要在临时性、阶段性任务完成后及时撤销，精简整合各类派出机构，部门派出机构规格不高于内设机构。根除挂牌机构实体化、“事业局”等，不再设立挂靠机构。

重新制定或修订市委工作机关、市政府工作部门“三定”规定，坚持优化协同高效，科学配置机构职能编制，强化部门内部职责和业务整合，推动组织架构重建和流程再造，切实把加强党的全面领导和职能转变要求落实到位，规范履职行为，确保权责一致。统一规范内设机构规格和名称，加大内设机构综合设置力度，综合性内设机构不超过内设机构总数的三分之一。整合归并的党政机构，综合性内设机构合并为一套，业务机构要根据工作的内在联系进行重新设计和整合，该精简的精简，该加强的加强。按照严控总量、盘活存量、优化结构、增减平衡的要求，实行“瘦身”与“强身”相结合，统筹使用编制资源，加大部门间、地区间编制统筹调配力度。

及时公开机构编制有关信息，接受各方监督。坚决整治市级部门通过项目资金分配、考核督查、评比表彰等方式干预下级机构设置、职能配置和编制配备的行为。完善机构编制实名制管理，健全机构编制管理同组织人事、财政预算管理共享的信息平台，强化机构编制同纪检监察机关和组织人事、巡察、审计等部门的协作联动，形成监督检查合力。

六、厦门市市级机构改革具体时间安排

该次市级机构改革组织实施过程全面贯彻落实“先立后破、不立不破”“先转隶、后三定”原则，有组织、有纪律、有步骤推进，有序做好新机构组建、场所配备、人员转隶、工作衔接等工作。

总的时间安排是，3 月底前，市直部门机构班子配备、人员转隶、挂牌和涉改部门“定职责、定机构、定编制”等改革工作要基本完成。

（转自《厦门日报》2019 年月 3 日第 A01 版并编辑）

千亿产业链发展情况

一、平板显示

2019 年，厦门市平板显示业完成产值 1465.33 亿元，比上年增长 10.4%。得益于新投产项目产能释放，2019 年平板显示产业呈现高速增长态势。龙头企业天马微电子、电气硝子、宸鸿科技产值分别增长 19.4%、27.9% 和 28.3%。宸鸿科技 SNW 导电膜等项目顺利开工，新引进天马 6 代 AMOLED、电气硝子三期、正达国际高端偏光片等大项目。天马 6 代 AMOLED 项目总投资 480 亿元，是厦门市史上单体投资额最大的制造业项目，建成后厦门天马将成为国内最大的单体柔性 AMOLED 工厂，拉动弘信等本地配套企业增产，促进上游芯片设计、发光材料、掩膜版、光刻胶、高端装备等高端技术配套企业引进，进一步延伸壮大产业链。平板显示代表企业：宸鸿科技、宸美光电、天马微电子、电气硝子、友达光电、冠捷科技。

二、计算机与通讯设备

2019年，厦门市计算机与通讯设备业完成产值1256.46亿元，比上年增长2.4%。龙头企业戴尔增长放缓，影响产业整体增长势头。显著增长的代表企业包括亿联（产值增长36.8%）、狄耐克（产值增长38.3%）、弘信电子（产值增长18.1%）。弘益进移动互联配套产业园、攸信智能制造与机器人等项目开工建设，华联电子、玉晶光电等项目增资扩产，新引进浪潮集团、中船重工海陆智能（日臻动力）等项目。浪潮集团在火炬高新区落地新一代信息技术产业基地，包括生产制造基地和适配认证中心等项目，于年内快速投产，达产后年收入规模将达百亿元。计算机与通讯设备代表企业：戴尔、浪潮、亿联网络、雅迅、华联电子、弘信电子。

三、半导体和集成电路

2019年，厦门市半导体和集成电路业完成产值433.33亿元，比上年增长3.8%。其中，集成电路产值238亿元，增长27.4%；LED由于下游终端产品出口受加税清单影响，产品需求及价格持续低迷，完成产值195亿元，下降15.3%。获工业和信息化部批准建设“芯火”双创基地（平台），将进一步推动集成电路集聚创新发展。联芯完成月产能17.5K（1.75万片）机器设备安装调试及验证，通富微电子、士兰化合物半导体年底试投产；美日丰创光罩竣工投产，项目达产后将成为中国大陆规模最大的集成电路商用光罩生产基地。新引进芯米半导体设备制造、铨芯人工智能芯片设计等项目。第二十三届世界半导体理事会年会在厦门市召开。半导体和集成电路代表企业：联芯、三安集成电路、通富微、士兰微、瀚天天成、乾照半导体、元顺微、芯阳、优迅。

四、机械装备

2019年，厦门市机械装备业完成产值1083亿元，比上年增长3.4%。受维修周期、客户自带航材等因素影响，航空维修业产值下降6.8%；输配电及控制设备行业维持稳步增长态势，科华恒盛UPS市场占有率跃居亚洲第一，施耐德、麦克奥迪等代表性企业增长均超过两位数；厦工机械减员增效初显成效，增长50.8%；厦船重工建造的全球最大7500LNG双燃料汽车滚装船首制船顺利出坞；金龙阿波龙自动驾驶在全国多个城市实现商业化落地运营。总投资上百亿元的厦钨永磁电机项目建设稳步推进。太古新机场维修基地搬迁项目初步设计基本完成。厦船重工等3家企业6台（套）装备获国家首台（套）重大技术装备保险补贴。代表企业：太古、新科宇航、金龙、ABB、施耐德、厦工、厦船、林德叉车、宏发电声、科华恒盛、航天思尔特机器人、盈趣科技。

五、生物医药与健康

2019年，厦门市生物医药与健康业完成产值670亿元，比上年增长13.75%。艾德生物、大博医疗等创新型企业营收超过50%。特宝生物科创板首发过会，成为厦门市科创板第一股。欧米克、致善生物投产，盛迪医药获得生产许可，一类新药落户厦门市。厦门生物医药产业协同创业中心投入使用，可增加载体空间21万平方米。发挥“双自联动”优势，市区共建生物材料特殊物品出入境公共平台，出入境通关更加便利化。与中科院苏州生物医学工程技术研究所签订战略合作协议，将在厦门设立研发机构和实施成果转化及产业化。生物医药港位列全国生物医药产业园综合竞争力排行榜第十三位，生物医药产业入选第一批国家战略性新兴产业集群名单。生物医药与健康代表企业：锐珂、金达威、未名医药、英科新创、大博医疗、泰普生物、特宝生物、艾德生物、万泰沧海、国控星鲨。

六、新材料

2019年，厦门市新材料业完成产值910亿元，比上年增长2.44%。受中美贸易摩擦及产品单价下滑等因素影响，厦门钨业、金鹭特种合金等龙头企业产值下降均超过30%。投资百亿元的中航锂电项目签约落地，一期项目开工建设。厦钨新能源年产1万吨车用锂离子三元正极材料产业化项目年底前投产，总投资20.6亿元的年产4万吨车用动力锂离子正极材料产业化项目开工。瀚天天成、捌斗新材料2家企业获工业和信息化部“重点新材料首批次应用产品应用保险补偿资金”支持。新型功能材料产业入选第一批国家战略性新兴产业集群名单。新材料代表企业：厦门钨业、厦钨新能源、三安光电、厦顺铝箔、金鹭特种合金、祥达光学、长塑实业、百路达、华懋新材料、延江新材料。

七、旅游会展

2019年，厦门市旅游会展业实现总收入1947.61亿元，比上年增长17.1%。其中，旅游总收入1655.9亿元，增长18.1%，旅游接待总人数超1亿人次；举办会议9500场，展览面积240万平方米。召开全市文化旅游会展产业发展大会，提出高品位打造国际滨海花园旅游城市和建设高标准国际会展名城。围绕旅游核心吸引物、高端住宿业、旅游新业态、文旅融合、乡村旅游、智慧旅游、旅游智库7个重点领域，共梳理策划、意向、在谈和落地招商项目107个。天元酒店、万丽酒店、集美豪生大酒店、尚柏奥特莱斯等建成投用；邮轮旅游快速发展，厦门港接待国际邮轮136艘次，出入境旅客41.37万人次，分别增长41.7%、27.4%。中远海运集团、中国旅游集团在厦合资设立邮轮运营总部星旅远洋公司，其自主运营的“鼓浪屿”号9月27日首航。持续放大外国人144小时过境免签政策红利，推出10条专属推荐线路，开展全球宣传推介活动，外国人到厦门人数较上年明显增长。旅游会展代表企业：建发国际旅行社集团、厦门旅游集团、厦门会展集团、金泓信展览。

八、现代物流

2019年，厦门市现代物流业实现总收入1328.68亿元，比上年增长12.6%。获批港口型国家物流枢纽。集装箱吞吐量

1110 万标准箱，增长 3.7%，保持全球第十四位。中欧（厦门）班列开行 233 列、17484 标准箱，货值 6.72 亿美元。推动模式业态创新，橙联跨境电商产业园、信和达元器件智能物流中心等项目开工，嘉晟供应链物流园基地、港务物流拼箱中心（二期）、宏仁医药现代物流园等项目建成投用，前场物流园、集美物流园等项目加快推进。推进全国城市绿色货运示范工程物流建设。现代物流代表企业：港务发展、建发物流、国贸泰达物流、象屿速传物流、中外运、海投供应链、嘉晟供应链、云仓配、唯捷城配。

九、软件和信息服务

2019 年，厦门市软件和信息服务业实现总收入 1732.23 亿元，比上年增长 15.2%。工业和信息化部批复厦门“中国软件特色名城”称号。厦门软件园入选首批中国智慧软件园试点园区，成长性连续 2 年全国第一。信息集团、吉比特、美亚柏科入选“2019 年中国软件企业百强榜”，四三九九、美图、吉比特、翔通动漫、美柚 5 家企业入选“2019 中国互联网百强”，趣店科技、西瓜视频、好慷在家等平台经济企业增势强劲。新引进中科院计算所、西安交大国家技术转移中心、汇医慧影、农信互联等项目，中国移动（福建厦门）数据中心、罗普特（厦门）科技园等项目顺利推进。企业上云步伐加快，华为全国首个鲲鹏生态基地和超算中心落户，将助推厦门市国产化软件生态建设，促进数字经济发展上新台阶。软件和信息服务代表企业：趣店科技、吉比特、咪咕动漫、四三九九、三快在线、美图、美亚柏科、趣游、易联众、美柚、云知声、好慷在家。

十、金融服务

2019 年，厦门市金融服务业实现总收入 1591.49 亿元，比上年增长 7.17%。海峡黄金珠宝产业园正式开园，获上海黄金交易所精炼厂资质认证，紫金黄金、今生金饰等 30 多个项目入驻。召开全市金融产业促进大会，引进台商基金、兴业证券、绿地金控等大型金融总部项目。77 对厦门和境外银行机构签订人民币代理清算协议，累计清算金额 1196.03 亿元。做大做强对台跨境贷款、跨国集团双向资金池业务。新增松霖科技、瑞幸咖啡等 6 家境内外上市公司，主板上市公司 49 家、新三板挂牌企业 131 家、两岸股权交易中心挂牌企业超过 3000 家，其中台资板挂牌企业 358 家。基金管理规模持续扩大，在全国排名第十一位。金融服务代表企业：厦门银行、厦门农商银行、厦门国际银行、长城国瑞证券、君龙人寿、富邦财险、金圆集团。

十一、文化创意

2019 年，厦门市文化创意业实现总收入 1150 亿元，比上年增长约 14%。举办第二十八届中国金鸡百花电影节，并获金鸡奖在厦门长期举办权。出台文化产业高质量发展三年行动计划、影视产业规划和《厦门市进一步促进影视产业发展的若干规定》系列扶持政策。推动全国文房四宝艺术博览会秋季展永久落地厦门，推动艺术厦门国际展首次举办春秋两季展览；北京文化等一批文化企业落户厦门；华策、凤凰卫视等 30 多家文化企业同厦门市签订合作协议。龙头骨干文化企业带动作用凸显，吉比特等 3 家企业入选省文化企业十强，美柚等 4 家企业入选省最具成长性文化企业。提升文化保税平台，推动龙山文创园等文化产业园区转型升级。文化创意代表性企业包括：十点读书、多想互动、西瓜视频、倍视、博乐德等。

十二、都市现代农业

2019 年，厦门市都市现代农业实现产值 920 亿元，增长 11.1%。农产品加工稳步发展，安井、中绿食品等 6 家企业入选 2019 年全国农业产业化龙头企业 500 强。举行全市现代农业招商推介暨签约大会，美菜网华东南运营总部基地、傲农集团管理总部等 18 个现代农业项目签约，总投资 70.2 亿元。健全投入机制，引导国贸、特房等国有企业参与休闲农业开发建设，竹坝五显休闲农业项目营业。乡村休闲旅游持续升温，接待游客 800 万人次。白交祠村入选福建省 2019 年度四星级乡村旅游村。都市现代农业代表企业：银鹭食品、明穗粮油、银祥集团、如意情集团、中禾实业、福慧达果蔬、海嘉面粉、兴盛食品、华祥苑茶业、百利控股。

（市发改委）

闽西南协同发展区建设

一、完善工作机制，合作有力有效

2019 年，厦门市加强组织领导，整合全市优势资源，自觉融入协同发展。9 月 17 日，省委常委、中共厦门市委书记胡昌升主持召开闽西南协同发展区联席会议第二次会议，聚焦创新跨市协作机制、做好发展规划对接、共建重大产业平台、共同保护生态环境等方面，深入交流、增进共识、推动区域合作走深走实。厦门市牵头建立实体化运作的闽西南协同办，五市共选派 13 名干部驻厦门办公，完善“一办三处”（综合规划处、对接联络处、项目协调处）的运作体系；牵头注册开通“闽西南协同发展”微信公众号，建立工作信息报送机制，完善协同发展工作宣传通道。合作纵深推进，新增港口部门和公安部门2组对口部门对接机制，19组对口部门均建立常态化对接协调机制，成立由厦门市相应部门主要负责人担任组长的工作小组，2019年累计召开对接会议或专项工作会议45场次，促成一系列新的合作事项。

二、强化规划统筹，编制落细落地

2019年，厦门市紧密对接总体规划，配合省发改委编制《闽西南协同发展区发展规划》（以下简称《发展规划》）。对接《发展规划》，研究制定《闽西南五市贯彻落实协同发展区发展规划的意见》，明确下一步重点推进的跨区域重要任务、重大事项、重点项目等，并在组织协调、完善规划、创新机制等方面提出一系列可操作措施。同步编制专项规划，厦门市牵头启动15个专项规划编制工作并明确相应经费渠道，有序推进各专项规划编制。及早谋划交通规划，厦门市把交通互联互通作为加快协同区建设的基础性工作，结合重大项目情况和闽西南五市互联互通交通基础实施需求，按照《发展规划》要求，研究制定《闽西南协同发展区陆路交通互联互通三年行动计划（2019—2021）》。

三、稳抓项目建设，推进有效有力

闽西南协同发展区2019年重点推进的重大项目共102个，其中27个涉厦项目完成投资275.7亿元，完成年度投资计划的115.7%。厦门市加强对协同区重大项目跟踪，按“五个一批”项目管理机制，建立市领导挂钩机制，每月定期调度推进重大项目。一批项目关键节点取得突破：翔安机场高速公路北段（沈海高速—翔安南路）施工进场；厦门轨道交通2号线开通运营；厦门能源材料与石墨烯产业协同中心建设项目基本完工；长泰枋洋水利枢纽工程上存大坝主体封顶，具备向厦门供水的条件，年均可向厦门供水约2亿立方米。依托协同办平台，加强跨区域事项协调推进，对接各市领导及相关部门，协调解决跨区域问题事项，如翔安新机场及厦门抽水蓄能电站项目涉及飞地征收、漳州角美到厦门北站公交路线及其他公交线、厦漳泉城市联盟路厦门泉州交界段、厦漳海上客运航线等问题。

四、聚力领域对接，协作走深走实

2019年，由厦门市牵头的19组对口部门深化日常对接，制定年度工作要点，召开对接会议，谋划推进共享平台建设，联合开展协同发展专项行动。共享平台建设方面，设立“闽西南科技板”，启动科学仪器设备资源共享平台和科技协作创新平台建设，“智能制造共享中心”对外提供部分共享服务；厦门市牵头建设闽西南协同发展区儿科医联体，优化儿科就诊结构、共享技术资源，成员数23家；人才交流合作方面，共同举办人才交流大会、校企合作对接会、台湾专业人才对接会和项目技术对接会；开展闽西南五市职业院校结对、专业建设和招生就业等交流协作；“9·8”投洽会期间联合举办“人才展”并签署闽西南区域合作框架协议。交通互联互通方面，厦门“四桥一隧”取消车辆通行费，厦漳大桥实行“按年优惠”，降低协同区通行和物流成本；促成厦漳城市公交980路（厦门北站—角美火车站）实现跨市互通。旅游营销合作方面，强化“旅博会”宣传，厦门市牵头五市联合参展；举办“清新福建·山海闽西南”旅游品牌联合推介活动和老年旅游节；开通闽西南游客直通车。商贸物流合作方面，建立厦门—三明物流标准化联盟，推动厦龙商务协作招商、农产品产销合作；厦门市举办五市粮食产销协作发展论坛，形成协同发展区粮食协作发展框架；厦门港通过减免码头有关费收、给予箱量补贴等方式扶持陆地港发展。公共安全方面，建立闽西南警务协作机制，形成公安机关的资源共享平台；依托五市公安新媒体平台，加强公安宣传工作。生态环保共治方面，实现厦漳泉三地高架源在线数据的共享，依托“智慧环保”系统，实现污染源在线监控平台联网，共享五市相关数据。园林建设方面，厦漳两地加强三角梅花卉产业的协同发展。宣传方面，厦门市牵头开通“走进闽西南”专栏，邀请中央、省以及闽西南五市共20多家媒体联合宣传协同发展成效。

五、创新合作机制，协同做优做强

2019年，厦门市创新协同发展投融资新模式，牵头研究制定集团设立方案和基金管理机构征选方案，完成组建闽西南城市协作开发集团和闽西南发展投资基金。基金完成社会募资，按要求开展登记、注册工作。探索以跨区域联合招商方式，推进厦门与4个兄弟市分别合建经济合作区，创新互利共赢的开发建设模式，引导产业链跨市布局，提升协同发展合作实效。共同签署厦漳、厦泉、厦门经济合作区《合作备忘录》，明确合作区未来主要合作方向和思路；厦龙经济合作区在原框架协议的基础上，进一步完善优化合作区开发建设时序及合作体制机制；厦门火炬管委会与三明市推动产业链跨市布局，签署《协同招商合作协议》；厦门钨业、厦门建发集团与龙岩市深入开展产业合作，加快稀土产业和文化旅游产业发展。

（市发改委）

责任编辑：孙志红
审　　稿：白延蜻
校　　对：胡　恩

2 大事记

1月

1日　厦门部分社区开始投入使用智能无人洗衣柜，标志着厦门传统洗衣行业在福建省率先迈入“互联网+时代”。

2日　厦门江头街道社区卫生服务中心蔡塘分中心揭牌开业，中心与蔡塘金厝边养老院结合，以满足居民的医养需求，服务总人口10万人左右。

3—6日　2019年第八届“关爱近视·微笑论坛”在上海举行，厦门大学附属厦门眼科中心屈光手术中心主任黎新的手术并发症处理技术获“SMILE之星”称号，同时他的演讲获“人气选手奖”。他是全国唯一一位两次获此荣誉的眼科医生。

4日　厦门国宇健康管理中心有限公司湖里第一门诊部举行“石学敏院士工作站”暨“全国针灸临床研究中心厦门分中心”揭牌仪式。院士工作站设在三级以下医疗机构在厦门市属首例。

6日　2019建发厦门马拉松赛开幕，此次马拉松是国内规模最大的全马赛事，也是全球第一个加入联合国环境规划署“清洁海洋”计划的马拉松赛事。来自38个国家和地区共36826人获参赛资格，厦门本地5063人，占13.7%；外埠选手31763人，占86.3%。德比拉以2小时9分26秒的成绩获男子组冠军，李子成以2小时15分04秒获得国内男子组冠军，德米以2小时27分25秒的成绩获女子组冠军。

7日　商务部办公厅印发《关于复制推广现代服务业综合试点典型经验的通知》，厦门市的“财政支持机制”“基金支持体系”等5个现代服务业综合试点典型经验获全国推广。厦门、深圳、金华各有5条先进经验获推广，在10个试点地区中数量并列第一。

8日　国家科学技术奖在北京揭晓，厦门市有4项科技成果获奖。分别是：厦门大学郑南峰课题组的“金属纳米材料的表面配位化学”项目，获国家自然科学二等奖；厦门钨业股份有限公司参与完成的“基于硫磷混酸协同浸出的钨冶炼新技术”项目，获国家技术发明二等奖；厦门亿力吉奥信息科技有限公司参与完成的“复杂大电网时空信息服务平台关键技术与应用”和厦门金龙联合汽车工业有限公司参与完成的“基于共用架构的汽车智能驾驶辅助系统关键技术及产业化”项目，获国家科技进步二等奖。

8日　国家天元数学东南中心在厦门大学举行启动会暨揭牌仪式，10位院士参加。这是全国设立的第四个数学中心。

8日　厦门市创排的首部音乐剧《鼓浪如歌》在闽南大戏院上演，该剧以文艺的形式再现解放鼓浪屿的历史场景。

8—11日　政协第十三届厦门市委员会第三次会议在厦门人民会堂举行。

8—11日　2019国际消费类电子产品展览会在美国拉斯维加斯举行。该届大会有5400余家企业参加，其中1200余家来自中国。厦门创客参与研发的陪逛街机器人ShopPal（中文名“小炮”）获“机器人及无人机”类别创新大奖。

9日　福建省第二十五次见义勇为英雄模范表彰大会在福州召开，厦门有6名见义勇为人员、2个集体获表彰。其中，刘澍获评省见义勇为模范；许泽流、谭和平、贾国情、彭泽华、吴勤5人获评省见义勇为先进个人；湖里区红十字水上救援队和思明区蓝天救援队获评省见义勇为志愿者先进集体。

9—12日　厦门市十五届人民代表大会第三次会议在厦门人民会堂举行。

11—13日　第九届全国青年生态学工作者学术研讨会在厦门市召开，国内120所高校和科研单位共300余位专家学者参会。

11日　厦门大学附属心血管病医院院长王焱在“2019第四届《医师报》医学家峰会”上获评“十大医学贡献专家”。该会在北京举行。

11日　厦门市首个“党员政治生活馆”——中华街道党员政治生活馆正式开馆。

12日　厦门首次举行保安行业最高等级考试——保安管理师和高级保安管理师职业资格鉴定。该场考试由福建省保安协会指导，福建省职业培训中心联合东南特卫保安服务有限公司共同举办，分为理论和技能两个项目，考试时长共4个小时。

16日　第九届中国智慧城市大会暨

中国智慧城市发展十周年庆典在北京召开，厦门市获“中国智慧城市发展十周年领军城市奖”。

18日　2019中国软件产业年会在北京举行，厦门信息集团获“2018年中国软件行业最具影响力企业”。

23日　2019中国旅游产业发展年会在北京举行，厦门市入选“2018中国旅游影响力城市TOP10”榜单。

23日　厦门金龙客车出口阿联酋交车仪式在金龙客车厦门厂区举行，66辆豪华旅游中巴交付阿联酋客户。该批车辆出口阿联酋是中阿“一带一路”共建的又一成果。

26日　北京中医药大学厦门医院（厦门市中医院）与上海交大附属瑞金医院大外科主任彭承宏教授正式签约，并在厦门市中医院成立“彭承宏名医工作室”。签约和揭牌仪式上，还成立厦门市中西医结合肝胆胰外科分会。

31日　在北京举办的“卡塔尔—中国商务论坛”上，中国（福建）自由贸易试验区厦门片区管委会与卡塔尔自由区管理局签订谅解合作备忘录。

2月

1日　厦门海翔大道（孚莲路—厦漳界段）和海沧货运通道同时通车，标志厦漳之间快速往来新通道全线建成。

1日　《厦门经济特区轨道交通条例》即日起施行。

3日　厦门北站城市交通枢纽公共充电站正式投运。该站点配备40个120千瓦的直流快充桩，可实现每天为700辆新能源汽车充电。

6日　鼓浪屿音乐快闪《我和我的祖国》在中央广播电视总台播出。央视在全国7个城市地区策划《我和我的祖国》主题新春快闪，厦门鼓浪屿是央视第一个选定的地点。

13日　厦门邮轮母港泊位升级改造基本完工，能接待22万吨级邮轮靠泊。

14日　中商产业研究院发布中国大数据产业园区综合发展实力榜单，厦门软件园位列第九。

16日　厦门市第六中学阿卡贝拉（意大利语：Acappell，即无伴奏合唱）合唱团在央视演绎《送别》《江南》两首歌曲。这是央视一套《经典永流传》节目组第二次邀请厦门市第六中学学生独立演绎歌曲。

16日　厦门自贸片区市场监督管理局率先在全市启用人证核验设备，对商事登记委托代理人实行身份验证，从源头上加强对冒用他人身份信息行为的防控。

23日　在全球功能性纺织领域居主导地位的台湾南良集团在大陆的首家“线下健康体验馆”在厦门开馆。

23—24日　2019盛世同心京剧票友厦门汇在海沧举行，是福建省规模最大的海峡两岸民间京剧交流活动。

25日　厦门市首个民革党员之家在福建重宇合众律师事务所揭牌。

25日　福建省政府公布第六批省级非物质文化遗产代表性项目名录79项，其中厦门市跳鼓舞（厦门）、福建布袋木偶戏（厦门）、福建农民画（同安）、厦门漆宝斋漆艺、有应公信俗、澳头蠔干粥传统制作技艺、大笼甜粿传统制作技艺等8个项目上榜。

26日　厦门市先后召开市委常委会（扩大）会议和全市领导干部会议，宣布中共中央关于厦门市委主要领导任职的决定。经中共中央批准，胡昌升任中共厦门市委书记。

26日　厦门市第十五届人民代表大会常务委员会第二十二次会议通过关于废止《厦门市人民代表大会常务委员会关于加强预防职务犯罪工作的决定》的决定。

26日　中国消费者协会在北京发布《2018年70个城市消费者满意度测评报告》。报告显示，厦门市消费者满意度（74.8分）居全国第五。

27日　厦门市委办公厅、市政府办公厅印发《厦门市市级机构改革实施方案》，厦门市机构改革进入全面实施阶段。

27日　厦门海关验放首单跨境电商网购保税进口货物。这意味着跨境电商货物可以直接从厦门的跨境电商保税仓发货，消费者下单后可享受更快捷的购物体验，厦门跨境电商产业发展实现新突破。

28日　全国爱国卫生运动委员会发布《全国爱卫会关于2018年国家卫生城市（区）和国家卫生县城（乡镇）复审结果的通报》，厦门市再次获“国家卫生城市”称号。

3月

1日　厦门市“横向”公交专用道——湖滨南路、莲前路公交专用道进入正式运行，公交出行效率提升。

1日　厦门市交警支队、人保财险厦门市分公司联合在中国人保滨北税保大厦服务网点设立的车管所便民服务站启用。这是福建省首家“警保联动”车管所便民服务站，其启用标志着厦门公安交通管理“放管服”改革开启新模式。

1日　厦门市翔安区《千年金柄》和紫云黄氏金柄名人系列连环画图书首发。这是福建省首部“村庄文化”系列连环画。

6—9日　第十九届中国厦门国际石材展览会在国际会展中心举办。该次石材展面积18万平方米，共计25个展厅，包括国内石材展区、国际展区、机械工具展区、室外展区、新品展区、设计和论坛区六大展区，来自57个国家和地区的逾2000家企业参展，参会观众20.8万人次。

6—9日　第三十四届亚太眼科学会（APAO）在泰国举办。会上，中国斜视与小儿眼科学科带头人、厦门大学附属厦门眼科中心的赵堪兴教授被授予“亚太眼科学会（APAO）杰出防盲服务奖”。

7日　工业和信息化部批复厦门市“中国软件特色名城”称号，厦门市成为全国12座“软件名城”之一。

8日　厦门港与智利圣安东尼奥港签订建立友好港合作备忘录，圣安东尼奥港成为厦门港第十四个国际友好港。

12日　厦门市首个“生态审判碳汇教育实践基地”在同安区汀溪镇堤内村揭牌。

15日　“4+7”国家组织药品集中采购和使用试点工作在厦门实施，全市59家试点公立医疗机构启动中选药品采购工作。该次有北京、天津、上海、重庆和沈阳、大连、厦门、广州、深圳、成都、西安11个城市（即4+7个城市）进行国家组织药品集中采购试点。试点地区委派代表组成联合采购办公室作为工作机构，代表试点地区公立医疗机构实施集中采购。

15 日　五缘湾环岛干道跨线桥在旧桥拆除 3 年后原位复建完成，正式通车。通车后的跨线桥进岛方向连接天圆大桥，出岛方向连接集美大桥，加快进出岛车辆的通行速度。

15 日　鑫天虹项目在厦门火炬高新区正式投产。该项目主要从事半导体 PVD（物理气相沉积）、ALD（原子层沉积）、PECVD（等离子体增强化学气相淀积）等设备和零组件的研发、生产和销售，有助于弥补中国大陆在半导体设备制备技术方面的薄弱环节，完善厦门集成电路产业链。

16 日　厦门大学科研人员研制的戊肝疫苗获准在美国开展临床试验，并获美方的全额资助。这是第一个获批在美国进行临床试验的中国疫苗产品。

17 日　2019 厦门（同安）第四届国际朱子文化节在位于同安县衙旧址的厦门朱子书院开幕。中国、韩国、越南等国的专家学者、朱氏宗亲及宾客参加。

18—24 日　2019 "国贸地产杯" ITF 国际女子网球巡回赛在厦门举行。该赛是"国际网球联合会"管辖的重要赛事，具备国际网联积分及排名资格。来自中国、俄罗斯、美国、丹麦、韩国、日本等 11 个国家和地区的球员参赛，中国选手孙旭柳、赵倩倩组合获双打冠军，丹麦选手 Clara Tauson 摘得单打桂冠。

21 日　厦门市机构改革新设立的厦门市行政审批管理局和重新组建的厦门市生态环境局分别挂牌。

21 日　中国电信厦门分公司启动厦门地区天通一号卫星业务号卡办理，厦门地区迈入卫星移动通信时代。

22 日　厦门市机构改革新设立的厦门市委外事工作委员会办公室、厦门市人民政府外事办公室，新组建的厦门市海洋发展局和新组建并优化职责的厦门市农业农村局分别挂牌。

22—24 日　SIGP 灌口·三圈国际车辆模型（越野）大奖赛在厦门三圈模型科技体验基地 ARC 国际赛车场举行。这是一年一度的亚洲遥控车辆模型大型赛事，来自美国、德国、新加坡、泰国、日本等国家和地区的 200 多名选手参赛。

23 日　第四届清华校友创意创新创业大赛海峡赛区决赛活动在厦门举行，海峡赛区收到来自两岸的 50 多个项目报名，32 个项目进入复赛，其中台湾项目 13 个、大陆项目 19 个。来自大陆的"编程少年"、台湾的"专一性靶向脂肪细胞非手术溶脂针临床开发项目"获大赛一等奖。

24 日　2019 年 3×3 黄金联赛福建赛区在厦门市举行。3×3 黄金联赛是国际篮联官方认证赛事，也是全球最大的三人篮球赛事。牛基地代表队夺得厦门站冠军。

25 日　厦门市机构改革新设立的厦门市卫生健康委员会、厦门市医疗保障局挂牌。

26 日　福建省委常委、厦门市委书记胡昌升，厦门市委副书记、市长庄稼汉在厦门会见高雄市市长韩国瑜率领的参访团一行。厦门与高雄两地企业签订 5 单农渔产品采购合同，其中水果 9000 吨、货值 1500 万美元，水产品 6000 吨、货值 1500 万美元。

27 日　厦门市机构改革新设立的厦门市自然资源和规划局、厦门市住房保障和房屋管理局挂牌。

27 日　厦门市与滴滴出行公司签订战略合作框架协议，双方将在"互联网 + 绿色出行"、创新金融等领域加强合作，在厦门打造滴滴出行公司南方运营总部。

28 日　厦门首个临空跨境电商作业场所——机场跨境电商监管中心在高崎国际机场启用。设立临空跨境电商监管中心可以发挥机场在空运方面的天然优势，进一步降低商品的物流成本，提高通关速度，达到"降费增速"的效果。

28—29 日　第二十一届中国高速公路信息化研讨会暨技术产品展示会在厦门国际会展中心举办，集中展示中国高速公路信息化技术产品研发、应用的最新成果。

29 日　福建省委常委、厦门市委书记胡昌升兼任厦门警备区党委第一书记，任职大会在厦门警备区礼堂举行。

29 日　厦门市机构改革新设立的中共厦门市委台港澳工作办公室、厦门市人民政府台港澳事务办公室挂牌。

29 日　2019 中国医院竞争力大会在广州举行，现场公布"2018 中国医院竞争力排行榜"系列榜单。在 2018 省会市属 / 计划单列市医院百强榜中，厦门大学附属第一医院、厦门大学附属中山医院、厦门市中医院、厦门市第三医院、厦门市第五医院、厦门市第二医院均上榜。

29 日　厦门市首个楼宇党建联盟落户磐基酒店，这是思明区以党建工作引领新经济领域和新社会阶层发展的重要探索。

29 日　福建联合信实律师事务所与台湾广和律师事务所福建省联营办公室在厦门自贸片区挂牌，这是全国首家获批设立的大陆与台湾地区律师所联营办公室。

30 日　厦门市机构改革新设立的厦门市地方金融监督管理局挂牌。

31 日　厦门市机构改革新设立的厦门市退役军人事务局挂牌。

31 日　厦门市机构改革新组建的厦门市文化和旅游局挂牌。根据《厦门市市级机构改革实施方案》，市文化和旅游局整合市文化广电新闻出版局和市旅游发展委员会的职责，并加挂市新闻出版广电局（市版权局）、市文物局牌子。

31 日　厦门市机构改革新设立的厦门市应急管理局挂牌。根据《厦门市市级机构改革实施方案》，将市安全生产监督管理局的职责，市政府办公厅的应急管理职责，市公安局的消防管理职责，市民政局的救灾职责，市国土资源与房产管理局的地质灾害防治相关职责，市水利局的水旱灾害防治相关职责，市市政园林局（市林业局）的森林防火相关职责，以及市防汛抗旱指挥部、市减灾委员会、市抗震救灾指挥部、市森林防火指挥部等职责整合，组建市应急管理局。

31 日　厦门市机构改革重新组建的厦门市市场监督管理局挂牌。

4 月

1 日　由菲律宾华商领袖陈永栽捐资 5 千万元建设的"陈延奎大楼"在华侨大学厦门校区落成投用。

2 日　隶属于地中海航运（MSC）的"塞斯潘纽约"轮离开厦门港，执行至越南、泰国、马来西亚、新加坡的

“海丝”航线，标志着厦门港第二十一条东南亚航线正式开通，这是世界第二大航运公司地中海航运（MSC）首次在厦门港开行东南亚航线。

2日　中国工商银行旗下工银金融资产投资有限公司与国贸控股集团和象屿集团两家市属国企签署总金额为30亿元的厦门市首批市场化债转股战略合作协议。其中，国贸控股集团与工银投资创新性地合作成立福建省首只债转股基金，共同投资于国贸控股集团下属优质企业的债转股项目。

5日　厦门市集美区诚毅合唱团演唱的《嘉庚组歌》曲目之一《嘉庚星》在第二届东京樱花国际合唱节上获“最佳表演奖”。

6日　在美国奥马哈举行的2019 CREATE青少年机器人美国公开锦标赛中，来自厦门演武小学、大同小学六年级的3位学生组成的战队和来自美国加州的合作联队共同取得VEX IQ初中组总冠军。这是厦门代表首次在该项赛事上夺冠。

6日　由厦门市人民政府与厦门大学共同投资建设的厦门大学附属翔安医院投入运营，是厦门首个依托本土高校的非营利性公立医院。

6—7日　首届“海丝云创”国际丝绸之路科技创新交流与合作论坛在厦门大学翔安校区举办。该次论坛以“共享机遇，协作创新”为主题，邀请中国科学院、俄罗斯科学院、国际欧亚科学院的20余名院士以及德国、法国、美国、俄罗斯、奥地利、荷兰、瑞士、哈萨克斯坦等国家和地区的专家学者参会，就国际间科技创新合作问题展开交流与讨论，共同促进产业化科技成果的落地转化。

7日　厦门市市长庄稼汉会见到访的泰国公主玛哈扎克里·诗琳通。

7日　厦门大学附属妇女儿童医院揭牌。

7日　由中国科协调宣部主办的“中国工业遗产保护名录（第二批）”发布会公布最新的中国工业遗产保护名录，其中厦门有两个项目上榜，分别是：作为鼓浪屿世界文化遗产核心要素之一的大北电报公司以及位于思明区龙虎山路866号的上李水库。

12—15日　2019厦门工博会暨第二十三届海峡两岸机械电子商品交易会在厦门会展中心举行。展会总展览规模近10万平方米，展位规模超4000个标准展位。

14日　第十六届中国基金业金牛奖评选获奖名单揭晓，总部位于厦门的圆信永丰基金管理公司获该届金牛奖的“金牛进取奖”。

15日　厦门国际邮轮母港泊位改造工程完工后驶入首艘巨轮——15万吨的“世界梦号”。泊位改造工程于月初全面完成，该邮轮母港具备接待世界最大22.5万总吨邮轮的硬件水平，处于世界领先地位。

16日　中央企业熠星创新创意大赛项目对接路演厦门场在厦门悦华酒店开赛，31家中央企业的71个创新项目，与400余名来自厦门投资机构、科技孵化器、产业园区等机构的投资人深度对接。

18日　歌仔戏《侨批》在厦门市小白鹭艺术中心金荣剧场公演。该剧是国家艺术基金2019年度舞台艺术创作资助项目。

18日　福建省重点建设项目、厦门湾最大的深水散杂货码头——厦门港后石港区3号泊位工程通过竣工验收。

21日　福建省第七批省级中医重点专科建设项目公布，厦门大学附属中山医院、厦门市中医院、厦门市仙岳医院上榜。同时，第六批省级农村医疗机构中医特色专科（专病）建设项目公布，厦门3家医疗机构入选。

22日　中国工程院生态文明建设重大咨询研究项目组在北京发布“生态文明建设若干战略问题研究（二期）”项目研究成果暨生态文明发展水平评估报告。报告显示，厦门市生态文明指数得分80.94分，达到A级水平，在全国地级及以上城市中排名第一。

22日　第十二届海峡两岸（厦门海沧）保生慈济文化旅游节开幕，来自两岸及东南亚近2000名海内外宾客参加。

22日　由厦工中铁重型机械有限公司制造的福建首台双模盾构机顺利下线。

23日　厦门大学“嘉庚一号”火箭在西北部沙漠无人区发射，并在指定着陆点成功回收。

24日　国际排联沙滩排球世界巡回赛厦门四星赛开赛。来自31个国家和地区的136支队伍报名参赛，该次比赛是当年世界巡回赛的首个四星赛。

24日　在为期2天的全国信用App观摩活动暨社会化信用服务现场会上，厦门信息集团大数据运营有限公司负责建设运营的厦门市民个人信用“白鹭分”，获全国“试点推广项目奖”。

24日　厦门金融司法协同中心在厦门市挂牌，是全国首家以金融司法为主题、多元协同为核心、资源集聚为特色的联合工作平台。

25日　退役军人事务部党组成员、副部长、全国双拥工作领导小组副组长兼办公室主任钱锋一行到厦门调研厦门市双拥工作情况。

25日　全球最大纳米银生产商——天材创新材料科技在厦门市同安的生产基地投产。

26—27日　第五届国际数学建模挑战赛（IMMC 2019）大中华区决赛在香港举行，厦门市第六中学高二4人团队因用数学模式提出网络游戏防沉迷自我约束办法获特等奖。厦门市第六中学是福建省首个获该赛事特等奖的学校。

27日　厦门市总工会为首批建成的10家“职工学堂”挂牌。“职工学堂”是以全市职工特别是产业工人为主要服务对象，以加强职工思想政治引领、提升职业技能素质、提高综合文化素质为重点培训内容，建设工会、院校、企业和社会力量共同参与的开放式职工学堂。

27日　厦门移动在会展中心拨出厦门市第一个5G语音和高清视频通话，标志着厦门跨入5G时代。

27日　福建省第二届大肠癌年会暨全国结直肠癌多学科综合诊治高峰论坛在厦门召开。会上宣布成立中国NOSES（经自然腔道取标本外科，被称为“微创中的微创”手术）联盟福建省分会，厦门大学附属中山医院院长蔡建春（教授）当选为中国NOSES联盟福建省分会理事长。

28日　即日起，厦门市全面取消企业银行账户许可。

28日　厦门机场启用“一带一路”边检专用通道。

28日　由商务部主导，阿里巴巴、京东、苏宁易购、网易、国美、唯品会、小红书等12家电商平台示范企业共同参与举办首届“双品网购节”，活动持续到5月10日。厦门市网络零售额超过1亿元，位居福建省首位、全国第九名。

29日　福建省卫生健康委员会正式启动首批互联网医院，厦门大学附属第一医院成为福建首批互联网医院试点单位之一。

29日　上午，福厦高铁首孔箱梁在西溪特大桥成功架设。

30日　福建省委常委、厦门市委书记胡昌升会见到访的日本电气硝子株式会社社长松本元春一行，双方就共同推动电气硝子在厦门进一步做大做强深入交换意见。

30日　中国工程院2019年院士增选有效候选人名单公布，总共531人，在闽高校有4人，其中赵燕菁、白敏冬、夏宁邵3人来自厦门大学。

5月

1日　福建省首批“金牌旅游村”候选名单公示，厦门市海沧区青礁村和同安区军营村入选。

3日　为期7天的第七届世界军人运动会帆船测试赛暨2019年全国青年帆船锦标赛在武汉东湖结束，厦门籍选手王俊龙和王宝鑫总共获得3金1银。

4日　国内首个音乐产业综合体——位于厦门市集美新城的怒放青春·星巢越中心开业。

4日　亚洲最大的音乐剧团体——日本四季剧团的原创家庭音乐剧《素敌小魔女》在厦门市嘉庚剧院上演。

5日　第二届数字中国建设峰会厦门分会暨产业招商推介会举行，厦门市长庄稼汉为厦门市5G联合创新实验室授牌。会上，26个合作项目集中签约，其中数字经济产业项目19个、先进制造业项目7个，总投资351亿元。

5日　第二届数字中国建设峰会厦门分会暨产业招商推介会在厦门国际会议中心召开，厦门市5G联合创新实验室同步挂牌。

5日　厦门获批全国首批二手车出口试点，为福建省唯一。

5日　教育部发布《关于举办2019年全国职业院校技能大赛的通知》，拉开2019年全国职业院校技能大赛的帷幕，大赛共设置87个大项，包括天津主赛区和北京、山西、内蒙古等21个分赛区，全国962所中职学校参加。活动持续到6月16日。厦门集美工业学校以一、二、三等奖奖牌数42枚获得全国第二，厦门工商旅游学校以奖牌数28枚位列全国第三。

6日　厦门市同安区召开专家评审会，全国首个县区级生态文明建设目标评价考核信息管理系统数据共享平台通过验收并投入运行。

7日　鼓浪屿世界文化遗产知识导游专项提升培训启动，是鼓浪屿申遗成功后，首次面向厦门全市导游开展的世界文化遗产知识培训。

8日　厦门市青年企业家联合会成立。

9—13日　规模全球最大的2019中国厦门国际佛事用品（春季）展览会、2019中国厦门国际茶产业（春季）博览会在厦门国际会展中心举办，并同期举办2019中国厦门国际手工艺品展和2019中国厦门国际素食暨有机产品（春季）展览会。

13日　厦门地铁2号线实现全线“轨通”，系国内首条开工建设的海底盾构地铁隧道。

14日　第十届中华环境奖评选结果公布，厦门市交通运输局获第十届中华环境奖（环境管理类），该国家级奖项是中国环境保护领域最高的社会性奖项。

14—25日　第七十二届戛纳电影节在法国戛纳举行，当地时间5月16日举行的“魅力中国·中国最美外景地”推介活动中，厦门市思明区获“中国最美外景地”称号。

15日　中央电视台首档大型青年创业实战公开课——《创业英雄汇》海选厦门站总决选在集美举行。入围海选总决选的20个项目通过路演的形式对决。

15日　中华全国妇女联合会在北京召开“家家幸福安康工程”启动部署暨2019年度全国最美家庭揭晓会，会议揭晓999户全国最美家庭，其中厦门2户家庭上榜。

15—16日　由厦门市金莲陞高甲剧团和台湾戏曲学院青年剧团合作演出的闽台地方戏《阿搭嫂》，作为第十二届中国艺术节13台参演剧目之一，在上海星舞台连续献演两场。

16日　厦门市委组织部和厦门两岸股权交易中心携手在全市首创“双百人才企业板”，全市93家企业在“双百人才企业板”集中挂牌。

16日　“5G智能物流配送应用展示”活动在厦门举行，全国首例城市级5G智能物流配送机器人自主配送货物成功，标志着全国首个5G客货融合的公交枢纽站以及全国首个5G智能配送机器人商用项目在厦门发布。

16日　福建首个集新能源汽车充电、换电、光伏发电、蓄能功能于一体的充电站项目——长庚医院楚源·小桔充换电站在厦门投入使用。这是福建全省首个“四站合一”的新能源汽车充电站项目、最大的“绿色能源综合体”。

16—19日　中国脑卒中大会在北京召开，厦门大学附属第一医院获“高级卒中中心”建设单位授牌。

16—19日　厦门市内免税店通过海关总署验收并对外营业，是福建省首家市内免税店，也是海关总署批准设立的全国5家市内免税店之一。

18日　全国首个国际硼中子俘获治疗中心落户厦门弘爱医院。

19日　福建省首个公证行业党委——福建省厦门市鹭江公证处党委成立，标志着厦门市公证行业党建工作跨入新的发展阶段。

20日　厦门市在悦华酒店举行现代服务业招商座谈会暨项目签约仪式，在市主要领导共同见证下，38个项目集中签约，签约总额309.5亿元。

20日　中国（厦门）供应链科创中心揭牌仪式在厦门国际航运中心举行，是中物联与厦门地方政府合作成立的全国首个供应链科创中心。

21日　厦门市工商联（总商会）联合市商务局举办的2019厦门市招商推介会（异地商会、行业商协会专场）在厦门大唐景澜酒店召开，推介厦门市招商引资新政。

21日　厦门市首个工地扬尘防治办公室“落户”大嶝街道双沪社区。

21日　2019腾讯全球数字生态大会在昆明开幕。在主峰会上，腾讯研究院发布《数字中国指数报告（2019）》，厦门位列“2019数字中国总指数100强”第二十二位，在数字产业分指数、数字政务分指数城市排名中，厦门均跻身20强，分别位列第十七位、第十六位。

21—24 日 第二十三届世界半导体理事会（World Semiconductor Council，简称 WSC）在厦门市召开，全球主要半导体公司及行业协会的负责人齐聚厦门。

22 日 厦船重工承制的全球最大 LNG 汽车滚装船首制船出坞。该船最大可承载 7500 辆标准小汽车，填补中国双燃料大型汽车滚装船自主设计建造技术的空白。

23 日 工业和信息化部对当年首批专、精、特、新"小巨人"企业名单进行公示，全国共 248 家企业。厦门利德宝电子科技股份有限公司和晋大纳米科技（厦门）有限公司入围。

23 日 首个技术援藏项目厦工机械技能操作培训基地在西藏左贡县落成，开启厦门国企技术援藏的先河。

23 日 央企合资设立的"星旅远洋邮轮"品牌正式在厦门发布，并在厦门设立运营总部。

23 日 厦门市公安局举行"2019 年公安科技活动周"先进科技产品展览活动启动仪式暨"警企联合创新中心"揭牌仪式，市公安局与华为、海能达、南威等公司代表签署战略合作协议。

24 日 厦门同安大道（同南公路—同安东路段）工程大轮山隧道全线贯通。

24 日 厦门市第一中学 16 岁学生林瑾作为全国唯一高中生，入选南京大学本科生科考队，参与南大 2019 中希爱琴海国际科考与科研训练项目。

25—26 日 IMF 厦门超级音乐嘉年华在同安举行，这是中国东南地区最大规模的电音主题嘉年华。

27 日 KA609 航班起飞，一票始发地为越南、品名为 ADIDAS 运动鞋的货物在厦门海关监管下过境飞往美国，标志着厦门空港口岸"两头在外、换单中转"的国际货物转运业务落地，该类型业务在中国大陆航空货运界尚属首例。

28 日 厦门地铁 3 号线岛内段最长矿山隧道顺利贯通。

28 日 厦门市市场监管局技术基地揭牌，是厦门首个质量基础设施公共技术服务平台。

30 日 厦门翔安机场快速路南段（翔安南路至大嶝段）南港特大桥完成最后一孔箱梁的浇筑，南段 A2 标段主体工程完工，是快速路全线首个完成主体工程的标段。其中，施工方创新应用"新型 421 组合式桁架梁"，该项技术创新具备安全、经济、高效等特点，是福建省首创。

30 日 2019 年"华为手机杯"中国围棋甲级联赛常规赛第三轮，柯洁率领厦门队 4∶0 完胜对手，取得 2019 赛季开战以来的首场胜利。5 月 11 日，第五轮比赛在厦门主场举行。12 月 12 日，联赛在厦门落幕。

31 日 厦门市第一届无人机行业交流展示大会在厦门理工学院举行，会议由厦门市无人机行业协会主办，国内无人机行业的专家、企业代表共 200 多人参加。会上成立厦门市无人机行业协会专家委员会。

31 日 厦门市应急救援电力指挥中心在国网厦门供电公司挂牌。

6 月

1 日 中国侨联联谊联络部副部长朱柳率第九届世界华侨华人社团联谊大会访闽代表团到厦门参访。

1 日 厦门市委宣传部军营村文艺创作基地挂牌。市文艺创作中心、同安区文联、军营红文化旅游有限公司三方在活动中签订《厦门市委宣传部军营村文艺创作基地共建协议》。

1 日 厦门市首个区级融媒体中心——海沧区融媒体中心启用，标志着海沧正式迈入融媒体时代。

1 日 第五届华夏眼科国际论坛在厦门召开。论坛期间，厦门大学附属厦门眼科中心儿童少年近视防控中心与小儿眼科疑难眼病会诊平台揭牌。

2 日 厦门市重点民生工程——厦门大学附属厦门眼科中心五缘院区投入运营，打造 5G 智能眼科医院。

2 日 福建省首个区级高校禁毒联盟——集美区高校禁毒联盟在后溪镇大学城旺角商业广场成立。

2 日 《中国教育报》在头版以《为了特殊儿童赢得未来》为题，深入报道厦门市心欣幼儿园"医教结合"特色办学取得的成效，该幼儿园是全国首家公办医教结合的特殊幼儿园。

3 日 厦门市政府与国网福建省电力有限公司签署《厦门泛在电力物联网支撑智慧城市建设战略合作协议》。

3 日 厦门五通客运码头三期候船楼全面启用。

4 日 厦门市翔安东路综合管廊大嶝大桥过海段市政舱贯通，是全国采用顶管作业直径最大的跨海地下管廊。

5 日 以"共创共赢·数字化未来"为主题的 2019 施耐德电气创新峰会在厦门国际会展中心举办。施耐德电气厦门工厂是施耐德电气全球最大的真空灭弧室工厂，在施耐德电气全球所有定制化生产类型的工厂中排名第一。

5 日 由福建省红十字会、厦门市红十字会、厦门日报社共同举办的"红十字应急救护百万培训八闽行·厦门站"启动仪式暨厦门日报社红十字应急救护志愿服务队成立仪式在日报社举行。

6 日 工业和信息化部向中国电信、中国移动、中国联通、中国广电发放 5G 牌照，厦门入列全国首批 5G 城市。

11 日 邮储银行厦门分行携手福建泉厦高速公路有限公司，在厦门市首创推出联合派驻制 ETC"一站式"全流程办理服务模式，服务覆盖面全市最广。

12 日 闽西南首例机器人手术在厦门大学附属第一医院完成。

12 日 厦门市公安局刑侦支队警犬技术室获评 2017—2018 年度"全国青年文明号"，成为全国唯一获此荣誉的警犬技术室，也是全省公安系统中获得这一荣誉的 3 个集体之一。

13 日 厦门市地铁 2 号线五缘湾站隧道内的 2131 号接触网隔离开关合闸，是地铁 2 号线最后一个接触网供电分区，标志着地铁 2 号线实现全线"电通"。

13—15 日 在斯洛伐克举行的 2019EFRA 欧洲车辆模型锦标赛上，中国自主品牌产品——厦门三圈模型动力锂电池夺得 3 个项目中的 2 项欧洲冠军。这是继 2018 年车辆模型世界锦标赛后第二次登上最高领奖台，标志着厦门轻工集团打造模型锂电池世界第一品牌工作持续取得重大突破。

14 日 大陆第一座以纪念颜思齐为主题的开台文化公园——海沧开台文化公园，在颜思齐故里——海沧区青礁村开园。

14 日 2019 年世界计量经济学会

亚洲年会在厦门大学举行，是该亚洲年会第一次在中国大陆高校举行。

16日 中共中央政治局常委、全国政协主席汪洋在厦门出席第十一届海峡论坛并致辞。第十一届海峡论坛于6月15—21日举行，主会场设在厦门国际会议中心，由海峡两岸83家（大陆41家、台湾42家）单位和社团共同主办，共67场，规模为历届最大。论坛首次举办“两岸一家亲·从小心连心”研学体验营。

16日 以“我和你 在一起”为主题的第十一届海峡论坛·第六届海峡两岸青少年新媒体高峰论坛在厦门市海沧区开幕。论坛上，2019海峡两岸电子竞技邀请赛启动，赛事持续7个月。

16日 海峡金融论坛上，厦门银行行长洪主民为厦门市台商协会会长吴家莹颁发首张厦门银行台胞信用卡。该银行卡是大陆首张面向台胞的专属信用卡。

16日 为期3天的2019年“白鹭杯”海峡工业设计大奖赛结束，厦门的大千振宇工业产品设计有限公司研制的“工业级3D打印机SLA1600-DLC”获唯一的特别奖。本届大赛参赛国为历届之最，共22个国家和地区的企业和设计师报名参赛。

16日 全国ERAS理论巡讲暨肝胆胰外科微创技术与加速康复理念应用进展学习班在厦门大学附属中山医院举行。会上，厦门大学附属中山医院肝胆胰外科获全国“肝脏外科ERAS标准病房”授牌，成为全国首批6家获此资质的医院（科室）之一，是福建省唯一一家。

18日 集生产、观摩、体验于一体的厦门国际航运科创中心启用。

18日 第十八届（2018）中国电子电路行业排行榜发布，厦门市弘信电子以22.49亿元的营业收入在“综合PCB百强榜”上排第二十七位。

18日 第四届两岸人才机构洽谈会在厦门市举行。会上同步举办“台湾人才服务驿站”以及集成电路、文化创意领域两岸产业人才联合培训等合作项目签约仪式，首次举办台湾人才项目联合评审会，由清华海峡研究院牵头成立的两岸紫荆智库“招才引智”平台首次公布。

19日 “21世纪海上丝绸之路”与“丝绸之路经济带”在厦门实体连接点——厦门市首个多式联运港站投用，并发出第一班满载“丝路海运”进口货物的货物班列。

19—22日 第二届全国青年运动会现代五项预赛（厦门站）在厦门海沧体育中心举行，来自全国各地的近200名现代五项青少年选手决出33枚金牌。

20日 网红品牌“鹿角巷”著作权之争在厦门市思明区人民法院公开开庭。该次法院庭审全程采用5G技术进行直播，在厦门乃至全国均属首次，共100多家媒体全程参与直播，吸引1200万名网友在线观看旁听。

20日 2019（第十四届）中国卫生信息技术/健康医疗大数据应用交流会举行。会上，厦门大学附属中山医院通过国家医疗健康信息互联互通标准化成熟度五级乙等测评，是福建省首批获评信息互联互通五级乙等的医疗单位。五级乙等是全国以互联互通标准化成熟度为基础进行医院信息化测评的最高级别，全国仅17家医院通过五级测评。

22日 中国新一代远洋综合科考船“科学”号完成国家科技基础资源调查专项“西太平洋典型海山生态系统科学调查”航次任务，返回厦门。

22日 首届翔安金门“联谊杯”乒乓球邀请赛在厦门市翔安区青少年校外体育活动中心举行。

24日 福建省委常委、厦门市委书记胡昌升率队拜会上海证券交易所党委书记、理事长黄红元并签订《战略合作备忘录》。

24日 中国社科院财经战略研究院权威发布2018年中国城市竞争力报告，在综合经济竞争力排行榜中，厦门进入国内二十强，排名第十七位，是福建省唯一入围的城市。

25日 厦门市举行“6·26”国际禁毒主题宣传暨纪念林则徐“虎门销烟”180周年活动，首次在厦门集中销毁缴获的1000千克各类毒品。

25日 厦门大学附属中山医院依托钟南山院士名医工作室，在福建省率先开展复杂的B超引导下胸膜活检术。

26日 工银金融资产投资有限公司向厦门象屿物流集团有限责任公司投放10亿元债转股资金。该次投放标志着厦门市首单市场化债转股项目的落地，是厦门市国企市场化债转股的里程碑事件，也是厦门市推动国企降杠杆的重要成果。

26日 厦门海关第一个“进出口食品安全宣传教育基地”在古龙酱文化园揭牌。

27日 一个40尺货柜搭乘“中远之星”轮从台中抵达厦门，并于当日下午转乘中欧班列（中俄建发专列），于6月30日前往莫斯科。这是厦台客货滚装航线首次携手中欧班列将台湾货物经厦门发往俄罗斯，打通一条新的海铁联运物流大通道。

27日 2019厦门国际投资贸易洽谈会暨丝路投资大会在香港、澳门分别举办推介会。

28日 中国电子信息行业联合会发布2019软件和信息技术服务综合竞争力百强企业，厦门信息集团、厦门吉比特网络技术股份有限公司、厦门市美亚柏科信息股份有限公司入围。

28日 《厦门经济特区鼓浪屿世界文化遗产保护条例》通过，于7月8日实施。

28日 2019年两岸（昆山）产业合作论坛在昆山举行，昆山、厦门、广西、四川、湖北五地联合发起成立首个国家级对台区域合作平台——两岸产业合作区发展联盟。

29日 第十六届法国电影展映（厦门站）在卢米埃厦门宝龙一城影城开幕，是法国电影展映首次在厦门展出。

30日 总投资100亿元的中航锂电“新型动力锂电池生产线项目”落户厦门，该项目从洽谈到落地仅2个月。

30日 BRT文灶站和地铁1号线实现便捷换乘，是厦门市首个与地铁1号线便捷换乘的BRT站点。

30日 由厦门市政集团百城公司代建的集美污水处理厂尾水排海管项目通水试运行，这是福建省钢管口径最大的海上沉管项目。

30日 中国公司市值500强榜单公布，厦门市三安光电、亿联网络、瑞幸咖啡和建发股份4家企业入围。

7月

1日 中共厦门庆寿堂文化传媒有限公司支部在厦门市海沧区挂牌，是国内首家“电竞党支部”。

1日 厦门市思明区德善堂第一门诊部成为全市首家政府向社会资本购买家庭医生签约服务的试点单位。

2日 卢森堡货运航空一架波音747-800全货机降落厦门高崎国际机场，标志着“卢森堡—郑州—厦门—洛杉矶”第五航权货运航线正式开通。这是福建省内唯一一条第五航权航线，也是厦门机场自1983年通航之后首条横跨欧亚美三大洲的货运航线，是大陆第二条横跨三大洲的货运航线。

2日 福建省司法厅批准厦门市质检院设立厦门市产品质量监督检验院司法鉴定所，核发物证类痕迹鉴定司法许可证。厦门市质检院成为在省质检系统内首家获法定司法鉴定许可的检测机构。

3日 厦门市举行现代农业招商推介暨签约大会，18个现代农业项目集中签约，总投资70.2亿元。

4日 全国首批15个小微企业创业创新基地城市示范绩效评价发布，厦门市排名第八，获中央财政奖励资金4500万元。

5日 厦门市人民检察院对一起拟作相对不起诉的某民营企业涉嫌走私普通货物案，举办公开审查听证会。这是市检察院首次以公开审查听证的形式审查起诉案件，也是市检察机关首次围绕服务和保障民营经济发展举办的公开审查听证会。

6日 厦门大学高质量发展研究院揭牌，以服务国家和区域重大需求为导向，建设新型高校智库。

6日 厦门大学附属第一医院互联网医院正式运营，厦门市第一张互联网医院电子处方诞生。

8日 《厦门经济特区鼓浪屿世界文化遗产保护条例》施行。

8日 厦门首个小学生性教育夏令营在康乐小学开营，为期2天。

8日 一架喷绘有“工程狮”涂装的巴西航空工业公司E195-E2飞机抵厦门高崎国际机场，厦门站是该机型全球巡航演示亚太区首站。

9日 厦门获批跨境金融区块链服务平台试点，成为跨境金融区块链服务平台全国9个试点地区之一。

10日 厦门市思明区嘉莲街道“法律护企”共建协议签订暨磐基中心楼宇法治体检中心揭牌仪式在磐基名品中心举行，是福建省内第一个楼宇法治体检中心。

10日 首批112家单位的商号、注册商标被厦门市商务局授予“厦门老字号”牌匾。

10日 厦门工商银行通过区块链平台办理第一笔出口贸易融资关单核验，标志着跨境金融区块链服务平台试点工作在厦门全面落地。

10日 由厦门北开往长春的Z104次普速列车驶出厦门北站。这是全国铁路“7·10”调图首日厦门北站始发的首列“绿皮车”，也是厦门北站建站之后发出的首列旅客普速列车。

11日 2019新华—波罗的海国际航运中心发展指数在上海发布，厦门市位列国际航运中心城市第三十位。

15日 马士基“丝路海运”航线（代码：NV2）在厦门港嵩屿集装箱码头起航，是厦门港第一条专门为国际中转开辟的东南亚衔接航线，同时也是“丝路海运”服务新标准颁布后，厦门市“招商引轮”的一项重要成果。

15—23日 厦门选手参加在匈牙利举行的2019年航海模型仿真航行项目世界锦标赛，厦门市第一中学初三学生柯峻怀利用3D技术制作的中国科考船“雪龙号”模型获世锦赛F4B项目青年组亚军。

19日 2019福建会展业融合发展研讨会在厦门举行，是福建省历史上首次举办该类研讨会。

20—25日 厦门3支学生合唱团参加在肇庆举行的第七届中国童声合唱节，获两金一银。

21日 位于厦门大唐中心C座的海峡工艺美术馆正式开馆。该馆汇集500件海峡两岸工艺美术大师级作品，是全国唯一一座一省囊括全部“中国工艺美术大师”代表性作品的藏馆。

22日 由教育部科技发展中心、厦门市委组织部主办的教育部“蓝火计划”首届厦门博士生工作团开团仪式在厦门市举行。“蓝火计划”是由教育部实施，以项目合作为重点，推动高校重大科技成果落户地方的行动计划。

22日 2019年《财富》世界500强企业名单出炉。厦门建发集团、厦门国贸控股集团、厦门象屿集团3家上榜，其排名和营业收入分别为：第277位、427.26亿美元，第291位、414.38亿美元，第338位、365.04亿美元。

24日 福布斯中国发布2019中国慈善榜，厦门源昌集团侯昌财和九牧王集团林聪颖，分别以1.1亿元和2000万元的现金捐赠总额排名榜单的第三十六位和九十位。

24日 中欧（厦门）班列迎来印度尼西亚货物的过境首发。一柜货值近30万元人民币、由印度尼西亚雅加达发出的货物，在厦门短暂停留后，搭乘由厦门自贸片区海沧园区开出的中欧（厦门）班列，前往德国杜伊斯堡，全程运行时间较传统海运时间节省约15天。

25—28日 厦门市槟榔小学的8支队伍入围在河北保定举行的世界机器人大赛总决赛，并在MakeX守护家园项目中，获冠军2个、二等奖1个、三等奖1个和“最佳设计奖”；在VEX（IQ）项目中，获亚军和“最佳精彩奖”；在智能挑战赛中，获一等奖1个和二等奖2个。

28日 厦门市政府与华为公司签订华为超算中心暨鲲鹏产业合作框架协议。

28日 厦门移动、厦门远海码头集装箱有限公司在海沧港区签署战略合作协议，发布厦门首个智慧港口5G应用，双方构建全球首个5G信号全覆盖码头港口。

28日 厦门市初中生黄泓杰、曾欣言组成的“欣欣之成火狐队”在世界教育机器人大赛WER 2019赛季欧洲公开赛上，代表中国获大赛初中组普及赛、扩展任务赛两个竞赛项目的世界冠军，并在大赛“团队展示”环节获含金量最重的“最佳创意奖”。

30日 厦门市政府与全国台湾同胞投资企业联谊会签订战略合作协议，共同推动在厦门成立海峡两岸投资基金。省委常委、市委书记胡昌升出席签约仪式，并会见全国台企联会长李政宏一行。

31日 福建省药品监督管理局厦门生物医药港服务工作站在海沧生物医药产业园B13号楼挂牌。

8月

4日 厦门市与四川大学签署战略

合作协议。双方将在厦门合作共建四川大学华西厦门医院、四川大学华西医学厦门研究院。

5日　中国社会科学院财经战略研究院、中国社会科学院旅游研究中心及社会科学文献出版社发布《休闲绿皮书：2018—2019年中国休闲发展报告》，厦门位于中国城市休闲指数排行榜第七位。

5日　全国企业文化年会在北京举行，会上2018—2019年度全国企业文化优秀成果名单公布，厦门国贸控股集团有限公司获“2018—2019年度全国企业文化优秀成果一等奖”。

5日　一个来自台湾高雄的40尺集装箱在厦门搭乘中亚班列前往哈萨克斯坦阿特劳，标志中亚班列开启海铁联运新模式，是厦门中亚班列与高雄港的首次对接。

6日　以厦门为主会场、联动全球77个城市地区设立分会场的开笔礼活动举行，23616名幼升小孩童参加，经世界纪录认证（WRCA）官方工作人员现场审核，被确认为这是“世界最大规模的开笔礼（多场地）”。

8日　“厦门约巴”项目在厦门软件园启动。“厦门约巴”是全国首创的“高峰区间＋平峰网约”运营模式的5G微循环网约巴士。

8日　华云数据集团在北京雁栖湖国际会展中心发布首款国产通用云操作系统——安超OS产品，填补国内云操作系统领域的空白。该款云操作系统的运营主体是在厦门市同安区注册成立的厦门安超云软件有限公司。

8日　2019年“传承杯”珠心算文化交流盛典在厦门举行，学前组冠军来自厦门代表队。

8—9日　为期两天的厦门首届社交电商节暨招商洽谈会在海悦山庄酒店举行。来自全国各地的制造企业主、新媒体创业者、电子商务从业者、投资机构代表等聚焦“社交电商趋势”“社交电商与资本”“短视频营销”等热点话题，共同探讨社交电商的发展动向。

9日　首届中国人工智能峰会暨多媒体信息识别技术竞赛成果发布会在厦门国际会议中心召开。组委会宣布该大赛永久落户厦门，并每年举行。会上，签约融资项目3个，签约落地厦门项目10个。会议发布竞赛成果，厦门火炬高新区企业瑞为技术获A级证书，系全国获人脸识别A级证书的4家企业之一；睿视智觉获3项B级证书；快商通获2项B级证书。

12日　“牢记初心使命　携手再创辉煌”央地国企对接座谈会在厦门国际会议中心举行，厦门市属国企与央企成功签约12个项目，共同打造央地携手发展、合作共赢的新典范。

12日　全球平板显示技术领军企业天马微电子股份有限公司与厦门火炬高新区管委会签署投资合作协议，总投资480亿元的天马第六代柔性AMOLED生产线项目正式落户厦门火炬高新区，是厦门史上单体投资最大的高科技工业项目。

13日　在厦门海沧国贸物流启润仓库，一辆蓝色三菱越野车驶入集装箱搭船前往柬埔寨西哈努克港，并于8月25日抵达，标志着二手车出口业务在厦门落地。

14日　2019年中国互联网企业100强榜单，5家厦门企业上榜，分别是：四三九九网络股份有限公司（第四十二位），美图公司（第五十九位），厦门吉比特网络技术股份有限公司（第八十三位），厦门翔通动漫有限公司（第八十九位），厦门美柚信息科技有限公司（第九十八位）。

16日　厦门首批电信5G商用手机开售，标志5G通信走进厦门市民生活。

17日　厦门市通用航空行业协会成立，是经厦门市民政局正式批准成立的市级通用航空行业协会。协会立足厦门，面向海西，覆盖通航全产业链，对厦门在通航领域的招商引资，通航产业升级转型起到带动作用。

20日　厦门港与韩国釜山港缔结友好港关系签约仪式在厦门举行。

20—22日　国际鳗鲡产业发展论坛暨“一带一路”国家鳗鲡产业技术创新战略联盟成立大会在厦门举行。

21日　厦门市金融机构241家“工会爱心驿站”对外开放，厦门市成为全国金融系统首个全面推行爱心驿站的城市。

22日　厦门市观音山苏大宝沙文化海峡艺术交流基地正式对外开放，中国沙画创始人苏大宝亮相厦门。

23日　由厦门市中央直属企业投资协会主办、招商银行厦门分行承办的“央启鹭岛·招领财智”央企战略客户招商引资交流峰会，在国际会议中心举行。

23—25日　2019年福建省青少年蹦床锦标赛在厦门市体育中心钢宇体育馆举办。该次比赛是福建省最高水平的青少年蹦床大赛，是厦门首次承办蹦床省赛。

26日　2019新一代人工智能与自动化论坛（厦门）主论坛在厦门举行。厦门市科学技术协会和中国自动化学会在会场签署战略合作框架协议。

26—28日　以“中国梦　劳动美”为主题的2019年福建省交通职工（港口）职业技能竞赛在厦门海通码头举行，是福建省首次举行的港口集装箱生产领域省级一类竞赛。

26—31日　福建省青少年帆船帆板锦标赛在厦门市水上运动中心帆船帆板训练基地举行，福建省8个地市的239名18岁以下选手参与激光级帆船4.7级、OP级帆船和T239级帆板共16个组别的竞逐，是近10年规模最大的一次帆船省赛。激光级帆船首次列入省赛。厦门队在16个个人项目和8个团体积分赛中，共获18枚金牌、14枚银牌和7枚铜牌，同时包揽分量最重的男子帆船、女子帆船、男子帆板、女子帆板4项团体冠军，该4项团体冠军将带入下届省运会4枚金牌和36分的团体积分。

28日　民政部、财政部联合下发《关于确定第四批中央财政支持开展居家和社区养老服务改革试点地区的通知》，厦门市被确定为第四批中央财政支持开展居家和社区养老服务改革试点地区。

28日至9月1日，2019中国关节外科学术大会在厦门举行，同期举办第二十届亚太关节学术年会，近3000人参会。大会邀请14个国家的33位国际顶级专家，与中国专家共同组成讲师团，分享关节外科最新技术。现场设同声传译点，并同步直播，数万骨科医务人员在线参与。

31日　由中国广告协会报刊分会主办的第十二届中国传媒经营大会在大连召开，“2018—2019中国传媒经营价值百强”报告正式发布。《厦门日报》获“2018—2019中国传媒经营价值百强榜”全国副省级、省会城市日报十强第一名，是自 2007 年之后《厦门日报》连续第十一次位居该榜单榜首。

31 日 厦门影视拍摄基地启动建设。该基地在原厦门包印集团杏林厂区老厂房基础上改造，建筑面积近 56000 平方米，配套招商中心、组合摄影棚、综合配套服务楼、虚拟摄影棚、室外场景搭建区等 5 个功能分区，基地计划于 2020 年下半年建成并投入使用。

9月

1 日 厦门市第二十届运动会在海沧区体育中心开幕。该届运动会共设 54 个竞赛项目，产生 915 枚金牌。其中，青少年组 29 个竞赛项目，行业组 19 个竞赛项目，群众组 6 个竞赛项目。来自全市 6 个行政区、市属各部委办局、大专院校等 24 个代表团报名参赛。该届运动会 9 月 27 日在厦门市体育中心落幕。

1 日 中国企业联合会、中国企业家协会在山东发布 2019 中国企业 500 强排行榜。厦门有 3 家企业上榜，均进入百强阵营：厦门建发集团有限公司以 2826.21 亿元的营业收入排在第七十一位，厦门国贸控股集团有限公司以 2740.96 亿元的营业收入排在第七十七位，厦门象屿集团有限公司以 2414.61 亿元的营业收入排在第八十四位。

1 日 厦门市商事主体网上审批系统正式上线“全流程电子化、无纸化设立登记”功能。该功能上线后，审批系统实现 24 小时开放申报，符合条件的申请人可随时随地登录系统在线办理营业执照，不用再到市场监管部门的登记窗口提交纸质材料。

2 日 福建省委常委、厦门市委书记胡昌升主持召开市城市规划委员会会议，研究马銮湾新城系列规划优化提升方案，以及全市污水设施布局等重大专项规划。

2 日 亚洲首台心血管专用型 CT-CardioGrapheTM 落户厦门大学附属心血管病医院，能实现一个心跳周期内就完成心脏的高清“拍照”，为心血管病患者提供更精准、更快速的检查结果。经过 1 个多月的安装调试，该机于 10 月 19 日在厦门大学附属心血管病医院正式开机。

5 日 厦门知识产权法庭在厦门自贸片区揭牌。最高人民法院批复同意厦门知识产权法庭为厦门市中级人民法院内设专门审判机构，跨区域管辖发生在厦门市、漳州市、泉州市、龙岩市辖区内的第一审知识产权民事和行政案件；发生在厦门市辖区内除基层人民法院管辖范围之外的第一审知识产权民事、行政和刑事案件；不服厦门市辖区内基层人民法院审理的第一审知识产权民事、行政和刑事案件的上诉案件。

6 日 厦门后溪长途汽车站主站房平移工程拿到“整体旋转移动弧长最长”吉尼斯世界纪录。该工程耗时近 1 年，于 2019 年 4 月 1 日完成平移。

7 日 首届丝路海运国际合作论坛在厦门开幕。福建省委书记于伟国作主旨演讲，省长唐登杰主持开幕式。论坛以“共商港航合作、共建丝路通道、共享经贸繁荣”为主题。交通运输部副部长刘小明、埃及前总理伊萨姆·阿卜杜勒·阿齐兹·沙拉夫、博鳌亚洲论坛原秘书长龙永图、塞尔维亚矿业和能源部部长阿莱克桑达尔·安蒂奇、中国远洋海运集团有限公司董事长许立荣等先后发言。省、市领导王宁、胡昌升、郑新聪、庄稼汉出席论坛。论坛发布《“丝路海运”建设蓝皮书 2019》。

7 日 福建省委书记于伟国、省长唐登杰在厦门会见塞尔维亚副总理利亚伊奇和对华对俄合作国家委员会主席、前总统尼科利奇率领的塞尔维亚代表团一行。会见后，于伟国、利亚伊奇等共同见证福建省与塞尔维亚投资项目、友城结好签约仪式。塞尔维亚矿业与能源部长安蒂奇、环保部部长特里万、驻华大使巴切维奇，省、市领导胡昌升、郑新聪、郭宁宁、庄稼汉参加会见。

8 日 2019 国际投资论坛在厦门国际会展中心举行。福建省委书记、省人大常委会主任于伟国，塞尔维亚副总理拉希姆·利亚伊奇，山西省省长楼阳生，中国国际投资促进会会长马秀红先后在论坛上致辞。福建省省长唐登杰出席论坛。来自多个国家的政要、驻华大使，国家有关部委领导，兄弟省（区、市）领导，国内知名企业负责人等参加论坛，论坛围绕“开放融合促发展，双向投资便利化”主题，就积极有效吸收外资，促进绿色丝路建设展开深入研讨和高端对话。

8 日 2019 厦门人才企业榜单在厦洽会人才项目资本合作展馆发布，“厦门新兴产业十大贡献力人物”“厦门十大科创板潜力企业”“厦门十大黑科技产品”三大榜单同步揭晓。

8—11 日 2019 厦门国际投资贸易洽谈会暨丝路投资大会在厦门国际会展中心举办，塞尔维亚、俄罗斯、日本、泰国、马来西亚、印度尼西亚、澳大利亚、新西兰等 50 个国家和地区及国内各省、市、自治区超过 1500 家企业参展，展览面积 13 万平方米。来自 130 个国家和地区的 10 万多名客商、3000 多家企业参会。本届厦洽会达成合作项目 2100 个，协议总投资额逾 5591 亿元。

9 日 地铁 2 号线“三权移交”（调度指挥权、属地管理权、设备使用权）仪式在厦门东孚车辆段举行。

10 日 “福建医科大学附属厦门弘爱医院（筹）”揭牌，弘爱医院正式成为福建医科大学教学医院。

11 日 厦门市召开“不忘初心、牢记使命”主题教育第一批总结暨第二批部署会议，落实中央和省委部署要求，回顾总结全市第一批主题教育，动员部署第二批主题教育。福建省委常委、厦门市委书记、市委“不忘初心、牢记使命”主题教育领导小组组长胡昌升主持会议并讲话。省委第二巡回指导组组长施文出席会议并讲话。

11 日 国家发改委、交通运输部联合印发《关于做好 2019 年国家物流枢纽建设工作的通知》，有 23 个物流枢纽入选 2019 年国家物流枢纽建设名单，厦门市位列其中，入选类型为港口型国家物流枢纽。

11 日 厦门长庚医院挂牌三级甲等综合医院，成为大陆首家台资“三甲”医院。

11 日 中国信息协会信用专业委员会和独立第三方机构竞争力智库在北京联合发布“中国乡镇综合竞争力百强”榜单，厦门马巷镇位列第七十四。

12 日 海翔码头通过对外开放省级口岸验收。海翔码头位于翔安刘五店港区，与金门直线距离 6 海里（11.11 千米）。根据功能定位，海翔码头口岸开放将加速承接东渡港货运功能的转移，开辟对台经贸新通道。

16 日　来自越南胡志明、马来西亚巴生港、泰国林查班、印度尼西亚雅加达的集装箱在厦门海关办结海关手续，并于次日搭乘发往中亚的班列前往哈萨克斯坦热特苏、阿拉木图、努尔苏丹等城市。这是厦门国际班列第一次实现单列承载来自东南亚 4 国的货物，也是厦门中亚班列首次与马来西亚巴生港、泰国林查班、印度尼西亚雅加达实现货物连接，标志着厦门中亚班列海铁联运国际过境业务逐步进入常态化。

16 日　上午，厦门市首届网络安全宣传周启动仪式在美亚柏科培训中心大楼举行。该场活动与在天津开幕的 2019 年国家网络安全宣传周同步举行。

16—24 日　厦门市长庄稼汉率市有关部门负责人在英国、爱尔兰、丹麦等国考察招商。重点推动与三国世界 500 强和行业龙头企业加强产业对接，深化厦门与三国经贸合作和交流，助推一批项目达成合作共识。

17 日　福建省委常委、厦门市委书记胡昌升会见到厦门访问的中外企业家联盟主席滕和显一行。

17 日　台湾何志扬律师事务所驻厦门代表处在厦门自贸片区揭牌。这是厦门自贸片区设立的首个台湾律师事务所驻厦代表处，也是福建自贸试验区首家获批设立的台湾地区律师事务所驻大陆代表机构。

18 日　由福建省互联网协会主办的 2019 福建互联网大会在福州召开，会上揭晓“2019 年福建省互联网企业 20 强”名单，14 家厦门企业上榜。上榜厦企主要涉及动漫游戏、电子数据取证、智慧医疗、域名、“互联网 + 教育”等细分领域。

18—22 日　第二十二届全国临床肿瘤学大会暨 2019 年 CSCO 学术年会在厦门召开。

19 日　第十五届中国俱乐部杯帆船挑战赛在厦门五缘湾开赛，来自全国各地的 38 支赛队参赛。这是国内唯一具备对抗赛赛程、专业参赛选手最多、裁判制裁级别最高的帆船挑战赛。

20 日　福建省委常委、厦门市委书记胡昌升主持召开市委常委会会议，传达学习习近平总书记在视察北京香山革命纪念地时的重要讲话精神，研究厦门市贯彻意见；传达学习贯彻习近平总书记对国家网络安全宣传周作出的重要指示精神，研究推进厦门市网络安全工作；传达贯彻中共中央政治局委员、国务院副总理孙春兰来闽召开医改推进现场会并考察时的讲话精神，部署厦门市相关工作。

20 日　福建省委常委、厦门市委书记胡昌升会见日本电气硝子株式会社常务董事佐伯彰久一行。

20 日　厦门市委巡察工作领导小组决定，自即日起，启动十二届市委第十一轮第一批巡察工作，对市委老干局、市生态环境局党组、市体育局党组、市市政园林局党组开展巡察，巡察时间 30 天。

20 日　第十五届海峡两岸图书交易会在厦门国际会展中心开幕。该届海图会总面积 34500 平方米，参展图书约 20 万种 70 万册。参展企业 520 家，其中台湾出版机构 220 家，台湾参展单位数量为历届最多。展会为期 3 天，参观人数 23 万人次，图书订购总码洋 5070 万元。

20 日　2019 海峡两岸（厦门·海沧）乐活节在厦门海沧阿罗海城市广场开幕。该活动为国台办重点对台交流项目，每年举办一届。

20 日　首届 2019 年“科学探索奖”揭晓，厦门大学化学化工学院教授郑南峰位列获奖名单中。该奖由腾讯基金会投入 10 亿元的启动资金资助，每年在基础科学和前沿核心技术方面的九大领域，遴选出 50 名青年科技工作者。每位获奖者在 5 年内每年获得 60 万元的资金。

21—23 日　福建省委常委、厦门市委书记胡昌升带队到深圳开展招商推介，分别与招商局集团、华润集团等大型央企，华为、腾讯、宝能、顺丰等知名民企，深圳证券交易所、平安集团等金融机构和企业以及一批高技术高成长高附加值企业深入交流，推进项目落实、扩大合作领域。

25 日　厦门市委、市政府在市退役军人事务局举行军休系统“庆祝中华人民共和国成立 70 周年”纪念章颁发仪式。厦门市退役军人系统首批共颁发“庆祝中华人民共和国成立 70 周年”纪念章 90 枚。

26 日　中国第一艘自主运营的豪华邮轮“鼓浪屿”号（PIANO LAND），在厦门母港举行命名暨首航仪式。该邮轮总吨数约 7 万吨，长度 260 米，宽度 32.2 米，最大航速 24 节；共有 13 层甲板，941 间客房，可载客 1880 人，是中国远洋海运集团和中国旅游集团共同投资运营的中国民族邮轮品牌“星旅远洋”旗下的首艘豪华邮轮。国务院国资委副主任翁杰明、文化和旅游部党组成员王晓峰、交通运输部总工程师姜明宝，中远海运集团董事长许立荣、中国旅游集团总经理杜江，市领导胡昌升、庄稼汉、黄强、倪超出席命名暨首航仪式。

26 日　香港厦门联谊总会第十四届理监事就职典礼在香港湾仔会议展览中心举行，杨毅融和李冠华分别担任联谊总会新一届理事长和监事长。厦门市政协主席张健，副市长韩景义，市政协副主席江曙霞等应邀担任主礼嘉宾。

27 日　厦门市金融产业促进大会在厦门国际会议中心酒店召开，近千位境内外金融机构、金融监管部门和金融科技企业代表参会。福建省委常委、厦门市委书记胡昌升讲话，市长庄稼汉主持会议。胡昌升为到会的厦门市金融咨询顾问委员会委员颁发聘书。厦门市与 17 家金融机构总部签署战略合作协议，一批金融区域总部、金融科技园和产业基金项目集中签约。

28 日　大陆首个全台资网约车车队——厦门元客宝岛车队在厦门成立。

30 日　福建省委常委、市委书记胡昌升主持召开市委常委会会议，传达学习习近平总书记在中央政治局第十七次集体学习、中央政协工作会议暨庆祝中国人民政治协商会议成立 70 周年大会上的重要讲话精神，传达学习习近平总书记对“最美奋斗者”评选表彰和学习宣传活动以及对全国道德模范表彰活动作出的重要指示精神，研究初步贯彻意见；安排部署全市招商引资下一步工作。会议研究通过《厦门市关于加大高能级项目招引全面提升招商质量和水平的工作方案》《厦门国资国企招商引资三年千亿行动计划（2019—2021 年）》《2019 厦门市招商引资实绩竞赛工作方案》。

10月

1 日　2019 厦门国际海洋周海洋文

化嘉年华·澳头 VISION 文化艺术季，在翔安区澳头启动，是海洋文化嘉年华首次将启动仪式移至厦门岛外。

9 日　在厦门自贸片区海沧港区，福建省首单“两步申报”（概要申报、完整申报）改革试点业务完成，标志着该业务在厦门关区启动。

11 日　19 时 30 分，D2393 次动车组列车鸣笛驶离厦门站，开往梅州西。该趟列车是厦门首开梅州方向动车。

13 日　中国首例经导管二尖瓣“环中瓣”置换术在复旦中山厦门医院获得成功。

15 日　维京邮轮公司旗下高端国际邮轮“维京猎户座”号靠泊厦门国际邮轮母港，这是厦门母港年接待邮轮艘次首次破百。

17 日　中央广播电视总台“品牌强国工程”沟通说明会的最后一站在福建厦门召开，与东南沿海地区企业共担品牌强国使命。标志着“品牌强国工程”自 8 月开启的海内外巡回路演收官。

18 日　2019 厦门国际电影科技与虚拟体验展暨国际电影游戏 IP 交易展在厦门软件园三期金海豚广场开幕，展会为期 3 天。

18 日　中国柔性电子产业峰会暨厦门柔性电子研究院揭牌仪式在厦门宾馆举行。这是厦门市启动未来产业培育的首个研究院和厦门市探索新型研发机构建设新模式的首个落地项目。

19 日　2019 运动处方高峰论坛在集美大学开幕，论坛为期 2 天。这是中国首次举办运动处方国际会议，来自美国、英国、德国、芬兰、澳大利亚、丹麦、日本等 8 个国家的专家以及厦门大学、上海大学、北京体育大学、上海体育学院等 111 所高校、科研院所和企业等单位的 200 余名代表参会。

19 日　首届“沪闽心内外科医师沙龙”在厦门举行，该次大会是华东地区首次心内外科医师的学术会议。

19—20 日　世界杯攀岩赛厦门站在特房波特曼七星湾酒店举行。中国选手钟齐鑫获男子速度赛冠军，印度尼西亚选手阿里斯以 6.995 秒的成绩打破女子速度赛世界纪录并夺冠，亚洲选手在 4 个单项 12 枚奖牌的争夺中拿下 8 枚，其中有 3 项冠军。

23 日　厦门国际动漫节首次开通动漫地铁专列。动漫专列沿全国第一条海景地铁——厦门地铁 1 号线持续运营 1 个月。

25—27 日　2019 年全国肿瘤新青年论坛暨第二届厦门肿瘤高峰论坛在厦门召开。

26 日　厦门日报社“工商银行杯”第十九届读者节暨第二届“嘉庚文化周”开幕，会上“福建首个党报阅读示范社区”揭牌。

26 日　为期 3 天的首届中国空间科学大会在厦门举行，中国科学院紫金山天文台台长常进研究员获“中国空间科学学会科技奖”唯一的“科学奖”。

27 日　在 2019 北京国际电子音乐节闭幕式上，大陆首位闽南语歌后陈飞用闽南语歌曲《厦门水当当》向世界推介厦门。

27 日　福建省攀树协会成立大会在厦门万人集团举行，会上宣布国内首个省级攀树协会成立。

28 日　厦门航空开通泉州—克拉克直飞航线，这是厦航开通的第十条菲律宾航线和继马尼拉、宿务、卡利博、达沃后厦航在菲律宾开通的第五个航点。厦航成为在菲律宾开通航点最多的中国航空公司。

28—29 日　2019 年全国优化营商环境经验交流现场会在北京举行，厦门营商环境经验作典型发言。

29 日　厦门市科技局、市金融监管局联合组织召开科技金融助力“三高”企业发展推进会。会上市科技金融服务平台正式发布。

30 日　厦门瀚盛游艇公司新建的游艇“瀚盛 10”号下水试航。“瀚盛 10”号试航备案是厦门海事备案业务系统建成后受理成功的首单海事备案业务，该服务模式在全国自贸试验区建设中属首创。

31 日　厦门市政协主席张健在菲律宾宿务市出席厦门与宿务市结为国际友城 35 周年庆祝活动。厦门向宿务菲华志愿防火会赠送 2 辆水罐式消防车、50 套防火服和 2 架红外线透视仪，以支持宿务菲华志愿防火会在与当地政府的协同救火中发挥更大作用。宿务将当地最繁忙的一条商业街命名为“厦门街”，在厦门的 20 个国际友城中属首例。

31 日　厦门市出台 30 条措施优化政府采购营商环境，在全国首次系统提出保障供应商 5 个方面重要权利，即公平参与政府采购活动权利、充分获取政府采购信息权利、降低参与政府采购交易成本权利、正当履行政府采购合同权利、依法获得救济权利，并明确保障权利实现的具体要求。

31 日　厦门移动启动 5G 商用。

11 月

1 日　国际马拉松路跑协会宣布，厦门马拉松赛获评 2019 年度全球“绿色环保奖”，这是中国第一个获此荣誉的赛事和继米兰马拉松赛（意大利）、法兰克福马拉松赛（德国）、休斯敦马拉松赛（美国）、哥德堡半程马拉松赛（瑞典）、开普敦马拉松赛（南非）、卢塞恩马拉松赛（瑞士）之后第七个获得此荣誉的马拉松赛事。

1—4 日　第十二届海峡两岸（厦门）文化产业博览交易会在厦门国际会议展览中心举办。该届文博会由中央台办、文化和旅游部、国家广电总局、福建省人民政府共同主办，以“一脉传承·创意未来”为主题，设 28 个分会场共 141 个专项文化旅游活动。

1—7 日　2019 厦门国际海洋周在厦门举办。该届海洋周由自然资源部、厦门市人民政府、厦门大学、联合国开发计划署驻华代表处、东亚海域环境管理区域项目组织共同主办，以“发展蓝色伙伴关系构建海洋命运共同体”为主题，分为厦门国际海洋论坛及平行国际海洋会议、海洋产业招商专场活动及海洋专业展会、海洋文化嘉年华等三大版块。来自近 40 个“一带一路”沿线国家和地区的 500 余名政府官员、专家学者、企业代表和国际组织代表参加论坛及相关会议。

2 日　闽港“一带一路”高峰研讨会在厦门召开，该次研讨会以“联系、联通、联动”为主题。全国政协副主席梁振英出席并发表“闽港‘民心相通’在‘一带一路’的延伸”主题演讲。

5 日　中菲文化交流中心揭牌仪式在鼓浪屿举行。厦门市政协主席张健、菲律宾驻厦门总领事馆总领事付昕伟等出席揭牌仪式。

7 日　厦门市生物医药与大健康

产业入选国家发改委战略性新兴产业集群，是全国首批入选的16个生物医药领域产业集群之一，是继2012年12月，厦门市获科技部批准为国家火炬计划生物与新医药特色产业基地之后的又一荣誉。

8日　厦门市人民政府与华东师范大学战略合作框架协议签约仪式在厦门举行，双方决定在高等教育和基础教育等领域开展广泛合作。市长庄稼汉、华东师大党委书记童世骏出席并见证签约仪式，副市长国桂荣、华东师范大学副校长戴立益代表双方签约。

9日　厦门市科学技术协会第八次代表大会在厦门人民会堂召开，选举产生新一届市科协班子，厦门大学副校长江云宝当选市科协第八届委员会主席。福建省委常委、厦门市委书记胡昌升出席并讲话，市长庄稼汉出席。

9日　由布达佩斯直通厦门的中欧班列抵达海沧多式联运中心。该班列是中欧厦门班列史上首趟直通线返程班列，标志着厦门往来欧洲的直通物流双向通道初步形成。

11—15日　以“融合、共享、创新、发展”为主题的2019厦门国际会展周在厦门佰翔五通酒店与厦门佰翔会展中心举行。来自ICCA、IAEE、AFECA、SITE四大国际会展组织与俄罗斯、印度、南非、巴西、德国、新加坡、菲律宾、墨西哥等29个国家和地区的1500多位会展界与商学研人士参加。

12日　中国社会科学院财经战略研究院与联合国人居署共同发布《全球城市竞争力报告2019—2020：跨入城市的世界300年变局》的报告，厦门入围全球城市经济竞争力200强，位居149位，在国内城市中排在二十八位；在城市可持续竞争力方面，厦门排在国内城市的第九位，全球范围排在第九十四位；在全球城市分级排名中，厦门作为中国20强入围，位列国际门户城市。

13日　厦门市文化旅游会展产业发展大会在厦门国际会议中心召开。福建省委常委、厦门市委书记胡昌升讲话，市长庄稼汉主持，市人大常委会主任陈家东、市政协主席张健及来自国内外700多位文化旅游会展业界企业家、投资人参加大会。

14日　随着最后一节26.42米长的钢箱梁吊装成功，全长约23千米的厦门山海健康步道主体全线贯通。该步道串联起厦门岛中北部重要生态节点，形成贯穿厦门岛东西方向的山海步行通廊。

15日　厦门口岸空运进口运单电子化上线暨空运出口电子货运试点正式启动，是厦门口岸与亚太示范电子口岸网络（APMEN）联合推动的首个落地项目，标志着厦门国际贸易“单一窗口”在走出关境、对接国际空港口岸方面取得重大突破和厦门空港口岸全面电子货运时代的到来。

15日　厦船重工和Siem Car Carriers合作建造的两艘全球最大的7500车LNG汽车滚装船分别命名为“西姆孔子”号和“西姆亚里士多德”号。该船总长199.9米，型宽38米，型深14.8米，设计吃水8.65米，共设有13层汽车甲板，其中9层为固定式，4层为活动式，可提供7500个标准车位，是单螺旋桨、双燃料主机驱动的汽车运输船。该滚装船填补中国双燃料大型汽车滚装船自主设计建造技术的空白，各项技术性能处于世界领先水平。

18日　厦门市与神州数码集团签订战略合作框架协议，推动鲲鹏产业生态基地建设。福建省委常委、厦门市委书记胡昌升，市长庄稼汉会见神州控股董事局主席郭为、华为中国智能计算业务部总裁万志，并共同见证签约仪式。

19日　厦门市出台《关于进一步实施厦门市重点产业紧缺人才计划的暂行办法》，对列入“引才资助对象”的人才将给予薪酬津贴或相关补助资金支持。

19—23日　由中国文联、中国电影家协会和厦门市人民政府共同主办的第二十八届中国金鸡百花电影节在厦门举行。中共中央政治局委员、中宣部部长黄坤明出席开幕式并致辞。23日，第三十二届中国电影金鸡奖颁奖典礼暨电影节闭幕式在新落成的厦门海峡大剧院举行，福建省委书记于伟国，中国文联党组书记、副主席李屹为获得终身成就电影艺术家荣誉的3位表演艺术家杨在葆、王铁成、许还山颁奖，该届金鸡奖共揭晓19个奖项，《流浪地球》获最佳故事片奖。

21日　全球最大的家族邮轮企业MSC地中海邮轮旗下的“辉煌”号在厦门举行首航仪式，近4000名旅客登船首航，创造厦门母港单航次乘客最多的纪录。地中海“辉煌”号吨位13.8万吨，最大载客量4363人，是MSC地中海邮轮队中最大且最具规模的邮轮之一。地中海“辉煌”号此次在厦门执行3个航次的母港运营，目的地覆盖马尼拉、冲绳、鹿儿岛和长崎。

22日　福建省委常委、厦门市委书记胡昌升会见北京大学党委书记邱水平一行，双方就深化市校合作进行交流。厦门大学领导张彦、张荣，市领导李辉跃等参加会见。

22日　2019年中国科学院院士增选当选院士名单公布，中国科学院城市环境研究所研究员朱永官当选。中国科学院城市环境研究所由中国科学院与厦门市人民政府于2006年6月在厦门建立，是国际唯一专门从事城市环境综合研究的国立研究机构。

26日　万国邮联电子商务时代跨境合作全球大会在厦门召开，是万国邮联与中国联合举办的首个以跨境电商全球合作为主题的大会。万国邮联国际局总局长比沙尔·侯赛因、中国国家邮政局局长马军胜、中国海关总署副署长李国等出席开幕式并致辞。大会为期2天，共有102个国家和地区邮政部门和万国邮联、世界海关组织等8个国际组织共380余名代表参加会议。

26日　湖里法院公开宣判厦门市首起医疗领域恶势力犯罪集团案，陈某堂等19名被告人被分别判处有期徒刑8个月至9年不等。

27日　福建省委常委、厦门市委书记胡昌升主持召开市委常委会会议，传达学习贯彻习近平总书记对中医药工作作出的重要指示精神，部署推动全市中医药工作；听取第二十八届中国金鸡百花电影节总体情况汇报，研究下一步工作意见；研究厦门市世界文化遗产保护提升和城乡品质提升工作；研究市贸促会、市侨联深化改革工作等。

27日　通过财政部深圳证券交易所政府债券发行系统，厦门市发行2019年厦门市政府一般债券（四期），发行规模27亿元，发行期限为30年，债券票面利率为4.03%，较国债5日均值（3.78%）上浮25个基点（BP）。至此，厦门完成该年度192亿元地方政府债券发行任务。

27日　全国新设自贸试验区工作推进会在厦门召开，是主管全国自贸试验区和自由港建设工作的商务部自贸区港建设协调司2019年成立后，首次召开的全国性专题会议。

28日 厦门市长庄稼汉主持召开第八十二次市政府常务会议，研究打造全国一流生态文明示范市和环境空气质量提升、海洋环境综合整治有关工作，会议还研究部署加强金融风险监管等其他工作。

28日 由厦门市与四川大学合作共建的四川大学华西厦门医院、四川大学华西医学厦门研究院动工。该项目选址集美新城，总投资约28.9亿元，总用地面积10.51万平方米，总建筑面积26.35万平方米，规划床位1000张，计划2年内建成。项目竣工后，将整体移交四川大学华西医学中心统一运营，与四川大学华西医院实行同质化管理。

28日 厦门首个智慧型养护中心——象屿慈爱老年养护中心项目落成。该项目位于湖里金山社区，总建筑面积4.2万平方米，是厦门岛内规模较大、配套较齐全的高品质养老机构之一。规划护理型及自理型两栋老年公寓，共约850张床位，配套先进的智能健康管理系统，可满足自理、半自理、失能、失智长者的持续照料需求。

28日 厦门市公安局思明分局通过大数据精准研判，在厦门某商场成功抓获潜逃23年、涉及三地、7条人命的命案逃犯劳某枝。

29日 厦门新经济发展大会在厦门国际会议中心召开。福建省委常委、厦门市委书记胡昌升出席并讲话，市长庄稼汉主持会议，市人大常委会主任陈家东、市政协主席张健等出席。会上举行项目签约仪式，有29个新经济项目现场签约，总投资超170亿元。

30日 夏商（中埔）农产品批发市场正式完成提升改造，投入营业。该市场占地7.2万平方米、建筑面积4.7万平方米，突出城市农产品物流配送中心定位，是厦门岛内最大的蔬菜农副产品批发市场。

12月

1日 "2019智慧中国年会"在北京发布第九届中国智慧城市发展水平评估结果，厦门入围全国十强，获2019中国智慧城市创新示范奖。

2日 福建省委常委、厦门市委书记胡昌升主持召开市委常委会会议，传达学习习近平总书记致中国少年先锋队建队70周年的贺信和对希望工程的寄语精神，提出厦门市贯彻意见；研究"爱心厦门"建设、创建全国生态文明示范市等工作。

2日 中国安能集团第二工程局有限公司厦门分公司挂牌，福建省防汛抢险综合支队同步挂牌。中国安能集团第二工程局有限公司厦门分公司前身为武警水电第六支队，该支队1985年划归武警部队序列，2009年纳入国家应急救援力量体系，2018年8月30日根据中共中央深化改革总体部署武警水电部队集体退役、组建为央企，转隶移交国务院国有资产监督管理委员会管理。

4日 厦门市人民政府办公厅印发《厦门市职业技能提升专项行动实施方案（2019—2021年）》，提出18项政策措施，惠及在厦企业、各类劳动者、各类重点群体、乡村振兴示范村四大类对象。

6日 福建省委常委、厦门市委书记胡昌升主持召开市城市规划委员会会议，研究新城片区产业空间整合提升、新体育会展中心等重大规划。市领导陈家东、张健及规划专家程泰宁、马武定、边经卫、龙元等出席。

8—10日 2019年中国创新设计大会暨好设计颁奖典礼在厦门举行，来自中国工程院、中国科学院的院士专家团队和企业代表等共500余人参加。

9日 厦门市与阿里巴巴集团签订战略合作协议，双方决定在数字经济、城市治理、消费升级、金融科技、法律科技五大领域17个细项全面深入合作，形成24个一期合作项目。福建省委常委、厦门市委书记胡昌升，市长庄稼汉与阿里巴巴集团合伙人、蚂蚁金服集团总裁胡晓明，阿里巴巴集团副总裁陶雪飞共同见证协议签约及部分项目签约、启动。

9日 厦门市首批8个医疗卫生重点项目启动，涵盖心血管、妇产科、儿童危重症、肿瘤、眼科等临床科室，加上100个一般项目，共计划资助1600万元科技资金，以科技成果保障人民健康，推动医疗卫生事业高质量发展。

10日 厦门新型研发机构建设推进大会召开，10名院士、专家受聘为首批未来产业科技顾问，首批顾问研究领域涉及区块链、系统工程、网络空间安全、柔性电子、智慧海洋、第三代半导体等领域。

10日 厦门医保电子凭证上线。参保人可通过扫描医保电子凭证，在厦门全市医保定点零售药店结算购药费用，也可在全市行政服务中心医保经办窗口办理异地就医备案、医保关系转移等业务。

10日 厦门市出台《关于进一步加大金融支持民营企业发展的若干意见》，明确金融服务民营企业的总体要求和具体目标，重点聚焦"三高"（高技术、高成长、高附加值）企业。

10日 全国首批商用化纯电动集装箱牵引车在厦门港海润码头投用。

11日 中国十大海运集装箱口岸营商环境评测结果在北京揭晓，厦门获第一名。该评测主要基于5个一级指标的评分汇总而成，分别是跨境贸易合规成本指数、跨境贸易合规时效指数、监管环境指数、商事服务指数和其他配套得分。

12日 厦门市领导与到厦门开展投资考察的新沪商联合会企业家代表交流座谈。在厦门期间，新沪商联合会企业家代表考察厦门重大片区规划和开发建设，并与相关区、重大片区指挥部对接洽谈。

12日 厦门地铁2号线吕厝路口配套的物业开发地块施工现场发生约500平方米塌陷，水管破裂，途经现场的2部轿车滑入，车上人员自行安全撤出，无人员伤亡。

12日 厦门市在全省率先出台关爱儿童的两项新政：《关于加强和完善农村留守儿童和困境儿童关爱服务体系的实施意见》《关于做好事实无人抚养儿童保障工作的若干意见》。

12日 第三届上合组织"厦门—2019"网络反恐联合演习在厦门举行。上合组织8个成员国主管机关代表团及地区反恐怖机构执委会代表团参加此次演习。

12日 石湖山LNG（液化天然气）应急站进行全负载生产测试，独立向厦门岛内供应天然气。至此，岛内管道天然气气源具备过海进岛管线和LNG应急气源100%互备“双保险”。

12—13日　2019年东盟与中日韩（10+3）财政和央行副手会议在厦门举办。“10+3”成员国财政部副部长和央行副行长、东盟秘书处、东盟与中日韩宏观经济研究办公室（AMRO）、国际货币基金组织（IMF）、亚洲开发银行等国际组织代表出席会议。

13日　《2019中国内地及港澳台100座城市宜居指数排名》调查结果公布，厦门位列第三。该次排名由上海社会科学院经济研究所、新加坡国立大学李光耀公共政策学院亚洲竞争力研究所联合发布，将经济活力与竞争力、环境与可持续性、国内安全与稳定、社会文化状况、城市治理5个方面作为考察维度，在此基础上细分121个评价指标。

13日　翔安最大规模安置房会展嘉园开建。该项目为厦门东部体育会展新城片区征拆安置项目，占地14万多平方米，预计提供房源6000多套，计划2022年年底竣工验收。

16日　面向全市“三高”（高技术、高成长、高附加值）企业骨干员工配租的首批市级公共租赁住房公开摇号。67家“三高”企业根据摇号确定的选房顺序选择房源。该批次房源共有622套1729间1885床，分布在思明区源泉山庄B地块、湖里区围里公寓、翔安区洋唐居住区3个保障性住房小区。

17日　厦门市计量检定测试院筹建的“国家平板显示产业计量测试中心（厦门）”通过国家市场监督管理总局组织的验收，成为全国第九家通过验收评审的国家产业计量测试中心。

18日　厦门49所学校的体育设施正式全面对外开放，以满足市民就近健身需要。按计划，到2022年年底前，全市所有具备开放条件的公办中小学校将全部对外开放。

19日　中国医学科学院发布2018年度中国医院科技量值，厦门大学附属第一医院4个学科进入相关专业百强榜。其中，胸外科位居58位，肿瘤科位居85位（包括放射治疗科、肿瘤内科、胃肠外二科、胃肠外三科、核医学科、肿瘤实验室等肿瘤医院相关科室），内分泌糖尿病科位居92位，风湿免疫科位居61位。

20日　“厦门市第一次全国海洋经济调查”项目最终验收会议在厦门召开。会上，经质询讨论，专家组一致同意项目通过最终验收。该调查项目自2017年5月26日启动，致力于摸清厦门市海洋经济“家底”，全面、系统掌握厦门市涉海单位基本信息、海洋经济现状，对厦门市海洋经济发展水平、结构和布局进行有效分析。

20日　《厦门市生态系统生产价值核算报告（2018年）》发布。经核算，2018年，厦门市生态系统生产价值为1994.18亿元，相当于当年GDP的41.62%。

20日　厦门市产品质量监督检验院筹建的“国家物流包装产品质量监督检验中心（福建）”通过国家市场监管总局专家组验收，是厦门市继国家半导体发光器件（LED）应用产品质量监督检验中心、国家场（厂）内机动车辆质量监督检验中心之后的第三个国家级质检中心。

20日　厦门台商协会召开第十三届第一次会员代表大会，选举产生新一届理事会成员，吴家莹连任第十三届会长。

23日　厦门象屿集团68.8亿元“印尼250万吨不锈钢一体化冶炼项目国际银团贷款”签约仪式在厦门举行。该项目是被国家发改委列入“一带一路”重点项目库的项目，是厦门市国有企业跨洋出海“走出去”开展国际资源合作的标志性项目。

24日　厦门市教育信息化工作会议在市教育事务受理中心举行，“i教育综合服务平台”同步投用。

25日　中共厦门市委十二届十次全会召开。福建省委常委、厦门市委书记胡昌升代表市委常委会作工作报告，就《中共厦门市委深入贯彻〈中共中央关于坚持和完善中国特色社会主义制度、推进国家治理体系和治理能力现代化若干重大问题的决定〉的实施意见》（讨论稿）（简称《实施意见》）向全会作说明并讲话。全会讨论市委常委会一年来工作报告，审议通过《实施意见》和《中国共产党厦门市第十二届委员会第十次全体会议决议》。

25日　中共厦门市委经济工作会议召开。福建省委常委、厦门市委书记胡昌升主持会议并讲话，市长庄稼汉作具体部署。市领导陈家东、张健、陈秋雄等及其他有关领导出席。

25日　厦门地铁2号线开通运营。该线起点位于天竺山森林公园，终点位于厦门岛五缘湾，全场41.6千米，全线为地下线，设车站32座。

26日　“爱心厦门”建设动员大会在厦门人民会堂举行。福建省委常委、厦门市委书记胡昌升讲话，市长庄稼汉主持，市领导陈家东、张健、陈秋雄等出席。6位爱心代表在大会上发言。

26日　中国首批“中国心脏康复中心”与“中国高血压达标中心”名单公布，并在中国心血管健康大会上对入选单位进行授牌。厦门大学附属心血管病医院（厦门市心脏中心）名列其中，同时被评为首批心脏康复中心示范单位。

26日　在三亚举办的第七届中国旅游产业发展年会上，厦门获评“2019中国旅游影响力年度夜游城市”。

27日　厦门第二水源工程——长泰枋洋水利枢纽工程上存水库通过省水利厅组织的下闸蓄水验收，意味着水库满足试运行条件。

27日　厦门市外国人才服务站和移民事务服务站在软件园一期海外人才之家揭牌。

27日　2019中国（厦门）石墨烯新材料产业峰会在厦门举行，火炬高新区石墨烯产业政策受到众多参会企业关注。

30日　厦门市消防救援支队挂牌。

30日　厦门站、厦门北站开始推广实行电子客票，厦门铁路迈入火车票无纸化时代。

责任编辑：黄　澜
审　　稿：李志宏
　　　　　白延蜻
　　　　　孙志红
校　　对：胡　恩

3 市情概貌

自然环境

【位置和面积】 厦门市位于台湾海峡西岸中部、闽南金三角的中心，地处北纬 24°23′ 至 24°54′ 、东经 117°52′ 至 118°26′ 之间。东与大小金门岛、南与龙海市隔海相望，陆地与南安市、安溪县、长泰县、龙海市接壤。厦门市境域由福建省东南部沿厦门湾的大陆地区和厦门岛、鼓浪屿等岛屿以及厦门湾组成。2019 年，全市土地面积 1700.61 平方千米，其中厦门本岛土地面积 157.98 平方千米（含鼓浪屿）；海域面积约 390 平方千米。

【地　质】 厦门地区在漫长的地质史上，经历过多次的地壳运动，发生过多次的海水进退。厦门岛上海拔 5—10 米的一级阶地是约 6000 年前露出海面的，云顶岩上的岩石（石龄 1 亿多年）保留着明显的海蚀状态。厦门的地质构造位于闽东火山断拗东缘、闽东南沿海变质带西南，属于中国东南沿海地震带范围，建筑防震设计标准为 7.5 级。

【地　貌】 厦门市的地形由西北向东南倾斜。西北部多中低山，其中位于同安与安溪交界处的云顶山海拔 1175.2 米，为全市最高峰。从西北往东南，依次分布着高丘、低丘、阶地、海积平原和滩涂，南面是厦门岛和鼓浪屿。厦门岛是福建省的第四大岛，岛上最高峰云顶岩海拔 339.6 米。鼓浪屿在厦门岛西南部，与厦门岛之间隔着宽约 700 米的鹭江，岛上最高峰日光岩海拔 93 米。

【海　域】 厦门海域包括厦门港、外港区、马銮湾、同安湾、九龙江河口区和东侧水道。厦门港外有大金门、小金门、大担、二担等岛屿横列，内有厦门岛、鼓浪屿等岛屿屏障，是天然的避风良港。港区内有可供万吨级轮船停泊的锚地十余处，其中鼓浪屿以南的海域面积 14 平方千米，水深 10 米以上，可供 10 万吨级船舶停泊。港区内航道基本上为深 10 米以上的深水航道，5 万吨级的船舶可随时进出。厦门岛以东的刘五店航道亦能保证万吨级船舶随时进出。厦门市海岸线总长约为 234 千米，其中 12 米以上深水岸线约 43 平方千米，适宜建港的深水岸线约 27 千米。

【资　源】 厦门有丰富的海洋生物资源，各类海洋生物近 2000 种，其中有经济价值的常见鱼类 157 种、软体动物 89 种、甲壳类动物 127 种、藻类 139 种。厦门海域内的文昌鱼和中华白海豚为国家一类保护动物，鲎为福建省重点保护的珍奇动物。厦门市金属矿藏资源比较缺乏，已发现的金属矿床、矿点有钍、铁、锰、铜、钨、铅、钛、钼、锌等。花岗岩和砂料是厦门最主要的非金属矿产资源，分布广、储量大、经济价值高，花岗岩地貌和沙滩同时又是厦门市重要的旅游资源。具有较大开采价值的非金属矿产还有高岭土、耐火黏土、砖瓦黏土等，大都分布在同安区和翔安区。厦门属于淡水资源匮乏的海岛型城市，城市日常用水 80% 取自九龙江。2019 年，全市供水总量 49179 万吨（不含海水供应量），居民家庭用水 19209 万吨。已发现的温泉或地热异常点有 14 处，地热点水温一般为 50—60℃，最高 90℃，总允许开采量为 33002 立方米 / 天。水中一般含有二氧化碳、硫化氢、偏硅酸、氟、溴、氡等化学成分，具有开发利用价值。

【市花、市树、市鸟】 1986 年 10 月，在广大市民投票评选的基础上，由厦门市第八届人民代表大会常务委员会第二十三次会议正式确定，三角梅为厦门市花，凤凰木为厦门市树，白鹭为厦门市鸟。

（中共厦门市委党史和地方志研究室）

建置沿革

【唐以前】 厦门岛古称嘉禾屿，别称鹭岛。汉代属侯官县地。晋太康三年（282 年）隶属同安县（后并入晋安县）。隋唐时期为南安县属地。唐代中叶，厦门岛被称为“新城”，后在岛上设置嘉禾里。后唐长兴四年（933 年）改隶同安县。

【宋元时期】 宋代，嘉禾里隶属同安县绥德乡。元代改里为都，厦门设 4 个都，即二十一都、二十二都、二十三都和二十四都，仍属同安县绥德乡。

【明清时期】 明代实行里都图制，厦门为嘉禾里，下设4个都，每个都下辖2个图。明洪武二十七年（1394年），永宁卫的中、左2个千户所移驻嘉禾屿，并筑厦门城，此后遂以中左所作为厦门岛的代称。明永历九年（清顺治十二年，1655年），郑成功改中左所为思明州，所辖境域包括厦门岛、鼓浪屿、浯洲（大金门）、烈屿（小金门）等岛屿。清康熙十九年（1680年）清军攻占思明州。康熙二十二年（1683年），福建水师提督移驻厦门，翌年设立台厦兵备道（雍正五年改为台湾道），管理台湾、厦门两地政务。康熙二十五年（1686年）泉州府海防同知移驻厦门。清雍正五年（1727年）分守兴泉道移驻厦门，雍正十二年（1834年）改称兴泉永道，管辖兴化府（莆田）、泉州府和永春州。至此，厦门成为福建东南沿海的军事、政治、经济中心。鸦片战争之后，清政府被迫与英国签订《南京条约》，厦门成为《南京条约》中规定的5个通商口岸之一。清道光二十三年九月十一日（1843年11月2日），厦门正式开埠。清光绪二十八年十月二十二日（1902年11月21日），清政府正式批准《厦门鼓浪屿租界土地章程》，鼓浪屿成为"万国租界"。清宣统三年（1911年）辛亥革命爆发，同年九月二十四日（11月14日）厦门光复，清朝在厦门岛统治结束。

【民国时期】 1911年11月15日，福建军政府厦门军政分府成立，随即恢复兴泉永道，仍为省级政府的派出机构，在行政区划上，厦门岛仍属同安县嘉禾里。1912年，撤销兴泉永道，以其辖区设南路道（1914年改为厦门道），道台衙署设在厦门。同年4月，厦门岛、金门岛及附近的岛屿（不包括鼓浪屿）从同安县划出成立思明县。1915年1月，大、小金门岛和大、小嶝岛从思明县析出，设立金门县。1933年11月，国民革命军第十九路军发动"闽变"，成立"中华共和国人民革命政府"，升思明县为厦门市，旋改厦门特别市。翌年1月，"闽变"失败，厦门特别市随之撤销，恢复思明县建制。1935年4月1日，厦门市正式成立，为福建省直辖市，市区范围即将军祠以西、厦门大学以北、湖滨南路以南约10平方千米范围；禾山设特别区，直属省政府及第四行政督察区管辖。1937年9月，禾山特别区改为甲种区，划归厦门市管辖，厦门市辖区始扩大到全岛。1945年抗日战争胜利，鼓浪屿公共租界由国民政府收回，设置鼓浪屿区。厦门市辖厦西、厦南、厦港、禾山和鼓浪屿5个区。翌年并厦西、厦南为中心区。1948年3月，析中心区置开元区，同年10月，中心区改名思明区。至此，厦门市辖开元、思明、厦港、鼓浪屿、禾山5个区，下设57个保。

【中华人民共和国成立后】 1949年10月17日，厦门解放。同年10月21日，厦门市人民政府成立，下设思明、开元、厦港、鼓浪屿、禾山5个区。1953年11月，同安县集美乡划归厦门市，并改为镇建制。厦门市管辖范围开始拓展到岛外。1957年4月，同安县灌口区的东孚等12个乡（镇）划归厦门市。1958年10月，海澄县（龙海市）的海沧、新垵2个乡也划入厦门市。厦门市政府将禾山区、集美镇、灌口镇和海沧镇所属各乡合并，成立郊区。1970年7月，同安县改属晋江专区。1973年9月，同安县复归厦门市管辖。"文化大革命"期间，思明区改名向阳区，开元区改名东风区。"文化大革命"结束后，恢复原名。1978年9月，设置杏林区，将郊区的杏林公社划归杏林区管辖。至1980年厦门经济特区建立前，厦门市辖思明区、开元区、鼓浪屿区、郊区、杏林区和同安县。

1980年10月，国务院批准在厦门湖里划出2.5平方千米设立经济特区，同年11月，成立厦门经济特区管理委员会，直属福建省人民政府。1984年5月，中共中央、国务院决定把厦门经济特区的范围扩大到厦门全岛（包括鼓浪屿），并实行自由港的某些政策。同年9月，厦门经济特区管理委员会与厦门市人民政府合并，厦门市人民政府行使地方和经济特区的双重职能。1987年8月，厦门市区级行政区划进行调整，增设湖里区，郊区改为集美区。1988年4月，国务院批准厦门为计划单列市，赋予相当于省一级的经济管理权限。1994年2月，国务院批准厦门市行政级别升格为副省级。1996年11月，同安撤县改区，1997年5月，厦门市同安区人民政府挂牌。

2003年5月，经国务院批准，福建省人民政府颁发《关于厦门市调整部分行政区划的批复》，同意撤销厦门市鼓浪屿区和开元区，其行政区域划归思明区管辖，杏林区更名为海沧区，设立翔安区。行政区调整后，厦门市下辖思明、湖里、集美、海沧、同安和翔安6个区，至2019年12月底不变。

（中共厦门市委党史和地方志研究室）

区划和人口

【行政区划】 2019年年末，厦门市有6个市辖区，26个街道、12个镇，379个社区、147个村。其中，思明区辖10个街道、98个社区，湖里区辖5个街道、56个社区，集美区辖4个街道、2个镇、47个社区、21个村，海沧区辖4个街道、28个社区、15个村，同安区辖2个街道、6个镇、60个社区、81个村，翔安区辖1个街道、4个镇、90个社区、30个村。（见表3-1）

以上每个街道有1个相应的街道办事处，每个社区有1个相应的社区居委会，每个村有1个相应的村委会。

表3-1

2019年厦门市行政区划一览表

市辖区名称（区政府驻地）	街道（镇）名称（街道办事处或镇政府驻地）	社区（村）名称（个数）
思明区（民族路）10个街道 98个社区	厦港街道（思明南路）	鸿山社区、蜂巢山社区、福海社区、下澳社区、巡司顶社区、沙坡尾社区、南华社区（7个）

续表 3-1

市辖区名称（区政府驻地）	街道（镇）名称（街道办事处或镇政府驻地）	社区（村）名称（个数）
思明区（民族路）10 个街道 98 个社区	中华街道（镇海路）	仁安社区、镇海社区、霞溪社区、思南社区、文安社区、中山社区（6 个）
	滨海街道（曾厝垵）	演武社区、白城社区、上李社区、曾厝垵社区、黄厝社区（5 个）
	鹭江街道（厦禾路）	营平社区、大同社区、鹭江道社区、厦禾社区、双莲池社区、小学社区、禾祥西社区（7 个）
	开元街道（禾祥西路）	深田社区、溪岸社区、美仁社区、西边社区、后江社区、湖滨社区、阳台山社区、美湖社区、希望社区、虎溪社区、坑内社区、天湖社区（12 个）
	梧村街道（厦禾路）	梧村社区、文灶社区、金榜山社区、滨中社区、双涵社区、浦南社区、万寿北社区、金祥社区、文屏社区、东坪社区、溪东社区（11 个）
	筼筜街道（莲滨里）	西郭社区、四里社区、槟榔社区、湖光社区、一里社区、振兴社区、莲岳社区、岳阳社区、屿后西社区、育秀社区、仙阁社区、金桥社区、屿后社区、官任社区、仙岳社区（15 个）
	莲前街道（莲前西路）	龙山桥社区、金鸡亭社区、莲怡社区、莲顺社区、莲云社区、莲薇社区、前埔北社区、莲丰社区、侨福社区、瑞景社区、莲翔社区、何厝社区、前埔社区、洪文社区、西林社区、塔埔社区、岭兜社区、前埔南社区、莲成社区、万景社区、前埔东社区、前埔西社区、观音山社区（23 个）
	嘉莲街道（和光里）	盈翠社区、莲花北社区、莲西社区、莲兴社区、莲花五村社区、长青社区、松柏社区、莲秀社区、华福社区、龙山社区（10 个）
	鼓浪屿街道（永春路）	龙头社区、内厝社区（2 个）
湖里区（枋湖南路）5 个街道 56 个社区	湖里街道（湖里大道）	湖里社区、村里社区、徐厝社区、濠头社区、东渡社区、塘边社区、后浦社区、金鼎社区、南山社区、东荣社区、康乐社区、康晖社区、康泰社区、怡景社区、和通社区、新港社区、海天社区、兴华社区（18 个）
	殿前街道（长浩路）	兴隆社区、长乐社区、北站社区、神山社区、高殿社区、马垄社区、兴园社区、嘉福社区、翔鹭社区（9 个）
	禾山街道（枋湖北二路）	枋湖社区、坂尚社区、钟宅社区、岭下社区、围里社区、禾欣社区、禾盛社区、禾山社区、禾缘社区、五缘湾北社区（10 个）
	江头街道（台湾街）	江头社区、吕厝社区、吕岭社区、园山社区、金尚社区、江村社区、蔡塘社区、后埔社区、祥店社区、江华社区（10 个）
	金山街道（云顶北路）	高林社区、五通社区、后坑社区、金山社区、金林社区、金安社区、湖边社区、金湖社区、金海社区（9 个）
集美区（岑东路）4 个街道 2 个镇 47 个社区 21 个村	集美街道（石鼓路）	岑东社区、岑西社区、浔江社区、盛光社区、银亭社区（5 个）
	侨英街道（兑山西里）	浒井社区、孙厝社区、凤林美社区、叶厝社区、兑山社区、东安社区、乐海社区、滨水社区、海凤社区、凤安社区（10 个）
	杏林街道（杏林南路）	纺织社区、曾营社区、宁宝社区、西亭社区、杏林社区、内林社区、高浦社区、杏北社区、宁海社区、园博社区、莲亭社区（11 个）
	杏滨街道（杏林南路）	锦鹤社区、日东社区、三秀社区、马銮社区、西滨社区、前场社区、锦园社区、康城社区（8 个）
	灌口镇（灌口大道）	灌口第二社区、灌口第一社区、上头亭社区、铁山社区、黄庄社区、双乐社区、安仁社区（7 个） 坑内村、深青村、田头村、上塘村、双岭村、李林村、东辉村、顶许村、三社村、井城村、陈井村、浦林村（12 个）
	后溪镇（孙坂北路）	新村社区、英村社区、三兴社区、龙山社区、二农社区、港头社区（6 个） 前进村、溪西村、后溪村、仑上村、崎沟村、东宅村、后垵村、岩内村、黄地村（9 个）

续表 3-1

市辖区名称 （区政府驻地）	街道（镇）名称 （街道办事处或镇政府驻地）	社区（村）名称（个数）
海沧区 （滨湖北路） 4 个街道 28 个社区 15 个村	海沧街道 （海沧社区新大街）	海沧社区、温厝社区、海兴社区、海农社区（4 个） 渐美村、囷瑶村、青礁村、后井村、锦里村、古楼村（6 个）
	嵩屿街道 （嵩屿路）	海发社区、鳌冠社区、钟山社区、海达社区、未来海岸社区、海虹社区、东屿社区、北附小社区、海翔社区、海林社区、海盛社区、海景社区（12 个） 石塘村、贞庵村（2 个）
	新阳街道 （新光路）	霞阳社区、祥露社区、兴旺社区、一农社区、兴祥社区（5 个） 新垵村（1 个）
	东孚街道 （洪诗路）	天竺社区、过坂社区、凤山社区、莲花社区、东埔社区、山边社区、寨后社区（7 个） 东瑶村、鼎美村、后柯村、芸美村、贞岱村、洪塘村（6 个）
同安区 （银湖中路） 2 个街道 6 个镇 60 个社区 81 个村	大同街道 （朝晖路）	同新社区、西安社区、三秀社区、后炉社区、溪边社区、城西社区、凤山社区、北门社区、西池社区、朝元社区、东山社区、碧岳社区、新丰社区、溪苑社区（14 个） 田洋村、古庄村、顶溪头村、东宅村、下溪头村、康浔村（6 个）
	祥平街道 （银湖西路）	西溪社区、陆丰社区、祥平社区、祥桥社区、杜桥社区、西洪塘社区、西湖社区、凤岗社区、溪声社区、阳翟社区、祥晖社区、芸溪社区、祥文社区、凤祥社区（14 个） 过溪村、卿朴村、瑶头村（3 个）
	莲花镇 （美埔）	白沙仑社区（1 个） 莲花村、后埔村村、蔗内村、内田村、上陵村、军营村、淡溪村、白交祠村、西坑村、罗溪村、尾林村、水洋村、小坪村、澳溪村、云埔村、云洋村、窑市村、溪东村、美埔村（19 个）
	新民镇 （新民大道）	四口圳社区、后宅社区、禾山社区、梧侣社区、乌涂社区、西塘社区、湖安社区、兴店社区、凤南社区（9 个） 洋厝埔村、西山村、蔡宅村、湖柑村、柑岭村、溪林村、后坂村、南山村、新塘村、土楼村（10 个）
	洪塘镇 （洪塘里）	石浔社区、龙东社区、龙西社区（3 个）洪塘村、三忠村、苏店村、新霞村、郭山村、龙泉村、新厝村、新学村、苏厝村、大乡村、下墩村、塘边村、埔后村（13 个）
	西柯镇 （西柯街）	丙洲社区、潘涂社区、洪塘头社区、后田社区、西柯社区、吕厝社区、浦头社区、下山头社区、埭头社区、官浔社区、美人山社区、滨海社区、怡海社区、金海社区、东海社区（15 个） 西浦村、美星村（2 个）
	汀溪镇 （温泉路）	汀溪社区（1 个）隘头村、路下村、褒美村、古坑村、西源村、荏畲村、顶村村、堤内村、半岭村、前格村、五峰村、汪前村、造水村（13 个）
	五显镇 （西洋路）	香溪社区、侨安社区、竹坝社区（3 个） 垵炉村、下峰村、布塘村、店仔村、溪西村、竹山村、后垄村、军村村、后塘村、上厝村、明溪村、宋宅村、四林村、西洋村、三秀山村（15 个）
翔安区 （祥福路） 1 个街道 4 个镇 90 个社区 30 个村	马巷镇 （巷南路）	五美社区、友民社区、三乡社区、后亭社区、五星社区、桐梓社区、后滨社区、琼头社区、陈新社区、井头社区、城场社区、窗东社区、蔡浦社区、山亭社区、亭洋社区、郑坂社区、后莲社区、曾林社区、后许社区、沈井社区、黎安社区、内垵社区、垵边社区、前庵社区、内官社区、何厝社区、洪溪社区、同美社区、西炉社区、赵厝社区、西坂社区、市头社区、朱坑社区、舫阳社区、滨安社区、舫星社区（36 个）
	新圩镇 （镇口路）	新圩社区、东寮社区、大帽山社区（3 个） 古宅村、后埔村、金柄村、凤路村、村尾村、乌山村、云头村、面前埔村、上宅村、诗坂村、桂林村、庄垵村、后亭村、马塘村（14 个）
	新店镇 （顶曾路）	新兴社区、新店社区、莲河社区、霞浯社区、霄垄社区、珩厝社区、茂林社区、大宅社区、吕塘社区、溪尾社区、祥吴社区、湖头社区、东坑社区、洪前社区、洪厝社区、炉前社区、下后滨社区、刘五店社区、浦园社区、西滨社区、澳头社区、欧厝社区、彭厝社区、前浯社区、后村社区、蔡厝社区、陈塘社区、东园社区、沙美社区、下许社区、垵山社区、东界社区、钟宅社区、浦边社区、鼓锣社区、浦西社区、东兴社区、洪琳湖社区、曾坂社区、祥美社区、鼓岩社区（41 个）
	内厝镇 （上塘内厝里）	上塘社区（1 个） 前垵村、后垵村、黄厝村、许厝村、莲塘村、莲前村、霞美村、赵岗村、曾厝村、官路村、美山村、新垵村、锄山村、琼坑村、鸿山村、后田村（16 个）
	大嶝街道 （双沪北路）	田墘社区、山头社区、蟳窟社区、嶝崎社区、双沪社区、阳塘社区、北门社区、东埕社区、小嶝社区（9 个）

注：该资料截至 2019 年 12 月 31 日

【人　口】2019年年末，厦门市总人口为429万人，人口密度每平方千米2523人。其中，户籍人口261.10万人；在户籍人口中，城镇人口226.01万人；厦门岛内人口（即思明、湖里两区人口）121.64万人，占户籍人口的46.59%。在户籍人口变动中，全年人口出生率18.36‰，人口死亡率4.01‰，人口自然增长率14.35‰，比上年下降1.3个千分点；年末户籍人口中，男性人口和女性人口分别为128.41万人、132.69万人，性别比为96.77：100（以女性为100）。

（市统计局）

气　候

【概　况】2019年，厦门市主要气候特点：气温异常偏高，高温日数和持续性高温过程明显偏多；降水偏少，暴雨日数少、强度弱；日照正常。1月形成的厄尔尼诺事件，强度较弱，后期转入中性状态，对厦门全年的气候产生较明显的影响。年平均气温21.9℃，冬季平均气温15.7℃，极端最高气温39.6℃，均创有气象观测以来最高纪录。年降水量1123.0毫米，降水时空分布不均；年内出现3次暴雨天气过程，强度整体偏弱。年日照时数1976小时。年内有4个影响台风，整体影响偏弱。

2019年，厦门市主要气象灾害：暴雨、台风、干旱、高温和大雾。暴雨和台风影响偏轻，高温和气象干旱相对明显，其余灾害性天气影响较弱。全年气象灾害给农业、渔业、水利、电力、航空和保险等行业带来负面影响较小，造成的直接经济损失轻。综合评价，2019年厦门气候影响属较好年景。

·小资料·

厦门气候特征：厦门市距北回归线偏北约1.5度，为南亚热带海洋性季风气候。年平均气温20.9℃，极端最低气温1.5℃（发生在1991年12月29日），极端最高气温39.6℃（发生在2019年8月9日）。厦门属于无冬季地区，一般以2月上旬至4月底为春季，5月初至10月下旬为夏季，10月底至2月初为秋季。厦门降雨主要集中在4—8月，全年平均降水量由西北向东南递减，厦门岛外年平均降水量1543.4毫米，厦门岛1335.8毫米。厦门沿海地区多风且风速较大，其中厦门岛全年平均风速3.4米/秒，全年大于或等于8级大风的天数22.4天。厦门沿海地区夏秋两季受台风影响比较明显，1956年以来在厦门附近100千米以内登陆的台风每年平均近1个。风力最强的台风发生于1959年8月23日，瞬间最大风速60米/秒（注：当时仪器的极限测量值为风速60米/秒，测量仪器因当时台风风速超其极限测量值而损坏）。根据历史记录，8月为厦门台风登陆次数最多、等级最高的月份，其次为7月和9月，历史上登陆最早的台风为5月17日（1974年），最晚的台风为12月3日（2004年）。自中华人民共和国成立，登陆厦门最大的台风为“莫兰蒂”，于2016年9月15日在厦门翔安区沿海登陆。

【气　温】2019年，厦门岛内外年平均气温分别为21.9℃和22.9℃，分别比常年高1.2℃和1.5℃，均为异常偏高，且均创有气象观测以来历史最高纪录（图3-1、3-2）。厦门岛内外年平均气温变化的主要特征：自20世纪90年代中期以来，一直处于高于常年状态，气温变暖趋势明显。

2019年，厦门岛内外极端最高气温分别为39.6℃和39.5℃，均出现在8月9日，且分别创气象观测历史最高。厦门岛内高温日数（日最高气温≥35℃）为12天，比常年平均多7天；岛外高温日数为32天，约为常年平均的3.6倍，为有气象观测纪录以来历史第三多年份。厦门岛内外低温日数（日最低气温≤10℃）分别为12天和11天，约为常年的1/4，创有气象观测历史以来最少纪录。

【降　水】2019年，厦门岛内外年降水量分别为1123.0毫米和1491.7毫米，分别比常年少212.8毫米（-15.9%）和51.7毫米（-3.3%）。其中，岛内属偏少（图3-3），岛外正常（图3-4）。厦门市各地降水量在813.5毫米（宝珠屿）至1992.0毫米（西坑村）之间，降水空间分布呈由东南向西北递增趋势，符合常年分布规律（图3-5）。厦门岛内暴雨以上日数（日降水量≥50毫米）3天，较常年少2天；岛外暴雨以上日数5天，较常年少1天。自20世纪90年代，厦门岛内外暴雨日数具有增多的趋势。

【日　照】2019年，厦门岛内外年日照时数分别为1976小时和1849小时，均属正常（图3-6、3-7）。厦门岛内外年日照时数的年际变化趋势具有相似的特征，整体呈减少趋势。

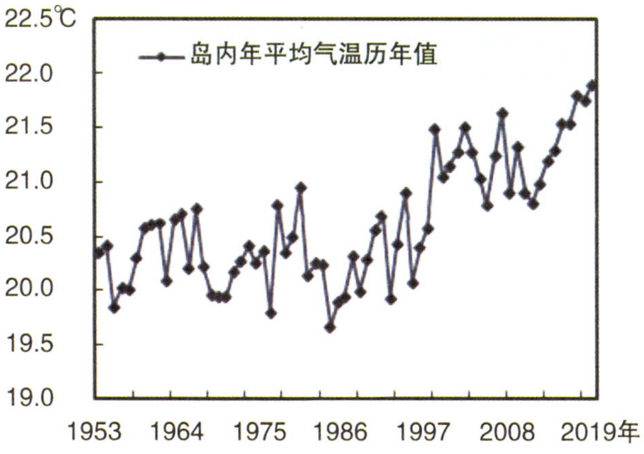

图3-1　1953—2019年厦门岛内年平均气温历年变化图

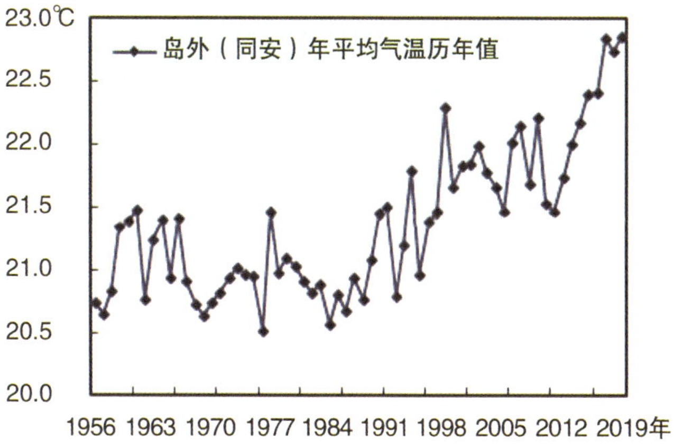

图3-2　1956—2019年厦门岛外年平均气温历年变化图

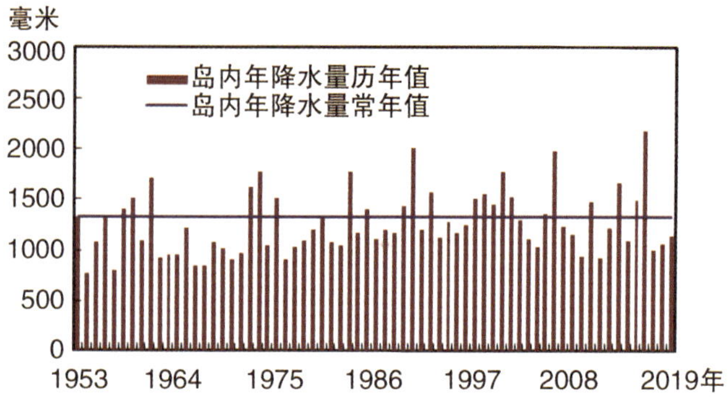

图 3-3　1953—2019 年厦门岛内年降水量年际变化图

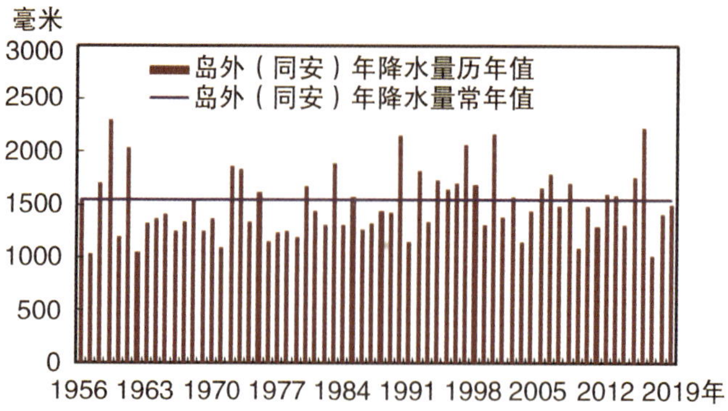

图 3-4　1956—2019 年厦门岛外年降水量年际变化图

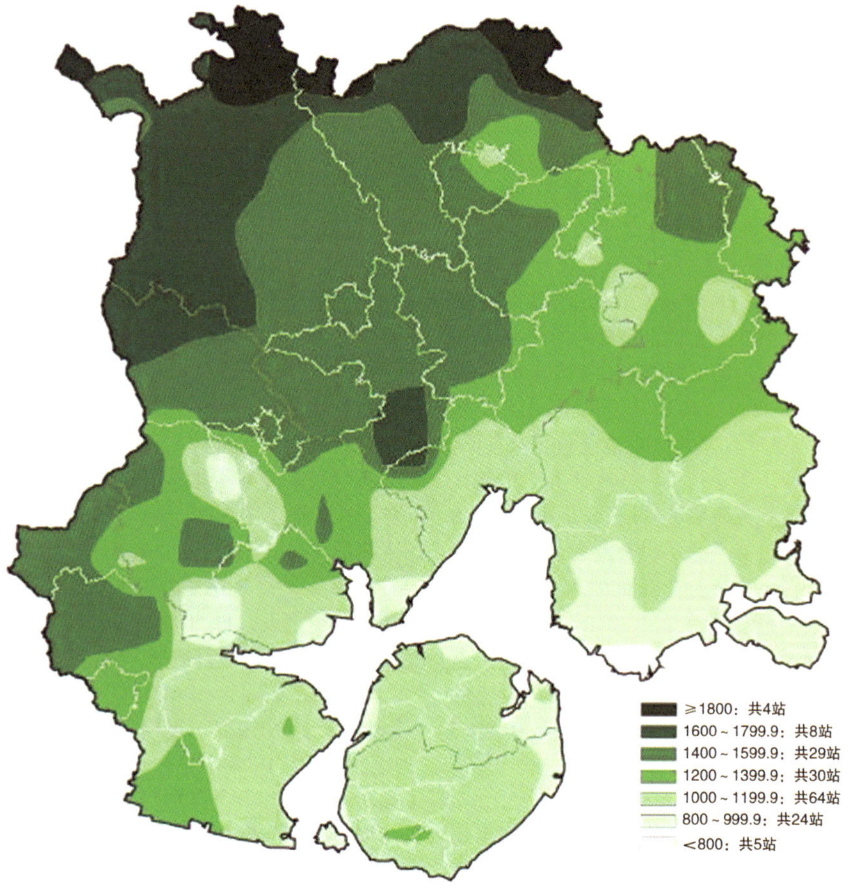

图 3-5　2019 年厦门市降水量分布图（单位：毫米）

【暴　雨】 2019 年，厦门暴雨天气特点：数量少，岛内出现 3 场，岛外出现 5 场，均少于常年，特别是岛内雨季没有暴雨出现，岛外亦仅出现 2 次，年内台风暴雨仅出现 1 次；局地性强，除 1 场暴雨在岛内外同时发生外，其余暴雨过程均为单站暴雨；强度弱，所有暴雨天气过程的日最大降水量为 83.1 毫米，强度较弱；损失轻，虽然部分暴雨过程导致城市积涝及地质灾害等发生，但总体灾害损失较轻。

2019 年，厦门几个代表性非台风暴雨过程，介绍如下：

1. 受西南暖湿气流和冷空气的共同影响，2019 年 3 月 5—10 日，厦门市出现暴雨天气过程，过程累计最多降水量达 188.0 毫米（思明区筼筜街道站），是 2019 年第一场暴雨天气过程。其中，9 日出现暴雨日，厦门站和同安站的日降水量分别为 80.2 毫米和 57.4 毫米，是 2019 年岛内外唯一同日出现暴雨天气的日期。

2. 受强对流天气影响，2019 年 7 月 20 日，厦门北部出现暴雨天气过程，局部达大暴雨量级（图 3-8 左）。该次暴雨过程具有以下特点：（1）强度较强，全市共 16 站日降水量超过 50 毫米，其中 3 个站超过 100 毫米，达大暴雨量级，最大日降水量为 138.4 毫米，出现在同安区溪林村。同安站当日降水量为 61.7 毫米；（2）局地性强，暴雨区主要集中在内陆中部；（3）小时雨强突出。当日 14—15 时，最大小时雨强 103.2 毫米，出现在溪林村。

3. 受午后强对流天气影响，2019 年 8 月 17 日，厦门出现暴雨天气过程，局部达大暴雨量级（图 3-8 右）。该次暴雨过程具有以下特点：（1）范围广，全市共 25 个测站出现暴雨，厦门站当日降水量 74.1 毫米；（2）雨量大，汀溪水库站日降水量为 105.7 毫米，达大暴雨量级；（3）强度强，汀溪水库站当日下午 3—4 时小时雨强 89.9 毫米。

【强降水】 2019 年 7 月 22 日，厦门出现强降水天气过程。全市有 40 个测站的日降水量超过 50 毫米，其中 15 个测站超过 100 毫米，3 个测站超过 200 毫米，最大日降水量 262.5 毫米（翔安区锄山村），强度达特大暴雨量级（图 3-9）。该次强降水过程具有以下特点：强度大，最强小时降水强度 89.0 毫米，3 小时 207.5 毫米，按厦门暴雨强度公式标准划分，均为百年一遇；历时短，强降水主要出现在当日 12 时—14 时。此次强降水过程由于突发性强、雨量大，导致部分低洼区域出现渍涝，部分车辆被淹等灾情。

【台　风】 2019 年，影响厦门台风主要特点如下：全年共受 4 个台风影响，接近常年，分别是 2019 年 07 号台风“韦帕”、09 号台风“利奇马”、11 号台风

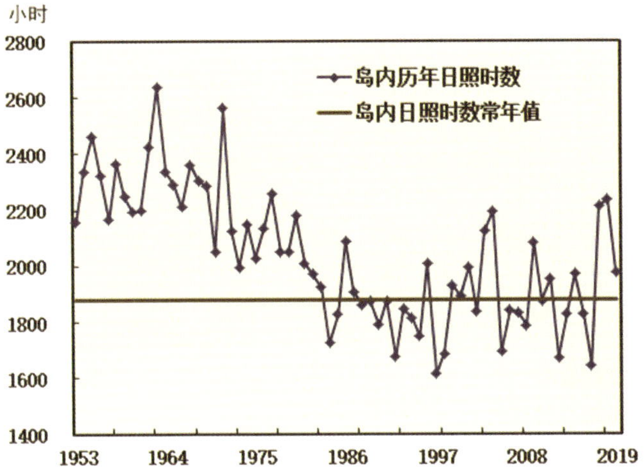

图 3-6　1953—2019 年厦门岛内日照时数年际变化图

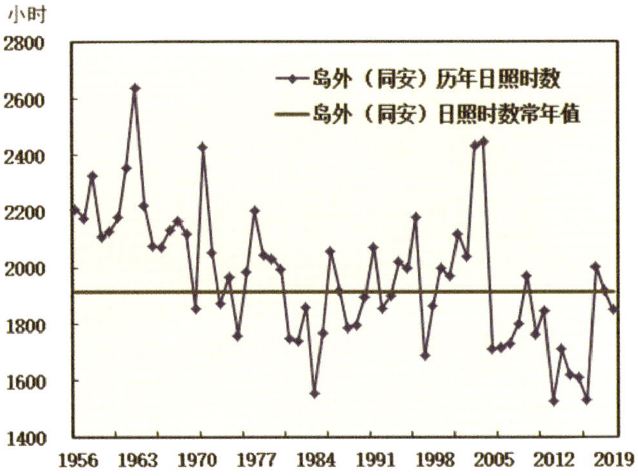

图 3-7　1956—2019 年厦门岛外日照时数年际变化图

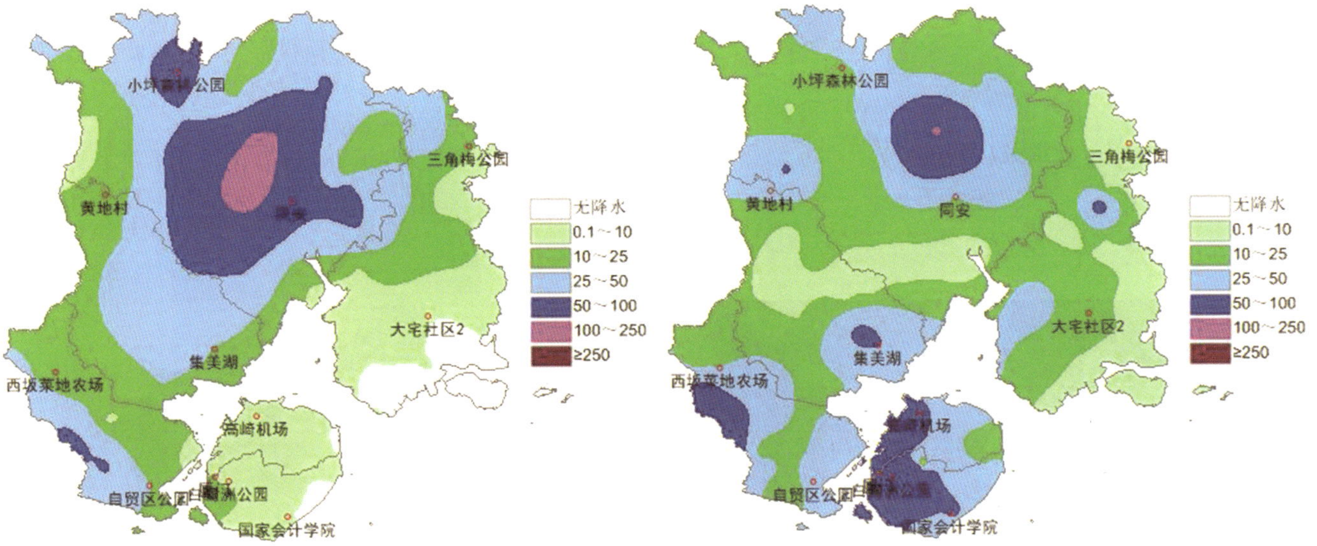

图 3-8　厦门 2019 年 7 月 20 日（左）和 8 月 17 日（右）降水量

“白鹿”和 18 号台风“米娜”；除台风“白鹿”给厦门带来相对明显风雨影响外，其余台风影响均较弱；据市防汛办信息，除台风“白鹿”导致全市约 1700 颗树木出现倒伏情况外，其余台风均没有造成明显灾害损失。

各台风的影响情况具体分述如下：

1.1907 号台风“韦帕”

（1）基本概况

2019 年 07 号台风“韦帕”于 2019 年 7 月 31 日 09 时正式命名，之后稳定向西北偏西方向移动，并于 8 月 2 日凌晨在海南省文昌市沿海登陆，17 时 40 分前后在广东省湛江市坡头区沿海再次登陆，登陆时中心附近最大风力 9 级。之后，穿过雷州半岛北部进入北部湾，减弱停止编号（图 3-10 左）。

（2）风的影响

“韦帕”对厦门风影响较轻。受其外围环流影响，8 月 1 日，仅杏林大桥自动站出现瞬时大风，风速为 17.5 米 / 秒。

（3）雨的影响

受“韦帕”外围环流影响，8 月 2 日，厦门出现强降水过程（图 3-10 右），主要降水区位于厦门中北部，全市共有 3 个测站出现暴雨（≥ 50 毫米）量级的降水，最大降水量出现在同安站，达 83.1 毫米。

整体评价，“韦帕”对厦门的影响较轻。

2.1909 号台风“利奇马”

（1）基本概况

2019 年 09 号超强台风“利奇马”于 2019 年 8 月 4 日 14 时在菲律宾以东洋面生成，之后稳定向西北偏北方向移动，9 日 10 时中心附近最大风力 17 级（58 米 / 秒）。“利奇马”于 10 日凌晨在浙江温岭市沿海登陆（风速 52 米 / 秒，16 级），之后北上穿过江苏、山东，进入辽宁（图 3-11 左）。

（2）风的影响

受“利奇马”外围环流影响，8 月 8 日厦门出现大风天气，全市共有 19 个测站出现大风，极大风速 32.5 米 / 秒（11 级），出现在同安区白交祠村，厦门站当日极大风速为 19.5 米 / 秒。“利奇马”给厦门带来较明显风的影响。

（3）雨的影响

受“利奇马”外围环流影响，8 月 8 日傍晚至 9 日凌晨，厦门出现强对流天气，并伴有明显的雷暴和降水，主要降水区位于岛外西北部，最大降水量 24.5 毫米，出现在同安区汪前村（图 3-11 右）。“利奇马”给厦门带来较弱雨的影响。

（4）气温影响

受“利奇马”外围下沉气流影响，

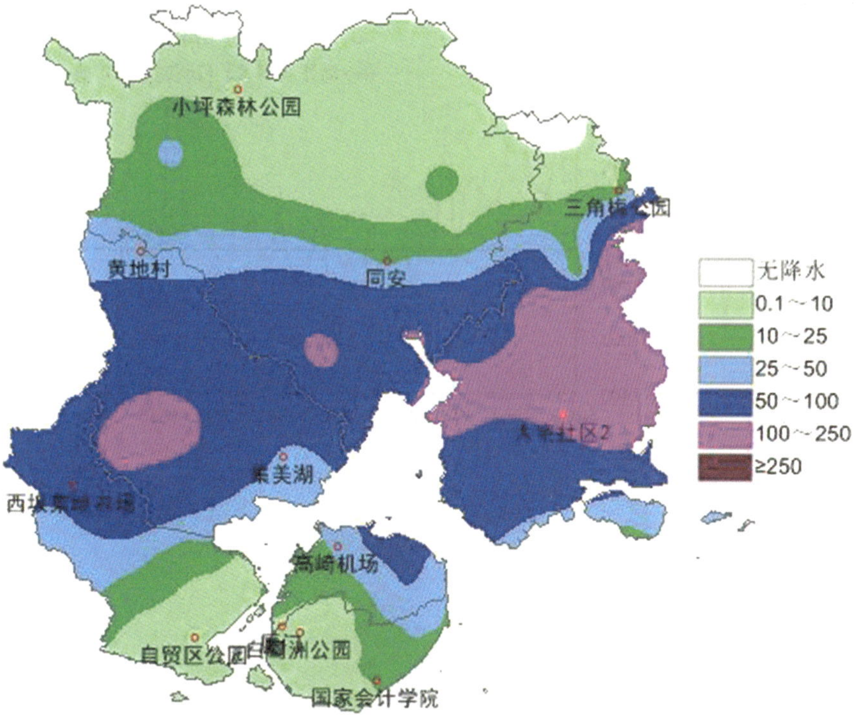

图 3-9 厦门 2019 年 7 月 22 日降水分布图

厦门出现干热天气，其中厦门站和同安站于 8 月 8 日至 11 日出现持续性高温天气。此次高温天气过程具有以下特点：强度强，9 日厦门站和同安站当日最高气温分别为 39.6℃和 39.5℃，均破历史最高纪录；范围广，全市大部分区域自动站均出现高温纪录；持续时间长，厦门站和同安站均出现 4 天以上的持续性高温过程。

综合评价，“利奇马”没有对厦门造成明显灾害损失，整体影响程度较轻。

3.1911 号台风“白鹿”

（1）基本概况

2019 年 11 号台风“白鹿”于 8 月 21 日 14 时在菲律宾以东洋面生成后向西北方向移动，强度逐渐加强，于 24 日 13 时左右在台湾省屏东县沿海登陆（强热带风暴级，30 米 / 秒，中心最低气压 980 百帕）。之后沿西北方向穿过台湾海峡南部，于 25 日 7 时 25 分前后在福建省东山县沿海再次登陆（强热带

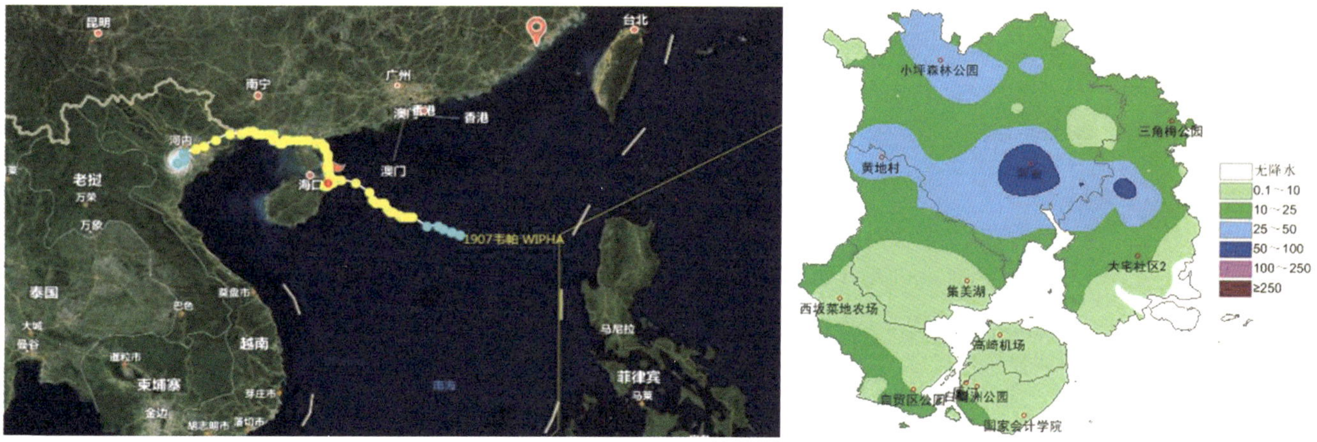

图 3-10 台风“韦帕”移动路径（左）和厦门 8 月 2 日降水量分布（右）图

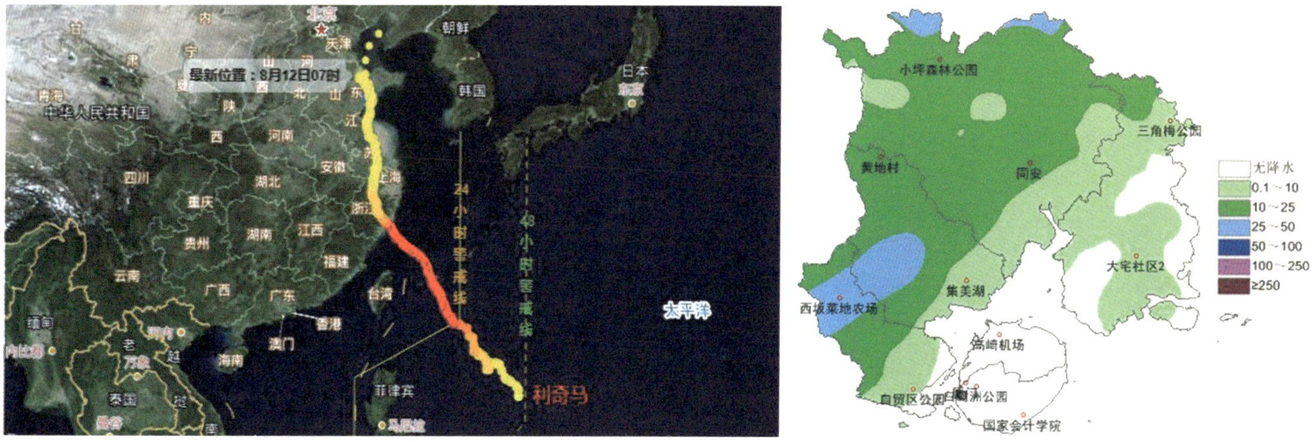

图 3-11 台风“利奇马”移动路径（左）和厦门 8 月 9 日降水量分布（右）图

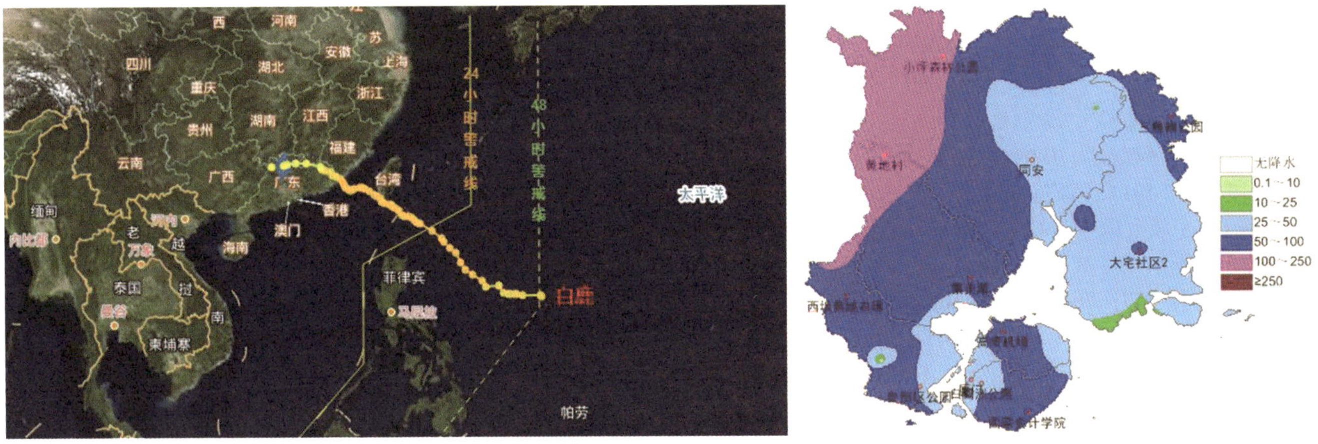

图 3-12 台风“白鹿”移动路径（左）和厦门 8 月 25 日降水量分布（右）图

风暴级，25 米 / 秒，中心最低气压为 988 百帕）（图 3-12 左）。

（2）风的影响

受“白鹿”影响，8 月 24—25 日，厦门出现大风天气，期间共有 80 个测站出现 8 级以上大风天气，8 月 25 日最大瞬时阵风 31.9 米 / 秒（11 级），出现在同安区白交祠村。受大风破坏性影响，全市约 1700 颗树木出现倒伏。

（3）雨的影响

受“白鹿”影响，8 月 25 日，厦门出现暴雨天气，全市共有 83 个测站出现暴雨以上降水记录，其中 15 个测站出现大暴雨，最大降水量 142.7 毫米，出现在同安区罗溪村（图 3-12 右）。厦门站和同安站当日降水量分别为 44.5 毫米和 41.3 毫米，强降水导致部分城市道路出现积水。

整体评价，“白鹿”给厦门造成较大影响。

4.1918 号台风“米娜”

18 号台风“米娜”本体离厦门较远，其外围环流仅给厦门带来轻微风的影响，厦门站 9 月 30 日极大风速 17.8 米 / 秒（8 级）。

【气象干旱】 2019 年，厦门降水时间分布不均，出现较重的夏秋气象干旱，该次干旱过程具有如下特点：（1）时间长，厦门岛内自 2019 年 9 月 6 日至 12 月 4 日，持续 90 天；岛外自 2019 年 9 月 11 日至 12 月 4 日，持续 85 天；（2）强度大，干旱期间岛内和岛外累积降水量分别为 0.8 毫米和 2.8 毫米，均创有气象观测历史同期最少纪录，按气象干旱综合指数的标准，均为重旱；（3）影响范围广，干旱过程覆盖全市。进入 12 月后，厦门市先后出现 4 次明显降水过程，解除干旱。

该次气象干旱过程给农业生产等带来一定负面影响，但因为厦门农业占比小，未造成明显灾害损失。

【大　雾】 2019 年，厦门大雾天气具有以下特点：日数多，全年出现大雾 49 天，比常年多 8 天，其中 87% 的大雾日出现在上半年；强度较强，全年大雾天气中，最低能见度小于 200 米的有 29 天，占大雾天气总数的 59%，为近 10 年占比最高的年份，其中最低能见度 59 米。

【高　温】 2019 年，厦门高温天气具有以下特点：（1）日数多，厦门岛内高温日数（日最高气温≥ 35℃）12 天，比常年多约 7 天。岛外高温日数 32 天，比常年多约 23 天，为气象观测历史同期第三多纪录；（2）强度强，受台风“利奇马”外围环流影响，8 月 9 日，岛内外极端最高气温分别为 39.6℃和 39.5℃，均创气象观测历史最高纪录；（3）持续性高温过程多，岛外共出现 3 次持续性高温过程；（4）范围广，8 月的持续高温过程全市 93% 的测站均有高温纪录出现。

（全丰军）

海域状况

【水　温】 2019 年，厦门海域年平均表层海水温度 22.8℃，高于历年平均 1.1℃；年最高表层水温高于历年最高水温平均值 0.6℃；年最低表层水温高于历年最低水温平均值 2.7℃；表层水温年极差 15.8℃。

【盐　度】 2019 年，厦门海域平均表层海水盐度 26.5（注：盐度单位为 psu，下同），比历年平均值偏低 0.3；年最高表层海水盐度比历年最高盐度平均值偏低 1.4；年最低表层海水盐度比历年最低盐度平均值偏高 2.5；表层海水盐度年极差 16.5。

【潮　汐】 2019 年，厦门海域最高潮位比历年最高潮位平均值偏高 11 厘米，年最低潮位比历年最低潮位偏低 4 厘米；年最大潮差 655 厘米（潮高起算基面为厦门验潮零点，下同），年最小潮差 187 厘米，年平均潮差 423 厘米；年平均高潮潮高 589 厘米，年平均低潮潮高 166 厘米；年平均海平面 368 厘米，高于常年平均海平面 7 厘米。

【风暴潮】 2019 年，厦门沿海出现 4 次增水大于 50 厘米的风暴潮过程，分别是 1905 号热带风暴“丹娜丝”风暴潮过程最大增水 63 厘米、1909 号超强台风“利奇马”风暴潮过程最大增水 60 厘米、1911 号强热带风暴“白鹿”风暴潮过程最大增水 82 厘米、1918 号台风“米娜”风暴潮过程最大增水 73 厘米。在 1918 号台风“米娜”风暴潮影响期间，恰逢天文大潮期，厦门验潮站出现超过蓝色警戒潮位的高潮位（厦门蓝色警戒潮位 710 厘米），最高潮位 715 厘米。

【灾害性海浪】 2019年，厦门沿海及其周边海域受4次台风浪影响，出现台风大浪（有效波高≥2.5米，下同）天数9天（含台风涌浪），分别是由1905号热带风暴“丹娜丝”、1909号超强台风“利奇马”、1911号强热带风暴“白鹿”和1918号台风“米娜”引起的，具体为：7月17日、8月8—10日、8月24—25日、9月29日至10月1日厦门沿海分别出现1.5—2.5米的中到大浪、2.0—3.0米的中到大浪、3.0—4.5米的大到巨浪、2.0—3.0米的中到大浪。受6次冷空气的影响，出现15天大浪。全年出现大浪天数24天，少于常年（32天）。

（袁方超）

经济社会发展

【概　况】 2019年，厦门市以习近平新时代中国特色社会主义思想为指导，落实省委、省政府决策部署，坚持和加强党的全面领导，坚持稳中求进工作总基调，坚持新发展理念，坚持高质量发展落实赶超，围绕统筹推进“五位一体”总体布局和协调推进“四个全面”战略布局，应对外部环境深刻变化，着力稳增长、促改革、调结构、惠民生、防风险、保稳定，全力抓招商促发展、抓项目强后劲，加快建设高素质高颜值现代化国际化城市，全市经济社会发展和党的建设各项事业呈现新气象、迈上新台阶。全年全市生产总值5995.04亿元，比上年增长7.9%；规模以上工业增加值增长8.6%；固定资产投资增长9%；财政总收入1328.5亿元，增长1.7%，其中地方级财政收入768.3亿元，增长1.8%；城乡居民人均可支配收入增幅高于经济增速；居民消费价格上涨3%；完成年度节能减排任务。厦门市成功举办福建省庆祝中华人民共和国成立70周年厦门专场新闻发布会，宣传推介70年厦门各项事业取得的辉煌成就；深入开展“不忘初心、牢记使命”主题教育；如期完成机构改革各项任务，重点优化涉及民生的机构设置，上下对应设置改革办、网信办、退役军人事务局等部门，优化调整有关涉海工程、林业执法等40余项部门职责分工；举办第二十八届中国金鸡百花电影节，获未来10年每年一届的中国电影金鸡奖举办权，着力“以节促产”，出台促进影视产业发展行动计划，加快“全域影城”建设，中影、华策、凤凰卫视等160个影视产业项目签约落地，签约额190.1亿元。厦门市生态文明指数在全国地级及以上城市中排名第一，空气质量在全国168个重点城市排名第五，垃圾分类工作在全国考评中名列第一，在全国十大海运集装箱口岸营商环境评测中位列第一，农民人均可支配收入居全省第一，群众安全感率位居全省第一，“菜篮子”市长负责制考评居全国前列，融资租赁、进口酒总量居全国前列，跨境金融区块链服务平台业务量位居全国第四，消费者满意度居全国第五，服务外包示范城市综合评价位居全国第六，人工智能产业水平位居全国第八，获批中国软件特色名城，入围中国智慧城市十强，火炬高新区获评国家知识产权示范园区，获批国家“芯火”双创基地，入选港口型国家物流枢纽城市，连续23年蝉联“国家卫生城市”称号，厦门绿色交通获评中华环境奖，厦门马拉松赛获全球“绿色环保奖”，获评中国十佳数字阅读城市。

【实体经济稳中求进】 2019年，厦门市召开重点外资企业代表交流座谈会、民营企业家恳谈会等，引导市场主体稳预期、增定力、添信心。推出加强就业服务促进就业稳定的措施29条，城镇新增就业人数25万人，城镇登记失业率2.93%。应对中美经贸摩擦，出台促进外贸高质量发展实施意见，完善贸易龙头企业“一对一”跟踪服务机制，外贸综合竞争力居全国第六。以贯彻《中华人民共和国外商投资法》为契机，加大新开放领域和鼓励外商投资领域招商力度，实际使用外资增长16.3%，总量占全省42%。深化供给侧结构性改革，落实“巩固、增强、提升、畅通”八字方针，扎实推进“三去一降一补”。深入实施降低增值税税率、小微企业所得税优惠、个税专项附加扣除等政策，维持全国最低企业职工养老保险单位缴费比例不变，累计为企业和个人减负超400亿元。取消“四桥一隧”（厦门大桥、杏林大桥、海沧大桥、集美大桥、翔安隧道）通行费。搭建政银企对接平台，累计放款1.7万笔、100亿元。持续推进补短板项目建设，主要推进项目670个，计划投资495.8亿元。全力配合做好第四次全国经济普查工作，全面做实数据、摸清家底。深入实施创新驱动战略，发展新经济，出台“创新驱动9条”，进一步鼓励企业加大研发投入，全市R&D（科学研究与试验发展）投入占GDP比重3.2%，居副省级城市前列。健全完善科技型企业全周期梯次培育体系，新培育省级科技小巨人领军企业139家。加快国家自主创新示范区建设，推出公共技术服务平台运营奖励、企业研发费用补助政策“无需申报、直接兑现”试点，累计推出3批104项创新事项，其中20项在全省复制推广。发展直接融资，与上交所、深交所和港交所分别签订战略合作协议，新增境内外上市公司7家。

【招商促发展】 2019年，厦门市全面掀起大招商、招大商热潮。聚焦高端制造业和现代服务业等，瞄准世界500强、中国500强等行业领军企业，出台加强全链条全周期立体化招商引资工作意见等，推出“一个招商网站、一张产业招商地图、一条24小时双语招商热线”，建立健全招商引资和产业发展全要素保障和服务机制。各级主要领导干部前往境内外重点城市广泛推介厦门、带头抓招商，持续掀起抓招商促发展热潮。

【创新能力提升】 2019年，厦门市高新技术产业增加值增长10.4%，占规模以上工业增加值67.1%。净增国家级高新技术企业300家左右，累计超过1900家。建立“三高”（高技术、高成长、高附加值）企业培育库，首批入库企业2079家。新增众创空间48家、科技企业孵化器10家，新培育企业1500家。与浙江大学等16家院所签署战略合作协议，厦门半导体工业技术研究院等5个新型研究院落地建设。能源材料福建省创新实验室启动建设。新增国家级企业技术中心4家、工业设计中心2家。每万人拥有有效发明专利数量达32.8个，国际专利申请占全省近一半。招智引才工作取得新进展，柔性引进人才5300多人，引进高校毕业生5.1万人，引进留学人员比上年增长25.1%。国家自主创新示范区新推出创新举措15

项。火炬高新区获评国家知识产权示范园区。创新构建决策推进机制，推动实施主体、责任主体扩权赋能，加快项目决策和落地建设进程。全市入库亿元以上“五个一批”项目（“谋划一批、签约一批、开工一批、投产一批，增资一批”五个阶段项目）新增823个，总投资4803亿元。88个省重大在建项目、88个省重点在建项目均超额完成年度计划投资。

【现代产业集群壮大】 2019年，厦门市出台加快现代制造业和信息产业发展三年行动纲要，争取国家集成电路大基金、国家开发银行等加大对厦门市集成电路项目支持力度。生物医药与健康、平板显示、软件和信息服务业、文化创意产业等战略性新兴产业继续保持2位数增长。入选首批国家物流枢纽建设名单。生物医药产业集群、新型功能材料产业集群入选国家首批战略性新兴产业集群名单。信息集团、吉比特、美亚柏科入选“2019年中国软件企业百强榜”。

【改革开放力度加大】 2019年，厦门市优化营商环境，对标世界一流标准，出台52条优化营商环境措施，营商环境建设继续走在全国前列。深化“放管服”改革，取消行政许可事项9项，精简前置审批项目14个，97%的事项实现“一网通办”。实施70条便民办税新措施，网上申报、缴税率超过99%。推行建设项目环评审批告知承诺制，31类项目实现环评批复立等可取。全面推广国际贸易单一窗口标准版，压缩通关时间和口岸降费成效明显，在全国十大海运集装箱口岸营商环境评测中位列第一。实施《厦门经济特区社会信用条例》，完善城市信用体系。加快供给侧结构性改革，推进中央赋予的重大改革任务。完成市、区两级机构改革，优化政府职能。深化国企改革，创新监事会体制机制，启动国有资本投资、运营公司试点，国企混合所有制改革力度加大，国企资产总额、营业收入分别比上年增长12.8%和10.5%。深化财政体制改革，推行预算绩效管理，提升财政资源配置效率。深化医药卫生体制改革，公立医院全部纳入现代医院管理制度建设试点，同安区紧密型医共体运作顺畅，药品集中采购试点取得成效，相关药品人均费用比上年下降61%。58项生态文明体制改革任务基本完成，生态文明指数在全国地级及以上城市中排名第一。

推进自贸试验区建设，发挥“保税+”“金融+”等特色优势，新推出全国首创创新举措19项，累计82项。加快建设14个重点产业平台，融资租赁、进口酒总量居全国前列。在全国率先开展集成电路保税研发试点，获批国家“芯火”双创基地。中欧（厦门）班列开行班次比上年增长32%。“丝路海运”航线开行1575航次。国际集拼货值比上年增长46.8%。跨境金融区块链服务平台业务量位居全国第四。

加快对外开放步伐，实际使用外资134.2亿元，比上年增长25%；进出口贸易总额6412.9亿元，增长6.9%，其中出口增长5.7%；对海上丝绸之路（简称“海丝”）沿线国家出口增长14%。实施外国人144小时过境免签政策。举办“丝路海运”国际合作论坛、闽港“一带一路”高峰研讨会、万国邮联跨境合作全球大会、厦门国际海洋周等重大对外交流活动。外事侨务服务发展力度加大，厦门与港澳交流合作持续深化。闽西南协同发展区27个厦门市牵头项目完成投资252.5亿元。

落实在厦台胞台企同等待遇政策，出台45条措施，打造两岸融合发展示范区。新批台资项目874个，比上年增长10.1%。海峡两岸投资基金落户厦门。“小三通”客运量182万人次。国家级海峡两岸交流基地增至3家。厦金通电、通气、通桥前期工作取得进展。举办海峡论坛、文博会、旅博会、工博会、海图会等两岸交流活动。

【跨岛发展推进】 2019年，厦门市“岛内大提升、岛外大发展”稳步推进。岛内策划生成首批30个重大项目，总投资2269亿元；东部城中村整村改造顺利实施，签约率超过90%，完成拆迁361万平方米，安置房开工建设1019套。改造老旧小区70个。岛外新城基地建设提速提效，重大片区分别制定三年行动规划，总投资超6000亿元，完成年度投资超1530亿元；一批骨干路网形成，学校、医院、保障房等一批公建配套全面铺开，中航锂电、华为鲲鹏生态基地等一批重大产业项目落地建设，密切产城融合。新机场立项和总规获批，航站区轨道工程等关键项目启动建设，机场大道等骨干项目加快推进。轨道交通1号线稳定运营，2号线开通运营，3号线、4号线、6号线建设按序时推进。第二西通道主隧道贯通，第二东通道加速推进，同安大道等提升改造工程竣工。长泰枋洋水利枢纽工程基本建成，具备蓄水条件。汀溪水库群至翔安输水支线、西水东调管道一期等重点水利工程竣工。新建改造供水管网82千米，完成燃气管线建设100.5千米，投用输变电工程10个、线路64.1千米。完成乡村振兴项目投资306亿元。都市现代农业产业集群营业收入增长11.1%。完成92个村庄规划编制，推进乡村振兴示范村建设。完成全市“大棚房”和农地非农化问题专项整治。完成1049个自然村农村生活污水治理。在全省率先完成农村集体产权制度改革试点工作。农民人均可支配收入居全省第一。整治高铁高速公路等重要通道沿线环境，完成房屋整治1584栋。全面完成违建别墅整治自查自纠工作。拆除“两违”（违法占地，违法建设）801.1万平方米。东坪山整治提升取得阶段性成果。开展房屋安全隐患排查专项行动，整治危房4237栋。国土空间总体规划编制走在全国前列，清理盘活“批而未供”土地22.7平方千米，处置“供而未用”土地6.3平方千米。整治露天烧烤、占道经营。推进22条综合治堵措施，完成247处道路安全隐患整治，打通8条断头路，提高翔安隧道等7条主干道路限速。厦门绿色交通获评中华环境奖。厦门市入围中国智慧城市十强，“i厦门”获2019中国智慧城市创新示范奖。

【民生保障和改善】 2019年，厦门市坚持以人民为中心的发展思想，持续提升基本公共服务水平，全市城镇和农村居民人均可支配收入分别增长8.5%、10.7%；年初确定的36件为民办实事项目全部得到落实。落实教育大会、健康厦门建设大会政策措施，办好群众最关心的身边事。建成幼儿园中小学项目48个，新增学位3.4万个。完成403所无证幼儿园、27所小区配套幼儿园整治提升，普惠性幼儿园覆盖率增至88%。300所小学幼儿园开展课后延时服务，惠及学生5.7万人。厦门大学附属翔安医院、心血管病医院等一批项目投用，新增床位1900张。马銮湾医院、环东海域医院主体结构封顶；四川大学华西厦门医院和华西厦门研究院开工建设。累计开设36个名医工作室。连续23年蝉联"国家卫生城市"称号。实施《厦门经济特区鼓浪屿世界文化遗产保护条例》，16处文化遗产核心要素获批全国重点文物保护单位。获评中国十佳数字阅读城市。总长23千米的山海健康步道建成投用，新增36个校园对社会开放体育场地，举办市运会，群众体育蓬勃开展。厦门马拉松赛获全球"绿色环保奖"。厦门成为2023年亚洲杯足球赛承办城市之一。新增就业26.2万人，城镇登记失业率2.84%。基本养老参保人数增长6.5%，城乡居民基本医疗保险财政补助标准提高至每人每年680元，低保标准和特困供养人员基本生活标准分别提高至800元和1200元。开工建设保障性住房2.1万套，配租配售1.3万套。建成社区养老服务照料中心6个、农村幸福院25个，爱心护理院改扩建等项目竣工，养老机构医养结合覆盖率100%。城乡社区结对帮扶共建机制在全国复制推广。创建国家食品安全示范城市，消费者满意度居全国第五，"菜篮子"市长负责制考评居全国前列。深入推进扫黑除恶专项斗争，大力推进主动创稳，刑事警情下降13.8%，发案数为近十年新低，群众安全感率位居全省第一。健全应急管理和防灾减灾机制，推进消防体制机制改革，整治危化品等重点领域安全隐患，安全生产形势总体平稳。注册志愿者总数超过71万人，志愿活动常态化开展。文明城市创建深入推进，市民道德水准和文明素养持续提升。加强退役军人服务保障，军民融合深度发展，双拥共建继续走在全国前列。民族宗教、档案方志、人防海防、仲裁、信访、粮食、气象工作取得新进展，妇女儿童、青年、老龄、残疾人、红十字、慈善事业实现新进步。

【国家生态文明试验区建设】 2019年，厦门市严格落实生态环境保护责任制度，推出55项改革成果，生态文明指数位列全国地级及以上城市第一名。配合中央第二轮生态环境保护督察，抓好督察组下沉督察指出问题和转办信访件的立整立改。开展东坪山生态敏感区域违法建设专项整治和片区发展提升工作，拆除违建8.5万平方米，清理违法违章占地面积58.1万平方米，引导区域内2个村庄走生态旅游发展路子。加强制度创新，在全国首推环评审批告知承诺制，8个片区、4个行业、48类项目实现环评批复立等可取。筼筜湖生态治理、生态文明建设目标评价考核、生态系统价值核算、自然资源统一确权登记、排污权有偿使用和交易等创新经验在全省推广。编制《厦门市创建全国生态文明示范市指标体系》。修订生态环境损害赔偿制度改革实施方案。牵头推进厦漳泉大气污染、厦漳泉龙九龙江流域等生态环境联防联控联治。加快实施工业和信息化部绿色制造集成项目，推进节能降耗和清洁生产改造，11家企业列入省级绿色工厂名单。海洋经济发展示范区建设总体方案获批。海绵城市试点建设通过住建部等三部委考核验收。

（市委办）

经济体制改革

【概　况】 2019年，厦门市推动"放管服"改革，清理规范中介服务事项，公布市级保留为行政审批必要条件的中介服务事项39项。市级审批服务事项2388项实现网上可办，网上可办率97.9%。完善国有企业改革政策体系，国有企业中混合所有制企业占比64%，夏商农产品集团被列入全国国有企业混改试点。深化财政体制改革，全面实施绩效管理，完善基建管理、土地收储、民生补贴等机制。推进公立医院管理制度建设，完善基层医疗服务供给试点，在全省率先设立药品监管平台。完善社会信用体系建设，在副省级城市率先实现信用立法，全国中小企业融资综合信用服务平台、厦门国信信用大数据创新研究院等项目落地。推进价格改革，取消"四桥一隧"（厦门大桥、杏林大桥、海沧大桥、集美大桥、翔安隧道）通行费，11家重点国有景区门票价格平均比上年下降24.5%，健全水价形成机制。

【创新驱动发展机制建设】 2019年，厦门市推进自主创新示范片区建设，先后推出创新事项3批104项，其中落地实施90项，在全省复制推广20项。发挥自主创新示范片区和自贸区"双自联动"体制机制优势，全国首创的集成电路产业链平台式保税监管新模式获海关总署批复；海沧台商投资区获批国家级双创特色载体（专业资本集聚型）。出台《关于做强做大高技术高成长高附加值企业三年行动计划（2019—2021）》，培育"三高"企业；建立"三高"企业培育库，首批入库企业2079家，其中国家高新技术企业1600家、技术先进型服务企业27家；建立分行业、分区域、分层级领导挂钩服务企业机制，实现"三高"企业挂钩帮扶全覆盖；厦门市"三高"企业综合服务平台上线试运营，政策推出当月兑现科技扶持资金1.1亿元。厦门市引导企业设立新型研发机构，健全创业孵化服务体系。出台《厦门市新型研发机构管理办法》，支持高校、科研院所、企事业单位和社会团体等各类主体在厦门市设立新型研发机构，推动产学研用合作和优秀科研成果转化；启动建设中国福建能源材料科学与技术创新实验室；出台《厦门市众创空间管理办法》，新认定市级众创空间48家，主要涉及人工智能、物联网、新材料、文化创意等产业领域。推进人工智能与实体经济深度融合，元翔（福建）空港快线有限公司"智能巡逻爆探检测机器人"等15个项目入选全省百项人工智能深度应用场景，厦门瑞为信息技术有限公司"面向智慧交通的人员精准管控系统"等10个项目入选市级新一代人工智能应用示范项目；首届中国人工智能大赛在厦门举行，集中签约项目13个，大赛计划永久落户厦门。

【财税金融体制改革】 2019年，厦门市出台《关于调整完善重点园区招商奖励机制的通知》，推动区域联合招商，完善园区财税分成、统计指标共享等利益分享机制。通过资金调度、增加专项债券支持、指导做好融资工作等方式，支持湖里区、思明区开展旧村改造，加快相关土地收储；出台《轨道建设资金筹集方案》，通过设立轨道建设基金、划定轨道平衡用地、市区收益共享等方式解决轨道建设资金筹集问题。优化完善公立医院改革、污水处理运营等财政补偿补助机制。在全国、全省率先实施医药分开，价格、财政补偿到位；开展污水处理运营成本审核工作，理顺污水处理财政补偿标准。推动企业对接资本市场，支持企业扩大股权融资和再融资。至年末，厦门市有境内上市公司49家，IPO（首次公开募股）辅导企业25家，“新三板”挂牌公司130家，均位列全省第一。

【人才人力开发体制机制改革】 2019年，厦门市加大引才留才工作力度。修订高新区“创新十条”政策。印发实施《关于完善我市高层次人才安居政策的补充通知》《厦门市软件和信息服务业人才计划暂行办法》等引才留才政策。开展外国高端人才服务“一卡通”试点服务，全市持有效工作许可的外国高端人才（A类）220人，外国专业人才（B类）1764人。厦门市同步落地实施国家移民局的12项移民与出入境便利政策，便利外籍高层次人才在厦门停居留；优化港澳台居民居住证办理业务，制证期限由原来的20个工作日缩短至10个工作日。构建人才支撑、技能培训、转产转业、就业创业的支持机制。出台《厦门市留学人员创业扶持办法》，从专项资金资助、创业扶持资金、场地租金减免、科技计划支持、科技金融支持5个方面鼓励和扶持留学人员在厦门创业。加强人才评价制度改革，加快建设职业能力社会化评价体系，推行终身教育技能培训制度。继续推动海沧生物医药行业、自贸区厦门片区航空维修产业、火炬高新区输配电行业、物联网行业、宏发电声股份有限公司开展职称改革试点工作；加强人才评价制度改革，取得中级专业技术职称的专技人才符合相关条件，可直接申报技师、高级技师资格考评；研究出台《厦门市职业技能提升专项行动实施方案》《厦门市企校合作学徒制实施方案》，推动建立终身教育技能培训制度。

【社会信用体系建设】 2019年，厦门市建成信用大数据创新中心一期，建设集数据存储、清洗、加工、回流于一体的国家信用数据清洗加工区封闭空间，引进中宏网等信用大数据企业6家，注册资金2亿元；承建全国中小企业融资综合信用服务平台，被国家公共信用信息中心授予“全国中小企业融资综合信用服务示范平台”，明确2年内作为全国性唯一示范平台。至年末，累计有52家金融机构、161家银行地方分支机构入驻，注册企业2.5万余家，发放贷款718亿元。厦门市建立市级重要产品追溯统一平台，开通官网及微信公众号，为消费者提供一站式查询；发布实施福建省首个食品安全溯源体系建设地方标准《厦门市标准化农贸市场溯源体系建设规范》；加快追溯立法进程，《厦门经济特区食品安全追溯管理办法（草案）》提交市人大审议；在全市食品生产经营环节推行“一票通”制度，“厦门市食品安全信息网”备案食品安全信息并打印追溯凭证，实现“绿色追溯”。

推动守信激励，向社会公示包括税务、环保、人社等领域的守信企业1.5万余家；落实国家、省、市系列联合奖惩备忘录，在行政管理中应用信用信息，在政务审批、资金安排、公共服务等方面开展信用审查；推进信用联动监管和失信惩戒，将商事经营异常名录、法院的失信被执行人、税务的重大税收违法等信用信息，通过“信用厦门”和信息公示平台同步向社会公示，在办理工商登记、政府招投标、评奖评优、办理银行业务中进行分类限制惩戒。被列入经营异常名录的商事主体在各相关部门和金融机构受到业务限制1万余次。

【市场主体活力激发】 2019年，厦门市出台《厦门市关于新时期深化国有企业改革的意见》；推进外部董事试点，制定《厦门市市属国有企业外部董事选聘与管理暂行办法》；出台《厦门市改革完善市属国有企业监事会工作的实施方案》，在建发集团、国贸控股集团、象屿集团等企业开展试点；出台《关于深化市属国有企业混合所有制改革的实施意见》，分类分层推进存量国有企业进行混改，部署市属企业制定3年混改工作方案和计划，提出首批15家拟公开招募战略投资者的混改企业名单，夏商农产品集团有限公司被列为国家混改第四批试点企业。推进国有资本投资运营授权试点，支持国有企业向产业链上下游并购重组。《关于推进国有资本投资、运营公司改革试点的实施方案》出台，建发集团、国贸控股、象屿集团、翔业集团4家资产经营一体化公司改组为国有资本投资公司。建立全市公平竞争审查工作联席会议机制，各区、市直各部门建立内容和程序双审查机制。企业对接资本市场，加大直接融资规模，新增上市公司6家（松霖科技、瑞达期货、瑞幸咖啡、家乡互动、蓝帽子、象兴国际），特宝生物成为厦门市首家在科创板IPO企业。“产融云”网上政银企项目资金对接平台累计放款1.8万笔、108亿元。完善各级党委和政府与商会组织、民营企业沟通协商机制，构建“亲”“清”新型政商关系。搭建政府与商会组织的合作平台，落实“百名厅（市）长精准服务百家龙头企业”专项任务。“减税降费”税联企座谈会、闽商大会厦门招商推介会在厦门举行。

（市发改委）

责任编辑：孙志红
审　　稿：白延蜻
校　　对：胡　恩

4 中共厦门市委员会

综　　述

【习近平新时代中国特色社会主义思想学习贯彻】 2019年，中共厦门市委员会（简称市委）把学习贯彻习近平新时代中国特色社会主义思想作为检验“四个意识”“四个自信”“两个维护”的重大标尺，传达学习领会习近平总书记重要讲话重要指示批示精神、中共十九大精神和党中央决策部署，全面对标对表，扛起政治责任，狠抓贯彻落实。全面贯彻落实习近平总书记在参加十三届全国人大二次会议福建代表团审议时的重要讲话精神。把抓好贯彻落实习总书记重要讲话精神作为首要政治任务，引导广大党员干部用习近平总书记重要讲话精神统一思想和行动，感恩奋进、担当实干。召开市委十二届九次全会，研究出台相关决定和配套文件，推出104项具体举措，对探索海峡两岸融合发展新路、营造有利于创新创业创造良好发展环境、纵深推进跨岛发展、加强新时代党的建设等作出部署。落实省委关于深入贯彻落实习近平总书记重要讲话精神的部署要求，对学习贯彻落实情况进行再检查、再部署、再推动，确保学习贯彻落实工作往深里走、往实里走。传达学习中共十九届四中精神。第一时间召开市委常委会（扩大）会议、理论学习中心组学习会，对全市学习贯彻作出部署。市委班子成员带头抓学习、抓宣讲、抓执行，深入基层一线，带动全市各级各部门掀起学习宣传高潮，领会全会精神内涵。筹备市委十二届十次全会，研究提出贯彻实施意见，确保四中全会确定的各项目标任务和省委十届九次全会的部署安排在厦门落实到位。持续兴起新思想“大学习”热潮。把习近平新时代中国特色社会主义思想作为政治信仰和行动指南，市委理论学习中心组集中学习讨论14场。市委班子成员带头上党课，市委党校举办各主体班次30期，全市理论宣讲轻骑兵进基层宣讲5000余场。用好《学习时报》连载刊发的《习近平在厦门》系列采访实录等教材，编印《习近平同志对福建、厦门工作的重要指示批示精神选编》等特色辅学资料，带动全市深入学习习近平总书记在福建、厦门工作期间留下的科学理念、宝贵经验和优良作风，引导党员干部进一步坚定思想认同、政治认同、情感认同。推进长久贯彻落实。把抓好习近平总书记重要讲话重要指示批示精神的贯彻落实作为市委常委会的重大政治责任，通过召开市委常委会会议、专题会等研究部署，细化落实举措，层层抓好贯彻落实。按照省委部署，全面梳理中共十八大以来习近平总书记涉及厦门有关工作的重要指示批示，制定专项整治实施方案，健全定期开展“回头看”工作机制，深化整改落实措施，常抓不懈，确保实效。科学谋划提升发展战略思路。牢记习近平总书记的殷切嘱托，对标对表高素质、高颜值、现代化、国际化的要求，不断完善提升发展思路。抓住招商引资“牛鼻子”，召开全市招商大会、金融产业促进大会、央地合作座谈会、文化旅游会展产业发展大会、新经济发展大会，瞄准优势重点领域，出台优惠政策，建立一整套工作推进机制，致力在扩大优质经济增量方面实现新突破。抓住存量企业“基本盘”，召开高技术高成长高附加值企业发展大会，完善鼓励企业加大研发投入、增资扩产的配套政策，推动存量企业做强做优。抓住项目推进“主引擎”，建立健全项目分级调度和快速联动推进等机制，加快项目落地建设，推进经济发展全面提速增效。抓住民生需求“落脚点”，召开全市教育大会、健康厦门建设大会、主动创稳暨公安工作会议等，持续补齐民生社会事业短板，提升公共服务和市域社会治理现代化水平。抓住干部担当“动力源”，召开全市机关党的建设工作会议，每季度召开工作分析反思会，持续开展“对标先进、查找短板、争先进位”活动，通过正面激励、反向鞭策，引导全市干部坚决摒弃小岛意识，坚定跳起摸高、勇争一流的决心信心。

【重大任务落实】 2019年，中共厦门市委落实党中央和省委部署，组织完成各项重大任务。举办厦门市庆祝中华人民共和国成立70周年系列活动。学习贯彻近平总书记在庆祝中华人民共和国成立70周年大会上的重要讲话精神，坚持正确政治方向和舆论导向，组织开展研讨、宣讲、文化活动和网络宣传。举办福建省庆祝中华人民共和国成立70

周年厦门专场新闻发布会。开展“不忘初心、牢记使命”主题教育。抓住深入学习贯彻习近平新时代中国特色社会主义思想根本任务，按照“对标对表全国先进，争取走在全国前列”要求推进主题教育。开展第一批主题教育，市委常委班子开展集中辅导8场、集中学习研讨9次，带动第一批参学单位集中学习研讨2689场次。针对10个方面突出问题开展专项整治，推动第一批参学单位排查专项整治问题1476个、整改到位1308个。开展“找差距、抓落实、解难题、化积案”行动，梳理难题积案181件，完成化解136件。组织第一批参学单位开展“回头看”。推进第二批主题教育，确保全覆盖，增强针对性。第二批参学单位组织调研8398场次，查找问题6085个，排查专项整治问题3121个，完成整改1633个。《人民日报》、新华社、中央电视台等媒体对厦门市主题教育创新做法进行报道。厦门完成机构改革任务。按照中央和省委要求，制定市级机构改革实施方案，强化各类机构编制资源统筹使用，提高机构编制资源使用效益。重点优化涉及民生的机构设置，上下对应设置改革办、网信办、退役军人事务局等部门，优化调整有关涉海工程、林业执法等部门职责分工40余项，完成相关事业单位改革任务。举办第二十八届中国金鸡百花电影节。做好筹备和服务保障工作，电影节规格、规模、影响力均创历届之最，实现“安全、精彩、圆满”目标，获中国电影金鸡奖10年举办权。出台促进影视产业发展行动计划，加快“全域影城”建设，中影、华策、凤凰卫视等160个影视产业项目签约落地，签约额190.1亿元。

【经济高质量发展】 2019年，中共厦门市委推动经济持续健康发展，经济运行呈现稳中有进、稳中提质、稳中向好的态势。全面做好“六稳”工作（稳就业、稳金融、稳外贸、稳外资、稳投资、稳预期）。召开重点外资企业代表交流座谈会、民营企业家恳谈会等，引导市场主体稳预期、增定力、添信心。推出加强就业服务促进就业稳定的29条措施。应对中美经贸摩擦，出台促进外贸高质量发展实施意见，完善贸易龙头企业“一对一”跟踪服务机制，外贸综合竞争力居全国第六。以贯彻《中华人民共和国外商投资法》为契机，加大新开放领域和鼓励外商投资领域招商力度。打好三大攻坚战。在打好精准脱贫攻坚战方面，坚决扛起对口支援、东西部扶贫协作、省内挂钩帮扶政治责任。召开厦门市—临夏州东西部扶贫协作党政联席会议。省内挂钩帮扶的漳州市诏安县实现脱贫摘帽。在打好污染防治攻坚战方面，实施“气十条”“水十条”“土十条”，坚决打好蓝天、碧水和净土保卫战。1—11月，空气质量综合指数和优良率在全国168个重点城市中均排名第五名，水源、土壤和声环境质量保持稳定，未发生重大以上突发环境事件。在防范化解重大风险方面，净化互联网金融市场，严打非法集资行为，加大地方金融整治检查力度，银行业不良贷款率维持在较低水平。坚持“房住不炒”定位，完善分类调控政策，维护房地产市场平稳健康发展，成为住房租赁市场发展试点示范城市。规范举债程序和资金用途，加强债务风险预警监测和动态监控，防控政府债务风险。深化供给侧结构性改革。落实“巩固、增强、提升、畅通”八字方针，推进“三去一降一补”。实施降低增值税税率、小微企业所得税优惠、个税专项附加扣除等政策，维持全国最低企业职工养老保险单位缴费比例不变。取消“四桥一隧”（厦门大桥、杏林大桥、海沧大桥、集美大桥、翔安隧道）通行费。搭建政银企对接平台。推进补短板项目建设。配合做好第四次全国经济普查工作。营造创新创业创造良好发展环境。实施创新驱动战略，发展新经济，出台“创新驱动9条”，进一步鼓励企业加大研发投入。健全完善科技型企业全周期梯次培育体系。加快国家自主创新示范区建设，推出公共技术服务平台运营奖励、企业研发费用补助政策“无需申报、直接兑现”试点，累计推出3批104项创新事项，其中20项在全省复制推广。针对第三方评估所提出的薄弱环节，对标北京、上海等做法，找差距补短板，出台营商环境改进任务清单，抓好整改提升。发展直接融资，与上交所、深交所和港交所分别签订战略合作协议。全面掀起大招商、招大商热潮。聚焦高端制造业和现代服务业等，瞄准世界500强、中国500强等行业领军企业，出台加强全链条全周期立体化招商引资工作意见等，推出“一个招商网站、一张产业招商地图、一条24小时双语招商热线”，建立健全招商引资和产业发展全要素保障和服务机制。各级主要领导干部到境内外重点城市推介厦门，带头抓招商。出台关于做强做大高技术高成长高附加值企业三年倍增行动计划，推出21条扶持措施，启动9个公共技术创新与服务平台。加快推动项目落地建设。创新构建决策推进机制，推动实施主体、责任主体扩权赋能，加快项目决策和落地建设进程。全市新增入库1亿元以上“五个一批”（谋划一批、签约一批、开工一批、投产一批、增资一批）项目823个。加快壮大现代产业集群。出台加快现代制造业和信息产业发展三年行动纲要，争取国家集成电路大基金、国家开发银行等加大对厦门市集成电路项目支持力度。生物医药与健康、平板显示、软件和信息服务业、文化创意产业等战略性新兴产业继续保持两位数增长。入选首批国家物流枢纽建设名单。生物医药产业集群、新型功能材料产业集群入选国家首批战略性新兴产业集群名单。厦门信息集团有限公司、厦门吉比特网络技术股份有限公司、厦门市美亚柏科信息股份有限公司入选2019年中国软件企业百强榜。

【全面深化改革和扩大开放】 2019年，中共厦门市委出台进一步深化改革打造开放发展新高地行动方案，推出10个方面98条举措，推动更深层次改革、更高水平开放。承办第八次中老两党理论研讨会议，推介厦门经济特区建设经验。加快推进自贸区改革试验。坚持以制度创新为核心，49项改革创新试验任务中实施36项、部分实施10项。17项改革举措获评全国首创，新增3项最佳实践案例。福建省评选自贸试验区30项最佳创新举措，厦门片区占22项。建设航空维修等重点平台，开展全国首个集成电路保税研发试点，在全国率先开展国际集拼业务试点，飞机融资租赁规模位居全国前列。推进自主创新示范区和自贸区“双自联动”，加快建设生物材料特殊物品出入境公共服务平台、集成电路“双创”平台，试点开展离岸贸易业务。获批跨境金融区块链服务平台试点城市，办理跨境融资业务量位居全国第四。全面深化重点领域和关键环节改革。加强统筹谋划和系统推进，召开深改委会议 4 次，重点突破 51 项改革事项。深化"放管服"改革，企业开办时间压缩至 2.5 个工作日，建设工程项目施工许可审批时间比"放管服"改革前压缩一半以上，口岸中介收费下降 30%。承建运营全国中小企业融资综合信用服务平台。关检"一站式"查验平台 + 监管互认协同机制等 5 条典型经验在全国推广。指导市属企业推进混合所有制改革，加快推进国有资本投资运营授权试点。集美区纳入全省县域集成改革试点。举办 2019 年厦洽会暨丝路投资大会、闽港"一带一路"高峰研讨会。深化与中远海运、招商集团等龙头航商战略合作，组建"丝路海运"联盟，航线 43 条，完成 1407 个航次；中欧班列发运 206 列、货值 45 亿元，分别比上年增长 26.4%、45.3%。实施外国人 144 小时过境免签政策，使用人次居全国第二。厦门市与"一带一路"沿线国家进出口额 1650 亿元，比上年增长 11.1%。探索两岸融合发展新路。落细落实中央和福建省惠台举措，在"惠台 60 条"基础上推出"融合发展 45 条"，在"新、实、通、融"上下功夫，打造台胞台企登陆第一家园。落实中央台办支持厦门建设两岸融合发展示范区的 24 条举措，深化厦门与金门合作，争取厦金区域率先实现"四通三化"（通水、通电、通气、通桥，均等化、普惠化、便捷化）。持续推进"一区三中心"（两岸新兴产业和现代服务业合作示范区、两岸金融中心、东南国际航运中心和对台贸易中心）建设，在两岸股权交易中心"台资板"挂牌的台企新增 226 家。参与举办第十一届海峡论坛，台胞参与人数创新高。大陆首家两岸律师事务所联营办公室在自贸区厦门片区成立。

【跨岛跨区域发展推进】 2019 年，中共厦门市委加快岛内外一体化建设，推进城乡统筹和区域协调发展，增强城市综合承载力和集聚辐射力，促进城市功能和品质提升。推动"岛内大提升岛外大发展"。出台加快推进岛内大提升的意见，成立工作领导小组，出台三年行动计划。加大岛内旧村拆迁改造力度。成立市重大片区开发建设工作领导小组，提升新城建设科学规划水平，充实 8 个重大片区指挥部领导和工作力量，健全工作推进机制，分别制定三年行动计划。厦门新机场立项和总体规划获批。骨干路网和轨道交通建设加快推进，地铁 2 号线开通运营，第二西通道隧道工程计划 2020 年 1 月贯通。提高城市精细化管理水平，国土空间规划编制工作走在全国前列，自然资源部在厦门市召开推进"多规合一"国土空间规划工作现场会。全面启动"批而未供"土地盘活、"供而未用"土地处置等专项行动，清理形成净地 1099 万平方米，已供历年存量用地面积 685 万平方米。"城市双修"持续推进，完成老旧小区改造 110 个，街区立面整治建筑 221 栋，拆除违建 521.2 万平方米；排查违建别墅 110 宗 223 栋，拆除 73 宗 141 栋。全链条全覆盖精准化做好生活垃圾分类处理工作，工作成效连续 6 个季度排名全国第一。实施乡村振兴战略，完成乡村振兴项目投资 257 亿元，都市现代农业产业集群营收 920 亿元，比上年增长 11.1%。推进村庄规划编制，完成村庄规划编制 92 个。农村一、二、三产业加快融合，全市休闲农业和乡村旅游共接待游客 800 万人次，比上年增长 23%，7 家企业进入全国农业产业化龙头企业 500 强。深入推进农村集体产权制度改革，在全省率先完成村居股份合作制改革工作。推进闽西南协同发展区建设。牵头召集第二次联席会议，审议通过贯彻落实协同发展规划的意见、陆路交通互联互通三年行动计划等文件。健全市领导挂钩机制，每月定期调度涉及厦门重大项目 27 个，完成投资 223 亿元。牵头组建闽西南城市协作开发集团和发展投资基金。探索跨区域联合招商，引导产业链跨市布局，分别与漳州、泉州、三明签署经济合作区合作备忘录。

【民主政治建设】 2019 年，中共厦门市委推进社会主义民主政治制度化、规范化、程序化，凝聚社会共识和发展合力。提升新时代人大工作水平，支持加强和改进人大立法、监督、决定、任免工作，审议《厦门经济特区鼓浪屿世界文化遗产保护条例》等法规草案 17 项，听取专项工作报告 18 项，开展执法检查 5 项、专题询问 2 项，出台决议决定 5 项，任免国家机关人员 93 人次。支持和保障代表依法履职，建立列席常委会代表座谈会制度。加强和改进新时代人民政协工作，召开市委政协工作会议，制定新时代加强和改进人民政协工作的实施意见。支持政协在全省率先成立党员委员为主体的功能型党支部，实现市政协党组织对党员委员的全覆盖。支持政协发挥社会主义协商民主重要渠道和专门协商机构作用，开展常委会专题协商和主席会议专题协商 4 场、提案办理协商 9 场、对口协商和界别专题协商 7 场，提案立案 430 件。巩固和发展爱国统一战线，坚持大统战工作格局，召开政党协商各类会议 9 次，支持各民主党派开展"不忘合作初心，继续携手前进"主题教育活动。推进全国少数民族流动人口服务管理试点城市创建，开展宗教工作督查整改，全面攻克基督教私设聚集点取缔整治难点工作。健全新的社会阶层人士联谊组织工作机制，实现镇（街）新阶联全覆盖。推进非公有制经济发展，举办第六届世界闽商大会厦门推介会活动，深化与台港澳侨的联络联谊。推动双拥工作，成立市委军民融合发展委员会，丰富双拥共建内涵，争创双拥全国"十连冠"。完成市、区、镇街、村居 4 级退役军人服务保障体系建设，接收军转干部 554 人，占全省 32.6%，重点优抚对象定期抚恤金和补助金平均标准居全省各设区市之首。

【思想文化宣传】 2019 年，中共厦门市委贯彻《中国共产党宣传工作条例》，承担起举旗帜、聚民心、育新人、兴文化、展形象的使命任务，促进文化事业和文化产业发展。牢牢掌握意识形态工作领导权，坚持党管宣传、党管意识形态，修订完善意识形态工作责任制考核指标体系，首次向被巡察单位的下属单位拓展延伸，督促各级党组织加强对新闻媒体、高校、社科、网络等各类意识形态阵地管理。推进高校思想政治工作，开展"爱党、爱祖国、爱人民"主题教育系列活动。推进社会主义核心价值观建设，推进核心价值观"一区一品"建设，将核心价值观要求融入法治建设。配合做好中央电视台大型纪录片《陈嘉庚》拍摄工作。策划庆祝中华人民共和国成立 70 周年、"不忘初心、牢记使命"主题教育、"激发干部精气神，闯出发展新天地"等系列主题宣传。4件作品获第十五届精神文明建设“五个一工程”福建省贡献奖。打造全国文明城市标杆，推进“互联网＋志愿服务”，实现注册、登记、招募、记录“一站式”服务，志愿者、服务对象和服务项目有效对接。制定推进区级融媒体中心建设和社区书院与新时代文明实践中心相融合工作意见。开展“快乐健步走、文明齐动手”洁净家园活动，近100万人次参与。创建文明城市经验被确定为全国“不忘初心、牢记使命”主题教育案例。建设文化旅游会展名城，出台文化、旅游、会展产业高质量发展三年行动计划等扶持政策，推动新兴文化产业强市、国际滨海花园旅游城市、国际会展名城建设。做好厦门市文化遗产保护，推动文化遗产保护利用工作。

【民生保障改善】 2019年，中共厦门市委持续提升基本公共服务水平，开工建设保障性住房2.1万套，累计9万套，完成首批保障房地铁社区选房。年初确定的36件为民办实事项目全部得到落实。加快建设现代化教育强市，编制《厦门教育现代化2035》《加快推进教育现代化实施方案（2019—2022年）》。加大补短扩容力度，建成中小学幼儿园项目48个，新增学位3.4万个，双十中学翔安校区、实验小学翔安校区等项目开工建设。在高考中，进入全省理科前100名或文科前50名的学生共49人。深化高中考试招生综合改革，推进“区管校聘”改革和教师中级职称评审试点，启动校长职级制改革，提升高教职教办学质量，拓宽民办教育多元办学路子。建设高水平健康之城。出台《健康厦门行动（2019—2030年）》。实施高位嫁接，扩大优质资源供给，厦门大学附属翔安医院、市心血管病医院新址开业运营，四川大学华西厦门医院、华西厦门医学研究院项目开工建设，复旦中山厦门医院成为首批国家区域医疗中心建设试点。实施食品安全战略，建立供应厦门食品标准体系，创建人民满意的食品安全城市。推动体育事业全面提质升级，厦门马拉松赛获中国首个绿色环保奖，连续12年获国际田联“路跑金标”赛事称号。打造“15分钟健身圈”。推进“爱心厦门”建设。出台推进“爱心厦门”建设工作纲要及配套措施，实施“爱心助残、爱心敬老、爱心济困、爱心扶幼、关爱特殊岗位工人”行动。出台加强困难群体就业帮扶、促进困难群体增收、开发困难群体人力资源等意见，覆盖残疾人、低保人员等10类人员。加强社会化管理服务，基本养老、工伤、失业保险参保人数稳步增长，低保标准由720元提高到800元，特困供养人员基本生活标准由1080元提高到1200元。建设最具安全感城市。成立市委全面依法治市委员会，推进法治厦门建设，创新市域社会治理经验获全国会议推广。出台全面推进主动创稳工作意见，实施主动创稳、铸魂创安、强基创先“三创工程”。推进以“五安”工程（家安、路安、食安、业安、心安）为重点的平安创建，强化社会治安综合治理，推进矛盾纠纷多元化解，完善社会治安防控体系。1—11月，全市刑事类警情比上年同期下降12%，前3个季度到北京非接待场所信访人次创历史新低。道路交通事故死亡人数连续3年大幅递减，未发生重特大安全生产事故。推进扫黑除恶专项斗争，查办涉黑涉恶案52个739人，发现涉黑涉恶腐败和“保护伞”问题线索91条141人。开展“大排查、早调解、护稳定、迎国庆”专项活动，完成安保维稳任务。

【全面从严治党】 2019年，中共厦门市委全面落实新时代党的建设总要求，坚决扛起全面从严治党政治责任，按照省委“五抓五看”“八个坚定不移”要求，不断提高党的建设质量，巩固风清气正的良好政治生态。坚持把党的政治建设摆在首位。全面贯彻落实党中央关于加强党的政治建设的意见，进一步增强“四个意识”、坚定“四个自信”、做到“两个维护”，始终在思想上政治上行动上同以习近平为核心的党中央保持高度一致。全面提高机关党建质量，践行“三个表率”、建设模范机关。开展2018年度全面从严治党主体责任检查，强化压力传导。贯彻落实党组工作条例、重大事项请示报告条例，严格执行新形势下党内政治生活若干准则等党内法规，进一步规范党组织工作活动和党员行为。严明政治纪律和政治规矩，立案审查违反政治纪律案件17起。锻造忠诚干净担当的干部队伍。坚持新时代好干部标准原则，严格执行新修订的干部选拔任用条例，始终把政治标准放在首位。开展重点指挥部蹲点调研、重点一线考核等工作，完成4批次、410人次干部调配，其中提拔重用210人。倡导构建“亲清”新型政商关系，健全领导干部挂钩联系企业制度，全面推行“六必访”，制定政商交往“负面清单”。全面推进公务员职务职级并行制度，在全省率先完成职级套转及首次职级晋升工作。全年累计评选高层次人才500余人，柔性引进人才5500余人，接收毕业生5万余人。强化基层党组织战斗堡垒作用。落实中国共产党支部工作条例（试行），大抓基层、大抓支部，整顿软弱涣散党组织36个。实施村（居）组织“头雁培养”工程，持续推进“党建富民强村”工程，开展村级组织换届“回头看”。出台推进城市基层党建高质量发展意见，集中开展“基层党建工作巡查月”活动，推行“党支部建在小区上”，全市小区党支部覆盖率82%。开展“双报到”活动，推动5万余名在职党员干部到社区报到，解决群众困难问题8.6万余件。落实“基层减负年”各项工作。开展为基层减负工作，建立市级层面专项工作机制，市本级文件比上年下降53%，会议总场数下降53.9%。修订《厦门市村（居）民委员会有关职责事项一览表》，总事项比上年下降28%。推进正风肃纪反腐，紧盯隐形变异“四风”问题，深化专项督查，查处违反中央八项规定精神问题112个143人。贯通运用“四种形态”，各级党委（党组）班子成员开展谈话1065人次，比上年增长164.9%。保持惩治腐败高压态势，持续深化分领域整治，立案526件，党纪政务处分419人，移送司法机关61人。稳步推进市级常规巡察，覆盖率67%。做好中央巡视整改“后半篇文章”，建立健全长效机制。

（市委办）

重要会议

【市委全面深化改革领导小组会议】 2019年，中共厦门市委全面深化改革领导小组召开会议4次（见表4-1）。

表 4-1 **2019 年中共厦门市委全面深化改革领导小组会议一览表**

会次	时间	主要内容
第一次会议	4 月 19 日	传达学习习近平总书记在十九届中央深改委第六次、第七次会议上的重要讲话精神和省委深改委第三次会议精神，听取市委全面深化改革领导小组 2018 年工作总结报告，审议市委深改委 2019 年工作要点以及《中共厦门市委全面深化改革委员会工作规则》《中共厦门市委全面深化改革委员会专项工作小组工作规则》《中共厦门市委全面深化改革委员会专项工作小组联络员会议制度》《中共厦门市委全面深化改革委员会办公室工作细则》，书面听取全市和各专项工作小组 2018 年改革任务推进情况
第二次会议	7 月 24 日	传达学习习近平总书记在十九届中央深改委第八次会议上的重要讲话精神和省委深改委第四、第五、第六次会议精神，听取市审批管理局关于“互联网 + 政务服务”工作推进情况、市人社局关于企业人力人才资源保障服务工作情况、市卫健委关于同安区紧密型医共体试点工作推进情况的汇报，书面听取市人大法制委、自贸区厦门片区管委会、市纪委监委、湖里区、翔安区 5 个改革创新典型案例汇报
第三次会议	9 月 6 日	传达学习习近平总书记在中央深改委第九次会议上的重要讲话精神和省委深改委第七次会议精神，审议厦门市新时期深化国有企业改革工作意见及配套文件和试行中小学校长职级制改革有关文件，听取创新驱动高质量发展、医保改革创新工作、社会治理协同平台建设 3 项改革工作情况汇报，书面听取全市和各专项工作小组上半年改革任务推进情况和下半年工作思路以及 6 个深化改革典型案例汇报
第四次会议	11 月 8 日	传达学习习近平总书记在中央深改委第十次会议上的重要讲话精神和省委深改委第八次会议精神，审议《集美区集成改革试点总体方案》和市工商联、计生协、残联深化改革方案，听取关于高层次人才评价认定改革工作情况汇报，书面听取 3 个深化改革典型案例汇报

【市委常委会（扩大）会议】 2019 年 2 月 18 日，中共厦门市委召开常委会（扩大）会议，听取市委常委班子成员 2018 年度述责述廉报告并进行评议。中共厦门市委副书记、市长庄稼汉主持会议，对市委常委班子成员述责述廉报告进行集中点评和总结讲话。会议要求，全市各级党组织和广大党员干部要坚持把党的政治建设摆在首位，强化全面从严治党责任担当，始终保持清正廉洁自律本色，推动党建工作与中心工作融合互促。市委委员、候补委员，市纪委监委班子成员，各区党政主要负责人参加会议并对市委常委班子成员述责述廉情况进行评议。11 月 2 日，中共厦门市委常委会（扩大）会议召开。中共福建省委常委、厦门市委书记胡昌升主持会议。会议传达学习中共十九届四中全会精神和省委常委会（扩大）会议精神，研究厦门市学习宣传贯彻意见。市四套班子领导，各区、各开发区管委会、市直各单位和部分部省属驻厦门单位主要负责人等出席会议。12 月 20 日，中共厦门市委常委会（扩大）会议召开，胡昌升主持会议。会议传达学习习近平总书记在中央政治局会议、中央经济工作会议上的重要讲话精神，按照省委部署要求，研究厦门市初步贯彻意见。市领导庄稼汉、陈家东、张健、叶重耕、蔡建新、林文生、孙明忠、黄强、李伟华、倪超、黄文辉、陈沈阳等出席会议。

【市委主要领导任职决定宣布】 2019 年 2 月 26 日，厦门市先后召开中共厦门市委常委会（扩大）会议和全市领导干部会议，宣布中共中央关于中共厦门市委主要领导任职的决定，经中共中央批准，胡昌升任中共厦门市委书记。市委、市人大常委会、市政府、市政协班子领导，市中级人民法院、市检察院、厦门海事法院主要负责人，各区、市直各部门主要负责人等参加会议。

【“不忘初心，牢记使命”主题教育工作会议】 2019 年 6 月 5 日，厦门市召开全市“不忘初心，牢记使命”主题教育工作会议。中共福建省委常委、厦门市委书记胡昌升主持并作动员讲话，省委第一指导组组长郑传芳讲话。庄稼汉、陈家东、张健等市领导出席会议，市委、市人大常委会、市政府、市政协领导，市中级人民法院、市检察院、厦门海事法院党组书记，自贸区厦门片区、火炬高新区、鼓浪屿管委会主要负责人，参加第一批主题教育的市直有关单位党委（党组）主要负责人，市委主题教育领导小组成员及办公室负责人，市委巡回指导组负责人等参加会议。

【第八次中国—老挝两党理论研讨会】 2019 年 7 月 9 日，第八次中国—老挝两党理论研讨会在厦门召开。中共中央政治局委员、中央书记处书记、中宣部部长黄坤明，老挝人革党中央政治局委员、中央书记处书记、中组部部长占西，老挝人革党中央书记处书记、中宣部部长吉乔出席开幕式。于伟国、胡昌升、梁建勇、郑新聪、陈秋雄、叶重耕等省、市领导参加。

【中共厦门市委十二届九次全会】 2019 年 7 月 16 日，中国共产党厦门市第十二届委员会第九次全体会议召开。全会深入学习贯彻习近平总书记在参加十三届全国人大二次会议福建代表团审议时的重要讲话精神和对福建、厦门工作的重要指示批示精神，贯彻落实省委十届八次全会部署，对探索海峡两岸融合发展新路、营造有利于创新创业创造良好发展环境、大力推进招商引资和项目带动、纵深推进跨岛发展、加强新时代党的建设作出部署。中共福建省委常委、市委书记胡昌升代表市委常委会向全会作报告。全会审议通过《中共厦门市委关于深入学习贯彻习近平总书记在参加十三届全国人大二次会议福建代表团审议时重要讲话精神的决定》《关于营造有利于创新创业创造良好发展环境的若干措施》《关于全面推进新时代党的建设的实施意见》，表决通过《中国共产党厦门市第十二届委员会第九次全体会议决议》。市委常委庄稼汉、陈秋雄、叶重耕、蔡建新、林文生、孙明忠、黄强、李伟华、倪超、黄文辉、陈沈阳，市委委员、候补委员出席会议。市人大常委会、市政府、市政协领导等参加会议。

【中共厦门市委十二届十次全会】 2019年12月25日，中国共产党厦门市第十二届委员会第十次全体会议召开。会议学习贯彻习近平新时代中国特色社会主义思想和中共十九届四中全会精神，全面贯彻落实习近平总书记对福建、厦门工作的重要讲话、重要指示批示精神、党中央决策部署和省委十届九次全会的部署要求，动员全市人民不忘初心、牢记使命，锐意进取、开拓创新，勇当治理体系和治理能力现代化排头兵，为开辟“中国之治”新境界贡献厦门智慧和力量。中共福建省委常委、厦门市委书记胡昌升代表市委常委会作工作报告，就《中共厦门市委深入贯彻〈中共中央关于坚持和完善中国特色社会主义制度、推进国家治理体系和治理能力现代化若干重大问题的决定〉的实施意见（讨论稿）》向全会作说明。市委常委会向全会报告2019年工作情况。全会审议通过实施意见及《中国共产党厦门市第十二届委员会第十次全体会议决议》。庄稼汉、陈秋雄、叶重耕、蔡建新、林文生、孙明忠、黄强、李伟华、倪超、黄文辉、陈沈阳等市委领导及市委委员、候补委员出席会议。市人大常委会、市政府、市政协领导等参加会议。

【市委经济工作会议】 2019年12月25日，中共厦门市委经济工作会议召开。中共福建省委常委、厦门市委书记胡昌升主持会议并讲话。会议以习近平新时代中国特色社会主义思想为指导，坚持新发展理念，强调要抓招商促发展、抓项目增后劲，大力推动高质量发展落实赶超，全面做好“六稳”工作，加快建设高素质、高颜值、现代化、国际化城市，以优异成绩确保全面建成小康社会和“十三五”规划圆满收官。中共厦门市委副书记、市长庄稼汉作具体工作部署。市委、市人大常委会、市政府、市政协领导出席会议。

（市委办）

组织工作

【概 况】 2019年，厦门市加强领导班子和干部队伍建设，激励广大干部担当干事、跳起摸高，开展抓党建引领基层社会治理、抓党建促乡村振兴，持续抓好引才聚才工作，为招商引资、项目建设、片区建设等重大任务提供支撑，为加快厦门市高质量发展，建设高素质、高颜值、现代化、国际化城市提供组织保证。至年末，全市党组118个，党工委67个，各级党的基层组织15205个（党委917个、党总支718个、党支部13570个）。建制村党组织147个（设党委的70个，设党总支的57个，设党支部的20个），社区党组织378个（设党委的255个，设党总支的77个，设党支部的46个）。新发展党员8074人，其中女党员4423人。至年末，全市党员总数235133人，其中女党员96318人。大专以上学历党员178685人，占党员总数75.99%，比上年同期提高1.06个百分点。

【思想政治教育】 2019年，中共厦门市委组织部（简称市委组织部）突出抓好党的政治建设，坚持把学习贯彻习近平新时代中国特色社会主义思想作为头等大事、首要任务，教育引导广大党员干部增强“四个意识”，坚定“四个自信”，做到“两个维护”。组织部门带头贯彻落实《中共中央关于加强党的政治建设的意见》《中共中央政治局关于加强和维护党中央集中统一领导的若干规定》，教育引导全市各级党组织和广大党员干部坚决维护以习近平为核心的党中央权威。做好中央巡视长效整改和中组部选人用人专项检查发现问题整改，对涉及的5个具体问题进行分解细化，逐条逐项整改。落实《厦门市关于考准考实干部政治表现的实施办法（试行）》。把习近平新时代中国特色社会主义思想作为政治信仰和行动指南，推进党的创新理论进教材、进课堂、进头脑，在市委党校举办各主体班次30期，分级分类培训干部2056人，新思想学习占理论教育比重56%。组织开展主体班入学前新思想知识测试。选派102名处级以上干部参加中央和省委党校学习。挖掘用好习近平总书记在厦门工作期间留下的宝贵思想和精神财富，开设“习近平在厦门”“习近平同志在厦门工作的实践与思想”等特色课程，发挥高山党校作用，培训党员干部6000余人次。举办新思想解读、传承“两弹一星”精神、党史、“新中国史”等重点辅导专题，培训市管干部及各单位领导班子成员5300余人次。市委党校“学好用好《共产党宣言》”获全国党校（行政学院）系统教学精品课奖。市委党校打造“领导讲坛”“专家讲坛”等教学品牌和“用学术讲政治”教学平台，整体引进中央党校教学团队讲授马克思主义理论经典，提升思想政治教育实效。

【“不忘初心、牢记使命”主题教育】 2019年，中共厦门市委组织部按照“对标对表全国先进，争取走在全国前列”要求，强化主体责任，加强统筹谋划，创新学习方法，组织全市1.25万个基层党组织、18.8万名党员分2批参加主题教育。利用习近平总书记在福建、厦门工作期间留下的政治资源，编印辅学材料，做强“高山党校”，组建宣讲团。学习宣传《习近平在厦门》采访实录。全市成立各类宣讲团206个，覆盖受众6.5万人次。市委组织部细化分解重点措施，打造不同类型基层党组织学习教育示范点9个，组建市、区两级指导组38个。2批主题教育梳理需要上下联动整改重点项目37个，实行销号管理，对整改项目逐一跟踪督办。市委常委班子挂钩联系包案化解信访难题积案，推动化解涉及城镇规划、生态环境保护、营商环境、民生等方面积案17件。参学单位对照10个方面整治重点，排查整改专项整治问题4736个，东坪山生态敏感区违法建设、筼筜湖花木城等历史遗留难题得到彻底解决。抓招商促发展、抓项目增后劲，推进高技术高成长高附加值企业发展，建设区域性金融中心、文化旅游会展名城和新经济发展示范区。修订《村（居）民委员会有关职责事项一览表》，减少督查检查事项；开展规范清理“一票否决”和签订责任状事项工作，为基层减负松绑。

【干部队伍建设】 2019年，中共厦门市委组织部坚持将正确的用人导向贯穿干部工作全过程，聚焦中心大局、立足职责使命，配强班子、建好队伍。把政治标准放在首位，坚持事业为上、以事择人，着眼“该用谁”而不是“谁该用”，全年先后进行4轮干部调配，调整市管干部403人次，其中新提拔和进一步使用249人次。强化实绩导向，提拔重用在基层一线、重点指挥部、重大项目建设中表现突出的干部167人。提任一级巡视员7人、二级巡视员32人；审核晋升一级调研员251人。牵头制定实施《服务“三高”企业考评工作方案》，以考促升、以评促进。实施《2018—2022年厦门市干部教育培训规划》，聚焦市委中心工作和“八种本领”提升工程，开展系列精准化、专业化培训，全年举办招商引资、“三高”企业发展、营商环境提升、新旧动能转换等专题培训39期，培训干部1.2万人次，示范带动开展各类培训250期次，参训人数3万余人次。选派170名干部到重大片区指挥部一线和招商办、片区办挂职锻炼，占全年选派总数的90%；落实对口支援、东西扶贫挂职干部选派任务，完成援宁、援藏干部人才选派和援助临夏干部人才轮换。坚持抓早抓小、严在经常，落实干部函询诫勉、谈心谈话等制度，谈心谈话98人次、函询52人、诫勉15人。结合市委巡察，分3批对全市13家单位启动选人用人专项检查以及领导干部担当作为情况检查督查，纠正违规选人用人行为。开展规范领导干部配偶、子女及其配偶经商办企业专项治理，探索建立常态化监管长效机制。执行个人有关事项报告制度，按时完成处级以上领导干部年度数据上报，开展重点查核1354人，对结果不一致的135人进行处理。加大经济责任审计力度，对市水利局等3家单位开展自然资源资产离任审计。牵头召开新时代新担当新作为工作领导小组会议2次。提拔使用问责处分影响期满、表现优秀的干部6人。接收选调生66人。首次接收清华大学、北京大学等学校的引进生6人，全部安排到岛外乡镇任职。搭建选调生、大学生村干部教育培训锻炼平台，举办“守初心、担使命——重走总书记走过的路”主题教育活动暨出征仪式等系列活动。探索实施以“大职位”招录52人，完成“四级联考”及公安机关定向招考公务员录用、办理边防士兵转改考试录用等工作。规范优化公务员管理，全面推行综合管理类公务员职务职级并行制度，全市6个区、84家市直单位、190家参公单位全部完成职级套转，完成职级晋升3600余人次。指导法检系统人员分类管理改革。

【基层党建】 2019年，中共厦门市委组织部聚焦提升基层党组织组织力、强化基层党建引领社会治理能力，统筹推进各领域基层党建。坚持分类别指导、分领域统筹，不断增强各领域党组织的核心引领作用。开展村级组织换届“回头看”，对村级组织成员逐个“政治体检”，清理不符合要求的村（居）“两委”干部28人。轮训村级党组织书记1739人次，持续推动101家市直单位挂钩帮扶村居113个，选派第四批驻村干部32人。104家市直单位、5万余名在职党员到社区小区报到，组建小区党支部1138个，覆盖全市近85%的城市小区。中共福建省委常委、市委书记胡昌升对城市基层党建高质量发展的经验做法作出批示，并在《中国组织人事报》等中央级媒体上专门发表《推进城市基层党建高质量发展　建设高素质高颜值现代化国际化城市》署名文章，宣传厦门市经验成效。市委组织部再次启动楼宇党建“百日攻坚行动”，全年新建非公企业党组织381个、社会组织党组织56个。加强支部标准化规范化建设，开展培训670余期，全员轮训党支部书记和各类党务干部4万余人次；依托“厦门党建e家”信息化平台，完善积分量化管理办法，开展“基层党建工作巡查月”活动，升格党组织164个，撤销“空壳支部”49个，按期换届基层党组织413个，整顿提升软弱涣散村居党组织22个、非公领域基层党组织72个。求是网、《红旗文稿》等发文报道厦门市支部标准化规范化建设的经验做法。市委组织部推动各级党组织开展“服务发展我们做了什么，服务社会我们做了什么，服务群众我们做了什么”大讨论和“践行初心使命、勇于担当作为、争当模范表率”活动。走访慰问困难党员6952人。发挥电教（远教）优势，开展“学身边榜样、聚初心力量”系列活动，以身边人身边事教育引导党员坚守初心使命。在第十五届全省党员教育电视片观摩交流活动评选中，厦门市22部作品获奖，占全省近1/4，市委组织部获先进集体奖。厦门城市党建学院创新“实体阵地+市场资源+灵活教学”办学模式，培训党务干部近2.8万人次。《关于推进城市基层党建高质量发展的意见》出台，该意见结合城市基层党建与城市经济转型、社会转型、发展转型，围绕深化街道管理体制改革、健全城市基层党建体系、推动社区物业党建、加强社区工作者队伍建设、推进社区减负增效等方面提出具体意见措施14条。

【人才引育】 2019年，厦门市确立人才引领发展的战略地位。中共厦门市委组织部根据产业转型和高质量发展需求，实施引才工程。出台《关于进一步明确柔性引才认定标准、引进方式等通知》，优化引才方式，柔性引进各类人才5300余人；实施“30万院校毕业生招聘计划”，审核接收毕业生5.07万人，超额完成引才目标。创新海外人才引进模式，建立海外人才工作站动态管理、绩效考核制度，举办“春晖杯”入围留学人员项目厦门行活动等，接收留学归国人员1426人，比上年增长25.09%。新增国家级领军人才118人、省级328人、市级4500余人，其中95%集聚在重点扶持产业及重点社会事业领域。修订完善《厦门市高层次人才评价认定标准》，增加教育、卫生等民生事业领域人才类别，合理评价认定人才并作为享受人才住房政策等各项优惠的依据。向用人单位放权，首次由行业协会承接高级职称评审，首次开展龙头企业自主职称评审。新出台金融、文化、旅游等重点产业人才计划。出台高层次人才和“三高”企业骨干人才安居保障新政，高层次人才购房补贴标准提高至最高1000万元，申购人才住房面积标准最高150平方米。举办海峡两岸人才机构合作洽谈会等交流对接活动，台湾地区55家单位、400余名台湾代表、专才、大学生参加；首次在台湾设立人才服务驿站，举办台湾人才项目联合评审会，发布对台柔性引才“紫荆智库”项目，开设海峡两岸设计众包线下孵化基地，相关经验做法获中共福建省委书记于伟国的批示肯定。启动第六批台湾特聘专家（专才）评审，全年拨付补助资金2902.88万元。印发《2019年厦台两地人力资源合作工作方案》，实施台湾青年就业实习计划，受理139家单位申报的实习见习岗位276个，参加实习见习的台湾青年652人。举办全市重点企业、重点招商部门人才安居政策专题宣讲会。围绕“弘扬爱国奋斗精神、建功立业新时代”主题，组织70名拔尖人才和高层次人才开展国情研修。200余名人才参与专家人才咨政工作，形成《2019年厦门市专家人才咨政报告汇编》，得到市委、市政府主要领导批示肯定。围绕“人才强市战略”主题，在市级以上主流媒体刊发报道250余篇，重点介绍人才政策体系和精准引才成效。

【招商引资系列培训】 2019年，厦门市围绕服务招商引资中心工作，开展专题培训。举办招商业务专题培训，调训全市367名干部学习招商工作新政策、新机制；开展“走出去”对标学习，选派49名干部到武汉学习；举办招商“宣传大使”培训，组织80名“宣传大使”学业务、练技能，提升招商营销水平；开展提升营商环境专题培训。编撰《党员干部学招商引资》，汇编招商工作相关业务知识和典型案例。开展招商网络大学习，开设课程29门，参学人数16.5万人次，实际学习36.3万学时。

【健全完善招商引资举措出台】 2019年，厦门市为推动招商引资在高质量发展落实赶超中发挥引领作用，出台《关于健全完善招商引资项目全周期工作正向激励、反向惩戒机制的十条举措（试行）》。该文件围绕千亿产业链群强链扩链补链，编制产业招商地图工作，打造招商引资“三个一”，即1个网站（厦门招商引资网）、1个产业招商地图（含产业发展路线图及招商目标企业库）、1条热线（产业招商热线）；制定产业发展路线图，建立招商对象目录库和总部企业项目库；健全项目后期服务，推动以商引商；健全完善市四套班子领导挂钩联系重点企业、重大项目机制；持续稳商扶商；引进人才技术；加大对研发机构的招商力度。中共厦门市委组织部研究提出强化使命意识、扛起责任担当、优化考核体系、掌握干部表现、激励先进个人、激励先进集体、整治干部作风、严治不担当、把握容错界限、提供出访便利的10条举措。

【重大片区及重点项目指挥部调研】 2019年，中共厦门市委组织部为推动高质量发展落实赶超任务，完善一线干部平时考核工作，经常性、近距离、全方位接触干部，出台实施重点指挥部蹲点调研工作方案。全市成立调研组5个，分别到11个重点指挥部，通过个别访谈、实地走访、列席会议、查阅资料等方式，开展蹲点调研工作，形成阶段性报告25份，了解各指挥部推进重点工作情况和干部表现。

【新时代经济特区的“奔跑者”评选】 2019年，中共厦门市委组织部在《厦门日报》、厦门电视台开设“当好新时代的奔跑者”专栏，宣传担当作为先进个人45人。汇编印发2辑《当好新时代厦门经济特区的“奔跑者”》。组织先进典型到各区、重点指挥部等开展“奔跑者”巡回宣讲9场次。

【机构改革】 2019年，《厦门市市级机构改革实施方案》出台，设置市级党政机构55个（党委机构16个、政府机构39个）。中共厦门市委组织部增加统一管理公务员职责，对外保留市公务员局牌子，整合市人社局考试录用、考核奖惩、培训与工资福利等职责，新设立公务员一处、公务员二处、公务员三处；统一管理市委机构编制委员会办公室、市委老干部局。全市83家涉改机关（参公）单位共转隶2944人，其中公务员978人、参公事业单位人员1039人、工勤人员100人、非在编人员827人；58家事业单位共转隶2230人，其中编内人员1697人、编外人员533人；涉及离退休人员818人。厦门市在全省率先实现人员交接。

【基层党建案例获评全国优秀】 2019年，厦门市报送的《福建省厦门市：小区建立党支部，治理水平大提升》《福建省厦门市湖里区：坚持“四个突出”、把握“四个维度”，不断提升城市基层党建工作水平》在全国城市基层党建创新案例征集评选活动中分别入选全国城市基层党建创新最佳案例和优秀案例。该活动由人民网、中国组织人事报社等主办，主题为“强化街道社区党组织领导核心地位，加强城市基层党建系统建设和整体建设，推动城市基层治理现代化”。全国近4000个案例报名。评选活动历经3轮评审并报有关部委审定。

【非公企业和社会组织党建领军人才评审】 2019年，厦门市开展第二批非公企业和社会组织党建领军人才评审。经过初审、复审和专家评审等环节，16名非公领域先进党组织书记被确定为第二批非公企业和社会组织党建领军人才。该评审活动是厦门市非公党建的创新举措，至年末，全市累计28人入选。

【爱心结对帮扶】 2019年，中共厦门市委组织部根据全市“爱心厦门”建设动员大会会议精神，聚焦特殊困难群体，建立一对一“爱心结对”机制。市四套班子带头，发动党员干部开展结对帮扶；全市机关、事业、国企7467名处级以上干部、4231个基层党支部结对困难户1.2万户。通过党员干部爱心结对帮扶，辐射带动社会各界参加助残、敬老、济困、扶幼等爱心行动。

【“30万院校毕业生招聘计划”实施】 2019年，厦门市实施主题为“智汇厦门，梦想起航”的“30万院校毕业生招聘计划”。厦门市到清华大学、南昌大学、合肥工业大学等举办高校2020届毕业生需求信息和入厦政策发布会，宣传推介发展优势与就业环境，4000家用人单位集中发布岗位需求7.5万个。至年末，厦门市累计向6000余名“双一流”本科以上学历毕业生发放生活补贴超2亿元。

【教育部“蓝火计划”首次在厦门实施】 2019年，厦门市邀请来自全国23所重点高校的34名博士研究生进驻22家“三高”企业，开展为期1个月的科技服务工作，这是教育部“蓝火计划”首次在厦门市实施。服务期间，博士生为企业梳理分析技术需求和难题66个，开展专业知识培训讲座17场，解决企业平台开发、技术攻关等问题近200项。活动结束后，7名博士与厦门盈趣科技股份有限公司、鹭燕医药股份有限公司、厦门建霖健康家居股份有限公司等企业签订合作协议。

【科技特派员工作创新】 2019年，厦门市科技特派员助推乡村振兴的经验做法被中组部《组工通讯》和《组织人事报》等媒体刊发报道。厦门市选派9名干部到平潭等地挂职，选派40名福建省亚热带植物研究所科技人才与临夏州农业科学院合作开展对口精准扶贫。

【第二届博士选调生双选对接会】 2019

年 3 月 5—6 日，由中共厦门市委组织部主办的第二届博士选调生双选对接会在厦门举行。该对接会以“欣见·留厦”为主题，应邀参会的博士研究生 60 人。博士研究生来自中国科学院大学、浙江大学、上海交通大学、南京大学等 23 个高校和科研院所，所学专业涵盖厦门经济社会发展急需紧缺的财政金融、电子信息、交通运输、生物医药、规划建设等专业。在博士选调生“两轮对接”的基础上，全市接收博士选调生 29 人，数量居全省第一。

【“两优一先”表彰】 2019 年 7 月 1 日，厦门市“两优一先”表彰大会在人民会堂主会场举行。中共福建省委常委、市委书记胡昌升出席并讲话，市委副书记、市长庄稼汉主持，市人大常委会主任陈家东、市政协主席张健出席，市委副书记陈秋雄宣读表彰决定。大会表彰共产党员 60 人、党务工作者 60 人、党组织 120 个，分别授予“全市优秀共产党员”“全市优秀党务工作者”“全市先进党组织”称号。优秀共产党员代表郑晶、于洪波，优秀党务工作者代表林东荣作先进典型发言。

【闽西南区域人才合作启动】 2019 年 9 月 8 日，由中共福建省委组织部指导，厦门市委组织部牵头，漳州、泉州、三明、龙岩市委组织部共同主办的“山海联盟、合作共赢——2019 闽西南区域人才合作启动仪式”在厦洽会人才项目资本合作展馆举行。厦门、漳州、泉州、三明、龙岩围绕闽西南区域人才合作主题，按照“优势互补、资源共享、协同聚才、合作共赢”原则，首次共同办展参展；依托海峡人才市场、厦门中小在线信息服务公司、两岸股权交易中心、清华海峡研究院等专业机构，发布闽西南地区人才联合引育、科技企业股权融资、对台引智合作、企业公共服务 4 个“人才一体化”服务项目。

（市委组织部）

宣传工作

【概　况】 2019 年，厦门市围绕学习宣传贯彻习近平新时代中国特色社会主义思想和庆祝中华人民共和国成立 70 周年主题主线开展宣传工作。全社会意识形态领域态势向上向好，社会主义核心价值观深入人心，主流舆论不断巩固壮大，全市营造上下团结奋进、加快建设高素质、高颜值、现代化、国际化城市的氛围。

【习近平新时代中国特色社会主义思想学习宣传】 2019 年，厦门市学习宣传习近平新时代中国特色社会主义思想，中共厦门市委宣传部（简称市委宣传部）推出结合改革发展实际、具有地方特色、回应干部群众关注的理论宣讲课程，推送给 100 多家市直单位、300 多家社区书院和各区各系统相关单位。拓展“理论宣讲轻骑兵”组织形式，推出“我们都是追梦人”“新时代　新思想　新作为”等理论宣讲轻骑兵进基层宣讲活动。组建学习贯彻中共十九届四中全会精神宣讲团，到全市各区、市直系统部分单位等开展集中宣讲活动 8 场。借助学习强国学习平台，创新推广形式做好宣讲工作，组织“学习强国‘学而时习之·悦享会’”走进干部讲坛、在厦高校、基层社区、新时代文明实践中心等场所，组织理论专家、机关干部、基层群众、普通党员座谈交流。举办第五届新媒体与理论工作厦门论坛，全国 15 个副省级城市的理论工作者与专家学者、新媒体界代表人物、本土项目发起者开展交流合作。市社科联围绕学习新思想、庆祝中华人民共和国成立 70 周年，推动建设高素质、高颜值、现代化、国际化城市，召开系列社科理论座谈会，组织课题攻关开展重点研讨，推动立项并完成各类社科课题近 100 项。

【意识形态工作责任制加强】 2019 年，厦门市加强全市意识形态工作组织领导，统筹协调在行政管理、行业管理、社会管理中体现意识形态工作要求、维护意识形态安全。加强督查考核，修订印发 2019 年意识形态工作考核指标体系，提高考核工作的针对性和约束性，厦门创新意识形态考核机制的经验做法入选中宣部《宣传思想文化工作案例选编 2019》。在市委巡察中嵌入式开展意识形态工作责任制专项检查，督促各级党组织加强阵地管理。

【庆祝中华人民共和国成立 70 周年系列宣传教育活动】 2019 年，厦门市以“我和我的祖国”为主题，在全市范围开展庆祝中华人民共和国成立 70 周年群众性主题宣传教育活动。其中，思明区开展理论宣讲、经典诵读、书画展览、夏季周末广场系列文化活动近 2000 场，同安区举办“富美同安新时代”农民画展、“我和我的祖国”荷叶说唱等一系列具有地方特色的文化活动。市属媒体从各自定位和特色出发，组织“城迹 70 年”“再访母亲河”等蹲点采访活动，推出《解放》《走过 70 年》等专题系列及《龙江颂》《航拍闽西南》等纪录片。中央及福建省驻厦门媒体对该系列活动刊播报道 800 余篇。全市文艺工作者围绕庆祝中华人民共和国成立 70 周年创作文艺精品，电视剧《太行赤子》、广播剧《青山青史》、歌曲《扬帆未来》、图书《天目》在全国第十五届精神文明建设“五个一工程”奖评选中被评为福建省贡献奖。音乐剧《鼓浪如歌》、歌仔戏《侨批》入选 2019 年度国家艺术基金扶持项目。中共厦门市委宣传部组织开展“我和我的祖国”音乐厦门合唱展播活动，向全市招募合唱团，征集原创合唱作品，拍摄录制音乐短片并推送到门户网站展播。

【主流舆论引导】 2019 年，中共厦门市委宣传部结合“不忘初心、牢记使命”主题教育、学习贯彻中共十九届四中全会精神等重大主题宣传，持续掀起习近平新时代中国特色社会主义思想“大学习”热潮，筑牢广大党员干部的思想根基。在“不忘初心、牢记使命”主题教育宣传中，突出整改落实，将“四个始终”贯穿始终，组织开设专栏专题，刊发评论员文章、权威解读、系列述评等，反映主题教育的成效反响及典型经验。紧跟全市实施高技术高成长高附加值企业倍增行动和加快建设现代化教育强市、高水平健康之城、文化旅游会展名城、爱心厦门等工作布局以及文明创建、扫黑除恶专项斗争、东西部扶贫等重点工作，厦门日报社、厦门电视台、厦门广播电台及所属新媒体在重要版面、重要时段、重要位置开设专栏专题专版。市委宣传部对标对表高素质、高颜值、现代化、国际化要求，推出贯穿全年、层次立体的“激发干部精气

神　闯出发展新天地”系列主题宣传。开设“当好时代的奔跑者”等专栏，报道厦门市各行各业典型人物。

【社会主义核心价值观弘扬】2019年，厦门市以核心价值观建设为统领，推进核心价值观融入家庭家风家教、法治建设、红色文化工程建设、典型宣传、阵地建设等，推动核心价值观建设与社会宣传工作同部署、同推动、同落实。中共厦门市委宣传部加强核心价值观“一区一品”“一区多品”建设。组织开展2019年福建省学雷锋活动示范点和岗位学雷锋标兵推荐评选活动。厦门火车站“海峡情·小白鹭”服务台、厦门火炬集团有限公司投管部职员徐文分别获全省学雷锋活动示范点和全省岗位学雷锋标兵称号。厦门轮渡有限公司轮渡班组等7个集体和厦门市湖里区殿前街道高殿社区党委副书记张俊强等7人获厦门市学雷锋活动示范点和岗位学雷锋标兵称号。市委宣传部开展厦门市第六中学老师高至凡先进典型集中宣传活动，举办高至凡教师先进事迹报告会，市总工会追授高至凡“五一劳动奖章”。以时代楷模陈清洲为原型的电影《情满万家》被列入“不忘初心、牢记使命”主题教育活动内容，全市党员干部集中观看。在厦高校持续开展“爱党、爱祖国、爱人民”主题教育系列活动。市委宣传部举办“文明厦门　因你而美”暨第五个市民文明行为示范月活动，组织志愿者开展“烟头不落地　厦门更美丽”志愿服务活动。在全市开展“快乐健步走　文明齐动手”洁净家园活动。

【城市形象宣传】2019年，“2019厦门工博会暨二十三届台交会”、第十一届海峡论坛、“2019厦门国际马拉松赛”、“2019世界半程铁人三项赛”、第八次中老两党理论研讨会、东盟与中日韩财政和央行副手会等大型展会活动、重大体育赛事、重要活动在厦门举行。厦门市配合相关活动的举行，加大城市推介力度，重点推介中华人民共和国成立70周年来厦门取得的经济社会发展成就。中共厦门市委宣传部构建招商引资全媒体传播体系，宣传推广城市形象和投资环境，提升城市招商引资吸引力和竞争力。推行新闻发布制度，督促各部门落实新闻发布经常化。

【互联网宣传管理】2019年，厦门市属地新闻网站、商业网站和新媒体等设置“习近平给厦门荣誉市民、厦门大学外籍教授潘维廉回信”“学‘习’进行时”“《习近平在厦门》采访实录”等相关专题专栏，刊发转载权威报道文章，推出原创融媒体作品。中共厦门市委网信办等单位举办“厦门是个好地方——2019网络全媒体厦门行”活动，人民网、新华网等27家中央省市主流媒体参加，相关微博话题阅读量超过2亿次。短视频《人民记忆：70年70城·记住厦门》在央视网和各新媒体平台推出，视频总阅读量1200万次。市委宣传部、市委网信办、市委文明办、市公安局、市通信管理局等联合举办第八届厦门网络文化节，以“七十年壮丽岁月　新时代网络追梦”为主题，开展4个篇章36项线上线下活动。在中国网络社会组织联合会、中国互联网发展基金会主办的第四届“五个一百”网络正能量精品评选活动中，厦门7项作品（活动）获选，其中《我在厦门　我为改革开放点赞》入选百项正能量专题活动。厦门市设立违法和不良信息举报平台“厦门朝阳群众”微信公众号，收到各类网民举报线索8100余条。

【中国金鸡百花电影节】2019年11月19—23日，第二十八届中国金鸡百花电影节在厦门市举办。电影节开展开幕式、提名者表彰仪式、闭幕红毯、颁奖典礼等活动，评出最佳故事片、最佳导演等19个奖项。中共中央政治局委员、中宣部部长黄坤明，中国文联党组书记、副主席李屹，福建省委书记于伟国，省长唐登杰以及胡昌升、梁建勇、郑新聪、庄稼汉、陈家东、张健等省市领导出席。参加的中外代表1594人。电影节配套举办各类论坛和系列活动432场，活动数量创历届新高。厦门市根据“全城金鸡”“全年金鸡”办节理念，围绕电影节的筹备和举办，开展系列文化活动。推动影视产业招商引资工作，推进金鸡赋能产业发展。出台《厦门市影视产业发展规划（2019—2025）》《关于进一步促进影视产业发展的若干规定》等，优化营商环境，支持影视企业做大做强，先后举办中国金鸡百花电影节（金鸡奖年份）落户厦门新闻发布会、第二十八届中国金鸡百花电影节新闻发布会暨厦门影视产业招商推介会。

（市委宣传部）

统一战线

【概　况】2019年，中共厦门市委统战部（简称市委统战部）与市外办、市台港澳办共同组织开展“学习贯彻习近平新时代中国特色社会主义思想和党的十九大精神”集中轮训，累计举办30期。加强政治引领，以中华人民共和国成立70周年、中国共产党领导的多党合作和政治协商制度确立70周年活动为契机，组织系列庆祝活动14场；支持和引导各民主党派、无党派人士开展“不忘合作初心，继续携手前进”主题教育活动；继续开展非公经济人士理想信念教育实践活动。动员引导全市统一战线成员和统战干部支持参与招商大会、世界闽商大会、金鸡百花电影节等省、市级重大中心工作任务的服务保障工作。坚持并优化“党委出题、党派调研”模式，全年完成调研课题550个。营造“亲清”的新型政商关系，助力东西部精准扶贫协作，举办“2019中国（厦门）商人节”。推进统战各领域工作创新发展，支持各民主党派建设新时代中国特色社会主义参政党，完成政党协商9次。做好民族宗教工作，依法管理宗教事务。组织厦港街道妇联与香港西贡将军澳妇女会开展基层交流，举办“青葱岁月　多彩年华”厦门—港澳台中学校际结对交流活动。接待到访团组34批2000余人次。维护侨胞权益，开展重点侨团联谊交流。加强海外华侨华人社团厦门联络总部管理服务，接待重点侨团及侨领80批次1600余人次。先后举办厦门招商政策宣传、跨境电商考察推介等活动20场，900余人次参加。加强党外干部队伍建设，完成党外干部主体培训9个班次，召开厦门市党外挂职干部座谈会。做好统战信息、宣传和理论研究工作，被中共中央办公厅采用信息1条，被中共中央统战部采用25条；刊印《厦门统战信息》30期，在《厦门日报》推出《统战在线》专版4期，办好厦门统一战线网站和面向海内外公开发行的《鹭风报》。组织完成统战理论研究课题89个。宗教工作督查整改、香港专项工作得到中共中央统战部、中共福建省委统战部肯定。统战信息工作获全国二等奖，重点调研课题"统一战线在两岸民主协商中的角色和作用研究"获全国统战理论政策研究创新成果三等奖。厦门市网络人士统战工作经验被当作典型在全国会议上介绍。

【海峡两岸青年大学生研学冬令营】 2019年1月17日，厦门市社会发展研究会、厦门兴才职业技术学院、集美研学基地、台湾明道大学、台湾"中华大学"等联合主办的海峡两岸青年大学生研学冬令营在厦门（集美）对台湾研学旅行基地开营。该冬令营为期6天，5所台湾高校的53位青年及厦门高校学生代表参加。冬令营成员访问厦门大学、陈嘉庚纪念胜地、诚毅科技探索中心、厦门市规划馆、灵玲国际马戏城等。

【党外人士代表座谈会】 2019年1月26日，中共厦门市委副书记、市长庄稼汉主持召开与各民主党派、工商联、无党派人士年度无主题政党协商座谈会议暨联谊交友活动。市委副书记陈秋雄，市委常委、组织部部长陈沈阳，市政协副主席江曙霞，国桂荣、陈昌生、黄世忠、吴丽冰、王焱、徐平东、黄培强、陈紫萱等各民主党派市委主委，市工商联主席柯希平，无党派人士代表王军出席会议。市委办、市府办、市委统战部等部门领导列席座谈会。

【知情参政对接会】 2019年3月13日，中共厦门市委统战部组织召开"2019知情参政对接会"。各民主党派市委有关领导、无党派人士代表等参加会议。市委统战部副部长曾庆军主持会议。参会的各民主党派市委、市工商联领导和无党派人士代表结合自身特色优势，就参政调研思路和议政建言方向开展交流，向市法制局、市发改委、市委组织部人才工作局进行意见咨询。

【新的社会阶层人士统战工作联席会议】 2019年3月15日，"厦门市2019年新的社会阶层人士统战工作联席会议第一次全体会议"在团结大厦召开。中共厦门市委统战部副部长郑秀文，新的社会阶层人士统战工作联席会议成员单位、各区委统战部和火炬开发区管委会统战处代表等出席。会议研究明确厦门市新阶统战工作思路，重点围绕扩大基层党组织新阶统战工作覆盖面、完善线上社区工作平台、建设线下实践创新基地、打造新阶党建统战融合发展示范点、推进创新示范项目品牌塑造、加强代表人士队伍建设等方面开展工作；计划在全市培育"E鹭同心"融媒体平台、新兴青年群体"筑梦计划"等重点项目10个。

【侨界青年工作联会】 2019年3月22日，厦门市侨联召开全市侨联系统侨界青年工作联会。来自市侨联青委会、市侨商会青工委、各区侨联青委会、各归侨联谊会青委会的代表60余人参会。与会代表围绕侨青平台建设与发展、侨青骨干队伍培养等议题开展研讨，交流意见，为厦门市打造"活力、创新、特色、共赢"的侨青工作品牌谋篇布局。中共厦门市委统战部副部长蔡林娜、市侨联主席潘少銮出席会议。

【厦门市青年企业家联合会成立】 2019年5月8日，厦门市青年企业家联合会成立并召开第一次会员大会。该联合会是厦门市工商联主管的直属商会，由厦门市非公有制经济青年等自愿组成的联合性、地方性、具有法人资格、非营利性社会组织。厦门禹道实业集团董事长陈朝宗当选为首届会长，厦门宏益华集团有限公司总裁钟剑锋当选为监事长，厦门春华集团有限公司董事长林春生当选为执行会长。中共厦门市委统战部常务副部长何秀珍，市委统战部副部长、市工商联（总商会）党组书记陈永东等出席会议。

【海归青年创新创业沙龙】 2019年5月12日，厦门市欧美同学会举办"奋斗青春　强国有我"海归青年创新创业沙龙，60名海归青年参加活动。市政协副主席、市欧美同学会会长陈昌生，中共厦门市委统战部副部长郑秀文出席活动。

【国家民委工作组到厦门考察】 2019年5月，国家民委工作组到厦门考察，先后到火炬高新技术产业区、厦门信息集团、钟宅畲族社区、钟宅民族小学、长青社区等开展少数民族流动人口服务管理体系建设试点"互观互学"活动。工作组对厦门市在完善民族工作机制、深化民族团结进步创建、推进社区民族工作、开展少数民族地区帮扶、支持少数民族流动人口在厦门创业等方面取得的成绩表示肯定。省民宗厅副厅长宋哩、市民宗局局长苏清臻陪同考察。

【陈嘉庚奖学金招生评审】 2019年6月26日，陈嘉庚奖学金工作领导小组召开专题会议，审议通过2019年度陈嘉庚奖学金拟录取学生名单。该奖学金收到来自泰国、菲律宾、柬埔寨、老挝、马来西亚、缅甸、新加坡、印度尼西亚、越南、印度、巴基斯坦11个国家的申请575份。222人通过终审，分别到7所招生院校的62个专业就读。其中，就读博士2人，就读硕士35人。

【政党协商座谈会】 2019年7月6日，中共厦门市委召开与各民主党派、工商联和无党派人士政党协商座谈会，协商主题为"完善招商引资政策体系，打造现代产业'升级版'"。中共福建省委常委、市委书记胡昌升主持座谈并讲话。市委副书记陈秋雄，市委常委、秘书长黄文辉，副市长李辉跃，副市长韩景义出席。各民主党派、工商联负责人和无党派人士代表结合各自调研情况，对厦门市完善招商引资政策体系建言献策，在创新招商方式、完善招商机制、强化招商激励、精准产业扶持、优化营商环境、妥善处理好增量和存量、盘活土地资源、加强人才保障等相关政策举措和工作机制等方面提出意见建议。市委统战部、市委政研室、市发改委、市商务局等部门领导参加座谈会。

【厦门市首家综合性台胞服务中心】 2019年7月12日，湖里区台胞服务中心揭牌，为厦门市首家综合性台胞服务中心。该台胞服务中心位于台商会馆鹭家园党群活动服务中心内部，旨在打造"一站式服务"的绿色通道，为全市台资企业及台胞提供涉台法律援助、涉台政策资讯和台湾专才服务，处理涉台投诉、求助，帮助台湾青年到厦门创业、就业、实习、见习，协助办理台湾学生就学和台胞居住证等10个大类40余项政务代办服务。

【澳门福建同乡总会访问团到厦门访问】 2019年7月31日，澳门福建同乡总会会长许健康率领访问团到厦门访问。中共福建省委常委、市委书记胡昌升，中共厦门市委副书记、市长庄稼汉会见访问团一行。陈秋雄、黄文辉、韩景义等市领导，澳门福建同乡总会执行会长陈明金等参加会见。

【少数民族流动人口服务管理方案出台】 2019年8月，厦门市出台《少数民族流动人口服务管理体系建设试点工作实施方案》。该方案确立以社区为单位采集信息，以调查摸底、填报《厦门市少数民族流动人口基本情况调查表》、建立少数民族流动人口信息台账等方式，掌握全市少数民族流动人口动态，落实少数民族流动人口服务管理的各项具体措施；通过加强组织领导、信息化建设、公共服务平台建设、依法管理、宣传教育以及提升嵌入式社区建设水平等方式，整合并发挥各级各部门和社会力量，完善少数民族流动人口服务管理新机制。

【传承嘉庚精神及华侨华人参加祖国建设成果展】 2019年10月，由中华全国归国华侨联合会与香港侨界社团联会主办，香港集友银行承办，陈嘉庚纪念馆协办的“华侨旗帜·民族光辉——传承嘉庚精神及华侨华人参加祖国建设成果展”在香港举行。该展览是“重走嘉庚路·致敬新时代”主题系列活动香港站内容之一。中共厦门市委常委、常务副市长黄强率团出席并在展览开幕仪式上致辞。展览内容分“传奇人生，矢志报国”“立国之本，国民天职”“诚毅集友，薪火相传”“嘉庚精神世代传扬”4个部分，展出图片500余张。

【地铁1号线列车组命名仪式】 2019年10月26日，第二届厦门嘉庚文化周在厦门日报社读者节现场启动，同时举办厦门地铁1号线“嘉庚”号列车组命名仪式。中共厦门市委常委、宣传部部长叶重耕，副市长张毅恭，市政协副主席黄学惠，市委宣传部副部长江曙耀，市委宣传部副部长唐向阳，市委统战部副部长陈宏出席活动。“嘉庚”号列车组融入嘉庚元素，在车身上部喷涂“嘉庚”字样，设置嘉庚文化主题车厢。

【海外华商中国国情研修班】 2019年11月2—9日，由国务院侨办主办、厦门市侨办承办的第二期海外华商“一带一路”暨中国国情研修班分别在厦门市、北京市举行。来自“一带一路”沿线21个国家的学员48人参加。其中，持外国护照21人，持中国护照27人。研修班设课程9门，其中厦门段课程5门。

（市委统战部）

精神文明建设

【概 况】 2019年，厦门市在2018年全国文明城市年度测评中位列全国28个省会（首府）、副省级城市第三名，未成年人思想道德建设工作测评获满分，两项工作均得到中央文明办的通报表扬。2019年全省文明城区届中测评，厦门市6个区包揽全省前6名。中共厦门市委精神文明建设办公室（厦门市精神文明建设指导委员会办公室，简称市委文明办）学习贯彻习近平总书记关于精神文明建设的重要论述，按照市委“持续打造全国文明城市标杆”的要求，推进落实各项工作。编写的《坚持以人民为中心，建设人民满意的文明城市》工作案例被中央组织部确定为全国“不忘初心、牢记使命”主题教育案例。厦门市非公企业文明单位创建和《着眼“三个坚持”，努力建设人民满意的文明城市》的经验做法在全国文明办主任培训班上作大会交流。市委文明办的《勇于担当作为，贡献文明力量》在全市“新时代新担当新作为”工作推进会上作书面交流。文明办机关党支部被市委评为先进党组织。

【先进典型选树】 2019年，中共厦门市委文明办组织开展第七届全国道德模范和第六届全省道德模范推选工作，陈雅勤、蓝永生、许泽流、潘维廉4人获省级道德模范称号。开展“我评议、我推荐身边好人”活动，陈祺、黄希呆2人获“中国好人”称号，吴招治、卢明毅、陈祺、王瑞祥、陈亮、吴达良、黄希呆、陈亚泡、黄国宝9人获“福建好人”称号。黄禹尘、罗怀兴2名学生获福建省首届“新时代好少年”称号。

【文明单位申报培育】 2019年，厦门市推荐申报全国文明单位40个、省级文明单位296个、省级文明社区51个、省级文明风景旅游区4个、省级以上文明校园62个、省级文明村镇38个。中共厦门市委文明办确定市级文明单位（社区、风景旅游区、校园、村镇）培育对象，其中单位540个、社区175个、风景旅游区4个、校园204个、村镇51个。

【文明创建特色品牌打造】 2019年，中共厦门市委文明办对全市2018年文明创建特色项目进行验收，确定思明区官任社区文明小公园、湖里区金海社区社会主义核心价值观文明园、集美区敬贤公园文明园3个项目为2019年厦门市文明创建特色项目。确定思明区厦港街道下澳社区和湖里区金山街道金山社区为文明城市创建迎检示范点。

【首届“新乡贤”推评宣传活动】 2019年，中共厦门市委文明办和市农业农村局联合主办厦门市首届“新乡贤”推评宣传活动，选树“德高望重、带头发展，凝聚人心、造福桑梓，明礼诚信、孝善齐家”的“新乡贤”。经各区推荐、网络投票、专家评审，翔安区内厝镇莲塘村林良菽、同安区祥平街道瑶头村刘水在、集美区侨英街道凤林美社区王瑞祥、集美区灌口镇深青村林德时、海沧区新阳街道湖头村庄友贤、翔安区内厝镇黄厝村黄毓森、同安区新民镇土楼村卓火其、集美区灌口镇安仁社区周育辉、翔安区大嶝街道田墘社区郑瑞勇、海沧区新阳街道新垵村邱正自获厦门市首届“新乡贤”称号；海沧区嵩屿街道鳌冠社区张文才、海沧区东孚街道天竺社区郑庆贺、同安区祥平街道阳翟社区陈建设、同安区新民镇土楼村张高梁、同安区大同街道凤山社区廖荣凤、同安区大同街道北门社区徐晓南、翔安区马巷镇友民社区陈剑基、翔安区新圩镇云头村陈重哲获提名奖。《厦门日报》宣传报道“新乡贤”先进事迹。

【文明旅游提倡】 2019年，中共厦门市委文明办针对春节、“五一”、国庆等时间节点，在市民游客聚集场所营造文明旅游氛围。在市属新闻媒体上刊播文明旅游公益广告，突出行前把关、行中管理和日常教育等重点，强化出境游客规则意识和安全意识，落实文明旅游教育引导。组织各级志愿者在节假日到游客聚集场所开展文明告知、文明提醒、文明监督活动。协调旅游主管部门，加强旅游质量监管，畅通旅游投诉渠道，维护旅游市场秩序。

【"扣好人生第一粒扣子"主题教育实践活动】 2019年，厦门市围绕立德树人根本任务，以培育和践行社会主义核心价值观为主线，开展"扣好人生第一粒扣子"主题教育实践活动，重点组织6项活动。"新时代好少年"学习宣传活动培育选树厦门市"新时代好少年"，举办先进事迹发布会。"传承红色基因"系列教育活动结合清明、"六一"、"七一"等重要节点，举办2019年厦门市中小学生读书征文暨演讲与讲故事比赛，组织开展2019年"我和我的祖国——我实践我成长"社会实践及征文活动。开展中华优秀传统文化传承活动，举办经典诵读、戏曲、书法、传统体育等进校园活动，组织开展2019年厦门市优秀童谣征集活动，评选出优秀童谣作品20篇，厦门第一中学等7所学校入围全国中华优秀传统文化传承学校推荐名单。开展学雷锋志愿服务活动，组织未成年人参与志愿服务活动。"劳动美"社会实践活动依托厦门市中小学生社会实践基地、研学基地（营地），组织社会实践活动，思明区鸿山社区、湖里区金尚社区首批社区未成年人社会实践指导站开展建设试点，同安第一中学等16所学校被确定为厦门市第七批"城市学校少年宫"承建学校，全市累计116所。厦门市开展"阳光成长"心理健康教育活动，举办未成年人心理健康辅导和心理素质训练活动，组织各级各类公益心理健康教育巡讲50场次，开展各类团辅活动549场次，受众7万余人次。

【新时代文明实践中心建设】 2019年，中共厦门市委文明办指导海沧区做好省级试点工作，实践所、实践站实现全覆盖，试点做法得到中宣部、省委宣传部、省委文明办等的肯定。推进社区书院与新时代文明实践中心相融合，湖里区的融合发展模式被新华社、人民网、党建网、中国文明网等媒体报道。至年末，全市累计有6个新时代文明实践中心、26个实践所、198个实践站挂牌，中心、所、站3级组织架构初步建立，10个市级试点实践站建设取得阶段性成效。海沧区、同安区被列入建设新时代文明实践中心第二批全国试点区。

【社区书院建设】 2019年，厦门市新建农村社区书院和农村新时代文明实践中心、所、站181家，建成区级社区书院（新时代文明实践中心）建设志愿服务队60支。中共厦门市委文明办组织基层理论宣讲3135场次，推动党的创新理论"飞入寻常百姓家"。

【志愿者培训保障】 2019年，中共厦门市委文明办组织开展"志愿之城"、文明实践志愿服务等专题培训班，培训志愿者人数近1000人。为全市实名注册志愿者购买人身保险，最高保障从139.6万元提升至300万元。新增为志愿者提供第三者责任保险的服务。

【志愿服务典型推选】 2019年，中共厦门市委文明办推荐和宣传全国最美志愿者、最佳志愿服务项目、最佳志愿服务组织、最美志愿服务社区，推荐与评定五星级志愿者。市义务交警队、海沧区东孚街道天竺社区分别获2018年全国最佳志愿服务组织、最美志愿服务社区称号，叶拥军、林智毅、白志鹏、陈亚进、卢秀毅、王敏敏、刘志勇、张永昌、刘琴被认定为福建省第三批五星级志愿者。

【全国文明城市测评】 2019年，中共厦门市委文明办牵头成立全国文明城市迎检材料申报、实地考察工作小组，完成37类1256个实地考察点的申报，确定22类40个实地考察示范点。协调推动各区、各相关部门采取措施，对照网上申报材料、实地考察、入户问卷调查等任务分解表和《创建指导手册》，做好各项迎检工作。以第二十八届中国金鸡百花电影节在厦门市举办为契机，在全市开展"迎金鸡百花奖，创全国文明城"系列活动。11月，迎接中央文明办组织的2019年全国文明城市实地暗访考察和入户问卷调查。

【学雷锋志愿服务活动月】 2019年3月2日，中共厦门市委文明办在海沧区新阳街道霞阳社区新时代文明实践广场举办"志愿新时代　鹭岛新风采"厦门市"3·5"学雷锋暨海沧区新时代文明实践中心志愿服务活动月启动仪式，19支志愿服务队参加。活动月期间，全市志愿服务组织、志愿者到商圈、景区、社区、交通枢纽等开展志愿服务活动118场。

【洁净家园活动】 2019年3月23日，厦门市启动"快乐健步走　文明齐动手"洁净家园活动。其中，市四套班子主要领导胡昌升、庄稼汉、陈家东、张健分别率队到主次干道、社区小巷、广场公园，手拿工具和垃圾袋，边健步健身，边随手捡拾垃圾、扶正共享单车、劝导不文明行为。中共厦门市委、市人大、市政府、市政协和市直机关工委、市总工会、团市委、市妇联、市志愿者联合会共同向全市发出倡议书。各区、市直有关单位组织机关党员干部、文明单位职工、社区群众和志愿者开展洁净家园活动。全年全市开展健步行活动6800余场次，参与总数92万余人次。

【第五个市民文明行为示范月活动】 2019年4月20日，中共厦门市文明委办公室启动"文明厦门　因你而美"暨第五个市民文明行为示范月活动，历时1个月。示范月期间，全市开展"做文明有礼厦门人"目标，重点开展文明乘车、倡导"烟头不落地"、深化"快乐健步走　文明齐动手"洁净家园等活动。

【全市文明乡风建设工作联席会议】 2019年4月28日，厦门市召开乡村振兴战略文明乡风建设专项小组联席会暨文明乡风建设工作推进会。会议贯彻落实中央、省、市乡村振兴战略部署要求，总结分析全市文明乡风建设情况，研究部署工作。会议由中共厦门市委宣传部副部长、市文明乡风建设专项小组副组长唐向阳主持，市委宣传部副部长、市委文明办主任、市文明乡风建设专项小组副组长陈高润讲话。市民政局、文化和旅游局、市卫健委、市科协、市妇联、同安区委宣传部、翔安区委宣传部等单位结合自身各自职能，对推进文明乡风建设作交流发言。会议讨论通过《厦门市实施乡村振兴战略文明乡风建设专项小组工作联席会议制度》。

【最美奋斗者和道德模范会面座谈会】 2019年9月27日，厦门市召开市领导与最美奋斗者和道德模范会面座谈会，中共福建省委常委、厦门市委书记胡昌升，中共厦门市委副书记、市长庄稼汉参加。座谈会上，最美奋斗者陈清洲，道德模范代表游文晃、陈雅勤、王世伟分别发言。胡昌升要求全市进一步宣传最美奋斗者和道德模范先进事迹，弘扬高尚品德，营造全社会关心关爱最美奋斗者和道德模范的浓厚氛围，为建设高素质、高颜值、现代化、国际化城市提供强大精神力量和道德支撑。

【第十三届和谐邻里节】 2019年10月，由中共厦门市委文明办和厦门日报社主办的厦门市第十三届和谐邻里节在湖里区开幕。该活动以"讴歌伟大成就，展现文明风采"为主题，历时3个月，涉及社区18个。活动包括厦门市道德模范故事汇基层巡演、居民才艺表演、"邻里守望、情暖厦门"志愿服务等。至年末，该活动累计举办13届，覆盖社区100余个、居民300余万人。

【厦门志愿者誓词及志愿礼手势首发】 2019年11月30日，中共厦门市委文明办在湖里区万达广场举办"践行志愿精神 共筑爱心之城——厦门市庆祝第34个'12·5'国际志愿者日主题活动暨湖里区志愿服务风采展"。活动现场发布厦门志愿者誓词和志愿礼手势。这是厦门第一次由官方发布志愿者宣誓誓词、志愿礼手势，适用于志愿者入队宣誓及在志愿服务、工作交接、参加集体活动等场合。

（陈水渠）

政策研究

【概　况】 2019年，中共厦门市委政策研究室（简称市委政研室）开展以文辅政、调查研究、决策咨询、推动改革等工作。牵头或参与起草中共厦门市委十二届十次全会报告与各类综合文稿220余篇，市委、市政府重要文件10余份。组织开展市重点课题和部门课题30个。

【综合文稿起草】 2019年，中共厦门市委政研室结合厦门实际，找准"上情"与"下情"的结合点，起草市委主要领导讲话、工作报告等综合文稿。参与全市重要会议的文稿工作，起草市委十二届十次全会整套文件文稿，包括市委主要领导讲话、常委会工作报告、《中共厦门市委深入贯彻〈中共中央关于坚持和完善中国特色社会主义制度、推进国家治理体系和治理能力现代化若干重大问题的决定〉的实施意见》及起草说明等。与市委办共同起草市委主要领导在全市招商大会、"七一"表彰大会、"三高"企业发展大会、金融产业促进大会、市委十二届九次全会、健康厦门建设大会、文化旅游会展产业发展大会、新经济发展大会、全市经济工作会、"爱心厦门"建设大会等全市性大会上的讲话稿，起草市委十二届九次全会的决定，完成季度经济形势分析反思会讲话稿。起草市委主要领导在市委理论中心组学习等有关重要议题的讲话要点参考110余篇。参与起草市招商引资领导小组、自贸工作领导小组、闽西南协同发展区建设等各类专题会、座谈会、会见会谈、信电函文稿150余篇。与相关单位共同撰写通讯《高颜值城市迈向高质量发展》（在新华社刊登）和市委主要领导署名文章《扎实推进厦门城市基层党建高质量发展》（在《组织人事报》刊登）。

【课题调研】 2019年，中共厦门市委政研室开展调查研究，形成决策建议和调研成果，为市委领导科学决策提供服务。围绕厦门高质量发展，建设高素质、高颜值、现代化、国际化城市等主题，确定年度市重点课题12个、部门重点课题9个，围绕市委战略重点增补课题9个。经第三方专家评审，确定"厦门'十四五'发展思路研究"等6个课题为优秀课题，"厦门城市品牌构建影响力提升研究"等8个课题为良好，"厦门市基础教育均等化优质化发展建议"等7个课题为合格。其中，增补的9个课题评定均在良好以上。编发《决策参考》14期，其中获得中共厦门市委书记胡昌升批示7次，市长庄稼汉批示2次，中共厦门市委副书记陈秋雄批示1次。起草市委主要领导在"不忘初心、牢记使命"主题教育中的调研报告《厦门"三高"企业发展调研报告》。与市发改委联合开展"厦门'十四五'发展思路研究"课题调研。整理《厦门市推动养老服务高质量发展的有关情况》等3篇专题调研材料，上报省委政研室。牵头土地、规划、财政等部门组成调研组，就城中村改造情况到思明、湖里区进行调研，到深圳、广州考察学习，形成《关于"城中村"改造情况的调研报告》。派人参加市委新区（城）考察组，到成都、合肥、杭州等地学习考察新区（城）建设经验。到挂钩联系的同安区新民镇后坂村调研，根据村情制定帮扶计划，推动乡村振兴战略任务的落实，2019年后坂村集体经济经营性收入超20万元。

【《厦门通讯》办刊】 2019年，中共厦门市委政研室继续主办《厦门通讯》。编辑印发12期，刊登文章155篇、图片170幅。其中，连续3期刊发各区、各部门加强招商引资的新举措新成效文章9篇、彩页专版6个。

（赵　静）

党校工作

【概　况】 2019年，中共厦门市委党校（厦门市行政学院、厦门市社会主义学院，简称市委党校）开展思想理论建设、哲学社会科学研究、人才教育培养、科学研究、专业培训、学术交流等业务，协助做好全市城市党建相关工作。下设党史党建教研部、政治学教研部、统战理论教研部、哲学教研部、经济学教研部、公共管理教研部和法学教研部7个教研部和办公室、组织人事处、机关党委、教务处、科研与决策咨询处、总务处、学员工作处、对外培训部、网络信息中心、图书馆10个内设处室（部门），有教职工104人，其中专职教师40人。完成四中全会精神的新课招标工作，把四中全会精神纳入主体班教学课程体系。学习贯彻新印发的《中国共产党党校（行政学院）工作条例》《社会主义学院工作条例》，代拟《厦门市贯彻落实〈中国共产党党校（行政学院）工作条例〉和〈社会主义学院工作条例〉的责任分工》，筹备召开市区党校工作联席会议，研究制定《厦门市区委党校（行政学校）办学质量评估办法》。被国家机关事务管理局、国家发改委、财政部授予节约型公共机构示范单位称号。招录、接受参公干部2人，提任处级、科级干部4人，试用期满转正2人；完成参公人员职级套转22人，事业单位职级晋升17人；事业专技岗人员中调整细分岗级聘用16人。“智慧党校”项目工程完成第一阶段初验工作。

【教学工作】 2019年，中共厦门市委党校举办主体班次42期，培训学员3505人次，举办领导讲坛18场，专家讲坛30场，学员论坛16场。创新教学方式方法，组织4期“政策访谈”互动教学，学员参与互动，增进课堂教学效果和教育实效，《厦门日报》4次以专版形式报道该访谈教学经验做法。

【课题研究】 2019年，中共厦门市委党校围绕经济社会发展的热点、难点问题开展专题研究。中标课题37项，其中国家社科基金项目2个、省部级课题8项。公开发表论文80余篇，其中核心期刊论文9篇。呈报决策咨询件6份。承担的全国党建研究会调研课题报告《增强忧患意识，防范风险挑战研究》获中共中央政治局委员、中组部部长、中央党校校长陈希圈阅并被纳入全国党建研究会年度优秀调研成果评审。市委党校教师为主执笔撰写的《发挥厦门区位优势，深化新时代两岸青少年交流的实践与思考》获全国人大原副委员长、中国关工委主任顾秀莲批示。

（李言超）

网信工作

【概　况】 2019年，中共厦门市委网络安全和信息化委员会办公室（简称市委网信办）加强网上内容建设和网络生态治理，统筹推动网络安全工作，推动落实网络意识形态工作责任制和网络安全工作责任制。庆祝中华人民共和国成立70周年专项评论引导活动得到中央网信办通报表扬。厦门市网络文化建设成效在全省网信办主任会议上作大会经验交流。“吕厝路面塌陷事故”舆情处置案例入选人民网主办的《网络舆情》杂志。市委网信办被省委网信办评为2019年度网评工作先进集体。

【网上宣传引导】 2019年，中共厦门市委网信办组织属地新闻网站、商业网站和新媒体设置“习近平给厦门荣誉市民、厦门大学外籍教授潘维廉回信”“壮丽70年　奋斗新时代”“习近平新时代中国特色社会主义思想‘大学习’”“学‘习’进行时”“《习近平在厦门》采访实录”等相关专题专栏，刊发转载权威报道文章，配合推出原创融媒体作品。全年各网站平台开设宣传专题79个，刊发图文6.63万条（张）、微视频5516条，H5（HTML5，第五代超文本标记语言）作品156条，总阅读量近15亿次。市委网信办围绕庆祝中华人民共和国成立70周年、中共十九届四中全会、“不忘初心　牢记使命”主题教育等主题，结合外交部福建全球推介活动、第二届数字中国建设峰会、第二十八届中国金鸡百花电影节、厦门市招商大会、爱心厦门等专题，推出《世界，你好！这就是厦门》《厦门、“绿色”十二时辰》等微信公众号文章，相关内容阅读量2.8亿人次。组织全市网评员正面发声，放大网上正面声音，占领网上舆论阵地。完成网评任务160余次，组织网评员8000余人次，发布正面主题帖文40余篇，相关转发、跟帖、阅读、点赞1150万次。

【网络生态治理】 2019年，中共厦门市委网信办指导开展突发事件网络舆情应对。加强属地管理责任，健全网站通气会和约谈会制度，开展全市互联网从业人员知识竞赛。开展网络生态治理、“清朗”等专项整治行动，依法整治商业网站、自媒体违法违规采编、炒作敏感话题等行为。清理整治各类有害信息12万余条，关闭违法违规账号2082个，处置违法违规网站平台68家，下架违规App（应用程序）907款。

【网络安全保障】 2019年，中共厦门市委网信办制定全市网络安全事件应急预案，落实网络安全工作责任制相关工作指标，推动各区、各部门落实《中华人民共和国网络安全法》和网络安全工作责任制。做好中华人民共和国成立70周年等重大活动期间网络安全保障工作。开展全市网站和关键信息基础设施巡查，建立网络安全通报制度，初步形成网络安全协调工作机制。发出网络安全整改通报单90件。

【“记住厦门”短视频】 2019年，中共厦门市委网信办联合央视网推出《人民的记忆：70年70城·记住厦门：在这里，打造高颜值开放包容城市》短视频，从创新创业、生态文明、国际交流、营商环境、乡村振兴5个方面展现厦门创新发展历程、拼搏奋进精神、新实践、新成就。央广网、环球网、腾讯、网易、新浪、美拍、搜狐视频、西瓜视频、爱奇艺、抖音、快手等120余家平台转载播放该视频，总播放量近1200万次，点赞数4000余次，留言数近6000条。

【网络公益项目培育】 2019年，厦门市委网信办组织属地网络媒体及互联网企业，策划培育网络公益品牌项目。其中，新浪厦门的“小海豚爱心图书馆”公益项目向42所学校捐赠图书和物资，总价值150余万元，其中图书3.54万册；台海网弘扬传统“非遗”文化的公益项目“守艺两岸”，讲述“非遗”传承人的“工匠”精神；联合福建省担当者行动教育基金会开启“正能量偶像”线上活动，向乡村小学捐赠图书角30个，活动话题总互动数191.3万次；网易厦门的“关爱贫困生、关爱残疾人、关爱老人”公益倡议，线上线下参与100万人次；《海西晨报》、太阳网启动“六一爱心格子”关注患病困难儿童行动，募集爱心款34562元；咪咕动漫开展“益言益行”挑战主题活动，征集的视频累计播放量21.3万次；厦门网推出2019年厦门市创客教育公益支持计划。

【网络正能量精品参评】 2019年，厦门市参与由国家互联网信息办公室指导的第四届“五个一百”网络正能量精品评选活动，最终入选7项，占全省1/3。

其中，潘战和（自媒体运营者）入选百名正能量榜样，音视频《厦门一分钟》《记忆中的旅行》《鱼歌》《E场官司》《威严的外表下，他们藏着一颗为人民服务的心》入选百部正能量动漫音视频，《我在厦门　我为改革开放点赞》入选百项正能量专题活动。

【市委网信办成立】 2019年3月29日，中共厦门市委网信办成立。该单位是中共厦门市委网络安全和信息化委员会的常设办事机构，副厅级市委工作机关，对外加挂厦门市互联网信息办公室牌子。下属的厦门市互联网舆情中心是副处级全额拨款事业单位。市委网信办主要承担市委网络安全和信息化委员会日常工作；负责指导协调网络舆情信息工作，牵头规范互联网舆情服务市场；加强网上内容建设，指导属地互联网站平台组织网上正面宣传和舆论引导工作；履行网络信息安全监督管理职责，维护互联网意识形态安全；统筹协调网络安全工作和相关监督管理工作；负责推动网络阵地建设，指导重点新闻网站规划建设。

【第八届厦门网络文化节】 2019年4—10月，中共厦门市委宣传部、市委网信办、市委文明办、市公安局、市通信管理局等联合主办第八届厦门网络文化节。该文化节围绕庆祝中华人民共和国成立70周年，以“七十年壮丽岁月　新时代网络追梦”为主题，结合推进“争做中国好网民”工程，开展线上线下活动36项。以“华诞篇——我和我的祖国”“发现篇——厦门是个好地方”“奋斗篇——厦门的力量”“素养篇——守护清朗空间”为主线，创作和传播网络文化产品8000余件，其中文字作品2105篇、摄影作品4450件、微视频907条、H5作品18部、微信及微博文章461篇，网上总阅读量2亿次。8家单位获优秀组织奖，9家单位获优秀传播奖，8家单位获优秀创意奖，30部优秀网络文化作品获最佳网民作品奖。

【“梦想列车驶过70年”主题宣传】 2019年6月12日，中共厦门市委网信办主办“梦想列车——驶过七十年”网上重大主题活动。活动通过海报、话题、短视频、H5、图文等方式，设立“大事记”“老照片”“口述史”等栏目，对厦门解放等重大事件进行梳理，在新浪网及微博平台进行专题呈现。其中，创作口述史视频7个，总阅读量近2亿次。

【厦门市首届网络安全宣传周】 2019年9月16—22日，中共厦门市委网信办主办厦门市首届网络安全宣传周。该宣传周分为启动仪式暨网络安全事件应急演练、网络安全进社区、主题日活动等。主题日活动包括教育日、电信日、法治日、金融日、青少年活动日、个人信息保护日6个部分。全市69所学校、69家互联网企业举办主题活动375场次，发放宣传材料86566份，组织网络安全知识技能竞赛活动40次，组织开展网络安全进社区、企业、校园活动等140余次，线下活动覆盖人数44万人次。

【网络全媒体厦门行】 2019年11月7—9日，厦门市举办“厦门是个好地方——2019网络全媒体厦门行”活动，组织人民网、新华网等27家网络媒体代表约40人在厦门开展考察走访。活动分为“创新创业”线路和“生态文明”线路。参与的媒体就该活动刊发文章60余篇。新浪微博话题“遇见美好厦门”“网络全媒体厦门行”阅读量2亿次。

（市委网信办）

机构编制管理

【党政机构改革】 2019年，厦门市组织实施党政机构改革。2月27日，市委办公厅、市政府办公厅印发《厦门市市级机构改革实施方案》。3月29日，37家市直新组建部门和调整较大部门的“三定”（定机构、定编制、定职能）工作完成。改革后，市委、市政府共设置市级党政机构55家，直属事业单位6家。党委机构16家，其中纪检监察机关1家、工作机关15家；政府机构39家，均为工作部门。

【特殊区域行政体制改革】 2019年，厦门市深化纪检监察体制改革，实现向特殊区域（各类开发区、投资区、高新区等）派出监察机构，明确特殊区域监察工委（监察组）与特殊区域的纪工委合署办公。健全完善市鼓浪屿—万石山风景名胜区管委会管理体制机制，将管委会作为市政府派出机构，委托思明区管理，在鼓浪屿风景名胜区范围内相对集中行使市市场监管局、思明区文旅局、思明区执法局等部门有关行政处罚权。

【事业单位分类改革】 2019年，厦门市推进综合行政执法改革、承担行政职能事业单位改革、生产经营类事业单位改革等。执法机构内设机构数量比改革整合前精简30%，其中综合机构控制在单位内设机构总数的35%以内；执法人员编制数占总编制的80%以上。中共厦门市委机构编制委员会办公室（简称市委编办）完成文化、农业、交通运输、生态环境保护四大领域市级执法队伍“三定”规定，经过整合，由22家单位精简为12家。梳理市属涉及承担行政职能的事业单位102家，其中认定为主要承担行政职能6家、部分承担行政职能81家、作为执法机构暂时予以保留15家，实现事业单位涉及的行政职能回归主管部门。规范调整107家市级事业单位的机构名称和职能定位。加大“小、散、弱”事业单位撤并力度。围绕中心工作统筹配置编制资源，调整中小学、幼儿园、公立医院领导职数配备和党政后勤管理机构设置试行标准，保障退役军人服务保障机构建设，统筹优化智慧城市管理监督指挥机构等事业单位机构编制资源配置，改革事业单位驾驶员使用方式并核减非编驾驶员指标186名。

【“放管服”改革】 2019年，厦门市完善权责清单管理，做好权责清单同“三定”规定的衔接。承接省政府赋予自贸区实施省级行政许可事项106项，实行“一口受理、部门分办、统一出件”。对应国务院取消行政许可等事项9项，承接3项，完善事中事后监管措施。市委编办规范区、镇（街）“属地管理”事项。梳理编制第三批行政协助事项清单26项，全市累计行政协助事项203项。

【编制核查调整】 2019年，厦门市落实中央巡视整改任务，落实机构编制实名制管理的工作要求，扎紧机构编制“笼子”。市委编办实地核查部分单位存在的违规设置机构、违规设置内设机构问题。协同市教育局对市属学校及相关事业单位开展全面自查。完善市经济责任审计工作联席会会商机制，将机构编制管理和执行情况纳入经济责任审计内容。对“超机构规格核定领导职数”高配的27家事业单位，按照规范领导职数管理的相关规定重新规范，对存在“自定编制”的8个单位核销自定机关编制198名。梳理清查全市正处级事业单位历史台账，将134家超权限审批设置的正处级事业单位规格全部调整为副处级。开通“机构编制问题台账云平台”报送系统，推进“数字问题台账”建设试点工作。

【事业单位登记管理】 2019年，厦门市完成统一社会信用代码相关登记77件，事业单位法人相关登记217件。在全国率先推行《部分事业单位主要业务指标（试行）》，将事业单位分为70余类共300余项业务指标，完成314家市属事业单位法人年报和网上公示工作。加强网上名称管理规范工作。向市信用办推送机关事业单位信用信息，用好事业单位法人年度报告、变更登记与机构编制监督管理联动机制，加强信用数据征集。

（市委编办）

保密工作

【概　况】 2019年，中共厦门市委机要保密局（加挂市密码管理局、市国家保密局牌子，简称市委机要保密局）梳理权责事项20项。保密行政监管职能在福建省网上办事大厅进行公示。推进9家重要涉密单位定密工作规范化、制度化建设，参与重大活动、定密工作、保密依法行政等法规修订，提出修改意见、建议35条。推动各机关、单位完成涉密网络分级保护、测评和风险评估。协助福建省国家保密局对涉密资质企业开展保密资质现场审查。组织开展保密自查自评现场督查，市、区委机要保密局共现场督查机关、单位283家（含区直单位），检查文件1000余份，计算机近2000台，发放提醒标识1000余张。开展国家统一考试试卷保管检查。对海峡论坛、“9·8”投资贸易洽谈会的保障单位开展指导和检查，为中共厦门市委全委会等6场重要会议活动提供保密服务。为全市56家机关、单位提供磁电光介质销毁服务，销毁磁电光介质近1万个。监督销毁纸介质162.5吨。强化门户网站信息公开保密审查。开展保密专题讲座，32家单位近2800名干部职工接受教育。保密教育课程纳入市委党校主体班、市人社局的“公务员培训超市”和“军转班”、城市党建学院等平台。其中，市委党校举办保密教育培训10个班次，参加的学员625人。市委机要保密局与市委组织部建立履新市管干部保密提醒机制，向厦门市履新市管干部寄送《关于保密工作致新任领导干部的函》。与市司法局联合开展“五法”（《中华人民共和国国防法》《中华人民共和国军事设施保护法》《中华人民共和国国家安全法》《中华人民共和国保守国家秘密法》《中华人民共和国反间谍法》）普法活动，参与网络保密知识答题的市民6.4万人次。向市图书馆捐赠《通信安全保密》《保密技术概论》等书籍。全市机要保密系统2个集体获全省保密系统先进集体称号，5位个人获全省保密系统先进工作者称号。

【机要保密干部培训研修班】 2019年10月8—12日，中共厦门市委机要保密局依托西北工业大学国家保密学院举办2019年厦门市机要保密干部培训研修班，全市38家单位62名干部参加培训。这是厦门市保密系统首次依托保密学院开展保密专业化教育，旨在提升保密干部素质能力。

【《保守军事秘密人人有责》获国家级三等奖】 2019年10月8日，中共厦门市委机要保密局制作的《保守军事秘密人人有责》宣传动画片获得国家保密局“保密伴我行，护航新时代”保密宣传教育作品征集评选活动影视类作品三等奖。该片依托厦门7562个公交、地铁视频终端以及微信社交网络平台宣传播放，覆盖人群210万人。

【保密主题教育活动进校园】 2019年11月27日至12月5日，中共厦门市委机要保密局与思明区委机要保密局、滨北小学联合开展“祖国在我心中”保密主题教育活动。活动通过向班级赠书、设置宣传长廊、主题班队课、讲保密故事等方式，向全校2000名小学生普及保密基本法律法规常识。

（陈亚云）

机关党建

【概　况】 2019年，中共厦门市委市直机关工作委员会（简称市直机关工委）提升党务干部队伍能力素质，开展各项培训工作。举办专职党务干部培训班4期，受训人员269人；机关党支部书记示范培训班10期，受训人员1000余人；发展对象培训班3期，受训发展对象370人；市直机关“厦门党建e家”管理员保密培训，受训人员110人；机关党建信息工作培训，受训人员86人。通过《厦门日报》推出专题系列报道，配合中央、省、市等党建主流媒体和平台宣传厦门。报送典型事迹50篇。表彰优秀党员100人、优秀党务工作者50人、先进党组织100个。召开全市机关党的建设工作会议。开展“不忘初心、牢记使命”主题教育，举办联合专题学习5次、机关讲堂2期，组织座谈调研、实地调研22次，对43家单位发放问卷，调查研究对象430人次；收集、查摆和梳理机关党的建设6个大类44个问题；重点研究解决担当作为、文山会海等10个突出问题。厦门市联合漳州市、泉州市、龙岩市、三明市召开五地机关工委服务闽西南协同发展区建设第一次联席会议。

【机关基层党组织建设】 2019年，厦门市直机关工委开展“三级”书记（党委书记，党总支、直属党支部书记，下属党支部书记）述职评议。召开2018年度市直单位党组（党委、党工委）书记抓基层党建工作述职评议会，8家单位党组书记分别述职，78家市直单位和省部属驻厦单位党组织书记作书面述职。组织参与全省第二届“推进机制活、建设新福建”机关体制机制创新优秀案例征集评选活动，选送41篇上报省组，14 篇获奖，市直机关工委获优秀组织奖。《健全完善机关党建工作责任制》案例入选中央和国家机关工委旗帜杂志社“第二届党建创新成果展示交流活动”百优案例。在市直系统开展优秀党建品牌评选活动，20 个党建品牌入选“2019 年度市直机关优秀党建品牌”。开展“微党课”征集评选活动。

【“双报到”落实】 2019 年，厦门市直机关工委下发《关于深入开展“深化双报到、为民解难题”活动的通知》，落实“双报到”工作（机关、企事业单位党组织到所在地社区报到，实行共驻共建；在职党员到居住地社区报到，开展志愿服务）。成立党员服务示范团队 8 支。

【“四风”监督检查】 2019 年，厦门市直机关工委开展常态化监督检查。做好《中国共产党重大事项请示报告条例》贯彻执行情况监督检查。针对机关在换届选举、主题党日、发展党员等工作中存在的形式主义倾向和苗头，提出纪检监察建议，约谈相关单位党组织负责人。对 6 家机关纪委的办案情况进行实地督查 15 次，对 5 家机关纪委开展电话督查。

（市市直机关工委）

老干部工作

【概　况】 2019 年，中共厦门市委老干部局（简称市委老干局）推进离退休干部政治建设、思想建设和党组织建设。中共厦门市委常委会会议 2 次听取老干部工作汇报。中共福建省委常委、市委书记胡昌升，省委常委、省委组织部长杨贤金，市长庄稼汉等分别对厦门市老干部工作作出批示。《人民日报》全媒体平台、中组部老干部局微信公众号、《中国老年报》头版头条、《八闽快讯》等报道厦门市老干部工作。至年末，全市退休干部 34210 人。离休干部 418 人（平均年龄 90 岁），“5·12”退休干部（1949 年 10 月 1 日至 1950 年 5 月 12 日参加工作，享受供给制待遇的退休干部）151 人，副厅级以上退休干部 473 人。

【离退休干部思想政治建设】 2019 年，中共厦门市委老干局结合“不忘初心、牢记使命”主题教育，组织离退休干部学习、领会新思想、新精神。配合《学习时报》开展采访工作，采访实录《习近平在厦门》于 7 月在《学习时报》连载。全市举办学习习近平新时代中国特色社会主义思想专题辅导报告会 100 余场。全市老干部组成宣讲团，到学校、社区、农村等开展新思想巡回宣讲 370 余场，受教育人数近 4 万人次。舞台剧《党旗红 金安美》展示湖里区金安社区老党员贯彻落实习近平总书记视察金安社区的指示精神，参与社区治理创新的故事，该舞台剧获全省离退休干部舞台剧展演金奖。

【离休干部服务】 2019 年，中共厦门市委老干局走访离休干部 395 人。联合 6 个部门出台《关于进一步做好离休干部精准服务工作的实施意见》，明确加强畅通就医绿色通道等 10 项离休干部精准服务举措，该工作获中组部肯定并被《人民日报》全媒体平台报道。厦门市离休干部的各项待遇标准、精准服务创新举措走在全国前列。总结推广“老干部居家养老服务”“医养结合”等工作方法。推进社区老干部“四就近”（就近学习，就近活动，就近得到关心照顾，就近发挥作用）服务站建设。发挥市委老干部局法律援助站作用，解决家庭财产继承、子女赡养等法律方面问题。

【离退休干部党组织建设】 2019 年，中共厦门市委老干局推动老干部党校建设，打造离退休干部党建新平台，思明、湖里、集美、同安、海沧在区委老干部党校基础上整合已有资源，新设“老党员之家”5 个。市委老干局依托社区党委，推动离退休党建融入城市基层党建。在思明区深田社区、湖里区金安社区开展“离退休党建 + 老干部发挥正能量 + 四就近”试点。健全完善困难离退休党员帮扶机制。

【中华人民共和国成立 70 周年活动】 2019 年，中共厦门市委老干局围绕中华人民共和国成立 70 周年，用身边的人身边的事，以寓教于乐的形式，讲述党史国史、厦门发展史和离岗不离党的故事。9 月 24 日，举办“我们与共和国一起成长”文艺演出，中共福建省委常委、市委书记胡昌升带领市四套班子领导出席观看并为新成立的老党员志愿者服务队授旗。在厦门的省市级老领导和全市离退休干部党支部书记在《厦门日报》头版发出《不忘初心葆本色 奔跑厦门我助力》倡议书。市委老干局举办庆祝中华人民共和国成立 70 周年成就展、书画展、邮展、笔会，出版《祖国在我心中书画作品集》。

【离退休干部作用发挥】 2019 年，中共厦门市委老干局访谈熟悉经济工作的老领导，为推进“三高”企业发展献智献策并提交调研报告。新成立老党员志愿者服务队 33 支，总数 101 支，成员总数 3000 余人，围绕关心下一代、建言献策、主题宣讲、扫黑除恶、乡村振兴等方面开展志愿服务。市委老干局在《厦门日报》等开辟“我们的党支部”“寻找最美老干部”等栏目。

【全国离退休干部先进表彰】 2019 年 12 月 16—17 日，中共中央组织部在北京召开全国离退休干部先进集体和先进个人表彰大会。厦门市委老干部局老党员志愿服务总队被评为全国离退休干部先进集体。厦门市集美区委原书记、90 岁高龄的郑德发被评为全国离退休干部先进个人并作为全省唯一的先进个人代表受到习近平总书记接见。

（市委老干部局）

关心下一代工作

【概　况】 2019 年，厦门市关心下一代工作委员会（简称市关工委）选送 3 位教师的课件参与省关工委“我和我的祖国”思想政治理论优质课程展示活动，分别获得高中组一等奖、初中组一等奖、小学组三等奖。各级关工委协助举办各类冬令营、夏令营活动。市教育系统关工委开展“我为祖国点赞”主题教育读书活动，2045 篇征文获奖，9 个单位获先进集体称号，17 所学校获示范校称号，18 人获先进个人称号，44 所学校获市级组织奖。全市各级关工委开展学习宣传习近平新时代中国特色社会主义思想等教育活动 1500 场次，参加活动的青少年 21 万人次。开展各类主题教育活动 5799 场次，参加活动的青少年 50.2 万人次。开展冬、夏令营 1938 期次，参加活动的青少年 17.3 万人次。全市各级关工委编印简报 698 期，刊登在各类刊物、网站上新闻 3671 篇，其中国家级 75 篇、省级 60 篇、市级 2838 篇。

【传承红色基因教育】 2019 年，厦门市各级关工委开展“传承红色基因，争当时代新人”活动 667 场次，参加活动的青少年 58860 人次。市关工委在厦门大学举办传承红色基因教育基地揭牌仪式。联合市教育局、湖里区关工委等在湖里区神山社区举办“传承红色基因·缅怀革命先烈”纪念活动。联合市委文明办等单位评选“新时代好少年”活动。

【青少年法制教育】 2019 年，厦门市各级关工委开展帮教帮扶活动 425 场次；开展普法活动 1459 场，参加活动的青少年 12.8 万人次。推进普法教育进学校、进社区、进监所。结合“关爱明天·普法先行”等活动，开展“中华魂”主题教育活动。老战士、老妈妈关爱工作团与 50 个单位开展共建工作。市公安局“警察老妈妈”连续 10 年走进高墙开展爱心帮教活动。

【关工委基层组织建设】 2019 年，厦门市关工委推动建立“党建带关建”工作机制。全市关工委组织总数 1657 个。6 个区、39 个街镇、329 个社区、123 个行政村、296 所学校、538 个非公企业成立关工委组织。各级关工委开展活动项目 1380 个。思明区关工委入选全国关心下一代先进县（区）。关心下一代工作融入社区网格化管理，《中国火炬》刊登《融入社区网格管理，提升关爱工作水平》，推广厦门市典型经验。

【“五老”志愿服务】 2019 年，厦门市“五老”志愿者 21749 人，社区青少年志愿者服务队成员 20578 人。“五老”关爱团 5 支，志愿服务快车团队 24 支，机关“五老”志愿队 15 支。市关工委组织“五老”志愿者就近就地参与社区服务青少年工作。

【关爱联盟关爱助学】 2019 年，厦门关爱联盟以党委、政府为主导，各慈善机构、基金会、商会、企业等社会力量为补充，以学校为主阵地，各类教育基地、快车团队、社区书院、爱心团队为辅助，开展关爱助学活动。厦门关爱联盟平台单位和个人捐资 6415 万元，资助贫困学生 73568 人。关爱联盟教育基地、快车团队开展关爱活动 1966 场次，参与青少年 43.8 万人次。市卫健委关工委 12 支关爱联盟“健康快车”队伍和 250 余名志愿者为全市青少年健康提供医疗服务。市关工委关爱联盟专委会继续开展“六一”赠书活动。

【厦门与台湾青少年交流合作】 2019 年，厦门市开展两岸青少年夏令营、研学访问等活动，促进厦门与台湾在关心下一代工作的交流合作。市关工委交流参访团到台湾考察，交流关爱青少年成长的经验。市关工委参与承办以“传承优秀家文化”为主题的第十一届海峡论坛·海峡两岸关爱下一代成长论坛。市关工委在厦门市青少年宫举办第七届海峡两岸老少书画摄影作品交流展，以“家国情怀·翰墨春秋”为主题，展出作品 170 余幅。参与主办第十五届“厦金情深·两岸一家亲”两岸青少年夏令营活动，接待台湾新北市智光商工职业学校教师学生到厦门研学访问。海沧区海沧街道、东孚街道聘任台胞社区主任助理担任关工委主任助理。

【课题调研】 2019 年，厦门市关工委编印《厦门市关工委 2017 年至 2019 年调研工作资料汇编》。完成“深化新时代两岸青少年交流的实践与思考”等 6 项调研课题。《发挥厦门区位优势，深化两岸青少年交流的实践与思考》调研报告得到第十届全国人大常委会副委员长、中国关工委主任顾秀莲批示。

（市关工委）

档案工作

【概　况】 2019 年，厦门市档案局（简称市档案局）重新梳理档案权责清单，保留档案行政权责事项 25 项、行政审批事项 8 项。指导各单位完成机构改革档案工作，检查涉改单位档案工作情况。完成厦门医学高等专科学校一期工程等档案专项验收，完成轨道 2 号线一、二期工程档案预验收工作。组织开展档案业务专题培训，全市市直机关、市属国企 160 余名专兼职档案工作人员参训。成立新一届档案职称评委会，开展档案职称评审。全市档案工作会议召开。厦门市档案馆（简称市档案馆）与城建档案馆技术用房建设项目开工建设。市档案学会与厦门大学档案馆的“数字城市建设中数字档案资源建设与共享研究——以数字厦门建设为例”申报 2019 年度国家档案局科技项目并获立项。《厦门改革开放四十周年重要档案文献选编》获第三十三届华东地区优秀哲学社会科学图书一等奖。至年末，市档案馆馆藏全宗 257 个，25.5 万卷。全年接收档案 4123 卷、28572 件。其中，纸质档案 4120 卷、28413 件，照片档案 159 张，目录数据 32692 条，档案数字化副本 106351 幅。提供接待利用 856 人次，复制档案资料 2950 页，利用者反馈满意度 100%。市档案馆组稿的《为时代留下印记　用档案服务群众》在《中国档案报》头版头条发表。在《国家档案局关于副省级以上综合档案馆业务建设评价情况的通报》中，厦门市档案利用服务工作和政府信息公开工作被评价为“工作亮点”。海沧区档案馆副馆长张如建获国家档案局、人力资源和社会保障部评选的全国档案系统先进工作者称号，是全市档案系统首次获此荣誉。12 月 2—3 日，中央档案馆副馆长、国家档案局副局长刘鲤生率队到厦门调研。

【档案机构改革】 2019 年，根据中共厦门市委办公厅、市政府办公厅印发的《厦门市市级机构改革实施方案》，原市档案局（市档案馆）承担的行政管理职能划入市委办公厅，市委办公厅加挂市档案局牌子，市档案馆为市委直属事业单位。3 月，市委编办批复市委办公厅，增设档案管理处，承担档案行政管理职能；5 月，档案管理处人员到位。

【档案开发利用案例获全国优秀】 2019 年，厦门市档案局推选案例参与国家级评选活动。其中，厦门火炬集团有限公司报送的《档案护航，打造国企党建“红色阵地”——厦门火炬集团党群活动服务中心档案利用成果展示》获全国企业档案信息资源开发利用案例优秀奖，福建兆翔机场建设有限公司拍摄的《镌刻发展轨迹，开创辉煌明天》、厦门华润燃气有限公司工程部拍摄的《润之于民，是我们不变的誓言》获入围奖。

【档案图片展】 2019年9月18日至10月17日，厦门市档案馆举办“庆祝新中国成立70周年暨厦门解放70年档案图片展览”，展览档案图片342幅，接待参观团体576批（10295人次）、未成年人团体36批、个人参观500人次。11月5—20日，由中央档案馆、省档案馆、市档案馆联合主办，海沧区档案馆承办的“不忘初心、牢记使命”档案图片展在厦门举行，展出中央档案馆和省档案馆馆藏的档案文献资料230余份，接待参观团体200批、2400余人次。

（市委办　市档案馆）

党史和地方志工作

【概　况】 2019年，中共厦门市委党史和地方志研究室（简称市委党史和地方志研究室）继续推进全市党史、文献、地方志工作。组织编辑《图说厦门党史（新民主主义革命时期）》。围绕“两全目标”（到2020年，全面完成第二轮修志规划任务，实现省、市、县三级综合年鉴全覆盖），开展志书年鉴编纂工作。指导支持各革命历史研究会工作，指导“高山党校初心使命馆”建设。

【《厦门市志》通过终审验收】 2019年，厦门市委党史和地方志研究室召开室务会议6次，专题研究《厦门市志（1996—2005）》编修工作，协调解决问题，跟踪督促编修进度。在逐条落实第一次审查验收意见的基础上，继续聘请“一支笔”进行总纂，组织编纂人员和文史专家征补资料，开展数据核实。制定编修任务时限表，明确工作任务完成的时间节点。9月，《厦门市志（1996—2005）》（验收稿）报送省委党史方志办审查验收。11月，福建省委党史方志办组织专家召开《厦门市志（1996—2005）》审查验收会议。12月16日，《厦门市志（1996—2005）》通过福建省委党史方志办终审验收。

【年鉴编纂】 2019年，厦门市委党史和地方志研究室开展《厦门年鉴（2019）》编纂工作，继续指导和督促各区综合年鉴的编纂工作。《海沧年鉴（2019）》出版发行，其余各区2019卷年鉴计划2020年出版。市、区年鉴参加全国年鉴评审活动，《厦门年鉴（2018）》《集美年鉴（2018）》分别被第六届全国地方志优秀成果（年鉴类）评选为地市级年鉴二等年鉴、县区级年鉴一等年鉴。

【“厦门文史沙龙”活动】 2019年，厦门市委党史和地方志研究室与市政协文史学委、市图书馆合作，先后以“厦门太古码头寻踪”“萧春雷《读城》之厦门”等为主题举办“厦门文史沙龙”活动。全年举办13场次，总参与人数965人次。

【中共厦门市委党史和地方志研究室成立】 2019年2月27日，根据厦门市市级机构改革方案，中共厦门市委党史研究室和厦门市人民政府地方志办公室整合组建中共厦门市委党史和地方志研究室。该研究室是中共厦门市委领导下的党史、文献和地方志工作机构，主要职责为研究中共厦门党史和文献，编纂厦门地方志，总结党的历史经验，开展党的历史、文献和地方志文化的宣传教育，发挥党史、文献、地方志的存史资政育人作用，为新时代党的建设和市委、市政府决策服务，为教育广大党员、干部、群众和青少年服务。新组建的厦门市委党史和地方志研究室为市委直属事业单位，机构规格为副厅级。

【中国地方志指导小组领导到厦门调研】 2019年6月17日，中国地方志指导小组秘书长、中国地方志指导小组办公室主任冀祥德到厦门调研指导地方志工作。冀祥德一行与中共厦门市委常委、市委秘书长黄文辉，厦门市委副秘书长、市委党史和地方志研究室主任赖祖辉等开展座谈，讨论地方志事业“活起来”“立起来”“用起来”“热起来”“强起来”相关工作。

【党史“教材”编纂】 2019年6月，厦门市委党史和地方志研究室服务全市“不忘初心、牢记使命”主题教育，编印《不忘初心、牢记使命——厦门红色记忆》，作为全市第一批主题教育辅学材料。该书收录新民主主义革命时期红色故事，重温党的历史，缅怀革命先烈，传承红色基因。

【《嘉禾之光》编印出版】 2019年7月，厦门市委党史和地方志研究室整合原中共厦门市委党史研究室《厦门党史通讯》、原厦门市人民政府地方志办公室《厦门文史》2本期刊，更名为《嘉禾之光》，印数由800册增加到1500册。《嘉禾之光》旨在发挥党史、地方志部门职能作用，宣传贯彻习近平新时代中国特色社会主义思想，宣传厦门党史和地方志工作。至年末，《嘉禾之光》出版4期，刊发文章62篇。

【“厦门党史方志”微信公众号开通】 2019年9月23日，厦门市委党史和地方志研究室开通“厦门党史方志”微信公众号，设立“红色史迹”“党史人物”“厦门历史上的今天”等栏目。至年末，该微信公众号刊发57期，文章167篇。

【图说厦门党史赠书座谈会】 2019年10月16日，厦门市委党史和地方志研究室在市行政中心举办《图说厦门党史（新民主主义革命时期）》赠书座谈会。厦门大学、市委党校等15个单位代表接受赠书。该书以文述史，以图证史，介绍新民主主义革命时期厦门党史上的重大事件、重要会议、重要文件、重要人物。

（市委党史和地方志研究室）

责任编辑：林建高
审　　稿：阳晓儒
校　　对：胡　恩

5 厦门市人民代表大会

综　述

【常委会及其机关履职】2019年，厦门市人大常委会坚持常委会党组成员、常委会组成人员、市人大代表、常委会机关干部等多层次、全覆盖的学习制度，举办常委会2019年读书班。落实中央八项规定及其实施细则精神，重点整治形式主义、官僚主义作风。贯彻落实中央《关于解决形式主义突出问题为基层减负的通知》和省委、市委的要求，精简会议和文件。落实全面从严治党主体责任，实行支部书记述职制度，坚持个人事项报告制度，加强党风廉政建设。落实意识形态工作责任制，宣传宪法和人民代表大会制度，宣传中央、省委、市委重大决策部署，宣传人大代表履职新风采，保持人大宣传工作正确政治方向。人大机关以争创全国文明单位为抓手，全面带动机关建设，通过全国文明单位中期评审。年内，市人大常委会召开会议10次，审议法规草案17部、通过12部，作出决议决定5项，听取和审议专项工作报告21项，开展执法检查5项，开展专题询问2项，开展满意度测评1项，任免国家机关工作人员142人次，完成市十五届人大三次、四次会议确定的各项任务。落实人大信访工作，受理群众来信来访920件，促进社会和谐稳定。

【坚持党的全面领导】2019年，厦门市人大把增强“四个意识”、坚定“四个自信”、坚决做到“两个维护”作为最根本的政治纪律和政治规矩，在思想上政治上行动上同以习近平同志为核心的党中央保持高度一致。坚持围绕中心、服务大局，推动中央、省委、市委重大决策部署的贯彻落实。中共厦门市委8个重要会议后，市人大常委会党组及时出台贯彻意见。严格执行请示报告制度，常委会党组主动向市委书面报告人大工作中的重大问题、重要事项27次。坚持把党管干部原则与人大依法行使任免权结合起来，使党组织推荐的人选经过法定程序成为地方国家机关的领导人员。贯彻市机构改革实施方案，增开市十五届人大四次会议，决定增设市人大社会建设委员会，市人大内务司法委员会更名为监察和司法委员会。组织新任的地方国家机关领导人员向宪法宣誓43人次，举办国家宪法日座谈会，弘扬宪法精神，树立宪法权威。

【人大调研和宣传】2019年，厦门市人大常委会完成16项市人大常委会重点课题和13项立法调研任务。市人大常委会主任陈家东牵头的“优化创新创业创造环境加快国家自主创新示范区建设”课题调研获市重点调研课题优秀等次，被省《调研文稿》第六十八期全文刊登。9篇调研文章在省人大常委会课题调研评奖中分获一、三等奖和优秀奖，其中《从身份到契约到数据治理：社会信用立法的法理学分析及体例设计》获一等奖。发挥传统媒体和新兴媒体作用，宣传人民代表大会制度和改革开放人大工作成就，宣传新时代人大新作为和代表履职新风采。新华社、中央人民广播电台、《法制日报》等中央媒体和全国人大常委会微信公众号多次报道厦门市人大常委会在鼓浪屿世界文化遗产保护、生活垃圾分类立法等方面履职情况。

（林骏涛）

主要会议

【市十五届人民代表大会第三次会议】2019年1月9—12日，厦门市十五届人民代表大会第三次会议在厦门人民会堂举行，会议应到代表293人，实到代表267人，符合法定程序。会议会期3.5天。会议听取和审议市人民政府代市长庄稼汉作的《厦门市人民政府工作报告》；审查和决定批准市人民政府提出的《关于厦门市2018年国民经济和社会发展计划执行情况与2019年国民经济和社会发展计划草案的报告》，批准厦门市2019年国民经济和社会发展计划；审查和决定批准市人民政府提出的《关于厦门市2018年预算执行情况和2019年预算草案的报告》，批准2019年市本级预算；听取和审议市人大常委会主任陈家东作的《厦门市人民代表大会常务委员会工作报告》；听取和审议市中级人民法院院长王成全作的《厦门

2019 年 4 月 17 日，厦门市十五届人民代表大会第四次会议在厦门人民会堂举行
（市人大　供图）

市中级人民法院工作报告》；听取和审议市人民检察院检察长黄延强作的《厦门市人民检察院工作报告》；听取市人大常委会副主任陈琛作的关于《厦门市人民代表大会关于全面加强生态环境保护依法推动打好污染防治攻坚战的决议（草案）》的说明，审议通过《厦门市人民代表大会关于全面加强生态环境保护依法推动打好污染防治攻坚战的决议（草案）》。会议选举叶重耕、郑岳林为厦门市第十五届人民代表大会常务委员会副主任。会议收到代表联名提出的议案 76 件，其中 39 件因不符合议案条件，经与代表沟通，直接转为建议处理；其余 37 件分别交由市人大有关专门委员会进行审议，再依法分别向市人大常委会提出代表议案审议结果报告。大会收到 251 件代表提出的建议、批评和意见，由市人大常委会工作机构会同有关部门组织办理。

【市十五届人民代表大会第四次会议】 2019 年 4 月 17 日，厦门市十五届人民代表大会第四次会议在厦门人民会堂举行，会议应到代表 309 人，实到代表 295 人，符合法定程序。会议会期 0.5 天。会议选举陈鸿萍为厦门市第十五届人民代表大会常务委员会秘书长，选举上官军、王飞、叶勇义、由欣（女）、江根云、杨琪（女）、邹庆键、陈永茂、陈李升、陈甦帆、林进川、颜云蔚为厦门市第十五届人民代表大会常务委员会委员，表决通过厦门市第十五届人民代表大会部分专门委员会主任委员、副主任委员、委员名单。

【市十五届人大常委会会议】 2019 年，厦门市市十五届人大常委会召开 10 次会议，即市十五届第二十一次至第三十次会议。第二十一次会议在厦门宾馆召开，其余各次会议均在厦门人民会堂召开。（见表 5–1）

表 5–1　**2019 年厦门市十五届人大常委会会议一览表**

时间	会议	主要内容
1 月 8 日上午，会期 0.5 天	第二十一次会议	审议通过市人大常委会代表资格审查委员会关于个别代表的代表资格的审查报告、人事事项
2 月 26 日上午，会期 0.5 天	第二十二次会议	审议通过市人大财经委、内司委、城建环资委、教科文卫委、侨外委关于厦门市第十五届人民代表大会第三次会议主席团交付审议的代表议案处理的审议结果的报告。同意将“完善业主大会和业委会制度，提升我市物业管理工作水平的议案”和“关注心理健康促进社会和谐的议案”列入市人大常委会议程，将其他 35 件议案转为代表建议，均交由市政府办理。审议通过《厦门市人民代表大会常务委员会关于废止〈厦门市人民代表大会常务委员会关于加强预防职务犯罪工作的决定〉的决定》，听取市政府关于厦门市“七五”普法中期检查情况的报告
3 月 11 日下午，会期 0.5 天	第二十三次会议	听取市政府关于政府职能转变和机构改革方案的备案报告，审议通过《厦门市人大常委会关于市人民政府机构改革涉及厦门地方性法规规定的行政机关职责调整问题的决定（草案）》
3 月 30 日上午，会期 0.5 天	第二十四次会议	审议通过《厦门市人民代表大会常务委员会关于召开厦门市第十五届人民代表大会第四次会议的决定（草案）》、市人大常委会代表资格审查委员会关于个别代表的代表资格的审查报告、人事事项
4 月 25—26 日上午，会期 1.5 天	第二十五次会议	审议通过《厦门经济特区社会信用条例（草案）》、人事事项。审议《厦门经济特区食品安全信息追溯管理办法（草案）》（一审）、《〈厦门市市政工程设施管理条例〉修正案（草案）》（二审）、《〈厦门市节约能源条例〉修正案（草案）》（二审）、《〈厦门市消防管理若干规定〉修正案（草案）》（二审）、《厦门经济特区鼓浪屿世界文化遗产保护条例（草案）》（三审）

续表 5-1

时间	会议	主要内容
6 月 26—28 日上午，会期 2.5 天	第二十六次会议	审议通过《〈厦门经济特区生态文明建设条例〉修正案》、《〈厦门市市政工程设施管理条例〉〈厦门市节约能源条例〉修正案（草案）》、《厦门经济特区鼓浪屿世界文化遗产保护条例（草案）》、关于批准 2019 年厦门市地方政府债券发行及市本级预算调整的决议（草案）、关于批准 2018 年厦门市本级财政决算的决议（草案）、《厦门市人大常委会关于调整厦门市第十五届人大常委会代表资格审查委员会组成人员的决定》和人事事项。审议《厦门经济特区旅游条例（草案）》（一审）、《厦门经济特区食品安全信息追溯管理办法（草案）》（二审），听取和审议市政府关于 2018 年市本级财政决算报告、2019 年度市本级预算执行和其他财政收支的审计工作报告、2019 年地方政府债券发行及市本级预算调整草案报告，听取市政府关于 2018 年厦门市环境状况和环境保护目标完成情况的报告，听取和审议市人大常委会执法检查组关于检查《厦门经济特区道路交通安全若干规定》《中华人民共和国水污染防治法》《厦门经济特区学校用地保护规定》实施情况的报告
8 月 28—30 日，会期 3 天	第二十七次会议	传达学习习近平总书记对地方人大设立常委会作出的重要指示和全国人大常委会召开的纪念地方人大设立常委会 40 周年座谈会精神以及省委、市委常委会会议精神。审议通过《〈厦门经济特区水资源条例〉修正案（草案）》、人事事项。审议《厦门经济特区电梯安全管理条例（草案）》（一审）、《厦门经济特区建筑外立面装饰装修管理若干规定（草案）》（一审）、《厦门经济特区旅游条例（草案）》（二审），听取和审议市政府关于 2019 年 1—6 月国民经济和社会发展计划执行情况的报告、2019 年 1—6 月预算执行情况的报告、厦门市保障性住房工作情况的报告、厦门市基层卫生服务机构建设发展情况的报告、厦门市体育设施建设情况的报告，听取和审议市政府关于厦门市养老服务工作情况的报告并开展专题询问，听取和审议市政府、市中级法院、市检察院关于厦门市扫黑除恶专项斗争情况的报告，听取市政府关于深化厦台经济社会文化交流合作情况的报告
10 月 23—25 日，会期 3 天	第二十八次会议	审议通过《〈厦门经济特区机动车排气污染防治条例〉修正案（草案）》、《厦门经济特区旅游条例（草案）》、《厦门市人大常委会关于加强检察公益诉讼工作的决定（草案）》、人事事项。审议《厦门经济特区促进土地集约高效利用若干规定（草案）》（一审）、《厦门经济特区筼筜湖区保护办法（草案）》（一审）、《厦门经济特区闽南文化保护发展办法（草案）》（一审）、《厦门经济特区电梯安全管理条例（草案）》（二审）、《厦门经济特区建筑外立面装饰装修管理若干规定（草案）》（二审），听取和审议市政府关于 2018 年度金融企业国有资产管理情况的专项报告、加快推进幼儿园建设情况的报告，听取和审议市政府关于厦门市乡村振兴战略实施情况的报告并开展专题询问
11 月 28 日上午，会期 0.5 天	第二十九次会议	传达学习中共十九届四中全会精神。审议通过《厦门经济特区电梯安全管理条例（草案）》《厦门市人民代表大会常务委员会关于召开厦门市第十五届人民代表大会第五次会议的决定（草案）》。审议《厦门经济特区促进土地集约高效利用若干规定（草案）》（二审）
12 月 30—31 日，会期 2 天	第三十次会议	审议通过《厦门经济特区促进土地集约高效利用若干规定（草案）》、市政府关于“完善业主大会和业委会制度，提升我市物业管理工作水平”和“关注心理健康促进社会和谐”的议案办理情况报告、关于召开市十五届人大五次会议有关事项的报告、市人大常委会工作报告（稿）、《厦门市人大常委会关于调整厦门市人民代表大会常务委员会妇女儿童工作组组成人员的决定（草案）》、厦门市人大常委会代表资格审查委员会关于个别代表的代表资格的审查报告、人事事项。审议《厦门经济特区筼筜湖区保护办法（草案）》（二审）、《厦门经济特区闽南文化保护发展办法（草案）》（二审）、《厦门经济特区建筑外立面装饰装修管理规定（草案）》（三审），听取和审议市政府关于 2018 年度市本级预算执行和其他财政收支审计发现问题整改情况的报告并开展满意度测评，听取市政府关于市十五届人大三次会议以来代表提出的建议、批评和意见办理情况的报告，听取厦门海事法院 2019 年工作报告

（林骏涛）

人大立法

【概　况】2019 年，厦门市人大常委会坚持科学立法、民主立法、依法立法，发挥人大在立法中的主导作用，突出地方立法特色，提升立法质量和效率。年内，审议法规草案 17 部、通过 12 部。（见表 5-2）

【经济领域立法】2019 年，厦门市人大常委会审议通过《厦门经济特区促进土地节约集约利用若干规定》，助推提升厦门市土地节约集约利用水平。审议通过《厦门经济特区社会信用条例》，助力打造国际一流营商环境、提升社会治理能力。审议通过《厦门经济特区旅游条例》，为厦门市建设新时代文化旅游会展名城营造良好法治环境。贯彻中共中央、国务院关于深化“放管服”改革的部署，修改《厦门市市政工程设施管理条例》和《厦门市节约能源条例》，确保重大改革于法有据。

表 5-2　**2019 年厦门市人大常委会颁布的地方性法规一览表**

法规名称	通过和施行日期
《厦门市人民代表大会常务委员会关于废止〈厦门市人民代表大会常务委员会关于加强预防职务犯罪工作的决定〉的决定》	2019 年 2 月 26 日厦门市第十五届人民代表大会常务委员会第二十二次会议通过，自 2019 年 2 月 26 日公布之日起施行
《厦门市人民代表大会常务委员会关于市人民政府机构改革涉及厦门地方性法规规定的行政机关职责调整问题的决定》	2019 年 3 月 11 日厦门市第十五届人民代表大会常务委员会第二十三次会议通过，自 2019 年 3 月 12 日起施行
《厦门经济特区社会信用条例》	2019 年 4 月 26 日厦门市第十五届人民代表大会常务委员会第二十五次会议通过，自 2019 年 6 月 1 日起施行
《厦门经济特区鼓浪屿世界文化遗产保护条例》	2019 年 6 月 28 日厦门市第十五届人民代表大会常务委员会第二十六次会议通过，自 2019 年 7 月 8 日起施行。2012 年 6 月 29 日厦门市第十四届人民代表大会常务委员会第三次会议通过的《厦门经济特区鼓浪屿文化遗产保护条例》同时废止
《厦门市人民代表大会常务委员会关于修改〈厦门经济特区生态文明建设条例〉的决定》	2019 年 6 月 28 日厦门市第十五届人民代表大会常务委员会第二十六次会议通过，自 2019 年 6 月 28 日公布之日起施行
《厦门市人民代表大会常务委员会关于修改〈厦门市市政工程设施管理条例〉和〈厦门市节约能源条例〉的决定》	2019 年 6 月 28 日厦门市第十五届人民代表大会常务委员会第二十六次会议通过，2019 年 9 月 26 日福建省第十三届人民代表大会常务委员会第十二次会议批准，自 2019 年 10 月 2 日公布之日起施行
《厦门市人民代表大会常务委员会关于修改〈厦门经济特区水资源条例〉的决定》	2019 年 8 月 30 日厦门市第十五届人民代表大会常务委员会第二十七次会议通过，2019 年 8 月 30 日公布之日起施行
《厦门市人民代表大会常务委员会关于修改〈厦门经济特区机动车排气污染防治条例〉的决定》	2019 年 10 月 25 日厦门市第十五届人民代表大会常务委员会第二十八次会议通过，2019 年 10 月 25 日公布之日起施行
《厦门经济特区旅游条例》	2019 年 10 月 25 日厦门市第十五届人民代表大会常务委员会第二十八次会议通过，自 2020 年 1 月 1 日起施行。1997 年 11 月 11 日厦门市第十届人民代表大会常务委员会第三十三次会议通过，根据 2003 年 7 月 15 日、2004 年 6 月 4 日、2010 年 7 月 29 日有关厦门市人民代表大会常务委员会的决定修正的《厦门经济特区旅游管理条例》同时废止
《厦门经济特区电梯安全管理条例》	2019 年 11 月 28 日厦门市第十五届人民代表大会常务委员会第二十九次会议通过，自 2020 年 3 月 1 日起施行
《厦门经济特区促进土地节约集约利用若干规定》	2019 年 12 月 31 日厦门市第十五届人民代表大会常务委员会第三十次会议通过，自 2020 年 2 月 1 日起施行

【城市建设领域立法】 2019 年，厦门市人大常委会为深入贯彻落实习近平总书记在厦门工作期间对筼筜湖整治提出的“依法治湖、截污处理、清淤筑岸、搞活水体、美化环境”20 字方针，审议《厦门经济特区筼筜湖区保护办法》，重点对湖区管理体制机制、规划与建设、治理与保护等进行制度设计，用法治守护城市绿肺和城市会客厅。市十五届人大三次会议审议通过《关于全面加强生态环境保护依法推动打好污染防治攻坚战的决议》，对于以实际行动当好新时代生态文明建设排头兵具有促进作用。为维护国家生态领域法制统一，修改《厦门经济特区生态文明建设条例》《厦门经济特区水资源条例》《厦门经济特区机动车排气污染防治条例》。审议《厦门经济特区建筑外立面装饰装修管理若干规定》，以立法形式提高城市管理水平。

【民生和文化领域立法】 2019 年，厦门市人大常委会贯彻习近平总书记对鼓浪屿申遗成功作出的重要批示精神，审议通过《厦门经济特区鼓浪屿世界文化遗产保护条例》，得到新华社、中央人民广播电台、《法制日报》等中央媒体高度关注。审议通过《厦门经济特区电梯安全管理条例》，以小切口立法解决人民群众日常生活中的大问题。审议《厦门经济特区闽南文化保护发展办法》，用法治保护和传承闽南文化，发挥闽南优秀传统文化在两岸融合发展中的积极作用。

【法规清理审查】 2019 年，厦门市人大常委会对市政府报送的备案规章 3 件、规范性文件 33 件进行登记、分类和存档，并按照相关规定对全部文件进行审查和汇总研究。完善备案审查工作机制，严格落实中央关于有件必备、有备必审、有错必纠要求，推进规范性文件报备、审查和纠错工作，实现备案审查全覆盖。对各区人大常委会备案审查工作情况进行调研，指导建立健全相关制度，推动全市备案审查工作深入开展。加强法规备案审查信息平台建设，按照全国、省人大常委会的部署要求，落实法规电子报备工作，提升备案审查工作的信息化水平。

（林骏涛）

人大监督

【概 况】 2019年，厦门市人大常委会坚持围绕中心、服务大局、依法履职，坚持正确监督、有效监督，有效助力厦门市经济社会发展和改革攻坚，推动解决人民群众普遍关心的突出问题，推进厦门市治理体系和治理能力现代化。年内，听取和审议专项工作报告21项，开展执法检查5项，开展专题询问2项，开展满意度测评1项。

【经济高质量发展监督】 2019年，厦门市人大常委会听取和审议2019年1—6月国民经济和社会发展计划执行情况的报告，开展“优化创新创业创造环境，扶持‘三高’企业发展的若干建议”“中美贸易摩擦背景下厦门外贸工作对策研究”等课题调研，推动政府紧紧围绕高质量发展落实赶超，坚持以供给侧结构性改革为主线，加大“六稳”工作落实力度，推进项目建设和招商引资，服务扶持“三高”企业发展。听取和审议厦门市乡村振兴战略实施情况的报告并开展专题询问，推动政府发挥规划引领作用，提升产业发展水平，改善农村人居环境，完善农村公共服务体系，加强农村人才队伍培育。跟踪检查涉侨法律法规执法检查审议意见落实情况，助推营造有利于侨商侨胞投资创业良好环境，更好地发挥华侨华人参与厦门高质量发展的重要作用。听取深化厦台（厦门、台湾）经济社会文化交流合作情况的报告，召开《厦门经济特区台湾同胞投资保障条例》实施情况调研座谈会，推动政府进一步落实惠台政策措施，深化厦台融合发展，建设台胞台企登陆的第一家园。

【预决算审查和国有资产监督】 2019年，厦门市人大常委会听取和审议2018年市本级财政决算、2019年地方政府债券发行及市本级预算调整方案、2019年1—6月预算执行情况等报告，对审计发现问题的整改情况开展满意度测评，推动政府加强预算绩效管理，加快预算支出进度，提升财政资金使用效益，管好人民的“钱袋子”。自主研发的“厦门市人大预算联网监督系统”上线运行，2次受邀在全国人大常委会专题座谈会上交流厦门市审计整改监督和国有资产监督工作经验，预算审查监督工作实践被写入《新时代福建省地方人大常委会工作创新案例》。出台《厦门市人大常委会贯彻实施中共厦门市委〈关于建立政府向市人大常委会报告国有资产管理情况制度的意见〉的若干意见》，健全和完善国有资产管理报告和监督机制。听取和审议2018年度金融企业国有资产管理情况的专项报告和2018年度国有资产管理情况的书面综合报告，推动政府优化国有金融资本战略布局和建设金融强市。

【生态文明建设监督】 2019年，厦门市人大常委会听取2018年环境状况和环境保护目标完成情况的报告，开展《中华人民共和国水污染防治法》执法检查，推动政府落实法律规定的领导责任、工作责任、执法责任、监管责任，助力打好污染防治攻坚战。组织代表开展《厦门经济特区生活垃圾分类管理办法》实施情况“回头看”，持续推动该法规落地。中央电视台到厦门采访生活垃圾分类的立法和法规实施情况，作为中华人民共和国成立70周年国家生态文明法律体系建设重大成就专题片的重要内容。

【保障和改善民生监督】 2019年，厦门市人大常委会开展《厦门经济特区道路交通安全若干规定》执法检查，推动政府落实交通规划，加强交通法规宣传教育，提升道路交通安全管理水平。听取和审议市社会保障性住房工作情况的报告，推动政府切实将该重要民生工程和民心工程做实做好。听取和审议加快推进幼儿园建设情况的报告，开展《厦门经济特区学校用地保护规定》执法检查，开展教师法和省人大实施办法执法检查“回头看”，推动政府加快补齐中小学、幼儿园建设短板，营造尊师重教的氛围。开展“加强我市中小学生校外托管机构安全监管，做好中小学生课后服务工作”议案办理情况“回头看”。听取和审议厦门市基层卫生服务机构和体育设施建设情况2个报告，推动政府深化基层医疗卫生体制改革，科学规划和高标准推进体育设施建设。听取和审议养老服务工作情况的报告并开展专题询问，推动政府加快养老服务体系建设，提升市老年人的获得感和幸福感，该专题询问现场直播引起社会广泛关注。组织消防“一法一规定”执法检查“回头看”，推动政府聚焦薄弱环节，建立消防工作新机制。

【司法监督】 2019年，厦门市人大常委会听取和审议扫黑除恶专项斗争情况的报告，推动“一府两院”以更大力度、更实举措纵深推进专项斗争，增强人民群众的安全感。听取“七五”普法中期检查情况的报告，推动市法治宣传教育从普及法律知识向法治实践示范引领转变。听取厦门海事法院工作报告，调研派出法庭工作情况，推动厦门海事法院更好服务海洋强市建设。

（林骏涛）

重大事项决定和人事任免

【重大事项决定权行使】 2019年，厦门市人大常委会围绕经济社会发展，作出关于批准2018年市本级财政决算的决议、关于2019年地方政府债券发行计划及市本级财政预算调整的决议等5项决定、决议。（见表5–3）

【人事任免权行使】 2019年，厦门市人大常委会坚持党管干部原则与人大依法行使任免权的有机统一，做好市人大机关、政府组成人员和法官、检察官等的任命工作，全年任免142人次。坚持任前法律知识考试、任职表态发言、颁发任命书仪式，组织宪法宣誓，增强国家机关工作人员的宪法意识、法治观念。（见表5–4）

表 5-3

2019 年厦门市人大常委会通过的决定及决议一览表

时间	会议	通过的决定、决议
3 月 30 日	市十五届人大常委会第二十四次会议	厦门市人民代表大会常务委员会关于召开厦门市第十五届人民代表大会第四次会议的决定
6 月 28 日	市十五届人大常委会第二十六次会议	厦门市人民代表大会常务委员会关于批准 2019 年地方政府债券发行计划及市本级预算调整的决议
6 月 28 日	市十五届人大常委会第二十六次会议	厦门市人民代表大会常务委员会关于批准 2018 年厦门市本级财政决算的决议
10 月 25 日	市十五届人大常委会第二十八次会议	厦门市人民代表大会常务委员会关于加强检察公益诉讼工作的决定
11 月 28 日	市十五届人大常委会第二十九次会议	厦门市人民代表大会常务委员会关于召开厦门市第十五届人民代表大会第五次会议的决定

表 5-4

2019 年厦门市人大常委会任免的国家机关工作人员一览表

时间	会议	任免名单
1 月 8 日	市十五届人大常委会第二十一次会议	决定免去：李玉辉的厦门市民政局局长职务；郭金炼的厦门市水利局局长职务
3 月 30 日	市十五届人大常委会第二十四次会议	通过厦门市人民代表大会常务委员会关于接受胡家榕辞去厦门市第十五届人民代表大会常务委员会秘书长职务的请求的决定。接受胡家榕因到退休年龄辞去厦门市人民代表大会常务委员会秘书长职务的请求，其厦门市第十五届人民代表大会常务委员会代表资格审查委员会副主任委员职务相应终止 通过厦门市人民代表大会常务委员会关于接受王中等辞去厦门市第十五届人民代表大会常务委员会委员职务的请求的决定。接受王中、王伟文、吴亚汝（女）、黄华松因工作需要辞去厦门市人民代表大会常务委员会委员职务的请求，王中、吴亚汝（女）、黄华松的厦门市第十五届人民代表大会常务委员会代表资格审查委员会委员职务相应终止 通过厦门市人民代表大会常务委员会关于接受陈鸿萍辞去厦门市第十五届人民代表大会财政经济委员会主任委员职务的请求的决定。接受陈鸿萍因工作需要辞去厦门市人民代表大会财政经济委员会主任委员职务的请求 任　　命：王飞为厦门市人大常委会副秘书长、办公厅主任；陈泰生为厦门市人大常委会研究与宣传工作室主任 免　　去：王伟文的厦门市人大常委会副秘书长、办公厅主任职务；齐晓玲（女）的厦门市人大常委会副秘书长职务；邹庆键的厦门市人大常委会研究与宣传工作室主任职务 决定任命：柯继安为厦门市工业和信息化局局长；苏清臻（女）为厦门市民族与宗教事务局局长；王中为厦门市民政局局长；丁贤志为厦门市司法局局长；龚建阳为厦门市自然资源和规划局局长；何伯星为厦门市生态环境局局长；王伟文为厦门市水利局局长；吕参军为厦门市农业农村局局长；黄河明为厦门市商务局局长；张权为厦门市文化和旅游局局长；姚冠华为厦门市卫生健康委员会主任；张剑鸣为厦门市退役军人事务局局长；连坤明为厦门市应急管理局局长；李啸萍为厦门市人民政府外事办公室主任 决定免去：柯继安的厦门市工业和信息化局局长职务；姚冠华的厦门市卫生和计划生育委员会主任职务；黄娇灵（女）的厦门市工业和信息化局局长职务；叶勇义的厦门市司法局局长职务；由欣（女）的厦门市规划委员会主任职务；郭俊胜的厦门市国土资源与房产管理局局长职务；何伯星的厦门市环境保护局局长职务；吕参军的厦门市农业局局长职务；王春生的厦门市海洋与渔业局局长职务；陈李升的厦门市商务局局长职务；李啸萍的厦门市人民政府外事侨务办公室主任职务；郭勇毅的厦门市市场监督管理局局长职务 任　　命：黄华松为厦门市监察委员会委员

续表 5-4

时间	会议	任免名单
4月26日	市十五届人大常委会第二十五次会议	任　　命：张嵘为厦门市中级人民法院立案一庭庭长、审判员；邱一帆为厦门市中级人民法院立案二庭庭长；陈穆峰为厦门市中级人民法院刑事审判第二庭庭长；王小兰（女）为厦门市中级人民法院民事审判第一庭庭长；林常红（女）为厦门市中级人民法院民事审判第三庭庭长；曹发贵为厦门市中级人民法院审判监督庭庭长、审判员；张巧铭（女）为厦门市中级人民法院立案二庭副庭长；庄学忠为厦门市中级人民法院刑事审判第一庭副庭长；郑婉红（女）为厦门市中级人民法院刑事审判第二庭副庭长；郑光辉为厦门市中级人民法院民事审判第二庭副庭长；陈许贞（女）为厦门市中级人民法院民事审判第五庭副庭长；王欣欣为厦门市中级人民法院民事审判第六庭副庭长；郑文雅（女）为厦门市中级人民法院涉台案件审判庭副庭长；陈延忠为厦门海事法院审判监督庭副庭长 免　　去：邱一帆的厦门市中级人民法院民事审判第三庭庭长职务；王小兰（女）的厦门市中级人民法院立案二庭庭长职务；林常红（女）的厦门市中级人民法院审判监督庭庭长职务；张巧铭（女）的厦门市中级人民法院立案一庭副庭长职务；郑光辉的厦门市中级人民法院民事审判第一庭副庭长职务；陈许贞（女）的厦门市中级人民法院立案二庭副庭长职务；刘辉煌的厦门市中级人民法院立案一庭庭长职务；陈延忠的厦门市海事法院海商审判庭副庭长职务
6月28日	市十五届人大常委会第二十六次会议	通过厦门市人民代表大会常务委员会关于调整厦门市第十五届人民代表大会常务委员会代表资格审查委员会组成人员的决定。决定任命郑岳林为厦门市第十五届人民代表大会常务委员会代表资格审查委员会副主任委员，不再担任厦门市第十五届人民代表大会常务委员会代表资格审查委员会委员职务；陈鸿萍为厦门市第十五届人民代表大会常务委员会代表资格审查委员会副主任委员；杨琪（女）、陈甦帆、颜云蔚为厦门市第十五届人民代表大会常务委员会代表资格审查委员会委员 决定任命：孔曙光为厦门市科学技术局局长 免　　去：洪全艺的厦门市监察委员会委员职务 任　　命：吴筱云、马菡菲（女）为厦门市人民检察院检察员 免　　去：赵卫东、刘道伦、颜丽萍（女）的厦门市人民检察院检察员职务，陈亚的厦门海事法院审判员职务
8月30日	市十五届人大常委会第二十七次会议	通过厦门市人民代表大会常务委员会关于接受陈昭扬辞去厦门市第十五届人民代表大会常务委员会副主任职务的请求的决定 任　　命：张鹏、张栃文（女）、郑钰（女）为厦门市人民检察院检察员 免　　去：吴国仁、于珍凤（女）的厦门市人民检察院检察委员会委员、检察员职务；陈志毅、柯庆龙、汪威、徐少敏（女）、范国金、周建国、连斌、张素惠（女）、刘国龙、陈世斌、沈培峰、丁国胜、林荣繁、钱敏、邓力军、朱泽环、曾斌、黄书雄、曾杰峰、陈剑玲（女）、姜东伟的厦门市人民检察院检察员职务
10月25日	市十五届人大常委会第二十八次会议	决定任命：黄杰为厦门市人民政府秘书长 任　　命：廖惠敏（女）为市中级人民法院副院长 免　　去：苏玉华（女）的厦门市人民检察院检察委员会委员、检察员职务；吴伟旻、黄水龙的厦门市人民检察院检察员职务

续表 5-4

时间	会议	任免名单
12 月 31 日	市十五届人大常委会第三十次会议	通过《厦门市人大常委会关于调整厦门市人民代表大会常务委员会妇女儿童工作组组成人员的决定（草案）》。调整后的妇女儿童工作组组成人员如下：组长为叶重耕，副组长为杨琪（女）、叶勇义、陈李升。成员：王静（女）、许国辉、许毅青、阮雅虹（女）、吴丽冰（女）、吴丽敏（女）、陈建萍（女）、施红（女）、黄鸣鹤、黄素玉（女）、蓝碧霞（女）、颜云蔚 通过《厦门市人民代表大会常务委员会关于接受邹炳明辞去厦门市第十五届人民代表大会常务委员会委员等职务的请求的决定》，决定接受邹炳明因职务变动辞去厦门市第十五届人民代表大会常务委员会委员及厦门市第十五届人民代表大会侨务外事委员会主任委员职务的请求，并报厦门市第十五届人民代表大会备案。 通过《厦门市人民代表大会常务委员会关于接受黄延强辞去厦门市人民检察院检察长职务的请求的决定》，决定接受黄延强因工作需要辞去厦门市人民检察院检察长职务的请求，报厦门市第十五届人民代表大会备案，并报经福建省人民检察院检察长提请福建省人民代表大会常务委员会批准 通过《厦门市人民代表大会常务委员会关于吴金喜代理厦门市人民检察院检察长职务的决定》，决定厦门市人民检察院副检察长吴金喜代理厦门市人民检察院检察长职务，并报福建省人民检察院和福建省人民代表大会常务委员会备案 任　　命：王春生为厦门市人大常委会台胞工作委员会主任，王彦青为厦门市人大财政经济委员会副主任委员（兼），白雪卿（女）为厦门市人大财政经济委员会委员（兼），李明哲为厦门市人大常委会法制工作委员会副主任，郑旭伟为厦门市人大常委会预算工作委员会副主任。 免　　去：邹炳明的厦门市人大常委会台胞工作委员会主任职务，张凌云（女）的厦门市人大常委会预算工作委员会副主任（兼）职务 决定任命：黄燕添、黄晓舟为厦门市人民政府副市长 决定免去：张毅恭、李辉跃的厦门市人民政府副市长职务 任　　命：温文华（女）为厦门市中级人民法院审判委员会委员、审判员；陈穆峰、颜映红（女）、曹发贵为厦门市中级人民法院审判委员会委员 免　　去：叶劲雄、郭启鹏的厦门市中级人民法院审判员职务 任　　命：吴金喜为厦门市人民检察院副检察长、检察委员会委员、检察员；颜海防、肖劼（女）、戴静为厦门市人民检察院检察委员会委员 免　　去：林少宁的厦门市人民检察院检察员职务 任　　命：黄建群为厦门海事法院东山法庭庭长，陈延忠为厦门海事法院审判监督庭庭长，邓金刚为厦门海事法院福州法庭庭长。 免　　去：周诚友的厦门海事法院东山法庭庭长职务

（林骏涛）

代表工作

【代表履职服务优化】 2019 年，厦门市人大常委会召开政情通报会，市长庄稼汉通报 2019 年经济社会发展重点工作情况。首次组织部分市人大代表异地举办立法、监督能力提升班，组织代表开展跨区视察，代表普遍反映收获很大。做好代表述职和履职登记工作，向全体代表通报 2018 年履职情况。出台代表活动经费管理使用办法，为代表依法履职提供必要经费保障。配合全国、省人大常委会开展执法检查、调研等活动，保障在厦门的全国、省人大代表履职活动。

【“双联”制度落实】 2019 年，厦门市人大常委会完善常委会组成人员联系市人大代表、市人大代表联系区人大代表机制。建立列席常委会会议的代表座谈会制度，现场了解代表和人民群众的意见和建议，建立意见建议处理反馈机制，推动解决一批群众关心的问题，全国人大新媒体作重点报道。将厦门的五级人大代表组合编入各区镇（街）“代表联系群众活动室”和村（居）“代表联系群众活动站”，代表联系群众活动室（站）实现全市镇街（村居）全覆盖，搭建“互联网 + 代表履职”平台，涌现一批代表联系群众工作品牌，召开人大代表联系群众工作经验交流座谈会加以总结推广。2019 年，活动室（站）收集问题建议 4038 件，至年底解决 3275 件。

【议案建议办理】 2019 年，厦门市人大常委会重视议案办理、深入基层调研，专委会持续督办，列入常委会议程的 2 件议案均办结。督办“完善业主大会和业委会制度，提升我市物业管理工作水平”议案，推动出台业主大会和业主委员会指导规则等制度，持续提升市物业服务质量。督办“关注心理健康促进社会和谐”议案，推动政府将心理健康体系建设纳入健康厦门、平安厦门建设重要内容，加强心理健康服务体系与服务能力建设。加大代表建议督办力度，坚持整体督办与重点督办、年度督办与跟踪督办相结合，开展 2018 年重点督办的代表建议“回头看”，该届人大三次、四次会议期间以及闭会后代表提出的 334 件建议全部办结。

（林骏涛）

责任编辑：孙志红
审　　稿：阳晓儒
　　　　　白延蜻
校　　对：胡　恩

6 厦门市人民政府

综　述

【经济发展】 2019年，厦门市人民政府（简称市政府）落实国家减税降费等稳增长政策，出台支持企业增资扩产、促进高质量发展的政策措施。下调工商企业用电用气价格，取消“四桥一隧”（厦门大桥、杏林大桥、海沧大桥、集美大桥、翔安隧道）通行费，全年减税降费超400亿元。举办厦洽会和系列招商大会，建立全链条全周期立体化工作体系，健全招商落实、工作协同、督查问效等工作机制，出台优惠政策和全要素保障措施，组织人员到北上广深杭和日本、欧洲等地参加大型招商推介活动，累计生成对接招商项目2383个，总投资1.2万亿元；签约落地项目439个，总投资1933.2亿元。国家自主创新示范区新推出创新举措15项。火炬高新区获评国家知识产权示范园区。全市净增国家级高新技术企业300家。建立“三高”（高技术、高成长、高附加值）企业培育库，首批入库企业2079家。新增众创空间48家、科技企业孵化器10家，新培育企业1500家。厦门半导体工业技术研究院等5个新型研究院落地建设。能源材料福建省创新实验室启动建设。新增国家级企业技术中心4家、工业设计中心2家。柔性引进人才5300多人，引进高校毕业生5.1万人，引进留学人员比上年增长25.1%。发展先进制造业，规模以上工业增加值增长8.6%。亿元以上产业项目323个，完成总投资超360亿元，厦门士兰微电子有限公司、厦门通富微电子股份有限公司等33个项目投产。生物医药、新型功能材料产业集群入选首批国家级战略性新兴产业集群。中国人工智能大赛永久落户厦门，人工智能产业水平位居全国第八。获批中国软件特色名城。发展现代服务业，举办第二十八届金鸡百花电影节。引进金融项目43个，总投资738.9亿元。新增境内上市公司2家，新增境外上市公司4家，新增“新三板”挂牌企业3家。黄金珠宝产业园开园。旅游会展业营业收入增长17.3%，接待国内外游客1亿人次，增长12.5%，举办商务会议和展览9000多场。中远海运、中旅邮轮运营总部落户厦门。现代物流业增长12.6%，集装箱吞吐量保持全球第十四位。厦门入选港口型国家物流枢纽城市。服务外包示范城市综合评价位居全国第六。

【深化改革开放】 2019年，厦门市政府出台优化营商环境措施52条，营商环境建设位居全国前列。深化“放管服”改革，实施70条便民办税新措施，网上申报、缴税率超99%。推行建设项目环评审批告知承诺制，31类项目实现环评批复立等可取。全面推广国际贸易单一窗口标准版，压缩通关时间和口岸降费成效在全国十大海运集装箱口岸营商环境评测中位列第一。实施《厦门经济特区社会信用条例》。完成市、区两级机构改革，优化政府职能。深化国企改革，创新监事会体制机制，启动国有资本投资、运营公司试点，加大国企混合所有制改革力度，国企资产总额、营业收入分别比上年增长12.8%、10.5%。深化财政体制改革，推行预算绩效管理，财政资源配置效率不断提升。深化医药卫生体制改革，公立医院全部纳入现代医院管理制度建设试点，同安区紧密型医共体运作顺畅，药品集中采购试点取得成效，相关药品人均费用下降61%。58项生态文明体制改革任务基本完成，生态文明指数在全国地级及以上城市中排名第一。推进自贸试验区建设，发挥“保税+”“金融+”等特色优势，新推出全国首创创新举措19项。在全国率先开展集成电路保税研发试点，获批国家“芯火”双创基地。中欧（厦门）班列开行班次增长32%。“丝路海运”航线开行1575航次。国际集拼货值增长46.8%。跨境金融区块链服务平台业务量位居全国第四。实际使用外资134.2亿元，增长25%。进出口贸易总额6412.9亿元，增长6.9%，其中出口增长5.7%。对海上丝绸之路沿线国家出口增长14%。实施外国人144小时过境免签政策。年内举办“丝路海运”国际合作论坛、闽港“一带一路”高峰研讨会、万国邮联跨境合作全球大会、厦门国际海洋周等交流活动。

【城市功能品质提升】 2019年，厦门市政府推进“岛内大提升、岛外大发展”政策。岛内策划生成首批30个重大项目，总投资2269亿元；东部城中村整村改造实施，签约率90%以上，完成拆迁361万平方米，安置房开工建设1019套。改造老旧小区70个。岛外新城基地建设提速提效，重大片区分别制定三年行动规划，总投资超6000亿元，完成年度投资1530亿元；加速建设骨干路网，学校、医院、保障房等公建配套铺开，中航锂电、华为鲲鹏生态基地等重大产业项目落地建设。推进基础设施建设。新机场立项和总规获批，航站区轨道工程等关键项目启动建设，加快推进机场大道等骨干项目。轨道交通1号线稳定运营，2号线开通运营，3号线、4号线、6号线建设按序时推进。第二西通道主隧道贯通，第二东通道加速推进，同安大道等提升改造工程竣工。长泰枋洋水利枢纽工程基本建成，具备蓄水条件。汀溪水库群至翔安输水支线、西水东调管道一期等重点水利工程竣工。新建改造供水管网82千米，完成燃气管线建设100.5千米，投用输变电工程10个、线路64.1千米。深入实施乡村振兴战略，完成乡村振兴项目投资306亿元。都市现代农业产业集群营业收入比上年增长11.1%。完成92个村庄规划编制，推进乡村振兴示范村建设。完成全市“大棚房”和农地非农化问题专项整治。完成1049个自然村农村生活污水治理。在全省率先完成农村集体产权制度改革试点工作。农民人均可支配收入居全省第一。推进城市治理精细化。整治高铁、高速公路等重要通道沿线环境，完成房屋整治1584栋。完成违建别墅整治自查自纠工作。拆除“两违”（违法用地、违法建设）801.1万平方米。推进东坪山整治提升工作。开展房屋安全隐患排查专项行动，整治危房4237栋。推进国土空间总体规划编制工作，清理盘活“批而未供”土地22.7平方千米，处置“供而未用”土地6.3平方千米。整治露天烧烤、占道经营，提升市容市貌。落实综合治堵措施22条，完成道路安全隐患整治247处，打通断头路8条，提高翔安隧道等7条主干道路限速。厦门绿色交通获评中华环境奖。厦门市入围中国智慧城市十强，“i厦门”获2019中国智慧城市创新示范奖。

【社会事业发展】 2019年，厦门市政府推进社会事业发展。落实教育大会、健康厦门建设大会政策措施，办好群众最关心的身边事。建成幼儿园中小学项目48个，新增学位3.4万个。完成403所无证幼儿园、27所小区配套幼儿园整治提升，普惠性幼儿园覆盖率增至88%。300所小学幼儿园开展课后延时服务，惠及学生5.7万人。厦门大学附属翔安医院、心血管病医院等项目投用，新增床位1900张。四川大学华西厦门医院和华西厦门研究院开工建设。累计开设名医工作室36个。连续23年蝉联“国家卫生城市”称号。实施《厦门经济特区鼓浪屿世界文化遗产保护条例》，16处文化遗产核心要素获批全国重点文物保护单位。获评中国十佳数字阅读城市。总长23千米的山海健康步道建成投用，新增36个校园对社会开放体育场地，举办市运会。厦门马拉松赛获全球“绿色环保奖”。厦门成为2023年亚洲杯足球赛承办城市之一。提升民生保障水平，完成为民办实事项目36个。新增就业26.2万人，城镇登记失业率2.84%。基本养老参保人数比上年增长6.5%。城乡居民基本医疗保险财政补助标准提高至每人每年680元。低保标准和特困供养人员基本生活标准分别提高至800元和1200元。开工建设保障性住房2.1万套，配租配售1.3万套。建成6个社区养老服务照料中心、25个农村幸福院，爱心护理院改扩建等项目竣工，养老机构医养结合覆盖率100%。城乡社区结对帮扶共建机制在全国复制推广。创建国家食品安全示范城市，消费者满意度居全国第五，“菜篮子”市长负责制考评居全国前列。推进扫黑除恶专项斗争，推进主动创稳工作，刑事警情下降13.8%，发案数为2010年后新低，群众安全感率位居全省第一。健全应急管理和防灾减灾机制，推进消防体制机制改革，整治危化品等重点领域安全隐患，安全生产形势总体平稳。注册志愿者总数超71万人，志愿活动常态化开展。推进文明城市创建工作，提升市民道德水准和文明素养。加强退役军人服务保障，双拥共建工作位居全国前列。推进民族宗教、档案方志、人防海防、仲裁、信访、粮食、气象等工作，发展妇女儿童、青年、老龄、残疾人、红十字、慈善等事业。

【三大攻坚战】 2019年，厦门市政府加强重大风险防控，推进扶贫协作工作，提升生态环境质量。出台融资担保公司监督管理办法，建设全国首批地方金融非现场监管系统，成立全国首个金融司法协同工作平台。开展非法集资、“套路贷”等专项整治，排查整治地方金融机构59家，清退不合规网贷信息中介机构22家。持续压降不良贷款，不良贷款率1.1%。规范政府债务管理，做好债务风险管控。坚持“房住不炒”定位，建立房地产市场长效调控机制，推进住房租赁市场试点示范城市建设，地价房价稳定在合理区间。帮扶甘肃省临夏州工作位居全国考核前列，落实帮扶资金6.3亿元，实施扶贫项目416个，援建扶贫车间113个。落实援宁援藏援疆援渝资金2.6亿元，推进健康扶贫、教育扶贫等重点工程。推进省内6个县对口帮扶协作，形成长效工作机制。省内挂钩帮扶的诏安县实现脱贫摘帽。整改落实中央生态环保督察、国家海洋督察反馈问题22项。开展守护蓝天百日攻坚行动，空气质量在全国168个重点城市排名第四。实施污水处理相关计划，开工建设污水处理厂7座，新建污水管网111千米。落实河湖长制，加快小流域综合治理，国、省控断面水质达标率和集中式饮用水源水质达标率均为100%。清退海域养殖796万平方米，近岸海域水质优良面积比例83.1%。全市土壤环境质量总体良好，危险废物处置利用率、医疗废物集中处置率100%。垃圾分类工作在全国考评中名列第一。新增、改造城市园林绿地521万平方米，通过国家生态园林城市创建验收。

【政府自身建设】 2019年，厦门市政府加强中央巡视整改结果运用，整治重点问题，化解难题积案，增强效能建设。深化“基层减负年”活动，政府发文、办会均比上年压减近50%。“三公经费”持续下降，一般性支出压缩10%。加强法治政府建设，办理人大代表建议331件、议案2件、政协提案401件，办复率100%。提请市人大常委会审议法规草案和法规修正案11件，制定市政府规章4件。强化廉政风险源头防控，查处侵害群众利益的不正之风和腐败问题，巩固反腐败斗争压倒性态势。

（市政府）

主要会议

【市政府全体会议】 2019年4月8日，厦门市市长庄稼汉主持召开厦门市人民政府全体成员会。会议强调，各级政府及其部门要进一步解放思想、苦干实干，咬定目标、奋力赶超，确保完成全年目标任务，以优异成绩迎接中华人民共和国成立70周年。要求提高政治站位抓落实；强化责任担当抓落实；聚焦发展重点抓落实；转变工作作风抓落实；讲究方式方法抓落实。市领导黄强、国桂荣、孟芊、张毅恭、韩景义、卢炳椿，以及市直各单位、各区政府、各管委会、各指挥部和中央驻厦单位主要负责人参加会议。

【市政府常务会议】 2019年，厦门市政府召开常务会议30次，即第五十七次至第八十六次市政府常务会议，会议均由市长庄稼汉主持。（见表6-1）

（王丹云）

表6-1　　**2019年厦门市政府常务会议一览表**

时间	会次	主要议题
1月3日	第五十七次市政府常务会议	研究2019年市委、市政府为民办实事工作情况，《2019年市政府立法计划和行政执法检查计划（草案）》，《关于进一步降低企业成本若干政策措施的通知》（送审稿），《关于建立促进房地产市场平稳健康发展长效机制工作方案》（送审稿），取消"四桥一隧"车辆通行费相关事项，调整市直机关事业单位非在编雇用人员年综合定额标准等议题
1月23日	第五十八次市政府常务会议	研究《关于坚持农业农村优先发展做好"三农"工作的实施意见》（送审稿）、厦门市"大棚房"问题整治工作进展情况、《厦门市开行"丝路海运"实施方案》（送审稿）、申报2019年因公出国（境）培训项目计划、《厦门市人民政府关于贯彻落实国家药品集中采购和使用试点工作启动部署会精神情况的报告》（代拟稿）等议题
2月13日	第五十九次市政府常务会议	研究《东坪山违法建设整治方案》（送审稿）、《厦门市村庄空间布局规划（2017—2035年）》（报批稿）、《厦门市城市设计标准与准则》（送审稿）、《福建省厦门市建设海洋经济发展示范区方案（2018—2020年）》（送审稿）、《关于加强国有企业资产负债约束的实施意见》（送审稿）、关于举办第二十届市运会有关事宜、《我市骨干路网系统控制规划（岛外）》（送审稿）、保障性住房洪茂居住区一期工程项目、龙秋公寓项目可行性研究报告等议题
2月27日	第六十次市政府常务会议	研究2018年综治考评奖励有关事项、《2019年厦门市东西部扶贫协作工作意见》（送审稿）、《厦门市进一步深化工程建设项目审批制度改革工作实施方案》（送审稿）、《2019年市重大项目安排建议》（送审稿）、《厦门市防范化解地方政府隐性债务风险实施意见》（送审稿）、保障性住房林边公寓项目可行性研究报告带概算、厦门大学国家集成电路产教融合平台项目建设有关事项、厦工有关事宜等议题
3月20日	第六十一次市政府常务会议	研究思明区和湖里区旧村改造项目集体土地房屋征收补偿有关问题、《关于完善国有金融资本管理的实施意见》（送审稿）、《关于进一步完善财政投资基建项目管理的若干措施》（送审稿）、《厦门经济特区食品安全信息追溯管理办法（草案）》、《厦门市人民政府关于机构改革涉及市政府规章规定的行政机关职责调整问题的决定（草案）》、厦门文物店改革方案、部分建设项目绿地率指标落实协调机制、三安集团有关事宜、厦门市与神州优车合作收购宝沃项目等议题
4月4日	第六十二次市政府常务会议	研究厦门市经济运行工作、厦门市安全生产工作、《我市进一步支持中小企业发展若干措施》（送审稿）、厦门市突出生态环境问题整改工作、《关于进一步推进本岛旧村改造工作的意见》（送审稿）、某部队岛内营区土地置换工作方案、总部经济项目地价扶持、拨付路桥集团"四桥一隧"剩余企业债券本金、中航锂电动力锂电池生产线项目、联芯公司等议题
4月23—26日	第六十三次市政府常务会议	研究《加强招商引资和产业经济发展全要素保障实施纲要》（送审稿）、《加强全链条全周期立体化招商引资工作若干意见》（送审稿）、《厦门市招商中介机构及项目引荐人奖励办法》（送审稿）、《强化省市重大重点项目建设推进机制若干措施》（送审稿）、《厦门市关于贯彻落实习近平总书记重要讲话精神探索海峡两岸融合发展新路的若干措施》（送审稿）、《厦门市城市黑臭水体治理攻坚战实施方案》（送审稿）、《关于全面彻底清退海域养殖工作方案》（送审稿）、《关于修订降低厦门港部分港口收费标准的通知》（送审稿）等议题
5月9日	第六十四次市政府常务会议	研究厦门市扫黑除恶专项斗争工作情况、第十一届海峡论坛筹备保障工作情况、2018年度安全生产目标责任考核情况、厦门市房屋安全隐患排查整治工作情况、解决厦门市部分退役士兵社会保险接续工作有关事宜、《关于进一步加强水土保持工作的意见》（送审稿）、增资扩产提质增效相关扶持措施、黄厝会议中心安置房项目可行性研究报告、《关于进一步加强和改进困难群众基本生活保障工作的实施意见》、《〈厦门经济特区水资源条例〉〈厦门经济特区机动车排气污染防治条例〉〈厦门经济特区生态文明建设条例〉等法规修正案（草案）》、2018年度绩效评估结果及2019年度绩效管理工作方案、完善厦门市高层次人才安居保障政策等议题
5月14日	第六十五次市政府常务会议	研究调剂售房款及其增值收益增加住房公积金业务备付金、2018年推进"一带一路"建设加快打造21世纪海上丝绸之路战略支点进展情况和2019年工作要点、2018年新型城镇化建设进展情况和2019年工作要点、《厦门经济特区旅游条例（草案）》、厦金大桥（第三东通道）前期工作、祥平保障房地铁社区配套综合管廊及高压电力架空线缆化一期工程可行性研究报告、《关于进一步放宽落户政策的通知》（送审稿）、《2019年、2020年城乡居民基本医疗保险筹资标准调整方案》（送审稿）等议题

续表 6-1

时间	会次	主要议题
5月27日	第六十六次 市政府常务会议	研究进一步做好全市商务工作和加快工业转型升级、全市教育大会筹备情况以及《厦门教育现代化 2035》（征求意见稿）和《厦门市加快推进教育现代化实施方案（2019—2020 年）》（征求意见稿）、《关于加强项目管理防止新增拖欠民营企业中小企业账款的意见》（送审稿）和《关于加强市属国有企业拖欠民营企业中小企业账款清理工作的意见》（送审稿）、《2019 年厦门市地方政府债券发行及预算调整草案》（送审稿）、轨道交通 3 号线华荣路站配套项目、轨道交通 6 号线（林埭西至官任段）工程可行性研究报告、新机场莲河片区沙美路（翔安南路—滨海旅游路段）工程可行性研究报告、新机场片区翔安东路（翔安南路—大嶝大桥段）提升工程可行性研究报告、大嶝南缘原预留围场河区域造地工程立项带估算、新机场片区大嶝第一中学项目立项带概算、厦门城市职业学院综合体育馆项目工程可行性研究报告、给予援临工作队记功奖励、贯彻《福建省降低社会保险费率综合工作方案》相关工作意见等议题
6月6日	第六十七次 市政府常务会议	研究《厦门市生态环境损害赔偿制度改革实施方案》（送审稿）、2018 年度市本级预算执行和其他财政收支的审计结果报告、《2018 年厦门市本级财政决算的报告》（送审稿）、《全面实施预算绩效管理的实施意见》（送审稿）、《贯彻落实习近平总书记重要讲话精神营造有利于创新创业创造良好发展环境的若干措施》（送审稿）、《加快推进存量土地清理盘活推动高质量发展的意见》（送审稿）等议题
6月27日	第六十八次 市政府常务会议	研究厦门市贯彻落实习近平总书记对垃圾分类工作重要指示批示精神和省委常委会会议精神意见、环东海域滨海旅游浪漫线二期景观工程（翔安段）相关事宜、滨海东大道（沈海高速—海翔大道段）二期工程相关事宜、东方新城二期社会保障性安居工程 C 地块项目可行性研究报告、厦门医学院综合体育馆项目可行性研究报告、鼓浪屿污水处理系统改扩建工程可行性研究报告、前埔污水处理厂三期工程（扩建）项目概算调整、《厦门市超级总部用地管理意见》（送审稿）、厦门市与中谷海运集团项目合作协议有关事项、丝路海运工作进展情况及下一步工作建议、明达玻璃杏林厂区收储工作、《推进厦门市政务数据中心整合的实施方案》（送审稿）、中航锂电动力锂电池项目等议题
7月17日	第六十九次 市政府常务会议	研究《厦门市安全生产警示通报和约谈制度》（送审稿）、《厦门市安全生产事故隐患挂牌督办办法》（送审稿）和《厦门市一般生产安全事故查处挂牌督办办法》（送审稿）、《厦门经济特区电梯安全管理条例（草案）》、《厦门经济特区建筑外立面装饰装修管理若干规定（草案）》、《厦门市第二期特殊教育提升计划实施方案（2019—2020 年）》（送审稿）、《厦门市提升住宅小区二次供水设施建设管理工作实施方案》（送审稿）、部分房地产项目涉稳及处置情况、《加快推进“岛内大提升”的意见》（送审稿）、《支持高技术高成长高附加值企业发展意见》（送审稿）、《我市高技术高成长高附加值企业骨干员工住房保障政策的指导意见》（送审稿）、《厦门影视产业发展规划》（送审稿）和《进一步促进影视产业发展若干规定》（送审稿）、《进一步加强东西部扶贫协作实施方案》（送审稿）、扶持厦门日报社融媒体改造提升工作意见等议题
7月25日	第七十次 市政府常务会议	研究厦门市扫黑除恶专项斗争有关工作、《厦门市违建别墅问题清查整治专项行动实施方案》（送审稿）、厦门市贯彻落实全国全省“放管服”改革主要精神意见和《厦门市 2019 年深化“放管服”改革工作要点》（送审稿）、轨道交通 2 号线沿线市政改造及景观提升工程（岛内段）可行性研究报告、轨道交通 2 号线沿线市政改造及景观提升工程（海沧段）可行性研究报告、保障性住房龙泉公寓项目可行性研究报告、厦门新机场东进场路（环嶝路—航站楼段）可行性研究报告、厦门新机场莲河片区滨海公园大道工程可行性研究报告、厦门新机场莲河片区莲嶝路（翔安南路—滨海旅游路段）工程可行性研究报告、《厦门市人民政府四川大学战略合作协议》（送审稿）、《进一步加强市级公房管理的意见》（送审稿）、全国民族团结进步模范个人推荐情况等议题
7月31日	第七十一次 市政府常务会议	研究第一轮中央生态环保督察反馈问题整改和第二轮督察信访件办理情况、《厦门市全面推行行政执法公示制度执法全过程记录制度重大执法决定法制审核制度的实施方案》（送审稿）、《我市国资国企招商引资三年千亿行动计划（2019—2021 年）》（送审稿）、调整完善部分重点园区招商奖励机制、在中小学校试行校长职级制改革、厦门市第五批市级非物质文化遗产代表性项目评审工作、《厦门市融资担保公司监督管理办法》（送审稿）、环东海域滨海旅游浪漫线二期岸线景观工程（翔安段）、五显片区新厝小学项目投资估算、同安东路（同新路—新 324 国道段）综合管廊工程投资概算、洪新路（同安东路—同翔大道段）综合管廊项目一期工程投资估算、《已改制事业单位改制前退休人员有关待遇发放办法》（送审稿）、给予趣店集团新业务“趣加加”支持等议题
8月8日	第七十二次 市政府常务会议	研究 2019 厦洽会暨丝路投资大会筹备情况、财政存量资金及收回盘活使用情况、《厦门市建立和完善房地产市场平稳健康发展长效机制工作方案》（送审稿）、金美锂电池新材料产业园项目、天马第六代柔性 AMOLED 生产线项目等议题
8月13日	第七十三次 市政府常务会议	研究厦门市经济责任审计工作贯彻落实意见、《加大高能级项目招引全面提升招商质量和水平的工作方案》（送审稿）、《做好财政收支预算管理支持落实减税降费政策的实施意见》（送审稿）、《建立安置型商品房制度的指导意见（试行）》（送审稿）、《废止和修改部分市政府规章的决定（草案）》、筼筜湖第二排涝泵站及西堤闸工程项目（含内湖侧护岸修复和滨海步道平台）重新立项带概算、浦园高中项目可研及投资估算、《进一步加强财政财务管理的通知》（送审稿）、协助联芯公司缓解资金周转压力等议题

续表 6-1

时间	会次	主要议题
8月22日	第七十四次市政府常务会议	研究厦门市贯彻落实习近平总书记在中共中央政治局会议分析研究经济形势和经济工作时的重要讲话和在中共中央党外人士座谈会上的重要讲话精神意见，研究厦门市贯彻落实习近平总书记关于退役军人工作的重要论述以及全国退役军人工作会议、省委常委会会议精神意见，研究厦门市经济责任审计整改落实情况、厦门市组织开展创建“全国法治政府建设示范市”活动、《厦门市人民政府贯彻实施〈重大行政决策程序暂行条例〉的通知》(代拟稿)、《厦门市人民政府重大行政决策事项目录标准》(送审稿)和《厦门市人民政府2019年重大行政决策事项清单》(送审稿)、轨道建设资金平衡方案及下一步工作建议、莲院路(舫山东路—舫山东二路)工程投资估算决策、马銮湾新城西园小学项目投资概算、公安特警训练场项目重新立项带概算、依视路太阳镜区域总部项目申请扶持政策、闽西南协同发展区主要工作情况及召开第二次联席会议建议、《厦门经济特区邮政条例(草案)》审查情况、加快高崎污水厂项目建设、追加市水利局部分项目资金、《改革国有企业工资决定机制实施意见》(送审稿)、臻鼎科技半导体封装载板项目等议题
8月27日	第七十五次市政府常务会议	研究厦门市贯彻落实习近平总书记关于加强和改进人民信访工作的重要思想以及省委常委会会议精神意见、《建立正向激励机制促进经济社会高质量发展若干措施》(送审稿)、《厦门市实施食品安全战略创建人民满意的食品安全城市工作方案(2019—2021年)》(送审稿)、《加强农村村民住宅建设管理的意见》(送审稿)、《厦门经济特区闽南文化保护发展办法(草案)》、马銮湾保障房地铁社区二期工程项目可行性研究报告、蔡厝片区石厝路及望嶝北路地下综合管廊工程可行性研究报告、集美新城岩内片区圣岩路东延伸段工程可行性研究报告、厦门市海域养殖海蛎石清退经费有关事宜、鼓浪屿管理体制改革建议方案、《新时期深化国有企业改革的工作意见》(送审稿)、《推进国有资本投资、运营公司改革试点的实施方案》(送审稿)、《改革完善市属国有企业监事会工作的实施意见》(送审稿)和《推出首批公开引入战略投资者实施混改的国有企业名单》(送审稿)等议题
9月6日	第七十六次市政府常务会议	研究《厦门市铁路及高速公路沿线环境综合整治再提升行动方案》(送审稿)、《厦门市工业企业用地增资扩产提容增效管理办法》(送审稿)、《厦门市商业办公和酒店项目用途变更试行管理规定》(送审稿)、东坪山专项整治和发展提升工作进展情况及有关建议、厦门市贯彻落实进一步保障中小学校教师工资待遇有关问题、浪潮安可项目等议题
9月12日	第七十七次市政府常务会议	研究厦门市贯彻落实习近平总书记关于文化和自然遗产保护的重要论述以及全省加强新时代文化和自然遗产保护利用工作会议、省委常委会会议精神意见和《厦门市历史文化遗产集中保护修缮专项工作方案》(送审稿)，研究《大力建设金融强市打造金融科技之城的意见》(送审稿)、《厦门市金融业发展专项规划(2019—2025)》(送审稿)、《关于扶持金融业发展的若干措施》(送审稿)、《厦门市金融人才发展实施意见》(送审稿)和《促进股权投资行业发展的若干措施》(送审稿)，研究厦门市人民政府分别与深圳证券交易所、中国平安保险(集团)股份有限公司、国家开发银行、中国工商银行股份有限公司、中国农业银行股份有限公司、中国银行股份有限公司、中国建设银行股份有限公司、交通银行股份有限公司、中国邮政储蓄银行股份有限公司、兴业银行股份有限公司、招商银行股份有限公司、华夏银行股份有限公司、中国人民保险集团股份有限公司、中国人寿保险(集团)公司、中国太平洋保险(集团)股份有限公司、中信证券股份有限公司、华泰证券股份有限公司签订《战略合作协议》,《推进厦门两岸股权交易中心建设促进区域性股权市场发展的通知》(送审稿)等议题
10月15日	第七十八次市政府常务会议	研究《实施健康厦门行动的意见》(送审稿)、《印发推进健康厦门行动组织实施和考核方案的通知》(送审稿)和《健康厦门行动(2019—2030年)》(送审稿)、《促进全民健身和体育消费推动体育产业高质量发展的实施意见》(送审稿)、《厦门市高水平职业体育俱乐部自主奖励实施办法》(送审稿)、《厦门市体育产业基地及单位(项目)奖励实施办法》(送审稿)、《厦门市社会办群众性体育赛事活动奖励及评审办法》(送审稿)、《厦门市参加全国全省综合性群众体育赛事活动经费开支标准管理办法》(送审稿)、《厦门市竞技体育后备人才培养基地校管理办法》(送审稿)、《厦门市引进优秀竞技体育后备人才专项经费使用管理办法》(送审稿)和《厦门市社会组织承办市级运动队资助经费管理办法》(送审稿)、厦门市面临暂时性生产经营困难企业认定及返还失业保险费情况、2020厦门马拉松赛、厦门新机场莲河片区防洪及排水除涝工程可行性研究报告、东进场路(机场2号变—航站楼段)综合管廊工程可行性研究报告(初设深度)及概算、轨道交通6号线(林埭西至华侨大学段)工程可行性研究报告、远海集装箱码头铁路专用线工程立项、同翔高新技术产业基地五显片区配套道路四期工程投资概算、滨海西大道(集美大道—新324国道段)提升改造工程可行性研究报告、厦门电力进岛第三通道迁改缆化土建工程可行性研究报告、厦门大桥改造加固项目可行性研究报告、同安城北小区A地块项目可行性研究报告、《2019厦门国际海洋周总体方案》(送审稿)、《厦门市人民政府华东师范大学战略合作框架协议》(送审稿)、《厦门市与滴滴公司战略合作框架协议》的补充协议、《东坪山人员安置方案》(送审稿)、友达公司、太古项目等议题

续表 6-1

时间	会次	主要议题
10 月 29 日	第七十九次 市政府常务会议	研究《厦门市文化产业高质量发展三年行动计划（2020—2022）》（送审稿）、《厦门市旅游业高质量发展三年行动计划（2020—2022）》（送审稿）、《厦门市会展业高质量发展三年行动计划（2020—2022）》（送审稿）、《厦门市关于进一步激发文化和旅游消费潜力的实施意见》（送审稿）、《厦门市人民政府关于在市场监管领域全面推行"双随机、一公开"跨部门联合抽查的实施方案》（送审稿）、《厦门市行政机关规范性文件管理办法（修订草案）》、《厦门市创新信用应用机制提升金融服务中小企业发展实施方案》（送审稿）、《厦门市工业用地使用权续期管理规定》（送审稿）、石兜水库除险加固改造工程重新立项、高崎污水处理厂一期工程可行性研究报告带概算、前埔污水处理厂北线污水系统三期工程可行性研究报告带概算、轨道交通 3 号线翔安行政中心站配套项目（±0.00 以下工程）可行性研究报告、厦门产权交易中心改制事项、追加厦门港口局部分基建项目资金等议题
11 月 12 日	第八十次 市政府常务会议	研究厦门市贯彻落实党的十九届四中全会精神和习近平总书记重要讲话精神意见、厦门市贯彻落实中央关于主题教育有关部署要求和省委"不忘初心、牢记使命"主题教育领导小组第十二次会议精神意见、《第 44 届世界遗产大会厦门市"六个一批"文化遗产保护工作方案》（送审稿）、《铁路高速公路沿线市容村容整治专项行动方案》（送审稿）、《老旧小区改造工作专项行动方案》（送审稿）、《市容环境整治提升方案》（送审稿）、《绿化提升专项工作方案》（送审稿）、《污水设施提升行动方案》（送审稿）、《公厕提升专项工作方案》（送审稿）、《改善综合交通枢纽公共交通环境工作方案》（送审稿）、《打造"两岸融合发展示范区"实施意见》（送审稿）、翔安南部新城区域商办类房地产项目维稳及处置方案等议题
11 月 20 日	第八十一次 市政府常务会议	研究厦门市贯彻落实中央和省委省政府关于违建别墅问题清查整治专项行动的有关精神意见、厦门新经济发展大会方案及《促进新经济高质量发展若干意见》（送审稿）、《推进平台经济加快发展三年行动方案》（送审稿）、《加快数字经济融合发展的若干措施》（送审稿）、《推进城镇小区配套幼儿园专项治理工作的补充通知》（送审稿）、珩边居住区保障性安居工程建设方案、四川大学华西厦门医院可研及投资估算、翔安南路（滨海东大道—翔安大道段）综合管廊工程可研、翔安区相对集中行政许可权改革试点工作方案、鳌冠海域岸线保护和生态综合整治（鳌冠片区海域修复）项目清淤资金方案、厦金大桥（第三东通道）工作方案、港务集团相关事宜等议题
11 月 28 日	第八十二次 市政府常务会议	研究《创建全国生态文明示范市指标体系》（送审稿）、《环境空气质量提升三年行动方案（2020—2022 年）》（送审稿）、《海漂垃圾整治三年行动方案（2020—2022 年）》（送审稿）和《九龙江口和厦门湾生态综合治理攻坚战三年行动方案（2020—2022 年）》（送审稿）、《健康步道沿途影响景观的建筑物提升方案》（送审稿）、武警厦门支队机动一大队营房项目可行性研究报告、审批东孚南路与疏港通道立交工程可行性研究报告、加快网贷风险分类处置工作推进会及全市网贷风险专项整治情况、《厦门市海上休闲船舶备案管理办法（试行）》（送审稿）、《关于完善厦门市集成电路产业政策的补充通知》（送审稿）、《关于加强专门学校建设和专门教育工作的实施方案》（送审稿）、厦门市第十一次社会科学优秀成果名单、电气硝子玻璃（厦门）液晶玻璃基板三期项目等议题
12 月 4 日	第八十三次 市政府常务会议	研究厦门市贯彻落实全国、全省扫黑除恶专项斗争工作的有关精神意见，研究全市禁毒工作情况、建设高颜值厦门大会 23 个配套文件、厦门市贯彻落实习近平总书记在中共中央政治局第十九次集体学习时的重要讲话精神和全国安全生产电视电话会议精神意见以及《全市安全生产集中整治工作实施方案》（送审稿）、《关于建立房地产市场平稳健康发展城市主体责任制的实施意见》（送审稿）、《2019 年度金山东路等 232 条地名命（更）名方案》（送审稿）、《厦门市人民政府关于限制高排放机动车通行的通告》（送审稿）、《厦门自贸片区重点平台三年行动方案》（送审稿）、新机场蔡厝片区城场路（翔安东路至溪东路）工程可行性研究报告、市特殊教育学校扩建项目可行性研究报告等议题
12 月 18 日	第八十四次 市政府常务会议	研究《2020 年政府工作报告》（送审稿）、《厦门市 2019 年国民经济和社会发展计划执行情况与 2020 年计划草案报告》（送审稿）、《厦门市 2019 年预算执行情况和 2020 年预算草案报告》（送审稿）、调整厦门市其他行业用水价格、《厦门市全面实施零基预算改革工作方案》（送审稿）、《各级党委和政府领导干部食品安全责任清单》（送审稿）、《市级有关单位食品安全责任清单》（送审稿）和《关于调整厦门市食品安全委员会成员的通知》（送审稿）、建设高颜值厦门大会配套文件、《关于认真开展 2019 年度粮食安全行政首长责任制考核机制的通知》（送审稿）、《公布审批服务事项下放目录的通知》（送审稿）、《厦门市人民政府关于划定高污染燃料禁燃区的通告》（送审稿）等议题，研究 2018 年厦门市优秀青年、优秀妇女和青年、妇女工作先进集体和先进个人以及科技经济卫生工作先进集体和先进个人推荐对象名单，《保障性住房小区配套车位运营管理的意见》（送审稿）等议题

续表 6-1

时间	会次	主要议题
12 月 27 日	第八十五次市政府常务会议	研究厦门市垃圾分类工作情况、《垃圾分类“厦门模式”升级版指标体系》（送审稿）和《垃圾分类三年提升行动方案（2020—2022 年）》（送审稿）、《加快发展流通促进商业消费若干措施》（送审稿）、《进一步繁荣夜间经济促进消费增长工作方案》（送审稿）、厦门市促进中小企业发展工作情况、《厦门经济特区促进土地节约集约利用若干规定（草案）》修改情况、《厦门市物流用地公开出让管理办法》（送审稿）、《厦门市申报国家历史文化名城工作方案》（送审稿）、《厦门市民用无人驾驶航空器公共安全管理办法（草案）》、厦门新机场北部片区排水除涝工程可行性研究报告、厦门新机场蔡厝片区溪西路（翔安南路—滨海东大道）及后溪路（望嶝北路—溪西路）工程可行性研究报告、同翔基地溪东路（舫山东路—内垵大道段）工程可行性研究报告带投资估算、同安东路（同新路—滨海东大道段）二期完善工程可行性研究报告、《厦门市市级行政事业单位国有资产使用管理办法》（送审稿）、《2020 年市政府立法计划和执法检查计划（草案）》、厦门市《妇女发展纲要（2011—2020 年）》和《儿童发展纲要（2011—2020 年）》实施及妇女儿童工作情况、清理盘活火炬园区存量土地房产情况、继续实施阶段性降低企业部分社会保险费政策等议题
12 月 31 日	第八十六次市政府常务会议	研究厦门市行政执法主体资格确认和行政执法人员清理有关情况的汇报、《中国（福建）自由贸易试验区厦门片区“证照分离”改革全覆盖试点实施方案》（送审稿）、厦门市防止产能集中外迁相关工作、《关于调整征地补偿标准的通知》（送审稿）、《厦门市精神文明创建活动管理办法（2020 年修订版）》（送审稿）、《关于深化新时代学校思想政治理论课改革创新的实施方案》（送审稿）、厦门与以色列内坦亚结为国际友好城市、中航锂电项目出资事宜等议题

政务工作

【人大建议和政协提案办理】 2019 年，厦门市政府收到市人大代表议案 2 件、建议 331 件，市政协提案 401 件，办复率均为 100%，满意率均在 99% 以上，超过“创建全国法治政府建设示范市”95% 的指标要求。

【政府信息公开】 2019 年，厦门市各级政府及其工作部门主动公开政府信息 11635 条，依申请公开 1478 条，办理行政复议案件 34 件、行政诉讼案件 9 件。市政府门户网站日均访问量 17108 人次。（见表 6-2、6-3）

表 6-2 **2019 年厦门市主动公开政府信息情况表**

单位：条

《中华人民共和国政府信息公开条例》第二十条第（一）项			
信息内容	本年新制作数量	本年新公开数量	对外公开总数量
规章	3	3	3
规范性文件	254	254	254
《中华人民共和国政府信息公开条例》第二十条第（五）项			
信息内容	上一年项目数量	本年增 / 减	处理决定数量
行政许可	9725	-3985	3283142
其他对外管理服务事项	9866	-5370	102944
《中华人民共和国政府信息公开条例》第二十条第（六）项			
信息内容	上一年项目数量	本年增 / 减	处理决定数量
行政处罚	25377	+1480	3108775
行政强制	1421	+8	152154
《中华人民共和国政府信息公开条例》第二十条第（八）项			
信息内容	上一年项目数量	本年增 / 减	
行政事业性收费	36	0	
《中华人民共和国政府信息公开条例》第二十条第（九）项			
信息内容	采购项目数量	采购总金额（元）	
政府集中采购	75401	2589451196.35	

表 6-3

2019 年厦门市收到和处理政府信息公开申请情况表

单位：条

（本列数据的钩稽关系为：第一项加第二项之和，等于第三项加第四项之和）			申请人情况						
			自然人	法人或其他组织					总计
				商业企业	科研机构	社会公益组织	法律服务机构	其他	
一、当年新收政府信息公开申请数量			1377	62	14	13	5	12	1483
二、上年结转政府信息公开申请数量			22	1	0	0	0	0	23
三、当年度办理结果	（一）予以公开		509	30	5	10	3	10	567
	（二）部分公开（区分处理的，只计这一情形，不计其他情形）		171	3	2	0	1	0	177
	（三）不予公开	1. 属于国家秘密	2	1	0	0	0	0	3
		2. 其他法律行政法规禁止公开	11	2	0	0	0	0	13
		3. 危及“三安全一稳定”	6	0	0	0	0	0	6
		4. 保护第三方合法权益	13	4	0	0	0	1	18
		5. 属于三类内部事务信息	31	2	0	0	0	0	33
		6. 属于四类过程性信息	25	0	0	0	0	0	25
		7. 属于行政执法案卷	11	1	0	0	0	0	12
		8. 属于行政查询事项	17	1	0	0	0	0	18
	（四）无法提供	1. 本机关不掌握相关政府信息	433	16	5	3	1	1	459
		2. 没有现成信息需要另行制作	69	0	0	0	0	0	69
		3. 补正后申请内容仍不明确	19	0	0	0	0	0	19
	（五）不予处理	1. 信访举报投诉类申请	19	0	0	0	0	0	19
		2. 重复申请	20	1	0	0	0	0	21
		3. 要求提供公开出版物	1	0	0	0	0	0	1
		4. 无正当理由大量反复申请	0	0	0	0	0	0	0
		5. 要求行政机关确认或重新出具已获取信息	15	1	2	0	0	0	18
	（六）其他处理		0	0	0	0	0	0	0
	（七）总计		1372	62	14	13	5	12	1478
四、结转下年度继续办理			27	1	0	0	0	0	28

【重点领域信息公开】 2019 年，厦门市落实重点领域政府信息公开政策。（1）重大行政决策公开。制定出台《厦门市人民政府重大行政决策事项目录标准》，对涉及公共利益和公众权益的重大行政决策事项，除依法应当保密以外，主动向社会公布。按照要求执行规范性文件的公开征求意见、合法性审核、集体审议、报备等程序。收集惠企信息公开和企业诉求，加大对支持小微企业、促进就业创业、兼并重组等方面政策公开力度。（2）重要部署执行公开。围绕市政府工作报告重点工作任务的贯彻落实，将年度重点工作、惠民实事项目等工作细化到责任单位，将主要措施、实施步骤、监督渠道以及工作进度、存在问题、后续举措等信息向社会公开，重点公开各类发展目标、改革任务、民生举措等落实情况。同时推进重大政策措施落实跟踪、审计结果公开工作力度，确保政府信息公开工作落实到位。（3）行政执法信息公开。落实行政执法公示制度，规范行政执法行为。建立健全统一的执法信息公示平台，推动各执法部门以共享或报送等形式将有关执法信息集中向社会依法公开。（4）三大攻坚战信息公开。围绕打好防范化解重大风险攻坚战，做好房地产领域、金融领域等重大风险防范化解知识宣传等相关情况公开。围绕打好精准脱贫攻坚战，公布产业扶贫、公益扶贫、消费扶贫等活动情况，规范公开资金管理信息。围绕打好污染防治攻坚战，做好生态环境信息公开，推进辖区市控重点排污单位环境信息在厦门市生态环境局网站“市控重点污染源信息公开专栏”发布。（5）“放管服”改革信息公开。围绕“放管服”改革新任务新举措，优化业务流程，简化审批程序，主动公开办事指南，做到审批环节做“减法”，审批效率做“加法”，为企业提供快捷的备案服务，及时、主动公开备案结果。持续加强社会信用体系建设，完善平台建设及信用承诺制度，各区强化守信联合激励和失信联合惩戒的联动机制，完

善信用分级分类监管及红黑名单管理制度。持续推动审批服务事项标准化建设，按照“同一事项、同一标准、同一编码”目标，推动各区级事项与国家基本目录、省级基本目录的关联工作。（6）重点民生领域信息公开。及时公开人才招聘、考试、体检、拟聘等人事信息，引进人才生活补贴信息，就业社保类补贴信息，微信公众号推送人社业务信息。公开教育招生、医疗卫生、房屋征收等领域信息。（7）财政信息公开。推进债务信息公开，将地方政府性债务中债务规模、举债数额、偿还数额等相关信息纳入年度政府决算报告，在市、区政府网站上公开，并在财政预决算专栏公开本级政府债务及置换债券情况，解释说明举借政府债务等重要事项，向公众披露债务举借等有关信息。推进预决算信息公开，按照新修订的《中华人民共和国预算法》的规定，将经市、区人大批准的政府预决算报告及报表在市、区政府网站上向社会公开，并确保各单位按规定统一在市、区政府网站上落实年度预算公开工作。推进绩效管理公开，市、区各预算单位在政府网站上公开年度发展经费、基建经费绩效目标申报情况。推进政府采购信息公开，落实采购项目公告、采购文件、采购项目预算金额、采购结果、采购合同等采购项目信息公开。作为全国财政电子票据改革首批试点省（市），厦门的财政票据管理和非税收入监缴工作得到财政部综合司的肯定。

【政策解读与回应】 2019年，厦门市政府围绕全市经济社会发展主要目标、重点任务、重大举措，依托政府网站和政务新媒体，以文字、图片、音频、视频等形式传播主流意识形态，推送党的理论、路线方针政策及时政要闻，解读国家、省、市重大决策部署，第一时间向公众提供政府信息，推动政务热线与政府网站的互动交流系统互联互通，整合政府网站政民互动栏目与市“12345”便民服务平台。厦门市本级全年开展网上调查65期、民意征集87期、在线访谈45期、新闻发布会24期。市政府做好回应社会关切工作。建立健全政务舆情收集、研判和回应机制，关注涉及党和政府重要工作部署、关系经济社会发展的重要政务舆情，加强分析研判和调查处理，及早发现、及时回应相关舆情和热点问题；遇到重大事件、重要舆情，及时发布权威信息，消除不实传言，正面引导舆论。加强部门协作，通过网信委、网信办牵头抓总，全市建立上下通达、横向协调、齐抓共管、分工负责的运行机制。全年通过“12345”平台办理群众诉求373139件，反馈回复率100%，按时办结率98.65%，群众满意率超98%。市政府强化政策解读与回应的载体建设，改版政府网站政务公开板块，优化页面展示形式，利用政府网站、报刊、微博、微信公众号等方式公开政策文件，通过文字说明以及数字化、图表图解、视频等方式展现政策内容。通过整合资源，加强市、区各级各部门内部融合，建立辖区微信矩阵，将辖区内部、委、办、局、重要机构和镇（街）社区的微信公众号归集到同一平台，强化平台功能。依托各区融媒体中心统筹推进政务新媒体与政府网站协同联动、融合发展，坚持“有用、有关、有热点”的内容建设原则，采编各级领导动态、政策解读、重要信息发布、重要新闻事件、重要活动等内容，提升信息发布、解读回应、政民互动、办事服务的整体水平。

【政务监督】 2019年，厦门市政府督查部门完成国务院“互联网+督查”平台涉及厦门市的4批10件群众留言办理，完成对照国务院第六次大督查发现问题的自查整改，完成服务保障国办督查室在厦门专题督查调研等工作；完成省、市政府工作报告任务分解，跟踪督办7批近900件次；分解跟踪落实市长接访交办事项25批次；列席、参加市政府常务会、接访等各类会议活动50余次；完成市长批办件、市政府常务会及市长办公会、市长专题会议定事项及交办事项等分解、交办、跟踪督办400多件次，编发《督查专报·情况通报》《督查专报·招商引资》8期；汇总上报37个市政府工作部门主要领导工作动态11次；流转、督办书记批示件500余件；统筹协调、分交办、督办全国、省、市人大代表议案建议和政协提案近800件；牵头分解、督促列席人大常委会代表座谈会意见建议办理4批近50件次；服务保障市政府主要领导向人大机关、政协（含民主党派、工商联、人民团体）征求政府工作报告意见座谈会，协调市领导、厅领导列席参加人大、政协的常委会会议等重大会议活动，累计近100场次；对接服务市政府及其部门向人大报告向政协通报有关专项工作近70场次。

（许岩胜　王丹云）

电子政务

【政府网站规范整合】 2019年，厦门市政府推进政府网站规范发展。整合提升全市政府网站群统一平台，开发定制统一登录和用户主页。借助市政府网站群的政务云服务平台、智能检索平台、安全保障体系等相关配套，建成“整合化、低成本、广应用”的网站内容体系和对公众服务体系。年内政府机构改革后，部署相关部门的网站管理工作，在完成所有市政府工作部门网站整合的基础上，根据新的职能完成网站改版和数据迁移，新增设的政府机构网站一并纳入集约化建设。11月，完成全部政府部门的网站新建、改建工作。至年末，厦门市政府网站群整合完成6个区门户网站和39个市政府部门网站。

【政务新媒体建设】 2019年，厦门市政府推进政务新媒体健康有序发展。在市政府门户网站建设政务新媒体矩阵，对全市政府系统政务新媒体进行全面梳理登记，汇总成新媒体大厅；初步建成全市政府系统政务新媒体监管服务平台，实现全市政府系统政务新媒体集中统一备案登记、矩阵管理、内容发布、监测分析、榜单排行和大屏展示等全流程监管服务。至12月31日，全市登记在全国政府网站普查报送系统中的政府网站52个，登记在福建省政府网站监督评议管理系统中的全市政务新媒体172个。全年市级政府网站和政务新媒体总体运行情况良好。

【政府公报创新】 2019年，厦门市政府推进政府公报创新发展。在市、区政府网站政务公开的“重点信息公开”专栏设立政府公报栏目，提供目录导航和内容检索等服务。利用新媒体平台发布政府公报电子版，推行政府公报移动端展示。推进政府公报数据库建设。建立由政府公报统一刊登本级政府规范性文件以及所属部门规范性文件的机制，扩大政府公报的影响范围。完善市、区政府公报编校审及出刊等工作机制，增强政府公报的规范性和时效性。

【办事大厅优化整合】 2019年，厦门市政府推进办事大厅线上线下融合发展。结合机构改革后的职责调整变化情况，梳理编制并公开进驻办事大厅的审批服务事项、办事指南、办事流程等。整合优化实体办事大厅“一站式”功能，实现“一个窗口”“一次办理”。整合服务渠道和服务资源，分类聚合业务、应用和数据，构建对接全省一体化政务服务门户，实现单一窗口服务。提升网上办事大厅和“i厦门”的“一网通办”水平。清理整合政务热线，推动政务热线与政府网站的互动交流系统互联互通，除部分专业性强、咨询服务量大确需保留的政务热线外，其他实现“一号对外”。全市推行“全城通办”政务服务体系，打造市、区、镇（街）、村（居）4级联动平台，打通政务服务“最后一公里”。推进“一窗通办”，由“一事跑多窗”变为“一窗办多事”。强化自助便民服务“一站式”集成功能，运用自助终端、微信平台等信息技术开展网上服务，为办事群众提供更多的“24小时不打烊”政务服务事项，优化政务服务环境。

（许岩胜）

行政审批管理

【概　况】 2019年3月，厦门市行政审批管理局（简称市审批管理局）挂牌，厦门市行政服务中心管理委员会更名为厦门市行政审批管理局，承接全市“放管服”和深化审批制度改革牵头职能。市审批管理局以机构改革为契机，深化“放管服”改革，推进审批服务便民化。工程建设项目审批制度改革成为“厦门样本”，在全国复制推广。企业开办、注销实现“一窗受理、一表申报、一趟可取、一网通办”。全市企业设立登记时间压缩在1个工作日内，企业登记、公章刻制、申领税务发票3个环节的企业开办时间压缩到2.5个工作日内。96%的依申请审批服务事项实现“网上可办”。2953个公共资源项目进场交易，总交易额1115.75亿元。

【工程建设项目审批制度改革】 2019年，厦门市工程建设项目审批制度改革92项任务全面完成，“厦门样本”在全国复制推广。厦门市“办理建筑许可”指标在2019年全国营商环境评价中获得优异成绩，获邀在全国经验交流现场会作典型发言。厦门市一般工程建设项目审批时限从308个工作日压减到50—90个工作日，小型社会投资项目压减到25个工作日以内。自然资源部对厦门市“多规合一”国土空间规划工作、应用“多规合一”平台推动空间统筹治理等创新做法给予肯定。

【审批服务便民化】 2019年，厦门市“一趟不用跑”事项占比由上年的20%提升至54%，提前超额完成福建省40%的目标。市审批管理局统筹推进“一件事”套餐服务，推出开餐馆、开药店、食品销售等集成套餐合计234个。推动市级审批服务事项平均承诺办结时限由法定时限35%以内压缩到26%。推动82项备案事项实行无纸化全流程网上即办，即办事项比例提升至25%。推动事项就近办理，靠前联办事项由26项提升至57项，自助快办事项由135项提升至141项。推进“一窗受理、集成服务”，优化调整中心窗口设置，强化“一个窗口”后台整合。市级“一窗”分类受理的审批服务事项占比由上年的60.5%提升至70%。

【网上政务服务提升】 2019年，厦门市审批管理局提升网上政务服务能力。（1）推动审批服务事项全程网办，96%的依申请审批服务事项部署至省网大厅，762项审批服务事项实现全程网办，占36.8%，比上年增长135%。（2）实现办事指南与省网厅数据同源维护，按照省网厅要求统一以省网厅办事指南为数据源头，实现PC端、移动端、二维码墙等渠道发布的办事指南数据信息同源并同步更新。（3）“e政务”自助终端办理事项由上年的46项增加到91项，年办件量超100万件。该举措获2019年全省机关机制创新案例一等奖，获省审改办、省公安厅在厦门开调研会向全省复制推广。（4）强化系统对接和证照共享，完成审批业务系统与省网厅的对接，推动完善自建审批系统与电子证照库对接，支持实时查询电子证照信息。全年市、区两级审批服务过程中调用电子证照56余万条。

【不动产登记改革】 2019年，厦门市推行“房屋权属登记过户一窗受理”，实现网签、登记受理、缴税、水电气视过户等一事办结；不动产登记事项办理时限压缩到4个工作日内；推行抵押登记“不见面受理、全程网办、一趟不用跑”新模式，办理时限压缩到1个工作日内；小型社会投资项目首次登记压缩到3个工作日内。

【公共资源交易优化】 2019年，厦门市公共资源交易中心优化提升公共资源交易服务水平，打造“依法、规范、高效、公正、透明”的公共资源交易平台。全年有2953个公共资源项目进场交易，总交易额1115.75亿元。其中，工程建设项目1155个，总中标价567.5亿元，节约资金31.22亿元，节资率5.21%；政府采购成交项目1564个，交易总额64.83亿元；公共资源配置项目165个，共991个标的，成交金额4.38亿元，溢价率21.44%；土地使用权和矿业权出让项目69个，成交金额479.04亿元。市公共资源交易中心在全国公共资源交易年会上获“全国十佳公共资源交易中心”称号。

【“互联网+”公共资源交易】 2019年，厦门市推行公共资源交易服务“掌上办”。上线运行福建省第一个专供手机等移动设备浏览而设计的公共资源交易“微网站”及工程建设交易服务e鹭交易App。通过该应用可获取厦门市工程建设交易信息，观看工程建设招投标项目开标视频直播、进行场地预约、提交交易服务费缴交申请等，实现交易服务由“网上办”升级为“掌上办”。厦门市公共资源交易中心通过“互联网+”完善场地预约与管理系统。新增政府采购功能模块，试运行公共资源配置功能模块，以“时间换空间”，缓解市、区两级整合后交易项目增多与场地有限的矛盾。

（颜雅娜）

机关事务管理

【概　况】2019年，厦门市机关事务管理局（简称市机关事务局）推进机关事务集中统一管理，服务党和国家机关机构改革，推进机关事务标准化、信息化建设。抓好财务保障单位部门预算及绩效目标的管控，完成预算执行达标任务。完成办公用房调整分配工作。做好公务用车保障，累计安全行车400万千米。完成市直机关单位办公用房、公用场所及公用设施的维修养护管理和自管公房的日常维护工作。整体接收市接待服务中心。走访市重点工程项目建设指挥部8个和市直单位12个，解决办公用房、公务用车、餐饮保障、办公设备、车辆停放和出入行政中心通行证等问题。简化办事程序，发挥公车管理平台系统、智慧食堂系统、办公OA系统作用，建设对外办事微服务平台。按照“先急后缓、分批实施”的思路，推进老旧设施设备改造。加强办公楼宇变配电、消防、电梯和楼宇智能化系统设施设备日常维护保养。完成重大经济社会活动的车辆保障、嘉宾接送、酒店协调和重要宴请等保障工作。

【重大活动保障】2019年，厦门市机关事务局完成海峡论坛、厦洽会、第二十八届中国金鸡百花电影节、东盟与中日韩央行及财长副手会议等重大经济社会活动车辆保障、嘉宾接待等保障工作。收到第二十八届中国金鸡百花电影节组委会的感谢信。市机关事务管理局形成“多元化征集、集约化调度、一体化联动、标准化服务”的车辆保障机制，重大活动车辆保障连续20年实现零事故、零差错、零违章、零投诉目标。

【办公用房管理】2019年，厦门市机关事务局按照“标准配置、同步调整、集约使用”原则，完成34家涉改单位10万平方米办公用房调整分配工作。为市直其他部门调整安排办公用房建筑面积2.85万平方米，接收7家单位办公用房产权移交建筑面积1.18万平方米，维修办公用房、公用场所（含公用设施）1.2万平方米。做好党政机关办公用房信息统计报告工作，开展办公用房使用管理“1+X”专项督查，先后派出人员5批次对各区、市直机关事业单位35个基层站、队、所等单位105名领导人员的办公用房使用管理情况进行抽查，规范办公用房管理工作。开展办公用房安全隐患排查，委托专业机构评估鉴定危房5处，分别采取调整拆迁、加固改造等方式处置，消除安全隐患。

【公务用车管理】2019年，厦门市机关事务局加强车改后公车统一管理，将市直部门公务用车纳入平台统一调度，向党政机关印发进一步加强车改后保留公务用车使用管理的补充通知。强化制度约束刚性，会同市纪委常态化开展节假日期间公务用车“1+X”专项督查，先后派出6批14个组52人次，对酒店、商场、机场、车站、码头和景区等明察暗访，检查情况通过《厦门日报》、厦门电视台、市纪委党风政风监督平台等公开，规范公车管理工作。

【公务接待】2019年，厦门市机关事务局加强全市党政机关事业单位公务接待管理督查相关工作，联合市财政部门印发《〈厦门市党政机关国内公务接待管理实施办法〉有关问题的解答的通知》《关于规范市直机关事业单位差旅伙食费和市内交通费收交管理有关事项的通知》，规范党政机关国内公务接待管理工作。是年，会同市纪委监委先后开展4批次公务接待专项督查，检查单位19个。

【公共机构节能】2019年，厦门市公共机构节能工作保持全省前列。市机关事务局健全完善公共机构节能组织领导、落实责任、检查督促、统计评价“四项机制”。全市公共机构完成公共建筑合同能源管理节能改造项目23个，合计128.5万平方米，节能率均在20%以上，年均节能量7700吨标准煤（耗能1吨标准约等于0.81万千瓦小时），3月底通过住房和城乡建设部和省住建厅的验收。市机关事务局获评国家级节约型公共机构示范单位称号，人民会堂服务中心等4家单位获评省级节约型公共机构示范单位称号。在福建省能耗“双控”目标责任考核中，厦门市公共机构节能工作获得满分；湖里区被省政府明确为“对标示范”区，1人获评全国垃圾分类优秀志愿者。年内，市机关事务局落实“绿色出行”要求，购置车辆25辆，其中新能源汽车8辆；获评全国绿色出行先进集体称号。

【机关事务信息化标准化建设】2019年，厦门市机关事务局成立信息化标准化工作小组，制定出台《厦门市机关事务管理局标准化建设工作方案》。完成市行政中心网络视频监控系统升级改造项目，引进访客通智能化系统，建设厦门市公车管理信息化平台、机关食堂“餐品预订系统”、机关事务微服务平台等信息化项目。探索资产管理、办公楼宇智能化、办公用房管理、公共机构节能等系统的信息化建设，提供便捷服务，提升保障效能。年内申报的“党政机关集中办公区域物业服务管理规范”获批全国机关事务系统第二批标准化试点项目。

【房产基建维修】2019年，厦门市机关事务局做好市直机关单位办公用房、公用场所及公用设施的维修养护管理、自管公房的日常维护工作。投入财政资金950万元，整修改造厦门人民会堂的卫生、消防、漏水等项目6个。完成市行政中心、市廉政宣教中心、劳动力大厦等办公地点的设施设备升级改造项目69个。制定《租赁集体宿舍申请规范》，优化公务人员申请租赁集体宿舍选房程序。完成10批次公务人员集体宿舍申请、受理及选房工作，公务人员满意度97%。

【机关财务保障】2019年，厦门市机关事务局按照“突出重点、保障必需、厉行节约”的要求，抓好18个财务保障单位部门预算及绩效目标的管控。定期通报预算执行情况，完成预算执行达标任务。推进固定资产清查盘点，完成历史遗留的20项在建工程清查工作，转入固定资产6.47亿元（原值）；推动办公用房、公务用车等产权权属管理移交，资产总量比上年增加4.74亿元，增长169%。健全完善国有资产管理工作机制，清查盘点涉及净资产6.13亿元。全年完成采购项目资金3651万元，节约采购资金315.75万元。

【机关安全保卫】2019年，厦门市机关事务局加强维护市行政中心的安全稳定工作。落实《厦门市行政中心安全保卫规定》，协调武警厦门支队某执勤中队、滨北派出所安保中队、交警思明大队交警特勤中队和市行政中心安防中队，先后4次进行联动拉网式安全检查和防暴恐演练，提升应急反应、组织指挥、联动协作、防暴处突能力。采取购买服务方式改组重建市行政中心安防队伍。推进人防和技防结合，投入2900多万元改造建设视频监控系统，基本实现市行政中心（含东区）、人民会堂监控范围全覆盖，提高技防水平。

【机关后勤保障】 2019年，厦门市机关事务局做好水电、空调、会务、食堂、机关物业等日常管理服务保障，提升机关服务保障质量，强化机关后勤保障能力。提高伙食保障水平，工作人员用餐满意度96.7%。完成设备改造70多项，提升设备稳定性、可靠性。定期组织开展市行政中心绿化美化、消毒消杀、保洁保养等工作，抓好机关物业管理服务，营造良好的工作环境。

（市机关事务管理局）

信　访

【概　况】 2019年，厦门市信访系统推进信访工作。受理来信2685件，来访2979批9853人次；省长信箱转交办1887件；网上投诉4750件。信访秩序总体趋稳，厦门市信访综治考评成绩位列全省第一名。

【领导带案下访】 2019年，福建省委常委、厦门市委书记胡昌升等市领导带队到进京上访重点人家中，倾听群众诉求，推进积案化解。各区区委书记、区长和市信访联席会议成员单位领导带案下访，推进"事要解决"。厦门市信访局开展100天的"带案下访"活动，到基层一线推动化解信访突出问题。制定出台《关于建立"四门四访"常态化工作机制的通知》，推动开展"开门接访、进门约访、登门走访、上门回访"。

【信访事项复查复核专家库建立】 2019年，厦门市信访局制定《厦门市复查复核事项专家库管理暂行办法》，明确专家库人员组成、工作职责、工作要求等内容，面向各行各业遴选40名复查复核专家。专家中有熟悉城市建设、劳动社保政策的业务人员，有熟悉行政、民事法律法规的律师以及人大代表、政协委员等。市信访局依托第三方专家的力量，发挥专家中立立场的优势，依法依规开具复查复核结论，做好信访人的政策解释和思想疏导工作。

【信访宣传教育】 2019年，厦门市信访局创新利用融媒体平台开展信访宣传教育，多渠道开展法治信访宣传活动。与厦门日报社等媒体建立合作机制，开通"厦门信访"微信公众号，制作法治教育宣传片和信访工作宣传折页，到镇（街）、村（居）一线进行普法宣传。通过"线上＋线下"的形式，拓宽宣传渠道，扩大宣传范围，形成"依法信访、理性维权"的氛围。

【"12345"便民服务平台】 2019年，厦门市信访局推进各类热线整合并入"12345"便民服务平台，逐步实现"一号对外受理、统一协调办理"。至年底，累计整合43家单位77条热线。依托该平台，探索建立"信访大数据"分析与运用机制，筛选群众热点难点诉求，到实地督查督办；与厦门日报社合作建立"监督在线"栏目，推动解决市民群众合理诉求。该平台全年受理群众诉求37.3万件，群众满意率98.6%。

（杜来吉）

外　事

【概　况】 2019年，厦门市人民政府外事办公室（简称市外办）接待外宾团组205批，其中副部级、大使级以上外宾43批，外国媒体团6批次，包括老挝人民革命党中央总书记、国家主席本扬·沃拉吉，塞尔维亚副总理拉希姆·利亚伊奇，泰国公主诗琳通，汤加副首相塞密西·西卡等国宾党宾团组（见表6-4）。市外办推动厦门港与韩国釜山港缔结友好港，组织开展与法国尼斯结好5周年、与澳大利亚阳光海岸市结好20周年、与菲律宾宿务市结好35周年纪念活动，举行2019厦门国际友好音乐会等交流活动。完成厦门招商大会、2019年东盟与中日韩（10+3）财政和央行副手会（文莱、印度尼西亚、马来西亚、菲律宾、新加坡、泰国、越南、老挝、缅甸、柬埔寨东盟10国与中国、日本、韩国3国）、2019厦门国际投资贸易洽谈会、2019国际海洋周、第二十八届金鸡百花电影节、2019建发厦门马拉松赛等活动的外商邀请、礼宾保障和翻译服务工作。举办第三期亚太地区防扩散国家联络点培训班。推动厦门—日本大健康产业合作、厦门—意大利高端珠宝设计合作等项目签约。组织驻厦门外交官闽西、赣州行，举办"丝路为媒·共赢发展"驻华外交官招待会、外交官看"9·8"专访等活动，推介经贸发展机遇和投资营商环境。将因公出国资源向重点招商任务团组、企业及教学科研人员倾斜，企业人员占比超过80%，完成23批重点任务团组出访保障工作。出台APEC（亚太经济合作组织）商务旅行卡申办政策，推动厦门航空获外事审批权，简化国企因公出访手续。推出助力国有企业"走出去"的3个举措：简政放权、同步办照、分级管理，企业办理因公出国直接减少3个环节和7—10个工作日。开展预防性海

表6-4　**2019年厦门部级外宾团组接待情况一览表**

序号	到访时间	到访团组名称	团组人数（人）	省市接待领导
1	1月5日	马来西亚槟城市马拉松团组	7	市委常委、秘书长黄文辉
2	2月22日	南美三国左翼党干部考察团	13	
3	3月5日	泰国驻华大使先遣组	9	
4	3月13日	日本冲绳县副知事一行	6	副市长韩景义

续表 6-4

序号	到访时间	到访团组名称	团组人数（人）	省市接待领导
5	3月14日	澳大利亚首都领地议会自由党代表团	11	市人大常委会副主任陈琛
6	3月26日	俄罗斯卡累利阿自治共和国副行政长官及副总理代表团	12	副市长张毅恭
7	4月3日	老挝人民革命党中联部代表团	16	市委副书记陈秋雄
8	4月5日	泰国玛哈·扎克里·诗琳通公主代表团	33	市长庄稼汉
9	4月8日	菲律宾外交部部长助理兼边海司司长卡隆赫一行	4	
10	4月18日	马来西亚槟州行政议员一行	17	市人大常委会副主任刘绍清
11	4月18日	汤加副首相代表团	13	副市长韩景义
12	4月29日	老挝人民革命党中央总书记、国家主席代表团	89	市委书记胡昌升、市长庄稼汉
13	5月11日	中美洲议会考察团	15	市人大常委会副主任刘绍清
14	5月23日	非洲重要代表团	10	副市长韩景义
15	5月21日	越南农业与农村发展部副部长一行	39	副市长张毅恭
16	5月28日	美国会议员代表团	8	副市长韩景义
17	7月8日	老挝人民革命党代表团	25	省委书记于伟国、市委书记胡昌升、副市长韩景义
18	7月1日	澳大利亚前总理陆克文及新南威尔士州议会下议长代表团	3	
19	9月5日	埃及前总理代表团	3	省委书记于伟国
20	9月6日	菲律宾宿务市市长一行	54	市长庄稼汉
21	9月7日	卡塔尔国务大臣代表团	9	
22	9月6日	塞尔维亚副总理及前总统代表团	110	省委书记于伟国、市委书记胡昌升、市长庄稼汉
23	9月7日	比利时列日省副部级代表团	6	
24	9月7日	惠灵顿市政府代表团	6	市委常委、市委宣传部部长叶重耕
25	9月7日	新西兰国家党代表团	8	省委书记于伟国、省长唐登杰
26	9月9日	老挝琅勃拉邦代表团	4	
27	9月16日	菲律宾前总统阿罗约一行	15	
28	9月29日	美国俄勒冈州代表团	12	
29	9月29日	日本长崎县知事中村法道一行	7	
30	10月27日	菲律宾参议员代表团	13	
31	11月21日	柬埔寨人民党干部考察团	21	
32	11月23日	新加坡文化、社区及青年部长兼社区事务署主管部长傅海燕一行	66	市长庄稼汉
33	12月18日	巴拿马民主革命党干部考察团	15	市委副书记陈秋雄

外领事保护宣讲活动9场，办理各国驻华使领馆照会282份，处理涉外案（事）件48起，处理领事保护事件11起，与福建省外办联合在厦门邮轮母港开展领事保护宣传活动。

【市外办挂牌】 2019年3月22日，中共厦门市委外事工作委员会办公室、厦门市人民政府外事办公室举行揭牌仪式。市委副书记陈秋雄、副市长韩景义出席并揭牌。根据《厦门市市级机构改革实施方案》，原市委外事工作领导小组改为市委外事工作委员会，原市政府外事侨务办公室更名为厦门市人民政府外事办公室。市外办主要职责是，贯彻落实中央和省有关外事工作的方针、政策，研究厦门市外事工作重大事项，根据中央和省统一部署统筹协调、整体推进、督促落实外事工作等。负责统筹协调、归口管理全市外事工作。

【汤加王国副首相访问厦门】 2019年4月18—20日，应中国（厦门）国际休闲旅游博览会组委会邀请，汤加王国副首相兼基础设施和旅游大臣及代理外交大臣塞密西·西卡一行13人访问厦门并出席“2019休博会”。19日，副市长韩景义会见塞密西·西卡一行并陪同代表团出席休博会汤加展馆剪彩仪式。访问厦门期间，代表团与市文旅局就推动旅游合作方式进行会谈；与福建瞰游天下旅游开发有限公司就文化旅游、海产捕捞、养殖生产方面的合作达成共识；探讨厦门泰柯集团到汤加进行基础设施建设投资，达成初步合作共识。

【老挝国家主席访问厦门】 2019年4月25日至5月1日，应中共中央总书记、国家主席习近平邀请，老挝人民革命党中央总书记、国家主席本扬·沃拉吉一行53人对中国进行国事访问，并于4月29—30日访问厦门。该代表团访问厦门期间，省委常委、市委书记胡昌升及市长庄稼汉会见代表团并就如何推动友好往来和经贸合作、打造中老命运共同体进行探讨。代表团参观国际邮轮中心和鼓浪屿。中联部部长宋涛、中国驻老挝大使姜再冬、中联部副部长王亚军、省委常委梁建勇、市委副书记陈秋雄等陪同代表团在厦门访问。

【塞尔维亚副总理代表团访问厦门】2019年9月6—10日，塞尔维亚副总理拉希姆·利亚伊奇一行110人访问厦门。作为2019厦门国际投资贸易洽谈会主宾国的代表，代表团出席塞尔维亚国家馆开馆式、塞尔维亚投资环境说明会等主宾国活动，出席国际投资论坛、“一带一路”工业互联网产业论坛等活动并分别致辞。访问厦门期间，代表团与建发集团、轻工集团、紫金矿业等中资企业进行对接，就酒类贸易、汽车贸易、旅游、投资等方面的合作进行探讨。塞尔维亚矿业与能源部、紫金集团签署投资项目备忘录，塞尔维亚波尔市、龙岩上杭县签署友城结好意向书。7日，省委书记于伟国会见代表团一行，省委常委、市委书记胡昌升和市长庄稼汉陪同会见。

【厦洽会驻华外交官招待会】2019年9月8日，福建省外办、厦门市外办联合举办“2019厦门国际投资贸易洽谈会驻华外交官招待会”。来自莫桑比克、印度尼西亚、哥伦比亚、斯里兰卡等25个国家驻华使馆及其驻厦门、广州、上海总领事馆的驻华外交官共50多人出席。市委副书记、市对外友好协会会长陈秋雄出席招待会并致辞。会上，驻华外交官了解厦门投资环境和最新招商政策，肯定厦门改革开放以来取得的成就。驻华外交官表示要进一步发挥桥梁纽带作用，推动各国与厦门的交流合作。

【东盟与中日韩财政和央行副手会】2019年12月12—13日，2019年东盟与中日韩（10+3）财政和央行副手会在厦门举办。该会议由中国财政部、中国人民银行主办，中共福建省委、福建省人民政府、中共厦门市委、厦门市人民政府承办。来自东盟和中日韩13国的财政和央行副手以及东盟秘书处、东盟与中日韩宏观经济研究办公室（AMRO）、国际货币基金组织（IMF）、亚洲开发银行等国际组织的代表140人出席会议。与会各方承诺进一步深化“10+3”财金领域务实合作，加强政策对话，推动区域经济一体化进程，共同维护东亚地区经济金融稳定。

（陈巧玲）

侨　务

【概　况】2019年，厦门市人民政府侨务办公室（简称市侨办）接待到厦门访问的重点侨团及侨领39批次1450多人次，重点加强与“海丝”（海上丝绸之路）沿线国家的侨领、侨团的交流合作。发挥海外华侨华人社团厦门联络总部的作用，依托总部举办厦门招商政策宣传会19场，800多人次与会；举办跨境电商及中欧班列等考察推介活动。组织荣誉市民、海外侨领及侨资企业代表共80多人参加交流恳谈会；举办第三批入驻联络总部的社团恳谈会。开展海外重点侨领工作。邀请21位厦门市荣誉市民、知名华商代表出席国庆招待会。承办第七十一届海外中青年侨领研习班，举办第二期海外华商“一带一路”暨中国国情研习班、第五期闽侨精英研修班，共128名海外华商参加华商、侨领研修班。开展海外侨务工作，到匈牙利、波兰、俄罗斯、英国、德国、荷兰、丹麦、以色列等地看望侨领，参加世界华商论坛；到新加坡参加新加坡同安会馆88周年庆典和新加坡华源会18周年庆典；与各国侨领、侨团组织开展联谊活动，进行招商合作推介。市侨办与厦门市影视产业领导小组办公室共同主办“好莱坞华人电影之光”展；协助第二届厦门市对外图书东盟巡回展到菲律宾、柬埔寨等地开展图书交流活动；推动澳大利亚标准中文学校与厦门市第一中学进行友好交流。推荐海沧区海沧社区申报并获评福建省侨乡文化名镇名村；完成厦门市侨乡侨文化系列宣传报道工作，正式出版《厦门市各街镇侨乡侨文化采编汇辑》。3月，根据厦门市机构改革部署，原市政府外事侨务办公室涉侨职能并入市委统战部，对外加挂厦门市人民政府侨务办公室牌子，内设侨政综合处、海外处2个主要涉侨机构。

【招商引资】2019年，厦门市侨办邀请、接待重点侨商及侨领共73人参加厦门招商大会，郭加迪、许健康、林龙安3名侨商被聘为厦门招商顾问。市侨办配合接待第九届世界华侨华人社团联谊大会访闽代表团60位重点侨领到厦门开展商务考察。协助开展第六届世界闽商大会厦门推介工作，向20个国家的闽籍侨商宣传厦门投资政策。邀请51个华商团组、339名侨商参加厦洽会。推动侨商项目落地厦门。推动日本大阪福建同乡会会长张颖的“厦门康复辅助器具社区租赁服务中心”项目签约，促进荷兰华人经济技术发展中心主席郑发标的“基于智慧医院先进技术应用研究”项目与市卫健委合作洽谈，推动德国福建商会与厦门珠宝协会、德国珠宝协会签约设立厦门国际珠宝交易展示中心。推动美国厦门联合会会长洪明光的“厦门国际健康谷”项目开工，该项目投资4亿元，占地200亩（13.33万平方米）。推荐澳大利亚华人蔡雪琳申报并获“厦门市拔尖人才”称号。

【嘉庚精神宣传】2019年，厦门市侨办举办“壮丽七十年·嘉庚精神伴我行”嘉庚精神宣传月主题系列活动，该活动包括厦门嘉庚文化周、主题征文活动、主题音乐会等。启动第二届厦门嘉庚文化周，举行厦门地铁1号线“嘉庚”号列车组命名仪式。颁发陈嘉庚奖学金，资助来自9个国家的202名学生到厦门学习。在香港举办“华侨旗帜·民族光辉——传承嘉庚精神及华侨华人参加祖国建设”成果展，在集美曾营小学举办“陈嘉庚与南侨机工”图片展及“勇者的征途——南侨机工的故事”社教活动等。集中开展集美学校委员会工人厝、岑楼西、岑楼东、八音楼7—8号、三才楼等陈嘉庚遗产的危房整治工作。

【侨胞权益维护】2019年5月27日，厦门市人大常委会副主任刘绍清带领市人大执法检查组视察海外华侨华人社团厦门联络总部，就厦门市2018年涉侨法律法规执法检查审议意见落实情况开展跟踪检查，市委统战部常务副部长、市侨办主任何秀珍汇报厦门市涉侨法律法规执行情况。市侨办为参加2019年高考、中考的64名归侨、归侨子女和华侨在国内的子女出具身份证明。推荐7位海外侨胞（含港澳同胞）接受省政府的表彰。补助慰问身患重疾的归侨侨眷困难户、高考升学困难的归侨侨眷学生家庭，共慰问286人，发放慰问金25.85万元。与市住房、公安、人社、税务等单位协作，解决涉侨历史遗留问题，受理涉侨信访145件次。

【华侨华人社团联谊会代表团访问厦门】2019年5月31日至6月2日，由来自25个国家共43人组成的第九届世界华侨华人社团联谊大会访闽代表团到厦门访问。5月31日，副市长韩景义代表市委、市政府会见访闽团一行。6月1日，访闽团到厦门跨境电商产业园、两岸金融中心等地考察，了解厦门市经济发展规划、招商引智政策，游览鼓浪屿国际社区和厦门大学。代表团成员对厦门的自然风光和人文精神赞誉有加，明确表达到厦门投资兴业的意愿。第九届世界华侨华人联谊大会由国务院侨务办公室和全国归国华侨联谊会联合主办，于5月27—29日在北京召开，国家主席习近平于28日会见全体代表。

（陈　婷　陈艺珍）

2019年11月5日，第三届"三门"青年论坛在厦门举行　（市委台港澳办　供图）

港澳事务

【概　况】2019年3月29日，中共厦门市委台港澳工作办公室（简称市委台港澳办）成立，加挂厦门市人民政府台港澳事务办公室牌子。年内，厦门市新批港资项目221个，比上年增长2.1%，实际使用港资83.3亿元，增长30.2%；新批澳资项目18个，增长197%，实际使用澳资4219万元。

【香港"同行万里"师生到厦门交流】2019年4月，香港教育局组织3批次共355名香港中学师生到厦门开展"福建省历史文化及海上丝绸之路考察之旅"交流活动。在厦门期间，师生参访厦门市第六中学、厦门市松柏中学和华侨大学，加深对国情的认识，增进对厦门历史文化和海上丝绸之路发展历程的了解。

【澳门厦门联谊总会交流团到翔安考察】2019年4月24日，澳门厦门联谊总会会长苏建华率领的福建交流考察团一行到厦门市翔安区考察，中共翔安区区委书记黄奋强会见。考察团参观厦门盛达凯嘉机器有限公司、中澳游艇码头、翔安新城、厦门大学科技园等地，了解翔安区城市建设、经济社会发展情况。

【闽港"一带一路"高峰研讨会】2019年11月2日，由厦门市人民政府、中央人民政府驻香港特别行政区联络办公室经济部贸易处、香港特别行政区政府投资推广署等主办的，以"联系、联通、联动"为主题的闽港"一带一路"高峰研讨会在厦门召开。来自福建、香港各界的500多位代表参加会议。全国政协副主席梁振英、全国工商联副主席邱小平等出席研讨会，省委常委、市委书记胡昌升主持会议。在研讨会期间举行的签约仪式上，厦门市政府与香港投资推广署、香港贸易发展局、香港交易所、香港中华总商会、香港中华厂商联合会、香港总商会、香港工业总会、香港中华出入口商会、香港中国企业协会分别签署战略合作协议。由香港与厦门合资合作的12个项目在会上达成投资协议，总投资48.64亿元，涵盖总部经济、智能制造、跨境电商、现代物流、影业基地、文化教育等领域。

【第三届"三门"青年论坛】2019年11月3—6日，第三届"三门"青年论坛在厦门举办。该论坛由厦门市青年联合会、厦门市青年创业协会、澳门青年联合会、澳门厦门联谊总会、金门县青年发展协会联合主办，来自厦门、澳门、金门的青年社会组织负责人、青年企业家、青年学生、媒体工作者等近200人参加会议。论坛以"筑梦新时代·一起奔跑·迎向美好"为主题，聚焦人工智能，推动高质量发展。与会代表了解厦门人工智能产业发展情况，交流探讨前沿技术和先进理念，寻求在人工智能、大数据等领域的合作机遇。

【澳门《苦尽甘来》全国巡演到厦门大学演出】2019年12月22日，"向新中国成立70周年暨澳门回归20周年献礼"剧组到厦门大学进行演出，演出剧目为《苦尽甘来》，该剧由澳门大学学生会戏剧社与霜冰雪创作实验剧团联合制作，以"传承""寻根"为主题讲述父女亲情故事，反映吃苦耐劳的美德在澳门年轻人身上的传承，表达中华民族面对困境不忘初心、永远奋斗的精神。剧组先后在深圳、珠海、广州等粤港澳大湾区高校以及清华大学、中国科学院大学、北京外国语大学等高校演出，并于澳门回归20周年纪念日（12月20日）登上国家话剧院小剧场的舞台。

（谢嘉兴）

责任编辑：林炯程
审　　稿：阳晓儒
　　　　　林建高
校　　对：胡　恩

7 政协厦门市委员会

综　述

【履职能力提升】 2019年，厦门市政协着力突出全体会议的“话语权”优势，改进大会发言的选题、运作程序以及大会提案的征集、审查机制，明确大会快报的撰写、报送要求，增强协商建言的精准度和实效性；着力强化民主监督，探索主席会议协商监督、常委会议提案办理监督的方式方法，实现从“敢监督”到“善监督”的转变；着力发挥高校智库、企业智库的作用，拓宽社情民意信息来源渠道，匠心打磨全国政协系统社情民意信息工作精品；着力常规性工作的传承创新，加强调研成果的转化力度，制定高质量提案的衡量标准，修订先进界别的评优办法，让机制创新成为引领政协工作提质增效的第一动力。广大政协委员强化责任意识，履职建言，各类意见建议获市领导批示80余件次，得到采纳落实100余项。各级媒体刊播宣传稿件近700篇，其中中央、省级媒体和境外媒体采访报道100余篇。

【两岸融合促进】 2019年，厦门市政协把落实惠台政策、推进厦金（厦门、金门）深度融合作为履职重点。省委常委、市委书记胡昌升点题并出席“推进厦金深度融合”常委会议专题协商，金门民意代表、在厦金胞代表共同发声，呼吁搭建厦金融合顶层架构，深化医疗保障、青年互动、文化交流的融合机制。在“落实惠台政策”的监督协商中，各监督小组深入台胞台企，逐一筛查盲点难点，分析研判政策实效，提出的加快实施两岸“一市两标”（实现大陆标准与台湾地区标准在厦门包容共存）、鼓励台湾教师到厦门教学、扩大台胞职业资格采认范围等多条建议，被吸纳为厦门市新的惠台举措。

【招商引资环境优化】 2019年，围绕抓招商促发展的部署，市政协班子成员挂钩联系51个重点项目和33家重点企业，推动解决项目建设和企业经营难题积案。针对厦门市优化营商环境的52条措施，广泛听取企业诉求，提出建立长效机制以推动政策落实、降低企业运营成本、加强软环境建设等对策建议。督办人才引进、审批服务一窗受理等界别提案，促进各项政策加快落地，助推厦门市打造“引得来、留得住、能发展”的招商引资生态圈。

【“三高”企业发展壮大推动】 2019年，厦门市政协落实市委关于培育“三高”企业的要求，深入60余家中小企业，召开不同层面的调研分析会，综合多方意见，形成提升研发平台、培育专业人才、金融对接扶持等6方面14条建议，转化为市委市政府推动“三高”企业加快发展的多项政策。抓住关键环节，选取打造新材料产业集群、提高工业机器人智能化水平、壮大企业创新主体等课题，开展提案办理协商和视察考察，形成一批有价值的意见建议。

【助推岛外大发展】 2019年，厦门市政协呼应跨岛发展战略，召开常委会议专题协商“推动高标准建设环东海域新城，打造跨岛发展新高地”，市长庄稼汉出席会议，从产城融合、医疗教育、城市治理等方面，与委员共商新城规划发展之策。组织界别小组收集整理厦门市乡规民约，明察暗访农村污水处理情况，深入了解农业信息化需求，呼吁以法治化提升乡村治理水平、落实“河湖长制”、建设农业大数据平台，推进市城乡区域协调发展。

【社会治理促进】 2019年，厦门市政协以“促进我市学前教育发展”为协商主题，召开主席会议分析存在问题和实际困难，从优化布局、灵活办园、创新机制等6个方面，提出工作建议。考察厦门心脏中心、翔安医院和建设中的华西厦门医院，调研市中医药服务、全民健身行动和出生缺陷防治工作，推动“健康规划”转为“健康行动”。着眼社会和谐稳定，围绕城市公共安全、青年创业就业、社区居家养老、旧城拆迁安置等开展监督，受到社会和媒体的广泛关注。推动城市管理服务接轨国际标准，督办优化岛内城市功能、建设厦门岛西部沿海慢道、加强地铁与普通公交衔接等提案建议。从百姓关注的细节入手，推动供水供气管道改造、网约车规范运营、校园餐食安全监管等意见落实。重视科技、文化对城市能级的提升，助力数字经济发展、办好金鸡百花电影节、闽南文化传承，“内外兼修”让城市更加宜居宜业、精致精美。牵头党派、高校暗访生活垃圾分类减量现状，配合司法局开展《餐厨垃圾管理办法》执法检查，总结提炼出多项可复制、可推广的经验做法。组织委员跨界别开展专项民主监督，现场检查厦门市外卖餐饮安全监管的薄弱环节。调研劳动争议多元解决机制，选派委员参与党风政风监督、信访调解，接待到访群众，发挥社会力量协同做好人民调解工作，推进基层社会管理创新发展。

【团结协作凝聚共识】2019年，厦门市政协团结各方联系各界，铸牢团结合作的社会共识。承办第二届两岸基层治理论坛，广泛邀请台湾基层民意代表、乡镇长、村里长等参会，会议规模较首届扩大近一倍。深入台湾中南部走访社团、企业，宣传对台优惠政策。开展调研座谈，协商解决台企在土地、融资、税收、用工等方面遇到的问题。组织台商委员及特邀人士赴内地考察，实地了解西部省市建设情况，加强商贸往来、文化交流，增进海峡两岸同胞相互认同和心灵契合。

组团参加香港厦门联谊总会庆祝香港回归祖国22周年暨第十四届理监事就职典礼，在香港召开港澳委员和特邀人士座谈会，要求委员全面准确贯彻“一国两制”方针，凝聚爱国爱港爱澳爱乡力量，支持特别行政区政府和行政长官依法施政。鼓励港澳委员参加大会发言、专题协商，邀请北美、南美、东南亚等地侨胞代表参加市政协全会，开展华侨文化保护、高校涉侨智库建设等调研考察，广泛凝聚海内外共促发展的智慧力量。

加强与“一带一路”沿线国家城市友好往来，应邀出席厦门与宿务结好35周年庆祝活动、首届“中俄城市论坛”、中国·马来西亚“一带一路”AMI国际交流研讨会，宣传厦门营商环境、招商举措，开展公共外交和人文交流。牵线搭桥推动荷兰中欧航空在厦门市开通直航货运航线，推动阿姆斯特丹航空职业学院与厦门大学航空航天学院达成多项合作共识。

【政协履职宣传】2019年，厦门市政协突出履职宣传，围绕“推进厦金深度融合”“推动高标准建设环东海域”“促进我市学前教育发展”“落实惠台政策”等协商议题和民主监督，进行系列报道。围绕两岸基层治理论坛、庆祝人民政协成立70周年等重点工作策划，进行专题宣传报道，中央、省、市新闻媒体共刊发各类新闻稿件700余篇。《厦门政协》增设“政协党建”“基层信息”“纪念政协成立70周年”等栏目，编辑发表机关干部、民主党派成员、政协委员的各类文章240余篇。“政协之声”全年刊登各类宣传政协工作和政协委员履职文章130余篇。“政协视点”以《光辉七十年　逐梦新时代》为题，回顾厦门市政协在推动社会、经济、民生等方面所做的努力，献礼中华人民共和国成立70华诞；在两会期间，首次制作并播出市政协一年工作亮点节目。全年累计拍摄、采访80余人次。4月，“厦门政协资讯”订阅号升级为“厦门政协”微信公众号，围绕政协重点工作，累计推文200余篇。《政协动态》全年采编市政协、党派团体、界别以及区政协履职活动500余条，选编“他山之石”22条。

市政协十三届三次会议期间，围绕全会新闻，各类报纸累计发稿123篇（条），电视广播播出96条/次，网络媒体报道69条，宣传政协全会。市政协研究室在中国新闻社、《中国政协》、中国政协网等中央媒体刊发多篇专题报道，编印《厦门政协》杂志6期，编发《厦门日报》“政协之声”专版13期，拍摄播出政协视点13期，推送“厦门政协”微信公众号42期，编印《政协动态》22期。

【政协文史工作】2019年，厦门市政协通过收集、整理、汇编2019年各委办室相关资料，形成包括政协会议、政协提案、视察调研、民主监督等12个部分、2万多字、20张图片资料的征编和报送。配合省政协开展《风雨同舟——我与人民政协》的征编任务，征得《精耕细作用心干　履职尽责有作为》等3篇文史资料。在市政协委员中开展庆祝人民政协成立70周年文史资料征集工作，征集资料4篇。召开《厦门解放前后》《厦门科举纪事》等文史丛书及历史资料征编协调会、通气会，征集文史资料。与党史方志、图书馆等部门联合举办“厦门简史”“寻找厦门抗战阵亡的将士”等文史沙龙12期，发动政协委员开办“习近平同志的知青岁月和厦门从政历程”“厦门城市建设背后的故事”“篔筜沧桑”等委员社区讲堂6期，共组织厦门地方文史专家学者60多人次、市民近千人次参加。文史学委起草《政协厦门市委员会特约文史研究员和顾问聘任工作办法（暂行）》，经主席会议审议通过。在广泛征求市直有关部门、高校、各区政协意见和初步推荐人选的基础上，市政协研究确定第一批特约文史研究员31人、顾问7人，为做好政协文史工作奠定人才基础。

【政协信息工作】2019年，厦门市政协做好反映社情民意信息工作，在全国15个副省级市政协及福建省9地市政协社情民意信息排名中均位居第二。在太原举办的全国政协办公厅2019年社情民意信息工作座谈会和在漳州举办的2019年度全省政协系统社情民意信息工作座谈会上作典型经验发言。全年市政协累计收到各参加单位报送的社情民意信息稿件2000多篇，编辑报送全国政协、省政协及市级领导近400期，内容涉及经济、政治、文化、社会、生态文明等方面。其中，《坚持底线思维采取积极策略应对中美贸易争端》《建议建立全国统一的民营经济统计监测体系》《建议探索对台合作新路径的建议》等60件信息被全国政协采用，《构建福建的中国海洋智库建议》《强化精准招商　提高招商成效》等22件信息获省市领导批示30件次。

【政协信访工作】2019年，厦门市政协十三届三次会议期间，大会秘书处信访组了解群众诉求，理顺情绪、化解矛盾，引导群众依法维护权益，接到各类群众信访142件，全部交办有关部门处理，并及时答复信访人。市委副书记、市长庄稼汉在市政协《信访信息》上作出重要批示，要求市信访局按职责分工，将所有问题逐一分解，建立督办机制，能解决事项马上解决，一时无法解决的明确反馈方案和时限。

（毛　鑫）

主要会议

【市政协十三届三次会议】 2019 年 1 月 8—11 日，政协第十三届厦门市委员会第三次会议在厦门人民会堂举行。厦门市政协主席张健代表政协第十三届厦门市委员会常委会向大会作工作报告。受政协第十三届厦门市委员会常委会委托，高玉顺向大会作十三届市政协提案工作情况报告。15 位政协委员作大会发言。此前，市政协重点围绕推进“双千亿”工作、闽西南经济协作区互利共赢、应对中美贸易摩擦升级、增进民生福祉、民营经济建设 5 个方面，组织征集发言材料 87 篇并整理完善，确保建言献策的准确性和操作性。张健指出，该次大会是政协发挥专门协商机构作用的一次盛会，大会提案关注民生、助力发展，大会发言贴近中心、专业精准，大会讨论积极踊跃、气氛热烈。庄稼汉等市委、市政府领导在大会发言、大会快报上作出重要批示 28 件次。

【市政协第十三届常委会】 2019 年，厦门市政协第十三届常委会举行 7 次常委会，即十三届十三次至十九次常委会，会议均由市政协主席张健主持。（见表 7–1）

表 7–1　　**2019 年厦门市政协常委会会议一览表**

时间	会次	主要内容
1 月 9 日	十三届十三次常委会议	听取各委员小组召集人对常委会工作报告、提案工作情况报告的审议情况，市政府工作报告、计划和预算报告及政协会议决议（草案）讨论情况的汇报。审议并协商通过市政协常委会工作报告、提案工作情况报告及会议决议（草案），同意会议决议（草案）提请第三次全体会议审议。市政协副主席高玉顺、江曙霞、陈昌生、黄世忠、黄培强、黄学惠、陈永裕、黄国彬、王焱，秘书长张仁苇出席
1 月 11 日	十三届十四次常委会议	审议并通过市政协十三届三次会议决议（草案），市政协提案初步审查情况的报告和有关人事事项。市政协副主席高玉顺、江曙霞、陈昌生、黄培强、黄学惠、陈永裕、黄国彬，秘书长张仁苇出席
4 月 2—3 日	十三届十五次常委会议	传达学习习近平总书记在参加十三届全国人大二次会议福建代表团审议时的重要讲话和全国政协十三届二次会议精神，通报市政协 2019 年重点工作，审议并通过市政协 2019 年工作要点、十三届市政协专门委员会设置、有关人事事项和有关规章制度修订。市政协副主席高玉顺、江曙霞、陈昌生、黄世忠、黄培强、黄学惠、陈永裕、黄国彬、秘书长张仁苇参加
7 月 16 日	十三届十六次常委会议	围绕“推进厦金深度融合，打造两岸融合发展示范区”协商议政。省委常委、市委书记胡昌升出席会议。胡昌升指出，该次会议选题精准、调研深入、对策建议务实有力，建了睿智之言、务实之策，体现市政协主动围绕中心、服务大局的行动自觉和较高的参政议政水平。他要求，市委市政府和有关部门要认真研究吸收委员提出的意见建议，充分运用好协商成果，进一步完善工作思路和举措。他希望，广大政协委员充分发挥优势，进一步围绕厦金融合发展深层次的体制机制问题，多建诤言谋良策，及时反映台胞需求和意见，广泛宣传凝聚人心，在厦金融合发展示范区建设中发挥更大作用。会议审议并通过《关于推进厦金深度融合，打造两岸融合发展示范区的建议案》。市委副书记陈秋雄，市政府副市长韩景义，市政协副主席江曙霞、陈昌生、黄世忠、黄培强、黄学惠、陈永裕、黄国彬参加
9 月 5 日	十三届十七次常委会议	围绕“推动高标准建设环东海域新城，打造跨岛发展新高地”协商议政。市委副书记、市长庄稼汉出席会议。庄稼汉指出，该次会议选题精准、准备充分、务实高效，提出的意见建议兼具前瞻性、针对性和指导性。他要求，环东海域新城建设指挥部、各区和市直有关部门要认真研究吸收委员提出的意见建议，充分运用好协商成果，进一步提升环东海域新城建设水平。他希望，政协充分发挥人才汇聚的优势，持续为加快建设高素质高颜值现代化国际化城市贡献智慧和力量。会议审议修订《中国人民政治协商会议厦门市委员会提案工作条例》，并通过有关人事事项。市政府副市长黄强，市政协副主席高玉顺、陈昌生、黄世忠、黄学惠、陈永裕、黄国彬，市政协秘书长张仁苇，市政协常务委员，集美区、同安区、翔安区政府、环东海域新城建设指挥部、市发改委、市财政局、市文旅局、市资源规划局、市体育局等部门有关负责人出席会议
10 月 15—16 日	十三届十一次常委会议	传达学习贯彻中央政协工作会议和省委常委会、市委常委会会议精神，会议指出以中共中央名义召开政协工作会议，在中国共产党的历史上、人民政协历史上都是第一次。会议通报“关于提升我市中医药服务能力的建议”“推动厦门乡村振兴，改善乡村生态环境的对策建议”两个重点提案的办理情况，市政府副市长张毅恭参加会议，听取意见建议并对以上重点提案办理情况和常委发言作出回应。市政协副主席高玉顺、江曙霞、陈昌生、黄培强、黄学惠、陈永裕、黄国彬、王焱，秘书长张仁苇参加
12 月 3 日	十三届十九次常委会议	听取市政府副秘书长、办公厅主任黄杰关于市政协十三届三次会议以来提案办理情况的通报。听取关于市政协常委会工作报告（草案），关于提案工作报告（草案）起草情况和主要内容的说明，并原则通过两份报告（草案）。听取关于召开政协第十三届厦门市委员会第四次会议的决定（草案），第十三届厦门市委员会第四次会议日程（草案）、秘书长、副秘书长名单（草案），各委员小组召集人名单（草案）的说明和关于授权主席会议审议市政协十三届十九次常委会会议未尽事宜的决定（草案）的说明。书面审议通过市政协各专委会 2019 年工作报告。市政协副主席高玉顺、江曙霞、陈昌生、黄世忠、黄学惠、黄国彬，秘书长张仁苇参加

【市政情通报会】 2019年8月16日，厦门市政协和市委统战部在厦门人民会堂负一楼多功能厅联合举办全市政情通报会。会议由市政协主席张健主持。市委副书记、市长庄稼汉通报当年全市经济社会发展情况和市政府主要工作安排。庄稼汉指出，2019年，全市上下坚持新发展理念，加快高质量发展落实赶超，统筹推进稳增长、促改革、调结构、惠民生、防风险、保稳定各项工作，经济社会保持平稳健康发展。庄稼汉表示，下一步市政府将坚持以习近平新时代中国特色社会主义思想为指导，深入贯彻落实习近平总书记对福建、厦门工作的重要讲话、重要指示批示精神，以"不忘初心、牢记使命"主题教育为动力，强化使命担当，狠抓责任落实，全力攻坚克难，确保完成全年目标任务，以优异的成绩庆祝中华人民共和国成立70周年。张健表示，希望全市各级委员聚焦市委市政府关注的重点问题、全市经济社会发展中的关键问题、群众反映强烈的民生问题，发挥各自专业特长和界别优势，深入调查研究，踊跃资政建言，为厦门市建设高素质高颜值现代化国际化城市贡献更多智慧和力量。市政协副主席高玉顺、江曙霞、陈昌生、黄世忠、黄培强、黄学惠、陈永裕，秘书长张仁苇，在厦全国政协委员、省政协委员，全体市政协委员，市各民主党派、工商联、相关人民团体负责人，新社会阶层人士代表等参加。

【庆祝人民政协成立70周年理论研讨会】 2019年9月3日，厦门市人民政协理论研究会在市行政中心西楼一楼三号会议室召开"庆祝人民政协成立70周年"理论研讨会。市政协主席张健出席会议并讲话，副主席高玉顺主持会议，副主席江曙霞、陈昌生、黄学惠、陈永裕、黄国彬，秘书长张仁苇出席。会议围绕"庆祝人民政协成立70周年与特区政协事业新发展"开展理论研讨，吕永辉、周鲁闽、吴丽冰、陈育斌、陈可芳、吴亚汝、吴沁芳7人分别从创建"党建+"品牌、搭建"连心桥"、党派协商能力建设、加强台胞联谊、网络民主建构等方面作大会口头发言。该次研讨会征集论文51篇，精选39篇汇编为论文集，内容涉及理论探讨、制度完善、工作创新等多个方面。

【民族宗教界别委员沙龙】 2019年9月26日，厦门市政协为全面贯彻党的民族政策和宗教工作基本方针，开展以"我和我的祖国"为主题的民族宗教界委员沙龙活动，组织宗教界人士参观考察全国宗教界爱国主义教育基地妙法林寺，并座谈学习习近平总书记在中央政协工作会议上的重要讲话精神，厦门市宗教界代表围绕"爱国爱教、社会主义核心价值观进宗教场所"等各抒己见、畅谈感想，凝聚思想共识。市政协民宗委多次走访南普陀寺、观音寺、虎溪岩寺等宗教场所，看望宗教界别委员，倾听委员呼声，帮助反映观音寺香客人数多停车难安全隐患多、支持石室禅院在两岸交流中发挥更大作用等问题。走访少数民族来厦务工人员，关注少数民族青少年成长，助推做好新时代城市民族工作。

（毛　鑫）

提案工作

【概　况】 2019年，厦门市政协收到提案526件（大会提案511件，平时提案15件），经审查立案431件，立案率81.9%。委员提案272件，占63.1%，集体提案159件，占36.9%。至10月30日，431件提案全部办结，所提建议全部得到采纳40件，部分采纳386件，列入计划准备采纳5件。从提案者反馈的意见看，表示满意422件，基本满意7件，表示理解1件，不满意1件。政协提案工作得到党委政府的重视和支持，市政协报送重要提案摘报41件，市委、市政府领导作出批示18件次；市政府领导领办重点提案9件，参与2件民生重点提案常委会民主监督。承办单位采纳提案建议575条，政协提案在推动高质量发展和改善民生中的作用得到发挥。

【优秀提案及办理单位表彰】 2019年，厦门市政协根据《政协厦门市委员会提案工作条例》《政协厦门市委员会优秀提案和优秀提案承办单位评选办法》等有关规定，在民主推荐、征求意见和提案委员会审议的基础上，经政协第十三届厦门市委员会第三十九次主席会议审定，决定表彰民革厦门市委员会《培育乡村振兴带头人队伍，推进乡村振兴战略》等15件提案为2019年度优秀提案。对厦门市发展和改革委员会等16家提案承办单位予以通报表扬。（见表7–2）

16家优秀提案承办单位：厦门市发展和改革委员会、厦门市教育局、中共厦门市委组织部、中共厦门市委政法委员会、厦门市科学技术局、厦门市工业和信息化局、厦门市民政局、厦门市人力资源和社会保障局、厦门市农业农村局、厦门市商务局、厦门市文化和旅游局、厦门市卫生健康委员会、厦门市市政园林局、厦门市医疗保障局、厦门市

表7–2　**2019年度厦门市政协优秀提案一览表**

序号	案由	提案者
1	培育乡村振兴带头人队伍，推进乡村振兴战略	民革厦门市委
2	关于推动厦金红砖建筑保护及联合"申遗"的对策建议	民盟界别活动小组
3	以创新驱动提升厦门生物医药千亿产业链的竞争力水平	民建厦门市委
4	关于进一步完善我市人才住房实物保障政策的建议	民进厦门市委
5	关于新人口政策下儿童健康社会保障体系建设的建议	农工党厦门市委
6	推动人工智能技术应用，壮大我市智能安防产业	致公党界别活动小组
7	鼓励社会资本发展普惠性学前教育的建议	九三学社界别活动小组
8	关于将婴幼儿托育服务纳入社会公共服务体系的建议	台盟厦门市委
9	关于解决企业人才"引进难、留住难"的建议	工商联界别活动小组
10	推动厦门乡村振兴，改善乡村生态环境的对策建议	市社科联

续表 7-2

序号	案由	提案者
11	深化港厦金融合作，共同应对中美经贸摩擦	特邀二（港澳）界别活动小组（1）、（2）
12	关于提升乡村治理水平的建议	市政协社法委（民宗委）
13	关于推动闽西南协同发展区建设的建议	关宏岩委员
14	关于建设木岛西部沿海慢道的建议	卢海林委员
15	关于提升我市中医药服务能力的建议	吴启锋、蓝志杰、宋秀宇、牛建军、黄文霞、庄德义、吴星东委员

住房保障和房屋管理局、厦门市地方金融监督管理局。

（毛　鑫）

协商议政

【概　况】 2019年，厦门市政协开展协商议政8次，其中常委会协商议政2次，主席会议协商议政2次，专委会对口协商议政2次，界别活动小组协商议政2次。

【闽南文化传承发展协商议政】 2019年，厦门市政协文化文史和学习委员会在完成《关于进一步传承与发展闽南文化的若干建议》调研报告的基础上，加强与市委宣传部、市文旅局等对口部门的联系，主动对接交流，围绕厦门市在闽南文化传承发展中的重点难点，组织有关党派、区政协和专家开展调研和对口协商。调研组经过多方论证，从立法保护、文旅融合、海峡两岸融合、乡村振兴以及依托境外宗乡社团弘扬闽南文化传统等方面，提出意见建议。

【推动养老事业发展协商议政】 2019年，厦门市政协组织委员围绕社区居家养老、医养结合、养老院建设等开展调研视察，围绕“社区居家养老综合服务新举措”召开对口协商，收到发言材料31篇。8位委员围绕社区居家养老服务设施规划、长期护理保险制度、“互联网＋护理服务”、提升医养结合水平等提出意见建议，市发改委、民政局、卫健委、人社局等相关部门到会听取意见并回应委员关切。

【落实惠台政策民主监督协商议政】 2019年3月22日，厦门市政协启动“落实惠台政策，实现融合发展”民主监督主题协商，于5月27日召开主席会议进行专题协商。其间，由主管副主席江曙霞指挥协调，港澳台侨和外事委召集各民主党派和人民团体成立5个民主监督小组，开展35次座谈调研，走访23家单位，发出并收回调查问卷95份，向63家单位发出130余份函件，370余人次参与民主监督活动。5月27日，召开十三届三十次主席会议专题协商会，形成《关于“落实惠台政策，实现融合发展”的建议案》报送市委，提出20条具体建议，省委常委、市委书记胡昌升作出批示，要求政府相关部门将建议案内容吸收到厦门市文件中。

【深化港厦金融合作共同应对中美贸易摩擦协商议政】 2019年6月20—21日，根据厦门市政协对重点提案督办工作要求精神，厦门市政协副主席江曙霞率特邀二（港澳）界别小组、致公党界别小组、市金融监管局、市商务局、自贸委、银保监局、证监局等相关部门共24人赴深圳调研。根据市政协办公厅要求，加强界别活动小组的协商工作，可以结合重点提案督办进行，该次赴深圳对《深化港厦金融合作，共同应对中美贸易摩擦》重点提案督办，也作为界别活动小组协商议题，两项工作结合开展，并邀请致公党界别参与。最终形成新的调研报告报送市政府，得到副市长韩景义的批示。特邀二（港澳）界别在市政协十三届三次会议上提交的《深化港厦金融合作，共同应对中美贸易摩擦》提案被确定为重点提案。由副市长韩景义、市政协副主席江曙霞分管，港澳台侨和外事委员会负责督办，市金融办和市商务局具体承办，市发改委、自贸委、厦门银保监局、厦门证监局4家单位协办。

【助力海峡两岸融合发展协商议政】 2019年7月16日，厦门市政协开展“推进厦金深度融合、打造海峡两岸融合发展示范区”常委会议专题协商。协商前，市政协组织调研，走访政府各相关部门，召开多场协商座谈，邀请台湾问题方面知名专家、学者共同参与，征集采用发言材料48篇。协商中，首次邀请金门民意代表、金门社会团体代表、在厦门金胞代表等参与政协协商，金门民意代表李養生在会上作互动发言。省委常委、市委书记胡昌升参加协商会，给予高度评价，认为会议选题精准、调研深入、措施有力、很有成效。协商后，市政协梳理形成《关于推进厦金深度融合，打造两岸融合发展示范区的建议案》，从8个方面提出30条具体建议，得到市委、市政府主要领导的高度重视。

【促进市学前教育发展协商议政】 2019年7月31日，厦门市政协主席张健主持召开十三届三十三次主席会议，围绕“完善配套政策措施，促进厦门市学前教育发展”举行专题协商议政。市政府副市长国桂荣到会听取委员意见建议。会上，林少芬、吴迪、黄敏沁、梁卫中、郑幸红、陈敏伟6位常委、委员、民主党派负责人作重点发言；邱加海、胡小媛、魏锦成、周立新、陈佩玲、钱共鸣、陆晓红、林少云8位常委、委员及教师代表作补充发言。国桂荣对广大政协委员、政协各参加单位的建言表示肯定与感谢。她表示，市政府将进一步研究细化这些意见建议，结合当前工作推动落实，加强对厦门市学前教育事业的规划，以改革创新的思路和办法来破解难题，努力补齐教育短板。会议形成《关于“完善配套政策，促进我市学前教育发展”的建议案》，从优化学前教育布局、缩小城乡差距、鼓励多种形式办园、扶持民办幼儿园发展、加强师资队伍建设、机制体制创新6个方面提出20条建议，供市委、市政府决策参考。

市教育局根据国桂荣指示，逐条逐项进行梳理和答复。

【推动高标准建设环东海域新城协商议政】 2019年9月5日，厦门市政协召开十三届十七次常委会议，围绕“推动高标准建设环东海域新城，打造跨岛发展新高地”开展协商议政。市政协经建委提前半年启动《推动高标准建设环东海域新城，打造跨岛发展新高地》常委会协商筹备工作，在调研的基础上，提出“创新驱动的智慧新城、内外联动的开放新城、产城融合的协调新城、绿色宜居的生态新城、文明和谐的共享新城”5个方面的31条选题供党派、界别参考。组织调研11次（省外调研1次、集中调研2次、各类专题调研8次），召开专题座谈会7场，对党派、界别、委员自行开展的调研提供支持，帮助做好联系对接。共收到各民主党派、团体、界别、委员报送的发言材料61篇，采用55篇。14位委员代表党派、界别发表重点发言或互动发言，汇总委员们的意见建议形成《关于“推动高标准建设环东海域新城，打造跨岛发展新高地”的建议案》，分别从规划引领、产业带动、文化传承、精准管理、产城融合5个方面，提出28条具体建议，供市委、市政府决策参考。

【提升市中医药服务能力提案督办协商议政】 2019年9月，结合重点提案《关于提升我市中医药服务能力的建议》督办工作，厦门市政协教科卫体委开展“提升我市中医药服务能力”界别协商。专委会成立课题组，分别走访提案人及提案承办单位，与卫健委、医保局、中医院负责人及提案人座谈交流提案落实情况，实地考察八宝丹中医药文化馆、海峡两岸中医药文化展示馆，组织委员及承办单位前往上海、安徽、湖南、湖北等城市学习考察，形成外出考察报告2篇、专委会调研报告1篇，进一步提出提案办理意见和建议。协商座谈会上，市卫健委、发改委等职能部门到会介绍提案督办情况并回答问题，厦门市副市长国桂荣、市政协副主席黄学惠出席会议，对全市进一步提升中医药服务能力提出要求。

（毛　鑫）

课题调研

【概　况】 2019年，厦门市政协完成调研报告48篇，其中常委会调研报告4篇、专委会调研报告6篇、市委重点调研课题1篇、界别调研报告35篇、重点提案督办课题调研2篇。其中，向市委市政府全文报送8篇，其他通过提案、大会发言、社情民意等方式进行成果转化。

【以节促产推动厦门影视产业发展课题调研】 2019年，随着金鸡百花电影节长期落地厦门，厦门市影视产业发展迎来新的重要机遇，市政协文史学委组织调研组围绕精心做好金鸡百花电影节筹办工作和加快推动市影视产业高质量发展主题，开展系列调研、座谈和视察。组织政协委员对拟建的电影摄影基地和建设中的电影节主场馆进行视察，调研组在市政协副主席黄学惠带领下，先后赴重庆、成都等城市学习考察，与相关部门、专家学者和企业一线人员共同研讨，分析研判市影视产业发展中面临的困难和问题，撰写完成《关于加快推进厦门影视产业发展的若干建议》调研报告，对推动《厦门影视产业发展规划》《进一步促进影视产业发展的若干规定》落地、落实提出意见建议。

【推进“时间银行”互助养老课题调研】 2019年，厦门市政协根据全国政协“构建居家社区机构养老服务体系”协商议题，选取“互助养老”作为重点课题，组织委员赴鹭江街道居家社区养老服务中心、仙岳日间照顾站等地考察调研，与民政局、卫健委等职能部门和老年协会深入交流，形成《挖掘老年“人口红利”，推进“时间银行”互助养老》调研报告。相关成果被《福建日报》《政协天地》《厦门日报》刊发，并成为市政协“社区居家养老”专委会对口协商的发言。上海市政协《政协头条》刊登《用“时间银行”互助养老，厦门市政协就这一超前课题展开调研》。

【落实河湖长制课题调研】 2019年，厦门市政协围绕厦门河湖长制推行实施情况成立课题组开展重点调研，先后赴市河长办、水利局等职能部门座谈，实地考察五缘湾湿地内湾和筼筜湖综合治理情况，邀请农业界别召集人陈世真举办讲座，形成《落实“河湖长制”，提升水环境质量》调研报告，在省政协“落实河湖长制”专题协商会作书面交流，围绕源头管控、截污纳管、信息管理、公众参与等7个方面提出建议。调研报告被《厦门科技》全文刊发，相关成果在省委党校做研讨发言。拍摄“政协视点”《河长制，如何能守住“水清岸绿”？》。助力推选陈雪等7位委员被市委组织部、市河长办聘为“委员河长”，成为厦门市河湖长制实施新亮点和委员履职新平台。

【推进垃圾分类减量工作课题调研】 2019年，厦门市政协在副主席陈永裕带领下，对市垃圾分类实施情况开展调研。组织民主党派成员、集美大学环境系师生到岛内外部分居民小区、城中村、公园进行现场调研，暗访湖滨南路等市政道路路面垃圾的分类转运情况，在源头减量、督导员聘用、行政执法等工作环节，剖析查找问题，形成《久久为功，持续推进垃圾分类减量工作做细做实》调研报告，提出宣传教育引导、推动习惯养成、党员干部公共机构带头先行、有效解决难点问题4方面17条建议，全部被市垃圾分类工作领导小组采用，得到市委副书记陈秋雄批示。

【市外资企业状况及对策研究课题调研】 2019年10月，厦门市政协副主席江曙霞率课题组成员赴江苏调研，实地考察南京市扶持外资企业的经验做法，与扬州市发改委、商务局、市政协公共外交协会等部门负责人专题座谈，听取其利用外资工作、公共外交协会工作亮点等方面情况介绍。形成《当前形势下我市外资企业现状及对策研究》调研报告，经主席会议审议，转化为市政协十三届四次会议大会发言。

【做好普通公交衔接轨道交通规划提案督办课题调研】 2019年，为推动重点提案《关于做好普通公交衔接轨道交通规划的建议》办理，厦门市政协文史学委成立专项课题组，赴天津、沈阳等地就普通公交衔接轨道交通规划问题开展调研考察，并组织职能部门、相关企业和居民代表召开提案办理座谈会，广泛征询各方诉求，研究讨论对策，形成报告提出确立轨道交通为骨干、普通公交为辅助的统筹管理理念，优化线路规划与衔接，打造功能层次分明、网络布局合理、搭乘换接方便的交通体系等建议，为科学编制厦门市“十四五”公共交通规划做准备。

【解决企业人才“引进难留住难”提案督办课题调研】 2019年，为提升重点提案《关于解决企业人才“引进难留住难”的建议》办理实效，厦门市政协教科卫体委成立课题组，专程走访市人社局等提案主办单位召开座谈会，了解市人才工作基础情况和提案办理进度。为增进提、办双方沟通交流，市政协副主席黄培强于7月上旬带领课题组前往青岛、长沙、贵阳考察调研，学习引进人才、稳定人才方面的经验和做法，形成考察报告交承办单位办理，并完成《关于解决企业人才“引进难留住难”的建议》调研报告报相关职能部门。

【改善乡村生态环境提案督办课题调研】 2019年，为推动《推动厦门乡村振兴，改善乡村生态环境的对策建议》重点提案督办工作，厦门市政协组织提案人、提案办理单位及委员，深入翔安区、同安区考察生活垃圾处理、溪流环境治理和美丽乡村建设进展情况，并赴南京、无锡、苏州等地调研。实地了解江苏在乡村振兴发展、改善人居环境方面好经验、好做法，形成《大力推动乡村振兴　着力改善乡村生态环境》的调研报告，为厦门进一步推进乡村振兴建言献策。

【实施乡村振兴战略课题调研】 2019年6月，厦门市政协副主席江曙霞率课题组成员赴台湾中南部基层社区拜访社团、宗教负责人，开展座谈交流，深入乡村开展调研，宣传对台优惠政策，学习借鉴台湾独特的乡村发展经验。10月，江曙霞率课题组成员赴江苏调研，学习南京市、扬州市、镇江市经验做法。形成《借鉴台湾经验，助推我市实施乡村振兴战略》调研报告，经主席会议审议，转化为市政协十三届四次会议大会发言。

【市委“三高”重点课题调研完成】 2019年6月下旬，根据厦门市委指示精神，厦门市政协组织调研中小型“高技术、高成长、高附加值”(简称“三高”)企业，了解企业的发展需求并提出对策建议。专委会承担具体组织工作，在市政协主席张健、副主席陈永裕带领下，深入60余家中小企业，召开不同层面的调研分析会，综合多方意见，形成提升研发平台、培育专业人才、金融对接扶持等6方面14条建议，转化为市委、市政府推动“三高”企业加快发展的多项政策。

【建立出生缺陷综合防治体系课题调研】 2019年6—8月，厦门市政协教科卫体委与医卫界别联合组成课题组，开展调研工作。召开座谈会，就调研计划、调研内容、调研方式及预期目标与相关界别委员、专家进行沟通协商；分别前往市妇幼保健院、石塘社区卫生服务中心、莲前街道社区卫生服务中心等医疗机构实地考察调研；课题组9月赴长沙、武汉、深圳等6个城市学习考察，了解当地在建立出生缺陷防治系统方面的成功经验和做法，形成《建立出生缺陷综合防治体系，不断提高出生人口素质》调研报告，经市政协主席会议研究同意向市政府报送社情民意信息专报件，获副市长国桂荣批示。

【围绕闽西南协同区发展课题调研】 2019年10月17日，厦门市政协主席张健主持召开市政协十三届第三十八次主席会议，会议通过经建委“打破区域壁垒推进资源整合——关于提升闽西南旅游产业协作的建议”常委会重点课题。在此之前，市政协经建委就闽西南协同发展区旅游产业的协同发展，与市发改委、市府办经济二处、市文旅局等单位进行交流研讨，赴闽西南协同办、本市旅游龙头企业建发国旅、厦旅国际等单位调研，与旅游协会、主要景区、线上平台、民营旅行社等行业代表进行座谈，考察厦门市研学机构、智慧旅游、酒店等产业发展情况，形成课题调研报告，提出完善基础设施建、提高资源利用率、建立协同动力机制、培育全域旅游品牌、严格旅游监管标准5个方面建议。

（毛　鑫）

委员视察

【概　况】 2019年，厦门市政协围绕厦门市高质量发展进程中的重点领域和关键环节，广泛视察调研、建言献策，营造有利于创新创业创造的浓厚氛围。年内组织委员视察14场。

【乡村振兴战略实施情况视察】 2019年1月7日，厦门市政协副主席江曙霞率市政协港澳委员及特邀人士视察翔安区大帽山片区、澳头村乡村振兴工程建设情况。委员们在视察中详细了解大帽山农场平改坡、裸房整治、大帽山境田园综合体建设情况和澳头乡村文化振兴情况，就利用自身资源打造精品特色农业休闲项目、用好宣传手段促进游客引流等提出意见和建议。

【学前教育发展情况视察】 2019年6月26日，厦门市政协副主席黄学惠率市政协委员20多人，视察市学前教育发展情况。视察团一行先后视察集美区敬贤幼儿园、鸿树桥幼儿园及灌口中心幼儿园欣悦湾分园，并召开座谈会听取市教育局的汇报。委员们指出，学前教育是重要的民生议题，要加强布局、统筹规划，努力在促进均衡发展上下功夫，切实排除制约学前教育发展的体制机制障碍，有效提升厦门市学前教育水平。委员们围绕鼓励社会力量办学、提升教学质量、加强师资培训、多渠道补充教师队伍等方面提出意见和建议。

【环东海域新城建设视察】 2019年9月2日，厦门市政协主席张健、副主席陈永裕率部分市政协委员赴同安区视察环东海域新城建设情况，为新城发展建言献策。市委常委、常务副市长黄强陪同视察。委员们先后察看火炬科创园研发中心、紫光科技园、趣店科技金融创新园区、厦门现代服务业基地（丙洲片区）统建区等地，听取环东海域新城的规划、建设及招商进展情况。委员们认为，环东海域新城是未来厦门城市发展的重要战略支点和经济新增长点，建议：注意“线”上的长远规划，合理开发海岸线资源，分段规划，因地制宜，形成特色分明的滨海旅游浪漫线；注意

“点”上的突破发力，大力发展新经济、新业态，形成集聚效应，突显产城人融合发展的特点。

【轨道交通建设情况视察】 2019年10月12日，厦门市政协主席张健、副主席陈永裕、秘书长张仁苇率部分市政协委员，视察轨道3号线过海段工程。市人大常委会副主任、轨道交通建设指挥部常务副总指挥林德志陪同视察。委员们到轨道3号线五刘区间（五缘湾站—刘五店站过海沧区间）矿山段，深入艰苦恶劣的海底隧道施工现场，实地察看工程建设情况，慰问一线施工人员。委员们肯定轨道3号线的建设进展，并就厦门轨道交通网络的建设和运行管理、轨道交通周边交通体系建设、总结新技术新方法等提出意见建议。

【金鸡百花电影节筹备情况视察】 2019年10月30日，厦门市政协副主席黄学惠、陈昌生率部分市政协委员视察第二十八届金鸡百花电影节的筹备情况。委员们先后视察位于集美区的正在建设中的厦门影视拍摄基地及厦门国际会展中心B8、B9展馆，详细了解拍摄基地的规划、建设进度及相关筹备工作进展情况。委员们认为，中国金鸡百花电影节长期落户厦门是推动厦门市影视文化产业加快发展的重大机遇。委员们建议，要强化“以节促产”的思想，制定切合产业发展规律的扶持政策，吸引更多影视企业、剧组到厦门；要借助举办电影节的契机加强招商引资，布局上下游产业链；要寻求差异化发展，完善影视拍摄基地建设；要突出“文化惠民”，借助电影节的举办提升城市文化内涵。

【中小学开展课后延时服务工作情况视察】 2019年11月27日，厦门市政协副主席黄学惠率部分市政协委员，就市小学幼儿园课后延时服务实施情况赴湖里第二实验小学开展视察活动。在座谈会上，委员们听取市教育局和湖里区教育局的汇报，就如何规范和丰富课后延时服务内容、引入有资质的校外公益机构助力课后延时服务、提升服务质量、减轻教师工作负担等问题建言献策。委员们建议，要进一步理顺体制机制问题，实施规范化运行；要着力破解学校组织、社会参与等方面的难题，推动工作持续深入落实；要持续提升服务内容，促进学生全面发展，促进课后延时服务实现可持续发展。

【两岸金融中心建设情况视察】 2019年12月5日，厦门市政协副主席江曙霞率致公党界别、台盟界别、台联界别、侨联界别的市政协委员及特邀研究员赴厦门两岸金融中心视察。委员们先后视察两岸金融中心片区指挥部、金美信消费金融公司等，听取厦门金融产业发展情况及两岸金融中心建设情况介绍。在座谈中委员们表示，两岸金融中心片区具有环境优美、交通便利、配套完善、教育资源优质等区域优势，在提升厦门市金融业发展规模、质量和辐射带动力上潜力巨大。委员们建议，要继续发挥两岸金融中心对台先行先试的重要窗口作用，加强拓展离岸金融、私募股权基金、黄金投资等业务，向上争取政策，大胆创新尝试，持续深化金融改革，加大招商引资，精准对口服务，注重风险管理。

【基层多元调处情况视察】 2019年12月12日，厦门市政协副主席黄国彬率无党派人士界别、工会界别、共青团和青联界别、妇联界别、少数民族和宗教界别、社会服务和社会保障界别的40多位市政协委员开展视察活动。委员们先后视察集美区公安分局杏林派出所、情报指挥中心，听取市公安局关于全市公安系统创新群众工作方法、解决涉及群众切身利益矛盾和问题的情况汇报。委员们建议，要持续推动党委政府、社会力量和基层群众同向发力，推动数据新起来、跑起来、活起来，瞄准小单元、着眼小平安、盯住小需求，推动社会治理中心下移、资源下沉。

【新医院建设运营情况视察】 2019年12月18日，厦门市政协主席张健，副主席黄学惠、王焱率农工党界别、科技和科协界别、教育界别、体育界别、医卫界别的市政协委员及特邀研究员，就厦门市新医院建设运营情况开展视察活动。委员们先后视察厦门心血管病医院、华西厦门医院建设项目及马銮湾医院建设项目，听取各新建医院建设规模、管理模式、专科特色等相关情况介绍。在视察中委员们建议：（1）优化医疗资源布局，扩大优质医疗服务供给，补齐民生短板，加快提升厦门市医疗卫生服务水平；（2）推动“市校合作”，加快名院高位嫁接，做优做强“名医名科名院”；（3）着力支持医教研协同发展，加快科研成果转化，推动产出高质量医学研究成果，以科研带动临床水平提升；（4）完善新建医院周边配套设施建设，统筹做好公交线路、地铁站点及地下通道等公共配套设施建设。

【厦门文化旅游发展情况视察】 2019年12月20日，厦门市政协副主席黄学惠率中共、特邀一界别，民进界别，社科新闻、文艺界别的市政协委员视察市文化旅游发展情况。委员们先后视察市图书馆集美新馆、诚毅科技探索中心、厦门老院子文旅景区，听取市文旅局关于推进文旅融合发展的情况汇报，就创建城市旅游IP、加强产品更新迭代、加大营销投入、搭建新兴旅游业态投融资平台、强化大数据技术应用等问题进行探讨。委员们建议，发挥厦门市自然资源、文化积淀、产业基础等优势，借鉴国内外先进经验，紧扣重点实施项目，进一步做好旅游空间规划、引进知名文旅IP、培育文旅新业态、推动“以节促产”等工作。

（毛　鑫）

专项民主监督

【外卖食品安全专项民主监督】 2019年，厦门市政协回应人民群众对食品安全的关注，组织界别委员就“我市外卖餐饮食品安全”开展专项民主监督。委员们实地考察台盖奶茶、凑凑餐饮、元气寿司等网络订餐餐饮服务单位，与经营者以及饿了么、美团外卖等第三方平台、市市场监督管理局负责人面对面交流，针对社会上广泛关注的“外卖餐盒使用医疗垃圾制造”“外卖食品中出现异物”等问题提出疑问，并从平台信息备案、强化商家主体责任、落实外卖平台责任、提高食品安全标准等方面提出有针对性的意见建议。之后，专委会梳理形成《网络订餐食品安全民主监督发现问题及建议》专报件上报，助推党委政府进一步织密食品安全监管网络。

【法规实施情况专项民主监督】 2019年10月和11月，厦门市政协社法委参与市司法局组织的《厦门市餐厨垃圾管理办法》执行情况的执法检查活动。其间，召集相关职能部门与餐饮企业参加座谈，听取市市政园林局等职能部门的工作情况专题汇报，并围绕《厦门市餐厨垃圾管理办法》实施中存在的主要问题建言献策。

（毛　鑫）

联谊及其他活动

【对台联谊】 2019年，厦门市政协开展对台联谊活动。主要活动有：

4月16日和10月17日，市政协两次召开台商委员及特邀人士专题座谈会，就惠台政策落实情况、海峡两岸关系、台湾选举局势等热点问题听取意见和建议，并将收集的意见和建议整理上报，部分内容被吸纳到民主监督主席会议建议案中。

9月8日，以“共话两岸融合发展、打造两岸共同市场”为主题的第十四届两岸经贸合作与发展论坛在国际会议中心举行，市政协副主席江曙霞出席开幕式并致辞，商务部台港澳司二级巡视员、海峡两岸经贸交流协会副会长曹凤鸣，台湾商业总会副理事长许舒博等参加开幕式并讲话，海峡两岸业界和学界代表共聚一堂，共谋两岸经贸新发展。

11月19—22日，市政协副主席江曙霞率台商委员及台商特邀人士前往云南省昆明、腾冲学习考察，了解当地对台交流合作项目以及依托生态环境推动绿色发展的经验做法。在昆明市，考察团一行参观云台文化青创中心、石林台湾农民创业园等。在腾冲市，考察团考察滇西抗战纪念馆和国殇墓园及火山地热项目。台商委员及特邀人士表示，抗战纪念馆和国殇墓园是正面评价国军在抗日战争中发挥积极作用的纪念载体，有着重要的爱国主义教育意义。

【对港澳联谊】 2018年，厦门市政协广泛开展对港澳联谊活动。主要活动有：

2月27日，市政协副主席江曙霞会见香港福建社团联会访问团一行。江曙霞代表市委、市政府、市政协，对吴换炎率香港福建社团联会高层访厦表示热烈欢迎。

8月7—9日，江曙霞率团访问香港，出席香港厦门联谊总会十三届、十四届理监事长印鉴交接仪式，拜会十四届理事长杨毅融、监事长李冠华、秘书长李毅立，会见香港福建社团联会将军澳分会理事长叶振强、香港九龙社团联会副会长陈镜秋、香港福建社团联会九龙西分会副会长吴丽凤，开展社团交流联谊工作，推介厦洽会。

9月8日，江曙霞会见到厦门参加投洽会的香港特区投资推广署邓智良助理署长一行，共同探讨如何进一步深化港厦合作。

9月25—28日，受省委常委、市委书记胡昌升和市长庄稼汉委托，市政协主席张健率厦门市代表团出访香港，出席香港厦门联谊总会庆祝香港回归祖国22周年暨第十四届理监事就职典礼，张健代表厦门市四套班子对香港厦门联谊总会新一届理监事就职表示祝贺。在港期间，张健主席召开市政协港澳委员、香港厦门联谊总会负责人座谈会，拜会香港中联办、香港福建社团联会、福建省港区政协委员联谊会，拜访香港中华出入口商会、香港集友银行、香港通达集团、中怡国际集团等商会、企业。

11月30日和12月6日，张健分两次率队走访看望市政协第十届至十二届委员、十二届常委、厦门凯歌体育健康产业有限公司董事长蔡良平和十二届市政协委员、澳门厦门联谊总会会长、中奥企业集团董事长苏建华，关心企业发展情况，询问各个项目的运营现状，实地考察企业设备设施和运作机制。

12月30日，市政协副主席江曙霞会见香港中联办新界工作部副部长孔志萍和港区厦门市政协委员、香港福建同乡会副会长叶振强率领的香港西贡将军澳妇女会参访团，双方就当前香港局势展开探讨交流。

【政协服务市重大项目重点企业】 2019年，厦门市政协贯彻落实市委大力推进招商引资工作的精神，按照《关于市领导分管（挂钩）2019年省、市重大重点项目和重点企业的通知》要求，市政协主席、副主席直接挂钩联系市多个重大项目、重点企业。围绕重大项目进展和重点企业发展2个主题，市政协多种渠道逐一查找项目、企业资料，共组织开展70多场次的各类场调研督办和招商推介活动，了解掌握项目规划建设进度，倾听企业的发展思路和政策建议，及时分析整理所发现的问题，促成夏商总部大厦建设、集美大学印斗校区分期验收、双十中学翔安校区高中部项目启动等问题得到解决。同时，形成《黄国彬副主席带队赴上海开展招商推介情况报告》等多篇工作报告，得到省委常

2019年9月26日，厦门市代表团出席香港厦门联谊总会庆祝香港回归祖国22周年暨第十四届理监事就职典礼

（市政协办公厅　供图）

委、市委书记胡昌升的批示。

【市政协领导出席首届“海丝科技创新论坛”开幕式】 2019年4月6日，首届“海丝云创”国际丝绸之路科技创新交流与合作论坛在厦门大学翔安校区开幕，市政协副主席黄培强应邀出席开幕式，共同为以厦门大学科技园主园区为基地的“国际丝绸之路科技产业园区”揭牌。

【第二届两岸基层治理论坛在厦门举行】 2019年6月16—18日，由全国政协港澳台侨委员会和福建省政协主办，省政协港澳台侨和外事委员会、厦门市政协、漳州市政协承办的第十一届海峡论坛·第二届两岸基层治理论坛在厦门举办，来自海峡两岸200余名基层代表人士围绕“乡村振兴”主题开展广泛深入探讨。全国政协副主席、台盟中央主席苏辉，全国政协港澳台侨委主任朱小丹，福建省政协主席崔玉英，中共中央台办、国务院台办副主任龙明彪，全国政协港澳台侨委驻会副主任尹宗华，中央统战部原副部长林智敏，福建省政协副主席王惠敏、刘献祥，厦门市政协主席张健，江苏省政协副主席王荣平，浙江省政协副主席吴晶，江西省政协副主席谢茹，广东省政协副主席张嘉极，广西壮族自治区政协副主席刘正东，四川省政协副主席陈放，福建省文化经济交流中心理事长陈桦等领导出席16日下午的论坛开幕式。开幕式由朱小丹主持，苏辉和崔玉英在开幕式上致辞。

该次会议参会的台湾基层民意代表、乡镇长、村里长共113人，全国省部级以上与会领导15人。16日，与会嘉宾前往翔安区大帽山，参访厦门市首个田园综合体（大帽山境·寨仔尾里）和市级重点示范村及市农村人居环境试点示范村（大帽山社区）。17日，参会嘉宾前往漳州参访。18日，参会嘉宾还分两组进行讨论，讨论者结合各自工作，分享乡村振兴工作的创新模式和经验做法，并围绕在推动乡村振兴方面如何加强两岸基层合作进行深入讨论，“面对面”交流、“心贴心”互动，在交流互鉴中互相学习、增进共识。

2019年6月16—18日，第十一届海峡论坛·第二届两岸基层治理论坛在厦门举行

（市政协办公厅　供图）

【市政协学习中心组暑期研习班】 2019年7月9—12日，厦门市政协举行“不忘初心、牢记使命”主题教育集中学习研讨暨暑期研习班。市政协主席张健，副主席高玉顺、江曙霞、陈昌生、黄学惠、陈永裕、黄国彬，秘书长张仁苇参加学习。暑期研习班和主题教育活动结合举行，呈现领导重视、主题鲜明、重点突出、学风务实等特点。张健审定学习研讨班实施方案，带头参加学习并作动员讲话；黄学惠主持学习研讨班实施方案的制定和完善；学习内容紧扣主题、内容丰富，受到大家的认可。参学人员围绕深入学习贯彻习近平新时代中国特色社会主义思想、人民政协新方位新使命以及当前的形势和工作进行集中学习和专题研讨。

【市政协领导会见参加投洽会境外团组】 2019年9月8日，厦门市政协主席张健会见应邀参加第二十一届中国国际投资贸易洽谈会的香港厦门联谊总会、澳门厦门联谊总会、台湾“一国两制”研究协会、台湾布袋港发展促进会、菲律宾厦门联谊会（商会）、世界福建青年联会菲律宾分会、缅甸福建总商会、欧洲福建发展联盟等境外团组，畅叙情谊，共享机遇。市政协副主席江曙霞主持会见，对远道而来的嘉宾表示热烈欢迎。市政协副主席高玉顺、陈昌生、黄世忠、黄学惠、陈永裕，秘书长张仁苇，副秘书长、办公厅主任徐文东，港澳台侨和外事委主任胡政兴，办公厅副主任于之义、金季昆，委员工作室主任洪忠捍等领导参加会见活动。

【庆祝人民政协成立70周年书画展】 2019年9月11日，厦门市政协在市博物馆举办“光辉七十年、逐梦新时代——庆祝人民政协成立70周年书画展”。市委、市人大、市政府、市政协主要领导全部出席并为书画展揭幕。该次书画展主题突出、作品丰富，参展作者160余人共展出作品160余幅，从不同角度、不同层面讴歌人民政协团结协作、凝心聚力支持祖国建设和厦门发展的精神风貌。

（毛　鑫）

责任编辑：孙志红
审　　稿：阳晓儒
　　　　　白延蜻
校　　对：胡　恩

8 纪检监察

综　　述

【监督首责聚焦】 2019年，中共厦门市纪律检查委员会、厦门市监察委员会（简称市纪委监委）围绕机构改革、减税降费、生态环境保护、违建别墅清查整治等重大决策部署，一线跟进监督，督促东坪山违建、高崎码头扬尘污染、学校建设项目滞后等问题整改落实，推动惠企惠民政策落地见效。聚焦营商环境建设、“五个一批”（谋划一批、签约一批、开工一批、投产一批、增资一批）项目推进等重点工作，开展专项排查和专项巡察，向中共厦门市委报送专题报告26份，推动解决影响营商环境难点堵点问题。贯通运用“四种形态”（第一条：经常开展批评和自我批评、约谈函询，让“红红脸、出出汗”成为常态；第二条：党纪轻处分、组织调整成为违纪处理的大多数；第三条：党纪重处分、重大职务调整的成为少数；第四条：严重违纪涉嫌违法立案审查的成为极少数），用好用足第一种形态，推动各级党委（党组）班子成员开展谈话1293人次，比上年增长181.7%；全市纪检监察机关运用“四种形态”处理3809人次，其中第一、二种形态占93.8%。

【分领域整治】 2019年，厦门市纪委监委聚焦工程招投标、国有企业经营管理、金融、基层涉黑涉恶等重点领域，查处腐败行为。对分领域整治过的11个系统和单位开展督查调研，回访128名受处分干部，汇编典型案例剖析《没有规划好的人生》，强化警示教育。推进扫黑除恶专项斗争，创新“一看二查三访谈”（阅看案件卷宗材料；对黑恶势力违法犯罪事实原案处理情况进行逐案筛查，对涉及黑恶势力的群众举报处理情况进行逐起倒查；访谈案件举报人、被害人和公检法案件承办人）工作机制，查处“保护伞”26人，市纪委监委被评为全省扫黑除恶专项斗争先进单位。追回外逃失踪人员28人，扣缴涉案款物2.43亿元。13人向纪检监察机关主动投案。全市立案583件，其中自办案件410件，处级以上干部案件75件，给予党纪政务处分538人，移送司法机关64人。

【腐败作风问题查处】 2019年，厦门市纪委监委针对隐形变异“四风”问题，深化“1+X”专项督查（“1”是指纪委监委对各职能部门履职情况的专责监督；“X”是指各职能部门根据职责定位和管理权限，对中央八项规定精神、扶贫和民生相关政策落实情况的职能监督），开展领导干部利用名贵特产、特殊资源谋取私利问题专项整治。编印《厦门市处置违反中央八项规定精神问题案例示范》，推动出台规范市级公房管理、招商引资工作经费管理等制度。查处违反中央八项规定精神问题131个165人，给予党纪政务处分102人，曝光典型问题104个。整治形式主义、官僚主义，多渠道征集问题，对久拖不决、反映强烈的问题发出督办通知单221份，查处形式主义、官僚主义问题83个133人。开展民生帮扶领域、漠视侵害群众利益问题专项整治，对帮扶政策项目和资金管理使用情况开展集中督查，推动惠民资金纳入线上监管，督促整治住房租赁中介机构乱象、网络“套路贷”等问题，对部门推诿扯皮不作为等典型问题直查快办并公开曝光。

【执纪执法监督能力提升】 2019年，厦门市纪委监委坚持分类分层次全员培训，编发实例分析、工作指引，创新模拟案例教学、实战授课等审理业务培训模式，得到中央纪委国家监委案件审理室肯定和应用。市、区两级纪委监委开展培训75期4953人次，外派培训192人次。规范公正文明执纪执法，坚守审查调查安全底线。践行省纪委监委“六带头、六严禁”要求，出台严禁违规饮酒应酬的规定，常态化开展履职情况调研督查和作风纪律专项督查，到拟提任干部居住社区实地走访，建立特约监察员队伍，强化自我监督和外部监督。坚持刀刃向内，对纪检监察干部立案4件4人，党纪处分4人。

· 小资料 ·

六带头、六严禁： 带头对党忠诚，严禁阳奉阴违、表里不一、有令不行；带头担当尽责，严禁失职失责、推诿扯皮、好人主义；带头遵纪守法，严禁滥用职权、跑风漏气、交友过杂；带头清正廉洁，严禁以案谋私、政商不分、违规借贷；带头严实深细，严禁弄虚作假、马虎应付、口大气粗；带头树好家风，严禁庇护袒护、失德失信、失教失管。

（市纪委监委）

纪检监察体制改革

【工作机制改革】2019年，厦门市纪检监察机关贯彻落实中央纪委、省纪委全会部署，坚持稳中求进工作总基调，推进纪律检查体制改革、监察体制改革和纪检监察机构改革。推动主体责任、监督责任贯通协同、形成合力。坚持党对反腐败工作的集中统一领导，重大事项、重要问题、作出立案审查调查决定、给予党纪政务处分等第一时间向中共厦门市委请示汇报，并向省纪委监委报告。履行协助党委推进全面从严治党职责，出台《加强和改进厦门市全面从严治党主体责任落实情况检查的意见》，加强对检查工作的统筹协调，防止重复检查、多头检查和过度留痕，提升检查质效。全市检查单位147个，提出问责建议50条，给予党纪政务处分13人。健全反腐败协调小组工作机制。与政法机关、审计机关等部门协作配合，完善反腐败协调小组及办公室工作运行机制，增强反腐败工作合力。发挥反腐败协调小组作用，与检察机关、审判机关探索完善认罪认罚从宽机制，17名被调查人自愿认罪认罚。推进“天网行动”，健全多部门协调机制，强化资源整合、部门联动，全市追回外逃失踪人员28人，扣缴涉案款物2.43亿元。强化上级纪委对下级纪委的领导和指导。抓住线索管理、审查调查、处分处置等重点环节，健全完善统一线索管理、统一研判指挥、统一调配力量、统一安全监管、统一审理把关运作机制，巩固深化查办腐败案件以上级纪委领导为主的工作机制。坚持提名和考察工作以上级纪委会同组织部门为主，提名考察区纪委副书记4人，市纪委派驻纪检组长、副组长16人，市属国企纪委书记、副书记4人。

【监察监督全覆盖】2019年，厦门市纪检监察机关坚持对违纪违法问题一体审查调查，推动执纪执法贯通。贯通运用“四种形态”，加大指导督促和对函询结果的抽查核实力度，落实接受谈话函询情况在民主生活会上作说明制度，提升谈话函询规范化水平。推动各级党委（党组）班子成员开展谈话1293人次。执行监督执纪工作规则和监督执法工作规定，健全工作程序和内部工作规范，建立审查调查措施使用台账和季度通报制度，依法运用“12+3”项调查措施（谈话、讯问、询问、查询、冻结、调取、查封、扣押、搜查、勘验检查、鉴定、留置，技术调查、限制出境、通缉）。加强与公检法部门协调衔接，梳理党员涉刑涉诉情况，根据公检法移送线索立案142件142人，比上年增长25.66%。完善检察机关提前介入机制，对查清主要犯罪事实的案件，就证据标准、事实认定、案件定性及法律适用等问题提出意见，对复杂案情加强沟通论证。落实省纪委《关于向乡镇（街道）和特殊区域派出监察机构的指导意见》，推动监察职能向基层延伸，配齐监察组负责人，对镇（街）纪检监察干部开展全员培训，编印信访举报工作实例分析汇编、镇（街）纪（工）委监督执纪工作指引。

【机构改革】2019年，厦门市纪检监察机关参照省纪委做法，设置20个内设机构和机关党委、离退休干部工作处。根据技术调查和监督执纪信息查询工作需要，调整第九纪检监察室职责。初步制定市纪委监委派驻机构改革方案，赋予派驻机构监察权，推进国企、高校纪检监察体制改革。构建以政治监督为统领的监督体系，坚守“监督的再监督”，监督力量向监督执纪问责聚焦，树立“派”的权威，发挥“驻”的优势。完善派驻机构工作季通报、年考核和约谈机制，常态化开展履职情况调研督查和作风纪律专项督查。统筹派驻机构力量，完善监督检查、办信办案、划片审理等片区协作机制，破解派驻机构工作不平衡等问题。创新划片审理工作机制等2个改革案例在市委深改委会议上作典型交流并被选送给省委深改委。

【巡察质效提升】2019年，厦门市纪检监察机关推动市、区巡察工作一体谋划、一体部署、一体推进，实现任务联动、队伍联动、成果联动。统一制定区级交叉巡察方案，采取市、区混合编组模式，对3个区开展巡察。在开展对市级单位巡察后，接力开展对同系统区级单位巡察，发挥上下联动巡察的效应，查找问题病灶。至年末，对71家单位开展常规巡察，全覆盖率67%。印发《关于进一步加强村（居）和基层站（所）巡察工作的通知》，指导各区因地制宜、因村施策，完成对182个村（居）巡察。建立市委巡察工作领导小组成员参与巡察反馈机制，出台《关于进一步加强巡察整改和成果运用的意见》，针对集体企业、市直管公房监管以及区域违建乱象等问题，向市委提交专题报告，促进巡察成果落地落实。组织对8家单位进行巡察“回头看”，开展深挖黑恶势力“保护伞”机动巡察和交叉巡察整改落实情况专项督查，对存在问题的单位下发《督查整改通知书》，推动整改落地见效。落实省委《关于进一步加强全省巡视巡察机构和队伍建设的意见》，增设3个内设机构和1个巡察组，核定行政编制30名，增加副处级以上领导职数9名。出台《关于加强和改进巡察干部选配使用工作的意见》，实行市区两级巡察互派干部交流。

（市纪委监委）

监督执纪

【概　况】2019年，厦门市纪委监委创新监督方式、找准监督抓手、拓宽监督渠道。开展影响营商环境问题专项排查，实地走访龙头骨干企业60家、中小微企业40家，通过电话询问和微信公众号征集的方式，收到问题244个，分类处置、核查督办并推动同类问题解决，追责问责19人，公开曝光典型案例8个。对市民宗局开展政治监督工作，探索推进政治监督具体化、常态化，总结开展政治监督工作的经验做法；对7所学校建设工程滞后问题开展专项政治监督。整理制定《厦门市镇（街）纪（工）委监督执纪工作指引》，编写《厦门市国有企业纪委线索处置工作手册》。全市查处形式主义、官僚主义问题83起，处理133人，其中给予党纪政务处分31人，通报曝光24期41起典型问题；查处群众身边腐败和作风问题66个，处理98人，其中给予党纪政务处分57人。

【监督力量整合】 2019年，厦门市纪委监委整合媒体监督和群众监督，发挥党风政风监督员和媒体监督力量的作用，征集问题线索544条，通过媒体公布整治内容和督查督办情况。在“党风政风监督台”微信公众号推送相关信息113篇，《厦门日报》“监督在线”发布相关报道51篇。

【《厦门市政商交往“负面清单”》出台】 2019年，厦门市纪委监委结合日常监督中发现的问题，针对部分党员干部尤其是个别领导干部不敢改革创新，不敢担责，消极怠政的“问责综合症”，出台《厦门市政商交往“负面清单”》。该清单为党员干部划出与企业交往不能触碰的“高压线”。市纪委监委通报“红黑榜”，收录7个敢担当善为典型事例、3个不认真履责等不作为、慢作为案例。出台《厦门市纪检监察机关容错纠错工作机制（试行）》，明晰纪检监察机关容错纠错内部工作流程和具体规定。

【违反中央八项规定精神问题查处】 2019年，厦门市纪委监委以治本为导向，注重利用典型案例对灰色地带、模糊问题进行指导。修订完善《落实中央八项规定精神100条纪律红线》，由中国方正出版社出版。针对违反中央八项规定精神问题定性不准确、处理不规范的共性问题，印发《厦门市处置违反中央八项规定精神问题案例示范》，从主要表现、情节认定、处理依据等方面总结梳理，提出定性量纪基本原则，防止处置畸轻畸重或追究不到位。全市查处违反中央八项规定精神问题131个165人，其中给予党纪政务处分102人，通报曝光60期104个典型问题。

（市纪委监委）

巡　察

【概　况】 2019年，厦门市、区两级巡察发现“三大问题”2352个，违反“六项纪律”问题1481个。根据巡察移交的线索，全市立案94人，给予党纪政务处分74人，移送司法机关处理21人。至年末，全市106个巡察对象中，完成71个，巡察覆盖率67%；各区巡察覆盖率60%。推动解决厦门外国语学校瑞景分校拆迁、滨海东大道部分路段“甩项”验收不落实、集美区杏滨街道西滨社区20年未分红等问题。巡察市科技局期间，解决“科技创新创业综合服务平台房屋闲置”问题，该平台于2019年12月全面启用，75家服务机构申请入驻。市、区两级巡察工作领导小组组织开展政治巡察，推进政治监督具体化、常态化。

【营商环境建设专项巡察】 2019年，厦门市委巡察机构巡察涉及营商环境建设单位42家，走访企业199家，收集问题建议494条，发现问题123个。推动解决落实上级决策部署打折扣、政策真空、政商关系、“放管服”改革等堵点难点问题，营造“亲”“清”政商关系。《人民日报》报道该经验做法。

【巡察方式优化】 2019年，厦门市委巡察机构将常规、专项、交叉、提级等方法贯通、穿插使用，提升巡察监督质量。创新交叉巡察组织方式，选取4个由区委常委担任主官的区直单位开展交叉巡察，破解基层熟人社会监督难问题。其中，厦门市第五轮区级交叉巡察组对湖里区委政法委开展巡察，指出24个问题，提出3条整改意见。

【基层减负】 2019年，厦门市委巡察机构按照能少则少、能并则并、能简则简的原则，把要求提供的材料从50份缩减到21份。巡察监督中，对于经过核查之后不属实的信访件，及时给出结论，避免重复核查、反复折腾，为基层减负、为干部松绑。

【巡察问题整改落实】 2019年，厦门市委巡察机构完善市委书记、市长、市委副书记、市纪委监委书记、市委组织部部长“五人小组”会议党委书记点人、点事、点问题备案，创新运用《巡察重要事项办理抄告单》等载体，压实整改主体责任。向市城市管理行政执法局反馈“东坪山两违”（违法占地、违法建设）问题，该局担起主体责任，拆违、清理占地面积58.23万平方米。对中央巡视厦门专题检查反馈意见整改落实情况和中央巡视组移交的问题线索处置情况加强跟踪督办。设立市委第五巡察组，专门负责巡察“回头看”和巡察整改督查、整改效果评价工作。对10家单位开展“回头看”，对12家单位开展巡察整改情况专项督查，发出整改通知书12份，督促整改到位。

（市委巡察办）

责任编辑：林建高
审　　稿：阳晓儒
校　　对：胡　恩

9 民主党派与工商联

中国国民党革命委员会厦门市委员会

【概　况】 2019年，中国国民党革命委员会厦门市委员会（简称民革厦门市委）开展“不忘合作初心，继续携手前进”主题教育活动，2个支部和2个党员之家分别被民革中央授予“民革示范支部”和“优秀民革党员之家”称号。年内发展党员42人。至年底，党员总数915人。2019年，民革厦门市委推进示范支部创建工作，湖里总支第一支部和集美总支第一支部被民革中央授予第一批“民革示范支部”称号；推进“民革党员之家”建设，建成8家各具特色的党员之家，“厦门民革党员之家”（位于福建重宇合众律师事务所）和“湖里民革党员之家”（位于五通灯塔公园）被民革中央授予“优秀民革党员之家”称号。

【参政议政】 2019年，在厦门市政协十三届三次会议上，民革厦门市委提交集体提案20件、委员提案22件，周立新代表民革市委作题为“培育乡村振兴带头人队伍，推进乡村振兴战略”的大会发言，《深化“放管服”改革　有效激发市场活力和社会创造力》获市政协2018年度优秀提案表彰。年内，民革市委向市政协提交6个协商议题调研课题和发言；完成立项课题调研56个；获2018年度市统战理论优秀成果二类课题1个；6个研究成果分别获厦门市第十一次社会科学优秀成果二、三等奖。民革市委牵头负责市政协“落实惠台政策，实现融合发展”专项民主监督调研工作，代表第四监督小组作《完善惠台政策　优化在厦台胞创业就业平台》的发言。

【信息工作】 2019年，民革厦门市委报送信息389篇，其中民革市委主委国桂荣撰写的《亟待完善居住证持有人参加城乡居民基本医疗保险措施的建议》被中央统战部《零讯》单篇采用。信息被中共中央办公厅和中央统战部《统战工作》采用1篇，有近60篇信息被全国、省、市相关信息部门采用。

【宣传工作】 2019年，民革厦门市委投稿被《人民代表报》《团结报》报道4篇，国桂荣撰写的《不忘初心勇当诤友谏真言》被《人民政协报》采用，其他主流媒体报道近20篇。接受厦门电视台采访3次。《厦门民革》刊印6期，《厦门民革工作简讯》刊印12期，首次编印《厦门民革》2018年专刊，厦门民革公众号上传信息260条。

【对台交流】 2019年，在第十一届海峡论坛期间，民革厦门市委与参加论坛活动的台湾亲民党和新党等嘉宾进行交流。举办“两岸都市农业合作研讨会”，邀请台湾和厦门的多位都市农业企业家、专家学者研讨如何推动海峡两岸都市农业的科技合作和资源共享。组织参观厦门市台湾青年创业基地和台湾学生研习基地。完成2篇涉台调研课题。

【社会服务】 2019年，民革厦门市委推进实地帮扶和爱心捐助工作。集美总支与相关部门联合开展“同心爱肝”促进健康志愿服务系列活动；同安总支在同安区新民镇洋厝埔村举行“送医送药下乡”“送书送教下乡”大型公益活动；多个基层组织长期关心禾山街道残疾人就业援助中心、集美福乐家园和辖区困难群众，持续开展助学活动；2次走进厦港街道进行法治宣讲。通过各种渠道提供无偿法律咨询290多件（次），参与法律援助26件次。

【民革中央主席考察厦门民革党员之家建设】 2019年12月20日，全国人大常委会副委员长、民革中央主席万鄂湘考察“厦门民革党员之家”。民革中央副秘书长兼调研部部长付悦余，民革中央联络部副部长张庆盈，民革中央调研部二级巡视员周丽萍，民革福建省委专职副主委董良瀚，厦门市副市长、民革厦门市委主委国桂荣，中共厦门市委统战部副部长曾庆军等陪同参观考察。

（游秀凤）

中国民主同盟厦门市委员会

【概　况】 2019年，中国民主同盟厦门市委员会（简称民盟厦门市委）发展新盟员106人。年底，全市盟员2207人，基层组织73个，其中基层委8个、总支2个、支部63个。新成立厦门大学第五、第六支部，26个基层组织和民盟美术院完成换届工作。新创办海沧区和同安区2个盟员之家。全年选送盟员骨干19人次参加民盟省委，市委统战部，省、市社会主义学院举办的培训班学习。举办庆祝中华人民共和国成立70周年系列活动10余次，开展全盟“不忘合作初心，继续携手前进”主题教育活动宣讲11场。2位成员分别担任市政协专委会主任和厦门大学学院院长。2位盟员届中调任和晋升区人大常委会副主任，1位盟员增补为区政协委员。1位盟员受聘为省政协特邀信息员。增补民盟市委副秘书长1名、专委会副主任5名。机关1位干部晋升中层正职，1位赴区直部门挂职锻炼。年内，民盟厦门市委先后获“民盟中央思想政治建设和宣传工作先进集体”“民盟福建省委信息工作一等奖”“厦门市委统战部信息工作一等奖”“厦门市政协先进界别活动小组”等表彰。厦门大学基层委获民盟全国高校基层组织盟务工作先进集体称号；4个基层组织获民盟福建省先进基层组织称号；14位盟员获先进个人称号。

【信息宣传】 2019年，民盟厦门市委报送信息201条，被上级有关部门采用65篇次，其中4条信息被中共中央统战部《零讯》《统战工作专刊》采用，9条信息被全国政协采用，3条信息被民盟中央采用，53条信息被省委办公厅、省政协、省委统战部及民盟省委采用。3条信息获省领导批示。2条信息经中共市委常委、统战部领导批示后作为党外人士建言专报市主要领导。年度报送稿件被民盟中央、省委网站采用近300篇，被《厦门日报》、《厦门晚报》、厦视电视台等媒体报道121篇次，省、市政协刊物报道59篇次。

【参政议政】 2019年，在厦门市政协十三届三次会议上，民盟厦门市委向大会报送6篇发言、22件提案。其中，“盘活资源要素，加快千亿产业链群建设”“建立和完善对外贸易监测预警机制，引导企业主动应对贸易摩擦”2篇口头发言获市委副书记、市长庄稼汉的批示；《关于推动厦金红砖建筑保护及联合“申遗”的对策建议》获评市政协年度优秀提案。《我市教育培训行业治理的相关建议》重要提案摘报得到市政府副市长国桂荣批示；《关于建设我市民办学校及民办教育类企业信用系统平台的思考和建议》提案促成厦门市教育培训协会成立。市政协民盟界别全年开展学习视察活动10次，向市政协常委协商议政会、主席协商议政会、民主监督性专题协商会提交19篇发言材料并做口头发言。完成调研报告3个，其中“推动村规民约法治化、提升乡村自治水平”重点课题得到市政府副市长张毅恭批示。《关于健全我省高端制造业培育链条的建议》省盟课题报告，在省政协“促进民营制造业高质量发展”专题议政性常委会议做大会发言。

【课题调研】 2019年，民盟厦门市委完成课题95个，其中民盟省委课题2个、市委统战部课题1个。选送14篇论文参加民盟中央法治论坛、经济论坛，“一带一路”文化与产业研讨会研讨，其中《浅谈“一带一路”对中国律师国际化发展的要求》入选大会口头发言，4篇论文入选书面发言，《电子数据认定规则问题研究——以网络犯罪治理为视角》获民盟中央法治论坛优秀文论三等奖。6篇课题报告转化为2020年度市政协大会发言，20多个课题转化为民盟市委提交市政协大会提案。

【专题研讨】 2019年，民盟厦门市委举办民盟闽西南协同发展区教育研讨会，漳州、泉州、龙岩、三明四市民盟组织参加。完成论文8篇，其中报送市委统战部5篇。《以党为师，积极推动民盟参政党支部标准化建设》获民盟中央组织部批示回复。《在建设高素质中国特色社会主义参政党地方组织中走前头》论文获民盟中央征文一等奖，并被《理论研究信息》刊登。一篇论文入选市政协庆祝人民政协成立70周年理论研讨会口头交流。

【社会服务】 2019年，民盟厦门市委组织机关全体人员前往田墘社区开展义务植树活动；3次前往市定安养老院开展公益慰问活动；组织民盟同心志愿者教育服务团、厦门理工学院大学生志愿者对口帮扶同安区新霞小学。社服委年内分别前往福建预备役高炮师、霞浦县下村村、玉秀等民办小学等单位，开展慰问帮扶活动10次。民盟厦门市委组织书画家走进厦门市特殊教育学校，开展“扶贫助困　共迎盛世”活动，深入霞浦下村村、同安区军营村等地，为村民们撰写春联。7位盟员获中共中央、国务院、中央军委庆祝中华人民共和国成立70周年纪念章，1位盟员获全国优秀教师称号，1位盟员获民盟中央盟务工作先进个人称号，1位盟员获福建省“五一”劳动奖章，1位盟员获福建省科学技术重大贡献奖，1位盟员获福建省技术发明奖三等奖，1位盟员获福建省技术能手，1位盟员获福建省非公有制经济优秀建设者称号，2位盟员家庭获厦门市十佳最美家庭称号，16位盟员分获厦门市优秀教师、优秀教育工作者称号，2位盟员入选中华人民共和国成立70周年厦门70位优秀女性，4位盟员获厦门市第十批拔尖人才，1位盟员被尼日利亚南部地区授予酋长称号。

（陈志毅）

中国民主建国会厦门市委员会

【概　况】 2019年，中国民主建国会厦门市委员会（简称民建厦门市委）发展新会员57人，会员总数1705人。完成29个基层组织的换届选举工作。新成立科创支部、集美区新城支部、翔安区新城支部、湖里区第六支部4个支部。报送信息489篇，被采用186篇次。其中，全国政协采用13篇、省政协33篇、中央统战部4篇、中央办公厅2篇；获国家领导人批示1篇、省领导批示1篇、市领导批示5篇。获“2017—2018年度全省民建社情民意信息工作先进单位”特等奖、“2018年度全市统战信息工作先进单位”一等奖、“2018年度市政协信息工作先进单位”一等奖。民建界别活动小组获2018年度先进界别活动小组称号。被民建福建省委授予“2017—2018年度全省新闻宣传工作先进单位”一等奖、“2018年全省组织管理信息系统工作先进单位”一等奖。省、市主流媒体报道盟员新闻稿件105篇次。

【参政议政】 2019年，民建厦门市委

在市政协十三届三次会议上，提交集体提案 20 件，作大会发言《应对国际贸易新格局　重点发展现代服务业细分市场的建议》。民建界别口头发言《推动大数据、人工智能与实体经济的深度融合》获中共厦门市委副书记、市长庄稼汉批示。2 篇议政信息作为《大会快报》，分别获副市长孟芊、卢炳椿批示。提交的《关于我市服务贸易发展的对策建议》提案获评市政协“2018 年度优秀提案”，《以创新驱动提升厦门生物医药千亿产业链的竞争力水平》获评市政协“2019 年度优秀提案”。年内，完成调研课题 150 篇，承接民建省委、市政协、市委统战部理论研究课题共 19 篇。

【企业家代表座谈会】 2019 年 2 月 23 日，民建厦门市委召开会内企业家代表座谈会，针对厦门市民营企业在经济下行大环境下经营发展中遇到的困难和问题进行交流。民建厦门市委围绕“企业在生产经营中面临的主要困难和问题”“企业经营发展的未来方向”“企业所在行业发展趋势和前景分析”等话题开展相关调研，整合形成呈阅件《影响我市营商环境的问题、线索及建议》。

【第十二届民建中小企业发展论坛举行】 2019 年 8 月 25 日，民建厦门市委举办以“加快创新　驱动发展——推动中小企业提质增效发展”为主题的第十二届民建中小企业发展论坛（研讨会）。民建福建省委原主委郭振家、民建厦门市委主委黄世忠参加会议。

【民建中央领导到厦门调研】 2019 年 10 月 29 日，全国人大常委、民建中央副主席张少琴，到厦门调研指导民建基层组织“不忘合作初心，继续携手前进”主题教育活动，并召开座谈会。张少琴一行参观考察翔安区澳头特色小镇、民建会员企业汇景集团以及在汇景集团总部设立的民建“会员之家”。

（郑有卫）

中国民主促进会厦门市委员会

【概　况】 2019 年，中国民主促进会厦门市委员会（简称民进厦门市委）以“基层组织建设年”为主题加强自身建设。开展“不忘合作初心，继续携手前进”主题教育活动，制定方案、选派会员进行主题宣讲及学习考察。号召各基层组织开展庆祝中华人民共和国成立 70 周年系列活动。制定《民进厦门市委 2019 年基层组织建设主题年工作方案》《民进厦门市委基层组织经费使用与管理实施细则》，推动基层规范建设。全年发展新会员 58 人，获“民进全国组织建设先进地方组织”称号。海沧、湖里基层委获评民进全国先进基层组织，于 3 月 30 日在民进全省基层组织建设主题年工作推进会暨先进基层组织生活观摩会上进行经验交流。做好代表人士的推荐工作，民进市委秘书长邱明发当选翔安区人大常委会副主任。乐智强、钟黎璇获评民进全国组织建设先进个人；翔安总支等 8 个总支、支部获评民进全省先进基层组织，21 名会员获评民进全省组织建设先进个人。

【宣传工作】 2019 年，民进厦门市委出版《厦门民进》双月刊 6 期 30 万字，《厦门民进工作简报》12 期，编发微信公众号 52 期 194 篇。全年在《民主》杂志发稿 4 篇，《人民政协报》发表 5 篇，《福建日报》发表 2 篇，人民网、新华网、光明网、人民政协网、统一战线网以及省市政协和统战网站采稿 200 余篇，民进中央网站采稿 54 篇，《开明视点》采稿 40 篇，在民进省委网站及公众号发稿 100 多篇（含微新闻）。获民进省委新闻宣传工作先进集体，李明辉获评民进全国优秀新闻宣传通讯员。

【参政议政】 2019 年，民进厦门市委在市政协十三届三次会议、市人大十五届三次会议期间，提交政协大会发言 7 篇，党派、界别提案 20 件，人大代表建议 14 件，委员个人提案 18 件。口头发言《关于当前经济形势下持续改善中小企业融资环境的建议》，得到市委常委、常务副市长黄强批示。报送“大会快报”8 件，《把握新机遇推进厦门高雄城市交流合作》《打造智慧博物馆盘活我市博物馆文化资源》《关于持续推进我市水环境综合整治的建议》等 6 件快报分别获庄稼汉、张毅恭、韩景义、国桂荣、孟芊等市领导批示 8 次。《关于做好普通公交衔接轨道交通规划的提案》被确立为市政协重点提案，《关于进一步完善我市人才住房实物保障政策的建议》《关于提升乡村治理水平的建议》2 件提案获评优秀提案。在省政协十二届二次会议上，4 篇课题成果转化为省政协大会书面发言，16 篇课题成果转化为省政协提案，《加快推动我省生产性服务业融入智能制造的对策建议》得到省委书记、省长等 4 位省领导批示，《建议推广“四统”建房模式破解农村宅基地紧张瓶颈》等 2 件大会快报获省主要领导批示。全年完成调研课题报告 74 篇，其中 3 篇课题获第十一届市优秀社科成果一、三等奖，5 篇课题获 2019 年民进中央优秀参政议政成果二、三等奖。民进市委获评民进省委参政议政工作先进集体、全市统战系统信息工作先进单位一等奖。

全年参加政党协商、政协协商、民主监督等重要协商议政 13 场，提交课题成果 35 篇。其中，代表民进省委参加省政协常委会会议作“以河长制为抓手，推动我省水污染防治上新台阶”专题协商口头发言，参加省政协首次远程协商作“加强我省全民健身公共服务体系建设”口头发言；参加市委主要领导与各民主党派的协商座谈会、全市社会治安综合治理情况通报会、党风廉政建设和反腐败工作座谈会 4 场，提交口头发言 4 篇；参加市政协主席会议、常委会议协商议政 4 次，对口协商、界别协商 2 次，共提交口头发言 6 篇，书面发言 9 篇，30 余条建议被市政协主席建议案、常委会建议案采纳。其中，《关于盘活闲置工业用地，推进土地资源高质量利用的建议》得到省委常委、市委书记胡昌升重要批示；《新形势下推动落实在厦台企台胞同等待遇的建议》获评市第十一届优秀社科成果一等奖；《先行先试推动“一市两标”有效落地的建议》被市政协“落实惠台政策，实现融合发展”专题民主监督性协商议政《主席建议案》头条采纳，并被吸纳进《厦门市关于探索海峡两岸融合发展新路的若干措施》；“以‘四高’标准加快推进环东海域新城建设”等 4 篇课题入选市政协常委会专题协商口头和书面发言，得到庄稼汉市长的肯定；《关于马銮湾拆迁中闽南文化载体抢救性保护的建议》经市政协专报市委、市政府决策参考。

【社会服务】 2019年，民进厦门市委参与贵州毕节试验区建设，开展“同心助学行动”，组织会内优秀教师、医生到贵州金沙县开展送教送医活动。推进“同心教育志愿者服务团”共建活动，在集美研学基地举办“2019山海协作科技夏令营”活动。开展“弘扬闽南古韵，感受传统文化——高甲戏进校园”活动。开展“悦读福袋传递爱”活动，在仙岳小学发放350个悦读福袋共1050本图书；为后溪中心小学师生开展团队拓展活动。组织会内2名心理学科教师赴政和县澄源乡中心小学和中学举办心理拓展活动和儿童心理健康专题讲座。开展扶危济困、法律咨询、公益讲座、发动捐款等公益活动，服务基层、服务民生。

【民进厦门市委获评民进全国组织建设先进地方组织】 2019年10月16—17日，民进全国组织工作会议在北京召开。民进厦门市委被授予“民进全国组织建设先进地方组织”称号。民进厦门市委主委吴丽冰赴京参加表彰大会并接受表彰。

（曾永华）

中国农工民主党厦门市委员会

【概　况】 2019年，中国农工民主党厦门市委员会（简称农工党厦门市委）履行参政党智能，参政议政，各项工作取得新成效。全年发展党员86人，其中博士27人、硕士19人，高级职称35人。至年底，有党员1471人，其中医药卫生界占47.0%，教育界占28.8%，人口资源、生态环境与科技界占5.2%，其他界别占19.0%，平均年龄54岁。开展“不忘合作初心，继续携手前进”主题教育活动，号召各基层组织开展庆祝中华人民共和国成立70周年系列活动，选送会员参加农工党省委演讲比赛，获一等奖；组织党员参加市政协举办的书画展和农工党省委举办的征文活动，分获一等奖、二等奖；组织作品参加农工党中央“同心共祝祖国好”摄影展获优秀奖。加强思想政治建设，制定《农工党厦门市委廉洁风险预警提示活动实施方案》。

【学习宣传】 2019年，农工党厦门市委组织学习习近平总书记系列重要讲话。举办“同心共筑中国梦”文艺会演，庆祝中华人民共和国成立70周年。全年在《福建日报》等省市级公共媒体上刊发新闻23篇。《投身鹭岛建设、助力服务民生》在《人民政协报》刊发，6篇履职动态新闻被人民政协报微信公众号报道。强化理论课题研究，《新时代福建省坚持好发展好完善好新型政党制度的思考》获农工党省委理论研究优秀论文特等奖。

【履职能力建设】 2019年，农工党厦门市委参与政治协商、民主监督活动。在市政协十三届三次大会上，上交集体提案15件；提案《关于加大政策支持提升我市中医药服务能力的相关建议》促成市财政加大对中医院的扶持力度，提案《应重视社区耐药菌防控工作》促成市卫健委加强社区卫生服务中心细菌耐药性检测设施的硬件建设，提案《关于进一步推进我市适老化环境建设的建议》促成市有关部门加大社区适老化改造力度并着手编制《厦门市养老服务设施专项规划（2017—2035）》，提案《关于新人口政策下儿童健康社会保障体系的建议》促进有关部门加大对儿童健康社会保障体系建设的投入，提案《关于建立和完善校园餐食安全科学监管体系的建议》促成市市场监管局强化校园及周边食品安全监管，提案《关于新人口政策下儿童健康社会保障体系的建议》获市政协优秀提案。各基层组织共完成课题51个，在农工党全省调研论文评选中，7篇获奖，其中一等奖3篇；《厦门市医疗卫生人才队伍建设问题的调研报告》获厦门市第十一次社会科学优秀成果一等奖。共收集信息314条，其中《加强控盐工作遏制高血压增多趋势》被中共中央办公厅采用，8篇信息被全国政协采用，5篇信息被农工党中央采用，4篇被中共省委、省政协采用；社情民意信息评比继续位居全省第一。

【社会服务】 2019年，农工党厦门市委为贵州省大方县慕俄格街道办事处捐赠10万元，组织发动基层党员购买大方县爱心消费农产品1万元。与农工党宁德市委合作，在霞浦县总医院设立“同心工作室”，签订三年支援协议，开展系列志愿者活动。

（汤序俭）

中国致公党厦门市委员会

【概　况】 2019年，中国致公党厦门市委员会（简称致公党厦门市委）发挥“侨”“海”特色优势，从自身建设、参政议政、海外联络和社会服务4个方面，履行参政党职能，开展“不忘合作初心，继续携手前进”主题教育系列活动。获致公党中央“致公党先进集体”“对外联络工作先进集体”等称号，获致公党福建省委“‘不忘合作初心，继续携手前进’主题教育活动先进集体”“调研与提案工作先进集体”“反映社情民意与信息工作先进集体”等称号，2个“党员之家”获致公党省委授牌。至年底，致公党员1167名，其中2019年新发展党员43名，大学以上学历42人，具有中级职称12人、高级职称8人，海外留学归国人员14人、访问学者1人。

【参政议政】 2019年，致公党厦门市委完成课题立项70项，其中重点课题10项。联合课题包括中共市委统战部党派联合重点课题“闽西南协同发展”；致公党省委课题4项，其中重点课题1项；与厦门市政协合作课题4项；中央统战部重点课题1项；中共市委统战部理论调研课题4项。课题调研成果《关于“大力培育应急产业　打造我市经济新蓝海”的建议》获中共福建省委、厦门市委常委领导批示。

在市政协十三届三次会议上，致公党厦门市委提交党派提案8件、界别提案12件，致公党界别活动小组获评“2018年度先进界别活动小组”，《大力培育人工智能产业，打造高素质的智慧之城》提案获评市政协“2018年度优秀提案”。致公党市委作《加强政府监管，推动我市幼托公共服务体系建设》的口头发言；与民建界别、九三学社市委会联合作大会口头发言《推动大数据、人工智能与实体经济的深度融合》获中共厦门市委领导批示。全年市政协主席会议、常委会议协商议题和专委会对口协商共安排5次协商会，致公党市委共作大会口头发言5次，提交书面发言材料20篇。

全年报送反映社情民意信息稿件188篇，其中《建议审慎修改汉字读音》等14篇被中央统战部采用，《关于推动国有企业混改的建议》等9篇被全国政协采用，《打造福建“丝路海运”品牌，深化“一带一路”创新合作》等29篇被致公党中央采用，《关于小学〈科学〉教材编写的建议》等12篇被省政协采用，《完善政策加强扶持，助力创新型企业抢占人工智能产业高点》获省领导批示，《关于切实加强我市朱红毛斑蛾虫害防治的建议》等5篇被中共市委统战部建言献策专报采用，《关于设立惠台法律援助中心的建议》等6篇获市领导批示。致公党厦门市委获厦门市市级统战信息工作先进单位一等奖。

【海外联谊】 2019年，致公党厦门市委接待海外侨团10多个，100多人次。举办2期海外华裔青少年夏（冬）令营，来自泰国、缅甸和印度尼西亚的40位华裔青少年参加。组团赴台调研青年创业、健康环保等有意向登陆企业，宣介惠台政策，进行招商引资。接待台湾到厦门交流访问团体，走访调研在厦门台企，关注台湾青年创业企业在厦门发展情况。承办第十一届海峡论坛·两岸社区服务恳谈会。

【社会服务】 2019年，致公党厦门市委因地制宜精准扶贫。在对口帮扶的重庆酉阳推广海藻寡糖生物肥项目，组织购买酉阳特色农产品3万多元。加大同安区东宅村、翔安区霄垄社区等对口帮扶社区的帮扶力度，开展专题项目调研，慰问贫困家庭；打造爱心苹果品牌，深入各社会服务机构、困难家庭送苹果传爱心；在后江社区、白鹭洲大酒店等单位开展公益讲座、社区宣传等志愿服务活动。构筑致公学校品牌服务，新征集课程50多门。

【致公党中央领导到厦门调研】 2019年7月1—2日，全国人大常委会委员、华侨委副主任、致公党中央副主席曹鸿鸣，带领致公党中央调研组到厦门开展促进两岸融合发展专题调研。调研组实地考察在厦台企和海峡两岸青年创新创业基地并召开座谈会。

（柯受靖）

九三学社厦门市委员会

【概　况】 至2019年底，九三学社厦门市委员会（简称九三学社厦门市委）下属9个委员会、47个支社共56个基层组织，有参政议政研究室和科技、教育文化、社会法制、医疗卫生、经济、青年工作、老龄工作、妇女工作等9个专门（工作）委员会。社员总数1217人，平均年龄52.9岁。女社员438人，占36%；高级职称社员714人，占58.7%。社员主要分布在高等教育（219人）、科学技术（458人）、医药卫生（218人），3个界别合计895人占比73.5%。九三学社厦门市委被九三学社福建省委评选为2018年度社务工作量化考评先进集体、参政议政工作先进集体一等奖、信息工作先进集体一等奖、全省新闻宣传工作先进集体、社会服务工作先进集体。社务工作量化考评先进集体社员任斌入选国务院特殊津贴专家名单，刘建辉入选自然资源部高层次创新人才，陈昌萍、韩守法获2018年度福建省科技进步二等奖，沙艳伟等12人获厦门市科技进步二、三等奖，蔡锋等3人被评为厦门市第十批拔尖人才，汪文华等4人被评为厦门市第四批创新创业人才，陈进修、刘斯远赴宁夏支教受到表彰。学习贯彻中共十九大和十九届二中、三中、四中全会精神，学习习近平总书记在参加十三届全国人大二次会议福建代表团审议时的重要讲话精神和对福建、厦门工作的重要指示批示精神。围绕庆祝中华人民共和国成立70周年、人民政协成立70周年、五四运动100周年举办系列活动。

【宣传工作】 2019年，九三学社厦门市委创办九三学社闽南书画院，举办庆祝中华人民共和国成立70周年和九三学社创建74周年书画艺术作品展。创作长篇诗歌《你的名字》，参加社省委举办的纪念五四运动100周年诗歌朗诵会。申报多党合作理论研究课题，完成研究论文16篇，其中《人民政协应用型智库建设的困境与策略》入选市政协“人民政协成立70周年理论研讨会”大会交流论文，《与共和国同行——九三学社参政历程及其启示》入选社中央“不忘合作初心，继续携手前进”主题论坛。

【参政议政】 2019年，九三学社厦门市委全年申报课题72项，立项63项，通过验收56项。《进一步优化营商环境，助力科技型民营企业发展》代表社省委在社中央主办的2019年第十四届“九三论坛”上发言，并入选福建省统战系统第十四届建言献策论坛口头发言。与社省委联合开展“加快城际轨道交通建设”“关于加强我省海洋牧场建设的建议”等课题调研，全年完成社省委立项课题8项。全年参加市政协协商议政8项。在市政协常委会议和主席会议的协商议政中，分别作《关于挖掘环东海域历史文脉、活化丙洲村文化资源的建议》《关于推动厦金跨境电商业务加速发展的建议》《完善配套政策措施，促进我市学前教育发展》《关于厦门市推动“互联网+护理服务”的几点建议》等口头发言。参与市委统战部重点课题“推进厦台城市深度交流对策研究”调研。《关于进一步加强我市保障性住房建设与管理的建议》被评为2018年度市政协优秀提案。2019年，社市委和界别共提交市政协提案24件，其中《关于推进我市传感器产业发展的建议》获市领导批示，多篇提案被政府部门采纳和应用。全年整理上报信息稿件222篇。其中，《我国成人破伤风疫苗预防接种儿近空白应引起重视》《应高度警惕民营医疗机构医学伦理委员会违规审查现象》2篇信息被中央统战部《零讯》采用，全国政协采用2篇、省政协采用10篇、省委领导批示1篇、社中央采用11篇、市委统战部专报件4篇、市委领导批示3篇。

【社会服务】 2019年，九三学社厦门市委以“消除误区、倡导全纳”为主题，连续第六年举办“世界自闭症日”宣传活动。参与“第十一届海峡论坛·海峡两岸青少年中华姓氏源流知识竞赛”的组织工作。打造新圩卫生院“同心健康服务基地”样板，组织医务界专家社员为300多位群众义诊。为海沧养殖户提供技术支持，为国家援外项目“2019年发展中国家海水养殖与水产品加工、流通贸易技术培训班”学员进行培训。举办以“蓝海无垠——高质量发展海洋经济”为主题的九三学社福建省2019（厦门）科技论坛。组织为新疆吉木萨尔小学捐赠价值8000元的体育设备，为宁夏泾源高级中学捐书4000余册。多个支社的多名社员分赴新疆、宁夏、甘肃、西藏等地区开展对口支援活动。

（张　铭）

台湾民主自治同盟厦门市委员会

【概　况】 2019年，台湾民主自治同盟厦门市委员会（简称台盟厦门市委）发展盟员3人，年末盟员总数243人，平均年龄51.5岁。具有高级职称盟员40人、中级职称盟员68人。12月，台盟厦门市委第十三次被台盟中央授予“地方级组织参政议政先进集体”称号。在台盟中央首次就对台联络及涉台信息工作年度考核评比中，获一等奖。下发《关于进一步开展“不忘合作初心，继续携手前进”主题教育实施方案》，全面启动主题教育活动。全年编辑出版《厦门台盟》6期、《台盟简讯》12期，微信公众号推送信息112条。

【参政议政】 2019年，台盟厦门市委参加中共厦门市委主题协商会3次、厦门市政协专题协商会议4次，提交发言材料7篇并作发言。被台盟中央采用并报送全国政协十三届二次会议提案素材1件，被台盟福建省委会采用并报送福建省政协十二届二次会议大会发言材料4篇、提案3件。在厦门市政协十三届三次大会期间，提交大会口头发言材料1篇、书面发言材料5篇，提交单位提案17件，其中《关于将婴幼儿托育服务纳入社会公共服务体系的建议》获优秀提案。盟员中各级人大代表、政协委员年内提交建议、提案37件。推荐2名盟员参加台盟中央第七次、第八次协商议政论坛，分获一等奖和二等奖。参与台盟中央重点课题9项，提交调研报告10篇。牵头完成中共厦门市委统战部重点课题“推进厦台城市深度交流对策研究”，就推进厦台城市深度交流提出建议，并形成呈阅件报送中共厦门市委主要领导。全年完成调研报告47篇，其中基层调研报告23篇，台盟福建省委会采用33篇，《两岸城市交流合作的对策与思考》获福建省统一战线第十五届建言献策论坛二等奖，《两岸互联网产业发展现状及对台工作建议》等2篇调研报告获台盟福建省委2019年优秀调研报告。年内，在福建省委、省政府“2018年福建省重点课题优秀调研成果”评选中，调研报告《大陆惠台新政策对台湾影响及进一步完善政策实施的建议》获三等奖，《加强闽台影视文化交流的若干建议》获特别奖；在厦门市第十一次社会科学优秀成果评选中，《集成电路产业厦台深度对接合作研究》获三等奖。全年提交社情民意信息78篇，其中《应重视推动台湾青年来大陆申请知识产权》《加强陆配群体工作，助力两岸融合》得到全国政协采用，台盟中央采用6篇，省级采用7篇。《应加强针对台湾主流社交媒体的惠台政策宣传》信息获中共厦门市委副书记陈秋雄、副市长韩景义批示。

【社会服务】 2019年，台盟厦门市委结合开展“不忘合作初心，继续携手前进”主题教育活动和庆祝新中国成立70周年活动，号召基层组织在辖区开展社会服务活动，举办“志愿活动——爱在鹭岛”。与大同中学、前埔北区小学建立共建合作关系，大同中学18名学生参加“2019两岸学生乡土文化研习营”闭营晚会。联合厦门市心血管病医院、厦门市社会科技与科普促进中心等单位到溪声社区开展“科普医疗进社区活动”；走访慰问金尚社区和溪声社区，并向20户困难群众送上慰问品和新春祝福；举办“亲近自然，快乐成长”“六一”儿童节活动，同安溪声小学的30位师生与盟员子女一起参加；参与“中华慈善日”自愿捐赠活动，机关干部职工捐款1500元。开展“快乐健步行，文明齐动手”洁净家园活动和“美丽厦门是我家，文明行车靠大家”主题活动。前往薛岭山公园开展植树节绿化养护活动。

（黄景胜）

厦门市工商业联合会（总商会）

【概　况】 2019年，厦门市工商业联合会（简称厦门市工商联、厦门总商会）围绕市委市政府中心工作，紧扣“两个健康”工作主题开展工作。至年末，企业会员9492家、团体会员245家。全年走访调研企业100余家，收集反映和建议逾300条；形成信息专报件2份，专项调研报告3份，获市委市政府主要领导肯定并批转有关部门办理；帮助

2019年5月21日，厦门市工商联（总商会）联合市商务局举办的2019厦门市招商推介会（异地商会、行业商协会专场）在厦门大唐景澜酒店召开，推介厦门市招商引资新政

（张奇辉　摄）

13家企业协调解决用地、场租补贴等问题。获评2019年度“创新中国”工商联（商会）工作优秀案例。全年实际拨付800万元帮扶甘肃省临夏州67个贫困村，筹措社会资金288万元；组织5批次，共54名民营企业家赴临夏和固原调研对接；举办第六个“国家扶贫日”活动，依托“9·8”厦洽会平台，专设展位宣传脱贫攻坚工作并现场售卖扶贫产品。履行好商协会主管职责，建立首批商协会统战工作联络员队伍，共92人。组织4次商协会秘书长联席会议，2次异地厦门商会会长联席会议。联合市商务局举办2019厦门市招商推介会（异地商会、行业商协会专场），推介厦门市招商引资新政。制定《联系区工商联和所属商协会、团体会员的实施意见》等商协会工作制度11项。推荐福建省优秀社会主义建设者15人，入选13人。全年组织完成调研课题28项，协助全联、省联开展专项调研10余次。向市政协十三届四次大会报送发言材料3篇、团体提案11件；向全联报送团体提案3件，向省联报送团体提案4件。参与市委有主题政党协商、市政协协商议政5次，参加市政协“惠台政策落实”专项民主监督活动。开展界别活动，获评2019年度优秀界别活动小组。推动《关于促进民营济健康发展的若干意见》（简称“30条”）政策落地落实。

【走访调研企业】 2019年3月1日至4月30日，厦门市工商联（总商会）到龙头骨干民企开展座谈调研活动，为企业提供政策辅导。7月底，开展中小型“三高”企业专题调研，了解企业发展现状和企业经营发展过程中遇到的瓶颈和困难，征求“三高”企业发展大会后企业对促进“三高”发展的意见建议。11月，开展细分领域隐形冠军企业挖掘调研工作，了解掌握企业发展现状，提出对隐形冠军企业重点扶持培育的意见建议。

【减税降费税联企座谈会】 2019年4月9日，厦门市工商联（总商会）、厦门市民营办联合市税务局举办“减税降费”税联企座谈会。市税务局局长张曙东出席座谈会，市税务局为与会企业代表就国家税务总局的减税降费政策具体内容、特点以及厦门市税务部门如何确保政策落地做详细讲解。

【闽西南五地市工商联第一次联席会议】 2019年4月29日，厦门市工商联（总商会）联合漳州市工商联、泉州市工商联、三明市工商联、龙岩市工商联，召开闽西南五地市工商联（总商会）第一次联席会议。会上，五地市工商联代表探讨闽西南五地市工商联协同合作发展的方向，就建立联席会议机制、联络工作机制建、信息互通机制、互助合作交流机制的合作运转模式达成一致意见，并签署《闽西南五地市工商联（总商会）合作备忘录》。

【厦门市青年企业家联合会成立】 2019年5月8日，厦门市青年企业家联合会（简称厦门市青企联）成立并召开第一次会员大会，选举禹道实业集团董事长陈朝宗为首届会长。

【第一期厦门市商协会专职秘书培训班】 2019年5月29—31日，第一期厦门市商协会专职秘书培训班在厦门市社会主义学院举办，来自51个商（协）会的专职秘书参加培训。学习习近平新时代中国特色社会主义思想，贯彻落实中央关于工商联所属商会改革发展和省委关于加强非公经济领域统战部工作的决策部署。主要目的是推进四好商会建设，推进市工商联所属商会改革，加强商会规范化建设，提高商会业务骨干的统战工作水平和业务能力，提升商会秘书处的执行力。

【市工商联参加“中国光彩事业临夏行”活动】 2019年7月1—3日，厦门市工商联（总商会）党组书记陈永东带队参加“中国光彩事业临夏行”活动。厦门市政协主席张健出席此次活动。活动共对接洽谈项目196个，投资金额490.85亿元，其中签订合同项目103个，合同金额234.82亿元；协议金额256.03亿元。达成光彩事业行消费扶贫协议金额1.75亿元，厦门东西协作消费扶贫协议金额1亿元，4家企业与临夏州农牧投资集团达成长期帮扶合作协议。

【“四好”商会评选活动】 2019年6月，厦门市工商联（总商会）以评促建，启动2018—2019年度“四好”（班子建设好、团结教育好、服务发展好、自律规范好）商会评选工作。考评采取业务处室评分、现场考核和自评相结合的原则，最终评出“四好”商会30家和十佳“四好”商会10家。

【主题消费扶贫活动】 2019年10月13日，厦门市工商联（总商会）、厦门市光彩事业促进会在五一广场举办“消费扶贫见行动、助力脱贫献爱心”主题消费扶贫活动。组织30多家参与精准扶贫、万企帮万村的商协会和企业在现场摆摊，售卖来自贫困地区、扶贫车间的农特产品。厦门市南安商会、厦门市湖北商会等100多家商协会和企业响应号召。

【中国（厦门）商人节】 2019年11月1日，由厦门市工商联（总商会）与台北市商业会、金门县商业会联合主办，以“创新创业实践者　奋力追梦新时代”主题展开的2019中国（厦门）商人节在厦门举行。参加活动的境内境外工商社团40多个，海外嘉宾和国内客商超200人。会议公布并表彰十佳“四好”商会。

（李　文）

责任编辑：曾一一
审　　稿：阳晓儒
　　　　　白延蜻
校　　对：胡　恩

10 群众团体

厦门市总工会

【概　况】2019年，厦门市基层工会总数1.62万个，覆盖单位6.97万个，会员总数169万余人，办理工会会员卡150万张。各级工会工作被中央、省级、市级主要媒体报道171篇（条）。其中，《工人日报》刊发厦门市工会新闻报道27篇、《福建日报》12篇、《厦门日报》47篇、《厦门晚报》26篇。厦门市总工会（简称市总工会）推荐2019年全国五一劳动奖状单位1个、全国五一劳动奖章2人、全国工人先锋号2个，2019年福建省五一劳动奖状单位7个、福建省五一劳动奖章23人、福建省工人先锋号20个。推荐黄瑜勤等13名“八闽工匠年度人物”宣传对象，推出先模事迹和工匠精神系列宣传报道。开展以“当好主人翁、建功新时代”为主题的厦门市第二十五届职工技术比赛，举办全市性比赛24项，区级、行业级比赛51项；举办闽西南协同发展区职工技术比赛2场。发挥劳动和技能竞赛培养、选拔技能人才的作用，参加第二十四届技术比赛的23名优胜选手被授予“厦门市五一劳动奖章”，参加福建省职工技能竞赛的11名优胜选手被授予“福建省五一劳动奖章”。在千亿产业链、重点工程项目和窗口服务行业开展“工人先锋号”创建行动，命名市级“工人先锋号”836个，其中重点项目劳动竞赛优胜集体15个。探索创建“职工学堂”，全年组织开展学历提升、职业资格、专业技能、岗位技能和文化素养5类教育培训629场，培训职工23742人次。厦门职工学堂建设经验做法在《工人日报》头版头条宣传报道。推动各级工会在重点行业、重点领域、重点对象发放《工会组建意见函》《工会组建法律监督检查意见书》《工会组建法律监督检查建议书》（简称“一函两书”）2万余份，涉及单位近4万家。全市建立工会劳动法律监督委员会约1.3万个，持证工会劳动法律监督员2万多人，劳动法律监督覆盖全市。“平安返厦”交通补贴实现线上咨询、申报、审核，全市申请人数12.4万人，审核通过约11万人，发放金额近1800万元。职工医疗互助保障范围、对象不断扩大，补助金额逐步提高，全市有70多万人参加保障，近1.7万名患病职工获得补助金4010万余元。

【共享职工之家建设】2019年，厦门市总工会在职工之家建设的基础上，就近依托现有的工会驿站、党群中心、园区驿站、四点半学校、法律咨询室、志愿服务工作站等场所，在全市范围内建成24家共享职工之家，为小微工会组织提供共建场所、共享服务。“共享职工之家”首次从园区延伸进社区、楼宇、企业，“十分钟服务圈”初具雏形。福建省总工会在总结厦门市成功经验的基础上，形成共享职工之家“125”工作机制并在全省推广。全国总工会、八闽工会微信公众号及工人日报社等先后多次宣传推广厦门经验。组织开展福建省百万职工“五小创新”活动，参赛项目661项，获奖项目115项。对48个小发明小创造优秀项目给予扶持资金128万元。组织6个优秀项目参加第十四届“海峡两岸职工创新成果展”，50个项目参加第二十三届全国发明展，获得6金10银18铜的成绩。

·小资料·

四点半学校： 为解决“家长未下班、孩子已放学”困扰，以政府购买服务的方式，推出“四点半课堂”，免费为社区小孩提供托管、辅导服务，服务点采用一个专业老师和一个大学生志愿者的管理模式，相互协助，共同照看孩子。

【帮扶慰问】2019年，厦门市各级工会开展“进企入户”走访慰问困难职工活动，开展困难职工家庭脱困解困工作。第一季度筹集资金84.1万元，专项帮扶在档困难职工182户，慰问一线职工325人；第二季度筹集使用专项帮扶资金20.3万元，帮扶全总档案困难职工110户。精准慰问和帮扶困难劳模，发放劳模生活困难补助金53.2万元、医疗补助金18.7万元。开展“八大群体”（货车司机、快递员、护工护理员、家政服务员、商场信息员、网约送餐员、房产中介员、保安员）集中入会活动，为6600余名职工补助会员会费，为新入会的1500名货车司机、快递员等群体赠送书籍和劳保用品，邀请800余名

“八大群体”职工参加中秋晚会。开展“特别的爱给特别的你”关爱环卫工人专项行动，举办“加油，快递小哥”暨“工人先锋号”授旗仪式。

【女职工特殊权益】 2019年，厦门市总工会通过“送教下基层”的方式向企业输送60场女职工保健和育儿等公益讲座，惠及女职工12000多人次。指导基层工会成立31所女职工周末学校，全市女职工周末学校665所。在女职工100人以上的机关、企事业单位普遍建立哺乳室，新建哺乳室44个，全市有哺乳室316个。继续推动暑托班建设，全市有50个基层单位开办暑托班99个，受益职工子女2400人。

【“要约行动月”启动】 2019年3月12日，由厦门市总工会承办的厦门市集体协商“要约行动月”启动仪式在市总工会举行。市协调劳动关系三方成员单位领导，各区协调劳动关系三方成员单位负责人，各区总工会、自贸区工会、产业工（联）会、部分行业协会负责人以及协商代表参加会议。全市三方各部门将充分发挥集体协商在经济新常态下协调劳动关系的基础性作用，通过深化协商对话机制，化解各类矛盾，促进企业和职工双赢。全市百人以上企业集体合同签订率超过90%。

【“五一”国际劳动节】 2019年4月27日，厦门市总工会庆“五一”系列活动在厦门五一广场举办，同期举行2019年度厦门市“最美职工”颁奖仪式、厦门市首批“职工学堂”授牌仪式、庆“五一”万名职工快闪系列活动、庆“五一”职工大联欢游园活动。特区劳模、工匠、产业工人、一线职工、台湾在厦门职工代表等上千名职工共同唱响《咱们工人有力量》《我们都是追梦人》《我和我的祖国》等主旋律，用歌声共庆“五一”，展现新时代鹭岛百万职工建功立业的精气神和争先创优、奋勇前行的新姿态，向中华人民共和国成立70周年献礼。福建省委常委、市委书记胡昌升到市总工会，与劳模、职工代表座谈，并代表市各套班子慰问辛勤工作在全市各条战线上的广大劳动者。座谈会上，劳模代表和职工代表分别讲述在各自岗位上辛勤劳动、服务发展的事迹和体会，抒发为新时代经济特区建设作贡献的理想抱负。胡昌升赞扬代表们爱岗敬业、持之以恒，在平凡岗位上创造不平凡的业绩，展现可贵的劳模精神、劳动精神、工匠精神，为全市人民树立可感可学的榜样。

2019年4月27日，厦门市五一文化广场举办“礼赞新中国鹭岛建新功”厦门市庆“五一”万名职工快闪系列活动（王星乐 摄）

【海峡职工论坛】 2019年6月16日，以“深化融合发展、增进职工福祉”为主题的2019海峡职工论坛在厦门举行，由厦门市总工会承办。中华全国总工会副主席、书记处书记阎京华出席并致开幕辞，福建省人大常委会副主任、省总工会主席黄琪玉，福建省总工会党组书记、副主席丁文清，厦门市委常委、市总工会主席倪超，台湾嘉宾等出席论坛。两岸青年职工、台胞劳模、台籍工会主席、台湾工会界青年干部200人参加论坛交流。论坛期间，组织开展职工技能交流与现场展示活动，展现两岸职工融合发展的新风貌。

【庆祝中华人民共和国成立70周年活动】 2019年9月28日，由厦门市总工会、共青团厦门市委员会、厦门市妇女联合会共同主办的“礼赞新中国·建功新时代”庆祝中华人民共和国成立70周年歌咏大会在厦门五一广场举办，共同唱响《我和我的祖国》。市委常委、市总工会主席倪超，市总工会、团市委、市妇联、厦门日报社以及各区总工会、自贸区工会、各产业工（联）会等单位领导出席活动。来自全市机关、企业、学校、工地、医院的职工、青年、妇女代表近千人参与活动，用歌声为中华人民共和国成立70周年献礼。国庆前夕，市委常委、市总工会主席倪超带队向全国劳模代表送上“庆祝中华人民共和国成立70周年”纪念章。厦门市有59名全国劳模和1名中华人民共和国成立前参加革命工作的工会老干部获得“庆祝中华人民共和国成立70周年”纪念章。

【“网聚职工正能量·争做中国好网民”主题活动】 2019年11月26日，由全国总工会与中央网信办联合主办，福建省总工会、厦门市总工会联合承办的“网聚职工正能量·争做中国好网民”主题活动在厦门举办。全国总工会党组书记、副主席、书记处书记李玉赋，省委常委周联清等出席活动。活动展示新时代职工网民构筑清朗网络空间的奋斗风采，全面总结全年开展好网民主题活动体现的特色和取得的成效。现场发布主题活动优秀成果，厦门在活动中获得“网络正能量微视频”征集活动优秀作品、“网络正能量专题活动”二、三等奖、“互联网＋普惠服务优秀平台”征集活动“最具影响力平台”、2019年“网聚职工正能量·争做中国好网民”主题活动优秀组织单位5个奖项。

【第十三届“新厦门人”集体婚典】 2019年12月1日，第十三届“新厦门人”集体婚典在厦门市工人体育馆内举行。厦门市委常委、市总工会主席倪超，副市长李辉跃，市政协副主席黄国彬，以及市委文明办、市人社局、市民政局、市总工会、团市委、市妇联、厦门晚报社等领导，各主办方代表、新人亲属和观礼的市民群众500多人出席婚典仪式。副市长李辉跃为新人证婚。集体婚典以“倡导新风尚，关爱新市民，共创新生活”为主题，更加注重关心关爱“新厦门人”群体，致力营造安居乐业良好环境，不断提升“新厦门人”幸福感和归属感。参加集体婚典的40对新人来自全国14个省、自治区和直辖市，其中有一位新郎来自宝岛台湾。新人分布在厦门市各行各业的岗位上，有工程师、医护人员、教师、辅警、社工、销售人员等。

【厦门市政府与市总工会第二十一次联席会议】 2019年12月30日，厦门市政府与市总工会第二十一次联席会议召开。市委副书记、市长庄稼汉出席会议并讲话。市委常委、市总工会主席倪超，副市长李辉跃等市领导，以及厦门市市委办、市府办领导，市、区相关部门负责人，市、区总工会领导参加会议。会议议定2020年起，对春节后返厦门就业的外地员工交通补助标准提高50%，即人均补助标准从150元提高至225元，每年所增加费用由市总工会自筹600万元，市财政补助300万元；由市资源规划局牵头，市建设局和市财政局等相关单位配合，会同市总工会抓紧办理工人体育馆项目产权；继续执行工会经费减半征收政策。

（赵庆香）

2019年12月1日，第十三届“新厦门人”集体婚典在厦门工人体育馆举行

（卢月 摄）

中国共产主义青年团厦门市委员会

【概　况】 2019年，中国共产主义青年团厦门市委员会（简称团市委）组织全市各级团组织开展庆祝中华人民共和国成立70周年系列活动，讴歌在中国共产党领导下中华人民共和国翻天覆地的历史巨变，激发广大青年爱党、爱国热情。联合市总工会、市妇联举办“礼赞新中国、建功新时代”歌咏大会，引领各行各业青年歌颂祖国、祝福祖国；开展纪念“五四”运动100周年系列活动，召开厦门市纪念“五四”运动100周年座谈会，省委常委、市委书记胡昌升，市长庄稼汉出席并寄语全市团员青年；开展“青春心向党·建功新时代”纪念“五四”运动100周年主题活动55场，覆盖青年4.3万人；举办第十届海峡两岸“读册歌”广播电视大赛，做好第十七届海峡青年论坛的保障工作；举办第三届“三门”青年论坛，厦门、澳门、金门三地青年创业者和青年专家学者交流，共话创新创业创造环境和产业合作发展前景；落实厦门市台湾青年“首来族”（首次来的台湾同胞）三年行动，吸引台湾同胞“首来族”72人到厦门交流；择优推荐24名台湾人才参评福建省引进台湾高层次人才“百人计划”。完成第十四届两岸大学校园歌手邀请赛，53所两岸高校的64名参赛选手以歌会友，走进厦门软件园实地感受特区城市建设发展的魅力和青年创新创业的活力，在团中央宣传矩阵同步报道，首次收到台湾主办方感谢信，得到团省委书记肖华鑫肯定性批示。贯彻落实“全团抓学校”工作，制定团市委机关各部室联系高校工作机制，团市委每个部门固定联系1所市直属重点高校，重点做好高校青年思想政治引领工作；推进学校共青团改革，13所市属高校以党委名义出台校级共青团改革方案，全市中学中职出台校级共青团改革方案比例92.3%，位居福建省前列。

2019年，厦门团市委召开市级非公团建专项工作推进会，指导各级团组织结合各自企业特点，灵活开展建团工作，初步探索6类（孵化器、聚合器、驱动器、指引器、服务器、连接器）非公企业建团模式。对部分开始发挥作用的团组织推广建设经验，进一步扩大团组织的覆盖和影响范围。全年推动实现332家团组织进驻“智慧团建”系统。在“厦门团团”微信公众号开设“新时代新青年”专栏，讲述身边青年故事，全年推出134期，阅读量3万余人次。成立厦门青年讲师团，组建全市首支中外青年宣讲队，讲师团走进学校、国企等单位开展宣讲活动10余场，覆盖青少年2000余人。推进青年大学习，每周平均1.3万人次团员直接参与团中央答题系统，全年累计参与人数24万人次。制作一批导向正、质量好、人气高的网络文化产品，《我们都是追梦人》《光荣啊，中国共青团》等被新华社、“共青团中央”官方微博、学习强国平台等转发，合计阅读量500余万次。开展厦门市“星星火炬心向党，鹭岛花开新时代”庆“六一”少先队主题队会暨第二十三届“鹭岛花朵”少儿文艺汇演，全市8000多名少年儿童参与，在厦门卫视宣传队会仪式和鼓号展演，通过仪式教育和文艺演出强化少先队员的思想引导。组织各级少先队组织学习总书记习近平致中国少年先锋队建队70周年的贺信的重要指示精神，举办“我是新时代红领巾”“礼赞新中国·奋进新时代”纪念少年队建队70周年主题活动，落实厦门市贯彻意见。制作《来自队歌摇篮的报告》纪录片，展现队歌精神在厦门的传承与发展。全市9家青年文明号创建集体被评为省级青年文明号，推荐12名青年职工参评省青年岗位能手。开展第三批杰出青年人才和第五批青年创新创业人才评选；指导64个项目参加省第六届“创青春”青年创新创业大赛，18个项目入围决赛，其中一等奖项目3个、二等奖项目1个、三等奖项目3个、优秀奖8个，厦门团市委获得优秀组织奖。

【基层规范化建设】2019年，厦门团市委承办福建省共青团基层组织建设工作研讨班，多个基层团组织进行经验分享。有序推进“智慧团建”系统建设，完成2000余个不规范团支部整改工作，全面梳理团组织，深入挖掘潜在团员，推动其成立团组织，开展团员报到工作。全年完成系统实名注册报到团员15.3万人，团支部6700余个，系统推进情况综合指标多次排名全省前列，得到团省委微信公众号通报表扬。深化基层组织工作创新。探索建立联合团支部，覆盖机关单位、企业、学校、园区、社区等领域。建立系统建设进度反馈机制、面对面服务机制、推进效果评估机制，不断提升团建信息化水平。

【参与社会治理】2019年，厦门团市委推进“爱心厦门”建设，将“晨曦关爱”计划和“爱在未来”青年保护计划2项内容纳入“爱心厦门”工作纲要，起草厦门市“爱心扶幼”工作举措并负责具体的推动落实。深入岛外开展乡村振兴调研，逐一走访乡村青年人才，面对面交流了解青年创业项目，挖掘培育乡村振兴工作典型。深化垃圾分类治理，强化宣传，普及垃圾分类知识，举行“新时代·新青年·新时尚”2019年青年志愿者培训暨“大手拉小手，爱心之城垃分宣导行”环保主题营，市青少年宫垃圾分类宣导亲子志愿服务队获市垃圾分类工作优秀集体。

2019年11月16日，第二十八届中国金鸡百花电影节志愿者出征大会在厦门国际会展中心海峡大剧院举行 （团市委　供图）

【精准扶贫】2019年，厦门团市委组织9支大学生实践队伍到甘肃省临夏自治州开展暑期“三下乡”活动，166人次学生参与行动，1000多名当地学生和居民受益。依托海峡青少年发展基金会，在甘肃临夏州、宁夏彭阳县、泾源县以及新疆昌吉州等地建设希望小学6所，援建“春华希望教室”2间，并向当地187名学生发放奖学金。携手龙岩共青团为68名建档立卡贫困生提供助学金；指导开展“山海牵手·益童成长”暑期夏令营，宁夏泾源县与厦门青少年共成长；推动厦门与新疆吉木萨尔县的小学生开展书信交流的活动。持续深化希望工程，继续做好“一路随行”“寒冬送暖”“春季助学”等助学项目，累计覆盖近300名贫困青少年。

【青少年权益工作】2019年，厦门团市委召开全市青年工作联席会议第一次全体会议，会议由市政府分管领导主持，市委分管领导出席，审议通过《厦门市青年工作联席会议制度》《厦门市青年工作联席会议议事规则》，推动《厦门市中长期青年发展规划（2018—2025年）》落地见效，推动部署全市青年发展工作。指导各区分别成立相应的工作机构和工作机制，推动召开各区青年工作联席会议。团市委关注特殊青年群体，预防青少年违法犯罪工作考评连续2年获得福建省第一；持续开展预防性教育，统筹线上线下渠道，市、区两级团委开展“安全自护、禁毒、法治”等主题的专项宣教活动60余场；邀请专家开展《智慧预青犯罪理论与实务研究》专题报告，提供智能化解决方案；关注新兴青年群体，开展以“鹭岛新青年·追梦共前行”为主题的“小哥课堂”系列活动，从思想引领、禁毒教育、安全自护能力提升等方面着力，组织“外卖小哥”参观城市规划馆和特区纪念馆、开展“禁毒”知识授课、参加紧急医疗救援培训。

【青年志愿者工作】2019年，厦门团市委组织754名青年志愿者参与第二十八届中国金鸡百花电影节和万国邮联大会活动保障，服务岗位35个，累计服务时长近3万小时，服务嘉宾千余人次。组织48个单位、3000余名青年志愿者参与“暖冬行动”春运志愿服务，在厦门火车站、厦门北站、枋湖汽车站、梧村汽车站、地铁1号线沿线8个站点进行志愿服务，其中4个集体、8名个人获得团中央、省级“暖冬行动”优秀志愿服务团队表彰。坚持“志愿汇”信息平台建设，至年底，厦门市录入的志愿者有258212人。

（李　灿）

厦门市妇女联合会

【概　况】2019年，厦门市妇女联合会（简称市妇联）开展“争创巾帼文明岗、建功新时代”活动，获评全国巾帼文明岗单位10个、获评省级巾帼文明岗单位37个。全市市级以上“巾帼文明岗”2100多个，创岗质量和数量居全国、福建省前列。涌现出全国巾帼建功先进集体1个、全国巾帼建功标兵3人，推荐获评厦门市妇女工作先进集体单位20个，推荐获评厦门市优秀妇女40人、推荐获评厦门市妇女工作先进个人10人。妇女创业小额担保贷款政策由4个区增加到6个区，贷款服务银行由1家增加到6家，增加妇联、金融机构双向推荐机制，申报入口由1个增加到2个。政策受惠面进一步扩大，全年扶持72名城乡创业女性，发放小额贴息贷款1408万元。举办第四届中国福建女大学生创新创业大赛，设置移动互联、文化创意、科技创新3条赛道，涵盖“互联网+”、现代农业、教育卫生领域，收到参赛项目978个，57个获奖项目优先入驻福建省巾帼众创空间示范基地。培育厦门美格农艺等3个省级重点巾帼示范基地，推广“巾帼商城”“ONE农平台—农企秀”等展示平台，重点帮扶家庭农场、巾帼农家乐新型农业经营主体。与市人社局等部门联合举办“春风送岗”家庭服务招聘会89场次，提供9000多个岗位，帮助1280名妇女实现就业。依托市妇儿中心，针对被征地农民、海域退养渔民及下岗妇女，开展公益培训196期13204人次。指导厦门市家庭服务业协会制定《厦门市家政服务规范通用要求》，推动家政从业人员诚信平台建设，录入信息平台1万多人，上榜全国“最美家政人”100个优秀故事2人。开展“鹭岛姐姐成长沙龙”“社创媛动力”“将爱进行到底”“鹭菁汇”等系列活动32场，服务妇女儿童5700人次，活动线上直播观看累计88978人次。配合开展厦门市首届国际儿童艺术节系列活动，举办“我和我的祖国”全城儿童书画征集、亲子环保创意征选、公益市集活动。对接契合“三高”（高技术、高成长、高附加值）企业青年实际需求，开展青年特点的交友联谊活动，来自36家“三高”企业的152名青年参加“恋恋秋日，缘定鹭岛”、2019软件园荧光夜跑等活动。全国妇联党组书记、副主席、书记处第一书记黄晓薇到厦门调研，对厦门市家庭工作、推动两岸妇女融合发展等经验做法批示点赞。全国妇联简讯刊发《厦门市妇联深耕细作“姐妹情一家亲”交流活动，积极打造女台胞登陆“第一家园”》工作经验。

【思想宣传】 2019年，厦门市妇联组建市妇联机关干部、基层妇联干部、“三八”红旗手代表、家庭教育讲师团、社会组织负责人5支宣讲小分队，深入街道社区、田间地头、农户庭院、企业、学校、女企协和部队军营，用通俗化的语言、互动化的方式，向妇女群众传达新思想、十九届四中全会精神。开展“巾帼建新功，厦门‘她’风采”——寻找厦门70位优秀女性活动，《厦门日报》连载刊登38位候选人先进事迹；制作70位优秀女性公益宣传灯箱32块，在厦门地铁一号线各站点展示；成立厦门女子合唱团，录制《美丽厦门你真水》MV视频，展示特区女性风采，歌唱改革开放新成就。市妇联“两微两网”（微信公众号、微博、厦门妇女网、市妇联新闻网）和全市妇联系统新媒体矩阵形成广泛传播力，微信公众号近4万粉丝群，“鹭岛姐姐”微博粉丝39.2万人，累计推送微信4968条，阅读量突破484万人次，比上年增加12.8%。开设《习近平在厦门》《巾帼心向党·礼赞新中国》《壮丽七十年·厦门“她”风采》等专题宣传71期，阅读量44.7万人次。制作“‘金’帼传播新思想·安妹引领新时尚”“爱的延续”视频，参与全国妇联“争做巾帼好网民”视频展播，其中“E时代的巾帼智慧”图片、“她之声”网络安全小课堂动漫入选全国妇联、中央网信办百个优秀女性网络文化作品评选。

【对口帮扶】 2019年11月26—27日，厦门市妇联副主席谢立武带队到对口帮扶的临夏州考察调研帮扶项目，在临夏州和政县、永靖县2个县13个村走访8户精准扶贫户、6个巾帼家美积分超市、6个扶贫车间、3个妇女之家。对厦门市妇联筹资援建的“巾帼家美积分超市”建设运行情况、“四癌”（乳腺癌、宫颈癌、卵巢癌、子宫癌）患病妇女和“春蕾计划”女大学生救助和资金落实情况进行回访，并送去慰问品。深入到厦门市援建的扶贫车间，详细了解车间发展和妇女务工情况，鼓励她们以积极的心态面对生活，用自己勤劳双手脱贫致富。市妇联发动社会力量筹集50万元资金，救助建档立卡的“四癌”患病贫困妇女40人、“春蕾计划”女大学生50人，建设“巾帼家美积分超市”20个。市妇联计划继续关心和支持临夏州脱贫攻坚和妇女事业，深化对口帮扶内容，完成厦门市年度“厦临”对口帮扶的任务。

·小资料·

春蕾计划：指中国儿童少年基金会发起实施的致力于改善贫困家庭受教育状况的公益项目。

【妇女儿童合法权益维护】 2019年，厦门市妇联综治维稳工作走在福建省妇联前列，海沧区法院家事少年审判庭等3个集体、“美丽心灵”社工戴仕梅等5名个人分别获评全国维护妇女儿童权益先进集体（个人）。加大来信、来访、来电受理，信访事项及时受理率、按期办结率、群众满意率100%。开通“2113363”免费心理咨询热线，每周一天的服务时间延长为每周工作时间全开放。融入“爱心厦门”建设，推进市妇联“春蕾助学”“四癌救助”“贫困妇女儿童关爱”等爱心活动机制化。开展2019年元旦春节慰问活动，慰问贫困妇女450人，发放慰问金36万元；救助“四癌”患病妇女、特困儿童166人，发放救助金142.5万元；资助823名贫困学生92.6万元。“六一”期间，联合市少儿图书馆、联发集团、市律协女工委等单位，为全市520名困难儿童赠书、捐建读书公园。助力高水平健康之城建设，联合中国人寿厦门分公司持续实施“关爱妇女儿童健康”项目，全市妇女儿童安康保险参保人数62132人，保费935.11万元，赔付49人次，累计赔款487.5万元。“两纲”（妇女发展纲要、儿童发展纲要）12个领域100项监测指标中，88项提前达到或超过市“两纲”终期目标，达标率88%。8月21日，市政府副市长、市妇儿工委主任国桂荣主持召开专题会议，研究推动厦门市妇女儿童发展纲要实施工作，根据省妇儿工委办要求并经专题会同意，调整厦门市“两纲”部分指标，对市妇儿工委、性别平等评估委员会的组成人员和工作职责进行调整。

【家教家风活动】 2019年，厦门市妇联开展寻找“最美家庭”活动，发动4.2

2019 年 8 月 14—18 日，第十四届厦金澎亲子夏令营在厦门、金门、澎湖三地举行

（市妇联　供图）

万人次参与投票互动，评选出市级以上最美家庭 144 户，其中全国最美家庭 2 户、福建省最美家庭 20 户，比上年增加 40%。对接省妇联优质资源，推动省市幼儿园结对，福建省实验幼儿园与厦门火炬幼儿园，福建省儿童保育院与翔安区马巷第二中心幼儿园，福建省金山幼儿园与同安区新民中心幼儿园签署协作园帮扶协议。持续开展家庭教育公益讲座“进学校、进机关、进社区、进农村、进军营”124 场，受益群众超过 2.2 万人次。开展“激荡家国情，奋进新时代”八闽好家庭好家风巡讲活动，5 户家庭参加巡讲，包括坚守父亲谷文昌清廉家风的谷豫东、两代人续写仁心仁术家风的陈强、一颗心牵动两岸家园情的台胞薛清德、大爱如山的平民慈善家游文晃等家庭。联合市纪委、市委文明办、厦门日报社开展“我的家风家训”征文活动，收到 1200 多篇投稿，《厦门日报》刊登 4 个专版 50 多篇。

【巾帼建功】 2019 年，厦门市妇联将辖区单位女性负责人、非公有制经济组织和社会组织女带头人、巾帼文明岗代表、具有专长的女性居民代表等吸纳到市、区、街（镇）、居（村）4 级妇联和妇女工作队伍中，担任妇联兼职副主席、执委。在全市各类党群活动中心深化“妇女之家”建设，在女性行业协会、众创空间、社会组织中建设“妇女之家”“妇女微家”。推动妇联组织建设向新领域、新阶层、新群体拓展和创新组织覆盖，在华天涉外职业技术学院、鸿源技术学校成立妇委会，打造乐群广场“楼宇妇女之家”、翔安“新知·妇女微家”等基层组织阵地，为妇女工作开展提供坚实有力的组织保障。实施妇女干部能力提升计划，将女干部素质提升纳入市委 2018—2022 年干部培训工作计划。依托厦门城市党建学院、厦门大学、中山大学及市妇儿中心、市妇联社会治理创新基地，设计开发公益培训菜单，常态化开展各级三八红旗集体、巾帼文明岗、专兼职妇女干部提质增能培训。市妇联自办专题培训班 5 场，培训 248 人。

【对台交流】 2019 年，厦门市妇联在第十四届厦门、金门、澎湖亲子夏令营中，邀请 20 对厦门、20 对金门亲子家庭、16 对澎湖亲子家庭，以“大手拉小手”结对模式，通过夏令营活动了解两岸文化，增加互信交流。在第十一届海峡论坛·海峡妇女论坛中，举办“拉家常共奋斗”两岸家风故事分享会、两岸家庭经典诵唱等主体活动，来自台湾的 16 个基层组织团组近 200 人参加论坛活动。邀请 6 支台湾、金门队伍到厦门参加纪念“三八”节 109 周年海峡两岸排舞交流展演，邀请台湾基层体育爱好者参加“巾帼杯”女子乒乓球比赛。建立两岸女企交流微信群，两岸女企业家协会、旗袍文化协会互动交流、互通商机，第三届海峡两岸（厦门）旗袍文化节，吸引 500 多名旗袍爱好者参加。对接 24 名在厦门优秀台湾女性人才，推荐 1 名获评福建省“三八”红旗手，1 名入选市委、市政府评选表彰的厦门市优秀妇女，3 名入选与中华人民共和国共成长厦门 70 位优秀女性。

（王舒静）

2019 年 9 月 4 日，八闽好家庭好家风巡讲走进厦门　（市妇联　供图）

厦门市科学技术协会

【概　况】 2019年，厦门市科学技术协会（简称市科协）推动产学研用融合共享，落实《厦门市院士专家工作站建设管理办法》，指导、新建院士专家工作站5个，指导7家院士专家建站单位与俄罗斯相关协会签订合作共建协议。联合厦门市工业和信息局等部门单位，分3批举办知识产权运用培训班，近350人次参加，77家企业注册使用数据库。发挥科协组织智力优势，集成市级学会、高校、相关部门资源，牵头组织市药学会、市中医药学会、市中医康复保健学会等5个单位组建"医药健康学会联合体"，打造产学研创新助力平台。年度市级学会有10项重点调研课题通过评审，转化课题向市政协提交提案4项。开展"全国科技工作者日"系列活动，走访、慰问在厦门院士和科技工作者代表，开展法律服务、举办专题讲座。举办主题为"创新创业创造·助力'三高'企业发展"的2019年市科协年会。参与主办和承办、协办"海峡科技专家论坛""2019年全国新一代人工智能高峰论坛"等国际国内论坛，与中国自动化学会签订长期合作框架协议，开展科技需求对接。联办第七届国际华人人机交互大会（Chinese CHI）和第十一届海峡西岸经济区才智战略HR论坛等国际性或全国性高端大型学术会议。落实"挂钩帮扶"和"城乡共建"任务，举办"火龙果施肥技术""草地贪夜蛾识别与防控"等农村实用技术培训6场，参训学员400多人，赠送科普书籍7000多册。推进科协系统"三长制"（学校校长、医院院长、农技站站长）工作，推荐涉农科技工作者进入各级科协领导班子，助力农村科技帮扶和"党建富民强村"工作落实。全年组织科普系列活动550余场，参与公众近40万人。"十三五"中期，厦门市公民具备科学素质的比例提升到13.4%。

2019年11月20日，市科协举办年会　　（周莹　摄）

【科普服务】 2019年，厦门市科协深化科普供给侧结构性改革，组织市航海学会、市气象天文学会等9家市属学会发挥专业优势，分别与9所中小学校对接开展"科技名家进校园"特色科普宣传和公益夏令营活动。组织2019年全民科学素质网络竞赛、"全国科普日""科技活动周""食品安全宣传周"等系列科普活动，科普基地进学校累计108场，与社区对接开展科普活动119场。实施科普中国·百城千校万村行动，推广数字科普服务，开展"家门口"的科普，建成"科普中国e站"累计229个，配备科普智慧云互动大屏92个。市科协、思明区科协和湖里区科协获评全国纲要办"2019年全民科学素质网络竞赛优秀组织单位"；市科协、思明区科协获评中国科协"2019年全国科普日优秀组织单位""科普教育基地巡游"等4项活动获评"2019年全国科普日优秀活动"。

【青少年科教】 2019年，厦门市选手在第十七届福建省青少年电脑机器人竞赛中，获得冠军1项、一等奖8项、二等奖17项、三等奖19项；在第三十四届全国青少年科技创新大赛中，获得一等奖4项、二等奖4项、三等奖4项、专项奖6项。在大赛含金量最高的竞赛类项目中，厦门市选手获奖项15项，其中一等奖数量占福建省总量近45%，专项奖数量占福建省总量75%。

【服务科技工作者】 2019年，厦门市科协发挥市科协科技工作者法律咨询服务站作用，针对学会专业特点，拓展服务科技工作者渠道，打造法律咨询"一站一线一箱"（服务站、服务热线、信箱）服务新模式，组织法律咨询进学会、进企业、进乡村、进基地，免费把法律咨询服务送到科技工作者的"家门口"，服务科技工作者1100余人次。管好、用好"科技工作者之家"，为市级学会开展学术交流提供场地和会务保障72场次。多渠道反映科技工作者的意见、建议，为市级学会和科技工作者提供良好的发展环境。

【对台交流】 2019年，厦门市科协举办海峡两岸数字经济融合发展研讨会，协办海峡论坛重点活动——海峡科技专家论坛，举办厦门市第九届暨海峡两岸第四届大学生实体建构竞赛。市科普作家协会、市信息协会、市土木建筑学会等20多家社团与台湾对口科技组织建立经常性联系，定期联合举办较大规模的学术交流、人才对接、沙龙联盟等活动。举办海峡两岸大学生建构大赛，邀请台湾、金门地区中小学生参加厦门市青少年科技创新大赛，推荐台湾、金门地区中小学生参赛项目参加福建省和全国青少年科技创新大赛。参与学校和学生数量逐年增加，竞赛项目质量不断提高。金门学生2个项目在第三十四届福建省青少年科技创新大赛中均获一等奖，在第三十四届全国青少年科技创新大赛中分获一等奖、二等奖。

（王　殊）

厦门市归国华侨联合会

【概　况】 2019年，厦门市归国华侨联合会（简称市侨联）接待到访交流考察海外代表团162个、2626人次。帮扶救助侨界困难群体1741人次，发放各类帮扶资金164万元。设立厦门市侨界青年创新创业交流基地2个，政协侨联界别小组及委员个人提案47份，完成涉侨课题45个，其中2个重点课题。举办厦门市招商大会和“侨智沙龙”活动。协办2019年习近平总书记关于侨务工作重要论述研讨会和海外华文媒体高级研修班。参与厦门市马来西亚归侨联谊会和厦门市华侨历史学会换届工作。启动全市侨联系统“基层组织建设落实年”工作，新成立侨联基层组织6个，新增“侨胞之家”4个、“侨胞之家”示范点6个。接待信访人员130人次，处理信访件41件。市侨联获得全省侨联系统信息传播工作先进集体特等奖；与华侨大学合作的华裔留学生“归根献深情，侨青志愿行”项目获得2019年大学生志愿服务社区示范项目，入选全国青年志愿服务优秀项目库。

【侨界精准帮扶】 2019年，厦门市侨联开展2019年“温暖送百家·真情暖侨心”“百侨帮百村—联村助户”等系列送温暖慰问活动，帮扶救助侨界困难群体1741人次，发放各类帮扶资金164万元。开展2019年“侨青侨商助学”活动，“一对一”帮扶侨界困难学生，累计帮扶378人次，发放助学金超过20万元。开展“爱心惠侨·高考助学”活动，爱心捐助侨界困难大学生17人，发放助学金8.5万元。市侨联通过厦门市慈善总会“侨爱心慈善基金”为26位患重病老归侨发放救助金10.1万元，会同市侨商会、同安区侨联捐赠8万元帮扶挂钩共建的同安区上陵村修建“幸福院”，与甘肃临夏州侨联签订对口帮扶协议。

【海外华裔青少年夏令营】 2019年6月2—10日，由厦门市侨联主办的首次2019菲律宾华侨华人青少年艺术夏令营在华侨大学华文学院和厦门艺术学校举办。来自菲律宾的华裔青少年20人参加，主要学习中国民族民间舞蹈、手工制作以及文化体验等课程，旨在推进中菲艺术与文化交流，传承和传播中华优秀文化。活动期间，同安区、集美区侨联承办全国侨联系统2019年海外华裔青少年“中国寻根之旅”夏令营。

【两岸侨联和平发展论坛】 2019年6月15日，2019两岸侨联和平发展论坛暨海峡两岸与港澳侨界圆桌峰会在厦门举行，论坛由中国侨联、中华侨联总会、华侨协会总会、福建省侨联主办，厦门市侨联承办。来自海峡两岸与香港、澳门及海外侨界代表150多人参加，围绕“推动两岸和平发展，致力民族伟大复兴”主题展开交流。中国侨联主席万立骏，福建省委常委、统战部部长邢善萍出席活动并致辞。

【第七届厦门市侨界联欢节】 2019年9月28日，由厦门市侨联主办、集美区侨联协办，以“侨心向祖国——庆祝中华人民共和国成立七十周年”为主题的第七届厦门市侨界联欢节在集美区老院子举行，该联欢节组织开展《侨与新中国共成长》征文，在传统媒体和互联网上刊发入选的文稿43篇，宣传侨界典型榜样，追忆侨的情怀；开展“侨心向祖国，家庭我最美”最美侨界家庭评选，评出金婚夫妻、孝老爱亲、教子有方、助人为乐及文明新风5类示范家庭50户，发挥正能量作用；举办“侨心向党”弘扬嘉庚精神侨界专场音乐会、“侨界联欢节”、侨界健步行、侨界业余羽毛球友谊赛等系列侨界群众性文化活动。联欢节集侨界才艺文化展示、涉侨服务、群众联欢于一体，搭建侨界文化展示和为侨服务的平台，包括侨界文艺演出、著名华侨摄影展、涉侨法律咨询、义诊、“我与祖国同框”等，全市各区侨联、高校侨联、归侨联谊会、华侨农场侨联、广大归侨侨眷和在厦门华裔留学生等近500人参加该次活动。

【“创客中国”侨界创新创业大赛】 2019年12月27日，2019年“创客中国”侨界中小企业创新创业大赛暨第二届中国双创领袖峰会在厦门举办，由厦门市侨联、工业和信息化部网络安全产业发展中心、市委人才办、市工业和信息化局及火炬高新区管委会主办。比赛有46个企业或创客参与，参赛项目涉及生物医疗、电子信息、文化教育等，经过2轮比赛，厦门超旋光电科技有限公司获得一等奖。

（李宗阁）

厦门市台湾同胞联谊会

【概　况】 2019年，厦门市有定居台胞3000多人，常住台胞13万人，在厦门台资企业3200多家，台商个体户近千户。厦门市台湾同胞联谊会（简称市台联）发放老台胞、老台胞遗偶生活津贴，台胞低保户生活补助金，困难台胞

2019年9月28日，第七届厦门市侨界联欢节在集美区老院子举办　（曾晓澜　摄）

家庭学生助学金以及困难台胞医疗、生活补助共275.76万元，审核台胞1136人；接待台湾师范大学、台中市大台中建筑师公会、台湾教师协会、台湾医药师公会、中华妇女联合会等团组26批次273人。召开厦门市台联第八届理事会第三次会议，审议通过《厦门市台联八届三次理事会工作报告》，明确2019年台联的工作重点和努力方向；举办“相聚厦门”台湾师范大学青年学生冬令营，组织台湾师范大学65名师生参观厦门大学、曾厝垵台胞驿站、陈嘉庚纪念馆、陈嘉庚故居等；举办“鹭岛春之约”两岸同胞新年音乐会，促进两岸青年联谊交流，感受两岸同根同源、同文同种的闽南文化；举办厦门市第九届暨海峡两岸第四届大学生实体建构竞赛，海峡两岸10所高等院校1700多人次青年学生参加活动，为两岸青年学生交流交往搭建平台；举办2019年海峡两岸青少年龙狮交流赛，来自台湾6所学校的83名师生代表参加活动，共同传承“自强、忠义、崇礼”的龙狮精神；举办2019年“相聚厦门”两岸青年教师研习营，组织来自台湾24所学校41名台湾青年教师参与，通过分享台湾教师在厦门生活经历，吸引台湾优秀人才到厦门就业、创业；举办“相聚厦门”台湾陆配创业研学营，来自台湾的40名陆配（台湾“大陆籍配偶”）参加活动，旨在关心台湾陆配群体成长，为陆配在台湾事业的发展铺路搭桥。

2019年9月20日，两岸同胞中秋联欢晚会在厦门帝元维多利亚酒店举办

（市台联　供图）

【惠台政策落实】 2019年3—5月，根据市政协民主监督工作的要求，厦门市台联开展惠台政策民主监督工作，针对在厦门台胞居住生活政策落实情况，开展调查研究并提出争取突破权限障碍、深入政策解读、加强政策宣导等意见建议，有效推动惠台政策落实，促进在厦门台胞同等待遇实现。与市教育局、市台港澳办等单位联合举办厦门市2019年台胞子女就学政策说明会，就厦门市台胞子女在校基本情况、相关安置政策以及申报入学注意事项作详细讲解，服务在厦门常住台胞子女就学，更好地落实国台办“惠台31条”“福建“66条”以及“厦门60条”惠台政策。协办第十一届海峡论坛·第十四届台湾专业人才就业创业暨台生实习见习厦门对接会，就当前厦门市台湾大学生实习、就业、创业等相关政策问题为在厦门台生答疑解惑，并组织在厦门台生参加台湾人才对接会，为台生到大陆实习见习、就业创业搭建平台。

【同名同宗村活动】 2019年6月14日，厦门市台联主办的海峡两岸“同名（同宗）村·心连心”联谊活动在厦门华侨大酒店举办。活动以两岸婚俗文化的“婚同俗”为主题，以还原闽南、客家婚俗为线索，现场布置成婚礼喜庆的氛围，摆放发放喜糖、张贴红色对联，通过展示客家擂茶、喜饼和新婚端酒给来宾敬酒等两岸乡亲熟悉的婚俗形式，营造“婚同俗”的氛围。来自大陆与台湾的10余对同名（同宗）村的乡亲、两岸嘉宾、两岸婚俗学者等300余人参加。该活动让两岸乡亲体会闽台一脉相承的文化内涵。

【第六届海峡两岸青少年新媒体论坛】 2019年6月16日，厦门市台联协办的第六届海峡两岸青少年新媒体高峰论坛在厦门开幕。来自海峡两岸的500多名青年参加论坛。全国台联会长黄志贤，中央统战部副部长谭天星，国台办副主任龙明彪，福建省委常委、统战部部长邢善萍等出席论坛。论坛以“我和你　在一起”为主题，秉承“新媒体·新青年·新应用·新发展”的主旨精神，创新论坛形式，丰富交流内涵，展示两岸新媒体的发展成果及新科技应用，让两岸青少年共享新媒体发展机遇，让台胞青年共享大陆发展机遇。

【两岸同胞中秋活动】 2019年9月20日，厦门市台联、市台商协会联合在厦门帝元维多利亚酒店举办“同胞同心·家园家圆”两岸同胞中秋联欢晚会。联欢晚会包含演唱、舞蹈、小品、独奏等节目12个。市台联党组书记、会长苏甦，市台商协会会长吴家莹，台湾中华妇女联合会理事长何建华出席并讲话。在厦门定居台胞、台商、台生、台青、台胞社区助理及两岸婚姻家庭代表等两岸同胞代表500人参加活动，以传统文化为纽带开展联谊交流。该活动加强两岸同胞联谊交流，体现“两岸一家亲”的理念。

（王珊珊）

厦门市金门同胞联谊会

【概　况】 2019年，厦门市金门同胞联谊会（简称市金联）组团到台湾、金门参访12个旅台金门同乡会及5个有关协会和企业。接待海内外金门同乡会及金门县政府教育处等有关单位、台湾嘉宾12批次241人。举办“不忘初心、牢记使命”——2019年厦门市金门同胞党员、骨干重温红色历史主题教育活动，与“金门县文化局”等主办“不忘初心 牢记使命”第五届纪念林希元两岸文化节系列活动；举办庆祝中华人民共和国成立70周年系列庆祝活动，开展以“我与共和国同龄”为主题的70岁金门同胞（简称金胞）代表庆祝祖国70华诞活动；举办“龙的传人 唱响鹭岛”庆祝中华人民共和国成立70周年合唱音乐会、《我和我的祖国》金胞专场观影活动。联合主办第七届海峡两岸老少书画摄影作品交流活动、2019年海峡两岸（厦金）古城城隍文化节。协办第十一届海峡论坛·海峡两岸关爱下一代成长论坛、2019年第十五届海峡两岸（集美）端午文化论坛、第四届海峡两岸老龄产业博览会、厦门市第一届中华传统文化论坛等两岸交流活动。组织女金胞参观厦门海堤纪念馆，组织金胞志愿者开展“快乐健步走，文明齐动手”洁净家园活动，走访慰问32名在厦门90岁以上高龄金胞。基于市公安局、市民政局、市人社局的大数据支持，建立以大数据资格年审为新的主要审核模式，为1200名申领对象免去现场审核的程序，并根据大数据匹配结果对从未申领的对象进行查缺补漏，确保专项资金应发尽发。为1099名在厦门老龄金胞登记申领生活补贴263.88万元，为142名在厦门老金胞遗偶登记申领生活补贴34.08万元，为19名在厦门困难金胞登记申领生活补助4.56万元，合计1260人申领生活补贴，补助302.52万元。

【第十五届青少年夏令营】 2019年7月29日至8月2日，由厦门市海联会、市关工委、市金联主办，市金联承办的第十五届“厦金情深·两岸一家亲”青少年夏令营在厦门举行。来自台湾、金门、澎湖的43名青少年（多为第一次来大陆）参观鼓浪屿、陈嘉庚纪念馆、鳌园、闽台缘博物馆和晋江红砖建筑群等闽南特色文化，体验包春卷、制作凤梨酥等手工项目。活动加深青少年对美丽厦门的印象和对中华文化的认同。

【两岸婚姻家庭子女大陆乡情夏令营】 2019年8月12—16日，厦门市金联、台盟市委联合举办首个福建省金联系统的2019年两岸婚姻家庭子女大陆乡情夏令营在厦门举行。夏令营围绕传承中华文化、体验大陆发展，共叙两岸亲情的主题，32名台湾青年参观、游览厦门和泉州闽南风情的城市景观，体验发展与传统相结合的闽南文化氛围，了解大陆交通、经济、科技、教育的发展，感受“两岸一家亲”的血脉亲情，激发“两岸命运共同体”的担当意识。

【市金联成立30周年座谈会】 2019年9月7日，厦门市金联召开成立30周年纪念座谈会。福建省金联、市委统战部、台湾金门同乡会总会的领导，市金联顾问、名誉会长和名誉理事，第七届理事、往届理事代表和部分金胞代表近百人出席会议。两岸金胞代表围绕“新时代新征程”的主题展开座谈交流，回顾市金联成立30年的历程，为服务两岸金门同胞奋斗不息，肯定市金联在服务乡亲联络乡情、推动两岸小三通直航、促进两地文化发展、拓展青少年交流、为两岸区域求同创新发展等方面所作贡献。期盼惠台政策能在金门先试先行早日落地，继续推动两岸的“应通尽通”“能通快通”，促进厦金经济社会融合发展共创双赢，为祖国的和平统一共同奋斗。

（粘世贤）

2019年9月7日，厦门市金联成立30周年纪念座谈会在团结大厦召开

（市金联 供图）

厦门市社会科学界联合会

【概 况】 2019年，厦门市社会科学界联合会（简称市社科联）制订社科学会、社科普及基地、社科出版物权力运行流程，提高工作效率。加强对基层社科联工作的支持和指导，推动“一区一品牌”建设，促进各区社科工作均衡发展。加强与各高校、社科研究机构的互动交流。整合社科资源，通过共建社科研究中心、合作办刊、联合课题攻关、社科优秀成果评审等多样化协作平台，建立紧密的协作机制，吸引更多社科力量参与地方发展研究。年内，“同文讲堂”以国际视野下的闽南文化及鼓浪屿厦门地方文史为主题，开展3场中小型讲座和2场大型讲座；“同文智库”与厦门多所高校合作，开展3项重点课题和一般课题研究；“同文译馆”组织完成2部外文专著的翻译研究。整理编辑出版《厦门社科丛书》之厦门文献系列第四、五辑；以“厦门名校”为主题，编辑出版2本口述历史系列丛书；编辑出版彭一万、龚洁《学术文集》；编辑出版《鼓浪屿研究》第九、十辑；编印11种《厦门社科知识普及读本》。资助出版《闽台文化概论》《厦门故迹寻踪续编》。

【学会管理】 2019年，厦门市社科联全面整理2013—2019年学会会员变动情况，协助民政局对市炎黄文化研究会等2年以上未按规定参加年检学会采取行政措施，完成9家学会的换届、53家学会的年检、3家学会的变更工作。发挥社科学会工作委员会作用，召开4次社科学会工作委员会会议；落实学会片区管理和工作协作小组制度，组织片区和协作小组活动11次，督促学会间合作开展课题研究、学术和社科普及活动，实现交叉合作、优势互补、良性互动、共同发展。举办社科联系统干部培训班，组织开展学会财务管理、学会换届、党建品牌创建等专题培训。分类指导和扶持学会活动，以社科学会“双十活动”“对台文化交流重点项目”为平台，立项资助重大社科活动10个、重点调研课题10个和对台交流重点项目10个。全年走访学会31家48次，帮助解决问题33项。

【新型智库建设】 2019年，厦门市社科联研究制订《市社科院地方智库创新工作方案》，编发《智库报告》20期。坚持“开门办院”，争取相关部门支持，从人才、机制和经费上给予保障，激发科研人员积极性和主动性，将厦门市社科院打造成“特色鲜明、制度创新、引领发展”的厦门地方新型智库。建设鼓浪屿国际研究中心等9个社科研究中心，紧扣厦门经济社会发展实际，以对策建议研究为导向，全年各研究中心有17项重点课题立项。召集厦门大学、集美大学、市委党校等高校和社科研究机构以及各区社科联召开智库联盟座谈会，发挥社科联的平台优势和作用，对接智库供需。与厦门美亚柏科股份有限公司合作新设立厦门大数据舆情分析中心，对厦门城市发展和市民关注的热点问题进行及时、深度的数据分析。市社科院编纂出版的《2019—2020年厦门经济社会发展与预测蓝皮书》，围绕“厦门市跨岛经济发展研究”“厦门智慧城市建设模式与推进策略研究”等问题展开研究，获得厦门市第十一次社会科学优秀成果三等奖。

【对台交流】 2019年，厦门市社科联立项资助全市各社科学会开展对台文化学术交流重点项目10项，包括海峡两岸（厦金）古城城隍文化旅游节、第六届海峡两岸（厦门·合肥·郑州·金门）青少年书画交流活动、第五届两岸（厦门）武术文化交流活动暨学生夏令营、“海峡两岸（厦门）产业高质量融合发展”学术研讨会、两岸（厦门）青年大学生交流与融合发展研讨会暨2019年两岸（厦门）青年大学生中华传统文化研学夏令营、两岸（厦门）企业数字化转型论坛、第四届两岸（厦门）六桂文化论坛、海峡两岸（厦门）江夏文化论坛、第十届海峡两岸（厦门）姓氏文化论坛、第十五届海峡两岸信息化论坛暨2019年海峡两岸数字经济项目对接洽谈会。指导相关社科学会举办第十一届海峡论坛·海峡两岸青少年中华姓氏源流知识竞赛、第十一届海峡论坛·2019年海峡科技专家论坛分会场—海峡两岸数字经济融合发展研讨会等活动。

【社科知识普及】 2019年，厦门市社科联举办各类专题讲座223场，其中高校讲座63场。邀请中华人民共和国国史学会会长、中国社科院原副院长朱佳木，中国社会科学院社会发展研究院院长张翼等专家学者到厦门授课，面向市民、学生宣讲中华人民共和国70周年历史和成就。组织全国“两会”备课会、十九届四中全会精神主题备课会，编辑汇总宣讲专题31篇，组织讲坛报告人深入机关、学校、军营、企业、社区开展党的理论等政治教育类讲座112场。全市社科志愿服务队139支5662人。在市社科联的组织下，全市社科志愿者主动面向社会开展160多场社科志愿服务活动，志愿者与社科志愿驿站对接，推进社科志愿服务活动常态化、制度化、专业化。全市社科普及基地69个，新增故宫鼓浪屿外国文物馆等9个市级基地和45个区级基地（其中思明12个、集美9个、海沧8个、同安8个、翔安8个），对华侨博物院等6个社科普及基地活动项目给予重点扶持。在社科普及周期间组织中华街道、浦南社区、金安社区、兴隆社区等社科普及示范点市民开展“社科基地一日游”活动，参观厦门经济特区纪念馆等7个社科基地。市社科联组织各区社科联及全市42个社科基地代表现场观摩第六批社会科学普及基地，并召开座谈会，同安区社科联、市图书馆、华侨博物院、英雄三岛战地观光园分享做好社科普及工作的心得体会，交流经验，探讨新方法和新思路。全年编印11种《厦门社科知识普及读本》，印1.26万册，59家社科学会参与。

【第十一次社科优秀成果评审】 2019年1月，厦门市社科联启动厦门市第十一次社科优秀成果评审，制订活动实施方案，成立评审委员会，由副市长国桂荣任委员会主任，市社科联党组书记、常务副主任何瑞福任常务副主任。评审收到推荐单位79个、个人申报项目639项，其中基础理论类429项（含著作类150项），应用对策研究类210项（含著作类20项）。经评审委员会全体会议原则同意和市政府常务会议研究同意，优秀成果建议名单进入公示环节，最终评出并公布一等奖21项、二等奖43项、三等奖84项。

【第十届社科界学术年会】 2019年10月，厦门市社科联举办厦门市第十届社会科学界学术年会。年会以“推动高质量发展落实赶超，加快建设高素质高颜值现代化国际化城市”为主题，采用论坛的形式，提交学术年会论坛申办方案17个。“厦门市第二届民办幼儿园园长论坛”等10个论坛申办方案入选，市社科联、社科院主要领导出席，结合论坛主题，对学术研讨提出针对性的意见。年会结束后，组委会办公室组织学术年会论坛评审专家评审，对厦门市经济师协会主办的“加快厦门跨岛高质量发展落实赶超”论坛、厦门市社会发展研究会主办的“全面优化厦门营商环境，推动民营经济健康发展”论坛、厦门大学嘉庚学院国际商务学院主办的“厦门跨境电商高质量发展的机遇与对策”论坛、厦门市中华传统文化研究会主办的“第一届厦门市中华传统文化”论坛；厦门市信息协会主办的“信用厦门”建设与发展研讨会5个论坛，给予通报表扬。12月，市社科联编印发行《厦门市社会科学界第十届学术年会论文汇编》。

【第十五届社科普及周】 2019年10月19—25日，由市委宣传部、市社科联联合举办的厦门市第十五届社会科学普及周宣传活动。该活动以“礼赞新中国　奋进新时代”为主题，360多家单位、3000多名社科专家学者、社科志愿者参与。活动举办15大项641小项内容，发放赠送各类科普书刊1.5万余册，赠送宣传品 2 万余份，70 多万人次通过网络、广播、讲座、社科知识现场宣传咨询、图片展览展示活动和发放宣传材料等，接触了解社会科学知识，其中通过网上参与的有近 60 万人次。

（市社科联）

厦门市文学艺术界联合会

【概 况】 2019 年，厦门市文学艺术界联合会（简称市文联）贯彻落实《厦门市文联深化改革方案》，加强协会建设，吸纳更多文艺人才入会，做好会员服务工作。推动区文联和行业文联建设，进一步完善文联组织网络。全市 6 个区成立文联组织，有 5 个产业行业高校文联、2 个镇街文联、1 个区域性企业文联。下属 2 个事业单位（厦门文学院、厦门书画院）、11 个文艺家协会、星海合唱团、文艺志愿服务团，6 个挂靠文艺协（学）会。全市有市级文艺家协会会员 4790 人、省级文艺家协会会员 1540 人、全国级文艺家协会会员 629 人。策划并举办“我和我的祖国——庆祝中华人民共和国成立 70 周年”厦门戏剧创作成果展；举办美术、书法、摄影、民间艺术、曲艺以及电影主题图片展；举办“美丽中国 歌甜花香”庆祝中华人民共和国成立 70 周年广场歌会等重大主题展演活动。围绕筹备金鸡百花电影节，举办厦门百年电影论坛、经典电影图片展、胶片电影展映等活动。金鸡电影节中，做好主办方中国文联的对接和服务保障等工作，确保电影节顺利开展。

【文艺创作】 2019 年，厦门市文联加大创作扶持力度，为文艺创作和人才培养营造良好氛围。加强对重大主题创作的组织引导力度，修订《厦门市文联扶持文艺精品创作暂行办法》等文艺扶持办法，并征集厦门市文联重点文艺创作题材，全年评选扶持 22 个文艺项目以及 20 名文艺人才。围绕不同主题组织文艺家深入厦门市各区、各领域、重点建设一线采风，感受经济特区建设巨大成就，围绕厦门的改革发展、创新创业、生态环境、文化建设、民生保障等主题，创作一批文艺精品。成立厦门市当代文艺评论基地，举办作品分享会、文艺沙龙、作品研讨会、作品点评会，发挥文艺评论激浊扬清的作用。做好厦门市第六届文学艺术奖评审工作，通过各类评奖、展演、评论引导创作方向、发现人才。其中，儿童文学作家徐小泓、颜妍获“2018 年冰心儿童文学新作奖”。全年出版《文艺批评家林兴宅》《高甲戏表演艺术家林英梨》《书法家白鸿》《作曲家吴火荣》《油画家、美术教育家洪瑞生》《书画家谢水墨》《书法家、书法教育家陈美祥》《曲艺家陈令督》《高甲戏表演艺术家、导演洪东溪》《画家韦江琼》《作曲家、音乐教育家赵升书方妙英》《歌唱家、音乐教育家杜声洪王瑛》12 部作品，并在厦门文联艺术展览馆举办“厦门文学艺术人物”艺术展暨丛书首发式，邀请丛书的传主或家属参与。厦门文联艺术展览馆全年举办专业性、公益性、高规格的各类展览近 20 场。推动文联新媒体阵地建设，推出“厦门文联”网站、“厦门文联”微信公众号，传递厦门市文艺信息，展示、推介厦门市文艺工作者的最新创作成果。

【文艺惠民】 2019 年，厦门市文联整合文艺资源，持续优化文艺志愿服务品牌。在全市基层单位建立文联服务点 31 个，以服务点“点菜”、市文联“送餐”的形式，常年提供文艺服务。文艺大讲堂不断细化需求，有针对性开展活动。常年举办公益培训班，每周末由协会主席团成员轮流授课，满足市民艺术需求。开展“中国文艺志愿者服务日”系列文艺活动。坚持举办节假日广场文艺活动，丰富市民和游客文化生活。

【对台交流】 2019 年，厦门市文联做好 2019 年“中华情·中国梦”中秋展演系列活动组织工作，筹划文艺演出、美术书法名家邀请展、“影像述说两岸情”摄影作品展、两岸民间工艺精品展、书画笔会等活动，为厦门市民提供一场高规格、高品质的文艺盛宴。协助中国作家协会港澳台办公室、福建省文联、福建省作协举办“光耀海丝·情满中华——海峡两岸暨港澳文学研讨会”，组织 80 多位海峡两岸及港澳地区作家、学者，以文学议题为纽带，进行交流与探讨。搭建平台，成立海峡两岸（厦门）文学、戏剧、音乐、美术、书法、舞蹈、摄影、曲艺、民间文艺、影视创作交流中心，推动各协会依托这些平台开展交流活动，扩大交流覆盖面影响力。增强在厦门台湾艺术家的归属感，3 名台湾艺术家当选市文联委员；各协会选举部分在厦门台湾艺术家为理事；动员和吸收符合入会条件的台湾艺术家加入各协会。

【市文联第十次代表大会】 2019 年 10 月 20 日，厦门市文学艺术界联合会第十次代表大会在厦门人民会堂召开。省委常委、市委书记胡昌升出席会议并讲话。省文联党组成员、书记处书记、副主席

2019 年 10 月 20 日，厦门市文联第十次代表大会在人民大会堂召开

（市文联 供图）

王来文到会祝贺并致辞。会议审议并通过第九届委员会作的工作报告和修改后的《厦门市文学艺术界联合会章程》，选举产生63名市文联第十届委员会，其中主席舒婷（女）、副主席林跃锋等9人、秘书长沈铁岩为主席团成员。

（赖妙宽）

中国国际贸易促进委员会厦门市委员会

【概　况】2019年，中国国际贸易促进委员会厦门市委员会（简称市贸促会）深化改革工作，加强招商引资力度，扩大全球化合作交流。组织28个国家（地区）、44个团组、500多个客商到厦门对接交流，新增日本、新西兰、印度尼西亚、巴西4个海外联络处，与巴西马托格罗索州发展厅、塞浦路斯工商会等5家境外经贸机构、商协会签署合作协议，与14家境外商协会、经贸机构建立工作联系，与乌兹别克斯坦、乌克兰、阿联酋等“一带一路”国家建立经贸关系。全年签发原产地证、国际商事证明书等各类证书10万多份，获批开展自由销售证明业务及中国出口商品品牌评价新业务，新开签中国—智利、中国—东盟优惠证书；深化“放管服”改革，简化商事证明手续，落实社会信用体系建设工作，引导企业加入中国贸促会企业信用服务平台（即“贸信通”），助推“以信促贸”工作新格局；发布各类经贸摩擦预警信息306条、经贸警示15篇，开展中美经贸摩擦等课题调研6个，举办法律讲座和培训7场，受理各类企业法律咨询及投诉案件20起，设立中国贸促会自贸协定（厦门）服务中心；组织291家企业到境外参加25场展会，助力提升厦门市品牌的国际知名度与影响力；为企业提供信息咨询服务292次，发布微信多图文信息625条，微信平台关注人数增长至9078人，发布网站经贸信息5200多条，浏览次数超过18万次，帮助企业掌握市场资讯。举办各类专题培训，包括安华理达合同履行阶段风险防范主题研讨会、独立站运营全攻略及财务合规专题研讨会、海关AEO认证新标准实操分享会、贸易扶持政策宣讲会等，以专家讲课、企业经验分享及现场嘉宾互动等多种形式，帮助企业及时了解政策动态、助推企业开拓发展；助力人才培养，从商会非会费收入中安排7.5万元作为“贸促英才”奖助学金回馈社会，为3名厦门籍优秀外经贸专业学子颁发“贸促英才”奖学金，为10名厦门贫困学子颁发“贸促英才”助学金。市贸促会获评“全国贸促系统商事认证工作表现突出集体”并被中国贸促会通报表扬。

海峡论坛期间，市贸促会协办首届海峡两岸工商合作论坛，海峡两岸300多位商协会和企业代表到场参会；厦门洽谈会期间，邀请22个境外团组、12个贸促会团组及商会企业团等700多人参会，联合境外参会机构举办7场经贸活动。举办跨境电商系列活动10场，举办“一带一路”系列经贸活动10场。设立中国贸促会（厦门）营商环境监测中心及30个营商环境监测点，助推一流营商环境建设。

【招商引资】2019年，厦门市贸促会完善招商引资工作机制，制定《关于进一步做好招商引资工作的实施意见》，建立重大项目会领导挂钩联系制度，牵头召开2019年招商引资工作座谈会，与各区、产业园、片区指挥部建立招商引资合作共享机制。组织6批经贸代表团出访，宣传推介厦门招商引资政策环境，对接相关企业20多批次。首谈20个投资意向的项目，总投资金额69亿元，其中落地项目6个，包括厦门国际珠宝文化创意产业交易中心、澳大利亚燕麦草进口等项目，投资金额2亿元。

【厦门国际商会第四届会员代表大会】2019年8月13日，厦门国际商会第四届会员代表大会在厦门磐基希尔顿酒店召开，选举产生新一届理事会，副市长韩景义当选名誉会长，市贸促会会长张全军当选会长，市委副书记陈秋雄、副市长韩景义、中国国际商会秘书长于健龙、福建省贸促会副会长傅健出席会议并讲话。厦门国际商会会员代表、市委市政府及有关部门领导、贸促机构、友好商协会和境外驻厦门商务机构代表近250人参加会议。

【第十八届世界商业领袖圆桌会议】2019年9月7日，由中国贸促会、中国国际投资贸易洽谈会组委会、世界贸易中心协会联合主办，厦门市贸促会、厦门国际商会承办的第十八届世界商业领袖圆桌会议在厦门国际会展中心举行。会议以“人工智能改变未来”为主题，邀请美国电气电子工程师学会、阿里巴巴集团、阿里云、云知声、华为云、法国上法兰西大区投资促进局等境内外机构嘉宾出席会议，围绕人工智能领域热点话题、前沿技术，以及国家和社会普遍关注的热点问题展开探讨，600余家企业、1000人以上参会。副市长李辉跃、世界贸易中心协会理事兼塞浦路斯世贸

2019年9月7日，第十八届世界商业领袖圆桌会议在会展中心举行

（市贸促会　供图）

中心董事梅尔让·艾夫特卡出席会议并致辞。配套举办人工智能产业推介对接活动，60余家传统制造业和生产型服务业企业参加活动。《中国日报》《人民网》《福建日报》《厦门日报》等16家媒体对会议进行宣传报道，发布原创信息30篇。

【第六届“走进非洲”论坛】 2019年9月17日，由厦门市贸促会、中国贸促会培训中心主办，厦门国际商会、中国出口信用保险公司厦门分公司承办的第六届“走进非洲”论坛在厦门宾馆举行。论坛以“务实合作，互利共赢”为主题，邀请来自毛里求斯、塞拉利昂、加纳等8个非洲国家的26位政府机构官员、商协会组织负责人，以及国内多位法律、金融、保险、企业界的专家专程参会并发表演讲，共同商讨中非产业发展环境与趋势、中国企业如何对外拓展业务、中国企业投资非洲的法律问题及投资保护等热点问题，参会企业代表200多人。厦门国际商会会长张全军、非洲英语国家工商会管理代表团团长塞弗拉茨·娜莎·戴维出席并致辞。配套举办对接洽谈会，厦门及周边近120家企业与8个国家非洲代表团成员参与商务对接，为企业“走出去”提供协助。

（胡薇薇）

厦门市红十字会

【概　况】 2019年，厦门市红十字系统公益应急救护普及培训1160场（市级161场）、培训人员130182人次。市红十字救护培训中心开设各类培训班196期，培训人数9575人次。其中，救护员培训180期，培训人数8394人次；普及培训16期，受众1181人次。元旦春节期间，厦门市红十字会（简称市红十字会）通过红十字博爱送万家活动慰问全市2700余户大病、困难家庭，发放款物合计145万余元。湖里区、海沧区、集美区红十字会各有1个社区获得省级红十字会基层组织建设示范点称号。市级红十字志愿者1766人，注册志愿者1107人，市属各志愿服务队组织志愿服务活动511场，红十字志愿者参与服务3804人次9724小时。“厦金生命救助绿色通道”全年护送患病台胞22人次返乡治疗。

【应急救护培训】 2019年，厦门市红十字会按照“市区共建，资源共享”指导思想，探索构建“中心+基地”的应急救护培训建设模式，筹划与厦门医学院合作打造国家级红十字应急救护培训基地。指导思明区红十字会巩固应急救护培训基地建设，打造集教学、训练、互动体验为一体的示范基地。协调指导集美区、湖里区红十字会建设的应急救护培训基地相继建成并投入使用。参加2019年第四届福建省红十字应急救护技能大赛，获得团体一等奖，5名队员分别获得个人一等奖1个、二等奖2个、三等奖2个。

【人道救助项目】 2019年，厦门市红十字会推进“爱心厦门”建设，市红十字会、市红十字基金会创新开展“爱心小书包”项目，线上线下募款约70万元，购置5000个爱心小书包发至10所农村小学及外来员工子弟较多的学校；开展“爱心救在身边”项目，动员企业捐赠AED（自动体外除颤器）10台，价值29.8万元，确定首批投放AED的5个点。将红十字人道救心基金的范围从儿童先天性心脏病扩大到成人先天性心脏病，并把在厦门大学生纳入救助范围，使更多群众受益；厦门市红十字会光明专项基金救助困难家庭的眼疾患者128人，用款16.93万元；红十字人道救心基金救助贫困先心患儿76人，用款83.5万元；配合爱心企业、爱心个人慰问同安区云埔村、澳溪村困难群众，累计发放23.13万元款物；艾施会红十字专项基金慰问困难群众137人次，用款15.43万元。

【扶贫工作】 2019年，厦门市红十字会发动爱心企业捐赠款物，支持扶贫协作工作，与临夏市枹罕镇马彦庄村开展结对精准扶贫。厦门伟业达投资有限公司捐款48.8万元支持马彦庄村的扶贫工作，其中24.4万元作为当年度马彦庄村贫困人口公益岗位工资，引导当地困难群众通过自己力所能及的劳动脱真贫，真脱贫；开展“红十字人道光明行”义诊活动，为马彦庄村114名困难群众进行眼疾筛查、建立健康档案；厦门信和达电子有限公司为海沧区、翔安区对口帮扶的积石山县、远靖县提供价值121万元的LED灯等物资；配合市直机关党工委做好积石山县困难群众帮扶款的收款转款工作和10家党组织20户结对帮扶家庭帮扶款的发放工作；协助爱心企业做好康乐县景谷镇的结对帮扶工作；向江西吉安市、新疆图木舒克市等地区

2019年，市红十字会、市红十字基金会开展“爱心小书包”项目，图为爱心小书包发放外来员工的学校学生

（市红十字会　供图）

援助物资 91.35 万元。

【应急救援工作】 2019 年，厦门市各级红十字会在防灾减灾周期间组织或参与演练活动 182 场，深入社区、商场等公共场所指导开展灾害疏散及应急救护演练 6 场，4000 多人直接参与。全市中小学及部分在厦门高校 175 所的 30 余万名青少年参与全市性的应急疏散演练。市红十字会举办安全知识讲座和急救技能培训 28 场，参训 2496 人；世界急救日期间，市、区红十字会共同举办宣传活动，围绕“急救，关注易受损群体”主题，为金鸡亭小区及 4 个公共场所的红十字服务驿站配备 AED，现场普及急救知识与技能。

【“三献”工作】 2019 年，厦门市红十字会直接承担造血干细胞捐献志愿者资料入库工作，协商厦门弘爱医院作为入库采集点；协调复旦中山医院作为志愿者捐前体检、复检和捐献者捐后体检医院，缩短体检等候时间，改善服务和环境。市红十字会全年组织 5 场造血干细胞捐献者资料入库集中宣传采集活动，近 700 名志愿者留下血样，报名加入中华骨髓库，超额完成省红会下达的入库任务。全年造血干细胞捐献再动员 270 例、高分辨 73 例、体检 42 例，实现捐献 11 例，累计捐献 86 例。办理遗体捐献登记 137 例（累计 1336 人），136 人登记捐献器官 / 眼角膜（累计 1425 人）。各项捐献数均位列福建省第一，其中造血干细胞捐献数、遗体捐献数、眼角膜捐献数均超全省总数的三分之一。

·小资料·

三献：无偿献血、造血干细胞捐献和人体器官捐献。

（苏映红）

厦门市残疾人联合会

【概　况】 2019 年，厦门市残疾人联合会（简称市残联）开展“不忘初心、牢记使命”主题教育，聚焦加快推进残疾人小康进程，坚持“兜底线、补短板、强弱项、提质量”。厦门市有 43163 名持证残疾人，比上年增加 706 人。按性别划分，男性 23666 人，占 54.83%；女性 19497 人，占 45.17%。按户籍划分，农村残疾人 12874 人，占 29.83%；城镇残疾人 30289 人，占 70.17%。按残疾类别划分，视力残疾 3020 人，听力残疾 2898 人，言语残疾 710 人，肢体残疾 20958 人，智力残疾 4656 人，精神残疾 7658 人，多重残疾 3263 人。按年龄段划分，0—7 岁残疾人 864 人，8—16 岁残疾人 1584 人，17—59 岁残疾人 22745 人，60 岁以上残疾人 17970 人。

【残疾人帮扶】 2019 年，厦门市残联配合市民政局落实残疾人最低生活保障，有 5301 名残疾人享受低保（含特困户），做到应保尽保；对 866 名重度（含三级精神、智力）残疾人入住托养机构实施补助 645.24 万元；支持厦门残疾人福利基金会与康养机构合作设立厦门特需人士托养基地，为 16 周岁以上的大龄自闭症、脑瘫、智力障碍人士提供日托和全托服务，填补厦门市大龄自闭症患者高需求服务短板。配合市民政局做好“两项补贴”（困难残疾人生活补贴和重度残疾人护理补贴）发放工作，累计为 24025 人次发放补贴 10657.78 万元；将 885 名残疾军人纳入投保对象，为 45748 名残疾人购买意外伤害险 90.42 万元，覆盖率 100%；进一步简化残疾人基本养老保险办理手续。制定《2019 年厦门市—临夏州东西部协作助残脱贫行动工作方案》，走访慰问临夏州贫困残疾人家庭 172 户；在临夏州各县（市）建立就业实训基地 16 个，帮助 672 名贫困残疾人家庭实现就业；适配辅助器具 526 件套，为 200 户贫困残疾人家庭实施无障碍改造；筹集 5.1 万元资助 17 名新入学建档立卡贫困大学生；出资 10 万元为当地 32 名残疾人及家属进行漆线雕技能培训。

【残疾人康复服务】 2019 年，厦门市残联出台《厦门市残疾儿童康复救助办法》，将持厦门市居住证的残疾儿童纳入救助范围，对 1199 名实施抢救性康复治疗的残疾儿童补助 1557.59 万元。为 11105 名有需求的残疾人提供精准康复服务，康复服务率 99.99%；依托社区卫生服务中心和镇卫生院，为残疾人提供康复服务 63852 人次，补助 127.84 万元；发挥康复医院专业康复作用，医院门诊康复治疗 61380 人次，住院治疗 572 人，指导社区康复 1252 人次。4519 名精神病患者服药补助 800.38 万元。市残疾人康复中心创新辅具适配工作，实现基本型辅具适配仅需 3—5 个工作日；技术人员入村居进家庭 108 次，对 38 个村居 527 名各类残疾人进行筛查评估，为 444 名残疾人适配辅具 668 件（套），完成年度任务 190%；全市为 1924 名有需求的残疾人适配辅助器具，辅具适配率 100%。

【残疾人就业】 2019 年，厦门市残联举办各类残疾人专场招聘会 23 场，209 人次达成初步聘用意向；建设福建省首个残疾人职业能力物理测评室，“一对一”心理咨询 16 人次，心理健康测评 90 人次；新增 4 家镇（街）残疾人职业援助中心；全年城镇新增就业、农村新增就业、城乡新增培训分别完成年度任务 143.78%、214.81%、121.6%。新增市级残疾人技能培训基地 1 个。开展手机维修技能培训班 2 期，开展抖音电子商务培训，28 名学员通过考核。岛外各区分别开展化肥、农药减量增效种植业实用技术培训及中草药种植等培训，193 人参训。指导 10 名盲按师实现专技等级晋升，组织 2 期盲人按摩专题讲座（交流会），持续加强盲按指导管理工作。整合出台厦门市残疾人自主创业政策，首次将残疾人创业创新孵化基地纳入奖励范围，新增对网络创业的残疾人按照灵活就业予以扶持。全年发放残疾人创业创新孵化奖励 15 万元，为 65 名自主创业残疾人发放一次性奖励 56.5 万元，为 148 名自主创业残疾人发放经营补贴 74 万元，为 526 名自主创业残疾人发放社保补贴 474.12 万元，为 65 个单位发放超比例安排残疾人就业奖励 495.02 万元，为 24 名残疾人高校毕业生发放综合补贴 24 万元，向 7 个用人单位发放奖励性补贴 3.5 万元，为在 32 家街（镇）残疾人职业援助中心的 716 名残疾人发放午餐补贴及劳动津贴 394.91 万元，为经营“爱心海西书报亭”的 4 名残疾人补助 1.44 万元，为 68 户残疾人家庭给予残疾人购置农机补助 55.99 万元。

【残疾人教育】 2019 年，厦门市残联启动实施《厦门市第二期特殊教育提升计划》，完善送教上门制度等特殊教育体系；落实教育安置政策，配合市教育局采取随班就读、送教上门等个别化教育安置。配合市教育局为15名残疾学生申请中考残疾考生认定和合理便利；召开全市特教学校职业教育工作座谈交流会，支持4所特教学校职业教育和送教上门经费263.74万元；开展残疾人助学补助专项治理，为1984名残疾人、827名困难残疾人子女发放补助404.64万元。《中国教育报》对心欣幼儿园积极探索融合教育模式进行头版报道，《消费日报》《中国残疾人》杂志对心欣幼儿园的教育模式进行专题报道。

【残疾人宣传】 2019年，《厦门日报》"残联之窗"出专版5个，厦门电视台播放手语新闻50期和游飞新闻（电视台节目下方一条蓝色滚动会的新闻）100条，电台制作《残联之声》专题节目50期，厦门市残联微信公众号报道信息160条，广泛宣传厦门市残疾人事业；市残联与省残联、厦门大学联合承办2019两岸残障人士交流嘉年华。对58个社区康复活动站、15个卫生院和2个医院进行指导与服务，开展"残疾人康复活动进社区"7场，动员鼓励500多名残疾人及家属走出家庭参与社区康复活动。开展《残疾预防和残疾人康复条例》宣传和普及16场次，在厦门电视台举办名医大讲堂5期。

【残疾人文化体育】 2019年，厦门市残联组织开展"迎新春、送祝福"文化进村居活动，近200名残疾人和残疾人工作者参与活动；举办2019年闽台残疾人书画联展；开展残疾人文化进家庭"五个一"（看一次电影、读一本书、游一次园、参观一次展览、参加一次文化活动）活动，60户残疾人家庭参与其中；为38个福乐书屋发放书籍2500多册。残疾人竞技体育获得国际、国内各类各级别赛事金牌16块、银牌4块、铜牌7块；组织开展第九届残疾人健身周活动26场，近1500名残疾人参加；市残联被中国残联和国家体育总局评为2015—2018年全国残疾人体育先进单位。

【残疾人维权】 2019年，厦门市残联做好残疾人信访工作，及时办理市长热线转办件，持续开展"理事长接访日"活动。接待来访、来电400多人次，信访件156件，办结率100%，开展残疾人群体法治宣传教育5场次；6个区均建立残疾人法律救助工作站，接访上门求助对象30例，接听咨询电话100多起；对岛外10个村和岛外BRT站点无障碍建设情况进行督导，推动岛外无障碍环境建设。开展残疾人证办理工作督促检查，规范残疾人证管理。

（林　琳）

厦门市中华职业教育社

【概　况】 2019年，厦门市中华职业教育社（简称市职教社）举办团体学校院校长座谈会、职业教育活动周、第十六届"同心·职教杯"职业院校篮球赛、第十一届海峡论坛·海峡两岸职业教育论坛、团体学校优秀思政课教师代表座谈会、市职教社第五次代表大会等活动。组织团体学校参加"黄炎培杯"第三届中华职业教育创新创业大赛、首届"黄炎培杯"中华职业教育非遗创新大赛暨非遗职业教育成果展示会、2019年度福建省职业院校技能大赛等。开展职业教育课题调研，其中《厦门高职院校特殊学生抑郁症性表现的导因分析和对治研究》课题结题，课题研究成果转化为市政协提案；《陈嘉庚职业教育思想的形成及对厦门的影响》开题并提交阶段性成果。在第四届省职教社"清海杯——黄炎培职业教育奖"评选中，厦门海洋职业技术学院、厦门华厦学院、厦门城市职业学院获优秀学校奖，厦门市海沧区职业中专学校校长夏东风获杰出校长奖，厦门城市职业学院孙淑芬、厦门工商旅游学校刘钦涛、厦门信息学校韩毅红获杰出教师奖。为团体社员学校和广大社员牵线搭桥、搭建平台，协办闽西南第二届暨厦门市第十七届校企合作对接会。发挥职业教育在脱贫攻坚中的特殊优势和作用，资助福建省诚毅技术学校、福建华夏高级技工学校、福建省鸿源技术学校就读的36名品学兼优、家庭经济困难、符合温暖工程助学条件的学生，提供每人1000元的资助；资助同安区特殊教育学校178名学生购买生活用品和学习用具等。举办厦门市中华职业教育社第五次大会，选举产生以黄世忠为主任的新一届社务委员会。第五届社务委员会及其领导班子都具有大学以上学历，平均年龄52.36岁，其中从事职业教育工作者有16人，占社务委员会总人数的64%，为新时代助推厦门市现代职业教育的发展提供有力的组织保证。

【职业教育活动周】 2019年5月5—12日，厦门市职教社与市教育局联合指导并组织12所职业学院举办以"迎祖国七十华诞　展职教时代风采"为主题的2019年职业教育活动周。该活动周内容包括组织职业院校就业创业优秀毕业生巡回报告会，开展内容丰富、形式多样的职业体验活动，开展职业教育志愿服务活动等。活动期间，厦门工商旅游学校、厦门信息学校分别走进湖里万达广场和金安社区，举行技术技能服务和志愿服务进社区活动。该活动周为社会大众了解、认可、尊重职业教育开辟窗口，为职业教育学子展示职业技能素养提供平台，展现新时代职业教育丰硕成果，扩大职业教育和职教社的社会影响力。

【厦门与港澳职业教育交流合作】 2019年5月14—18日，厦门市职教社专职副主任翁玉华随福建省职教社代表团到港澳交流访问并洽谈有关合作事宜。访问团分别与香港职业训练局、香港理工大学、香港知专设计学院，澳门劳工事务局、澳门城市大学、澳门理工学院等进行交流洽谈，了解香港、澳门在发展职业教育和职业培训方面的基本做法并就职业教育交流合作等问题进行探讨。市职教社与港澳有关方面达成职业教育合作的多项初步意向，并邀请香港职业训练局及下属有关学校和澳门劳工局、澳门城市大学参加在厦门举行的第十一届海峡论坛·海峡两岸职业教育论坛。

【海峡两岸职业教育论坛】 2019年6月15日，由中华职业教育社、台湾私立科技大学校院协进会、海峡两岸教育交流促进协会、"中华劳工共同品质产物提升暨就业辅导促进会"、台湾劳动人权协会主办，省、市职教社承办的第十一届海峡论坛·海峡两岸职业教育论坛在厦门举行。全国人大常委会委员、中华职业教育社副理事长张伯军，福建省人大常委会副主任邓力平，市人大常委会副主任陈紫萱，以及总社、省社、市委统战部领导等出席论坛。该届论坛以“高技能人才培养”为主题，举行海峡两岸职业教育论坛开幕式、论坛学术报告和两岸校长（专家）论坛3个主体活动。来自台湾和香港地区相关机构及院校的19位嘉宾和来自大陆各省区市的职业教育专家、学者及职业院校负责人等150余名代表与会。论坛期间，举办两岸校长（专家）论坛，就“融合发展：两岸职业院校建设经验与借鉴”主题进行对话。

（纪志斌）

2019年10月26日，陈嘉庚长孙陈立人出席厦门地铁1号线“嘉庚号”列车组命名仪式

（应洁　摄）

厦门市集美学校委员会

【概　况】2019年，厦门市集美学校委员会（简称校委会）举办各类展览18场，开展各类活动16场，组织党员群众参加志愿服务30余次，结对帮扶4次、文化共建20余次。支持陈嘉庚奖学金项目，资助来自泰国、菲律宾、马来西亚、新加坡等9个“海上丝绸之路”沿线国家的700多名华人学生到厦门学习深造。集美大学校主陈嘉庚获得中央宣传部、中央组织部、中央统战部等联合评选的“最美奋斗者”称号；陈嘉庚纪念馆基本陈列《华侨旗帜　民族光辉——陈嘉庚生平陈列》被中国博物馆协会陈列艺术委员会评为2009—2019年全国博物馆50家优秀基本陈列之一，并入选“博苑撷英——全国博物馆陈列艺术成果交流展（2009—2019年）”；“陈嘉庚纪念馆数字展厅”被国家文物局推选为第三批及第五批向全国推广的线上展厅；陈嘉庚孙女陈佩仪向纪念馆捐赠背面印有陈嘉庚肖像的新加坡20元纪念纸币；开展龙舟文化节系列配套活动、庆祝中华人民共和国成立70周年系列活动等各类主题活动300余场，参与群众10多万人次；为厦门27所中小学校建立课外实践基地，提供校外实践和培训场所。集美鳌园景区全年接待游客207.89万人次，比上年增长5.51%，获评福建省巾帼文明岗；集美图书馆全年接待读者459924人次，完成“党建书房”建设，编辑整理集美地方资讯91篇。

【第十四届“嘉庚杯”“敬贤杯”海峡两岸龙舟赛】2019年5月25—26日，由国家体育总局社会体育指导中心、中国龙舟协会、政协厦门市委员会、福建省体育局主办，集美区人民政府、厦门市体育局、厦门市集美学校委员会、厦门广电集团承办的“嘉庚杯”“敬贤杯”海峡两岸龙舟赛在集美龙舟池举行。市政协副主席陈昌生、陈嘉庚长孙陈立人、泰王国驻厦门总领事馆总领事婉菈葩、新加坡驻厦门总领事馆副领事梁菡桀等出席开幕式并为龙舟点睛。龙舟赛有53支队伍报名参赛，其中台湾参赛队伍27支，大陆其他省市7支、厦门市19支。集美街道男队和集美街道女队分别获得“嘉庚杯”奖、“敬贤杯”奖。

【“壮丽70年，嘉庚精神伴我行”征文活动】2019年8月20日至11月30日，由厦门市委统战部指导，集美校委会、陈嘉庚教育基金会、厦门日报社联合主办的“壮丽70年，嘉庚精神伴我行”征文活动发布通知，旨在庆祝中华人民共和国成立70周年，纪念陈嘉庚诞辰145周年，回顾陈嘉庚回国参政70周年、陈嘉庚教育基金会成立30周年走过的不平凡历程。征文内容围绕讲述在嘉庚精神的影响和激励下，投身中华人民共和国建设，成长、成材的人生故事；在嘉庚精神影响下，完成学业、勤奋工作、奉献社会的人生历程；反映亲身参与宣传弘扬嘉庚精神的精彩片段。收到各类应征作品1124篇，涵概纪实散文、随笔、诗歌、辞赋等多种体裁，最终有50篇作品获奖并汇集成册。

【厦门地铁“嘉庚号”】2019年10月26日，在第二届“嘉庚文化周”活动中，厦门市委统战部、集美校委会牵头协调，将厦门地铁1号线列车组命名为“嘉庚号”，继厦门大学“嘉庚号”科考船之后，首次以“嘉庚号”命名地铁列车组。陈嘉庚长孙陈立人胸前佩戴着“嘉庚花”，出席厦门地铁1号线“嘉庚号”列车组命名仪式。在“嘉庚号”地铁列车组中计划设置嘉庚文化主题车厢，车厢上记录嘉庚精神的由来、内涵，习近平总书记给集美校友总会的回信。当列车通过集美学村站时，车厢内还将利用声光电等新媒体载体，向游客介绍陈嘉庚创办的集美学村，宣传嘉庚精神。

·小资料·

嘉庚花：陈嘉庚生前最喜欢石斛兰，为纪念陈嘉庚所作出的贡献，新加坡兰花协会将培育出的石斛兰新品种命名为“嘉庚花”。

（李　艳）

责任编辑：林德全
审　　稿：曲　艺
校　　对：胡　恩

11 法 治

地方立法

【概　况】2019年，厦门市坚持科学立法、民主立法、依法立法。市人大发挥一审专委会作用，对重要制度设计、重大利益调整和争议较大的立法事项加大论证和协调力度。全年，市人大常委会审议法规草案17部，通过12部（新制定6部、修改5部、废止1部）。

【市政府机构改革涉及职责调整问题的决定】2019年3月11日，厦门市第十五届人民代表大会常务委员会第二十三次会议通过《厦门市人民代表大会常务委员会关于市人民政府机构改革涉及厦门地方性法规规定的行政机关职责调整问题的决定》，于当日以厦门市第十五届人民代表大会常务委员会公告第十三号公布，自3月12日起施行。该决定共6条，明确市人民政府机构改革涉及厦门地方性法规规定的行政机关职责调整的处理原则和任务要求，为确保行政机关依法履行职责、开展工作，推进国家机构设置和职能配置优化协同高效提供法制保障。

【《厦门经济特区社会信用条例》施行】2019年4月26日，厦门市第十五届人民代表大会常务委员会第二十五次会议审议通过《厦门经济特区社会信用条例》，于当日以厦门市第十五届人民代表大会常务委员会公告第十四号公布，自6月1日起施行。该条例共8章55条，对部门职责、信息收集与公开、激励与惩戒、主体权益保护、服务行业发展与规范、环境建设以及法律责任作具体规定，对规范社会信用管理、提高社会信用水平、创新社会治理机制、培育社会信用服务产业、营造诚实守信的社会环境起促进作用。

【《厦门经济特区鼓浪屿世界文化遗产保护条例》施行】2019年6月28日，厦门市第十五届人民代表大会常务委员会第二十六次会议审议通过《厦门经济特区鼓浪屿世界文化遗产保护条例》，于当日以厦门市第十五届人民代表大会常务委员会公告第十五号公布，自7月8日起施行。2012年6月29日，厦门市第十四届人民代表大会常务委员会第三次会议通过的《厦门经济特区鼓浪屿文化遗产保护条例》同时废止。《厦门经济特区鼓浪屿世界文化遗产保护条例》共6章47条，明确鼓浪屿世界文化遗产的保护原则与主管部门，规范规划与管理、传承与利用、共享与保障等方面内容，为加强鼓浪屿世界文化遗产的保护，保持“鼓浪屿：历史国际社区”的真实性和完整性，促进历史文脉的传承和可持续发展提供法制保障。

【《厦门经济特区旅游条例》审议通过】2019年10月25日，厦门市第十五届人民代表大会常务委员会第二十八次会议审议通过《厦门经济特区旅游条例》，于当日以厦门市第十五届人民代表大会常务委员会公告第二十号公布，自2020年1月1日起施行。1997年11月11日，厦门市第十届人民代表大会常务委员会第三十三次会议通过，根据2003年7月15日、2004年6月4日、2010年7月29日厦门市人民代表大会常务委员会的决定修正的《厦门经济特区旅游管理条例》同时废止。《厦门经济特区旅游条例》共6章51条，明确规划与促进、设施与服务、规范与监管以及法律责任等方面的内容，为保障旅游者和旅游经营者的合法权益，规范旅游市场秩序，促进旅游业持续健康发展提供法制保障。

【《厦门经济特区电梯安全管理条例》审议通过】2019年11月28日，厦门市第十五届人民代表大会常务委员会第二十九次会议审议通过《厦门经济特区电梯安全管理条例》，于12月2日以厦门市第十五届人民代表大会常务委员会公告第二十一号公布，自2020年3月1日起施行。该条例共7章47条，明确相关主体责任，对选型配置和生产、使用、维护保养和检验检测、监督管理以及法律责任等作具体规定，对加强电梯安全管理，预防和减少事故，保障人身和财产安全提供法制保障。

【《厦门经济特区促进土地节约集约利用若干规定》审议通过】2019年12月31日，厦门市第十五届人民代表大会常务委员会第三十次会议审议通过《厦门经济特区促进土地集约利用若干规定》，于当日以厦门市第十五届人民代表大会常务委员会公告第二十二号公布，自2020年2月1日起施行。该条例共5章35条，明确土地集约利用的原则和部门职责，对土地优化利用、存量土地盘活、监督管理等作具体规定，为促进土地节约集约利用，促进招商引资，推动经济高质量发展提供法制保障。

（市人大）

政法委及综治

【概　况】2019年，厦门市各级政法部门深化平安厦门建设，推进“主动创稳”“铸魂创安”“强基创先”三创工程和“飓风肃毒”“净网”等专项行动，全面启动社会治安防控体系标准化城市创建，保持对违法犯罪的严打高压态势。全年执行大型活动安保任务799场，安保维稳万无一失。为期3年（2017—2019年）的道路交通亡人事故专项整治圆满收官。2019年，厦门市年终测评群众安全感率99.23%，居全省第一，厦门市在全省综治考评中位居第一。探索厦门特色市域社会治理现代化道路，开展“家住厦门”小区治理试点，“智慧小区”试点工作获评“中国互联网+政务服务优秀实践案例”。厦门市成立全国首个金融司法协同中心，“诉讼与公证协同创新”机制在全国推广；成立全省首个市域社会治理智能化研究会和司法大数据服务社会治理实践基地，“e政务”便民服务模式在全省推广，获评第九届中国智慧城市十强；厦门市市域社会治理经验做法在全国会议上交流，被《中办专报》等媒体刊载。

2019年，市各级政法部门持续推进为期3年（2018—2020年）扫黑除恶专项斗争。年内，打掉黑恶势力团伙27个，打掉“套路贷”犯罪团伙49个，共321人；查处涉黑涉恶“保护伞”21件，共21人；查扣冻结涉黑恶资产11.6亿元，判处罚金3467万元，追缴违法所得1640万元。扫黑除恶好评率86.24%，居全省前列，“大数据+扫黑除恶”工作模式在中央政法委创新经验交流会上作经验介绍，校园及周边安全整治工作获公安部肯定并在全国经验交流会上推广。

2019年，市政法系统如期完成机构改革，原市综治办等撤销，职能和人员并入市委政法委。全市各镇街配备政法委员38人，组建厦门长安网宣矩阵。莲前派出所获评全国首批“枫桥式公安派出所”。被誉为“时代楷模”的陈清洲获全国“最美奋斗者”称号，其原型电影《情满万家》在全国公映。厦门市涌现获全国“新时代司法为民好榜样”苏国强等典型。

【“主动创稳”工作】2019年，福建省委常委、厦门市委书记胡昌升提出推动全市政法维稳工作由“被动维稳”向“主动创稳”转变的新思路、新战略，先后主持召开市委政法工作会议、全市主动创稳暨公安工作会议，成立由市委书记担任组长的领导小组，出台全市全面推进主动创稳工作意见。全市政法系统实施“主动创稳”“铸魂创安”“强基创先”三创工程，建立健全稳定风险评估、情报收集研判、矛盾多元调处、教育帮扶管控、专群队伍建设等一揽子工作机制，形成具有厦门特色的主动创稳制度体系，推动“应急向常态、静态向动态、单一刚性向刚柔并济、突击式向制度化、专门力量向专群结合”五大转变。非正常上访批次、人次分别比上年下降33.9%、46.9%，刑事警情下降14%、创10年新低。全市安全稳定工作的主动性、各类风险隐患的可控性、人民群众对稳定价值的认同感得到提升。

【智慧政法建设】2019年，厦门市政法系统完善城市公共安全管理平台、政法综治信息平台、社会治理协同平台等网络基础设施，实现数据资源交互融通。市政法委统筹推进跨部门涉案财物管理平台、“家住厦门”、警用无人机等一批重要项目应用，运用新技术抓获重大在逃人员劳某某。公安机关创新“智慧安保”新模式，增强智能感知、即时预警、精确防护，助力金鸡百花电影节、厦洽会、海峡论坛等799场次重大活动、52批次警卫任务实现绝对安全。深化“雪亮工程”建设，联网全市视频监控114548路，建成人脸识别监控10094路。推进人防物防技防一体化建设，开展“智慧安防小区建设”，创建“无入室盗窃案件小区（自然村）”157个。法院系统组织全国首场5G+VR庭审（厦门市思明区法院公开庭审网红品牌“鹿角巷”著作权之争）直播，应用大数据中心、庭审语音识别、电子卷宗等司法科技，“律师服务平台”在全省推广并获颁“2019互联网+政务服务创新应用奖”，“全在线”诉讼平台、“好厝边”诉前解纷平台等推出。全国首家“数助决策”实践基地落户翔安法院，全省首家市域社会治理智能化研究会在厦门成立。

【市域社会治理现代化试点】2019年，厦门市开展全面创建全国首批市域社会治理现代化试点城市工作，完善共建共治共享的社会治理制度，推动治理重心下移、资源下沉，开展“家住厦门”小区试点，湖里区“小区党建引领基层治理”获评全国“十大社区治理创新案例”。创新发展新时代特区版“枫桥经验”，完善人民调解、行政调解、司法调解联动工作体系，加强诉源治理、诉调对接，健全分级分类疏导化解和教育稳控机制，提高基层化解矛盾纠纷能力。多元化纠纷解决机制建设经验在全国政法领域全面深化改革推进会议上作书面交流。深化司法体制及综合配套改革，成立全国首个金融司法协同中心，“诉讼与公证协同创新”机制在全国推广。深化“大数据”运用，成立全国首家“数助决策”实践基地，“e政务”便民服务获全省改革创新第一名。厦门市试点经验在全国市域社会治理现代化工作会议上做交流。

【“五安”平安系列工程】2019年，厦门市以群众最有感、最需要、最关切的领域为切入点，将各领域“小平安”汇聚成全市“大平安”。抓实“家安”工程，推进人防、物防、技防一体化建设，开展“智慧安防小区建设”，创建“无入室盗窃案件小区（自然村）”157个，入室盗窃案件破案率65.74%，居全省前列。抓实“路安”工程，聚焦安全、兼顾效率，完成道路交通亡人事故专项整治，2017—2019年交通事故死亡人数较前3年减少289人，同比下降30.71%。科学实施隧道变道通行、快速路限速值提升、公交专用车道等举措，畅通城市交通。抓实“食安”工程，从严从快打击食品领域违法犯罪，推动基层食品安全监管网格化与社会治理网格平台融合，助力建设人民满意的食品安全城市。抓实“业安”工程，推动学校、医院、水电油气单位升级安防措施，建立重点单位“警保联动”小组686个，校园安保经验获公安部、教育部推广。抓实“心安”工程，强化打击电信网络诈骗犯罪，将心理健康服务体系建设纳入平安厦门、文明城市创建重要内容，构建多渠道心理关爱服务平台，健全社会心理服务体系和危机干预机制。

（曾永兴）

2019年12月26日，法治政府示范创建第三方评估组评估活动之一，法律知识测试在市司法局举行（许伟伟　摄）

法治政府建设

【概　况】2019年，中共厦门市委十二届十次全会提出要“加快建设法治中国典范城市，努力在坚持和完善中国特色社会主义法治体系上走前头、作示范”。增设法治政府示范创建活动开展情况为考评指标，量化纳入年度目标责任（绩效）考核体系。厦门市入围“全国法治政府建设示范市”候选地区，获全国法治政府建设第三方评估组好评。市司法行政系统推进法治政府建设示范创建活动，持续推动依法行政，强化行政执法监督，加快建设法治中国典范城市，完成中华人民共和国成立70周年安保维稳任务。厦门市获评全省“七五”普法中期先进集体。

【政府法制】2019年，厦门市开展建筑外立面装饰装修、闽南文化保护与发展、电梯安全、旅游等重点领域立法工作，加快推动《厦门经济特区促进土地节约集约利用若干规定》立法进程，推进水资源、生态文明建设、机动车排气污染防治、筼筜湖区保护等地方性法规清理工作。全年向市人大常委会提请审议法规草案和修正案草案11件，制定规章4件。完善立法咨询专家制度，召开专家论证会10次，邀请专家学者80余人次，对立法项目和立法计划项目进行论证。出台基层立法联系点规定，确定18家单位为首批基层立法联系点。

【规范性文件管理】2019年，厦门市修订《厦门市行政机关规范性文件管理办法》，以市政府令第178号公布施行。在全市行政机关推行程序完备、权责一致、相互衔接、运行高效的规范性文件合法性审核机制，确保所有规范性文件出台前均经过合法性审核。全年审查各区政府、市直各部门、各开发区管委会报送的规范性文件138件。（见表11-1）

表11-1　**2019年厦门市人民政府规范性文件目录**

序号	规范性文件文号	文件名	发布日期	实施日期
1	厦府〔2019〕10号	厦门市人民政府关于印发进一步降低企业成本若干政策措施的通知	2019.1.12	2019.1.12
2	厦府办〔2019〕25号	厦门市人民政府办公厅关于修改厦门市集体土地上房屋征收纠纷裁决工作规程若干条款的通知	2019.2.21	2019.2.21
3	厦府办〔2019〕40号	厦门市人民政府办公厅转发市国土房产局关于调整住宅房屋征收过渡安置期限及临时安置费标准意见的通知	2019.3.26	2019.3.26
4	厦府办〔2019〕42号	厦门市人民政府办公厅转发市金融监管局关于非上市股份有限公司股权登记托管管理办法的通知	2019.3.27	2019.1.1
5	厦府〔2019〕110号	厦门市人民政府关于印发进一步支持中小企业发展若干措施的通知	2019.4.12	2019.4.12
6	厦府办〔2019〕48号	厦门市人民政府办公厅关于印发规模生猪养殖场考核办法的通知	2019.4.24	2019.4.24
7	厦府办〔2019〕50号	厦门市人民政府办公厅关于印发招商中介机构及项目引荐人奖励办法的通知	2019.4.26	2019.4.26
8	厦府〔2019〕144号	厦门市人民政府关于印发加快创新驱动发展若干措施的通知	2019.5.13	2019.5.13

续表 11-1

序号	规范性文件文号	文件名	发布日期	实施日期
9	厦府〔2019〕153 号	厦门市人民政府关于加强就业服务促进就业稳定的通知	2019.5.15	2019.5.15
10	厦府〔2019〕159 号	厦门市人民政府关于加强第十一届海峡论坛期间民用小型航空器和空飘物管理的通告	2019.5.28	2019.6.15
11	厦府〔2019〕176 号	厦门市人民政府关于在环境高风险领域推行环境污染强制责任保险制度的意见	2019.6.18	2019.6.18
12	厦府〔2019〕240 号	厦门市人民政府关于印发进一步促进影视产业发展若干规定的通知	2019.8.15	2019.1.1
13	厦府〔2019〕256 号	厦门市人民政府关于改革国有企业工资决定机制的实施意见	2019.9.2	2020.1.1
14	厦府〔2019〕267 号	厦门市人民政府关于印发加强农村村民住宅建设管理意见的通知	2019.9.9	2019.9.9
15	厦府〔2019〕268 号	厦门市人民政府关于印发融资担保公司监督管理办法的通知	2019.9.8	2019.9.8
16	厦府办〔2019〕89 号	厦门市人民政府办公厅转发市对口支援办关于推进东西部扶贫产业合作若干措施的通知	2019.9.20	2019.9.20
17	厦府办〔2019〕90 号	厦门市人民政府办公厅关于印发厦门市排污许可管理暂行办法的通知	2019.9.23	2019.9.23
18	厦府办〔2019〕87 号	厦门市人民政府办公厅关于印发厦门市金融人才计划实施办法的通知	2019.9.21	2019.9.21
19	厦府〔2019〕279 号	厦门市人民政府关于印发促进股权投资行业发展若干措施的通知	2019.9.21	2019.1.1
20	厦府〔2019〕280 号	厦门市人民政府关于印发扶持金融业发展若干措施的通知	2019.9.21	2019.10.1
21	厦府〔2019〕284 号	厦门市人民政府关于印发工业企业用地增资扩产提容增效管理办法的通知	2019.9.26	2019.9.26
22	厦府办〔2019〕102 号	厦门市人民政府办公厅关于推进厦门两岸股权交易中心建设促进区域性股权市场发展的通知	2019.11.7	2019.11.7
23	厦府办〔2019〕97 号	厦门市人民政府办公厅关于促进全民健身和体育消费推动体育产业高质量发展的实施意见	2019.11.1	2019.11.1
24	厦府办〔2019〕101 号	厦门市人民政府办公厅关于印发进一步激发文化和旅游消费潜力实施意见的通知	2019.11.5	2019.11.5
25	厦府〔2019〕343 号	厦门市人民政府关于加强第 28 届金鸡百花电影节期间民用小型航空器和空飘物管理的通告	2019.11.23	2019.11.19
26	厦府办〔2019〕108 号	厦门市人民政府办公厅关于印发加快数字经济融合发展若干措施的通知	2019.11.26	2020.1.1
27	厦府〔2019〕365 号	厦门市人民政府关于划定高排放非道路移动机械禁止使用区域的通告	2019.11.25	2020.2.1
28	厦府〔2019〕367 号	厦门市人民政府关于印发厦门市残疾儿童康复救助办法的通知	2019.12.2	2020.1.1
29	厦府〔2019〕369 号	厦门市人民政府关于印发经营性海上休闲船舶备案管理办法的通知	2019.12.3	2020.1.1
30	厦府〔2019〕375 号	厦门市人民政府关于限制高排放机动车通行的通告	2019.12.8	2019.12.8
31	厦府〔2019〕396 号	厦门市人民政府关于划定高污染燃料禁燃区的通告	2019.12.19	2019.12.19
32	厦府〔2019〕430 号	厦门市人民政府关于调整征地补偿标准的通知	2019.12.31	2020.1.1
33	厦府〔2019〕426 号	厦门市人民政府关于继续实施阶段性降低社会保险费政策的通知	2019.12.30	2020.1.1

【行政执法监督】 2019 年，厦门市全面推行行政执法“三项制度”，以市府办名义印发《厦门市全面推行行政执法公示制度执法全过程记录制度重大执法决定法制审核制度实施方案》。启用行政执法监督平台，推动执法信息公开透明、规范行政执法业务流转。开展行政执法主体资格确认和行政执法人员清理工作，经市政府研究同意后公布首批 72 个市级行政执法主体名单。严格行政执法人员上岗资格制度，全市通过培训考试取得执法证 522 人，2800 余名持证执法人员完成证件注册换证工作。落实行政裁量权基准制度和重大行政处理决定备案制度，全年完成自由裁量权基准备案审查、征求意见及重大行政处罚决定备案 100 余件。完善行政执法和刑事司法衔接机制，推进“两法衔接”（行政执法与刑事司法衔接）信息共享平台建设。组织开展全市行政执法案卷集中评议，抽查全市 6 个区、37 个部门行政处罚、行政许可案卷共 86 件，实现案卷评查全覆盖。

【行政复议与应诉】 2019 年，厦门市各级行政复议机关收到行政复议申请 2214 件，受理 1906 件，受理数量比上年下降 1.45%。其中，向市政府申请行政复议案 111 件，受理 79 件，审结 69 件，不予受理或作其他处理 32 件，成功调处天马微电子公司人才房建设项目行政复议案件。办理以市政府为被告的行政应诉案件 86 件、以市政府为被申请人的行政复议案件 14 件。完善行政复议应诉工作机制，以市府办名义印发《市人民政府行政复议行政应诉案件处理程序若干问题的通知》。加强政府法律顾问工作，办理市政府重大合同、重大案件论证等法律事务 62 件，重大行政决策合法性审查 1 件。市司法局联合市财政局印发《厦门市政府工作部门法律顾问助理管理办法》，建立政府涉土地房产案件律师专家库并制定专家评估工作规则；推荐 12 家代表性律师事务所编入招商服务手册，10 名律师担任全市招商引资重大项目决策咨询委员会法律事务专家；成立法律服务专班，参与商办类违法违规房地产项目涉稳工作。

【普法宣传】 2019 年，厦门市委依法治市办、市司法局开展法治政府示范创建专题宣传活动，拍摄“法治政府，鹭岛先行”专题宣传片，在《法制日报》设立专版、《厦门日报》开设专栏宣传法治政府建设典型经验，在“法治厦门”微信公众号推出法治建设主题展播 20 期。开展“国家宪法日”和宪法宣传周活动。探索社会参与普法机制，市司法局联合市检察院、市教育局组建“未未同鹭人”讲师团进校园开展普法公益活动。集美区先后举办“阳光生活、法治集美”法治微电影大赛、“独角兽杯”全区中小学生法治摄影大赛、以案释法优秀案例征集活动。

（胡茂合）

公　安

【概　况】 2019 年，厦门市公安机关以中华人民共和国成立 70 周年大庆安保维稳为主线，聚焦加快建设最具安全感城市，全面推进“三创工程”（主动创稳工程、铸魂创安工程、强基创先工程）和“四个提升”（应急处置提升、科技应用提升、基层基础提升、队伍建设提升）工作，完成各项公安保卫任务，社会治安态势持续向好。全年接报刑事警情 1.85 万起，比上年下降 14%，创近 10 年新低，“八类案件”（故意杀人案、故意伤害案、抢劫案、绑架案、强奸案、爆炸案、劫持案、放火案）破

2019 年 6 月 25 日，厦门市集中销毁毒品活动启动仪式在厦门市博物馆举行

（刘为华　摄）

案率 98.16%，现行命案破案率保持 100%，获公安工作综合考评、公安执法质量考评、综治考评涉公安项目、群众安全感率测评 4 个“全省第一”。侦破“9·16”特大跨国网络赌博案得到公安部领导批示肯定。开展“猎狐”“云端”等专项行动，破获“叮咚钱包”“乾库”等一批大要案件，追赃挽损数额创历年之最。推进社会治安防控体系标准化城市创建，持续构筑卡口查控、海域管控、街面巡防、社区安防、单位内保、安保警卫六大“立体防控圈”，推动治安防控大升级。创新“智慧安保”新模式，完成金鸡百花电影节、厦洽会、海峡论坛等 165 项 799 场次安保任务。不断优化公安政务服务，“e 政务”项目获全省改革创新项目评审第一名。深入实施城乡社区警务战略，建立机关领导干部挂钩社区警务工作机制，联合市民政局等 18 个部门下发《全市标准地址二维码管理应用规范》，建成“智慧安防示范小区”103 个，提升社区警务工作整体水平。开展全警实战大练兵活动，在全省公安比武竞赛中获 9 个单项第一，总成绩名列前茅，获公安部首届刑事技术“双十计划”攻关创新大赛银奖、铜奖。承办第四届全国公安系统（南片）文艺会演，并推送原创节目 5 个，获 2 金、1 银、2 铜以及优秀导演奖、突出贡献奖。年内，市公安局被公安部评为“净网 2019”专项行动“成效突出参赛单位”和中华人民共和国成立 70 周年大庆安保维稳工作“成绩突出集体”，技侦支队获评全国公安机关“信息技侦”建设先进集体，宣传处被公安部记集体一等功，全局 1 人立个人一等功，5 个集体、9 名个人立二等功，14 个集体、46 名个人被评为中华人民共和国成立 70 周年大庆安保维稳成绩突出集体和个人。

【禁毒专项行动】 2019 年，厦门市公安局深入推进“两打两控”（打击制毒犯罪、打击贩毒犯罪，管控制毒物品、管控吸毒人员）暨“飓风肃毒 2019”会战行动、“6·27”青少年毒品预防教育工程和“8·31”社区戒毒社区康复工程等专项行动，遏制毒品问题发展蔓延，综治禁毒考评再度排名全省第一，6 个区均未被国家、省禁毒委列入重点整治地区，厦门成为自 2015 年开展禁毒重点整治工作之后全省唯一“零列入”的地市。年内，全市破获毒品刑事案件 369 起，共抓获 601 人，移送起诉毒品犯罪嫌疑人 818 人（含跨区域案件嫌疑人 197 人），缴获各类毒品 1086.1 千克，打掉制贩毒团伙 48 个，破获“11·13”“10·25”“9·27”涉台走私毒品案及“8·21”钟某华特大贩毒案等一批在全省乃至全国有重大影响的毒品大要案件。

【“云剑”专项行动】 2019 年，厦门市公安局成立“云剑”追逃工作专班，重

点围绕打击电信网络诈骗、民族资产解冻类诈骗、"套路贷"等新型犯罪，全力开展追逃工作。通过梳理库存逃犯情况，加强人员信息的查询、比对、研判，年内抓获、撤销在逃人员2919人，比上年上升37.75%；厦门历年逃犯归案率87.19%，上升28.44个百分点，库存率下降85.88%。"云剑"追逃工作成绩位列全省第一。对重点逃犯，市公安局及时启动赴外追逃，抓获部督逃犯向某清、安某么。创新使用福建公安人像大数据平台预警，运用"火眼"系统进行二次研判，通过伏击守候抓获潜逃23年、涉及三地命案、身负多条人命的逃犯劳某枝，受到公安部贺电表扬。

【厦门"e政务"服务新模式全省推广】 2019年，厦门市公安局持续优化"e政务"便民服务站站点布局，拓展办事服务事项，共推出公安、人社、卫健、住房等9部门91项自助服务功能，全年办件量超过100万件，打通警务政务服务"最后一公里"，把"24小时不打烊随处办"警务政务服务送到群众家门口、工厂里。8月，福建省审改办、省公安厅联合下发《关于复制推广厦门"e政务"便民服务模式的通知》，在全省复制推广厦门"e政务"便民服务模式。12月，厦门"e政务"政务服务新模式在全省改革创新项目评审中获第一名。

【道路交通亡人事故专项整治收官】 2019年是三年道路交通亡人事故专项整治的冲刺收官年。年内，厦门市公安局依托整治平台，强化对各行业主管部门和各区的责任督导、跟踪督办、约谈问责，确定8个市级重点督导街（镇）和9个市级通报整治点，落实双重预防，分类管控4类（从高到低划分为重大级、较大级、一般级和低等级，分别用红、橙、黄、蓝4种颜色标示）等级道路交通安全风险，实时跟踪督导问题清理、隐患治理，存在隐患的企业整改率94.4%，排查整改隐患路段371处；联合交通运输部门完成岛外5个农村公路平交路口交通信号灯、5个农村公路平交路口减速带增设工作；组织开展道路交通亡人事故"一案双查"159次，整改隐患63处，约谈相关企业41家次，通报相关行业主管部门30件次，实现道路交通亡人事故专项整治圆满收官。2017—2019年，全市道路交通死亡事故与前三年（2014—2016年）相比减少271起、289人，分别下降30.28%、30.71%。2017年起，全市道路交通亡人数连续3年降幅2位数以上。厦门市多元共治的交通事故预防工作经验，在全国道路交通事故预防工作现场进行推介。

【边防支队转改入警】 2019年1月1日，厦门市公安局举行边防支队转改官兵集体换装和入警宣誓仪式。市公安局党委副书记、巡视员范锦昌出席仪式并致辞，局属相关单位领导及原边防支队全体官兵参加仪式。按照"条块结合、以块为主"原则，市公安边防支队及所属单位成建制划转市公安局，作为同级公安机关内设执法勤务机构，在市公安局设立海防支队（正处级），在各行政分局设立海防大队（副处级），对外法律文书以新机构名义出具。原公安边防部队现役干部随划转单位转为人民警察，士兵通过考试招录为人民警察或聘为事业编制工作人员。转制后，海防机构职责主要为沿海边防管控、辖区治安稳控、打击涉边（海）犯罪等。年内，海防支队结合放管服改革，全国首创将办理边境管理区通行证纳入"e政务"自助服务平台，实现"全网通办""一趟都不用跑"；完成全市246.8千米海岸线实地踏查，完成7个分局33个沿海派出所海防管理业务交接，制发《关于明确涉海岸线派出所海岸线管辖范围及职责任务的通知》，在全省率先实现沿海岸线全线布防。

【"9·16"特大跨国网络赌博案侦破】 2019年1月，厦门市公安局牵头，先后在国内多地和柬埔寨开展收网行动，抓获跨国网络赌博集团主犯上某及犯罪嫌疑人144人，打掉赌博网站7个，查扣冻结涉案资产5000余万元，冻结涉案银行卡753张（涉及44家银行），侦破部督"9·16"特大跨国网络赌博案件。该案实现对网络开设赌场的组织管理、平台开发、技术维护、财务管理等各个环节全方位打击。该案系中华人民共和国成立之后以厦门市公安局为主侦办的首起跨国网络赌博大案，入选2019年公安部打击整治跨境网络赌博犯罪"十大典型案例"，在全国打击网络赌博培训班上作经验介绍。

【多项出入境政策落地】 2019年1月起，厦门市公安局正式实施外国人144小时过境免签政策。年内有38个国家共922名外国人适用此政策从厦门入境。服务人次在同批启动的5个城市中排名第二。4月起，市公安局启动出入境证件"全国通办"政策，年内为来自全国29个省、市的在厦门人员办理出入境证件9万余件次（不含临时到厦门的省外人员赴金游办证），占全省同类

2019年1月1日，厦门市公安局举行边防支队转改官兵集体换装和入警宣誓仪式

（魏欣　摄）

办证量的43.4%。8月起，市公安局全面实施服务自由贸易试验区建设的12项移民与出入境便利政策，涵盖扩大外国人才申请永久居留对象范围、放宽签发长期签证和居留许可的对象范围、拓宽外国人才引进对象范围、提高外国人服务管理水平4个方面。新政实施后，有重大突出贡献以及国家特别需要的外国人，可推荐其带领的工作团队中的外籍成员和科研辅助人员，向公安机关出入境管理部门申办有效期5年以内的长期签证或居留许可。根据该新政，厦门市有永久居留推荐权的单位从1家增加到3家，即在福建自贸区厦门片区管委会（简称“自贸委”）的基础上，增加福厦泉国家自主创新示范区厦门片区建设领导小组办公室（简称“自创办”）和厦门海沧台商投资区管委会。在原有投资、任职、夫妻团聚等渠道的基础上，增加“双自”（自贸委和自创办）推荐渠道、市场化渠道、就业居留转换渠道和华人专属渠道等，实现永久居留办理渠道全覆盖。

【打击电信网络新型违法犯罪实现新突破】 2019年3月，厦门市公安局组建打击治理电信网络新型违法犯罪中心，完成网络诈骗防控平台系统研发应用，通过挖掘网络数据，实现对诈骗窝点、诈骗被害人的灵敏识别，得到福建省公安厅高度肯定并在全省推广。4月起，由市公安局刑侦支队牵头，联合技侦、网安部门和属地分局，在广州、潮州、枣庄、厦门4地同时收网，对2个诈骗集团实施“全链条”打击，抓获犯罪嫌疑人42人，冻结涉案账户资金2486万元，侦破“王某梅被骗603万元案”“吴某被骗229万元案”“林某洁被诈骗900万元案”等一批涉案金额巨大的电信网络诈骗案件。10月起，市公安局组织开展为期2个月的反诈骗宣防“铸盾”行动，在全省率先采用全口径统计电信网络诈骗警情。至年末，全市全口径电信网络诈骗警情同比下降9.52%。年内，全市立电信网络诈骗案8621起，比上年下降4.49%；财产损失9175.24万元，下降6.89%；抓获电信网络诈骗嫌疑人1878人，上升168.29%；破获案件2429起，上升11.07%，实现“两降两升”。

【全省首支成建制警务航空队成立】 2019年4月，厦门市公安局警务航空中队成立，隶属指挥情报中心管理，是福建省公安机关首支成建制警务航空队伍。该中队有各类无人机14台，其中大型机1台，可同时搭载喊话器、高倍变焦镜头、探照灯、抛投器，主要承担空中巡逻、反诈骗宣传、应急救援等任务；中型机3台，可同时搭载高倍变焦镜头及热红外镜头，还可加装空中照明灯带，主要用于大型活动安保空中巡逻及抓捕行动空中支援；小型机10台，可挂载小型探照灯、喊话器、低倍变焦镜头等，主要用于案件前期的空中侦查取证。该中队先后参与破获海滨公园聚众赌博案、翔安“斗鸡”赌博案、系列盗窃柴油案以及同安郭山聚众赌博案等一系列有影响的案件。

【110志愿队伍整合升级】 2019年6月，由厦门市公安局牵头，联合市民政局，将110水救队、鼓浪屿海救队、北极星救援队3支110联动救援队骨干成员进行整合，成立厦门市救生协会。自2007年，市公安局在创建全国首支110外语志愿服务队的基础上，整合社会资源，先后组建110联动开锁服务队、110北极星山林救援队、110水上救援队、鼓浪屿海上义务救援队等志愿服务力量，常态化为公安机关和市民提供联动开锁、山地遇险救援和海域溺水救护、安全知识宣传等服务，守护人民群众生命财产安全，分流非警务警情，取得良好社会效益。2019年，联动锁匠队伍紧急协助警方处置人员被困、自杀等警情800余起，救援队对外开展防溺水、心肺复苏等安全宣讲培训100余场次，救助山林、海上被困人员300余人，开展文明安全避险宣传覆盖20余万人次。

【“叮咚钱包”特大非法吸收公众存款案破获】 2019年10月，厦门市公安局破获“叮咚钱包”特大非法吸收公众存款案。“叮咚钱包”平台涉嫌非法集资，涉及投资受损群众万余人。7月立案后，市公安局启动打击涉众型经济犯罪案件专案机制，抽调精干警力成立专案组，辗转10省12个城市调查取证。自2016年1月起，富银金融信息服务（北京）有限公司在未取得相关金融许可的情况下，依托“叮咚钱包”平台，以高利息为诱饵，发布理财产品，吸引群众在“叮咚钱包”平台注册投资，向社会公众非法吸收资金。截至案发时，该平台涉及未兑付资金10.25亿元，未兑付人员1.39万人。专案组一举抓获犯罪嫌疑人11人，同时运用“数据化”作战模式，通过对第三方支付、银行账户、云服务器的海量数据进行穿透分析，精准锁定资金走向和主要涉案资产，第一时间采取查冻措施，查冻财物评估价值逾10亿元，为后续资金清退和维稳处置工作奠定坚实基础。该案侦破后，公安部经侦局、福建省公安厅相继发贺电祝贺。

【中国金鸡百花电影节安保】 2019年11月19—23日，第二十八届中国金鸡百花电影节在厦门举办。其间，举办开幕式、提名者表彰仪式、红毯仪式、颁奖典礼暨闭幕式4场重大活动及论坛展映等90场系列配套活动，来自电影界代表及嘉宾明星、观众约8000人参加。市公安局坚持“万无一失”标准和“细致、精致、极致”作风，投入安保力量2万余人次，落实各项安保措施，完成活动安保任务，实现“安全、精彩、圆满”工作目标。

【莲前派出所获评全国“枫桥式公安派出所”】 2019年11月28日，公安部首批100个“枫桥式公安派出所”命名揭晓仪式在北京举行。市公安局莲前派出所榜上有名。莲前派出所成立于1997年，辖区总面积16平方千米，社区居委会15个，是厦门岛内辖区面积最大、人员密集场所最多的派出所，曾获评全国一级达标派出所、全国优秀公安基层单位、全国公安机关执法示范单位等称号。该所继承发扬“枫桥经验”，坚持“科技引领+社会共治”，打造“数据主导”的智慧治安防控网，以“贴心服务+耐心调解+热心群防”的“莲心”警务品牌，架起新时代警民“连心桥”，让“枫桥经验”在现代化城市落地生根，打造坚持发展新时代“枫桥经验”城市样板。公安部、福建省等领导先后到该所调研慰问，对派出所的工作给予肯定。

【全国首创跨部门涉案财物集中管理模式】 2019年12月26日，厦门市跨部门涉案财物管理机制启动，为全国首创。该项目投入资金 2720 万元，打通公安、检察院、法院、财政部门的“四网三系统”（“四网”指公安内网、政法专网、法院内网、财政内网，“三系统”指省厅执法办案平台、财政罚没物资监控管理平台、财政非税系统），研发跨部门涉案财物管理平台，建立涉案财物信息线上流转渠道。同时，联合国内一流仓储物流企业提供上门取件、仓储物流、统一处置等服务，实现涉案财物全流程监管、集约规范处置，破解涉案财物管理成本高、仓储用地资源消耗多等问题，提升涉案财物管理专业性、时效性、安全性，且大幅度降低行政、司法成本，最大限度实现民警减负、管理规范、财物保值。

【全省首家移民事务服务站成立】 2019 年 12 月 27 日，厦门市公安局在软件园一期创新大厦启用全省首家移民事务服务站，市公安局、市委组织部人才局、市科技局领导以及火炬管委会、厦门软件产业投资发展有限公司相关领导共同为服务站揭牌。该服务站服务对象覆盖园区内外众多知名企业和大约 60% 在厦门工作的外国人。可提供出入境政策咨询宣导、邀请单位备案、外国人创业计划评估、境外人员住宿登记、境外高层次人才上门服务等服务，让境外人才“足不出园”即可享受到便捷、高效、精准的出入境服务。

（洪若琪）

检　察

【概　况】 2019 年，厦门市检察机关办理各类案件 16522 件。其中，审查各类案件 3214 件 4585 人，审查起诉各类案件 6419 件 8827 人，办理公益诉讼案件 36 件，办理其他各类刑事、民事、行政诉讼监督案件 6853 件。开展扫黑除恶、扫黄打非禁毒以及打击治理电信网络新型违法犯罪等专项工作，维护社会稳定。贯彻宽严相济刑事政策，对初犯、偶犯、过失犯等涉嫌犯罪但无逮捕必要的，决定不批准逮捕 381 人；对犯罪情节轻微、依法不需要判处刑罚的，决定不起诉 473 人。全面落实认罪认罚从宽制度，适用该制度办理案件 4233 件 4934 人，适用率 72.83%；依法提出从宽量刑建议，采纳率 86.9%，在高效惩治犯罪的同时减少社会对抗。着力化解社会矛盾，接待群众信访 2147 人次，为群众提供控告申诉受理等检察服务 965 件次。全面实行群众信访“7 日内程序回复、3 个月内办理过程或结果答复”制度。对接收的 1239 件群众来信除匿名或联系方式不清外，其余均实现回复、答复 2 个 100%。推进“12309”检察服务中心建设，6 个区检察院均建成启用服务大厅。加强队伍建设，分级分类开展正规化业务素能培训 4898 人次。弘扬“福建省十大法治人物”戴静等新时代检察英模精神，全市检察机关有 35 个集体、65 人次获省级以上表彰。

2019 年 12 月 27 日，全省首个移民事务服务站揭牌　　（邱添　摄）

【刑事检查监督】 2019 年，厦门市检察机关开展刑事立案、侦查活动监督，纠正漏捕漏诉 59 人，对违法侦查活动发出书面纠正意见 19 件次、检察建议 46 件。推进刑事司法与行政执法衔接工作，监督侦查机关立案、撤案 12 件。强化刑事审判监督，以有罪判无罪、量刑畸轻畸重等问题为监督重点，提出刑事抗诉 12 件。开展自 2014 年全市已生效判决附加刑专项监督活动，就 8 件附加刑适用法律错误案件，向市中级人民法院发出检察建议。加强刑事执行监督，审查减刑、假释、暂予执行案件 2146 件，深入推进判处实刑罪犯未执行刑罚、财产刑执行、监督维护在押人员合法权益三大专项监督活动，监督收押 14 人，发现法院执行不当 50 人次，发出变更强制措施或释放建议 238 件，其中 3 起案件分别获评全国检察机关刑事执行检察十佳检察建议案例和刑罚执行监督、羁押必要性审查精品案件。

【民事行政检察监督】 2019 年，厦门市检察机关开展民事行政检察监督，办理各类民事行政申请监督案件 222 件。经审查，对认为确有错误的提出、提请抗诉及发出再审检察建议 14 件。就诉讼程序违法问题，向法院发出检察建议 3 件。强化民事行政执行监督，针对执行标的错误、消极执行等现象，向法院发出检察建议 4 件，维护当事人合法权益及行政执法权威。

【公益诉讼监督】 2019 年，厦门市检察机关开展“守护海洋”等专项监督活动，服务国家生态园林城市创建。针对鼓浪屿、香山游艇码头、枋湖工业区和溪西村等地存在的生态环境和资源保护问题，办理公益诉讼案件 19 件。发出诉前公告 5 件，提起民事公益诉讼 3 件。着眼共同解决问题，与有关单位召开圆桌会议、联席会议 9 场。向市政园林、生态环境等部门发出诉前检察建议 6 件，督促整治违法垃圾堆放点 2 个，清理回收垃圾、废物 13786 立方米，追索生态损害赔偿款 172 万余元。针对网售有害食品、水厂水质超标等民生热点，持续深化“保障千家万户舌尖上的安全”等专项监督行动。办理食药品领域公益诉讼案件15件，提起民事公益诉讼3件，发出诉前检察建议8件，其中2件公益诉讼案获评2019年厦门市食品安全社会共治优秀案例。督促市场监管等部门对餐饮业网络平台、企业开展专项整治、执法检查和约谈9场次，追索赔偿金72万元，责令24家企业整改，对7人采取从业禁止措施，让百姓吃得放心。依托“两法衔接”（行政执法与刑事司法衔接）平台、公益诉讼微信群等媒介，拓宽案件线索收集渠道。针对非法占用国有土地、拖欠土地出让金和税款等问题，摸排涉及国有资产流失案件线索近500条，立案2件，发出检察建议1件，督促行政机关没收违章建筑7000平方米，保护国有财产不受侵犯。

【招商引资服务保障】2019年，厦门市检察机关构建良好法治化营商环境，批准逮捕合同诈骗、非法经营等破坏社会主义市场经济秩序犯罪381人，起诉696人。起诉涉及重点项目、领域的商业贿赂犯罪23人，涉案金额7229万余元。保护民营企业和企业家合法权益，与市工商联共同出台护航民营经济健康发展的16条工作意见。批准逮捕影响非公经济发展犯罪40人，起诉63人，办理涉企民事行政诉讼监督案件78件次，对45名企业犯罪人员依法作不捕不诉处理。服务打造高素质创新创业之城，针对互联网产业、生物科技等领域，批准逮捕侵犯知识产权犯罪51人，起诉60人。依法起诉公安部督办的侵犯“完美世界”网络游戏著作权案。立足精准高效服务企业，搭建联络站、服务中心等平台，深入产业园、开发区、“三高”（即高技术、高成长、高附加值）企业开展法律服务，向企问需、为企解困。

【职务犯罪惩治】2019年，厦门市检察机关依法履行对司法工作人员职务犯罪的侦查权，组建专门侦查办案组，调查核实案件线索15条，在全省检察机关率先就自行发现的司法工作人员涉嫌徇私枉法犯罪立案侦查。受理监委移送职务犯罪案件41件56人，决定逮捕19人，提起公诉61人。

【检察服务“三大攻坚战”】2019年，厦门市检察机关参与防范化解金融等重大风险，加大对“套路贷”“校园贷”等犯罪的打击力度，批准逮捕非法吸收公众存款、集资诈骗等金融犯罪116人，起诉173人。妥善办理“6·28”专案和案值逾千亿的“云付App”等金融犯罪大要案。服务精准脱贫攻坚战，对生活困难的案件当事人及家属开展司法救助，发放救助金31万元。服务污染防治攻坚战，参与保护“清水蓝天”等专项活动，依法批准逮捕破坏环境资源犯罪27人。依托驻河长办检察联络室等平台，探索跨部门生态保护协作机制，促进生态环境修复。

【现代化国际化城市建设司法保障】2019年，厦门市检察机关加强对外司法合作，依法打击跨国、跨境犯罪，批准逮捕涉外及涉港澳台刑事犯罪43人，起诉56人，办理司法互助案件13件。助力打造海峡两岸融合发展示范区，建成并启用厦门台胞台企权益保护法治宣传基地，接待参观交流人员375人次。融入高标准高质量自贸试验区建设，批准逮捕涉自贸试验区刑事犯罪67人，起诉161人。依托自贸试验区检察室，参与厦门自贸片区综合法律服务中心建设。与市法律援助中心等6方共同签署《厦门自贸片区公共法律服务协同创新基地合作协议》，共同构建全链条、宽领域的自贸试验区法律服务体系。

【扫黑除恶专项斗争推进】2019年，厦门市检察机关以强揽工程、开设赌场、欺行霸市等为打击重点，批准逮捕涉黑涉恶犯罪109人，起诉255人。引导侦查机关精准打击涉黑涉恶犯罪，提前介入涉黑涉恶案件26件，向公安机关提出侦查建议57条，依法追加或排除认定涉黑涉恶案件8件。坚持“打财断血”，落实房产、车辆、资金、有价证券“四必查”措施，开展涉黑涉恶案件财产刑执行检察监督，核查125人次，监督法院对12人进行执行立案，共同摧毁黑恶势力的经济基础。实行“保护伞”线索每案必查和零线索背书制度，起诉“保护伞”案件5件5人，向监委移送“保护伞”线索54条。

【特殊人群司法保护】2019年，厦门市检察机关落实最高检“一号检察建议”，市、区两级检察院29名检察长、检察官到学校担任法治副校长，配合开展安全防范、临界预防和精准帮教工作。与市教育局、市司法局共同成立厦门市“未未同鹭人”校园法治巡讲讲师团，深入70所学校向5万余名师生开展宣讲。维护弱势群体合法权益，批准逮捕涉及侵害残疾人、老年人和家庭暴力犯罪44人。起诉拒不支付劳动报酬等涉及侵犯进城务工农民合法权益犯罪8人，办理劳动纠纷类申诉和支持起诉案件18件，帮助追回劳动报酬、补偿金10万余元。

2019年4月24日，厦门市“未未同鹭人”校园法治巡讲讲师团成立仪式暨首场培训在市检察院举行
（林少宁　摄）

【民生民利依法维护】 2019年，厦门市检察机关着力打击群众反映强烈的电信网络诈骗、侵犯公民个人信息等犯罪，批准逮捕利用网络、电信实施犯罪550人，起诉760人。聚焦民生重点领域，依法惩治非法行医、坑骗患者、销售假药的“黑诊所”“黑医院”“黑公司”，起诉24人。针对办案中发现的药品采购、病房管理、二手房交易等领域的制度漏洞，向18家主管部门或发案单位发出检察建议，促进强化行业监管。

【检察体制改革深化】 2019年，厦门市检察机关开展内设机构系统性、重构性改革，全面实行捕诉一体，专设公益诉讼检察机构，推动形成“四大检察”（刑事检察、民事检察、行政检察、公益诉讼检察）、“十大业务”（普通刑事犯罪检察、重大刑事犯罪检察、职务犯罪检察、经济犯罪检察、刑事执行检察和查办司法工作人员相关职务犯罪工作、民事检察、行政检察、公益诉讼检察、未成年人检察、控告申诉检察）全面协调充分发展的检察工作格局。持续推进司法体制综合配套改革，落实司法责任制。遴选18名员额检察官，充实专业化办案力量。坚持领导干部带头办理重大疑难复杂案件，市、区两级检察院入额院领导办案575件。以思明、海沧、翔安区检察院为试点，开展检察服务App和智能辅助办案系统建设，以信息化手段促进检察工作提质增效。

（蓝碧俊）

法　院

人民法院

【概　况】 2019年，厦门市中级人民法院和各区人民法院共受理案件146232件，办结130294件，比上年分别上升21.15%、21.81%。其中，市中级人民法院受理16618件，办结14776件，比上年上升4.69%和4.89%。两级法院共有19个集体、30名个人获省级以上表彰。市中级人民法院被评为全省扫黑除恶专项斗争工作先进单位。

【刑事审判】 2019年，厦门两级人民法院审结刑事案件6573件，判决生效5877人，比上年分别下降2.52%和9.64%。审结非法集资、网络传销、“套路贷”等涉众型犯罪案件45件。扫黑除恶突出“深挖根治”，坚决依法严惩，依法加大罚金、没收财产等财产刑的适用力度，着力“打财断血”“打伞破网”，一审审结涉黑恶及其“保护伞”案件34件，判处252人。会同市监委等部门创新职务犯罪认罪认罚从宽机制，依法惩治腐败犯罪55人。坚持宽严相济，判处5年以上有期徒刑直至死刑302人，判处缓刑、管制等非监禁刑2107人，裁定减刑假释1054人，依法稳妥做好特赦实施工作。

【民商事审判】 2019年，厦门两级人民法院审结民商事案件69538件，比上年上升17.03%。立足全市发展大局，发挥司法职能，营造创新创业良好发展环境，审结金融借款、买卖合同等各类商事案件35276件，标的233亿元，比上年分别上升29.83%、56.4%。厦门知识产权法庭获批设立，集中管辖闽西南地区涉专利等技术类案件，审结案件3276件，比上年上升117.53%。加强产权司法保护，成立全省首个财产保全中心。建立常态化府院联动协调破产工作机制，审结企业破产类案件165件，化解债务68.35亿元。完善境外当事人便利诉讼、身份查明、证据审查、证人作证等制度，推动各区法院设立涉外、涉港澳案件专门审判团队，审结涉外、涉港澳案件共537件。全面落实司法惠台举措，办结涉台案件952件。加强民生司法保障，审结婚姻家庭、教育、医疗、就业、住房等各类民事案件34262件，比上年上升6.18%。设立医疗纠纷专业合议庭，指导选任34名医疗专家陪审员，审结医疗损害责任纠纷76件。参与根治拖欠农民工工资行动，审结追索劳动报酬等劳动纠纷2408件，发放农民工工资执行款7259万元。在同安法院生态法庭设立生态环境司法文化宣传教育基地，共建集法治宣传教育、异地补植复绿及公众绿地认养为一体的生态审判“碳汇教育实践基地”，审结生态案件371件。

【行政审判】 2019年，厦门市两级人民法院审结行政案件2380件，比上年下降35.75%。其中，审结行政诉讼案件1179件，比上年上升1.46%；审查非诉行政案件1201件，下降41.95%。在审结的839件一审行政诉讼案件中，厦门地区696件，泉州地区143件。首次分别发布涉厦门、泉州行政审判白皮书。推动闽西南五地法院（厦门市中级人民法院、漳州市中级人民法院、泉州市中级人民法院、三明市中级人民法院、龙岩市中级人民法院）和五地司法局联合签署《关于建立跨行政区司法与行政多元协作工作机制服务保障闽西南协同发展的框架协议》，以跨区域行政审判为突破口，建立重大案件通报会商机制和行政争议多元化解机制。与市司法局共建行政争议多元调处中心，促进行政争议多元调处、实质化解。

【执行工作】 2019年，厦门市两级人民法院执结案件47738件，执结标的133.53亿元，比上年分别上升40.35%、20.97%。市中级人民法院出台全市执行联动机制建设2019—2021三年行动方案及考评办法，明确各联动单位17项具体任务，提升失信惩戒的精准性、权威性。在对被执行人银行存款、机动车辆、工商股权等财产网络查控全覆盖基础上，对不动产查控、公积金查询实现全流程在线办理，执行查控的财产类型及功能领先全国。市两级人民法院开展“雷霆风暴”“金秋集中执行”等专项行动，联合市文明办等开展打击失信公益宣传，曝光9212人次，拘留479人，移送追究拒执罪137人，判决有罪46人。完善执行权内部监督机制，全面提升执行效率效果。

【司法体制综合配套改革】 2019年，厦门市中级人民法院落实司法责任制，完善新型审判团队建设，修订审判委员会、专业法官会议工作规则，出台《完善类案、关联案和系列案同判机制的意见》《民间借贷纠纷办案规范指引》等指导性意见，统一法律适用。制定《院庭长监督管理“四类案件”职责清单》，建立涉及群体性纠纷、疑难复杂等案件识别监管制度，推进有序放权与有效监督相统一。厦门市两级人民法院统筹推进以审判为中心的刑事诉讼制度改革，落实庭前会议、非法证据排除、法庭调查“三项规程”，健全防范冤假错案机制，依法宣告无罪2人。加强法官职业保障，依法公开开庭审理、宣判网上侮辱法官检察官犯罪案，维护司法权威。加强人员分类管理，择优遴选第四批入额法官42名，改革基层法院内设机构。完善“分调裁审”（案件分流＋调解＋速裁＋快审）机制，实行类案集中办理，推进简案快办、繁案精审，厦门市两级人民法院一审案件适用简易程序占76%。贯彻人民陪审员法，全市835名人民陪审员共参审案件13054件。深化司法辅助事务集约化社会化改革，厦门首创的“诉讼与公证协同创新”试点范围扩大到全国，公证机关参与送达、调查、保全、调解、执行等案件75050件次。

【参与市域社会治理】 2019年，厦门市两级人民法院贯彻《厦门经济特区多元化纠纷解决机制促进条例》，加强诉源治理、诉调对接。厦门市中级人民法院与市司法局共建行政争议多元调处中心，促进争议多元调处、实质化解。针对办案发现的涉及金融风险防控、出租车挂靠运营、餐饮油烟污染等社会治理问题，厦门市两级人民法院提出司法建议76条，从源头预防减少纠纷。坚持“谁执法谁普法”，选派法官深入学校、企业、社区举办法治讲座，公开裁判文书97434份，直播庭审、执行13158场，发布消费者权益保护、反毒禁毒等典型案例107个。七星法治文化街区被命名为首批省级法治文化建设示范基地。司法宣传工作被最高人民法院通报表扬，厦门市中级人民法院获评“全国‘七五’普法中期先进集体”。

【厦门知识产权法庭设立】 2019年4月30日，最高人民法院批复同意在厦门市中级人民法院内设专门审理知识产权案件的机构，并指定集中管辖厦门、漳州、泉州、龙岩市辖区内涉技术类知识产权一审民事和行政案件。7月4日，中共福建省委编办批复同意将厦门市中级人民法院民事审判第三庭更名为知识产权审判庭，对外称厦门知识产权法庭。9月5日，厦门知识产权法庭揭牌仪式在法庭所在地（厦门自贸试验区象兴一路15号）举行。最高人民法院副院长陶凯元与福建省委常委、厦门市委书记胡昌升共同为厦门知识产权法庭揭牌，福建省高级人民法院党组书记、院长吴偕林主持揭牌仪式。是年，厦门市两级人民法院共审结知识产权案件3276件，比上年上升117.53%。

2019年9月5日，最高人民法院副院长陶凯元（左一）与福建省委常委、厦门市委书记胡昌升（右一）共同为厦门知识产权法庭揭牌　（安海涛　摄）

【全国首个金融司法协同中心成立】 2019年4月24日，厦门市中级人民法院与中国人民银行厦门市中心支行、中国银保监会厦门监管局、中国证监会厦门监管局、厦门市地方金融监督管理局、思明区人民法院6家单位共同成立厦门金融司法协同中心并签署金融司法协同战略合作协议。最高人民法院审判委员会副部级专职委员刘贵祥，福建省高级人民法院党组书记、院长吴偕林，厦门市委常委、政法委书记李伟华，厦门市中级人民法院党组书记、院长王成全共同为中心揭牌。厦门金融司法协同中心设在厦门第一广场，是全国首个以金融司法协同为主题的联合工作平台，首创金融纠纷调解、立案、审理、执行一站式处理，旨在通过开展金融司法协同战略合作，进一步完善金融审判执行体系，提升金融服务实体经济能力，防范化解金融风险，营造良好的金融法治环境。中心成立至12月31日，办结案件11266件，标的156.51亿元，审判执行效率成倍提升。最高人民法院和省、市主要领导均给予批示肯定。11月20日，厦门市中级人民法院在最高人民法院与中国人民银行、中国银保监会联合召开

2019年4月24日，金融司法协同战略合作协议签署现场　（安海涛　摄）

的全国金融纠纷多元化解机制建设推进会上作经验介绍。

【厦工股份重整案】 2019年12月底，厦工股份重整案执行完毕。厦门厦工机械股份有限公司（简称厦工）是在厦门注册的国有控股上市公司，创建于1951年，1993年12月由厦门工程机械厂改制为上市公司（股票代码600815），是国家重点生产装载机、挖掘机等工程机械产品的骨干大型一类企业。因亏损自2014年起，股票多次被实施退市风险警示。厦门市中级人民法院强化服务大局意识，成立厦工股份重整工作专班，制定工作细案，创新审理模式，统筹推进各项重整工作。在市中级人民法院依法推进和各方共同努力下，厦工股份采取市场化的资本公积金转增股份、处置低效能资产、留债展期、调整经营结构等方式，形成各方最大程度认同的重整计划草案，并于2019年11月在债权人会议上高票通过，12月底执行完毕。厦工股份近40亿元债权有效获得清偿，1000余名职工平稳过渡，4万余名中小投资者利益得到维护。

（吴密菱）

厦门海事法院

【概　况】 2019年，厦门海事法院受理各类案件3131件，结案2857件，结案率91.25%。新收诉讼案件结收比为99.06%，法定审限内结案率100%；执行案件结案率85.06%，执结标的38.84亿元。围绕中共福建省委、省政府海洋强省建设工作部署，制定《关于服务保障进一步加快建设海洋强省的实施意见》。出台服务保障民企健康发展22条工作意见，组织司法护航民企专项活动。发布福建首份《海事行政案件司法审查报告》，牵头与全省涉海行政机关召开府院联席专项会议，推动海洋治理现代化。推动诉源治理，创新发展新时代海上“枫桥经验”，通过一站式多元化纠纷解决机制化解纠纷近150件。在沿海中心渔港增设服务点，完成福州法庭搬迁，开通与全国法院（海事审判）共享平台、中国移动微法院平台的对接，办理海事案件跨省立案、跨省调解。启用新法标审判系统、法务云盘，建成数字审委会，业务专网在厦门法院中首家通过部颁安全等级保护备案，智慧法院建设取得进步。推进司法公开，发布升级版中英双语审判工作白皮书、典型案例，刊出判决书英文译本。中国海事司法透明度评估继续保持全国前列。

【海事海商案件审判】 2019年，厦门海事法院新收诉讼案件2414件，比上年上升102%。累计新收诉讼案件标的金额27.96亿元。全年审结诉讼案件2322件，比上年上升87.11%。诉讼结案标的金额94758.52万元，比上年减少58316.26万元。累计诉讼结案率92.81%。审结总投资近50亿元的莆田平海湾海上风电场工程施工损害养殖赔偿纠纷案、累计标的金额近4.4亿元的各类海洋工程建设纠纷、“一带一路”航线国际多式联运和物流服务纠纷、厦门游艇管理升级规范后老旧帆船退船潮等一批案件，确认规则、定分止争、化解风险，保障省、市重点项目工程建设、“丝路海运”推广和《厦门市海上交通安全条例》等海洋法规、相关产业政策顺利实施。以裁判方式明确中国劳动法域外强制适用的规则，夯实对外派船员的保护。审结东京港湾海运有限公司巴哈马籍“茉莉花”轮海上养殖损害责任纠纷等一批涉众型案件，为500多名渔民挽回损失数千万元。根据新施行的《人民法院国家司法救助案件办理程序规定（试行）》，依法发放司法救助款10万余元。

【全国首例涉及海事行政垄断案件审理】 2019年6月28日，厦门海事法院妥善审理全国首例涉及海事行政垄断案件——福建泉州海丝船舶评估咨询有限公司诉福鼎市海洋与渔业局限制公平竞争行为一案，判决海洋与渔业局限定渔船评估机构范围的行为违法，拆除行政机关对民企在市场准入方面不当设置的“门槛”，维护公开、公平、公正的市场竞争秩序。案件被列入福建法院保护营商环境八大典型行政案例和2019年度福建法院十大典型案件。2018年7月13日，福鼎市海洋与渔业局出台《关于印发福鼎市标准化海洋捕捞渔船更新改造项目2015—2016年度实施方案的通知》。该方案规定，福鼎市辖区渔民申请海洋捕捞渔船更新改造补贴时，所委托的渔船造价评估机构应限于福建省国资委备案名录中的评估机构。福建省泉州海丝船舶评估咨询有限公司不服该项规定，诉至厦门海事法院，请求判决撤销该方案对第三方评估机构的指定。厦门海事法院根据相关法律，经审理判决确认福鼎市海洋与渔业局在讼争方案中限制竞争的行政行为违法。福建省高级人民法院二审决驳回上诉，维持原判。

【海洋生态环境案件审判】 2019年，厦门海事法院发挥生态审判职能，受理海洋生态环境案件519件（旧存5件，新收514件），结案518件。组织审理泉州生态局就碳九污染起诉的全省首起海洋生态公益诉讼案件、厦门市重点项目马銮湾生态修复工程纠纷等一批大要案。在审理中央环保督察的侵占宁德三都湾国家重要湿地和自然保护区案中，以“裁执分离”方式强力组织实施行政非诉执行，170万平方米违法养殖设施全部实现清退，被最高人民法院誉为“为破解涉海洋生态司法执行难问题，提供了可借鉴、可复制、可推广的样本”，并入选年度全国海事审判十大典型案例。

【执行案件】 2019年，厦门海事法院受理执行案件629件，其中新收执行案件470件（包括20件行政执行案件），新收申请执行案件累计标的金额12.97亿元。执结535件（包括12件行政执行案件），累计执结标的金额38.85亿元。执行结案率85.06%，比上年上升4.28个百分点。开展执行专项活动，强化积案清理。年度财产案件法定期限内结案率92.86%、终本案件合格率100%、无执行信访案件，扣押船舶25艘，拍卖、变卖船舶52船次。福建省加勒王游艇销售有限公司申请执行香港贝福蒙斯游艇有限公司等船舶买卖合同纠纷案入选2019年度福建法院十大执行案件。依法惩戒失信被执行人，惩戒数收案数60%。首起移送的拒执罪案件，擅自转移被扣押船舶的被执行人陈某被判处有期徒刑一年零六个月并处罚金，案件在《人民法院报》执行专刊头版报道。与海事局协调落实扣船管理合作协议，简化船舶产权查封手续，以当事人议价等方式卖船，减少评估费用、拍卖时间。船舶执行工作机制进一步完善。

【海事审判精品打造】 2019 年，厦门海事法院健全完善精品发现培育、评选认定、提升推广、表彰激励“一条龙”工作机制，组织开展年度“十佳裁判文书”“十佳庭审”“十大精品案例”评选。1 份判决书作为全省唯一的民事裁判文书，获评全国法院首届“百篇优秀裁判文书”。1 篇案例分析在全国法院系统 2019 年度优秀案例分析评选中，取得海事法院参评作品所获的最高奖项——全国二等奖。裁判文书入选国际海事委员会与新加坡国立大学海商法研究中心联合设立的国际海事公约司法裁判数据库，数量居全国海事法院第一位。

（李哲鹗）

司法行政

【概　况】 2019 年，厦门市司法局由原司法局与原法制局进行机构重组而成，发挥“一个统筹，四项职能”（统筹全面依法治市工作，承担行政立法、行政执法、刑罚执行和公共法律服务 4 项职能）作用，持续推动公共法律服务体系建设，发挥律师作用，健全完善多元化纠纷解决机制，落实强制戒毒和社区矫正措施，推动“主动创稳”工程，深入推进扫黑除恶专项斗争，助力建设最具安全感城市。全年排查调处各类矛盾纠纷 15193 件，调解成功 15172 件，成功率 99.86%，有效防止群体性（5 人以上）上访 441 件。全市律师办案 63320 件，收费 15.94 亿元；办理公证 15.6 万件，收费 4853 万元；办理各类鉴定 14851 件，收费 4272.7 万元；指派办理法律援助案件 12052 件，化解医疗纠纷案件 149 件。市司法局获评全国公共法律服务先进集体、2019 年国家统一法律职业资格考试工作表现突出单位，立法处获评全国法治政府建设先进集体，市法援中心获评全国法律援助先进集体，英合律师事务所获评“全国律师行业先进党组织”；海沧区司法局获评全国司法行政系统庆祝中华人民共和国成立 70 周年安保维稳工作成绩突出集体，莲前司法所获评全国模范司法所。

【司法局与法制局重组】 2019 年 2 月 27 日，中共厦门市委办公厅、市政府办公厅印发《厦门市市级机构改革实施方案》，将市司法局和市法制局的职责整合，重新组建市司法局，作为市政府工作部门，副厅级。不再保留市法制局。4 月，市司法局重新组建完成，下设 15 个处室、3 个直属单位，具体为：办公室、市委依法治市办秘书处暨法治调研与督察处、行政执法协调监督处、立法处、社区矫正管理处、行政复议与应诉处、规范性文件备案审查处、普法与依法治理处、人民参与和促进法治处、公共法律服务处、律师工作处、法律职业资格管理和行政审批处、计财审计装备处、人事处（警务处）、机关党委，公证处、市法律援助中心、厦门司法强制隔离戒毒所。原法制局由市政府东楼迁至原司法局湖里区金山西路 1 号。重组后司法局的主要职能为“一个统筹，四项职能”，主要职责有：有关法律和行政法规草案起草，立法协调和备案审查、解释，综合协调行政执法，指导行政复议应诉，普法宣传，社区矫正管理，律师公证和司法鉴定仲裁管理等。

【人民调解】 2019 年，厦门市有人民调解组织 1139 个、人民调解员 6787 人，共排查矛盾纠纷 15193 件，调解成功 15172 件，成功率 99.86%，协议涉及金额 23043.4 万元。厦门市司法行政系统全面实施“坚持发展‘枫桥经验’实现矛盾不上交三年行动”，组织开展“大排查、早调解、护稳定、迎国庆”专项活动。推动完善人民调解与行政调解、司法调解衔接联动的“大调解”格局，全年受理法院、公安机关、信访部门委托移送调解 2201 件。全市深化律师调解试点工作，30 家律师调解室参与调解法院案件 1088 件。厦门市全面推广获全国“十大社区发展治理创新案例”称号的湖里区党建引领小区治理新模式，推动全市建立小区调委会 120 个。

【社区矫正】 2019 年，厦门市新接收社区服刑人员 2343 人，解除矫正 2143 人，在矫 2229 人，其中缓刑 2128 人、假释 45 人、暂予监外执行 41 人、管制 15 人。因适用缓刑人员增多，新入矫、在册人数分别比上年增长 0.34%、12.12%。市司法局推动湖里、同安、翔安区社区矫正中心完成达标建设，集美、海沧区社区矫正中心建设处于全省领先位置。厦门市台籍社区服刑人员集中监管模式更加完善，在全国社区矫正教育管理工作培训班上作台籍社区矫正工作经验交流发言。

【律师行业】 2019 年，厦门市有律师事务所 228 家，律师 3757 人，其中社会执业律师 3240 人、公职律师 302 人、公司律师 195 人、法律援助律师 20 人。律师办案 63320 件，业务收入 15.94 亿元，比上年分别增长 4.9%、27.3%。全市有 2 家律师事务所业务收费破亿元，为福建天衡联合律师事务所（25002 万元）和福建联合信实律师事务所（20282 万元）。全市律师行业办案数量及收费比上年有较大幅度增长，主要原因有：各律师事务所在良好营商运行环境下，业务水平逐步提升，服务市场持续拓宽；业务领域中的合同、金融、保险、知识产权类、涉外等大额案件代理数量上升，特别是仲裁案件数量比上年增加 1305 件、增长 99.4%，民事类案件数量增加 9007 件。

【公证行业】 2019 年，厦门市办理各类公证 15.6 万件，收费 4853 万元，分别比上年上升 47.9% 和 8.5%。主要原因为：受房地产市场回暖影响，涉及不动产交易类的公证业务明显增多；出国留学、旅游数量明显增加，导致涉外公证业务增加；公证机构拓展业务领域，提供延伸、延时、代办等便民服务，对涉民事、经济等公证业务增长有一定程度的影响。

【司法鉴定】 2019 年，厦门市办理各类鉴定 14851 件，业务收入 4272.7 万元，与上年度相比，鉴定案件数量下降 5.26%，业务收入增长 10.3%。原因为：2019 年，厦门市根据全国司法鉴定行业“四类外”（法医类、物证类、声像资料、环境损害）清理整改工作部署要求，对全市“四类外”司法鉴定机构和鉴定人展开清理整改，涉及“四类外”的 9 个鉴定项目、13 家鉴定机构及 144 名鉴定人。受政策影响，全市鉴定业务量有所下降。司法鉴定行业推进新机构新项目的设立申报及鉴定质量优化提升工作，新成立车辆痕迹司法鉴定机构 1 家，有 3 家司法鉴定机构新增环境损害鉴定项目，3家法医毒物司法鉴定机构完成项目提升改造工作，因此业务收入呈稳定上升态势。

【司法强制隔离戒毒】 至2019年12月31日，厦门司法强制戒毒在册在所戒毒人员265人，比上年下降31.88%，连续20年实现安全稳定无事故。主要原因：自厦门“金砖会晤”期间公安机关严打吸毒贩毒违法犯罪行为，厦门境内吸毒人数持续下降，公安机关转送至强制戒毒所执行强制隔离戒毒的人员数量大幅减少。是年，厦门强戒所构建起标识明显、区域分设、功能完备、衔接有序的统一戒毒模式基本框架，实现“四区五中心”（四区：生理脱毒区、教育适应区、康复巩固区、回归指导区。五中心：戒毒医疗中心、教育矫治中心、心理矫治中心、康复训练中心、诊断评估中心）实体化运作。厦门司法强制隔离戒毒所培育特色戒毒文化，首次创作传唱戒毒励志歌曲《重燃希望——厦门司法强戒所戒毒人员之歌》。履行社会责任，组建民警戒毒普法教育讲师团，接待社区、学校、单位到戒毒所接受禁毒戒毒警示教育23批次近1400人，组织民警志愿者服务队70余人次深入中小学、社区开展毒品预防宣传。

【公共法律服务】 2019年9月26日，“12348厦门法网”正式上线“i厦门”平台，为市民“零距离”提供在线法律咨询、法律事务办理等公共法律服务。延长“12348”法律服务咨询热线午间服务，实现“12348”厦门法网及法律咨询热线与七星路线下现场咨询点、广播栏目《丁成说法》等平台融合发展，满足市民多样化、多形式的公共法律服务需求。厦门市持续提升“一村（社区）一法律顾问”工作实效，村（社区）法律顾问示范点占比55%。首次召开国家统一法律职业资格考试（简称“法考”）联席会议，建立市政府“法考”协调机制，完成年度“法考”考务工作。厦门市司法局牵头组建厦门公共法律服务志愿者联盟，首批35支法律服务志愿者队伍“加盟”。设立涉台公共法律服务中心，为台胞、台商、台企提供精准法律服务。

【高端法律服务业发展】 2019年，厦门市司法局服务两岸融合发展，组团赴台开展两岸律师交流合作，召开国家统一法律职业资格考试台湾地区考生与厦门市台胞律师座谈交流会，推动台湾何志扬律师事务所进驻厦门片区。联合信实律师所与台湾广和两岸法律服务所设立全国首家两岸律所联营办公室，该事件入选2019年度全国律师行业最受关注的事件。服务经济高质量发展，整合法院、检察院、公证处、法律援助中心和律师事务所等各方力量，成立厦门自贸片区公共法律服务协同创新基地；制定《公证与不动产登记领域信息共享方案》，推动公证机构与不动产登记中心建立数据互联互通机制。市公证处联手科技公司、知名律所组建知识产权（厦门）法律服务平台，首创商标交易在线公证平台。鹭江公证处运用“区块链+公证”技术研发中国知识产权服务平台，入驻公证机构714家。思明区成立思明司法法律服务党员先锋队，为东坪山生态敏感区改造、何厝岭兜片区拆迁等重点工程提供法律服务。湖里区建立创新园公共法律服务站，为园区企业和职工提供集人民调解、巡回法庭、劳动仲裁为一体的“一站式”法律服务。

【法律援助】 2019年，厦门市受理各类法律援助案件12052件，比上年增长19.8%。主要原因：法律援助宣传力度不断加大，法律援助知晓率越来越高；受全球经济不景气以及新兴网络经济的冲击和影响，劳动争议纠纷特别是群体性劳动争议案件频发，全市5人以上群体性案件比上年增加133件、1314人次；法律援助的门槛不断降低，覆盖面不断扩大，受援人申请援助更加便利。市法律援助中心为16名船员追索劳动报酬提供法律援助案件，入选2019年度全国法律援助维护农民工权益十大典型案例。市法援中心获评全国法律援助先进集体。

【医患纠纷调处】 2019年，厦门市受理调解医疗纠纷案件169件，比上年增加17件，增长11%，调解成功案件149件，调解成功率88.2%，达成协议赔偿总金额2521.3万元。全市医疗纠纷调解工作总体呈现案件数量和赔偿金额不断增长的趋势。主要原因：厦门市属市管医疗机构不断扩增，全市医疗纠纷案件呈高发状态；市医调中心及部分区医调委案件赔偿金额增加，主要是累积重大案件和新发生的重大案件集中调解处理所致，相比往年赔偿50万元以上的重大案件比例增高；《医疗纠纷预防和处理条例》鼓励医患双方通过人民调解处理纠纷，对受理案件的索赔金额不作强制性前置规定，使往年必须经过鉴定的重大案件也能直接申请调解快速处理，对重大医疗纠纷的处理效率提升，对案件受理和赔偿金额均产生影响。

【智慧司法】 2019年，厦门市司法行政系统完成市、区司法局指挥中心建设，启动市局电子档案信息化管理系统建设，建成市局数据中心，推动实现律师SAAS（Software as a service）平台、行政执法平台、“12348”平台与“110”平台、“i厦门”对接共享。改版升级“法治厦门”微信公众号，增加“智慧普法”栏目，获评全省政法新媒体优秀账号。建设社区矫正远程视频督察系统，社区矫正监管辅助平台获市城市公共安全管理平台创新运用项目。厦门司法强制隔离戒毒所与美亚柏科合作建设“智慧戒毒”实验基地，完成场所综合管理和应用系统网络平台建设，建立集指挥中心、高清探头、电子围栏、智能门禁等为一体的智慧安防体系，率先全省被司法部授予“智慧戒毒所”称号。“海沧e调解”完成全国首例线上“诉调对接”成功调解案件，获评2019全国政法智能化建设优秀解决方案。

（胡茂合）

仲　裁

【概　况】 2019年，厦门仲裁委员会（简称厦门仲裁委）受理各类型仲裁案件1466件，涉案标的额119.02亿元，受案数量比上年增长45%；全年审结案件1242件，增长20%，其中调解和解结案315件，调解和解率25%。所受理案件中，一方或双方当事人来自厦门以外地区的案件934件，占比69%；当事人分别来自英国、澳大利亚、新加坡、加拿大、越南等国家和中国香港、台湾地区，以及北京、上海、广州、深圳、武汉、南京、杭州等国内城市。年内，厦门仲裁委作为12个全国代表之一，在司法部召开的第一次全国仲裁工作会议上汇报展示；在第二届中国仲裁机构公信力评估上，厦门仲裁委获“涉外仲裁服务十佳机构”，并获“仲裁机构在当地的社会影响力指数”排行榜第一名；厦门仲裁委副秘书长林文阳被司法部授予“新时代司法为民好榜样”称号，并被评为全国公共法律服务工作先进个人，获司法部通报表彰。

【仲裁交流活动】 2019年，厦门仲裁委加强国际国内交流活动，提升国际认知度和国内影响力。与俄罗斯联邦实业家和企业家联盟仲裁中心开展多项交流，签署合作协议；参加首届中俄城市论坛、第五届太平洋法律研讨会、中英国际商事仲裁研讨会等，拜会斯德哥尔摩商会仲裁院、伦敦海事仲裁院、瑞典船东互保协会、南安普顿大学法学院等，推介厦门仲裁工作。年内，厦门仲裁委接待香港中青年企业家组成的香江聚贤联谊会参访团、台湾高雄律师公会考察交流团到访交流。福建省及内蒙古自治区、黑龙江省、江西省等多个司法厅领导到厦门仲裁委考察调研，上海仲裁委、杭州仲裁委、哈尔滨仲裁委等10余家仲裁机构到厦门仲裁委考察交流。

【海峡西岸区域仲裁中心建设】 2019年5月21日，在福建省仲裁机构座谈会上，厦门仲裁委报告关于打造海峡西岸区域仲裁中心的思路和建议，得到省司法厅领导的肯定与支持。2019年，厦门仲裁委对接联络中国电建、中建六局等央企在闽分支机构，省招标集团、省电子信息集团、省投资集团等省属国有企业，以及建设银行福建省分行、中信银行福建省分行、平安银行福建省分行等金融机构，举行专题座谈会和仲裁工作推介会共41次、专题培训13次。厦门仲裁委参与自贸区营商环境建设和“一带一路”沿线国家与地区投资贸易争议解决仲裁机制建设。与中国国际经济贸易仲裁委、北京仲裁委等14家仲裁机构共同发布“‘一带一路’仲裁服务合作机制倡议”，与新加坡国际仲裁中心在自贸区厦门片区联合举办“国际商事仲裁论坛”，为跨境经贸投资争议解决提供高水平的仲裁法律服务，为国家重大发展战略顺利实施提供保障。

【最高人民法院领导调研厦门仲裁委工作】 2019年9月4日，最高人民法院副院长陶凯元、福建省高级人民法院院长吴偕林一行在厦门市政府副市长张毅恭等领导陪同下，到厦门仲裁委调研指导工作。在听取厦门仲裁委的主要工作情况、厦门仲裁委知识产权仲裁工作开展情况和知识产权仲裁院筹备情况汇报后，陶凯元肯定厦门仲裁委工作，认为厦门仲裁委作为全国颇具影响力的仲裁机构，素质高、公信力强，领先开展知识产权仲裁工作，为化解知识产权纠纷积累经验、做出贡献；其同时强调，厦门仲裁委要进一步建设好知识产权仲裁院，发挥多元化纠纷解决机制的作用，共同把厦门建设成为国际知识产权纠纷解决的优选地。

【仲裁规则研讨会在厦门举办】 2019年12月13日，由中国仲裁法学研究会、厦门仲裁委共同主办的仲裁规则研讨会在厦门举办。来自中国政法大学、中南财经政法大学、中国社科院等7所高校的教学研究人员，来自中国国际经济贸易仲裁委员会、北京仲裁委员会、上海国际经济贸易仲裁委员会（上海国际仲裁中心）等全国12家仲裁机构的仲裁实务界人士，以及全国人大法工委、厦门市中级人民法院、厦门市法学会等单位有关领导，部分仲裁员和律师共计90余人参会。与会人员以仲裁规则为主旨，结合各自研究方向和实务经验，围绕“中国仲裁法下仲裁规则的发展轨迹”“仲裁规则与仲裁机构自身定位的适应”“当事人/代理人、仲裁员、仲裁机构人员对仲裁规则的共同期待和差异”“仲裁规则对不同类型案件的适应性”4个议题展开讨论与研究。

【《中国自贸区仲裁合作联盟宣言》签署】 2019年12月18日，厦门仲裁委代表出席在深圳举办的中国自贸区仲裁合作联盟第二届圆桌会议并签署《中国自贸区仲裁合作联盟宣言》，厦门仲裁委正式成为中国自贸区仲裁合作联盟成员机构。该联盟由深圳国际仲裁院、上海国际仲裁中心等6家仲裁机构发起创设，至此有31家成员机构。联盟成员针对中国自贸区更开放、更自由的营商环境建设需要，共同致力于提高中国自贸区仲裁国际化水平和治理能力、提升中国仲裁的国际公信力，共同推动形成全面开放新格局。

（厦门仲裁委员会）

责任编辑：孙志红
审　　稿：程成贵
　　　　　白延蜻
校　　对：胡　恩

12 军　事

警备区工作

【概　况】2019年，中国人民解放军福建省厦门警备区（简称厦门警备区）开展“传承红色基因、担当强军重任”主题教育，开展庆祝中华人民共和国成立70周年系列活动，组织官兵学“三史”（党史、军史、新中国史），推动全民国防教育常态化、规范化。开展形势政策教育，利用民兵整组、各类集训等时机，落实民兵思想政治教育。贯彻全军军事工作会议精神，聚力备战打仗。开展以“赞颂辉煌成就、军民同心筑梦”为主题的第十九个全民国防教育日活动。落实官兵体检、疾病防控、休假疗养等制度，规范财经管理、物资采购、营房土地、装备管理等领域秩序，完成保障任务。组织家底经费清理上缴、工程项目结算审核、土地收储计划上报，清理整治枪弹账物不符历史遗留问题，完成留存名贵特产类物品清理移交。加强对收回资产维护管理，推进停偿善后工作。干休所开展“真心敬老、真诚学老、真情为老”主题实践活动，提升对老干部的服务保障水平。

【城市警备】2019年，厦门警备区扩大巡逻范围，组织对厦门、漳州、泉州地区进行警备巡逻；与驻厦门解放军、武警部队及厦门市军警办、交战办等部门对接协调，健全完善警备值班执勤、军车违章抄告、涉军警情联动、情况处置通报等制度机制，推进警备司令部职能的拓展和规范运行。全年派出巡逻400批次，受理各类外警80余起，处理军地用地纠纷7起、军民纠纷5起，没收假军人证件15本。

【国防动员】2019年，厦门警备区推动民兵编组向国有企业、高新技术企业和行业协会拓展，完成有关人员、船只的编组任务。开展民兵新质力量编建试点，民兵新质力量占33.8%。年内，厦门警备区落实《厦门市国防动员“十三五”规划》，对接建立军地应急力量组织指挥、装备预征预储等制度机制。制定出台《厦门市国防动员潜力统计调查组织实施细则（暂行）》，完成有关潜力数据的采集上报，对重点领域进行现地核查，提高数据质量。注重提高征兵质量，完成兵员征集任务，实现连续35年无责任退兵。

【有偿服务工作全面停止落实】2019年，厦门市军地各级推进有偿服务工作全面停止。按照全军停偿办制定的评估细则，厦门警备区各单位自下而上组织自查自评，警备区本级、3个干休所和老干二处厦门办事处均评定为一级达标单位，全区总评为一级达标单位。全年完成4个委托管理项目资产移交、1个资产置换项目经营管理权移交。思明区民政局被人社部、军委政治工作部、军委后勤保障部联合表彰为全国停偿工作先进单位，厦门市中级人民法院民一庭被最高人民法院表彰为停偿工作先进单位。

（林文海　褚雪锋）

征兵工作

【概　况】2019年，厦门市征兵办公室按照福建省政府、福建省军区提出的“多征集高学历青年，多征集毕业生”要求，坚持早分析、早预测、早宣传、早发动，持续保持厦门市征兵工作良好势头，按时完成兵员征集任务。5—8月，完成直招士官工作。

【兵役登记】2019年，自全国征兵网开通，厦门市委宣传部负责在各媒体、报纸、户外LED显示屏和网站发布兵役登记公告，市公安局负责提供适龄男性青年信息，市教育局负责督导各高中、中专院校做好在校适龄学生兵役登记工作。2月起，厦门市征兵办公室对全市“五率”（报名率、上站率、合格率、择优率、退兵率）情况进行实时监控，每月通报“五率”数据；6月起，落实每周通报制度，加强对“五率”指标偏低单位检查督导，解决矛盾问题。全市各项数据相比上年均有提高，大学生比例上升8个百分点，大学毕业生上升7个百分点，均列全省第一；双合格人数上升10个百分点，兵役登记率提前2个月到100%，年终“五率”考评全省排名第一。

【征兵宣传】 2019年，厦门市征兵办公室以高校学生为重点对象，开展“高校征兵宣传月”活动，在厦门大学组织召开全省大学生征兵启动仪式，思明、集美、翔安区征兵办公室到各高校进行宣传，组织优秀大学生士兵现身说法，以身边人、身边事感召和激励大学生报名参军。5月起，协调新闻媒体展开征兵宣传，在厦门地铁、BRT（快速公交）等5000余块户外广告屏滚动播放征兵公益广告，在厦门市国防教育微信公众号实时更新征兵信息，打造多层次、全方位、立体化的征兵宣传新格局。

【役前训练】 2019年，厦门市征兵办公室按照省征兵办要求在新兵输送前统一开展役前训练，以部队一日生活制度和作风纪律养成为基础，组织条令、队列、基础体能、政治思想教育等内容的学习训练，全面掌握预定兵员思想、身体底数。通过役前训练，淘汰不合格人员35人，提高兵员质量。

（林文海　褚雪锋）

民兵预备役

【概　况】 2019年，厦门市民兵预备役工作贯彻中央军委国防动员部、福建省军区民兵调整改革要求，通过开展群众性练兵比武活动、抓好遂行多样化任务能力建设等工作，常态保持战备水平和应急处突能力。厦门警备区根据新编制表，完成福建省军区下达的基干民兵编组任务，编建民兵新质力量。完成年度基干民兵训练任务。10月，海沧区被中央军委国防动员部评为民兵调整改革先进单位。

【民兵应急分队轮训备勤】 2019年4—11月，按照厦门警备区统一计划安排，各人武部分月集中施训，湖里区、集美区、海沧区、同安区、应急营、翔安区、思明区民兵分队先后组织开展8天以上的民兵应急分队集中备勤轮训。集训围绕民兵应急训练相关理论，以操作实践为重点，按照应急训练规定课目展开。通过该次基地化训练，提升民兵应急备战水平。

【学生军训工作】 2019年7—9月，厦门警备区围绕“树好形象、守好纪律、确保安全”要求，按照“一个过程”（推荐选拔、岗前培训、专题教育、资格认证、签订责任书），选派培训民兵预备役教官负责承接学生军训工作，累计完成厦门市第一中学、厦门市双十中学、厦门市外国语中学、华天涉外学院等23所学校33728名学生的军训任务。

【装备操作手训练】 2019年10月，厦门警备区组织民兵应急分队装备操作手集训，提升民兵应急处突、综合救援能力。集训依托福建勤马集团有限公司场地展开，区分不同专业进行训练。工程机械分队重点训练发电机、焊接工具、推土机、挖掘机、装载机、抢修车等装备操作使用；综合救援分队重点训练生命探测仪、挖掘机、推土机、吊车等装备操作使用；反恐维稳分队重点训练枪发抓捕网、金属探测器、防暴钢叉、阻隔网、阻车器、无人机飞行器等装备操作使用；防汛抗洪分队重点训练救生圈抛射器、便携式植桩机、无人机飞行器等装备操作使用。

【群众性练兵比武竞赛】 2019年12月，厦门警备区落实中央军委群众性练兵比武的要求，围绕军事技能、基础体能等12类23个课目，在国防园训练基地组织全市范围的群众性练兵比武竞赛。通过练兵比武培育军事训练的“种子”和“酵母”，以竞赛推动训练，以局部辐射全局。年内，民兵教练员参加省军区“四会”教练员（会讲、会做、会教、会做思想工作）考核比武成绩优异。

（林文海　褚雪锋）

国防教育

【概　况】 2019年，厦门市国防教育工作围绕构建“政府、军队、社会、学校、家庭”五位一体大国防教育格局，军地合力主动作为、创新发展。市国防教育办公室开展经常性地方领导干部过“军事日”活动。落实国防教育“进课表、进教案、进课堂、进学分”制度，将国防知识列入中小学升学考试内容，开展“启航明天、争当四好少年”活动。组织国防教育讲师为军训学生作国防教育辅导授课。落实民兵预备役教育，推进专武干部队伍建设，结合点验整顿、军事训练、执行勤务等时机，为民兵预备役人员授课20场次。组织开展第十九个全民国防教育日系列活动。继续在厦门电视台开设《军情全球眼》栏目，在《厦门日报》开辟《特区国防》专栏，由驻厦门部队单位与市委宣传部轮流组稿，每月1个专版。推广运行“厦门国防教育”微信公众号，每日推送国防知识和驻军动态，组织国防

2019年9月26日，厦门市第十九个全民国防教育日主题教育演讲比赛现场

（巴新功　摄）

知识竞赛、国防教育演讲比赛、国防知识有奖问答等活动，教育受众面继续扩大。升级改版“厦门国防教育网”，开通“国防热点论坛”，邀请厦门大学专家教授在线解疑释惑，网站年访问量100万人次。制作国防教育流动展板，更换“神州行”公益广告牌，协调楼宇电视、公交移动传媒播放宣传短片，推动国防教育宣传的常态化、全覆盖。国防教育展览馆升级改造项目基础建设基本完工，室内设计方案通过会审。市国防教育办公室与厦门大学军事教研室建立联系机制，共同会商国防教育难点课题，展开国防教育概论编撰工作。

【全民国防教育日系列活动】 2019年7—9月，由厦门市委宣传部和厦门警备区牵头，围绕“赞颂辉煌成就、军民同心筑梦”主题，开展第十九个全民国防教育日“五个一”系列活动。活动期间，在厦门广电集团演播大厅开展“赞颂辉煌成就、军民同心筑梦”主题电视演讲比赛，组织6个区、市教育局和市国资委共8支队伍参赛，赛况在厦门多个电视台黄金时间播出；选派2名大学生参加福建省“爱我国防”主题演讲比赛；安排厦门大学军事教研室讲师和国防教育讲师团成员进企业、进社区、进乡村开展国防教育宣讲；在中山路步行街、鼓浪屿、SM城市广场、环岛路、厦门大学、集美学村等地发放国防知识手册近3万份。

（林文海　褚雪锋）

海　警

【概　况】 2019年，厦门海警开展海上重大勤务实战演训，参与厦门市反恐实战演练，完成中华人民共和国成立70周年庆典海上安保任务，辖区治安持续稳定。查获非法采砂、妨碍公务和走私毒品、成品油等案件43起，抓获犯罪嫌疑人129人，查扣涉案船舶41艘，查证走私冰毒超2吨，缴获成品油700余吨、水产品326箱、台杂货256件、海砂1.4万立方米。6月3日，厦门海警局挂牌。年内，厦门海警局被定为全国基层建设试点、全国执法规范化建设试点、全省正规化建设试点单位。4个单位获评基层建设先进单位，1人获评二等功，18人获评三等功，49人受到各级表彰。

2019年6月，厦门海警开展“净海－2019”专项执法行动　（洪晨晖　摄）

【打击走私】 2019年，厦门海警局先后派遣舰艇到东海维权执法，到台湾海峡执行任务，参与中国海警局“7·7”打击成品油走私专案。联合厦门海关破获全国首起利用远洋货轮从非洲走私濒危物种案，查处全省海警首起海洋非法倾废案等典型案件。破获“2018·10·25”特大走私毒品案。

【外事交流窗口品牌建设】 2019年，厦门海警局坚持主动服务外交，展现外事交流“窗口”品牌效应，完成中国越南海警北部湾共同渔区渔业联合检查工作会议和菲律宾海岸警卫队代表团到厦门参访保障任务。会务保障、要员安保等任务做到筹备精细化、保障精确化、协调精准化，实现“工作零差错、对接无缝隙”的目标。

【特大走私毒品案破获】 2019年6月10日5时，由福建省公安厅、福建海警局统一指挥，厦门海警局联合福建海警局执法办案大队、汕头海警局、厦门市公安局、汕头市公安局，破获“2018·10·25”特大走私毒品案。先后在厦门市、广东省汕头市的6个抓捕点抓获犯罪嫌疑人10人（台籍7人、大陆3人），在广东汕头海域东南45海里（83.34千米）处抓获“兴旺”号涉案船舶1艘，抓获主要犯罪嫌疑人7人（台籍6人、港籍1人），查获走私毒品1吨。

【非法采矿案破获】 2019年10月2日，厦门海警局在汕头海警局的协助下，在北纬23°50′1″、东经116°45′1″附近海域查获涉嫌利用自吸式采砂船非法开采海砂的“鑫荣圣5”号，抓获犯罪嫌疑人7人，查获非法采砂2000余吨。

【厦门海警局挂牌】 2019年5月1日，根据海警部队整编工作部署，调整组建厦门海警局，在厦门思明、湖里、集美、海沧、翔安、同安沿海行政区设立海警工作站。6月3日，厦门海警局正式挂牌。年内，厦门海警局推动部队基础设施建设补短板，争取地方政府调配营房3处、改造经费400多万元，用于3个海警工作站的临时部署。工作站的定点部署得到地方党委、政府支持，同安、集美、湖里工作站征地工作取得初步成效。

（厦门海警局）

人民防空

【概　况】 2019年，厦门市人民防空办公室（简称市人防办）履行“战时防空、平时服务、应急支援”使命任务，开展人防系统行业整治工作。稳步推进人防工作，人防指挥平台建设和基层人防工作站建设取得进展，开展警报体系建设、人防宣传教育、人防队伍训练等工作；继续推进人防审批制度改革，规范人防工程的管理；组织“5·10”防空警报试鸣和人防演练，提升市民国防观念和人防意识。

【人防审批改革】 2019年，厦门市人防办继续推进工程建设项目人防审批改革相关工作。运用专业手段进行防空地下室区域确认，配合规划、建设部门开展线性工程、“联合验收”等改革。创新把城市新建民用建筑修建防空地下室审批事项转变为备案制改革。服务地铁2号线等民生项目建设，节省项目验收时间，保证地铁2号线的如期运行。研究城市地下综合管廊建设兼顾人民防空建设的共建机制，年内，该建设试点项目向住建部申请科研立项。

【人防工程质量监督】 2019年，厦门市人防办强化人防工程项目事中事后监管，提供公共服务。全程介入工程项目，开展人防工程业务专项培训。确定项目验收标准，确保人防工程质量。全年开展130个项目质量监督，完成项目就地竣工验收和易地竣工验收工作。年内，完成地铁2号线各车站人防门的验收工作。

【“5·10”防空演练】 2019年5月10日15时，厦门市人防办组织防空警报试鸣和人防演练。全市数百台防空警报（含固定警报、机动警报、多功能警报和手摇警报）分别试鸣“预先警报”“空袭警报”“解除警报”3种信号。在演练中开展防空袭和突发事件背景下市民应急疏散、人防专业队灾后救援演练和应急救护技能演示。在全市防空警报试鸣时，组织人防应急疏散演练，规模为厦门历年最大。其中，市教育局组织中小学校以及在厦门高校师生参加演练；各区区政府分别组织1个街道3000人以上的社区居民开展应急疏散演练。

【人防教育宣传】 2019年，厦门市人防办与市教育局联合发布《厦门市人民防空办公室、厦门市教育局关于持续做好小学人防教育试点工作的通知》，确定9所开展人防教育进学校的试点学校，指导试点学校完成“人防工作室”建设，提升师生防空防灾能力。结合“3·1”国际民防日和“5·10”防空演练等重大活动，开展形式多样的人防宣传，在《厦门日报》《厦门晚报》《海西晨报》等媒体进行专版宣传。通过“厦门人防”微信公众号、新华网、东南网等新媒体推广、宣传演练信息和人防知识，提升市民防灾救灾的意识和能力。

【通信警报体系建设】 2019年，厦门市人防办根据城市规划和发展情况，加强警报体系建设，提升警报覆盖效果。新装固定警报13台，完成警报改造、移装10台，建立智能电池警报台试点3个。对全市警报器完成数次拉网式检测维护，确保设备运转正常。在“5·10”防空演练全市警报试鸣时，岛内警报器鸣响率100%；岛内音响覆盖率95%，岛外93%。开展全市各区的防空警报管理员培训工作，完成培训255人次，提升厦门市警报管理专业化、正规化水平。

【基层人防工作站建设】 2019年，厦门市人防办完成人防工作站试点建设工作，推动人防工作向末端落实、向社区延伸。按照基层人防规范化建设标准，确定的11个基层单位完成组织指挥体系建设，组建人防应急救援志愿者队伍，建立健全制度规定，完成工作站场地建设，定期组织辖区内人员学习政策法规和有关知识，配备相应的应急救援物资和通信器材，组织防空防灾及应急疏散演练，初步具备开展人防工作的能力。

【准军事化训练】 2019年11月25—30日，厦门市人防办参加全省人防机动指挥所跨区训练。训练采取人员集中、机动拉练、异地联动的方式，对人民防空相关科目进行演练。12月4—6日，市人防办组织市、区人防系统干部职工和全市各人防专业队骨干，在市委党校进行3天的准军事化训练。参训人员学习《基层人防规范化建设标准》《人民防空训练与考核大纲》等理论课程，现地观摩海沧基层人防规范化建设成果和海沧区人防疏散基地。

（万　洪）

责任编辑：林炯程
审　　稿：孙志红
校　　对：胡　恩

13 退役军人事务管理

综　　述

【厦门市退役军人事务局成立】 2019年3月31日，厦门市退役军人事务局（简称市退役军人局）在思明区湖滨一里73号挂牌，为市人民政府工作部门（副厅级），加挂厦门市双拥共建工作领导小组办公室牌子。人员和经费由市民政局和市人社局4个业务处室转隶，承担退役军人优抚安置和拥军优属等职能。市退役军人事务局机关内设4个处室：办公室、思想政治和权益维护处（政策法规处）、移交安置和就业创业处（军休服务管理处）、双拥共建处（优抚褒扬纪念处）。有7个直属单位：市退役军人服务中心（由原市自主择业军队转业干部管理中心更名成立）、市军供站、市烈士陵园服务中心、市军队离休退休干部前埔休养所、莲坂休养所、文园休养所、镇海路休养所。市退役军人服务中心为参公事业单位（副处级），加挂市自主择业军转干部服务中心牌子。5月6日，厦门市委退役军人事务工作领导小组成立，办公室设在市退役军人事务局。

【退役军人服务保障体系建设】 2019年，厦门市建成1个市级和6个区级退役军人服务中心、38个镇（街）和525个村（居）退役军人服务站，初步完成4级退役军人服务保障体系的建设。12月30日，中央军委政治工作部主任助理兼退役军人事务部副部长方永祥带队到厦门市调研退役军人事务工作，走访思明区文灶社区、湖里区禾山街道退役军人服务站和厦门市光亮骨科医院（退役军人创业典型），对厦门市退役军人事务工作给予肯定。

（市退役军人事务局）

退役军人安置

【退役军人移交安置】 2019年，厦门市退役军人事务局继续实行“功绩量化、依序择岗”“五公开一监督”等阳光安置做法，完成接收安置军转干部任务，包括计划分配师职干部、团职及以下军转干部、自主择业军转干部。完成全年接收安置军队复员、退休和伤残人员任务；完成接收退役士兵任务，包括符合政府安排工作条件人员、选择自主就业人员。为自主就业退役士兵发放地方经济补助4082.83万元。地方一次性经济补助金发放率100%，职业教育和技能培训优惠政策知晓率100%，符合政府安排工作条件的退役士兵100%安排工作。

【退役士兵社保接续】 2019年，厦门市成立市解决部分退役士兵保险问题工作专班，出台《关于做好我市部分退役士兵社会保险接续工作的通知》。6月10日，启动部分退役士兵社保接续工作，在全市开展政策宣传，在《厦门日报》《厦门晚报》和全市移动媒体发布公告。市财政部门预拨专项资金2090万元保障接续工作开展。全市开设咨询电话7个、受理点39个、税务征收专窗11个。

【退役军人及随军家属就业扶持】 2019年，厦门市退役军人事务局组织退役士兵参加职业教育和技能培训。通过提供国企、社区、辅警和其他公益性岗位，采取“公开招聘、考试排名、竞争上岗”的方式，扶持退役士兵再就业。10月24日，举办全市退役军人暨随军家属专场招聘会，40余家企业提供1660个用人岗位。解决随军随调家属就业安置问题。根据“身份对等、行业对口、层级就近”的原则，予以安置机关事业单位或者国企、非编、社区等岗位。开展“送政策进军营”活动，为退役前军人介绍经济社会发展和就业形势，接受政策咨询并进行职业指导。

（市退役军人事务局）

退役军人服务管理

【概　况】 2019年，厦门市退役军人事务局落实部分优抚对象定期抚恤金和补助金自然增长机制，抚恤补助金标准比上年增长超10%。向重点优抚对象发放各类抚恤补助金8735.75万元，慰问金1377.41万元，医疗补助金166.11万元。向义务兵家庭发放优待金3129.31万

2019年12月18日，厦门市退役军人事务局到驻地某军营开展退役军人优抚政策宣讲
（陈伟力　摄）

元。厦门市烈士陵园全年接待外地烈属到厦门祭扫和当地群众6万多人次，开展“启航明天、争当新时代好少年”活动10次，完成全市党政军和社会各界代表参加的全市烈士公祭活动。完成接待过往部队任务。承担退役军人信访工作。组织军休干部参加全省军休系统庆祝中华人民共和国成立70周年文艺会演，获得第二、三名和优秀组织奖。镇海路军休所获评全国退役军人工作模范单位。

【优抚褒扬】 2019年，厦门市退役军人事务局举办退役军人系统庆祝中华人民共和国成立70周年纪念章颁发仪式和军队干休所老战士老同志座谈会。国庆节节前，市、区领导带队入户走访慰问部分功臣英模、中华人民共和国成立70周年纪念章获得者和重点优抚对象。全市开展退役军人等优抚对象基本信息采集和悬挂光荣牌工作。比对核实退役军人信息问题数据，开展烈士英名录信息核对、烈士纪念设施摸底与调查统计和上报工作。

【尊崇军人社会氛围营造】 2019年，厦门市退役军人事务局营造尊崇军人、爱国拥军的社会氛围。与市委宣传部、厦门警备区联合开展“最美退役军人”学习宣传活动，在建军节期间宣传首批“最美退役军人”先进事迹，在国庆节期间宣传获得庆祝中华人民共和国成立70周年纪念章的优秀退役军人代表。

【烈士纪念日活动】 2019年9月30日，厦门市举行烈士纪念日向烈士敬献花篮仪式活动。市党政军领导、各民主党派工商联无党派人士、各人民团体和各界群众代表以及驻厦部队官兵和少先队员代表、烈属和参战退役军人代表等人员参加。

（市退役军人事务局）

双拥共建

【概　况】 2019年，厦门市双拥共建工作领导小组调整加强双拥工作领导力量，增加市委编办等5个成员单位。各区双拥共建工作领导小组同步调整。7月30日，市委副书记陈秋雄、厦门警备区政委蔡建新作为全国双拥模范城厦门市代表，到北京参加中国人民解放军庆祝建军92周年招待会和全国双拥工作座谈会，陈秋雄在座谈会上作双拥工作经验介绍。11月15日，厦门市双拥共建工作领导小组第四十二次全体成员（扩大）会议召开，部署新一届全国双拥模范城创建工作。是年，驻厦门各部队继续支持厦门市经济建设、民生保障、生态文明建设和社会公益事业，配合推进重点工程建设、重要项目落地，开展军地土地置换和管线迁改。

【军地联学共建活动】 2019年，厦门市双拥共建工作领导小组组织开展军地党组织联学共建活动，抓好市委理论学习中心组与当地某驻军党委中心组开展理论联学活动，确定全市首批36个市、区、镇（街）党委（党组）、38个村居党组织与辖区驻军部队开展结对联学共建活动。组织基层官兵参加厦门市庆祝中华人民共和国成立70周年合唱展演、“家国情怀”演讲比赛及首届“厦门工行杯”双拥足球邀请赛等活动。

【拥军优属】 2019年，厦门市继续支持部队各项建设，解决武警支队2个机动单位、海警部队6个工作站定点部署所需办公用房和生活设施；解决部分随军随调家属的就业安置；落实一批移防和调动军人子女转学入学等问题。建军节、国庆节期间，市四套班子领导、市委退役军人事务工作领导小组领导分别带队走访慰问驻厦部队官兵、重点优抚对象、功臣英模和退役军人，安排节日慰问资金和支持部队设施建设经费共1079万元。

（市退役军人事务局）

【拥政爱民】 2019年，驻厦门各部队组织官兵参与文明城市、爱心厦门、平安厦门、扶贫攻坚和双拥创模等各项创建活动。厦门警备区本级设立帮扶专项基金30万元。其中，20万元用于同安区莲花镇上陵村幸福院、大祠自然村机耕路、村庄路灯新建及日常维护3个项目，10万元用于帮扶家庭经济困难大学生20名。厦门驻军单位持续开展“送温暖献爱心”活动，组织医疗小分队、便民服务队到乡村、社区开展义务巡诊、送医送药活动，看望慰问军烈属、伤残军人和敬老院老人，关爱残疾人、空巢老人和留守儿童等；参与全国文明城市、国家卫生城市、生态文明城市和平安厦门等创建活动，响应开展营区生活垃圾分类工作；协助地方妥善处置应急突发事件，参与市应急救援实战演练。

（厦门警备区）

责任编辑：林炯程
审　　稿：阳晓儒
校　　对：胡　恩

14 台湾事务

综　述

【概况】 2019年，厦门市新批台资项目874个，比上年增长10.1%，实际使用台资3.5亿美元；厦金航线出入境旅客182.3万人次，比上年增长4.5%。厦门市结合落实福建“融合发展42条”，出台实施厦门“融合发展45条”和中央“26条措施”厦门市实施细则，落实台胞台企同等待遇政策。推出《厦门市关于探索海峡两岸融合发展新路的若干措施》，探索两岸融合发展新路。为台胞子女在厦门入学提供“一站式”服务。吴家莹连任厦门台协商会会长。第六届舞动两岸青少年国际（体育）舞蹈艺术节在厦门举行，台北交响乐团首次到厦门演出。2月16日，澎湖县长赖峰伟率旅游、民政等部门负责人到厦门访问，副市长韩景义等接待；3月20日，台中市副市长令狐荣达一行到厦门访问，副市长韩景义会见；3月26—28日，高雄市市长韩国瑜率代表团到厦门访问，市委书记胡昌升、市长庄稼汉会见；6月3日，金门县县长杨镇浯一行到厦门访问，市委书记胡昌升、市长庄稼汉会见；6月15—21日，第十一届海峡论坛期间，厦门市探讨推动“新四通”（经贸合作畅通、基础设施联通、能源资源互通、行业标准共通）、厦门金门“小四通”（通水、通电、通气、通桥），厦门人才对接会为台湾青年提供就业岗位2300个；6月22日，台湾云林县长张丽善一行到厦门访问，市长庄稼汉会见。

【厦门台湾民间交流】 2019年，厦门与台湾民间交流往来频繁。金门县长杨镇浯率金门李氏宗亲180多人到翔安浦园李氏宗祠祭祖。金门县卢氏宗亲会理事长卢怀琪带领台湾卢氏宗亲一行80多人到同安古庄村宗祠寻根谒祖。台湾王氏宗亲会荣誉理事长王金平一行参访福建，并到其祖籍地角美镇白礁村祭祖。台湾“世界保生大帝庙宇联合总会”总会长、学甲慈济宫董事长王文宗一行10多人访问厦门，到湖里区殿前社拱惠宫开展文化交流。同根同源的台湾新北市板桥区与厦门集美区侨英街道（原板桥村所在地）的张氏宗亲联合成立浒井社区书院两岸发展理事会，引进社区营造理念，推动浒井社区发展，两地合办的浒井公益图书馆投入使用。

【台湾青年创业基地】 2019年，厦门市新增台湾青年创业基地2个（商洲创业沙坡行台湾青年就业创业基地、海峡珠宝中心台湾青年创业基地）。商洲创业沙坡行台湾青年就业创业基地位于厦门沙坡尾吃堡，主要接收餐饮、文旅、影视产业等创业项目，为台湾青年打造发展平台，投资孵化优质的创业项目，该基地成为思明区台胞驿站的又一个联谊点，为辖区内台湾青年提供交流场所。海峡珠宝中心台湾青年创业基地位于厦门市闽南古镇，吸引从事珠宝业、文创业的台湾青年进驻，提供一条龙产业服务。

【厦门金门两地政府对接会】 2019年1月29日，厦门市市长庄稼汉与金门县县长杨镇浯举行厦门金门两地政府对接会，围绕“四通”（经贸合作畅通、基础设施联通、能源资源互通、行业标准共通）、“三化”（公共服务均等化、普惠化、便捷化）提出交流合作35个议题，包括加强厦门金门产业合作，推动通电、通气、通桥，加快两地通信合作，实现商品快速通关检疫，推动两岸专业技术职称和技能人员职业资格认定等行业标准共通，推进两地航道安全、疫病疫情、气象、环保防震减灾等方面的信息共享，推动厦金公共服务均等化、普惠化、便捷化等方面。双方达成共识，推动建立完善厦金常态化工作协调机制，定期召开厦金工作对接会，负责厦金合作事务的决策、协调等工作；建立多元驱动运作机制，采用“政府搭台，企业唱戏，公众参与”方式深化交流合作；筹备专家咨询智库建设，为厦金合作顶层架构提供政策建议和合作规划。

【两岸e家驿站台湾青年创业基地联盟】 2019年3月8日，集美区2019年台湾青年创业分享及省级台湾青年就业创业基地授牌仪式在厦门市集美区海蛎文创基地举行。该活动由集美区政府台港澳事务办公室主办，集美区海蛎文创基地承办，厦门北站台湾青年双创基地、一品威客海峡两岸青创基地、匠仕创客空间等协办。授牌仪式上，集美区5个台湾青年创业基地联合成立两岸e家驿站台湾青年创业基地联盟。联盟秉持“两岸一家亲”的理念，发挥各基地的孵化优势和群聚效应，对到集美创业的台湾青年们在品牌塑造、市场对接、资源整合等方面进行服务升级。

【全国首家两岸律师所联营办公室挂牌】 2019年3月29日，福建联合信实律师事务所与台湾广和两岸律师事务所福建省联营办公室在自贸区厦门片区挂牌。这是全国首家获批设立的大陆与台湾地区律师所联营办公室。该联营办公室可接受当事人的委托或者其他律师事务所的委托，在各自获准从事的律师执业业务范围内，以分工协作的方式，一次性为海峡两岸客户提供律师服务，办理两岸律师事务。

【中央台办主任到厦门考察】 2019年6月16日，中共中央台办、国务院台办主任刘结一一行到厦门五通码头考察厦金“小三通”航线运行情况，并与金门参访团代表就推动厦金“小四通”（通水、通电、通气、通桥）和融合发展等问题进行座谈交流。刘结一表示，金门通过与厦门提升经贸合作畅通、基础设施联通、能源资源互通、行业标准共通，率先实现同福建沿海地区通水、通电、通气、通桥，金门可以依托福建特别是厦门，用足用好大陆广阔的发展空间和机遇，实现跨越式发展，希望两岸同胞共同努力，排除障碍，早日实现应通尽通。

【海峡两岸乐活节】 2019年8月20日，由厦门市海沧台商投资区管委会主办的2019年海峡两岸（厦门）乐活节在厦门开幕。该届乐活节以“筑梦新时代·全民共欢庆”为主题，包括启动仪式、学术论坛、音乐茶会、闭幕式等环节，由“乐善、乐业、乐艺、乐动”4个板块共30个分项活动组成。12月21日，乐活节闭幕式在海沧石室书院文化广场举行。乐活节是国台办重点对台交流项目。

【大陆首个全台资网约车车队成立】 2019年8月28日，厦门元客宝岛车队在厦门成立，该车队是大陆首个全台资网约车车队，是厦门元客交通服务有限公司（大陆首家全台资公共交通企业）与滴滴出行科技有限公司合作创建的网约车运营品牌。首期计划投资2亿元，组建规模为1500辆车。

【国家级海峡两岸交流基地授牌】 2019年10月19日，国家级海峡两岸交流基地授牌暨“两岸童心共赢未来”研学营开营仪式在厦门（集美）闽台研学旅行基地举行。国台办交流局局长黄文涛宣读国台办关于设立海峡两岸交流基地的批复，集美区区委书记李钦辉接受海峡两岸交流基地牌匾，厦门市副市长韩景义出席授牌仪式并致辞。来自集美区的研学旅行单元代表、创业台湾青年代表以及全台各地的研学生100余人参加活动。厦门（集美）闽台研学旅行基地是厦门市第三家国家级海峡两岸交流基地，以建设大陆最大对台研学旅行基地为目标，探索研学总部、研学营地和各研学旅行单位相结合的“1+1+N”的泛营地研学新模式，建设闽台导师培训认证中心、课程研发中心、单元认定中心，修订完善对台研学政策，优化研学大数据服务平台，开发更多标准化、定制化研学旅行产品。

【慰问台胞台企】 2019年12月30日，中共中央台办、国务院台办副主任刘军川到厦门慰问台胞台企，与台商、台青和台籍师生座谈交流。刘军川指出，大陆经济正在迈向高质量发展新阶段，稳中向好、长期向好的基本趋势没有改变，仍是台商台企投资兴业和台湾青年工作生活的最佳选择。厦门市持续落实“31条措施”、制发台湾居民居住证等惠台利民政策举措，并出台“26条措施”，为台胞台企提供更多同等待遇。

（谢嘉兴）

厦台文化交流

【两岸融合视野下台湾史论坛】 2019年4月17日，两岸融合视野下台湾史论坛在厦门开幕，两岸60位专家学者参会。与会专家就两岸档案整理与研究、日据台湾史研究和两岸经济文化融合等议题进行交流。论坛上，与会专家学者探讨两岸融合发展的历史文化，还原历史真相，驳斥“台独”分子“日本殖民有功”等言论。

【台湾书法家协会访问厦门】 2019年4月23日，台湾书法家协会会长沈荣槐一行人参观访问位于厦门市集美区的福建省连横书画院。福建省连横文化研究院、福建省连横书画院董事长连明富，福建省连横文化研究院院长连心豪，福建省连横书画院院长连明生等参加接待。福建省连横书画院与台湾书法家协会就密切合作推动两岸书法共同进步、弘扬中华传统文化等方面进行探讨并举行笔会，近20位书法家合作完成15米的书法作品《台湾通史·序》。《台湾通史》的编撰者是有着“台湾的太史公”“台湾文化界第一人”之称的连横。

【闽台知识产权圆桌会议】 2019年4月30日，2019年闽台知识产权圆桌会议在厦门大学召开。来自中国人民大学、中国社会科学院、台湾政治大学、台湾工业技术研究院、台湾信息工业策进会等高校和机构的50余位专家参加。会议围绕“充分发挥知识产权服务业作用，推动闽台交流合作”主题，就知识产权运营模式及经验、知识产权中介服务体系、知识产权经济协调发展模式等闽台知识产权交流合作问题作主旨发言，并商讨知识产权服务业发展方向。

【首届高校台湾研究学术年会】 2019年5月4日，由厦门大学、复旦大学和中国人民大学联合发起，厦门大学台湾研究院、两岸关系和平发展协同创新中心、海峡交流文化中心共同主办的首届高校台湾研究学术年会暨第四届高校涉台研究机构协同工作会在厦门举行，来自全国各地的70所高校涉台研究机构、200余位台湾研究专家学者及从业人员，围绕“新时代下的台湾研究：理论、方法与实践”主题展开讨论。会议开设政治与社会、经济、文学、历史、法律、教育与青年6个分论坛以及院友论坛，为涉台研究者提供开放平台，促进台湾问题的研究与探讨，推动涉台研究的学术发展与理论创新。

【同安孔子文化节】 2019年9月28日，由厦门市同安区社科联主办，同安区闽南文化研究会、厦门闽南旅游文化产业有限公司承办，金门县教育局协办的2019年厦门（同安）孔子文化节在厦门举行，金门县前县长李炷烽带队参加。

2019 年 9 月 28 日，2019 同安孔子文化节（市委台港澳办　供图）

该文化节以“文化同安·礼敬先贤”为主题，旨在共同纪念先哲、传承礼仪，将优秀传统文化与现代教育相结合，用儒家文化讲好中国故事。配套举办祭孔典礼、《同安文话》首发仪式、厦金专家研讨会等活动。

（谢嘉兴）

厦台旅游

【概　况】 2019 年，厦门市接待台胞到厦门入境过夜人次 105.32 万人次，比上年下降 0.06%，占厦门市入境过夜游客总数的 35.42%，居入境市场第一位。大陆居民经厦门口岸到台湾旅游 38.01 万人次。其中，团队游 9.48 万人次，下降 15.2%；个人游 28.63 万人次，增长 6.7%。厦金（厦门、金门）“小三通”出入境旅客 182.29 万人次，比上年增长 4.45%。厦金“小三通”仍然是大陆游客经厦门到台旅游最热络的“黄金通道”。

【对台研学旅游】 2019 年，厦门（集美）闽台研学旅行基地获颁国家级“两岸交流基地”吸引两岸青少年和家长到集美研学旅行，为两岸青少年交流提供新平台，增进台湾青少年对中华文化、祖国大陆的认同感。7—8 月，厦门市文旅局配合文旅部主办 2019 年“华夏文明·薪火相传”台湾青年学生暑期见习活动，来自台湾高雄餐旅大学、醒吾科技大学、台北城市科技大学、高雄科技大学、台湾辅英科技大学等 16 所高校的 43 名大学生在集美闽台研学旅行基地开展为期 2 个月的见习活动，学习旅游专业知识、服务技能技巧。在灵玲动物王国与上百种来自世界各地珍稀动物亲密互动、参与一线服务，在获得吉尼斯纪录的世界最大国际马戏大剧院体验国际马戏文化，在福建省首家动物马戏主题亲子酒店观摩学习。

【旅游交流座谈会】 2019 年 2 月 20 日，厦门市、金门县两地旅游主管部门联合主办的厦金旅游业者交流座谈会在厦门举办。原厦门市旅发委主任杨琪，金门县政府观光处处长丁健刚，厦门市台办、厦门市旅游协会、厦金两地旅游部门相关处室、金门县旅行商业同业公会负责人及厦金两地旅游业者共 50 多人出席会议。座谈会从“迎客”“导客”“留客”等多角度切入，在开发金门旅游新产品、提升厦金旅游品质，共同营销旅游线路，平衡淡旺季客流，扩大客源市场，推动双向旅游等议题上形成共识。

【厦金澎旅游节】 2019 年 4—11 月，由厦门、金门、澎湖三地文化旅游部门联合举办的“厦金澎旅游节”在厦门启动。旅游节在往年“厦金两门旅游节”的基础上，首次纳入澎湖的旅游资源。系列活动涵盖研学旅游、亲子互动、青少年交流、海洋花火、定向穿越等主题，策划包装推出厦金澎旅游节启动仪式、“漫生活、趣旅行”厦金澎 City Walk、金门健步走、“金门杯”滑步车趣味赛、铁马游浯洲—金门骑行、“闽台缘　觅乡音”2019 厦金民俗文化旅游活动、2019“华罗庚金杯”厦金研学旅行嘉年华、“金榜题名·趣研学”、金门迎城隍文化季、石蚵小麦文化季、金门音乐季、金门花蛤季、金门中秋博饼活动、金门芋头季、风狮爷文化季、澎湖体海上花火节、仲夏澎湖星光夜跑、

2019 年 4—11 月，“厦金澎旅游节”在厦门举行（市文旅局　供图）

澎湖海洋派对嘉年华、澎湖秋疯季—运动节观光系列等19项活动，深入挖掘两岸旅游文化内涵，合力打造“来厦门·游金门·玩澎湖”海峡旅游品牌，做大做强厦金澎“一程多站”旅游市场。

【厦金旅游宣传推介】 2019年7—11月，厦门市文旅局联合金门县政府观光处组织两地主要旅行商到泉州、三明、贵阳、重庆、温州、丽水、潮州、汕头开展巡回宣传推介活动，宣传“来厦门·游金门”旅游品牌。联合金门县政府观光处在厦门动车站、机场、邮轮码头投放“来厦门、游金门”专题旅游宣传广告，向省外游客宣传经厦门到金门游的便利政策和旅游形象。牵头组织闽西南协同发展区联合金门举办“全福游有全福·山海闽西南”文旅宣传推广活动，相继走进湖北、湖南，在武汉、长沙举办2场专业旅游分享会，在岳阳举办1场旅游路演公众体验会，打响福建区域旅游品牌。

【闽西南五市旅游对台营销】 2019年10—12月，厦门市在新北市、台中和高雄市等台湾重点县市80台公交车和60部计程车上投放厦门旅游形象宣传海报；在台湾开展“年轻一厦”主题新媒体营销活动，结合网页、脸书、谷歌、LINE等时下台湾民众青睐的网络工具，针对青少年学子开展厦门旅游宣传推广，增加厦门旅游在台湾的曝光度，吸引更多台湾民众尤其是青少年群体到厦门旅游。牵头闽西南协同区五市在台北市和高雄市开展“清新福建.山海闽西南旅游形象店”立体营销，开展6场闽西南文旅专题讲座，举办13次户外文旅推广活动，组织台湾新媒体达人到闽西南五市开展旅游采风，整合线上全媒资源开展旅游主题宣传，访问量24万人次，进一步提升闽西南五市文化旅游在台湾市场的知名度和影响力。

（郑滢君）

厦台金融合作

【海峡两岸投资基金落户厦门】 2019年7月30日，厦门市政府与全国台湾同胞投资企业联谊会签订战略合作协议，共同推动在厦门成立海峡两岸投资基金。省委常委、市委书记胡昌升出席签约仪式并会见全国台湾同胞投资企业联谊会会长李政宏一行。海峡两岸投资基金以台商企业为主要出资人，从事私募股权投资，重点扶持台商企业转型升级，推动两岸经济合作发展，助力厦门加快建设两岸区域性金融服务中心。

【台企在厦门两岸股权交易中心展示】 2019年12月1日，以东雷青台（厦门）企业服务有限公司为代表的50家台资企业在两岸股权交易中心“台资板”完成企业展示并获颁企业展示牌匾，这标志着该中心“台资板”展示企业突破400家。该股权中心融合对台金融合作元素，服务台海两岸中小微企业，是海西经济区区域性股权市场的核心机构，是地方政府扶持中小微企业综合性应用平台。

（谢嘉兴）

厦台贸易

【概　况】 2019年，厦门市对台湾贸易总额392.7亿元，比上年下降1.3%。其中，自台采购额283.5亿元，比上年下降4.3%；对台销售额109.2亿元，增长7.3%。厦门市口岸监管部门对台湾输大陆农产品实施“绿色通道”“船边验放”等便利化措施；实现对金门船舶停靠采取预检预查前置服务，采认金门籍进出口港船舶技术证照，认可台湾地区签发的船舶证书及船员证书等便利化措施；海关完善厦台海运快件监管流程，实行企业分级管理。厦门市取得商务部批准并到台湾举办经贸专业展会6个，其中新增项目1个（厦台饭店暨餐饮设备用品展）。展会涉及饭店设备、食品加工、茶艺、户外休闲用品、家具家饰、健康护照、智能科技等行业产品，参展企业116家，展位数334个。

【厦门口岸采购台湾水果】 2019年，厦门市口岸台湾水果采购量首次突破6万吨，为6.4万吨，比上年增长36%；货值首次突破1亿美元，为1.2亿美元，增长32%，连续12年居大陆首位。其中，采购高雄水果1.2万吨。

【厦门台湾海运业务】 2019年，厦门市厦台海运快件完成集装箱1195个标准箱，比上年增长78.6%；重量7747.9吨，增长160%；货值3.7亿元，增长240%。海运邮件完成集装箱1397个标准箱，重量6533.4吨。

【厦门金门贸易】 2019年，厦门市向金门销售水产品1.03万吨，比上年增长17.6%；销售建筑用砂石17.5万吨，增长569.5%；销售蔬菜48吨、其他杂货逾1万吨，基本满足金门市场需求。厦门金门直航贸易额1.72亿美元，比上年增长0.4%，其中厦门对金门销售额增长23.6%。大嶝市场扩大金门产品准入品种，通过首批正面清单方式，开放金门“一条根”中成药进入大嶝市场销售。金门高粱酒经厦门市集散输大陆，厦门市口岸金门高粱酒贸易量2365.6吨，比上年增长65.7%。

【台湾集装箱在厦门过境】 2019年1月17日，一宗来自台湾的集装箱在东渡海关被施封关锁后，以国际过境运输的方式运往海沧，搭乘中欧班列前往德国汉堡。此次过境的集装箱内装窗帘，共37.3吨，由台湾自水路运输至东渡海关进境。这是自2018年厦门获批开展“一带一路”沿线国家和地区集装箱货物过境运输业务以来，厦门海关办理的首票来自台湾的货物。

【高雄跨境电商“海外仓”运营】 2019年4月25日，厦门象屿集团高雄跨境电商“海外仓”进入运营测试，当天开启经金门中转厦门的首航。首航的集装箱装载台湾特色食品和日本化妆品等跨境电商个人物品包裹422件。至年末，该“海外仓”完成台湾至厦门口岸海运快件业务183个标准集装箱。

（市商务局）

责任编辑：孙志红
审　　稿：白延蜻
　　　　　林建高
校　　对：曲　艺

15 应急管理

综　述

【厦门市应急管理局成立】 2019年3月31日，厦门市应急管理局（简称市应急局）挂牌，厦门市委常委、厦门市人民政府常务副市长黄强出席揭牌仪式。根据《厦门市市级机构改革实施方案》，厦门市将市安全生产监督管理局的职责、市政府办公厅的应急管理职责、市公安局的消防管理职责、市民政局的救灾职责、市国土资源与房产管理局的地质灾害防治相关职责、市水利局的水旱灾害防治相关职责、市市政园林局（市林业局）的森林防火相关职责以及市防汛抗旱指挥部、市减灾委员会、市抗震救灾指挥部、市森林防火指挥部等职责整合，组建市应急管理局，副厅级。不再保留市安全生产监督管理局。组建过程中，市地震局、市安全生产执法支队、市安全生产应急救援中心整建制划入市应急局，市地震局、市安全生产执法支队暂缓改革，市安全生产应急救援中心按照市委编办的要求不再履行原先承担的行政职能。

【应急队伍培训】 2019年，厦门市应急管理局组织开展《生产安全事故应急条例》暨反恐防范工作培训2期，各区、镇（街）安全生产应急管理人员、高危行业企业主要负责人和管理人员262人参训。组织市、区应急系统和相关企业参加福建省应急技术中心举办的重大危险源安全风险管控培训班；组织市、区应急系统参加省安全生产应急救援中心举办的全省应急救援培训班2期。举办全市应急管理系统新入职执法干部业务培训，市安全生产执法人员72人参训。举办2期粉尘涉爆、有限空间企业负责人及安全监管人员业务培训，全市应急管理部门、263家企业共540人参训。举办应急管理信息通讯员培训班及应急管理网评工作培训，市安委会成员单位信息员以及各区、镇、街等信息员110人参训。组织从事安全生产法制工作人员和行政执法人员3批58人次参加全省安全生产行政执法人员监管执法、法律知识培训教育。全局干部行政执法持证率100%。

【应急管理宣传】 2019年，厦门市应急局组织开展宣传活动，引导关注应急管理，提升安全观念。6月，开展“安全生产月”活动，围绕“防风险、除隐患、遏事故”主题，组织39个市安委会成员单位和社会团体开展安全生产咨询日活动；联合海沧区组织开展危险化学品企业开放日活动；开展“最美安全生产代言人”征集活动，在全市一线职工中评选10名代言人，发挥典型人物对应急管理宣教工作的引领、带动作用；向有关单位发布全国“安全生产月”活动组委会制作的警示教育片《2019年生产安全事故典型案例盘点》；在微信平台围绕危险化学品安全生产知识问答，开展答题赢红包互动，参与人数日均2000人次。强化应急法规宣传，联合火炬高新区安监局在厦门市软件园二期开展“宪法进企业”主题日宣传活动。活动期间，通过悬挂条幅标语、展出宣传展板、散发宣传材料、法律咨询和便民服务等形式，开展宪法及安全生产法、防震减灾法、诚信体系建设法规、自然灾害救助条例等法律法规宣传，发放宪法、安全生产法及抗震减灾法等宣传册1000余册，发放法律知识宣传单500余份。

【应急管理融媒体平台建设】 2019年，厦门市应急局推进微信公众号、微博、网站等自媒体平台建设。7月，改版提升微信公众号“厦门应急管理”，订阅号升级为每天可发布1次，提升平台的传播力度和时效性。针对夏季空调房炭烤致一氧化碳中毒事件多发的情况，“厦门应急管理”多次推送预防“炭烤一氧化碳中毒”警示信息和隐患排查工作方案图文消息，协调厦门市民卡App（应用程序）、“i厦门”App、《海西晨报》、《厦门晚报》、经济交通广播等媒体转发宣传；推出2019年厦门市突发事件应急救援综合演练专项宣传；每天推送应急管理工作动态及安全常识资讯2—3条；推出“身边的榜样”专题资讯，介绍全局先进工作代表。至年末，该公众号发布资讯140余期，有用户7000余人。“厦门应急管理”新浪微博每日同步微信平台资讯。市应急局官方网站每工作日发布市局、区局、安委会成员单位工作动态信息。至年末，局网站发布信息2222条，其中行业动态207

条、安监要闻 265 条、各区动态 1750 条、图片新闻 72 条；发布《安全生产周讯》47 期。媒介渠道方面，市应急局在与《厦门日报》、《厦门晚报》、移动电视、经济交通广播及厦门网开展合作的基础上，拓展新宣传方式与传播媒介。在地铁施工围挡、地铁站台及梯牌等位置布置宣传海报；与移动、电信、联通 3 家运营商合作，在重大节假日和复产复工等节点发送“安全生产温馨提醒”短信；由厦门网提供技术支持，在安全生产咨询日活动现场及突发事件应急救援综合演练现场，进行厦门网及官方微博同步的实况直播；协助火炬安监局在“学习强国”平台推送“厦门安安课堂”。市应急局邀请市安全生产管理协会、市卫厨协会、市食品行业协会、市电子信息商会、市体育产业协会、市新材料产业协会、市光电行业协会等开展座谈，探讨各协会助力应急管理宣传工作开展的办法；召开媒体座谈会，与《厦门日报》等 5 家媒体交流宣传工作经验，增进协会媒体合作。

【行政审批提速】 2019 年，厦门市应急局落实“一个窗口”受理办理制度，实行“阳光审批”“透明监管”，减少审批材料、审批环节，优化审批流程，精简审批程序，压缩审批进程。持续推进证明事项清理，对审批事项需取消“部门规章设定的证明事项（第二批）”以及“规范性文件设定的证明事项（第二批）”所涉及的办事指南等相关材料进行梳理、修改，取消涉及危险化学品经营许可等 8 类审批事项、14 项证明材料。压缩行政审批办理时限，制定并联审批相关制度，做到许可证申请资料容缺受理、建设项目竣工验收与许可证办理现场核查同时进行，缩短企业办理许可证时间 10 个工作日以上。实行行政许可“信易批”（对信用好、符合条件的生产单位给予“容缺受理”等激励措施），将应急管理部“信易批”免检条件从安全生产标准化一级达标门槛下调为二级，厦门市近 100 家标准化二级达标企业可享受“信易批”免检条件，节约企业延期换证时间。在所有事项审批时限压缩至法定时限 35% 以内的基础上，对第一类非药品类易制毒化学品生产许可等事项办事时限进一步压缩。承接上级委托下放事项“接得好、放得开”，新办证企业由原来的省市两级共需 30 个工作日压缩到 15 个工作日内，审批提速 50%。制定《关于实施高技术高成长高附加值企业倍增计划保障安全发展的实施意见》，对“三高”企业开辟绿色通道，扩面容缺受理。在第三季度全市窗口服务质量暗访评比中，市应急局驻市行政服务中心窗口服务质量位居 49 个参评单位第四名。

【防灾减灾基础建设】 2019 年，厦门市应急局采取现场指导帮带、全部现场复核、再次整改提升的创新方式，组织指导各区做好“全国综合减灾示范社区”创建工作。8 月，联合市气象局、市地震局对思明区梧村街道文灶社区等 7 个社区创建开展情况进行现场指导帮带；9 月，开展申报复核工作，扩展对已命名的 95 个全国综合减灾示范社区进行抽查复核，查看社区综合防灾减灾基本情况，了解社区防灾减灾宣传演练活动，检查创建资料符合情况；对在指导帮带和复核中发现的问题，限期进行改正提升，指导各区组织有关社区网上申报。年内 7 个社区全部被命名为 2019 年度“全国综合减灾示范社区”。市应急局化解全市灾害信息员在职能划转中出现的矛盾问题，重新梳理统计全市灾害信息员，在全国自然灾害报灾系统中更新，确保灾情快速、准确报出。至年末，全市有灾害信息员 598 人，其中湖里区 66 人、思明区 113 人、同安区 155 人、翔安区 131 人、集美区 80 人、海沧区 53 人。市应急局重新分类统计全市的自然灾害避灾点，从安全条件、标志标识、制度预案、物资设施等方面对避灾点进行自查和检查，提升改进同安区莲花镇溪东村等避灾点 20 个。至年末，全市有自然灾害避灾点 749 个，所有社区（村）至少设有 1 个自然灾害避灾点。市应急局组织综合减灾专题培训，邀请国家减灾中心专家授课，落实厦门市实施乡村振兴战略规划主要任务分工方案。以节目表演、趣味问答、防灾减灾情景演示等形式，开展“5·12”全国防灾减灾日和“10·13”国际减灾日专项工作。在全市运用公交车、BRT（快速公交）、移动电视（电梯宣传）、宣传栏、户外 LED 显示屏、电视、报纸、微博、微信、网站、手机短信等形式开展防灾减灾科普知识宣传，发放防灾减灾宣传挂图、手册 2 万多份，悬挂横幅 1000 多条，制作宣传橱窗 200 多个，制作宣传展板 200 多块；在厦门市城市电视 930 个终端持续播放厦门市巨灾保险宣传内容，每日循环播放 120 次；组织开展知识讲座、知识竞赛等科普宣教活动 910 多场，组织街头咨询 100 多场，发送手机公益短信 30 万余条，受教育人数 150 多万人次。按照福建省下达的 3 年规划建设任务，从 2018 年至 2020 年，厦门市规划建设面向学校、社区（村）的地震预警信息专用接收终端任务数 1420 处。至年末，全市签订地震预警终端安装协议的学校、社区、单位 1436 家，提前 1 年完成规划任务，实现城市地震预警信息服务全覆盖。

【防震减灾科普实践】 2019 年，厦门市应急局组织开展防震减灾科普实践活动，提高地震灾害的应急能力和自救互救能力。全年组织科普宣传 16 次，开展知识讲座 10 场。利用市地震局微信公众号和新闻媒体宣传防震减灾知识，快速发布震情信息。微信公众平台累计推送全球地震信息 1443 条、地震常识 25 条，新闻媒体进行宣传报道 10 次。市地震局发挥地球科普教育基地优势，开展中小学生和社会民众防震减灾实践互动，先后接待 4 批次的学生、企业参观体验。指导开展厦门市中学生科技创意体验与防震减灾科普夏令营、厦门市中学生红十字防震减灾生命教育夏令营等 4 个夏令营活动。由厦门市地震局推荐参赛、来自住宅集团旗下万舜汇·诚毅科技探索中心的科普讲解员张君雅获第三届全国防震减灾科普讲解大赛一等奖，获全国“防震减灾科普大使”称号；科普讲解员陈晖获二等奖。由厦门市地震局推荐、代表福建省地震局参赛的厦门市海沧区东孚中学获第二届全国防震减灾知识大赛一等奖。市地震局推进厦门市防震减灾科普教育基地建设。该教育基地计划建于诚毅科技探索中心，总布局面积 2000 平方米。至年末，市地震局完成基地设计和布展项目的招投标工作，进入制作布展阶段。

【金鸡百花电影节安全保障】 2019 年，第二十八届中国金鸡百花电影节在厦门举办，市应急局完成组织全市范围安全生产专项检查、协调活动期间安全保障等工作。(1)11月5日，向各区安委会、市安委会各成员单位印发《厦门市人民政府安全生产委员会办公室关于开展第28届中国金鸡百花电影节期间专项安全生产检查的通知》，在全市范围开展安全生产专项检查。结合第四季度安全生产冲刺行动，从重点活动场所、建筑施工、消防安全、交通运输、危险化学品、工矿商贸等方面抓好隐患排查整治。至金鸡百花电影节开幕前，累计排查各类对象6162家，排查整治安全隐患3649条。(2)与市公安局联合各成员单位，做好主会场安全保障。组织召开安全保障专项协调会，就主场馆及周边各类在建工地临建设施、大型商业综合体等主体活动场所的安全保障工作做出安排；组织指导市通信管理局、市消防支队、会展集团、联发集团和国网电力厦门分公司等单位制定应急保障方案10份，在事件应对、现场把控、有序救援等方面加强对策落实；11月16日，组织参加金鸡奖颁奖场馆工程保障演练活动；11月21日，组织参加金鸡奖颁奖典礼演练。(3)重点围绕主场馆、临建设施、演出场所、会展周边加油加气站，以及29个5万平方米以上的大型商业综合体，进行安全生产专项检查16次，发现整改安全隐患；11月11—23日，组织并联合市建设局、市消防支队组成现场监督指导小组，每天对主场馆临建设施进行检查监督，特别是主场馆竣工验收遗留问题及未完成工程的跟踪监督。(4)联合市教育局、市公安局、建发集团组织500名中学生开展“参观金砖场馆、体验金鸡氛围、弘扬爱国主义”主题教育活动，中学生作为颁奖典礼的候补志愿者随时待命。电影节活动期间，市、区两级备勤组在岗在位，各类专业和社会救援队伍共300余人待命。

（市应急管理局）

安全生产监督

【概　况】2019年，厦门市应急局先后开展安全生产隐患排查治理专项行动、“除隐患、遏事故、保安全”百日行动、第四季度安全生产“冲刺行动”以及安全生产集中整治等工作，完成金鸡百花电影节、“9·8”厦洽会、第十一届海峡两岸（厦门）文博会等活动以及中华人民共和国成立70周年庆典、“两会”等重点时段的安全保障任务。率先全国完成地震预警服务终端建设。全市发生各类生产安全事故203起、死亡80人，事故起数、死亡人数分别比上年下降10.6%、3.6%；未发生较大以上生产安全事故，自2014年首次实现较大事故“零发生”。

【安全责任落实】2019年，厦门市应急局对各区、23个市单列考核单位开展安全生产目标责任考核，督促整改问题24个；在效能考核和安全生产目标责任考核中，增加发生较大事故的考核权重，分值增幅超过40%，并明确各区亡人事故处罚追责意见报区政府批复前须报市安委办审核把关；牵头制定安全生产警示通报约谈、事故隐患挂牌督办、事故查处挂牌督办3项制度；督促落实“党政同责、一岗双责”，对工作成效不佳、事故控制不力的行业部门和区，责成主要领导在市政府月度分析会上作反思。全年组织有关政府部门约谈2次，警示通报1次，挂牌督办一般事故6起。市应急局落实综合监管职能，牵头开展并完成省安委会挂牌督办的324国道集美段、翔安大道整治工作；协调天马山隧道安全监管工作；建立高空坠落风险防范机制；协调公安交警开展电动车专项整治等工作。

【安全生产排查整治】2019年，厦门市安全生产委员会根据季节性和阶段性特点，开展安全生产隐患排查治理、安全生产集中整治工作，全年排查企业12万余家，发现并消除安全隐患9万余处。(1)危险化学品方面。开展危险化学品、烟花爆竹企业“排险除患”专项行动，组织危化品企业专项联合执法7次，检查市级备案的非药品类易制毒化学品企业20家，排查夏季一氧化碳中毒高风险的1900余处炭烤场所隐患460余条。(2)商贸行业方面。摸排市重点关注大型商贸企业21家，推进全市商贸企业安全生产监管新模式，构建企业安全管理新格局。(3)道路交通方面。协调开展电动自行车综合治理，牵头实施翔安海翔大道、集美324国道交通综合治理。(4)建筑施工方面。开展建筑施工安全生产标准化建设，落实所有持有安全生产许可证的建筑业企业100%覆盖。(5)有限空间和粉尘涉爆方面。对全市136家涉及有限空间作业企业和新增的58家粉尘涉爆企业开展风险等级评估分级和隐患排查，完成疏通管道129.2千米，清淤4671立方米，消除有害气体滋生条件。(6)燃气方面。在主要道路布设地下可燃气体在线监测点200个，在宾馆酒店等场所部署压力和流量监测点100个，实现燃气全天候在线监测。(7)消防安全方面。开展大型城市综合体、文博单位及出租屋等10余项消防安全专项整治，检查社会单位1.3万家次，督促整改火灾隐患和消防违法行为7000余处。(8)校园安全方面。开展“平安校园”创建活动，加强校园及周边技防物防设施建设，完成1060个单位1168个监控点位的建设。(9)海上安全方面。搭建岸台与辖区渔业船舶海上安全生产联络体系，与867名渔民签订安全通信责任书，保证通信畅通。

【安全生产行政执法】2019年，厦门市应急局组织指导全市各级行业部门对工矿商贸、危险化学品生产经营等行业领域开展执法行动。印发《关于推进安全生产监督检查随机抽查工作实施方案的通知》《关于印发安全生产监督检查“双随机”抽查工作实施细则的通知》，双随机抽查企业97家，对12类行政监督检查事项抽取率100%，对非煤矿山、纳入许可范围的危险化学品生产和使用单位、烟花爆竹经营单位以及危险化学品重大危险源等实现100%随机抽查、100%覆盖检查，实现行政复议和行政诉讼“零”案件。加强诚信管理，推动建立以安全生产信用为核心的新型安全监管机制，对违法违规的7家企业及8名个人进行信用警示信息录入，对2018年度1家发生较大生产安全事故的企业实施联合惩戒。优化执法服务，完成标准化达标企业评审424家，监督检查45家，报送信息71条，为海沧区6家全国标准化示范企业授牌。加强行政执法监督工作，制定《厦门市应急管理局权责清单》(第九版)，涵盖行政处罚135项、行政监督检查12项、行政强制

6项、行政许可10项、公共服务4项、其他权责事项17项。印发《厦门市应急管理局关于印发行政执法公示制度执法全过程记录制度重大执法决定法制审核制度的通知》，对行政检查、行政处罚、行政强制、行政许可等执法全过程行为统一规范。印发《关于开展2019年度行政执法案卷评查工作的通知》，组织案卷评查组对行政处罚和行政许可案卷进行评查，全年抽查案卷100宗，面对面通报问题，提升执法案件质量。

【安全执法追责】 2019年，厦门市应急局加强执法追责，制定行政执法公示、执法全过程记录和重大执法决定法制审核等制度，出台生产事故调查处理工作规则，会同市中级人民法院、市人民检察院、市公安局实行安全生产行政执法与刑事司法衔接工作，实行企业主体责任和政府部门监管责任“一案双查”，行政处罚、纪律处分、刑事追责“三责同追”，事故调查报告、追责落实情况、整改落实情况“一案三报告”。全年立案处罚企业112家，在《厦门日报》曝光5家企业安全生产非法违法行为。取缔关闭存在安全生产违法违规行为的企业34家、罚款1575万元，约谈785家，通报111家。将2018年度发生较大事故的1家责任单位纳入“黑名单”管理，在上市、招投标、行政许可等方面予以限制。与交警部门建立协作机制，对生产经营性道路交通亡人或致3人以上重伤的事故，按照道路交通和生产安全责任事故2套查处程序追责。全年追责10个单位23人，其中党纪处分3人、追刑3人。

（市应急管理局）

应急力量建设和物资储备

【概　况】 2019年，厦门市应急局强化全市应急救援力量建设统筹规划，建立应急救援队伍联动机制，全面掌握各专业及社会应急救援力量人员、物资、装备、工程（场地）建设情况，构建以综合消防救援队伍为主力军，交通部东海救助局厦门第二飞行队（简称东二飞）、安能集团等救援队伍为骨干，行业领域专业救援队伍为基础，蓝天、曙光等社会应急救援力量为补充的海、陆、空全域应急救援体系。至年末，全市有重点行业领域应急救援队伍583支、队员13355人、车船1516辆（艘），其中15支专职救援队伍被纳入全国重点应急资源信息管理系统；登记在册的专业性应急救援类社会组织7支、队员（含志愿者）1888人。累计参与国内外救援救灾1600余起。市应急局与厦门警备区建立《军地应急联动工作机制》，实现快速协调驻厦部队与民兵力量参与抢险救灾；与厦门消防救援支队建立重大警情通报响应办法，推动建立信息共享和协同作战机制；推动与东二飞建立《厦门空中救援中心工作机制》；与安能集团确立应急联动机制，发挥其在工程建设和自然灾害领域的技术及救援装备优势，建立专业救援机动队伍。

【应急指挥平台建设】 2019年，厦门市应急局推进应急指挥平台建设，梳理相关转隶单位职责、已建系统、共享数据，整合原有信息资源，按照应急管理部统一规划部署，编制《厦门市应急管理信息化建设规划实施方案》，委托专业公司起草项目建设方案，获厦门市工信局评审通过。至年末，完成指挥大厅平面布局图绘制和7个应急预案的流程图编制工作，信息化项目进入招投标前期准备阶段。厦门市应急管理信息系统一期建设投入经费1850万元，依托市公共服务部门信息系统业务协同支撑平台、市公共安全管理平台等资源，按照防灾与救灾并重、常态与非常态结合的要求，形成“统一指挥、专常兼备、反应灵敏、上下联动、平战结合”的应急管理体系。市应急局推动应急管理信息化体系建设，加快现代信息技术与应急管理业务深度融合，为安全生产、应急管理和社会公共服务提供支撑。至年末，实现利用市应急视频会议系统与应急单位的应急视频会商，完成市水利局、厦门消防救援支队、安能集团等10家单位的视频会商联调工作，建立市、区两级应急指挥视频会商工作机制，实现系统24小时值守。

【应急物资储备】 2019年，厦门市应急局做好应急物资保障工作，加强安全生产应急物资装备管理。定期检查维护储备的应急物资，做到储备物资的种类齐全，数量足够，规格及有效期均符合应急物资储备相关规定。做好应急车辆状况检测与维保、应急电话等装备的维护与检修，与联动单位保持沟通，确保各类应急装备、物资处于良好待命状态。市应急局做好救灾物资储备协调，发函至全市涉及救灾物资的部门，统计救灾物资储备，与民政部门协调做好救灾物资紧急出入库工作。11月，市应急局再次统计市、区两级的救灾物资储备情况，汇总救灾物资储备库名称、主管部门以及储备的救灾物资种类、规格、数量等。厦门市灾后救助物资储备较为充足。

【应急预案和规划编制】 2019年，厦门市应急局接转市应急办职能，梳理全市应急专项预案和部门预案，收集国内有关应急预案管理制度文件，启动修订地质灾害和灾害救助应急预案2项，健全完善应急预案体系，参加应急管理部的预案管理培训，为修订《厦门市突发公共事件总体应急预案》做准备。开展“十四五”综合防灾减灾专项规划前期工作，会同市规划设计院研究厦门市综合防灾专项规划初步方案，向市减灾委员会各成员单位和各区收集市委、市政府印发的《关于推进防灾减灾救灾机制体制改革的实施意见》的落实情况并实施评估，对《厦门市“十三五”综合防灾减灾专项规划》落实情况进行推进评估。

（市应急管理局）

消防救援

【概　况】 2019年，厦门市发生火灾468起，死亡3人，受伤1人，直接财产损失2395.7万元。火灾4项指数（火灾起数、受伤人数、死亡人数、直接财产损失）与上年基本持平。全市火灾形势持续平稳，自2004年未发生死亡3人以上的较大火灾事故。厦门消防救援支队队伍内部实现安全管理“零事故”、灭火救援“零伤亡”、重大负面舆情和严重违纪案件“零发生”。先后开展冬春火灾防控、“防风险保平安迎大庆”等专项行动，推动各单位开展隐患自查自纠。全年排查社会单位3.8万余家次，整改隐患1.2万余处。曝光工作不力的单位17家，集中约谈343场次。全市消防部门检查单位1.3万余家，督促整改火灾隐患6300余处，发出责令改正通知书4267份，发出行政处罚决定书601份，责令“三停”（停止使用、停产、停业）135家。全市消防救援队伍推进改革转隶、火灾防控、应急救援等工作，全年接处警7000余起，抢救、疏散被困群众2779人，抢救财产价值2000多万元。完成中华人民共和国成立70周年、第二十八届金鸡百花电影节、“9·8”厦洽会、海峡论坛等消防安保任务。厦门市消防工作在福建省综治考评中位居全省第一，在全市安全生产考核和绩效考评中均获同类别第一，综治考评为优秀。消防执法改革做法被市纪委列入“敢担当善作为”典型案例在全市通报表扬。是年，全市消防救援队伍有2个集体获省级以上表彰，2人获评二等功，10人获评三等功。12月30—31日，全市消防救援队伍完成挂牌仪式。

【消防形象宣传片推出】 2019年2月，厦门消防救援支队制作的形象宣传片“我想当英雄，请别给我机会”正式上线。该片通过“你就是英雄”的手法将日常防火工作和消防常识融入其中，把英雄的角色从消防员转变为普遍民众，提升民众认同感和责任感，提醒民众注意身边消防安全的相关事项，引导民众关注消防、参与消防。该片推出后得到《人民日报》、《光明日报》、共青团中央（含共青团中央B站）、应急管理部、中国应急管理、中国消防、福建共青团等官方微博或微信公众号转发，至年末，点击量超过2500多万次。

【职业保障机制出台】 2019年4月17日，针对消防救援职业高风险、高强度和24小时驻勤备战的职业特点，厦门市出台《关于研究我市消防救援队伍职业保障有关工作的会议纪要》，明确关于落实生活待遇保障、落实社会优待保障、落实职业荣誉保障、落实工作机制保障4个方面12项内容。9月30日，厦门市政府向各区、各部门发布《2019年度消防工作目标责任》，首次将消防救援人员职业保障机制落实情况纳入年度消防工作目标责任，以工作考核为抓手，推动保障机制落实、落地、落细。至年末，各项优先优待政策全部落地。

【跨区域拉动集结演练】 2019年9月26日，为全面做好中华人民共和国成立70周年消防安全保卫工作，检验福建省消防救援总队战勤保障体系和应急保障机制建设成效，总队在厦门市开展跨区域战勤保障实战拉动演练。演练调集厦门、漳州、泉州3地消防救援支队的消防车45辆，指战员200余人及环保、气象、地震、120、市政园林等单位应急联动、社会联勤队伍的救援人员100余人参加。该次跨区域战勤保障拉动演练展现改制转隶后消防救援队伍实战化、模块化、专业化的特点。

（蔡　澄）

【火灾防治】 2019年，厦门市应急局牵头与市公安局、市教育局等6部门联合印发《转发福建省应急管理厅关于切实加强出租屋及校园周边经营场所消防安全管理工作的通知》，做好“防风险保平安迎大庆”活动；协调陈化成故居隐患整治；协调思明区应急局解决育青路12、14号楼消防通道隐患问题；根据省安委办通知要求，联合厦门消防救援支队开展大型商业综合体消防安全专项整治“回头看”工作。市应急局配合市市政园林局开展森林防火相关工作，参加市森林防火指挥部办公室组织的森林防火检查，做好森林防火相关职责移交准备。

【砖仔山森林火灾扑救】 2019年12月4日13时，厦门市同安区新民镇南山村观音寺旁的砖仔山发生森林火情，受害森林面积366亩（24.4万平方米），是同安区2000年至2019年发生的最大一起森林火灾。由于持续3个月无有效降水，森林火险5级，阵风8—10级，火势逐步向集美后溪一侧周边蔓延。市、区两级政府及森林防火指挥部第一时间启动应急预案，组织消防、森林防火等队伍实施扑救。市应急局协调安能集团（原武警水电部队）救援队伍、厦门曙光救援队通宵参与扑救。12月5日清晨7时，明火被扑灭，未发生人员伤亡。

（市应急管理局）

突发事件应对

【概　况】 2019年，厦门市应急局组织开展危险化学品、防汛抗台、燃气泄漏、海上搜救、人员密集场所逃生等应急演练7443场次，其中市级应急救援综合演练5场。开展灾害监测预警、防抗台风、地质灾害应急防范等工作。全市应急救援能力经历“12·4”森林火灾扑救、“12·12”吕厝路口塌陷救援等实战检验。

【灾害监测预警】 2019年，厦门市应急局加强各种灾害的监测预警工作。（1）台风预测预警。对接气象部门和市防汛抗旱指挥部办公室，跟踪台风动向和汛期，通知、提醒应急系统工作人员、相关企事业单位及应急救援队伍做好防范准备；向企业发送警示信息，通报国内近期发生的重特大事故情况。全年通过应急管理平台发送提醒短信11万条。（2）重大危险源监测。组织实施危险化学品重大危险源监督检查47家次，加强安全生产应急管理平台在线巡查，在节假日和重大活动期间抽查危险化学品重大危险源单位值班值守和带班人员在岗情况；加强监测预警应急指挥系统政府端和企业端设备的维护保养。（3）地震预测和震情保障。全年记录福建及其沿海地区2.0级以上地震62次，其中内陆最大地震为3月27日发生在福建诏安的3.3级地震；记录台湾及其沿海地区发生5.0级以上地震10次，最大地震为4月18日发生在台湾花莲县海域的6.7级地震，对厦门市的影响烈度约为4度。提供震情社会服务信息151条。市应急局按照震情跟踪方案，做好“两会”、厦洽会、庆祝中华人民共和国成立70周年大会、金鸡百花电影节等重要时段的震情跟踪会商和突发事件应对工作。加强地震监测设施、监测环境的保护，对5个测震子台及3个电磁波台站、东孚水氡观测点进行巡检、巡查，保障地震监测台网稳定运行，年内累计巡检维修15次。完成地震监测的水平摆观测项目建设。跟踪全球、全国和厦门市周边地震活动走向和趋势发展，坚持周、月震情会商、年度震情会商和紧急震情会商制度。全年组织召开台湾海峡4.2级地震专题研讨会、四川内江5.4级地震专题研讨会及厦门地区地震趋势会商会等会议7次，编写完成《闽台地区2019年下半年地震趋势研究报告》和《闽台地区2020年度地震趋势研究报告》。

【地质灾害防范】 2019年，厦门市应急局到思明区鸿山公园、虎溪岩、阳台山和同安区莲花镇淡溪村、蔗内村内庵自然村等地质灾害点进行地质灾害调研，协调厦门经济管理学院、万石山植物园后门管理房边坡治理，派员指导同安区在莲花镇淡溪村开展的地质灾害防治应急救援演练，开展台风引发地质灾害应急防范工作。

（市应急管理局）

2019年9月17日，厦门市突发事件应急救援综合演练现场　（罗晓莉　摄）

【防汛抗旱】 2019年，厦门市水利局按照机构改革过渡期防汛抗旱“五个不变”（指挥体系和工作体系不变、指挥机构不变、办事机构不变、工作队伍人员力量不变、日常工作不变）要求开展工作。在汛前，开展隐患大检查5轮，检查重点区域6430处，整改隐患61个；开展防汛业务技能培训419次，受训1.8万人次；修订完善全市538个镇（街）村（居）防汛预案，成立各类应急抢险队伍559支、13895人。首次在全市96座水库铺开汛期防洪调度运用计划推演和应急预案演练，该演练被中央电视台报道。入汛后，厦门市先后遭遇10轮强降雨和4场台风。市防汛抗旱指挥部累计启动防御暴雨、台风应急响应18次，转移安置危险区域人员3.9万人次，发布预警信息261条次，接收信息36.6万人次，实现“零伤亡、少损失”的目标。

（市水利局）

【台风防抗】 2019年8月23日，厦门市应急局研究部署防御台风“白鹿”工作。在台风“白鹿”登陆前，落实安全生产防范工作，督促危险化学品生产储存、重大危险源、油库加油站等重点行业企业落实防范措施。落实应急物资保障，开放社区自然灾害避灾点，做好受灾群众救助准备工作，各应急救援队伍进入战备状态。统计全市应急救援队伍情况，与安能集团、曙光救援队等民间救援队伍及30多家企业的应急救援队伍建立联动，整合力量做好应对。加强值班值守，会同各主体单位加强重点领域、重点部位的排查和防护措施，做好台风暴雨带来灾害的应急抢险准备工作。台风“白鹿”过后，全市生产生活秩序恢复正常，未发生人员伤亡和明显灾情。

【突发事件应急救援综合演练】 2019年9月17日，厦门市应急局在厦门博坦仓储有限公司码头及前沿水域，组织开展2019年厦门市突发事件应急救援综合演练。演练设置10个工作组：海上应急救援组、消防应急救援处置组、海上污染控制组、码头应急救援组、医疗救护组、安全保障组、专家组；内容涵盖12个科目：船舶与码头漏油自救，油污应急响应、海上交通管制与警戒，险情变化、船舶与码头漏油消防自救，响应升级与各级预案启动，岸上消防处置与港区人员疏散，海上消防处置，海上人命搜救，检伤分类、海陆医疗救护与衔接，防污处置，网络舆情引导，新闻发布，山体滑坡处置。27家单位和部门的17艘船舶、34辆大型车辆、1架直升机、400余人参演。该演练是市应急局组建后首次海陆空协同的突发事件应急演练，获《福建日报》报道，“学习强国”平台推送，新浪微博等3个平台进行直播，收看人数超20万。

【吕厝路面塌陷事故应急处置】 2019年12月12日21时52分，厦门市吕厝路口发生约500平方米路面塌陷，造成埋设在道路中的自来水管、污水管破裂，途经现场的2台轿车滑入，车上人员自行撤出，事故未造成人员伤亡。厦门市应急局随即开展事故应急处置工作，局领导带领应急指挥中心、安全生产应急救援中心、备勤小组人员抵达事故现场，参与协调事故的应急处置工作。根据现场情况，紧急调集安能集团等专业救援力量103人，携带PC360挖掘机、600型8寸离心泵等24台（套）装备协助参与事故现场救援。安全生产基础处和安全生产执法支队技术人员第一时间查探事故现场，对事故原因和处置方式进行初步研判，为事故救援提供决策依据和技术支撑。通过各应急救援联动单位的联合处置，12月12日23时，厦门岛内供水恢复正常。

（市应急管理局）

责任编辑：林炯程
审　稿：孙志红
校　对：胡　恩

16 自然资源管理

土地管理

【概　况】2019年，厦门市出台《关于加快推进存量土地清理盘活推动高质量发展的意见》《厦门市工业企业用地增资扩产提容增效管理办法》《厦门市工业用地使用权续期管理规定》等一系列闲置土地处置有关规定，加大清理盘活存量土地力度，推动高质量发展。获批和通过审查的用地报批项目144个，总用地面积9.71平方千米。全面保障各大片区、轨道交通4号线、新建福州至厦门铁路、保障性住房、新机场配套工程、天马第六代项目等重大片区和重点项目用地。厦门市自然资源和规划局（简称市资源规划局）会同市财政局制定《关于进一步完善“两费”缴交机制的通知》，推动用地报批增速提效。

【闲置土地整改】2019年，厦门市资源规划局开展推动“供而未用”和闲置土地处置专项行动，制定出台《“供而未用”土地处置专项行动实施方案》，多次召开项目调度会进行指导、调度和处置。完成省自然资源厅下达疑似闲置土地处置任务项目28宗1.04平方千米。建设厦门“多规合一”业务协同平台批后监管板块，通过平台协调及督办各区加快“供而未用”土地处置，实时滚动更新处置进展情况，处置各类“供而未用”项目186宗，处置面积7.26平方千米。

【土地供应】2019年，厦门市完成各类用地供应385宗，土地面积14.17平方千米，比上年下降3.38%。划拨用地311宗，土地面积11.23平方千米，下降8.28%。出让用地68宗，土地面积2.87平方千米，比上年增长20.51%，土地出让金480.84亿元，增长25.87%。其中，商住用地22宗，土地面积60.88万平方米，比上年增长16.29%，土地出让金450.75亿元，增长29.60%；商服用地12宗，土地面积42.85万平方米，下降41.94%，土地出让金20.62亿元，下降27.90%；工业用地34宗，土地面积1.83平方千米，增长63.67%，土地出让金9.47亿元，增长68.51%。

【耕地保护】2019年，福建省政府下达厦门市补充耕地任务53.33万平方米，厦门市完成补充耕地298.73万平方米（含历史结转和跨省调剂增减挂钩指标），超额完成年度任务。根据国家自然资源部、福建省自然资源厅统一部署，市资源规划局在2017年土地利用现状变更成果和第三次国土调查成果的基础上，按照“质量不降、布局稳定”等原则，划定永久基本农田储备区301.53万平方米，划定成果通过省自然资源厅和省农业农村厅联合验收。全市对“大棚房”问题进行全面深入排查，排查大棚3316个、耕地237万平方米，核实“大棚房”问题61宗。市资源规划局组织对22个补充耕地项目开展全面核查，对部分抛荒和占用的地块进行整改，有3个项目通过审核，剩余项目完成整改复核和信息上报。全市储备耕地指标486.53.万平方米、水田264.87万平方米、粮食产能405万千克，跨省增减挂钩指标200万平方米，可满足建设占用耕地的需求。

【卫片执法】2019年，自然资源部下发厦门市2018年度土地卫片监测图斑1769宗，涉及土地面积1176.72万平方米，涉及耕地面积439.48万平方米。经实际核查，发现违法用地475宗，违法用地面积121.87万平方米，其中耕地面积29.49万平方米。至年底，475宗违法用地全部移交行政执法部门查处，履职到位率100%，整改到位349宗，整改到位率73.47%。厦门市资源规划局根据国家自然资源部、福建省自然资源厅2019年卫片执法工作要求，及时制定工作方案，组织开展卫片执法工作。全市立案查处违法事件108宗，下达行政处罚决定书47件，申请强制执行1件；决定罚款11.29万元，收缴罚款9.46万元；决定没收违法建筑物1.63万平方米，实际没收1.63万平方米；决定拆除违法建筑物2.33万平方米，实际拆除1.88万平方米。

【土地督察】2019年，厦门市资源规划局根据国家自然资源督察上海局、福建省自然资源厅关于例行督察工作要求，推动土地例行督察问题整改工作。市政府下发《厦门市2018年土地例行督察问题第二阶段整改工作方案》，督促各区和市直相关部门按照福建省自然资源

2019年6月20—21日，国家自然资源部在厦门市召开推进"多规合一"国土空间规划工作现场会。从左至右依次为：市长庄稼汉、自然资源部副部长赵龙、自然资源部部长陆昊、福建省副省长李德金、自然资源部总规划师庄少勤　（市资源规划局　供图）

厅第二阶段整改要求，进一步推进整改工作。市资源规划局召集各区政府和行政执法部门逐级召开工作推进会，及时传达上级精神，细化分类整改方案，部署落实整改工作。针对需关注问题涉及农民住宅多的问题，重点梳理一户一宅情况，按照分类处置原则加强问题整改。全市194个问题中，完成整改185个，整改到位率95.4%。国家自然资源督察上海局发函厦门市其余问题443个，包括需要关注整改的问题402个，整改110个，整改率27.36%，自行处理的问题41个，整改率100%。

【第三次全国国土调查】 2019年，厦门市资源规划局推进第三次全国国土调查（简称"三调"），在综合参考用地报批信息、规划、登记、地理信息普查、海洋、水利、林业、行政界线等信息资料的基础上，内业判读制作调查底图，外业实地逐个图斑调查举证，查清全市国土现状。厦门市各区的"三调"调查阶段成果全部通过国家核查，错误率均小于1%，其中思明、湖里、海沧区成为全省第一批上交国家核查的区（县），获省"三调"办通报表扬。

【存量土地清理盘活】 2019年，厦门市委、市政府出台《关于加快推进存量土地清理盘活推动高质量发展的意见》及4个专项行动实施方案，多部门联合行动，计划3年内盘活利用存量土地35平方千米。开展城镇低效用地调查摸底工作，确定低效用地标准，初步摸清全市城镇低效用地基本情况，进一步核实企业用地和基本经营情况，着手构建厦门市低效用地数据库。市资源规划局跟踪督办各区完成厦门市下达的"2009—2016农转用批而未供土地"项目涉及的2019年征收任务1015万平方米，督促各区及八大片区指挥部统筹协调，加大征拆力度，全年完成征收并交地51宗，涉及土地面积141.45万平方米，保障厦门市产业发展、招商引资和项目落地的用地需求。

（杨　臻）

矿产资源管理与地质灾害防治

【概　况】 2019年，厦门市资源规划局做好矿产资源要素保障，推进翔安区小光山一期采矿权出让，完成地质勘查、"三合一"等方案编制单位的招标工作；研究推进海砂开采采矿权出让，完成拟出让海域区块地质勘查、开发利用方案等招标工作。建设和运行厦门市地质灾害防治管理信息平台，部署地质灾害防治工作，开展汛前大排查，严密防范强降雨，加强防灾培训应急演练，强化防御台风暴雨应急工作机制。

【矿山生态修复】 2019年，厦门市资源规划局推进矿山地质环境恢复治理工作，制定《厦门市露天矿山综合整治实施方案》，经市政府同意后联合市生态环境局印发实施。根据国家自然资源部、福建省自然资源厅有关规定，结合厦门市实际，研究废弃遗留矿山的地质环境恢复治理验收方法。督促实施废弃矿山生态环境综合治理工程1处（海沧区竹兰山废弃矿山），完成坡面浮土浮石清理和安全防护，以及边坡厚层基材挂网喷播复绿、平面覆土复绿，完成30万平方米的年度任务。

【地质灾害防范】 2019年，厦门市资源规划局编制年度地质灾害防治方案，明确全市和各区的地质灾害易发区域、主要地质灾害隐患点分布和防范重点。组织各区通过群测群防体系对易发区、隐患点开展排查、巡查，梳理掌握风险点和危险性大小的最新情况，更新防灾责任人和监测人信息。建设厦门市地质灾害防治管理信息平台，并组织培训和试运行。建设该平台强化地质灾害防御工作的市、区、镇（街）、村（居）联动，提升厦门市地质灾害防治管理能力。

・小资料・

地质灾害防治管理信息平台：该平台可迅速查询地灾点分布情况、受威胁情况、防灾责任人情况；可迅速发布预警防御任务，信息同时传递至"市—区—镇—村"各级防灾责任人，责任可追溯；可迅速掌握隐患点巡查情况、受威胁群众转移情况、受灾情况、应急处置情况、检查指导工作情况、数据统计情况等。

【地质灾害治理】 2019年，厦门市资源规划局督促推进地质灾害（隐患）点工程治理，完成翔安区内厝镇莲前东村庄文生屋后崩塌等地灾点治理施工9处；完成同安区莲花镇淡溪村、西坑村（地质灾害多发村）整体搬迁安置房建设工作。组织各区开展基层地质灾害防治知识培训、应急演练，参加培训438人、参加应急演练561人。6月10—14日一轮降雨，出动531人次开展地质灾害巡查、检查；8月24日防御11号台风，提前转移受地灾威胁人员810人。

（杨　臻）

海洋资源管理

海洋资源保护

【概　况】2019年，厦门市海洋发展局（简称市海洋局）在原市海洋与渔业局权责清单中对应的海洋功能区划、海域开发利用总体规划、无居民海岛保护规划以及海域海岛等资源调查和确权登记管理职责，海洋珍稀物种自然保护区管理职责相关权责事项划转至市自然资源和规划局；海洋环境和渔业水域生态保护职责相关权责事项划转至市生态环境局；渔业船舶检验及监督管理职责相关权责事项划转至厦门港口管理局。梳理后市海洋局保留权责事项184项。其中，行政许可7项、行政确认4项、行政处罚94项、行政强制4项、行政征收1项、行政监督检查6项、行政裁决2项、其他行政权力6项，其他权责事项60项。全年，市海洋发展局加强组织领导、加大学习宣传力度，深入推进依法行政，深化行政审批改革，加强行政执法监督、规范行政许可和行政执法行为，扎实开展法治政府建设，法治建设取得新的成效。

【海洋政策法规制定】2019年，厦门市海洋局开展《厦门市水产品批发市场管理规定》立法工作，委托课题组对规章实施5年来的情况进行立法后效果评估并通过专家评审，立法课题成果报司法局备案。推动《厦门经济特区促进海洋经济发展条例》《厦门经济特区渔港条例》2个特区立法项目纳入厦门市2020年立法计划。制定《厦门市人民政府办公厅关于印发全面彻底清退海洋养殖工作方案的通知》《2019年度伏季休渔通告》《厦门市海洋发展局关于公布首批厦门市海上休闲活动区域的通告》《水产品安全举报奖励实施细则》《厦门市水产品质量安全“一品一码”追溯体系建设资金补助办法》5份规范性文件，并执行审查、备案工作。清理历年制定的规范性文件（公平性竞争专题、食品药品安全领域、与现行开放政策不符3个方面）6次，将清理结果形成正式文件，及时向社会公布。

【“三项制度”建设】2019年，厦门市海洋局出台《关于印发在全局全面推行行政执法公示制度执法全过程记录制度重大执法决定法制审核制度实施方案的通知》，对全面实施“三项制度”进行全面部署和要求，明确相关具体任务及其责任部门。梳理行政执法事项清单、执法人员清单、“双随机”清单、执法指南、流程图，出台和实施全过程记录各项制度、音像记录办法、音像记录清单、法制审核事项清单、法制审核流程制度。新增渔业行政执法用语规范，建立行政执法决定说明理由制度，健全执法决定信息公开发布、撤销和更新机制、效能督查内控工作制度等配套制度。对法制审核人员进行全面梳理和重新审核，梳理行政执法信息公示平台，对执法装备进行清理和补充。

·小资料·

三项制度：执法公示制度、执法全过程记录制度、重大执法决定法制审核制度。

【涉海审批事项改革】2019年，厦门市海洋局简化优化行政审批服务，拓展网上审批服务，推动进驻中心审批事项全程网办、双向快递服务，申请人办理事项一趟不用跑，办理结果直接快递到家。做好审批事项下乡便民服务工作，通过“并联审批”“一站式”办证、“预约上门”等服务方式，将办证窗口前移至一线渔村。开展减证便民工作，对列入全省“不再重复提交”证照，并在办事指南中予以明确“能够通过电子证照库调用的证照，由办理部门调阅，当事人无需提供”。提升“一趟不用跑”“最多跑一趟”事项，采取“靠前联办”“预约上门”的方式实现多批次、大批量的下乡便民服务，实现渔民群众不出村就能办好业务。采取网上预审和受理、网上办理，申请材料“快递收取、快递送达”的方式，实现群众不出门，办理结果就能送到家。

【海洋宣传教育】2019年，厦门市海洋局制定《2019年度普法责任清单》，开展宪法宣传周、海洋日、环境日、国家安全日等法律宣传活动，加强对管理对象和社会群众的宣传。采取进校园、进渔村、进市场、进码头的形式，到一线向执法管理对象宣讲海洋渔业相关法律法规，发放宣传册及折页等资料1300余份。创新普法形式，结合时代特点，推进“互联网+法制宣传”，利用市海洋局门户网站、微信公众号等新媒体刊发法律法规、政策解读30余项，加强与受众互动，强化社会普法。依托“法治宣传云平台”组织机关工作人员参加统一学法考试，确保学习考试全覆盖、全通过，推动法律学习教育融入日常工作生活；开展行政立法专题辅导、厦门市信用条例、宪法三场专题法制讲座。落实国家“十三五”全民海洋意识宣传教育和文化建设规划，开展海洋科普宣传教育，推动渔区文化阵地建设，推动厦门海洋意识宣传教育进社区、渔区、校区、景区。2019年，厦门市有海洋意识宣传教育研学基地12家，各区开展海洋意识宣传教育与文化建设活动129场，渔（农）民转产专业培训5556人。

【海洋执法督察】2019年，厦门市海洋局制定下发《关于开展2019年海洋与渔业执法督察工作的通知》，明确年度督察的范围、内容、重点，成立局督察组。重点督察行政执法职责、行政执法制度、行政执法和刑事司法两法衔接、扫黑除恶等执法职责和专项工作的落实情况，并专门印发督查通报。案件报备制度、“行刑衔接”制度、扫黑除恶、社会综治等工作得到落实。全年，渔业执法查获涉嫌非法经营国家重点保护野生动物案件3起和涉嫌非法捕捞水产品（禁渔期内非法电鱼）案件1起。主动与公安、海警、检察院等部门沟通衔接、移送案件，4起移交的涉刑渔业案件公安和海警部门均立案侦查。

【海洋执法“双随机”抽查】2019年，厦门市海洋局制定《关于印发在全局全面推行行政执法公示制度、执法全过程记录制度、重大执法决定法制审核制度实施方案的通知》《行政执法全过程记录制度》《行政执法责任追究制暂行规定》等相关制度，对“一单两库”（随机抽查事项清单、市场主体名录库、执法检查人员名录库）实行动态调整，从制度上规范执法行为，维护行政相对人合法权益，实现“双随机”执法行为的全过程留痕和可回溯管理。全年开展“双随机”抽查工作7次，抽检水生野生动

2019 年 7 月 28 日，市海洋局检查湖里高崎海域整治情况　（钱振宁　摄）

物保护监管项目 8 个，伏季休渔抽检渔船 60 艘次，参与抽检执法队员 54 人次。通过“双随机”事中事后监管综合执法平台，联合市市场监督管理局开展市场专项联合执法行动 7 次，检查大排档、市场摊位 26 家。根据执法监管工作情况，市海洋发展局每季度在信用厦门网站和局门户网站公示“双随机一公开”抽查情况，督促抽查中发现问题的单位加强自我整改，并做好后续跟踪检查，对未开展及时整改的单位依法依规开展行政处罚，并将处罚结果 7 个工作日内上传信用厦门网站和局门户网站公示，形成全社会共同监管的氛围。

【海洋风暴潮应急管理】 2019 年，厦门沿海风暴潮灾害属于轻度，出现 4 次增水大于 50 厘米的风暴潮过程，分别是 1905 号“丹娜丝”（热带风暴级）、1909 号“利奇马”（超强台风级）、1911 号“白鹿”（强热带风暴级）、1918 号“米娜”（台风级）。在 1918 号台风“米娜”影响期间，恰逢天文大潮期，厦门验潮站出现超过蓝色警戒潮位的高潮位，最高潮位 715 厘米（厦门验潮零点）。厦门沿海及其周边海域受 4 次台风浪影响，出现台风大浪（有效波高≥ 2.5 米，下同）天数 9 天（含台风涌浪）。市海洋发展局提升海洋防灾减灾能力水平，完成第二期海洋灾害风险评估与区划项目，为厦门海洋防汛部门提供一个集观测、预报、预警、数值预报、灾害调查和承灾体等为一体的综合信息服务平台。

【海域养殖清退】 2019 年 5 月 22 日，市海洋局实施《厦门市全面彻底清退海域养殖工作方案》，督促各区按序时进度开展清退工作，在各区自查基础上，引入第三方技术核查和执法督查、检查，建立养殖清退三级核查机制。协调解决海蛎石清运处置难题，持续加强海上巡查监管，及时处置非法生产船舶，拆除新增养殖设施。厦门市完成中央环保督察清退任务 598 万平方米，其中湖里区、海沧区完成全面清退任务，集美区完成 16 年来未完成的西海域石蛎清退任务，翔安区按序时完成清退任务。

（洪鹭燕）

海洋资源开发

【概　况】 2019 年，厦门市海洋生产完成总值 1649.03 亿元，比上年增长 11.4%。一、二、三产比值 0.5 : 20.2 : 79.3，其中海洋战略性新兴产业实现总产值 1301.58 亿元，增长 8.48%；海洋药物和生物制品业实现总产值 86.2 亿元，增长 7.71%；海洋高端装备制造业实现总产值 543.9 亿元，增长 15.9%；现代海洋科技文化服务业实现总产值 567.58 亿元，增长 2.82%。全年，注册落地招商项目 11 个，计划总投资 10.01 亿元。市海洋局围绕海洋经济发展示范区、示范市建设，推动海洋新兴产业链延伸和产业配套能力提升，培育海洋战略性新兴产业，提升海洋科技创新能力，做好海洋渔业招商引资工作，不断优化产业结构，调整产业布局，推动海洋产业全面、创新、集聚发展。

【海洋经济项目的成果】 2019 年，厦门市“十三五”海洋经济创新发展示范市的 18 个示范项目计划总投资 8.13 亿元，实际完成总投资 6.80 亿元，完成计划投资的 83.6%；形成各类标准 45 个，其中国家标准 3 个、行业标准 5 个、企业标准 32 个。示范市建设在财政部、自然资源部组织的中期考核中，综合评价为“优秀”；厦门市海洋与渔业发展 8 个项目获批立项，项目总投资 10028.79 万元。在海洋药物和生物制品业方面，厦门市开发甘油三酯型、乙酯型微藻 DHA，以壳多糖为原料的“双糖”胶囊完成技术评审，抗结肠癌新药 K-80003 进入美国一期临床，抗乳腺癌南强菌素、新型鲨鱼肽、壳聚糖医用敷料正在研制，医用藻酸盐纱布获三类医疗器械许可证，DNA 聚合酶、水解酶等海洋工具酶开发成功并产业化；在海洋工程装备制造产业方面，第一艘 7500PCTC 新型滚装船出坞，2800 客滚邮轮入坞建造；研发光纤放大器、浊度传感器等海洋立体监测光纤传感器元器件，研发海产品组胺速测传感器等纳米传感器，研发 B40-16 无锡防污漆和 B40-AFB2 无锡防污漆等两种防污涂料。

【海洋经济运行监测】 2019 年，厦门市第一次全国海洋经济调查工作完成，获验收专家组的充分肯定，成为福建省第一个通过省级验收的城市；厦门市监测的产业涵盖 15 个海洋及相关产业，比上年增加 3 个（海洋矿业、海洋化工、相关涉海装备），其中海水利用业、海洋医药与生物制品、海洋工程装备、海洋技术服务业和信息服务业等海洋新兴企业占比 43.0%。完成 2018 年海洋经济统计和海洋生产总值核算报表，并按要求上报国家和省局。初步核定 2019 年海洋经济核算数据，75 家涉（用）海企业完成月度填报，上报率 100%；291 家季度涉（用）海企业上报率超过 80%。

【海洋经济发展示范区建设】 2019年，厦门市海洋经济示范区总体方案经福建省政府同意，由福建省发改委、福建省海洋渔业局、福建省自然资源厅三部门印发。全国海洋经济示范区工作现场暨推动会在厦门召开，厦门市做典型发言和经验交流。全年，18个示范项目计划总投资8.13亿元，实际完成总投资6.80亿元，完成计划投资的83.6%，示范市建设在财政部、自然资源部组织的中期考核中，综合评价为“优秀”。

【东亚海岸带可持续发展地方政府网络年会】 2019年11月1日，2019年东亚海岸带可持续发展地方政府网络（PNLG）年会在厦门举行。年会由厦门市政府和东亚海域环境管理区域项目组织共同主办，厦门市海洋发展局、东亚海岸带可持续发展地方政府网络（PNLG）秘书处、厦门大学海洋与海岸带发展研究院共同承办，以“蓝色伙伴·共同命运”为主题，通过案例学习、专题讨论、全体成员大会、政策论坛和实地考察等内容，促进成员间的经验交流，推进中国—东盟海洋合作交流，拓展和深化厦门市与东盟国家在海洋科技、海洋产业及人文交流等方面的合作。来自中国、柬埔寨、印度尼西亚、马来西亚、菲律宾、泰国、东帝汶、越南和缅甸9个国家33个城市的150多名代表出席会议。副市长张毅恭代表厦门市政府领奖并致辞。东亚海伙伴关系委员会荣誉主席蔡程瑛博士和现任主席阿立夫尤沃诺博士代表东亚海域环境管理区域项目组织（PEMSEA）授予厦门市政府“PEMSEA领导力奖”。

2019年11月1—7日，厦门国际海洋周在厦门举办　（市海洋局　供图）

【厦门国际海洋周】 2019年11月1—7日，由厦门市海洋局、翔安区委区政府主办的厦门国际海洋周在厦门国际会议中心举办。海洋周包括厦门国际海洋论坛及平行国际海洋会议、海洋产业招商专场活动及海洋专业展会、海洋文化嘉年华等三大版块60多项活动，来自海丝沿线国家的49个国家涉海部门官员及国内外涉海企业代表、国际组织代表、两院院士，央企等1500余人出席海洋周重要活动。吸引线上关注超亿人次，带动超40万人次社会公众现场参与。海洋周招商引资平台促成海洋产业签约项目24项，意向投资额超40亿元。推出海洋特色旅游路线5条，推动海洋文旅深度融合。

（洪鹭燕）

2019年11月1日，2019年东亚海岸带可持续发展地方政府网络（PNLG）年会在厦门举行　（市海洋局　供图）

海域海岛管理

【概　况】 2019年，厦门市资源规划局对用海项目生成、方案审查、行政审批、批后监管、权属办证等实行全链条、全流程管理。在深入企业走访调查、倾听呼声、检视问题、诊病问源的基础上，分类施策，统筹协调推进各项工作。完成用海审批15宗，保障用海面积605万平方米；办理临时用海14宗，用海面积1264万平方米；收回海域使用权2宗，办理海域使用权转让、变更3宗。

【用海要素保障】 2019年，厦门市资源规划局做好用海保障工作，为厦门第二东通道工程、集美污水处理厂尾水排海管工程、厦门港海沧航道扩建四期工程、厦门市轨道交通4号线（后溪至翔安机场段）、溪东路（翔安南路—机场快速路段）（原翔安滨海东路）等重大片区和重点项目提供用海要素保障。加快推进厦门新机场用海报批工作，办理临时用海2宗、收回大中亚大嶝对台客货码头海域使用权2宗，同步指导业主开展厦门新机场用海报批工作。

【用海审批流程优化】 2019年，厦门市资源规划局推进“放管服”改革，在依法依规的前提下，优化海域使用审批工作流程，压缩审批时间、提高审批效率。将用海审批中征求部门意见环节提前至海域使用论证审查意见同步办理；上报市政府审批在用海申请材料，提前测算项目应缴交海域使用金，并告知用海单位提早准备、及时缴交（申请减免）海域使用金，确保项目尽早开工。

【围填海问题处理】 2019年，厦门市资源规划局制定厦门市围填海历史遗留问题处理方案，开展梳理并分类指导厦门市围填海历史遗留问题图斑处置工作，编制生态评估报告和生态修复方案并通过专家组评审。按照自然资源部的要求，逐一梳理厦门市获批但尚未完成围填海的项目，并提出继续填海、不再填海、优化调整3种类型处置意见，经报市政府同意后报自然资源部备案。完成对马銮湾新城马銮湾中路、环东海域浪漫线二期和三期等填陆未确权区域等围填海历史遗留问题生态评估报告和生态保护修复方案编制并通过专家评审，推进浪漫线二期等厦门市涉及围填海历史遗留问题用海项目建设。

【海岸线修测】 2019年，厦门市资源规划局按照国家自然资源部、福建省自然资源厅要求，按1：2000比例尺开展厦门市海岸线修测工作，通过现场勘查和内业数据处理等方式，形成初步成果并上报福建省自然资源厅。该次海岸线修测工作查清2008年以来厦门市海岸线主要变化，准确掌握海岸线的位置、长度、类型及开发利用等基本情况，为厦门市加强陆海统筹、编制国土空间规划、科学制定自然岸线保有率管控目标和实现海岸线精细化管理提供决策支持。

（杨　臻）

测绘管理和地理信息

【概　况】 2019年，厦门市资源规划局强化测绘地理信息公共服务，完成全市重大项目地图服务保障，提供各类比例尺地形图10856幅、影像图6846幅。为东部体育会展新城片区“一场两馆”、新机场建设、全市第三次国土调查、批而未供土地清理等重点项目和工作提供测绘要素保障。对“多测合一”进行深化改革，提升“天地图·厦门”平台功能与现势性，新增成果目录系统、加载自有图层服务、门牌地址匹配功能。常态化开展城市地理国情监测，服务城市“两违”整治。完成国家2000坐标系与厦门市92坐标系的检测试验，为制定厦门市坐标转换工作的实施细则打下基础。继续优化和拓展“多规合一”综合管理平台功能，开通重大重点项目的绿色通道，持续推动数据共建共享，为建设项目审批改革奠定基础。打造服务招商平台，辅助精准招商、智慧招商。创新完成地质灾害防治管理信息平台建设，初步实现群防群治。

【测绘基础建设管理】 2019年，厦门市资源规划局组织实施年度1：500和1：1000数字地形图测绘项目，成片测绘岛外区域60平方千米，基本完成基础控制、图根控制、街坊图测绘等外业测绘工作；推进航飞影像采购与处理及卫星影像的汇交工作，完成厦门市及周边区域1800平方千米航飞遥感影像获取，“两违”图斑比对及外业核实工作。

【地图公共服务】 2019年，厦门市资源规划局深化测绘地理信息公共服务，为“两高”城市建设提供保障，为全市50多家单位提供电子版地图和影像地图，为招商手册定制厦门区位示意图服务。立足全市招商大计，为市扫黑办提供指定区域、年份的遥感影像数据，协助侦破有关案件；审批涉密成果使用申请36批次，提供各类比例尺地形图、影像图用于海洋灾害风险评估与区划、生态项目价值核算、厦门新机场联合片区防洪及除涝工程建设、轨道交通工可研究、汀溪干渠河道整治等工作。

【测绘地理信息行业管理】 2019年，厦门市资源规划局配合城市“两违”整治，常态化开展城市地理国情监测，完成2019年全市数码航摄外业内业、“两违”疑似图斑比对和外业核查工作，加强测绘行业资质日常管理。依法受理审核资质申请、信息变更等290批次；对厦门能巧堂建筑公司、福建蓝图鹰航空科技公司等5个单位丙级资质申请进行现场考核，配合省测绘地理信息局完成厦门天源欧瑞科技公司、厦门众长信息科技公司等6个单位乙级资质申请、升级现场核实工作；受理14家测绘单位的作业证申请。按时完成2018年厦门市测绘地理信息年报统计工作和2019年季度统计工作；完成辖区测绘资质单位2018年度报告公示和测绘行业信用信息审核报送。制定测绘“双随机”检查工作方案，在厦门市“双随机”工作平台抽取8家测绘资质单位进行检查，选定3位测绘中心专家协助进行测绘质量检查。

【测绘地理信息执法】 2019年，厦门市资源规划局开展测绘地理信息执法专项行动和“问题地图”排查整治行动，派员参加省级主管部门组织的“问题地图”审核培训，提升执法人员甄别“问题地图”的专业能力。排查整治全市“问题地图”，协助厦门海关核查一批拟出口的地图。全程参加“2019年厦门投洽会”联合执法工作，督促16个展位整改不规范使用示意性地图问题。完成全市涉密测绘成果保密检查，收集81个涉密成果申领单位的自查表，选取数据申请量较大的13个单位进行实地检查，核实涉密测绘成果存放及使用情况，向有关单位讲授涉密成果的保管、使用、交还及销毁的工作要点。

（杨　臻）

责任编辑：林德全
审　　稿：程成贵
校　　对：曾一一

17 城乡建设与管理

城市规划

【概　况】 2019年，厦门市自然资源和规划局（简称市资源规划局）做好各项审批管理工作，各类规划编制项目立项121项，合同金额1.44亿元。按照“把空间留给好产业、项目批给好企业、企业快速拿到地、审批手续快速办”的改革目标，结合机构合并及审批制度改革要求，全面推动自然资源规划业务融合及全流程审批制度再改革。

（杨　臻）

【城市规划委员会会议】 2019年，厦门市城市规划委员会召开会议7次（见表17-1）。

（市委办）

【“多规合一”改革深化】 2019年，厦门市资源规划局结合机构改革的部门调整及职能变化，依托“多规合一”业务协同平台，梳理项目策划生成流程，保障业务协同的顺利进行。完善“多规合一”业务协同内部实施细则，规范内部“多规合一”业务协同平台运行，明确各部门意见征集流程，制定《厦门市自然资源和规划局“多规合一”业务协同内部实施细则》。平台实现建设项目从储备、策划生成、审批到批后监管的全生命周期信息串联，实现空间直观展示，并支持按年度、行政分区等自定义统计和展示。开发建设“多规合一”平台市重点建设项目绿色通道功能，打通市直主要部门、指挥部、区政府、管委

表17-1　**2019年厦门市城市规划委员会会议一览表**

会次	时间	主要内容
第一次会议	5月6日	研究市规委会议事规则、厦门市空间规划体系改革情况及下一步计划，《厦门市国土空间总体规划（2019—2035年）》编制情况，厦门市建筑景观艺术委员会工作情况及下一步工作建议，厦门岛内教育设施（幼儿园、中小学）近期建设规划（2019—2023），中山路历史文化街区、厦港风貌片区旧城保护与更新策略，思明区何厝、岭兜片区和湖里区东部旧村改造空间详细规划，滨北原外贸仓库片区、思明区原农科所片区策划方案等重大专项规划
第二次会议	6月29日	研究重大片区规划决策有关办法，研究讨论全市村庄布局及风貌管控、电动汽车充电基础设施、快速路网系统二期（岛外）等重大专项规划
第三次会议	8月2日	研究岛外教育设施（幼儿园、中小学）建设规划、杏林老工业区提升改造发展规划、原开元工业园及周边片区概念规划方案、忠仑公园北侧地块城市设计方案等重大专项规划
第四次会议	9月2日	研究马銮湾新城系列规划优化提升方案、全市污水设施布局、沙坡尾片区有机更新规划方案和交通提升方案、复旦中山厦门医院教学科研用地选址方案以及专业足球场规划建设方案等重大专项规划
第五次会议	9月29日	研究高崎机场北侧（渔港—港汊片区）整治性城市设计及滨海路沿线景观改善设计、厦门北岸（岛外）天际线城市设计方案整合、湖滨一里至四里片区改造策划、厦门中山路步行街改造提升方案等重大专项事项
第六次会议	10月22日	听取厦门市全域旅游专项规划（2019—2035年）编制情况汇报，研究厦门市体育设施规划（2019—2035年）、全市健康步道系统规划及建设工作
第七次会议	12月6日	听取新城片区产业空间整合提升规划情况及新体育中心、新会展中心及有关足球设施规划设计方案汇报，研究环东海域新城文体公建群、翔安东山公建群建筑概念方案征集成果等工作

会与市资源规划局之间的信息通道，实现快速收集、快速反馈、快速解决，实质推动项目落地。

【专项规划】 2019年，厦门市资源规划局根据总体规划工作方案，结合原城市总体规划、原土地利用总体规划开展31个专题研究，主要涉及城市战略、发展目标、发展规模、空间形态、绿色发展、陆海统筹、城市总体设计、土地利用、生态空间等方面；开展25个专项规划，包括公共服务设施、交通基础设施、绿地生态、地下空间、综合防灾等方面。

【生态保护红线评估】 2019年，为加快推进厦门市生态保护红线评估工作，合理有序地支撑配合厦门市国土空间总体规划编制工作，市资源规划局、市生态环境局联合印发《厦门市生态保护红线评估工作方案》，明确任务分工，压实部门责任，全面分析生态保护红线划定结果，应划尽划，确保生态功能不降低、面积不减少、性质不改变，使生态保护红线做到权威、科学、可执行。在全市各部门多次沟通、会商和研讨的基础上，形成《厦门市生态保护红线评估自查报告》，于9月6日上报福建省自然资源厅、生态环境厅。

（杨 臻）

【勘察设计】 2019年，在厦门市承接勘察设计业务的企业141家，其中勘察单位68家，建筑设计单位73家（不含装修等其他专项）。全年完成厦门市勘察设计工程项目1536个，其中工程勘察项目344个、设计项目985个（含装修工程）、市政工程设计207个。厦门市建设与管理局（简称市建设局）出台《厦门市施工图审查机构综合考核评价管理办法》，进一步完善勘察设计考核评价机制。发挥技术管理优势，参与项目前期研究，推动重点项目、保障性住房、地铁社区等建筑方案设计、装修设计、景观设计方案评审工作，配合第二轮城市整治提升项目方案联评联审、铁路沿线景观提升工作实施方案研究、海绵城市建设标准化指导性技术文件修编、农村村民新建住宅设计方案征集活动等，研究推进厦门市中小学集约化建设和养老设施建设相关事宜。顺应消防体制改革，承接厦门市建设工程消防设计审查管理工作。

（张婷婷）

重点项目

【概 况】 2019年，厦门市安排重点在建项目364个，总投资8957.6亿元，年度计划投资1193.7亿元。全年开工项目71个，竣工项目69个，实际完成投资1430.2亿元，完成年度计划的119.8%，连续5年完成投资突破千亿元。产业类重点项目、社会事业类重点项目、城乡基础设施建设、新城基地建设有序开展。城乡民生基础设施补短板投资完成率福建省第一。

【产业类重点项目建设】 2019年，厦门市拓展招商实效，天马新建6代AMOLED生产线、浪潮新一代信息技术产业基地等一批项目签约落地，中航锂电科技有限公司动力锂电池生产线一期、橙联跨境电商产业园等一批新项目开工，厦钨新能源车用动力锂离子正极材料产业化、趣店科技金融创新园等一批在建项目加快建设，西海湾邮轮城一期项目恢复正常施工，宸鸿科技手机触控、士兰半导体、通富微电子、紫光科技园C地块等一批项目实现投产或部分投产。

【社会事业类重点项目建设】 2019年，厦门市进一步补齐民生短板，四川华西厦门医院、马銮湾保障房地铁社区二期、高崎污水处理厂一期等一批项目相继开工建设，厦门实验小学翔安校区、双十中学翔安校区、马銮湾医院、官浔公寓等一批项目加快建设，马銮湾、祥平、新店保障房地铁社区一期等一批项目进入工程收尾阶段，厦门心血管病医院、爱鹭老年养护中心、山海健康步道等一批项目投入使用。

【城乡基础设施类重点项目建设】 2019年，厦门市提升城市基础设施承载能力和运行保障能力，为构建高质量现代化交通基础设施网络体系奠定基础。新机场立项和总规划获批，航站区轨道工程等关键项目启动建设；大小嶝造地工程、机场大道、滨海东大道等骨干项目加快推进，机场快速路南段全线贯通；福州至厦门铁路客运专线厦门段全线铺开建设；轨道交通1号线稳定运营，2号线开通试运行；第二西通道主隧道贯通，第二东通道主体工程、海沧疏港通道、同集路（海翔大道—福泽路段）跨线桥等项目加快推进；环岛路（长尾礁至五通段）岸线整治和沙滩修复等项目建成投用。

【新城基地建设】 2019年，厦门市按照“一年有突破、两年见成效、三年大变样”的目标，全面加快岛外新城和重大片区开发建设。环东海域新城一批市政设施和生活配套项目建设快速推进，马銮湾新城“两环七横七纵”骨干路网基本形成，同翔高新技术产业基地一期、二期开发框架逐步形成，集美新城加快建设一批重大产业、旅游及民生项目，软件园三期、火炬（翔安）产业区平台建设快速推进。

【代建管理】 2019年，厦门市建设局持续推进制度创新，严格推行《代建工作规程》（全国首创），出台代建合同及招标文件范本，会同市财政局、市发改委等部门出台《关于进一步完善市级财政投资建设项目管理的若干措施》，在加强监管、提升服务和创新代建管理模式等提出新举措。推行代建企业信用综合评价，年初首次公布39家代建企业信用综合评价结果（全国首创），具体为：A等级4个、BB+等级16个、BB-等级14个、C等级1个、不定等级4个，作为择优选取和差异化监管代建企业的重要依据。开展对39家代建企业87个项目的季度考评（优秀12个、良好46个、合格25个、不合格4个），促进代建工作责任落实。推广人脸识别动态考勤，已有161个项目近500名代建主要管理人员（基本涵盖全部市级财政投融资重点项目）纳入考勤，并逐步延伸至施工、监理单位主要人员，有效防止“空城计”现象。强化指导帮扶，通过集中授课和到企业上门指导方式对全市主要代建企业（市政集团、住宅集团、建发房地产集团、海沧城建集团、翔发集团等）开展业务培训，近1000名主要代建管理人员参与。

（张婷婷）

城市管理

【概　况】2019年，厦门市建设局推进街区立面整治、夜景照明提升、公共停车建设等工作。新增公共停车泊位11344个。完成老旧小区改造94个，完成投资1.1亿元。在8月召开的全国生态修复城市修补现场会暨试点工作总结会上，厦门市作典型发言。完成街区立面整治提升236栋、27.07万平方米，拆除乱建乱搭1.1万平方米。按期完成福建省委、省政府布置的房屋整治、绿化美化、卫生治理、安全保障4项任务。

【街区立面综合整治】2019年，厦门市建设局开展东坪山路与东浦路交叉口——文兴隧道沿线立面整治提升和厦门北站至厦门站铁路沿线环境整治，累计整治提升221栋建筑，整治面积12.5万平方米，拆除乱建乱搭1.1万平方米，实施“平改坡”（将多层住宅平屋顶改成坡屋顶）2760平方米。完成东浦路立面改造、嘉福花园立面改造等街区立面改造提升项目，提升厦门火车站进出通道和厦门大桥“桥头堡”建筑景观。启动山海健康步道沿线影响景观建筑外立面整治工作。完成《厦门经济特区建筑外立面若干管理规定》起草工作，经市政府研究同意，报送市人大审议，进一步推动建筑外立面的管理立法工作。

【夜景照明提升】2019年，厦门市建设局持续强化夜景照明日常管理，进行补缺提升项目建设，完成火车站站房、南广场停车楼和公交站楼等火车站节点夜景补缺提升项目建设。推动区级夜景监控平台项目落实。完成《厦门市夜景照明管理办法》修订完善和审查等工作，并报市政府研究，推进厦门市夜景照明建设管理制度建设。落实重大活动及重要接待的亮灯保障，先后完成招商大会、海峡论坛、厦洽会、金鸡百花电影节等重大活动的亮灯保障以及庆祝中华人民共和国成立70周年央视直播保障，厦门璀璨夜景连续3年在央视实况直播，展示厦门“高颜值”城市形象。

【公共停车场建设管理】2019年，厦门市推动公共停车设施建设工作，通过“月跟踪、季督查、年考核”，推进市、区两级公共停车设施建设项目“完成一批、续建一批、开工一批、谋划一批”，超额完成福建省民生基础设施补短板“新增路外公共停车泊位4200个”的计划目标，实际新增11344个。公共停车泊位从2016年以来，新增40041个。年内，开展公共停车场“双随机”检查，督促停车场经营者落实管理职责。

（张婷婷）

城市管理行政执法

【概　况】2019年，厦门市城市管理行政执法局（简称市城管执法局）受理城市管理各类投诉举报10.5万件，办结9.6万件，拆除违法建设801.1万平方米，处罚金额4237.8万元。完成全市896条道路广告式路名牌的整治，排查广告式路名牌7000多座，清理拆除1588座，摸排全市820个公交站点，促使广告式路名牌和公交站牌布局更合理，设置更规范。牵头整治城市家具（城市中各种户外环境设施），拆除破损、脏污的108台公共饮水机。加强市管公园的日常监管执法，彻底纠治白鹭洲公园和海湾公园内存在多年的违法占道经营等问题。

【“两违”综合治理】2019年，厦门市城管执法局先后牵头开展生态敏感区域“两违”（违法用地、违章建设）整治、铁路和高速公路沿线“两违”整治、“两违”房屋安全隐患排查整治等专项工作。会同相关部门完成全市“大棚房”问题清理整治、农地非农化违规项目整治，启动违建别墅的专项清理排查。全年累计处置“两违”841.2万平方米，拆除违建801.1万平方米，完成福建省治违办下达的年度拆违指标任务（350万平方米）的240%。进一步完善联防联控和挂牌督办工作机制，严肃追责问责，对控制“两违”不力的7个镇（街）、19个村（居）提起追责建议，实施问责161人次。全年发现新增“两违”573宗，比上年同期下降85%；全年违建投诉量在城管执法投诉总量中的占比下降至8.3%，创历史新低。

【服务片区项目建设】2019年，厦门市城管执法局与各大片区指挥部建立工作联系机制，统筹市区两级城管执法力量，及时跟进片区内旧村改造、已征地块监管、新增“两违”管控、扬尘治理和市容整治等工作，及时协调解决存在的问题30余件。将新机场片区、地铁建设沿线、集海同翔等新城建设项目以及岛内成片区改造拆迁项目列为动态巡查监控的重点，发现新增“两违”及时处置，为重点项目推进扫清障碍。与市土地开发总公司建立政府储备用地联动管理机制，先后完成厦门冷冻厂违建清理、滨北101地块清理、海沧新阳某沙场清理，马銮湾片区收储地块、集美灌口收储地块和环岛路香山—五通政府储备地块违建查处等工作。累计腾出土地709万平方米，有200万平方米用于具体项目建设。

【户外广告店招管理】2019年，厦门市城管执法局组织清理违规广告店招21840块，面积15.87万平方米，全市246条重点道路及校园周边、国道两侧、铁路沿线的广告店招整治基本完成。广告许可进一步优化，结合落实“放管服”要求，将许可时间压缩至法定时限的1/3，进一步优化工作流程，简化申报材料，推行网上办理，全年核发许可132件、备案102件。厦门市被住建部列为全国9个开展规范户外广告管理试点的城市之一。年内，市城管执法局会同资源规划部门编制火车站、中山路、湖滨南路等试点区域和路段的详细规划，同步开展整治和规范，既注重保护商业文化和历史传承，又突出城市特色和时代进步。

【市容环境秩序整治】2019年，厦门市城管执法局落实生态控制线管理要求，进一步加强对河道流域、湖泊、水源地周边的巡查保护，严肃查处乱占乱建、乱采砂、乱洗砂、渣土倾倒等违法行为以及其他可能损害、破坏水环境的活动，累计拆除饮用水源地、河道范围内的违建84处、面积3.49万平方米。持续开展油烟扬尘噪声治理，加大工地施工扬尘噪声管控，累计查处违规工地595个，督促做好防尘措施和沙土覆盖，查处超时施工案件342件，罚款184.2万元，查处路面污染行为643起，责令清洗路面8.64万平方米。以迎接中央环保督察为契机，市区联动整治露天烧烤摊点，查处餐饮油烟乱排放行为，组织鼓浪屿市容专项整治。全市累计查处餐饮油烟乱排放 2598 起，制止禁止区域新增餐饮商铺 111 家，制止餐饮类占道经营 1.24 万起，取缔露天烧烤 2025 起。推进垃圾分类执法，牵头岛内两区开展生活垃圾运输环节取证试点工作，对违反生活垃圾分类管理办法的单位和个人发出 1653 份执法文书，实施行政处罚 1135 起，保障生活垃圾分类工作的持续全面推进。完成东坪山生态敏感区域违建整治任务，整治东坪山生态敏感区域内全部 275 宗违法建设，累计拆除违法建筑 1099 栋、面积 8.75 万平方米，清理违建占地面积 58.23 万平方米。

【城市管理综合考评】 2019 年，城市管理综合考评系统涵盖市容环境卫生、“门前三包”（包卫生、包绿化、包秩序）、道路工地扬尘防治、生活垃圾分类、户外广告、“两违”治理、鼓浪屿景区管理等城市管理 19 方面 24 个具体项目。厦门市城管执法局紧盯全市主次干道、车站、码头、广场、景区、物业小区、农贸市场、城乡接合部和公路铁路沿线等重点部位，紧扣法定节假日、海峡论坛、贸洽会、国庆 70 周年庆典、金鸡百花电影节等重要时间节点，采取以暗访为主的考评模式，组织各项考评检查活动 1110 次，通过公开打分、媒体曝光、专项通报等形式，及时向城市管理各责任主体通报问题 2.76 万个，问题整改率接近 98%，更好实现城市管理问题的责任归位和及时处理。

【门前三包】 2019 年，“三级街长”（市、街道、社区）的组织架构基本到位，厦门市设置三级街长 3000 人，城区“门前三包”管理承诺书和责任书的签订率分别为 99% 和 98%，采录责任主体信息 7.1 万多个，绑定二维码 7 万多个。“门前三包”信息化监控系统联动所有三级街长，实现街面巡查轨迹和问题全记录，群众参与“一键通”。全年，市城管执法局处置“门前三包”各类问题 6.1 万多个。编印《“门前三包”工作指导手册》，指导区、街规范落实“门前三包”。出台《规范“门前三包”市容环境责任制执法工作规程》，累计立案查处案件 492 件。新增“门前三包”标准街 50 条，全部保持高位运行管理水平，辐射带动周边街区。

【“摊规点”疏导机制完善】 2019 年，厦门市城管执法局科学制定流动摊贩占道经营“摊规点”（摊贩规范经营点）疏导方案，秉持疏堵结合、按需设置、规范管理、注重实效的原则，在中华街道、湖里街道开展先期试点，设置“摊规点”19 处、便民服务点 16 处，试点建立摊贩准入退出机制，制定管理制度和经营公约，采集摊贩信息并纳入“门前三包”管理。

【“四车”整治】 2019 年，厦门市城管执法局开展“四车”（共享单车、渣土车、“僵尸车”、占道经营改装车）整治。共享单车管理方面，着手退市单车和潮汐堆积车辆的清理工作，累计清理 7 万余辆超额投放和破损车辆，组织施划非机动车停车点位近 1 万处，纳入线上监管 4700 处，共享单车监管平台进一步完善。渣土车整治方面，市城管执法局继续牵头组织全市建筑废土联合执法行动，市区统筹，部门联动，全域覆盖，错时执法，组织全市范围联合执法行动 5 次、各区联合执法 282 次，纠正建筑废土各类问题 5100 多起，暂扣违法渣土车 1394 辆，立案 1145 件，罚款 224.4 万元。“僵尸车”和占道经营改装车整治方面，推行市区分工、部门协作的定期摸排和联合清理机制，累计清理各类“僵尸车”1060 多辆，露天“僵尸车”现象和改装车占道经营现象明显减少。

（朱少宇）

物业管理

【概　况】 2019 年，厦门市有备案的物业服务企业 553 家，实施物业管理小区 2213 个。物业管理总建筑面积 1.57 亿平方米。其中，住宅小区项目数 1264 个，物业管理面积 1.1 亿平方米，其他类型物业管理面积 4563 万平方米。

【老旧小区改造】 2015 年，厦门市开始老旧小区改造，至年底，厦门市累计完成 412 个老旧小区改造，涉及建筑面积 291 万平方米、房屋 1166 栋、居民 33621 户，基本完成 1989 年前建成的老旧小区改造。2019 年，市建设局会同市财政局印发《关于调整老旧小区弱电既有缆线迁改费用奖补标准的通知》，提高弱电管线单位改造积极性；研究制定《厦门市老旧小区改造技术导则》，引导老旧小区更新改造工作，完成改造 94 个，完成投资 1.1 亿元。改造后的小区市政设施配套逐步完善，环境得到改善，管理有所加强。在 8 月召开的全国生态修复城市修补现场会暨试点工作总结会上，厦门市作典型发言。

【物业行业管理】 2019 年，厦门市建设局进一步完善物业行业监管体系，出台《厦门市住宅小区物业服务质量星级评定管理办法》等，对物业项目评级，对企业和项目经理信用进行评分，完善物业行业监管体系。出台《厦门市住宅业主大会和业主委员会工作指导规则》及示范文本，实现党的领导、行政管理与业主自治良性互动。市建设局关于“完善业主大会和业委会制度，提升我市物业管理工作水平”议案办理情况报告获得实到人大代表全票通过，顺利办结议案。年内，市建设局开展层级督查及联合检查项目 80 个，涉及物业管理检查 513 次，检查项目 1358 个，约谈物业企业 87 次，出具整改通知书 506 份。

【房屋专项维修资金管理】 2019 年，厦门市建设局专项维修资金专户缴交专项维修资金 4.92 亿元，划拨 3993.42 万元，产生增值收益 1.20 亿元，全年存款合计增加 5.72 亿元。截至年底，市建设局专项维修资金专户累计缴交专项维修资金及公共收益 56.12 亿元，划拨 1.76 亿元，产生增值收益 9.16 亿元，账户存款合计 63.52 亿元。

（张婷婷）

市政建设

【概　况】 2019 年，厦门市市政园林局（简称市市政园林局）出台《厦门市城市道路挖掘（占用）管理若干规定》，初步建立道路快修快补机制。市政设施精细化管理得到提升，市管路灯亮灯率 99.72%，设施完好率 99.60%。万家春路

2019 年，环东海域滨海旅游浪漫线部分建成　　（叶航宇　摄）

（西亭路—翔安北路段）、岛内滨海慢行道景观提升改造一期工程等项目建设，同安东路（同新路—同安大道段）等一批重要市政道路建设进展顺利。地下综合管廊试点获财政部奖励 9000 万元，新开工建设 25.8 千米。厦门市通过国家海绵城市试点验收，海沧区在马銮湾试点实践基础上，以新阳主排洪渠黑臭水体治理为重点，探索形成老城区海绵城市建设模式，并率先全市推行全域海绵城市建设。市市政园林局完成厦门城市职业学院排水改善工程、明发国际新城周边市政道路排水改造工程。新建改造雨水管网 80.7 千米。集美区率先开展雨水管网溯源排查，完成问题溯源排查 300 千米，整改 60 处。年中，重大重点项目、投资工程包、为民办实事、民生基础设施补短板、“双千亿”投资工程等项目进展顺利，均超额完成年度计划。其中，省市重大项目（9 个）累计完成投资 15.51 亿元，完成年度计划的 158.62%；省级为民办实事项目（4 项）完成投资 4.57 亿元，完成年度计划的 178.49%；市级为民办实事项目（8 项）完成投资 14.37 亿元，完成年度计划的 144%；“五个一批”（发展生产脱贫一批、异地搬迁脱贫一批、生态补偿脱贫一批、发展教育脱贫一批、社会保障兜底一批）项目（68 个）完成投资 28.11 亿元，完成年度计划的 133.08%。融入乡村振兴战略，推动实施农村环境治理等 14 个项目，完成投资 12.01 亿元，完成年度计划的 157%。

【同安大道建成】 同安大道（同南公路—同安东路段）项目为厦门市重点工程。2017 年 3 月 20 日开工建设。2019 年完成建安投资 7078 万元，占年度计划的 103.62%。工程全长 4.1 千米，以同南公路为起点，穿越大轮山，经过五显镇西洋村、宋宅村、垵炉村，终点连接同安东路。2019 年，除标尾一处 50 米人非系统受征拆影响未贯通外，全线道路、隧道、绿化、交通、照明等工程全部完成建设，并交工验收，计划于 2020 年 1 月 20 日开放交通。建设单位：厦门百城建设投资有限公司。

【环东海域滨海旅游浪漫线】 2019 年，厦门市环东海域滨海旅游浪漫线项目为省市重点项目。起点位于集美大桥北侧桥头，沿环东海域沿线，途径中洲岛、下潭尾湾、东坑湾，终于刘五店会展片区，全长 52 千米。项目结合体育产业道路和全程马拉松赛道要求进行规划建设，是厦门市民休闲、健身、亲近自然和互相交流的一个场所。项目分为三期建设：一期工程投资概算 11.4 亿元，2018 年 10 月完工并对外开放；二期工程投资概算 13.87 亿元，2019 年度项目计划完成投资 4.6 亿元，实际完成投资 5.27 亿元，二期同安段项目完成建设并于 2019 年 10 月 1 日对外开放；三期工程总投资概算 45.7 亿元，2019 年 6 月开工建设。建设单位：厦门市市政建设开发有限公司。

【山海健康步道景观提升工程】 2019 年，厦门山海健康步道（狐尾山—仙岳山—湖边水库—观音山步道）景观提升工程项目为省、市重点重大项目，是市委市政府“双千亿”工作目标的落实，也是市委、市政府为民办实事项目。项目起于邮轮码头，终于观音山梦幻沙滩，全长 24 千米，串联厦门岛中北部重要的生态节点，形成贯穿岛内东西方向的山海步行通廊，沿线串联筼筜湖、狐尾山、仙岳山、园山、薛岭山、虎头山、金山、湖边水库、五缘湾、虎仔山、观音山。项目总投资概算 9.2 亿元。2018 年 11 月开工建设，2019 年 9 月，主线段基本贯通，除个别结构复杂的节点桥梁外，计划 2020 年元旦期间建成

2019 年 9 月 16 日，厦门山海健康步道主线部分基本建成　　（傅立磊　摄）

2019年，鹭江道（厦禾路—镇海路段）使用"日光岩"人行道护栏　（曾松涛　摄）

并对公众开放。建设单位：厦门市市政建设开发有限公司。

【信息化建设】 2019年，厦门市市政园林局建成城市道路挖掘（占道）信息系统，推进道路挖掘平台二期信息化项目申报工作。该系统的建成，实现建设单位、管线单位、道路管理权属部门、市行政审批部门和市政行政管理部门间的信息共享，减少城市道路反复开挖现象。对防汛可视化应急指挥平台进一步优化，对基础数据进一步完善，推进防汛指挥平台二期信息化项目申报工作。

【市政设施管养】 2019年，厦门市市政园林局开展市管23条道路雨水管网设施排查工作，普查市管雨水管道长度227千米，完善道路雨水管网基础数据，排查雨水管道是否存在改变雨水设施原状的情况，并将普查结果进行归档，建立数据库。推动第三轮城市改造提升项目仙岳路道路整修工程、轨道2号线沿线市政改造及景观提升工程。开展市政设施安全检测，除常规检测桥梁11座、人行天桥14座、地下通道11座外，还对市管23条道路进行全覆盖雷达检测，探明81处病害体，其中5处存在较大安全隐患的空洞病害得到整治，其余病害将按计划处置，保障道路安全通行。为解决厦门市道路护栏存在的风格单一、无地域特色、运用混乱、没有整体性等问题，市市政园林局联合厦门大学牵头编制《厦门城市道路护栏设计及实施导则》，用于指导厦门市道路护栏的安装设置工作，并率先在鹭江道（厦禾路—镇海路段）使用133片"日光岩"设计的人行道护栏样式替换现状人行道护栏。

【城市照明管理】 2019年，厦门市路灯平均亮灯率为99.72%，设施完好率99.6%。市市政园林局完成湖里老城区路灯提升改造工程约60%的改造工程量；完成第二期岛内老旧小区、背街小巷路灯提升改造工程，安装路灯1580盏，投资约2200万元；完成第三期岛内老旧小区、背街小巷路灯提升改造工程前期工作并已施工。

【防洪排水管网管理】 2019年，厦门市市政园林局监管指导厦门水务集团排水公司做好排水防涝及截流设施日常养护工作。年内，排水公司开展站点防汛检查22次、雨水篦和截水边沟清理34次、格栅清理92次、防汛闸门维护保养464次、雨量计校核158次，对现有的13台发电机巡检260台次，对围里雨水泵站进水清淤700立方米，保证设施排水防汛应急能力。完成厦门城市职业学院排水改善工程、明发国际新城周边市政道路排水改造工程，缓解路段雨天及积涝问题。持续推进嘉园路段鼻子沟箱涵改造工程、厦门大学片区西大沟改造工程、吕岭路雨水泵站和泗水泵站闸门改造工程。

【海绵城市建设试点】 2019年3月11—12日，厦门市完成国家海绵城市建设试点城市验收现场复核工作。住建部、水利部、财政部专家组对厦门市海绵城市规划建设管控制度、试点项目实施成效、黑臭水体内涝治理效果等进行核查。专家组认为厦门市海绵城市试点建设成效斐然，并已率先全国实现从"试点海绵"到"全域海绵"转变。为迎接检查，市市政园林局制定《厦门市海绵城市建设管理办法》，确立各职能部门在海绵城市建设中的职能和责任，并将海绵城市建设纳入各区政府及相关职能部门的党政领导生态环保目标责任制考核。制定"市、区及重点区域"的三级海绵城市规划体系，以专项规划为引领，统筹考虑自然生态要素，划定生态控制线，形成全域海绵城市"一张蓝图"；以详细规划为传导，2016年以后新编制的各片区控制性详细规划中都包含海绵专篇；以系统化方案为衔接，编制全市6个行政区2020年建成区20%面积的海绵城市重点区域系统化方案，指导各流域建设。以"放管服"为基本前提，构建"指标有明确，方案有把关，图纸有审查，施工有监管，验收有落实"的海绵城市规划建设管控体系。编制9部海绵城市建设技术标准规范，开展当地的降雨频率图集、属地化参数及城市雨洪管理等5方面研究，建立全市海绵城市信息化管控平台，实现液位、流量、悬浮物、溶解氧、雨量等数据的在线监测。马銮湾片区从全流域、全系统的角度解决传统城市发展遗留的新阳主排洪渠黑臭水体问题，消除历史涝点，形成老城区海绵城市建设模式。翔安新城试点区探索出新城区海绵城市建设模式，鼓锣水系先"梳山理水"再"造地营城"的新城开发模式，从源头上避免传统新城开发建设模式下所面临的水方面问题。厦门市运用试点区建设模式推开全市海绵城市建设，指导完成试点区外过芸溪、埭头溪等流域综合整治，消除18号排洪沟、集美区日东公园、同安区芸溪溪边和埭头溪、翔安浯溪、海沧新阳主排洪渠等6处黑臭水体，结合海绵城市理念推进全市老旧小区改造、内涝积水点整治等。

（方　泓）

公用事业

供　水

【概　况】 2019年，厦门水务集团完成原水供应量4.96亿吨，供水量4.82亿吨，售水量4.38亿吨，清水产销差率9.49%，水费回收率99.69%。自来水水质合格率99.88%，给水管网压力合格率98.55%。

全年投入14.36亿元进行给排水设施建设，其中给水工程完成13.55亿元，污水处理工程完成4172万元，更新改造工程完成3884万元。开展长泰枋洋水利枢纽工程、厦门市水源连通工程（石兜水库至西山水厂段）、汀溪水库群至翔安原水输水工程、西水东调原水管道工程、西山水厂一期工程、杏林水厂扩建工程、翔安水厂二期扩建工程、老旧供水管网改造工程等项目。

【汀溪水库群至翔安原水输水工程】 2019年，汀溪水库群至翔安原水输水工程为厦门市重点项目。年内，计划完成投资1500万元，累计完成投资3000万元，完成计划200%。主要建设内容包括四林取水泵站和原水输水管道两部分，全部完工，实现运行通水，有效缓解翔安片区原水供应紧张局面。

【水厂建设项目】 2019年，厦门市西山水厂一期工程计划完成投资12000万元，年内累计完成投资2.23亿元，完成计划的186%。12月31日完成预验收，项目完工。该项目的建成有效缓解同翔片区用水需求，提高同安工业园区供水保障可靠性，改善当地的营商环境。杏林水厂扩建工程计划投资1亿元，年内累计完成投资1.95亿元，完成计划195%。主体工程完工并投产运行，集美杏林地区及海沧新阳地区的供水保障能力进一步增强。

【城乡管网供水改造工程】 2019年，厦门水务集团开展第三轮老旧管道改造工程，改造管网长度13千米，改善松柏、莲花—龙山、中华等片区约3000户用户的用水质量。推行农网改造工作，完成翔安、海沧、同安3区总计3642户的水表接抄工作，解决用户水压不足、水质差、漏水严重等问题。

（方　泓）

供　气

【概　况】 2019年，厦门市市政园林局推进管道燃气“双百”（2018—2020年每年建设改造100千米市政燃气管网和“瓶改管”100个老旧小区）工程，全年累计完成燃气管线建设100.05千米、老旧小区“瓶改管”（瓶装液化石油气转换管道天然气）100个，新增燃气用户38704户。管道燃气用户数63.09万户，管道燃气用户占比从2018年年底的52.7%提高到55.5%。加大安全宣传力度，发送安全提醒短信350余万条，举办“燃气安全进社区”宣传活动20余场次。开展6次燃气安全专项整治行动和4次燃气器具专项整治行动。完成管道燃气占压隐患整改29项，从2015年启动的全市329项管道燃气安全隐患整改全部完成。11月8日，华润燃气蔡塘充电站对外营业。燃气安全事故呈现下降态势，2019年未发生燃气安全责任事故。

【燃气规划编制工作开展】 2019年，厦门市市政园林局委托厦门市城市规划设计研究院和厦门华润燃气有限公司联合开展《厦门市燃气工程专项规划（2017—2035年）》的编制工作。该规划先后通过市市政园林局组织的专家和部门评审会、市资源规划局组织的空间信息审查和批前信息化的两轮审查，已报市政府审批。

【石湖山LNG应急气源站建成】 2016年3月，厦门石湖山LNG（液化天然气）应急气源站立项，2017年12月开工，2018年9月竣工，2019年10月竣工备案。该应急气源站占地面积1.17万平方米，建筑面积327平方米。储存规模为600立方米LNG（4座150立方米LNG储罐），总投资2000万元。12月12日，石湖山LNG应急气源站进行全负载生产，独立向岛内供应天然气，标志着厦门岛内管道天然气气源具备过海进岛管线和LNG应急气源100%互备“双保险”。该应急气源天然气供应的应急保障天数为3天，厦门岛内居民用户用气保障范围为100%，进一步保障岛内天然气的稳定持续供应。设计单位：成都华润燃气设计有限公司，施工单位：甘肃省安装建设集团公司。

【管道燃气“双百”工程】 2019年是管道燃气“双百”工程的第二年，厦门华润燃气有限公司制定《关于加快推进管道燃气岛内大提升、岛外大发展工作实施方案》，并推动第三轮市政提升改造管线建设、马銮湾新城、集美新城等燃

2019年，西水东调原水管道一期工程海上沉管段施工现场（厦门水务集团　供图）

气要素配套保障工作的落地，累计完成文屏山庄、万寿花园、双桥明珠等100个老旧小区的庭院管施工和通气工作，完成包括中山片区（霞溪路、大同路、思明东路、新华路）市政道路、海富路、国道324（集美段）、环城东路（铺前路—旧324国道）等路段的燃气管道改造及建设100.05千米。

【燃气安全联合检查】 2019年，厦门市组织实施各类燃气行业专项整治检查6次，整改安全隐患552处。市市政园林局联合市场监督管理局组织实施4次（每季度一次）燃气器具专项整治行动，查处国家淘汰和明令禁止销售的燃气灶具及附件219具，立案调查3起，净化燃气器具的市场环境。全市各燃气安全监管部门联合检查和“打非治违”行动已成常态化，年内拘留违规人员3人，处罚21起燃气企业违规违法行为，共处罚金52.72万元，收缴钢瓶1055个，曝光2起违规事件，约谈4家燃气企业。

【瓶装燃气胶管减压阀更换完成】 2019年3月，厦门市瓶装燃气胶管减压阀更换工作完成，2017年8月，该项目启动，历时20个月。为全市27127户瓶装燃气餐饮用户和480750户瓶装燃气居民用户免费更换胶管减压阀。

【思明区第三轮市政提升改造燃气管线建设工程完成】 2019年7月，厦门市思明区第三轮市政设施提升燃气管线建设工程启动。该工程主要涉及中山、松柏2个片区、6条道路，7月底全部完成施工。该次第三轮提升改造总结借鉴第二轮提升的经验做法，新建、改造的燃气管道均采用更加安全耐用的PE（聚乙烯）管，采取先地下后地上、分段分块施工的模式，减少因改造造成的停气影响，提升安全稳定供气，满足市民安全用气需求。

（方　泓）

供　电

【概　况】 2019年，厦门电网以3座500千伏变电站、嵩屿燃煤电厂、新店燃气电厂为主要电源点，形成220千伏多环互联、110千伏链式、双辐射型网络相协调的电网架构，厦门岛通过4个跨海通道“交直并济”输电线路供电。地区电厂装机容量243万千瓦，变电站132座、变电容量2422万千伏安，输电线路306条、长度1788千米。厦门岛内10千伏系统以电缆环网为主，绝缘化率100%、缆化率97%；岛外电缆架空混合多分段、多联络，绝缘化率100%、缆化率74%；全市供电可靠率99.99%。全市用电客户146.82万户，其中大工业0.34万户、一般工商业17.77万户、居民127.87万户、农业0.84万户；全市用电量282.98亿千瓦小时，占福建省用电量的11.8%，增速4.97%，位居全省第三位。产业用电方面，第一、第二、第三产业及居民用电量占比分别为0.46%、50.38%、26.64%、22.52%，比上年降低1.62%、1.98%、10.13%和6.19%；工业用电方面，工业用电量137.63亿千瓦小时，增长1.45%，拉动全市用电量增长0.73个百分点；行业用电方面，工业制造业用电量前三行业为计算机、通信和其他电子设备制造业，橡胶和塑料制品业，金属制品业，三者合计占比50%；重点企业用电方面，用电量前三的企业有天马微、三安光电、宸鸿科技，用电增量前三的企业有厦钨新能源、祥达光学、电气硝子，用电减量前三的企业有宸鸿科技、翔鹭化纤、金鹭特种合金；“千亿产业链群”方面，用电量前三为平板显示产业链、新材料产业链、半导体和集成电路产业链，三者合计占12条产业链代表性企业总用电量的28.06%。

【供电安全建设】 2019年，国网厦门供电公司统筹开展保障大电网安全、电气火灾综合治理、春秋季安全大检查、“防风险、保安全、迎大庆”等专项行动，排查整改隐患771项。试点安全责任清单履职评价。应对大规模电力迁改等挑战，优化运行方式，加强运维管理，电网保持安全稳定。在省内率先实现所有110千伏以上变电站“一键顺控”。2支队伍被福建省电力公司授予配网“1+N”同质化管理示范点。厦门市应急救援电力指挥中心成立。

【供电服务】 2019年，国网厦门供电公司制定落实32条提升电力营商环境服务措施。36个施工用电项目采用租赁模式，办电时长、成本分别压减40%、30%以上。实现二手房与电表联动过户。落实国家减税降费政策，直接节省客户用电成本5.85亿元。新增高速电力线载波通信智能电表38万只。完成81个二次供电小区户表改造。供电服务举措入选全国最佳实践案例和福建自贸区推广成果。

【能源互联网建设】 2019年，国网厦门供电公司的能源互联网建设纳入厦门城市规划。编制厦门市能源互联网规划和

2019年6月3日，厦门市政府与国网福建电力举行《厦门泛在电力物联网支撑智慧城市建设战略合作协议》签约仪式

（国网厦门供电公司　供图）

2019 年 8 月 7 日，福建与金门、马祖两岸电力联网研讨会在厦门举行

（国网厦门供电公司　供图）

年度建设方案。6 月 3 日，厦门市政府与国网福建电力签署《厦门泛在电力物联网支撑智慧城市建设战略合作协议》共同打造泛在电力物联网，建立“政府主导、电力主动、多方参与”模式，加快推进厦门智慧城市建设。国网厦门供电公司推动共同建设新机场综合能源站。充电设施政府监管平台投入运行，接入全市 99% 充电桩。合作建成 3 座 5G“多站融合”站房，支撑国家 5G 战略落地和厦门智慧城市建设。上线综合能源服务商城和“共享电工”平台，建成 3 家客户设备智慧托管站。

【电力改革】 2019 年，国网厦门供电公司推动组建火炬园区配售电公司，海华公司取得电力业务许可证。厦门电力成套公司混改进场挂牌。高质量推进组织模式和机制创新综合试点，承办国家电网公司推进会。电力工程集团公司获承装（修、试）一级资质，电力勘察设计院获工程咨询资信评价甲级认定。863 项目“电力大数据应用”通过科技部验收，取得专利授权 16 项，获省部级及以上创新奖 6 项。供电可靠性课题获全国企业管理现代化创新成果二等奖。通过全国 AAAA 级标准化良好行为企业确认。

【电网跨岛发展】 2019 年，国网厦门供电公司完成 2019—2025 年厦门电网规划修编。500 千伏金辉变电站完成征地拆迁，220 千伏迎宾变电站、北门变电站提前取得核准，3 座土建先建变电站取得立项批复。220 千伏彭埕变电站、二通道缆化等一批重点工程开工。输变电工程 10 项、线路 64.1 千米投入运行，集美、同安、翔安局部供电能力提升。黄厝变电站获国家电网公司优质工程银奖，竣工 396 项城市配电网工程。试点配网资产国际对标 9 项推广成果，承办国家电网公司总结交流会。2 个小型基建项目取得核准。

【两岸电力联网建设】 2019 年，厦门翔安—金门电力联网工程实现突破，大陆侧工程取得核准，重要电源点正式动工。国网厦门供电公司承办福建与金门、马祖电力联网研讨会。召开两岸联网工程交流会，签订成立台胞电力服务中心备忘录。

（刘海沧）

市容环境卫生

【概　况】 2019 年，厦门市市政园林局打造“厦门垃圾分类模式”2.0 升级版，全市实现垃圾分类全覆盖，垃圾分类知晓率 100%，参与率 90%，准确率 80% 以上。

东部垃圾焚烧发电厂二期、后坑垃圾压缩转运站升级改造等项目进展顺利，其中东部垃圾焚烧发电厂二期预计 2020 年 3 月建成，建成后厦门市垃圾焚烧处理率可从 55% 提高到 80% 以上。持续推进“厕所革命”，完成新建、改造城乡公厕 148 座，开工建设 56 座，完成投资 5313.1 万元，完成投资占比为 274.57%。

2019 年，厦门市生活垃圾总产量约 188.98 万吨（含存量垃圾 19.64 万吨），无害化处理率 100%。将背街小巷卫生保洁专项考评延伸至岛外各区，发出考评通报 537 份，促进全市城乡环卫保洁水平全面提升。春节期间，厦门市首次实现原生垃圾零填埋。厦门智慧环卫三期平台正式运行，获得中环协智慧环卫学组“智能 + 环卫管理年度典型案例”二等奖（B 类）。厦门市环卫中心将垃圾处理费纳入城市供水进行征收管理，提高垃圾处理费征收效率。年度征收 7050 万元，超额完成年度任务。

【垃圾分类】 2019 年，在全国 46 个垃圾分类重点城市中，厦门市连续 6 个季度名列第一，厦门市垃圾分类工作经验在福建省推广。思明区、湖里区不断创新工作方法，分类准确率由 70% 提升到 86%，其他垃圾直运率超过 60%；岛外各区实现农村垃圾分类全覆盖，采用“过腹消化”“种植消化”等方式就地就近处理厨余垃圾的模式形成。

【垃圾处置监管】 2019 年，厦门市环境卫生中心（简称市环卫中心）以“智慧环卫”管理平台为依托，构建起“立体式巡查、网格化管控、现场专项督查”的垃圾末端处置监管格局，确保各垃圾处置场所的安全环保运行。环卫保洁、生活垃圾分类等业务在全市范围内率先采用“暗访、第三方考评和专业考核”相结合的机制，进一步增强评判的客观公正。

【后坑压缩中转站升级改造】 2019 年，后坑压缩中转站承担厦门市岛内分类垃圾的压缩转运工作。为保证厦门岛内正常的垃圾收运工作，该站进行升级改造。项目分两阶段进行建设（边生产边施工），一阶段于 8 月 1 日投入试运行，建成 8 个生活垃圾卸料泊位，配置 13 辆转运车，实现生活垃圾转运能力约 2000 吨 / 天。新建垃圾中转站配备负压系统和臭气筹集、处理系统，有效控制臭气散发，实现臭气“零排放”。

（方　泓）

【市生活垃圾分类工作推进大会】 2019年7月6日，厦门市召开全市生活垃圾分类工作推进大会。中共福建省委常委、厦门市委书记胡昌升出席并讲话，中共厦门市委副书记、市长庄稼汉主持会议。大会全面贯彻落实习近平总书记关于垃圾分类工作的重要指示批示精神，对全市全面推进垃圾分类工作进行再动员、再部署。张健、陈秋雄、叶重耕、张毅恭等市领导参加会议。

（市委办）

园林绿化

【概　况】 2019年，厦门市创建国家生态园林城市工作通过住建部综合验收。全市新增和改造提升城市园林绿地521万平方米，占年度任务的130.3%；完成230万平方米公园绿地建设，其中新增公园绿地136万平方米，完成2019年福建省城市园林绿化工作主要目标的136%。市市政园林局推进城市公园、立体绿化、城市片林、城区街头小绿地等宜居项目建设，完成新建或改造提升10个城市公园、21处立体绿化、33处城市片林。全市完成义务植树80万劳动工日，占年度任务的100%。完成百日建百园“双百”行动，提升街头小绿地109处，建设“养眼又养脚”公园绿地。完成53千米绿道建设，占年度任务的132.5%。完成厦禾路道路绿化景观提升工程。理顺环筼筜湖周边公园管理体制，筼筜湖片区“四湖六园”（即筼筜湖、松柏湖、地湖、天湖4片水域和环筼筜湖带状公园、江头公园、松柏公园、南湖公园、白鹭洲公园、海湾公园6个公园）格局基本形成。筼筜湖保护中心接管白鹭洲公园、海湾公园。开展系列义务植树绿化活动，进一步营造“植树、护绿、爱绿”氛围。加强古树名木保护工作，开展古树名木双随机检查，完成古树后备资源普查建档。举办市花展暨“艺景”杯三角梅展。

市市政园林局出台《厦门市财政投融资园林绿化工程设计文件审查办法》，完善制定绿化种植设计、施工、监理等一系列地方性标准及相关导则规范。开展城市道路绿地养护专项考评和园林绿化施工企业信用评价，强化绿化工程质量监督，发出责令改正通知单177份，记录园林绿化施工企业不良信用P值14个，提升道路绿地的精细化养护水平和园林绿化工程质量。统筹做好海峡论坛、投洽会、中华人民共和国成立70周年、金鸡百花电影节等重要节假日、大型活动的景观保障和氛围布置工作，展示厦门市高颜值。

【古树名木保护机制建立】 2019年，厦门市市政园林局开展古树名木双随机检查工作，督促各区古树名木主管部门按照“全面保护、依法保护、科学管护和政府主导、属地管理”基本原则，通过古树名木资源普查、健全机构设置、落实保护经费、加强舆论宣传等措施，进一步完善古树名木保护机制。加大对各区的业务指导，组织古树名木保护、病虫害防治等专业技术培训，提高古树名木保护管理的技术水平。及时指导各区古树名木修剪和复壮工作，多次组织专家指导鼓浪屿古树的保护工作。扩大保护对象，完成1108株树龄在50年以上不满100年的古树的后备资源普查、鉴定、登记编号、建档工作。安排古树名木保护专项补助资金，根据古树名木养护经费定额标准，按照500元/株·年的标准，安排古树名木保护经费，为古树名木保护提供资金保障。

【厦禾路景观提升】 2019年，厦禾路景观提升项目是第三轮市政道路园林绿化景观提升项目之一。厦禾路起于鹭江道，止于嘉禾路，改造提升范围全长约5.4千米。工程4月启动，6月完工，投资额为600万元。内容包括：行道树补植、更换、追肥，经过逐一筛选，移植矮小、截干、断头的火焰木、大花紫薇、假槟榔、凤凰木169株，补植数量占行道树总量的10%左右，对长势较差的316株火焰木追施0.8吨营养缓释肥；规整人行道绿化带，按照清爽大气的绿化思路，移除、规整人行道上6300平方米的零星绿化，将部分影响通行的绿篱移除，用以增加人行空间；开展街心公园提升，对东方时代广场、汇丰家园、祥滨园、美仁园4个小游园进行局部改造，移除720平方米林下灌木植被改铺生态透水砖，并安装石凳共计140米；对重要节点进行花化、彩化，在梧村汽车站、火车站广场周边、思北路口、斗西路口等9处人流车流量较大的绿地，布置19组（近200株）组团式三角梅和35个花球、花柱、39个花钵；实施局部路面改造，打通不连续的人行道84处，改造莲富大厦、九龙城、梧村汽车站等与市政道路存在高差的地面3300平方米。建设单位：厦门市政公共公司。

【世园会福建馆布展】 2019年，中国北京世界园艺博览会福建展馆第三阶段由厦门市园林植物园具体承办布展工作。7月23—24日，布展完成。主题为“诗意鼓浪屿，印象珊瑚海”，体现出“海上花园”的城市特色。以珊瑚礁石和柱状仙人掌为大骨架，选择形似海底珊瑚和海洋生物的多肉植物，穿插布置植物园自主研发的三角梅新品种“中闽1号”，辅以其他趣味装饰物，打造出绚丽多彩的海底世界。该次植物园承办的世园会福建馆揽获87个奖项，其中特等奖14个、金奖15个、银奖23个、铜奖35个。

【下潭尾滨海湿地生态公园二期工程】 2019年，厦门下潭尾滨海湿地生态公园二期工程完成南岸栈道施工建设并对市民开放。该项目地处厦门翔安，位于环东海域东北角、同安湾湾顶。概算总投资3.5亿元，项目计划完成投资2500万元，实际完成2517万元。该项目建设目标以生态为基础，依托滨海区域景观的优势，在保护和恢复湿地生态系统的基础上，增设公园旅游休闲设施，使之形成厦门最大的别具特色的湿地公园，发挥城市湿地所具有的特殊效益，保证湿地资源的可持续利用，对于海洋生态修复和新城环境提升具有意义。

【《厦门城市道路绿地养护专项考评办法》实施】 2019年1月，为提高全市园林绿化管养水平，厦门市市政园林局制定实施《厦门城市道路绿地养护专项考评办法》，实行全市道路绿化统一考评管理。对厦门市岛内外106条主干道、194条次干道和“四桥一隧”（厦门大桥、海沧大桥、集美大桥、杏林大桥、翔安隧道）共300条道路每月进行考评。从植物长势、修剪整形、病虫害等10个方面制定评分细则，提高道路绿地养护质量标准。对评分排名靠前的道路给予奖励，将排名靠后且分值低、发现问题未及时整改等不良行为纳入《厦门市园林绿化施工企业信用评价实施办法》管理。考评人员现场采集问题、现场打分，通过智慧考评系统当天发出通报，全程跟踪问题整改，每月在主要媒体通报考评情况。截至年底，开展专项考评 12 次、岛内天桥绿化养护专项考评 1 次。其中，考评道路 258 条，发现问题 33961 个，整改问题 33940 个，整改率 99.94%。

【园林花木城拆除】 2019 年 6 月中下旬，园林花木城（简称花木城）完成拆除，原址将用于建设南湖公园西园。建成于 2002 年的花木城位于湖光路 11 号、南湖公园西侧，经多年使用，简易搭盖的大棚存在较大安全隐患。市市政园林局牵头成立市园林花木城拆除协调领导小组，协调相关公安、综治、行政执法等部门共同开展园林花木城拆除工作。

【山海健康步道绿道建设】 2019 年 9 月 16 日，厦门山海健康步道主线部分基本完成。步道全长 23 千米，起于邮轮码头，终于观音山梦幻沙滩，沿线串联筼筜湖、狐尾山、仙岳山、园山、薛岭山、虎头山、金山、湖边水库、五缘湾、虎仔山、观音山等岛内的“八山三水”，形成贯穿岛内东西方向的山海步行通廊。总投资 6.44 亿元，绿化面积 51 万平方米。计划 2020 年 1 月 1 日对外开放。

【“艺景杯”市花展】 2019 年 9 月 28 日至 10 月 21 日，为庆祝中华人民共和国成立 70 周年，福建省风景园林行业协会和厦门市市政园林局在厦门园林博览苑联合举办“艺景杯”市花展。福建艺景园林工程有限公司等 40 家企业自筹资金参加展览。该次展览采用“政府搭台，企业参与，市民共享”的模式，展出分主展区和企业展区，展出品种 100 多个、约 7 万盆造型多样的三角梅，布展面积 2 万多平方米。

【庆祝中华人民共和国成立 70 周年市花展】 2019 年 10 月，厦门市园林植物园组织举办庆祝中华人民共和国成立 70 周年市花三角梅展。植物园西大门广场，布置一组以“万石贺岁·花海迎宾”为主题的大型三角梅景观；百花厅室内展区分为 6 个展馆，集中展示植物园引种培育的三角梅品种 200 余个、各类精品三角梅盆景 100 多盆，另有以具有代表性的三角梅品种制作的 40 幅三角梅押花作品，向游客展示押花工艺；利用展板详细介绍三角梅相关科普知识及植物园在三角梅研究领域的科研成果。东坪山室外展区面积 3.9 万平方米，在原有 50 多个品种、1 万余株三角梅的基础上，配以各类草花布置迎接国庆。蔷薇园、南洋杉草坪周边以及植物园其他重要节点，布置各种规格的盆栽三角梅，与两处主展区呼应。该次展览同时组织举办面向市民游客的三角梅摄影比赛、市花知识竞赛等相关活动。

（方　泓）

村镇建设

【概　况】 2019 年，厦门市建设局贯彻中共十九大提出的乡村振兴战略“生态宜居”方针，重点开展铁路及高速公路沿线环境综合整治、农房“平改坡”和裸房整治、村民建房技术服务等方面工作。铁路、高速公路沿线环境综合整治成效获得省政府肯定，翔安大帽山农场农房整治经验作为福建省范本进行推广。

【铁路、高速公路沿线村镇环境综合整治】 2019 年，厦门市建设局围绕房屋整治、绿化美化、卫生治理、安全保障 4 个方面，强化统筹协调、服务指导、巡查跟踪、督促整改等措施，推进铁路及高速公路沿线环境整治，初步形成安全有序、整洁美观、山水林田屋协调、富有地方特色的景观廊道。截至 12 月底，投入资金 5.3 亿元，原计划的 4 项任务超额完成。房屋整治方面，拆除乱建乱搭 616 宗、14.7 万平方米，完成计划的 224%，装饰建筑立面 2092 栋、83.9 万平方米（房屋“平改坡”1167 栋、裸房整治 925 栋），完成计划的 499%；绿化美化方面，新建绿地和绿化带 27 处、约 61.5 万平方米，完成计划的 179%，修复治理已毁山体和青山挂白 5 处；卫生治理方面，清理垃圾堆放点 202 处，治理畜禽渔业养殖场 2 处，整治沿线工地 40 处；安全保障方面，取缔不符合规定的危险化学物品、易燃易爆物品等 11 处，整治违法施工行为 1 起，规整电杆线路 261 处，治理桥下停放车辆、堆砂 84 处。

【农房整治】 2019 年，厦门市建设局结合农村人居环境示范村及乡村振兴示范村创建等工作，通过以奖代补、发布技术导则和通用图集、开展专题培训、样板先行等措施，每个区推进 5 个以上村庄的既有农房整治。全市完成 25 个农房整治试点村既有农房整治，实施“平改坡”1818 栋，裸房整治 1229 栋，均超额完成计划。翔安区农房整治做法在《中国城市报》《福建日报》进行报道，相关经验列入《福建省农房屋顶平改坡设计建造一体化导则》，作为全省范本进行推广。9 月，《福建省农房设计建造一体化导则》培训在翔安区举行，全省各级建设部门 200 多人参加培训。

【农村个人建房技术服务】 2019 年，为解决农村住房建设过程中存在的问题，适应农民住房需求变化，厦门市建设局印发《厦门市农村住宅通用图集（2019 版）》，免费提供给建房村民选用；印发《厦门市农房建设质量安全管控手册》《厦门市农房建设质量安全管控要点一张图》等，在保障农房建设质量和施工安全方面提供借鉴和参考；联合区建设局在同安区、翔安区，分工种组织开展农村建筑工匠培训，791 人参加培训，普及农村建房安全知识。

（张婷婷）

建 筑 业

【概　况】 2019 年，注册地在厦门的施工总承包企业 809 家，其中特级 3 家、一级 114 家、二级 161 家，一级和特级企业占全省的近 1/4（福建省 486 家）。建筑业产值超过 10 亿元的有 68 家（10 亿—30 亿元有 45 家，30 亿—50 亿元有 12 家，50 亿—100 亿元有 9 家，超过100亿元有2家）。有8家企业被评为福建省施工总承包龙头企业（全省38家），有6家企业进入福建省信用评分前20名。2019年，注册地在厦门建筑业企业完成产值2475.24亿元，排名全省第二，比上年增长14.3%；建安投资613.99亿元，增长25.3%，增幅居全省首位，带动全市建筑业增加值增长15.1%，增加值占GDP的10.2%，拉动GDP增长1.3个百分点，对全市经济增长的贡献率为16.0%。

2019年，厦门市有3个项目获得国家优质工程奖，3个项目获得2019年中国钢结构金奖，4个项目被评为全国建设工程项目施工安全生产标准化工地（原全国AAA级安全文明标准化工地），14项25个单位工程被评为“闽江杯奖”，219个单位工程被评为市建设工程结构优质工程，53项工程被评为市建设工程鼓浪杯奖（优质工程），325个工程项目评为2019年度厦门市建筑施工安全生产标准化优良项目。全年，厦门市发生安全生产事故8起，死亡7人。

【信用体系建设】 2019年，厦门市建设局进一步完善信用承诺制度，实行信用管理和信用评价差异化管理，规范信用评价机制，推行“双公示”全覆盖。开展工程建设领域严重失信问题专项治理，完善工程建设市场准入退出制度，加大对发生重大工程质量、安全责任事故或有其他重大失信行为的企业及负有责任的从业人员的惩戒力度。多渠道深化诚信宣传教育，做好企业上门指导服务，引导建筑业企业诚信经营，培育建筑市场诚信氛围。

【建筑市场管理】 2019年，厦门市建设局进一步强化建筑市场监督检查，检查项目293个，发出整改通知书236份，福建省系统信用扣分累计1701分，记录不良行为为106次，累计约谈企业56家。全年作出行政处罚35件，罚没金额157.68万元。

【招投标监管】 2019年，厦门市在福建省率先出台《厦门市影响干涉建设工程招标投标活动行为报告登记处置暂行规定》，建立审计、纪检、公安等部门的联动机制，维护招投标市场秩序。市建设局全面推行施工电子招投标评标，查处一批电子投标文件雷同案。对违反招投标法律法规及规范性文件的行为发出302份监督（整改）意见书，涉及招标代理机构61家，对29家招标代理机构在省行政监督平台进行扣分处理。

【工程造价计价服务】 2019年，厦门市建设局围绕“放管服”改革和优化营商环境的要求，完成《厦门市城市轨道交通工程预算定额》（土建工程）及EPC（工程总承包产业）模拟清单编制初稿。突出计价依据的源头治理，适时调整厦门市建设工程安全文明施工取费标准及土石方工程计价规定，保障工程质量安全。市建设局主动对接重点建设片区，建立点对点的计价服务机制，为城市建设发展服务。加强招标控制价编制质量监管，强化标后合同履约管理。启动地材及商品砼周价发布机制，开通在线信息反馈渠道，全年发布6.2万条价格信息，服务建筑市场计价需求。

【台湾建筑企业管理】 2019年，厦门市开放台湾建筑企业备案落地，对接台湾相关行业公会，年内有20家台湾营造公司、设计所、技术顾问公司等建筑企业在厦门备案。放宽台湾建筑企业在厦门承揽范围。对接市交通、水利、港口等行业主管部门，研究出台相关政策。有2家工程技术顾问公司在厦门从事水利工程、电力工程的相关业务，并承接2个电力工程的专业分包任务。推动两岸建筑企业安全生产管理人员证书互认，年内核准1家台湾建筑企业的安全生产许可。

【工程质量安全】 2019年，厦门市建设局根据厦门市建设工程质量安全生产及消防工作目标管理责任书，加强建设工程质量安全生产工作，提高施工现场安全防护能力和文明施工水平。坚持建设工程质量安全“双随机”检查、监管警示和约谈制度。巩固并推广质量安全巡查模式，按照“全覆盖、零容忍、严执法、重实效”的要求，开展各类质量安全生产专项整治活动。全年召开4次全市建设工程质量安全生产形势分析会议，部署各阶段建设系统质量安全生产主要工作，累计巡查工程项目1278个，出动监督巡查人员10202人次，发现一般事故隐患12588条（一般安全隐患均整改到位），发出责令整改通知书2023份，发出局部停工通知57份，发出全面停工通知12份，通报批评单位44家，记录信用监管行为P类单位365家，约谈468家（次）责任主体，施工企业违规记分25687分，监理企业违规记分18791分，对9家施工单位做出暂扣安全生产许可证的行政处罚，暂停10家施工单位在厦门市承接工程施工相关业务。对发生安全生产事故的4家外地施工单位，提请福建省住房和城乡建设厅通知发证机关暂扣其安全生产许可证。

【工程勘察设计市场监管】 2019年，厦门市建设局运用《福建省工程设计直接委托和邀请招标实施细则》，支持建设单位龙头企业用引进大师方式参与项目设计，提升建筑设计水平。市建设局落实福建省住建厅工程勘察事前报告制度，采用“随机抽取”的方式，抽取14个项目作为岩土工程现场作业事前备案专项检查对象。针对检查中发现的问题，采取反馈整改、约谈、通报批评等措施进行处理，并提出相关工作要求。根据《福建省房屋建筑和市政基础设施工程勘察设计招标投标管理若干规定》，强化土工实验室管理，规范勘察市场秩序，对勘察单位在厦门设立土工试验室情况进行2轮次的专项监督检查。经检查，以文件形式公布符合规定条件的29家土工试验室名单。进一步加强行业管理力度，开展信息平台建设、企业信用评价、施工图审查机构监管等工作，开展厦门市勘察设计企业信用评价建设工作。遵循“诚信激励、失信惩戒”的原则，对在厦门市开展勘察设计服务工作的各类企业进行信用评价和管理，规范行业行为，提升设计成果文件质量。形成《厦门市勘察设计企业信用综合评价实施办法（征求意见稿）》。

【消防设计审查】 2019年，厦门市建设局顺应消防体制改革，承接厦门市建设工程消防设计审查管理工作，推行消防设计审查“分合消”办法。“分”，将消防设计技术审查与行政审批分离；“合”，将消防设计技术审查纳入施工图联合审查，将消防设计行政审批与施工许可合并办理；“消”，取消消防设计备案。通过改革，使消防设计审查融入建设管理流程，简化、优化审查流程，较之前减少1项行政审批手续，办理时限缩短3个工作日，厦门市消防设计审查时效居福建省首位。

【消防验收职能承接】 2019年，根据《中华人民共和国消防法》和机构改革部署以及福建省住房和城乡建设厅工作要求，厦门市建设局自6月20日起承接建设工程消防验收职能，推动消防验收工作全面开展。为做好移交承接工作，市建设局组织业务培训，编制《建设工程消防验收服务指南》《建设工程消防验收备案服务指南》两份服务指南，出台《装饰装修工程审批流程及施工许可证办事指南审查标准》。

【质量安全和应急保障能力建设】 2019年，厦门市建设局开展岗位培训教育，采取专题讲座和集中培训等方式，宣传贯彻建筑安全生产方面的相关文件、标准规范和法律法规。结合建筑施工“安全生产月”活动，开展建筑起重机械安全管理公益讲座、消防工程监督及验收业务宣传、事故防范工作经验交流研讨会，1000多名从业人员参加。开展2次渣土车驾驶员安全驾驶知识培训。市建设局与应急、消防等部门共同举办轨道交通工程突发事故综合应急演练、消防救援演练、预防高处坠落演练，200多名从业人员参加。组织修订《建设工程重大事故灾难应急预案》，规范建筑工程台风暴雨等汛期灾情险情信息报送等机制，指导建筑工程台风洪涝汛情等自然灾害应急处置工作。重新组建49支建设系统应急抢险队伍，各抢险队伍强化救援能力建设，储备相关应急物资，加强应急救援演练，确保关键时候用得上。

【建筑材料管理】 2019年，厦门市办理建设工程材料备案72件。全年办结返退墙改项目163件，返退墙改基金总金额7401.13万元。除2个环保型新建站外，全市其余28个既有预拌混凝土搅拌站均通过质量管理体系、环境管理体系和职业健康安全管理体系等体系认证，全市绿色混凝土星级达标率100%，成为福建省唯一实现混凝土绿色生产管理全覆盖的城市，位居全国前列。开展绿色建材评价，年内完成28项绿色建材评价标识，其中一星级1项、二星级1项、三星级26项。

【绿色建筑推广】 2019年，厦门市建成绿色建筑面积429.09万平方米。开展绿色建筑评价标识，实施绿色建筑第三方评价，全年有23个项目获得绿色建筑评价标识，建筑面积292.91万平方米。

【施工图审查机构考核机制完善】 2019年，厦门市建设局出台《厦门市施工图审查机构综合考核评价管理办法》，对纳入厦门市政府购买施工图审查服务名录库的14家单位进行考核评价，实现正向激励与负向约束并举的差异化管理，将审查效率、服务水平等作为重点考评内容，促进审查提质增效。修改厦门市建筑市场黑名单管理办法，将施工图审查机构纳入黑名单管理，并完善设计单位纳入黑名单的条件。

【渣土车监管】 2019年，厦门市建设局加强渣土车管控平台建设应用，平台录入新型智能渣土车1802辆。办理建筑废土处置外运许可证401件，全市建筑废土消纳场9个，容量1250万立方米。思明区、湖里区各新设1个临时中转站。市建筑废土站强化建筑渣土处置和建筑消纳场安全、施工扬尘日常监管，每月开展消纳场安全管理情况检查巡查，督促运营单位及时消除安全隐患，及时处理未按要求落实扬尘防治措施造成污染等行为，约谈254家施工企业，对169家施工企业发出责令整改通知书，对68家企业记录不良行为。

【施工图审查监管】 2019年1月起，厦门市推行以政府购买服务方式开展施工图审查，保障施工图审查的客观公正性。市建设局开展施工图审查机构质量管理情况监督检查工作，检查审查机构15家，其中厦门当地机构5家、外地机构10家。主要检查内容包括审查机构内部管理与对外服务质量情况23项内容。从检查情况来看，厦门市建设工程施工图审查质量与服务总体情况良好，施工图审查质量管理和服务意识逐步提高。对综合检查得分超过270分（总分300分）的7家审查机构给予通报表扬。自7月起，针对6家施工图审查机构的不良行为发出6份不良行为告知书，对3家设计单位发出3份不良行为告知书。约谈施工图审查机构4次、设计单位1次。根据行业管理日常需要，结合福建省住建厅相关要求，开展岩土工程勘查现场检查工作。采用“随机抽取”的方式，完成14个项目现场作业情况检查。针对检查中发现的问题，采取反馈整改、约谈等措施进行处理，以文件形式将检查情况对外公布。

11月，市建设局组织开展装修工程项目设计质量专项检查。受检项目范围为9月1—15日期间受理施工图设计文件审查的装修工程项目，共计22个项目，涉及在厦门从事施工图审查业务的审查机构6家、设计单位19家。采用“随机抽取”的方式，抽取4个项目作为受检对象。从检查情况来看：设计单位能在完成施工图设计后及时将施工图设计文件上传至厦门市勘察设计全过程信息管理系统进行审查，各审图机构基本能落实施工图审查职责，及时发现相关设计存在的问题，并如实进行报送；厦门市装修工程设计质量有待提高，在消防、疏散要求及设计图纸深度等方面存在较多不满足国家标准、规范的问题。该次检查对2家施工图审图机构予以通报表扬，2家设计单位予以通报批评。

【节能改造】 2019年3月，厦门市完成公共建筑节能改造重点城市、集美大学节约型校园公共建筑节能改造任务并通过住建部验收，累计实施完成公共建筑节能改造示范项目48个，建筑面积326.5万平方米，覆盖学校、医院、酒店、商场、写字楼、政府办公楼等类型，发放公共建筑节能改造财政补助1.2亿元。

（张婷婷）

房地产业

房地产开发

【概　况】 2019年3月27日，厦门市住房保障和房屋管理局（简称市住房局）正式成立。根据《厦门市市级机构改革实施方案》，将原市国土资源与房产管理局有关房产管理职责、市建设局有关社会保障性住房管理职责等整合，组建市住房保障和房屋管理局。2019年，厦门市房地产开发完成总投资899.53亿元，比上年增长1.7%。其中，建安投资506.47亿元，比上年增长20.88%，占总投资的56.3%；土地购置费393.06亿元，下降15.6%，占总投资的43.7%。在各类物业投资中，住宅投资559.24亿元，比上年增长4.3%，占总投资的62.17%。全市商品房施工面积4089.16万平方米，比上年下降5.8%。其中，住宅施工面积1808.46万平方米，比上年下降8%，占总施工面积的44.23%。全市商品房新开工面积505.22万平方米，比上年增长21.9%。其中，住宅新开工面积279.73万平方米，比上年增长25.5%，占总新开工面积的55.37%。全市商品房竣工面积370.73万平方米，比上年下降42%。其中，住宅竣工面积153.28万平方米，比上年下降55.9%，占总竣工面积的41.35%。

【房地产企业资质检查】 2019年，厦门市住房局开展全市229家应检房地产开发企业的资质检查工作。其中，一级资质企业12家，二级36家，三级25家，四级156家。（见表17-2）

【房地产开发企业“双随机”检查】 2019年6月和11月，厦门市住房局分别开展2次房地产开发企业“双随机”抽查工作，检查8家房地产开发企业，均检查合格。

【预售商品房项目“双随机”检查】 2019年6月和11月，厦门市住房局分别开展两次预售商品房项目“双随机”抽查工作，检查8家房地产开发企业。其中，4家企业检查合格，3家企业存在问题并已限期完成整改，1家企业未配合检查。

（毛岩斌　林　超）

房地产市场管理

【概　况】 2019年，厦门市住房局加强人才住房保障，推动出台厦门市高层次人才安居政策、“三高”企业骨干员工住房保障政策，调整保障性租赁房和公共租赁房的住房困难面积标准和家庭收入标准，推进保障性租赁房租金调整工作。推进房地产市场长效机制试点和住房租赁市场发展试点，加快租购并举房地产市场和租赁市场建设，印发《厦门市关于建立和完善房地产市场平稳健康发展长效机制工作方案》，加强房地产市场调控管理；市住房局会同市财政局、市机关管理局联合拟定《厦门市市直机关、事业单位自管房产清理移交处置工作的实施方案》，完成直管非住宅用房市场租金调整和直管公房住宅租金调整工作。2019年，新建商品房销售面积259.3万平方米，销售金额615.6亿元。其中，住宅销售155.2万平方米，商业用房销售18.4万平方米，办公用房销售40.5万平方米。

【促进房地产市场平稳健康发展】 2019年，厦门市住房局建立厦门市房地产市场平稳健康发展长效机制，落实“稳地价，稳房价，稳预期”的要求，强化调控措施，应对房地产市场下行压力，与住建部、福建省住建厅沟通协调，争取政策支持；会同金融、财政等部门加强限购政策“窗口指导”，稳定调控预期，保障刚需购房。围绕价格调控指数和房地产业增加值经济指标任务，推进价格调控工作，2019年房价指数3.8%，地价指数2.93%，实现全年调控目标。强化房地联动措施，促进商住用地出让有序供应，市住房局对接企业做好购地工作，科学预测并合理设置土地出让起拍价，确保“稳地价”和“放流拍”双重目标实现，巩固和稳定市场信心，在岛内2宗商住用地试点推出“限房价、竞地价”出让方式，稳定商品住宅用地价格。

【市场监管手段创新】 2019年，厦门市住房局立足提升服务和规范市场，推进市场管理向行业管理转变，完成房地产开发资质和商品房预售行政许可职能承接，审批62家房地产开发企业资质和225个商品房项目预售许可，对229家企业进行资质年检。启动建设房地产市场监测预警系统，在全市12个在售楼盘对接“雪亮工程”设置监控网点，逐步实现粗放管理向精细化信息化管理的转变。加强市场监测分析，准确把握市场运行情况，市住房局对厦门市房地产市场运行情况实施全覆盖、无死角、常态化监测和信息发布制度，建立周报、月报分析、季度和年度评价的市场监管信息报送制度，向市领导提供54份专报件，为决策提供依据，及时发布权威信息，处置虚假信息，净化舆论环境。

【房地产市场秩序规范】 2019年，厦门市住房局印发《进一步规范房地产估价机构执业行为的通知》，明确凡在厦门市开展房地产估价业务的机构应到市住房局办理执业备案手续。房地产估价业务均依规委托，实行明码标价收费，签订估价委托合同。禁止估价机构及从业人员以恶性压价、支付回扣、虚假宣传等不正当手段招揽业务以及出具虚假估价报告及其他非法干预评估结果情形的估价业务。对违反通知的行为将依法依规严肃查处，并记入信用管理档案。开展2019年度房地产估价机构、房地产开发资质和商品房预售“双随机”检查工作，对房地产估价机构门店的经营行为、从业人员的实名登记挂牌上岗情况、房地产开发企业的资质和售楼处及商品房预售行业进行管理，引导开发企业和估价机构公平有序竞争。

表17-2　**2019年厦门房地产开发企业资质检查情况表**

单位：家

资质等级	总数	应检企业			资质检查情况		
		红色	黄色	绿色	已检	重新核定等级	注销
一级	12	0	0	12	12	0	0
二级	36	2	4	30	29	7	0
三级	25	1	1	23	18	7	0
四级	156	18	16	122	139	12	5
合计	229	21	21	187	198	26	5

【住房租赁试点】 2019年，厦门市住房局推进财政部、住建部组织的中央财政支持住房租赁市场发展试点申报工作，成立专项工作小组，完成《厦门市中央财政支持住房租赁试点申报方案》。7月，在竞争性评审中脱颖而出，厦门市成为中央财政支持住房租赁市场发展示范城市，获得3年24亿元的中央财政支持资金，是历年来厦门市获得中央财政支持最多的一次。市住房局加大培育租赁市场主体，培育机构化运营的住房租赁企业10家，其中3家为国有企业，新增市场化租赁住房8160套/间；进一步梳理汇总中央财政贴补项目，并对申报项目逐一进行现场核对，通过“新建一批、改建一批、盘活一批”方式，至年底落实符合中央财政贴补项目46个，可新增租赁住房97.44万平方米。

【住房租赁中介机构专项整治】 2019年，厦门市住房局牵头，联合市公安局、市市场监督局、市发改委、市金融监管局、市银保监局和市委网信办开展住房租赁中介机构乱象专项整治工作，建立市、区级多部门联动工作小组，开通投诉举报专线，通过拉网式排查、部门联合检查、受理群众举报投诉等方式排查中介机构、租赁企业685家，发出整改通知书272份，移送问题线索57起，曝光典型案例44起，取缔、关停门店10家，有相关新闻媒体报道20余篇。通过专项整治“发现一批、查处一批、曝光一批”，严厉打击侵害住房租赁当事人合法权益的行为，遏制住房租赁中介行业乱象。

【房源编码和中介信用评价推广】 2019年，厦门市住房局推广存量房源和租赁房源编码制度。针对部分房地产中介机构和商业房产网站存在部分失效房源的情况，召集8家主流网站规范发布房源信息编码，推动各房地产中介机构和商业房产网站对接市住房局房源核验接口。至年底，麦田房产、丹厦房产和贝壳网等网站完成对接，可实时核验房源信息编码有效性，确保发布房源真实、实时、有效。市住房局常态化开展“双随机”检查，全年检查房地产经纪机构33家，重点检查中介机构经营行为中房源信息真实性、履行法定责任和义务等方面存在的问题，责令14家机构及时完成整改；未按要求完成整改的经纪机构，依法依规进行处理并记入信用档案。推进房地产经纪中介及从业人员信用综合评价工作，通过市住房局网站“网上房地产”对房地产市场从业主体及人员进行信用信息采集、评分和公示；将行政处罚涉及的12家中介机构信息录入信用平台，并对外公示。定制厦门市房地产经纪机构信用公示表并分发至各门店悬挂于门店醒目位置，方便市民群众扫码查询机构门店信用信息。

【二手房交易行为规范】 2019年，厦门市住房局优化、完善二手房交易系统流程，强化交易双方风险提示，进一步推广存量房资金监管工作，降低二手房交易风险，完成《厦门市存量房经济合同和买卖合同网上备案办法》，对网签具体操作及中介服务行为进行指导和约束，协调市不动产登记中心在网签登记环节增设风险提示，及时通知买卖双方知悉交易风险和避险措施，并更新《房地产交易风险提示告知书》作为网签合同的重要内容。市住房局严肃查处各种中介违法违规行为，至年底立案调查21起中介违法行为，3家中介机构被取消网上签约资格，并被处以罚款。加强中介经纪机构和经纪人日常监管，全年受理关于二手房居间服务与交易的书面投诉238件，均及时发现存在问题并妥善处理。

【住房公积金提取贷款政策完善】 2019年，为加强打击防范住房公积金骗提套取行为，厦门市调整部分住房公积金提取政策。增加对外地购建房提取条件限制：职工提取住房公积金用于购买、建造、翻建、大修自住住房或偿还自住住房贷款本息，该自住住房所在地须为本人或配偶的户籍地或工作地。增加对异地转移接续或非厦门户籍离开厦门市提取时间限制：职工与单位终止劳动关系，须办理住房公积金账户封存；职工到异地工作，开立住房公积金账户且稳定缴存半年以上的，应办理异地转移接续；非厦门户籍职工未在异地缴存的，封存满半年后可提取。出台厦门市住房公积金贷款实行差别化信贷政策，即符合厦门市商业性个人住房贷款资格，无未结清住房公积金贷款，无两次及以上住房公积金贷款记录的职工家庭，可申请住房公积金贷款。

【直管公房管理】 2019年，厦门市住房局会同市财政局、市机关事务管理局印发《关于厦门市市直机关、事业单位自管房产清理移交处置工作的实施方案》，进一步完善房产管理体制机制，优化公共资源配置，提高财政资产使用效益，防止国有资产流失和滋生腐败。市住房局牵头开展市直机关事业单位自管房产移交处置工作，至年底，已接收市直机关及财政全额拨款事业单位移交的住宅和商业非住宅房产24家单位172套（处）、总建筑面积1.94万平方米，其中住宅160套、建筑面积1.15万平方米（带住户移交住宅8套、建筑面积565.74平方米。移交后留作原单位集体宿舍76套、建筑面积5123.07平方米，空置住宅76套、建筑面积5816.73平方米），商业非住宅12处、建筑面积0.80万平方米（带租户移交非住宅7处、建筑面积6199.05平方米，空置非住宅5处、建筑面积1746.76平方米），全部纳入直管公房管理。经初步审查31家单位93处、总建筑面积20.28万平方米的办公用房，移交市机关事务管理局管理。

【房屋安全隐患排查整治】 2019年3月，厦门市住房局牵头全市房屋安全隐患排查工作，督促各区镇（街）快速高效开展排查。5月12日提前完成厦门市全部房屋排查，排查社区362个、村庄150个、房屋34.98万栋。印发《关于对排查发现疑似存在安全隐患房屋进行安全鉴定的通知》，全年累计组织疑似重大安全隐患房屋安全鉴定6326栋，最终确定D级危房4753栋，厦门市将其作为防汛抗台应急管理的重点对象，实行重大风险挂牌督办，销号管理。至年底，市住房局会同各区人民政府对排查发现存在重大安全隐患的房屋，采取封房、加固、拆除等处置措施，处置危房4307栋，处置率90.62%。年内，厦门市本级农村困难家庭危房计划改造7户，截至10月底，改造工作全部完成。

· 小资料 ·

“三高”企业：指的是厦门市高技术高成长高附加值企业。“三高”具体要求：国家级高新技术企业和技术先进型服务企业；市重点工业企业和市重点现代服务业企业；营业收入达 1 亿元以上的工业企业或战略性新兴产业领域企业，且上年度营业收入增长达 20% 以上或纳税总额达 500 万元以上。

（毛岩斌　林　超）

保障性安居工程

【概　况】2019 年，厦门市完成福建省委、省政府“为民办实事”及省政府工作任务分解下达的 2019 年新开工租赁住房和保障性商品房 1 万套任务目标；完成市委、市政府“为民办实事”任务分解下达的 2019 年新开工各类保障性住房 2.1 万套任务目标，全年市本级新开工项目 7 个，共计 2.1 万套；完成 2019 年省、市重点项目建设投资任务，14 个省重点项目全年完成投资 46.16 亿元，27 个市重点项目全年完成投资 71.46 亿元；完成 2019 年加快补齐民生短板保障房项目建设投资任务，25 个项目全年完成投资 69.17 亿元；完成 2019 年双千亿投资工程保障房项目建设投资任务，29 个项目全年完成投资 179.10 亿元；完成 2019 年市级投资工程包建设投资任务，25 个项目全年完成投资 90.69 亿元。

【保障性住房建设】2019 年，厦门市建设局结合厦门市住房发展规划（2017—2035 年），组织编制《厦门市保障性住房布局专项规划（2018—2035 年）》。提升项目品质，按照代建优化、专家把关、政府审定的设计方案审查机制，多层次提升设计质量，强化细节设计，注重住户需求，充分合理利用空间，更多关注户型功能布局的合理性及装修材料的适用性。做好项目管理，明确开竣工等重要时间节点，及时协调解决征拆、规划、用地、配套等各类问题，加强现场检查和开展保障房建设领域扫黑除恶专项行动，净化工程建设环境。

（张婷婷）

【保障性住房分配】2019 年，厦门市住房局受理各类保障性住房（含保障性租赁房、市级公共租赁住房和保障性商品房）申请 1.4 万户（人），其中启动 3 个批次 3760 户保障性租赁房（含期房）新申请工作；受理保障性租赁房续租申请 4379 户，审核公示 2943 户。已选各类保障性住房 3267 套，21.06 万平方米；开展 8 个批次保障性租赁房 3585 户选房分配、14 个批次单位集体宿舍型市级公共租赁住房配租，解决 3196 名职工住房困难问题。

【人才类住房政策完善】2019 年，厦门市住房局配合市委组织部、市人社局将人才住房体系与保障性住房体系分离并行。6 月 15 日，市委办、市府办出台《关于完善我市高层次人才安居政策的补充通知》，对高层次人才采取“租、售、赠、补”相结合的方式，大幅提升保障力度。7 月，市政府出台加强“三高”企业骨干员工住房保障政策，通过各区人民政府（园区管委会）切块配租、单独批次配租等方式保障“三高”企业在厦门无住房的骨干员工、新就业毕业生的居住问题；通过行业主管部门切块分配保障性商品房或全市安排单独批次配售保障性商品房等方式解决“三高”企业员工家庭的住房问题。10 月 21 日，市住房局会同市财政局、市资源规划局印发《关于建立安置型商品房制度的若干意见》，在保持现有房屋征收补偿政策基本稳定的前提下，探索建立以土地出让方式供地的安置型商品房建设模式，引入市场运作机制，发挥市场在资源配置中的决定作用，实现“被征收对象、征收主体、政府”多方共赢，以解决现象建设模式的弊端和矛盾。

【保障性住房使用监管】2019 年，厦门市住房局加强保障性住房使用监管，全年组织巡查保障房 12050 户次，各小区受理临时居住申请 173 件、家庭人口变更备案 27 件、特殊原因空置 242 件；发现涉嫌违规使用 31 户，经督促全部完成整改；协助办理行政处罚 1 起（已立案处罚），清退 23 户，列入重点监管名单 87 户。受理续租保障性住房申请 2161 户，启动 2283 户合同签订工作（含部分 2018 年申请、2019 年完成审核的续租申请户），实际签订合同 2211 户。组织完成房屋维修 9200 处、小区公共部位维修 452 处、公用设施设备维修 17037 处，完成更换保障性住房小区 40 部电梯和滨海公寓、观音山公寓、古楼公寓 3 个配套相对不足的小区商业配套招商工作。按月发放催缴通知单 6820 份，收回住户欠缴租金 83.39 万元。

【首批保障性商品房地铁社区选房配售】2019 年 9 月 4 日，厦门市住房局召开新闻发布会，启动首批保障性商品房地铁社区选房配售。面向社会申请家庭，提供翔安新店、同安祥平、海沧马銮湾 3 个地铁社区一期期房 9000 套。选房时间为 9 月 16 日至 10 月 30 日，4551 户实际提交申请并经审核通过，实际选房 3267 户，实现对符合条件的申请家庭全保障。

【保障房申请家庭收入等标准调整】2019 年 10 月 30 日，厦门市住房局公布《关于申请社会保障性租赁房和公共租赁住房涉及的本市户籍家庭住房困难标准住房保障面积标准和家庭收入（资产）标准的通知》。自 2020 年 1 月 1 日起至 2021 年 12 月 31 日，户籍家庭住房困难标准仍保持 2015 年公布的人均住房面积不高于 12 平方米的标准；保障性租赁房中申请量最多的“2—3 人户”“4 人及以上户”的家庭年收入标准分别提高 1 万元和 2 万元，为不高于 11 万元和 15 万元，家庭资产标准相应上调，不高于 44 万元和 60 万元；市级公共租赁住房中“4 人及以上户”的家庭收入标准提高 1 万元，即不高于 26 万元；其余标准未做调整。

（毛岩斌　林　超）

责任编辑：曲　艺
审　　稿：程成贵
校　　对：曾一一

18 生态环境保护

环境质量状况

【概　况】2019年，厦门市生态环境局（简称市生态环境局）坚持全面从严治党和生态环境保护“两个政治责任”一起扛，政治生态和自然生态“两个绿水青山”一起抓。完成所有约束性指标年度目标任务，达到“十三五”规划序时进度要求。福建省对市党政领导生态环保目标责任书考核连续5年获得优秀。全市生态文明指数在全国地级及以上城市排名第一。

【大气环境】2019年，厦门市环境空气质量继续保持全国前列。环境空气质量综合指数2.98，较2018年改善0.08。空气质量优的天数185天，良的天数171天，轻度污染的天数9天（首要污染物为臭氧7天、细颗粒物2天）。空气质量优良率97.5%、优级率50.7%（以工况数据计），比上年分别下降4.3个百分点和7.6个百分点。6项主要污染物浓度均优于国家环境空气质量二级标准，其中二氧化硫（SO_2）、二氧化氮（NO_2）、一氧化碳（CO）、可吸入颗粒物（PM_{10}）符合一级标准要求，细颗粒物优于世界卫生组织《空气质量准则》第二阶段标准。

【水环境】2019年，厦门市集中式饮用水水源地水质达标率持续保持100%，水质监测指标全年均符合《地表水环境质量标准》（GB3838–2002）Ⅱ类水质标准。主要流域隘头潭国控断面Ⅰ—Ⅲ类水质占比100%，小流域考核断面Ⅰ—Ⅲ类水质占比83.3%；主要湖库水质良好；厦门近岸海域水环境质量有所改善，海滨浴场水质良好。筼筜湖无机氮浓度均值0.984毫克/升、活性磷酸盐浓度均值0.051毫克/升，与基准年（2015年）相比下降49.3%、39.6%。

【土壤环境】2019年，厦门市土壤污染防治工作有序推进，土壤环境质量保持稳定。完成24个土壤点位（包括11个市控点位和13个农村环境土壤监测点位）的土壤环境监测工作，收集3个选测村庄基本信息，完成点位布设及监测；完成136家土壤详查企业用地调查基础信息采集，督促16家重点监管企业开展土壤自行监测，组织开展重点监管企业用地周边土壤环境监测。全市危险废物产生量10.64万吨（不含医疗废物），处置利用量10.62万吨，贮存量0.26万吨（含跨年度贮存）。全市医疗废物产生量0.60万吨，处置量0.60万吨，处置率100%。全市利用单位限制进口类可用作原料的固体废物实现“零进口”。

污染防治

【概况】2019年，厦门市生态环境局围绕创建全国生态文明示范市目标，做好污染防治工作。完成厦门市第二次全国污染源普查清查、入户普查、质量核查、数据定库等各项节点工作。全市采集核对污染源普查对象信息12001个，基本摸清市、区两级各类污染源的基本信息、数量、结构和分布情况，掌握区域、流域、行业污染物产生、排放和处理情况。厦门市代表福建省高质量通过国家质量核查，获得生态环境部普查办高度肯定。《人民日报》《经济日报》《光明日报》《中国改革报》《中国环境报》等多家国家主流媒体报道。

【大气污染防治】2019年，厦门市生态环境局开展3轮“2019年守护蓝天百日攻坚”专项行动，完成135个重点治理项目，完成7个行业1025家企业VOCs污染整治工作，基本完成1381家“散乱污”企业整治。实施高排放机动车限行，划定高污染燃料禁燃区和高排放非道路移动机械禁止使用区域；在全省率先开展全市非道路移动机械摸底调查和编码登记，完成登记15411台，推广新能源汽车12991辆。加强船舶大气污染物排放控制区执法，完成船舶燃油快检抽查587单；海港高压岸电建设覆盖率全省最高，机场桥载电源使用率90.22%。开展《厦门市工地扬尘污染防治工作方案》落实情况回顾性评估，推动建立健全工地扬尘污染违法行为查处工作机制；全年扬尘防治抽查通报问题6471个，整改率97.1%。深化厦漳泉大气污染联防联控联治协作机制，实现厦漳泉三地高架源在线数据共享。承接梳理“十三五”应对气候变化工作，推进低碳城市建设，举办2019年第七届全国低碳日主题活动。

【水污染防治】 2019年，厦门市生态环境局做好小流域、饮用水源、黑臭水体等6个标志性工作，向上级争取“以奖促治”专项资金3200万元，实施“小流域综合治理”为民办实事工程项目14个，累计完成投资7128万元。开展395个入河排水口整治，完成核查检测并实施清单式管理。流域国省控断面水质达标率持续保持100%。印发实施《饮用水水源地环境管理特别限制措施（环保负面清单）》，在全省率先实行饮用水水源地负面清单管理，修订市级饮用水水源应急预案，推进界标和排查问题整改，完成全市“万人千吨”饮用水源基础信息调查，集中式饮用水水源地水质达标率持续100%。印发实施九龙江口和厦门湾生态综合治理攻坚战行动计划实施方案，强化陆海统筹，开展九龙江—厦门湾污染物排海总量控制试点，按照“查、测、溯、治”的要求，全面开展入海排污口排查整治。出台《厦门市近岸海域海漂垃圾综合治理工作方案》，完善“海上环卫”工作机制，实施源头分类管控。

【土污染防治】 2019年，厦门市生态环境局推进重点行业企业用地调查。对第二次污染源普查企业、列入排污许可管理的重金属排放企业、土壤环境重点监管企业、一址多厂企业和已有调查名单进行比对，增补企业全部完成调查，纳入空间信息整合与信息采集成果。完成136家重点行业企业用地调查信息采集，初步采样调查开展试点。加强土壤重点企业监管，完成2个疑似污染地块初步调查报告；动态更新并公开土壤环境重点监管企业，建立一企一档，推动落实土壤污染隐患排查制度和自行监测制度；开展重点监管企业周边区域土壤环境监测；建立96家重金属企业全口径清单，完成2019年涉镉等重金属重点行业企业排查整治。落实危险废物规范化管理考核制度，全省率先建设医疗废物环境监管平台，提升信息化管理水平。

2019年8月31日，国家核查组对厦门市第二次全国污染源普查。图为在厦门宏发电声股份有限公司，对企业进行现场核查（市生态环境局 供图）

2019年6月19日，厦门市生态环境局举办第七届全国低碳日主题活动（市生态环境局 供图）

生态保护

【概　况】 2019年，厦门市有国家级自然保护区1个（厦门海洋珍稀物种国家级自然保护区），水源保护区3个（石兜—坂头水库、汀溪水库、九龙江北溪），建制镇水源保护区1个（新圩镇古宅水库），森林公园6个（莲花国家森林公园、天竺山森林公园、同安郭山村森林公园、集美灌口镇越尾山森林公园、翔安吕塘村森林公园、同安洋麻山森林公园），国家重点风景名胜区1个（鼓浪屿—万石山风景名胜区），省级风景名胜区2个（香山风景名胜区、北辰山风景名胜区），市级自然保护区1个（厦门五缘湾栗喉蜂虎自然保护区）。

林业自然保护区面积3359万平方米，森林覆盖率为41.65%。划定陆域生态保护红线228.72平方千米。珍稀海洋物种国家级自然保护区面积7588万平方米，五缘湾栗喉蜂虎自然保护区面积约40万平方米。海域白海豚数量保持稳定；栗喉蜂虎繁殖亲鸟数量约120只。

【宣传教育】 2019年，厦门市生态环境局依托主流媒体，宣传中央生态环境保护督察等重点工作，发布中央生态环境保护督察相关消息582篇（条），微博及微信、新闻客户端、融媒体等平台共刊发、播报相关消息2273篇（条）。会同厦门电视台新闻中心，办好“厦门环境空气质量播报”电视栏目，实时推送环境空气质量状况。做好“厦门生态环境”微信公众号、微博及网站的信息推送运维工作，编辑、制作及推送微信信息1235条，微博信息1533条，网站信息289条。

【公众参与】 2019年，厦门市生态环境局着力引导公众履行自身环保责任，形成践行绿色生活的社会风尚。编制《厦门市环境教育规划》，举办全市师生生态环境教育培训，开发建设厦门环境教育平台，全年有2308家企业注册学习。结合“美丽中国，我是行动者”的环境日主题，开放环保设施组织公众参观。举办厦门市文化科技卫生“三下乡”服务活动，编制分发环保宣传手册、宣传品2万多份，深入社区开展生态环境保护活动。

【全国生态文明示范市建设】 2019年，厦门市生态环境局对标国际国内生态文明建设先进经验，建立厦门市创建全国生态文明示范市指标体系，选定表征城市生态文明建设示范水平的5个领域、9类指数和32项具体评估指标，设立全国领先示范值，结合厦门实际，确定2022年、2025年、2035年分阶段目标值。深化指标体系引领作用，明确指标责任单位，并纳入各部门专项规划和年度工作计划，定期开展指标分析评估，逐项形成评估结论，对未达到示范值或目标值的指标，由责任单位分析原因并提出改进措施，指标完成情况纳入党政领导生态环保目标责任书考核。

【排污权保障】 2019年，厦门市生态环境局统筹使用全市5类重金属总量，优先保障重点企业排放指标需求。做好排污权保障服务，鼓励现有排污单位交易排污权指标452吨，组织收储31家关停企业排污权总量指标642吨，保障天马微电子和士兰集科2个重点项目和91个小微排放项目排污权。持续委托省交易平台直接出让政府储备排污权，节省审批时间2150个工作日；在全省率先实行在排污之前取得排污权制度，减少企业因建设周期长而沉淀购买排污权的资金压力。市生态环境局10项改革经验由省厅推广，环评审批制度改革经验由省审改办、生态系统价值核算“沿海样版”和生态环保“三合一”考核经验由省生态办、排污权交易制度改革经验由省交易中心向全省推广。在全省率先制定排污许可管理暂行办法、率先全面推行环境污染强制责任保险。深化闽西南协同发展区生态环境共治共保，建立一套工作机制、一份专项规划、“一盘棋”联动格局。

环境监管

【概况】 2019年，厦门市生态环境局完成集美中学、同安第二实验小学两个“十四五”空气质量国控站点建设验收交接，组织检查环境检测机构15家和机动车检测机构19家；布设空气自动监测站39个和水质自动站35个，在159个重点排污单位安装自动在线监控234套；通报环境质量72期，空气质量预警分析工作获得国家监测总站表彰。强化环保网格化监管，开展网格巡查，督察信访件整改纳入每月巡查内容，全年巡查处理涉气类环保事件17209件、水环境管理平台发布水质预警巡查78次，连续3年在全省环保网格化年度考核中名列第一。

【营商环境建设】 2019年，厦门市生态环境局制定全市招商大会精神14条措施、服务保障重点企业8条措施、服务保障“三高”企业9条措施和促进金融产业发展6条意见，建立“三个一”（一家企业、一名领导、一组干部）挂钩服务重点企业、“三高”企业机制，倾心倾情倾力服务企业，主动融入全市招商引资大局。全市99家重点企业及198家“三高”重点企业纳入重点服务保障对象，挂钩领导定期开展“三送”（送法律、送政策、送技术）服务，编印《生态环境常用法律法规汇编》2000册，走访调研重点企业369家次，提出优化环境管理建议117条，解决具体问题167个。

【环评审批】 2019年，厦门市环评审批制度改革和生态系统价值核算、生态环保“三合一”考核经验分别被福建省审改办、生态办向全省推广。市生态环境局推进在全国率先实行的环评审批告知承诺制，8个片区、4个行业、48类项目实现环评批复立等可取，累计227个项目缩减审批时间5000个工作日；在全省率先制定实施《环境准入清单》，率先在全国实行区域环评“一本制”管理。成立重大项目环评审批工作专班，保障新机场和宸鸿新一代手机触控、中航锂电A6等重大项目落地。

【环保执法】 2019年，厦门市生态环境局建立“三级学法”机制，定期开展新法学习和执法业务培训。加强行政规范性文件合法性审核和监督管理，制定《重大行政决策程序规定》。修订《环境保护信用信息管理实施细则》，开发信用信息管理系统，完成4批次401家企业的强制参评环境信用动态评价工作。依法开展行政复议与行政诉讼工作，受理行政复议案件13起，受理听证案件2起，办理行政诉讼案件8起。严把重大环境案件法制审查关，召开重大环境案件审查会议4次，审议重大环境案件6个。坚决打击黑恶势力和保护伞问题，移交涉黑涉恶线索5件，向公安机关移送涉嫌污染环境罪4件、移送实施行政拘留12件，与市公安局联合开展清水蓝天环保专项执法行动。全年累计出动执法人员26387人次，检查企业8718家次，立案查处731件，罚款3971万元，实施查封扣押157起、限产停产2起。

（陈奕琳）

【生态环保督察工作动员视频会】 2019年7月16日，厦门市召开全市配合中央生态环保督察工作动员视频会。中共福建省委常委、厦门市委书记胡昌升出席并讲话，中共厦门市委副书记、市长庄稼汉主持会议。会议学习贯彻中央第二生态环境保护督察组督察福建省工作动员会精神，对配合做好中央生态环保督察、加强生态文明建设和生态环境保护进行动员部署。陈家东、张健、陈秋雄等市领导出席会议。

（市委办）

节能减排

【概　况】2019 年，厦门市工业和信息化局（简称市工信局）贯彻国家及省下达的落后产能淘汰政策，推进节能与循环经济各项工作，完成年度淘汰任务。编制 2019 年度节能技术和产品目录，开展能源审计和重点用能企业节能诊断服务，实施固定资产投资项目节能评审和区域能评工作，调整新能源汽车地补政策，推动新能源汽车动力蓄电池回收利用试点。工业节能方面，强化各区政府节能主体责任，继续开展各区、各行业能源消耗统计调查，编制各区能耗“双控”情况报告，对各区年度“双控”指标开展评议考核，督促各区以工业绿色发展为主线，控制能耗增量，采取措施完成“十三五”能耗“双控”目标任务。

【固定资产投资项目节能审查】2019 年，厦门市工信局完成年耗能 1000 吨标准煤或 500 万度电以上固定资产投资项目的节能评审 27 个。其中，工业交通类项目 8 个，房地产项目 12 个，基础设施项目 7 个，能评项目总投资 382.95 亿元。节能评审提出各类节能技术和管理措施。开展区域能评，完成新机场片区、厦门两岸金融中心核心启动区、马銮湾新城工程建设项目、集美区软件园三期西片区、马銮湾新城工程建设项目等 6 个区域节能评审。

【节能监察】2019 年，厦门市工信局开展高耗能行业能耗限额标准执行情况、能源管理体系运行情况和能耗在线监测系统建设情况专项监察；开展全市工业、服务业、公共机构等项目的节能监察，对 10 家重点用能单位的能源利用状况报告、能源管理负责人聘用情况及 2 个固定资产投资项目节能措施落实情况进行“双随机”检查。全年累计监察各类用能单位 200 个（项）。加强对重点用能单位的监督、管理和考核，督促 160 个重点用能单位落实能源利用状况报告制度。

【绿色制造工作】2019 年，厦门市工信局实施国家工信部绿色制造集成项目，跟踪督促厦门市列入国家工信部 2017 年绿色制造系统集成示范试点项目的实施进展情况，三安光电、冠捷科技、华联电子 3 家示范企业的投资进度、制造技术绿色化率、制造过程绿色化率、资源环境影响度均按时完成。华联电子于 10 月提早完成验收工作。向国家工信部和省里推荐上报绿色制造名单，有 16 家企业被列入国家工信部第四批绿色制造名单、26 家企业被列入福建省第一批和第二批绿色制造名单。推荐增补国家工信部 2019 年度绿色设计产品。按照国家工信部、国家建设部《建筑垃圾资源化利用行业规范条件》《建筑垃圾资源化利用行业规范条件公告管理暂行办法》要求，组织对厦门森露达环保科技有限公司、厦门宏鹭升建筑新材料有限公司 2 家公司的专家评审。按照国家工信部节能司的要求，征集 2017 年度国家工信部绿色制造系统集成典型案例的申报工作。（见表 18–1）

表 18–1　**2019 年厦门市获得国家工信部、福建省工信厅绿色制造名单**

企业名称	绿色制造类型	批次
金旸（厦门）新材料科技有限公司	绿色工厂	2019 国家级（第四批） 2019 省级（第一批）
厦门华联电子股份有限公司	绿色工厂	2019 国家级（第四批）
厦门金龙联合汽车工业有限公司	绿色工厂	2019 国家级（第四批）
强力巨彩光电科技有限公司	绿色工厂	2019 国家级（第四批）
厦门松霖科技股份有限公司	绿色工厂	2019 国家级（第四批）
厦门正新海燕轮胎有限公司	绿色工厂	2019 国家级（第四批）
厦门正新实业有限公司	绿色工厂	2019 国家级（第四批）
厦门中坤化学有限公司	绿色工厂	2019 国家级（第四批）
厦门保沣实业有限公司	绿色工厂	2019 省级（第一批）
厦门安妮企业有限公司	绿色工厂	2019 省级（第一批）
厦门坤锦电子科技有限公	绿色工厂	2019 省级（第一批）
双桥（厦门）有限公司	绿色工厂	2019 省级（第一批）
厦门盈趣科技股份有限公司	绿色工厂	2019 省级（第一批）
厦门市爱维达电子有限公司	绿色工厂	2019 省级（第二批、增补）
吉特利环保科技（厦门）有限公司	绿色工厂	2019 省级（第二批、增补）
厦门正新海燕轮胎有限公司	绿色设计产品	2019 国家级（第四批）
厦门宏发开关设备有限公司	绿色设计产品	2019 国家级（第四批）
厦门百霖净水科技有限公司	绿色设计产品	2019 国家级（第四批） 2019 省级（第一批）
厦门致杰智能科技有限公司	绿色设计产品	2019 国家级（第四批）
厦门倍杰特科技股份公司	绿色设计产品	2019 国家级（第四批）
厦门富斯特新材料科技有限公司	绿色设计产品	2019 省级（第二批、增补）
厦门佳浴智能卫浴有限公司	绿色设计产品	2019 省级（第二批、增补）
戴尔（中国）有限公司（1）	绿色设计产品	2019 省级（第二批、增补）
厦门盈瑞丰电子科技有限公司	绿色设计产品	2019 省级（第二批、增补）
厦门山田聪达涂料有限公司	绿色设计产品	2019 省级（第二批、增补）
安费诺（厦门）高速线缆有限公司	绿色设计产品	2019 省级（第二批、增补）

续表 18-1

企业名称	绿色制造类型	批次
厦门三圈电池有限公司	绿色设计产品	2019 省级（第二批、增补）
厦门贝多卫浴有限公司	绿色设计产品	2019 省级（第二批、增补）
厦门火炬高技术产业开发区	绿色园区	2019 国家级（第四批） 2019 省级（第一批）
厦门保沣实业有限公司	绿色供应链管理	2019 国家级（第四批） 2019 省级（第一批）
戴尔（中国）有限公司	绿色供应链管理	2019 国家级（第四批）
厦门松霖科技股份有限公司	绿色供应链管理	2019 省级（第一批）

【节能技术和产品目录】 2019 年 7 月 18 日，厦门市节约能源办公室发布《厦门市 2019 年节能技术和产品目录的通知》，全市有 25 项产品和技术入选，类型涵盖供热系统节能改造、供配电系统节能、绿色照明、建筑节能及交通节能、新能源与可再生能源、蓄冷蓄热、显示屏节能、余热余压利用、热泵技术、中央空调节能改造等多领域。（见表 18-2）

【节能工作】 2019 年，厦门市工信局宣传节约资源和保护环境的基本国策，培

表 18-2　**2019 年厦门市节能技术和产品目录**

序号	所属类别	产品技术名称	企业名称
1	供热系统节能改造	KNLN- 系列全预混低氮高效冷凝燃气锅炉	厦门市浩志节能科技有限公司
2		KSY-LP 系列商用厨 / 灶具燃气燃烧机与双层蓄热室炉胆节能组合	福建伟土通热能设备有限公司
3	供配电系统节能	设备智慧运行管理平台（ETOM IE）V1.0	厦门邑通软件科技有限公司
4		F-3、F-4 系列电能优化器	厦门德泷新能源科技有限公司
5		iDES 智能配电与能源管理系统	厦门北泰电气有限公司
6		Kecloud 微模块系列高效智能微模块数据中心	科华恒盛股份有限公司
7		EIPC 系列智能低压无功补偿装置	艾美肯（厦门）电力科技有限公司
8	绿色照明	普为牌 LED 灯管系列产品	厦门普为光电科技有限公司
9		INNUOTM 绿色照明及场景智能控制系统	福建省英诺创新能源管理有限公司
10		NT-DXTD-007 柠檬系列读写作业台灯	厦门捷能通光电科技有限公司
11		扁灯管八代 WR-BS- 系列、调光调色筒灯 WR-TD- 系列	厦门伟然科技有限公司
12		TL-40W 太阳能路灯	厦门盈宇科技有限公司
13	建筑节能及交通节能	NEU-WP006A 艺术墙板	厦门组优新型工艺有限公司
14		JM-CIMP3000 基于人员密度的室内用能智能控制系统	厦门金名节能科技有限公司
15		LF-YD412A 型电动桶装垃圾清运车	厦门鑫雷发工贸有限公司
16	新能源与可再生能源	YEG 及 YLM 等系列光伏组件、分布式光伏电站、BIPV	厦门盈宇科技有限公司
17		钤钫 R290 天然冷媒	厦门钤钫环保科技有限公司
18	蓄冷蓄热	GMC/C 系列直接蒸发式流态冰冷水机组（三代）	厦门市浩志节能科技有限公司
19	余热余压利用	发电机组余热锅炉和 SCR 脱销一体化设备	厦门市浩志节能科技有限公司
20		窑炉余热锅炉	
21	热泵技术	ZX-DKFXRF 系列高温空气源热泵机组	厦门市浩志节能科技有限公司
22	中央空调节能改造	INNUOTM 多联空调喷雾冷却系统	福建省英诺创新能源管理有限公司
23		CVE 及 CC 等系列永磁同步变频压缩机技术及产品	厦门盛世欣兴格力贸易有限公司
24		Digi-CRAC 数据中心智慧节能控制器	福建大亿能源管理有限公司
25		Digi-CAC 中央空调智慧控制系统	

育和践行节约集约循环利用的资源观，倡导勤俭节约的社会风尚，举行全国节能宣传周启动仪式，开展节能进校园、进乡村、进地铁、进社区等系列活动。在全社会营造节能降碳的浓厚氛围，推动绿色低碳生活。全年支持 72 个节能改造项目、19 个循环经济项目、10 项能源管理体系建设和 3 类循环经济领域的 3 个兑现性奖励资金项目，累计下达奖励（补助）资金 5303 万元，比上年增长 65%，带动企业技改投资 6 亿元，实现节能量 6.53 万吨标准煤。思明区重点聚焦交通、建筑领域的节能降耗，配合各部门开展绿色交通建设工程以及多式联运、铁水联运、甩挂运输、港口岸电、绿色港口、能耗在线监测项目等工作；湖里区重点开展公共机构节能工作，湖里区机关事务管理局获得国家级“公共机构能效领跑者”荣誉；集美区积极推进绿色金融建设，引导和鼓励私募股权投资基金投向新一代信息技术、新材料、节能环保等绿色产业领域；海沧区 2018 年新增绿色建筑 82 个，占新建建筑比例 83.67%。；翔安区推动东部固废处理中心实施垃圾发电，鼓励光伏发电等非化石能源项目；同安区加大财政资金对节能和循环经济的支持力度，加快推进园区集中供热建设，推动食品饮料企业节能降耗。

2019 年 12 月 17 日，厦门市工信局检查陆上油气长输管道安全风险管控和隐患，图位于在海沧区东孚镇
（市工信局　供图）

【国家级园区循环化改造试点项目建设】 2019 年，厦门市投资 28793.37 万元，完成国家批复的 7 个项目建设。国家发改委批复的集美（杏林）台商投资区园区循环化改造实施方案中 9 个项目，4 个项目具备竣工验收条件，华电（厦门）能源有限公司的分布式光伏发电项目拟替换为同等规模光伏发电项目。全省成立统一的排污权交易平台后，市工信局将固废处理及排污权交易综合集成信息平台和污染物排放及物质流动监测与预警平台 2 个项目合并为台商投资区循环经济信息服务与管理平台。

2019 年，全国节能宣传周启动仪式　（市工信局　供图）

【新能源汽车推广与利用】 2019 年，厦门市推广新能源汽车 16382 辆标准车。至年底，全市新能源汽车拥有量超过 4.4 万辆，提前完成 2020 年全市累计推广 2.6 万辆新能源汽车的目标任务。市工信局全面推动新能源汽车动力蓄电池回收利用体系的建设，发布《厦门市新能源汽车动力蓄电池回收利用试点实施方案》。组织前往四川和河南考察，学习同类产业联盟的工作经验，协调成立厦门市新能源汽车动力蓄电池回收利用产业联盟，征集 50 家企事业单位报名参加。

【陆上油气长输管道保护监管】 2019 年，厦门市工信局印发《2019 年全市陆上油气长输管道安全生产隐患排查治理专项行动工作方案》，开展安全生产风险辨识管控和隐患排查治理工作。组织相关部门和行业专家对 10 家（次）管道企业的 20 余个部位开展 5 次联合指导，查看企业管理制度制订与落实情况、对有关部门发现问题的整改落实情况、设备状态、汛期风险点处置情况等。开展地铁杂散电流治理工作，督促管道企业和轨道集团按照省、市有关要求处置地铁杂散电流影响陆上油气长输管道安全问题，协调中海油与轨道集团签订治理杂散电流框架协议。

（刘林泓）

责任编辑：林德全
审　　稿：程成贵
校　　对：曾一一

19 经济管理与监督

宏观经济管理

【概　况】 2019年，厦门市坚持新发展理念，坚持稳中求进工作总基调，坚持高质量发展落实赶超，深化供给侧结构性改革，推进“六稳”(稳就业、稳金融、稳外贸、稳外资、稳投资、稳预期)工作，以招商促发展，推动经济社会平稳健康发展，高素质、高颜值、现代化、国际化城市建设取得新成效。地区生产总值比上年增长7.9%，增幅位居副省级城市首位。地区生产总值、固定资产投资、社会消费品零售总额、实际使用外资、城镇居民人均可支配收入、农村居民人均可支配收入6项指标增幅在全省和副省级城市中均位居前列。规模以上工业增加值1796亿元，比上年增长8.6%；其他营利性服务业营业收入增长23.3%。城镇登记失业率2.84%，居民消费价格指数103，均控制在预期目标范围内。固定资产投资比上年增长9%。投资结构持续优化，工业、基础设施和民生领域投资占60%。社会消费品零售总额1731.9亿元，比上年增长12.2%，增速居全省首位，其中智能手机、新能源汽车、智能家用电器和音像器材等消费升级类商品零售额分别增长2.9倍、1.1倍、68%。网络零售比上年增长36.2%。外贸进出口总额6412.9亿元，比上年增长6.9%。其中，进口2884.2亿元，比上年增长8.3%；出口3528.7亿元，增长5.7%。外贸综合竞争力位居全国第六位，跨境电子商务综合试验区建设不断深化。

【重大项目招商】 2019年，厦门市举办招商大会、央地合作座谈会、金融产业促进大会、文化旅游会展发展大会等重大招商活动，出台一系列政策举措和保障机制，到境内外开展招商推介。中航锂电、天马6代AMOLED、浪潮、阿里巴巴、滴滴南方总部、华为鲲鹏生态基地和超算中心等重大项目签约落地，中远海运、中旅邮轮运营总部设立，首艘国内豪华邮轮“鼓浪屿”号以厦门为母港，鑫天虹半导体设备等产业链关键环节项目引进。全年形成招商项目2383个，总投资1.2万亿元。其中，世界500强、大型央企、新锐企业等高能级项目393个，总投资4965.3亿元。

【产业链群建设】 2019年，厦门市平板显示、生物医药与健康、旅游会展、软件和信息服务、文化创意重点产业链群产值分别比上年增长10.4%、13.8%、17.1%、15.2%、14%。厦门生物医药、新型功能材料产业入选国家首批战略性新兴产业集群。厦门万泰沧海生物技术有限公司双价人乳头瘤病毒疫苗“馨可宁”获批上市，成为首支国产宫颈癌疫苗。厦门利德宝电子科技股份有限公司、晋大纳米科技(厦门)有限公司获评国家首批专精特新小巨人企业，金达威集团股份有限公司的“辅酶Q10”获评全国单项冠军产品，厦门强力巨彩光电科技有限公司等10家企业上榜省级制造业单项冠军企业(产品)，厦门宸鸿科技有限公司、厦门盈趣科技股份有限公司等龙头企业保持良好增长态势。厦门士兰明镓化合物半导体有限公司半导体项目、通富微电子股份有限公司先进封测项目等竣工试投产。厦门被列入港口型国家物流枢纽，获评全国十大集装箱口岸营商环境第一名，集装箱吞吐量保持全球第十四位。获批“中国软件特色名城”，3家企业入选中国软件和信息技术服务综合竞争力百强，5家企业获评中国互联网企业百强。新增厦门松霖科技股份有限公司等6家境内外上市公司，特宝生物工程股份有限公司成为厦门市首家科创板过会企业。

【高新产业发展】 2019年，厦门市高新技术产业增加值比上年增长10.4%，占规模以上工业增加值67.1%。新增国家级高新技术企业302家，累计1928家。实施“三高”(高技术、高成长、高附加值)企业倍增计划，召开“三高”企业发展大会，首批“三高”培育企业2079家。召开新经济发展大会，发布促进新经济高质量发展系列政策，启动环东海域新经济产业园规划建设。美食社区电商“十荟团”等新经济项目签约落地。趣店集团等新经济企业营业收入快速增长。实施未来产业培育工程，启动首批25个重大技术攻关和成果转化示范项目，授牌5G联合创新实验室。中国人工智能大赛永久落户厦门。

【绿色发展】 2019年，厦门市完成造林绿化8平方千米；新增和改造提升城市园林绿地521万平方米、绿道53千米；建成投用山海健康步道，长度23千米。倡导绿色交通，全市推广新能源汽车超1.6万辆，新能源汽车占机动车总量比例在全国领先，新建公共充电桩2264个，建设新能源汽车动力蓄电池回收利用体系。生态文明指数在全国地级及以上城市中排名第一。58项生态文明体制改革任务基本完成。筼筜湖生态治理、生态文明目标评价考核、生态系统生产价值核算、自然资源统一确权登记、排污权有偿使用和交易5项改革经验在全省推广。

【海丝战略支点城市建设】 2019年，厦门市与海上丝绸之路国家和地区实现贸易额1680.1亿元，比上年增长12.2%。新增海丝沿线国家和地区投资项目76个，海丝基金完成首个项目出资。持续打造“丝路海运”品牌，举办首届丝路海运国际合作论坛，厦门市51条“丝路海运”命名海运航线开行近1600航次；开行中欧（厦门）班列234班次，发运货物1.82万标准箱，货值7.32亿美元；实施“丝路飞翔”工程，厦门始发至一带一路沿线国家空运航线21条。

【营商环境优化】 2019年，厦门市扶持实体经济发展，出台支持创新创业创造、企业增资扩产、促进外贸高质量发展等系列政策，全面落实减税降费政策，全年累计为企业及个人减负400余亿元。以任务清单为抓手，改善提升营商环境，营商环境保持全国领先，建筑许可、纳税服务等专项改进创新做法在全国复制推广，全市商事主体比上年增长13.9%，一站式窗口服务的满意率99.9%。

【社会保障体系建设】 2019年，厦门市新增就业26.2万人，引进高校毕业生5万余人；发放稳岗补贴1.6亿元、企业职工提升技能补贴2126万元。开展国家药品集中采购试点，公立医疗机构累计节省药品费用1.9亿元。完善价格联动机制，做好猪肉等重要民生商品保供稳价工作，发放困难群众临时价格补贴2731.5万元。建成覆盖四级的退役军人服务保障体系，低保和特困供养人员基本生活标准分别提高到每月800元和1200元。建成镇（街）社区养老服务照料中心6个、农村幸福院25个，镇（街）和农村养老服务设施覆盖率分别为79%和100%。新开工保障性住房2.1万套，首批保障房地铁社区选房启动。

（市发改委）

国有资产监督管理

【概　况】 2019年，厦门市国资国企坚持“服务国家战略、服务区域经济发展、服务民生保障需求”，带动厦门产业发展，拉动全市经济增长。至年末，厦门市人民政府国有资产监督管理委员会（简称市国资委）所出资企业资产总额10836亿元，比上年同期增长17.7%，增速超过中央企业8.4个百分点；所有者权益3565亿元，增长9.5%。全年营业收入10786亿元，比上年增长15.4%（全国国有企业平均增长7.3%，省属国有企业平均增长3.1%）。其中，厦门建发集团营业收入3300亿元，比上年增长16.8%；国贸控股集团营业收入2930亿元，增长6.9%；象屿集团营业收入2825亿元；增长17.0%。市国资委所出资企业实现利润总额258亿元，与上年持平，若剔除厦工股份重组因素和轨道财政注资影响，实际增长6.8%（全国国有企业平均增长6.1%，省属国有企业平均下降1.1%）。其中，厦门建发集团实现利润总额114亿元，比上年增长3.3%；象屿集团实现利润总额36亿元，增长18.0%；国贸控股集团实现利润总额31亿元，下降6.0%。市国资委所出资企业上缴税金266亿元，比上年增长12.7%（全国国有企业平均增长4.6%，省属国有企业平均增长1.9%）。其中，19家国有企业上缴当地税金139.53亿元，占同期全市财政总收入10.50%。市属国有企业资产总额、营业收入、利润总额、上缴税金4项指标分别占全省国有企业总量（含省属企业和9个地市国有企业）的26%、71%、44%、51%。建发集团、国贸控股、象屿集团入选中企联评选的中国企业500强榜单。厦门入选全国港口型国家物流枢纽。11家重点国有企业累计实现批零销售额4139.40亿元，占全市批发零售总额29.78%。市国资委所出资企业累计实现外贸进出口额363.3亿美元，比上年增长27.27%。其中，当地进出口额299.16亿美元，外地进出口额64.15亿美元。15家市直管国有企业发展党员501人，新设立党组织117个，换届269个，新建或提升党建阵地153个，新增专兼职党务干部261人。厦门有国有上市公司9家，“新三板”上市4家，资产证券化率40%。

【重点项目任务承接】 2019年，厦门市属国有企业承接重点建设项目174个，完成建设投资额554.9亿元，占全市重点项目总投资额50.8%。市属国有企业完成金鸡场馆的建设和典礼保障任务；新机场立项和总体规划获批，第一批工程开工；轨道2号线开通；3条进出岛新通道按计划推进建设；城市公交综合智慧系统工程、山海健康步道等民生项目开工或投用。

【国资国企改革】 2019年，厦门市委、市政府出台《关于新时期深化国有企业改革的意见》《关于推进国有资本投资、运营公司改革试点的实施方案》《关于深化市属国有企业混合所有制改革的实施意见》《关于改革完善市属国有企业监事会工作的实施方案》。市国资委修订完善《厦门市国资委权责清单》，明确37项权责事项以及改革方向、任务、目标。推进国有资本投资运营授权试点，成立盈盛国有资本投资运营公司，建发集团等4家企业改组或组建投资公司。国贸控股、象屿集团等5家企业实施综合改革，国贸控股集团、象屿集团2家企业自评符合A级标准，其他3家企业符合B级标准。市属国有企业制定推进混合所有制改革工作方案和3年实施计划。黑龙江金象生化、卫星定位公司、路桥翔通3家企业员工持股计划基本完成。市国资委印发《关于做好首批15家市属国有企业实施混合所有制改革的通知》。至年末，全市国有企业中混合所有制企业占64.04%，市国资委所出资企业中混合所有制企业占70.62%。

【国企招商引资】 2019年，厦门市国资委推动国有企业在全国、全省“大国资”框架下进行交流合作和资源共享，开展资产、资金、项目、人才、经验、产品配套、销售渠道、信息等合作。制定《厦门国资国企招商引资3年千亿行动计划》，修订招商奖励办法。服务全市招商大会，厦门海翼集团有限公司联合北京佳龙集团在厦门设立游乐设备和专用车生产基地，翔业集团与东方航空、山东航空达成翔安新机场建设合作意向等57个项目。厦门市筹办央地合作座谈会，30家央企集团及16家子集团参会，签约项目26个，投资总金额1079亿元。举办第二届熠星创新创意大赛，中石化、中电科等31家央企的71个项目参赛，涵盖新一代信息技术、现代制造、新材料、人工智能、物联网等领域，达成意向合作25项。

【国企战略发展基金】2019年，厦门市国资委印发国企战略发展基金管理办法及相关配套制度，以市场化方式将国企战略发展母基金扩容到100亿元。同步推进子基金群建设，设立国贸控股战略发展基金（规模30亿元）、海翼集团金砖一创智能制造基金（规模11亿元），推动设立中交厦门新兴产业基金（规模50亿元）。

【产业扶贫】2019年，厦门市属国有企业加大东西部产业扶贫力度。厦临公司累计投资公司10家、合作社2家，实施产业帮扶项目20个，项目累计投资额1.43亿元，吸纳就业人员1047人。市属国有企业在西部建立消费扶贫专柜41个。17家国有企业结对帮扶贫困村77个，帮扶资金1320万元。宁夏建发酒业"柏雅牌"葡萄酒投入市场。宁夏银川市永宁县闽宁镇会议中心酒店项目、西藏自治区昌都市左贡县"中林卡万亩葡萄基地"项目按计划推进。

【国企入选《财富》中国500强】2019年7月10日，由《财富》（中文版）与中金公司财富管理部合作编制的《财富》中国500强排行榜发布。厦门市4家国有企业入选。其中，建发集团营业上年度收入2803.81亿元，排名34位；象屿集团营业收入2340.07亿元，排名40位；厦门国贸控股集团营业收入2065.97亿元，排名47位；厦门信达股份有限公司营业收入649.30亿元，排名160位。

【国企入选《财富》世界500强】2019年7月22日，财富中文网发布《财富》世界500强排行榜。厦门市3家国有企业入选，占中国入选企业总数的2.33%。其中，建发集团排名277位，国贸控股集团排名291位，象屿集团排名338位。

（刘聪斌）

审　计

【概　况】2019年，厦门市审计局（简称市审计局）人员编制85名，实有85人。设有政研综合处、审理法规处、电子数据审计处等12个处室。全市审计机关做好常态化"经济体检"工作，发挥审计"治已病、防未病"作用。全市审计单位184个，延伸审计单位506个，审计促进增收节支24.47亿元，审计后挽回损失1.01亿元，被采纳审计建议466条，促进建章立制33项，移送纪检监察等有关部门处理事项12件。国家审计署领导和市委、市政府主要领导累计对相关审计工作作出批示20次，市审计局农业农村与资源环境审计处被评为全国审计机关先进集体。

【市本级预算执行审计】2019年，厦门市十五届人民代表大会常务委员会第二十六次会议听取和审议《厦门市人民政府关于2018年度市本级预算执行和其他财政收支的审计工作报告》。人大常委会组成人员肯定2018年度审计工作，要求扩大审计覆盖面，强化审计监督力度，落实审计整改工作，注重审计成果运用，增强审计监督有效性。市政府根据市人大常委会审议意见，部署审计整改工作，推动各项整改任务落实到位。在市十五届人民代表大会常务委员会第二十六次会议上，市人大常委会对审计发现问题整改情况开展满意度测评，测评结果为"满意"。

【重大政策措施贯彻情况跟踪审计】2019年，厦门市、区两级审计机关派出审计小组14个、审计人员64人，参与跟踪审计，抽查市直机关9个部门、6个区、238个单位，抽查资金总量13.46亿元。重点对招商引资、减税降费、政府性债务、清理拖欠民营企业及中小企业账款、市属国有企业境外投资情况、市属金融企业国有资产等进行专项审计。市审计局召开小微企业代表座谈会，推动"四桥一隧"收费问题整改。与国家审计署广州特派办、省审计厅联合对惠台就业创业政策措施的制定与落实情况进行审计调研。召开台湾商人、台湾学生创业代表座谈会，结合对台办、建设、财政、人社、教育等部门的审计，调研台胞在厦门就业及创业有关社保、医疗、教育、住房等方面政策执行情况，提出意见建议，部分意见建议得到转化落实。

【生态环境保护审计】2019年，厦门市审计局完成资源环境类审计项目19个，在全市2019年度党政领导生态文明建设和生态环境保护目标责任考核中获得优秀。对3个市级、6个区级自然资源资产管理和生态环境保护主管部门开展自然资源资产离任（任中）审计。持续跟进市重点资源和重点项目，开展市财政性资金绿化建设项目专项审计、土地资源利用情况调研、产业项目土地出让合同督导审计。完善资源环境审计内容，重点关注饮用水安全、污水处理及管网建设、垃圾分类、古树名木保护等领域。提交审计专报3份，均得到市委书记胡昌升的批示。拓宽审计方式方法，首次利用无人机技术对矿山生态恢复和占用林地情况进行检查。

【领导干部经济责任审计】2019年，厦门市召开市经济责任审计联席会议，学习宣传贯彻《党政主要领导干部和国有企事业单位主要领导人员经济责任审计规定》。对23个单位的29名领导干部进行审计，坚持任中审计和离任审计相结合、经济责任审计和自然资源资产离任审计相统筹、党政领导干部同步审计，强化对权力运行的监督与制约。建立健全征求意见工作机制，完善审计质量控制体系，分析问题产生的背景、环境、原因等，作出评价，审慎作出定性处理，做到依据准确、结论客观。

【民生保障审计】2019年，厦门市审计局把维护人民群众利益作为审计工作的出发点和落脚点，安排为民办实事、惠农补贴"一卡通"、就业优先、住房公积金等13个重点民生资金和项目的审计。对集美区开展精准帮扶和乡村振兴战略相关政策和资金审计，组织开展援藏、援疆项目和资金审计。围绕惠民资金“最后一公里”的落实，连续3年通过随机抽审的方式，每年每个区抽取1个镇街开展审计，将审计发现的问题通报给各区政府，推进自查自纠、规范管理，促进街道财政提质增效。

【专项审计】 2019年，厦门市审计局开展招商用地资源盘活和国有企业提质增效审计调研，与国家审计署上海特派办、国家自然资源督察上海局等单位研讨破解制约厦门市高质量发展瓶颈的策略。厦门市针对审计发现的部分地块供而未用、部分企业低效用地等问题，出台《加快推进存量土地清理盘活推动高质量发展的意见》，在全市范围内开展存量土地清理盘活专项行动，由市审计局、市资源规划局、市工信局共同牵头开展2010—2019年产业项目土地出让合同履约情况督导审计，推动相关部门对未履约地块的处置工作，促进土地资源实现集约高效利用。围绕市重点建设项目，组织开展财政性资金绿化建设项目、科技中学翔安校区建设项目等专项审计，推动违纪违法问题的查处，节约财政资金，保障重大建设项目的实施，提升经济社会运行质量。

【审计效能提升】 2019年，厦门市审计局完成审计对象基本情况摸底调查，出台落实审计全覆盖的具体措施。统筹审计项目和审计组织方式，建立健全“问题清单”“整改结果”两个台账，按季度梳理汇总整改情况并呈报市主要领导，推动审计整改和成果运用。实现对一级预算单位的大数据审计分析，推广数字化审计方式，相关经验做法入选中国审计学会《“大数据审计的理论与实践”论文集》，在全国审计系统进行交流。承担国家审计署全国重点课题“国家审计学科建设和发展策略”，在全省审计机关中尚属首次。

（陈城辉）

统　　计

【概　况】 2019年，厦门市统计局（简称市统计局）推进统计机制创新，通过“面向基层、面向部门、面向企业”，促进统计工作从“事后统计”到“靠前服务”的转变。面向基层，探索创新垂直管理机制，确保镇、街事业编制统计人员“专人专用”。加大对镇、街统计队伍的指导和培训力度，提高基层统计队伍整体素质和服务水平。各镇、街全面通过专网报送统计数据，实现数据处理、数据管理和信息服务电子化。面向部门，会同发改委、工信局、商务局、财政局等15个市直重点经济工作部门，建立地区生产总值核算联络机制，强化协调沟通和业务交流。面向企业，到“三新”（新产业、新业态、新商业模式）等重点企业进行面对面调研指导，了解企业发展状况，提高企业上报数据的全面性、及时性、准确性。

【第四次经济普查完成】 2019年，厦门市统计局完成第四次经济普查任务。市统计局落实组织机构、人员经费、物资宣传等各项工作。制作横幅500余条，发放折页1.2万册、海报1.6万张，发送短信350万条，在全市电子显示屏和户外移动电视播放宣传资料。先后组织普查培训近200场，培训2万多人次。全市3200名普查员、普查指导员和普查工作人员按照“企业清查、入户登记、填写报表、数据审核”等工作环节，清查单位35.58万个，普查登记单位22.85万个。市统计局加强全市普查数据的审核、验收、汇总，通过国务院经普办经普事后质量抽查工作。推出“经普信息专报”，通过市委办信息室向市主要领导反馈情况，并在《厦门日报》上发布第四次经济普查公报。

【统计数据质量提高】 2019年，厦门市统计局对经济指标分析研判，发现和改善专业统计中存在的问题，强化数据质量意识。组织各类专业培训6场，培训500余人次，辅导基层统计人员寻找纳统点。开展中美贸易战对工业出口企业的影响调研、外向型制造业企业用工情况专题调研、“垃圾分类”社情民意调查等统计调查。更新维护名录库，做好新增、“升规”企业的入统工作。开展限额以下批零住餐业“金样本”记账专项试点调查工作。与交通、金融、财政等行业主管部门建立信息共享机制。强化审核，严把数据质量关，通过增设公式与人工审核结合，加强对数据上报前端的控制。举办新闻发布会，与市发改委联合发布季度数据、解读经济指标。通过“在线访谈”“市长专线”“微信公众号”等形式，公布解析统计数据和经济形势。配合国家审计署在厦门的审计工作，做好统计数据的检查与核对，做好数据差异的解释与说明，厦门统计数据质量获得国家审计署认可。

【统计服务】 2019年，厦门市统计局围绕“高素质高颜值”、招商引资、“三高”企业、健康产业等中心工作提供统计服务，完成《厦门市“高素质高颜值”发展指数报告》《全市“三高”企业运行分析》等，跟进新招商项目的投资建设进度，协助市委组织部开展“三高”企业考评，配合各部门整理健康产业数据等。加强数据动态监测，提供分析材料，协调部门统计工作，配合做好全市经济运行情况调查。利用统计数据资源优势向市委、市政府建言献策，完成呈报件15件、统计分析105篇、统计信息近400条，其中10篇呈报件及信息获领导批示或圈阅。市统计局策划编印《七十载鹭岛潮涌，新时代数字征程》，展示厦门经济社会发展成果；联合厦门电视台、广播电台推出《数说厦门70年》系列节目；在《厦门日报》发布“长风万里·沧桑巨变”纪念版。通过网络、大数据等手段加强统计对外服务，厦门市统计经济综合分析平台上线，收集全市各部门综合经济指标，实现数据资料加工、整理、出版的自动化、智能化；“厦门数据”App（应用程序）发布更新厦门地区统计数据。

【统计执法】 2019年，厦门市统计局根据《中华人民共和国统计法》，防范和惩治统计造假、弄虚作假，确保源头的统计数据质量。成立统计执法监督局，完善统计执法执纪体制。加强数据监控，开展事中数据质量监测核查走访和事后“双随机”（随机抽取检查对象，随机选派执法检查人员）统计监督检查。对集美区、海沧区9个行业的66家统计调查对象开展“双随机”监督检查。立案处罚统计违法案件7起，处罚、通报部分企业统计数据问题并向国家统计局反映。落实中央纪委“统计造假、弄虚作假”专项整治，开展违反统计法精神文件专项清理。制定《厦门市统计局统计造假专项整治工作实施方案》，定期向省统计局通报整治情况。建立数字造假监督执纪问责沟通机制。

（市统计局）

市场监督管理

工商行政管理

【概　况】2019年，厦门市市场监督管理局（简称市市场监督管理局）优化营商环境。全市新增各类商事主体13.76万户，比上年同期增长1.82%；年末存量商事主体66.36万户，增长14.14%。全市有效发明专利拥有量1.3万余件，比上年同期增长20.6%，每万人口发明专利拥有量31.8件，居全省首位，为全国平均水平的2.4倍；新增PCT(《专利合作条约》)国际专利申请1958件，占全省申请量的47.1%；商标有效注册量累计近33万件，超过福建省总量的1/4。市市场监督管理局登记各类消费咨询投诉举报信息14.55万件，为消费者挽回经济损失7165.14万元。根据《中共厦门市委办公厅、厦门市人民政府办公厅关于印发〈厦门市市级机构改革实施方案〉的通知》要求，市市场监督管理局职责、市质量技术监督局职责、市发展和改革委员会承担的价格监督检查与依法查处价格垄断行为相关职责和市商务局承担的反垄断相关职责、打击侵权和假冒伪劣商品职责等整合，重新组建厦门市市场监督管理局，作为市政府副厅级工作部门，3月31日挂牌。

【企业开办便利化】2019年，厦门市市场监督管理局联合公安、税务等部门，印发《关于深入推进企业开办便利化改革的意见》，企业开办时间压缩至2.5天以内，其中设立登记1天；企业开办“一网通”平台升级成2.0版本，新增和完善公章刻制、社保登记等业务模块，促进市场监管、公安、税务、人社等部门间业务并联。9月1日起，全流程电子化无纸化设立登记系统上线，符合条件的有限公司、股份有限公司、合伙企业、个人独资企业、个体工商户及农民专业合作社在设立登记申请、受理、核准、发照、公示等环节均可通过网上电子数据交换实现，不用提交纸质材料即可办理营业执照。

【商事主体注销便利化】2019年，厦门市市场监督管理局与税务局等部门联合印发《关于进一步推进商事主体注销便利化实施方案》，改革简易注销登记制度，拓展简易注销登记主体适用范围，引入容错机制。在全省率先上线商事主体注销“一网通”平台，实现一站式提供市场监管、税务、商务、海关等多部门的企业注销服务。厦门市自主公示系统上线运行，申请注销登记的企业可在线办理清算组备案，自行录入清算组相关信息并确认公示，不用再提交备案申请书等纸质文书材料。符合规定的企业，可通过公示平台进行债权人公告，免予登报。

【“双随机、一公开”联合监管】2019年，厦门市政府出台《厦门市人民政府关于在市场监管领域全面推行“双随机、一公开”跨部门联合监管的实施方案》。市市场监督管理局完善市“双随机”事中事后监管综合执法平台，汇集随机抽查事项1164项、基础主体库（涵盖全市登记在册商事主体65万户）、各部门专业监管子库570个、检查人员库（涵盖各个监管层级执法检查人员4430人）。市市场监督管理局联合市商务局、市人社局、市交通局、市卫健委、市农业农村局、市烟草局开展联合抽查，针对省市场监督管理局随机抽取的厦门市3855家企业，抽查企业生产经营行为、登记许可备案事项和即时信息公示情况。联合市公安局、海关、市税务局、市建设局等部门，开展涉企跨部门“双随机、一公开”联合抽查，检查企业11214家。

【信用监管】2019年，厦门市市场监督管理局开发完善并上线运行新版的部门信息归集共享系统，健全与信息中心、法院的数据推送共享机制，实现不同行政部门间商事主体信息的共享及内联应用。厦门市商事主体登记及信用信息公示平台累计接收并公示许可部门推送的许可信息20.2万条，归集各部门的行政处罚信息3万余条。至年末，平台访问量6000万次。市市场监督管理局将未按时公示2018年度年报的27991家企业载入经营异常名录并向社会进行公示，在《厦门日报》头版头条发布企业信用风险警示。对各部门汇集的2万余家商事主体及违法当事人实施失信联合惩戒。推行行政约谈制度，对申请移出经营异常名录的企业开展行政约谈，全年约谈企业4392家。

【反不正当竞争执法】2019年，厦门市市场监督管理局贯彻新《中华人民共和国反不正当竞争法》，组织开展防范和制止借“不忘初心、牢记使命”主题教育搞不当营商活动暨重点领域反不正当竞争执法行动，依法查处结案不正当竞争行为案件40件，结案案值522万元，罚没金额638万元。开展联合整治保健市场乱象百日行动，立案查处违法案件62件，结案46件，罚没金额381.59万元，6件案件入选全国典型案例，保健品类投诉举报量比上年下降20.49%，保健市场乱象治理成效得到国家第八督导组的肯定。

【公平竞争审查】2019年，厦门市公平竞争审查联席会议办公室工作由市市场监督管理局承担。市市场监督管理局组织开展公平竞争审查业务培训。调整完善市、区两级公平竞争审查工作联席会议制度，推动各成员单位建立公平竞争审查制度。组织召开全市公平竞争审查联席会议，部署推进全市公平竞争审查工作。健全完善公平竞争审查工作制度。规范优化审查流程，做好政策措施审查，市直部门审查增量文件328份、清理存量文件578份。

【传销直销监管】2019年，厦门市发挥打击传销联席会议办公室作用，健全打击传销工作机制，建立维稳和应急处置协作机制。落实“线上监测、线下实证、多措处置、稳妥善后”工作，加强风险隐患排查和预警防控，提升打击防范传销技术手段。立案查处传销案件1件，结案网络传销案件1件，罚没金额149.59万元；对直销企业1900多种产品和3家涉传企业开展“线上监测”和电子数据分析，进行“线下实证”和现场检查，核查处置涉嫌传销行为。以联合整治保健市场乱象百日行动为抓手，依法监管规范直销经营，开展直销专项检查。开展防范传销宣传工作，制作防范传销视频短片，推送微信公益广告（点击量250万人次），发送公益短信200万条，编印发放宣传资料3万余份。开展对高校、物业管理企业和街道办事处人员的宣传、培训活动。

【制售假冒伪劣商品行为打击】 2019年，厦门市行政执法部门立案查处侵犯知识产权和制售假冒伪劣商品案件739件，办结628件，案值4015.42万元，罚没款992.07万元，行政处罚信息公开率100%。全市公安机关破获侵权假冒犯罪案件428起，抓获犯罪嫌疑人342人，涉案金额12575.09万元。检察机关批准逮捕17件53人，起诉43件90人。两级人民法院新收各类侵犯知识产权及制售假冒伪劣商品案件3784件，审结3243件，法定审限内结案率100%。厦门市“两法”衔接（行政执法与刑事司法衔接）成员单位在“两法”衔接平台内接入率100%。

【网络市场监管专项行动】 2019年，厦门市市场监督管理局联合市网信办、市商务局、市公安局、市通信管理局、市邮政管理局等部门，组织开展“2019网络市场监管专项行动（网剑行动）”。先后开展“6·18”和“双11”网络集中促销定向监测、厦门本地食品生产者网络销售食品虚假宣传专项搜索排查、保健食品网络销售虚假宣传和扩大宣传等违法行为排查、网络订餐食品安全专项整治、化妆品“线上净网线下清源”风险排查处置、互联网销售药品和互联网发布药品信息检查、医疗器械网络交易服务和网络销售领域“清网”、互联网能效水效监督检查、互联网领域违法违规广告专项整治、网络销售商品质量监督抽查、网售电子烟等专项行动10余次。共线上检查网站、网店8.79万余次，实地检查网站经营者、网店经营者3.47万次，责令整改网站348个次；立案查处网络交易违法案件75起，案值439.36万元，罚没款617.9万元。市市场监督管理局出台《厦门市市场监督管理局网络交易无照无证经营主体信息核查处理办法》。与“360搜索引擎”合作，对60家厦门市网络交易非法主体网站进行在线提示。

【消费维权】 2019年，厦门市市场监督管理局结合“3·15”消费者权益保护日宣传咨询活动，组织开展普法活动12场次、现场活动9场次。推进“五线合一”（“12315”“12330”“12331”“12358”“12365”），7月1日起实现“‘12315’一号对外、多号并存”。全年登记各类咨询投诉举报信息14.55万件，为消费者挽回经济损失7165.14万元。拓展网格化社会维权网络，引导成立首批10家ODR企业（在辖区工商和市场监管部门的指导监督下，通过平台提供消费纠纷在线解决服务的企业）并入驻全国“12315”平台，为15家投诉量较大的大型商超开通直通车服务。全市开通“消费维权企业直通车”信息反馈平台的社会维权网点200家，企业自主和解纠纷占投诉总量12.54%。在中消协发布的2019年全国100个城市消费者满意度情况中，厦门市位居全国第四、全省第一。

【广告监测】 2019年，厦门市市场监督管理局全时监测市属媒体广告发布情况，监测广告997441条次，其中涉嫌违法广告11992条次，总违法率1.20%。重点监测医疗服务、药品、美容、保健食品、化妆品5个大类广告38836条次，发现涉嫌违法广告323条次，违法率0.03%；监测公益广告210262条次。厦门市媒体广告违法率在全国各副省级城市中处于较低水平。

【网络市场专项整治】 2019年1月7日至3月31日，厦门市市场监督管理局以食品、药品、化妆品、医疗器械、服装鞋帽、儿童用品、跨境电商产品等为重点，针对制售侵权假冒伪劣网络商品、网络虚假宣传、虚假违法广告、互联网不正当竞争等行为，组织开展2019年第一次网络交易专项整治行动。5月28日至8月31日，以食品、药品、网络订餐、化妆品、医疗器械等为重点行业领域，以电子商务平台与平台内网店的线下经营实体以及涉嫌虚假主体为重点对象，开展2019年第二次网络交易专项整治行动。2次行动共提请上级市场监管部门协助关闭厦门非法主体网站50家，恢复接入2家；提请市通管局暂停接入厦门非法主体网站16家，恢复接入1家。

【企业发展帮扶】 2019年，厦门市利用国家、省、市政策帮扶企业发展。国家医疗器械上市许可持有人制度落地厦门，114个进口非特化妆品取得国家药监局备案电子凭证，大嶝市场试点销售部分台湾特殊商品第一批“正面清单”落地。市市场监督管理局推动企业开展产品报批工作，厦门万泰沧海生物技术有限公司和厦门大学联合研发的二价宫颈癌疫苗通过核查并获国家药品监督管理局批准。特宝生物工程股份有限公司通过科创板IPO（首次公开募股）注册。厦门天艺股份公司入选国家级广告“双创”基地，厦门根深智业文创集团入选省级广告产业园区。

【优化营商环境措施出台】 2019年7月1日，《厦门市市场监督管理局关于优化营商环境促进经济高质量发展若干措施》实施。该文件包含具体措施55条，涵盖优化市场准入环境、助力企业转型升级、推动质量惠企强企、落实对台服务具体措施、强化知识产权保护运用、完善市场监管机制、便利主体快速退出7个方面，加强对商事主体从市场准入、发展壮大、权益保护和注销退出的全生命周期服务。至年末，该措施惠及企业5万余户次，《经济日报》等18家媒体对该项工作进行宣传和报道。

（市市场监督管理局）

食品药品监督管理

【概　况】 2019年，厦门市市场监督管理局推进食品安全城市工作。受理审批食药类申请件8.39万件。食品安全抽检2.8万批次，合格率98.57%。评选符合标准的食品安全教育基地。开展药品监督管理，推进家庭失效药品回收工作。

【食品安全城市建设】 2019年，厦门市印发《厦门市实施食品安全战略创建人民满意的食品安全城市工作方案（2020—2022年）》，提出6项原则、14个重点工程、52项具体工作、10项攻坚行动。市市场监督管理局对52项具体工作进行任务细化、责任分工，明确实施食品安全战略的目标、任务、路线图和具体措施。该工作方案遵循食品安全工作长期性、复杂性规律特点，以食品安全工作3年发展为总体考量，针对食品安全领域重点问题，制定“跳一跳、够得着”的工作项目，勾勒出实施食品安全战略全景式“规划图”。

【食品安全监督】 2019年，厦门市市场监督管理局组织开展整治食品安全问题联合行动、深化学校及周边食品安全专项整治、打击私宰猪肉、规范网络订餐、保健食品行业治理和整治食品安全问题联合行动。推进食品生产企业质量受权人制度，3家企业通过省市场监督管理局考核验收，被确认为保健食品生产企业质量受权人示范企业，提前1年完成创建任务。“一品一码”追溯监管体系纳入食品经营主体近6.76万家、食品33.2万种，在省市场监督管理局考核中排名前列。12家新创建的“放心肉菜示范超市”通过验收。市市场监督管理局推动600余家食堂完成建设“雪亮厨房”，全市持证餐饮服务提供者“明厨亮灶”覆盖率超过80%。指导网络订餐平台投放外卖封签逾230万个，下线问题入网餐饮单位2万余家。改造农贸市场21个。完成海峡论坛、金鸡百花电影节等44项重大活动食品安全保障任务。全年食品安全抽检2.8万批次，合格率98.57%，合格率高于全国、全省平均水平。处置不合格食品367批次，查办食品安全案件386件，罚没金额10546万元。全市未发生等级以上群体性食品安全事件。

【食品安全社会共治】 2019年，厦门市市场监督管理局评选符合标准的食品安全教育基地12家。开展“月月十五查餐厅”活动。不定期开展“全程查网红”特别行动，邀请市民代表、媒体记者跟随监管人员到消费者票选的餐厅进行突击检查。评选“食品安全社会共治优秀案例”，推广食品安全社会共治创新做法和经验。重新组建食品安全专家库，向社会招募食品安全义务巡查员志愿者，发起志愿者倡议。厦门市食品安全工作办公室（简称市食安办）联合市教育局组织食品安全宣讲团，面向中小学生开展食品安全科普讲座200场。开辟《食品安全你我他》电视专栏，邀请食安专家、食品生产经营业者、新闻媒体从业人员开展食品安全风险交流，在电视台、“食安厦门”微信公众号等平台上播出。开展2019年“食安斗阵行——幸福社区总动员”大型广场宣传活动24场，向市民普及食品安全知识。组织厦门市2019年食品安全宣传周活动，市级层面开展活动48项，展示食品安全治理成果，开展食品安全社会共治行动。召开厦门市食品安全工作联合会筹备会议和座谈会。厦门市食品安全工作联合会成立大会暨第一次会员大会召开。厦门市“‘五个强化’支撑社会共治　破解农村集体聚餐监管难题”入选第二届市场监管领域社会共治十佳优秀案例（政府类）。食品安全公益广告视频获首届全国市场监管微电影微视频微动漫大赛作品一等奖、优秀组织奖。“月月十五查餐厅”行动入选中国市场监管学会和人民网评选的“全国2019餐饮安全治理十大创新举措”。

【食品生产加工小作坊质量提升】 2019年，厦门市制定《厦门市食品加工小作坊质量提升方案（2019—2021）》，核准发证的小作坊抽检覆盖率100%。1家小作坊升级为食品生产企业，4家小作坊入选厦门特色食品品牌。新圩豆干小作坊联盟的24家小作坊联合签署自律公约，制定发布“新圩嫂”公用品牌产品团体标准。

【放心肉菜示范超市建设】 2019年，厦门市将推进建设培育市级放心肉菜示范超市工作列为市委、市政府“为民办实事项目”之一。市市场监督管理局印发工作方案，组织座谈、培训会，引导超市参与创建，提升创建超市的供给品质。通过现场竞标，引入第三方审核机构负责对2019年度全市新申报创建“放心肉菜示范超市”的15家超市进行现场审核验收，并对2018年授牌的9家“放心肉菜示范超市”进行复核。经现场审核，21家创建超市通过验收。

【药品流通监管】 2019年，厦门市市场监督管理局开展日常监督，检查药品零售企业1768家次，抽查药品品规2000余个，重点检查药品购进凭证和储存条件、处方药凭处方销售、执业药师在岗履职情况等。针对发现的问题，要求企业列出整改和纠正预防措施，防止流通环节出现药品质量安全风险。开展疫苗配送企业和接种单位专项检查、“4+7”集采试点公立医疗机构药品使用专项检查、执业药师“挂证”行为整治、药品零售环节违法违规经营突出问题专项治理等专项检查；变更注册执业药师的药品经营企业122家，提交自查整改报告的药品零售企业1479家，现场检查药品零售企业1079家次、疫苗配送企业1家、疾控中心4家、接种单位59家、公立医疗机构60家、民营医疗机构1498家次，限期整改284家。其中，组织开展飞行检查（事先不通知被检查部门的现场检查）149家，发布飞行检查公告20次，撤销药品零售企业GSP（药品经营质量管理规范）认证证书20家。厦门市药品零售企业执业药师配备率和平均配备执业药师数量均位居全省第一。

·小资料·

“4+7”集采：又称“4+7”带量采购。“4+7”指药品带量采购11个试点城市，包括4个直辖市、7个省会或副省级城市（北京、天津、上海、重庆、沈阳、大连、厦门、广州、深圳、成都、西安）。其中，上海是首个实施带量采购的城市。带量采购指在药品集中采购过程中开展招投标或谈判议价时，明确采购数量，让企业针对具体的数量报价。

【家庭失效药品回收】 2019年，厦门市市场监督管理局以定点药品零售连锁企业为主体，以零售门店为回收点，对居民家中超过有效期、破损、变质、被污染的药品进行被动回收、集中管理、统一销毁，促进居民清理家庭药箱，防止家庭失效药品流入非法渠道或造成环境污染。参与家庭失效药品回收的药品零售连锁企业数量从2016年的10家增加到19家，药品零售连锁门店从2016年的292家增加到482家；销毁药品重量由2017年的1820千克增加到2019年的7100千克。

【医疗器械监管】 2019年，厦门市市场监督管理局加强医疗器械日常监管，开展“双随机”抽查2次。对45家经营企业和8家使用单位开展飞行检查，组织开展无菌和植入性医疗器械监督检查、眼视光医疗器械专项检查、保健市场乱象“百日行动”、医疗乱象专项整治等专项行动。市场监督管理系统出动执法人员8077人次，检查生产企业200家次、经营企业2169家次、使用单位1598家次；警告53家，立案查处36家，罚款55万元。

【爱心食物银行】 2019年3月12日，厦门市市场监管局联合市民政局、慈善总会建立爱心食物银行见福分行，为企业独立运维模式，主要由企业将各经营门店的临期食品统一收集至物流总仓，再由总仓调配至设有爱心专柜的门店，捐赠给高温作业者等。“见福爱心”微信小程序上线，方便市民领取。5月25日，爱心食物银行嘉莲街道支行建立，为共建模式，主要通过嘉莲街道的爱心超市将食物捐赠给该街道困难人群。见福便利店、元初超市、闽篮超市、麦德龙超市、民兴超市、市盐业公司等参与提供“爱心物资”。

（市市场监督管理局）

质量安全监督管理

【概　况】 2019年，厦门市市场监督管理局开展质量强市和标准化战略，实施安全监管，推动质量提升。厦门市推进质量工作获得国务院通报表扬。市市场监督管理局开展计量、认证监管，受理审批质监类申请1.82万件。

【产品质量监督】 2019年，厦门市市场监督管理局抽查食品相关产品、日用消费品、建筑材料、金属制品等2553批次，抽查批次合格率99.3%。对53家相关企业开展监督抽查不合格后处理工作，约谈不合格产品生产企业，召开质量分析会，分析不合格原因，督促企业制定措施并进行整改。组织开展专项监督抽查176批次。以全国范围内使用量大面广、政府重点监控、舆情媒体关注的产品为对象，针对危害人民生命财产安全、尚不具备检测方法和限量规定、生产加工环节潜在的质量安全关键项目等风险点，组织实施食品接触用纸包装容器、食品接触用塑料包装容器、生活用纸、学生校服、弹簧软床垫、卫生软管等7类产品163批次产品质量安全风险监测工作，通过产品检验、数据分析、资料收集等方式，识别和验证产品质量安全风险。开展公共安全领域突出问题“大排查、大化解、大整治”攻坚行动、重点工业产品质量安全大检查等专项监督检查。

【特种设备安全监管】 2019年，厦门市各类特种设备8.43万台（套），比上年增长5.2%。其中，锅炉1150台，比上年下降2.1%；压力容器21387台，增长1.8%；电梯47048台，增长8.5%；起重机械8385台；场（厂）内专用机动车辆6150台；大型游乐设施149台，下降7.5%；客运索道1条。压力管道1800余千米，各类气瓶120万余个。市市场监督管理局组织开展特种设备安全隐患排查治理专项行动，对危化品相关企业、大型游乐设施、客运索道、电站锅炉和大型商超、学校、车站、码头、医院等公共领域超期未检的特种设备进行排查治理，累计排查重点特种设备使用单位1000余家，发现安全隐患312处。开展危险化学品相关特种设备专项治理，拉网式检查“两重点、一重大”（重点监管的危险化工工艺、重点监管的危险化学品、重大危险源）企业、移动式压力容器使用单位、危险化学品生产企业、液氨制冷企业、气瓶充装企业等113家，发现隐患90处，企业均完成整改并建立完善预防机制。开展“防风险　保安全　迎大庆”为重点的燃气安全专项行动，联合检查液化石油气气瓶充装站、天然气汽车加气站等燃气企业，发现安全隐患36处，责令限期整改。

【电梯监管】 2019年，厦门市电梯维保单位96家。市市场监督管理局抽查投诉集中、故障率高、人员密集场所的电梯1000台，实现维保单位抽查全覆盖。通过集中考评、日常检查方式对维保单位进行电梯维保质量诚信体系信用等级考核。全市电梯维保单位检验一次合格率93.37%。“96196”电梯安全应急处置中心接听电话3182起，处置电梯故障811起，5家应急响应超过30分钟的企业被扣考核分。市市场监督管理局与市建设局对住宅小区电梯开展联合检查，检查物业单位72家。11月28日，厦门市第十五届人民代表大会常务委员会第二十九次会议通过《厦门市经济特区电梯安全管理条例》，将于2020年3月1日施行。该条例7章47条，涉及电梯选型配置、生产、使用、维护保养、检验检测、监督管理、法律责任等方面。

【计量监管】 2019年，厦门市市场监督管理局完成计量器具强制检定8.6万台件，为企业减负1114万元。在农贸市场、海鲜排档酒楼、旅游景区开展计量执法33次，查处作弊秤79台。开展定量包装商品计量随机抽查，在生产领域随机抽取定量包装商品7类95批次；在流通领域抽取定量包装商品6种及燃气供应站点销售的瓶装液化石油气154批次，合格率91.77%。开展眼镜制配场所计量专项监督检查，检查眼镜店84家，责令10家存在使用未经检定计量器具情况的企业限期改正。联合市市政园林局、市建设局梳理民用水表、电能表、燃气表检定信息共236万条，指导供水、供电、供气部门按要求开展民用“三表”计量管理。开展加油机计量专项监督检查，检查加油站30家、加油机142台，未发现计量违法行为。

【认证监管】 2019年，厦门市获得强制性产品认证、食品农产品认证等的组织7183家，各类证书22120张。其中，强制性产品认证获证组织383家，证书4327张；各类管理体系认证获证组织5857家，证书10780张；食品农产品认证获证组织230家，证书304张；自愿性工业认证获证组织544家，证书6502张；服务认证获证169家，证书207张。市市场监督管理局组织开展强制性产品认证获证企业现场检查，检查企业86家次，其中4家企业存在进料和出厂检验记录不完善、生产设备运行及保养记录不齐全等问题，全部整改完毕。

【质量强市战略】 2019年，厦门市“2018年度推进质量工作成效”获得国务院通报表扬（全国被通报表扬城市10个），在国家市场监督管理总局召开的深入推进质量提升行动座谈会上作书面经验交流。市市场监督管理局实施政府质量奖滚动培育与发展三年计划，举办质量奖培训研讨、公益诊断和经验分享活动，引导企业争创各级政府质量奖，兑现奖励金297万元。厦门市美亚柏科信息股份有限公司、厦门会展集团股份有限公司分别获2018年度福建省政府质量奖、提名奖。厦门市启动第五届市级质量奖评定工作，近80家企业咨询申报，17家企业通过符合性审查。举办第二届厦门质量品牌故事大赛，19家企业参与。全市累计1152人获企业首席质量官任职培训证书，数量位居全省各地市第一名。国家平板显示产业计量测试中心（厦门）高质量通过国家市场监管总局组织的现场验收，成为全国第九家国家产业计量测试中心，标志着厦门市入选产业计量“国家队”行列。国家物流包装产品质检中心（福建）通过验收，为国内物流领域首个国家级质检中心。厦门市食药检院成为全国第二家获得化妆品注册和备案检验机构资质的检验机构。

【标准化战略】 2019 年，厦门市市场监督管理局引导各企事业单位开展标准制修订工作，全市新增国家标准 129 项、行业标准 17 项、省地方标准 17 项。26 个标准项目申报省地方标准。开展市级标准制修订工作，发布 23 项厦门市地方标准、12 项厦门市标准化指导性技术文件。兑现标准化战略资助资金 3951 万元。引导企业开展标准自我声明公开工作，562 家企业在企业标准信息公共服务平台上公开标准 2974 项。至年末，全市累计 1678 家企业公开标准 12198 项（企业标准 11687 项），涵盖产品 19966 种。全市 10 个团体在全国团体标准信息平台注册，其中 4 个团体公开团体标准 10 项。胡里山炮台、京闽中心酒店承担的国家级服务业标准化试点通过中期评估。小羽佳、孔雀河、孕育年华、齐邦家政 4 个省级家政服务标准化试点项目通过验收。1 月 22 日，台湾地区标准化（厦门）研究中心挂牌，该中心由国家标准委设立，是全国唯一国家级涉台标准化研究基地。

【第八届中德标准化合作委员会会议】 2019 年 5 月 19—22 日，由国家市场监督管理总局、德国联邦经济和能源部联合主办的第八届中德标准化合作委员会会议在厦门市召开，国家市场监督管理总局标准技术管理司、国家市场监督管理总局标准创新管理司、工业和信息化部、商务部、德国驻华使馆以及中德两国相关行业协会、科研机构、企业代表 120 人参加。会议探讨智能网联汽车、民用航空、服务业、产品几何技术规范、人工智能、电池系统、量子技术等领域标准化合作。同期召开智能制造、电动汽车等各专业领域标准化合作工作组会议。

【水产品称重行为专项整治】 2019 年 8 月，厦门市市场监督管理局针对“螃蟹绑大草”问题，对全市农贸市场、农产品（水产品）批发市场、商场超市、餐饮等相关单位存在的螃蟹过度捆绑、水产品塑料袋占重（含提供不合格塑料购物袋）、使用不合格计量器具行为开展集中规范整治，推广使用安全合理的螃蟹捆扎绳、“诚信筐”、合格计量器具、安全合格塑料购物袋，规范公平秤管理，实行明码标价。在规范指导及自查自纠后，针对部分经营者存在对螃蟹进行超出合理范围的捆扎以及使用不合格计量器具、提供不合格塑料购物袋等违法行为进行查处。立案查处 69 起，形成震慑效应。人民网、《福建日报》、《厦门日报》等媒体对该专项整治工作进行跟踪报道。

【“质量月”活动】 2019 年 9 月 1 日，“厦门市 2019‘质量月’启动仪式暨现场咨询服务活动”在白鹭洲音乐喷泉广场举行，副市长韩景义等出席。9 月，该活动围绕质量主题宣传、加强监管执法、加大消费者权益保护、开展质量提升行动、优化营商环境等方面，开展“质量开放日”等活动 56 项，涵盖产品、环境、工程、旅游、文化、医疗、金融等领域。全市企业、行业组织、第三方机构等参与推进标准、计量、检验检测、认证认可等质量技术基础要素融合。配套开展质量改进、质量攻关、技术比武等群众性质量活动，组织质量标杆企业观摩会和示范经验交流会，参与企业 1100 余家。召开质量分析会 700 余次，培训企业质量管理人员 4300 余人，参与职工 14.7 万人次，福建省电视台、厦门电视台、《中国质量报》、《厦门日报》等 10 多家媒体报道该活动。质量月期间，厦门市发布《厦门市 2018 年度制造业质量竞争力指数》，规模以上制造业质量竞争力指数为 90.11；发布《2018 年度服务行业顾客满意度》，服务业顾客满意度测评总体平均分 81.59；发布《2019 年市民质量满意度报告》，市民质量总体满意度 84.93。

【医疗器械使用单位质量评级】 2019 年 10 月 31 日至 11 月 6 日，厦门市市场监督管理局抽调部分监管人员和医院专家组成检查组，针对全市 18 家三级医院，开展医疗器械使用单位质量评级活动。检查组依据《医疗器械使用质量管理等级评定评分细则》进行评分，评出医疗器械 A 级单位（使用质量管理体系运行好）3 家、B 级单位（使用质量管理体系运行较好）13 家、C 级单位（使用质量管理体系运行一般）2 家。检查组针对医疗器械使用单位质量管理体系存在的共性问题，召开讲评会，提出具体整改要求，督促使用单位落实整改。

【贸易便利化标准与实践高峰论坛】 2019 年 11 月 25 日，由中国标准化研究院与厦门市市场监督管理局联合主办的贸易便利化标准与实践高峰论坛在厦门市举行。政府机构、企事业单位、大专院校、科研机构等代表近 150 人参会，其中来自联合国欧洲经济委员会（UNECE）、联合国贸易便利化与电子业务中心（UN/CEFACT）以及“一带一路”沿线国家的国际专家 50 余人。11 月 26—28 日，同步召开“联合国贸易与运输地点代码（UN/LOCODE）国际标准 2019 年会”。

（市市场监督管理局）

价格管理

【重要民生商品保供稳价】 2019 年，厦门市居民消费价格（CPI）比上年增长 3.0%，与政府工作报告确定的控价目标（3.0% 左右）持平，控价成绩在全国 36 个大中城市排名第十一位，全省排第二位。春节期间，厦门市依托现有 99 家平价商店，启动为期 30 天的政府差价补贴销售猪肉、蔬菜政策，共发放差价补贴 103.95 万元。其中，蔬菜类销售 104.55 吨，补贴金额 87.21 万元；肉类销售 13.56 吨，补贴金额 16.74 万元。8 月 1 日起，启动平价商店机制，开展政府差价销售猪肉补贴。2019 年，根据《厦门市社会救助和保障标准与物价上涨挂钩联动机制实施办法》，市发改委做好价格临时补贴和失业保险金补贴发放工作。其中，价格临时补贴覆盖 11.5 万人次，金额 733.33 万元；失业保险金补贴惠及 16.28 万人次，金额 1836.67 万元。厦门市是全国最早完成猪肉储备任务的城市之一，受到国家发改委的肯定。厦门市《关于进一步完善产供储销体系稳定蔬菜生产供应和价格水平的实施意见》出台。

【重点领域价格改革】 2019年，厦门市继续推进重点领域价格改革。市级管理国有景区景点门票降价，11家重点国有景区门票价格平均比上年下降24.5%，每年为社会减轻负担5000余万元。管道燃气供气工程建设费规范，市发改委取消供气工程建设环节的不合理收费，新建住宅管道燃气供气建设费从3200元/户下调至2100元/户。水价形成机制完善，利用价格杠杆促进节水，经市政府批准，其他行业用水价格从2.2元/吨上调至2.6元/吨，将于2020年1月1日起执行。收费清单动态调整和适时公布，市发改委清理市级定价的经营服务性收费，废止智能卡补卡工本费、道路清障施救服务等8个收费相关文件。市级政府定价商品和服务价格项目由27项调整为20项，市级政府定价经营服务性收费由10类22项调整为3类8项。

【清费减负】 2019年，厦门市贯彻落实国家及省清费减负各项政策，开展清理规范涉企收费、减轻企业负担工作，年降费16.32亿元。用电成本降低，一般工商业电价累计降价2次，1千伏至10千伏单一制电价从0.6408元/千瓦小时降至0.5797元/千瓦小时，为用户年减轻负担2.91亿元。用气成本降低，4月1日起，居民气价第一档和非居民用气最高销售价格每立方米下调0.03元，全年减轻用户负担621万元。物流成本降低，5月1日起，“四桥一隧”通行费取消，全年降低物流成本5.7亿元。市发改委、交通部门清理规范铁路货物运输相关收费，铁路货运杂费从33项降为27项，取消货车篷布使用费等6项杂费，降低货车延期占用费等4项收费标准。涉企行政事业性收费清理规范，市发改委开展行政事业性收费报告制度，收费单位比上年减少30家，收费项目减少2项。2018年度收费总额比2017年减少3.31亿，其中涉企收费减少2.08亿元，教育收费减少0.07亿元。经营服务性收费改革，市发改委开展经营服务性收费报告制度，涉及15个大项18个子项收费。2018年度收费总额28.3亿元，比2017年减少3.53亿元；财政拨款补助8.23亿元，比2017年减少0.44亿元。

【成本监审】 2019年，厦门市发改委完成民办教育、非居民用水、新建住宅供气工程建设、景区门票价格成本等8个项目成本监审，涉及经营单位12家，审核企业账面成本44.11亿元，核减不应计入定价成本的费用20.18亿元，核减率45.75%。通过成本监审调低定价的项目5个。

【价格认定】 2019年，厦门市发改委完成价格认定、价格争议调处等工作1560件，总认定值7.7亿元。“零争议、零复核”成为厦门价格认定工作常态基准。

（市发改委）

【价格监管】 2019年，厦门市市场监督管理局开展“转供电环节收费”“商业银行对小微企业融资收费”“政府部门所属单位、中介机构、行业协会商会收费”“口岸收费”等专项检查，督促电网企业及转供电主体完成清退款1.44亿元。以医疗、猪肉、教育等民生价格为重点，组织开展专项检查。查办价格违法案件67件，处罚金额690万余元。

（市市场监督管理局）

中小企业管理

【概 况】 2019年，厦门市改善中小企业发展环境、完善中小企业财税支持、加强中小企业融资促进，营造有利于中小企业发展的环境，促进厦门市中小企业向高质量方向发展。至年末，全市正常运营的中小微型企业约37.5万家，占全市企业数的99.5%。注册资本在500万元以下的中小微型企业占74.8%。注册资本在100万元以下的中小微型企业占50%。商贸、商务、科技服务、文体娱乐、社区服务等领域的第三产业中小微企业占83.7%。其中，从事批发和零售业、租赁和商务服务业的中小微企业占53.5%。从事制造业的中小微企业占10%，从事科学研究和技术服务业的中小微企业占8.9%，从事软件和信息技术服务业的中小微企业占6.7%。根据工商登记情况，岛内思明区占30.5%，湖里区占27.1%；岛外集美、同安、海沧、翔安4个行政区分别占10.6%、8%、6.0%、4.4%。纳入运行监测中小微企业营业收入比上年增长2.6%，利润总额增长1.2%。其中，中小工业企业营业收入比上年增长3.6%，利润总额增长5.5%。规模以上中小微工业企业2102家，其中计算机通信和其他电子设备制造业、电气机械和器材制造业、橡胶和塑料制品业、金属制品业分别占12%、11%、9%、9%。市政府出台《厦门市人民政府关于印发进一步支持中小企业发展若干措施的通知》，市促进中小企业发展工作领导小组推动落实各项支持中小企业创新发展政策。

【中小企业融资服务】 2019年，《厦门市工业和信息化局 厦门市财政局关于印发厦门市小微企业信贷风险资金管理办法的通知》出台，调动银行和担保机构为小微企业融资服务的积极性，改善小微企业融资环境。厦门市工业和信息化局（简称市工信局）开展“小微企业还贷应急资金”和“中小企业信贷风险资金”工作，解决小微企业发展中资金困难的瓶颈问题。发放还贷应急资金59笔，总金额2.47亿元，比上年增长7.17%；完成3笔小微企业信贷风险资金申请，总金额244.32万元；12家银行为小微企业发放信用贷款1.13万笔，发放金额53.48亿元。“厦门市产融合作云”2.0版本上线，通过企业服务大数据分析，引入中小企业专业融资顾问以及第三方征信服务，受理融资1.25万笔，融资金额66.18亿元。

【公益培训】 2019年，厦门市工信局依托中小企业公共服务平台，完善中小企业管理提升培训体系。举办短期公开课培训、中长期深度培训、模块专题班培训、外出培训班等活动65场，4890人次参加培训。厦门市中小企业服务中心入选首批厦门市人才培训基地。市工信局、市财政局联合主办“2019级厦门市成长型企业高级研修班”，清华大学继续教育学院承接教学，招收成长型企业高管等学员55人。

【“百日招聘”活动】 2019年，厦门市依托工业和信息化部、教育部组织的全国中小企业网上“百日招聘”高校毕业生活动，面向全市中小企业常年免费提供职位招聘与信息发布服务。联合全市18家大中专院校打造高校大学生求职、企业人才交流对接的网上免费服务平台。“百日招聘”活动期间，3500家中小企业通过招聘服务平台累计发布岗位2.9万个，对接有求职需求的往、应届高校毕业生8000余人次。

【小微企业创业创新示范基地】 2019年，厦门市工信局开展市级小微企业创业创新示范基地认定工作，评选出示范基地8家，其中新认定3家、复评5家（见表19–1）。软件园三期创新社区、中达电商园入选2019年度国家级小型微型企业创业创新示范基地。

表19–1 **2019年厦门市小微企业创业创新示范基地一览表**

基地	运营机构
厦门软件园（一期）软件产业孵化基地	厦门软件产业投资发展有限公司
厦门生物医药创业创新基地	厦门海沧生物科技发展有限公司
厦门市软件园三期创新社区	厦门信息集团有限公司
云创智谷	厦门旗山云创业园区管理有限公司
一品威客海峡两岸青年创业基地	厦门一品威客网络科技股份有限公司
航天思尔特智能制造创业创新基地	厦门航天思尔特机器人系统股份公司
厦门火炬石墨烯新材料创业创新基地	厦门火炬石墨烯新材料孵化器有限公司
厦门海沧集成电路设计产业园基地	厦门海沧信息产业发展有限公司

【中小企业公共服务示范平台】 2019年，厦门市工信局开展市级中小企业公共服务示范平台认定工作，新认定示范平台4家，复评示范平台5家。厦门合道联合知识产权事务有限公司、福建省环安检测评价有限公司、厦门加捷企业服务中心有限公司3家运营单位被工业和信息化部认定为2019年度国家中小企业公共服务示范平台。

【双创特色载体建设】 2019年，厦门市根据财政部、工业和信息化部、科技部联合下发的《关于支持打造特色载体推动中小企业创新创业升级工作的通知》，支持优质实体经济开发区打造不同类型的创新创业特色载体。至年末，厦门火炬高技术产业开发区获国家级双创特色载体（大中小企业融通型）认定，海沧台商投资区获得国家级双创特色载体（专业资本集聚型）认定，分别获中央财政支持资金5000万元。

【专精特新企业培育】 2019年，厦门市工信局开展年度专精特新小微企业培育工作，评定市级专精特新小微企业167家，162家企业共获项目补助2520万元。41家企业入选省级专精特新中小企业，厦门利德宝电子科技股份有限公司、晋大纳米科技（厦门）有限公司入选首批国家专精特新小巨人企业。

【小微企业服务补贴券】 2019年，厦门市工信局优化服务补贴券系统，对服务商城、慧企宝的操作流程进行优化，降低机构和企业时间成本。开展2020年度小微企业服务补贴券专用券签约服务机构及服务项目认定工作，认定服务机构115家，签约服务项目250个。评定2019年度小微企业服务补贴券优秀签约服务机构，入选服务机构24家。通过《厦门日报》等渠道宣传推广补贴券政策。3508家企业累计申请服务补贴券1561.91万元。

【中小企业服务平台建设】 2019年，厦门市中小企业公共服务平台引导和带动管理咨询、投融资、人才服务、培训服务等各类专业服务机构990余家，网站注册会员6.14万个，提供有效特色服务1603项，累计促成企业与机构供需服务对接6万余次。市级枢纽平台联合各窗口平台、示范平台、示范基地累计服务中小企业5.4万家次，服务人数24万余人次；受理企业在线服务4.89万家次，电话服务3.05万人次。厦门市中小企业服务平台微信矩阵实现惠企政策与惠企服务整合与集中宣传，推送图文消息128期504条，阅读量52万余人次。《厦门中小企业》期刊（月刊）改版，全年发行3.5万册。市工信局依托中小企业公共服务平台搭建厦门市高技术高成长高附加值企业综合服务平台，开发线上申报、智能政策画像、挂钩领导、政企直通车等功能，首批入库“三高”企业2079家。

【中小企业运行监测】 2019年，厦门市工信局开展中小企业生产经营运行监测，收集、分析数据，每月形成《厦门市成长型中小微企业生产运行监测样本企业分析报告》，组织运行监测企业参与各类问卷调查和调研。至年末，常态化申报的运行监测样本企业2050家。

【中小微企业认定】 2019年，厦门市工信局认定通过中小微企业1554家。其中，56%为招投标使用，38.4%为贷款使用，5.6%为申请应急还贷资金使用。

【成长型中小微企业认定】 2019年，厦门市工信局认定2019—2020年度市级成长型及最具成长性中小微企业600家，其中最具成长性企业72家、成长型中小微企528家（见表19–2、19–3）。辅导企业申请中小企业成长支持资金。2019年度发放贷款贴息4089万元。

表19–2 **2019—2020年度厦门市最具成长性中小微企业一览表**

序号	企业	序号	企业
1	厦门嘉戎技术股份有限公司	3	厦门金德威包装有限公司
2	厦门顾德益电器有限公司	4	中骏智能电气科技股份有限公司

续表 19-2

序号	企业	序号	企业
5	厦门连科工业有限公司	39	厦门居本信息科技集团股份有限公司
6	厦门大金机械有限公司	40	厦门微信软件有限公司
7	厦门合立道工程设计集团股份有限公司	41	厦门赢晟科技有限公司
8	汉纳森（厦门）数据股份有限公司	42	厦门东声电子有限公司
9	厦门诚享东方股份有限公司	43	厦门创业人环保科技股份有限公司
10	厦门嘉康饲料有限公司	44	厦门锐腾电子科技有限公司
11	厦门福泉钢业有限公司	45	厦门利德宝电子科技股份有限公司
12	厦门市波生生物技术有限公司	46	爱德森（厦门）电子有限公司
13	福建金海峡融资担保有限公司	47	中广核瑞胜发（厦门）新材料有限公司
14	中铁科建工程有限公司	48	厦门普为光电科技有限公司
15	厦门容大合众电子科技有限公司	49	厦门市蒙泰健康科技有限公司
16	厦门市佳贝美集团有限公司	50	尤扬电器制造（厦门）有限公司
17	华尔达（厦门）塑胶有限公司	51	厦门海迈科技股份有限公司
18	厦门特辰科技有限公司	52	厦门微能电子科技有限公司
19	厦门丝柏科技有限公司	53	厦门鸿益顺环保科技有限公司
20	厦门安科科技有限公司	54	厦门涪安建设工程有限公司
21	厦门众联世纪科技有限公司	55	厦门市海林生物科技有限公司
22	福建铭泰集团有限公司	56	厦门海豹他趣信息技术股份有限公司
23	厦门豪帝卫浴工业有限公司	57	厦门海普锐科技股份有限公司
24	厦门智顶互动传媒股份有限公司	58	厦门市路桥机械有限公司
25	厦门金龙汽车座椅有限公司	59	厦门松元电子有限公司
26	厦门哲林软件科技有限公司	60	厦门市世纪网通网络服务有限公司
27	厦门市科力电子有限公司	61	厦门市迈动体育用品有限公司
28	奥新（厦门）轴承有限公司	62	厦门致善生物科技股份有限公司
29	厦门欣机电器有限公司	63	谊瑞展示架（厦门）有限公司
30	厦门大一互科技有限公司	64	厦门市祥信龙建筑工程有限公司
31	厦门享联科技股份有限公司	65	厦门佰瑞福环保科技有限公司
32	厦门华信安电子科技有限公司	66	厦门必诚包装有限公司
33	厦门富思特新材料科技有限公司	67	福建洪庄建设有限公司
34	厦门宇龙机械有限公司	68	厦门唯自然工贸有限公司
35	厦门星原融资租赁有限公司	69	厦门泓益检测有限公司
36	中鲨动物保健品（厦门）有限公司	70	花木易购科技股份有限公司
37	蓝保（厦门）水处理科技有限公司	71	厦门鲁班环境艺术工程股份有限公司
38	厦门艾美森新材料科技股份有限公司	72	厦门中田环保片材有限公司

表 19-3　**2019—2020 年度厦门市成长型中小微企业一览表**

序号	企业	序号	企业	序号	企业
1	厦门市超日精密模具有限公司	39	厦门麦威工贸有限公司	77	福建北杭建设工程有限公司
2	厦门金龙电控科技有限公司	40	福建首冠电力科技工程有限公司	78	厦门博晶光电技术有限公司
3	厦门华晔精密模具有限公司	41	厦门九益实业有限公司	79	厦门嘉影动漫有限公司
4	厦门绿洋环境技术股份有限公司	42	厦门澳仕达电子有限公司	80	厦门市贝莱通信设备有限公司
5	厦门万泰凯瑞生物技术有限公司	43	厦门华普胜钣金制造有限公司	81	厦门爱劳德光电有限公司
6	厦门视诚科技有限公司	44	厦门长江电子科技有限公司	82	厦门市锦山金属工业有限公司
7	华祥苑茶业股份有限公司	45	厦门市金东远供应链有限公司	83	厦门唯美制衣有限公司
8	厦门中健农产品供应链有限公司	46	厦门泛德科技开发有限公司	84	厦门精艺兴业科技有限公司
9	厦门立林电气控制技术有限公司	47	福建易华录信息技术有限公司	85	厦门铸远教育科技有限公司
10	厦门市格绿科技有限公司	48	厦门风云科技股份有限公司	86	厦门美润无纺布股份有限公司
11	厦门冠音泰科技有限公司	49	厦门海合达电子信息股份有限公司	87	厦门星瞳网络科技有限公司
12	厦门绿进食品有限公司	50	厦门龙津进出口贸易有限公司	88	厦门彼格科技有限公司
13	厦门市协同兴机械制造有限公司	51	厦门维达斯服饰有限公司	89	厦门兴南洋信息技术有限公司
14	厦门智中精密研磨科技有限公司	52	厦门银旭工贸有限公司	90	厦门逸信彩印有限公司
15	厦门集控电气系统有限公司	53	厦门威尔圣电气股份有限公司	91	厦门盛元汽车有限公司
16	厦门市同安协胜金属制品有限公司	54	合锋卫浴（厦门）有限公司	92	厦门市雅景致环境艺术工程有限公司
17	厦门数字证书管理有限公司	55	厦门科灿信息技术有限公司	93	大禾众邦（厦门）智能科技股份有限公司
18	厦门澳丽妃包袋有限公司	56	柠檬（厦门）电气有限公司	94	厦门如意三煲食品有限公司
19	厦门鉴科检测技术有限公司	57	厦门唐人科技股份有限公司	95	厦门天海图汇信息科技有限公司
20	厦门绿帝食品有限公司	58	厦门畅享信息技术有限公司	96	厦门鑫河精密科技股份有限公司
21	艾腾（厦门）精密制造有限公司	59	厦门沃克集团有限公司	97	厦门欣意盛非金属材料科技有限公司
22	福建金海峡典当有限公司	60	厦门佳创科技股份有限公司	98	厦门栢科富翔彩印有限公司
23	厦门市诺盛测控技术有限公司	61	福建威宝日用品有限公司	99	厦门鼎运智能股份有限公司
24	厦门捷讯汽车零部件有限公司	62	厦门兴全龙机械有限公司	100	厦门怡顺行贸易发展有限公司
25	德彦纸业（厦门）有限公司	63	厦门立林高压电气有限公司	101	厦门锐传科技有限公司
26	厦门快商通科技股份有限公司	64	厦门市蓝恒环保有限公司	102	厦门汉旭硅材料科技有限公司
27	厦门巨传国际会展有限公司	65	厦门南讯软件科技有限公司	103	厦门住安智能科技有限公司
28	厦门畅博思信息技术有限公司	66	厦门中构新材料科技股份有限公司	104	厦门澳磊集团有限公司
29	厦门三登塑胶工业有限公司	67	厦门万久科技股份有限公司	105	厦门立圣丰机械有限公司
30	厦门世纪伟业网络科技有限公司	68	厦门云顶伟业信息技术有限公司	106	厦门凯迪空间电子有限公司
31	雅特尔（厦门）实业有限公司	69	厦门市特克模具工业有限公司	107	厦门佰事兴新材料科技有限公司
32	石川岛中骏（厦门）建机有限公司	70	厦门飞德利照明科技有限公司	108	厦门联石进出口有限公司
33	厦门早龙饮料有限公司	71	厦门物之联智能科技有限公司	109	厦门荣利达物流集团有限公司
34	厦门美亚中敏科技有限公司	72	艾美肯（厦门）电力科技有限公司	110	厦门汉连物流有限公司
35	厦门爱印科技有限公司	73	厦门优佳丽服饰有限公司	111	厦门朱蒂私语纺织服饰有限公司
36	厦门长辉实业有限公司	74	昇捷丰电子（厦门）有限公司	112	厦门弘诚绝缘材料有限公司
37	罗宾高分子科技（厦门）有限公司	75	厦门快普信息技术有限公司	113	厦门信荣达科技有限公司
38	厦门吉科卫浴有限公司	76	厦门快商通信息技术有限公司	114	厦门市吉龙德环境工程有限公司

续表 19-3

序号	企业	序号	企业	序号	企业
115	厦门安妮企业有限公司	153	厦门市烨阳工贸有限公司	191	厦门佳浴智能卫浴有限公司
116	厦门众亿达装饰工程有限公司	154	福建国科信息科技有限公司	192	厦门市超铁骏业机械有限公司
117	厦门市翰伟贸易有限公司	155	厦门市致创能源技术有限公司	193	厦门铨圣货架有限公司
118	厦门旭初税务师事务所有限公司	156	厦门厦洛普科技有限公司	194	厦门唯康食品科技有限公司
119	厦门早龙食品有限公司	157	厦门瞳景智能科技有限公司	195	飞虎（厦门）新材料科技股份有限公司
120	厦门万新橡胶有限公司	158	厦门市闽力安建设有限公司	196	鼎贞（厦门）实业有限公司
121	厦门骏利德贸易有限公司	159	厦门中惠空调有限公司	197	厦门中恒信净化科技股份有限公司
122	厦门朗臣电子科技有限公司	160	厦门谊和商业道具有限公司	198	厦门市益津鹭科技有限公司
123	裕兴螺丝（厦门）工业有限公司	161	厦门普利得汽车电子有限公司	199	伟裕（厦门）电子有限公司
124	厦门英诺尔充源电子有限公司	162	厦门力祺环境工程有限公司	200	厦门朗纳科工贸有限公司
125	东来不锈钢丝（厦门）有限公司	163	厦门昊星电子有限公司	201	厦门佳创智能科技有限公司
126	厦门比肯精密工业有限公司	164	厦门市嘉盛工程机械有限公司	202	厦门海菲生物技术有限公司
127	厦门美肯科技有限公司	165	厦门碧驰信息科技股份有限公司	203	厦门合道联合知识产权事务有限公司
128	福建省东方四维科技有限公司	166	厦门求特新材料有限公司	204	厦门易辰达机械有限公司
129	厦门市康保无尘科技有限公司	167	厦门快乐番薯股份有限公司	205	厦门永大橡塑五金工业有限公司
130	厦门碳帝复合材料科技有限公司	168	厦门三盛汽车有限公司	206	厦门市克成五金制品有限公司
131	厦门科华恒盛电力能源有限公司	169	厦门美好出行物联网技术有限公司	207	厦门迪威怡欣供应链管理有限公司
132	厦门市佳丽海鲜大酒楼有限公司	170	厦门航捷运国际物流有限公司	208	厦门广泓工贸有限公司
133	韦士肯（厦门）智能科技有限公司	171	厦门佳芳工贸有限公司	209	厦门兴康信科技股份有限公司
134	厦门中集信检测技术有限公司	172	厦门海实科技有限公司	210	厦门市协利欣纸品有限公司
135	厦门安普格电气有限公司	173	厦门莱蔓新材料科技有限公司	211	厦门德力实自动化设备有限公司
136	尼克利斯（厦门）卫浴设备有限公司	174	厦门能强电子有限公司	212	厦门市三升标饰印刷有限公司
137	厦门市九安安全检测评价事务所有限公司	175	成利吉（厦门）智能股份有限公司	213	厦门塑时代新材料有限公司
138	厦门安妮股份有限公司	176	厦门旭盈物流股份有限公司	214	厦门特仪科技有限公司
139	厦门宝太生物科技有限公司	177	厦门市三磊包装材料有限公司	215	厦门欧曼石材有限公司
140	厦门达斯自动化技术有限公司	178	富世新（厦门）材料科技有限公司	216	厦门富莱仕影视器材有限公司
141	厦门嘉益安科技有限公司	179	厦门市后戟文化传播有限公司	217	厦门绿研食品有限公司
142	福建亿能电力科技股份有限公司	180	厦门科林丝日化有限公司	218	厦门福来德汽配有限公司
143	厦门联进电热端针有限公司	181	厦门同步天成软件股份有限公司	219	厦门普美霖卫浴科技有限公司
144	厦门信昇达物联科技股份有限公司	182	厦门精恒展示制品制造有限公司	220	厦门市百思得铝制品工程有限公司
145	厦门弘诚复合材料有限公司	183	厦门爱瑞克电子有限公司	221	厦门华禹贸易有限公司
146	厦门知信信息科技有限公司	184	厦门联顺成物流有限公司	222	厦门美佳美新材料科技有限公司
147	厦门盛元丰田汽车销售服务有限公司	185	厦门澜天电子科技有限公司	223	厦门市环岛工贸有限公司
148	厦门康柏机械集团有限公司	186	厦门睿通电子科技有限公司	224	厦门市杏林意美包装有限公司
149	厦门渊亭信息科技有限公司	187	厦门市苏迅电梯工程有限公司	225	厦门金双胜健康科技有限公司
150	厦门英溢塑胶有限公司	188	厦门劲龙工程机械有限公司	226	厦门纬达树脂有限公司
151	厦门锐谷通信设备有限公司	189	厦门允扬服装饰品有限公司	227	游氏（厦门）卫浴工业有限公司
152	厦门柏讯信息科技有限公司	190	厦门银豪饲料有限公司	228	厦门哈尼贝儿童用品有限公司

续表 19-3

序号	企业	序号	企业	序号	企业
229	厦门安德立科技有限公司	267	厦门卫标洁具有限公司	305	厦门澳磊实业有限公司
230	格雷诺（厦门）开关有限公司	268	厦门赢定信息科技有限公司	306	厦门仕搏橡塑科技有限公司
231	厦门天玲雨具有限公司	269	厦门市潮汇技术开发有限公司	307	厦门博视源机器视觉技术有限公司
232	厦门和洁无纺布制品有限公司	270	厦门立淘电子商务有限公司	308	厦门恩格节能科技有限公司
233	厦门科恒塑胶有限公司	271	厦门星科电子有限公司	309	厦门市格联胜包装制品有限公司
234	厦门源乾电子科技有限公司	272	厦门义兰德机电工程有限公司	310	厦门泓煜进出口有限公司
235	厦门新为达包装有限公司	273	厦门科诚杰管理咨询有限公司	311	厦门优迈科医学仪器有限公司
236	厦门置成工贸有限公司	274	千语菱（厦门）数字科技有限公司	312	厦门市派对屋电子有限公司
237	厦门市嘉能科技有限公司	275	厦门龙之山文化创意产业有限公司	313	厦门巧亿科技有限公司
238	厦门金隆翔工贸有限公司	276	厦门市恒荣生木制品有限公司	314	厦门市江友包装制品有限公司
239	厦门森纳电子有限公司	277	厦门镁塔传媒有限公司	315	厦门兆慧网络科技有限公司
240	厦门港沅塑胶工业有限公司	278	福建宇多家具有限公司	316	厦门福森达电气有限公司
241	厦门锦朗包袋有限公司	279	厦门德立铭工贸有限公司	317	誉颁会展集团有限公司
242	厦门精卫模具有限公司	280	厦门市千兆科技有限公司	318	厦门卓信贸易有限公司
243	厦门银泓交通设施有限公司	281	厦门鸿菱电梯有限公司	319	厦门弘新电气技术有限公司
244	厦门迈信物联科技股份有限公司	282	厦门铍铜金属科技有限公司	320	厦门佐纳服饰有限公司
245	厦门奥斯福电力系统有限公司	283	厦门膨润土贸易有限公司	321	中缝（厦门）自动化科技有限公司
246	厦门天重钢结构有限公司	284	厦门海飞船务工程有限公司	322	厦门博意达科技有限公司
247	兴雪莱（厦门）体育用品有限公司	285	厦门奇达电子有限公司	323	禹涛（厦门）工程技术有限公司
248	厦门亿力天龙科技有限公司	286	福建普美文化产业有限公司	324	厦门艾迩立德科技有限公司
249	厦门允发钢管工业有限公司	287	厦门市宏展工程建设有限公司	325	厦门百安兴新材料有限公司
250	厦门市圣格包装制品有限公司	288	厦门鑫晶龙科技有限公司	326	厦门钰得沣塑胶有限公司
251	厦门农鑫农产品有限公司	289	厦门亚逊进出口有限公司	327	厦门优利物流有限公司
252	厦门物之联信息技术有限公司	290	厦门亨德顺商贸有限公司	328	厦门飓浪计算机软件有限公司
253	厦门开心上校餐饮管理有限公司	291	厦门兴济阳贸易有限公司	329	厦门汉顿贸易有限公司
254	凯阀控股集团有限公司	292	厦门东港环美家具有限公司	330	福建世联达服装辅料有限公司
255	厦门控智电子科技有限公司	293	厦门悠派无纺布制品有限公司	331	厦门泓润海运有限公司
256	厦门波罗密网络科技有限公司	294	宝淇（厦门）服饰有限公司	332	厦门创颖工艺品有限公司
257	厦门金中华百货有限公司	295	厦门市全新彩钢结构有限公司	333	捷尼亚（厦门）信息科技有限公司
258	厦门市盛达凯嘉机器有限公司	296	厦门市鑫力胜印刷包装有限公司	334	厦门新景发工贸有限公司
259	厦门创同电子有限公司	297	厦门翔昀实验室设备有限公司	335	厦门市富远贸易有限公司
260	厦门实时行供应链有限公司	298	厦门联创达科技有限公司	336	厦门致领科技有限公司
261	厦门申悦报关有限公司	299	厦门鸿业印刷有限公司	337	厦门康凯盛金属制品有限公司
262	厦门东顺涂料有限公司	300	福建元信泰智能科技有限公司	338	厦门浩瑞德干冰设备有限公司
263	观印数字影像（厦门）有限公司	301	厦门夏顺密封件工贸有限公司	339	厦门宏阳鑫橡胶科技有限公司
264	厦门全向物联网科技有限公司	302	厦门恒兴彩印有限公司	340	厦门优加模具有限公司
265	厦门爱科新机械有限公司	303	厦门金瑞镒工贸有限公司	341	厦门市宏洁物业管理有限公司
266	厦门恒创硅材料有限公司	304	厦门沸腾网络科技有限公司	342	厦门靖石物流有限公司

续表 19-3

序号	企业	序号	企业	序号	企业
343	厦门惠侨信息科技有限公司	381	厦门市宏拉科技股份有限公司	419	厦门永华光电科技股份有限公司
344	厦门科方圆工贸有限公司	382	厦门市诺特科技发展有限公司	420	厦门佰业兴户外用品有限公司
345	厦门优利得科技股份有限公司	383	厦门炬研电子科技有限公司	421	厦门市万海船业有限公司
346	超音速（厦门）传媒科技有限公司	384	奥谱天成（厦门）科技有限公司	422	厦门金锐奇工贸有限公司
347	厦门奥泉橡胶有限公司	385	福建鸿越医药有限公司	423	厦门嘉泓裕日用品有限公司
348	厦门升光信息科技有限公司	386	厦门省安电控设备有限公司	424	厦门华钰电子科技有限公司
349	厦门时代雅居速八酒店有限公司	387	厦门市恒镁工贸有限公司	425	厦门市迅光电子有限公司
350	厦门科煜光电有限公司	388	厦门泓鑫新材料有限公司	426	厦门泰格微电子科技有限公司
351	厦门翰普电子有限公司	389	厦门佰欧科技工程有限公司	427	厦门市畅宸德进出口有限公司
352	厦门熙宝源化工技术有限公司	390	厦门市营嘉系统集成技术有限公司	428	厦门海旺工贸有限公司
353	利哲科技（厦门）股份有限公司	391	厦门衷诚机电设备有限公司	429	厦门正清曲面披覆有限公司
354	厦门赛道贵金属技术有限公司	392	厦门狮涛服装机械有限公司	430	厦门市丰进模具工业有限公司
355	厦门边缘信息技术有限公司	393	厦门康浩科技有限公司	431	厦门成创装饰工程有限公司
356	厦门力飞工贸有限公司	394	厦门和明科技有限公司	432	厦门丽邦集团有限公司
357	厦门中科城环新能源有限公司	395	厦门颐兴酒店有限公司	433	厦门溢盛环保科技有限公司
358	厦门鑫和利制衣有限公司	396	厦门晟创进出口有限公司	434	厦门旺圣进出口有限公司
359	厦门鑫活力工贸有限公司	397	佰歌（厦门）进出口有限公司	435	厦门丽厦医疗科技有限公司
360	厦门埃菲健康科技有限公司	398	厦门欣泰货架有限公司	436	厦门东港湾石化有限公司
361	厦门目标传达策划有限公司	399	厦门市咕啦电子商务有限责任公司	437	厦门连方贸易有限公司
362	厦门市嘉骏薄膜包装有限公司	400	厦门鼎石通进出口有限公司	438	厦门富坤生活电器科技有限公司
363	厦门维豪环保科技有限公司	401	厦门市科发交通工程有限公司	439	厦门市鑫旺欣贸易有限公司
364	厦门兴厦控恒昌自动化有限公司	402	厦门市同利源电气设备有限公司	440	赛伦（厦门）新材料科技有限公司
365	厦门元贝琪服饰有限公司	403	厦门欣立晟科技有限公司	441	厦门市鑫胜鑫工贸有限公司
366	厦门市爱恩心理咨询有限公司	404	驿涛项目管理有限公司	442	厦门全圣实业有限公司
367	厦门市鑫天元进出口有限公司	405	厦门乐沪科技有限公司	443	厦门富士特橡塑有限公司
368	厦门众盛精密电路有限公司	406	厦门贝启科技有限公司	444	厦门鑫宇航纸业有限公司
369	厦门金东智能科技有限公司	407	厦门迈维斯货架有限公司	445	厦门陆宝陶瓷有限公司
370	厦门亿学软件有限公司	408	欧仕达听力科技（厦门）有限公司	446	讯帝（厦门）电子科技有限公司
371	厦门市三槐集成系统工程有限公司	409	厦门清亚丽建设工程有限公司	447	厦门天贸进出口贸易有限公司
372	厦门祥昊贸易有限公司	410	知行（厦门）科技有限公司	448	厦门腾诺光学科技有限公司
373	厦门水大卫浴洁具有限公司	411	厦门马恒达汽车零部件有限公司	449	厦门海银汇通融资租赁有限公司
374	厦门久圣包装有限公司	412	厦门翼讯科技有限公司	450	厦门安盟网络股份有限公司
375	厦门跨境网信息技术有限公司	413	厦门欧雅美洁具有限公司	451	厦门大邦瑞达印染材料有限公司
376	厦门物聚科技有限公司	414	厦门远益贸易有限公司	452	厦门优创思特供应链管理有限公司
377	厦门鑫永安会计有限公司	415	厦门耀健纸品有限公司	453	纳路（厦门）环保科技有限公司
378	厦门蓝海天信息技术有限公司	416	厦门市源森农林股份有限公司	454	厦门美契信息技术有限公司
379	厦门市竞成印刷有限公司	417	广鑫（厦门）钢绳索具有限公司	455	巨钛（厦门）绳网工业有限公司
380	厦门市智博弘信科技发展有限公司	418	厦门嘉宝莱化妆品有限公司	456	厦门启达创业投资管理有限公司

续表 19-3

序号	企业	序号	企业	序号	企业
457	厦门英锐营造设计有限公司	481	厦门市整点广告有限公司	505	厦门文骏化工有限公司
458	厦门中馨毅自动化设备有限公司	482	厦门锐明达电子科技有限公司	506	厦门金纲顺金属材料有限公司
459	厦门忠缘快捷酒店有限公司	483	厦门市鑫汇盈工贸有限公司	507	厦门鑫雷发工贸有限公司
460	厦门市蓝天碧海环保科技有限公司	484	厦门科连电子有限公司	508	小马宝莉（厦门）网络科技有限公司
461	厦门三维丝供应链管理有限公司	485	厦门恒美达工贸有限公司	509	厦门市新力进出口贸易有限公司
462	厦门市瑞蚨达进出口有限公司	486	厦门托力托环保科技有限公司	510	厦门玮泰纺织科技有限公司
463	厦门晶羽贸易有限公司	487	厦门华沣供应链集团有限公司	511	厦门康百福体育用品有限公司
464	厦门迪司波贸易有限公司	488	厦门中卉生态景观有限公司	512	厦门蕴德进出口有限公司
465	厦门查必森进出口有限公司	489	厦门亿赛膜技术有限公司	513	厦门福昶金属工业有限公司
466	厦门东帝士广告股份有限公司	490	厦门拓璞新材料科技有限公司	514	厦门尚品宅配家居用品有限公司
467	厦门宝丽金实业有限公司	491	厦门金万年照明有限公司	515	厦门升兴实业有限公司
468	厦门靖海塑胶有限公司	492	厦门亿斯达电子科技有限公司	516	厦门欣佳誉贸易有限公司
469	厦门福众五金工业有限公司	493	中科净（厦门）净化科技有限公司	517	厦门超龙进出口有限公司
470	厦门帮众科技有限公司	494	厦门海辰天泽仪器有限公司	518	网杰（厦门）信息技术有限公司
471	厦门市嘉灏照明电器有限公司	495	厦门金升泵电子科技有限公司	519	厦门迈拓宝电子有限公司
472	厦门肯昇进出口有限公司	496	厦门裕亮工贸有限公司	520	厦门好运八方供应链有限公司
473	厦门鹭达星贸易有限公司	497	厦门神运物流有限公司	521	厦门炜霖电子科技有限公司
474	厦门澳丽尔日化有限公司	498	厦门唯胜电气有限公司	522	厦门美益绿建科技有限公司
475	厦门百合盛家具有限公司	499	厦门顶科电子有限公司	523	厦门伟富包装有限公司
476	厦门百隆美亚物流有限公司	500	厦门华路通交通设施工程有限公司	524	厦门富锦塑胶工业有限公司
477	厦门博格特进出口有限公司	501	厦门市承跃信息科技有限公司	525	厦门明钜科技有限公司
478	厦门传诵石业有限公司	502	厦门奥普拓自控科技有限公司	526	厦门锐思特软件科技有限公司
479	厦门恒亿丰实业有限公司	503	厦门市中龙杭川集团股份有限公司	527	厦门淮讯网络科技有限公司
480	厦门道达科技有限公司	504	厦门市讯发软件科技有限公司	528	厦门思锐达科技有限公司

【中小企业服务月活动】 2019年6月，厦门市举办中小企业服务月活动。该活动以“筑实营商环境，促企健康发展”为主题，举办专题培训讲座、银企对接会等活动65场，吸引近1万家企业通过服务月专栏、微信公众号等渠道报名参加。市工信局同期举办“惠企政策”有奖答题活动、小微企业金融服务先进银行网络投票等线上活动，编辑印发《厦门市中小企业发展扶持政策汇编》。

【中小企业政策宣传月活动】 2019年11月，厦门市按照工业和信息化部统一部署，开展中小企业政策宣传月活动。市工信局通过举办政策宣讲会、制作网上政策解读节目、开发主题专栏等方式，实现服务企业“进园区”、政策解读“零距离”。宣传月期间，全市累计推送宣传月活动及相关政策53条，总阅读量6.5万次；通过微信群等为企业答疑解惑，11月受理线上及电话咨询1800余人次。

（市工信局）

责任编辑：林建高
审　　稿：程成贵
校　　对：曾一一

20 财政·税务

财　政

【概　况】 2019年，厦门市一般公共预算总收入1328.5亿元，比上年增长1.7%，考虑新增减税151.5亿元，同口径增长超过10%。其中，地方级收入768.3亿元，比上年增长1.8%；上划中央收入560.2亿元，增长1.5%。树立过“紧日子”的思想，一般性支出压减10%，全市一般公共预算支出914.6亿元。市本级一般公共预算收入535.8亿元，比上年增长0.2%；市本级一般公共预算支出488.6亿元。全市政府性基金收入400亿元，全市政府性基金支出464.6亿元。市本级政府性基金收入247亿元，市本级政府性基金支出249.8亿元。全市国有资本经营预算收入26.3亿元，全市国有资本经营预算支出12亿元。市本级国有资本经营预算收入23亿元，市本级国有资本经营预算支出9.8亿元。全市社会保险基金收入157.7亿元，其中保费收入130.1亿元，财政补贴收入12.1亿元；全市社会保险基金支出147.2亿元。厦门市财政清理部门结转结余资金和实有账户资金，收回25亿元统筹用于重点领域支出。实施预算绩效管理，加快构建“花钱必问效、无效必问责”的预算绩效管理体系。优化债券资金投向，重点保障效益好、带动性强的项目。强化项目投融资平衡测算，拓展筹资渠道，加快轨道平衡用地收储，健全轨道建设资金筹集机制。加强债务风险评估和预警监测，处置苗头性、方向性、隐蔽性风险。引入设计咨询、工程节余奖励、第三方成本管控等方法，控制投资成本，强化基建资金监管。建立财政违规惩戒机制，健全人大部门预决算审查、审计机制，规范部门预决算管理。

【减税降负措施】 2019年，厦门市财政局落实各项减税降负措施。持续降低企业用工、物流和制度性交易成本，全年新增减税151.5亿元。惠及企业超过15万家，带动规模以上工业企业盈利面提升11%，规模以上工业企业利润率回升6.5%；惠及市民超过100万人，工薪所得税收入降幅超过40%。推动政策性担保、纾困基金、应急转贷资金实质运作，发放应急转贷资金超115亿元，服务企业近160家，缓解企业融资难问题。

【财政服务招商】 2019年，厦门市财政投入50亿元服务招商。厦门市围绕“大招商，招大商”工作部署，制定个性化招商政策和服务举措。推动天马6代线、中航锂电、浪潮等高能级项目落地厦门。落实存量企业跟踪服务，出台促进存量企业发展政策。总部企业税收增长10.7%，成为增收主要动能。完善部分重点园区招商奖励和招商引荐人奖励办法，鼓励以商引商、区域联动招商。深化“基金+项目”招商，引进红杉资本、鼎晖投资等国内头部基金和“基金朋友圈”项目共20余个。

【产业财政扶持】 2019年，厦门市财政投入57亿元促进产业链发展。厦门市以提升供给质量体系为方向，出台鼓励金融业、影视文创及工业增资扩产等扶持政策。推动集成电路、生物医药、人工智能等战略性新兴产业发展，7条千亿产业链群产值（营收）增速超过10%。完善新经济财政税务扶持体系，优化监管服务模式，促进平台经济、跨境电商、离岸贸易等业态成长，离岸贸易额增长4倍，国际集拼货值增长49%。引导友达、戴尔等企业转变生产经营模式，增加企业在厦门的产值和税收贡献。

【科技创新财政支持】 2019年，厦门市财政投入29亿元支持科技创新。厦门市实施“三高”（高技术、高成长、高附加值）企业倍增计划，强化企业研发创新、重大技术攻关、科技成果转化的资金保障，支撑一批企业内涵式、集约化发展，全市净增国家高新技术企业约300家，规模以上高新技术企业增加值占全市工业增加值67%。加大创新平台建设资助力度，能源材料创新实验室入选福建省首批4家创新实验室，新增国家级企业技术中心4家、工业设计中心2家，自创区（自主创新示范区）建设考核排名全省第一。加大高层次人才购房、租房补贴力度，引进海外高层次人才和领军型创业人才1139人。

【教育扩容增效财政支持】 2019年，厦门市财政投入42亿元推进教育扩容增效。厦门市加大公办校建设投入，建成幼儿园、中小学项目48个，新增学位3.4万个。落实普惠性幼儿园补助政策，学前教育普惠资源覆盖率88%，比上年提高近5个百分点。加快厦门双十中学、外国语学校、实验小学岛外校区建设，促进教育资源均衡布局。提高中小学教师工资待遇，设立名校长工作室、名师工作室共73个，鼓励优秀教师做好“传帮带”，打造高素质教师队伍。推动2所产业招商人才子弟学校建设。支持厦门地区高校科技成果转化，持续深化产教融合。

【医疗事业提升财政保障】 2019年，厦门市财政投入44亿元促进厦门市医疗事业提升。支持厦门大学附属翔安医院、心血管病医院新址和一批社区卫生服务机构开办运营，增加医疗床位1900张。增强复旦中山厦门医院、儿童医院的引领带动作用，推动四川大学华西厦门医院签约落地。以“院士平台”“双主任制”“名医工作室”等柔性方式引进各类高层次医疗人才200多人，提升厦门市医疗服务质量。鼓励同安推进“紧密型医共体”试点改革，探索向民办医疗机构购买基本公共卫生服务的方法，试行“体医融合”(体育与医学结合)、运动干预慢性病服务。

【社会民生保障财政支持】 2019年，厦门市财政投入32亿元提升社会民生保障水平和开展对口精准扶贫。厦门市落实困难群体帮扶标准和城镇居民人均消费支出挂钩联动机制，低保标准提高至800元，向超过9万人次困难群众发放临时价格补贴，发挥民生兜底作用。落实就业优先政策，扩大失业保险稳岗返还范围，助力新增就业26.2万人。鼓励社会资本兴办养老机构，提高民办养老机构补助标准，改扩建爱心护理院、爱鹭老年养护中心等项目。落实中央精准扶贫要求，在全国率先出台扶贫协作产业奖补政策，投入财政资金超8亿元对口支援新疆、西藏、甘肃临夏、宁夏、重庆万州及省内贫困地区。

【惠民实事落实】 2019年，厦门市财政投入61亿元支持36项为民办实事项目。厦门市开建保障性住房2.1万套，分配1.3万套。获评住房租赁市场发展试点城市，3年内预计获中央财政奖补资金24亿元。发展文体事业，支持金鸡百花电影节、文博会等文化展会的举办，建成23千米岛内健康步道，新增36所学校免费开放体育设施，组织群众赛事600多场、参与人数超150万。加大食品安全经费投入，完成中埔批发市场、闽南农副产品物流中心等场所标准化改造。

【城市提升财政保障】 2019年，厦门市财政投入109亿元促进城市提升。厦门市推动岛内提升，开展旧村整村改造，实施东坪山、铁路高速公路沿线环境提升整治，改造老旧小区70个、市政道路20多条，新增美化绿地521万平方米。促进岛外发展，完善岛外公共设施建设，建成并投用下潭尾湿地公园等28个项目，加快建设马銮湾医院等225个项目，推动集美新城图书馆等公共建筑配套运营。推进“新城+基地”建设，同翔高新技术产业基地、丙洲美峰现代服务业基地初具规模，促进产城融合。

【乡村振兴财政支持】 2019年，厦门市财政投入32亿元推进乡村振兴。厦门市优化惠农、支农政策体系，培育都市现代农业，5个村庄被列入全国“一村一品”示范村，6家企业入选全国农业产业化龙头企业500强，形成集美仙景芋、同安三角梅、翔安火龙果等特色品牌。开展9个市级重点示范村、11个市级示范村建设。深化农村人居环境整治，改造农村厕所，在全省率先实现农村生活垃圾治理全覆盖。推进民生水利项目建设，完成山区村饮水安全改造工程10个，投入使用枋洋水利枢纽工程上存大坝、西水东调管道工程一期等水利设施。

【污染防治财政支持】 2019年，厦门市财政投入30亿元深化污染防治。厦门市持续深化空气污染源治理，继续实施新能源车推广补贴政策，空气质量综合指数在全国168个重点城市中排名第五。新建污水厂7座，建成污水管网111千米、农村分散式污水设施536座，城市生活污水集中处理率96%，直排海重点污染源排放总量降低30%。完成东部垃圾焚烧厂二期主体工程建设，实施前埔、凤南、朱坑垃圾填埋场整治，建成区实现垃圾分类全覆盖，垃圾分类经验在全国推广。强化土壤污染防治，实现危险废物全过程监管。

【完善交通设施财政支持】 2019年，厦门市财政投入152亿元完善交通设施建设。厦门市推进翔安机场、福厦高铁建设。优化扶持政策，建设国际综合交通枢纽，促进邮轮母港、航空枢纽和中欧(厦门)班列发展，邮轮旅客运输量增长25%、洲际航线中转旅客增长25%、中欧班列运输货值增长31%。完善城市交通网络，地铁2号线开通运营，地铁3、4、6号线工程全面推进，加快建设第二东、西通道建设加快，取消“四桥一隧”(厦门大桥、海沧大桥、集美大桥、杏林大桥和翔安隧道)通行费。加强交通疏解，打通断头路8条，优化调整公交线路80条。

【政府资产管理规范】 2019年，厦门市建立市政府向市人大常委会报告国有资产管理情况制度，提升国有资产报告工作的制度化、规范化水平。推进历史遗留项目竣工决算，完成323个项目决算，总投资507亿元，防范资产流失风险。清理机关事业单位所办企业89家，摸清政府存量资产底数，实现市级土地、房屋等重点资产统一监管。出台厦门市完善国有金融资本管理实施意见，明确出资人职责，实施资本穿透管理。

（曾　聪）

税　务

【概　况】 2019年，厦门市税务局落实减税降费政策，完成税费收入任务，优化税收执法方式，完善税务监管体系，获“全国法治政府建设先进单位”称号。全年组织入库各项收入1538.8亿元，比上年增加51.61亿元，增长3.47%。社保费和其他各项非税收入371.73亿元，增长12.9%。税收收入1167.08亿元，增加8.34亿元，增长0.72%，剔除减税降费、留抵退税等因素影响，税收收入实际增长8.1%。其中，中央级收入564.98亿元，增加8亿元，增长1.44%；地方级收入602.1亿元，增加 3405 万元，增长 0.06%。办理出口退税 328 亿元，减少 23.8 亿元，下降 6.77%，其中直接出口退税 266 亿元，减少 24 亿元，下降 8.28%；办理免抵调库 62 亿元，增加 2000 万元，增长 0.32%。海关代征税收 184.3 亿元，减少 38.09 亿元，下降 17.13%。（见表 20-1、表 20-2）

【税收收入特点】 2019 年，厦门市 35 个大类行业中有 26 个行业增加值比上年实现增长，增长面 74.3%，经济税收总体协调发展。受增值税改革等政策影响，厦门市增值税直接收入完成 309.61 亿元，占全部税收收入比重的 26.53%，比上年下降 8.59%，增幅下降 20 个百分点；受研发费用加计扣除等政策影响，企业所得税完成 265.95 亿元，占全部税收收入比重的 22.79%，下降 5.28%；工资薪金所得个税减收 27.42 亿元、下降 36.74%，限售股减持个税入库 130.4 亿元、增收 52.4 亿元、增长 67.17%。第二、三产税收收入出现分化，第二产业行业税率基本从 16% 下调至 13%，入库税收收入 368.95 亿元，占全市税收收入比重的 31.61%，减收 11.95 亿元，下降 3.14%；第三产业税收入库 797.63 亿元，占全市税收收入比重的 68.34%，增收 20.56 亿元，增长 2.65%。全市 9 个征收单位中，4 个单位税收收入呈现负增长状态，其中岛外区域除同安区局增长 0.74% 外，集美、海沧、翔安区局均出现负增长，减收最多的海沧区局减收额 17.47 亿元，下降 16.08%。

【税收法治】 2019 年，厦门市税务局加强税收制度建设，对 4 份税务规范性文件进行合法性和合规性审查，开展不符合开放政策、不符合外商投资法 2 批次规范性文件清理工作。推行行政执法公示、全过程执法记录、重大执法事项审核制度，推出网络版和手机端税务执法信息公示平台，全年审理审结重大税务案件 9 件。探索重大税案审理机制，妥善应对复议应诉案件，收到行政复议申请 12 件，其中受理 11 件、不予受理 1 件；2018 年未审结 3 件。经审理，维持 3 件、撤销 3 件、变更 1 件、以调解和申请人自行撤回申请而终止复议的 6 件、未审结 1 件。提升行政诉讼应诉工作水平，办理一审案件 4 件，经一审

表 20-1 **2019 年厦门市税收收入分税种情况表**

项目	金额（万元）	比上年增加额（万元）	增长（%）
合计	11670751	83367	0.72
中央级	5649752	79962	1.44
地方级	6020999	3405	0.06
# 税收直接收入	11050751	81367	0.74
1. 国内增值税	3716095	-288992	-7.22
直接收入	3096095	-290992	-8.59
免抵调库	620000	2000	0.32
2. 国内消费税	657167	148087	29.09
3. 营业税	1356	-3797	-73.69
4. 企业所得税	2659492	-148179	-5.28
5. 个人所得税	2103569	288525	15.90
6. 资源税	4694	4551	3182.52
7. 城镇土地使用税	46325	-5263	-10.20
8. 城市维护建设税	330270	3840	1.18
9. 印花税	109039	-10322	-8.65
# 证券交易印花税	0	0	0.00
其他印花税	91251	-8516	-8.54
10. 土地增值税	1024332	100379	10.86
11. 房产税	303797	20498	7.24
12. 车船税	50108	2701	5.70
13. 车辆购置税	228686	904	0.40
14. 烟叶税	0	0	0.00
14. 耕地占用税	3325	-5498	-62.31
15. 契税	430401	-24891	-5.47
16. 环境保护税	2095	824	64.83

表 20-2 **2019 年厦门市非税收入（费金收入）情况表**

项目	金额（万元）	比上年增加额（万元）	增长（%）
合计	3717256	432684	13.17
1. 社会保险费	3343345	416507	14.23
企业职工基本养老保险	2195748	339424	18.28
失业保险	71369	6732	10.42
职工基本医疗保险	962338	54216	5.97
工伤保险	32832	1909	6.17
生育保险	81058	14226	21.29
2. 教育费附加	147128	1922	1.32
3. 文化事业建设费	16855	6727	66.42
4. 地方教育附加	98086	1287	1.33

续表 19-2

项目	金额（万元）	比上年增加额（万元）	增长（%）
5. 残疾人就业保障金	29146	4902	20.22
6. 废弃电子处理基金	1882	622	49.37
7. 价格调节基金	2	-7	-77.78
8. 罚没收入	1760	-410	-18.89
9. 免税商品特许经营费收入	5	5	0.00
10. 其他收入	79047	1129	1.45
工会经费收入	39073	3956	11.27
职业年金	39974	-2827	-6.60

法院裁判，驳回原告诉讼请求 2 件、变更税务机关行政行为 1 件、按照原告撤诉处理 1 件；办理二审 4 件，经二审法院裁决，驳回原告上诉的 2 件、未审结 2 件。

【减税降费】 2019 年，厦门市税务局推进减税降费政策。全年新增减税降费 180.89 亿元，其中新增减税 165.87 亿元，新增社保降费、非税收入减免 15.02 亿元，在全国减税降费纳税人满意度调查中获第七名。增值税方面，一般纳税人原适用 16% 税率调整至 13%，原适用 10% 税率调整至 9%，购进农产品原适用 10% 扣除率调整为 9%，购进用于生产或者委托加工 13% 税率农产品按照 10% 扣除率计算进项税额，对月销售额 10 万元以下小规模纳税人免征增值税。企业所得税方面，对符合年度应纳税所得额不超过 300 万元、从业人数不超过 300 人、资产总额不超过 5000 万元 3 个条件的小型微利企业放宽条件；对小微企业年应纳税所得额不超过 100 万元的部分，减按 25% 计入应纳税所得额，按 20% 的税率缴纳所得税；对年应纳税所得额超过 100 万元但不超 300 万元部分，减按 50% 计入应纳税所得额，按 20% 税率缴纳所得税；对集成电路设计企业和软件企业，第一至二年免征所得税，第三至五年按 25% 法定税率减半征收。个人所得税方面，居民纳税人费用减除标准从 3500 元 / 月提高至 5000 元 / 月、专项附加扣除（新增子女教育、继续教育、大病医疗、住房贷款利息或者住房租金、赡养老人 6 项专项附加扣除）实行年度累计预扣（计税办法从按月改为按年累计，并实行年度累计预扣）等。非税收入方面，对增值税小规模纳税人减按 50% 征收教育费附加、地方教育附加，按月纳税月销售额或营业额不超 10 万元，免征教育费附加、地方教育附加。社保费方面，企业职工基本养老保险单位缴费费率从 14% 下降至 12%，基本医疗保险单位缴费比例从 8% 下调至 6%，机关事业单位养老保险单位缴费比例从 20% 下调至 16%，失业保险总费率下调至 1%，工伤保险费率减半。

【税种管理】 2019 年，厦门市税务局加强各税种管理。增值税管理方面，完善增值税发票风险快速反应机制，推送增值税快速反应风险任务 553 户，挽回税款损失 4174.81 万元，推行增值税发票管理系统 2.0 版，核查增值税专用发票 2.59 万份。消费税管理方面，以成品油消费税管理为重点，完成全市存量 25 家成品油生产企业和 2061 家成品油经销企业资格和发票的全面复核，认定异常凭证 1817 份，涉及税额 1.48 亿元。企业所得税管理方面，实施风险差异化管理，发送风险提示短信 14.61 万家次、重点约谈 1856 家、关注辅导 3.07 万家；建立高新企业核查机制，688 家企业通过认定，净增 302 家，377 家申报企业免于核查，抽查 171 家申报企业，抽查率为 23.72%。个人所得税管理方面，加强专项附加扣除信息推广，推广个人所得税 App（应用程序）；指导扣缴义务人开展专项附加扣除信息采集，推动有税人群该信息采集全覆盖；全市个人所得税专项附加扣除采集人数 68.61 万人。专项附加扣除信息核验工作方面，组织厦门市第三税务分局、火炬、思明、湖里、海沧 5 个单位开展 3 轮专项附加扣除信息核验试点工作，第一轮、第二轮分别完成国家税务总局下发疑点清册中的 300、500 位疑点人员疑点数据核实工作。财产和行为税管理方面，制定土地增值税管理办法，跟踪税源变化情况，加强税源监控与分析预测，推动 58 个在查房地产稽查案件审理。资源税管理方面，拓宽第三方数据渠道，通过向市水利局获取数据，筛查出申报数据异常户 6 户，查补资源税 42.1 万元，加收滞纳金 11.8 万元。环境保护税管理方面，在全国率先采用“双定”（定期、定额）方式征收环境保护税，111 户纳税人以该方式缴纳环境保护税，占环保税纳税人总数 4.5%；利用环保部门行政处罚信息，查补环境保护税 160.6 万元，征收滞纳金 20.5 万元。

【社会保险费征缴】 2019 年，厦门市为全市 20 万户用人单位 323 万职工减免社会保险费 65.68 亿元，其中厦门市自行出台的政策减免 50.29 亿元、国务院出台的政策减免 15.39 亿元。组织各项社会保险费收入 338.33 亿元，比上年增收 41.37 亿元，增长 13.93%。强化社保费征管，加强部门信息交互；规范社保费退费流程，对接人社局及医保局完成社保费退费模式切换，联合财政、人社和医保部门制定《社会保险费退费管理办法》，规范业务办理；推进参保扩面，实行税费同步登记，引导用人单位自觉参保，厦门市参保户数首次超过 20 万户。

【非税收入】 2019 年，厦门市全年组织非税收入 33.21 亿元，比上年增加 1.94 亿元，增长 6.21%。加强教育费附加、地方教育附加、文化事业建设费等非税收入的征管；指导企业完成“首批首次”申报，明晰申报流程及可简化规程，把握非税收入征管方向，排查风险点；开展非税收入项目费源调查，对非税务部门征收的其他非税收入项目的划转征收可行性进行二次调研。落实减税降费，建立“风险排查、兜底应对”机制，对“两费”（教育费附加、地方教育附加）降费政策落实情况再核查，核实应享未享数据 4.21 万户次，应退 3.25

万户次 215.29 万元，全年减征非税收入 7.86 亿元。

【纳税服务】 2019 年，厦门市税务局围绕减税降费、便民办税春风行动、税收营商环境开展纳税服务。以“新税务・新服务”为主题，连续第六年开展“便民办税春风行动”，集中推出 4 类 13 项 52 条便民办税服务新措施。制定《实施新版税收征管操作规范和纳税服务规范工作方案》等制度。推出“掌上办税厅”小程序，率先在全国实现通过支付宝小程序为纳税人提供掌上办税服务。推进自贸区税收服务创新，“线上 + 线下”刷脸实名等 3 项举措被福建省自贸办评估为全国首创。率先在全国推出手机端“全线上银税互动平台”，实现小微企业贷款申请、审批、放贷全流程线上办理，为 1500 家小微企业授信 6.46 亿元，累计放款 7 亿元。推进立体化宣传辅导，12366 接通率 87.73%，满意率 99.86%，厦门市税务局官方微博入选“全国十大税务微博”，阅读量超 500 万。建设纳税信用体系，完成纳税信用评价，评价企业 32 万家，评定 A 级纳税人 1.2 万户，首次对全市 11 万户个体工商户开展信用预评；推进纳税信用社会化应用，给予 13.99 万户次 A 级纳税人厦门市 27 个部门推出的 37 项激励措施，对 3.69 万户次 D 级纳税人实施 9 项失信惩戒措施。

【征税管理】 2019 年，厦门市有税务管理户 47.45 万户（含正常户、非正常户、停业户）。企业纳税人 36.09 万户，占比 76.06%。其中，千户集团总部企业 46 户，集团总部数量位列全国第十四位，全年贡献税收收入 554.43 亿元，占全市税收收入的 47.51%；千户集团成员企业 2961 家；个体经营 10.92 万户，占比 23.01%；其他类型 0.43 万户，占比 0.93%。厦门市税务局深化旧版普通发票清理，应用征管质量监控体系开展增值税一般纳税人发票管理，全市有 17.35 万户纳税人领用发票，领用增值税发票 73.52 万户次、9416.97 万份。推出涉税费文书电子送达服务，35.05 万户纳税人签订电子送达确认书，占电子申报纳税人的 95.59%。建立出口退税大数据风控平台，识别出口退税风险特征和风险纳税人。实现实名监控，采用公安部“人证一致”（人脸识别与身份证识别一致）面部识别技术，验证业务 444.06 万笔。上线增值税电子发票公共服务平台，发行税务 Ukey（电子钥匙）1690 个，开具增值税电子普通发票 5334 份。加强大企业管理，出台税收数据管理岗工作制度、风险管理协调和风险分析评审等 6 项制度，推进大企业平台、省级数据示范基地建设；提升风险分析层级和分析精准度，完成纳税人的税收风险分析任务。健全出口退税监管体系，制定《加强生产企业出口退（免）税风险管理工作指引》，建立全市出口退税工作协作配机制，与海关、外管、人行等 6 个相关部门联合制定《关于加强出口退税工作协作的若干措施》。制定出台规范风险管理系列制度，提升风险管控能力，完成风险推送任务 6176 个，选案准确率 83.38%，入库查补罚 18.31 亿元。

【税务大数据管理】 2019 年，厦门市税务局建设数据中心，对原国地税各涉税费业务系统数据进行盘点，梳理完成 9 个应用系统的数据资源，形成《数据清单》《数据字典》。完成 992 个工单取数申请工作，加工 1483 张数据表。开展专题数据分析，推出组织收入等专题报告 4 期。推送纳税人补退税应享未享任务 7 批次、违规享受 4 批次 3770 户次，准确补退税 2968 户次，退税 34 万元，补税 139 万元，准确率超过 78%。推进“智能 + 税务”管理，推送打击骗取出口退税和虚开增值税发票风险任务 4 批次，识别命中率 100%。

【税务稽查】 2019 年，厦门市税务稽查部门审结税收违法案件 1289 件，其中千万元案件 28 件，百万元案件 78 件；查补税收收入总额 20.24 亿元，其中查补税款 11.83 亿元，滞纳金 5065 万元，没收非法所得 67 万元，罚款 7.05 亿元，组织纳税人自查收入 8437 万元。构建反避税体系，推进反避税升级转型，反避税补税入库 2.52 亿元。开展打击虚开骗税 2 年专项行动，查处 976 户涉嫌虚开骗税案件，挽回损失 17.51 亿元，挽损总额处于全国首位。税警合作，对 114 人采取强制措施，移送起诉 43 人，17 名犯罪嫌疑人投案自首。配合开展旅游市场、打击侵权假冒等各行业治理工作，对 21 个黑恶势力团伙及其所涉 106 家企业的涉税情况进行调查，移送涉黑涉恶线索 13 条，审查黑恶及行业乱象线索 40 条，查补税款 1611.39 万元。实行“黑名单”制度，全年录入 320 户重大税收违法案件信息。

【国际税收】 2019 年，厦门市税务局推进国际税收工作。编写《服务走出去企业税收政策和风险指南（2019）》中英文版。通过走访、调查问卷、举办税企座谈等形式，了解企业在“走出去”过程中遇到的税收问题和实际诉求。兑现递延纳税优惠政策，34 家（次）企业享受优惠政策税款 1.42 亿元，涉及股息 14.24 亿元。完成“全球一户式”跨国公司利润监控系统的上线试运行，通过关联交易规模排序确定监控企业名单，全年反避税税收增收 9.41 亿元。实现对外支付税务备案电子化，与国家外汇管理局厦门分局合作，实现全国首单覆盖全市范围的对外支付税务备案电子化。全年非居民企业税收收入 24.53 亿元。

【电子税务局】 2019 年，厦门市电子税务局开发新功能 218 项，注册用户 44 万户，比上年增长 23.19%；办理在线业务 1255.33 万笔，增长 14.57%，网上办理率 78.46%，其中网上申报 1160.07 万笔，增长 13.75%，网上申报率 99%。结合税务机构改革信息系统整合要求，对原国税地税系统的金税三期征管信息系统实行统一并库工作，于 2019 年 1 月 28 日，提前完成该并库工作，该工作共涉及原国税地税 49.3 万户纳税人。

（王宝进）

责任编辑：胡　恩
审　　稿：白延蜻
　　　　　孙志红
校　　对：曾一一

21 金融业

综 述

【金融机构】 至2019年12月31日，厦门市有银行业金融机构47家，其中法人金融机构11家、中资银行分行21家、外资（国）银行分行及代表处15家。证券公司1家、证券分公司27家、证券营业部109家。期货公司2家、期货分公司17家、期货营业部21家。保险业资产595.74亿元；保险主体39家，其中财产险公司21家、人身险公司18家。地方性金融机构755家，其中小额贷款公司14家、融资担保公司18家、典当行27家、融资租赁公司375家、商业保理公司310家、地方资产管理公司1家、区域性股权市场运营机构1家。厦门两岸股权交易中心挂牌展示企业3295家，年内新增1019家。

【金融收支情况】 2019年，厦门市金融业实现增加值660.66亿元，比上年同期增长8.0%，增速提高2.7个百分点，金融业增加值占GDP（地区生产总值）比重11%，提高0.1个百分点。拉动全市第三产业增长1.6个百分点，贡献率23.5%。至年末，厦门市金融机构本外币贷款余额11800.90亿元，增长11.8%，增速回升3.5个百分点，分别落后全国（11.9%）、福建省（13.8%）平均增速0.1个百分点、2.0个百分点，全年增加1195.56亿元，多增408.19亿元。本外币存款余额11609.56亿元，增长5.6%，增速回升1.9个百分点，分别落后全国（8.6%）、福建省（9.1%）平均增速3.0个百分点、3.5个百分点，全年增加609.36亿元，多增212.68亿元。是年，跨境收支总额1221.80亿美元，增长3.8%；银行结售汇总额789.65亿美元，增长0.2%；跨境人民币收付金额1237.58亿元，增长16.5%。人民币存款11095.94亿元，增长6.2%；人民币贷款余额11041.56亿元，增长13.1%。人民币存贷款余额22137.50亿元，增长9.7%。79对厦门和境外银行机构签订人民币代理清算协议，其中23家台湾银行机构在厦门开立人民币代理清算账户41个。跨海峡人民币代理清算账户余额166.11亿元，累计清算金额1281.16亿元。厦门保险业保费收入226.68亿元，增长7.7%；赔付支出78.81亿元。厦门市财险公司综合成本率97.3%，寿险公司退保率2.9%。保险密度（常住人口人均保费）5284元，保险深度（保费与GDP的比重）3.8%。

【社会融资】 2019年，厦门市社会融资规模增加2295.06亿元，比上年增长148.92%。非金融企业运用银行间债务融资工具合计融资914.9亿元，增长28.0%，融资规模占福建省的50.7%，融资品种以超短期融资券为主。非金融企业运用银行间债务融资余额882.4亿元，增长10.8%。至年末，小额贷款公司各项贷款余额58.09亿元，增长9.1%。厦门市融资性担保机构担保总额460.2亿元，融资性担保总户数1809288户。典当机构的典当总额39.34亿元，增长12.0%。厦门资产管理有限公司总资产57.08亿元。

（邓雪春　张华彬）

金融业监管

【厦门市地方金融监督管理局挂牌】 2019年3月30日，厦门市地方金融监督管理局（简称市地方金融局）挂牌。市委常委、常务副市长黄强为厦门市地方金融监督管理局揭牌。厦门市金融监管局围绕服务实体经济、防控金融风险、深化金融改革3大任务，强化地方金融监管职责，防范化解金融风险，继续履行金融服务发展职能，协同“一行两局”（人民银行厦门市中心支行、厦门银保监局、厦门证监局）及各区各部门，夯实金融强监管、防风险、促发展、优服务工作。

【全国首个金融司法协同平台成立】 2019年4月24日，全国首个金融司法协同平台在厦门市挂牌。厦门金融司法协同中心是全国首家以金融司法为主题、多元协同为核心、资源集聚为特色的联合工作平台，由厦门市中级人民法院、中国人民银行厦门市中心支行、中国银保监会厦门监管局、中国证监会厦门监管局、厦门市地方金融监督管理局、厦门市思明区人民法院6家单位共同指派人员进驻中心集中办公，开展金融风险协同研控、金融纠纷协同化解、金融理论协同研究3项工作。

【首届鹭江创投论坛】 2019年9月25日，由中国证券投资基金业协会、厦门市政府指导，厦门市地方金融监督管理局、《母基金周刊》主办的“2019中国母基金峰会暨鹭江创投论坛”在厦门国际会议中心酒店开幕，峰会的联合主办方为建发集团、金圆集团、国都创投、梅花创投，近2000位LP（有限合伙人）及GP（普通合伙人）出席论坛。该峰会深化与境内外顶尖基金管理团队合作，推动基金与项目对接，发挥私募基金汇聚资本、汇聚项目、汇聚人才的作用，实现政府、基金和企业的多方共赢。

【厦门市金融产业促进大会】 2019年9月27日，厦门市金融产业促进大会在厦门国际会议中心召开，近1000位境内外金融机构、金融监管部门和金融科技企业代表参会。会上，市委、市政府发布建设金融强市的“1+1+3”政策包（《关于大力建设金融强市打造金融科技之城的意见》《厦门市金融业发展专项规划（2019—2025）》《关于扶持金融业发展的若干措施》《厦门市金融人才计划实施办法》《关于促进股权投资行业发展的若干措施》）。明确将厦门建设成为服务两岸、辐射东南亚、连接“海丝”、面向全球的区域性金融中心，打造“两区两高地”（金融对外开放先行区、产融结合发展示范区，金融科技发展高地、财富管理创新高地）。厦门市与17家金融机构签订战略合作协议，包括证券交易所1家、综合金融集团1家、银行机构10家、保险机构3家和证券机构2家。从2019年起5年内，以上金融机构计划为厦门市“双千亿”产业链、“三高”产业发展战略、重点片区建设和民生工程等带来约2.5万亿元的意向性融资支持。会上，一批金融区域总部、金融科技园和产业基金项目进行集中签约，其中湖里区政府、两岸金融中心指挥部与阳光控股有限公司签订阳光龙净“一带一路”国际总部项目，与郭氏集团闽南区域总部项目合作协议，总投资金额分别为30亿元和50亿元；两岸金融中心指挥部和绿地集团签订绿地东南总部及金融总部项目合作协议，项目投资额90亿元；思明区政府与启迪金控投资有限公司签订思明金融科技园项目合作协议，投资金额40亿元；金圆集团与北京弘慈医疗、中信产业基金、东和荣基基金签订合作协议，投资额130亿元；翔安区政府、金圆集团与普洛斯集团签订合作协议，投资金额50亿元。以上合作项目合计投资金额390亿元。

（张华彬）

银 行 业

银行业监管

【概　况】 至2019年12月31日，厦门市有中外资各类银行业金融机构51家，其中法人机构11家、分行34家、代表处2家，信用卡中心4家。全市银行业金融机构营业网点624个，比上年同期减少5个，其中岛内392个、岛外232个。银行业资产总额18560亿元，增长2.9%；负债总额17590亿元，增长2.5%。本外币各项存款余额11609.56亿元，增长5.6%；各项贷款余额11800.90亿元，增长11.8%。全市各类银行业金融机构不良贷款余额130.11亿元，减少12.47亿元；不良贷款率1.10%，下降0.25个百分点。企业融资成本呈持续下降趋势，年末小微企业贷款加权平均成本5.42%，下降0.82个百分点；累计为客户减免费用14亿元，增长42.6%。是年，全市各类银行业金融机构实现税后利润174亿元，增长17.6%。厦门银保监局支持厦门银行发行大陆首张台胞信用卡。推动厦门银行业保险业参与“一带一路”和自贸区建设，获“福建自贸试验区（2015—2019年）最佳创新举措实施单位”称号。

【市场乱象治理】 2019年，厦门银保监局部署开展“巩固治乱象成果，促进合规建设”专项工作，构建乱象整治长效机制。以风险和问题为导向，对20家次银行机构、7家次非银机构、17家次保险中介机构开展专项检查，依法对19家机构和13人实施行政处罚2623.8万元，对36人处以警告、罚款、取消高管任职资格、禁止从业等处罚。

【信用风险防范化解】 2019年，厦门银保监局强化信用风险管控，督促银行业机构做到真实反映、提足拨备、加快处置，至年末逾期60天以上贷款全部计入不良，全年处置不良贷款107亿元。不良贷款率1.10%，比上年末下降0.25个百分点。

【国企降杠杆推进】 2019年，厦门银保监局与市国资委工作联动，协同规范国有企业融资行为。针对部分国企集团利用债市、信贷低息资金转存高息结构性存款套利的问题，发出风险提示，规范业务发展。对14家企业合计压缩授信总额2518亿元，比上年下降24%，腾出资金支持实体经济。

【房地产领域金融风险防控】 2019年，厦门银保监局持续监测房地产融资情况，落实“房住不炒、一城一策”政策。督促调查购房首付款资金来源，开展非房贷类个人贷款滚动排查，打击各类违规行为，查实个贷违规入房市1258笔、4亿元，回收整改率99%，减少违规流入房市的资金。

【信息科技风险防控】 2019年，厦门银保监局成立网络安全和信息化工作领导小组及其办公室，统筹和协调辖内机构网络安全检查和互联网系统渗透测试等工作。该组织完成中华人民共和国成立70周年和第二十八届金鸡百花电影节网络安全保障工作。辖区内全年未发生网络安全事件。

【民营小微企业发展支持】 2019年，厦门银保监局与市金融局、区级政府联合深入基层开展政银企融资需求专题对接活动，推动银行机构建立“敢贷、愿贷、能贷”的长效机制。至年末，小微企业贷款余额3081.31亿元，比上年同期增长19.74%；小微企业贷款户数10.72万户，增长11.2%。法人机构完成普惠型小微企业贷款整体“两增”（普惠型小微企业贷款增速不低于各项贷款增速、贷款户数不低于上年同期）目标。民营企业贷款余额3760亿元，增长13.4%；银税贷款增长183.2%，无还本续贷增长39.9%。

【金融消费者权益保护】2019 年，厦门市银保监局举办“3·15”大型消费者保护教育宣传公益活动和“金融知识进万家”宣传月活动。建设“12378”热线厦门分中心，统一接听银行、保险消费者的投诉维权电话。部署国庆期间辖内银行业保险业安全稳定工作。推动辖内银行保险机构共建“爱心城市”。在 275 个网点内增设“爱心驿站”，为户外劳动者提供休息地和服务。

【监管联动机制健全】2019 年，厦门市银保监局向福建省政府和厦门市政府报告地方法人机构经营发展及监管情况，推动依法合规经营。联合地方政府建立政银企对接长效机制，促进解决融资难、融资贵问题。加强监管协调，与“一行三局”(厦门人行、证监局、金融局、财政部厦门监管局)联合建立金融工作联席会议制度。联合厦门市中级人民法院等 6 家单位创新设立金融司法协同中心，辖内银行机构派驻 22 名工作人员参与工作，中心成立 8 个月内共受理各类金融案件 11413 件，审判执行时间比中心成立前缩短一半，人均结案数提升近 3 倍，执行标的到位金额提升 2 倍，促进金融纠纷多元化解。

（邓帅彪）

银行卡产业

【概　况】2019 年，厦门市银行卡发行总量超 4350 万张，人均持卡量 10.48 张(按厦门 415 万名常住人口计算)，全年银行卡刷卡消费额(剔除信托、购房、批发、典当、政府服务类、投资性交易等)占同期社会消费品零售总额(银行卡渗透率)比例超过 88%。银行卡 ATM(自动取款机)跨行交易笔数 671.51 万笔，交易金额超 174 亿元，全市 ATM 活动终端机 3004 台；POS(销售终端)跨行交易笔数 10452 万笔，交易金额超 4550 亿元；在厦门开展收单业务的支付机构 87 家，全年活动商户近 17 万户，活动终端 32.04 万台。厦门缴费一卡通业务实现账户验证、实名代收、自助缴费、无卡委托、无卡转账、非卡交易等功能，一卡通公共缴费业务笔数 2305 万笔，交易金额超 152 亿元，委托用户超过 377 万户，公共支付联网银行 17 家，服务商涉及 200 多个行业单位。

【移动支付便民工程建设】2019 年，厦门市 20 家商业银行及 33 家非银行支付机构开展移动支付便民工程建设工作。全年新增云闪付有效用户数 61.13 万户，累计注册用户数超过 163 万户，厦门用户通过云闪付可实现水、电、燃气、数字电视机顶盒、3 家运营商(中国移动、中国电信、中国联通)通讯费用、社保缴费与委托办理、非税缴款等费用缴交。厦门银行卡联合组织(简称厦门银联)在交通领域实现厦门公交地铁的银联全产品应用覆盖。上线厦门公交乘车码、厦门公交云闪付免密及银行卡免密业务，公交云闪付乘车码全年交易笔数约 1691 万笔，云闪付免密业务超 295 万笔；开通厦门地铁银联闪付过闸，上线云闪付地铁乘车码，厦门地铁云闪付乘车码全年交易 29 万笔。完成 10 所高校的便民场景建设，其中集美大学(含诚毅学院)建成云闪付数字校园，食堂、超市、自助洗衣等场景的 400 余台校园卡受理终端全面支持银联二维码支付；云闪付 App(应用程序)的“数字校园”开通集美大学电子校园卡，该电子校园卡可进行校内消费、余额充值、门禁身份认证等业务。集美大学的银联移动支付交易笔数位居全国第八。厦门医学院、厦门软件学院、安防学院、南洋学院、东海学院、华厦学院、厦门工学院等学校实现校内食堂云闪付受理。

（曾　蓁）

银行和银行金融机构

【工商银行厦门市分行】至 2019 年 12 月 31 日，中国工商银行股份有限公司厦门市分行(简称厦门工行)有员工 2300 多人，下属机构 68 家，包括二级分行 1 家、一级支行(营业部)18 家、二级支行 49 家。投产智能网点 67 家、自助银行 100 家、自助设备 789 台。全年实现拨备前利润 37.62 亿元，居同业首位，净利润 24.27 亿元，中间业务收入 11.57 亿元。本外币全部存款余额 1274.55 亿元，比上年同期增加 117.51 亿元。本外币各项贷款余额 1348.97 亿元，增加 149.72 亿元，增量创历史新高。连续 4 年实现不良“双降”(不良贷款余额与不良贷款率均下降)，拨备覆盖率 252.99%，创 2011 年后最好质量水平。全年上缴各类税收近 10 亿元，是厦门市纳税大户和福建省纳税百强。有“百佳网点”“千佳网点”各 1 家，工行总行五星级服务网点 5 家。厦门工行自贸区分行获评“福建省工人先锋号”称号，多名员工获“全国金融五一劳动奖章”。

2019 年，厦门工行累计投入表内外各类资金近 2000 亿元，服务实体经济。推动工行总行与厦门市政府签署战略合作协议，承销地方债规模居同业首位。普惠贷款余额和户数、新市场贷款余额的增速比上年均超 40%。办理全国首笔“单一窗口”跨境汇款、全市首单债转股和全市首单跨境金融区块链服务平台等首笔业务。

厦门工行联动工银金融资产投资有限公司(简称工银投资)参与厦门市属国有企业债转股项目。工银投资与厦门国贸控股集团有限公司、厦门象屿集团

2019 年 4 月 2 日，厦门市国资委、工银投资与工商银行厦门市分行共同举办厦门市首批市场化债转股战略合作协议签署仪式

（厦门工行　供图）

有限公司举办市场化债转股框架协议签约仪式，签约规模合计30亿元，工银投资向厦门象屿物流集团有限责任公司投放10亿元债转股资金，其中4.73亿元进入注册资本，5.27亿元进入资本公积，增资完成后工银投资将持有象屿物流9.43%的股权，该项目是厦门市国企与金融机构签订的首笔市场化债转股协议。厦门工行为厦门象屿速传供应链发展股份有限公司办理国际贸易“单一窗口”跨境汇款全国首单业务，实现预约开户、跨境汇款、外汇牌价查询等金融产品首发办理，该业务为全国首笔“单一窗口”金融服务跨境汇款业务。厦门工行集美支行利用跨境金融区块链服务平台，为宸展光电（厦门）股份有限公司办理全市首单跨境金融区块链服务平台业务，融资金额145万美元，完成平台上融资代申请、链上报关单核验、银行审核及线下融资发放等全流程操作，线上全流程操作时间不超过10分钟。厦门工行联动工银印度尼西亚子行落地象屿集团“印度尼西亚250万吨不锈钢一体化冶炼项目”国际银团贷款，该项目是国家“一带一路”重点项目之一。

（孔令晗）

【中国农业银行厦门市分行】 至2019年12月31日，中国农业银行股份有限公司厦门市分行（简称厦门农行）有一级支行（含分行营业部、自贸试验区分行）11个、二级支行70个。资产总额1415亿元，本外币各项存款余额924亿元，比上年同期增加103亿元；本外币各项贷款余额1305亿元，增加163亿元；全年实现中间业务收入10.85亿元；实现营业收入37.4亿元；不良贷款下降0.55亿元，不良率0.46%，下降0.12个百分点，继续保持“双降”。厦门农行与厦门市政府签署战略合作协议。与海关部门合作，推出农行系统内和厦门同业首个基于海关数据模型的线上小额贷款产品“海关e贷”，服务厦门市开展进出口业务的小微企业。对口帮扶甘肃临夏州。

（黄俊杰）

【中国银行厦门市分行】 至2019年12月31日，中国银行股份有限公司厦门市分行（简称厦门中行）全年实现净利润10.71亿元；实现EVA（经济增加值）5.24亿元；本外币存款余额641亿元，比上年同期增加89亿元；本外币贷款余额664亿元，增加96亿元。国际结算、跨境人民币业务保持市场份额第一。其中，国际结算量292亿美元，增长3.95%；跨境人民币结算量372亿元，增长24.46%。债券承销量超过100亿元，增长48.6%。推进双户双基（“双户”指新客户和基础客户，“双基”指基础管理和基层管理）建设工程，民营企业贷款余额138亿元，实现普惠金融重点领域“两增两控”［单户授信总额1000万元以下（含）小微企业贷款增速不低于各项贷款增速，贷款户数不低于上年同期水平；合理控制小微企业贷款资产质量水平和贷款综合成本］及人行定向降准口径普惠信贷计划。跨境外币双向资金池占全市的65%；跨境人民币双向资金池占全市的59%。自2010年厦门成为跨境人民币试点城市，截至2019年12月31日，厦门中行累计与47个“一带一路”沿线国家发生跨境人民币收支往来310亿元。11月，组织团队参加第二届进博会，承办厦门高端装备及智能制造展示交易中心项目推介会，现场撮合成功率超40%。落地飞机跨境转租赁项目，厦门航空19架飞机对应的自贸区17家SPV（特殊目的机构/公司）公司账户全部落户厦门中行。2014—2019年累计办理海峡两岸人民币现钞调拨508批次、184.64亿元。入围厦门市第三代社保卡首批试点银行，通过银医合作、银校合作，落地弘爱医院、心血管医院等项目。获市级国库集中支付代理银行资格，开立市级政府机构账户3个、区级政府机构实有资金账户19个。厦门中行集美支行入选中国银行业协会文明优质服务“百佳示范单位”。

中国银行总行与厦门大学在厦门签署银校战略合作协议，中国银行党委书记、董事长刘连舸，厦门大学党委书记张彦等出席签约仪式，双方计划在国际交流合作、智慧校园建设、高校产业链融合等领域开展合作。厦门中行组织召开厦门地区外汇和跨境人民币业务自律机制2019年第二次工作会议，会同厦门市外汇与跨境人民币自律机制成员单位制定《厦门市自律机制优质企业跨境人民币结算便利化方案》，该方案旨在推进自贸区厦门片区开展更高水平的跨境人民币贸易投资便利化试点业务，提高企业跨境贸易投资人民币结算业务的便利化水平，方案将符合条件的客户推荐纳入优质企业名单范围，进一步释放自贸区政策红利。厦门中行依托中国人民银行电子信用证信息交换系统，开立全市首笔跨行电子国内信用证，这标志着跨行国内信用证由信函邮寄的流转模式进入电子化新时代。由厦门中行担任牵头行、境内外11家银行参加的象屿集团“印度尼西亚不锈钢一体化冶炼项

2019年12月13日，厦门农行在厦门率先推出服务台资小微企业的融资产品——台信易贷

（黄晓珍 摄）

2019 年 1 月 7 日，建设银行厦门市分行与沙特阿美亚洲公司签订合作备忘录

（厦门建行　供图）

目”68.8 亿元国际银团贷款进行签约，这是中华人民共和国成立后厦门市最大的一笔境外投资，标志着厦门大型国企“走出去”项目、“一带一路”重点项目的成功落地。至年末，厦门中行海外机构覆盖全球 61 个国家和地区，包括 25 个“一带一路”沿线国家。

（沈桜悦）

【建设银行厦门市分行】 2019 年，中国建设银行股份有限公司厦门市分行（简称厦门建行）全年实现拨备前利润 40.38 亿元，年增速 11.1%；实现中间业务收入 15.15 亿元，创历年新高，年增速 8.5%。上缴各类税收 13.26 亿元。一般性核心存款余额 1625 亿元，比上年同期增加 113.2 亿元。各项贷款余额 1633 亿元，增加 193.4 亿元。不良贷款余额 5.36 亿元，减少 7.31 亿元；不良贷款率 0.33%，下降 0.55 个百分点。厦门建行获建设银行总行全面风险管理等级和信用风险管理等级预评价 A 级。个人住房贷款新增 60 亿元，实现国际结算收入 8905 万元。

2019 年，厦门建行与沙特阿美亚洲公司签订合作备忘录，厦门市市长庄稼汉、自贸委主任倪超、建行总行营运业务总监牟乃密、厦门建行行长黄惠玲、沙特阿美亚洲总裁安沃·何加齐参加签订仪式。建行集团子公司建信住房服务（厦门）有限责任公司在厦门开业，协助提升厦门市住房租赁市场管理能力，协助建立管理厦门各类政策性房源的数据库管理系统，加大房源供给，全年有 3 个“CCB（中国建设银行）建融家园”项目面市，新增公租房 41322 间，建融家园 App（应用程序）注册用户超 17 万户。厦门建行举办投资者联盟（厦门）启动暨投行业务发展策略发布会，建银国际、建信基金等 10 家建行集团子公司与 68 家机构成为首批联盟成员，中金公司、中信证券等近 60 家投资机构与厦门市的 60 余家企业代表对接，推出“飞驰 e+”平台系统，依托投资者联盟，搭建开放共享的数据信息系统，使资产端与资金端高效对接、精准匹配，成为交易撮合者、资金安排者、服务集成者和全面金融解决方案提供者。厦门建行与同安区人民政府签订《乡村振兴战略合作协议》，举行分行首个乡村振兴金融服务中心揭牌仪式，这是建行系统首个乡村振兴金融服务中心，该中心计划在 2019—2024 年提供不低于 100 亿元的授信，支持同安乡村振兴，创新农村金融产品，推进“村口银行”建设，启动建行大学“金智惠民”工程，推动“互联网 +”农村电商发展，推动“金融科技 + 乡村振兴”合作，拓宽乡村旅游、盘活农村集体用地项目、打造乡村振兴专属金融服务团队。至年末，厦门建行实现全市 132 个行政村“裕农通”服务点 100% 全覆盖。12 月 16 日，厦顺铝箔有限公司在厦门建行通过跨境金融区块链服务平台，办理一笔 10 万美元的税务备案信息查验并完成对外支付，这是全国首单跨境金融区块链服务平台服务贸易支付便利化场景业务，厦门建行推进该平台的试点工作，上线当月，厦门建行成为当地 10 家试点银行中业务笔数、放款金额、授权查证企业数量最多的银行，业务占比超过 50%，位列各家试点银行首位。

（陈勇鹏）

【交通银行厦门市分行】 至 2019 年 12 月 31 日，交通银行股份有限公司厦门分行（简称厦门交行）人民币存款日均

2019 年 9 月 5 日，建设银行厦门市分行与同安区人民政府签订《乡村振兴战略合作协议》

（厦门建行　供图）

余额 278.27 亿元，比上年同期增加 5.87 亿元；各项贷款余额 351.06 亿元，增加 22.91 亿元，行业投向与厦门地区产业结构基本吻合。贷款不良率 0.58%，下降 0.21 个百分点；贷款逾期率 0.7%，下降 0.68 个百分点；不良贷款、逾期贷款实现双降。

厦门交行加大服务中小微企业力度，至年末，“两增”口径贷款余额 24.15 亿元，增加 9.53 亿元，完成率 173%，“两增”口径客户 1223 户，增加 387 户。全年向民营企业投放贷款 91.35 亿元，增加 4.33 亿元。涉农贷款余额 22.1 亿元，增加 9.78 亿元。制造业贷款客户增幅超过 10%，制造业信用贷款增速超过全行贷款增速。为建发、象屿、国贸、金圆、海发等企业申报并获批预授信额度 574 亿元。向交通银行总行争取专项授权，可根据厦门当地主体需要，快速响应调整授信审批内容，并实现分行自主审批，为轨道交通、厦门新机场建设等项目申请专项信贷额度超过 200 亿元。支持旅游业配套项目，为旅游配套项目提供各类信贷支持 60 亿元。联系外部金融机构，协助相关企业申请注册企业债，支持厦门市保障性住房工程专项规划及开展公共租赁房项目建设运营。

交通银行与厦门市人民政府续签战略合作协议。交通银行为厦门市各类项目提供不低于 2000 亿元的意向性融资，支持厦门布局“双千亿”产业升级为主线，以推动“三高”（高技术、高成长、高附加值）企业倍增为目标，推动厦门市“两高两化”（坚持高质量发展，建设高素质高颜值现代化国际化城市）建设。利用远期结售汇、掉期、海鸥期权等产品为企业锁定汇率风险，为中小企业提供结售汇方面的指导。为厦门企业在境外的子公司提供离岸金融、NRA（境外机构在境内开立的外币或人民币结算账户，但不包括境外机构境内离岸账户）授信等综合授信服务，解决企业“走出去”发展中的融资问题。在两岸金融交流合作方面，交通银行厦门分行推动台湾金融机构到厦门开设分支机构，支持对台跨境结算业务，开展人民币代理清算业务和跨境人民币同业存款业务，为台商企业提供信贷支持，截至年末，共为 10 余家台商企业提供授信支持。交通银行集美支行开设“交融驿站”便民服务区，为户外劳动者提供微波炉、复印机、雨伞等便民设施。

（陈黄熠）

【邮政储蓄银行厦门分行】 至 2019 年 12 月 31 日，中国邮政储蓄银行有限责任公司厦门分行（简称厦门邮储银行）资产规模 343.41 亿元，比上年同期增加 43.48 亿元；各项存款（本外币合计）177.67 亿元，增加 18.88 亿元；各类贷款余额 343.43 亿元，增加 41.18 亿元；不良贷款率 0.66%。有一级部门 22 个、直属单位 1 个、直属营业部 1 个，下辖一级支行 6 个，一级支行营业部 6 个、二级支行 25 个。邮政金融网点 81 个，其中银行自营网点 32 个（含分行营业部）、代理网点 49 个。是年，邮储厦门分行依托总行构建综合管理系统，研发法人授信业务贷款资金用途监测预警系统。依托全国信易贷平台，研发垂直工程行业领域信用大数据应用产品——小微易贷“工程信易贷”。该产品是全国信易贷平台首个金融特色服务产品。开展“寻忆侨批”金融知识研学活动，设立“侨批”金融研学点，开展侨批金融知识普及活动，弘扬热爱祖国、吃苦耐劳、笃诚守信的“侨批”精神。

·小资料·

侨批：清朝末叶至 20 世纪 80 年代的海外华人华侨通过民间渠道及后期的金融、邮政机构寄给家乡眷属附有汇款的书信，以及国内寄往海外的回批的统称。在闽南方言中，“批”指信件。“侨批”入选世界记忆遗产。

（邹　华）

【兴业银行厦门分行】 2019 年，兴业银行股份有限公司厦门分行（简称厦门兴业银行）实现营业收入 26.27 亿元，比上年增长 11.27%；实现中间业务净收入 1.87 亿元，增长 15%；实现净利润 12.28 亿元，增长 7.44%。各项存款余额 953 亿元，增加 13 亿元，市场占比为 8.2%，居厦门同业第五名；各项贷款余额 884 亿元，增加 166 亿元，市场占比 7.49%，居厦门同业第四名；不良贷款余额 7.83 亿元，净减 0.01 亿元，不良贷款率 0.89%，下降 0.20 个百分点，不良贷款率比全市银行业平均水平低 0.21 个百分点。在总行年度综合考评中，厦门兴业银行获评单点城市三类行第一名。厦门兴业银行全辖下设综合性支行 7 家、零售支行 17 家、社区支行 5 家以及对公经营机构 16 家，在册员工 1000 余人。

2019 年，厦门兴业银行落地招商项目 10 余个。将厦门两岸人民币清算中心升格为两岸金融服务中心。支持民营经济发展，服务“三高”企业，获“科信贷”试点银行资格，对接“信易贷”平台。绿色金融融资年末余额首次超过百亿元，共 129.49 亿元，增加 51.53 亿元，累计为企业提供绿色金融融资超过 170 亿元，绿色金融客户数超过 200 户。作为主承销商发行厦门象屿集团有限公司 2019 年度第一期资产支持票据，该项目是福建省首单商业地产抵押贷款支持票据（CMBN），帮助企业盘活存量优质商业物业资产，拓宽企业融资渠道，服务实体经济。厦门兴业银行与厦门市医疗保障基金管理中心签署金融配套服务协议及战略合作协议，推动厦门市医疗改革。联合兴业数字金融服务股份有限公司将电子化协议签约方式引入医疗领域，通过合同数字化改造，协助医保单位提升工作效率，每年的签约工作时间平均从 1 个月缩减至 1 周。

（李维湘）

【光大银行厦门分行】 2019 年，中国光大银行股份有限公司厦门分行（简称厦门光大银行）实现净利润 2.49 亿元，比上年年末减少 1.69 亿元。本外币存款余额 250.07 亿元，增加 23.52 亿元；表内本外币各项贷款余额 275.14 亿元，减少 1.72 亿元。不良贷款余额 2.70 亿元，减少 1.15 亿元；不良贷款率 0.98%，下降 0.41 个百分点。辖属二级分行（自贸区）1 家、同城支行网点 14 家和社区支行 6 家，全辖员工 537 人（其中在编员工 501 人）。是年，厦门光大银行落地首笔“科技保险贷”业务，该产品为厦门光大银行与厦门市科技局共同打造的面向辖内科技型小微企业的信用贷款产品，保险、政府、银行按 4∶4∶2 的比例进行风险分担，并由政府为企业提供一定比例的保费及利息补贴，降低企业的融资门槛与成本。厦门光大银行首家普惠金融专营机构——集美支行挂牌。厦门光大银行获中国银行业“十佳社会责任分行”奖项，是厦门市唯一获得

2019 年 5 月，光大银行厦门分行首家“普惠金融专营支行”获授牌

（光大银行厦门分行 供图）

该奖项的银行。连续 3 年获厦门市银行业金融机构小微企业金融服务优秀机构称号。

（吴传珍）

【中信银行厦门分行】 至 2019 年 12 月 31 日，中信银行股份有限公司厦门分行（简称厦门中信银行）总资产规模约 180 亿元，总负债规模约 190 亿元，全年累计投放贷款近 50 亿元，实现营业净收入 5.59 亿元，实现拨备前账面利润 2.16 亿元。下辖同城支行（含营业部、五缘社区支行）15 家、二级分行（自贸区分行）1 家，有员工 470 余人。厦门中信银行承办中信集团与厦门市政府合作对接交流会，市委常委、常务副市长黄强，中信集团业务协同部总经理苏国新出席并致辞，厦门中信银行、公司银行部与中信证券、中信产业基金、中信建投证券等 18 家集团子公司，厦门市政府、市级有关部门、各区政府及市重点企业领导与代表等参加会议，交流会达成意向项目 3 个，总投资约 385 亿元，对接项目 13 个。

（侯林烨）

【招商银行厦门分行】 至 2019 年 12 月 31 日，招商银行股份有限公司厦门分行（简称厦门招行）资产规模 533.99 亿元，比上年同期增加 78.84 亿元；自营存款 381.81 亿元，增加 61.33 亿元。有正式员工 944 人、营业网点 25 个。厦门招行发行各类银行卡 525.6 万张，其中金卡以上贵宾客户 6.85 万户，全口径管理客户总资产 673.5 亿元。运用“招商银行”和“掌上生活”App（应用程序）等平台，聚焦饭票、影票、公共出行、聚合打车、停车等场景，开通城市专区，多个网点建立线上店，提升营销精准度。零售贷款余额 379.82 亿元，增加 18.16 亿元。其中，房贷余额 189.99 亿元，增加 18.01 亿元；消费贷余额 22.19 亿元，减少 1.87 亿元；小微贷款余额 166.97 亿元，增加 2.3 亿元。是年，厦门招行零售信贷业务审批实现全流程数字化处理，在资料齐全的情况下，可实现房贷 T+0（当天到款）审结、小微 T+2（两日后到款）审结，消费“闪电贷”最快 1 分钟可完成审批放款。推出招贷 App，整合零售信贷线上线下产品，为小微企业主提供全流程一站式线上服务。至年末，厦门招行通过总行金融科技创新评审立项项目 16 个，在厦门漳州两地打通税务、人社、出入境、社医保、公积金等便民场景。

（张 悦）

【民生银行厦门分行】 2019 年，中国民生银行股份有限公司厦门分行（简称厦门民生银行）实现利润 8 亿元，位列厦门股份制银行第二位，小微贷款余额 125 亿元，金融资产 175 亿元，金融资产比上年同期增长超 30%，增幅位列民生系统第二位。不良贷款余额 1.43 亿元，逾期贷款余额 1.43 亿元，均控制在民生银行总行限额内。辖属分行营业部 1 家、同城支行 9 家、县域支行 1 家和社区支行 12 家，属地管理村镇银行（翔安民生村镇银行）1 家。员工总数 532 人。厦门民生银行推动民生银行总行与厦门市政府、厦门大学等签订战略合作协议，实现民生系统首例与 985、211 高校联名发布信用卡。创新合规教育形式，开发“风险萌萌答”答题闯关游戏微信小程序，该程序获中华人民共和国国家版权局计算机软件著作权登记证书，为民生系统内首个风险类著作权。作为股份制商业银行唯一代表，成为厦门市银行业协会副会长单位。获厦门市五一劳动奖状、厦门市银行业协会工作优秀集体称号。

（林嘉希）

【华夏银行厦门分行】 至 2019 年 12 月 31 日，华夏银行股份有限公司厦门分行（简称厦门华夏银行）个人一般性存款日均占比 14.7%，比上年同期提高 4.33 个百分点，个人存款余额占比 20.06%，提高 4.8 个百分点。个人贷款和普惠贷款合计 111.32 亿元，占全行贷款 70%。存贷利差 4.45 个百分点。不良贷款余额 2.82 亿元，减少 1.39 亿元，完成不良贷款、逾欠贷款余额双降目标，逾欠“双 60 天”贷款余额控制在总行计划内，实现“双 60 天”逾欠贷款偏离度低于 100% 的控制目标。“双 90 天”逾欠贷款偏离度 92.6%、“双 60 天”逾欠贷款偏离度 99.69%。全年实现营业净收入 9.03 亿元，增长 36.2%，实现拨备前利润（考核口径）6.18 亿元，增长 35.23%。缴交税款 1.06 亿元，向厦门和周边的重大项目、重点企业和个人提供融资支持累计约 234 亿元。

厦门华夏银行推出农民工工资专户代发“放薪管家”产品，成为厦门市首家实现跨行跨地代发、平台直联报送、制度对标预警和便捷专户管理的专户代发服务银行。为绿色金融项目提供授信支持合计 1.75 亿元，主要为莆田市华科环保工程有限公司、海峡生物科技股份有限公司、漳州大自然园林工程有限公司、福建大农景观建设有限公司在污水处理、土壤治理、再生能源等领域提供授信支持。厦门华夏银行资产管理部投资漳州长运公交经营收费收益权绿色资产支持专项计划，金额 2700 万元，该项目是该行首笔理财资金绿色支持专项

2019 年 11 月 27 日，福建自贸试验区厦门片区首架 ARJ21 飞机落户签约仪式

（厦门浦发银行　供图）

计划投资业务，也是省内首单非金融机构绿色债券。与人保厦门分公司合作，推出“银保通—流动资金贷款”业务，由人保厦门分公司提供保证保险，厦门华夏银行为厦门市科技型、科创型小微企业提供单户最高 300 万元的贷款支持。至年末，累计服务科技型、科创型小微企业客户 25 户，业务余额 6489 万元。

（彭　莹）

【浦发银行厦门分行】 2019 年，上海浦东发展银行股份有限公司厦门分行（简称厦门浦发银行）实现拨备前利润 2.1 亿元，比上年同期增加 0.09 亿元；实现净利润 1.31 亿元，增加 0.42 亿元。本外币存款余额 124.5 亿元，增加 42.1 亿元；本外币贷款余额 105.44 亿元，减少 5.74 亿元。内设管理部门 18 个、营销部门 5 个，下辖二级分行 2 家和同城支行（含分行营业部）6 家。有员工 267 人。厦门浦发银行协同浦银金融租赁公司（浦发银行子公司）落地自贸区厦门片区首架国产 ARJ21 飞机租赁业务，该业务是以融资租赁方式推进国产飞机辐射全国的范例。自 2015 年 6 月落地首批 3 架飞机的租赁业务至 2019 年年末，厦门浦发银行协同浦银金融租赁公司累计完成 15 架飞机租赁业务落地自贸区厦门片区，并提供账户开立、支付结算、跨境结售汇、再融资账户监管、现金管理等金融服务。

（高克土）

【平安银行厦门分行】 至 2019 年 12 月 31 日，平安银行股份有限公司厦门分行（简称厦门平安银行）本外币各项存款余额 402.83 亿元，比上年同期增加 32.21 亿元。存款余额占当地市场份额 3.52%，增加 0.10 个百分点。表内外授信余额 326.63 亿元（其中表内 133.73 亿元，表外 192.90 亿元）。贷款不良率 1.06%，低于当地同业平均水平。全年实现账面利润 4.72 亿元、非利息净收入 0.12 亿元。有支行网点数 11 个、福建自贸试验区厦门片区分行 1 个，社区支行 6 个，员工总数 409 人。在厦门市金融产业促进大会上，平安集团与厦门市政府签署战略合作协议，双方在保险业务、智慧城市、银行业务、金融科技创新、投融资业务、普惠金融业务 6 个领域探索多样化合作模式。平安集团总经理兼联席首席执行官、平安银行董事长谢永林受聘为厦门市金融咨询顾问委员会顾问委员。

（李　敏）

【泉州银行厦门分行】 至 2019 年 12 月 31 日，泉州银行股份有限公司厦门分行（简称泉州银行厦门分行）各项存款余额 91.10 亿元，比上年同期增加 24.54 亿元，各项贷款余额 36.27 亿元，不良贷款余额 1138.7 万元，不良贷款率 0.31%。全年实现经营利润 5539.49 万元，增长 22.56%。通过线上“好税贷”和线下“无间贷”结合，发展普惠金融。累计办理“无间贷”136 笔，放款金额 5.35 亿元，贷款余额 3.72 亿元，惠及 98 户；“好税贷”累计进件 25317 户。推出线上个人信用贷业务——金鲤贷产品，至年末，该产品完成授信客户 1011 户，授信金额 1.28 亿元，用信 0.55 亿元。推出与京东、农商担保三方合作的法拍贷业务，思明支行成为厦门中级人民法院在京东平台的唯一拍卖贷款行。开展“1 分钱乘公交”活动，推动移动支付“云闪付”便民工程建设。

（黄淑丹）

【厦门银行】 至 2019 年 12 月 31 日，

2019 年 6 月 16 日，厦门银行推出的首张面向台胞的专属信用卡在第十一届海峡论坛·海峡金融论坛上亮相

（厦门银行　供图）

2019 年，厦门银行厦门业务管理总部杏林支行获“全国巾帼建功先进集体”

（厦门银行　供图）

厦门银行股份有限公司（简称厦门银行）集团总资产 2468.68 亿元，比上年同期增长 6.13%；全年实现净利润 17.36 亿元，增长 22.18%。主体信用评级 AA+。缴纳入库税款 6.47 亿元（含代扣代缴税种），获“A 级纳税企业”称号，被评为省纳税百强企业。有经营网点 61 个，员工 2500 余人。在《银行家》杂志 2019 中国商业银行竞争力排名中，厦门银行综合实力位列城市商业银行（2000 亿至 3000 亿元规模）第四名。首发“台胞信用卡”，解决台胞大陆个人信用卡申请难问题，至年末，共发行台胞信用卡 1974 张。两岸人民币清算业务量 94.78 亿元，为客户兑换新台币 3776.8 万元；在重庆、漳州举办“台商周”、宏观经济与投资论坛等活动；连续第八年与台湾高校合作开展台湾高校学生实习计划、举办第三届金门举办半程马拉松赛、连续第七年赞助两岸少儿美术展、持续支持两岸斗茶和两岸书法家挥春等活动；获评福建省唯一的省级台湾青年实习实训基地。发行小微企业专项金融债券 60 亿元，累计为 3600 余家民营、小微企业提供超 21 亿元纯信用授信支持。获非金融企业债务融资工具 B 类独立主承销业务资质，成为福建省内第一家获此投行资质的城商行。代理市级集中支付业务落地相关业务。连续第七年获评厦门市银行业金融机构服务小微企业优秀机构。厦门业务管理总部杏林支行获“全国巾帼建功先进集体”称号，是厦门市 2019 年唯一获得该称号的机构。信息技术部汤姿平获中国金融工会全国委员会颁发的“全国金融五一劳动奖章”。多个分支机构获福建省“青年文明号”“巾帼文明岗”“模范职工之家”“工人先锋号”等称号。

（曹冠雄）

【厦门农村商业银行】 至 2019 年 12 月 31 日，厦门农村商业银行股份有限公司（简称厦门农商银行）资产总额 1277.24 亿元，负债总额 1174.76 亿元。本外币存款余额 958.90 亿元，比上年同期增加 97.55 亿元；本外币贷款余额 569.07 亿元，增加 63.70 亿元。当年实现拨备前利润 25.97 亿元，增加 1.65 亿元；实现净利润 11.82 亿元，增加 0.71 亿元。上缴各类税收 7.37 亿元。是年，厦门农商行与龙岩市永定农村信用合作联社合作，发放乡村振兴社团贷款 1 亿元，支持龙岩市永定区高陂镇、坎市镇组团开发建设工作，助推当地旅游资源开发。举行首批“农村金融信用户”授牌仪式，为同安区 50 名农村金融信用户颁发信用牌匾。开展“信用户、信用村、信用镇街”创建工作，累计精准建档 21.96 万户，增加 6.94 万户。落地高林—金林社区集体发展用地项目专项贷款，并完成第一轮放款，该项目采用担保贷款模式，贷款总额 5.6 亿元，分 4 期放贷，贷款期限 10 年，首轮 1429 笔，金额约 1 亿元。

（杜宇飞）

【厦门国际银行】 至 2019 年 12 月 31 日，厦门国际银行股份有限公司（简称厦门国际银行）全行总资产 9155 亿元，比上年同期增长 13.57%；全年实现营业收入 168.84 亿元，增长 27.54%，净利润 63.15 亿元，增长 8.43%；年末全行不良贷款率为 0.71%，连续 14 年低于 1%，资产质量保持优良水平。在英国《银行家》杂志“2019 全球银行 1000 强”榜单中，厦门国际银行总资产位列全球第 158 位。在《21 世纪经济报道》2019 亚洲银行竞争力排名中列第 80 位，在中国城商行中排名第 4 位。年末境内实体经济和中小微企业贷款增加 752 亿元，主要投向制造业、基础设施、批发零售业、服务业等符合经济转型及实体经济的行业；对民营企业贷款 1715 亿元，占全部企业贷款余额比重 62%，保持高于同业的水平；全口径小微企业贷款余额 1115.7 亿元，占总贷款比重 38.06%；普惠金融领域贷款增长 41%，符合定向降准要求，全年累计减费让利金额超过 1 亿元，降低实体经济融资成本。在福建省 9 地市同步举行“深耕八闽、服务实体”金融服务升级年系列活动，与福建各地市金融办签署支持地方经济发展框架协议，金额超 1100 亿元，与全省逾 130 家企业客户签订合作协议，其中与厦门市思明区金融办签署的厦门经济发展融资合作框架协议，3 年内厦门国际银行为厦门实体经济提供 500 亿元的信贷。推出服务小微企业的线上银税互动类产品“税享贷”、服务本地实体企业的“本地抵押贷款”。推出银企直联、交易资金监管、分账通、分离式保函等产品，为中小微企业提供免费金融增值服务。引入国际融资方案，推出服务外向型经济“担保外债”。联合闽都中小银行教育发展基金会、厦门市慈善总会联合开发基于区块链技术的“公益慈善阳光链平台”，该平台采用“区块链可跟踪溯源技术”，用户可通过平台直接查询链上数据，获取真实的捐款资金流向信息，平台对项目及资金进行规范管理，不收取任何费用。开展“厦一站・汇团圆”关爱留守儿童全国性公益活动，该活动获南方传媒“2019年度最具传播力责任事件”奖项。境外附属机构澳门国际银行获澳门特区政府“澳门工商功绩勋章”；集友银行举办“重走嘉庚路，致敬新时代”主题系列活动，连续5年获香港社会服务联会“商界展关怀”称号。

（谢渊泉）

【翔安民生村镇银行】 至2019年12月31日，厦门翔安民生村镇银行股份有限公司（简称翔安民生村镇银行）资产总额9.65亿元，负债总额8.33亿元，所有者权益13139.90万元，当年利润1177.35万元，现金分红700万元，累计未分配利润3764.83万元。年末，存款余额81323.41万元，年日均存款76023.09万元。贷款余额61349.30万元，年日均贷款61593.39万元，其中涉农贷款19873.83万元，占比32.39%；户均贷款余额52.12万元；不良贷款639.08万元，不良率1.04%。总资产利润率1.14%，净资产利润率9.12%，存贷比75.44%，成本收入比62.76%，资本充足率24%，流动性比例37.02%，拨贷比3.63%，不良贷款率1.04%。是年，翔安民生村镇银行推出“一品一码”贷款服务，制定妇女创业贷款金融服务方案，简化信贷流程，降低贷款利率，免除开户费用。

（黄　云）

【中国进出口银行厦门分行】 至2019年12月31日，中国进出口银行厦门分行（简称厦门进出口银行）累计发放各类贷款折合人民币277亿元，各项贷款余额315.39亿元。发放外贸产业贷款176.14亿元，占当年新增发放贷款的63.59%，支持商务合同金额81.88亿美元，分行外贸产业贷款余额243.89亿元，占分行全部贷款的77.33%。全年涉及“一带一路”业务规模约29.56亿元，新增“一带一路”贷款7.13亿元；支持厦门地区重点高端制造业发展，支持天马微电子、宸美、宏发电声、厦钨、金龙等企业，全年向制造业客户发放贷款74.87亿元，年末支持制造业贷款余额107.78亿元，占全市制造业贷款余额约10%。与地方性商业银行合作，通过提供贷款资金，由地方性银行以转贷形式将资金提供给实际用款的小微企业，实现政策性金融批发型资金成本和地方商业银行机构网点在小微企业客户管理服务方面的优势互补。至年末，厦门进出口银行小微企业银行转贷款余额15亿元，支持539家小微企业的信贷需求，自开办小微企业银行转贷款业务至2019年年末，累计发放贷款38亿元，通过转贷款资金实际支持小微企业用款户数超过1000户。全年为飞机进口项目发放贷款20.42亿元，向厦门航空、轨道地铁、翔业集团等企业提供信贷支持；为厦船重工打造特色船型提供融资支持，支持完成2艘世界最大双燃料汽车滚装船的建造，支持2800卡客滚轮项目建设。

（邱成功）

【中国农业发展银行厦门分行】 至2019年12月31日，中国农业发展银行厦门分行（简称厦门农发行）全行资产总额63亿元，其中各项贷款余额52亿元，债券投资余额11亿元，全行负债总额63亿元。有内设部门5个：办公室（信息科技部）、客户业务部（国际业务部、营业部）、信贷与风险管理部、计划财会部、内控合规部（法律事务部、纪委办公室），下辖同安支行。有正式员工60人，其中市分行43人、同安支行17人。是年，厦门农发行加入在厦央企投资协会，与厦门市粮食行业协会签订战略合作协议。支持的流通体系建设项目入选中国农业发展银行总行《服务乡村振兴战略转型发展模式案例汇编》。利用“两类资金”（财政资金和信贷资金）支持粮食流通，采用“流贷+调销”的融资方案，支持厦门粮食贸易企业参与储备轮换业务。采用“人民币流动资金贷款+国际贸易融资”的方式支持国企客户开展引粮入闽和粮食进口业务，全年累计向粮油客户发放市场化购销储贷款11.82亿元。向厦门夏商集团有限公司发放农村流通体系建设短期贷款5亿元，用于公司涉农流通业务经营的流动资金需求，加强与夏商集团在涉农流通业务（含商超百货、农产品批发及贸易、种植养殖、生鲜配送）的合作，为推进厦门“菜篮子”产品生产、流通，提供资金扶持。采用“总部融资+定向使用”“异地子公司承贷+在厦母公司担保”的贷款模式开展产业扶贫协作，由在厦门的母公司古琳达姬公司总部承贷，厦门农业发展银行向其全资子公司甘肃临夏康之琳鞋业提供贷款定向用于生产经营，带动建档立卡贫困人口74人就业脱贫。向厦门国贸控股集团有限公司子公司承德三融畜禽有限公司发放产业扶贫贷款2500万元，支持承德三融公司承包承德县政府建设的肉鸡养殖场，承德县政府用企业上交的承包金点对点帮扶贫困人口，向15名承德县建档立卡贫困人口发放脱贫补助款，每年可为每户贫困人口增收约1000元。

（朱次郎）

【国家开发银行厦门分行】 至2019年12月31日，国家开发银行厦门分行（简称厦门国开行）累计提供融资总量超3600亿元，贷款余额1158亿元，其中外汇贷款余额81亿美元，连续6年居辖区同业第一，不良贷款率为0。是年，厦门国开行贡献税收4.2亿元。发放“十二大千亿产业”贷款196亿元，占厦门国开行境内发放贷款的86%，制造业贷款余额在辖区占比近20%。发放中长期人民币城镇化贷款88亿元，推进公共停车场、旧村改造、老旧小区更新融资模式创新研究。投放涉台贷款21亿元，涉台贷款余额72亿元，全辖内占比约30%。全年累计投放绿色贷款53亿元，绿色贷款余额117亿元，辖区占比超30%，2016—2019年累计获厦门市绿色信贷贴息补贴奖励323万元。2019年，支持自贸区厦门片区融资租赁业务，飞机融资租赁贷款余额27亿元。发放贷款86亿元支持象屿、国贸集团打造供应链龙头企业。利用总行PSL（抵押补充贷款）资金和民营专项贷款等政策工具，加大对民企支持力度，发放PSL资金贷款和民营专项贷款33亿元，降低企业融资成本。发放支付小微企业转贷款10亿元，支持辖内小微企业超过300家。参加研究制定厦门市2019年脱贫攻坚工作意见，与24家对口支援企业开展对接，发放扶贫贷款1.2亿元，开展全员消费扶贫20万元，向甘肃省临夏州东乡县捐赠资金50万元。实现企业债券承销57亿元，发行理财53笔累计83.5亿元；推动国开金融、国银租赁、国开证券等集团子公司到厦门开展投资、租赁、证券等协同业务。在国开行系统内率先开展公共租赁住房支持模式研究，加大对厦门安居集团建设有限公司的财政注资力度，构建项目还款现金流。为珩琦、园博、后吴、雍厝、官浔、浯家、湖边、仁和、林边、龙秋、洪茂11个厦门市重点建设公共租赁房项目累计授信47.12亿元，发放贷款11.17亿元。

（李诗麒）

【首都银行（中国）有限公司厦门分行】 至2019年12月31日，首都银行（中国）有限公司厦门分行（简称首都银行厦门分行）存款余额折合人民币2.69亿元，授信余额折合人民币2.91亿元。主营对公业务，下设营运部、业务部、行政部、合规部、信贷监控部，有员工16人。首都银行厦门分行为厦门恒兴集团有限公司在越南设立的全产业链钢铁企业宣光钢铁有限责任公司提供流动资金贷款1000万美元，缓解该企业因进口生产所需焦炭等原材料的外汇需求。在北京举办的第二届“一带一路”国际合作高峰论坛上，首都银行厦门分行为与菲律宾企业签署果蔬采购合同的中国工艺福建实业有限公司提供授信1200万美元，并办理信用证及押汇等相关业务。

（赖建基）

【集友银行有限公司厦门分行】 2019年，集友银行有限公司厦门分行（简称厦门集友银行）全年实现拨备前利润1.82亿元，比上年同期增加8392万元；实现净利润1.5亿元，增加9360万元。上交所得税4160万元。本外币存款余额34亿元，增加13亿元；本外币贷款余额49亿元，增加12亿元。下设支行2家（集美支行、观音山支行），有员工85人。由集友银行捐资成立的厦门市陈嘉庚教育基金会向集美学村3名老师颁发突出贡献奖，向53名优秀教师颁发奖教金，向402名优秀学生颁发奖学金。10月22—31日，由中华全国归国华侨联合会与香港侨界社团联合主办，集友银行承办，陈嘉庚纪念馆协办的“重走嘉庚路，致敬新时代”主题系列活动香港站之“华侨旗帜·民族光辉——传承嘉庚精神及华侨华人参加祖国建设成果展”在香港举办。

（陈芳芳）

【中国信托商业银行股份有限公司厦门分行】 至2019年12月31日，中国信托商业银行股份有限公司厦门分行资产总额23.11亿元，负债总额14.01亿元，净利润3922.11万元。该分行是台资银行，于2016年获厦门银监局批准设立。厦门分行营运资金8亿元，分行可经营对各类客户的外汇业务及对除中国境内公民以外的人民币业务；翁世雄为厦门分行行长，分行有员工48人。

（方　燕）

【厦门国际信托有限公司】 至2019年12月31日，厦门国际信托有限公司（简称厦门国际信托）总资产为60.30亿元，比上年同期增长1.54%；净资产54.12亿元，增长7.70%；净资本48亿元；管理的信托总资产2010.28亿元，增长3.10%。是年，实现营业收入98140.36万元，增长22.38%，其中固有业务收入40027.69万元，信托业务收入58112.67万元；实现税后净利润54251.30万元，增长13.91%。风险准备拨备全部到位。上缴税收5.52亿元，增长14.47%。自主研发的人行资管产品统计报送系统获国家版权局颁发的计算机软件著作权登记证书。推出体验式慈善信托项目“厦门信托—临夏希望之旅慈善信托”，对口帮扶临夏地区。

（张竞妍）

【厦门海翼集团财务有限公司】 至2019年12月31日，厦门海翼集团财务有限公司（简称海翼财务公司）资产总额35.41亿元，净资产10亿元，总负债25.41亿元。是年，实现营业收入8392.19万元，利润总额4922.30万元，净利润3859.22万元。发放授信252笔，累计金额73.21亿万元，年末用信余额32.65亿元。结算笔数78930笔，比上年同期增加3689笔；金额2888.81亿元，增长4.90%；增加1240.97亿元，增长75.31%。有员工23人，共8个部门，成员企业56家。海翼财务公司获《中国银保监会厦门监管局关于厦门海翼集团财务有限公司股权变更的批复》，厦门厦工机械股份有限公司将其持有10%的股权转让给厦门海翼集团有限公司的全资子公司厦门海翼资产管理有限公司，并完成工商登记、税务变更手续。海翼财务公司全程参与集团内上市公司厦工股份的重整事项，推动完成该项目。开放上线“财企通”平台，海翼国贸成为首家接入海翼财司“财企通”平台的成员企业。

（林　盈）

【厦门金美信消费金融有限责任公司】 至2019年12月31日，厦门金美信消费金融公司有限责任公司（简称金美信消费金融）放款总额超40亿元，比上年同期增长1592%；年度贷款余额21.3亿元，增长856%。是年，营业收入1.15亿元，增长1364%。上缴各类税收1114万元。推出“极速贷”“生活贷”“随心贷”业务，通过采取媒体营销推广、自主建立销售团队、消费场景对接、线上渠道对接以及线下通道对接与优良旧客推荐合作的业务模式，推进业务开展和市场布局。获第八届中国财经峰会2019金融科技影响力品牌、第二届零售信贷智变大会消费金融科技创新奖、第十三届海西理财投资博览会最佳新锐消费金融公司奖。金美信消费金融于2018年10月22日在厦门挂牌，是全国第二十三家获批的消费金融公司，是全国首家两岸合资的消费金融公司，股东为台湾地区中国信托商业银行股份有限公司、厦门金圆金控股份有限公司、国美控股集团有限公司。

（江惠婷）

【厦门翔业集团财务有限公司】 至2019年12月31日，厦门翔业集团财务有限公司（简称翔业财务公司）资产总额为83.25亿元，比上年同期增长17.11%；所有者权益13.19亿元，增长10.86%。各项贷款余额21.09亿元。全年实现营业收入2.23亿元，增长3.01%；净利润总额1.27亿元，增长16.15%。资本充足率为34.04%，平均流动性比例49.9%，公司账户集中度68.44%，全口径资金归集度84.8%，可归集口径资金集中度88.32%。同业业务操作121笔，金额196.6亿元。通过利率优惠、费用减免等措施，为集团成员企业节约成本3848.65万元。办理元翔（厦门）海岸有限公司趸船融资租赁直租业务1笔，金额3300万元，向趸船代建单位厦门缘岸置业有限公司购买趸船，租赁给元翔（厦门）海岸有限公司使用，以缓解趸船使用单位购买大型设备的资金压力，优化趸船代建单位的资源配置。

（吴智鹏）

外汇管理

【概　况】 2019年，厦门市外资外贸稳中有升，外汇收支运行相对平稳，经济与金融运行方向相对一致。涉外收支差额格局转为逆差，进口增长较快导致货物贸易成为逆差主要来源。涉外收支总额1221.8亿美元，比上年增长3.8%。逆差7.5亿美元，上年同期为顺差37亿美元。其中，收入607.1亿美元，比上年增长0.2%；支出614.7亿美元，增长7.8%。跨境人民币顺差，人民币涉外收支总额占比提高；结售汇逆差扩大。

【跨境人民币涉外收支】 2019年，厦门市跨境人民币涉外收支总额166.5亿美元，比上年增长8.1%；占整体涉外收支总额13.6%，增加0.6个百分点。顺差44亿美元，比上年增长83%。其中，人民币收入105.3亿美元，比上年增长18.2%；支出61.2亿美元，下降5.8%。

【银行结售汇】 2019年，厦门市银行结售汇总额789.6亿美元，比上年增长0.2%。其中，结汇360.5亿美元，比上年下降6.8%；售汇429.1亿美元，增长6.8%。结售汇逆差68.5亿美元，比上年增长3.5倍。

（人民银行厦门市中心支行）

证券·期货业

证券期货业监管

【概　况】 2019年，厦门市证券交易总额4.95万亿元，比上年增长28.85%；证券经营机构利润总额0.35亿元，下降72.19%。厦门投资者开立证券账户数和资金账户数分别为498.97万户、218.61万户，增加61.31万户、22.24万户。从业人员2178人，增加48人。年末融资融券余额149.57亿元，股票质押回购余额151.96亿元。全市期货交易总额3.5万亿元，比上年增长29.62%；期货经营机构利润总额1.96亿元，增长33.99%。至年末，厦门期货投资者开户数5.84万户，增加0.78万户；期货经营机构总资产122.11亿元，增长35.93%；期货从业人员604人，减少5人。中国证券监督管理委员会厦门监管局（简称厦门证监局）组织对各类监管对象进行现场检查127家次，开展IPO（首次公开募股）企业辅导验收和财务核查11家次，下发行政监管措施决定书、监管意见告知书等监管函件122份，开展案件调查24件。支持有关部门处理厦门中经商品交易中心、厦门石油交易中心遗留问题，缩减厦门国际金融资产交易中心存量业务。

【打击非法集资】 2019年，厦门市证监局与厦门市打击非法集资办公室（简称市打非办）合作，与厦门市金融风险防控预警平台互联互通，全年排查各类风险点333个。与市打非办、公安局等协作，全年对19起涉非线索开展调查，向商业银行调取资金流水20家次，向市打非办、公安机关等部门移送涉非线索11件，涉及非法机构7家。协助市公安侦破厦门物阜网络科技公司从事非法证券案，参与对3家涉非机构的突击执法，配合公安部门查处仁通大管家非法集资案，协调中国证券投资基金业协会处理华昱、乾城等风险机构，将涉嫌非法集资的华夏传祺移送公安机关。

【风险排查处置】 2019年，厦门证监局按照“紧控增量、化解存量、缓释风险”原则处理股票质押风险。高质押比例上市公司存续数量自2018年10月至当年年末未增加，7家存量公司化解3家，3家民营上市公司获4.3亿元纾困基金支持。与证监会、厦门市政府合作，推动厦工股份债务重整，化解该国企债券风险。全年累计办结各类信访诉求173件，未发生缠访闹访和群体性事件。及时监测和处置负面舆情107条。全年撰写科创板注册制、提高上市公司质量、证券法修改等主题文章50余篇，组织厦门上市公司、机构、媒体记者撰写文章70余篇。

【执法协作机制健全】 2019年，厦门市证监局与市中级人民法院、市金融监管局、人行厦门支行、厦门银保监局、思明区法院等单位联合成立厦门金融司法协同中心，搭建中国首个金融司法协同平台。与省市区3级法院交流合作，指导建设调解工作站。与市中级人民法院、投保基金公司和厦门证券期货基金业协会签署《厦门市证券期货行业纠纷多元化解机制合作备忘录》，健全纠纷多元化解机制。

【投资者教育与保护】 2019年，厦门市证监局联合市金融监管局、市公安局、沪深交易所和厦门证券期货经营机构，开展“远离非法集资，共建美丽校园”“走进科创，你我同行”“5·15投资者保护宣传日”等投资者教育普法活动近1000场次。与市中级人民法院、人行厦门支行、厦门银保监局、市金融监管局、思明区法院共建金融消费者权益工作站，协同提升投资者保护水平。与市教育局签署《关于加强厦门辖区证券期货知识普及教育的合作备忘录》，加强青少年投资教育。

【厦门两岸股权交易中心】 2019年，厦门证监局根据证监会《关于规范发展区域性股权市场的指导意见》精神，向市政府报送参阅件《关于厦门两岸股权交易中心的发展意见》。厦门市政府印发《关于推进两岸股权交易中心建设促进区域性股权市场发展的意见》。截至年末，厦门两岸股权交易中心有挂牌展示企业3384家，其中台资板638家，闽西南科技板427家。

【绿色金融】 2019年，厦门市证监局配合市金融监管局出台《关于促进厦门市资本市场发展绿色金融扶持政策的实施细则》，明确对绿色债券投融资进行奖励，对创投机构进行风险补偿。逐家跟踪上市公司，尤其是重点排污公司，督促其按照要求完整披露环境信息。开展绿色金融政策宣导。圣元环保通过厦门证监局辅导验收，向证监会申报IPO材料。至年末，厦门4家私募基金对6家绿色企业进行投资，合计金额1.57亿元。

【监管科技化水平提升】 2019年，厦门市证监局利用证监会中央监管信息平台科技监管模块、国内知名反舞弊研究合作机构开发的智能软件，与证监会信息中心、厦门大学管理学院联合进行年报研究，及时发现线索和风险。利用证监会系统单位稽查取证技术成果汇编，掌握调查取证软件。

证券期货机构

【概　况】 至2019年12月31日，厦门市有证券公司1家、证券公司分公司27家、证券营业部109家、台资背景的证券代表处1家、证券投资基金公司1家、证券投资基金分公司2家、独立基金销售机构分公司1家、证券投资咨询公司2家。是年，全市新增证券分公司2家（渤海证券、东兴证券），新增证券营业部4家。广州证券撤销厦门分公司，华林证券将营业部升级为分公司，红塔证券、华福证券、山西证券、广发证券4家证券公司共新设或增设厦门营业部5家。长城国瑞证券有限公司存续营业网点42个。至2019年12月31日，厦门有期货公司2家、期货分公司17家、期货营业部21家。是年，新增期货分公司7家，减少期货营业部6家。鑫鼎盛期货、新湖期货、格林大华期货、招金期货、国泰君安期货在厦门设立分公司，兴证期货、福能期货将营业部升级为分公司，鑫鼎盛期货、徽商期货、金瑞期货、国元期货共注销营业部4家。瑞达期货新设营业部2家、分公司1家，注销营业部1家，年末营业网点42个。国贸期货新设营业部1家、分公司1家，年末营业网点数量15个。

【上市公司】 2019年，厦门新增2家上市公司（松霖科技、瑞达期货）。至年末，有境内上市公司49家，其中主板上市公司21家、中小板上市公司16家、创业板上市公司12家；境外上市公司27家。厦门上市公司从交易所市场发行股票和公司债券融资122.06亿元，其中境内资本市场首发融资8.06亿元，再融资、公司债及可转换债券共114亿元（见表21–1）。从银行间市场融资300.5亿元，合计融资422.56亿元。至年末，上市公司总股本293.6亿股，总市值3992.25亿元。是年，49家境内上市公司营业收入11010.29亿元，比上年增长14.6%。归属母公司股东净利润135.09亿元，下降16.4%。其中，41家盈利，合计盈利185.61亿元；8家亏损，合计亏损50.52亿元。厦门上市公司现金分红家数和总额创历史新高，40家上市公司实施分红，分红总额68.76亿元。32家上市公司连续3年分红，其中分红总额最高的4家公司分别是建发股份、吉比特、厦门国贸、厦门空港，3年分红总额分别为31.19亿元、12亿元、10.53亿元、9.92亿元。上市公司全年完成并购重组59家次，交易总价值124.06亿元。其中，盛屯矿业通过发行股份及支付现金购买资产并募集配套资金，以21.39亿元收购主营产品为锌锭和锗精矿的四环锌锗。厦门国贸与前海金融控股有限公司以35.59亿元联合竞得世纪证券91.65%股权，其中厦门国贸出资17.34亿元受让44.65%股权。

【非上市公司发行公司债券】 2019年，厦门非上市公司累计发行公司债融资89家次，募集资金1026.4亿元，其中新增融资207.6亿元（见表21–2）。厦门企业发行资产支持证券78.8亿元，其中厦门中骏集团有限公司发行23.25亿元。

【“新三板”挂牌公司】 至2019年12月31日，厦门有“新三板”（全国性非上市公司股份有限公司股权交易平台）挂牌公司130家，占全省41.94%。是年，厦门“新三板”挂牌公司融资137家次，募集资金37.55亿元，新增融资1.55亿元。7家企业通过增发股票融资实现产品、技术、规模的升级发展。

【私募机构】 至2019年12月31日，厦门市登记备案的私募基金管理人共359家，比上年同期减少4家，私募基金管理人数量在证监会36个辖区中排名第十一位，共管理基金982支，在厦门注册到资基金规模1701.32亿元。管理基金规模（实缴规模）751亿元，增加179支、39亿元。其中，私募创投、股权基金管理基金规模占比约85%，募集资金主要投向互联网信息服务、软件开发、金融服务和环保设备工程等行业。

（李永毅　张华彬）

表21–1　**2019年厦门上市公司发行股票和公司债券融资情况一览表**

企业名称	融资方式	发行日期	融资金额（亿元）
松霖科技	首发	8月14日	5.55
瑞达期货	首发	8月27日	2.51
红相股份	再融资（定向增发）	2月11日	0.58
吉宏股份	再融资（定向增发）	5月15日	5.16
盛屯矿业	再融资（定向增发）	6月28日	8.16
弘信电子	再融资（定向增发）	7月12日	7.22
建发股份	公司债（公开发行）	7月4日	10
建发股份	公司债（公开发行）	7月4日	10
建发股份	公司债（公开发行）	8月6日	5
建发股份	公司债（公开发行）	8月6日	5
建发股份	公司债（公开发行）	8月9日	15
建发股份	公司债（公开发行）	8月9日	15
合兴包装	可转换债券	8月15日	5.96
建发股份	公司债（公开发行）	8月28日	10
建发股份	公司债（公开发行）	8月28日	3
建发股份	公司债（公开发行）	10月11日	10
金牌厨柜	可转换债券	12月13日	3.92

表21–2　**2019年厦门非上市公司发行公司新增债券融资情况一览表**

企业名称	发行方式	发行日期	融资金额（亿元）
厦门经济特区房地产开发集团有限公司	非公开发行	1月11日	17

续表 21-2

企业名称	发行方式	发行日期	融资金额（亿元）
厦门市天地开发建设有限公司	非公开发行	1月18日	3
厦门翔业集团有限公司	公开发行	2月20日	10
厦门建发集团有限公司	公开发行	3月20日	15
厦门住宅建设集团有限公司	非公开发行	3月29日	10
厦门禹洲鸿图地产开发有限公司	公开发行	4月1日	15
厦门禹洲鸿图地产开发有限公司	公开发行	4月1日	20
厦门路桥建设集团有限公司	公开发行	4月9日	10
厦门象屿集团有限公司	公开发行	4月24日	7.6
厦门住宅建设集团有限公司	非公开发行	6月13日	11
厦门中骏集团有限公司	公开发行	7月30日	5.4
厦门象屿集团有限公司	公开发行	8月14日	11.3
厦门建发集团有限公司	公开发行	9月5日	15
厦门经济特区房地产开发集团有限公司	非公开发行	10月11日	12.8
厦门航空有限公司	公开发行	11月18日	15
厦门国贸控股集团有限公司	公开发行	12月11日	6
厦门建发集团有限公司	公开发行	12月12日	20
厦门市天地开发建设有限公司	非公开发行	12月20日	3.5

保 险 业

保险业监管

【概　况】 2019年，厦门保险市场实现保费收入226.67亿元，比上年同期增长7.7%。全年赔付支出78.81亿元，增长7.9%。至年末，全市保险公司资产595.74亿元，增长11.86%；全市保险深度3.8%，比全国平均水平低0.5个百分点。保险密度（常住人口人均保费）5284元，为全国平均水平的1.7倍。全市有保险主体39家（产险公司21家、寿险公司18家），其中台资保险法人机构2家。保险经营机构238家、专业中介机构主体87家、兼业代理机构142家，保险从业人员5.70万人。是年，全市财产险保费收入78.85亿元，下降1.8%。其中，车险保费收入56.19亿元，下降2.4%；非车险保费收入22.66亿元。车险、非车险结构比为71.3∶28.7，非车险占比上升0.04个百分点。人身险保费收入147.82亿元，增长13.5%。其中，寿险保费收入107.37亿元，增长12.8%；健康险保费收入33.49亿元，增长18.7%；意外险保费收入6.96亿元，增长2.9%。厦门人身险公司为保险消费者养老积累寿险责任准备金638亿元，提供长期健康险风险保障3378亿元。财产险公司保费收入84.97亿元，下降0.03%；人身险公司保费收入141.70亿元，增长12.9%。财产险行业综合成本率97.3%，上升4.7个百分点，比全国平均水平低2.7个百分点。寿险公司综合退保率2.9%，比全国平均水平低2.1个百分点。（见表21-3）

保险业全年提供风险保障31.85万亿元。环境污染责任保险为339家企业提供5.95亿元风险保障。安全生产责任保险为221家企业提供18.86亿元安全保障。中小型科技企业贷款保证保险新增贷款226笔，新发放贷款金额4.69亿元，支持贷款余额4.6亿元。大病保险第五轮（2018年7月）起城乡居民和城镇职工起付线分别降至3万元和1万元。2018医保年度（2018年7月至2019年6月）参保人数329万人，赔付2.88亿元。“老年人幸福安康险”首个保障年度（2018年10月1日至2019年9月30日）保障人数36.67万人，总保额超500亿元。出口信用保险发挥政策性职能，全年服务支持出口企业2597家，增长39.9%，累计支持企业向“一带一路”沿线国家出口16.95亿美元，增长3.61%；服务支持小微企业2059家，小微企业出口信用保险覆盖面提高至27.8%，其中第四季度服务支持小微企业数增加724家，增幅54.58%。

表21-3　**2019年厦门市保险公司经营情况一览表**

公司名称		保费收入（万元）	市场占比（%）
产险公司	富邦财产保险有限公司	16362	1.9
	中国人民财产保险股份有限公司厦门市分公司	362454	42.7
	中国出口信用保险公司厦门分公司	32409	3.8
	中国太平洋财产保险股份有限公司厦门分公司	94185	11.1
	中国平安财产保险股份有限公司厦门分公司	185151	21.8
	天安保险股份有限公司厦门分公司	13070	1.5
	中国大地财产保险股份有限公司厦门分公司	18974	2.2
	大家财产保险有限责任公司厦门分公司	1863	0.2
	都邦财产保险股份有限公司厦门分公司	2363	0.3
	太平财产保险有限公司厦门分公司	9878	1.2
	中国人寿财产保险股份有限公司厦门市分公司	47621	5.6
	阳光财产保险股份有限公司厦门市分公司	23475	2.8

续表 21-3

	公司名称	保费收入（万元）	市场占比（%）
产险公司	长安责任保险股份有限公司厦门分公司	3260	0.4
	中华联合财产保险股份有限公司厦门分公司	11011	1.3
	紫金财产保险股份有限公司厦门分公司	5748	0.7
	华泰财产保险股份有限公司厦门分公司	909	0.1
	英大泰和财产保险股份有限公司厦门分公司	8932	1.1
	中银保险有限公司厦门分公司	2005	0.2
	海峡金桥财产保险股份有限公司厦门分公司	5266	0.6
	永诚财产保险股份有限公司厦门中心支公司	195	0.0
	国泰财产保险有限责任公司厦门中心支公司	779	0.1
	互联网保险公司（虚拟）	3806	0.4
	产险公司合计	849716	100
寿险公司	君龙人寿保险有限公司	35443	2.5
	中国人寿保险股份有限公司厦门市分公司	304612	21.5
	中国平安人寿保险股份有限公司厦门分公司	500707	35.3
	中国太平洋人寿保险股份有限公司厦门分公司	79493	5.6
	新华人寿保险股份有限公司厦门分公司	75540	5.3
	泰康人寿保险有限责任公司厦门分公司	122645	8.7
	中英人寿保险有限公司厦门分公司	12736	0.9
	太平人寿保险有限公司厦门分公司	53644	3.8
	平安养老保险股份有限公司厦门分公司	31129	2.2
	中宏人寿保险有限公司厦门分公司	4165	0.3
	中国人民人寿保险股份有限公司厦门市分公司	44455	3.1
	陆家嘴国泰人寿保险有限责任公司厦门分公司	8763	0.6
	富德生命人寿保险股份有限公司厦门分公司	32952	2.3
	民生人寿保险股份有限公司厦门分公司	13680	1.0
	信泰人寿保险股份有限公司厦门分公司	31134	2.2
	农银人寿保险股份有限公司厦门分公司	33707	2.4
	泰康养老保险股份有限公司厦门分公司	6393	0.5
	阳光人寿保险股份有限公司厦门中心支公司	25837	1.8
	寿险公司合计	1417036	100.0

注：1. 人身险业务包括寿险业务、健康险业务和意外险业务，所以产险公司产生的健康险业务及意外险业务计入人身险业务统计范围内；

2. 大家财产保险有限责任公司厦门分公司于 2019 年 11 月开业；

3. 互联网保险公司（虚拟）保费指众安在线财产保险股份有限公司、安心财产保险有限责任公司、易安财产保险股份有限公司、阳光信用保证保险股份有限公司、泰康在线财产保险股份有限公司归属厦门的互联网保险业务保费

【保险业市场整治】 2019 年，厦门市银保监局对财险公司开展 10 项现场检查和调查，对 2 家财险公司采取停止使用报批的商业车险条款费率的监管强制措施。对 3 家人身险公司开展现场检查，对 30 起人身险投诉举报案进行现场调查并开展治乱象排查，排查出产品不符合监管费率规定、客户信息不真实、销售误导、代签名、违规宣传等问题 291 个，涉及业务 6896 笔、金额 631.47 万元。

【交通警保合作服务】 2019 年，厦门市银保监局指导建立福建省首家“警保联动”车管所便民服务站。开通 6 年内免检机动车申领检验合格标志、机动车抵押及解除抵押登记 2 项服务，办理业务 1.04 万笔。推进“两站两员”（“两站”指乡镇成立道路交通安全工作联席会议并设立交通管理站，重要路段、关口设立交通安全劝导站；“两员”指设立乡镇专职交通安全员，行政村聘用交通安全协管员）建设。在 4 个区建设标准化一级农村交通安全劝导站 8 个，配备联动专员 45 人，开展宣传劝导 10 余场次、发放宣传材料 3000 余份，提升交通事故处理能力，降低农村地区事故发生率。

【车险反欺诈工作】 2019 年，厦门市银保监局指导保险行业协会配合公安部门破获团伙实施车险诈骗案件 1 起，涉案金额 247.7 万元。指导行业协会与中国银行保险信息技术管理有限公司合作开展车险反欺诈全国案件数据信息交互生态试点工作，开创防范打击车险欺诈新模式。强化信息共享，将保险公司理赔风险信息上报、汇总和共享制度化。加强行业反保险欺诈案件数据比对筛查。

【科技企业保险服务】 2019 年，厦门市银保监局深化科技企业经济发展和技术创新服务。推进中小型科技企业贷款保证保险发展，通过中小型科技企业贷款保证保险新增贷款 226 笔，新发放贷款金额 4.69 亿元，支持贷款余额 4.6 亿元。自 2015 年开展首台（套）重大技术装备保险补偿机制试点工作，至 2019 年，该险种累计保费收入 29807.26 万元，共为 30 台（次）技术装备提供质量风险保障金额 99.54 亿元，累计赔款支出 2555.70 万元。

【保险营销员管理】 2019 年，厦门市银保监局指导保险协会建设厦门市保险从业人员信息管理平台和厦门市保险从业人员培训管理平台，实现营销员执业登记、流动、奖惩情况的行业共享。16 家寿险公司共上传从业人员信息 36092 条，从业人员诚信信息查询 13280 人次，参与分类执业培训 1949 人。微信

2019 年 3 月 1 日，厦门市交警支队、人保财险厦门市分公司联合在中国人保滨北服务网点举行“警保联动”车管所便民项目启动仪式　（市银保监局　供图）

公众号“保险之窗”推出的电子执业证功能，在全国率先实现保险从业人员信息扫码查询。

【环境污染强制责任保险制度】 2019 年 10 月 15 日，厦门市银保监局与市生态环境局共同推动厦门市人民政府出台《在环境高风险领域推行环境污染强制责任保险制度的意见》，提出在厦门市环境高风险领域建立环境污染强制责任保险制度，并于 10 月联合印发《关于开展厦门市环境污染强制责任保险工作的通知》，公布《厦门市首批环境污染强制责任保险企业名录》，推动环境污染强制责任保险工作落地实施。至年末，环境污染责任保险共承保企业 339 家，保费收入 441.31 万元，提供风险保障 5.95 亿元。

（邓帅彪）

保险机构

【人保财险厦门市分公司】 2019 年，中国人民财产保险股份有限公司厦门市分公司实现保费收入 36.25 亿元，比上年下降 0.2%；赔付支出 22.59 亿元，增长 17.4%。3 月，厦门市交警支队、人保财险厦门市分公司联合在人保滨北服务网点举行“警保联动”车管所便民项目启动仪式，开启厦门公安交通管理“放管服”改革新模式。4 月，在同安区创新推出“三险合一”项目，将大病医疗救助保险、道路交通事故救助保险并入社会治安综合保险，提高辖区群众抵御风险的能力。

【太平洋产险厦门分公司】 2019 年，中国太平洋财产保险股份有限公司厦门分公司实现保费收入 9.42 亿元，比上年增长 1.5%；赔付支出 5.36 亿元，增长 5.0%。承保厦门市集美区、翔安区、思明区社会治安综合保险项目，保额合计近 100 亿元。承保厦门市集美区燃气管理中心燃气救助责任险项目，承保人数 24 万人。

【平安产险厦门分公司】 2019 年，中国平安财产保险股份有限公司厦门分公司实现保费收入 18.52 亿元，比上年下降 4.8%；赔付支出 12.21 亿元，增长 25.6%。参与厦门市政府巨灾保障项目，承保厦门市民政局巨灾保险项目，累计保险金额 4.6 亿元。

【中国人寿财险厦门市分公司】 2019 年，中国人寿财险厦门市分公司实现保费收入 4.76 亿元，比上年增长 18.6%；赔付支出 2.65 亿元，增长 20.3%。1 月，独家承保厦门市政集团环能公司保险项目，保费约 400 万元。

【中国人寿厦门市分公司】 2019 年，中国人寿保险股份有限公司厦门市分公司实现保费收入 30.46 亿元，比上年增长 7.4%。赔付支出 7.72 亿元，下降 16.9%。

【平安人寿厦门分公司】 2019 年，中国平安人寿保险股份有限公司厦门分公司实现保费收入 50.07 亿元，比上年增长 7.2%；赔付支出 6.5 亿元，下降 2.6%。平安人寿厦门分公司个人代理保险承保新契约保单 19.7 万件，提供人身险保障 363 亿元。为厦门客户提前给付重大疾病赔款 302 万余元，其中重疾先赔案件最快 3 小时完成赔付。

【泰康人寿厦门分公司】 2019 年，泰康人寿保险股份有限公司厦门分公司实现保费收入 12.26 亿元，比上年增长 16.1%。赔付支出 1.6 亿元，下降 4.7%。

【太平洋寿险厦门分公司】 2019 年，中国太平洋人寿保险股份有限公司厦门分公司实现保费收入 7.95 亿元，比上年增长 6.1%；赔付支出 1.49 亿元，增长 32.4%。为 246.89 万人次的出行提供旅游安全保障近 2.5 万亿元。

【富邦产险公司】 2019 年，富邦财产保险有限公司实现保费收入 1.65 亿元，比上年增长 0.8%；赔付支出 1.72 亿元，增长 9.3%。3 月，赔付厦门康乐佳运动器材有限公司火灾事故财产险赔款 352 万元。5 月，承保厦门市东成达物流有限公司货物运输项目货物运输险保险项目，保险金额 11 亿元。

【君龙人寿公司】 2019 年，君龙人寿保险有限公司实现保费收入 3.54 亿元，比上年增长 81.2%；赔付支出 1.24 亿元，增长 99.8%。君龙人寿与弘爱医院达成战略合作伙伴关系，签订《保险 + 医疗服务合作协议》，为客户提供门诊挂号预约、体检预约、理赔直赔、专家门诊预约等增值服务。

【出口信保厦门分公司】 2019 年，中国出口信用保险公司厦门分公司实现保费收入 3.24 亿元，比上年增长 19.6%；赔付支出 2.13 亿元，下降 12.1%。服务支持出口企业 2597 家，增长 39.9%；短期险实现保额 144.8 亿美元，增长 9.5%；累计支持企业向“一带一路”沿线国家出口 16.95 亿美元，增长 3.61%。

（邓帅彪）

责任编辑：胡　恩
审　　稿：林建高
校　　对：曾一一

22 口岸管理

综　　述

【跨境贸易便利化】 2019年，厦门市跨境贸易便利化水平持续提高，口岸营商环境进一步优化，被第三方机构评为“中国十大海运集装箱口岸营商环境测评”第一名。厦门市人民政府口岸办公室（简称市口岸办）持续推广“提前申报”模式，以进口货物提前报关奖励政策为基础，继续鼓励引导企业转变报关模式，进一步压缩整体通关时间。2019年，累计为1474家次企业发放奖励金341.85万元，厦门口岸进口提前报关比例从不到1%提升至33.8%。市口岸办推动公开通关流程及物流作业时限，发布《厦门市人民政府口岸工作办公室关于公开口岸经营服务企业集装箱进出口环节作业时限的通告》，便利企业合理安排生产、制定运输计划，对加快货物周转，提高作业效率起到作用。进行调研和政策宣传，引导企业用好用足政策，让更多进出口企业感受到政策红利，提升企业获得感。厦门口岸收费进一步降低，更新口岸收费目录清单并在厦门“单一窗口”上公示。落实政府购买集装箱查验服务费政策，全年结算查验无问题集装箱4.9万标准箱，免除查验费2900万元。

【两岸通关合作机制】 2019年，厦门市口岸办推动建立两岸通关合作机制，简化两岸进出口货物、人员等通关手续，在海峡旅游、海运快件等方面先行先试。完成厦金客运码头五通三期口岸配套设施项目的建设工作，打造绿色智慧口岸服务通道，优化口岸通关环境，树立对台最大标杆口岸。两岸海关AEO（经认证的经营者）互认成效居全国3个试点海关之首。深化台湾输大陆食品“源头管理、口岸验放”机制，进口台湾水果占大陆进口台湾水果的近九成。服务两岸经贸文体交流活动，厦金海上横渡、厦金游艇直航、台交会、海峡杯帆船赛等大型两岸活动在厦门开展。

【“单一窗口”平台】 2019年，厦门“单一窗口”平台开户企业数累计7576家，个人用户数累计注册7.68万个。其中，2019年新开户企业数553家，新注册个人用户数2.68万个。平台累计单证处理量2183.41万票，日均5.98万票。“单一窗口”标准版全面应用，货物申报、舱单申报（水运、空运）、运输工具（水运海关、水运海事、水运边检、空运海关）7个主要业务应用率为100%，完成国家口岸办指标任务；标准版新上线金融保险、原产地证书自主打印、减免税应用、出口许可证申领、出口退税、快件申报等应用。完成“单一窗口”网络安全建设整改和等级测评。统一全国运维保障体系，加强运维服务一体化管理，完成“95198”热线接入服务。厦门口岸空运进出口运单电子化项目上线成为APMEN（亚太示范电子口岸网络）自2014年成立以来首个投入运营的项目，同时标志厦门“单一窗口”在走出关境、对接国际空港口岸方面取得重大突破，标志厦门空港口岸全面电子货运时代的到来。厦门市商务局对接共享海关进口食品数据，首次实现海关数据通过厦门“单一窗口”平台共享其他政府部门，完善厦门市重要产品追溯体系。厦门“单一窗口”实现与“i厦门”对接，成为继与市共享协同平台、市信用信息平台、市“一照一码”平台之后，对接的又一个市级平台。

【中欧（厦门）班列】 2019年，中欧（厦门）班列通达12个国家30多个城市，通过海铁联运辐射东亚及东盟等国家和地区，实现“海丝”“陆丝”无缝对接。厦门市成为全国唯一“海陆空”兼备的“安智贸”航线的口岸。2019年开行233列，创历史新高，其中出口229列，进口4列，实现返程班列进口货物在厦门通关零的突破。

·小资料·

安智贸：是全球第一个全面落实海关组织《全球贸易安全与便利标准框架》的示范性项目。

单一窗口：是指参与国际贸易和运输的各方，通过单一的平台提交标准化的信息和单证以满足相关法律法规及管理的要求。

运维：一般指对大型组织已经建立好的网络软硬件的维护。

（颜　娟）

口岸营运

【厦门海港】 2019年，厦门海港口岸完成货物吞吐量21342.92万吨，比上年下降1.74%。其中，外贸货物吞吐量9807.7万吨，比上年增长6.31%；集装箱吞吐量1112.21万标准箱，增长3.92%。厦门金门出入境旅客183.13万人次，比上年增长4.95%；对台货运直航30.31万标准箱，下降20.57%。靠泊国际邮轮136艘次，接待出入境旅客41.37万人次。厦门港口岸是全国25个主要港口、12个区域性枢纽港、9个沿海国际集装箱干线港之一和对台航运重要口岸，范围跨厦门与漳州2个地市级行政区、9个港区（厦门市东渡、海沧、翔安港区，漳州市后石、石码、招银、东山、古雷、诏安港区）。截至年末，厦门港有集装箱班轮航线152条，其中国际航线101条、内贸线12条、内支线39条，与世界130多个港口建立业务联系。厦门港集装箱吞吐量排名居全国第七位、世界第十四位。刘五店南部港区6号、7号、8号散杂货泊位（海翔码头）通过新增外贸作业点市级、省级验收，正式开放投入运行。五通三期码头1—5号泊位及候船楼通过市级口岸验收，投入使用。新候船楼智能设备投入应用，旅客出港全程自助。

【厦门空港】 2019年，厦门空港口岸保障安全飞行19.3万架次，比上年下降0.23%。旅客吞吐量2741万人次，比上年增长3.24%。其中，出入境旅客366万人次，比上年增长0.03%。货邮（货物和邮件）吞吐量33.1万吨，比上年下降4.34%。其中，出入境货邮12万吨，比上年下降5.59%。厦门空港口岸为国家一类口岸，在厦门空港营运的航空公司有47家，其中国内航空公司28家，国际及地区航空公司19家。航线174条（境外29条），国际通航城市26个，航线网络覆盖中国所有省会城市和主要二、三线城市，遍及中国港澳台地区、东南亚、东北亚、澳洲、欧洲、美洲，厦门两岸直航航班的密度位居大陆地区前三位。年内，新开国际客运航线6条（厦门航空厦门—仰光、厦门航空厦门—曼德勒、厦门航空厦门—西哈努克港、景成航空公司厦门—西哈努克港、天空吴哥航空厦门—西哈努克港、澜湄航空厦门—西哈努克港），国际货运航线1条（卢森堡货运航空公司卢森堡—郑州—厦门—安克雷奇—洛杉矶）。1月1日起，部分国家外国人144小时过境免签政策获批落地厦门，该政策将免签停留时间由72小时增加到144小时，签发口岸由高崎机场口岸拓展到高崎机场、五通客运码头、国际邮轮中心等口岸。机场跨境电商监管中心启用，为厦门跨境电商零售直邮货物开启“绿色通道”。

（颜　娟）

海关监管

【概　况】 2019年，厦门海关监管进出口货物总值9262.8亿元、货运量9943.57万吨、集装箱559.09万标准箱、进出境人员807.86万人次，分别比上年增长3%、下降1.95%、下降2.64%、增长5.35%。推进综合治税，全年税收入库388.13亿元，落实降税、减免税和各项进口税收优惠政策，签发原产地证书29.4万份、金额128.4亿美元、享受优惠政策货值66亿美元。全年检验检疫出入境货物28.58万批，检出不合格货物3647批；检出传染病病例515例，截获入境病媒生物1309批次526.6万只；截获有害生物726种9706种次；检验进出口食品化妆品23.5万批，检出未准入境进口食品187批；开展“清风行动”，检出不合格工业品334批、货值8.5亿美元。

厦门海关开展高压打击“洋垃圾”走私进口，以及象牙等濒危物种物品走私活动，“忠诚1905”“忠诚1901”案件入选中国海关高压严打象牙等濒危物种物品走私十大典型案例，厦门市缉私局获得联合国环境署亚洲环境执法奖。推进智慧海关建设，持续优化口岸营商环境，压缩通关时间全国排名大幅提升，“两步申报”改革正式落地。提升政务运行效率，全面加强风险管理。创新自贸区监管措施，支持“海丝”核心区建设，持续推进与南非德班海关关际合作。支持关区重点产业平台发展，促进新兴业态发展。

【海关通关机制改革】 2019年，厦门海关执行海关总署《海关全面深化业务改革2020框架方案》，推动相关改革落地生效。对接总署H2018工程，做好新一代风险作业、查验管理等系统推广应用。开发业务改革融合服务平台，国际贸易“单一窗口”项目从40个优化为26个，主要申报业务应用率100%。推进监管证件联网核查，监管证件减少至44种，推进“证照分离”改革全覆盖试点。深化“查检合一”改革，作业场所从363家整合为87家。在全国率先试点减免税智能审核系统，深化税收征管方式改革，自报自缴率85.9%。办理保证保险税款43.5亿元，占涉税担保税额的19.9%。推广关税保证保险改革，受益企业338家，涉及保额114.78亿元。试点开展进出境动植物生产、加工、存放相关企业注册登记/备案“即审即批”，平均节约一半审批时限。全面推广原产地证书自助打印，自助打印占比45.95%。推进《关检业务全面融合“多查合一”改革实施方案》，将7个业务领域的65个涉企事项调整为核查部门统筹开展，形成指令接收、组织实施、结果反馈、作业标准“四统一”核查机制。

【智慧海关建设】 2019年，厦门海关在关区推广中国海关金关工程（二期）系统，提高业务办理的信息化水平。启动ERP（企业资源计划）联网监管改革创新，加大人工智能、大数据等新技术研发应用力度。试点空港进境托运行李先期机检，启动邮快件和跨境电商集中审图，关区货运监管实现智能审图100%覆盖。在全国海关率先应用“人脸识别”系统，预警时效在2秒以内。上线“出境加工”信息化管理系统，在全国率先应用减免税快审系统，开展石化产业“区块链”监管试点。推广厦门海关首创的信用评估系统“关数e”，实现海关进出口贸易信用评估与银行融资授信的“双通”，助力中小微企业解决融资难问题。运用“互联网+”思维优化旅客检验渠道行政执法办案流程，首创海关公证电子送达平台，当事人可在网上办理后续事宜。强化实验室能力建设，新研发检测技术485项，获认可检测项目 8783 个，全年化验命中率 52.7%，提高 21.9 个百分点。

【口岸营商环境优化】 2019 年，厦门海关落实国家减税降费政策，全年为企业减征税款 71.13 亿元。实施口岸收费目录清单制度，开展涉企收费全面清查。深化“放管服”改革，取消行政审批 2 项。开展压缩海关通关时间专项行动，厦门口岸压缩通关时间全国排名大幅提升。持续压缩行政审批时限，平均办理时长压缩 50%。优化台湾输厦门甲鱼卵监管模式，出境动植物及其产品生产加工存放单位注册登记的审批实现全流程网上办理。全面落实“多证合一”改革，关区 133 家企业“一趟不用跑”获得海关报关单位资格。开展涉企经营许可事项“证照分离”改革，对出口食品生产企业备案核准、自贸试验区报关企业注册登记改审批为备案，简化办理程序，办理时限由 20 个工作日压缩为 5 个工作日。将“进口肉类产品收货人备案”办理权限下放至隶属海关，精简审批层级。引导关区 600 多家企业进行“主动披露”，优化口岸营商环境。

【口岸风险管控】 2019 年，厦门海关为做好中华人民共和国成立 70 周年安保维稳工作，开展国门安全应急演练 17 场次，提升口岸监管环节反恐能力。严格进出境禁限管控，落实旅客行李物品 100% 检查。统一进出境邮件系统作业，保障万国邮联全球大会在厦门召开。推进安全生产集中整治，开展 3 轮危化品专项督导检查，落实进出口危险货物“口岸查验”“目的地检验”要求。2019 年实施进出口危险化学品检验监管 5451 批、3508.5 万吨、177.7 亿美元，检出不合格 204 批，批次不合格率 3.74%。拟定《厦门海关完善进出口商品质量安全风险预警和快速反应监管体系工作实施方案》，推动落实关区 38 条细化措施。进口牙刷品质缺陷、进口旧印刷机夹带禁止进境旧压力容器、进口医疗器械夹带无证信息技术设备 3 起案例被采纳转化为署级风险预警。建立风险分层防控、协同处置机制，集合内外业务资源，创新“人工经验 + 数据模型”分析手段，精准检查能力提升。建设非贸业务一体化运行智能管理平台，探索非贸业务嵌入式透明化智慧监管模式。全年整体查验率 2.61%，下达布控指令 1.33 万条，人工分析布控查获率 6.77%；快件业务两项总署考核指标在前五大业务量海关中排名第一。强化企业信用管理，开展高级认证企业重新认证 20 家，对 1562 家企业进行联合激励，8 家企业进行联合惩戒。强化后续监管，全年稽查有效率 77.3%，单起稽查作业补税 4.02 亿元，创全国海关年度最高纪录。

【口岸卫生安全建设】 2019 年，厦门海关加强关区口岸核心能力建设，筑牢口岸卫生防疫“三道防线”：完善传染病疫情监测制度；加强登革热等重点传染病防控工作，开展“口岸疟疾阻击战”，截获机构改革以来全国种次最多病媒生物；与地方单位签订合作备忘录，开展联防联控。全年确诊传染病病例 515 例，其中检出口岸输入性传染病检出 297 例，为出入境人员健康体检 19276 人次，检出传染病 218 例。从进出境运输工具、集装箱货物中检出有卫生学问题 1744 批次，截获入境病媒生物 1309 批次 526.6 万只。组织开展关区病媒生物口岸常规监测，全年捕获鼠、蚊、蠓等病媒生物 4215 只，检出鼠类携带汉坦病毒Ⅱ型阳性 14 例，检出数居全国第一。开展输入性病媒生物监测，截获输入性鼠类 7 只、蝇类 525 万只、蜚蠊 1.5 万只。加强口岸动植物疫情疫病全链条防控，截获有害生物 726 种 9706 种次，其中检疫性有害生物 64 种 1171 种次。查验非洲猪瘟疫区入境船舶 136 艘次，封存猪肉及其制品 13.9 吨。强化进出口食品安全抽样检验和风险监测，指导厦门食品行业建立“自检自控”体系。全年检验进出口食品化妆品 23.5 万批，检出未准入境进口食品 187 批。

【自贸区监管】 2019 年，厦门海关推动《国务院关于促进综合保税区高水平开放高质量发展的若干意见》落地实施。全年，关区推出自贸试验区创新举措 10 项，其中“减免税货物 ERP 联网监管作业模式”等 4 项举措被评为全国首创，“保税燃料油跨港区供应模式”等 3 项海关监管制度创新成果被国务院复制推广。“航空维修监管新模式”等 10 项创新成果入选“福建自由贸易试验区五周年 30 佳案例”，占全省 1/3，获评福建省自贸区最佳创新举措实施单位。指导地方政府制定整合升级方案，推动 2 个海关特殊区域向综合保税区转型，落地实施“一般纳税人”、检测维修等 8 项政策。

【“海丝”核心区建设服务】 2019 年，厦门海关与南非海关签署厦门海关与德班海关关际合作计划。支持福建“丝路海运”平台运行，升级国际转运 3.0 系统“港内驳运”模块，安全智能贸易航线试点拓至 7 条、4 个国家，成为全国唯一“海、陆、空”运输形态兼备、业务量最大的“安智贸”航线。中欧（厦门）班列通达 12 个国家 30 多个城市，全年开行 234 班次、运载 1.82 万标准箱、货值 7.32 亿美元，分别比上年增长 39%、27%、42%，均创历史新高。向海关总署争取，获批集装箱货物过境运输业务，实现海运货物与中欧（厦门）班列的无缝对接，率先通过海铁联运辐射东亚及东盟等国家和地区，助推厦门港成为全国首个常态化开展国际中转集装箱拼箱业务的口岸，集装箱吞吐量保持全球第十四位。拓展“通程航班”业务，厦门空港国际中转旅客量比上年增长 70.8%。

【重点产业平台发展】 2019 年，厦门海关在全国率先试点航材集中报关和区外保税维修业务，创新航材暂时出库管理模式，首创“调机维修”业务，支持开展“航材托管”“飞机租赁资产包转让”等航维监管新业务，助推厦门成为国内最大航维基地和第三大飞机保税融资租赁集聚区。推动生物材料特殊物品出入境公共服务平台建设，助推厦门成为生物材料“一站式”出入境专业服务城市。建成国家燕窝检测重点实验室，支持打造燕窝全产业链平台，指导平台配套企业成为全国最大的进口毛燕指定加工企业，标志着中国毛燕输华“从无到有”，推动中国燕窝由“进口成品、半成品加工销售”模式向“进口原料加工销售”模式转变，厦门跃居全国第三大燕窝进口口岸。实施进口酒“入库查验”模式，促进厦门成为全国三大进口酒口岸，啤酒进口量保持全国首位。

【关检服务改革】 2019 年，厦门海关在全国海关率先开展集成电路保税研发改革试点，拓展“芯火”双创基地保税

2019 年，厦门海关侦破“忠诚 1905”特大走私濒危物种案　（曾伟　摄）

服务功能。率先开展“以企业集团为单元”的加工贸易改革，大幅减少申报频次，为企业减免保金保函 1.08 亿元。创新“预检验 + 合格入市”检验流程，支持建成福建首个进口保税汽车展厅。厦门市获批跨境电商零售进口试点城市后，引导、规范企业完成企业注册备案、海关保税账册备案、关企信息化系统联调等工作，落实跨境电子商务综合试验区、跨境电子商务零售进口相关政策，启动跨境电商零售出口报关“清单核放　汇总统计”新模式，实现关区跨境电商业务智能审图全覆盖。全年监管跨境电商专属模式商品 412.2 万票，比上年增长 6.6 倍。推行“采购地一站式通关”模式，拓展市场采购贸易方式货物通关渠道。全年监管各类商品出口量 182.02 亿元。

【行李物品智能化监管】 2019 年，厦门海关落实《全国海关旅客行李物品智能化监管创新指导方案》。强化旅检 CT 智能审图系统、先期机检设备、海关行李监管锁等科技应用。作为海关总署唯一试点海关，在高崎机场和五通码头完成人脸识别系统的部署和试点应用。探索智能化监管手段，在机场海关上线机坪预检集中审像及旅客、托运行李同屏比对管理模块，自主研发旅检智能查验辅助终端，使现场监管更加精准、高效、便捷。构建多部门联防联控的立体防控体系，开展旅客行李物品风险布控工作，年内发布预定预警式和特殊旅客布控指令 3672 条，对 10.9 万人次旅客开展甄别与拦截。

【知识产权海关保护行动】 2019 年，厦门海关建立高风险企业侵权特征模型，实现精准打击，连续查获 10 件侵权案件，查扣侵权嫌疑鞋类产品约 20 万双，实现对关联企业侵权行为的有效防控。4 月 30 日，厦门海关查发出口侵权鞋类产品系列案入选 2018 年中国海关知识产权保护典型案例。7 月 1 日至 12 月 31 日，厦门海关开展知识产权海关保护专项行动（“龙腾行动 2019”），查获侵权案件 202 批次，查扣侵权嫌疑货物约 34 万双 / 件，案值 1016 万元。服务企业创新，建立涵盖厦门古龙、奥佳华等关区内 18 家知识产权优势企业培塑名单，为企业提供“一对一”的定制培塑服务，帮助企业维权。妥善处理全国规模最大的平行进口啤酒侵权纠纷系列案件，得到福建省、厦门市多位领导批示肯定。

【打击走私】 2019 年，厦门海关推进“国门利剑 2019”，组织 7 次“忠诚”系列大规模专项打击，跨部门协作、跨国联动等战术战法有效运用，侦破“洋垃圾”、濒危物种、毒品、成品油、活牛等一批特大走私案件。全年查获“洋垃圾”案件 60 件、4009.8 吨，濒危物种案件 66 件，象牙及其制品 10.7 千克；“忠诚 1901”专案查获穿山甲鳞片 21.1 吨；“忠诚 1905”专案查获犀牛角 245.9 千克，价值约 1 亿元，是全世界海关单次查获数量之最。侦办公安部毒品目标督办案件“11 · 10”专案；侦办涉税商品走私刑事案件 117 件，案值 22.65 亿元，涉税 5.19 亿元：成品油走私刑事立案 26 件，案值 10.15 亿元，涉税 3.58 亿元；开展燕窝走私专项打击，侦办案件 26 件，抓获嫌疑人 43 人，查扣燕窝 1.01 吨，查证涉案走私燕窝 32.54 吨，案值 3.22 亿元，涉税 1 亿元；开展打击疫区活牛走私联合行动，打掉走私团伙 6 个，抓获犯罪嫌疑人 21 人；查证走私源自缅甸疫区的活牛 4.2 万头，货值 3.4

2019 年 2 月 27 日，海沧海关查获年度首起侵权鞋材案件　（杨翊丞　摄）

亿元；侦办“1801”走私大理石专案，查证案值1.8亿元、涉税1702万元。获公安部通令嘉奖2次。

【邮递物品监管改革】 2019年，厦门海关落实《全国海关邮递物品监管改革方案》，成立邮递物品监管改革专项领导小组，统筹推进改革任务，实现对邮递物品监管从“人工—纸质—粗放”型监管向“智能—电子—集约”型监管的根本转变。完善厦门市国际邮件互换局集中作业场地，优化各功能区域，安装、改造7条自动化分拣线、2台OCR（光学字符识别）自动拍照设备，配备4台CT智能查验设备。全面上线金关二期邮递物品管理系统，进一步优化邮件“互联网＋自主申报”、自主缴税、短信告知、模糊查询物品税号、邮件通关进程自主查询、网络磋商等功能，实现让“数据多跑路，群众少跑腿”。

【应对经贸摩擦举措】 2019年，厦门海关执行对美国反制措施，落实对美国加征关税商品排除清单。组建全球贸易监测分析中心厦门工作组，开展最新贸易形势研判，相关建议被海关总署、省市采用97篇次，获省部级以上领导批示9篇次。出台《厦门海关技术性贸易工作实施细则》，发布技术性贸易措施1700多条，帮助企业提升质量标准，开辟多元化市场。简化加工贸易内销手续，出境加工业务比上年增长85.5%。推动“关数e”平台扩展应用，与20家金融机构合作为394家企业授信2.97亿元。

【对台贸易监管服务】 2019年，厦门海关制定实施对台22条措施，“推进台湾输大陆商品第三方检测结果采信”建议获国台办采纳。拓展海峡两岸海关AEO（经认证的经营者）互认试点，报关单票数及货值均居全国海关之首。创新台湾食品、农产品、化妆品“源头管理、口岸验放”机制，快速通关模式入选福建自贸试验区最佳创新举措。推广台企进口工业品快验快放模式，建立台胞体检快捷通道，简化两岸客轮检疫管理，支持开通“厦门—金门—高雄”海运快件新航路，打造台胞台企登陆“第一家园”。全年监管对台海运快件1490标准箱、6301.2吨，分别比上年增长92.3%、1.96倍。

【台湾输入大陆农产品“绿色通道”开通】 2019年，厦门海关在同益码头驻点，专门从事“小三通”涉台货物监管。继续对台湾输入大陆水果等农产品实施优先报关，对以“小三通”方式输入的台湾农产品实施24小时“人等船”，随到随检的快速查验措施，对未列入扣检要求的货物实行抽样后即放行，建立快速通关“绿色通道”。2019年，台湾输入大陆水果6.7万吨、11707.1万美元，分别比上年增长39.6%、35.1%，厦门连续12年保持台湾水果输往大陆第一大口岸。

·小资料·

两步申报：第一步，概要申报、快速提离；第二步完整申报、便捷通关。

（喻　波）

海事监管

【概　况】 2019年，厦门海事局辖区船舶进出港35.26万艘次，比上年增长3.70%；货物吞吐量1.56亿吨，增长26.83%。保障安全运送旅客3590.43万人次，比上年增长0.34%。其中，厦金航线旅客182.3万人次，比上年增长4.46%；国际邮轮旅客41.7万人次，增长29.74%。年内接受船舶报告517316艘次，重点船舶监控187675艘次，提供信息服务244700次，实施交通组织138626艘次，支持联合行动24次。接收并成功处置厦门市公共安全平台转警等各类海上应急事件247件，避免险情事故41起，组织实施海上搜救行动14次，成功救助遇险人员30人，人命救助成功率96.77%。辖区发生1起小事故等级水上交通事故，直接经济损失78万元，零死亡、零失踪人员、零沉船，辖区水上交通安全形势持续稳定。

2019年，厦门海事局统筹推进各重点领域专项行动，本港籍133艘、外港籍5艘长期脱管船舶全部完成解除脱管工作。组织砂船联合整治行动4次104天，查处违法砂船102艘次。联合厦门港口管理局发布《厦门港船舶大气污染物排放控制区实施方案》，同港口、环境、市政等部门建立船舶污染物联合监管机制。开展船舶燃油快速检测654艘次，查处超标排放污染物等违法行为35起，查处危险货物谎报瞒报违法行为21起。推动出台小型油船停航锚泊看护方案和应急预案，解决小轮船员培训、考试和发证难题。

2019年，厦门海事局组建成立厦门东部水域涉水重点工程保障组，为翔安新机场、东二通道等地方重点项目建设保驾护航。制定实施支持“丝路海运”工作方案，从进出港便利化、吸引航线开行、航运企业落户等方面出台多项举措。守护两岸客货运直航安全畅通18年，安全保障“小三通”旅客运输累计突破2000万人次，保障厦门、金门航线周末及节假日每日动态增班至40班；落实《关于促进两岸经济文化交流合作的若干措施》（简称“惠台31条”），常态化组织台湾船员培训，年内完成2期台湾船员（27人）适任证书知识更新培训和首期台湾船员（32人）适任补差培训。推动“厦门、金门游艇自由行”探索试点，协助厦门市上报《厦金游艇直航实施方案》，推动五缘湾游艇港开放。

【港内航行船舶“多证合一”改革】 2019年，厦门海事局制定《试点开展国内航行船舶“多证合一”改革方案》，内容包括港内航行船舶证书“多合一”与船舶证书申办流程“多合一”两方面：将原海事管理机构签发的“船舶国籍证书”“船舶油污损害民事责任保险证书或者财务保证证书”“海上业务标识码证书”“船舶自动识别系统AIS标识码证书”“船舶电台执照”等6本法定证书，由一纸化格式的“国内航行船舶证”替代；通过审批流程再造和信息化建设，为相对人提供“一纸申请、一次性申办、一次性发证”的“快办快结”服务，将原本至少跑4趟、累计耗时44个工作日的审批过程，压减至最多跑1趟、5个工作日办结，审批时间压缩近89%，提交申请材料最多可减少26项。11月29日，交通运输部海事局正式批复同意厦门海事局作为改革的全国首家试点单位，在厦门港试行改革。12月24日，厦门海事局为“鹭江7号”“海供167”两艘船舶颁发全国第一批试行“多证合一”的“国内航行船舶证”。经初步测算，改革可至少为厦门辖区300余艘港内作业船舶每年节省运营成本逾

2019 年 9 月 27 日，厦门海事局服务保障首艘国资豪华邮轮“鼓浪屿”号首航

（厦门海事局　供图）

千万元。

【船舶压载水联合取样检查】 2019 年 6 月 26 日，厦门海事局执法人员登轮对靠港的“中远荷兰”轮压载水排放情况进行检查，并联合厦门海关技术中心，共同对船上压载水进行取样送检。该次检查是厦门海事局首次对进入辖区的国际航行船舶开展压载水取样检查，也是省内首次口岸单位船舶压载水联合取样检查，标志着辖区船舶水污染监管工作进入新的阶段。

【首艘国资豪华邮轮“鼓浪屿”号首航服务保障】 2019 年 9 月 27 日，中远海运（厦门）集团和中旅集团合资公司星旅远洋国际邮轮有限公司旗下大型国际邮轮“鼓浪屿”号，搭载 858 名船员和 500 名乘客由厦门邮轮母港首航前往香港，标志着全国首艘国资邮轮在厦门邮轮母港加入国际邮轮市场。“鼓浪屿”号重 69840 吨，远洋无限航区，船长 260 米，宽 32.2 米，航速 24 节，最大载客 1975 人。厦门海事局服务保障“鼓浪屿”号首航安全：构建口岸单位船舶联合登临检查工作机制，依托“单一窗口”信息化平台，实现船舶通关手续无纸化流转与办结，提升通关效率；加强对国际邮轮码头前沿海域常态化巡查和现场监管，跟踪对邮轮进出港航道、高架电缆、泊位靠泊能力等进行通航安全核查，及时消除潜在安全隐患；主动对接中远海运（厦门）有限公司，开展邮轮管理体制机制创新研究，为当地邮轮产业安全运营保驾护航；提前掌握邮轮进出港动态，实施服务性安全检查，确保船舶适航、船员适任；加强恶劣天气的信息预警和安全保障。

【海事备案业务系统运行】 2019 年 10 月 26 日，由厦门海事局自主研发的海事备案业务系统在厦门国际贸易“单一窗口”上线运行。该系统在全国自贸试验区建设中属首创。海事备案业务系统彻底改变以往海事备案业务到海事政务窗口提交纸质申请材料的现场办理模式，实现船舶试航与试车、防艇演习、在港维修作业、烧焊或明火作业、校正磁罗经、悬挂彩灯作业 6 项海事备案业务的全网申办；每单业务的申办时间从以往的数小时减少至 5 分钟左右，为申报人节省大量的时间成本和交通费用；系统内保留的申报企业、人员等基础信息和资质信息下次申办不再重新录入和提交，做到海事政务服务减环节、减证明、减时间、减跑动次数，实现“让数据多跑路，让群众少跑路”。

【“永超”“漳州货 9039”两艘历史沉船打捞完成】 2019 年 10 月 27 日和 11 月 1 日，“永超”“漳州货 9039”两艘历史沉船被成功打捞。“永超”轮沉没于 2003 年 10 月 29 日，沉没点距离厦门港主航道外侧边线 178 米；“漳州货 9039”轮沉没于 2015 年 2 月 11 日，沉船点位于厦门港主航道 18 号浮附近，距离主航道外侧边线 172 米。2 艘历史沉船均对厦门港通航安全造成一定影响。厦门海事局推动市政府支持打捞工作，获取资金保障；数次敦促沉船船东打捞无果的情况下，规劝其出具放弃沉船所有权的书面声明，扫清可能产生物权纠纷的法律障碍；支持代位打捞业主（厦门港航道保障中心）开展工作，确保施工单位资质、技术设备满足安全打捞要求；把关并督促落实安全和防污染责任，强化打捞作业现场监管，维持打捞作业水域通航秩序，确保打捞工作安全有序进行。

【游艇综合服务平台运行】 2019 年 12 月 20 日，由厦门海事局自主研发的游艇综合服务平台在厦门国际贸易“单一窗口”上线运行。该平台在全国自贸试验区建设中属首创。平台采用手机和网络申报方式，改变之前游艇出航纸质备案方式；出航游艇满足基础数据和申报信息准确有效的要求，即可实现出航报备“秒申报”；建立游艇相关信息大数据库，实现游艇适航信息、操作人员适任信息自动核验，实地出航动态信息化申报和自动备案。

（肖同乐）

边防检查

【概　况】 2019 年，厦门出入境边防检查总站（简称厦门边检总站）查验出入境人员 1075.2 万人次、交通工具 9.6 万架（艘）次，分别比上年增长 5.5% 和 10.7%。完成中华人民共和国成立 70 周年大庆口岸安保以及数字中国建设峰会、海峡论坛、厦洽会等福建省重要涉外涉台活动边检服务保障任务。厦门边检总站在高崎对台直航口岸组建“同心桥服务组”，推出专属指引、专程陪同、专用通道、专业术语、专栏提示、专题活动等“六专享易通行”服务。完成厦金航线五通码头三期建设、边检通关环境改造升级。两岸直航客运查验人员

2019 年 1 月，高崎边检站同心桥服务组推出“爱心通道”便民服务举措

（厦门边检总站　供图）

342.6 万人次，比上年增长 16.9%。

【口岸扩大开放】 2019 年，厦门边检总站服务国际航空枢纽港建设，保障福州、厦门机场 7×24 小时通关运营，支持福建省新开 10 条“一带一路”国家空中航线。助力“丝路海运”建设，推动平潭金井、莆田秀屿、厦门刘五店等 8 个口岸开放投入运行；全年查验出入境船舶 4.7 万艘次，比上年增长 25.4%，厦门港口岸营商环境位列中国十大海运集装箱口岸首位。推动邮轮产业与 144 小时过境免签政策结合，助推邮轮经济发展。厦门国际邮轮中心是福建省唯一、国内第四大邮轮港，2019 年首次达到“周周有邮轮”靠泊密度，全年查验邮轮 264 艘次 58.3 万人次，分别比上年增长 43.5% 和 30.2%，出入境邮轮和人员增幅均居全国邮轮口岸首位，其中母港邮轮 128 艘，占全年邮轮总数 94.1%，比上年增长 48.8%，增幅居全国邮轮港口首位。

【通关环境优化】 2019 年，厦门边检总站推动在泉州、厦门空港口岸设立“一带一路”边检专用通道。促成 144 小时过境免签政策落地厦门，覆盖厦门海空港客运口岸，全年为 34 个国家 916 名外国人办理 144 小时过境免签，是 2018 年 72 小时办理量的 2.26 倍。推动厦门高崎机场 24 小时过境免办边检手续政策获批，待验收后即可实施。推广空港“一站式”出境自助通关系统，福州、高崎机场实现出入境自助通关全覆盖。

【自贸区建设服务】 2019 年，厦门边检总站推行海港口岸边检窗口 365 天全时报检“零断档”，主动清理涉企收费，实现边检通关“零费用”，全面推广网上预检实现边检通关“零等待”，推进登轮证搭靠证“本港通”服务措施落地。持续跟进“单一窗口”建设，边检口岸限定区域自助通行、智能勤务平台 3.0 等纳入“单一窗口”平台建设，旅客通关候检智能计时预警系统入选福建自贸区创新实践案例，对台货运船舶直通车、空港入境旅客预检系统入选福建自贸区第七批可复制创新成果。空港旅客预检分析支援系统、厦金航线出入境数据融合比对系统入选福建省自贸区第十五批创新举措。

【台轮管理模式构建】 2019 年，厦门边检总站针对福建省 37 个台轮停泊点分布散、基础弱、条件参差不齐情况，研究出台边检专项管理办法，填补制度空白。推动构建多部门联防严控体系，协调驻地党委、政府改善停泊点基础设施。探索依托总站微信公众服务平台搭建台湾渔船停泊点边检管理服务系统，通过与出入境边防检查信息系统对接，推动实现停泊点来往台湾渔船入境出境边防检查管理工作全业务、全流程网上流转。全年查验入出境台湾渔船 1.07 万艘次、3.18 万人次，分别比上年增长 9.5% 和 13.8%。

【海峡两岸交流融合服务】 2019 年，厦门边检总站持续跟进海峡两岸直航通道、厦金融合示范区建设，探索推动“厦金”游艇自由行、台车入闽、母港邮轮访台等便利两岸人员往来举措。全年查验往来台湾邮轮 193 艘次、41.4 万人次，往来厦门、金门游艇 4 艘次、42 人次。

（邵华剑）

责任编辑：曲　艺
审　　稿：阳晓儒
校　　对：曾一一

23 开放型经济

经济技术合作

【概　况】 2019年，厦门市备案境外投资企业138家（增资企业23家），比上年增长26.6%。总协议投资额51.39亿美元，比上年增长415.8%。其中，中国大陆方面协议投资额14.7亿美元，比上年增长93.4%。实际投资额6.39亿美元，比上年下降1.1%。投资主要分布在32个国家和地区。至年末，全市累计登记境外投资项目1466个，分布在近70个国家和地区；累计协议投资总额206.63亿美元，其中中国大陆方面投资额153.95亿美元。2019年，全市新设类项目84个，中国大陆方面投资额82492万美元；并购类项目24个，中国大陆方面投资额51026万美元；增资类项目23个，中国大陆方面投资额13477万美元。备案境外投资涉及批发和零售业、采矿业、制造业、信息传输、软件和信息技术服务业、交通运输、仓储和邮政业等12个行业，主要集中在批发和零售业、制造业、信息传输、软件和信息技术服务业。厦门市与韩国光阳湾圈自由经济区签订合作协议。2019年11月2日，闽港"一带一路"高峰研讨会在厦门市举行。全国政协副主席梁振英出席并发表主题演讲。中共福建省委常委、厦门市委书记胡昌升主持。香港中华出入口商会会长林龙安代表香港主办单位致辞。全国政协常委、经济委员会副主任林毅夫，全国工商联副主席邱小平，洪捷序、庄稼汉、陈家东、张健等省市领导出席。

【对"一带一路"沿线国家投资】 2019年，厦门市累计备案对"一带一路"沿线国家的境外投资企业46家（含增资企业6家），占全市备案境外投资企业总项目数33.3%。总协议投资额66379万美元，占全市总协议投资额12.9%。其中，中国大陆方面协议投资额58670万美元，占全市中国大陆方面协议投资额39.9%。

【国际市场开拓】 2019年，厦门市商务局（简称市商务局）首次开展开拓国际市场政策全面调查评估。召开座谈会，推动市区两级政策联动，支持开拓国际市场。制定出台2019年度开拓国际市场项目申报指南。推动境外区域品牌展增加场次、扩大规模，全市举办境外区域品牌展10场，厦门市参展企业429家，展位数766个。市商务局对企业境外营销网点、海外仓建设（运营）及运用给予补助，支持营销网点开展争取订单、客户维护、售后服务、分拨及销售商品等业务。推动企业国际营销网点向国际营销服务公共平台发展。

【对外投资合作扶持】 2019年，厦门市制定2019—2020对外投资合作扶持政策。修订关于企业开展境外投资、对外承包工程以及对外劳务合作的扶持政策，完善对外投资统保平台，出台关于境外经贸合作区、外派劳务扶贫、境外企业服务平台省级分平台的支持政策。修订海丝基金管理办法并拨付首期出资资金。市商务局指导设在印度、南非、俄罗斯、日本、阿联酋的海外联络点开展工作，推动厦门市与海外联络点所在国家或地区进行双向投资和贸易交流。

【全国首家市内免税店开业】 2019年5月，中免集团市内免税店在厦门市开业，这是全国首家市内免税店。该项目完善厦门市免税品经营业态，初步形成完整免（退）税购物体系。

（市商务局）

招商引资

【概　况】 2019年，厦门市新设外资企业1322家；合同利用外资355.2亿元；实际使用外资134.2亿元，比上年增长25.0%，增幅高于全省平均增幅21.7个百分点。合同利用外资和实际使用外资规模均居全省首位。其中，合同利用外资占全省总量32.0%；实际使用外资占全省总量42.6%，比重比上年提高7.4个百分点。第二产业新设企业77家，实际使用外资64.1亿元，合同利用外资28.7亿元。其中，制造业实际使用外资64.0亿元，占全市比重47.3%，主要投资领域集中于计算机、通信和其他电子设备制造业、饮料和精制茶制造业等。高技术制造业实际使用外资25.6亿元，占制造业实际使用外资比重40.0%，集中于电子及通信设备制造业、医药制造业等。第三产业新设企业1242家，实际使用外资70.1亿元（比上年增长43.1%），合同利用外资324.9亿元，主要集中于租赁和商务服务业、科学研究和技术服务业等。其中，高技术服务业实际使用外资16.5亿元，比上年增长35.1%，占服务业实际使用外资比重23.5%。全市新增1000万美元以上合同利用外资项目92个，合同利用外资金额48.9亿美元。新增1000万美元以上实际使用外资项目40个，实际使用外资金额18亿美元。厦门市组织人员到欧洲、日本、韩国以及北京、上海、广州、深圳、杭州等国家和地区开展系列境内外大型招商推介活动。开展重点城市小分队招商。举办招商大会、现代服务业招商座谈会、文化旅游会展发展大会等招商活动10余场。围绕金鸡百花电影节、厦门国际会展周等特色活动开展城市营销和产业对接。市商务局与中外企业家联盟在北京签订战略合作意向书。

【招商机制完善】 2019年，厦门市开展招商要素保障、责任落实、工作协同、督查问效等工作。建设招商引资项目管理信息系统，加强项目全周期跟踪。聘请投资顾问，组建重大项目专家评审库。举办全市招商引资培训班，提升招商队伍综合素质。市商务局牵头草拟加强全链条全周期立体化招商引资工作意见、招商中介机构及项目引荐人奖励办法、投资顾问聘请管理办法、招商引资重大项目咨询评估管理办法等政策。各招商工作组编印《三年行动指南》和《年度工作重点》，围绕“三高”（高技术、高成长、高附加值）企业发展、金融支持、总部经济等方面出台配套措施。市主要领导主持召开全市外资企业座谈会、民营企业家恳谈会。厦门市推出招商服务热线，设立招商地图、“投资厦门”网站和微信公众号，编印《厦门招商手册》。

（市商务局）

【市招商大会】 2019年4月29日，厦门市召开招商大会。中共厦门市委副书记、市长庄稼汉主持会议。中共福建省委常委、厦门市委书记胡昌升向与会代表推介厦门并表示厦门市把要素保障作为“优先工程”，推动项目快速落地投产，推进招商工作。会上，胡昌升为厦门投资顾问代表颁发聘书。陈家东、张健等市委、市人大常委会、市政府、市政协领导，各区、市直各部门、省部属驻厦门单位主要负责人出席。境内外800余家企业、机构、商协会代表参加会议。

（市委办）

【现代服务业招商座谈会】 2019年5月20日，厦门市现代服务业招商座谈会暨项目签约仪式在悦华酒店召开。省委常委、市委书记胡昌升，市长庄稼汉等出席签约仪式。航空服务、生物医药、航运物流、医疗卫生等70余个现代服务业项目签约落地，计划投资金额420.2亿元。其中，38个项目在会上集中签约。

【日本国际协力银行到厦门交流】 2019年7月23日，日本国际协力银行北京代表处首席代表越智干文一行到厦门市商务局交流。越智干文就协力银行进行的第三十次日本制造业企业海外直接投资问卷调查结果进行介绍和说明。双方围绕厦门对日招商引资力度、厦门营商环境优势、日本企业需求等问题展开交流与讨论。

（市商务局）

区域经济协作

【概　况】 2019年，厦门市召开与东西部扶贫协作和对口支援相关的市委常委会议6次、市政府常务会议4次、对口支援领导小组专题会议4次。《厦门市推进东西部扶贫产业合作的若干措施》出台。厦门市推出《我市进一步加强东西部扶贫协作实施方案》。落实领导互访机制，联合受援地召开党政联席会，推进帮扶工作。落实各级财政援助帮扶资金9.44亿元，实施帮扶项目551个，帮助30万余名贫困群众实现增收。省委书记于伟国对“厦门援建甘肃临夏160多家扶贫车间”做法进行批示。市对口办、市水利局等参加在重庆召开的十二届全国对口支援三峡库区经贸洽谈会。厦门马拉松赛组委会办公室组织厦门马拉松赛事各方代表参与首届吉木萨尔天山马拉松赛。厦门成功红实业有限公司西藏天麓酒庄项目实质性落地西藏自治区昌都市左贡县，该项目投资运营“中林卡万亩葡萄基地”。

【对口帮扶考察调研】 2019年，厦门市主要领导带队到甘肃等地考察调研。6月10—13日，市委书记胡昌升带队到临夏州考察推进对口扶贫协作工作，召开厦临两地东西部扶贫协作党政联席会，到东乡县各乡镇开展专题调研。7月21—22日，市长庄稼汉带队到宁夏回族自治区银川市闽宁镇考察调研东西部扶贫协作工作，察看闽宁会议中心、闽宁红酒产业等协作项目进展情况。10月17—18日，市长庄稼汉带队到新疆维吾尔自治区昌吉回族自治州吉木萨尔县调研考察，协调解决有关问题。

【“远程智慧课堂”助教】 2019年，厦门援藏工作组联合集美大学师范学院、厦门市第二实验小学、同安区教师进修学校和集美大学李彦敏大学教师团队、思明区第二实验小学教师团队、教育部“联教计划”厦门项目导师程明珠等，运用铸远集团捐赠的“智慧课堂”设备，在西藏自治区昌都市左贡县第一希望小学开展“远程智慧课堂”教学工作。初步形成“一校聚多校，多校帮一校”和“扶师资、扶课堂、扶科研”精准教育扶贫新模式。

【闽宁镇葡萄酒投放市场】 2019年，厦门建发国际酒业集团与宁夏回族自治区银川市闽宁镇酒庄合作，打造建发自主品牌“柏雅”（Boya）国产葡萄酒，借助建发酒业集团所提供的销售渠道资源，推动宁夏“紫色名片”贺兰山东麓葡萄酒产区品牌建设。3月18日，首批两款“柏雅”（Boya）葡萄酒发布，全年向市场投放约20万瓶。

【东西部扶贫协作座谈会】 2019年5月18日，甘肃省临夏州和福建省厦门市扶贫协作座谈会在厦门举行，福建省委常委、厦门市委书记胡昌升主持会议。甘肃省委书记、省人大常委会主任林铎出席并讲话，甘肃省委常委、常务副省长宋亮，省委常委、秘书长王嘉毅，福建省副省长郑建闽出席。临夏州委书记郭鹤立、厦门市委副书记陈秋雄分别介绍临夏州市脱贫攻坚和扶贫协作情况。

【鼓浪屿社区与新疆北庭故城缔约】 2019年7月18日，厦门市鼓浪屿—万石山风景名胜区管理委员会与新疆维吾尔自治区昌吉回族自治州吉木萨尔县人民政府缔约，确定鼓浪屿历史国际社区与北庭故城结为友好世界文化遗产地（点）。双方“双遗”（世界文化遗产和世界自然遗产）合作启动，计划每年互访并开展文化遗产保护经验交流会等活动，提升文化遗产保护水平，推动两地旅游产业发展。

（市工信局）

开发区建设

中国（福建）自由贸易试验区厦门片区

【概　况】 2019年，中国（福建）自由贸易试验区厦门片区（简称自贸区厦门片区）先行先试推进制度创新，探索试验新业态新模式，推进高质量发展。地区生产总值663.94亿元，比上年增长12.2%。实现税收总收入94亿元，比上年增长1.5%。其中，地方级收入51.3亿元，比上年增长4.1%。进出口总额2018.06亿元，比上年增长21.59%，占全市进出口比重31.47%，拉动全市进出口总额增长5.97个百分点。厦门港集装箱吞吐量1112万标准箱，数量高于高雄港。自贸区厦门片区推进海上丝绸之路核心区建设，实施自由港政策。

【营商环境提升】 2019年，自贸区厦门片区突出问题导向，对标新加坡，探索形成具有厦门特色的改革路径。推出全国首创制度19项，5项经验获全国推广，3个项目入选全国“最佳实践案例”。福建省通报的30个创新举措中，自贸区厦门片区占22个。自贸区厦门片区营商环境在全球经济体排名第二十五位。推动“证照分离”改革试点全覆盖。推进行政审批制度改革，“一趟不用跑、最多跑一趟”事项占比93%。构建以信用为核心的事中事后监管新体系，在全国率先推行“信用三公示”（审批告知承诺公示、第三方信用评价公示、市场主体自我承诺公示）并向全国推广。开展降本增效，为企业减负1.8亿元，口岸降费经验获国家口岸办肯定并向全国推介，被第三方评为全国沿海十大集装箱港口营商环境第一名。开展供应链创新与应用试点，首创“区块链＋供应链”，打造智慧供应链平台。构建司法和法律“一站式”服务格局，依托国际商事仲裁院、国际商事调解中心、两岸联营律师事务所，在全国率先构建诉调对接、司法联动、行政协同的多元化纠纷解决机制。

【自贸区招商引资】 2019年，自贸区厦门片区围绕重点平台，发展精准招商。以企业需求为导向，出台《进一步加强招商引资工作的若干意见》，针对重点产业链建立“一个产业链、一个招商方案、一批目标企业、一支招商小分队”的“四个一”招商机制。跟踪入库招商项目210个，总投资额690.7亿元。其中，落地京东（厦门）电商进出口运营中心、台湾大有海洋集团总部、厦航飞机跨境租赁、香港中环球跨境支付服务平台、顺利办信息服务股份有限公司南方总部等项目58个，投资额179.6亿元。落地项目中，世界500强、央企、独角兽等项目17个。自贸区厦门片区新增企业9485家（含外资企业345家），注册资本829.92亿元，合同利用外资25.07亿元，完成年度任务325.7%；实际利用外资9.76亿元，完成年度任务412%。在全市招商引资竞赛中排第四名，项目落地率和高能级招商项目数2个单项指标均排全市第一名。

【重点平台建设】 2019年，自贸区厦门片区发挥“保税＋”“金融＋”“供应链＋”等功能特色，制定重点平台建设三年行动方案，打造航空维修、集成电路等14个重点平台。成为全国第四大飞机融资租赁集聚区、第一大二手飞机融资租赁集聚区、全国第二大进口酒口岸、全国最大燕窝品牌及深加工基地、全国最大水产品专业批发市场。中央改革办、商务部肯定自贸区厦门片区打造重点平台的做法成效，并在全国新设自贸试验区工作推进会上介绍推广。6个重点平台入选“福建自贸试验区10个最佳平台”。厦门国际贸易“单一窗口”获评“2019中国改革年度优秀案例”，其中国际空运运单电子化项目被商务部、外交部列为2020年APEC（亚太经济合作组织）会议的推荐合作案例。

【“双自联动”合作示范区建设】 2019年，自贸区厦门片区、福厦泉国家自主创新示范区“双自联动”工作方案出台，形成2批11项在全省复制推广的改革创新举措，占全省92%。获批建设“芯火”双创基地，进入国家集成电路产业战略布局第一梯队。

【新业态模式培育】 2019年，自贸区厦门片区在全国率先开展国际中转集拼业务试点，开展多货主、多货物、多国别的国内外混合拼箱业务。实现国际中转87.2万标准箱，比上年增长40.4%；国际集拼11.5万标准箱，增长10.7%。累计引进亚马逊、亚联商贸等跨境电商企业495家，注册资本20亿元，带动电商创业就业人员2200人。开展国产ARJ21飞机融资租赁，拓展跨境转租赁业务，争取航材税率调降，拓展海关特殊监管区外保税维修试点，支持全行业参与国际市场竞争。建立区块链贸易金融综合运用平台，审慎扩大离岸业务参与面，将离岸贸易业务参与银行扩大到7家，新增试点企业3家，全年办理离岸贸易收支结算50.9亿美元。引进中金启航等多支央企股权投资基金和福睿创信等私募股权基金，新增基金规模近100亿元。

【自贸区厦门片区与台湾融合发展】 2019年，自贸区厦门片区以“经贸畅通、标准共通”为重点，落实落细惠台政策。13项对台工作任务中，实施5项，部分实施7项，推进1项；40项细分任务中，实施26项，部分实施1项，推进13项。自贸区厦门片区发挥“负面清单”优势，吸引台湾实创医疗器械、台湾金石新创项目等注册落地，台湾何志扬律师事务所驻厦门代表处获得执照许可。厦门市在大嶝对台小额商品交易市场实行“正面清单”管理方式。建设两岸集成电路双创平台，开展集成电路保税测试业务试点，完成对外付汇68.7万美元。对台湾地区海运邮快件业务完成828.08万件。其中，海运快件94.51万件，比上年增长38.41%。两岸股权交易中心“台资板”企业共253家。开立人民币代理清算账户的台湾地区银行23家，累计清算金额1258.75亿元，对台人民币现钞调运140余亿元。

【“海丝”沿线交流合作】 2019年，自贸区厦门片区推动建立海上丝绸之路国家合作机制，建立境外投资服务平台和厦门“走出去”服务联盟。启动印度尼西亚不锈钢一体化冶炼等大型项目。开发中国首个以航运为主题的“一带一路”国际综合物流服务品牌和平台，深化“海丝”沿线国家和地区港航开放合作。2019—2020国家文化出口重点企业和项目公示名单中，自贸区厦门片区入选重点企业13家、重点项目2个。参与主办第三届东南亚中国图书巡回展，达成图书版权输出意向821项。

【片区规划整治】 2019年，自贸区厦门片区完成东渡石湖山沿线码头整合提升策划，配合完成高崎机场北侧整治性城市设计及滨海路两侧景观改善设计工作。推动片区土地收储和出让，新远地块开工建设，市政石湖山地块出让，中交三航公司石湖山地块启动收储。立项生成重要项目15个，其中6个项目启动前期策划；改造、新建道路2600米，完成园区提升改造1.26万平方米，拨付工程款项6845万元。东渡港区7个货运通道卡口整合成4个卡口，货运车辆和行政车辆分离，实现海关卡口管理系统标准化、智能化、一体化，提升通关效率。自贸区厦门片区生成建设项目25个，其中建筑提升10个、景观绿化6个、交通配套5个、市政配套5个，总投资23.63亿元。

（叶　欣）

厦门海沧台商投资区

【概　况】 2019年，厦门海沧台商投资区（简称海沧投资区）完成地区生产总值797亿元，比上年增长7.8%。固定资产投资（不含农户）比上年增长10.6%。全区财政总收入176.80亿元，比上年增长1.6%；区级财政收入39.84亿元，增长1.9%。完成外贸进出口总额707.51亿元，比上年增长12.7%。全年征地1092.81亩（72.85万平方米），交地3312.43亩（220.83万平方米），拆迁58.22万平方米。

【产业发展】 2019年，海沧投资区372家规模以上工业企业累计完成产值1304.53亿元，比上年增长9.1%；实现规模以上工业增加值390.54亿元，增长8.5%。年产值1亿元以上企业139家，完成产值1086.32亿元。集成电路等三大战略性新兴产业加快发展，初步形成集成电路产业集群，以海沧投资区为核心的厦门市生物医药产业和厦门新型功能材料产业均入选国家发改委战略性新兴产业集群发展工程。集成电路产业中，厦门金柏半导体超精密集成电路柔性载板基材及相关模组设计、研发及生产项目开工，杭州士兰微电子股份有限公司厦门12吋芯片生产线暨先进化合物半导体生产线项目封顶并试投产，厦门通富微电子有限公司一期项目、厦门云天半导体科技有限公司半导体项目试投产。自贸区厦门片区引进上海烨映电子技术有限公司（红外传感芯片）、深圳市龙科微电子科技有限公司等集成电路设计类企业22家，落户制造类企业5家，累计聚集集成电路企业35家。获批国家级专业资本集聚型集成电路中小企业创新创业载体。与中国科学院微电子研究所合作共建产业合作（海沧）基地。获批建设厦门市科技企业孵化器、厦门市小微企业创业创新示范基地。参与举办第三届集微半导体峰会、第十一届传感器与MEMS技术产业化国际研讨会等。生物医药产业中，大博医疗科技股份有限公司二期项目等开工建设，江苏恒瑞医药股份有限公司全资子公司福建盛迪医药有限公司、厦门欧米克生物科技有限公司等4个项目投产。55家规模以上生物医药产业企业完成产值174亿元，比上年增长14.1%。厦门万泰沧海生物技术有限公司与国际医药龙头企业葛兰素史克（GSK）签署战略合作协议并开工建设九价宫颈癌疫苗生产基地；二价宫颈癌疫苗获批，成为首支获批的国产宫颈癌疫苗。厦门生物医药港在中国生物技术发展中心发布的2019年全国生物医药产业园区综合竞争力榜单中排第十三位。福建省药品监督管理局厦门生物医药港服务工作站成立。生物医药产业协同创新创业中心建成。新材料产业中，厦门金鹭特种合金有限公司硬质合金项目开工，厦门长塑实业有限公司双向拉伸薄膜项目10号生产线投产。14家规模以上新材料产业企业完成产值165亿元，比上年下降9.4%。传统制造业中，厦门佳浴陶瓷有限公司等14个项目开工建设，厦门固杰科技有限公司、通达集团厦门生产基地三期等13个项目竣工投产，厦门正新海燕轮胎有限公司等125个技改项目全面铺开。海沧投资区完成建筑业产值381.61亿元，比上年下降0.5%；完成机械产业产值400.6亿元，下降7.6%；完成卫浴产业产值76.4亿元，增长5.5%；完成电子信息产业产值237.4亿元，增长25.9%。

【招商引资】 2019年，海沧投资区建立招商引资项目库和招商载体资源库，编制产业招商地图，组建招商服务公司。对接和推进招商引资项目491个，新引进项目163个（17个项目当年落地）。其中，引进生物医药项目40个。引进500万元以上内资项目1482个，注册资本310亿元，比上年增长48.03%。受厦门长塑实业有限公司等10余家企业减资影响，合同利用外资–2.19亿元。实际利用外资10.35亿元，比上年增长8.47%。海沧投资区借助第二届进博会、“9·8”厦洽会、“瑞幸咖啡2019全球合作伙伴大会暨全球咖啡产业发展论坛”等开展招商推介。厦门盈趣科技股份有限公司等企业参加全球供应商年会、全国工商联金银珠宝业商会会长论坛等活动并开展招商推介。“SM新生活广场+”、全桔融资担保有限公司（滴滴项目）等项目签约落地。中硼（厦门）医疗器械有限公司的新型加速器硼中子俘获治疗系统落户厦门弘爱医院，填补福建省大型医疗器械研发生产领域的空白。

【科技创新】 2019年，海沧投资区获得国家级高新技术企业认定的企业73家，其中重新认定30家、新认定43家。至年末，全区资格有效的国家级高新技术企业205家，比上年同期增长26.5%。全年规模以上高新技术产业工业产值756.12亿元，占规模以上工业总产值57.96%。大博医疗科技股份有限公司获批2018年国家企业技术中心。厦门松霖科技股份有限公司股票上市，厦门特宝生物工程股份有限公司成为科创板厦门第一股。厦门生物医药产业协同创新创业中心基本完成建设。以厦门生物医药港为核心的厦门市生物医药产业入选首批国家发改委战略性新兴产业集群（全国 17 个）。海沧投资区与厦门大学第一附属医院联合共建抗肿瘤新药临床评价技术示范性基地并获国家科技重大专项支持。海峡两岸（厦门海沧）无人机暨智能机器人孵化基地入选国家级科技企业孵化器。系统级封装平台启动建设。海沧投资区全年组织实施科技计划项目 11 批，财政投入科技扶持资金 9876.8 万元。国内专利申请量 4141 件，比上年增长 25.46%；国内专利授权量 2697 件，增长 20.83%；有效发明专利拥有量 1405 件，增长 16.6%。众创空间 9 家，孵化面积 3.35 万平方米。至年末，累计为初创企业（团队）提供孵化服务 1526 家，创客人数 5436 人，孵化出国家级高新技术企业 11 家、市级高新技术企业 21 家。

【人才队伍建设】 2019 年，海沧投资区新增引进市级以上高层次人才 175 人，柔性引才 582 人。推行安居工程留才，全年入住率 90.5%，904 间人才公寓累计入住 1139 人，比上年增长 427%。受理发放各类人才政策补贴 5476 万元。集成电路产业实行“职务 + 薪酬”多维度人才评价标准。海沧投资区在全省率先开展生物医药高级职称评审改革，通过副高级职称评审 24 人，通过率 77.4%，生物医药职称评审改革做法入选全国人才工作优秀案例。制定实施《海沧区企业人才实训基地建设三年行动方案（2019—2021 年）》，首批评选区级人才实训基地 13 家，完成管理、专业技能等各类培训 7.5 万人次，开展大学生实习实训 378 人。推进“一企一策”培训工作，371 家企业纳入名单库，培训生物医药、智能制造等领域人才 9575 人。与厦门大学合作共建国家集成电路产教融合创新平台。

【自贸园区建设】 2019 年，海沧投资区出台自贸园区产业发展扶持办法，完善行政区、自贸园区联动机制，推进京东跨境电商等项目落地。厦门跨境电商监管中心实现厦门首票保税备货模式进口；设立厦门首个 1 万平方米跨境专用保税备货仓；引入拼多多全球购在厦门落地，成为拼多多指定的跨境综合服务商。厦门海峡黄金珠宝产业园开园，入驻企业 16 家，实现产值超 59 亿元。东南燕都产业园一体化平台投入运行，11 月进口首批原产自马来西亚的毛燕，至年末加工净燕及毛燕 1594.2 千克，货值 1721.17 万元。厦门进口汽车贸易博览中心启用，全年展示车辆 106 辆，入驻展厅车商 10 家，在自贸区内的注册企业 8 家。推动整车进口口岸建设，全年整车到港 1073 辆，检测场站检测车辆 174 批次、1004 辆。海沧港区完成集装箱吞吐量 865 万标准箱，比上年增长 9.48%；货物吞吐量 1.34 亿吨，增长 9.73%。厦门中欧班列国际海铁联运印度尼西亚货物过境首发，货值近 50 万元。至年末，中欧班列累计发运 452 列，累计货值 94.10 亿元。

【海沧与台湾融合发展】 2019 年，海沧投资区开展台湾地区专门职业及技术人员（技术士）考试及格证书比照认定职称。兑现 8 家企业的 27 名台湾人才奖励补助 57 万元。新落户台资项目 17 个。设立区级台商台胞服务站，召开台商台胞座谈会。开展海峡两岸融合社区健康营造项目，引进台湾社区健康促进专家担任健康促进项目总监，在海虹社区和青礁社区开展以疾病预防、健康管理为主要内容的健康促进项目。在全国率先引进台湾医疗专家进社区，特聘 4 名台湾专家担任社区医师。建成大陆第一座以纪念颜思齐开台文化为主题的公园。开展第十二届海峡两岸保生慈济文化节、“2019 海峡两岸（海沧）乐活节”等活动，参与举办第十一届海峡论坛“融合发展看海沧”主题论坛、大航海时代与 21 世纪海上丝绸之路研讨会、第二届海峡两岸人文学论坛等。与“台湾《中国时报》”合办第四十届时报文学奖暨金沙书院散文奖。探索设立中国闽南文化研究中心。海沧投资区全年接待台湾宗亲、宫庙 149 个团组 1.2 万人次，组织 12 个团组 223 人次到台湾交流。

【集成电路重点项目】 2019 年，海沧投资区总投资超 300 亿元的 5 个集成电路重点项目取得进展。士兰 12 吋特色工艺半导体芯片制造生产线建设项目封顶，该项目是国内首条 12 英寸特色工艺芯片制造生产线，投资 170 亿元，产品定位为 MEMS（微机电系统）、功率半导体器件及相关产品。其中，一期建设 12 吋特色工艺生产线，总投资 70 亿元，规划产能 8 万片 / 月，达产后年产能 40 亿元。士兰化合物半导体芯片制造生产线建设项目试投产，项目投资 50 亿元，建设 4/6 英寸兼容先进化合物半导体器件生产线，主要产品包括下一代光模块芯片、5G（第五代移动通信技术）与射频相关模块、高端 LED（发光二极管）芯片产品，达产后年产值 35 亿元。通富微电集成电路先进封装测试产业化基地（一期）项目试投产，项目投资 70 亿元，建设集成电路先进封装测试基地，主要从事封装测试业务，达产后年新增集成电路先进封装测试 118.8 万片，计划年产值 20 亿元。金柏柔性电路板项目开工，项目总投资 13 亿元，规划建设柔性电路板（FPC）生产线并配套建设集成电路模块组装生产线。海沧半导体产业基地项目奠基，计划建成后集聚集成电路设计、先进封装测试、晶圆制造、半导体、泛半导体装备等中小型企业 40 家，吸引产业人才 2000 人。

【万泰沧海与葛兰素史克合作】 2019 年 9 月 6 日，厦门万泰沧海生物技术有限公司和全球疫苗巨头葛兰素史克（GSK）生物有限公司就新一代佐剂人乳头瘤病毒（HPV）疫苗的开发和商业化签署全球合作协议，旨在利用葛兰素史克的专有佐剂系统 AS04 和养生堂厦门万泰开发的抗原技术开发出新的 HPV 疫苗。厦门万泰是首家与葛兰素史克结成合作伙伴关系的中国疫苗企业。9 月 11 日，相应配套的新一代宫颈癌疫苗生产基地奠基，总建筑面积 6.98 万平方米，厂房建设符合中、美、欧盟和世界卫生组织标准，提高宫颈癌疫苗在全球范围的可及性。

【国家级科技企业孵化器】 2019 年 12 月，海峡两岸（厦门海沧）无人机暨智能机器人孵化基地被科技部火炬中心认定为国家级科技企业孵化器，成为海沧区第二家、厦门市第七家国家级科技企业孵化器。2015 年 10 月，该孵化基地由海沧区政府与厦门一品威客网络科技股份有限公司合作建立，采用“政府引导、市场运作”的合作机制和“孵化 + 创投”的服务模式，旨在孵化无人机、智能机器人、智能硬件及周边等领域创新创业项目。至 2019 年 12 月 31 日，该基地为海沧区培育出国家级高新技术企业 8 家、市级高新技术企业 17 家。

（海沧投资区）

厦门火炬高新区

【概　况】2019年，厦门火炬高新区（简称火炬高新区）完成规模以上工业总产值2918.4亿元；工业增加值比上年增长11.5%，增幅比全市高2.9个百分点，居全市第一位。固定资产投资比上年增长10%，增幅比全市高1个百分点。实际利用外资25.7亿元，居全市第一位。合同利用内资196亿元，比上年增长102%，超额完成年度任务。软件与信息服务业实现营业收入1183.06亿元（占全市68.3%），比上年增长18.16%，增幅比全市高2.96个百分点。火炬高新区资格有效的国家级高新技术企业数915家，占全市国家级高新技术企业总数47.46%。火炬高新区获国家知识产权示范园区、国家第四批绿色园区、国家文化和科技融合示范基地十强等称号；厦门软件园入选工业和信息化部软件和信息服务领域"五星级"园区（全国4个），成为福建省首个5G产业园区；厦门留学人员创业园竞争力排名全国前三。

【产业发展】2019年，厦门火炬高新区推进"大招商、招大商"，培育"三高"企业（高技术、高成长、高附加值）和新经济。落户的百亿级项目3个、十亿级项目16个、亿级项目50余个。新增入区企业2107家，比上年增长33.7%。其中，新增注册资本1亿元以上企业37家，比上年增长37%。芯米（厦门）半导体设备有限公司、澜至电子科技有限公司等集成电路项目落户。清华大学厦门半导体工研院引进并投入运营，鑫天虹（厦门）科技有限公司项目投产。实施"三高"企业增资扩产项目176个，备案计划总投资955.8亿元，年度完成投资212亿元，项目数比上年增长23%，完成投资额增长30.3%。晋大纳米科技（厦门）有限公司入选工业和信息化部第一批专精特新小巨人企业。厦门弘信电子科技集团股份有限公司成为首批入围工业和信息化部印制电路板行业规范条件的企业（全国7家）。3家企业入选2019年全国软件百强，占全省50%。5家企业入选2019年全国互联网百强，数量排名全国第五位。火炬高新区从事人工智能技术研发的骨干企业18家，运用人工智能技术的企业200余家。瑞为人脸识别设备覆盖全国1/3的机场。厦门云知芯智能科技有限公司搭建的厦门人工智能超算平台浮点运算能力突破1亿亿次/秒（10PFLOPS）。第二十三届世界半导体理事会议、"2019中国（厦门）石墨烯新材料产业峰会"在火炬高新区举行。

【创新创业】2019年，厦门火炬高新区净增国家级高新技术企业140家，占全市46.7%。新增入选省科技小巨人领军企业培育发展库的企业60家，占全市入选企业数43.2%。1家企业参与的项目获国家科技进步一等奖，2家企业参与的项目获国家科技进步二等奖。4家企业进入中国企业专利500强榜单，1家企业获第二十一届中国专利优秀奖，3家企业获评国家知识产权示范企业。由火炬高新区园区企业主导参与的17个项目获福建省科技进步奖。火炬高新区新增国家级企业技术中心2家、省级重点实验室1家、省级企业技术中心2家、省级新型研发机构7家。新增市级重点实验室3家、市级新型研发机构1家、市级企业技术中心7家。设立院士专家工作站3家。首次认定火炬创新研究院2家、火炬公共技术服务平台3家、火炬域外研发中心3家。各类公共技术服务平台服务企业2000余家次，总服务金额比上年增长45.2%。厦门高新技术创业中心有限公司、厦门软件产业投资发展有限公司、厦门海峡科技创业促进有限公司获评国家级优秀（A类）科技企业孵化器。新增省级台湾青年就业创业基地1家、省级科技企业孵化器1家、省级众创空间8家；20家众创空间入选年度市级专业众创空间，占全市66.7%。火炬众创之家成立。火炬高新区新认定高水平创新券服务机构34家，首次评选火炬十佳服务机构。创新券授权额度比上年增长100%，服务企业700余家次。科易网（火炬高新区）技术交易平台服务企业4000余家次，促成149个技术项目交易，比上年增长29.6%，总签约金额1.13亿元。火炬高新区举办厦门市首届"春晖杯"留学人才厦门行活动、厦门市首届"硬科技"创新创业大赛、"2019创客中国和双创领袖峰会"等各类创新创业活动。

【人才队伍建设】2019年，厦门火炬高新区新增高层次创新创业人才317人。其中，省"高层次人才"10人；市台湾特聘专家及专才62人，占全市65%；市重点产业紧缺人才173人，占全市80%。火炬高新区组织园区60余家骨干企业到高校开展校园招聘，参加应聘的高校应届毕业生4400人，比上年增长266%。智联招聘火炬专属网页上线。

【园区建设】2019年，厦门火炬高新区推进重点园区建设。厦门软件园三期东片区全部竣工，面积110万平方米，园区新增核准入园企业899家，工商注册企业2705家，比上年增长46.3%。同翔产业基地重点完善起步区框架路网建设和同安、翔安起步区二期市政道路、水、电等基础设施项目建设。环东海域现代服务基地美峰片区开发提速，美峰科创公园7栋研发主楼及4栋副楼基本建成。火炬高新区挂牌出让产业用地14宗，面积1200亩（80万平方米），比上年增长139%，位居全市第一。探索试点低效用地收储创新机制，获准园区存量土地房产收储权限。收回并盘活闲置用地300亩（20万平方米）。嘉福人才公寓新增公寓1248套。天马人才房提升改造工程启动建设。火炬国际学校主体结构封顶，翔安火炬实验学校加快前期工作。厦门软件园三期体育中心开业。火炬高新区在全市率先试点工业园区环境污染第三方治理，完成"线上+线下"智慧化管理平台搭建，引进第三方环保服务商16家，推进园区环境污染治理"市场化、专业化、产业化"。

【营商环境优化】2019年，厦门火炬高新区优化审核流程，组织业务处室、第三方机构、税务等部门"并联"审核，缩短政策兑付时间。在全市率先推出高新技术企业奖励、研发机构奖励等6项"免企业申报"政策条款，惠及企业229家。入区审批时限由5个工作日压缩至1个工作日。全面完成第四次全国经济普查工作，入户率100%。全年走访调研企业2500余家次，比上年增长20%，协调解决各类企业困难和问题1500余个。

（陈智明）

责任编辑：林建高
审　稿：阳晓儒
校　对：曾一一

24 农业农村

综 述

【概　况】 2019年，厦门市坚持农业农村优先发展，持续实施乡村振兴战略，稳步推进农业农村工作。1月24日，中共厦门市委召开农村工作会议，分析总结厦门市“三农”工作，对标全面建成小康社会“三农”工作硬任务，部署推进乡村振兴、深化农村改革发展等工作。全年厦门市都市现代农业产业集群实现营业收入920亿元，比上年增长11.1%；农林牧渔业总产值57.4亿元，增长2.8%。农民人均可支配收入24802元，增长10.7%，人均可支配收入总量、增幅均位居全省第一。厦门市农业农村局（简称市农业农村局）落实厦门市粮食播种面积6.03万亩（40.2平方千米）、产量2.29万吨的指导性计划，年内新建设施农业项目14个、面积727.52亩（48.5万平方米）。加大对农产品加工业的资金扶持力度，市级农业部门对农业产业化龙头企业投入扶持资金1228万元，扶持项目26个。

【乡村振兴】 2019年，厦门市成立市委农村工作领导小组、市委实施乡村振兴战略领导小组、农村人居环境整治领导小组，统筹推进农业农村工作和乡村振兴工作。市农业农村局推进村庄分类工作，完成92个村庄的规划编制。建立千亿投资工程协调推进机制，完成项目投资306亿元，占年度投资计划的111.6%。推进9个乡村振兴市级重点示范村建设，投入市级财政奖补资金2.55亿元，重点用于扶持乡村产业发展和农村人居环境整治。

【农村人居环境治理】 2019年，厦门市农业农村局持续推进农村人居环境治理工作。（1）农村厕所革命。开展农村户厕三格化粪池新建改造，新建改造农村户用厕所1043户、乡镇农村公厕20座。（2）农村生活垃圾治理。建立“户分类、村保洁、镇收集、区转运、市处理”机制，在全省率先实现所有村庄农村生活垃圾有效治理全覆盖。（3）农村生活污水治理。完成1049个自然村生活污水治理，基本覆盖流域范围。（4）农房整治。推进村庄规划评估修编工作，加强村庄建筑风貌管控。完成原有农房“平改坡”整治924栋、裸房整治529栋。（5）村容村貌提升。按照“五清楚、两特色”（扫清楚、拆清楚、摆清楚、分清楚、粉清楚，突出乡土气息、尽显田园风光）要求，开展“美丽乡村”建设9个，完成乡村绿化364亩（24.24万平方米），有3个村庄获得“福建省森林村庄”称号。

【现代农业招商引资】 2019年，厦门市成立现代农业招商办公室，制定《现代农业招商实施方案》，推进招商引资工作。进入厦门市招商引资管理信息平台的现代农业项目54个，总投资119.6亿元。举办现代农业招商推介暨签约大会，美菜网、傲农集团等18个项目完成签约，总投资70.2亿元，正大水产中国区总部、傲农总部、正大120万只蛋鸡产业链项目等11个项目落地。

【都市现代农业发展】 2019年，厦门市农业农村局推动都市现代农业稳步发展。（1）开展粮食等主要农产品的生产。划定2万亩（13.33平方千米）水稻生产功能区。生产蔬菜55.75万吨、食用菌2.89万吨。在全国畜牧业工作会议及全国大中城市“菜篮子”产品保供座谈会上，厦门市蔬菜生产工作得到国务院副总理胡春华肯定。（2）发展特色优势产业。全市有种子（苗）企业30家，其中产值上1000万元的11家，全年实现总产值超4.8亿元。扶持农作物新品种示范推广项目6个，引进、示范台湾水果品种22个。培育全省“一村一品”示范村5个，种植面积6000余亩（约4平方千米），总收入约1.5亿元。（3）农村产业融合发展。休闲农业和乡村旅游接待游客超800万人次，比上年增长23%，实现营业收入超10亿元。海沧区过坂社和同安区三秀山村获“中国美丽休闲乡村”称号。全市扶持农业龙头企业26个，市级农业产业化龙头企业实现销售收入510亿元，增长10.7%。有全国农业产业化龙头企业500强6家，其中厦门茶叶公司获评全国农业龙头企业。翔安区引进阿里巴巴农村淘宝入驻运营服务中心，建设市级农业物联网示范点4个。市农业农村局举办厦门名特优农产品展销会及农民丰收节等活动。

【现代农业建设】2019年，厦门市推进农业生产现代化。建设益农信息社118个和区级运营中心1个；新建现代农业设施项目14个、面积714亩（47.6万平方米）；推进农田水利建设项目4个，完成高标准农田建设960亩（64万平方米）；投入农机购置补贴资金531.7万元，建立主要农作物生产全程机械化示范点2个。推进农业绿色发展，开展畜禽粪污资源化利用整市推进工作，畜禽养殖废弃物综合利用率93.44%，其中生猪规模养殖场粪污处理设施装备配套率100%；实施化肥农药零增长减量化行动，累计推广测土配方施肥面积25.34万亩（168.93平方千米），建立绿色防控示范点10个。

【重点专项工作推进】2019年，厦门市农业农村局推进农业农村重点专项工作。（1）实施“大棚房”问题专项清理行动。完成61宗“大棚房”问题整改工作，建立“大棚房”问题后续监管长效机制。（2）做好非洲猪瘟防控工作。制定《厦门市非洲猪瘟防控工作方案》，加强生猪及产品运输监管，强化养殖场和屠宰场的检测工作。建立非洲猪瘟防控长效机制，保障生猪产业的健康发展。（3）开展农村假冒伪劣食品专项整治工作。成立厦门市农村假冒伪劣食品专项整治行动工作组，全年出动执法人员9636人次，检查食品生产、经营主体及批发集贸市场等。查处假冒伪劣食品案件60件，捣毁制假售假窝点5个。做好稳定生猪生产、保障市场供应工作。出台《厦门市稳定生猪生产促进转型升级三年行动计划（2019—2021年）》等文件，做好生猪增养补栏，稳定当地生猪生产。

【农村改革推进】2019年，厦门市农业农村局培育新型农业经营主体，组织新型职业农民相关培训和新型职业农民认定工作；扶持补助13名高校毕业生兴办新型农业主体。推进农村土地承包经营权确权收尾工作，全市颁证到户完成率90.04%，获得农业农村部和省农业农村厅的肯定。厦门市促进农村土地经营权有序流转，通过组织培训班、市政府在线访谈、在《厦门日报》和市政府网站报道等方式进行政策宣传，推动政策落实。推进农村集体产权制度改革，年内完成全国整市改革试点任务，全市318个村（居）全部完成清产核资、成员身份确认，在全省率先完成村居股份合作制改革工作。

【农产品质量安全城市创建】2019年，厦门市农业部门开展国家食品安全城市创建和农产品质量安全县创建活动，推进农业标准化生产、农村假冒伪劣食品专项整治、“一品一码”全过程追溯体系建设、农产品质量安全监测及宣传培训等工作。年内，农业农村部对厦门市蔬菜、水果、茶叶和畜禽产品例行监测合格率分别为98.1%、100%、100%和99.2%，综合合格率99.35%，居全国前列。同安区获得省级农产品质量安全示范县和国家级示范县创建称号。全市未发生重大农产品质量安全事件，农产品质量总体安全。

【农村假冒伪劣食品专项整治】2019年，厦门市农业农村局联合市商务局、市公安局、市市场监督管理局、市海洋与渔业局、市知识产权局和市供销合作社联合社开展农村假冒伪劣食品专项整治行动，成立厦门市农村假冒伪劣食品专项整治行动工作组，印发《关于加强农村假冒伪劣食品治理的指导意见》和《农村假冒伪劣食品专项整治行动方案的通知》。全市共出动执法人员9636人次，检查食品生产主体554个，检查食品经营主体4679个，检查批发市场、集贸市场等各类市场431个。受理和处理消费者申诉和举报74件；查处商标侵权假冒案件1件，罚没金额0.5万元；取缔无证生产主体8个，取缔无照经营主体1个；查处假冒伪劣食品案件60件，货值1523万元，罚没金额37.8万元，捣毁制假售假窝点5个，收缴假冒伪劣食品20.71吨。

【农产品质量安全监管】2019年，厦门市农业农村局配合完成农业农村部例行抽检工作。制定《厦门市2019年农产品质量安全监测工作方案》，开展市、区、镇（街）3级农产品质量安全监测工作。累计开展各类农产品检测2273批次。其中，开展种植业农产品农药残留例行监测和风险监测1117批次，生产环节农药残留例行监测813批次，流通环节农药残留风险监测304批次，重金属例行监测477批次，农产品执法委托检测176批次，畜禽产品委托检测503批次。开展饲料监督抽检100批次。

【农产品质量安全问题专项整治】2019年，厦门市农业农村局落实农业农村部、省农业农村厅、市食安办关于在主题教育中开展农产品质量安全问题专项整治行动统一要求，开展农产品质量安全问题整治行动，重点解决蔬菜、禽蛋、猪肉质量安全和农药、兽药添加禁用成分等突出问题。完成蔬菜等农产品监督抽检547批次、畜禽产品监督抽检87批次，开展农药产品质量监督抽查64批次、兽药监督抽检87批次、饲料监督抽检28批次，检查生产经营主体845家次，出动执法人员3703人次，查出问题59起，销毁问题农产品209.72吨，涉及金额61.17万元，责令整改28起，取缔无证照私宰点42家，行政案件10起，移交司法案件4起。农业农村部和省农业农村厅主题教育对厦门市专项监督抽检合格率均为100%。

【农产品质量安全宣传】2019年，厦门市农业农村局结合农产品质量安全月、质量安全周等活动，在各区开展农技（农药）安全生产培训、农产品质量安全宣传培训、放心农资下乡宣传等活动共28场。发放国家禁限用农药、禁用兽药规定以及法律规定的假劣农资等宣传单1.85万张；开展打击私屠滥宰、农业植物检疫普法等农产品质量安全相关培训24场，发放宣传材料1.82万份。中央电视台、《厦门日报》、《厦门晚报》等新闻媒体对厦门市农产品质量安全工作进行宣传报道。

（市农业农村局）

种 植 业

【概　况】2019年，厦门市农作物总播种面积33.15万亩（221平方千米）。其中，粮食播种面积6.01万亩（40.09平方千米），比上年下降0.19%，粮食总产量2.4332万吨，增长6.11%；蔬菜播种面积23.38万亩（155.87平方千米），增长3.4%，蔬菜总产量55.74万吨，增长

表 24–1　　2019 年厦门市主要农作物种植情况表

品　种	播种面积（平方千米）	播种面积比上年增长（%）	产量（万吨）	产量比上年增长（%）
水　稻	21.4	–3.33	1.28	4.2
甘　薯	9.13	3.5	0.61	9.4
马铃薯	8.33	2.6	0.51	5.9
油料作物	13.53	4.5	0.41	8.5
蔬　菜	155.87	3.4	55.74	8.4

8.4%。水果种植面积 9.13 万亩（60.87 平方千米），比上年增长 0.8%；水果总产量 6.66 万吨，下降 9%。食用菌总产量 2.89 万吨，比上年增长 0.8%。（见表 22–1）

【农作物病虫害防控】 2019 年，厦门市农业农村局加强农作物主要病虫害监测与防治指导工作，到田间开展病虫害发生危害情况调查，组织完成早晚季中后期病虫草鼠发生趋势分析，发布病虫情报 15 期。开展农药科学安全使用技术宣传培训、农作物病虫害统防统治和绿色防控等工作，在全市建立 10 个绿色防控与统防统治融合示范点，示范推广生态调控、物理诱避、生物防治等绿色防控技术措施。通过示范推广，减少化学农药的使用量，促进农业可持续发展。

【种子种苗产业】 2019 年，厦门市农作物种子种苗产业保持在全省的领先地位。全市持有种子生产经营许可证企业 30 家，占全省 30%，居全省首位；优良蔬菜种苗辐射效应增强，全年农作物种子种苗销售总额 4.8 亿元，优良蔬菜瓜果品种嫁接苗年产 1.35 亿株；种苗品牌引领成效显现，5 家种子企业入选 2018 年度省级重点农作物种子企业，农友种苗（中国）有限公司入选国家级“育繁推一体化”农作物种子企业；种业创新取得成效，商业化育种水平提升，全市建立展示示范点 6 个，引进、选育优质、专用、特色农作物新品种 235 个，32 个蔬菜品种取得非主要农作物品种登记证书；优质、特色农作物新品种继续示范推广。

【化肥减量】 2019 年，厦门市累计完成测土配方施肥面积 25.34 万亩次（168.93 平方千米），技术覆盖率 95.3%，年化肥使用量 1.16 万吨，比上年下降 2.6%；推广应用商品有机肥、堆肥和其他农家肥面积 20.75 万亩次（累计施肥面积 138.33 平方千米）；秸秆通过机械粉碎还田、覆盖还田、马铃薯种植夹心还田等方式，合计还田 5.79 万亩（38.57 平方千米）。全年举办 8 期（场）有关减少化肥使用量、科学施肥培训，农业企业、家庭农场、种植大户技术人员 1560 多人次参训。推进同安区汀溪生态保护区周边整建制推广应用缓控释配方肥，结合推广测土配方施肥技术，施用壳灰（生石灰）进行土壤酸性中和；建设省、市级耕地质量监测点 8 个并开展监测工作，推进耕地土壤的净化治理。

【平安农机建设】 2019 年，厦门市农机总动力 36.7 万千瓦，主要农作物机耕面积 8476 万平方米、机收面积 2376 万平方米、机播面积 403 万平方米，全市农作物耕种收综合机械化率 55.28%，其中水稻综合机械化率 69.86%。使用农机购置补贴资金 532 万元，受益农户 515 户，补贴机具数量 809 台，补贴机具销售总价 1315 万元。拖拉机有效在册数 1453 台，持有效拖拉机驾驶证 2291 人。拖拉机年检 756 台，拖拉机驾驶员考试 23 人，换发拖拉机驾驶证 215 本。组织农机安全执法及宣传 66 次，出动执法人员 174 人次，查处农机违法行为 38 台次，其中拖拉机逾期未年检 35 台。发送农机安全宣传短信 6256 条，发放宣传材料 9816 份，给机手发放倡议信 1266 份。农机在道路以外的田间、场院和村道等作业场所未发生安全生产事故，连续 13 年保持农机事故零死亡。

【“一品一码”追溯体系建设】 2019 年，厦门市农业农村局推动农产品质量安全追溯系统建设，新建“一品一码”追溯点 70 多家。出台《厦门市农业局 2019 年“一品一码”追溯体系建设工作方案》，联合市财政局出台《厦门市农产品质量安全“一品一码”可追溯体系建设资金补助办法》，下达市级补助资金 250.2 万元。完成与省农业农村厅农产品质量安全追溯系统的对接，以及与市市场监管局“一品一码”系统对接的前期工作。组织全市“一品一码”追溯管理工作推进会、座谈会和培训工作，参训人数 700 多人次。3 月，组织开展“一品一码”攻坚月行动。至年末，在追溯平台上主体备案有 450 多家。“厦门市食用农产品追溯体系建设”案例入选“2019 年厦门市食品安全社会共治优秀案例”。

【农业标准化生产推进】 2019 年，厦门市农业农村局围绕蔬菜、水果、茶叶、食用菌、畜禽等优势特色产业发展，组织农业技术人员到种养殖基地开展技术指导、服务工作，印发《厦门市农作物病虫害绿色防控与统防统治融合工作方案》，建立农作物病虫害绿色防控与统防统治融合示范点 3 个，示范核心面积 11.07 万平方米（166 亩）。推进“三品一标”（无公害农产品、绿色食品、有机农产品和农产品地理标志）认证与监管工作，年内新培育“三品一标”产品 16 个。至年末，厦门市“三品一标”产品总数 81 个，用标企业 36 家，总产量 5.43 万吨。示范推广农作物病虫害绿色防控技术，加大低毒低残留农药和生物农药等新型高效环保药物的推广力度。推动各区完成 2018 年 14 个农业标准化生产示范基地项目的验收，下拨补助资金 42 万元；完成 2019 年 4 个省级优质农业标准化生产示范基地的建设工作。

【农业技术服务】 2019 年，厦门市农业农村局通过播放春收春种生产宣传片，科技、文化、卫生“三下乡”，社区文明共建活动等形式向农村农民、社区居民宣传、推广和指导农业新品种、新肥料、新技术、新机具等，发放农业科技知识宣传材料 2000 册，展示发放蔬菜优新品种种苗 1000 株、蔬菜专用配方肥 2 吨。完成新型职业农民相关培训

5273人次，举办市级新型职业农民培训8期1000余人。全年接到“12316”热线电话2826人次；接待群众来访976人次；现场指导846次，参加人数3246人；举办各类技术培训130场，农技员或农户参训6546人次；各级科技人员下乡指导946次，参加群众2972人次。

（市农业农村局）

林　业

【概　况】2019年，厦门市完成营造林绿化面积3628.8万平方米（54431.8亩），占省级年度任务的207.75%。厦门市林业局（简称市林业局）制定《厦门市林相改造规划（2020—2025年）》，年内完成狐尾山等山体林相改造103.01万平方米（1545.2亩）。持续开展坂头林场水源地环境整治，年内完成退果还林2.67万平方米，累计完成21.53万平方米。推进国有林场“一场一景”建设，完成天竺山林场“四季花谷”的建设以及坂头林场、双溪林场的“一场一景”规划工作。坂头国有防护林场森林生态修复工程项目开工，总投资概算1000万元，计划造林苗木总量35.9万株。市林业局推进林木种苗质量调查和林木种质资源普查工作，完成松材线虫病年度防控任务。开展省级森林城镇和森林村庄创建工作，翔安区内厝镇锄山村、同安区莲花镇军营村、集美区灌口镇双岭村3个村庄获福建省“森林村庄”称号，同安区汀溪镇获省“森林城镇”称号。组织开展打击野生动物资源违法犯罪等专项行动，林区治安形势总体稳定。拓展花卉林业招商工作，签约2个项目，计划投资2.5亿元，其中碧鑫蔬菜花卉种苗繁育基地投产。落实森林防火责任制，强化进山火源管控，森林防火总体形势平稳，坂头林场连续23年无火灾。12月31日，市森林防火指挥部及办公室相关职能移交市应急管理局。

【森林资源管理】2019年，厦门市林业局执行森林采伐限额管理制度，审批集体林采伐面积373.73万平方米（5606亩），采伐蓄积15159立方米。完成各区森林资源保护发展目标责任制的考核工作。组织开展森林督查和林地“一张图”年度变更工作，发现问题图斑85个，查处到位16起。推进林改工作，同步进行集体林权制度改革与农村集体产权制度改革。至年末，全市318个村（居）全部完成股份合作制改革，集体林地股权量化工作同步完成。

【用林要素保障】2019年，厦门市对年度林地定额进行科学分配，优先保障省以上重点、基础设施、公共事业和民生等项目。其中，新建福州至厦门铁路（厦门段）项目使用林地52万平方米，翔安机场高速公路（沈海高速—翔安南路）项目使用林地96.67万平方米。审核通过49个涉林建设项目，涉及使用林地273.16万平方米。

【涉林犯罪打击】2019年，厦门市森林公安局组织开展打击野生动物资源违法犯罪、缉枪治爆、“打击象牙、犀牛和虎及其制品非法贸易活动”等专项行动。核查涉嫌网上非法买卖野生动物线索38条；开展警务协作，配合新疆、云南、宁德、龙岩、漳州等省市森林公安机关查办野生动物案件6起，查获涉案羚羊角20根，涉案价值160余万元，抓获涉案人员2人。市森林公安局受理案件19起，立刑事案件12起，移送起诉14起20人次，不予立案移送相关主管部门处罚13起；采取强制措施26人次（刑事拘留6人、取保候审19人、监视居住1人）。配合各级林业主管部门办理行政案件59起；协助其他省、市森林公安机关查处案件20余起，协助外省市森林公安机关抓获涉案人员2人，办结涉林信访件2起。推进扫黑除恶专项斗争。集美区“网寨山非法占用农用地案”侦查终结，并案地方公安分局移送起诉；海沧区“仙宇山非法占用农用地案”排除涉黑恶，监管线索移送辖区监察部门。

【执法规范化建设】2019年，厦门市森林公安局强化全过程规范接处警、规范办案区管理、规范办案时限、规范网上办案工作，落实网上警情登记、反馈，全流程同步录音录像、全环节时限跟踪、全要素可回溯管理，网上办理刑事案件办结率100%。制定量化执法考评机制，按照“先考评、后立卷、边结案、边考核”实施“一案一评”，全年考评案件42起，发现纠正问题317个，提出审核意见111条，提供法律咨询服务90人次。

【森林防火】2019年，厦门市森林防火指挥部提前部署春季及秋冬季的森林防火，紧抓春节、清明、国庆和气象重旱期间等关键时期的防范工作。全市各级森林防火单位召开森林防火专题会议250多场次，派出森林防火工作检查组393个、1376人次。市防火办强化各重点时期、关键节点的森林防火检查工作，联合市应急局、市森林公安局对各区森林防火工作检查督查2次。全市森林防火总体形势平稳。

【美峰公园龟山森林景观提升改造】2019年10月，美峰生态公园龟山森林景观提升改造工程完工。该项目总投资399万元，对美峰生态公园龟山的主入口进行梳理，扩大原有入口区域，在山腰设置伴山廊增加登山休息空间，在山顶建设翠峰台。翠峰台上可观景美峰生态廊道，远眺滨海浪漫线。

（方　泓）

畜 牧 业

【概　况】2019年，厦门市肉蛋总产量2.92万吨，比上年增长1.7%。其中，肉类产量2.78万吨，比上年增长13.6%；禽蛋产量0.14万吨，下降67.5%。家禽存栏134.58万只，比上年增长26.03%；家禽出栏296万只，下降28.2%。家畜存栏15.25万头。其中，生猪存栏14.77万头，比上年下降0.67%（能繁母猪存栏1.56万头，增长6.26%）；牛存栏0.26万头，增长22.11%；羊存栏0.22万头，增长33.41%。生猪出栏27.51万头，比上年增长13.05%；牛出栏2147头，下降66.4%；羊出栏2268头，下降26.8%。存养蜜蜂0.57万箱，比上年下降8.7%；蜂蜜产量107.9吨，下降16.3%。全市定点屠宰场屠宰牲畜104.21万头，其中生猪99.72万头、牛1.09万头、羊3.4万头。

【生猪稳产保供】 2019年，厦门市出台《厦门市人民政府办公厅关于做好稳定生猪生产保障市场供应工作的通知》《厦门市稳定生猪生产促进转型升级三年行动计划（2019—2021年）》《厦门市能繁母猪保险、育肥猪全生命周期保险工作方案》等文件，恢复生猪养殖保险，提高保险补贴比例，扩大贴息贷款覆盖面，增设能繁母猪存栏补贴，支持保留的规模养殖场改建、扩建，鼓励养殖场增养补栏。开展现代畜牧业的招商引资工作，规划新建2个生猪养殖项目及1个蛋鸡养殖项目。至12月31日，全市生猪存栏14.77万头，比9月底增长34.03%（能繁母猪存栏1.56万头，增长51.46%）；全年生猪出栏27.51万头，完成省政府下达的27万头目标任务。

【重大动物疫病防控】 2019年，厦门市召开全市畜牧兽医工作会暨重大动物疫病防控工作会议，部署重大动物疫病防控工作，完成春季重大动物疫病防控工作。市农业农村局印发《关于做好2019年重大动物疫病防控工作的通知》《2019年厦门市动物疫病强制免疫计划》《2019年厦门市动物疫病监测与流行病学调查计划》等文件，下发《关于切实做好高致病性禽流感免疫工作的通知》，加强高致病性禽流感免疫工作，加强新疫苗使用培训和宣传，加强免疫效果监测评价。全年累计开展动物疫病监测与流行病学调查13274份。其中，开展禽流感、口蹄疫、猪瘟等9种病原监测4608份；开展禽流感、新城疫等11种动物疫病抗体监测7236份；开展非洲猪瘟排查检测样品1430份。组织春秋防集中免疫，累计免疫生猪22.36万头、牛0.46万头、羊0.32万头；禽流感累计免疫鸡122.58万只、鸭77.73万只、鹅0.26万只；高致病性猪蓝耳病23.02万头；猪瘟22.67万头；新城疫41.50万只。厦门市重大动物疫病应免尽免，群体免疫密度维持在90%以上，应免畜禽免疫密度均为100%。市农业农村局推进2018—2019年度强制免疫疫苗“先打后补”工作。开展“大清洗、大消毒”专项行动，累计消洗消毒乡镇19个、规模养殖场52个、行政村80个、屠宰场4个，投入经费7.77万元，使用消毒液2.75立方米、消毒粉20.11吨。举办全市重大动物疫病防控技术培训班，市、区、镇3级兽医干部及同安区村级防疫员等150多人参训。

【非洲猪瘟防控】 2019年，厦门市农业农村局印发《关于进一步加强非洲猪瘟防控工作的通知》《开展生猪养殖生物安全提升专项行动的通知》《厦门市非洲猪瘟防控工作方案》等文件，抓细抓实非洲猪瘟防控工作。做好生猪运输车辆备案管理，全市备案生猪运输车辆59辆。持续实施准调证明制度，对省内符合条件的养猪场和屠宰企业实施出栏生猪“点对点”跨设区市调运，自2018年12月“点对点”调运启动至2019年12月，累计调入生猪产品3.41万吨。开展非洲猪瘟防控排查，落实屠宰场非洲猪瘟自检以及官方兽医派驻工作，提升生猪养殖场生物安全水平，建立健全长效机制。做好生猪运输车辆道路防堵工作，强化消毒灭源工作，压实监管责任。

【动物卫生监督】 2019年，厦门市屠宰检疫生猪99.8万头、牛羊2.7万头、家禽320.8万只，检出不合格生猪1664头。产地检疫生猪25.7万头、家禽20.79万只。动物产品检疫申报点受理动物产品申报检疫4.27万吨，未发现不合格动物产品。犬、猫、鸽等动物运输检疫出证156份。查处43件有关动物卫生监督违法案件，罚没金额6.18万元。其中，一般案件18起，简易程序22起，移送公安机关3起。

【“瘦肉精”监管】 2019年，厦门市市、区两级农业部门开展“瘦肉精”（肾上腺类、β激动剂、β-兴奋剂，主要为盐酸克仑特罗、莱克多巴胺、沙丁胺醇等药物的统称）快速检测工作，检测22533头份，其中屠宰场抽检17061头份、养殖场5472头份，检测项目包括盐酸克伦特罗、莱克多巴胺及沙丁胺醇。市级超额完成省级下达屠宰场“瘦肉精”监测任务，抽样生猪样品7060头份、牛羊样品420头份，均未检出“瘦肉精”阳性。

【牲畜屠宰监管】 2019年，厦门市开展打击私屠滥宰工作，市农业农村局开展执法600次，出动执法人员3649人次；开展联合执法59次。共查处问题32起，涉及金额5.92万元，移送公安机关2起。捣毁私屠滥宰窝点63个，查获非法屠宰生猪47头、猪肉3612千克，全部无害化处理。核查处理各类私屠滥宰举报48件。其中，通过“12345”政务热线、公共安全平台等批转举报件24份，群众直接举报20起。张贴打击私屠滥宰法规宣传资料205份，发放《生猪屠宰管理条例》等宣传手册354份。

【饲料兽药行业监管】 2019年，厦门市农业农村局开展饲料质量安全监管工作，检查辖区内41家饲料和饲料添加剂生产企业，印发《厦门市2019年饲料质量安全风险监测方案的通知》。各级农业农村部门共出动检查人员329人次，检查企业125家次，发现一般隐患242个，全部完成整改。开展饲料产品的质量监测抽检工作，监测饲料生产企业14家，合计50批次样品，所检项目均合格。饲料生产形势保持平稳，未发生安全生产事故。全年办理行政许可14件，其中兽药经营许可3件、兽药产品广告许可1件、动物诊疗许可10件。

【畜禽养殖废弃物利用】 2019年，厦门市农业农村局制定《厦门市畜禽粪污资源化利用整市推进实施方案（2019—2020年）》《厦门市养殖废弃物资源化利用项目补助办法》，落实畜禽粪污资源化利用整市推进项目，支持达标排放的生猪养殖场和养牛场进行改造，通过财政资金扶持引导种植业和养殖业结合，鼓励第三方参与资源化利用，促进沼液、沼渣和粪便直接还田利用，实现种养结合、循环利用的绿色发展。落实畜禽粪污源头减量工程，推行“一禁、二表、三分离”。是年，全市畜禽养殖废弃物综合利用率为95.1%，高于2019年省定目标和厦门市年度目标（均为85%）；规模畜禽养殖场粪污处理设施装备配套率为100%，提前完成省定目标（95%）。

·小资料·

一禁、二表、三分离：推行“一禁、二表、三分离”，实施畜禽粪污源头减量工程。“一禁”即严禁水冲清粪，推行干清粪；“二表”即安装畜禽饮水水表和清洗栏舍水表；“三分离”即实行生活用水与生产用水分离、雨水与污水分离、饮水与污水分离，从源头上减少畜禽养殖污水产生量。

（市农业农村局）

渔业

【概　况】 2019年，厦门市各级渔业主管部门推动水产种苗升级，推进加工流通提质增效，提升休闲渔业水平，加强渔业生态保护，落实惠民政策，促进渔业增效、渔民增收和渔业经济的可持续发展。水产品质量产地抽检合格率100%。渔业总产值69.03亿元，比上年下降1.67%，其中渔业产值15.02亿元，渔业加工及制造产值21.93亿元，渔业流通和服务业产值32.08亿元。渔业产值中，捕捞产值4.76亿元，养殖产值3.37亿元，苗种产值6.89亿元。水产品总产量7.47万吨，比上年增长5.85%，其中水产养殖2.38万吨、捕捞产量5.09万吨。生产对虾苗4226亿尾，比上年增长103.47%。水产加工量11.08万吨，比上年下降13.44%；加工产值16.51亿元，下降3.93%。夏商国际水产交易中心总交易量19万吨，交易额89亿元。全市有渔业乡4个，渔业村37个，渔业户19469户，渔业人口59905人，渔业从业人员22983人，其中专业从业人员11788人、兼业从业人员8043人、临时从业人员3152人。厦门市海洋综合行政执法支队开展水产品质量安全执法检查108次、珍稀水生野生动物执法宣传144次，处理“110”警情353起；查扣非法采砂船7艘、违法涉渔船舶244艘次，立案查处各类海洋与渔业案件227起，收缴罚款17360.82万元；拆除各类违法捕捞网具1718张。

【休闲渔业】 2019年，厦门市海洋发展局（简称市海洋局）推动观赏鱼业发展，全市有观赏鱼等休闲渔业生产主体70多家，实现总产值1.93亿元。11月1—3日，第十二届国际（厦门）休闲渔业博览会在厦门举办，展会面积10050平方米，展区5个，展位526个，展商105家，其中台湾展商25家60个展位。展会设8个配套活动，参观人数2.38万人次。同期举办第四届全国休闲渔业高峰论坛及渔业一、二、三产业人才培训班，230名代表参加会议和培训。

【远洋渔业】 2019年，厦门市有远洋渔业企业4家、远洋渔船44艘、船网指标38艘，作业海域分布北太平洋、印度洋以及缅甸、塞内加尔，拥有印度尼西亚、莫桑比克、塞内加尔、马来西亚等境外远洋渔业基地6个。远洋渔业捕捞总产量4.5万吨、产值3.14亿元，渔获物回运厦门3.18万吨。

【水产品加工利用】 2019年，厦门市海洋发展局通过海洋创投基金带动培育水产品加工与综合利用企业，包括厦门夏商水产集团有限公司、厦门洋江食品有限公司、厦门古龙罐头食品有限公司、厦门东海洋水产品有限公司、厦门市岛之源生物科技有限公司、厦门安井实业公司等。推动支持水产品加工企业技术创新和产品结构调整，开发高附加值功能性食品及高端生物制品，支持福建安井、汇盛、海林生物等龙头企业引领国家行业标准。7家规模以上渔业加工企业实现总产值超50亿元。

【水产苗种业升级】 2019年，厦门市海洋发展局组织编制养殖水域滩涂规划，明确养殖水域滩涂功能区划为禁止养殖区、限制养殖区和养殖区。推动“厦兴龙”“新荣腾”等种苗企业实施品牌战略，培育对虾苗、石斑鱼苗等品牌苗种。推动厦门大学科研团队研发绿盘鲍、方斑东风螺“海泰1号”水产苗种新品系2个，均通过全国水产原种和良种审定委员会的审定。结合海洋渔业招商工作，引进正大集团水产总部落户厦门，协助成立正大全国水产研究院，实施工厂化对虾育种、养殖等项目，推进厦门苗种业升级发展。全年实现生产鱼虾苗4226亿尾，产值6.9亿元。

【水产品质量安全监管】 2019年，厦门市海洋发展局开展水产品专项整治，推进创建食品安全城市工作，持续提升水产品质量安全水平。联合市财政局出台水产品质量安全“一品一码”资金补助办法，加强水产品质量安全“一品一码”追溯体系建设。开展水产品质量监测抽检，累计完成药残、重金属、贝毒等各类监测抽检643次，开展快检148批次。

【渔民科技培训】 2019年，厦门市海洋发展局聘请厦门大学、集美大学、东海学院、海洋职业学院、福建省水产研究所的专家、教授，建立专家队伍，为渔民授课及现场讲解咨询。通过村委会、培训机构、各区水产渔业协会等开展送训上门，将培训从课堂延伸到渔村、渔场。全年参训渔民1908人次。其中，“互联网+”渔业培训4期432人次，家庭健康管理师培训4期439人次，大乡村初级电工资格培训1期28人次，渔业养殖培训班2期100人次，水产品质量安全应急处置、“一品一码”培训9期362人次，渔船民培训3期114人次。

【海上丝绸之路国家海洋产业交流对接会】 2019年11月1—7日，厦门国际海洋周期间，厦门市举办2019年海上丝绸之路国家海洋管理与蓝色经济发展部级研讨班。来自巴基斯坦、毛里求斯、巴拿马、泰国、南非、坦桑尼亚、孟加拉国7个东盟及环印度洋联盟国家的40位渔业官员与中国6家渔业企业进行交流对接，同期参加海洋产业招商专场活动及海洋专业展会。

【渔业专项发展】 2019年，厦门市2项渔业项目获市海洋与渔业发展专项资金立项。（1）“海水鱼肠道功能微生物的产业化应用”项目。该项目由厦门嘉康饲料有限公司承担，总投资3238.8万元。项目计划将筛选出的海水鱼肠道功能微生物制成微生态制剂并进行产业化，其中优质的海水鱼肠道微生物进行组合发酵，开发出的生物饲料进行产业化推广，运用生物发酵原料研制一些水产功能配合饲料并推广，集成苗种放养、水质调控、病害防控、饲料投喂等关键技术，开展水产健康养殖示范，推进水产养殖绿色发展。（2）“海洋原生境中乳酸菌系列添加剂开发关键技术创新与产业化示范”项目。该项目由厦门惠盈动物科技有限公司承担，总投资693.6万元。项目计划创新海洋乳酸菌大规模发酵工艺，通过保藏技术创新延长渔用乳酸菌的保质期，通过与其他益生菌及添加剂等科学配伍开发系列复合添加剂，使用技术创新提高添加剂系列产品的应用效果，最终实现海洋原生境中乳酸菌系列添加剂的产业化及示范。

【增殖放流】 2019年，厦门市海洋发展局超额完成年度增殖放流任务。组织开展“6·6”全国放鱼日、“6·8”全国海洋宣传日专场和厦门、金门海域增殖放流等活动19批次，投入资金562万元，放流鱼虾苗16.93亿尾。其中，放流鱼苗2561.8万尾，占计划指标的131.7%；放流虾苗16.67亿尾，占计划指标的119.1%。放流鱼虾苗数量、批次为历年最高。市海洋局开展以“养护水生生物资源·促进生态文明建设”为主题的增殖放流宣传活动，通过发放资料、展板宣传等方式提高社会对增殖放流认知度。6月6日，厦门与金门同步在厦门、金门海域开展增殖放流活动。通过实施增殖放流等海洋生态修复项目，促进厦门市渔业可持续发展。

【渔业安全生产】 2019年，厦门市海洋发展局开展渔船安全隐患治理专项行动、渔业安全生产大检查、渔业安全生产专项执法行动、年底渔船安全生产集中整治行动等工作保障安全生产。组织市海洋与渔业安全演习5次，对各区渔业行政主管部门开展安全生产目标责任暨渔业安全生产专项督查；开展穿戴救生衣专项整治和渔业安全技能选拔赛等活动。年内，海洋渔船通导与安全设备投入使用，渔船更新改造任务超额完成。全市渔业安全生产形势平稳。

【海域非法捕捞整治】 2019年，厦门市海洋发展局开展海域非法捕捞整治行动。（1）结合扫黑除恶专项斗争和“亮剑”系列专项行动，打击厦门海域非法采捕花蛤苗乱象。违法作业船舶数量和群众举报频次均比上年下降。（2）推行“堵渔港”举措，创新非法电鱼执法手段。在欧厝、琼头、丙洲等电鱼现象突出的渔村进行宣传，对渔港内违规携带电鱼工具的船舶进行整治，累计查扣携带电鱼工具的船舶15艘。（3）加大涉渔“三无”船舶（无船名船号、无船舶证书、无船籍港）处置力度。厘清法律依据，没收大马力涉渔“三无”船舶5艘。召开涉渔“三无”船舶拆解暨违规网具销毁现场推进会，拆解涉渔“三无”船舶36艘。（4）组织开展违规网具整治。组织钩机船对全海域进行拉网式巡航，累计拆除各类违法捕捞网具1718张并集中销毁。

【伏季休渔】 2019年，厦门市海洋发展局开展伏季休渔双随机抽查3次，随机抽检渔船60艘次。1起电鱼案件移交海警部门立案调查，实现厦门市禁渔期电鱼行刑衔接案件“零的突破”。4起渔业案件入选农业农村部2019年全国渔业行政执法优秀案卷。市海洋发展局规范异地伏休办理手续，组织开展异地伏休渔船督查，加强渔船异地伏休监管。伏休期间查扣违法涉渔船舶及排筏85艘次，拆除违法捕捞网具882张（顶），办结案件43起，处罚款40.66万元。

（市海洋局）

2019年6月6日，厦门市海洋发展局与金门县水产试验所在厦门、金门海域开展增殖放流活动
（市海洋局　供图）

水　利

【概　况】 2019年，厦门市平均降雨量1343.7毫米，属偏枯水年份。全市地表水资源量10.938亿立方米，地下水资源量2.987亿立方米，扣除重复计算量后水资源总量10.938亿立方米，比历年平均水资源总量下降11.39%，以年末常住人口计算，人均水资源255立方米。全市供水总量6.81亿立方米。其中，地表水供水量最大，占92.41%；城镇居民用水量所占比例最高，占33.59%。

【重点水利项目建设】 2019年，厦门市水利工程项目计划投资14.3亿元，实际完成16.6亿元。长泰枋洋水利枢纽工程上存大坝通过福建省水利厅验收，具备下闸蓄水条件；汀溪水库群至翔安原水输水工程支线建成通水；西水东调原水管道工程一期（厦门市为民办实事项目）基本完工；石兜水库至西山水厂段水源连通工程、杏林湾排涝泵站工程等项目有序推进。

【安全生态水系建设】 2019年，厦门市水利局（简称市水利局）启动24个市政供水管网不能覆盖的山区农村（同安区23个、翔安区1个）饮水安全改造提升工程，持续推进安全生态水系建设。至年末，全市建成安全生态水系401.7千米，推进人水和谐的宜居环境构建。

【水生态修复工程建设】 2019年，厦门市水利局编制《厦门市九条溪流生态补水工程规划》，加大河道生态补水力度，埭头溪、浯溪、杏林湾等日补水量超15万立方米。修订《厦门市溪流养护实施办法》，利用市财政当年定补资金2000

2019 年 4 月，厦门市西水东调原水管道工程（一期）跨海沉管施工现场

（张奇辉　摄）

万元，聘请社会化专业队伍，对全市溪流实施全覆盖管护。按照“三个一百”目标（计划 2019—2022 年，新增投入 100 亿元，每年新建 100 千米污水管道，累计新增 100 万吨污水处理能力），协助推进高质量高标准污水治理设施建设。

【供水大水网格局构建】 2019 年，厦门市水利局组织编制《厦门市供水大水网系统工程规划》，完成《城乡供水提质扩容三年行动方案》，按照“外引内联，开源节流”“双水源双通道”的思路，构建厦门市供水大水网格局。牵头推进闽西南协同发展区水资源合作工作，编制完成《闽西南水资源协同发展规划》。九龙江雨洪利用工程（厦门市重大项目）完成项目可研报告（咨询稿）和 5 个专题报告。

【河湖综合治理】 2019 年，厦门市双总河长共同签发总河长令，先后印发《厦门市小流域综合治理攻坚战实施方案》和《厦门市“美丽河湖”建设行动方案》；开展“百里扫河”专项行动，发现并整改问题 241 个，对 7 个典型劣Ⅴ类水质断面挂牌督办；在全省率先完成地市级以上地表水型集中式饮用水水源地问题整改，该饮用水源地专项整治通过国家两轮的专项督查；在全省率先建立“人大代表河长”“政协委员河长”监督机制，采用“96133”全省统一热线及“12345”热线接受公开举报，联合新闻媒体对河湖问题予以曝光。年内，全市累计通报约谈 52 人次，效能问责 1 人次。厦门市各区落实全市河（湖）长制工作部署，区总河（湖）长开展履职巡查，区河长办创新建立联合执法、联合管控、联合治理、联合督查等机制。集美区系统规划流域整治项目，推动全民参与管河护河，创新开展爱河、护河群众性文化活动；同安区承担厦门市大部分国省控断面达标任务，年内监测断面水质 100% 达标，“隘头潭国控断面水环境质量管理应用”案例获省环保厅推广；海沧区强化溪流养护，在全市各区中唯一小流域监测断面全部达标。

【水利执法监督】 2019 年，厦门市水利局开展市级巡查检查 635 人次，处理水事事件 22 起，申请法院强制执行 1 起；中央环保督查和上级水利部门督察发现的 62 个问题全部整改；完成 7 座水库 10 宗 15 栋违建别墅拆除和整治工作。完成思明、海沧、翔安区涉河涉库违建拆除问题整治工作；强化在建水利工程质量的安全监管，年内整改质量安全一般隐患 254 处，约谈问题单位法人代表 4 次；开展水库水闸安全运行专项督查近 100 次，专项开展水利安全生产隐患大排查和反恐怖专项安全督导，对 3 个区水行政主管部门相关责任人、12 座水库的行政责任人进行警示约谈。

【小型水库物业化管养】 2019 年，厦门市同安区、集美区探索小型水库物业化管养模式，通过购买服务引入第三方负责小水库维修养护，解决巡查和技术责任人专业水平不足、履职效果不好等问题，确保小型水库“建得起、管得好、保安全、长受益”。同安区相关典型经验在全省水利工作会议上进行介绍。

【水资源与水土保持监管】 2019 年，厦门市水利局强化水资源管理，控制取用水总量，重要取水口、重点水源地在线监测做到全覆盖。联合市委办、市政府办印发《关于进一步加强水土保持工作的意见》，对全市 610 个在建项目进行水土保持监督性监测，建立水土保持“天地一体化”监管体系，完成流失斑块野外复核超 2200 个。厦门市在全省率先实现“水土流失率下降到 7% 以内”的目标。

【水行政管理】 2019 年，厦门市水利局继续简化优化涉水事项审批，新增“一趟不用跑”事项 10 个，完成水行政审批 107 件，全程网办比例超 50%。持续推进水土保持审批制度改革，试行水土保持区域评估，对小型项目、园林绿化等 9 类水土流失影响小的项目免予办理水保审批手续。该水保审批改革成果获省审改办肯定，作为典型经验在全省推广。

【重点项目建设服务】 2019 年，厦门市水利局河务中心等直属单位发挥自身技术优势，主动服务片区水安全、水生态、水环境等工作。为新机场片区、福厦高铁建设、马銮湾新城、集美新城、环东海域新城暨现代服务业基地、同翔高新技术产业基地等建设项目提供涉水技术咨询 100 多项，助力各重大重点项目建设。

（市水利局）

责任编辑：林炯程
审　　稿：林建高
校　　对：曾一一

25 工业

综述

【工业运行】 2019年，厦门市围绕优化结构、增投提效、精准帮扶，突出做好动能转换、改革创新、深化融合，促进工业经济在厦门高素质、高颜值、现代化、国际化城市建设中打头阵、当先锋，全市工业经济运行延续稳中向好态势，质量效益稳步提升。规模以上工业实现增加值1795.95亿元，比上年增长8.6%，增幅在全省各地市排第五名，比同期地区生产总值增幅高0.6个百分点。工业总产值6978.5亿元。工业销售产值6557.3亿元，比上年增长5.4%；工业产销率94.0%，下降1.3个百分点。工业用电量137.63亿千瓦小时，比上年增长1.5%，占全社会总用电量的48.6%。工业投资比上年增长5.2%，其中制造业投资增长5.8%；技术改造投资增长1.5%。规模以上工业企业总数2110家；营业收入6443.33亿元，比上年增长0.57%；利润总额340.08亿元，下降0.43%，利税总额516.47亿元，增长0.02%；年平均用工人数61.34万人，下降2.31%。全市35个大类行业中有27个行业增加值实现增长，增长面77.1%。1113家企业增产，实现产值增量970.69亿元，其中有147家企业产值增量超1亿元。工信领域千亿产业链群主要投资项目150个，计划投资213.94亿元，完成投资229.25亿元，完成年度计划的114.2%。工业投资政策惠及企业近400家，兑现资金6亿余元，企业数和资金额均比上年增长2倍多。办理产业用地准入256万平方米。《厦门市加快现代制造业和信息产业发展三年行动纲要（2019—2021年）》《现代制造业和信息产业招商组工作机制》出台。现代制造业和信息产业招商项目634个，总投资3244亿元。引进中航锂电（厦门）科技有限公司、天马微电子股份有限公司6代AMOLED、浪潮集团有限公司3个百亿量级项目，厦门士兰明镓化合物半导体有限公司半导体项目、通富微电子股份有限公司先进封测等项目试投产。

【重点产业链培育】 2019年，厦门市集成电路产业完成产值238亿元，比上年增长27.4%，比规模以上工业增加值增幅高近20个百分点。厦门市获批设立海峡两岸集成电路产业合作试验区和建设国家“芯火”双创基地，推进产业布局和垂直领域整合。新材料产业实现产值909.97亿元，新型功能材料产业集群入选国家首批战略性新型产业集群名单（全国9个）。软件和信息服务业实现营业收入1732.23亿元，比上年增长15.2%，5家企业入选中国互联网企业100强（全省7家），全国城市排名第五位。3月，厦门市获“中国软件特色名城”称号。

【工业创新能力提升】 2019年，厦门市高新技术产业增加值1205.5亿元，占规模以上工业增加值的67.1%，增加值比上年增长10.4%，比规模以上工业增加值增幅高1.8个百分点。厦门天马微电子有限公司、厦门艾德生物医药科技股份有限公司、林德（中国）叉车有限公司、厦门亿联网络技术股份有限公司4家企业被认定为国家企业技术中心。全市新增“两化融合”（信息化和工业化融合）贯标企业180家、国家级工业设计中心2家、国家单项冠军产品1项、福建省单项冠军企业（产品）10项。新认定专精特新小微企业167家，厦门利德宝电子科技股份有限公司、晋大纳米科技（厦门）有限公司入选国家首批专精特新小巨人企业。“2019‘白鹭杯’海峡工业设计大奖赛”在厦门举行。

【数字经济发展】 2019年，厦门市促进新一代人工智能在制造、商贸物流等行业应用，“智能巡逻爆探检测机器人”等15个项目入选全省百项人工智能深度应用场景。全市人工智能水平综合评分排名全国第八位。8月9日，首届中国人工智能峰会暨多媒体信息识别技术竞赛成果发布会在厦门国际会议中心召开，组委会宣布该大赛永久落户厦门并每年举行。市级工业互联网公共服务平台建成，引入浪潮、金蝶、航天云网、东方国信等20余家国内工业互联网服务提供商。厦门市工业和信息化局（简称市工信局）推动企业“上云”。2个项目入选工业和信息化部制造业与互联网融合发展试点示范项目。5G（第五代移动通信技术）预商用启动，5G联合创新实验室授牌。

【惠企政策】 2019年，厦门市推出“免企业申报”等政策17项，惠及企业200余家次，直接兑现奖励资金7000余万元。市工信局编制《惠企政策快查手册》，内容涵盖重点产业发展、转型升级等市级层面8个方面75份政策文件，企业通过手机扫描二维码即可随时随地查阅。厦门市改革创新举措得到省效能办的肯定，并在省机关效能简报（第十三期）刊登。

【企业发展帮扶】 2019年，厦门市出台《厦门市人民政府关于印发进一步降低企业成本若干政策措施的通知》等6批次降本减负政策措施，减轻企业负担300余亿元。清偿民营企业中小企业账款4.37亿元，清偿进度91.75%。搭建高技术高成长高附加值企业综合服务平台，入库企业2079家。升级产融合作云平台，累计发布特色金融产品198个，累计发放贷款19512笔、114.99亿元；对接中的产品355笔，意向总金额10.63亿元。

【绿色制造推进】 2019年，厦门市推进绿色制造体系工作，培育绿色工厂、绿色设计产品、绿色园区、绿色供应链管理体系。16家企业（园区）被列入工业和信息化部第四批绿色制造名单，26家企业（园区）被列入福建省第一批和第二批绿色制造名单。全市推广新能源汽车1.4万辆标准车，完成省下达年度新能源汽车推广任务的140%，推广数排名全省第一。

【制造业单项冠军培育】 2019年，厦门市设立单项冠军企业培育库，加大政策资金扶持力度，引导工业企业专注细分产品市场创新、产品质量提升和品牌培育。新增国家级单项冠军企业（产品）1个、省级单项冠军企业（产品）10个。至年末，厦门市有国家制造业单项冠军企业（产品）4项；省级制造业单项冠军企业（产品）43项，居全省前列。

【企业“上云”】 2019年，厦门市推动企业使用智能制造云和软件开发云，“上云”补贴企业94家，累计支持资金1625万元，撬动资金4209万元，降低企业成本1.7亿元。卫浴行业、模具行业、注塑行业、机器人行业、纺织行业、互联网行业等“上云”标杆企业8家。通过企业“上云”活动，引进2家解决方案提供商落地厦门。

【产业准入审查】 2019年，厦门市工信局依据产业空间布局指引和产业发展导向目录，对工业新增项目提出产业审查意见，促进工业用地集聚、集约和高效利用。重点发展千亿产业链群和战略性新兴产业，对35个新增用地项目出具产业准入意见，总面积3811.01亩（254.07万平方米）。对14个工业项目出具特殊工艺审查意见。对30个增资扩产项目出具产业政策意见。全市新增工业用地项目均符合产业布局规划并进入工业产业园区。

【产业交流对接】 2019年，厦门市工信局支持行业协会举办产业对接交流会，促进行业交流、上下游协作、产业对接、闽西南产业合作。全市举办新材料、模具行业、物联网等对接会17场，共有2629家（次）企业的代表2882人（次）参加。

【国内市场开拓】 2019年，厦门市根据年初公开申报情况，运用市级财政资金1861.34万元，开拓国内市场。安排展会25场、对接会17场，741家（次）企业参展，参展面积3.64万平方米。厦门市参展企业开拓国内市场成交总额约31亿元。

【地产工业品推荐目录发布】 2019年，厦门市工信局发布《厦门市第十八批地产工业品目录》，厦门ABB开关有限公司的“Unigear 500R金属封闭开关设备”、罗普特科技集团股份有限公司的“基于人脸对比和车辆识别的雪亮社区管控系统”等93家企业456个产品入选。发布《2019年度厦门市地产工业目录复核结果名单》，336家企业1788个产品入选。

【重大技术装备专项工程】 2019年，厦门市推进重大技术装备专项工程，厦门厦工中铁重型机械有限公司等18家企业研制的19台（套）装备获福建省首台（套）重大技术装备和智能制造装备认定。（见表25-1、25-2）

【智能制造试点示范企业】 2019年，厦门市新增省级智能制造试点示范企业2家，市级智能制造试点示范企业5家，市级智能制造样板工厂（车间）企业2家。（见表25-3）

表25-1 **2019年厦门市获福建省首台（套）智能制造装备认定一览表**

序号	企业	产品及型号
1	厦门厦工中铁重型机械有限公司	EPB/TBM双模盾构机
2	科华恒盛股份有限公司	10MW/54.2MWH储能系统（PCS+升压仓及电池集装箱系统）
3	科华恒盛股份有限公司	1500V高功率2.5MW集中式逆变升压一体机化设备
4	厦门福信光电集成有限公司	台阶电极自动检查机G4A系列（SL-18-G4A）
5	厦门攸信信息技术有限公司	家用雕刻机1号智能装配生产线UMS-PCZPJ1-02
6	林德（中国）叉车有限公司	林德搬运机器人无人驾驶工业车辆——林德搬运机器人L-Matic及其调度管理系统Kiwi
7	厦门特盈自动化科技股份有限公司	全自动五轴圆孔点胶机AM496D

表 25-2　**2019 年厦门市获福建省首台（套）重大技术装备认定一览表**

序号	企业	产品及型号
1	福建龙净脱硫脱硝工程有限公司	ASC 干式超净装置（ASC-30）
2	厦门厦金机械股份有限公司	超重型 52 吨轮胎式叉装机（XJ998-52E）
3	厦门宏发工业机器人有限公司	TT52E 点火线圈生产线
4	厦门五星珑科技有限公司	WXL-120P 型 SLM 智能金属 3D 打印机
5	厦门海普锐科技股份有限公司	SPC-31/32 线缆自动化加工机
6	厦门金龙联合汽车工业有限公司	非公路用无人驾驶微循环电动小巴（阿波龙）XMQW43BEVS
7	厦门锐传科技有限公司	智能变频脉冲电源控制柜 RIFEP-901-2.0A/72KV
8	盛发环保科技（厦门）有限公司	SF-JJQ-3.0 高效节能废水蒸发结晶器
9	厦门市三熠智能科技有限公司	全自动锯片激光切割机（型号：SY18-FA8009）
10	厦门超旋光电科技有限公司	放映机激光光源 K300 300001m
11	厦门航天思尔特机器人系统股份公司	铝合金模板机器人全自动生产线 SRT-LMBZDHSCX
12	厦门鼎铸智能设备有限公司	RD-5040-S 型圆盘式双工位低压铸造机

表 25-3　**2019 年厦门市智能制造试点示范、样板工厂（车间）企业一览表**

序号	企业	备注
1	厦门华联电子科技有限公司	省级智能制造试点示范
2	厦门松霖科技股份有限公司	省级智能制造试点示范
3	厦门蓝斯通信股份有限公司	市级智能制造试点示范
4	厦门美澜光电科技有限公司	市级智能制造试点示范
5	厦门尚为科技股份有限公司	市级智能制造试点示范
6	厦门路桥信息股份有限公司	市级智能制造试点示范
7	厦门骏丰电子有限公司	市级智能制造试点示范
8	厦门金越电器有限公司	市智能制造样板工厂（车间）示范项目
9	厦门华联电子科技有限公司	市智能制造样板工厂（车间）示范项目

（市工信局）

电子信息制造业

【概　况】 2019 年，厦门市电子信息制造业产值 2744.67 亿元，比上年增长 7.2%。十三五期间（2015—2019 年），厦门市电子信息产业保持高位增长，年均增长 8.7%（见表 25-4）。十三五期间，厦门市实施千亿产业链培育工程，打造“3+1”新型产业体系（围绕平板显示、计算机与通信设备、半导体与集成电路打造三大电子信息制造业产业集群，全面提升特色软件与信息服务业发展水平），引进天马微电子股份有限公司 6 代 AMOLED、联芯集成电路制造（厦门）有限公司晶圆制造项目、厦门士兰集科微电子有限公司项目等重大产业项目。至 2019 年 12 月 31 日，全市电子信息制造业规模以上企业 274 家，其中规模 1 亿元以上 128 家、10 亿元以上 39 家、50 亿元以上 10 家、100 亿元以上 7 家、200 亿元以上 3 家。电子信息制造业境内外上市企业 16 家。

表 25-4　**2015—2019 年厦门市电子信息制造业产值及增速一览表**

年份	2015 年	2016 年	2017 年	2018 年	2019 年
产值（亿元）	1964.14	1984.82	2232.38	2521	2744.67
比上年增长（%）	3.9	2.2	12.8	11.3	7.2

【平板显示产业】 2019 年，厦门市平板显示产业实现产值 1465.3 亿元，比上年增长 10.4%，增速在全市 12 条千亿产业链中保持前列，规模位居全国前六。该产业覆盖玻璃基板、面板、模组、整机等上下游全产业链布局，主要分布在岛内火炬园及岛外翔安产业区。头部企业有宸鸿科技（厦门）有限公司、厦门天马微电子有限公司、电气硝子玻璃（厦门）有限公司、友达光电（厦门）有限公司、冠捷显示科技（厦门）有限公司等。厦门平板显示产业是全市首条千亿产业链，是国家光电产业集群唯一试点单位。

2019 年 10 月 18 日，中国柔性电子产业峰会暨厦门柔性电子研究院揭牌仪式在厦门宾馆举行（张奇辉　摄）

【计算机与通信设备产业】 2019 年，厦门市计算机与通信设备产业实现产值 1256.5 亿元，比上年增长 2.4%。该产业涵盖整机制造、通话终端、电子元器件、外部设备、IT（信息技术）服务等产业链环节，主要分布在岛内火炬园。计算机制造企业 24 家，通信设备制造企业 30 家，电子器件制造企业 102 家，电子元件及电子专用材料制造企业 77 家。头部企业包括戴尔（厦门）有限公司、厦门联想有限公司、厦门浪潮计算机系统有限公司、神州鲲泰（厦门）信息技术有限公司、厦门华联电子股份有限公司、厦门富士电气化学有限公司、厦门弘信电子科技集团股份有限公司等龙头企业。

【半导体和集成电路产业】 2019 年，厦门市半导体和集成电路产业产值 433 亿元，比上年增长 3.8%。其中，集成电路产业产值 238 亿元，比上年增长 27.4%。全市集成电路产业链企业 300 余家，初步形成涵盖集成电路设计、制造、封测、装备与材料以及应用的产业链，主要分布在火炬高新区、海沧台商投资区、自贸区湖里片区 3 个集成电路重点集聚区域。该产业拥有厦门市集成电路设计公共服务平台、厦门（海沧）基地 EDA 平台、厦门市集成电路研发设计试验中心等公共服务平台，获国家批复建设海峡两岸集成电路产业合作试验区、芯火双创基地（平台）、国家集成电路产教融合创新平台。高光效长寿命半导体照明关键技术与产业化项目获国家科技进步一等奖。头部企业有联芯集成电路制造（厦门）有限公司、厦门三安集成电路有限公司、厦门士兰明镓化合物半导体有限公司、厦门通富微电子有限公司等。厦门市入选国家集成电路规划布局重点城市。

【半导体和集成电路产业链培育】 2019 年，《厦门市集成电路产业发展工作领导小组办公室关于印发集成电路产业高端人才评定标准的通知》出台，厦门市开展高端人才评定。《厦门市工业和信息化局关于完善厦门市集成电路产业政策的补充通知》出台，扩大政策支持范围，降低政策门槛，简化实施方式。市工信局开展 2019 年集成电路产业发展专项申报、资金兑现工作，支持 58 家企业 114 个项目，兑现补助（奖励）6343.71 万元。新引进澜至电子科技有限公司、厦门芯泰达集成电路有限公司、清芯源（厦门）信息科技有限公司、福建中科云杉信息技术有限公司等设计项目，三金电子有限公司集成电路等封装项目，芯米（厦门）半导体设备有限公司等半导体设备配套项目。厦门士兰明镓化合物半导体有限公司半导体项目、通富微电子股份有限公司先进封测项目投产。

【集成电路产业发展环境提升】 2019 年，厦门市加大集成电路研究力度，提升产业发展环境。清华大学厦门半导体工业技术研究院投入运营。国台办、工业和信息化部批复福建（厦门）设立海峡两岸集成电路产业合作试验区。教育部批复同意厦门大学承建国家集成电路产教融合平台。工业和信息化部批复厦门建设“芯火”双创基地（平台），在厦门召开首次全国性“芯火”双创基地建设推进工作会。5 月，第二十三届世界半导体理事会在厦门召开，韩国、日本、欧洲等国家和地区的半导体行业协会代表参会。7 月，厦门半导体投资集团、手机中国联盟等主办的第三届集微半导体峰会在海沧区举行，400 多位行业首席执行官、200 多位投资机构合伙人参会；会上，国家大基金等半导体投资机构发起设立中国半导体投资联盟。

【企业创新】 2019 年，三安光电股份有限公司、厦门华联电子股份有限公司参与（分别为第二、第三完成单位，由中科院牵头）的“高光效长寿命半导体照明关键技术与产业化”项目获国家科技进步一等奖。厦门美图之家科技有限公司参与的“编码摄像关键技术及应用”项目获国家科技进步二等奖。美亚柏科信息股份有限公司参与的“电子数据取证运用”项目获国家科技进步二等奖。宸鸿科技（厦门）有限公司等 4 家企业入选中国企业专利 500 强榜单。厦门乾照光电股份有限公司获评第二十一届中国专利优秀奖。厦门美亚柏科信息股份有限公司等 3 家企业入选国家知识产权示范企业。

【龙头企业】 2019 年，厦门市电子信息制造业龙头企业主要有宸鸿科技（厦门）有限公司等。宸鸿科技（厦门）有限公司主要从事触控显示产品的研发、生产，可以大规模量产高端投射电容式触控面板，企业产值 686 亿元，比上年增长 38.1%。戴尔科技集团是 IT 整体解决方案供应商，戴尔（厦门）有限公司是戴尔集团大中华区总部，设有 2 个工厂，产值 567 亿元，比上年下降 7.7%。厦门天马微电子有限公司成为全球最大的LTPS（低温多晶硅）单体工厂，实现营业收入170亿元，比上年增长12.6%。友达光电（厦门）有限公司主要从事液晶显示屏等研发生产，POS/ATM（销售终端、自动柜员机）等商业应用市场占有率全球领先，曲面电视、电竞产品、车用中控等稳居全球前三，完成工业产值164亿元，比上年下降17.2%。冠捷显示科技（厦门）有限公司是冠捷科技集团全资控股子公司，是冠捷科技集团最大的电视生产基地以及集团技术研发总部，完成工业产值129亿元，比上年下降28.1%。联芯集成电路制造（厦门）有限公司是台湾联华电子旗下企业，专业从事集成电路制造，提供40纳米及28纳米晶圆代工服务，企业产值41.2亿元，比上年增长22.1%。三安光电主要从事全色系超高亮度LED外延片、芯片、Ⅲ－Ⅴ族化合物半导体材料、微波通讯集成电路与功率器件等的研发、生产与销售，企业产值35.6亿元，比上年下降28.8%。

（市工信局）

机械装备产业

【汽车产业链】 2019年，厦门市汽车制造业有规模以上工业企业74家，总资产314.02亿元。完成工业总产值262.92亿元，营业收入271.66亿元，实现利润总额12.14亿元，创利税总额16.98亿元，年平均用工人数2.57万人。汽车整车制造企业3家，完成工业总产值112.72亿元；汽车零部件及配件制造企业68家，完成工业总产值146.33亿元。全行业生产客车4.6万辆，其中新能源汽车7395辆。该行业有大中型企业20家，其中大型企业4家。年工业总产值1亿元以上企业30家，完成工业总产值242.71亿元，其中10亿元以上企业3家。“三资”（中外合资、中外合作、外商独资经营企业）企业37家，完成工业总产值166.33亿元。汽车产业链涵盖商用车、客车、新能源汽车等整车环节以及动力电池、转向器、轮胎、轮毂、电机、电控、车身、空调、座椅、汽车电子等关键零部件。产业链以金龙集团为龙头，以捷太格特转向系统、正新橡胶、宏发汽车电子等企业为配套，基本形成龙头企业带动协作配套的发展格局，产业集聚度较高。全产业链规模以上企业88家，实现产值446.9亿元，比上年增长7.4%。随着动车、高铁的普及，全国客车市场趋于饱和，厦门市汽车行业在十三五期间整体保持缓慢增长态势。（见图25-1）

【电气机械及器材制造业】 2019年，厦门市电气机械及器材制造业有规模以上工业企业258家，总资产506.07亿元。完成工业总产值510.84亿元，营业收入502.93亿元，实现利润总额53.87亿元，创利税总额66.33亿元，年平均用工人数6.64万人。电机制造企业14家，完成工业总产值26.7亿元；输配电及控制设备制造企业111家，完成工业总产值291.94亿元；电线、电缆、光缆及电工器材制造企业30家，完成工业总产值34.1亿元；电池制造企业6家，完成工业总产值5.65亿元；家用电力器具制造企业30家，完成工业总产值64.07亿元；照明器具制造企业53家，完成工业总产值80.5亿元。全行业生产电池5.4亿个、锂离子电池34.62万个、电光源（灯泡）3.91亿个、交流电动机总功率30.94万千瓦、低压开关板7.1万面、高压开关板3.03万面、灯具及照明装置4578.55万套。该行业有大中型企业51家，其中大型企业12家。年工业总产值1亿元以上企业80家，完成工业总产值432.67亿元，其中10亿元以上企业14家。“三资”企业71家，完成工业总产值312.7亿元。

【工程机械行业】 2019年，厦门市工程机械行业有以厦门厦工机械股份有限公司等为代表的装载机、挖掘机生产厂家，以林德（中国）叉车有限公司等为代表的叉车主机厂家，以厦门银华机械有限公司（液压油缸）、卡斯卡特（厦门）叉车属具有限公司（属具）等为代表的配套件生产企业。2015—2019年产值总体处于增长趋势，其中2019年实现产值109.6亿元。（见图25-2）

【机械装备产业链培育】 2019年，厦门市重大技术装备研发创新与首台套示范应用联盟成立。科华恒盛工业UPS（不间断电源）市场占有率跃居亚洲第一，其“核级UPS不间断电源”首次被国家核工业大工程采用，填补国内空白。华联电子科技入选省级智能制造试点示范企业，厦门科华恒盛股份有限公司、福建龙净脱硫脱硝工程有限公司、厦门船舶重工股份有限公司研制的首台（套）

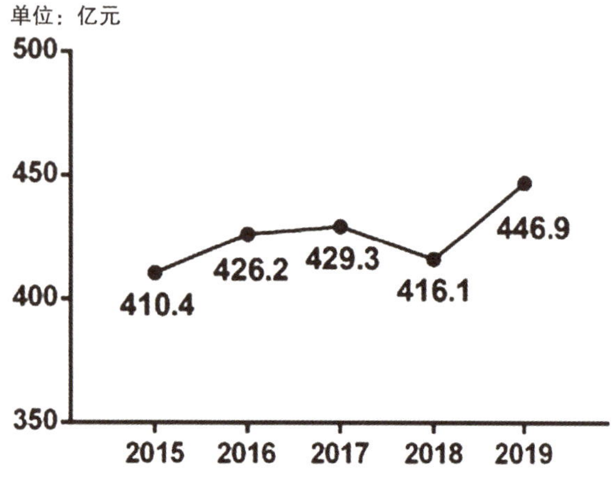

图25-1　2015—2019年厦门市汽车行业产值情况图

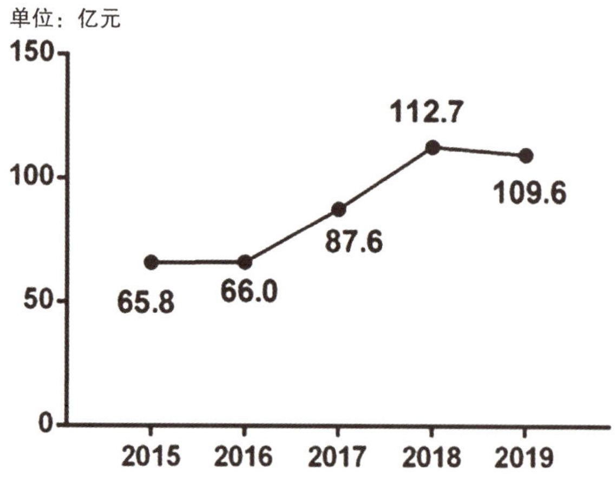

图25-2　2015—2019年厦门市工程机械行业产值情况图

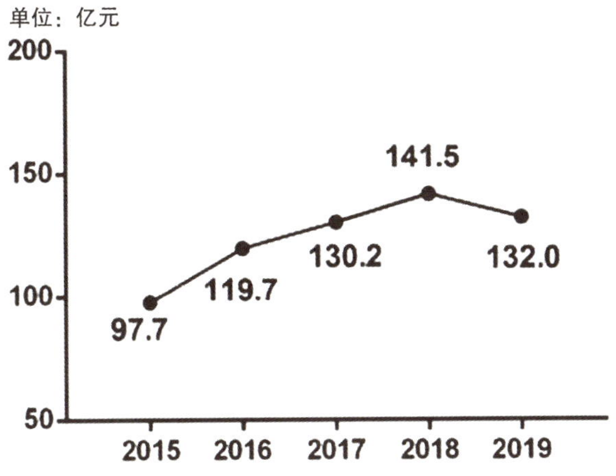

图 25-3　2015—2019 年厦门市航空工业产值情况图

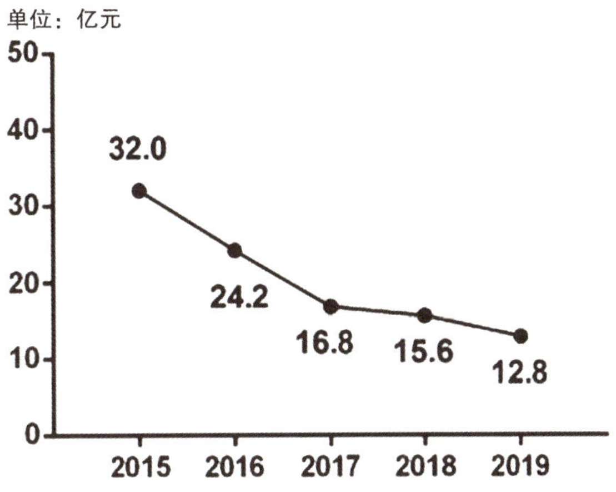

图 25-4　2015—2019 年厦门市船舶行业产值情况图

重大技术装备获中央专款补助，厦门厦工中铁重型机械有限公司等 18 家企业研制的 19 台（套）装备被认定为福建省首台（套）重大技术装备和智能制造装备。

【航空工业】2019 年，厦门航空工业以太古飞机、太古发动机为龙头，形成以飞机结构大修为龙头，以发动机、航空电气及其他飞机零部件维修、飞机零部件制造和航空技术培训为辅助的一站式航空维修产业格局。厦门太古飞机工程有限公司规模大，维修能力全面，总体指标在世界飞机维修业界位居前列，其中维修工时位列全球十大机体维修企业第三名。全市航空工业在十三五前、中期保持上升趋势，后期转为下降趋势，其中 2019 年实现产值 132 亿元。（见图 25-3）

【船舶行业】2019 年，厦门市船舶行业集聚造船、修船、船舶配套产品制造、船体分段建造、游艇制造、船舶技术服务等产业力量。厦门船舶重工股份有限公司建造的全球最大 7500 车 LNG（液化天然气）汽车滚装船首制船出坞，入级美国船级社（ABS），各项技术性能处于世界先进水平。厦船重工拥有具有自主知识产权的汽车滚装船，在国际航运市场上被誉为“厦门型”；厦门瀚盛游艇有限公司和厦门唐荣游艇工业有限公司的产品远销欧美，出口额占全国的三分之一以上。全市船舶行业在十三五期间呈逐年下降趋势，其中 2019 年实现产值 12.8 亿元。（见图 25-4）

（市工信局）

生物医药与健康业

【概　况】2019 年，厦门市生物医药与健康业完成产值 670 亿元，比上年增长 13.75%。厦门艾德生物医药科技股份有限公司等创新型企业营业收入比上年增长超过 50%。厦门特宝生物工程股份有限公司科创板首发过会，成为厦门市科创板第一股。欧米克生物科技有限公司、厦门致善生物科技股份有限公司投产，福建盛迪医药有限公司获生产许可，一类新药落户厦门市。厦门生物医药产业协同创业中心投入使用，可增加 21 万平方米的载体空间。市、区两级共建生物材料特殊物品出入境公共平台。厦门市与中国科学院苏州生物医学工程技术研究所签订战略合作协议，计划在厦门设立研发机构，实施成果转化及产业化。生物医药港位列全国生物医药产业园综合竞争力排行榜第十三位，生物医药产业入选第一批国家战略性新兴产业集群名单。生物医药与健康主要代表企业有锐珂（厦门）医疗器材有限公司、厦门金达威集团、未名生物医药有限公司等。

【“益可宁”在美国进行临床试验】2019 年，万泰沧海生物技术公司的产品“益可宁®”经 FDA（美国食品药品管理局）批准可以在美国进行临床试验，在中国疫苗产品中尚属首次。“益可宁®”是全球第一支用于预防戊型肝炎病毒的疫苗，由万泰沧海生物技术公司等研发的国家 1 类新药，2012 年 10 月上市，入选“建国 60 周年科技成就展”，其相关技术获得国家技术发明二等奖。

【“馨可宁”获批上市】2019 年 12 月 30 日，国家 1 类新药 HPV（人乳头瘤病毒）16/18 双价人乳头瘤病毒疫苗“馨可宁®”获批上市，是国产首支、全球第四支用于预防宫颈癌的 HPV 疫苗。万泰沧海生物技术公司依托养生堂与厦门大学共建的“国家传染病诊断试剂与疫苗工程技术研究中心（NIDVD）”开发出的具有自主知识产权的独特的大肠杆菌表达类病毒颗粒疫苗技术平台，基于此平台研制出全球首创的重组戊肝疫苗（益可宁）、国产首支宫颈癌疫苗（馨可宁）等创新疫苗产品。

（市发改委　市工信局）

新材料产业

【概况】2019 年，厦门市规模以上新材料企业 432 家，实现工业总产值 909.97 亿，比上年增长 2.32%，占全市规模以上工业总产值 13.04%。其中，前 50 强产值 727.9 亿元，占新材料产业总量 81%，产业集中度高。重点企业有厦门钨业股份有限公司、厦门厦顺铝箔有限公司、厦门长塑实业有限公司、三达膜科技厦门有限公司、厦门鸿基伟业复材科技有限公司等。主要细分领域有先进金属及合金材料、先进高分子材料等（见表 25-5）。宸鸿科技（厦门）有限公司入选 2019 年度国家知识产权示范企

表 25-5　**2017—2019 年厦门市新材料企业及产值规模情况表**

分　　类	2019 年企业数（家）	2017 年工业总产值（亿元）	2018 年工业总产值（亿元）	2019 年工业总产值（亿元）
先进金属及合金材料	55	230	280	286
先进高分子材料	215	220	232	239
先进无机非金属材料	78	217	263	270
高性能纤维及制品和复合材料	51	104	110	112
前沿新材料	16	1	2	3
新材料研发服务机构	17			
总　　计	432	772	887	910

业，科之杰新材料集团有限公司、玉晶光电（厦门）有限公司、来奇偏光科技（中国）股份有限公司入选 2019 年度国家知识产权优势企业。厦门艾美森新材料科技股份有限公司入选福建省 2019 年单项冠军企业，厦门厦顺铝箔有限公司的“无菌包用铝箔”入选福建省 2019 年单项冠军产品。氟乐泰科（厦门）新材料有限公司、国际铝业（厦门）有限公司、瀚天天成电子科技（厦门）有限公司等 17 家企业入选厦门市 2019 年科技小巨人企业。厦门富思特新材料科技有限公司、厦门凯纳石墨烯技术股份有限公司、厦门奇霖工业有限公司等 8 家企业入选厦门市 2019 年科技小巨人领军企业。全年全市新认定新材料企业 22 家，2017—2019 年累计认定 163 家。

【新材料产业链培育】 2019 年，厦门市新型功能材料产业集群入选国家第一批战略性新兴产业集群名单。市工信局完成《新材料产业链群 2018—2022 年发展规划》《2018 厦门市新材料产业发展白皮书》。更新新材料企业目录，入选《2019 厦门市新材料企业目录》的企业 164 家。开展新材料首批次产品项目评定工作，下达奖励资金 870 万元。组织新材料企业参加展会、对接交流会。

【产业区新材料发展】 2019 年，厦门市各产业区均拥有新材料产业规模以上企业，主要集中在岛外（见表 25-6）。

【重点建设项目】 2019 年，厦门市新材料领域重点建设项目 54 项，完成固定资产投资 20.82 亿元。光电信息材料方面，完成固定资产投资 11.5 亿元，主要建设全面屏触控手机屏生产线、SNW（银纳米线）导电触控薄膜生产、中大尺寸触控屏幕产线技改等项目。特种金属及合金材料方面完成固定资产 4.2 亿元，实施厦钨年产 4 万吨锂离子电池材料产业化、轨道交通行业加工用高精密数控刀具生产线扩产建设、电池箔质量提升、稀贵金属增材、高纯无氧铜生产等项目。新型功能高分子材料方面，完成固定资产投资 2.7 亿元，开展嘉戎技术产业园建设、功能尼龙薄膜分步拉伸生产线技术改造、精密陶瓷注塑件生产线建设、江平生物光泽圣农有机固废处理中心建设、高抗污染石墨烯改性聚偏氟乙烯内支撑中空纤维膜研制、自动化精细包装品制造技术改造、陶瓷膜生产扩产等项目的实施。高性能纤维复合材料方面，完成固定资产 2 亿元，主要实施复合多功能弹性线产线改造、长丝卷绕及纺丝设备汰换升级案等项目。石墨烯、纳米复合新材料方面，完成固定资产投资 4000 万元，主要有抗菌溶液生产线建设、抗菌剂及抗菌母粒生产线改造提升、新型显示偏光片产业化生产线建设、吨级富勒烯生产线扩产、导电塑料专用石墨烯微片生产技术开发等项目。

表 25-6　**2017-2019 年厦门市各产业区新材料产业规模发展情况表**

产业区	2019 年企业数（家）	规模以上企业产值（亿元）		
		2017 年	2018 年	2019 年
火炬高新区	117	211	256	265.57
海沧区	84	261	310	317.4
集美区	95	160	180	184
同安区	86	76	80	84
翔安区	18	18	21	22
湖里区	20	12	10	9.5
思明区	12	34	30	27.5
总　计	432	772	887	909.97

【新材料领域科技成果获奖】 2019 年，厦门市新材料领域在国家级、市级中均有获奖。其中。三安光电股份有限公司、厦门华联电子股份有限公司、厦门光莆电子股份有限公司等企业联合中国科学院半导体研所、北京半导体照明科技促进中心共同完成的“高光效长寿命半导体照明关键技术与产业化”项目获 2019 年度国家科技进步一等奖。7 个项目获 2019 年厦门市科学技术进步奖（见表 25-7）

表 25-7 **2019 年获厦门市科学技术进步奖的新材料领域项目**

项目	完成单位	奖励级别
低重稀土烧结钕铁硼永磁材料制备技术及产业化应用	厦门钨业股份有限公司、福建省长汀金龙稀土有限公司	一等奖
节能型地铁管片专用早强触变新材料关键技术开发及其产业化研究	科之杰新材料集团有限公司	二等奖
高能量密度钴酸锂生产工艺的研发及应用	厦门厦钨新能源材料有限公司	二等奖
高 Al 组分深紫外固态光源 LED 外延、芯片技术开发及产业化	厦门三安光电有限公司、厦门市三安光电科技有限公司	二等奖
免喷涂材料及其成型工艺关键技术研发与产业化	金旸（厦门）新材料科技有限公司、厦门大学、北京北汽模塑科技有限公司、四川省宜宾普拉斯包装材料有限公司	三等奖
冶金法制备太阳能级多晶硅除硼关键技术研究及产业化应用	厦门大学、北方民族大学、宁夏东梦能源股份有限公司	三等奖
数码影院用短弧氙灯电极的开发及产业化	厦门虹鹭钨钼工业有限公司	三等奖

（市工信局）

传统制造业

【运动器材产业】 2019 年，厦门体育用品（不含运动鞋服）行业产值 89.5 亿元。优势产品主要有跑步机、椭圆车、踏步车、健身车、划船器、按摩器具、健身康复器具等运动健身器材，占厦门体育用品出口 65% 以上的份额。其中，全球家用跑步机 60% 在厦门制造。体育用品出口占产值的 75% 以上，主要是为欧美品牌贴牌生产，产品销往美国、德国、日本、俄罗斯、巴西和阿联酋等 50 多个国家和地区。体育用品前 30 强企业的出口量占全市体育用品出口的 85%。厦门有全球规模最大的健身器材生产企业厦门钢宇工业有限公司、按摩健身器具生产企业厦门奥佳华智能健康设备有限公司等，有全国规模最大的户外用品装备生产企业厦门革新集团、野餐包出口企业厦门悠度休闲用品股份有限公司等。在厦门从事体育用品生产的关联企业有 500 多家，包括整机装配生产企业和上游配件生产企业，产业配套齐全，形成较完整的产业集群。

【农副食品产业】 2019 年，厦门市农副食品加工业有规模以上工业企业 71 家，总资产 120.75 亿元。完成工业总产值 239.61 亿元，营业收入 230.46 亿元，实现利润总额 3.91 亿元，创利税总额 4.63 亿元，年平均用工人数 0.99 万人。谷物磨制业企业 3 家，完成工业总产值 9.94 亿元，生产小麦粉 26.62 万吨；饲料加工业企业 13 家，完成工业总产值 16.1 亿元，生产饲料 24.39 万吨；植物油加工业企业 8 家，完成工业总产值 98.81 亿元，生产精制食用植物油 77.66 万吨；屠宰及肉类加工企业 10 家，完成工业总产值 32.23 亿元，生产鲜肉、冷藏肉 9.42 万吨；水产品加工业企业 12 家，完成工业总产值 12.33 亿元，生产冷冻水产品 3278 吨；蔬菜、菌类、水果和坚果加工企业 21 家，完成工业总产值 62.84 亿元；其他农副食品加工业企业 4 家。该行业有中型企业 8 家、小微型企业 63 家。年工业总产值 1 亿元以上企业 33 家，实现工业总产值 220.53 亿元，其中 10 亿元以上企业 6 家。内资企业 56 家，完成工业总产值 202.12 亿元。食品行业规模以上企业 131 家；产值 369.36 亿元，比上年增长 27.67%。

【卫厨产业】 2019 年，厦门市卫厨产业规模以上企业 200 余家，卫厨相关产业产值接近 400 亿元。其中，年产值 1 亿元以上的企业 20 家。厦门卫浴产品产量在中国 7 个主要产区位列第三，出口量占全国的三分之一，出口单价高于全国平均水平。卫厨企业在工业设计、专利、研发、标准、认证等方面均具有优势。2019 年获得各项专利 1680 项，其中发明专利 249 项、智能卫浴专利 376 项，居全国七大卫浴产区第二位；累积发明专利 1708 项，居全国七大卫浴产区第一位；专利总数连续 10 年居全市各行业第一。卫厨产业拥有 3 个国家级、5 个省级、6 个市级企业技术中心，2 个市级企业工程技术研究中心。拥有 CSA（加拿大标准协会）和 CNAS（中国合格评定国家认可委员会）认可实验室，产品通过 ASSE（美国安全工程师学会）、WARS（英国水务研究中心管理和颁发的饮用水安全认证）、LGA（德国莱茵公司在日用消费品领域和建筑工程领域的综合性测试认证）的品质认证。超过 10 家企业参与国家标准制定。其中，金牌厨柜家居科技股份有限公司联合清华大学研究院发布《中国厨房新标准》。路达（厦门）工业有限公司拥有国内行业唯一的三重国际认证实验室，是中国卫浴行业唯一拥有系列化低铅铜合金自主知识产权及 EPA（美国环保署）抑菌铜认证的企业。“十三五”期间，卫厨产业加大智能制造转型升级力度，全市近百家卫浴企业实现“机器换人”，解放人工超过 5000 人，总投资超过 10 亿元；厦门建霖健康家居股份有限公司、厦门松霖科技股份有限公司成为“国家级工业设计中心”，路达（厦门）工业有限公司、瑞尔特卫浴科技股份有限公司等获得省、市级“智能制造试点示范企业”称号。

（市工信局 市统计局）

责任编辑：林建高
审 稿：程成贵 孙志红
校 对：曾一一

26 交通·物流·邮政

综　　述

【概　况】 2019年，厦门市铁路发送客运量2819.49万人次，公路客运量4136.77万人次，航空客运量2741.34万人次。厦门市公路运输总周转量221.67亿吨千米，比上年增长8.55%，在福建省排第三名。全年完成货物运输总量3.56亿吨，其中铁路（发送）货运量826.38万吨、公路货运量2.32亿吨、水路货运量1.16亿吨、航空货运量33万吨。2019年，全市交通运输行业固定资产投资比上年增长6.1%。厦门市物流产业实现总收入1370亿元，比上年增长12.09%；物流产业增加值466.2亿元，增长7.04%。厦门邮政业累计实现收入70.17亿元，比上年增长47.04%；实现业务总量102.25亿元，增长45.32%。

【交通基础设施建设】 2019年，厦门市交通基础设施建设项目270个，年度计划投资287亿元，全年累计完成投资327亿元，占年度投资计划的113.6%。其中，第二西通道主隧道贯通，计划2020年底建成通车；第二东通道开工建设；翔安机场高速项目用林手续获国家自然资源部批复，已开工建设。

【运输服务保障】 2019年，厦门市交通运输局协调推进相关责任单位落实《厦门市运输结构调整工作实施方案》，优化全市运输结构，提升铁路、水路运输比例。完成春运、“五一”、国庆节等重要节假日和海峡论坛、厦洽会、马拉松赛、铁人三项比赛、金鸡百花电影节等重大活动的运输服务保障工作。为做好普速列车全部出岛后的旅客集疏运工作，繁荣发展夜间消费、方便市民夜间出行，7月10日起，BRT快1线（厦门北站—第一码头）末班车运营服务时间延长至23:30，同时提前岛外4区4条线路早班车抵达厦门北站的运营时间；12月20日起，BRT快3线双向末班车运营服务时间延长至23:00。推进移动支付在公共交通领域的应用，实现常规公交全面支持市民卡、支付宝、微信、银联、“厦门掌上行”App等移动支付方式，为市民公共出行提供便捷体验，移动支付在常规公交的营收占比超过30%。

【绿色交通建设】 2019年，厦门市交通运输局推进绿色交通建设，协调公交集团加快推进公交充电站建设，累计建成投用五显、上庄等18个充电站（合计335根充电枪）。加快新能源公交车的推广应用，全年新增、更新投放纯电动公交车492台，全市新能源公交车辆2775台（纯电动公交车1832台，插电式混合动力公交车943台），占在营公交车辆总数的70.6%。引导、鼓励巡游出租车经营者将经营权到期的出租车更新为纯电动出租车，全市新增、更新投放纯电动巡游出租车580台，共有纯电动巡游出租车1993台，占比35%，其余车辆均为清洁能源车辆，占比65%。巡游出租车全部为新能源及清洁能源车型，高于全国平均水平。出台《厦门市网约车运营服务管理地方标准》，鼓励网约出租车平台企业推广使用新能源车型，全市持证纯电动网约车超过1.2万辆，约占全市在营网约车60%，一年累计减少碳排放量超过30万吨，减排水平居全国前列。

（黄金德　邱有祥　杨启斌　林弘博）

港　　口

【概　况】 厦门港口包括厦门市（东渡、海沧、翔安）和漳州市（招银、后石、石码、古雷、东山、诏安）的九大港区，自然海岸线总长约899千米，规划港口岸线约106千米，主要港口资源分布在环厦门湾和环东山湾。至年末，厦门港集装箱航线152条，其中国际航线101条、内支线12条、内贸线39条。至2019年，全港建成生产性泊位175个，其中万吨级以上泊位80个（含10万吨级以上泊位19个，20万吨级泊位5个，其中嵩屿码头3个，远海码头2个）；码头货物综合通过能力1.84亿吨，其中集装箱通过能力1100万标准箱。集装箱、邮轮、石油、煤炭等专用码头一应俱全，最大靠泊能力20万吨级。现有航道总长约720千米，其中沿海航道长340千米，内河航道长380千米，万吨级以上深水航道总长约154千米。20万吨级主航道水深

16.6—17.1 米，底宽 490—560 米，可满足 20 万吨级集装箱船舶与 15 万吨级集装箱船舶组合全潮双线通航要求，同时满足 20 万吨级集装箱船舶与 20 万吨级散货船舶组合双线通航要求，具备接待全球最大型集装箱船舶和全球最大国际豪华邮轮的港口条件。2019 年，厦门港完成货物吞吐量 2.13 亿吨，比上年下降 1.73%，其中集装箱吞吐量完成 1112.22 万标准箱，增长 3.92%；全港旅客吞吐量完成 862.01 万人次，与上年基本持平；水路运输周转量完成 2154.33 亿吨千米，增长 15%，增速排名全省第二；船舶运力 310.68 万吨载重，增长 10.09%，其中集装箱载箱能力 10.7 万标准箱。邮轮艘次列全国第二名，邮轮旅客吞吐量列全国第四名，为 136 艘次、41.37 万人次，分别比上年增长 41.67% 和 27.38%。厦门港年引领船舶总数 11885 艘次，15 万吨级以上大型船舶 1221 艘次，比上年增加 64 艘次。五通客运码头三期正式启用，满足年 350 万人次的客流需求，候船环境全面升级。9 月 27 日，星旅远洋旗下“鼓浪屿”号邮轮在厦门首航香港，成为中国第一艘自主运营的豪华邮轮。厦门港航第三方公益性信用评价体系成为全国推广典范，厦门港口信用承诺书获全国信用承诺书示范样本称号。厦门市港口管理局（简称市港口管理局）在全国“信用交通省”创建阶段总结暨现场观摩交流会上作典型发言。中国旅游集团、中远海运集团邮轮运营总部和中谷海运集团中国第二总部落户厦门。厦门港获得中国十大海运集装箱口岸营商环境测评全国第一，年度水路统计考评工作排名福建省第一，厦门国际航运中心系统集成创新平台入选福建省改革创新第三名。区域性枢纽港、绿色智慧港地位初步形成，集装箱量每月均保持超越，率先在全国完成 3 年岸电改造任务，提出新一轮智能化码头改造“厦门模式”。厦门港率先免除行政事业性收费市级政府留成部分，打造大陆沿海港口政府性收费最具竞争力港口，累计发放省市港航扶持资金 5.04 亿元，为企业减负 1.36 亿元。协调国家部委和省直有关部门对海沧航道扩建四期、古雷航道三期工程的支持，争取公共航道国家、省级补贴 8011 万元。建立闽西南协同发展区涉港部门对接机制，推进海陆交通枢纽无缝对接。开通厦门—赣州往返班列，厦门多式联运港站投入使用。

【对台航运服务】 2019 年，厦门港临时恢复开通对台邮轮航线，发出赴台邮轮 3 航次，旅客吞吐量 1.15 万人次，成为 2016 年 7 月以来，首次恢复开通对台邮轮航线的大陆港口。厦金“小三通”客运量完成 182.3 万人次，实现节假日常态化 40 航班，创历史新高。“中远之星”轮客滚航线完成 98 个往返航次，累计客运量 3.03 万人次，比上年增长 15.21%。同益码头作为大陆进口台湾水果最主要和最便捷的码头，进口量占全国口岸进口量的 85% 以上。

【“一带一路”倡议落实】 2019 年，厦门市港口管理局率先开行“丝路海运”，举办“丝路海运”国际合作论坛，进一步扩大品牌影响力。发挥“海丝核心区”优势，强化中欧（厦门）班列辐射牵引作用，完成海铁联运集装箱 3.67 万标准箱，比上年增长 65.13%。加强与“一带一路”沿线港口交往，与智利圣安东尼奥港、韩国釜山港建立友好港，国际友好港达 15 个。

【智慧港口建设】 2019 年，厦门市港口管理局完成厦门国际航运中心智慧物流平台试点项目的部级验收及推广使用工作，争取到交通运输部奖励资金 300 万元。落实港口企业降本增效，推进厦门辖区集装箱设备交接单无纸化及电子小提单试点，每年为港口各类企业降低成本 1.28 亿元。推动港口智能化升级，依托交通部示范工程，厦门港古雷作业区北 1 号、2 号泊位项目开展码头建设智慧监督，实现水下隐蔽工程可视化。

【生态港口打造】 2019 年，厦门市港口管理局落实九龙江—厦门湾污染物总量控制要求，联合海事局出台《厦门市船舶大气污染排放控制区实施方案》，强化港口扬尘防治工作。发布《厦门市港口船舶污染事故应急预案》，提高港口船舶污染应对能力；探索建立码头垃圾分类运行机制，率先打造垃圾分类示范码头。制定全港新改扩建码头工程靠港船舶岸电设施建设和使用管理规范，累计连船作业 61 艘次，总供电量 157 万千瓦小时，发放市级岸电奖励资金 200 万元。

【厦门港与圣安东尼奥港结成友好港】 智利当地时间 2019 年 3 月 8 日，厦门市港口管理局局长吴顺彬与智利圣安东尼奥港务局总经理奥度·希格诺瑞里·波诺莫签订建立友好港的合作备忘录，圣安东尼奥港成为厦门港第十四个国际友好港。厦门港与圣安东尼奥港缔结友好港，是厦门港贯彻国家“一带一路”战略，采取“走出去、请进来”等多种模式，扩大与“一带一路”国家港口合作交流，支持福建省率先开行的“丝路海运”发展政策，推动厦门国际航运中心取得的新突破。厦门港与圣安东尼奥港计划在航运、物流、港口管理和信息技术等方面开展多种形式的交流与合作，促进共同繁荣发展。双方计划深挖市场需求，开辟集装箱航线，提升货物装卸和贸易水平，扩大两港交流合作。

【厦门港与韩国釜山港缔结友好港】 2019 年 8 月 20 日，厦门港与韩国釜山港缔结友好港签约仪式在厦门举行。福建省常委、市委书记胡昌升出席签约仪式并会见釜山港湾公社社长南奇灿一行。釜山港是韩国第一大国际贸易港，集装箱吞吐量排名全球第六，国际中转货物量居全球第二，邮轮旅游产业高度发达，港口配套设施先进齐全，是韩国最繁忙的港口。双方签订的《缔结友好港关系的谅解备忘录》要求，双方致力于深化两港合作，提升港口在两国经贸中的作用，在航线开辟和货物运输便利性方面深化合作，提升港口营商环境；推进国际中转业务合作，促进两港共同发展；加强邮轮业务交流，促进两港邮轮业的发展；开展港口推介活动，提高两港的港口使用效率，提升货物装卸和贸易水平；在港口发展、管理改革及先进技术和设备的应用领域交换信息，互相学习并提高港口管理水平；进一步加强技术培训和学术交流，推动合作、深化友谊。

（赖世威）

公　路

【概　况】 2019 年，厦门市公路局改名为厦门市公路事业发展中心（简称市公路事业发展中心）。全年，市公路事业发展中心专养的公路总里程610千米，其中国、省道341千米，其他干线公路269千米。技术等级为高速公路6.48千米，一级公路418千米，二级公路153千米，三级公路27千米，四级公路6千米。高等级道路占专养里程比重高，设施规模总量大，社会对公路养护管理需求高是厦门市公路三大主要特征。设施量方面，大桥、特大桥86座（桥长总计65.15千米）；隧道24座（单洞总长67.47千米），路灯15.9万盏；路面面积2061万平方米（含车行道、辅道、人行道），绿化面积1212万平方米。

【推动项目落地】 2019年，厦门市公路事业发展中心推进国道324复线（同安段）二期完善工程、滨海西（集美大桥—新324国道）提升改造工程等9个道路项目提升改造工程前期工作，提升道路通行能力和服务水平。完成溪东路（海翔大道—翔安南路）道路工程、新机场东进场路道路工程等14个道路路网结构工程前期工作，有效完善厦门市主干路网。完成环岛路文创展示中心人行天桥、厦门工商旅游学校人行天桥工程等8个过街人行天桥工程前期工作。

【公路养护管理】 2019年，厦门市公路事业发展中心推进养护标准化、精细化建设，打造特区高颜值景观公路，探索高效集约新模式，重点加强人流密集、公众要求服务标准高的重要路段、重要区域的养护保洁，实现道路清洗全覆盖。利用养护作业管理系统，保证养护工作完成率及录入系统的时效性。通过标准化示范路创建，探索适应新时代行业发展道路管养的“厦门样本”，在2019年福建省养护规范化管理考评中取得福建省第二名的成绩。开展路面管养标准化专项活动，完成小修病害修复1907处，修复面积3.3万平方米，修补沥青路面裂缝6.4万米，人行道8326平方米，修复及更换井盖649套，路面病害维修率100%。开展病虫害防治工作，定期喷药防治并跟踪防治效果，做到“预防为主、防治结合”。定期组织绿化技术人员对辖区绿化养护情况逐块巡查、梳理，加强对乔灌木、地被等整形修剪巡查指导，做好辖区各级绿地精细化养护管理，年内累计修剪乔灌木26.35万株，修剪绿篱、地被、草皮13.9万平方米，补植绿化面积8万平方米。建立高效沟通机制，指定专人负责道路移交接养。至年底，接养新建或改造道路项目（含绿化项目）66个，新接养道路里程70千米，绿地面积108万平方米，提前介入保洁项目18个，及时保障海沧货运通道、国道324复线、新环岛路、滨海东大道等一批新建成道路通车后的路面干净整洁。

【路产路权管理】 2019年，厦门市公路事业发展中心参与市容提升与环境整治行动，开展占道摆摊、平交道口、污染路面、占用挖掘公路等专项整治行动，开展监督检查3245车次、8674人次，纠正、制止违章681起，确保良好路容路貌。强化行政审批管理，受理各类公路行政许可审批申请260件，其中占用、挖掘公路审批183件，公路增设或改造平面交叉道口审批42件，跨市超限运输车辆行驶公路审批19件，其他类16件，收取路产赔（补）偿金4026万元。

【公路信息化建设】 2019年，厦门市公路事业发展中心累计接报信息事件3.9万件，话务量累计3.4万通，录入路网平台信息6.45万条，编制分发信息快报28期（总第561期）。路网中心舆情监测发现相关公路信息267件。根据市防汛办的应急响应通知，参与应急响应10次。市公路事业发展中心打造公路信息化“一库、一网、一平台”的新格局，实现统一门户、统一认证、统一管理、统一接口、统一展示“五个统一”。路网中心接入监控视频约1200路，基本实现管养重要路段及路口、下穿通道和隧道监控全覆盖。建成交调设备监控点13个、下穿通道可变情报设备18块、隧道可变情报板73块，基本形成可视化路网运行监测管理与指挥平台，不仅为公路行业实现智能化管理进行科学决策提供强大的数据支持，还通过及时定期地向相关部门报送公路运行数据，实现公路行业与区域经济和社会发展的深度融合。

【公路安全管理】 2019年，市公路事业发展中心强化应急演练，提高应急保障水平。累计举办应急抽排水防汛演练、桥梁封闭应急演练等安全专项演练12场，累计参与人数410人次。注重安全教育，全年累计开展现场宣传43场674人次，组织安全专题培训11场460人次、专题讲座5场154人次。持续推进扫黑除恶斗争，开展乱象整治，结合公路行业特点，查找工作薄弱环节，对乱开路口、强制开口、侵占桥下空间等问题深入摸排，推进乱象整治及扫黑除恶斗争。加强道路、桥隧等安全隐患排查，及时发现安全隐患并加以整改。全年排查一般隐患750处，整改750处，整改率100%。

【道路保洁】 2019年，厦门市公路事业发展中心补齐岛外发展短板，推进道路保洁均衡化。以岛内第六轮养护招投标为契机，将原用于岛内道路保洁的自有专业化34台机扫力量全部转移到岛外，加上岛外原有各养护公司配置的清扫设备，岛外道路共配置洗扫设备100台，实现岛外重要道路每日机械保洁不少于2遍，全面补齐岛外发展短板。优化提升管理模式，探索社会资本参与公共服务供给新方向。通过公开向市场招标，上市企业福建龙马环卫股份有限公司中标岛内辖区道路清扫保洁任务，相较于此前岛内的设备力量，不仅大型洗扫车投入的数量成倍增加，设备的组合更具实用性、功能化，实现同路段、同方向、同频率联合作业，提升保洁效率。

（林桑桑）

公共交通

【概　况】 2019年，厦门市道路运输管理处改名为厦门市运输事业发展中心。厦门市城市公交线路417条（常规公交363条、快速公交8条、海沧农客41条、元客微循环公交5条），公交线路总长7538.15千米。全市公交车辆4423台，万人拥有公交车辆13.66标台（按全市常住人口411万计算）。2019年，公交日均客运量212.38万人次，其中BRT（快速公交）快线日均客运量25.64万人次。出租车企业13家，有出租车5680辆（岛内5580辆，岛外

100辆），出租车驾驶员1.3万余人。网约车企业8家，网约车2.5万辆，驾驶员5万余人。轨道交通1、2号线总客运量5807.45万人次，其中1号线客运量5706.2万人次，2号线客运量101.25万人次。12月1日，厦门市公共交通换乘票价优惠措施实施，优惠范围涵盖厦门市轨道交通、快速交通（BRT）以及实行政府定价的常规公交（含农客）线路。

【公交和轨道融合发展】 2019年，厦门市新增公交线路12条，优化公交线路90条，推动建成高崎渔港公交场站、集美深青公交场站，新增投放纯电动公交车辆492台。为配合新快速（BRT）文灶站的启用，7月1日起，调整快1路、快2路、快3路、快7路等快线增停新BRT文灶站。新BRT文灶站是唯一与地铁1号线相连的BRT站点，可步行通过风雨连廊抵达地铁文灶站1号出入口，实现与地铁1号线无缝换乘连接。

【全国首创网约车退出机制】 2019年4月，厦门市在全国首创网约车考核退出机制，对日平均订单数达不到15单行业及格线的平台公司，暂停其运力新增并清退多余车辆；驾驶员在从业期间服务考核不过关或新发生不良社会记录也予以清退。年内，暂停1家平台公司新增运力，清退不合格驾驶员660人，实现行业“有进有出”、优胜劣汰，全市网约车数量达到基本总量平衡，减少社会投资风险和稳定问题。

【村村通客车】 2019年4月25日，厦门市最后3个未通公交的建制村琼坑村、村尾村、锄山村开通公交专线，线路接驳镇中心的公交枢纽站，方便村民出行或无缝换乘，执行普通公交1元票价。至此，全市147个建制村全部开通公交线路，为福建省率先实现“村村通客车”的2个村（另一个为平潭村）之一。

【BRT快9路开通】 2019年5月6日，为缓解上下班高峰期县后至前埔枢纽站段的客流压力，厦门市运输事业发展中心开通BRT快9路（高崎机场—前埔枢纽站）高峰区间线，全线有8个站点，是站点最少的快线，利用车辆周转效率解决“潮汐现象”，方便乘客快速到达。

2019年7月18日，福建省网约车规范化管理暨建制村通客车现场推进会在厦门举行 （市运输事业发展中心 供图）

【大陆首个纯台资公交企业落户厦门】 2019年5月14日，厦门元客交通服务有限公司获得从事城市公共汽车经营资质，成为大陆首个纯台资公交企业。6月15日，元客“里享行微循环公交”项目正式启动，首批试点运营3条线路，串联起园区、社区，接驳轨道交通，解决“最后一公里”出行难题。截至年底，已开通微循环公交线路5条。

【全国首个网约车行业标准规范出台】 2019年7月18日，福建省网约车规范管理暨建制村通客车现场推进会在厦门举行，会上发布《厦门市网约车运营服务管理标准》（第一部分）。12月，该标准的第二部分发布。该标准对网约车经营者运营条件、网约车运营条件、网约车驾驶员运营条件和网约车经营服务档次提出明确要求。在缺乏国家标准、升级标准的情况下，这是全国第一个行业标准规范，涵盖网约车管理的方方面面，对加强行业自律、保护消费者权益有重要作用，发布后全省乃至全国多个城市均参照执行。

【5G微循环网约巴士推出】 2019年8月8日，“厦门约巴”项目在厦门软件园启动，为全国首创的“高峰区间+网约平峰”运营模式的5G微循环网约巴士。高峰期运行常规公交线路，平峰时段根据乘客网约需求精准投放车辆，已开发“定时拼巴”“团体约巴”服务。乘客在平峰期可通过“厦门掌上行”App中的“约巴”功能，网上预约呼叫“起终点”，平台给予响应互动，综合一定时间段内的呼叫乘客计划出行信息，实时规划路线，网上实现购票并支付，车厢内验证乘车。可预约乘坐区域是以客流集中点为核心、直线3千米半径的范围，具体规划为东至环岛干道（高林居住区），西至云顶北路（BRT蔡塘），南至文兴东路（前埔南区），北至仙岳路（湖里万达广场）。

（樊 蓉）

【轮渡公司】 2019年，厦门轮渡有限公司（简称轮渡公司）完成客运量3003.35万人次，安全航行46.32万千米，完成16.71万个航班，实现全年安全生产无事故，并获得“厦门老字号”“厦门港守信港航企业”等称号。5月，3艘“鹭江”系列客船在浙江凯灵船厂开工建造，“鹭江系列”客船动力系统采用柴电混合推进模式，是国内首批入级CCS海船规范的新型直流组网电力推进客船，预计2020年建造完成并投入运营。内厝澳码头扩建工程先后取得海域使用批复、环评批复、使用港口岸线批复等，EPC（工程总承包）招标工作全面展开；嵩屿码头项目完成发改局备案、生态补偿方案专家会及市文广新局审查，获得省文物局审批意见和环评会通过，顺利启动立项工作；BRT 轮渡码头工程完成档案、项目建安费财政审核等专项验收工作，进入收尾阶段；鼓浪屿钢琴码头港池维护及趸船提升工程完工。轮渡公司完成邮轮码头商业街提升改造项目，改造面积超过 3200 平方米。

由厦门市港口管理局、厦门港务控股集团、轮渡公司共同委托厦门市城市规划设计研究院编制完成的《厦门市客运旅游码头布局规划》纳入厦门市“一张蓝图”进行管控。以轮渡公司“两微一抖”（微信、微博、抖音）为载体，持续推进轮渡形象推广与品牌建设。其中，春节抖音挑战赛 1 个月浏览量达 1.8 亿次，微信公众号推文阅读量多次突破 10 万次，《在厦门，中文艺的毒》宣传短视频微博话题阅读量超 500 万人次。码头窗口增加支付宝、微信、云闪付扫码支付方式，鼓浪屿智慧出行系统上线，升级“厦门轮渡 +”微信小程序，新增鼓浪屿景点票及组合优惠票销售模块。完成全域旅游“单一窗口”平台开发并通过验收，助力构建智慧邮轮港大数据平台。根据差异化票价策略，结合码头航班运行实际，在邮轮码头至三丘田码头航线增加高档船舶运营，根据舱位类型推出多档价格船票，为旅客提供差异化、个性化的出行选择，丰富旅客乘船体验。

（黄靖如）

铁　　路

【概　况】 2019 年，厦门车站累计完成发送（客运量）2819.49 万人（高铁动车 2589.26 万人、普速列车 230.23 万人），比上年增加 23.94 万人，增长 0.86%；完成运输收入 3.59 亿元，增加 5052.7 万元，增长 16.38%；完成其他业务收入 1.32 亿元，增加 2057 万元，增长 18.54%；完成毛利 1.3 亿元，增加 2057 万元，增长 18.79%。截至 12 月 31 日，实现铁路运输安全 7836 天，连续实现第二十一个安全年。

【铁路客运】 2019 年，厦门车站辖厦门站和厦门北站，均为客运一等车站。厦门站位于厦门市思明区厦禾路 900 号之二，设有站台 5 座，旅客列车到发线 9 条（6 道兼机走线），站房总建筑面积 2.76 万平方米，高架候车室建筑面积 7400 平方米，最高聚集人数 3500 人 / 小时，出站人行地道 1 处。车站设有售票窗口 16 个、自动售票机 29 台、自助取票机 26 台、自助检票闸机 52 台、扶梯 30 部、直梯 14 部、实名制验证口 24 个（8 台自助验证机，16 个人工验证口）、查危口 12 个。至年底，开行图定旅客列车 71 对，全年发送旅客 1010.71 万人，完成运输收入 13.08 亿元。

厦门北站位于厦门市集美区后溪镇珩圣路，设有站台 6 座，旅客列车到发线 12 条（Ⅰ、Ⅱ道为正线），站房总建筑面积 10.9 万平方米。候车厅面积 2 万平方米，最高聚集人数 6300 人 / 小时，出站人行地道 2 处。车站设有售票窗口 16 个、自动售票机 28 台、自助取票机 21 台、自助检票闸机 60 台、扶梯 35 部、直梯 11 部、实名制验证口 30 个（12 台自助验证机、18 个人工验证口）、查危口 15 个。至年底，厦门北站开行图定旅客列车始发 56 对，经停动车 90.5 对。全年发送旅客 1808.78 万人，完成运输收入 21.51 亿元。

【铁路安全管理】 2019 年，厦门车站建立健全规章制度，优化运输能力，公布厦门北客整所、厦门北站《车站行车工作细则》，完善厦门北动车所、厦门站《车站行车工作细则》。做好普速车外移厦门北站工作。落实全员安全生产责任制，制定《厦门车站标准化规范化建设实施细则》，完善车站仪容仪表、室容室貌考核标准等补充机制。

【服务品质提升】 2019 年，厦门北站实现到达旅客换乘地铁免安检工作，设置专用绿色通道，粘贴醒目标识，明确服务范围，安排专人引导，确保绿色通道畅通。落实基本服务规范和互联网订餐、商务座旅客服务、军人出行依法优先、扫码支付、进站自助实名制核验等服务工作，优化中转便捷换乘、无障碍进出站引导标识和求助电话等揭示。继续推行卫生保洁“网格化管理”模式，抓好厕所卫生整治工作，提升服务品质。

（段　婧）

城市轨道交通建设

【概　况】 2019 年，厦门市轨道交通完成固定资产投资 226 亿元，超额完成 225 亿元的年度计划，其中地铁主线工程完成投资 163 亿元，配套项目工程完成投资 18 亿元，土地出让完成投资 45 亿元。轨道交通远景规划 10 条线路，总长 405 千米，计划形成以厦门岛内为核心的“放射 + 环湾”网络构架。厦门市地铁办公室（简称市地铁办）结合城市总规（2017—2035）修编，服务闽西南协同发展、厦漳泉同城化以及厦门市重要客流节点、走廊和社会关注度高的区域等，开展第三轮线网规划编制。推进第二期建设规划调整，即 3 号线南延段（火车站至厦大南门站）获国家发改委批复。启动第三轮建设规划研究，按照“岛内加密，岛外优化”的原则，重点关注厦港老城区、自贸片区、高崎机场片区、会展片区和五缘湾医疗片区等区域。

【轨道交通主线工程建设】 2019 年，厦门市轨道交通建设规划批复的 5 条线路全部开工建设，形成“中心放射、环湾发展、空铁联运”的轨道交通网络。其中，2 号线（五缘湾至天竺山）长 41.6 千米，设站 32 座，安全贯通国内首条地铁穿海盾构隧道，12 月 25 日开通运营；3 号线（火车站至翔安机场）长 36.7 千米，设站 26 座，车站主体结构完成 22 个，区间掘进完成 81%，计划 2020 年基本建成火车站至蔡厝段，进入机电安装调试；4 号线（后溪至翔安机场）长 44.8 千米，设站 12 座，车站主体结构完成 7 个，区间掘进完成 72%，计划与翔安机场同步建成通车；6 号线（林埭西至华侨大学段）长 18.8 千米，设站 13 座，马銮湾片区段（长 5.4 千米 /4 座车站）先行开工，完成 3 个车站和 2 个区间，剩余 9 站 9 区间于 12 月 27 日开工建设。

【综合开发】 2019 年，厦门市轨道交通 5 条线路“再造土地”313 万平方米，预计可生成 52 个项目。年内，1 号线附属空间、集杏海堤北、将军祠东等首批 3 个项目成功协议出让，董任北、集美中

2019年12月25日，地铁2号线开通运营　　（市地铁办　供图）

心2个项目（合计面积27.5万平方米）具备公开出让条件。与厦门隽茂、华润置地、中交海西、绿城中国、厦门万科、大悦城控股等12家企业签订战略合作协议，1号线车站附属空间招进深圳瑞维整体运营商。

【建设用地保障】 2019年，厦门市轨道交通建设完成土地征收89.13万平方米，超额完成10.4万平方米，完成比例113%；拆除房屋23万平方米，超额完成7万平方米，完成比例144.23%。轨道1、2号线主线工程征收工作全部完成，3、4号线及6号线首开段的主体征收工作基本完成，6号线（林埭西至华侨大学段）具备进场施工条件。

【地铁2号线开通运营】 2019年12月25日上午，厦门地铁2号线开通运营，厦门自此迈入"双地铁时代"。2号线起自五缘湾站，终于天竺山站，全长41.6千米，设置地下车站32座，是连接厦门市岛内和岛外海沧区的跨岛公共交通干线。东西走向的2号线与已开通的1号线形成十字交叉的轨道交通网络，为广大市民乘客提供更加安全、便捷的出行服务。11月6日，轨道集团组织召开地铁2号线工程竣工验收会。竣工验收委员会听取并审查项目建设执行情况、试运行总结、设计工作质量、勘察工作质量、施工质量自评和监理工作质量等工作报告，并分别对工程内业资料及实体质量进行验收检查。12月21日，地铁2号线举办市民体验日活动。体验日客流量为268457人次，客流量最大的站点为吕厝站、海沧湾公园站、天竺山站。全线列车运行正常，最高上线32列车。

（张岳俊）

航空港

【概　况】 2019年，厦门机场保障安全飞行19.29万架次，比上年下降0.23%。其中，运输起降19.12万架次，比上年下降0.16%；完成旅客吞吐量2741.34万人次，增长3.24%；完成货邮吞吐量33.05万吨，下降4.34%。冬春航季，厦门机场运营航空公司47家，其中境内28家，境外19家。开通运营境内外航线174条，其中国内145条（其中地区6条）、国际29条。与境内外121个城市通航，其中国内95个（含地区4个）、国际26个（含3个货机通航点）。5月，在中国权威民航测评机构CAPSE举办的第五届CAPSE民航服务峰会上，厦门机场获得2018年度最佳机场奖，这是继2013年以来厦门机场第六次获得该项称号，厦门机场安检第二次获评年度最佳机场安检奖最佳单项奖。

【厦门机场获国际航协认证】 2019年3月，在国际航协（IATA）机场及旅客体验研讨会上，厦门机场获得国际航协"便捷旅行项目"白金认证，这是该项目的最高级别认证，意味着旅客可以在厦门机场体验到更高效、更便捷的航空出行方式。"便捷旅行项目"认证涉及自助值机服务、自助行李托运服务、自助航班改签服务、自助证件查验、自助登机、自助行李查询6个关键节点。截至3月，全国200多家民用机场中仅有10家机场获此称号。

【无人收费停车场系统启用】 2019年4月，厦门机场启用翔业集团统一无人收费停车场系统，成为国内民航业率先启用统一云控中心无人收费停车场系统的机场。截至12月，翔业集团旗下厦门、福州、龙岩、武夷山4地机场，海峡新岸片区、海丝艺术品中心片区等27个停车场、141条车道、约1万个车位统一改造接入该平台，标志着翔业集团无人收费停车场云平台建设取得初步成果。

【翔安新机场轨道工程全面开工】 2019年5月，厦门翔安新机场获得国务院和中央军委批复。9月，翔安新机场总体规划获得民航局批复，刷新国内新建机场报审最快速度。9月29日，翔安新机场轨道交通3、4号线及厦漳泉城际铁路R1线翔安机场站工程开工。翔安新机场定位为区域性枢纽机场、大型机场，以"一个主航站区、两端进场、三座航站楼、四条跑道"为终端格局，总投资约1300亿元，规划建设51平方千米的新机场片区，策划生成100多个项目。新机场的飞行区等级为4F级，跑道长度3800米。按照近期2030年旅客吞吐量6200万人次，终端2040年旅客吞吐量8500万人次进行规划。

（乔晓薇）

厦门航空公司

【概　况】 2019年，厦门航空有限公司（简称厦航，含河北航、江西航）安全飞行68.5万小时，起落29.1万架次，

2019 年 9 月 25 日，厦航北京大兴国际机场首航成功　（厦航　供图）

比上年分别增长 5% 和 6%；完成运输总周转量 64.8 亿吨千米、旅客运输量 3986.6 万人次、货邮运输量 29.9 万吨，分别增长 10.3%、11.1% 和 4.7%，实现连续 33 年盈利。

【安全运行】 2019 年，厦航坚持从严从难施训，调整优化飞行训练体系，引入 STP（标准训练指南），严管教员、检查员队伍，开展机长资质能力排查和机长聘任二级检查，严格副驾驶升级、升类标准，实施飞行员排班标准改革。修订编写新版 SOP（标准作业程序），统一操纵标准，保持反违章的高压态势。持续加强预防性维修，B737NG 机队可靠性 99.95%，位列世界机队第一。厦航安全飞行 68.5 万小时、起落 29.1 万架次，比上年分别增长 5% 和 6%；未发生人为原因事故征候及以上不安全事件。年内，厦航完成“两会”代表包机、大兴新机场首飞等 70 周年大庆期间的安全运输保障任务。

【经营业绩】 2019 年，厦航聚焦境内市场，提升福建、杭州等战略性、高收益市场份额，并通过搭建电商平台、上线智能营销系统、薪酬预算刚性管理等创新转型举措，进一步增强营销能力，全年座公里收入 0.44 元，比上年提高 2.2%；客座率 84%，提高 2.7 个百分点，实现量价齐升。货运实现跨境电商进出口业务常态化。通过强化训练等方式补足飞行实力短板，飞机日利用为 9.65 小时，提高 0.66 小时。

【服务品牌】 2019 年，厦航不断完善内部服务质量体系，服务质量管理国家标准草案的立项申请获批。连续 29 个季度获评内地服务“最佳航空公司”，天合优享顾客体验测评 6 次排名第一。厦航“联合梦想号”参与大兴机场首场试飞，并与旗下河北航“正定号”共同完成大兴机场首航保障任务。发布天际系列特色服务产品，上线“天际茶道”等特色服务项目。

【改革发展】 2019 年，厦航融入京津冀协同发展及长三角一体化战略，拟定北方总部建设方案，成立上海分公司。根据市场变化调整中长期机队规划，评估引进空客飞机，并延长 B737NG 飞机租期。新聘教员 60 人、机长 123 人、副驾驶 133 人，招收各类飞行学员 721 人，进一步增强飞行实力。厦航总部大厦主体钢结构工程封顶，翔安生活基地、洪文空勤基地等重点工程进展顺利。

【与联合国开展合作】 2019 年，厦航持续与联合国开展合作，推广可持续发展理念。作为全球唯一一家与联合国开展合作的航空公司，厦航主动承担社会责任，通过多种形式及途径持续传播联合国可持续发展目标，与联合国合作续约至 2030 年，受邀参与联合国可持续发展高级别政治论坛，为中国发声。厦航举办首届厦门航空 SDGs（联合国可持续发展目标）行动者城市穿越赛，推广联合国可持续发展目标，得到联合国官方微信平台的转发与认可。厦航获邀参加 APEX（世界航空旅客体验协会）40 周年年会，以实际行动传播可持续发展理念。2019 年，厦航策划 4 个 SDGs 主题航班持续向全球传播可持续发展理念。

【海丝“国际航空枢纽”建设】 2019 年，厦航开通福建至阿姆斯特丹、悉尼、墨尔本、温哥华、纽约、洛杉矶、巴黎等洲际航线 10 条，“一带一路”相关航线 90 条，构建起福建始发遍布全国、覆盖东南亚和东北亚、通达欧美澳的航线网络，同时通过天合联盟为旅客提供通达全球 177 个国家和地区、1074 个城市的世界级航线衔接。通过推动机场“24 小时直接过境免办边检手续”政策落地，打造厦门、福州“60 分钟快速中转”品牌，不断做强福建中转市场，截至年底，已开通 41 个境内外航点的通程航班业务，为福建吸引年中转旅客超百万人次。

·小资料·

座公里收入：指航空公司为 1 名乘客飞行 1 千米所带来的收入。

（李长全）

物 流 业

【概　况】 2019 年，厦门市物流产业实现总收入 1370 亿元，比上年增长 12.09%；物流产业增加值 466.2 亿元，增长 7.04%。邮电业务总量 102.25 亿元，比上年增长 45.46%；港口货物吞吐量 2.13 亿吨，下降 1.73%；集装箱吞吐量 1112.22 万标准箱，增长 3.92%；空港货邮吞吐量 33.01 万吨，下降 4.47%；铁路货物发送量 826.38 万吨，增长 0.71%；公路货运量 2.34 亿吨，增长 10.81%；水运货运量 1.16 亿吨，增长 17.07%。快递业务收入 60.68 亿元，增长 41.83%；快递业务量 4.26 亿件，增长 40.60%。厦门市发展现代物流产业协调小组办公室（简称市物流办）推进三级城市配送网络体系建设，建设公共型物流信息平台，构建集约高效的城市绿色货运配送体系，培育一批城市配送示范企业。厦门市城市绿色货运配送示范工程被评为全国示范项目。厦门市入选港口型、空港型、商贸服务型3个类型的国家物流枢纽承载城市，其中港口型国家物流枢纽项目列入首批23个国家物流枢纽建设名单。

【招商引资】 2019年，厦门市物流办加快与中信科、宝能、德邦等重点招商项目的商谈，推动滴滴项目落地，推进京东同安物流园东区复工及橙联跨境电商产业园开工建设等。至年底，有招商项目72个，其中策划项目7个、在谈项目12个、前期项目15个、新开工3个、在建转续建项目13个、投产项目22个。

【中欧班列运行】 2019年，厦门市稳定运行厦门—汉堡、阿拉木图、莫斯科3条中欧班列线路。至年底，厦门中欧班列累计开行639列、47320个标准箱，累计货值17.99亿美元。全年，累计开行233列、18202标准箱，货值7.32亿美元。

（邹红波）

邮　政

【概　况】 2019年，厦门邮政业累计实现收入70.17亿元，比上年增长47.04%，占福建省21.68%。实现业务总量102.25亿元，比上年增长45.32%，占福建省15.83%。全市取得快递业务经营许可证的企业89家，备案分支机构502家，末端网点856个，快递网点面积密度为0.85个/平方千米，快递网点人口密度为3.51个/万人，行业从业人员1.6万余人。快递服务茶叶、海鲜水产等现代化农业项目累计实现快递业务量501.55万件，累计实现快递业务收入6949.89万元；快递服务制造业项目累计实现快递业务量809.87万件，累计实现快递业务收入3509.70万元。厦门市邮政管理局（简称市邮政管理局）制定《厦门市快递业发展专项资金申报指南》，京东、EMS等6家企业申报项目10项，通过复审，申报金额278.54万元，均已拨付到位。

【"警邮"合作服务模式】 2019年，厦门市邮政管理局推行并创新"警邮"合作服务模式，督促邮政企业全面推行代办交管业务，并且依据厦门实际，延伸拓展代办居住证业务、"警医邮"联动便民体检、"e政务"便民服务站等87项"警邮"便民服务。服务开通后，厦门市民除了在邮政网点服务窗口外，可以通过中国邮政集团公司"11185"客服、"交管12123"互联网平台、短信等渠道，了解代办交管业务的邮政网点地址、代办业务范围，了解办理业务所需材料、服务流程和资费标准等，最大限度实现一次性办结业务。

【绿色邮政】 2019年，厦门市邮政管理局提前完成国家邮政局绿色发展"9571"工程，电子面单使用率超过98%，75%以上电商快件不再使用二次包装，可循环中转袋使用率为74%，部分企业启用可循环周转箱。指导企业配置标准回收箱网点834个，居福建省首位。

·小资料·

"9571"工程：实现电子运单使用率95%以上、50%以上电商快件不再二次包装、循环中转袋使用率达到85%（全国70%）、50个以上邮政快递网点设置包装废弃物回收装置（全国1万个）。

【城市级商用智能物流配送应用】 2019年5月16日，全国首例城市级商用智能物流配送应用在厦门揭幕，京东快递作为快递业的代表，现场展示人工智能机器人配送快件的过程。依托5G技术的支持，京东机器人成功将4个待派送的快件，从位于第一码头公交枢纽站的智能配送站无人自主地运送到交通大厦收件人手中。当天投放两辆机器人配送车进行试验，全程通过5G网络实现高精度地图导航，最多能够承载22件快件，充满电一次能够行驶40千米，同时通过车身安装的雷达、摄像头等设备，能把行驶数据实时传送给车辆，让车辆感知路面障碍物情况，让自动驾驶技术更安全、更可靠。

【万国邮联电子商务时代跨境合作全球大会】 2019年11月26日，万国邮联电子商务时代跨境合作全球大会在厦门召开，是万国邮联与中国联合举办的首个以跨境电商全球合作为主题的大会。该届会议由万国邮联主办，中国国家邮政局、中国邮政集团公司和厦门市政府联合承办。来自102个国家和地区的邮政部门和利益相关方，万国邮联、世界海关组织等8个国际组织，共380余位代表参加会议。在为期2天的会议中，各国代表围绕与跨境电子商务密切相关的全球供应链监管、贸易和通关便利化、数字化和安全等议题开展讨论。大会发布万国邮联在跨境电子商务领域达成的重要全球性共识——《厦门倡议》，呼吁邮政、海关、航空和铁路等各利益相关方在跨境电子商务领域通力合作。

【厦门市邮政业安全中心成立】 2019年12月31日，厦门市邮政业安全中心举行揭牌仪式。厦门市邮政业安全中心为厦门市交通运输局下属事业单位，主要职责为协助市邮政管理局承担厦门市邮政业运行安全监测和应急处置相关辅助性、事务性工作。

（林　玮）

责任编辑：曲　艺
审　　稿：程成贵
校　　对：曾一一

27 信息业

信息化建设

【概　况】 2019年，厦门市贯彻国家信息化发展战略和“数字福建”建设要求，推进智慧城市建设，入围中国智慧城市十强，获“2019中国智慧城市创新示范奖”。厦门市工业和信息化局（简称市工信局）制定《中共厦门市委办公厅　厦门市人民政府办公厅关于印发〈厦门市政务数据中心整合实施方案〉的通知》，推动市、区政务数据中心整合，提升信息化基础设施集约化建设水平。打造全球首个完全基于鲲鹏架构的云化超算中心——厦门鲲鹏超算中心，通过新的基础建设为产业数字化转型升级持续赋能。

【企业服务信息化】 2019年，厦门市工信局搭建“三高”（高技术、高成长、高附加值）企业综合服务平台并上线，实现针对“三高”企业的快速认定、快速答疑、快速转办、快速响应，完善惠企政策引擎（简称政策云）。政策云收录30多个市区两级涉企单位近1100条惠企政策，实现快速检索、便捷申报。升级产融合作云平台（简称产融云），为资金供需双方搭建便捷、高效的信息交流渠道，打造政银企对接会；20多家金融机构入驻。

【政务数据共享】 2019年，厦门市工信局政务信息共享协同平台接入单位70家（含各区），提供服务接口超千个，累计注册1230个服务，数据调用累计6.85亿次，建立数据交换通道73个，实现交换数据量12.9TB。建成人口、法人、交通、信用、证照、空间6个基础资源库，累计汇聚来自70个部门近9.62亿条数据。厦门市大数据开放平台上线，包含22个领域主题、20个行业分类，涵盖39个政府部门的数据，涵盖信用服务、交通运输、市场监管、生态环境、地理空间、生活服务等数据内容。在全国率先引入“安全屋”技术，打造大数据安全开放模块，从网络、数据、业务多层次建立数据安全保障机制，有近百家大数据相关机构入驻。

【“i厦门”平台】 2019年，厦门市“i厦门”平台注册用户数超过290万户，占常住人口的70.5%，服务渠道覆盖“一网四端”（网站端、移动App、微信公众号、小程序、自助终端），总访问量超过9000万人次。“i厦门”App成为福建省首个以小程序形式入驻闽政通的地市政务服务App。市民卡通过“i厦门”平台累计注册用户数约60万户，对接15个部门，实现27类事项、50余种功能，实现11张卡的虚拟化接入。“‘i厦门’服务体系建设实践”在全国400多个案例中获得惠民服务项目第一名，被评为“2018—2019新型智慧城市建设评价典型优秀案例”。

·小资料·

“i厦门”平台：“i厦门”统一政务服务平台，是厦门市政府实名认证中心在基于网络实名身份认证的基础上，逐步整合政府公共服务、社会公共服务等相关资源，通过App、PC端、小程序、公众号等，多渠道，为市民提供的一站式惠民服务的平台。市民可以随时随地获得统一的政务办事服务、便民应用服务以及个性化的定制服务等。

（刘林泓）

软件信息服务业

【概　况】 2019年，厦门市软件和信息服务业务实现收入1732.23亿元，比上年增长15.2%，占全省软件收入的52%。3家企业入选年度软件和信息技术服务综合竞争力百强（福建省6家），5家企业获评中国互联网企业100强称号（福建省7家），14家企业入选福建省互联网企业20强，4个优秀案例和应用解决方案获国家级荣誉。

【软件园建设】 2019年，厦门软件园基本形成以数据人工智能、数字创意、电子商务、智慧城市与行业应用、移动互联五大产业领域为重点的特色产业集群。园区总体水平为“五星级”（软件和信息服务业领域全国仅4家），入选“2019中国数字服务暨服务外包数字智慧园区”，成为福建省首个5G产业园区。国家工信部批复厦门“中国软

2019年，厦门市获“中国软件特色名城”称号。图为厦门软件园

（市工信局　供图）

件特色名城”称号；厦门软件园成长连续2年居全国第一，获评全国软件和信息服务业领域4个五星级园区之一。全年实现营收1183.1亿元，比上年增长18.1%；全年净增工商注册企业数1383家，在册5861家，增长30.9%。

【两化融合】 2019年，厦门市工信局持续深化工业化、信息化（简称“两化”）融合发展，推进智能制造，修订出台《厦门市推进首台（套）重大技术装备示范应用实施方案（2018—2020年）》。新增两化融合贯标企业180家，新增市级工业设计中心10家、省级工业设计中心1家、国家级工业设计中心2家。举办“2019白鹭杯海峡工业设计大奖赛”，吸引来自22个国家和地区的7482件作品参赛。指导市物联网行业协会举办“2019中国（厦门）国际物联网博览会”，全市物联网产值（营收）501.3亿元，比上年增加11.35%。

【人工智能产业发展】 2019年，厦门市工信局推进新一代人工智能应用场景在制造、商贸物流等重点行业拓展落地，元翔空港“智能巡逻爆探检测机器人”等15个项目入选福建省百项人工智能深度应用场景。4家企业入围工信部新一代人工智能产业创新重点任务揭榜单位名称。举办首届中国人工智能大赛，集中签约13个优质项目，包括3个融资项目、10个落地项目，推动大赛永久落户厦门。

【5G商用试点】 2019年5月5日，厦门市工信局启动5G预商用工作，成立厦门市5G工作领导小组，草拟《厦门市5G联合创新实验室章程》《厦门市5G联合创新实验室管理办法》。在第二届数字中国建设峰会厦门分会暨产业招商推介会上，5G联合创新实验室授牌。该实验室面积1000余平方米，拥有包括核心网、基站、传输在内的一整套5G实验网，主要进行5G技术前沿、边缘计算应用等方向探索，加速创新示范应用孵化，促进形成典型应用场景。

【第二届数字中国建设峰会厦门分会】 2019年5月5日，由国家互联网信息办公室、国家发展和改革委员会工业和信息化部、福建省人民政府主办，福建省数字福建建设领导小组办公室、福建省互联网信息办公室、厦门市人民政府承办的第二届数字中国建设峰会厦门分会场活动在厦门国际会议中心召开，福建省委常委、市委书记胡昌升出席会议并致辞。知名企业、行业协会、投资机构、科研院所等代表300多人参会。大会签约项目26个，总投资349.9亿元，其中数字经济项目19个，先进制造业项目7个。优刻得、汇医慧影项目、中航锂电等14个项目签约落地；华为、腾讯、北邮咪咕研究院、人民网等项目开展多轮洽谈。全市有42个项目列入省数字经济项目库，总投资额202.5亿元。该会聚众家之智，取众家之长，共同助力中国数字经济产业，推动厦门先进制造业和信息产业发展。

【第十二届厦门国际动漫节】 2019年11月13—17日，由厦门市人民政府主办、厦门国际动漫节组织委员承办的第十二届厦门国际动漫节在厦门集美湖豪生大酒店与软件园三期金海豚广场举办。该动漫节分12场专业产业活动，有54个国家和地区的3116部作品参赛，从中挑选出249部作品入围终评。期间，举办动漫游戏商务大会、“金海豚奖”、产业招商签约、“新漫画”大赛、“一带一路”产业合作高峰论坛、动漫游戏嘉年华等一系列活动。来自18个国家和地区500多家企业参与300余

2019年5月，厦门市挂牌5G联合创新实验室　（市通信管理局　供图）

2019年11月13—17日，第十二届厦门国际动漫节在厦门集美湖豪生大酒店举办
（市工信局　供图）

场次版权对接及商务活动。现场面积4万平方米，人流量7.5万人次。

（刘林泓）

通信管理

【概　况】2019年，厦门市基础电信业完成业务总量510.2亿元，比上年增长55.2%。实现电信业务收入69.2亿元，增长0.17%，其中非话业务收入61.3亿元，占比88.6%。全市电话用户总数759.5万户，净增18.1万户，其中固定电话用户110.7万户，净增0.7万户；移动电话用户648.8万户，净增17.4万户。全市电话用户普及率184.8%，其中固定电话用户普及率26.9%，移动电话用户普及率157.9%。全市互联网用户795.7万户，比上年净增392户，普及率193.6%，其中（固定）互联网宽带接入用户236.3万户，减少1.3万户；移动互联网用户559.3万户，净增1.3万户。厦门市通信管理局（简称市通信局）牵头成立跨部门的5G专项规划工作组，全面加快5G规划和建设工作，开展5G试点应用。3家基础电信企业均启用5G商用，把厦门作为首批5G开通城市。

【"数字厦门·宽带工程"建设】2019年，厦门市出台《厦门市人民政府办公厅关于印发"数字厦门·宽带工程"行动计划的通知》，文件明确2019—2021年行动计划主要目标和任务，对通信基础设施建设特别是加快5G产业发展提出一系列保障措施和政策支持；市政府专题研究并通过《厦门市通信基础设施专项规划（2017—2035）》，将规划纳入政府规划蓝图中。全年信息通信业完成电信固定资产投资12.87亿元（光纤网络建设项目完成投资6.49亿元、无线网络覆盖项目完成投资6.38亿元），完成年度投资计划的105.5%。在推进光网建设方面，新建光纤到户端口34.7万个，累计355万个，比上年增长10.8%，光端口占比91.2%，百兆以上用户占比78.3%，固定宽带家庭普及率164.13%。在扩大4G覆盖方面，新建4G基站1807个，累计2.27万个，4G移动电话用户568万户，比上年净增32.4万户，4G移动电话用户占比87.6%，全市移动宽带用户普及率146.6%。

【通信基础设施建设】2019年，厦门市通信局按照落实乡村振兴战略和开展漠视侵害群众利益问题专项整治工作要求，加快推进农村和铁路沿线通信基础设施专项整治，完成缆线整治132皮长千米，新布放缆线161皮长千米，新建管道61千米，改造拆除杆291根，新立杆49根。全行业配合推进厦门（翔安）新机场片区缆线规划与管线迁改、厦门（翔安）第二东通道、厦门（海沧）第二西通道、同集路改造等重点市政工程项目缆线的评审和迁改协调工作，完成金鸡百花电影节颁奖典礼主会场厦门国际会展中心B8、B9场馆的通信配套设施建设，落实省重点工程（福厦高铁集美段项目）建设涉厦门电信、移动后溪邮电大楼机楼搬迁工作。

【通信信息治理】2019年，厦门市通信局加强对基础电信业务落实电话用户实名登记工作监管，联合公安部门试行《厦门市申请使用通信服务涉嫌电信网络新型违法犯罪的法律责任及防范提示告知书》制度，加强通信工具入网事前监管，强化入网实名制管控和反诈骗工作，全行业累计查处实名制违规号码数3673个，关停涉诈骗、涉骚扰及垃圾短信号码总数13.19万个。开展打击治理"黑宽带"作为"城中村"综合治理内容，纳入扫黑除恶专项行动的一项工作。联合公安部门开展打击"黑宽带"专项行动工作，通过深入开展摸排、政策宣传、见面约谈、限期整改、打击查处等推动工作开展，对多次督促拒不整改的229处"黑宽带"经营楼宇进行断网处理。全年整改到位的经营"黑宽带"楼宇数800多栋，涉及的终端用户数近1万户。

【"福暖行动"启动】2019年5月15日，厦门联通联合厦门国寿财险启动"福暖行动"。该次行动聚焦劳务公司、中小企业、厂园工地、商务楼宇四大市场，拓展服务、销售、手工制造、金融/IT等四大行业，联合推出"福保"产品。针对务工人员工作强度大、理财意识差、抗风险能力弱的特征，将联通"冰激凌"产品和国寿保险产品组合包装，打造"通信＋保险"融合理念，利用双方线上线下营销渠道资源，扩大商机储备，释放资源，有效提升联通产品在保险领域市场占有率。

【福建省首个5G智慧景区开通】2019年5月17日，世界电信日之际，厦门铁塔公司与厦门胡里山炮台共同推出共建共享"5G智慧景区"。5G通信基站在

2019 年 5 月 17 日，厦门电信召开千兆智能宽带暨 5G 示范应用发布会

（厦门电信 供图）

胡里山炮台景区架设开通，胡里山炮台成为省内首个 5G 网络覆盖的国家级重点文物保护单位、全国 4A 级旅游景区。厦门铁塔公司在网络建设上推进宏微站点高低层结合覆盖，WiFi 网络与 5G 网络平行布局，室内外基站平滑衔接，是省内 5G 综合解决方案在旅游景区的首次尝试。

【千兆智能宽带发布会】 2019 年 5 月 17 日，厦门电信召开千兆智能宽带暨 5G 示范应用发布会，公开展示“千兆智能宽带 + 千兆 5G 网络”的智慧城市网络服务能力，标志着厦门电信通信网络迈入“双千兆”时代。在现场千兆智能宽带体验区，试用 1000Mbps（兆位 / 秒）宽带进行下载测试，实测均速在 120MB/s—131MB/s（兆比特每秒，指每秒传输的位数量）之间，下载一部 1.2G 的高清电影仅用时 10 秒，百兆宽带则用时近 2 分钟；基于 5G 网络，使用 5G 手机终端进行下载测速，峰值下行带宽超过 1400Mbps，峰值速率 175MB/s。

【全国首家 5G 眼科智能应用示范医院签约】 2019 年 6 月 2 日，厦门电信与厦门大学附属厦门眼科中心、华为技术有限公司在五缘湾举行 5G 应用示范医院合作框架协议签约仪式，共同打造中国内地领先的 5G 眼科智能应用示范医院。厦门电信将 5G 网络和“医疗云”资源紧密结合，完成在院区建设基于移动边缘计算的 5G 网络，展示在室内网络管道上衍生的智慧医疗业务服务能力，以及基于 5G 应用的互联网 + 智慧医院服务体系，并利用 5G 网络向与会的医疗卫生行业客户展示 5G 天翼直播、5GAR/VR 应用、5G 手机阅片、客流分析统计、室内智能导航等应用。

【首例双专网 APN 应用上线】 2019 年 6 月 13 日，厦门移动与厦门公交集团合作，首次于福建省内实现车载刷卡机具双通道在线实时结算，突破现有公交系统离线结算、到站上传的结算模式。该应用基于公交车载刷卡机具，采用物联网技术，通过单卡承载双专网 APN（厦门公交专网 + 易通卡专网）组网方案，可同时支持掌上行 App、易通卡、微信、支付宝、银联等多平台实时结算，更加准确记录用户乘车行为数据。该应用成功上线，覆盖厦门全市 300 余条线路、3800 余台公交车（占现有在用公交总数 1/3）。

【首场 5G 高清庭审直播】 2019 年 6 月 21 日，厦门移动携手厦门市中级人民法院、厦门广播电视集团厦门卫视频道，完成全国首场 5G 庭审高清直播。在厦门思明区法院庭审现场设置多个 5G 摄像头，部署 VR 直播系统进行 360 度全景摄像，应用 5G 技术将现场画面实时回传至厦门广播电视集团演播室，面向全国直播，实现厦门市中级人民法院第四期“现在开庭”全媒体高清直播网红经济纠纷案件“真假鹿角巷”庭审实况。市民通过 8K 超高清电视画面实时了解庭审情况，借助无线 VR 一体机眼镜体验如临现场的真实感。人民日报社、新华社、CCTV 央视新闻等 60 余家中央主流媒体同步直播现场实况，全网观看量超过 1200 万，“全国首场 5G 庭审直播”登上当日微博热搜榜。

【5G 智慧港口】 2019 年 7 月 26 日，厦

2019 年 7 月 26 日，厦门移动与厦门远海码头集装箱有限公司建设“5G 智慧港口”应用

（厦门移动 供图）

2019年10月1日，5G智慧警务机器人“鹭小警”巡逻首秀活动在厦门中山路步行街举行
（厦门联通　供图）

门移动与厦门远海码头集装箱有限公司在海沧区签署战略合作协议，建设“5G智慧港口”应用。厦门移动实现远海码头5G网络全覆盖，成功试点全国首例5G司机驾驶行为管理应用，通过车内多路高清视频将画面信息实时回传至上海云平台，实现司机行为智能分析、记录及告警。双方联合打造新一代港区5G虚拟园区专网，以5G架起最后1千米的“空中光纤”，实现高速传输，证港口业务可靠运行。发挥5G网络下行超过800Mbps、上行超过60Mbps速率优势，突破4G瓶颈，改变码头沿岸有线光缆受制于机械作业的移动范围、无法充分覆盖前端生产点位的现状，大幅提升码头运营效率。

【工业和信息化部调研厦门】 2019年8月9日，工业和信息化部党组成员、副部长陈肇雄带队到厦门市实地调研信息通信行业行风建设工作。陈肇雄先后调研基础电信运营企业营业厅，与一线员工就骚扰电话治理、网络提速降费、携号转网等工作进行交流，了解营业厅考核方式、客户投诉焦点内容、提速降费相关举措及5G产品速率等情况，询问客户投诉、异地销户、老用户选择新套餐等广受用户关注问题的处理情况，察看业务套餐、资费清单公示。陈肇雄指出，要通过进一步加快5G网络建设、丰富5G应用，为老百姓提供更为优质的网络信息服务，为当地经济社会数字化转型提供有力支撑。

【警务智慧化】 2019年10月1日，厦门联通5G亮相厦门海关和厦门市公安局科技周，主要展示数字天空、5G警务AR头盔、VR体验等基于5G网络的安防保障应用。厦门市政法委书记李伟华、副市长卢炳椿莅临联通展台，体验厦门联通基于5G网络的AR警务头盔、5G网联无人机等空地一体化的立体安防保障应用。该应用依托于联通5G网络高带宽、低时延的优势，从空、地两个纬度实现精准识别，及时预警、实时沟通、快速布控，确保警务人员联动的高效性、可靠性。厦门联通和厦门市公安局思明分局在厦门中山路步行街举行5G智慧警务机器人“鹭小警”巡逻首秀活动。基于联通5G，包括警务机器人在内的警务智慧化创新应用计划落地，为“平安厦门”建设保驾护航。

【福建首个5G共享基站开通】 2019年10月26日，厦门电信与厦门联通开通福建首个5G共享基站，该共享站点采用NSA组网模式，利用4G双锚点独立载波方案，电信和联通4G均采用L1800频段作为锚点，5G为各自独立载波，验证承建方、共享方5G用户在独立载波模式下的上下行速率、4G切换、移动性等测试方案。双方5G测速下行均超1Gbps，采用100MHz+100MHz（兆赫是波动频率单位之一）独立载波模式，实现基站载波逻辑独立，互不影响，充分发挥电信、联通双方频谱优势、保障用户体验，降低5G网络建设和运维成本，高效实现5G网络覆盖，增强双方5G网络和服务的市场竞争力。

（市通信局）

无线电管理

【概　况】 2019年，厦门市无线电管理局（简称市无线电管理局）维护电波秩序，加强无线电台站管理，完成无线电安全保障，提高无线电管理服务水平。全年发放30份频率批复，指配55个频率，发出1份补正材料通知书；向上级

2019年5月17日，厦门铁塔公司与厦门胡里山炮台共同推出共建共享“5G智慧景区”
（厦门铁塔公司　供图）

主管部门转报5份频率申请，注销、收回频率51个。在非公众基站方面，发放电台执照878部，注销619张电台执照。办理64个非独立NB-IOT台站备案申请，审核发放新增基站电台执照7065个，注销4756个公众基站电台执照。指配11个业余无线电呼号，发放46部业余电台执照，注销业余电台21部。开展执法活动19次，出动执法人员38人次，联合执法5次，检查无线电发射设备生产企业5个，检查设台单位7个。审核183个单位的310次备案申请，其中137个单位的238批次备案申请通过审核。各无线电监测站点累计监测时数14万小时，涉及日常无线电监测、重大活动监测保障、重大时段监测保障、重大考试监测保障、边境地区监测任务、无线电干扰排查等。

2019年9月，市无线电管理局联合中国民航厦门安全监管局在高崎机场T4航站楼宣传新修订的无线电管理条例
（市无线电管理局　供图）

【新型电信网络违法犯罪打击】 2019年，厦门市无线电管理局加强与公安、文广、通信运营商的协作，建立联席会议机制，明确工作职责，开展打击治理“黑广播”“伪基站”专项行动，发挥技术装备优势，厦门市的“黑广播”“伪基站”得到有效抑制。年度查处“伪基站”案件1起，处罚1人，罚款1万元；受理“黑广播”投诉4起，经技术查找，设台地点分别在泉州、漳州地区，在当地无线电管理机构支持下处理完毕。

【无线电干扰查处】 2019年，厦门市无线电管理局受理无线电干扰申诉，及时进行调查处理，维护合法用户的权益，用好“12345”投诉平台等市民反馈途径，妥善处理无线电干扰投诉21起，其中5G干扰投诉2起；牵头协商解决三大电信运营商5G试用基站同频干扰问题1起，维护无线电管理的权威。重视航空、铁路及水上无线电专用频率安全，受理排查东海第二救助飞行队航空固定电台受到附近电机干扰、厦门海事局AIS系统GPS频率受到附近石化企业无人机防控装置干扰和高崎机场二次雷达疑似受到外界干扰等事件。及时解决市民反映的2起因周边电器设施电磁泄漏导致汽车遥控钥匙频率受干扰的问题。

【5G基站与卫星地球站协调】 2019年，厦门市无线电管理局牵头组织三大运营商、铁塔公司和各保护清单单位建立5G基站干扰协调工作机制，为5G基础设施建设及各单位沟通合作打下基础。对全部设台单位的卫星地球站申请保护材料进行审核，多次到实地核验经纬度和台站情况，及时向三家运营商提供最新的保护清单。督促、指导厦门电信、厦门联通于9月30日前完成相关频段退频工作，厦门电信、联通均关闭全部的TD-LTE站点并办理无线电台执照注销手续。

【无线电监测】 2019年，厦门市无线电管理局加强日常电磁环境监测，强化对航空、铁路及水上等无线电专用频率专项测试，持续开展边境电磁环境测试工作，各无线电监测站点累计监测时长14万小时。梳理厦门市监测设施建设存在的问题和不足，从边海工程需要、监测频段扩展、监测智能化提升及有效化解日常工作遇到的瓶颈问题等方面入手，部署监测设施改造升级计划，启动“小型站升级TDOA定位功能”“快速部署移动无线电监测网”“无线电信号分析识别系统”“高铁移动监测干扰分析系统”等项目，逐步实现厦门市无线电监测技术能力的提升。

【法律法规宣传】 2019年，厦门市无线电管理局围绕国家、福建省无线电管理法规宣传主题，利用宣传栏、媒体报刊、互联网等渠道，结合无线电管理行政许可、台站核查、监督执法等日常工作，对设台单位和广大群众开展无线电管理法律法规的宣传普及。9月是中国第十个无线电管理宣传月，市无线电管理局联合中国民航厦门安全监管局、厦门火车站在高崎机场T4航站楼、厦门火车站设置宣传服务点，宣传贯彻新修订的《无线电管理条例》，向广大群众发放无线电宣传漫画图册，现场讲解介绍无线电科普知识，宣传无线电与人们日常工作生活的密切联系，引导群众自觉遵守无线电管理的法规要求。

【无线电执法“双随机”抽查】 2019年9—10月，厦门市无线电管理局组织无线电执法人员开展针对厦门地区公众通信运营商和业余电台的“双随机”抽查工作，出动48人次，对厦门6个行政区实施全覆盖检查，抽查中国移动厦门公司基站42个，涉及所有的通信制式以及有代表性的基站设置点。其中，抽查业余电台6人，检查发现2人业余电台不合格。

（陆　兴）

责任编辑：林德全
审　稿：曲　艺
校　对：孙志红

28 商贸·会展

商业贸易

国内贸易

【概　况】 2019年，厦门市限额以上批发零售业销售额13898.1亿元，比上年增长11.3%；社会消费品零售总额1731.9亿元，增长12.2%。批发零售业实现增加值596.4亿元，比上年增长4.9%；住宿餐饮业实现增加值97.8亿元，增长7.0%。社会消费品零售方面，限额以上社零累计实现1250.3亿元，比上年增长15.3%。（1）按商品类别分，消费升级类商品消费升温，智能手机、电子出版物及音像制品、计算机及其配套产品、文化办公用品类分别比上年增长291%、104%、102%、59.4%；基本生活消费旺盛，全年日用品类、食品类和衣着类分别实现零售额62.6亿元、100.6亿元和256亿元，增长38%、27.8%和27.3%；出行消费增速回落，汽车类实现零售额331.8亿元，增长4.3%，其中新能源汽车15.7亿元，增长113.2%。（2）按销售渠道分，网上零售呈现高速增长态势，全市限额以上网上零售额378.4亿元，比上年增长36.2%，拉动社会消费品零售总额增长6.5个百分点。（3）按消费形态分，餐饮收入提升较快，零售额189.7亿元，比上年增长9.9%，增幅提高4.0个百分点；商品零售1542.1亿元，增长12.5%，拉动全市社零增长11.1个百分点。批发零售业方面，全市限额以上批发零售业销售额总体保持平稳运行，比全省低2.8个百分点。限额以上批发零售额主要贡献来自市属41家重点企业，全年实现销售额5540亿元，比上年增长6.7%，占全市限额以上批发零售额的40%，拉动批零增长2.8个百分点。

【消费升级】 2019年，厦门市持续推进商圈转型升级。尚柏奥特莱斯等新商业综合体开业，50余个国际品牌入驻厦门，形成高中端多品牌矩阵。市商务局出台《厦门市推动中山路步行街改造提升工作方案》，打造具有侨台、闽南特色的城市厅堂。全国第五家市内免税店落户中华城。厦门市商务局（简称市商务局）推进连锁便利店发展，出台扶持政策，把智能化、品牌化连锁便利店纳入城市公共服务基础设施体系建设。中国连锁经营协会发布的中国城市便利店发展指数显示，厦门市位列第三名。市商务局出台《厦门市进一步繁荣夜间经济促进消费增长工作方案》，打造时尚夜购、活力夜娱、魅力夜游、风味美食及综合性夜间文旅消费集聚区，激发夜间消费潜力。根据“商旅联动、市区联动、城际联动”要求，开展思明购物节、湖里魅力购、翔安缤纷购等区域性特色促消费活动。推动企业开展汽车下乡、家电以旧换新、节能家电专场特卖等活动。厦门苏宁在全市范围开展家电以旧换新活动，出资3000万元补贴消费者。

【流通改革】 2019年，厦门市实现网络零售额378.4亿元，比上年增长36.2%；“6·18”购物节和“双11”网络零售销量均居福建省第一；中达电商园入选全国电子商务示范基地；安踏和美柚入选全国首批线上线下融合发展数字商务企业。市商务局支持举办全球电子商务大会、鼓浪听涛等品牌活动。5条现代服务业综合试点典型经验、9条城市共同配送试点典型经验获全国推广。供应链创新与应用、城乡高效配送等试点示范工作加快推进。

【消费环境提升营造】 2019年，厦门市商务局建立“共建共享、互联互通”的重要产品追溯体系，覆盖全市7.11万家生产经营主体、51.88万种商品，完成批发市场“一品一码”追溯标准化改造，将追溯体系与食品安全智慧监管相结合，实现重要产品从田间到餐桌全过程追溯信息可查询，营造放心消费环境。该追溯体系建设“厦门模式”获全国推广。市商务局推进消费信用体系建设，举办百货、汽车、电商、餐饮等行业“诚信兴商”放心消费活动，推进家政信用体系建设，有24家大型家政企业入驻“家政服务信用信息平台”。460家（次）守信“红名单”企业获得行政审批绿色通道服务，18家失信“黑名单”企业被限制政策资金扶持。厦门市出台《家政服务规范通用要求》《家政服务规范家庭搬家》2项地方标准，加强家政行业标准建设。11月27日，全国家政服务业提质扩容“领跑者”行动重点推进城市（区）现场经验交流活动在上海举办，厦门入选全国家政服务业提质扩容“领跑者”

行动重点推进城市名单。市商务局提升商务领域市场秩序的营商环境，建立以“双随机一公开”为基本手段、以重点监管为补充、以信用监管为基础的新型监管机制，实现15个行业领域监督检查权责清单全覆盖，商务举报投诉件案件线索处置办结率100%。

【中国（厦门）供应链科创中心成立】 2019年5月21日，中国（厦门）供应链科创中心在厦门揭牌成立。该科创中心由厦门自贸片区、中国物流与采购联合会、厦门大学管理学院形成战略合作，实现“政产学研用”紧密协作，为供应链城市试点及企业试点提供人才培养、咨询服务、成果输出等智力支持。该中心是中国物流与采购联合会与地方政府合作成立的全国首个供应链科创中心。

【“厦门老字号”核定】 2019年6月，厦门市商务局公布首批“厦门老字号”的认定核定情况，好清香、黄则和、海堤茶叶等112家单位的商号、注册商标正式挂牌“厦门老字号”。市商务局推动老字号创新发展，支持并组织“厦门老字号”企业参加国内大型展会，开展消费促进活动。

【厦门首届社交电商节暨招商洽谈会举行】 2019年8月8—9日，厦门首届社交电商节暨招商洽谈会在海悦山庄酒店举办，来自全国各地的制造企业主、新媒体创业者、电子商务从业者、投资机构代表等参加。与会代表聚焦“社交电商趋势”“社交电商与资本”“短视频营销”等话题，探讨社交电商的发展动向。该届社交电商节举办高峰论坛、产品渠道对接会、供应链展销会及开放市集、电商干货培训等活动，打造集“会、谈、展、训”于一体的社交电商系统服务平台。洽谈会上成立供应链联盟，为电商平台拓展更多优质的制造工厂及农产品货源。

【诚信车商百日宣传活动】 2019年12月14日，厦门市商务局组织汽车流通协会举办的“2019诚信车商百日宣传活动”在五一文化广场启动。该活动是厦门市汽车流通行业响应商务部等18部门关于举办2019年“诚信兴商宣传月”活动的号召，以“弘扬诚信理念、促进高质量发展”为主题，通过企业品牌展示、诚信经营主题宣讲、《汽车销售管理办法》法规贯宣以及车商惠民促销等形式，提升行业诚信经营意识，优化厦门的营商环境。

（市商务局）

对外贸易

【概　况】 2019年，厦门市进出口总额6412.9亿元，比上年增长6.9%，增幅比全国高3.5个百分点。第一季度进出口总额比上年同期下降0.9%，第二季度进出口总额增长9.0%，第三季度进出口总额增长4.3%，第四季度进出口总额增长14.6%。厦门市商务局落实国家稳外贸措施和厦门市促进外贸高质量发展实施意见，分析研判并出台支持重点外贸企业措施，扩大出口，做强进口，优化环境，开拓市场。针对物流、外贸综合服务、小微等不同类型企业，分别举办专题政策宣讲会。分别与省商务厅、出口信保厦门分公司、厦门海关等联合举办福建省“助力万企成长”外贸辅导暨惠企政策培训厦门站活动、中美贸易摩擦形势分析政策宣讲活动、外贸及海关政策宣讲活动等。新设机场跨境电商监管中心，无票免税进出口业务比上年增长160%。服务外包示范城市综合评价位居全国第六位。13家企业、2个项目入选2019—2020年度国家文化出口重点企业和重点项目。思明区保健康复器具外贸转型升级基地入选2019年度国家外贸转型升级基地，为厦门市第八家。

【进口运行】 2019年，厦门市进口额2884.2亿元，比上年增长8.3%，增幅比全国高6.7个百分点。进口贸易方式中，一般贸易方式占主导，进口2180.1亿元，比上年增长19.0%，拉动全市进口增长13.1个百分点；加工贸易进口额下降10.3%；保税区仓储转口额下降25%。进口商品中，资源类大宗商品为进口增长主力，铁矿、煤、铜材、铜矿、锰矿进口额分别比上年增长66.6%、31.8%、68.0%、168.0%、58.3%，液化石油气进口额增长60471倍，上述商品进口额增加321.6亿元，拉动全市进口额整体增长12.1个百分点；机电产品进口额833.7亿元，下降15.8%，主要是融资租赁飞机进口业务总额减少86.4亿元，拉低进口增速3.2个百分点；集成电路进口额4.6%；液晶显示板进口额下降21.2%。进口经营主体中，内资企业进口额1929.2亿元，比上年增长15.5%；外资企业进口额955.0亿元，下降3.9%。内资企业中，国有企业进口额1286.0亿元，比上年增长22.8%；民营企业进口额620.9亿元，增长3.1%。进口市场中，自澳大利亚、欧盟、金砖国家进口额分别比上年增长51.0%、23.8%、19.1%；自“一带一路”沿线国家和地区进口额906.0亿元，增长15.6%；自美国进口额下降43.5%，拉低全市进口4.8个百分点。

【出口运行】 2019年，厦门市出口额3528.7亿元，比上年增长5.7%，增幅比全国高0.7个百分点。第一季度出口额774.3亿元，比上年同期增长3.1%；第二季度出口额899.3亿元，增长12.7%；第三季度出口额923.8亿元，增长5.1%；第四季度出口额931.3亿元，增长2.3%。出口贸易方式中，新型贸易方式贡献突出，保税出口额比上年同期增长59.4%，拉动全市出口增长7.8个百分点；一般贸易出口额增长2.5%；加工贸易出口额下降14.1%。出口商品中，劳动密集型产品出口额1169.7亿元，比上年增长12.2%，增幅比全国高6.1个百分点，拉动全市出口增长3.8%，其中服装、鞋类、纺织产品出口额分别增长15.8%、13.1%、12.9%；机电产品出口额1620亿元，增长3.9%。出口经营主体中，国有企业出口额649.6亿元，比上年增长46.1%，对全市出口增长贡献率107.8%；民营企业出口额1589.5亿元，增长8.2%；外资企业出口额1267.9亿元，下降9.1%。出口市场中，对“一带一路”沿线国家和地区出口额1146.5亿元，比上年增长13.6%，占所有市场比重32.5%，比重提高2.3个百分点；对欧盟出口额增长4.7%；对东盟国家出口额增长16.3%；对美国出口下降6.3%。

【外贸营商环境优化】 2019年，厦门市建立稳外贸联席会议制度，市商务局与海关、税务、工信、外管、金融等部门共同推进外贸稳中提质工作，压缩通关时间，推动口岸降费。推广“提前申报”模式，公开通关流程及物流作业时限。12月，厦门口岸进口整体通关时间35.04小时，比2017年12月下降68.06%；出口整体通关时间3.5小时，比2017年12月下降84.3%。更新口岸收费目录清单，推动降低进出口合规成本。全年免除查验无问题集装箱4.9万标准箱，免除查验费2900万元。根据第三方阶段性评估，厦门口岸集装箱进出口成本处在全国沿海主要港口最低水平。全面推广国际贸易“单一窗口”标准版，新上线金融保险、原产地证书自主打印、减免税应用、出口许可证申领、出口退税、快件申报等应用。

【首单跨境电商网购保税货物验放】 2019年，自贸区厦门片区管委会、厦门市商务局等部门推进跨境电商平台建设。1月，自贸区厦门片区管委会研究出台跨境电商产业发展的相关举措。2月27日，厦门海关验放首单跨境电商网购保税进口货物，该单业务在厦门海易购电子商务有限公司的线上交易平台完成，货物为春节前入仓的来自韩国的保健品。消费者在线上下单后，由代理申报企业完成申报放行并装运离开海关特殊监管区域，再通过顺丰等快递当日送达消费者。从下单到签收，整个环节不超过6小时，与传统模式相比，通关效率提升30%，物流成本节约15%。

· 小资料 ·

跨境电商网购保税进口模式： 也称保税备货（海关监管方式代码1210），指国外电商企业按照市场预测和消费者需求，将国外商品集中运输到国内海关特殊监管区域内，随后根据每个消费者在电商平台上的订单以个人物品方式出区配送到客户手上。

【厦门入选全国首批二手车出口试点】 2019年5月，厦门市获批全国首批二手车出口试点，是福建省唯一入选城市。首批开展二手车出口业务的地区包括北京、天津、上海、浙江台州、山东济宁、广东、四川成都、陕西西安和山东青岛。厦门市商务局推动二手车出口项目，细化实施方案，筛选出口企业，强化监管，优化服务。规范二手车出口检测，由第三方检测机构出具检测报告；要求二手车出口企业做好海外售后服务保障。至年末，全市5家企业取得二手车出口业务资质。

【京东自营保税仓投入运营】 2019年10月25日，京东（厦门）跨境贸易运营中心暨京东厦门自营保税仓投入运营。该项目是京东物流在华南区的战略布局，是2019年“9·8”投洽会大型签约落地项目。项目配置有标准化仓库6万平方米，其中保税仓库2.1万平方米，非保税仓库3.9万平方米。该保税仓以海沧港区仓储物流中心基地为支点，依托厦门海港、空港、陆铁多式联运交通便捷及专业化跨境通路能力，为贸易商及电商企业提供涵盖仓储物流、国际货运、国际采购、国际中转、跨境电商、运输配送、进出口外贸通关、保险等一体化全链条物流服务。

（市商务局）

粮食储备与供应

【概　况】 2019年，根据厦门市党政机关机构改革方案，原厦门市粮食局职能并入厦门市发改委，设立粮食储备和流通发展处、粮食监督检查处及粮食监管一局、二局，负责厦门市粮食行政管理工作。厦门市发展改革委员会（简称市发改委）围绕引粮入厦保供应、加强储备保应急、强化监管保质量等目标任务，完成政策性粮食库存大清查工作，强化地方储备粮规范化管理，确保厦门市粮食储备数量真实、质量可靠、储存安全。完成市粮油市场供需状况调查，推进粮食安全应急体系建设；举办纪念第三十八个“世界粮食日”、粮食科技周、爱粮节粮等宣传活动；强化粮油市场监管，推进粮食质量监测体系建设；落实军粮质量监管“一批一检”制度，全年抽检99批次均合格，完成军粮保障工作；开展政策性粮食收储单位安全生产大检查，各收储单位安全生产形势稳定，未发生安全生产事故。

【粮油供需】 2019年，厦门粮油供需基本平衡，常住人口持续增长带动粮食消费刚性增长。全社会粮食总供给（按原粮口径）696.13万吨，比上年同期增长0.71%。其中，粮食自产2.43万吨，比上年增加0.13万吨，粮食自给率为1.62%；进口粮食211.5万吨，减少4.2万吨；从省外购进粮食287万吨，增长3.16%；从省内市外购进粮食157.2万吨，下降0.51%；厦门市区间的粮食购进量38万吨，增长2.43%。全年粮食总需求707万吨，比上年增长2.67%，其中社会粮食消费量150.39万吨、增长1.59%。社会粮食消费量中，口粮消费80.51万吨，比上年增长4.83%；饲料及工业用粮等69.88万吨，下降2.94%。年末社会粮食库存量（未含上级储备）186.53万吨，比上年下降5.84%。全年食用植物油总供给113.52万吨，比上年增长5.6%；食用植物油需求总量119.11万吨，增长7.89%。年末食用植物油库存量5.26万吨，比上年下降51.74%。

【政策性粮食库存大清查】 2019年，厦门市建立“政府统一部署、部门配合、上下联动、全员动员、横向到边、纵向到底”的组织体系，开展政策性粮食数量和质量大清查工作，完成年度清查任务。全年补充检查新进仓粮食26个仓廒，储备粮2.3万吨。清查结果表明，市级储备粮账实相符，账账相符，数量真实，质量可靠，储存安全。

【储备粮管理】 2019年，厦门市粮食行政管理部门落实全市27.5万吨粮食储备规模，完成市级储备轮换计划。优化粮食储备结构，调增2500吨成品粮应急储备。推广绿色储粮技术，新建、改造充氮气调仓库25间，采用粮情测控系统、机械通风、环流熏蒸、谷物冷却“四合一”储粮技术，提升储粮品质，全市粮食宜存率100%。做好政策性粮食质量把关，市级储备粮质量、卫生、品质指标合格率均为100%。贯彻落实储粮安全规定，举办仓储管理培训2期。加强储备粮轮换管理，地方储备粮轮换销售及采购全部采用公开竞价销售、公开招标方式进行，全年组织网上竞价拍卖和公开招标采购6场。

【粮食市场监管】 2019年，厦门市粮食行政管理部门加大粮食质量安全监测和市场抽查力度，加强事中事后监管，在政府门户网站公开检查结果。推动建立超标粮食处置长效机制，修订厦门市超标粮食处置实施方案，厘清农业、发改、市场监管部门的监管职责，强化属地监管责任落实和责任追究，严防超标粮食流入口粮市场。按照福建省粮食安全“一品一码”工作要求，推进厦门市粮食质量安全追溯平台建设。

【粮食质量检测】 2019年，厦门市粮食行政管理部门完成优质粮食工程检验监测体系建设任务。安排市财政资金159万元用于市粮油质量监测站购置设备、扩大监测项目。至年末，市粮油质量监测站固定资产为1400万元，检测仪器设备130余套，可检测对象48类、检测参数222项，被国家粮食和物资储备局评为第一批国家粮食质量检测机构、第一批国家粮油标准验证工作站。

【粮食安全应急体系建设】 2019年，厦门市粮食行政管理部门修订《粮食安全预案》，举行市级粮食应急演练。出台《厦门市粮食应急体系重点企业管理办法》和《厦门市粮食应急体系建设专项资金管理办法》，按照"每3万人口1个点设置"的应急网络建设要求，重新核定厦门市粮油应急加工企业7家和粮食应急供应网点143家。市财政拨付资金97.8万元，用于应急加工和应急供应网点协作奖励。市粮食行政管理部门开展"世界粮食日"宣传活动，通过在《厦门日报》刊载专版、移动公司平台发送宣传短信、向社区群众发放宣传手册等形式，宣扬爱粮节粮、科学食粮知识。

（市发改委）

副食品供应

【概　况】 2019年，厦门市"菜篮子"市场运行总体平稳，供应充足，品种齐全。蔬菜交易量185.1万吨，比上年增长4.3%；生猪定点屠宰量82.8万头，下降45.1%；禽类批发交易量3170吨，增长26.5%；水果批发交易量12.2吨，下降5.5%；水产品批发交易量16.1吨，下降4.7%；蛋品交易量2349吨，下降19%。厦门市商务局联合市财政局出台《厦门市主要副食品（肉、菜）供应保障资金管理办法》，落实保供稳价措施，针对"淡、灾、节、突"不同情况，实施"菜篮子"浮动调节补贴机制。通过提高生猪调运补贴标准、健全冻猪肉储备调节机制、启动平价肉品投放、推动跨省冷鲜肉调运、增加替代品投放等措施，确保猪肉供应基本稳定，猪肉零售均价在全国36个大中城市中处于较低水平。完成中埔批发市场、闽南农副产品物流中心、夏商国际水产交易中心3家批发市场标准化改造，实现"一进口一出口"的闭环式管理模式，进场和离场的农产品全面纳入追溯管理范围。年内，厦门市"菜篮子"市长负责制经农业农村部考核优秀，12月30日受邀参加国务院新闻办公室新闻发布会。

【消费扶贫】 2019年，厦门市商务局建立东西部扶贫协作工作机制，拓宽贫困地区农产品流通和销售渠道，动员机关、企事业单位参与消费扶贫，落实扶贫指标任务，助力打赢脱贫攻坚战。10月22日，厦门·临夏州东西协作消费扶贫陇原网货精品推介会在厦门举办，临夏州上百种特产登陆厦门市。至12月，市商务局组织本地企业采购、销售临夏州农特产品3717.9万元，超额完成"不少于1000万元"的指标任务；带动建档立卡户增收3094人，超额完成"不少于200人"的指标任务；在夏商民兴超市38家门店设立临夏州农产品展销专区（柜），超额完成"设立10个以上扶贫专柜"的指标任务。

【全国重要产品追溯体系建设培训班举办】 2019年9月24—25日，全国重要产品追溯体系建设培训班在厦门举办。该次培训在工作经验交流上分为政府篇、企业篇、扶贫篇和协会篇，从不同角度交流展示全国各地重要产品追溯体系建设取得的经验和成果，形成可复制的经验模式加以推广。培训班就生鲜配送追溯体系建设、基于供应链的重要产品追溯体系建设、重要产品追溯市场化运作思路探讨、追溯体系精准扶贫工作思路及模式等工作难点和重点进行探讨交流，进一步解读和普及政策，理顺运维管理体制机制，提升商务系统追溯体系建设工作能力和水平。

（张　乐）

供销合作

【概况】 2019年，厦门市供销社系统完成营业收入8.5亿元，比上年增长104.4%；实现利润4530万元，增长16.9%。完成冬储化肥8990吨。配合厦门市有关部门开展农村假冒伪劣食品专项整治工作，全系统出动自查检查人员63人次，检查食品生产主体10个、食品经营主体120个、批发市场和集贸市场4次，组织食品生产经营者培训12次，组织宣传活动103次。开展义务维修、农资科技下乡、庄稼医院义诊、技术培训、展会活动等惠农惠民活动共23场次、5600多人次，辐射翔安新圩、同安城区、集美灌口、集美后溪、海沧街道等范围。与三明市供销社签订系统内的《战略合作协议》，加强双方在农产品供销、展会、信息共享等领域的协同发展。完成首个"开放办社"试点工作，把厦门市洪塘百信种植专业合作社作为市供销社系统首家开放办社试点单位，通过试点单位带动、社员参与、信息（资源）共享等手段，联结小农户和各个农民专业合作社以及农业生产者，发挥为农服务一线作用。年内，市供销社集团公司与福建供销E家、厦门银祥集团合作，将西藏自治区昌都市原生态康巴昌都藏香猪引入厦门市场，增加猪肉市场保障供应，助力藏区牧民脱贫致富。

【村级供销社建设】 2019年，厦门市供销社、同安区供销社依托同安莲花供销社领办的厦门市鑫营发果蔬专业合作社作为主体，筹建市供销社系统首家村级供销合作社——军营村供销合作社。军营村海拔900多米，是厦门市最偏远、最穷困的高山乡村之一。新成立的军营村供销合作社作为为农服务平台，开展农资供应服务和日用品生活配套服务，解决该村和周边3个村庄无农资供应网点及村民购买农资难、贵的问题。

【"两社"融合发展试点】 2019年9月7日，首届"一带一路"农产品农资（电商）交易会期间，厦门市供销社作为联合协办单位，组织来自斯里兰卡、越南、印度尼西亚等33个国家和地区的38名国际合作社联盟代表，先后考察厦门市同安区丽田园农家乐专业合作社和翔安区富美大宅火龙果专业合作社2家厦门市供销社系统"两社"（供销社、农民专业合作社）融合发展试点单位。其中，同安区丽田园农家乐专业合作社联合村民共同开发、打造"共享村庄"。该社结合休闲农业与乡村旅游的特点，按照有机融合发展理念以及对农村自然生态环境保护与挖掘的发展方式，通过景点浏览、闽南歌舞节目表演等形式呈现园区的闽南村落特色。

（林世平）

烟草专卖

【概　况】2019 年，厦门市卷烟市场货源供应、市场状态、品牌格局保持平稳。厦门市烟草专卖局（简称市烟草局）坚持“总量控制、稍紧平衡，增速合理、贵在持续”调控方针，推进品牌培育和现代终端建设。全年实现税利 19.04 亿元，比上年增长 5.69%；服务全区卷烟零售户 20482 户。销售卷烟 19.59 万箱，比上年增长 0.72%；实现销售收入 61.02 亿元，增长 5.84%。第三方调查零售客户卷烟经营盈利率 13.35%。

【烟草专卖市场监管】2019 年，厦门市烟草专卖局坚持“政府主导、部门协作、烟草推动、综合治理”方针，推进打假打私工作；强化市场监管，通过信息化、“互联网 +”手段落实行政执法公示制度、执法全过程记录制度、重大执法决定法制审核制度；落实“放管服”改革，优化卷烟零售许可服务。全年查获涉烟违法案件 888 件，查获假烟 1025.65 件、走私烟 107.84 件；破获 5 万元以上案件 53 件，其中部督案件 2 件、符合国标网络案件 6 件；刑拘 86 人、逮捕 45 人、判刑 21 人。

（吴国荣）

会 展 业

会展建设与管理

【概　况】2019 年，厦门市会展业实现经济效益 450.94 亿元，比上年增长 12%。其中，直接经济效益 214.55 亿元，比上年增长 11.84%；带动经济效益 236.39 亿元，增长 11.93%。直接经济效益中，直接收入 21.73 亿元，比上年增长 9.2%；间接收入 192.82 亿元，增长 12.15%。展览业实现经济效益 175.21 亿元，比上年增长 0.8%。其中，直接经济效益 85.50 亿元，比上年增长 0.19%；带动经济效益 89.71 亿元，增长 1.39%。展览业直接经济效益中，直接收入 20.78 亿元，比上年增长 9.54%；间接收入 64.72 亿元，下降 2.49%。会议业经济效益 275.73 亿元，比上年增长 20.3%。其中，会议直接经济效益 129.05 亿元，比上年增长 21.19%；带动经济效益 146.68 亿元，增长 19.52%。会议业直接经济效益中，直接收入 0.96 亿元，比上年增长 3.23%；间接收入 128.09 亿元，增长 21.34%。年内，厦门市出台《厦门市关于进一步促进会议展览业发展的扶持意见》《厦门市会展业发展专项资金申报实施细则》《2020—2022 年厦门市会展业高质量发展三年行动计划》，明确建设“中国会展典范城市”和“国际会展名城”的目标。厦门市获评 2019 中国最具竞争力会展城市及 2019 年度金五星优秀会展城市奖，厦门市会议展览事务局（简称市会展局）获 2019 年度金五星优秀会展管理机构奖，2019 厦门国际会展周获“中国城市优秀会议项目奖”。

【展览业】2019 年，厦门市举办展览 236 场，比上年增长 3.06%。其中，经贸类展览会 157 场，比上年下降 5.42%；书画艺术类展览会 79 场，增长 24.4%。展览总面积 240.03 万平方米，比上年增长 0.93%。其中，10 万平方米以上的展览会 3 场，5 万至 9.99 万平方米的展览会 8 场，3 万至 4.99 万平方米的展览会 6 场，1 万至 2.99 万平方米的展览会 59 场，0.4 万至 0.99 万平方米的展览会 70 场。150 多个国家和地区的境外展客商 11.02 万人次、境内展客商 46.13 万人次参展，观众 521.24 万人次，境内外展客商在厦门 229.51 万人・天。厦门市举办“厦洽会”“石材展”“工博会”“春秋季佛事用品展”“海西汽博会”“茶博会”“文博会”“游艇展”“旅博会”“艺博会”“动漫节”等大型经贸专业展览。新办展览会 25 场，其中首次举办规模超过 1 万平方米的展览会有 8 场，分别为双赢生活用品展览会、（厦门）宠物行业博览会、2019 厦门丝路绿色农业博览会、厦门当代艺术国际交易博览会、2019 海西（福建）口腔设备及材料博览会、2019 厦门国际酒店用品与工程设计博览会、武汉名优创新产品展销会、玩出名堂（厦门）游戏展。厦门市具备承办 1000 平方米以上展览条件的场所有 24 处，净面积 32.47 万平方米。新增展览场所 3 个，分别为厦门国际会展中心 B8 展馆、佰翔会展中心和海丝艺术品中心。厦门国际会展中心完成 1250 个车位的地下停车场建设（至年末共有 3340 个停车位）。厦门市能够承接 5000 平方米以上室内展览活动的场所主要有思明区 2 处（厦门国际会展中心、文化艺术中心美术馆与博物馆）、湖里区 4 处（厦门佰翔会展中心、乔丹体育股份有限公司、厦门古玩城、红点设计博物馆）、海沧区 2 处（沧江会展中心、海沧体育中心）、集美区 2 处（集美新城市民广场展览馆、园博苑嘉庚体育馆），各区另有面积不等的展览场所共 10 余处。

【会议业】2019 年，厦门市达到市级奖励标准的规模以上会议 323 场，比上年下降 12.23%。全市举办 50 人以上的商业性会议 9978 场，比上年增长 7.73%。其中，思明区承接会议 7047 场，湖里区承接会议 1257 场，集美区承接会议 1113 场，海沧区承接会议 420 场，同安区承接会议 78 场，翔安区承接会议 63 场。全市举办境外会议 166 场，比上年增长 118.42%。境内外到厦门参会人数 205.04 万人次，比上年增长 8.88%，在厦门停留 1001.8 万人・天，增长 3.95%。年内举办国际投资论坛、海峡论坛、文化旅游会展产业发展大会、厦门国际会展周、第四十二届光子与电磁学研究国际研讨会等会议，举办第二十二届全国临床肿瘤学会大会暨 2019 年 CSCO 年会、第十一届东西部小动物临床兽医师大会、中华医学会糖尿病学分会第二十三次全国学术会议、中国医院协会信息网络大会、中国医院大会、第十六届保险精英圆桌大会、2019 第十五届中国医师皮肤科年会、蒙牛集团 2020 客户年会、第十三届中国医院院长年会等超大型会议。第二十八届中国金鸡百花电影节在厦门举办，计划长期落户，推动厦门“全域影城”的建设。

【饭店会议设施】2019 年，厦门市能够承接会议活动的饭店和会议中心共 130 家，拥有各种类型会议室 928 间，比上年增加 40 间，总面积 20.09 万平方米。会议室总面积在 2000 平方米以上的饭店有 27 家，增加 4 家。纳入会展统计的高等级饭店 126 家，有 56 家参加星级饭店评定（五星级 19 家、四星级 23 家、三星级 14 家），未评星级 70 家。参加市会议展览业协会组织评定的会议型饭店有 66 家。其中，AAAAA 级 32 家（五星级9家），AAAA级19家（四星级4家、三星级1家），AAA级15家；思明区38家、湖里区17家、海沧区6家、集美区5家。新增厦门天元酒店、禹州温德姆至尊豪庭酒店、大唐景澜酒店、集美湖豪生酒店、特房波特曼七星湾酒店等高等级饭店。纳入会展统计的饭店中，思明区73家、湖里区29家、集美区14家、海沧区6家、同安区1家、翔安区3家。

【饭店会议承揽】 2019年，厦门市五星级饭店承接会议2142场，每家饭店年平均承接会议112.74场，月平均承接会议9.39场；四星级饭店承接会议1484场，每家饭店年平均承接会议64.52场，月平均承接会议5.38场；三星级饭店承接会议255场，每家饭店年平均承接会议18.21场，月平均承接会议1.52场；未评星的高等级饭店承接会议6097场，每家饭店年平均承接会议87.1场，月平均承接会议7.26场。会议型饭店中，AAAAA级饭店承接会议3231场，每家饭店年平均承接会议100.97场，月平均承接会议8.41场；AAAA级会议型饭店承接会议1315场，每家饭店年平均承接会议69.23场，月平均承接会议5.77场；AAA级会议型饭店承接会议323场，每家饭店年平均承接会议21.53场，月平均承接会议1.79场。

【会展营销】 2019年，厦门市会展局推进国际营销平台建设，加大国际营销力度。围绕“金砖厦门·会展名城”主题，制作中英文宣传画册、推介PPT、厦门会展宣传片等宣传物料。厦门会展网年度总点击率为1300万次，其中中文版点击率1159万次、英文版点击率141万次，到访IP来自全球70个国家和地区。举办2019厦门国际会展周活动。先后组织厦门市80多家会展企业参加上海中国国际会奖旅游博览会（IT&CM）、第九届中外会展项目合作洽谈会（EPFIC）、第十二届中国会议产业大会（CMIC）、2019全球展览业协会UFI中国会员年会暨资本圆桌会议（UCC）和中国会展经济发展（济南）高峰论坛等境内营销推广活动。首次组织企业在巴塞罗那“国际商务及会奖旅游展览会”（IBTM）上设置展位，组团参加法兰克福国际会议及奖励旅游展（IMEX展）、2019UFI全球年会与亚太峰会、第五十八届国际大会及会议协会（ICCA）全球年会、全球展览业协会（UFI）年会、国际展览及活动协会（IAEE）全球年会等展会交流平台。全年刊发《海峡会展》6期、《厦门会展动态》22期。

【会展交流合作】 2019年，厦门市会展局与国际大会及会议协会（ICCA）签署战略合作协议，开展长期全方位战略合作；引入国际专业会议组织者协会（IAPCO）国际会议竞标培训，落地IAPCO首个国际会议竞标中心；与国际奖励旅游精英协会（SITE）合作举办注册奖励旅游策划师（CIS）中级培训。2019厦门国际会展周期间，ICCA、IAEE、SITE等国际组织、港澳台会展业机构、金砖五国及墨西哥等新兴市场国家会展协会联合举办相关活动。欧美地区20多家展览主办机构、境内外高校会展专业负责人及全国10余个城市会展协会主要负责人参会。

【会展产业链建设】 2019年，厦门市常年开展会展业务的会展机构和企业有400多家，直接从业人员1.6万人，业务范围涵盖会议展览上、中、下游各个环节。在厦门市工商局注册的会议公司超100家，常年开展会议承办服务业务的有80多家。厦门建旅商务会展有限公司、厦门会展国际旅行社有限公司、厦门厦旅会展服务有限公司等单位年承接会议近100场。厦门天元酒店、禹州温德姆至尊豪庭酒店、大唐景澜酒店、集美湖豪生酒店等高等级饭店投入使用并拓展会议市场。厦门承办展览的企业（机构）超60家，其中主承办当地经贸类展主要企业（机构）41家，代理境外展业务的企业（机构）14家。办展机构呈现多元化，汽车流通协会、贸促会等行业协会和机构，厦门日报社、海峡导报、厦门广播电视集团等媒体机构，厦门国贸会展集团有限公司、厦门建发集团有限公司等大型国有企业均涉足或拓展会展市场。全市会展设计搭建企业约150家。翻译、安保、通关物流、车辆租赁、喷绘印刷、摄影录像、教育培训、餐饮服务等行业与领域从业人员比上年均有增长。

【会展教育】 2019年，厦门市开设会展专业教育的高等院校有5所，在校生925人，其中本科生503人、高职生422人。厦门理工学院、厦门华厦学院开设会展经济与管理四年制本科专业，厦门城市职业学院、厦门东海职业技术学院、厦门华天涉外职业技术学院均开设有会展策划与管理三年制专科专业，厦门东海职业技术学院另开设有会展展示艺术设计三年制专科专业。年内，厦门市会展局举办会展从业人员专业培训13场，参训人员2010人次。其中，厦门会展青年沙龙举办8场，新科技与会展创新发展、会议策划运营与会议型饭店运营管理培训班、2019福建会展业融合发展研讨会、境外自主办展与境外参展经验分享与风险控制研讨会、新经济形势下的会议产业各举办1场。10月，厦门理工学院组队参加亚洲会展青年竞赛；11月，全省10所高校25支队伍100多位学生参加由厦门会展协会主办、《海峡会展》杂志承办的特房波特曼杯福建省大学生会展策划营销大赛决赛。各高等院校与企业就共同培养会展人才、志愿服务、校外实习实训基地等开展合作。厦门会展金泓信展览有限公司、厦门盈拓商务有限公司、厦门文广会展有限公司、福建会展壹号公关策划服务有限公司等企业高层受邀在厦门华厦学院授课。至年末，在校会展专业学生担任各类展会志愿工作者和信息采集员合计2200多人次。部分会展专业学生在2019厦门国际投资贸易洽谈会暨丝路投资大会等会展活动中提供现场志愿服务。

（市会展局）

【会展集团】 2019年，厦门市会展集团举办各类展览活动195场，比上年减少35场；总展览面积388万平方米，增长18%。其中，厦门本地展馆举办展览活动141场，比上年减少30场，总展览面积228.5万平方米，增长3.4%；福州展馆举办展览活动46场，减少10场，总展览面积160万平方米，增长50%；厦门沧江展馆举办展会活动8场，增加5场，总展览面积1.45万平方米，增长190%。市会展集团举办会议960场，比上年增加173场。其中，厦门场馆417场，比上年增加51场；福州场馆543场，增加122场。举办自办展会17个，比上年增加5个，总展览面积58万平方米，增长6.8%。其中，石材展保持全球第一大石材专业展地位，佛事展保持春秋两届，中国厦门国际新兴茶饮产业展览会为新培育的自办展，与厦门报业集团合作承办第四届厦门国际乐器展，举办第二届人工智能零售展、首届人工智能教育产业展、第二届智慧零售商业大会等人工智能题材展会，第二届中国（福建）智慧商业大会移到福州举办，沧江会展中心举办 2019 厦门（海沧）民俗用品展暨 2019 海沧养生文化节、商品展等展会活动。组织参加德国慕尼黑体育运动用品博览会等境外展会。厦门场馆会展四期 B8 馆边施工边筹备，完成第二十八届金鸡百花电影节场馆服务保障任务。福州展馆保障服务第二届数字中国建设峰会、植保双交会、华为生态伙伴大会、闽商大会等展会活动。年内，会展集团获 2018 年度（第六届）福建省政府质量奖提名奖、“2019 年度福建省文化企业十强”提名奖，入选中国商业联合会“AAA 级信用企业”、中国商业联合会“诚信建设突出贡献单位”以及“厦门市文化企业 30 强”。厦门会展中心获评中国会展业金海豚大奖“2018—2019 年度中国会展标志性展馆”、中国会展经济研究会“2018—2019 年度中国十佳品牌会展中心”、中国会展会奖产业“建国 70 周年・70 个品牌会展中心金手指奖”、厦门市思明区“2018 年度超 1 千万元纳税特大户”。福州海峡会展中心获评中国会展经济研究会“2018—2019 年度中国十佳品牌会展中心”、中国会展会奖产业“建国 70 周年・70 个品牌会展中心金手指奖”、“福州市五一劳动奖状”、福州市仓山区委区政府“2018 年度商贸发展优秀企业”。厦门会议中心获评中国会展经济研究会“2018—2019 年度中国十佳会议中心”称号、中国会展会奖产业“建国 70 周年・70 个品牌会展中心金手指奖”、厦门市思明区“2018 年度纳税大户”，会务部获“省级巾帼文明岗”称号。金泓信展览公司、金峰展览公司、思尔福展览公司获中国会展会奖产业“建国 70 周年・70 个品牌组展商金手指奖”。石材展、茶博会获中国会展经济研究会“2018—2019 年度中国最具特色专业展会”称号，石材展、佛事展、茶博会均获中国会展会奖产业“建国 70 周年・70 个品牌展览会金手指奖”和厦门“品牌展览会奖”。会展广告获评中国会展经济研究会“2018—2019 年度中国十佳会展服务商”、中国会展会奖产业“建国 70 周年・70 个品牌绿色会展企业金手指奖”、中国展览馆协会展览陈列工程设计与施工一体化二级资质、厦门“优秀展装企业奖”。会展国旅获中国会展会奖产业“建国 70 周年・70 个品牌专业会议组织机构（含 PCO）金手指奖”、厦门“优秀会议企业奖”。壹号公关策划公司获中外会展“优秀会展服务供应商奖”、厦门“优秀会展综合服务企业奖”，获评中国会展会奖产业年度金手指大奖“十大活动策划机构”。

（市会展集团）

展会选介

【第十九届中国厦门国际石材展览会】 2019 年 3 月 6—9 日，由厦门会展集团股份有限公司和厦门会展金泓信展览有限公司共同主办的第十九届中国厦门国际石材展览会在厦门国际会展中心举行。该届展会总面积 18 万平方米，设 25 个展厅，包括国内石材展区、国际展区、机械工具展区、室外展区、新品展区、设计和论坛区等展区，来自 57 个国家和地区的 2000 多家企业参展，涵盖各大洲的 11 个国家展团参展。该届展会新展商占比 13.1%，吸引 20.8 万人次观众观展。专业观众包括石材行业人士、建筑师、设计师、地产商、工程商、经销商等。境内方面，各地石材商协会、房地产协会、建筑工程协会、园林设计协会、室内设计协会、设计院及酒店用品管理协会等上百个行业团体代表参会；境外方面，近 40 个国家和地区的行业商协会、媒体组织的参观团到会，美国、法国、比利时、波兰、俄罗斯、德国、瑞士、泰国、巴勒斯坦、约旦、伊朗等国的境外观众组团观展。展会同期举办“石无限——产品设计展”“世界石材大会”“厦门发布——全球新品展示”三大精选活动；56 位全球建筑设计大师、专家与业内领袖举办近 50 场论坛讲座；境内外 23 名设计师展示石材应用设计产品，近 50 种新品为全球首发。其中，“厦门发布——全球新品展示”活动展区面积 4500 平方米，设新品展示区和新品发布会两大板块，涵盖全球新矿、新设计、新材料、新技术、新机械等行业相关新品，展位数量比上届增长 20%。第二届“石无限——产品设计展”全面升级，面积从 200 平方米扩大到近 2000 平方米。来自中国、巴西、德国、瑞典、西班牙、新加坡、美国等国的 23 家企业展示不同设计理念的石材设计产品。

【厦门工业博览会】 2019 年 4 月 12—15 日，2019 厦门工业博览会暨第二十三届海峡两岸机械电子商品交易会在厦门国际会展中心举行。该届工博会由商务部特别授权，中国机电产品进出口商会、中国机械工业联合会、台湾区电机电子工业同业公会和厦门市对台贸易促进中心共同主办。展览面积近 10 万平方米，展览规模超 4000 个标准展位，参展企业近 1000 家，老展商占比超 70%。设智能制造、机床及激光设备、橡塑工业、工模具、流体设备、智慧交通和智能网联汽车等门类展区，其中智能制造展区规模比上年增长 20%，设展位 710 个。该届工博会新设流体设备暨五金、轨道交通暨智慧物流展区和 2019 厦门智能网联汽车展览会。大会总成交金额 1820 万元，总意向金额 2200 万元。展会期间举办各类论坛研讨及新产品、新技术发布活动 10 余场，主题涉及两岸经贸、创业创新、工业智能化、工业合作、机械、光电等相关专业技术和领域，海峡两岸 62 位专家演讲，听众近 3000 人次。

【中国厦门国际佛事用品展览会】 2019 年，由厦门会展集团股份有限公司、厦门会展金泓信展览有限公司主办的第十四届中国厦门国际佛事用品展览会分春秋两季在厦门国际会展中心举行。5 月 9—13 日，2019 中国厦门国际佛事用品（春季）展览会举办，展览面积 7.07 万平方米，划分为佛像佛龛、寺院建筑、香品香具、蜡烛灯具等 9 个展区，来自日本、韩国、加拿大、马来西亚、越南等国家和地区的企业参展，海内外观众 19.6 万人次。展会期间举办“物有本末”设计展、佛前供花——禅花讲座、春日・香席秀、2019 佛事产业系列论坛等配套活动。10 月 10—14 日，中国厦门国际佛事用品（秋季）展览会举办，展览面积 11.5 万平方米，设置国际标准展位 6500 个，来自全国各地以及日本、韩国、加拿大、马来西亚等 11 个国家和地区逾 1200 家企业参展。展会覆盖佛事用品全产业链，设置佛像佛龛、寺院建筑、香品香具、蜡烛灯具、法器法物、僧服绣品、国际展区、禅意家居、工艺礼品及文创、素食有机产品 10 个展区。该届厦门国际佛事用品秋季展同期举办 2019 中国厦门国际素食暨有机产品（秋季）展览会、2019 中国厦门国际茶产业（秋季）博览会、2019 中国厦门国际茶叶包装设计（秋季）展览会，来自 51 个国家和地区的客商 28.8 万人次参会，其中专业客商 16.38 万人次。

【第十一届海峡论坛】 2019 年 6 月 15—21 日，第十一届海峡论坛举办，主会场设在厦门国际会议中心，由两岸 83 家（大陆 41 家、台湾 42 家）单位和社团共同主办，共 67 场，规模为历届最大。论坛延续“扩大民间交流，深化融合发展”主题，突出探索海峡两岸融合发展新路。首次举办“两岸一家亲·从小心连心”研学体验营。中共中央政治局常委、全国政协主席汪洋，中国国民党副主席兼秘书长曾永权、新党主席郁慕明等出席论坛。11 名台湾正副县市（议）长以及海峡两岸 30 多个界别、1 万多名台湾同胞参加论坛。参加该次海峡论坛的台湾同胞人数为历届最高。其中，首次来大陆的占 20%，首次参加海峡论坛的占 40%，来自中南部的基层民众占 51%。与会台湾青年人数占比超 50%。包括 125 名博士在内的 300 多名台湾人才出席“第一家园”论坛。论坛期间，厦门人才对接会为台湾青年提供就业岗位 2300 个。两岸人才机构达成合作意向 80 余个。两岸在科技、社区、农田水利、工商、中医药等各行业领域签署交流合作协议约 50 个。厦门市推出探索海峡两岸融合发展新路政策措施，探讨推动“新四通”（经贸合作畅通、基础设施联通、能源资源互通、行业标准共通）、厦门金门“小四通”（通水、通电、通气、通桥）。据不完全统计，台湾岛内网络和社交媒体报道 1600 篇，评论 7.6 万条，点赞近 16 万次；岛内网络声量是上届的 2 倍，关注度是上届的 10 倍；视频信息播放量 304 万次，是上届的 20 倍；岛内社交媒体用户参与该届论坛的话题互动 350 万人次。

【第十六届中国国际保险精英圆桌大会】 2019 年 7 月 13—15 日，由盛世圆桌（北京）文化交流有限公司承办的中国国际保险精英圆桌大会（China Millions Forum 简称 CMF）在厦门国际会展中心举行。来自全国各省区市、香港、澳门、台湾以及有关国家和地区，分属不同保险机构的 8000 多名保险人士参会。大会颁发 TMC 千万圆桌会员奖、CMF 国际十大保险明星等奖项。大会办会理念为“精英化、人文化、品质化、国际化”。

【厦洽会暨丝路投资大会】 2019 年 9 月 8—11 日，2019 厦门国际投资贸易洽谈会暨丝路投资大会在厦门国际会展中心举行，展览面积 13 万平方米，设置国际标准展位 6000 个，由投资主题馆、产业招商馆和丝路贸易馆 3 个板块 16 个专业展区组成。境内 30 余个省市、自治区、直辖市，1500 多家企业参展，境外日本、韩国、泰国、马来西亚、印度尼西亚、澳大利亚、新西兰、美国、埃及等 50 个国家和地区参展。主宾国塞尔维亚设 800 平方米展区，代表团 120 多人。该届产业招商馆新增工业互联网展、“一带一路”农产品农资电商交易展和中国国际绿色产品创新展览会等国家级展会项目。该届大会策划举办重点产业对接、重点区域对接、热点专题对接和中国企业“走出去”专场对接等 4 个类型对接洽谈活动，推出有效投资项目近 3 万个，其中新增项目近 8000 个；签订各类投资项目 2100 个，利用外资 2660.6 亿元，对外投资 712.32 亿元，区域合作 1953.58 亿元，合计协议总投资额 5591.5 亿元。

【中国厦门国际茶产业（秋季）博览会】 2019 年 10 月 10—14 日，由厦门会展集团、金泓信公司主办的 2019 中国厦门国际茶产业（秋季）博览会在厦门国际会展中心举行。该届茶博会设置品牌茶企展区、茶器展区、茶叶包装设计展、台湾展区、国际展区等板块，展览面积 7.5 万平方米，国际标准展位数 3800 个，来自 15 个国家和地区的 1500 余家企业参展，其中越南茶叶协会首次组团参会。来自 51 个国家和地区的买家及观众逾 28.8 万人次参会，其中专业客商 16.38 万人次。该届茶博会的茶包装设计展展览规模 2 万平方米，比上届增加 5000 平方米，参展企业近 200 家。台湾展区的展商数量超 100 家，面积 6000 平方米，汇集文山包种、木栅铁观音、东方美人、冻顶乌龙、高山乌龙、日月潭红茶等茶品。展会同期举办 2019 国际普洱茶论坛、2019 国际茶器论坛、2019 国际茶叶包装设计论坛、2019 国际茶人“啖”茶等活动。

【厦门国际会展周】 2019 年 11 月 11—15 日，由厦门市会议展览事务局主办，商务部外贸发展局以及国际大会及会议协会（ICCA）、国际展览与项目协会（IAEE）、亚洲会展协会联盟（AFECA）、国际奖励旅游精英协会（SITE）、金砖国家与部分新兴市场国家会展组织、香港贸易发展局、澳门贸易投资促进局、台湾展览暨会议商业同业公会联合主办的 2019 厦门国际会展周在厦门举行。该届会展周以“融合、共享、创新、发展”为主题，设置厦门国际会展高峰论坛、“金砖 + 新兴市场国家暨中外会展合作发展论坛”、亚洲高校会展教育合作论坛之 AFECA 会展学术年会发展研讨会、海峡会展合作论坛、SITE 亚太领袖高峰论坛、ICCA 全球高管会议、福建大学生会展策划营销大赛、厦门国际会展周项目对接洽谈会等板块，举行 20 多项论坛研讨会和 4600 多场次会展项目对接洽谈活动，30 个国家和地区的 1600 多名中外代表到会交流对接，参会规格规模为历届之最。其中，境内采购商 180 家，比上届增长 30%；境外采购商 80 人，增长 15%。计划 2020—2021 年在厦门举办 1000 人以上会议 50 多场、展览 15 场（总面积近 20 万平方米）。该届会展周的 ICCA 全球高管会议移至厦门举办，是 ICCA 首次在总部阿姆斯特丹以外的城市举办该活动。会展周期间，ICCA 宣布将厦门作为全球机构合作伙伴，在厦门市文旅会展发展大会上与厦门会展事务局签署战略合作协议。该届会展周吸引俄罗斯会展联盟、南非会展协会、印度会展协会、巴西会展协会等金砖国家会展机构以及新加坡、印度尼西亚、菲律宾、墨西哥、泰国、马来西亚以及港澳台地区等 20 多个金砖和新兴市场国家（地区）的会展主管部门和相关协会参与。

（市会展局）

责任编辑：林炯程
审　　稿：林建高
校　　对：曲　艺

29 旅游业

综述

【旅游接待】 2019年，厦门市接待国内外游客10012.87万人次，比上年增长12.50%；实现旅游总收入1655.90亿元，增长18.10%；旅游业增加值占全市生产总值11.7%；游客人均花费1654元，增加79元，增长4.98%；人均过夜天数2.67天，增加0.05天。接待国内游客9562.18万人次，比上年增长12.90%，占接待总人数的95.50%；实现国内旅游收入1359.78亿元，增长19.14%，占旅游总收入的82.12%。接待国内过夜游客4048.66万人次，比上年增长9.82%，占国内游客的42.34%；接待国内一日游游客5513.52万人次，增长15.27%，占国内游客的57.66%。接待入境游客450.69万人次，比上年增长4.71%，占接待总人数的4.50%；实现旅游创汇42.86亿美元，增长8.76%。接待入境过夜游客297.34万人次，比上年增长5.37%，占入境游客的65.97%；接待入境一日游游客153.35万人次，增长3.44%，占入境游客的34.03%。分季度看，全年呈现出稳步向好的趋势。第一至第四季度厦门市分别接待国内外游客2156.88万人次、2264.93万人次、3077.3万人次和2513.76万人次，分别比上年同期增长17.58%、8.12%、11.81%和13.30%；旅游总收入分别377.84亿元、361.31亿元、447.07亿元和469.68亿元，分别增长23.01%、12.37%、16.24%和20.79%。

2019年，厦门市接待的国内游客人均消费1422元，比上年增长5.53%；国内过夜游客人均住宿2.43天，增加0.02天，人均消费2598元，增加172元，增长7.07%；国内一日游客人均消费559元，增加43元，增长8.23%。入境过夜游客人均消费1409美元，增加45美元，增长3.32%。游客消费支出中长途交通、住宿、购物、餐饮占比分别27.3%、21.3%、16.9%和15.4%，其中弹性消费包括购物、游览和娱乐支出分别上升2.47、0.44和0.90个百分点。

【旅游投诉和维权】 2019年，厦门市文旅综合执法机构接到各类旅游投诉和维权咨询、情况反映2084件。其中，接受群众旅游维权咨询、工作建议、情况反映1397件，转办工商、物价、交通、港口、城管等相关部门投诉35件，受理旅游服务质量投诉652件，为游客挽回经济损失232万余元。旅游投诉接收率、联系率、答复率和反馈率100%。

（郑滢君）

旅游规划与项目建设

【概　况】 2019年，厦门市文化和旅游局（简称市文旅局）推进文旅融合发展，坚持抓招商促发展，全面推进“双千亿”产业链群培育工程，做强优势产业、壮大新兴产业，构建新型文旅产业集群。在全市招商项目信息管理平台中，市文旅局入库文旅产业项目107个，占现代服务业招商组项目14.4%。其中，策划意向项目41个、在谈项目44个、落地项目22个。影视产业11个，占比50%，其中金鸡奖长期落户厦门市，推动全市“以节促产”战略成效。

【旅游规划】 2019年，厦门市文旅局推进《厦门经济特区旅游条例》立法进程，经厦门市第十五届人大常委会第二十八次会议三审通过，自2020年1月1日起施行。修订完善《厦门市全域旅游专项规划（2019—2035）》，经厦门市城市规划委员会审议通过，明确打造八大国际性旅游核心吸引物等具体实施路径，强化项目空间落地和可操作性。研究制定《厦门市旅游业高质量发展三年行动计划（2020—2022）》《厦门市关于进一步激发文化和旅游消费潜力的实施意见》《厦门市旅游产业高层次人才聚集计划实施办法》《厦门市繁荣商业演出市场实施办法》等政策，加快推动厦门市旅游业高质量发展。

【旅游会展工作】 2019年，厦门市文旅局参与筹办全市文化旅游会展产业发展大会，举办第十五届海峡旅游博览会（旅博会）、第十五届海峡两岸图书交易会（海图会）、第十二届海峡两岸（厦门）文化产业博览交易会（文博会）。出台各类配套政策，对接企业客商，打造国际滨海花园旅游城市和建设高标准国际会展名城。

【旅游项目建设】2019年，厦门市在建涉旅项目37个，新投产项目3个。年度计划投资45.25亿元，完成投资54.24亿元，占年计划119.8%。其中，酒店类在建项目17个，新投产酒店2个，完成投资13.67亿元，占年计划121.2%；景区类在建项目10个，完成投资16.70亿元，占年计划136.6%；旅游综合体类在建项目10个，新投产1个，完成投资23.86亿元，占年计划109.7%。天元酒店、万丽酒店、集美豪生大酒店、尚柏奥特莱斯等建成并投入使用。华尔道夫、安达仕等重点项目建设全面加速。

【乡村旅游"百镇千村"创建】2019年，厦门市文旅局贯彻落实《福建省乡村旅游"百镇千村"提质升级三年行动方案》，推动乡村旅游休闲集镇、特色村提质升级，规范乡村民宿发展，出台《关于进一步促进乡村民宿发展推进乡村产业振兴指导意见》，对岛外4个区59个试点村的民宿开展登记备案制度。开展2019年福建省乡村旅游休闲集镇、旅游村评定工作。同安区军营村和海沧区青礁院前社获得福建省首批"金牌旅游村"，东孚街道获评四星级休闲集镇，竹坝开发区获评三星级休闲集镇；古坑村和白交祠村获评四星级乡村旅游村，顶村村、莲花村、澳头社区、面前埔村获评三星级乡村旅游村。

【景区治理】2019年，厦门市文旅局对全市A级旅游景区开展拉网式复核检查，取消小嶝休闲渔村和天竺山香草园国家AA级旅游景区质量等级；推动园林植物园、园林博览苑、天竺山景区提升创建AAAAA级旅游景区，以及集美区、思明区等创建国家全域旅游示范区，加快推进旅游景区高质量发展。推动企业创建省级"智慧景区""省级养生（体育）旅游休闲基地"工作；优化升级厦门市旅游年卡和户外运动卡，全年充值卡数25.73万张，完成年度计划151.35%。8月1日启用电子卡系统和新的入园验证系统，增加加盟景区，进一步提升便民惠民服务。

【旅游厕所建设】2019年，根据原厦门市旅发委制定的《厦门市旅游厕所建设管理新三年行动计划（2018—2020）实施方案》，市文旅局以A级景区、乡村旅游"百镇千村"和自驾车营地为重点，开展"厕所革命"建设、管理服务、科技、文明四大提升行动。全年，市文旅局实现新改建旅游厕所31座，对2018年建成完工的56座旅游厕所进行等级评定，完成省下达任务新改建任务的（23座）的135%、市下达任务（29座）的107%；推动全市AAAA级以上景区和重要旅游场所建设"第三卫生间"13个。至年底，全市有执行国家标准建成的旅游厕所224座，其中有AAA级旅游厕所10座、AA级旅游厕所89座、A级旅游厕所94座。

2019年建成的闽南古镇B4栋负一楼AA级旅游厕所　（市文旅局　供图）

【旅游服务体系建设】2019年，厦门市旅游服务体系建设进一步提升和完善。在邮轮码头、中山路、和平码头、胡里山炮台、曾厝垵、观音山、机场T3航站楼、机场T4航站楼等全市主要交通节点和游客集中地区设立服务点8个。开展2个线上服务平台（"厦门乡村游"和"厦金旅游通"）。全年累计服务游客54.93万人次，公益宣传播放9.58万小时，发放宣传单43.1万单次，应急医药服务1637人次，游客满意度99.75%。

（郑滢君）

旅游宣传营销

【概　况】2019年，厦门市文旅宣传推广以节事活动展示特色文旅资源和产品，以新媒体融媒体撬动市场形成热点，以区域协作拓展资源产品广度和宽度，开拓境内外市场，扩大客源，扩大消费，提升"海上花园　诗意厦门"文旅品牌在海内外的知名度和影响力，对全市文旅资源要素进行挖掘整理、策划包装，制作厦门文化旅游地图，推出30条厦门特色人文旅游线路。厦门市获得由《半月谈》杂志社举办评选的"2019中国最佳品质文化旅游目的地"称号，获得由中国旅游报社、中国民航信息网有限公司、中国铁路网络有限公司联合主办评选的"中国高铁文旅十佳城市"称号，获得由新浪网举办评选的"微博2019最具影响力国内游城市"称号，获得由中国旅游报社举办评选的"2019中国旅游影响力年度夜游城市"称号，获得由上海市文化和旅游局指导、长三角三省一市旅游协会主办评选的第四届文旅大消费龙雀奖"2019年度最佳网红目的地"称号。

【海外市场营销】2019年，厦门市继续创新开展海外事件营销等，实施旅游国际化战略，进一步提高厦门市国际知名度和吸引力。在厦门航空全机队和荷航洲际航线机上媒介投放厦门旅游形象宣传；在欧洲旅游巴士全年投放"海上花园、大厦之门""万里茶道第一门""世界文化遗产地”等厦门旅游品牌形象广告；与厦航合作设立13个驻外文化旅游代表处，全年提供上百张免费国际机票，邀请境外旅行商到厦门采风踩线。在Expedia和Avaisales.ru两大海外OTA（在线旅游）平台推广取得成效；市文旅局四大海外社交媒体平台粉丝数量在中国近60家出海的省市级旅游单位中排名第七，在所有的市级单位中排名首次进入前3名。市文旅局组团到北美、东南亚、欧洲和日韩举办“海上花园·诗意厦门”文化旅游推介活动，传递“厦门声音”，讲述“厦门故事”，吸引入境游客。市文旅局策划推出144小时过境免签优质旅游推荐线路，印制投放多语种宣传折页，制作144小时过境免签动漫宣传片，发行“144小时过境免签外国人畅游卡”，发挥外国人144小时过境免签政策效应，吸引境外游客利用签证便利化政策。

2019年7月，“全福游有全福·山海闽西南”（岳阳）文旅公众体验会启动仪式

（市文旅局供图）

【国内市场营销】 2019年，厦门市文旅局加强市区联动，政企互动，遵循“巩固传统市场、开拓新兴市场、培育潜在市场”的原则，统一品牌形象、统一主题策划，进一步突出厦门特色、突出文旅融合、突出产品推广、突出全媒体复合营销，多渠道宣传推广，开拓国内重点客源市场，提升厦门文旅品牌在国内旅游市场的占有率和影响力。联合6个区和全市各大旅游企业组织“海上花园 诗意厦门”全国巡回宣传推广活动，覆盖云南、贵州、山东、四川、山西、江苏、浙江、吉林、黑龙江、广东、重庆10省1直辖市的27个城市，有效开拓长三角、珠三角以及西南、华东、华北、东北等重点客源市场，吸引中高端游客到厦门旅游。加大高铁动车媒体宣传力度，在高铁动车上投放30秒电视视频广告，开拓厦门市高铁沿线旅游市场。

【闽西南旅游协同发展】 2019年，厦门市通过品牌共建、市场共拓、产品互连、线路互推、客源互送、资源共享、活动联办等形式，牵头做好闽西南协同发展区旅游协同工作，推动闽西南区域旅游一体化发展。3月，闽西南协同发展区旅游部门联席会议在厦门召开，厦门、漳州、泉州、三明、龙岩五地市旅游行政部门领导、闽西南协同发展区办公室项目协调处相关负责人出席会议，旅游协会、旅行社、媒体记者等代表参会，会议讨论通过成立闽西南协同发展区旅游部门联席会议秘书处，并商定年度闽西南五市工作任务及具体分工。厦门市组织闽西南协同发展区各市参与2019海峡旅博会和休博会，现场特别设置闽西南旅行社热卖区，将旅博会参展规模和受众规模拓展到闽西南五市。搭建“山海闽西南”台湾形象店营销平台，共拓台湾市场，闽西南五市携手依托台湾雄狮国际旅行社在台北和高雄设立“清新福建·山海闽西南”旅游形象店，推广闽西南五市旅游资源和产品，进一步提升闽西南五市文化和旅游在台湾市场的知名度和影响力。7月，厦门市牵头组织闽西南协同发展区各市携手金门组成文旅推介团，整合包装六地文旅资源及产品，到湖南、湖北两省三市开展宣传推广活动，开拓华中旅游市场，进一步打响“全福游有全福·山海闽西南”的福建区域旅游品牌。牵头开展《闽西南协同发展区旅游宣传推广专项规划》及三年行动计划实施方案项目编制工作。牵头推进旅游质监跨区域联动和骨干导游培训工作，提升闽西南区域旅游服务水平，促进闽西南旅游产业优质发展。

【临夏旅游帮扶推介】 2019年，厦门市文旅局进一步发挥文化旅游扶贫带动作用，对接“西部所需”、立足“厦门所能”，推动双方文化和旅游领域交流合作落到实处。加强与对口帮扶地区的人才交流，先后选派2名优秀干部到临夏挂职1年半、4名文旅人才到宁夏对口帮扶1年、20名文旅人才到临夏对口帮扶1个月。支持协助临夏州到厦门参加旅博会、举办推介活动，邀请临夏州到厦门参加第十五届海峡旅博会，提供36平方米的免费展位并协助举办临夏州文化旅游暨“中国光彩事业临夏行”招商项目推介会。签署贯彻落实厦门与临夏两地文旅合作协议，推动两地文化和旅游交流合作。5月中旬，组织厦门歌舞剧院到临夏“牡丹文化月”交流演出；7月，组织到临夏州开展文化和旅游工作交流；10月，组织开展“春雨工程——厦门文化志愿者走进临夏美术书法摄影展”等活动。推动“万人游临夏”活动，宣传临夏文化和旅游资源，在厦门市文化和旅游局自有媒体平台设立“走亲戚游临夏”宣传专题，推出30个专题，各平台发布推文90余篇。组织2019“万人游临夏”启动活动，成立“万人游临夏”闽西南旅游联盟，组织到临夏采风踩线活动。多渠道加大产品的销售力度，招徕游客到临夏旅游消费，以厦门为龙头的闽西南五市累计给临夏州输送客源6000余人。

（郑滢君）

旅游产品推广

【概　况】2019年，厦门市文旅局联合全市主流融媒体《厦门日报》《海西晨报》《海峡导报》，分别以旅拍、影视、“非遗”等元素整合融入文旅产品推广，组织开展“@厦门”2019厦门文化旅游推广季活动，全面展示厦门高素质、高颜值、现代化、国际化的城市形象，提升“海上花园　诗意厦门”城市文旅品牌的知名度和影响力。推广季活动分为“起、承、转、合”四大篇章，设置“起笔点题@厦门”“拍文摄旅@厦门”“原乡风物@厦门”“金鸡影视@厦门”“全媒聚焦@厦门”“精彩同台@厦门”六大主题活动。其中，“拍文摄旅@厦门”影像大赛征集到近300位参赛者的3200多份影像作品，发布6条具有厦门特色的“旅拍”主题线路，将厦门的文旅景点，以影像为主题进行串联，让到厦门游客知道在厦门到哪拍、拍什么，真正感受到厦门城市精髓；“金鸡影视@厦门”活动，以金鸡百花奖在厦门举办为契机，以“影视”为主题，推出影视旅游线路体验、影视海报猜猜猜、“影迷打卡地·C位我独尊”短视频竞赛等活动，短视频竞赛征集作品近300份，发布3条影视旅游主题线路，开启厦门影视旅游新玩法；“原乡风物@厦门”，以“非遗”为魂，以旅游为体，选取以“物”为呈现的10个“非遗”项目进行10期专题报道，并组织12场“非遗+旅游”落地研习体验，发布3条“非遗”旅游线路和“非遗”文创伴手礼名录，推广“非遗”旅游产品，展示人文厦门之美。

2019年4月19—21日，第十五届海峡旅游博览会在厦门国际会展中心举行

（市文旅局　供图）

【第十五届海峡旅游博览会】2019年4月19—21日，由福建省文化和旅游厅和厦门市人民政府主办，厦门市文化和旅游局具体承办第十五届海峡旅游博览会暨第五届中国国际休闲旅游博览会在厦门国际会展中心举办。旅博会以“融合发展、合作共赢”为主题，展览面积6万平方米，展位合计2600个，参会旅行商近2万人，观展客流22.6万人次，与会旅行商协议交易额8500万元，观众总消费及交易2.6亿元，合计总销售及交易额3.45亿元。台港澳地区展位总数150个，金门、马祖、澎湖三地首次全部特装参展，台湾各大公协会主要负责人全部到位。“厦金澎”旅游节活动全面升级三地融合旅游资源，举办28项活动，开启厦金澎旅游发展新篇章。展会国内20个省市（自治区）、境外47个国家和地区的旅游行业主管部门和机构参展，展位数249个，境内外重要专业买家1000多人。该届展会规模和规格进一步扩大，活动的专业性、互动性进一步增强，国际化水平进一步提升，参展类型更丰富，效益更突出，品牌影响力和平台作用更加凸显。展会突出“文旅融合、美好生活”目标，举办境内外各类展演推介活动50余场，将旅游推介和人文交流相结合，以文化提升旅游品质，以旅游促进文化传播，促进文旅新业态发展。展会主动对接闽西南协同发展区旅游部门，筹划组织各类特色旅游活动，首设闽西南热卖大街，举办闽西南游客节，扩大展会受众规模，组织公益免费游，惠及闽西南五市。三明市尤溪县作为旅博会唯一主场县，并在展会期间举办专场旅游推介会，推进区域旅游协作发展。展会以“旅游特卖惠，就在旅博会”为口号，凝聚业界全

2019年10月15日，“@厦门”2019厦门文化旅游推广季在胡里山炮台启动仪式

（市文旅局　供图）

产业链共同参与，定制专属服务，创新营销模式，在主通道规划“旅游热卖大街”，展示区和热卖区相呼应，展销并重带动现场热卖氛围，充分发挥展会惠民惠企促消费的作用。

【中秋博饼旅游嘉年华活动】 2019年8月30日至9月28日，由福建省文化和旅游厅、厦门市人民政府指导，厦门市文化和旅游局、湖里区人民政府主办，湖里区文化和旅游局、厦门旅游集团承办的第八届厦门中秋旅游嘉年华在翔鹭国际大酒店盛大开幕，该活动立足“促进文旅融合、打造节庆品牌、优化产品供给、拉动消费增长”的基本思路，打造福建省第一场以“福”为主要文化内涵的文旅节庆活动。嘉年华活动延续“欢乐中秋　好运厦门”活动主题，以中秋博饼民俗活动为主线，推出“迎福”开幕式、“纳福”博饼狂欢月、“享福”旅游产品特卖月、“传福”快闪拍客达人秀、“寻福”博饼民俗出海记、“聚福”六区中秋文旅汇、“集福”全球大咖游厦门、“庆福”闭幕式八大主题活动，以及首届夜间中秋文旅庙会、央视国际频道中秋直播、“八闽点灯”主题活动厦门点灯仪式、厦门旅游推介会4项配套活动。嘉年华活动创新引进央视国际频道直播、首届夜间中秋文旅庙会等，境内外超过300家媒体进行报道，影响受众超过4.4亿人次，进一步提升厦门旅游国际知名度。通过企业主导，政府指导，政企协作，六区联动，成为“厦门市民享优惠，全球游客乐厦门”的特色文旅盛会，让农历八月博饼成为全世界、全国到厦门的首选理由之一。

【邮轮旅游】 2019年，厦门港接待邮轮136艘次，比上年增长41.67%，排名国内沿海邮轮港口第二位；旅客吞吐量41.37万人次，比上年增长27.38%，排名国内沿海邮轮港口第四位。两项增幅均排名国内沿海邮轮港口第一位。5月，厦门旅游集团、国旅环球（北京）国际旅行社有限公司及丽星邮轮（香港）有限公司三方签订2019年“双子星”号包船协议，以厦门为母港开展53个“冲绳、宫古”航次，打造具有吸引力的邮轮旅游产品，总投资约1.9亿元。5月9日至12月22日，“双子星”号邮轮运营65个航次，旅客人数约9.75万人次。6月，中国旅游集团、中远海运集团合资在厦门设立邮轮运营总部——星旅远洋国际邮轮（厦门）有限公司，注册资本1000万美金。旗下首艘7万吨级“鼓浪屿”号邮轮是中国第一艘自主运营的国资邮轮。该邮轮9月20日在厦门开启全国首航，揭开中国民族邮轮品牌、厦门邮轮产业发展的新篇章。

（郑滢君）

2019中秋期间，海外游客现场体验厦门中秋博饼民俗活动　（市文旅局　供图）

旅游行业管理

【概　况】 2019年，厦门市有国家A级旅游景区23家（AAAAA级旅游景区1家、AAAA级旅游景区11家、AAA级旅游景区9家、AA级旅游景区2家）。厦门市文旅局检查旅行社及其服务网点201次，抽查旅游团队14972团组，司导人员14971人次，纠正涉旅违法违规行为298起，开出《限期整改通知书》《接受调查通知书》45份，收缴涉旅虚假宣传单1500余份，拆除违规旅游宣传牌40余块。及时发现和纠正经营失范行为418个，现场受理旅游投诉及违规举报45件，关停游客投诉和网络舆情比较集中的旅游购物场所85家，向有关部门发出抄告督办单90份。

【旅游行业信用体系建设】 2019年，厦门市文旅局成立，将文化和旅游信用体系建设相融合，先后制定下发《厦门市文化和旅游局关于印发市场信用体系建设实施意见的通知》《旅游行业公共信用信息分类管理办法》等，“双公示”和“黑名单”制度取得新突破，全年公示行政处罚信息137件、行政许可信息6349条，并开据第一份行业“黑名单告知书”。举办2期2019年厦门市行业诚信经营培训班，厦门市旅行社及分支机构、景区、酒店等旅游企业相关负责人570人参加培训。

【旅游市场治理】 2019年，厦门市文旅局牵头公安、市场监管、交通运输、税务和城管等部门建立市旅游市场联合执法办公室，抽调执法人员集中办公，坚持问题导向，着眼于标本兼治、疏堵结合，强化联合执法巡查、问题抄告督办、联合查处办案，坚决打击扰乱旅游市场秩序和侵害游客合法权益的违法违规行为。全年开展市场专项巡查170次，出动执法人员2063人次，检查旅游购物场所231家次、涉旅车辆489辆次、旅行社及服务网点224家次、检查旅游团队240个团组、导游人员174人次，帆船游艇码头12次、海鲜餐馆17家次，促进厦门市旅游市场秩序实现根本好转。厦门市旅游市场联合执法办公室有关部门立案查处扰乱旅游市场秩序案件 177 起，促进旅游市场秩序优化提升。厦门市文化和旅游执法支队出动旅游执法人员 5925 人次，开展旅游市场执法检查 525 次，约谈 78 家次，办理行政案件 94 件。

【旅行社智能监管】 2019 年，厦门市文旅局正式上线运行“厦门市旅游车辆服务监管平台”，督促旅行社通过“厦门市旅游车辆服务监管平台”与旅游车队进行在线预约、签约，生成旅游包车电子合同，实现包车预约智能化、信息全面化。该平台的旅游车辆信息由市交通部门提供，均为合法合规车辆。根据系统功能设计，旅行社只能选择运营资质符合行程要求的旅游车辆，有效规避旅游车辆超范围营运情况出现。同时，根据行程路线和车辆运行轨迹进行自动匹配，并发出各类预警信息和安全提醒，为旅游和交通部门提供实时监管信息。

（郑滢君）

旅游饭店管理

【概　况】 2019 年，厦门市有星级饭店 56 家，其中五星级饭店 19 家、四星级饭店 23 家、三星级饭店 13 家、二星级饭店 1 家。高星级饭店数量、品质居全省首位。全市星级饭店营收总额 28.1 亿元，比上年下降 1.48%。其中，客房收入 15.25 亿元，下降 5.81%，客房收入占营收总额 54.27%；餐饮收入 10.23 亿元，下降 0.69%，餐饮收入占营收总额 36.4%。星级饭店平均房价 477 元 / 间・天，比上年下降 19 元 / 间・天，平均出租率 62.96%，下降 3.5 个百分点，客房平均出租收益 329.6 元 / 间・天，下降 29.3 元 / 间・天。其中，五星级饭店平均房价 622 元 / 间・天，比上年下降 29 元 / 间・天，平均出租率 65.56%，下降 3.71 个百分点；四星级饭店平均房价 359 元 / 间・天，下降 1 元 / 间・天，平均出租率 61.66%，下降 3.04 个百分点；三星级饭店平均房价 243 元 / 间・天，下降 17 元 / 间・天，平均出租率 58.03%，下降 4.27 个百分点。

【星级酒店安全监管】 2019 年，厦门市文旅局借助第三方专业力量，对全市星级饭店开展安全隐患排查，进一步提高厦门市星级饭店安全管理水平，实现对星级饭店安全隐患排查全覆盖，从源头上防范安全生产事故，使星级饭店管理形成企业自查整改、行业管理部门不定期暗访抽查、第三方专业机构隐患排查的三级评价与监管体系。

【饭店服务技能竞赛】 2019 年，厦门市文旅局创新开展星级酒店反恐应急团体项目，首次在厦门市饭店服务技能竞赛中设置的团体项目，展开反恐应急能力比赛。比赛包括检验反恐应急队列队形的整齐、爆炸嫌疑物处置、防爆毯的正确使用方式以及反恐应急现场处置等环节。该比赛充分提高厦门市星级饭店保安反恐防暴实战技能和应急素质能力，让各酒店在面对突发事件时能够正确、快速、有效地采取应急措施，保护住店客人的人身财产安全。

【星级酒店行业管理】 2019 年，厦门市文旅局不断加大饭店评星与管理力度，一手抓评星，一手抓管理，引领饭店业发展。全市五星级饭店达到 19 家，五星级饭店数量、品质稳居全省龙头地位，每百万人口和每平方千米拥有五星级饭店数量明显高于同类型城市。厦门高星级酒店群呈现由市中心向周边各区辐射发展的优良态势，推动厦门饭店业的良性竞争，提升饭店业整体软、硬件水平。

（郑滢君）

旅游人才队伍建设

【概　况】 2019 年，厦门市文化和旅游局强化旅游教育培训，先后举办旅游安全救护、厦门双师型骨干师资、旅游饭店职业经理人、闽西南五地市青年骨干导游专题、优秀导游业务提升培训班和旅游定制师培训班等 40 个专题培训班，累计培训 11.88 万人次，为厦门市旅游业发展提供人才支撑。不断完善线上旅游网络教育平台、厦门旅游云课堂，采取线下与线上培训相结合的方式，提升旅游行业服务技能和水平。

【旅游人才培训】 2019 年，厦门市文旅局依托国家海洋旅游人才基地、厦门旅游培训中心、厦门微众世纪教育科技有限公司培训机构，相继举办涉外导游专题培训班、旅游安全救护培训班、旅游饭店职业经理人培训班、闽西南五地市青年骨干导游专题培训班、优秀导游业务提升培训班和旅游定制师培训班等。开展针对性旅游培训教育，先后开展厦门导游师资培训班、国家海洋旅游人才培训基地第二期市级师资培训班、第十一期旅游教育培训超市、厦门双师型骨干师资培训班、全市导游素质提升系列讲座等，为厦门市的旅游业发展提供专业人才保障。

【乡村旅游品质服务培训班】 2019 年 8 月 20—23 日，由厦门市文化和旅游局主办、国家海洋旅游人才基地依托厦门旅游培训中心承办的 2019 年厦门市乡村旅游致富带头人专题培训班举办。厦门市乡村旅游休闲集镇、特色村、星级经营单位、民宿龙头企业骨干 50 人参加培训。培训采取“课堂培训 + 现场教学”的方式，邀请福州、泉州、广州等地的专家就乡村旅游发展思路、乡村生态污染防治与环境保护策略、乡村旅游讲解与接待技巧、休闲农庄（农家乐）的盈利思路和途径等内容进行分享。培训班组织学员到军营村、院前社等乡村旅游示范点进行现场教学。

（郑滢君）

鼓浪屿风景名胜区

【概　况】 2019 年，鼓浪屿—万石山风景名胜区管理委员会（简称鼓浪屿管委会）着眼鼓浪屿作为“文化遗产地、居住社区和文化旅游核心区”的发展定位，以文化遗产和风景名胜区资源保护为核心，以推进职能优化、协同高效为着力点，破解鼓浪屿多头管理、职能交叉、管理盲区等问题，调整优化鼓浪屿—万石山风景名胜区管理体制，加强对市容环卫、规划管理、园林绿化、资源保护管理、市场秩序、文化遗产、旅游文化的监管和执法，构建权责明确、监管有力、统一高效的管理体制。鼓浪

2019 年 7 月，鼓浪屿历史国际社区与新疆吉木萨尔签定友好世遗城区仪式

（鼓浪屿管委会　供图）

屿管委会坚持申遗为民、申遗惠民，落实岛上户籍人口免费过渡、发放亲友过渡券等便民惠民政策。鼓浪屿市民服务中心受理各类行政审批及公共服务事项 123438 件，办结 123431 件。经轮渡过渡窗口审批过渡人员 163652 人，周末轮值班完成 5175 件，办事居民满意度 100%。进驻中心审批事项超额完成任务，"一趟不用跑"事项占审批服务事项比例 50%。全年，接待游客 958 万人次，比上年下降 4.57%；五大国有核心景点（日光岩、菽庄花园、皓月园、风琴博物馆、国际刻字艺术馆）接待游客 305.07 万人次，比上年增长 2.78%。鼓浪屿游览区被评为首批"福建省五钻级智慧景区"。

【历史风貌建筑修缮保护】 2019 年，鼓浪屿管委会坚持"加强岁修，减少大修"的原则，按照高标准专业修缮要求，重点开展"三一堂"、三落姑娘楼、八卦楼等核心要素的保护修缮和活化利用，完成 3 处文物保护单位小修保养；推进 2019 年历史风貌建筑保护工作，编制 26 栋历史风貌建筑保护方案和 2 栋历史风貌建筑修缮设计方案；完成 3 处历史风貌建筑修缮工程、17 核心要素及历史风貌建筑小修保养工程；完成鼓浪屿人文地标"鼓浪石"维修保护和皓月园栈桥维修加固工程。

【文化遗产保护】 2019 年，鼓浪屿管委会推进《鼓浪屿文化遗产地保护管理规划》《鼓浪屿历史建筑保护与利用导则》等修编工作，平衡"科学保护"与"有效利用"的关系，促进文化遗产重现生机和活力。与万科物业签订战略合作意向，引入高品质城市物业管理模式，提升鼓浪屿文化运营品质；引进启福社工、华侨大学"工作坊"等专业社会组织，对"一栋一案"进行业态引领设计，提升鼓浪屿社区治理质量。建立以高校、专业机构专家为主的专家库，深化与清华大学、厦门大学、华侨大学的合作关系，为鼓浪屿长期保护提供技术支持。先后组织人员到香港、澳门考察历史建筑修缮保护工作，与友好世遗地马来西亚马六甲鸡场街开展专题交流，到菲律宾向华人华侨宣传鼓浪屿的保护法规政策，同新疆维吾尔自治区吉木萨尔建立友好世遗城区。推进文化援疆、文化支疆，协助吉木萨尔县推介旅游资源及特色产品。组团到杭州西湖、珠海横琴、云南丽江等地考察学习遗产地保护管理先进经验和城市物业创新机制。举办"丝路意艺"艺术家驻岛活动，推动中国与意大利的文化交流，扩大厦门的城市影响力；发挥鼓浪屿知名旅游目的地的品牌优势，协助西双版纳、鄂尔多斯、武夷山在鼓浪屿举办旅游推介活动；参加第三届国际建筑遗产保护与修复博览会、中国古迹遗址保护协会 2019 年度会员大会，宣传交流鼓浪屿保护模式。

【文化艺术发展】 2019 年，鼓浪屿管委会推进重点文化发展扶持，引进符合鼓浪屿文化特色的高端文化产业和文化项目落户鼓浪屿，全年有 3 家重点文化企业、7 个重点文化项目通过审批。推进公益性文体项目"以奖代补"政策落地，鼓励扶持"家庭音乐会""音乐快闪"等公益性文体活动，鼓励居民、商家利用住宅或经营场所展示建筑史、家族史等。推进鼓浪屿音乐厅文化功能提升项目，参考闽南大戏院、沧江剧院等运作模式，以政府购买服务的方式，委托优秀文化企业创作音乐情景剧，引入高端演出，提升鼓浪屿音乐厅的公

2019 年 7 月 8 日，2019 鼓浪屿音乐节开幕　（鼓浪屿管委会　供图）

2019 年，鼓浪屿中南银行旧址小修保养工程施工现场　　（鼓浪屿管委会　供图）

共文化服务功能，打造鼓浪屿音乐新亮点。鼓浪屿管风琴艺术中心举办“春之声·琴之韵——德国管风琴演奏大师卢德格尔·卢曼独奏会”“台湾原声土地上的律动之歌—— Loloko 布农青年合唱团阿卡贝拉音乐会”“丝路意艺——中意高端文化交流暨意大利当代艺术作品展”“庆祝中华人民共和国成立 70 周年经典名曲专场演奏会”等活动，促进创作、展演、培训、研究多领域发展。全年，扶持公益性文体活动项目 159 个，获奖励申请项目 2 个，社区博物馆申报项目 6 个，公益性钢琴演奏点申报项目 3 个，最美庭院申报项目 10 个。举办“2019 鼓浪屿音乐节”、中秋文化节、诗歌节，进一步扩大鼓浪屿文化品牌影响力。

【公房管理】 2019 年，鼓浪屿管委会组织危房排查整治工作，完成全岛 1876 栋房屋安全隐患排查，对 34 栋 D 级危房全面启动排危和修缮工作。制定 26 处拟出租非住宅公房的前期业态方案并公开招租；保持“鼓浪屿公房整治提升年”的高压态势，以零容忍态度整治公房管理乱象，全年收回 12 处非住宅公房和 1 处历史遗留问题用房，委托律师起诉案件超过 30 件；做好侨房退托管和住户安置工作，向市住房局申报 6 件侨房退托管申请，上报安置申请材料 15 户；提供公房扶持公益民生，提供 9 处公房作为公益民生项目使用，并通过租金优惠给予扶持。出台非住宅公房租赁管理办法，利用公房资源，创新公房店面定位功能，引导适合业态发展的高端企业落户鼓浪屿，先后引进世界 500 强企业“星巴克咖啡”以及世界知名品牌“依视路眼镜”旗下的雅瑞光学入驻，发挥鼓浪屿公共资源的辐射力和品牌效应。

【旅游公共服务】 2019 年，鼓浪屿管委会聚焦“智慧景区”建设，打造标杆旅游品牌。启用内厝澳游客中心和菽庄花园游客驿站，完善旅游公厕建设，完成鼓浪屿智慧 WiFi 全岛覆盖建设，全岛设立 319 个免费 WiFi 热点。与阿里巴巴集团就打造“鼓浪屿智慧景区”进行对接，形成合作意向，促成全岛智能化消费、游客数字化游览及景区精细化治理 3 个模块转型升级，推动鼓浪屿智慧旅游景区建设。紧盯旅游安全，完成鼓浪屿首批 20 个 AED（自动体外除颤仪）设备采购及布点安装，并与鼓浪屿医院签定服务协议，有序举办后续一系列宣传、培训、巡查等活动。推进鼓浪屿景区全域导览图更新，完善鼓浪屿指示指引标识系统。

【旅游环境整治】 2019 年，鼓浪屿管委会坚守生态环保红线，保护全岛自然环境，推进污水排放的整治督办，遏止烧烤、油烟污染等现象。推动全岛绿化提升规划建设，从故宫外国博物馆到博爱医院沿线绿化得到全面提升，通过“以奖代补”方式，发动居民开展洁净家园和庭院美化绿化。完成龙头路—福州路—市场路综合改造，对全岛 15 条道路近 1 万米路面进行维护修缮，沿街立面、道路管网得到显著改善，街区面貌焕然一新。加强旅游市场检查，编制《鼓浪屿商业经营整治》手册，提升旅游市场监管工作水平。开展联合执法行动，查获无证导游 3 名处以罚款计 3.62 万元；查处各类违规经营 54 家；排查打击个别商家欺客宰客、商业贿赂案件，及时从严从重处罚“导游在鼓浪屿威胁游客”事件和“外婆家的小厨”宰客现象等，加大案件曝光力度，协调厦门日报社、厦门电视台等媒体对案件查处结果进行宣传报道，回应社会关注，发挥综合惩戒的震慑作用。

【文化遗产预警监测体系】 2019 年，鼓浪屿管委会重点对美国领事馆旧址、黄荣远堂、毓德女学校旧址、洋人球圃 4 处核心要素的沉降监测数据进行周期性分析及研究，形成专业数据分析报告。加强游客承载量分析研判，对 2018—2019 年间遗产地游客构成及其时空分布特征进行研究，形成《鼓浪屿世界文化遗产地 2018—2019 年度游客分析报告》。建立遗产地数字档案，开展海天堂构、天主堂和黄赐敏别墅等重点建筑及全岛空间的三维扫描，构建遗产地精准数字模型，将测绘成果搭载至地理信息系统内、鼓浪屿申遗网站。制定《厦门经济特区鼓浪屿世界文化遗产监测管理办法》《鼓浪屿监测预警联动处置机制》，为开展日常监测工作提供制度支持和法制保障。年内，鼓浪屿管委会向上级部门报送 26 份异常报告、11 份月度报告，向国家文物局及中国文化遗产中心提交 1 份年度总报告。《鼓浪屿：历史国际社区 2018 年监测年报》被评为“中国世界文化遗产 2018 年度优秀监测年度报告”。

（马海平）

责任编辑：林德全
审　　稿：曲　艺
校　　对：林建高

30 民营经济

综　　述

【民营经济主体】 至2019年年末，厦门市有民营企业346400家，比上年增长11.42%，其中分支机构12331家，增长3.93%；注册资金总额21234.52亿元，增长12.76%。个体工商户291352户，比上年增长15.11%；注册资金总额269.06亿元，增长22.35%。民营企业投资者645013人，比上年增长10.45%。民营企业雇工1898022人，比上年增长9.39%。个体工商户从业人员633428人，比上年增长21.75%。民营企业和个体工商户从业人员占全市城镇就业登记在职人数的80.39%；年内新增就业人数22.88万人，占全市新增就业人数的87.39%。

【民营经济运行】 2019年，厦门市民营经济实现增加值1896.23亿元（比上年增长15.78%），占全市GDP比重31.63%。其中，第一产业实现增加值26.49亿元（比上年增长6.94%），占全市第一产业增加值100%；第二产业实现增加值765.37亿元（增长13.26%），占全市第二产业增加值30.69%；第三产业实现增加值1104.37亿元（增长17.84%），占全市第三产业增加值31.78%。全市民营经济第一产业、第二产业、第三产业增加值的产业比重为1.4∶40.36∶58.24。年内厦门市完成民间投资869.68亿元（比上年增长17.12%），占全社会固定资产投资的30.49%。民营企业进出口总值2210.4亿元（比上年增长4.07%），占全市进出口总值34.47%。其中，完成出口值1589.5亿元（比上年增长5.81%），占全市出口值45.04%；完成进口值620.9亿元，占全市进口值21.53%；实现贸易顺差968.6亿元，增长10.02%。全市民营企业和个体工商户缴纳各项税收总额201.63亿元（比上年下降2.27%），占厦门市地方财政中税收收入的33.63%。其中，民营企业纳税额179.34亿元，比上年下降2.42%；个体工商户纳税额22.29亿元，下降1.03%。

【《关于促进民营经济健康发展若干意见》出台】 2019年2月28日，厦门市出台《关于促进民营经济健康发展若干意见》实施指南及28项细则附件，从“推动民营企业自主创新”“扩大民间资本投资”“减轻民营企业负担”“缓解民营企业融资难”“推动民营企业做大做强”和“优化民企发展环境”6个方面提供市科技局、工信局、国资委等20多个部门的联系方式，以及政策认定方式、申报时间、申报文件等内容。

【民营经济扶持政策兑现】 2019年10月，厦门市各区、各部门开展2019年度民营经济扶持政策兑现工作，市火炬管委会、中国（福建）自由贸易试验区厦门片区管委会以及六区先后发出通知，对2016年1月1日至2019年6月30日成立的小微企业，2019年住所且税收征管关系在区内，成立当年起3年内产生的地方级税收收入全额奖励给企业。

【《关于进一步加大金融支持民营企业发展的若干意见》出台】 2019年11月8日，厦门市民营企业家恳谈会召开。省委常委、市委书记胡昌升发表讲话，市长庄稼汉主持会议，14位民营企业家在会上发言。会议听取厦门市民营企业的发展情况，以及民营企业家对厦门进一步优化营商环境、加快高质量发展的意见和建议。12月10日，根据市委、市政府在全市民营企业家恳谈会上提出的工作要求，人民银行厦门市中心支行、财政部厦门监管局、厦门银保监局、厦门证监局和市金融监管局联合出台《关于进一步加大金融支持民营企业发展的若干意见》。该意见共11条，重点聚焦“三高”企业，明确金融服务厦门市民营企业的总体要求和具体目标，分别从再贷款再贴现定向调控、全面加强信贷产品多元化创新、推进发债融资分类辅导、便利服务跨境人民币结算、优化外汇管理服务方式等方面，有针对性地为民营企业发展提供相应政策支持。

（严　旭）

民营经济构成

【民营企业产业构成】 至2019年年末，厦门市从事第一产业的民营企业数量比上年增加 31 家，增长 1.99%；第一产业民企注册资金比上年增加 14.84 亿元，增长 14.81%。从事第二产业的民营企业数量比上年增加 4003 家，增长 8.62%；第二产业民企注册资金增加 430.38 亿元，增长 15.74%。其中，从事制造业民营企业占总数 9.01%，比上年增加 1731 家，增长 5.87%；注册资金占总额 7.52%，比上年增加 138.09 亿元，增长 9.47%。从事第三产业民营企业数量比上年增加 31482 家，增长 11.97%；第三产业民营企业注册资金增加 1958.32 亿元，增长 12.24%。其中，从事批零商贸业的民营企业占总数 37.82%，比上年增加 13332 家，增长 11.33%；注册资金占民企总额 22.93%，比上年增加 468.57 亿元，增长 10.65%。（见表 30–1）

【个体工商户产业构成】 至 2019 年年末，厦门市从事第一产业个体工商户比上年增加 94 户，增长 2.52%；注册资金增加 0.38 亿元，增长 2.8%。从事第二产业的个体工商户比上年增加 946 户，增长 7.93%；注册资金增加 1.49 亿元，增长 11.7%。其中，从事制造业的个体工商户占总数 4.08%，比上年增加 727 户，增长 6.52%；注册资金占总额 4.59%，增加 1.01 亿元，增长 88.74%。从事第三产业的个体工商户比上年增加 37211 户，增长 15.67%；注册资金增加 47.28 亿元，增长 24.41%。其中，从事批零商贸业的个体工商户占总数 58.26%，比上年增加 26235 户，增长 18.28%；注册资金占总额 55.03%，增加 32.94 亿元，增长 28.61%。（见表 30–2）

【民营企业开业和注销】 2019 年，厦门市民营企业新开业数 1097 家，比上年增长 1.99%；新增注册资本 2899.91 亿元，增长 0.87%。其中，批零商贸业新开业数 2473 家，比上年增长 13.06%；新增注册资本 561.22 亿元，下降 3.92%。年内民营企业比上年多注销 10920 家，增长 166.84%；注销注册资金合计 1080.7 亿元，比上年增加 737.22 亿元，增长 214.63%。（见表 30–3）

【个体工商户开业和注销】 2019 年，厦门市个体工商户新开业户数 639 户，比上年增长 0.83%；新增从业人员 51427 人，增长 34.39%；新增注册资本 7.95 亿元，增长 10.05%。年内个体工商户比上年多注销 6059 户，增长 20.73%，其中城镇个体工商户比上年多注销 4150 户，增长 19.04%。个体工商户吊销 2883 户，其中城镇 2086 户。（见表 30–4）

表 30–1　**2019 年厦门市民营企业产业构成情况表**

产业	行业	企业数（家）	# 分支机构	投资者人数（人）	雇工人数（人）	注册资金（万元）
第一产业	农林牧渔业	1588	31	2966	10089	1150682.19
第二产业	采矿业	85	0	192	524	170670.50
	制造业	31199	565	58546	214133	15957948.14
	电力、燃气及水的生产和供应业	365	74	658	2414	703390.68
	建筑业	18779	1600	31213	101571	14813472.57
第三产业	批零商贸业	130998	3982	227621	658666	48695598.46
	交通运输、仓储和邮政业	8531	998	13661	46367	3875755.14
	住宿和餐饮业	4575	645	7767	26172	1097309.68
	信息传输、计算机服务和软件业	25987	511	51783	143999	12646674.23
	金融业	622	155	1004	3581	1235767.56
	房地产业	5947	643	10259	34579	7542698.17
	租赁和商务服务业	56757	1844	122989	313775	71397934.31
	科学研究和技术服务业	37114	569	72822	212742	24684870.48
	水利、环境和公共设施管理业	1143	52	2152	7106	1051823.77
	居民服务、修理和其他服务业	6288	342	10795	33058	1341626.56
	教育	1939	74	3630	11217	472727.88
	卫生、社会保障和社会福利业	665	26	1091	5987	460658.37
	文化、体育和娱乐业	13818	220	25864	72042	5045581.34
	其他	0	0	0	0	0

表 30-2

2019 年厦门市个体工商户产业构成情况表

产业	行业	全市			# 城镇		
		户数（户）	从业人员（人）	注册资金（万元）	户数（户）	从业人员（人）	注册资金（万元）
第一产业	农林牧渔业	3824	11128	138204.30	560	1550	24248.84
第二产业	采矿业	30	85	368.10	5	15	115.00
	制造业	11885	34814	123500.96	5919	16223	51890.59
	电力、燃气及水的生产和供应业	18	44	158.00	3	8	25.00
	建筑业	943	2962	18640.59	441	1387	7841.78
第三产业	批零商贸业	169741	321321	1480653.88	122914	242655	1057918.70
	交通运输、仓储和邮政业	3292	6228	20156.42	1879	3590	11492.42
	住宿和餐饮业	60626	164584	566931.43	46112	133025	438037.71
	信息传输、计算机服务和软件业	662	1330	6154.11	517	988	4532.58
	金融业	15	38	227.00	10	27	151.00
	房地产业	1154	3801	12800.66	972	3189	9459.10
	租赁和商务服务业	7247	14768	67355.31	4992	10488	47558.74
	科学研究和技术服务业	1607	3620	14421.24	1328	3019	12107.97
	水利、环境和公共设施管理业	91	272	3042.80	39	106	1254.80
	居民服务、修理和其他服务业	26179	59309	192505.31	18297	42443	134551.25
	教育	167	476	1786.40	135	397	1352.30
	卫生、社会保障和社会福利业	367	1268	9014.32	250	950	7200.52
	文化、体育和娱乐业	3504	7380	34638.19	2521	5217	23654.56
	其他	0	0	0	0	0	0

表 30-3

2019 年厦门市民营企业新开业和注销情况表

产业	行业	新开业				当年注销	
		家数（家）	投资者（人）	雇工（人）	新增注册资金（万元）	家数（家）	注册资金（万元）
第一产业	农林牧渔业	156	283	846	111804.00	100	49288.00
第二产业	采矿业	9	16	36	43588.00	8	1411.00
	制造业	2893	5069	16989	1099361.08	779	230086.15
	电力、燃气及水的生产和供应业	24	46	128	154878.00	22	57328.00
	建筑业	3115	4393	14867	1841882.63	780	425772.20
第三产业	批零商贸业	21409	35965	96856	5612221.15	6079	1973724.85
	交通运输、仓储和邮政业	947	1486	4323	324499.00	298	61800.00
	住宿和餐饮业	710	1077	3730	141451.00	373	37087.15
	信息传输、计算机服务和软件业	4191	7842	23008	1489572.87	1576	647740.89
	金融业	37	37	195	61800.00	171	268674.00
	房地产业	978	1533	5058	1272544.86	445	133312.10
	租赁和商务服务业	8782	17549	41751	11110960.18	3734	5067774.34

续表 30-3

产业	行业	新开业				当年注销	
		家数（家）	投资者（人）	雇工（人）	新增注册资金（万元）	家数（家）	注册资金（万元）
第三产业	科学研究和技术服务业	8213	15490	42096	4186604.32	1815	1175430.89
	水利、环境和公共设施管理业	141	236	750	76184.00	61	24640.00
	居民服务、修理和其他服务业	1015	1705	4908	213362.92	342	56595.50
	教育	545	1033	3289	106796.72	126	15736.55
	卫生、社会保障和社会福利业	296	438	2668	133717.70	41	23555.00
	文化、体育和娱乐业	3256	6086	16823	1017906.27	714	556996.97
	其他	0	0	0	0	1	0

表 30-4　**2019 年厦门市个体工商户新开业和注销情况表**

产业	行业	新开业户数（户）	新增从业人员（人）	新增注册资金（万元）	当年注销（户）	# 城镇
第一产业	农林牧渔业	346	809	11337.60	209	32
第二产业	采矿业	0	0	0	0	0
	制造业	1801	4983	22261.74	873	444
	电力、燃气及水的生产和供应业	1	5	20.00	1	0
	建筑业	267	814	5434.98	45	28
第三产业	批零商贸业	42561	100143	481884.49	14245	10392
	交通运输、仓储和邮政业	391	849	3613.20	226	137
	住宿和餐饮业	21412	68174	226326.83	15250	11683
	信息传输、计算机服务和软件业	204	370	2488.70	46	32
	金融业	0	0	0	6	5
	房地产业	271	893	3431.04	157	121
	租赁和商务服务业	2258	4682	24731.73	602	420
	科学研究和技术服务业	534	1108	5939.00	150	125
	水利、环境和公共设施管理业	20	52	506.00	5	1
	居民服务、修理和其他服务业	6373	15106	64104.62	3037	2228
	教育	14	39	179.00	15	13
	卫生、社会保障和社会福利业	281	896	5640.00	42	29
	文化、体育和娱乐业	882	2064	13349.02	382	255
	其他	0	0	0	0	0

【民营企业组织形式构成】 2019 年，厦门市民营企业组织形式以有限责任公司为主，占总数 97.58%；个人独资企业、合伙企业、股份有限公司占总数 2.42%，占投资者总人数 5.06%，雇工占总人数 4.07%，注册资金占总额 15.69%。其中，合伙企业分普通合伙企业、特殊的普通合伙企业和有限合伙企业三种。特殊的普通合伙企业 24 家，均为租赁与商务服务行业，合伙人数共 3 人，雇工总人数 489 人，总认缴出资金额 50 万元。有限责任公司分自然人独资和法人独资公司。（见表 30-5、30-6、30-7、30-8、30-9）

表 30-5 **2019 年厦门市民营企业组织形式构成情况表**

企业类型	家数（家）	# 分支机构	投资者人数（人）	雇工人数（人）	注册资金（亿元）	注册资金类别	实收资本（亿元）
独资企业	2711	88	2623	13185	13.65	出资额	—
合伙企业	4440	37	25475	47582	2886.32	认缴出资金额	实缴金额 0
有限责任公司	337997	11863	612377	1820783	17901.89	注册资本	5413.15
股份有限公司	1252	343	4538	16472	432.67	注册资本	184.47

表 30-6 **2019 年厦门市民营独资企业情况表**

产业	行业	家数（家）	# 分支机构	投资者人数（人）	雇工人数（人）	出资额（万元）
第一产业	农、林、牧、渔业	30	0	30	204	1197.00
第二产业	采矿业	4	0	4	32	118.00
	制造业	201	0	201	1545	7679.90
	电力、热力、燃气及水生产和供应业	0	0	0	0	0
	建筑业	77	0	77	242	1087.70
第三产业	批发和零售业	801	9	792	2497	20717.46
	交通运输、仓储和邮政业	8	0	8	28	210.20
	住宿和餐饮业	513	54	459	2874	23068.78
	信息传输、软件和信息技术服务业	53	0	53	148	617.10
	金融业	1	0	1	4	3.00
	房地产业	12	1	11	36	60.50
	租赁和商务服务业	137	2	135	432	3418.90
	科学研究和技术服务业	56	2	54	155	2784.00
	水利、环境和公共设施管理业	5	0	5	42	1110.00
	居民服务、修理和其他服务业	156	12	144	811	3256.85
	教育	4	0	4	9	73.00
	卫生和社会工作	281	2	279	2244	19294.99
	文化、体育和娱乐业	372	6	366	1882	51796.15
	其他	0	0	0	0	0

表 30-7 **2019 年厦门市民营合伙企业情况表**

产业	行业	家数（家）	# 分支机构	投资者人数（人）	雇工人数（人）	认缴出资金额（万元）
第一产业	农、林、牧、渔业	5	0	25	52	2025.00
第二产业	采矿业	0	0	0	0	0
	制造业	62	1	171	534	21988.00
	电力、热力、燃气及水生产和供应业	0	0	0	0	0
	建筑业	8	0	24	40	1614.80
第三产业	批发和零售业	56	1	165	356	108440.51

续表 30-7

产业	行业	家数（家）	# 分支机构	投资者人数（人）	雇工人数（人）	认缴出资金额（万元）
第三产业	交通运输、仓储和邮政业	5	0	16	31	2698.00
	住宿和餐饮业	20	1	54	177	1645.00
	信息传输、软件和信息技术服务业	159	0	994	1577	75806.01
	金融业	2	0	34	87	42030.00
	房地产业	7	0	17	51	56465.00
	租赁和商务服务业	3880	29	22998	43021	28385613.38
	科学研究和技术服务业	154	0	663	1052	132186.63
	水利、环境和公共设施管理业	1	0	2	4	500.00
	居民服务、修理和其他服务业	30	5	74	151	1838.00
	教育	11	0	60	117	1831.80
	卫生和社会工作	5	0	11	30	2610.00
	文化、体育和娱乐业	35	0	167	302	25865.00
	其他	0	0	0	0	0

表 30-8 **2019 年厦门市民营有限责任公司情况表**

产业	行业	家数（家）	# 分支机构	投资者人数（人）	雇工人数（人）	认缴出资金额（万元）	实收资本（万元）
第一产业	农、林、牧、渔业	1545	31	2886	9740	1106559.19	306852.06
第二产业	采矿业	80	0	186	483	160552.50	41166.50
	制造业	30801	552	57523	209966	15145591.10	6629502.27
	电力、热力、燃气及水生产和供应业	360	74	643	2345	690205.68	168556.70
	建筑业	18629	1562	31017	100730	14687124.14	4432629.46
第三产业	批发和零售业	129900	3845	226216	652819	48216309.71	14225216.08
	交通运输、仓储和邮政业	8500	993	13580	46088	3841694.19	1566619.29
	住宿和餐饮业	4032	582	7250	23046	1057595.90	348726.54
	信息传输、软件和信息技术服务业	25574	466	49854	139446	11885361.45	2466729.62
	金融业	588	128	951	3318	1147834.56	364895.53
	房地产业	5907	634	10118	34171	7305463.37	3329512.03
	租赁和商务服务业	52587	1786	99063	268187	42440163.65	9973958.02
	科学研究和技术服务业	36609	539	70942	207535	23262585.50	9043800.19
	水利、环境和公共设施管理业	1121	51	2037	6749	1000615.59	397734.21
	居民服务、修理和其他服务业	6091	319	10549	32001	1327607.21	279316.92
	教育	1914	66	3549	11039	468439.32	41372.82
	卫生和社会工作	377	24	797	3668	427753.38	47183.98
	文化、体育和娱乐业	13382	211	25216	69452	4847409.02	467730.96
	其他	0	0	0	0	0	0

表 30-9

2019 年厦门市民营股份有限公司情况表

产业	行业	家数（家）	# 分支机构	投资者人数（人）	雇工人数（人）	认缴出资金额（万元）	实收资本（万元）
第一产业	农、林、牧、渔业	8	0	25	93	40901.00	9800.00
第二产业	采矿业	1	0	2	9	10000.00	0
	制造业	135	12	651	2088	782689.14	573579.43
	电力、热力、燃气及水生产和供应业	5	0	15	69	13185.00	5990.00
	建筑业	65	38	95	559	123645.93	54724.83
第三产业	批发和零售业	241	127	448	2994	350130.78	124658.47
	交通运输、仓储和邮政业	18	5	57	220	31152.75	18930.00
	住宿和餐饮业	10	8	4	75	15000.00	0
	信息传输、软件和信息技术服务业	201	45	882	2828	684889.67	408689.34
	金融业	31	27	18	172	45900.00	44900.00
	房地产业	21	8	113	321	180709.30	30680.00
	租赁和商务服务业	153	27	793	2135	568738.38	154315.00
	科学研究和技术服务业	295	28	1163	4000	1287314.35	330743.06
	水利、环境和公共设施管理业	16	1	108	311	49598.18	27815.08
	居民服务、修理和其他服务业	11	6	28	95	8924.50	6372.50
	教育	10	8	17	52	2383.76	1280.00
	卫生和社会工作	2	0	4	45	11000.00	0
	文化、体育和娱乐业	29	3	115	406	120511.17	52266.17
	其他	0	0	0	0	0	0

【民营企业投资规模构成】 2019 年，厦门市民营企业平均注册资金 613.01 万元，比上年增长 1.2%。投资者人均出资 329.21 万元，比上年增长 2.09%。全市新开业民营企业平均注册资金 511.3 万元，比上年下降 2.77%。民营企业第一产业平均注册资金 724.61 万元，投资者人均出资 387.96 万元；第二产业平均注册资金 627.54 万元，投资者人均出资 349.25 万元；第三产业平均注册资金 609.91 万元，投资者人均出资 325.6 万元。民营独资企业平均出资额 50.35 万元，投资者人均出资额 52.04 万元。民营合伙企业平均认缴出资金额 6500.71 万元，投资者人均认缴出资金额 1133.00 万元。民营有限责任公司平均注册资本 529.65 万元，投资者人均注册资本 292.34 万元。民营股份有限公司平均注册资金 3455.81 万元，投资者人均注册资本 953.43 万元。至年末，民营企业集团 727 家，占民企总数 0.21%。注册资金亿元以上的民营企业 2904 家，比上年增长 6.73%，占民企总数 0.84%；注册资金 1000 万至 1 亿元的 45060 家，比上年增长 11.12%，占民企总数 13.04%；注册资金 500 万至 1000 万的 49698 家，比上年增长 14.75%，占民企总数 14.35%。注册资金 100 万至 500 万元的 163628 家，比上年增长 15.22%，占民企总数 47.24%。注册资金 100 万元以下的民营企业 85110 家，比上年增长 3.43%，占民企总数 24.57%。

【个体工商户投资规模构成】 2019 年，厦门市个体工商户户均注册资金 9.23 万元，比上年增长 6.21%。其中，城镇个体工商户户均注册资金 8.86 万元，比上年增长 7.79%。全市个体工商户从事第一产业的户均注册资金 36.14 万元，增长 0.28%；第二产业的户均注册资金 11.08 万元，增长 3.46%；第三产业的户均注册资金 8.77 万元，比上年增长 7.48%。年内新开业个体工商户户均注册资金 11.23 万元。

（严　旭）

民企生产经营

【概　况】 2019 年，厦门市民营企业和个体工商户共创产值 2354.04 亿元，比上年增长 8.95%。实现营收总额 4779.95 亿元，比上年增长 10.42%。社会消费品零售额总计 1503.26 亿元，比上年增长 10.78%，占全市社会消费品零售总额的 86.8%。（见表 30-10）

【民营上市公司】 2019 年，厦门市有 4 家民营企业在境内外上市。其中，厦门松霖科技股份有限公司、厦门瑞达期货股份有限公司在 A 股上市，家乡互动（厦门）网络科技股份有限公司在港交所上市，福建蓝帽子娱乐互动科技股份有限公司在美国纽约纳斯达克交易所上市。至年末，厦门市有境内境外上市民营企业 49 家。其中，在 A 股上市 33 家，在香港交易所上市 13 家，在澳大利亚交易所、新加坡交易所、美国纳斯达克交易所上市各 1 家。（见表 30-11）

【应急还贷资金服务民企】 2019 年，厦门市应急还贷资金累计为 156 家企业提供应急还贷服务 241 笔，其中为 144 家民营企业提供应急还贷服务 219 笔，占比分别为 92.31% 和 90.87%。累计为民营中小微企业提供应急还贷资金总额 103.37 亿元，占全年应急还贷资金发放总额的 89.89%。

【民企拓展“一带一路”沿线国家进出口业务】 2019 年，厦门市从事进出口业务的民营企业数量超 1 万家，占关区进出口企业数量 83.3%。民营企业增强对新兴市场的开拓力度，对“一带一路”沿线国家的进出口交易额比上年增长 17%。

【民营 A 级物流企业】 2019 年 1 月和 8 月，中国物流与采购联合会分两批发布第二十七、二十八批全国 A 级物流企业名单，厦门企业 11 家上榜，4 家是民营企业。其中，AAA 级物流企业 3 家，即厦门神州聚海国际物流股份有限公司、厦门建源荣物流有限公司、厦门市鸿驰物流有限公司；AA 级 1 家，即厦门通一物流有限公司。8 月和 12 月，中国物流与采购联合会分别发布两批 2019 年通过复核的全国 A 级物流企业名单，厦门 33 家上榜，19 家是民营企业。其中，AAAA 级 6 家，即厦门诚达运通国际货运代理有限公司、厦门志捷国际物流有限公司、厦门市东万晟贸易有限公司、厦门盛辉物流有限公司、永进（厦门）国际物流股份有限公司、厦门中予物流有限公司；AAA 级 11 家，即厦门福慧达果蔬股份有限公司、厦门捷递物流有限公司、厦门盛丰物流有限公司、厦门市捷利顺国际货运代理有限公司、厦门汉连物流有限公司、厦门鑫闽通物流有限公司、厦门中迪物流有限公司、厦门硕航物流有限公司、厦门郎运物流集团有限公司、厦门来得顺物流有限公司、厦门诚发物流有限公司；A 级 2 家，即厦门裕龙储运有限公司、厦门市快行线物流有限公司。

表 30-10 **2019 年厦门市民营企业和个体工商户生产经营状况表**

单位：万元

行业	民营企业			个体工商户		
	总产值	销售总额或营业收入	社会消费品零售额	总产值	销售总额或营业收入	社会消费品零售额
农、林、牧、渔业	672840.13	356376.45	3286.28	68152.32	68717.12	6023.08
采矿业	8162.29	0	0	2103.49	0	0
制造业	13801383.81	0	935160.79	1263190.18	0	167550.86
电力、燃气及水的生产和供应业	75615.32	0	62195.36	3503.61	0	58.09
建筑业	7641823.68	0	0	3654.42	0	0
批发和零售业	0	31520652.93	6167120.42	0	2768421.07	1396812.82
交通运输、仓储和邮政业	0	63532.83	291495.11	0	6183.35	4473.06
住宿和餐饮业	0	1028097.98	708785.43	0	603821.28	616924.54
信息传输、计算机服务和软件业	0	1175923.19	246354.35	0	13405.57	3989.66
金融业	0	108103.76	2063.15	0	0	0
房地产业	0	4783645.89	135764.36	0	181297.02	47563.78
租赁和商务服务业	0	2914046.36	2245961.14	0	19671.24	2490.65
科学研究、技术服务和地质勘查业	0	156156.91	29012.81	0	6287.56	0
水利、环境和公共设施管理业	0	150742.18	12631.08	0	0	0
居民服务和其他服务业	0	395598.73	86363.17	0	216546.51	342759.39
教育	0	77233.93	4675.73	0	0	0
卫生、社会保障和社会福利业	0	8178.17	231.58	0	2192.63	51.49
文化、体育和娱乐业	0	1143072.38	1491899.37	0	31537.03	20893.71
其他	0	0	0	0	0	0

表 30-11　**2019 年厦门市新增民营境内境外上市公司一览表**

股票名称	证券代码	发行股数 / 总股数	发行价	募集资金总额 / 净额	拟投项目	上市时间	上市地
家乡互动	03798	31400 万 /125600 万股	1.35 港元 / 股	42390 万 /37500 万港元	24.5% 用于扩充开发游戏组合，29.1% 用于推出及强化游戏特色功能，18% 用于增强营销能力及提升品牌形象，10.6% 用于通过策略性地寻求合作及收购计划，7.8% 用于国际扩张，10% 用于营运资金	2019.7.4	香港
蓝帽子	BHAT.US	180 万股，超额认购 200 万股 /3514.11 万股	4 美元 / 股	720 万 /744 万美元	AR 技术、原创设计玩具和 App 游戏结合	2019.7.26	美国纳斯达克
松霖科技	603992	4100 万 /44200.99 万股	13.54 元 / 股	55514 万 /55500 万元	龙头、淋浴系统搬迁及扩产项目 48243.27 万元，花洒及配件扩产及技改项目 20344 万元	2019.8.26	上海
瑞达期货	002961	4500 万 /44500 万股	5.57 元 / 股	25065 万 /21800 万元	补充公司资本金	2019.9.5	深圳

【民企市级重点项目】 2019 年 2 月 1 日，厦门市政府公布 2019 年度市级重点建设项目 357 个，其中民营企业占 30 个，均为产业项目。

【4 家民企入围全国农业产业化龙头企业 500 强】 2019 年 2 月 25 日，农民日报社公布 2019 年全国农业产业化龙头企业 500 强排行榜单，厦门市 6 家企业上榜，其中民营企业 4 家。入选民企为：厦门市明穗粮油贸易有限公司，排 76 位；厦门银祥集团有限公司，排 133 位；福建安井食品股份有限公司，排 145 位；中绿食品集团有限公司，排 460 位。

【7 家民企上榜中国房地产开发企业 500 强】 2019 年 3 月 21 日，中国房地产业协会与中国房地产测评中心联合发布 2019 中国房地产开发企业 500 强榜单，厦门市民营企业有 7 家上榜，分别为禹洲集团（36 位）、宝龙地产控股有限公司（38 位）、中骏集团控股有限公司（42 位）、明发集团（126 位）、大唐房地产集团（166 位）、厦门源昌房地产开发有限公司（325 位）、厦门中澳城房地产开发有限公司（493 位）。

【87 家民营个体获评“厦门老字号”】 2019 年 6 月 6 日，厦门市商务局根据《厦门老字号认定办法》规定，公布厦门市首批“厦门老字号”名单，112 家商户入选，其中民营企业和个体工商户共 87 家（认定 41 家，核定 46 家）。

【固克涂料入选中国涂料企业百强】 2019 年 6 月 18 日，国内涂料行业首家财经媒体《涂界》发布“2019 年中国涂料 100 强企业排行榜”，厦门市 2 家企业上榜，其中 1 家是民营企业，即厦门固克涂料集团有限公司，排名 48 位，上一年度营收总额 6.33 亿元。

【1 家民企上榜中国食品饮料企业互联网指数百强】 2019 年 6 月 27 日，《互联网周刊》和 eNet 研究院发布“2019 中国食品饮料企业互联网指数 100 强”榜单，厦门市 1 家民企上榜，即华祥苑茶业有限公司，排 63 位。

【千家民企列入首批“三高”企业名录】 2019 年 7 月，厦门市委、市政府出台《关于实施高技术高成长高附加值企业倍增计划的意见》。10 月，厦门市公布首批“三高”企业名录，共 2079 家，民营企业有 1473 家。其中，国家级高新技术企业 1252 家，技术先进型服务企业 15 家，重点和亿元以上工业企业 109 家，现代服务业重点企业 86 家，亿元以上战略性新兴企业 11 家。

【2 家民企分别上榜中国地理信息产业百强企业和最具活力中小企业】 2019 年 7 月，中国地理信息产业协会公布“2019 中国地理信息产业百强企业”名单，厦门 1 家民营企业上榜，即厦门亿力吉奥信息科技有限公司，排名 13 位。同时公布“2019 中国地理信息产业最具活力中小企业”100 家，民企厦门天海图汇信息科技有限公司上榜，排名 10 位。

【宏发电声上榜中国电子百强】 2019 年 7 月，民企厦门宏发电声股份有限公司入选中国电子信息百强企业（第三十三届），排名 100 位，该榜单由中国电子信息行业联合会公布。同时入选中国电子元件行业协会发布的 2019 年（第三十二届）中国电子元件百强企业名单，排名 13 位，主营电子元件产品继电器，上一年度主营业务收入 66.29 亿元。

【民企新增 1 家省级工业设计中心】 2019 年 7 月 29 日，福建省工业和信息化厅公布 2019 年省级工业设计中心（第七批）名单，共 10 家，厦门市 1 家民营企业上榜，即厦门亿联网络技术股份有限公司。至年末，厦门市有省级工业设计中心 17 家，其中民营企业 10 家。

【53 家民企入选厦门企业百强】 2019 年 8 月，厦门企业和企业家联合会与厦门日报社、厦门广电集团联合主办的“2019 年厦门企业 100 强”名单公布，厦门市 53 家民营企业入选。（见表 30-12）

表 30-12　**2019 年厦门市入选市百强企业的民企一览表**

排名	企业	排名	企业
5	均和（厦门）控股有限公司	59	厦门市嘉晟对外贸易有限公司
6	盛屯矿业集团有限公司	60	厦门中联永亨建设集团有限公司
10	厦门禹洲集团股份有限公司	61	厦门市建筑科学研究院集团股份有限公司
11	厦门中骏集团	62	顺通达集团
15	厦门恒兴集团	63	厦门强力巨彩光电科技有限公司
20	鹭燕医药股份有限公司	64	厦门中禾实业有限公司
21	厦门航空开发股份有限公司	66	厦门源昌集团有限公司
24	厦门宏发电声股份有限公司	67	厦门弘信电子科技股份有限公司
25	大洲控股集团有限公司	68	厦门育哲集团
26	厦门市明穗粮油贸易有限公司	70	厦门市捷安建设集团
29	厦门市万科企业有限公司	71	华厦眼科医院集团股份有限公司
30	厦门海澳集团	76	美图移动科技有限公司
31	奥佳华智能健康科技集团股份有限公司	77	厦门亿联网络技术股份有限公司
32	福建九龙建设集团	78	厦门电力工程集团
36	厦门立达信绿色照明集团	79	福建三建工程有限公司
40	福建安井食品股份有限公司	81	道普（厦门）石化有限公司
41	华特控股集团	82	厦门松霖科技股份有限公司
44	福建联美建设集团	84	厦门保沣实业有限公司
47	厦门源昌城建集团	85	四三九九网络股份有限公司
48	厦门银祥集团	86	厦门安能建设有限公司
49	鑫东森集团	87	厦门美亚柏科信息股份有限公司
51	厦门科华恒盛股份有限公司	88	厦门福慧达果蔬股份有限公司
52	恒晟集团	89	厦门吉比特网络技术股份有限公司
53	厦门嘉联恒进出口有限公司	92	厦门永佳和塑胶有限公司
54	厦门盛元集团	95	厦门通海投资集团
55	鑫泰建设集团	96	福建同发食品集团
58	厦门金达威集团股份有限公司	98	厦门金华南进出口有限公司

【2 家民企入选市制造业企业十强】 2019 年 8 月，厦门市 2 家民营企业入选市企联会、厦门日报社、厦门广电集团联合评选的 2019 厦门制造业企业十强。其中，盛屯矿业集团股份有限公司排第二名，中骏集团有限公司排第三名。

【3 家民企入选市服务业企业十强】 2019 年 8 月，厦门市 3 家民营企业入选市企联会、厦门日报社、厦门广电集团联合评选的 2019 厦门服务业企业十强。其中，均和（厦门）控股有限公司排第四名，厦门禹洲集团股份有限公司排第八名，厦门恒兴集团有限公司排第九名。

【6 家民企入选市制造新兴产业专精特新企业十强】 2019 年 8 月，厦门市 6 家民营企业入选市企联会、厦门日报社、厦门广电集团联合评选的 2018 厦门新兴产业专精特新企业十强。其中，厦门科华恒盛股份有限公司排第二名，厦门强力巨彩光电科技有限公司排第三名，厦门亿联网络技术股份有限公司第四名，厦门市美亚柏科信息股份有限公司排第五名，大博医疗科技股份有限公司排第七名，厦门柏事特信息科技股份有限公司排第八名。

【4 家民企入选市绿色企业十强】 2019 年 8 月，厦门市 4 家民营企业入选市企联会、厦门日报社、厦门广电集团联合评选的 2018 厦门绿色企业十强。其中，厦门立达信绿色照明集团有限公司排第三名，厦门通海投资集团有限公司排第六名，厦门长塑实业有限公司排第九名，中绿食品集团有限公司排第十名。

【7 家民企上榜中国外贸民营 500 强】2019 年 8 月，中国对外经济贸易统计学会在海南举办“2019 年中国对外贸易 500 强企业论坛”，会上发布“2019 年中国对外贸易民营 500 强”榜单，厦门市 7 家民营企业上榜。（见表 30–13）

【5 家民企入选中国互联网企业百强】2019 年 8 月 14 日，中国互联网协会、工业和信息化部网络安全产业发展中心（工业和信息化部信息中心）联合揭晓“2019 年中国互联网企业 100 强”榜单，厦门 6 家企业上榜，其中民企 5 家，分别为四三九九网络股份有限公司（排名 42 位，主要品牌 4399 小游戏、4399 休闲娱乐平台）、美图公司（排名 59 位，主要品牌美图秀秀、美颜相机、美拍）、吉比特网络技术股份有限公司（排名 83 位，主要品牌《问道》《问道手游》《不思议迷宫》）、厦门翔通动漫有限公司（排名 89 位，主要品牌绿豆蛙、酷巴熊等动漫 IP）、厦门美柚信息科技有限公司（排名 98 位，主要品牌美柚、柚宝宝、柚子街）。

【2 家民企入围中国食品饮料百强】2019 年 8 月 21 日，食品饮料创新论坛（FBIF）发布 2019 中国食品饮料 100 强，厦门 2 家民企上榜。其中，福建安井食品股份有限公司排 64 位，上一年度销售业绩 42.59 亿元；厦门金达威集团有限公司排 89 位，上一年度销售业绩 28.5 亿元。

【3 家民企入选中国民营企业 500 强】2019 年 8 月 22 日，全国工商联和青海省政府联合举办的“2019 中国民营企业 500 强峰会”在西宁市召开，会上发布 2019 中国民营企业 500 强榜单，厦门 3 家民企上榜。其中，盛屯矿业集团股份有限公司排名 273 位，上一年度营收总额 375.54 亿元；厦门禹洲集团股份有限公司排名 349 位，上一年度营收总额 243.06 亿元；厦门恒兴集团有限公司排名 484 位，上一年度营收总额 190.99 亿元。

【5 家民企入选中国服务业 500 强】2019 年 9 月 1 日，中国企业和企业家联合会、中国企业家协会联合在济南召开“中国 500 强企业高峰论坛”，会上发布 2019 年中国服务业 500 强名单，厦门市民营企业 5 家上榜。其中，厦门禹洲集团股份有限公司排名 209 位，上一年度营业收入 243.06 亿元；厦门恒兴集团有限公司排名 291 位，上一年度营业收入 149.67 亿元；鹭燕医药股份有限公司排名 342 位，上一年度营业收入 115.01 亿元；厦门航空开发股份有限公司排名 372 位，上一年度营业收入 93.39 亿元；厦门海澳集团有限公司排名 464 位，上一年度营业收入 56.79 亿元。

【49 家民企入选市重点工业企业】2019 年 9 月 5 日，厦门市政府、市经信局联合公布 150 家“2019 年厦门市重点工业企业”名单，其中民营企业占 49 家，包括相关系列子公司在内 67 家。（见表 30–14）

【17 家民企分别入围省互联网企业 20 强和最具成长型、创新型企业】2019 年 9 月 18 日，由福建省通信管理局、福建省互联网信息办公室、福建省发展和改革委员会、福建省工业和信息化厅、福建省数字福建建设领导小组办公室指导，福州市人民政府支持，福建省互联网协会主办的“2019 中国福建互联网大会”在福州召开，会上发布《2019 年福建互联网企业 20 强发展报告》和“2019 年福建省互联网企业 20 强”名单，厦门市 14 家民营企业上榜，即四三九九网络股份有限公司、美图公司、厦门吉比特网络技术股份有限公司、厦门翔通动漫有限公司、厦门美柚信息科技有限公司、厦门鑫点击网络科技股份有限公司、厦门极致互动网络技术股份有限公司、厦门泡游网络科技有限公司、厦门市美亚柏科信息股份有限公司、厦门点触科技股份有限公司、绿网天下（福建）网络科技股份有限公司、厦门易名科技股份有限公司、易联众信息技术股份有限公司、厦门神州鹰软件科技有限公司。会上同时公布“2019 年福建省互联网最具成长型企业”，全省 3 家，厦门市 1 家民营企业上榜，即厦门侠网旅游服务有限公司；公布“2019 年福建省互联网最具创新型企业”，全省 3 家，厦门 2 家民营企业上榜，即厦门欢乐逛科技股份有限公司、厦门建研家科技有限公司。

【4 家民企入围中国物业管理企业综合实力 500 强】2019 年 10 月 15 日，由中国物业管理协会、上海易居房地产研究院中国房地产测评中心联合开展，中物研协具体实施的《2019 物业服务企业发展指数测评报告》发布，首次公布“2019 物业服务企业综合实力 500 强”榜单。厦门市 10 家企业上榜，4 家是民营企业。其中，厦门合嘉源生活服务集团有限公司排名 120 位，厦门友朋四方物业管理有限公司排名 308 位，厦门华菲物业管理有限公司排名 396 位，厦门豪亿物业管理有限公司排名 474 位。

表 30–13　**2019 年厦门市入选中国对外贸易民营 500 强的民企一览表**

排名	企业名称	进出口额（美元）	出口额（美元）	进口额（美元）
156	联想移动通信科技有限公司	643497232	0	643497232
206	厦门嘉联恒进出口有限公司	513839566	509357431	4482135
297	厦门市明穗粮油贸易有限公司	386576656	0	386576656
305	厦门市嘉晟对外贸易有限公司	377712549	293336118	84376431
308	奥佳华智能健康科技集团股份有限公司	374603549	374078180	525369
374	厦门宝拓资源有限公司	322802357	317117738	5684619
485	厦门中禾实业有限公司	261827213	0	261827213

表 30-14 **2019 年厦门市民营重点工业企业一览表**

排名	企业名称
8	联想移动通信科技有限公司
17	三安系列
	厦门市三安光电有限公司
	厦门市三安光电科技有限公司
	厦门市三安集成电路有限公司
20	强力巨彩系列
	厦门强力巨彩光电科技有限公司
	厦门强力巨彩显示技术有限公司
27	厦门中禾实业有限公司
28	盈趣系列
	厦门盈趣科技股份有限公司
	厦门盈趣汽车电子有限公司
	厦门攸信信息技术有限公司
32	厦门金牌橱柜股份有限公司
34	银祥系列
	厦门银祥油脂有限公司
	厦门银祥肉业有限公司
35	厦门美图移动科技有限公司
36	厦门乾照光电股份有限公司
37	厦门长塑实业有限公司
39	厦门华特集团有限公司
42	宏发系列
	厦门宏发电声股份有限公司
	厦门宏发电力电器有限公司
	厦门宏发开关设备有限公司
	厦门宏发汽车电子有限公司
	厦门金越电器有限公司
44	厦门科华恒盛股份有限公司
46	厦门亿联网络技术股份有限公司
49	厦门阳光恩耐照明有限公司
51	厦门松霖科技股份有限公司
52	弘信系列
	厦门弘信电子科技有限公司
	厦门弘汉光电科技有限公司
55	日上系列
	厦门新长诚钢构浪板有限公司
	厦门日上集团股份有限公司
	厦门日上金属有限公司
58	蒙发利系列
	厦门蒙发利电子有限公司
	厦门蒙发利健康科技有限公司
	奥佳华智能健康科技集团股份有限公司
59	如意情集团股份有限公司
68	厦门金德威包装有限公司
69	厦门金达威维生素股份有限公司
75	厦门著赫电子科技有限公司
78	厦门瑞尔特卫浴科技股份有限公司
80	福建安井食品股份有限公司
85	厦门丰有农业开发有限公司
88	厦门新盛洲植物油有限公司
90	威迪亚系列
	厦门威迪亚科技有限公司
	厦门和利多卫浴科技有限公司
	厦门威迪亚精密模具塑胶有限公司
	厦门优胜卫厨科技有限公司
93	厦门美塑工贸有限公司
97	厦门延江新材料股份有限公司
100	厦门华盛弘精密模具有限公司
106	厦门市燕之屋丝浓食品有限公司
108	大博医疗科技股份有限公司
110	厦门紫光展锐科技有限公司
112	厦门市顺意达食品冷冻有限公司
117	厦门赛尔特电子有限公司
118	厦门固克节能科技股份有限公司
121	厦门兴盛食品有限公司
122	厦门康乐佳运动器材有限公司
123	厦门智欣建材有限公司
125	金旸（厦门）新材料科技有限公司
134	厦门立林科技有限公司
135	厦门特宝生物工程股份有限公司
137	厦门雅瑞实业有限公司
140	厦门普瑞特科技有限公司
141	厦门吉宏包装科技股份有限公司
143	厦门光莆电子股份有限公司
149	厦门安踏实业有限公司
150	未名生物医药有限公司

【2 家民企入围市技术先进型服务企业】2019 年 10 月 16 日，厦门市科技局、财政局、税务局、商务局、发改委联合公布 2019 年厦门市技术先进型服务企业名单，共 5 家企业，其中民营企业 2 家，即厦门冠兰网络科技有限公司、厦门迅捷诚电子商务有限公司。

【建安集团获评“2019 年度全国建筑业 AAA 级信用企业”】2019 年 10 月 21 日，中国建筑业协会公布 2019 年度全国建筑业 AAA 级信用企业，有 313 家，厦门市 1 家民营企业上榜，即厦门市建安集团有限公司。

【8 家民企入选省企业百强】2019 年 10 月 24 日，福建省企业和企业家联合会与福建省广播影视集团、福建省社科院联合发布“2019 年福建省百强企业榜单”，厦门 8 家民营企业上榜，分别为：厦门中骏集团有限公司，排名 23 位；厦门宝龙集团有限公司，排名 48 位；联想移动通信科技有限公司，排名 49 位；厦门禹洲集团股份有限公司，排名 60 位；厦门市嘉晟对外贸易有限公司，排名 62 位；厦门华澄集团有限公司，排名 73 位；厦门市中信隆进出口有限公司，排名 94 位；鹭燕（福建）药业股份有限公司，排名 95 位；乔丹体育股份有限公司，排名 100 位。

【2 家民企上榜中国冷链物流企业前 120 名榜单】2019 年 10 月 27 日，互联网周刊发布“2019 中国冷链物流企业排行榜”前 120 名，厦门 2 家企业上榜，均为民营企业，即厦门大顺集团股份有限公司（排名 43 位）、厦门羊程冷链物流有限公司（排名 109 位）。

【4 家民企上榜中国机械 500 强】2019 年 11 月 4 日，中国机械工业企业管理协会发布 2019 中国机械 500 强榜单，厦门市 4 家民营企业上榜。（见表 30-15）

【1 家民企上榜第八批全国放心粮油示范企业】2019 年 11 月 4 日，中国粮食行业协会公布全国放心粮油示范工程第八批示范企业名单，厦门 2 家企业获评示范加工企业，其中民营企业 1 家，即厦门市晟宝良品米业发展有限公司。

【美亚柏科获省政府质量奖】2019 年 11 月 4 日，福建省政府质量奖评审工作联席会议办公室公布第六届福建省政府质量奖获奖企业名单，全省获奖企业和获提名奖企业各 5 家，厦门市各有 1 家企业上榜，其中 1 家民营企业获省质量奖，即厦门市美亚柏科信息股份有限公司。

【29 家民企入选省民营企业百强】2019 年 11 月 19 日，福建省工商联发布“2019 福建省民营企业 100 强榜单”，厦门 29 家民营企业入选。（见表 30-16）

表 30-15　**2019 年厦门市入选中国机械 500 强的民企一览表**

排名	企业
235	厦门日上集团股份有限公司
252	厦门科华恒盛股份有限公司
444	厦门宏发电声股份有限公司
481	厦门三维丝环保股份有限公司

表 30-16　**2019 年厦门市入选福建省民营企业 100 强的民企一览表**

排名	企业名称	所属行业	营收（万元）
9	均和（厦门）控股有限公司	综合	3870144
13	盛屯矿业集团股份有限公司	有色金属矿采选业	3075433
16	厦门禹洲集团股份有限公司	房地产业	2430587
24	厦门恒兴集团有限公司	批发业	1909876
28	盈众控股集团有限公司	零售业	937243
29	厦门航空开发股份有限公司	批发业	933932
31	厦门宏发电声股份有限公司	计算机、通信和其他电子设备制造业	835368
34	大洲控股集团有限公司（及关联企业）	综合	685792
35	厦门宝拓资源有限公司	批发业	665325
45	奥佳华智能健康科技集团股份有限公司	专用设备制造业	544703
46	福建省九龙建设集团有限公司	房屋建筑业	521164
50	厦门中联永亨建设集团有限公司	房屋建筑业	493428
52	厦门立达信绿色照明集团有限公司	电气机械和器材制造业	477381
55	华特控股集团有限公司	石油加工、炼焦和核燃料加工业	422380

续表 30-16

排名	企业名称	所属行业	营收（万元）
56	厦门三安光电有限公司	其他制造业	412900
58	弘信创业工场投资集团股份有限公司	商务服务业	387208
59	厦门银祥集团有限公司	农副食品加工业	367647
63	科华恒盛股份有限公司	计算机、通信和其他电子设备制造业	343692
65	鼎丰集团（中国）有限公司	综合	334855
66	厦门永同昌集团有限公司	综合	324978
70	福建中绿投资有限公司	食品制造业	309476
72	厦门盈趣科技股份有限公司	计算机、通信和其他电子设备制造业	277873
75	厦门强力巨彩光电科技有限公司	计算机、通信和其他电子设备制造业	249845
83	华厦眼科医院集团股份有限公司	专业技术服务业	212327
88	泉舜集团有限公司	房地产业	176437
89	厦门保沣实业有限公司	金属制品业	174822
93	乔丹体育股份有限公司	橡胶和塑料制品业	161369
94	厦门市美亚柏科信息股份有限公司	软件和信息技术服务业	160058
99	厦门福慧达果蔬股份有限公司	农业	152970

表 30-17　**2019 年厦门市入选福建省民营企业制造业 50 强的民企一览表**

排名	企业名称	所属行业	营收（万元）
14	厦门宏发电声股份有限公司	计算机、通信和其他电子设备制造业	835368
22	奥佳华智能健康科技集团股份有限公司	专用设备制造业	544703
26	厦门立达信绿色照明集团有限公司	电气机械和器材制造业	477381
29	华特控股集团有限公司	石油加工、炼焦和核燃料加工业	422380
30	厦门三安光电有限公司	其他制造业	412900
31	厦门银祥集团有限公司	农副食品加工业	367647
35	科华恒盛股份有限公司	计算机、通信和其他电子设备制造业	343692
38	厦门盈趣科技股份有限公司	计算机、通信和其他电子设备制造业	277873
40	厦门强力巨彩光电科技有限公司	计算机、通信和其他电子设备制造业	249845
48	厦门保沣实业有限公司	金属制品业	174822

【10 家民企入选省民营企业制造业 50 强】 2019 年 11 月 19 日，福建省工商联发布“2019 福建省民营企业制造业 50 强榜单”，厦门 10 家民营企业入选。（见表 30-17）

【民企山国饮艺入围中国茶叶百强】 2019 年 11 月 22 日，第十五届中国茶业经济年会举办，中国茶叶流通协会发布“2019 年中国茶叶百强企业名单”，厦门市 1 家民营企业上榜，即厦门山国饮艺茶叶有限公司，排名 45 位。

【华特集团入围中国石化民营企业百强】 2019 年 11 月 27 日，中国石油和化学工业联合会发布“2019 中国石油和化工民营企业百强榜”，厦门 1 家民营企业上榜，即厦门华特集团有限公司，排名 47 位。

【5 家民企上榜中国企业信用 500 强】 2019 年 12 月，中国企业改革与发展研究会、中国合作贸易企业协会在京联合发布“2019 年中国企业信用 500 强”名单，入围门槛为企业综合信用指数 90 分以上且 2018 年净利润 6.3 亿元以上，厦门 7 家上市企业上榜，其中民营企业 5 家。（见表 30-18）

表 30–18　　2019 年厦门市入选中国企业信用 500 强的民企一览表

排名	企业	信用指数
253	宏发科技股份有限公司	94.06
292	厦门亿联网络技术股份有限公司	93.49
295	厦门吉比特网络技术股份有限公司	93.36
425	三安光电股份有限公司	91.33
433	厦门金达威集团股份有限公司	91.19

表 30–19　　2019 年厦门市入选中国建材企业 500 强的民企一览表

排名	企业
165	厦门松霖科技股份有限公司
212	厦门瑞尔特卫浴科技股份有限公司
223	厦门万里石股份有限公司
226	厦门威迪亚科技有限公司
246	厦门美益集团有限公司
351	厦门固克涂料集团有限公司
352	厦门宏发先科新型建材有限公司

【7 家民企上榜中国建材企业 500 强】 2019 年 12 月，中国建筑材料企业管理协会发布“2019 年中国建材企业 500 强”，厦门市 8 家企业上榜，其中民营企业 7 家。（见表 30–19）

【4 家民企入围中国印刷业企业百强】 2019 年 12 月，印刷经理人杂志社公布 2019 年度中国印刷业企业百强榜单，厦门 4 家民企上榜。其中，厦门合兴包装印刷股份有限公司排第一位，产品销售收入 112.14 亿元；厦门吉宏包装科技股份有限公司排第十七位，产品销售收入 22.69 亿元；厦门保沣实业有限公司排第二十一位，产品销售收入 17.48 亿元；厦门安妮股份有限人公司排第五十六位，产品销售收入 7.15 亿元。

【2 家民企入选全国印刷业上市公司 28 强】 2019 年 12 月 31 日，全国印刷业 31 家上市公司“2019 年市值”公布，厦门市 2 家民企上榜。其中，吉宏股份排名 12 位，市值 58.94 亿元，上一年度营收总额 22.69 亿元、净利润 2.13 亿元。合兴包装排名 16 位，市值 47.01 亿元，上一年度营收总额 121.66 亿元，净利润 2.33 亿元。

【2 家民企列入中国制造隐形冠军企业】 2019 年 12 月，工业和信息化部公布第四批制造业单项冠军企业（产品）名单。至年末，厦门市有 3 家企业入围中国制造隐形冠军企业名单，其中 2 家民营企业列入单项冠军示范企业，分别为厦门宏发电声股份有限公司（入围产品：控制继电器）和厦门立达信绿色照明集团有限公司（入围产品：发光二极管、灯泡）。

【9 家民企入选农业产业化国家重点龙头企业】 至 2019 年年末，厦门市有农业产业化国家重点龙头企业 12 家，其中民营企业 9 家，分别为惠尔康集团有限公司、如意情集团股份有限公司、厦门银祥集团有限公司、厦门涌泉集团有限公司、厦门兴盛食品有限公司、中绿食品集团有限公司、华祥苑茶业股份有限公司、福建安井食品股份有限公司、厦门福慧达果蔬股份有限公司。

【36 家民企入围省工业和信息化省级龙头企业】 2019 年 12 月，福建省经济和信息化委员会发布 2019 年福建省工业和信息化省级龙头企业名单，厦门市 80 家企业入围，其中民营企业 36 家，即厦门如意情集团股份有限公司、福建安井食品股份有限公司、金达威系列 2 家、厦门长塑实业有限公司、厦门松霖科技有限公司、日上集团系列 4 家、宏发系列 8 家、蒙发利系列 3 家、厦门科华恒盛股份有限公司、厦门网宿科技有限公司、四三九九网络股份有限公司、厦门美图移动科技有限公司、厦门美图之声科技有限公司、厦门市顺丰速运有限公司、厦门亿联网络技术股份有限公司、厦门强力巨彩显示技术有限公司、厦门盈趣科技股份有限公司、厦门弘信电子科技股份有限公司、厦门三安光电有限公司、厦门市美亚柏科信息股份有限公司、厦门美亚中敏科技有限公司、厦门安胜网络科技有限公司、厦门亿力吉奥信息科技有限公司。

【1 家民企上榜中国杰出餐饮品牌】 2019 年 12 月 4 日，由世界中餐业联合会、红餐网联合主办的“2019 中国餐饮品牌力峰会”在深圳举行，会上发布“2019 年度中国杰出餐饮品牌”榜单，厦门市临家餐饮投资有限公司上榜。

【5 家民企列入市电商平台扶持项目】 2019 年 12 月 5 日，厦门市商务局公布 2019 年市电商平台扶持项目，全市 6 家企业入选，其中民企有 5 家。（见表 30–20）

【7 家民企列入市物流标准化试点扶持项目】 2019 年 12 月 5 日，厦门市商务局公布 2019 年市物流标准化试点拟拨付扶持资金项目，全市 14 个扶持项目，其中民企有 7 个项目。（见表 30–21）

【7 家民企获市重要产品追溯体系建设示范项目扶持资金】 2019 年 12 月 11 日，厦门市商务局公布厦门市重要产品追溯体系建设示范项目示范企业拟拨付补贴资金名单（第一批企业），共 12 家企业，其中民营企业 7 家。（见表 30–22）

【宝龙地产入围中国内地商业地产企业综合实力十强】 2019 年 12 月 17 日，乐居财经发布“2019 年中国内地商业地产企业综合实力 TOP10”榜单，厦门市

表 30-20　**2019 年厦门市入选市电商平台扶持项目的民企一览表**

企业名称	项目平台
厦门市嘉晟对外贸易有限公司	嘉易通电子商务服务平台
厦门花木易购电子商务有限公司	花木易购
蓝海（福建）信息科技有限公司	帮邦行定制客运网约出行服务平台
厦门易功成信息技术有限公司	易工程智能工程行业供应链服务平台
厦门美家帮科技股份有限公司	美家帮装修

表 30-21　**2019 年厦门市获市物流标准化试点拟拨付资金项目的民企一览表**

单位：万元

企业名称	申报单位类型	项目名称	核定投资额	核定补贴金额
中盛统一粮油工业（厦门）有限公司	第三方物流企业	中盛冷链仓储物流标准化项目	163.79	49.13
厦门立德利物流投资有限公司	第三方物流企业	翔安配送中心标准化体系改造项目	533.20	159.95
厦门市东万晟贸易有限公司	商贸批发企业	物流配送中心标准化建设与改造项目	58.88	17.66
厦门惠尔康食品有限公司	快速消费品生产企业	托盘标准化及配套设施改造项目	226.83	68.04
福建安井食品有限公司	快速消费品生产企业	仓储物流标准化改造项目	225.07	企业自愿放弃补贴
厦门聚富塑胶制品有限公司	标准托盘匹配包装生产企业	包装标准化升级改造项目	979.13	293.73
倍林蜂窝包装材料有限公司	物流标准化设备服务商	物流标准化服务能力提升改造项目	2504.97	751.49

表 30-22　**2019 年厦门市列入市重要产品追溯体系建设示范项目的民企一览表**

单位：万元

企业名称	项目名称	项目实施时间	核定投资额	审定补贴金额
厦门银祥油脂有限公司	食用油产品追溯体系建设	2017.08—2018.07	50	23.24
厦门银祥肉业有限公司	银祥猪肉追溯体系建设	2017.07—2018.08	220	102.90
厦门银祥豆制品有限公司	银祥豆制品溯源管理系统	2017.10—2018.08	300	128.75
厦门燕安居连锁经营有限公司	“东南燕都”安全燕窝溯源平台	2017.07—2018.08	280	117.17
伟达酒业（福建）有限公司	伟达酒业酒类商品二维码溯源管理系统	2017.07—2018.06	120	59.36
厦门市绿百合食品有限公司	绿百合生鲜配送可追溯管理系统	2016.06—2018.07	400	182.70
厦门闽篮超市有限公司	闽篮超市农产品追溯系统	2017.01—2018.05	250	110.61

1 家民企上榜，即宝龙地产，排 5 位。

（严　旭）

民企科技创新

【民营高新技术企业】 2019 年，厦门市科技局、财政局、国税局、地税局联合分两批认定高新技术企业 695 家，其中民营企业 583 家。至年末，厦门市累计认定高新技术企业 25 批、3881 家，其中民营企业 3036 家。

【民营国家技术创新示范企业】 至 2019 年年末，厦门市有国家级技术创新示范企业 9 家，其中民营企业 6 家。

【民营国家创新及试点企业】 至 2019 年年末，厦门市有国家创新型企业 8 家，其中民企 4 家；有国家创新型试点企业 7 家，其中民企 5 家。

【市级民营众创空间】 2019 年，厦门市科技局公布 2019 年厦门市众创空间名单，认定综合型众创空间 10 家，其中民营企业 8 家；认定专业化众创空间 21

家，其中民营企业 20 家。

【国家备案民营众创空间】 2019 年，科技部火炬中心公布 2019 年国家备案众创空间名单，厦门市有 12 家上榜，均为民营企业。其中台湾青年创业基地 3 个，分别是集美区海蛎文创基地、匠仕厨卫系统专业化众创空间、厦门北站台湾青年双创基地。

【省级民营众创空间】 2019 年，福建省科技厅公布 2019 年福建省众创空间名单，厦门有 17 家，其中属于民营企业的众创空间 13 家。（见表 30–23）

【市级民营动漫企业】 2019 年，厦门市工信局公布 2019 年厦门市动漫企业认定名单，共 39 家，均为民营企业。至年末，厦门市共认定市级动漫企业 292 家，其中民营企业 284 家。（见表 30–24）

【66 家民企获评高新技术企业认定中介机构】 2019 年 5 月 17 日，厦门市科技局公布 2019 年度高新技术企业认定中介机构名单，共 66 家，均属民营合伙制。

【116 家民企获评市“专精特新”小微企业】 2019 年 6 月，厦门市工信局公布 2019 年厦门市小微企业“专精特新”产品（技术）拟认定名单，共 153 家，其中民营企业 116 家。

【11 家民企上榜“工业企业知识产权运用试点企业”】 2019 年 6 月 14 日，工业和信息化部公布“工业企业知识产权运用试点企业”名单，厦门市上榜企业 16 家，其中民营企业 11 家，即厦门金达威集团有限公司、厦门乾照光电股份有限公司、科之杰新材料集团有限公司、厦门松霖科技股份有限公司、大博医疗科技股份有限公司、厦门盈趣科技股份有限公司、厦门强力巨彩光电科技有限公司、厦门聚富塑胶制品有限公司、厦门科华恒盛股份有限公司、奥佳华智能健康科技集团股份有限公司、厦门吉信德宠物用品有限公司。

【民企新增 1 个省级重点实验室】 2019 年 6 月，福建省科技厅公布 2019 年福建省重点实验室拟认定名单，共 30 家，厦门有 4 家，其中民营企业 1 家，即麦克奥迪（厦门）医疗诊断系统有限公司与厦门理工学院合作的福建省模式识别与图像理解重点实验室。至年末，厦门市有民营企业省级重点实验室 4 家。

【民企入选省科技“小巨人”领军企业培育发展库】 2019 年 7 月，福建省科技厅、发改委、工信厅、财政厅联合公布 2019 年科技“小巨人”领军企业培育名单，福建省 503 家企业上榜，厦门市有 139 家，其中民营企业 93 家。

【民企入选市科技“小巨人”企业及领军企业】 2019 年 7 月，厦门市科技局、财政局、发改委、工信局、火炬高技术产业开发区管委会联合发布厦门市 2019 年科技“小巨人”企业名单，共 162 家，其中民营企业 118 家；发布厦门市 2019 年科技“小巨人”领军企业名单，共 99 家，其中民营企业 65 家。

【5 家民企入选市科技成果转化与产业化基金拟投资企业】 2019 年 7 月 23 日，厦门市科技局公布 2019 年厦门市科技成果转化与产业化基金拟投资企业名单，共 5 家，均为民营企业，即克尔维特（厦门）信息技术有限公司、厦门傅里叶电子有限公司、厦门美好出行物联网技术有限公司、厦门帝恒诺卫浴科技

表 30–23　**2019 年厦门市获省级众创空间认定名单的民企一览表**

企业名称	国家备案众创空间
台青创客家	台菁创业孵化器管理（厦门）有限公司
住店圈文旅众创空间	厦门市住店圈网络科技有限公司
原链创业孵化器有限公司	厦门原链投资管理有限公司
厦门海峡风文化艺术众创空间	海峡风文化创意产业有限公司
阿里巴巴创新中心·优客工场（厦门集美）	厦门优客工场创业服务有限公司
厚百加速器·厦门高层次人才创新创业基地	厦门市厚百投资管理有限公司
凤凰谷数字创意创业孵化基地	凤凰谷（厦门）数字创意有限公司
人工智能创新型应用众创空间	厦门云汇天下人工智能有限公司
众百旺电商众创空间	众百旺（厦门）电子商务有限公司
创客帮众创空间	厦门微志信息科技有限公司
厦门市台联 / 鑫创业家台湾青年创业基地	厦门柯馨企业管理有限公司
攸创空间	厦门攸创信息咨询有限公司
蝌蚪生态空间	厦门蝌蚪生态环保科技有限公司

有限公司、厦门维拓科力智能技术有限公司。

【20家民企获留学人员企业专项资金资助】 2019年7月30日，厦门市科技局公布2019年厦门市留学人员企业专项资金资助名单，23家企业获资助，民企占20家。其中，5家获一等资助，15家获二等资助。（见表30-25）

【21家民企获评省“专精特新”中小微企业】 2019年9月6日，福建省工信厅、财政厅联合公布2019年省“专精特新”中小企业名单，厦门26家企业上榜，其中民营企业21家。

【44家民企入选市重点软件和信息技术服务业企业】 2019年9月19日，厦门市工经局公布2019年厦门市重点软件和信息技术服务业企业名单，50家企业上榜，其中民企45家。（表30-26）

【27家民企入围市“火炬瞪羚企业”】 2019年8和10月，厦门市火炬管委会分两批公布2019年“火炬瞪羚企业”名单，共30家企业，其中民企27家，即厦门瞳景智能科技有限公司、厦门欧瑞捷生物科技有限公司、法信公证云（厦门）科技有限公司、厦门安胜网络科技有限公司、同舟纵横（厦门）流体技术有限公司、厦门鉴科检测技术有限公司、睿科仪器（厦门）有限公司、厦门极致互动网络技术股份有限公司、厦门畅享信息技术有限公司、厦门达斯自动化技术有限公司、厦门艾德生物技术研究中心有限公司、厦门市酷游网络科技有限公司、厦门攸信信息技术有限公司、厦门美图之家科技有限公司、睿云联（厦门）网络通讯技术有限公司、厦门一品威客网络科技股份有限公司、海森林（厦门）净化科技有限公司、厦门致善生物科技股份有限公司、厦门彼格科技有限公司、福建国科信息科技有限公司、迈兴（厦门）电子有限公司、厦门海荭兴仪器股份有限公司、厦门商集网络科技有限责任公司、厦门市巨龙信息科技有限公司、厦门美亚商鼎信息科技有限公司、厦门市三安集成电路有限公司、厦门南讯软件科技有限公司。至年末，厦门市有“火炬瞪羚企业”110家，其中民企97家。

表30-24　**2019年厦门市入选市级动漫企业的民企一览表**

企业	企业
厦门游动网络科技有限公司	厦门海创世纪科技有限公司
厦门欢乐互娱网络科技有限公司	厦门辰星互动信息科技有限公司
厦门市舜邦网络科技有限公司	厦门意游地信息科技有限公司
厦门赛游信息科技有限公司	厦门美图之家科技有限公司
厦门极上智能科技有限公司	厦门欢乐园信息科技有限公司
厦门传神东方数字科技有限公司	福建高阳飞动信息技术有限公司
厦门萌力星球网络有限公司	厦门思倍旭文化传播有限公司
厦门外星人科技有限公司	厦门市火之辉文化创意有限公司
厦门易聚网络科技有限公司	厦门星瞳网络科技有限公司
厦门米力动漫有限公司	厦门喜鱼网络科技有限公司
厦门坚石互动电子科技有限公司	厦门图特动漫科技有限公司
厦门普雷伊特网络科技有限公司	厦门创云科技有限公司
厦门泰罗软件有限公司	甚妙动漫（厦门）有限公司
厦门柯米科技有限公司	厦门市妖猫网络有限公司
厦门英杰讯网络技术有限公司	厦门影动文化传播有限公司
匠之魂（厦门）动漫科技有限公司	厦门小龙人动漫有限公司
厦门哆想动漫有限公司	厦门地源网络科技有限公司
厦门梦貘映画动漫设计有限公司	厦门玩虾米网络科技有限公司
厦门钰虹互娱科技有限公司	厦门乐展信息技术有限公司
厦门新合云创网络科技有限公司	

表30-25　**2019年厦门市获留学人员企业专项资金资助的民企一览表**

获一等资助民营企业	获二等资助民营企业
中科云绘（厦门）科技有限公司	厦门乐石科技有限公司
厦门中联智创科技有限公司	厦门睿优智造科技有限公司
厦门欧易奇机器人有限公司	厦门市兆泰云智能科技有限公司
深图（厦门）科技有限公司	厦门斯特福科技有限公司
厦门艾飞科技有限公司	厦门斯邦泽环保科技有限公司
	厦门厦科云海信息技术有限公司
	生物角（厦门）科技有限公司
	厦门杭测科技有限公司
	厦门中莘光电科技有限公司
	中津科创（厦门）膜科技有限公司
	厦门格式网络科技有限公司
	厦门米兹净水科技有限公司
	厦门此刻装置科技有限公司
	厦门新势传媒有限公司
	大学无疆（厦门）教育科技有限公司

表 30–26　**2019 年厦门市入选市重点软件和信息技术服务业企业的民企一览表**

序号	企业名称	序号	企业名称
2	厦门亿联网络技术股份有限公司	22	趣游（厦门）科技有限公司
3	四三九九网络股份有限公司		哥们网科技有限公司
4	厦门吉比特网络技术股份有限公司	23	厦门芯阳科技股份有限公司
	厦门雷霆互动网络有限公司	24	厦门集微科技有限公司
	厦门雷霆网络科技股份有限公司	25	厦门南讯软件科技有限公司
	吉游社（厦门）信息技术有限公司	27	厦门象形远教网络科技股份有限公司
5	厦门市美亚柏科信息股份有限公司	28	家乡互动（厦门）网络科技有限公司
	厦门安胜网络科技有限公司	30	厦门靠谱云股份有限公司
	厦门美亚商鼎信息科技有限公司	31	厦门快云信息科技有限公司
6	厦门趣店科技有限公司	32	厦门易名科技股份有限公司
8	厦门网宿有限公司		厦门叁玖叁科技有限公司
9	厦门亿力吉奥信息科技有限公司	33	厦门极致互动网络技术股份有限公司
10	厦门美图网科技有限公司	34	厦门市巨龙信息科技有限公司
11	易联众信息技术股份有限公司		厦门市法度信息科技有限公司
	易联众民生（厦门）科技有限公司	35	厦门至恒融兴信息技术有限公司
	厦门市易联众易惠科技有限公司	37	厦门中控智慧信息技术有限公司
	保睿通（厦门）信息科技有限公司	38	厦门游动网络科技有限公司
	易联众（厦门）大数据科技有限公司	39	厦门纳龙科技有限公司
12	厦门科牧智能技术有限公司	40	厦门海荭兴仪器股份有限公司
13	厦门万安智能有限公司	42	厦门网中网软件有限公司
	厦门泛卓信息科技有限公司		厦门网中网教育科技有限公司
14	厦门点触科技股份有限公司	43	厦门市宇信鸿泰科技有限公司
15	厦门美柚股份有限公司	44	厦门勇仕网络技术股份有限公司
16	厦门狄耐克智能科技股份有限公司	45	厦门宇昊软件有限公司
17	罗普特科技集团股份有限公司	46	厦门科拓软件研发中心有限公司
18	智业软件股份有限公司	47	厦门畅享信息技术有限公司
19	厦门柏事特信息科技有限公司	48	厦门快商通科技股份有限公司
20	厦门十点文化传播有限公司	49	厦门天锐科技股份有限公司
21	厦门泡游网络科技有限公司	50	厦门淘金互动网络股份有限公司

【民企 1 项专利获中国专利银奖】 2019 年 10 月 12 日，国家知识产权局公布 2019 第二十一届中国专利奖获奖名单，厦门市 1 家民营企业的专利上榜，获 2019 中国专利银奖，项目为厦门艾德生物医药科技股份有限公司的“用于检测人类 EGFR 基因突变的引物、探针及其使用方法”，发明人阮力、何东华、郑立谋，专利号 ZL200910111499.2。

【18 个民企项目获市重大科技立项】 2019 年 9 月，厦门市科技局公布 2019 年厦门市重大科技项目（生物医药大健康、社会科技领域）拟立项项目，有 13 项，其中民营企业占 9 项；11 月，市科技局公布 2019 年市科技计划重大项目（工业及信息化领域）拟立项项目，有 14 项，其中民企占 9 项。

【5 家民企入选市科技企业孵化器】 2019 年 10 月和 11 月，厦门市科技局分两批

公布2019年厦门市科技企业孵化器名单，共10家入选，其中民营企业为运营主体有5家，即云沃（厦门）科技有限公司的云沃创孵空间、厦门华厦学院科技企业孵化器、厦门市安象投资有限公司的创想中心、厦门金尚彩创资产管理有限公司的1798创业大街、青瓦孵化器有限公司的青瓦创新社区。

【2家民企获"火炬域外研发中心"称号】 2019年11月，厦门市火炬管委会公布授予3家企业"火炬域外研发中心"称号，其中民营企业2家，即厦门市巨龙信息科技有限公司设立的西北研发中心、科华恒盛股份有限公司设立的深圳康必达研发中心。

【民企新增2个市级重点实验室】 2019年11月，厦门市科技局公布2019年市级重点实验室拟认定名单，共17家企业，其中民营企业2家，即依托厦门市三安集成电路有限公司的厦门市化合物半导体芯片重点实验室、厦门亿联网络技术股份有限公司的厦门市音视频统一通信重点实验室。至年末，厦门市有民营企业市级重点实验室11家。

【2家民企获评市新型研发机构】 2019年11月，厦门市科技局公布命名2019年度厦门市新型研发机构名单，共2家，均为民营企业。其中，厦门市凌拓通信科技有限公司获"厦门市新型研发机构"称号；力品药业（厦门）有限公司获"厦门市重大研发机构"称号。

【民企新增8家市级企业技术中心】 2019年11月，厦门市工信局公布"厦门市第二十二批市级企业技术中心"名单，共15家企业，其中民营企业8家，即厦门嘉戎技术股份有限公司、厦门恩成制药有限公司、汉纳森（厦门）数据股份有限公司、厦门大一互科技有限公司、厦门美时美克空气净化有限公司、厦门金德威包装有限公司、厦门亚锝电子科技有限公司、厦门立林科技有限公司。至年末，厦门市有市级企业技术中心83家，其中民企50家。

【民企4项科技成果获国家科学技术奖】 2019年12月，科技部公布2019年国家科学技术奖获奖名单，厦门上榜6项（通用项目5个、专用项目1个），属于民营企业的科技成果4项（一等奖1个、二等奖3个）。三安光电股份有限公司、厦门华联电子股份有限公司和厦门光莆电子股份有限公司联合完成的"高光效长寿命半导体照明关键技术与产业化"项目获国家科技进步一等奖。该项目实施带动中国半导体照明产业的发展，项目成果实现大规模产业化推广，在北京奥运会、十城万盏示范工程、人民大会堂照明系统节能改造工程、APEC（亚太经济合作组织）峰会、俄罗斯世界杯等重大工程实现示范应用，至年末LED芯片市场份额居全球首位。厦门艾德生物医药科技股份有限公司的"基于外周血分子分型的肺癌个体化诊疗体系建立及临床推广应用"、厦门美图之家科技有限公司的"编码摄像关键技术及应用"和厦门市美亚柏科信息股份有限公司的"电子数据取证关键技术及应用"专用项目获国家科技进步二等奖。

【民企7项科技成果获省科学技术奖】 2019年12月，厦门市民营企业7项科技成果入选福建省科技厅评选的2019年度福建省科学技术奖名单。（见表30–27）

【民企获市科学技术奖】 2019年12月，厦门市政府公布"2019年厦门市科学技术奖"获奖名单，包括科学技术重大贡献奖2项、科技创新杰出人才奖10项。其中，民企厦门艾德生物医药科技股份有限公司郑立谋获科学技术重大贡献奖；民企科技人员厦门宏发电声股份有限公司谭忠华和厦门市三安光电科技有限公司林素慧获科技创新杰出人才奖。颁发科技进步奖55项，民营企业有28项成果上榜，其中一等奖3项、二等奖9项、三等奖16项。（见表30–28）

【891家民企入选科技型中小企业】 至2019年年末，厦门市科技局累计公布13批入选科技型中小企业名单，共1143家，其中民企有891家。

表30–27 **2019年厦门市获省科学技术奖的民企一览表**

获奖项目	企业名称	主要研究人员
模块化多模多频手机关键技术研究及产业化	联想移动通信科技有限公司、联想移动互联科技（厦门）有限公司	康志洪、侯西荣、蔡志艺、王　宝、罗炳财、王贵周、夏钟升、邢建永
基于多基线优化的多源视频融合技术	罗普特科技集团股份有限公司	张　翔、陈延艺、江文涛、张　龙、卢天发、李仁杰、陈延行、苏松剑
奥美拉唑碳酸氢钠胶囊	厦门恩成制药有限公司	乐云峰、林亚玲、郭加明、张家福、贺　宇
智能变频脉冲电源	厦门锐传科技有限公司	马宗煊、黄志超、杨佳林、许怀佑、陈顺乐
复杂场景下多源电子数据恢复关键技术研究及应用	厦门市美亚柏科信息股份有限公司、公安部第三研究所	吴少华、吴松洋、沈长达、吴鸿伟、黄志炜、刘善军、陈　杭、苏再添、黄在勇、张　鹤
超高密度小间距LED芯片关键技术及开发	厦门市三安光电科技有限公司、厦门三安光电有限公司	林素慧、洪灵愿、何安和、王　锋、郑高林、夏章艮、彭康伟、吴超瑜
智慧公交管理服务平台关键技术研发与推广应用	厦门卫星定位应用股份有限公司、厦门大学、华侨大学、汉纳森（厦门）数据股份有限公司	赖增伟、许旺土、李文锋、钱建裕、高悦尔、赖永炫、王　成、张志辉、杜超坎、程　远

表 30-28　　**2019 年厦门市获市科技进步奖的民企一览表**

等次	获奖项目	单位名称	主要研究人员
一等奖	面向全场景智能终端的远程交互协作系统关键技术研发与产业化	厦门亿联网络技术股份有限公司、厦门理工学院、华侨大学、厦门大学	廖　昀、朱顺痣、曾焕强、纪荣嵘、张联昌、朱　晨、卢荣富、马　樱
	纳米流式检测技术的研发、应用及产业化	厦门大学、厦门福流生物科技有限公司	颜晓梅、朱少杉、马　玲、田　野、杨玲玲、王　硕、陈超翔、吴丽娜
	重负载应用高分断交流接触器关键技术研发与产业化	厦门宏发开关设备有限公司	张协利、曹　永、满　金、杨成锦、柯小明、刘长源、晏恒明、黄仁灿
二等奖	节能型地铁管片专用早强触变新材料关键技术开发及产业化研究	科之杰新材料集团有限公司	赖广兴、柯余良、林艳梅、赖华珍、方云辉、陈小路、李格丽、林添兴
	无边框高效 LED 封装的研究及应用	厦门多彩光电子科技有限公司、厦门理工学院、厦门强力巨彩光电科技有限公司	郑剑飞、朱文章、徐惠能、许英朝、涂庆镇、熊飞兵、苏水源、朱卫平
	高压直流供电系统关键技术的研究及应用	科华恒盛股份有限公司、漳州科华技术有限责任公司	王志东、曾奕彰、林艺成、赖熙庭、崔福军、汤贤椿
	多源电子数据恢复关键技术及应用	厦门市美亚柏科信息股份有限公司	吴少华、沈长达、陈杭、邵业炳阳、黄在勇、陈勇彬、施剑联、连洲红
	高 Al 组分深紫外固态光源 LED 外延、芯片技术开发及产业化	厦门三安光电有限公司、厦门市三安光电科技有限公司	臧雅姝、邓和清、陈圣昌、钟志白、卓昌正、江　宾
	神经网络加密解密算法及网络信息安全技术	厦门大学、厦门市美亚柏科信息股份有限公司、华侨大学、集美大学	郭东辉、吴鸿伟、刘年生、李国刚、王云峰、姜林美、林肖华、贺　珊
	融合区块链的智能金融支付结算平台研发与产业化	瀚德万业（厦门）信息科技有限公司、厦门理工学院、银联商务股份有限公司厦门分公司	吴炳坤、钟　瑛、方一兴、尹华一、姚　锋、李　林、陈　玲、杨　剑
	氧化铝熟料窑电除尘器超低排放集成创新技术及其应用	厦门绿洋环境技术股份有限公司、厦门理工学院	谢友金、曾海泉、柯　岚、谢友煌、连天华、吴志勇、汤超奇、林仕芳
	肉食品安全基因检测技术研究与设备开发及应用	厦门银祥集团有限公司、暨南大学、华南理工大学、厦门华厦学院、广州双螺旋基因技术有限公司	石　磊、张志刚、李丽丽、孟赫诚、邹忠爱、叶　蕾、陈　洵、苏永裕
三等奖	免喷涂材料及其成型工艺关键技术研发与产业化	金旸（厦门）新材料科技有限公司、厦门大学、北京北汽模塑科技有限公司、四川省宜宾普拉斯包装材料有限公司	袁丛辉、吴银财、杨　齐、王晓菁、刁雪峰、罗伟昂、申应军、全敦华
	城市物联智慧停车平台	厦门科拓通讯技术股份有限公司、厦门理工学院、厦门快商通信息技术有限公司、厦门大学	王大寒、孙龙喜、刘晓葳、王菡子、林健熙、吴　芸、肖龙源、李稀敏
	数字零售客户运营平台关键技术研发及产业化	厦门南讯股份有限公司、厦门理工学院	吕　晔、吴克寿、陈碧勇、谢彦麒、方　敏、卢俊文、杨仗华、谢小竹
	食品安全检测设备及分析系统	厦门海荭兴仪器股份有限公司	杨　彬、蔡庆国、江秋菊、钟应立、杨德辉
	新能源客车结构设计开发新技术与应用	厦门理工学院、漳州市昌龙汽车附件有限公司、厦门威迪思汽车设计服务有限公司	彭　倩、高　岚、梅丽芳、黄小军、卢光华、陈平健、郭福森、陈少冰
	基于云网融合的新一代智能分发服务平台研发与应用	厦门网宿有限公司	吕士表、陈庆金、曾智全、陈　鸿、陈发民、蔡龙师、翁志真

续表 30-28

等次	获奖项目	单位名称	主要研究人员
三等奖	大件垃圾资源化处理系统产业化	环创（厦门）科技股份有限公司、中国科学院广州能源研究所	郭子成、袁浩然、谢　树、蔡美俊、王亚琢、单　锐
	基于多基线优化的多源视频融合技术	罗普特科技集团股份有限公司	张　翔、陈延艺、江文涛、张　龙、卢天发、李仁杰、陈延行、苏松剑
	智能型航海模拟器的关键技术开发与应用	集美大学、厦门泓庚航海科技有限公司	杨神化、索永峰、周建文、郑敏杰、陈国权、孙洪波、洪小聪、杨岳斌
	复杂环境下的厦门 BRT 设施工程病害成因分析及测控关键技术	厦门大学、合诚工程咨询集团股份有限公司	许旺土、程棋锋、陈天培、陈志为、王东东、康明旭
	数字切片扫描与应用系统的研制及产业化	麦克奥迪实业集团有限公司	陈木旺、贾守礼、简伟团、康　军、CHEN JIN、高志刚、林顺华、Sebastian
	模块化多模多频手机关键技术研究及产业化	联想移动通信科技有限公司、联想移动互联科技（厦门）有限公司	康志洪、侯西荣、蔡志艺、王　宝、罗炳财、王贵周、夏钟升、邢建永
	铠甲云平台－基于大数据的互联网广告精准投放一体化平台	厦门铠甲网络股份有限公司	陈　滨、梁晓斌、康国伟
	个性化智能按摩系统技术研究及产业化	奥佳华智能健康科技集团股份有限公司、厦门蒙发利电子有限公司	邹剑寒、张云龙、冯　时、陈建福、陈水金、肖　健、陈国华、洪辉能
	海洋大数据平台	厦门蓝海天信息技术有限公司	刘双印、刘晓东、庄海东、罗淑娅、王天水、黄接华、于　博
	超广角大通光大像面变焦镜头的研发及产业化	厦门力鼎光电股份有限公司	吴富宝、王雄鹰、徐金龙、吴联贵、张军光、曹来书、邓莉芬、苏炳坤

【民企新增 2 家国家级企业技术中心】 2019 年 12 月，国家发改委、科技部、财政部、税务总局、海关总署联合发布 2019 年（第二十六批）国家企业技术中心名单，厦门市上榜 4 家，其中民营企业 2 家，即厦门艾德医药生物科技股份有限公司、厦门亿联网络技术股份有限公司。至年末，厦门市有国家级企业技术中心 28 家，其中民营企业 16 家。

【民企新增 9 家省级企业技术中心】 2019 年 7 月和 12 月，福建省工信厅、科技厅、财政厅、税务局、福州海关、厦门海关联合公布第二十六、二十七批省级企业技术中心名单，厦门市有 11 家，其中民营企业 9 家，即厦门中联永亨建设集团有限公司、福建博业建设集团有限公司、厦门思总建设有限公司、鑫泰建设集团有限公司、中磐建设集团有限公司、厦门亿力吉奥科技信息有限公司、红相股份有限公司、厦门力鼎光电股份有限公司、厦门长塑实业有限公司。公布取消的省企业技术中心名单中，厦门市有 3 家，其中民营 2 家。至年末，全市有省级企业技术中心 57 家，其中民营企业 31 家。

【10 家民企入选市先进碳材料企业】 2019 年 8 和 12 月，根据《厦门火炬高新区关于促进石墨烯等先进碳材料产业发展的若干政策》，厦门市火炬管委会分两批公布 2019 年先进碳材料企业名单，共 11 家企业，其中民营企业 10 家，即厦门福纳新材料科技有限公司、厦门捌斗新材料科技有限公司、厦门海洋南方特种光电材料有限公司、厦门豪尔新材料股份有限公司、厦门烯成石墨烯科技有限公司、厦门祥福兴科技股份有限公司、厦门朗纳科工贸有限公司、厦门中莘光电科技有限公司、厦门晋简新能源科技有限公司、厦门中凯新材石墨烯科技有限公司。

【2 家民企获评“火炬创新研究院”】 2019 年 12 月，厦门市火炬管委会公布厦门火炬高新区 2019 年“火炬创新研究院”名单，共 2 家企业，均为民营企业，即未名生物医药有限公司的“未名医药研究院”、厦门美图之家科技有限公司的“美图影像实验室 MTlab”。

【14 家民企获市软件和信息技术服务业专项资金支持】 2019 年 12 月 9 日，厦门市工信局公布 2019 年市软件和信息技术服务业专项资金（工业软件产品奖励）扶持名单，15 家企业上榜，其中民营企业 14 家，即厦门市迈丹科技开发有限公司、厦门全向物联网科技有限公司、厦门乐石科技有限公司、智能特（厦门）科技有限公司、厦门计讯物联科技有限公司、厦门麦克玛视电子信息技术有限公司、厦门才茂通信科技有限公司、厦门四信通信科技有限公司、厦门力巨自动化科技有限公司、厦门麦思睿科技有限公司、厦门锐谷通信设备有限公司、克尔维特（厦门）信息技术有限公司、厦门福信光电集成有限公司、厦门华匠兴智能科技有限公司。

【10家民企新上榜国家知识产权示范、优势企业】 2019年12月11日，国家知识产权局公布第六批国家知识产权示范、优势企业名单，厦门企业上榜16家，其中民营企业10家。上榜国家知识产权示范企业的民营企业2家，即美亚柏科信息股份有限公司、科华恒盛股份有限公司；上榜国家知识产权优势企业的民营企业8家，即厦门盈趣科技股份有限公司、厦门市朗星节能照明股份有限公司、科之杰新材料集团有限公司、厦门佳创科技股份有限公司、厦门美时美克空气净化有限公司、环创（厦门）科技股份有限公司、华尔达（厦门）塑胶有限公司、厦门美科安防科技有限公司。至年末，厦门市共有国家级知识产权示范企业15家，其中民企8家；国家级知识产权优势企业51家，其中民企33家。

【15家民企上榜省知识产权优势企业】 2019年12月，福建省知识产权局公布2019年度福建省知识产权优势企业名单，厦门上榜18家，其中民营企业15家，即厦门弘信电子科技股份有限公司、厦门亿力吉奥信息科技有限公司、厦门市蒙泰健康科技有限公司、厦门安胜网络科技有限公司、厦门普瑞特科技有限公司、厦门快商通科技股份有限公司、厦门威迪思汽车设计服务有限公司、厦门艾美森新材料科技股份有限公司、厦门物之联智能科技有限公司、厦门思泰克智能科技股份有限公司、睿科仪器（厦门）有限公司、厦门广泓工贸有限公司、厦门水大卫浴洁具有限公司、厦门市得尔美卫浴有限公司、厦门市格绿科技有限公司。

【松霖科技入选省智能制造试点示范企业】 2019年12月27日，福建省工信厅公布2019年福建省智能制造试点示范企业名单，厦门市企业2家上榜，其中民营企业1家，为厦门松霖科技股份有限公司的“高端卫浴产品智能工厂试点示范”。

（严　旭）

民企社会活动

【民企和商会帮扶临夏州贫困村】 2019年，厦门市民企和商会参与甘肃省“千企帮千村”精准扶贫行动。至10月31日，厦门有72个民营企业和商会对临夏回族自治州进行对口帮扶，对接帮扶54个贫困村，产业帮扶项目7个，投资金额5662万元，公益帮扶金额3573万元，消费扶贫金额516.7万元，合计9751.6万元。

【4位民营企业家入选胡润慈善榜】 2019年5月21日，2019胡润慈善榜公布114位中国最慷慨的慈善家名单，统计2018年4月1日至2019年3月31日期间现金捐赠、和现金相关的捐赠、有法律效力的承诺捐赠在内，金额超过2000万元的慈善家。厦门有4位民营企业家上榜。（见表30–29）

【民企和商会获省“千企帮千村”精准扶贫行动先进表彰】 2019年5月23日，福建省“千企帮千村”精准扶贫行动推进会暨民企参与实施乡村振兴战略工作会议在福州召开，由省委统战部、省工商联、省扶贫开发办、省光彩事业促进会和中国农业发展银行福建省分行共同组织评选的福建省“千企帮千村”精准扶贫行动先进民营企业和商会名单公布，共99家，厦门8家民企和商会上榜。分别为：厦门恒兴集团有限公司、厦门永同昌集团有限公司、福信集团有限公司、奥佳华智能健康科技集团股份有限公司、宝龙集团发展有限公司、厦门市南安商会、厦门市泉州商会、厦门市莆田商会。

【4位民营企业家入选福布斯中国慈善榜】 2019年7月24日，《福布斯》中文版第十三次发布中国慈善榜，4位厦门民营企业家上榜，分别为：中骏置业控股黄朝阳，捐赠额52594万元；宝龙集团许健康，捐赠额30043万元；源昌集团侯昌财，捐赠额11125万元；九牧王集团林聪颖，捐赠额2000万元。

【5个民企家族入围胡润中国百富榜】 2019年10月10日，胡润研究院发布《2019胡润中国百富榜》，厦门民企5个家族上榜，分别为：三安集团林秀成、林志强父子以230亿元排名第146位，中骏置业黄朝阳以195亿元排名第178位，恒兴实业柯希平以100亿元排名第398位，福信集团黄曦家族以95亿元排名第427位，源昌集团侯昌财以85亿元排名第472位。

【8个民企家族入选福布斯中国富豪榜】 2019年11月7日，2019福布斯中国富豪榜发布，共400个家族，厦门民企8个家族上榜。（见表30–30）

表30–29　**2019年厦门市入选胡润慈善榜的民营企业家一览表**

排名	姓名	捐赠总额（万元）	主要捐赠明细	主要捐赠方向	公司
24	许健康家族	17300	以集团名义向上海宝龙文化发展基金会捐赠1.8亿元，以集团名义在“晋江慈善之夜”暨“世中运”倒计时活动中现场捐赠5000万元	社会公益、文体、教育、扶贫	宝龙
67	侯昌财	4750	以集团名义捐赠5000万元用于扶茂工业区市直属小学、幼儿园主体工程建设	基础设施建设	源昌
77	黄曦家族	3480	以集团名义捐赠2500万元成立陈章辉慈善基金会，向集美大学捐赠1500万元	社会公益、教育	福信
100	蔡金垵	2100	以集团名义向晋江慈善之夜捐赠2000万元	社会公益、扶贫	盼盼

表 30-30　**2019 厦门市入选福布斯中国富豪榜的民营企业家一览表**

排名	姓名	财富值（亿元）	财富来源	年龄	行业
143	林秀成家族	159.8	三安光电	64	电子元器件制造、钢铁
225	林龙安家族	115.3	禹州国际	55	房地产
246	柯希平家族	106.1	恒兴集团	59	房地产、矿业、投资
282	吴仲毅	93.3	亿联网络	46	通讯
287	陈智松	91.9	亿联网络	53	通讯
296	林志雄家族	90.5	大博医疗	46	医疗器械
308	林志军	87	大博医疗	44	医疗器械
376	吴凯庭	74.2	盈趣科技	49	电子设备制造

【民企个人获评市第十批拔尖人才】 2019年11月25日，厦门市在厦门人民会堂召开拔尖人才工作会议，公布第十批拔尖人才名单，共103人，其中民营企业28人。分别为：科之杰新材料集团有限公司方云辉、厦门亿联网络技术股份有限公司卢荣富、厦门精图信息技术有限公司乔志勇、科华恒盛股份有限公司苏先进、厦门极致互动网络技术股份有限公司苏华舟、华厦眼科医院集团股份有限公司苏庆灿、厦门惠和股份有限公司李亚华、致同会计师事务所吴乐霖、厦门市美亚柏科信息股份有限公司吴鸿伟、奥佳华智能健康科技集团股份有限公司邹剑寒、厦门艾德生物医药科技股份有限公司宋庆涛、厦门优尼康网络科技有限公司张林、厦门市三安光电科技有限公司张洁、厦门中平公路勘察设计院有限公司陈小江、厦门汇盛生物有限公司陈礼毅、厦门十点文化传播有限公司林斌炜、厦门优尔智能科技股份有限公司周义允、厦门宏发电声股份有限公司周晓峰、厦门福慧达果蔬股份有限公司郑晓玲、厦门雷霆互动网络有限公司胡兆彬、厦门宏发电力电器有限公司洪尧生、厦门市建筑科学研究院集团股份有限公司桂苗苗、福建重宇合众律师事务所涂崇禹、福建安井食品股份有限公司黄建联、厦门宏旭达园林环境有限公司黄素华、厦门多想互动文化传播股份有限公司黄婷婷、厦门市天和项目管理投资咨询有限公司傅庆阳、厦门市顺丰速运有限公司赖裕年、紫金矿业集团股份有限公司厦门分公司蔡雪琳。

【民企员工获评市劳动模范】 2019年12月，厦门市政府公布2019年度厦门市劳动模范名单，共100人，其中25人属民营企业人员，分别为：厦门科拓通讯技术股份有限公司孙龙喜、厦门元初食品股份有限公司温志强、厦门市日日建安汽车服务有限公司张秋锦、厦门华菲物业管理有限公司黄伟、厦门金霖湾置业有限公司孙先建、立达信物联科技股份有限公司吴成宗、厦门亿联网络技术股份有限公司赖志豪、厦门美科安防科技有限公司吴院生、厦门卓毅建筑工程有限公司温松涛、厦门蓝湾科技有限公司邓美健（女）、厦门金牌厨柜股份有限公司王永辉、厦门市美佳鑫市政环卫科技发展有限公司叶德彬、厦门城健建设有限公司郭光清、厦门市富众渔具有限公司吕志扬、厦门延江新材料股份有限公司朱坤锋、厦门乾照光电股份有限公司尧刚、厦门美图之家科技有限公司王辉斌、厦门中恒信净化科技股份有限公司林锦清、厦门中都物业管理股份有限公司陶利（女）、厦门兴海湾工程管理有限公司胡志勇、厦门智欣建材集团有限公司王锦芬（女）、厦门合立道工程设计集团股份有限公司林秋达、厦门中联永亨建设集团有限公司林惠斌、福建龙马环境产业有限公司林锋、厦门莲花医院有限公司刘界兰（女）。

（严　旭）

责任编辑：林炯程
审　　稿：阳晓儒
校　　对：林建高

31 科学技术

综　　述

【科技成效】 2019年，福厦泉国家自主创新示范区厦门片区在年度考核评估中居福建省第一，获省专项支持资金6800万元。厦门市位列全国首批小微企业创业创新基地城市示范绩效评价排名榜前八，获中央财政奖励4500万元。市生物医药产业集群、新型功能材料产业集群入选国家发改委第一批战略性新兴产业集群培育工程。中国福建能源材料科学与技术创新实验室（嘉庚创新实验室）获批启动建设。世界第三支、国产第一支宫颈癌疫苗“馨可宁”获批上市，万泰沧海与葛兰素史克（GSK）新一代宫颈癌疫苗合作项目全面启动。厦门市创立全省首家外国人才服务站，为在厦门就业创业的外国人才提供创业就业辅导、技术合作、资源对接等“一条龙”服务。2019年，厦门市6项成果获国家科技奖，46项（人）成果获2018年度省科学技术奖励，67项（人）成果获2019年度市科学技术奖励。

2019年，厦门市投入市科学技术创新与研发资金12.50亿元。厦门市获上级资金共计6.8亿元。其中，获国家项目立项494项，争取国家资金5.37亿元；获得省科技项目立项384项，争取省级资金1.43万元。至2019年年末，厦门市每万人有效发明专利拥有量33.2件，为全省平均值的3倍；技术合同交易额92.53亿元，占全省63.4%。

【科技产业创新驱动】 2019年，厦门市出台《厦门市加快创新驱动发展的若干措施》等政策，优化提升创新创业创造环境。2019年，厦门市实现净新增国家高新技术企业302家，资格有效数1928家，占全省40%。首批2079家企业入选“三高”（高技术、高成长、高附加值）企业培育库，规上（规模以上）“三高”服务业企业实现营收比上年增长22.2%，高出全市8.2个百分点，利润增长23%。172家“三高”企业实现规模倍增。1928家资格有效国家高新技术企业中，399家企业营收与上年同期相比增长超过50%。

至2019年年末，厦门市有工程技术研究中心国家级2家、省级36家、市级90家（2019年撤销1家）；有产业技术创新战略联盟国家级1个、省级3个、市级15个；有众创空间225家，其中国家级33家、省级86家；有科技企业孵化器38家，其中国家级7家，累计孵化初创企业超过8700家。

（曾广明　郭燕妮）

高新技术及新兴产业

【概　况】 2019年，厦门市规上高新技术产业实现工业产值4866.31亿元，占全市规上工业总产值69.73%；实现工业增加值1205.54亿元，占全市规上工业增加值67.12%，累计增速10.4%。全市有688家企业通过高新技术企业认定，全市资格有效的国家级高新技术企业1928家，比上年净增302家。累计备案通过的市级高新技术企业2446家，出库升级为国家级高新技术企业的企业1246家。至年底，厦门市遴选入库的“三高”企业共2079家，其中国家级高新技术企业1600家，重点工业企业202家，重点现代服务业企业106家，技术先进型服务企业27家。“三高”企业增资扩产项目228个，计划总投资1575.34亿元，2019年计划投资136.87亿元，全年完成投资150.92亿元，完成年度计划110.2%。厦门市政府推动解决东亚机械制造基地项目用地农转用手续办理、亿联网络总部基地和智能制造园区建设等问题，推进金鹭硬质合金工业园、太古新机场维修基地搬迁等项目进展。厦门市“三高”企业发展大会于7月召开，出台举措助力“三高”企业成长。全年各区、各部门出台惠及“三高”企业政策72项，享受政策企业44478家次，兑现财政扶持经费75.3亿元，减税降费超过400亿元，组织政策宣讲675场、座谈会504场，实地走访“三高”企业7356家次，收集企业需求5437项，解决企业需求4826项。

【厦门进入国家集成电路产业战略布局】 2019年，厦门市成为全国第十个获批建设国家“芯火”双创基地（平台）的城市，正式进入国家集成电路产业战略布局。厦门市集成电路产业初具规模，形成火炬高新区、海沧区、自贸片区3个集成电路重点集聚区域，吸引联芯、三安集成、士兰、通富、吉顺芯、紫光展锐、星宸等一批企业在厦门发展。至年底，全市集成电路产业链企业有200多家，初步形成涵盖集成电路设计、制造、封测、装备与材料以及方案应用的上下游产业链。全年厦门集成电路产业产值237.99亿元，比上年增长27.4%。

【服务“三高”企业举措】 2019年，厦门市科学技术局（简称市科技局）、市工信局和市中小企业服务中心等部门合作，推动搭建全市服务“三高”企业的工作框架，形成服务企业的4项基础设施：“三高”企业综合服务平台，2503家企业、487个挂钩领导和27个部门（区）可通过平台进行互动，实现企业诉求跟踪解决、经济运行分析、政策推送、在线答疑等功能；领导挂钩服务机制，全面推行领导到访制；建立企业经营数据库，首次实现市税务局、市科技局和市工信局的常态化数据共享渠道，为各区各部门分析产业、制定政策、明确服务重点提供数据支撑；服务月报机制，通过服务月报持续跟踪各区各部门服务“三高”企业进展情况，收集企业共性诉求，协调解决企业问题。上述基础设施于12月搭建完成。

【光电产业】 2019年，厦门光电产业（包括平板显示、LED、太阳能光伏、光通信和现代光学等细分产业）直接总产值为1825.24亿元，比上年增长3.56%，直接总产值占全省产值近一半。其中：平板显示产业直接产值1170.13亿元，比上年增长4.24%，占光电产业直接总产值的64.11%。LED产业直接产值为454.05亿元，占光电产业直接总产值的24.88%，在中美贸易和行业调整的双重压力下，增长率有所下降，比上年增长3.36%；LED外延芯片产值近100亿元，约占全国LED外延芯片产值一半，厦门持续15年成为全国LED外延芯片领域规模最大、技术最强、品种最全的地区；厦门连续9年成为全国LED球泡灯等光源类产品制造和出口规模最大、档次最高的地区，立达信、阳光恩耐、通士达、龙胜达4家企业位列2019年全国LED照明产品出口前10企业。

【科技小巨人企业培育】 2019年，厦门市遴选推荐的139家企业通过审核，成为第四批进入“省科技小巨人领军企业培育发展库”的企业。年内，厦门市科学技术局受理310家企业申报市级科技小巨人企业及领军企业，认定市级科技小巨人企业162家和市级科技小巨人领军企业99家，累计认定852家市级科技小巨人企业和443家市级科技小巨人领军企业。新入选“厦门市科技小巨人企业库”的162家企业2018年共实现销售收入95.27亿元；被认定为“厦门市科技小巨人领军企业”的99家企业2018年共实现销售收入66.58亿元，其中上亿元企业21家。

【生物医药与健康产业】 2019年，厦门市生物医药与健康产业累计完成工业产值664.72亿元，比上年增长15.67%。至年底，厦门市生物医药与健康产业中资格有效国家级高新技术企业318家，比上年同期增长31.95%；上市企业10家；入选厦门市科技小巨人企业134家，其中市科技小巨人领军企业76家。有备案Ⅰ类的医疗器械1057个、注册Ⅱ类医疗器械517个、注册Ⅲ类医疗器械333个，注册药品的品种数量404种，常年生产的品规数量143种。特宝生物通过科创板注册制审核，在上交所挂牌上市；大博生物营业收入首次超过10亿元；万泰沧海首个国产宫颈癌疫苗（一类新药）通过国家药监局审批，获批上市。厦门市科技局牵头厦门海关、自贸区厦门片区管委会、市口岸办以及海沧区人民政府，共建生物材料特殊物品出入境服务平台，并于年底投入运营使用，服务厦门市生物医药与健康产业。

【第五届“白鹭之星”创新创业大赛】 2019年5月17日，第八届“中国创新创业大赛”、2019年“创客中国”中小企业创新创业大赛（厦门赛区）暨第五届“白鹭之星”创新创业大赛启动仪式在厦门翔安创新孵化中心举行。该次参赛项目总数715个，经过初筛，共有350家企业和团队入围复赛，竞争790万元奖金。经过厦门赛区初赛、复赛筛选，最终共有20个参赛项目入围全国行业赛，其中成长企业组12家、初创企业组8家，厦门蔚扬药业有限公司、西人马（厦门）科技有限公司等10家企业获“优胜企业”奖。

【《关于做强做大高技术高成长高附加值企业三年行动计划》发布】 2019年8月28日，厦门市科技局发布《关于做强做大高技术高成长高附加值企业三年行动计划》。该行动计划的目标是用3—5年时间，将厦门建设成为高新产业优势明显、未来产业粗具规模、科技人才资源荟萃、创新机制充满活力的高素质创新创业之城，成为具备区域中心地位和较强辐射带动能力的海峡科技创新中心，进入国家创新型城市第一方阵，成为中国创新名城。该行动计划包含4个计划，分别是：前瞻引领计划，涵盖未来产业培育工程、科技智力支撑工程；突破跨越计划，涵盖共性关键技术攻关工程、产业科技提升工程；服务支撑计划，涵盖科技创新载体建设工程、科技金融创新工程、体制机制创新示范工程；合作转化计划，涵盖市校院地同发展科技合作工程、科技成果转移转化工程和开放创新合作工程。其中，首次提出集中资源，培育柔性电子、新型显示、第三代半导体、高端装备、先进材料、新一代人工智能、集成电路设计、云服务、数字诊疗装备和新型药物、新兴海洋科技十大科技密集型未来产业。

【艾德生物获国家认定表彰】 2019年12月，国家发展改革委、科技部、财政部、海关总署和国家税务总局联合发布《关于发布2019年（第26批）新认定及全部国家企业技术中心名单的通知》，正式认定艾德生物技术中心为“国家企业技术中心”。同月，艾德生物与北京协和医学院，北京肿瘤医院和北京大学联合申报的“基于外周血分子分型的肺癌个体化诊疗体系建立及临床推广应用”项目获国家科学技术进步奖二等奖，艾德生物是该次国家科学技术进步奖唯一一家获此荣誉的肿瘤精准医疗上市企业。

【首个国产宫颈癌疫苗获批上市】 2019年12月31日，国家药品监督管理局批准国产首支宫颈癌疫苗上市注册申请。该宫颈癌疫苗为厦门万泰沧海生物技术有限公司（简称厦门万泰沧海）和厦门大学国家传染病诊断试剂与疫苗工程技术研究中心历时16年共同研制的双价人乳头瘤病毒疫苗（大肠杆菌）（商品名：馨可宁），该项目获国家重大新药创制专项支持，被国家药监局纳入优先审评品种。9月，厦门万泰沧海与英国制药公司葛兰素史克（GSK）签订新一代宫颈癌疫苗合作协议，双方将基于厦门万泰的创新抗原技术与GSK的佐剂系统联合研发新一代的人乳头瘤病毒（HPV）疫苗，是中国疫苗行业首次借助独创技术与国际顶尖疫苗企业紧密合作，共同开发重磅疫苗品种并在全球商业化，标志着中国的疫苗关键核心技术得到国际同行的高度认可。该合作项目的抗原技术来源于厦门大学养生堂生物药物联合实验室。12月，厦门万泰沧海母公司首发上市申请审核通过，募集资金将主要用于宫颈癌疫苗质量体系提升及其他项目。

（许　敏　钟建平）

科技计划项目与经费

【概　况】 2019年，厦门市立项重大项目31项，重点项目8项，产学研切块管理项目101项、医疗卫生项目100项。厦门市在第三代半导体、集成电路、人工智能、高端装备、生物医药大健康、社会科技6个领域实施重大科技项目，定向实施公共技术服务平台。经公开征集、专家论证、现场调研、预算审核、集体研究，确定2019年市科技计划重大项目（工业及信息化、生物医药大健康、社会科技领域）27项，资助金额18805.44万元。其中，2019年福厦泉自创区专项重大项目7项，2019年市级重大科技项目20项。确定2019年厦门市公共技术服务平台4项，资助金额2478.8万元。确定2019年厦门市医疗卫生重点项目8项，无偿资助1100万元。安排市科学技术创新与研发资金125024.15万元，其中科技项目计划资金支出12403.17万元，占比9.92%；补助研发经费76918.09万元，占比61.52%；科技与金融结合资金支出6436.40万元，占比5.15%；科技政策兑现资金支出29266.48万元，占比23.41%。2019年，厦门市科技局支出中央引导地方科技发展专项资金1910万元，主要用于项目建设、补助研发经费和重点实验室建设；支出福厦泉国家自主创新示范区厦门片区专项资金11191.47万元，主要用于项目建设、补助研发经费和科技金融政策扶持；支出中央小微双创资金3500万元；支出创客中国专项资金360万元，支出省级新型研发机构设备补助和引导项目专项资金1177.98万元。实施科技惠民工程，厦门市科技局、卫健委联合立项支持医疗卫生重点项目8项，资助资金1600万元；立项支持科技项目100项，资助资金500万元；支持2019年医疗卫生指导性项目187项。厦门力卓药业有限公司承担的厦门市重大项目“全氟丙烷人血白蛋白微球注射剂研发及产业化项目”于3月通过市科技局对该项目的执行和经费使用情况的双随机抽查。

【企业研发费用补助政策落实】 2019年，厦门市有2591家科技企业申请研发费用补助，申报数是上年的1.2倍。企业申报研发费用额126.83亿元，是上年的1.27倍。有4190家次科技型企业获研发费用补助，补助资金8.07亿元。研发费用补助政策落实，提升厦门市龙头骨干企业创新能力，助力中小微企业创新创业。

【企业享受研发费用加计扣除政策】 2019年5月31日，厦门市企业完成2018年度所得税汇算清缴工作。据统计，2018年度厦门市享受研发费用加计扣除政策的企业申报总数3088家，增加413家，比上年增长15.44%，申报企业上年度实现营业收入3840.19亿元；申报加计扣除研发费用额达136.42亿元，增长21.55%；涉及所得税减免额17.48亿元，增长58.25%。企业所得税减免额与上年度相比大幅增长的主要原因是企业研究开发费用税前加计扣除比例由50%提高到75%。厦门市落实研发费用加计扣除政策成效显著，主要体现在受惠面广、税收优惠力度更大及财政资金叠加扶持3个方面。

【科技政策兑现资金】 2019年，厦门市科技政策兑现资金支出29266.48万元。其中，加快生物与新医药产业发展补助3620.44万元，高新技术企业补贴资金7200万元，重点实验室补助资金2860万元，科技小巨人领军企业奖励资金1880万元，科学技术奖奖励资金470万元，技术交易奖励、技术转移机构办公经费、技术平台引进人才补助资金1914.24万元，创新创业大赛奖励资金405万元，众创空间认定补助资金540万元，科技孵化器建设补贴856.62万元，科学仪器补贴116.20万元，市公务员博士后补贴455万元，引进新型研发机构建设资助977.98万元，留学人员创业扶持资金610万元，支持厦门大学科研成果转化1000万元，支持嘉庚创新实验室3000万元，新松智能研究院建设经费2000万元，海峡两岸研讨会暨创新创业大赛等项目1361万元。

（陆　欣　邢　博　陈卫锋）

科技成果与奖励

【概　况】 2019年，厦门市登记技术合同4826项，登记科技成果331项。有国家技术转移示范机构3家，国家科技成果转化服务示范基地、中国创新驿站区域站点和基层站点各1个。6项成果获国家科学技术奖。46项（人）科技成果获2018年度省科学技术奖（重大贡献奖1人、一等奖6项、二等奖14项、三等奖25项）。获2019年度厦门市科学技术重大贡献奖2人；获2019年度厦门市科技创新杰出人才奖10人；“面向全场景智能终端的远程交互协作系统关键技术研发与产业化”等55项成果获2019年度厦门市科学技术进步奖，其中一等奖5项、二等奖20项、三等奖30项。

【科技成果获国家科学技术奖】 2019年，厦门市有6项科技成果获国家科学技术奖，其中通用项目5项、专用项目1项。厦门大学田中群院士课题组牵头完成的“电化学表面增强拉曼光谱学研究”项目获国家自然科学二等奖；三安光电股份有限公司、厦门华联电子股份有限公司和厦门光莆电子股份有限公司联合参与完成的“高光效长寿命半导体照明关键技术与产业化”项目获国家科技进步一等奖；厦门大学高亚辉教授参与完成的“近海赤潮灾害应急处置关键技术与方法”获国家技术发明二等奖；厦门艾德生物医药科技股份有限公司参与完成的“基于外周血分子分型的肺癌个体化诊疗体系建立及临床推广应用”、厦门美图之家科技有限公司参与完成的“编码摄像关键技术及应用”以及厦门市美亚柏科信息股份有限公司参与完成的专用项目“电子数据取证关键技术及应用”获国家科技进步二等奖。其中，“高光效长寿命半导体照明关键技术与产业化”项目是福建省首个民营企业获得国家科技进步一等奖的项目，该项目以提升中国的高光效、长寿命LED产业技术竞争力和高价值产业链为目的，通过产学研携手，推动涵盖GaN（氮化镓）新材料、外延芯片、器件封装、LED应用等全产业创新链的协同创新，促进中国在高光效、长寿命的LED价值链上取得全方位、突破性的进展，满足人民对LED相关应用产品高性价比的需求。（见表31–1）

【科技成果获得省科学技术奖】 2019年9月30日，《福建省人民政府关于2018年度省科学技术奖励的决定》发布，2018年度厦门市有46项（人）科技成果获省科学技术奖，其中重大贡献奖1人、一等奖6项、二等奖14项、三等奖25项。厦门大学黄本立教授获省科学技术重大贡献奖，厦门大学“细胞感知营养物质与能量的分子机制”和“碳链与金属的螯合化学”项目获省自然科学一等奖，厦门大学“多场调控化合物半导体量子结构关键技术及其固态光源应城市交通多源感知与智能计算的研究和推广用”“跨媒体舆情感知理论与关键技术”“客车涂装整体解决方案与涂料国产化关键技术及应用”和“干眼发病机制的研究及诊疗体系的创立与应用”项目获省科技进步一等奖。（见表31–2）

表31–1 **2019年度厦门市获国家科学技术奖项目一览表**

获奖类别	项目	主要完成单位	主要完成人
自然科学二等奖	电化学表面增强拉曼光谱学研究	厦门大学	田中群、任　斌、李剑锋、吴德印、刘国坤
技术发明二等奖	近海赤潮灾害应急处置关键技术与方法	中国科学院海洋研究所、中国海洋大学、中国科学院海洋研究所、厦门大学、中国科学院海洋研究所、中国海洋大学	俞志明、于志刚、宋秀贤、高亚辉、曹西华、甄　毓
科技进步一等奖	高光效长寿命半导体照明关键技术与产业化	中国科学院半导体研究所、三安光电股份有限公司、厦门华联电子股份有限公司、深圳市洲明科技股份有限公司、河北立德电子有限公司、北京良业环境技术股份有限公司、鸿利智汇集团股份有限公司、佛山市国星光电股份有限公司、北京半导体照明科技促进中心、厦门光莆电子股份有限公司	李晋闽、林科闯、王军喜、伊晓燕、刘志强、范玉钵、林洺锋、朱晓东、李国平、袁毅凯、阮　军、梁　毅、吴晞敏、蔡文必、刘乃鑫
科技进步二等奖	基于外周血分子分型的肺癌个体化诊疗体系建立及临床推广应用	北京协和医学院、北京肿瘤医院、厦门艾德生物医药科技股份有限公司、北京大学	王　洁、王绿化、王志杰、毕　楠、陈克能、白　桦、白　凡、高亦博、段建春、阮　力
	编码摄像关键技术及应用	清华大学、清华大学深圳研究生院、凌云光技术集团有限责任公司、淘宝（中国）软件有限公司、厦门美图之家科技有限公司、北京数码视讯科技股份有限公司	季向阳、王贵锦、张永兵、刘振宇、杨　艺、李晓波、万鹏飞、张　刚、施陈博、连晓聪

表31–2 **2018年度厦门市获福建省科学技术奖项目一览表**

获奖类别	项目	主要完成单位	主要完成人
重大贡献奖		厦门大学	黄本立
自然科学奖一等奖	细胞感知营养物质与能量的分子机制	厦门大学	林圣彩、林舒勇、张宸崧、李　阳、叶志云
	碳链与金属的螯合化学	厦门大学	夏海平、张　弘、朱　军、朱从青、王铜道
自然科学奖二等奖	微分方程的高效算法	厦门大学	沈　捷
自然科学奖三等奖	杂环化合物的绿色构筑	华侨大学	崔秀灵、程国林、沈金海、王雪松
	基于仿生识别体系的生物传感	厦门大学	杨朝勇、朱　志、宋彦龄、官志超、柯国梁

续表 31-2

获奖类别	项目	主要完成单位	主要完成人
自然科学奖三等奖	基于新型凝胶电解质和杂化电极的超级电容器研究	华侨大学	吴季怀、范乐庆、余海君、林建明、黄妙良
自然科学奖三等奖	三维点云智能化目标检测的理论与方法	厦门大学、福州大学	李　军、陈一平、温程璐、方莉娜、程　明
自然科学奖三等奖	浮游植物营养代谢、珊瑚共生及赤潮生消的生态过程及基因调控	厦门大学	林森杰、林　昕
自然科学奖三等奖	白斑综合症病毒的感染机制及其与宿主的相互作用研究	国家海洋局第三海洋研究所	李　钫、阮灵伟、施　泓、杨　丰、徐丽美
技术发明奖三等奖	一种大尺寸下穿通道双向预制节段拼装构筑方法	厦门市市政工程设计院有限公司、厦门市市政建设开发有限公司、中交第三航务工程局有限公司厦门分公司	傅重龙、高庆丰、黄国苏、欧阳永金、蔡清程
科技进步奖一等奖	城市交通多源感知与智能计算的研究和推广	厦门大学、福州大学、厦门卫星定位应用股份有限公司、中国科学院地理科学与资源研究所、长威信息科技发展股份有限公司	王　程、吴　升、江培舟、陆　锋、范晓亮、臧　彧、林韶军、苏敏咸、陈龙彪、赵志远
科技进步奖一等奖	跨媒体舆情感知理论与关键技术	厦门大学、清华大学、厦门市美亚柏科信息股份有限公司、腾讯科技（上海）有限公司	纪荣嵘、高　跃、滕　达、黄飞跃、吴运声
科技进步奖一等奖	客车涂装整体解决方案与涂料国产化关键技术及应用	厦门大学、福建鑫展旺集团有限公司、厦门金龙旅行车有限公司、金龙联合汽车工业（苏州）有限公司、上海申龙客车有限公司、湖南中车时代电动汽车股份有限公司	戴李宗、谢平展、彭东庆、邱远红、何建辉、邓建军、许一婷、谢永立、林静宇、袁丛辉
科技进步奖一等奖	干眼发病机制的研究及诊疗体系的创立与应用	厦门大学、复旦大学附属眼耳鼻喉科医院、中山大学中山眼科中心	刘祖国、李　炜、徐建江、梁凌毅、吴护平、李　程、洪佳旭、胡皎月、廖　怿、陈延平
科技进步奖二等奖	智能光色调控高品质 LED 健康照明关键技术及其产业化	厦门大学、厦门多彩光电子科技有限公司、厦门立达信照明有限公司、厦门华联电子股份有限公司	陈　忠、郑剑飞、吴挺竹、许建兴、陈　杰、曾人杰、郭伟杰
科技进步奖二等奖	具备自学习功能的楼寓智能系统研发与产业化	集美大学、厦门立林科技有限公司、厦门大学	许志龙、王远春、刘菊东、汤光耀、钟建华、黄种明、陈毅城
科技进步奖二等奖	金龙客车车联网与智慧运营监控科技平台	厦门金龙联合汽车工业有限公司	周方明、柯志达、陈卫强、苏　亮、彭振文、刘强生、黄雄栋
科技进步奖二等奖	双向拉伸尼龙薄膜的智能制造技术开发与功能化应用	厦门长塑实业有限公司、厦门理工学院	郑　伟、刘跃军、陈　曦、林新土、林凤龙、谢建达、陈剑洪
科技进步奖二等奖	航空航天钛合金结构件加工用高精密整体刀具	厦门金鹭特种合金有限公司、厦门钨业股份有限公司	李凌祥、文　晓、鄢国洪、邹伶俐、李友生、陈荣德、蒋志金
科技进步奖二等奖	节能型纯平智能坐便器技术研究及产业化	厦门优胜卫厨科技有限公司	方奕敏、许海涛、陈联进、吴爱民、江长发
科技进步奖二等奖	间歇染色色泽在线测量关键技术及应用	华侨大学、福建凤竹纺织科技股份有限公司、黎明职业大学、浩沙实业（福建）有限公司	金福江、汤仪平、张　鑫、周丽春、李振卓、付春林、黄彩虹
科技进步奖二等奖	车载儿童约束系统集成关键技术与产业化	厦门理工学院、福建麦凯智造婴童文化股份有限公司	韩　勇、陈治宇、王丙雨、王　方、潘　迪、周水庭、彭　倩

续表 31-2

获奖类别	项目	主要完成单位	主要完成人
科技进步奖二等奖	轻量化车身防撞系统及乘员防护关键技术研发与产业化应用	厦门理工学院、东南（福建）汽车工业有限公司、厦门金龙汽车座椅有限公司	唐友名、许　茼、于冯淼、薛　清、张　义、宋名洋、刘　瑞
	新成岩法透水性地基防渗堵漏处理关键技术与应用	厦门安能建设有限公司、华侨大学、厦门清能旺科技有限公司、福建闽清一建建设发展有限公司、浙江省隧道工程公司、福建省茂宏建设工程有限公司	陈新泉、陈星欣、李旺雷、吕虎波、唐　珺、阚　晋、缪子超
	海洋环境下高性能混凝土制备关键技术及其产业化	厦门理工学院、厦门路桥翔通股份有限公司、厦门路桥翔通建材科技有限公司	陈昌萍、何富强、杨顺荣、李春龙、陈吓敏、钱长照、张祥敏
	海绵城市系统平衡理论与建设关键技术研究及示范	厦门市城市规划设计研究院、中国水利水电科学研究院、中联环股份有限公司	刘家宏、王　浩、关天胜、邵薇薇、丁相毅、吴连丰、杨志勇
	一类糖靶向制剂应用于术中肿瘤微小病灶定位显像和光热治疗	厦门大学附属中山医院、厦门大学抗癌研究中心、厦门生光生物科技有限公司	苏新辉、韩守法、吴选俊、吴淑琪、罗芳洪、陈陆馗、刘平果
科技进步奖三等奖	多功能 2.5Gbps 双闭环突发模式收发芯片研发与产业化	厦门优迅高速芯片有限公司	林永辉、林少衡、章可循、葛军华、李发明
	双面卷对卷微细线路挠性印制电路板技术开发及产业化	厦门弘信电子科技股份有限公司、厦门工科自动化设备有限公司	李毅峰、何耀忠、续振林、黄冬荣、王　毅
	双磁势多回路大功率继电器的研究与产业化	厦门宏发电声股份有限公司	朱艺青、谭忠华、刘金枪、陈文榜
	基于多源定位综合感知的商用车节能减排技术及应用	厦门雅迅网络股份有限公司、中国重汽集团福建海西汽车有限公司	涂岩恺、陈茹涛、肖振隆、何金涛、周庆金
	基于公共通信的电力能效互动及能源监管技术研究与应用	国网信通亿力科技有限责任公司	陈　宏、黄文思、邹保平、黄长贵、谢国荣
	主动配电网规划与运行一体化关键技术及工程应用	国网福建省电力有限公司厦门供电公司、四川大学、国网福建省电力有限公司电力科学研究院、国网北京市电力公司	吴文宣、刘俊勇、刘文亮、陈金祥、陈国伟
	海洋探测无人系统协同关键技术及其应用推广	华侨大学、哈尔滨工程大学、福建北斗星河通信有限公司、天津深之蓝海洋设备科技有限公司	蔡绍滨、王　伟、高振国、陈爱泉、魏建仓
	融合知识图谱的医疗保障基金监管平台关键技术	厦门理工学院、易联众信息技术股份有限公司	林开标、郭晓昌、卢洪满、卢　萍、潘才色
	热熔聚酯单组份长丝研发与产业化	厦门翔鹭化纤股份有限公司	刘龙敏、吴铁城、刘志麟、郑　铮
	混凝土多相体系高效水化调控关键技术及产业化研究	科之杰新材料集团有限公司、福建径坊建造工程有限公司、厦门市建筑科学研究院集团股份有限公司	方云辉、张小芳、柯余良、赖广兴、赖华珍
	复杂环境下应急抢险移动式大流量泵站关键技术及应用	厦门理工学院、福建侨龙应急装备有限公司	欧阳联格、林志国、周水庭、赖东琼、阙彬元
	工业生产传热传质工序减排降耗关键技术与装备	厦门烟草工业有限责任公司、福建中烟工业有限责任公司	吴玉生、周跃飞、林荣欣、徐建燎、王道铨
	肉制品加工过程品质提升及化学危害物控制关键技术	厦门银祥集团有限公司、江南大学、泉州师范学院、厦门华厦学院	陈　洁、张志刚、曾茂茂、郑宗平、郭凤仙
	微细粉尘控制专用水刺覆膜高性能滤料关键技术及产业化	厦门三维丝环保股份有限公司	蔡伟龙、郑智宏、王　巍、郑锦森、张静云
	节能与安全大客车关键技术研发与产业化	厦门金龙旅行车有限公司、厦门理工学院	陈笃廉、彭　倩、林剑健、韩锋钢、陆　军

续表 31-2

获奖类别	项目	主要完成单位	主要完成人
科技进步奖三等奖	混凝土与钢管混凝土结构抗火性能评估关键技术及应用	华侨大学、湖南大学、福建农林大学、福建省建筑科学研究院	霍静思、王玲玲、廖飞宇、刘艳芝、曾　文
	海藻浒苔用作水产饲料添加剂的研究与开发	集美大学	黎中宝、李文静、陈　强、黄永春、李元跃
	中医药改善睡眠作用的研究体系的建立与实施	厦门市医药研究所、黑龙江中医药大学	许光辉、黄莉莉、陈少玫、李廷利、罗友华

【市科学技术进步奖】 2019年，郑立谋、吴玮2人获厦门市科学技术重大贡献奖；石江宏等10人获厦门市科技创新杰出人才奖；"面向全场景智能终端的远程交互协作系统关键技术研发与产业化"等55项成果获厦门市科学技术进步奖，其中一等奖5项、二等奖20项、三等奖30项。企业为主或参与完成的成果46项，占获奖成果的84%，其中一等奖获奖项目，由企业主导完成的有4项。55项科技进步奖获奖项目共获授权专利、软件著作权610件，其中授权发明专利244件，发表论著680篇。获奖项目累计实现产值374.3亿元，其中实现产值上亿元的项目有34项，占获奖总数的62%。

【技术合同交易】 2019年，厦门市技术合同登记量及技术合同成交额持续增长，全年认定登记技术合同4826项，比上年增长5.79%，占全省54.93%；技术合同成交总额92.53亿元，增长30.66%，占全省63.4%。

【技术市场发展】 2019年，厦门市技术交易活动呈现如下特点：（1）利好政策促进技术交易快速发展。在政策引导下，全年技术合同成交总额92.53亿元，达历史最高水平。（2）企业双向主体地位日趋巩固。企业输出和吸纳技术居各类交易主体首位，其中输出技术4467项，成交额90.42亿元，约占全市技术合同成交总额的97.71%；吸纳技术3220项，吸纳合同额93.62亿元，占全市吸纳总额的94.25%。（3）高等院校技术交易活动活跃。高校登记技术合同数量305项，比上年增长21.51%；技术合同成交额1.83亿元，增长35.55%。其中，厦门大学全年登记技术合同148项，合同成交额1.44亿元，占厦门市高校总成交额的78.68%。（4）航天航空技术领域首次跃居合同成交额首位，该领域技术合同登记量及成交额超过往年一直占据鳌头的电子信息领域。电子信息领域和生物医药领域分别位居第二、第三。（5）重大技术合同作用明显。全市共成交千万元以上重大技术合同42项，成交额61.98亿元，单项重大合同金额平均近1.5亿元。重大合同成交额占全市技术合同成交总额的66.98%，比上年增加7个百分点。（6）重点机构技术合同成交额贡献较大。厦门太古发动机服务有限公司、联想移动通信科技有限公司、厦门市美亚柏科信息股份有限公司、厦门特力通通信工程有限公司、厦门网宿有限公司、厦门至恒融兴信息技术有限公司、厦门白山耘科技有限公司、国网信通亿力科技有限责任公司、厦门歌乐电子企业有限公司、宸美（厦门）光电有限公司、厦门大学、厦门万安智能有限公司等交易排前12名的机构2019年度登记额均超亿元，12家合计登记64.91亿元，占全市合同成交总额的70.15%。（7）技术交易机构稳步增加。新增注册技术卖方412家，比上年增长5.37%。全年有843家技术卖方机构参与技术交易，比上年增长2.55%。截至年底，全市有注册登记参与技术交易活动的企事业单位近2500家。（8）登记合同4826项，落地厦门市的有2422项，占登记合同总量的50.18%。

【国家科技成果转化服务（厦门）示范基地】 2019年，厦门市国家科技成果转化服务（厦门）示范基地推出产业技术转移服务体系，聚焦技术转移与产业发展的融合。遵循"围绕产业链，打造创新链，形成服务链"基本原则，创新性运用大数据、人工智能等先进技术，为技术转移过程中的要素集聚、资源配置、应用落地等关键问题提供精准的服务。培育促进技术转移中间群体的发展，纵向集聚产业技术合作资源，横向集聚科技服务合作资源，为产业园区、区域产业提供技术转移服务。截至年底，示范基地为全国各地建设技术市场85个、运营50个，举办创新活动673场，落地技术项目9773个，培育企业636家，在"科易宝"（由科易网自主研发的技术交易服务体系）上实现在线技术交易额近60亿元。

（高　峪　唐燕婷）

科技与金融结合

【概　况】 2019年，厦门市继续推进全国促进科技和金融结合试点城市建设，发挥财政资金的杠杆作用，使之成为撬动银行、担保、保险、创投以及社会资金的支点。通过政银企对接，投保贷联动，创新科技金融产品和服务，打造厦门市科技金融服务平台，建立政府引导，社会资本为主的科技投融资体系，实现科技担保贷款、科技保证保险贷款、科技信用贷款、科技成果转化与产业化基金、科技创业种子暨天使投资基金、科技保险补贴、科技资本对接会等直接融资与间接融资相结合。厦门市科技局筹划建立市科技金融服务平台。加强与银行、担保、保险等金融机构合作，新增合作银行2家。截至年底，全市有科技合作银行16家、合作担保机构8家、合作保险公司2家，多家合作金融机构建立科技支行或科技金融部。

【科技金融产品】 2019年，厦门市拓展科技金融产品，发放科技担保贷款、科技保证保险贷款，开展科技保险补贴，试点科技信用贷款，降低科技企业融资成本。厦门市科技局联合建设银行厦门市分行、兴业银行厦门分行、厦门银行厦门总部3家合作银行推进科技金融创新，推出“科技信用贷款产品”（简称“科信贷”），联合合作银行为企业办理信用贷款，单户贷款金额最高500万元，企业还款后可获30%的财政贴息。全年新增439笔科技担保贷款项目，实际发放科技担保贷款20.69亿元，拨付担保费补贴3833万元、利息补贴4209万元。至年底，累计发放科技担保贷款89.88亿元，新增科技保证保险贷款226家4.74亿元；累计发放科技保证保险贷款13.4亿元，新增科技保险保额131亿元，拨付科技企业科技保险保费补贴880万元。

【科技成果转化与产业化基金】 2019年，厦门市科技成果转化与产业化基金到位资金2亿元，完成第十批5家企业投资1350万元、第十一批4家企业投资1000万元。至年底，完成69家科技初创企业投资1.82亿元，已投企业营收比上年同期增长19.79%，纳税增长38.78%，带动社会资本投入7.23亿元，29个项目实现回购，50家企业升级成为国家、市级高新技术企业。

【科技创业种子暨天使投资基金】 2019年，厦门市科技创业种子暨天使投资基金到位资金2000万元。至年底，基金对90余家企业进行尽职调查，投资企业5家、投资金额1200万元。

【科技与资本对接会】 2019年，厦门市整合科技资源，以厦门科技资本对接会形式，打造政府、科技型企业、科技服务机构以及金融机构之间常态化对接的平台。全年举办科技资本对接会10场，包括“9·8”人才资本合作展暨白鹭之星优胜项目展示专场，以及集成电路、互联网和移动互联网、综合专场、生物医药、先进制造、“物联网+”、新能源及节能环保、人工智能、闽西南科创板专场9场行业专场，合计路演项目50个，平均每场有8家左右的金融机构到场参会，路演企业获总融资近3亿元。

【“闽西南科技板”在厦门揭牌】 2019年10月29日，由厦门市科技局与厦门两岸股权交易中心联合设立的“闽西南科技板”揭牌。“闽西南科技板”旨在为闽西南科技型企业提供全方位的资本市场服务。“闽西南科技板”汇聚各类服务机构和政策资源，积聚各类专业投资者，可为闽西南辖区内科技型企业带来包括企业品牌提升、智力支持、政策扶持、资金支持等多项发展红利，为企业提供企业展示、挂牌交易、登记托管、培训咨询、财务顾问、企业股改、科技金融路演、股权融资和发行可转换公司债等资本市场服务。至年底，有477家企业成功挂牌。

（邢　博　李　根）

科技创新与平台建设

【概　况】 2019年，厦门以自主创新示范区作为实施创新驱动发展战略的核心载体，着力突破一批阻碍成果转化的体制机制，补足创新创业链条短板，提升区域创新体系能级。出台《做强做大“三高”企业三年行动计划（2019—2021）》，推出“前瞻引领、突破跨越、服务支撑、合作转化”以及未来产业培育工程、科技金融创新工程、科技创新载体建设工程等“四大计划、十项工程”，提出科技投入、资源共享、容错试错等8项保障机制，优化提升创新创业创造环境，加快打造高能级现代化产业体系。出台《厦门市加快创新驱动发展的若干措施》等政策，升级企业研发费用补助、国家项目配套奖励、高新技术成果转化应用奖励等政策，推动科技成果加速转化为现实生产力。2019年，厦门市科学技术局推荐的青瓦创业基地与海峡两岸（厦门海沧）无人机暨智能机器人孵化基地被科技部认定为国家级科技企业孵化器，占全省新增数50%。至年底，厦门市有各级科技企业孵化38家，其中国家级7家，共有孵化场地面积153.63万平方米，在孵企业2219家，累计毕业企业2301家。厦门获批建设国家“芯火”双创基地，成为继北京、上海、深圳、南京、杭州、无锡、合肥、西安、成都9个城市之后第十个获批城市，标志着厦门进入国家集成电路产业战略布局的第一梯队。

·小资料·

国家“芯火”双创基地（平台）：是面向国内集成电路产业一线城市，在集成电路设计产业化基地基础上，集聚公共服务机构、优势骨干企业、社会力量等资源，以集成电路技术和产品为着力点，发展和打造的信息技术领域新型双创平台。

【自创区创新改革举措试行与推广】 2019年，福厦泉国家自主创新示范区（厦门片区）推出15项创新事项，新增6项创新改革举措在全省复制推广；累计推出3批共104项创新事项，其中落地试行96项，在全省复制推广26项。推出新型研发机构“启动经费+仪器设备补助+绩效奖励”的引进培育政策，新培育省、市级新型研发机构14家；探索重大新型研发机构“市级首付（启动经费）+区级按揭（运营经费）”的扶持模式。精简政策兑现手续，以企业信用为依据推出研发费用补助政策、“无需申报、直接兑现”试点，调整梳理无申报政策11项。

【“双自联动”平台】 2019年，中国（福建）自由贸易试验区厦门片区与福厦泉国家自主创新示范区厦门片区的联动（简称“双自联动”）工作以产业发展需求为切入点，策划、启动生物材料特殊物品出入境公共服务平台、集成电路双创平台建设。其中，生物材料特殊物品出入境公共服务平台实现投入使用；以集成电路双创平台为核心的国家“芯火”双创基地获工业和信息化部正式批准建设；集成电路全产业链平台式保税监管模式试点获海关总署批复同意，首期9家设计企业试点流片保税，厦门进入国家集成电路产业战略布局第一梯队。

【众创空间培育】 2019年，厦门市新培育众创空间48家（专业化众创空间30家），新增省级众创空间17家，众创空间总数225家（国家级33家、省级86家），场地面积47万余平方米。在孵初创企业2831家、在孵创业团队3721个，全年新孵化注册科技型小微企业1258家。

【未来科技（厦门）产业研究院启动】 2019年6月26日，“混合增强智能”主题论坛暨未来科技（厦门）产业研究院启动仪式在厦门软件园三期召开。未来科技研究院首席科学家Steve Mann教授作主题演讲，厦门市科学技术局党组书记、局长孔曙光出席论坛并致辞。未来科技（厦门）产业研究院由Steve Mann教授和中国可穿戴计算产业联盟秘书长姜文军联合发起成立，旨在从美国、加拿大、日本、欧洲等地引进世界一流的研发成果，落地厦门进行产业化。主要方向包括人工智能、机器学习、脑电波交互传感、穿戴计算机等。

【中国福建能源材料科学与技术创新实验室】 2019年9月10日，福建省深入贯彻落实习近平总书记重要讲话精神推进会在福州召开。会上，厦门市“中国福建能源材料科学与技术创新实验室”（嘉庚创新实验室）获批成为首批4家省创新实验室之一。该实验室在研发布局上，围绕国家清洁低碳、安全高效能源战略，聚焦省市千亿产业集群发展需求，聚焦高效能源存储、未来显示技术、低碳能源系统、石墨烯等先进材料、仪器装备网络、能源政策智库等方向，开展以应用为导向的联合攻关和协同创新，构建贯通科学与技术、材料与仪器、成果与市场、政策与经济的全链条创新体系，打造支撑国家和地方创新发展的战略科技创新平台。

【未来产业培育工程】 2019年9月29日，厦门市科学技术局召开未来产业专场新闻发布会，发布会以“全面启动‘未来产业培育工程’，展现科技工作新风貌，迎接新中国70华诞”为主题，推进实施“做强做大‘三高’企业三年行动计划”，市科技局副局长曹伟民作新闻发布，市科技局党组书记、局长孔曙光作全面解读。至年底，未来产业培育工程梳理出柔性电子、第三代半导体、新一代人工智能等10个具备爆发式增长潜力的未来产业领域，编制《未来产业培育工程工作手册》，发布《未来产业重点发展方向目录》。围绕十大未来产业，首期启动重大技术攻关和成果转化示范项目25个，策划建设柔性电子研究院、未来显示研究院等新型研究院，布局建设“闽西南智能制造共享服务平台”等4个公共技术服务平台，组织实施首批8项医疗卫生领域重点项目。

【科学仪器共享】 至2019年年末，厦门市科学仪器设备资源协作共享平台有成员单位206家、共享仪器设备1769台套、价值15.6亿元，其中1000万元（含）以上设备11台、500万（含）至1000万元以上设备17台、100万（含）至500万元374台、50万（含）至100万元449台。覆盖电子与测量、材料、生物医学、医药等14个领域。4家高层次人才单位获科学仪器使用补助59.33万元，5家科学仪器设备提供单位获服务奖励56.87万元。科学仪器共享优惠政策实施后，厦门市总计拨付科学仪器设备资源共享优惠扶持资金1264.84万元。

（曾广明　高爱线）

【厦门柔性电子研究院揭牌】 2019年10月18日，中国柔性电子产业峰会暨厦门柔性电子研究院揭牌仪式在厦门举行。中科院院士田中群、厦门市科技局局长孔曙光、厦门市商务局副局长戴乐生、弘信创业工场投资集团董事长李强、广州方邦电子股份有限公司董事长苏陟等出席并为厦门柔性电子研究院揭牌。揭牌仪式后，厦门柔性电子研究院分别与广州方邦电子股份有限公司、北京梦之墨科技有限公司、北京市印刷电子工程技术研究中心签署战略合作协议。厦门柔性电子研究院是由政府平台、知名高校和相关行业龙头企业共同参与，按市场化运作的新型研究院。研究院将主要围绕柔性线路板、柔性显示屏、柔性传感器以及柔性新能源等领域，实现关键材料、核心器件、高端装备（国产替代）的共性技术研发和产业化建设，打造全球领先的柔性电子技术顶尖科研技术机构。

【新型研发机构建设推进】 2019年12月10日，厦门召开新型研发机构建设推进大会，为企业解读支持新型研发机构发展相关政策，并为厦门市第一批市级新型研发机构授牌。会上，厦门市科技局与三明市科技局签订科技合作协议；新松机器人厦门研究院有限公司项目签约落地火炬同安片区；中科院海西研究院泉州装备所和厦门产业技术研究院签订战略合作框架协议。根据《厦门市新型研发机构管理办法》，厦门市加大对新型研发机构的扶持力度，首次认定的新型研发机构可获一次性建设经费补助100万元，可获新购科研仪器设备补助，最高3000万元。经认定为重大研发机构的，建设经费可予以补足至500万元，非独立法人的研发机构在新购科研仪器设备补助上5年内补助总额最高2000万元，独立法人的最高补助额提升至5000万元。2019年，厦门市有12家单位获省级第四批新型研发机构称号，占全省37.5%，占比全省最高。至年底，厦门市共有省级新型研发机构23家。厦门市科技局拨付第三批、第四批共14家省级新型研发机构一次性奖励，总资助金额700万元；完成2019年度省级新型研发机构设备补助，总资助金额556.53万元。

（谢桂挺　马冬菊）

科技普及应用

【概　况】 2019年，厦门市科学技术局牵头举办以“科技强国·科普惠民”为主题的市科技活动周系列活动，在启动仪式上展示23个机关企事业单位的28个科普项目。举办2019年全国科普讲解大赛厦门地区预选赛，选拔选手参加福建省赛和全国赛，其中2名选手获全国赛三等奖，1名选手获省赛二等奖，厦门市科技局获优秀组织奖。厦门市科技局组织局系统各单位参加全市文化、科技、卫生“三下乡”活动。与市科协等单位联合举办“全国科技工作者日”“青少年科技创新大赛”“少儿科技征文及科技创想绘画比赛”等活动。编印《四季养生》《消防安全》等科普宣传材料，编发科普宣传微信200条。制作科普微视频《海洋微塑料污染》1部。委托厦门市老科协在《厦门日报》上开设《科普精粹》宣传专栏，每月发布1期科普文章。

【科技对口帮扶临夏州】 2019年，厦门市科技局在全国首创两地三方共建扶贫科技研发中心模式，与甘肃省临夏州科技局、临夏州农科院联合共建的厦门—临夏农业科技研发中心正式启动建设。该研发中心联合厦门、临夏两地研发力量，依据临夏州农业特色产业的技术需求，采用灵活有效的政策机制，共同开展农业科研项目合作，着力解决临夏州农业产业化存在的突出问题和技术瓶颈。年内，市科技局从福建省亚热带植物研究所选派20名科技特派员，到临夏州开展科技对口帮扶工作，立项支持赴临夏科技对口帮扶项目20个，资助金额200万元，重点围绕特色农业资源的实际发展需求，解决临夏州脱贫攻坚特色产业发展的技术瓶颈，提升临夏州农业技术水平。

【科技特派员制度落实】 2019年，厦门市深入推行科技特派员制度，创新选派机制，实行“平台制”和“下派制”，从厦门市市属和区属的企事业单位，挑选科技特派员69人，下派到岛外四区23个镇（街），每个镇（街）3人，全脱产开展为期1年的科技服务，累计共选派科技特派员138人。厦门市科技局建立市科技特派员与技术服务对接平台，让科技特派员灵活对接各区需求，开展技术服务和产学研合作；该对接平台依托市科技局网站和微信小程序同步运行，注册个人科技特派员749人、法人科技特派员33家。10月21日，在北京召开的全国科技特派员制度推行20周年总结会议上，厦门市科技特派员、厦门百利控股有限公司的康英德获通报表扬。

（张锦榕　方舒玫　盛芝娜）

科技交流与合作

【概　况】 2019年，厦门市科学技术局向科技部推荐申报各类国际科技合作项目31项，申报金额6990万元，获科技部立项支持国际科技合作项目3项，资助金额984万元。引进中国电子科技集团公司第五十八研究所，与沈阳市共建技术转移中心。市科技交流合作工作围绕市校、院地科技合作，及国际与港澳台科技合作，促进产学研合作和科技成果转化。推进与中科院研究所的技术合作，引进大型央企到厦门设立技术转移机构，完成省市重点项目厦门市稀土材料研究所的建设并实现科研成果产业化，举办2019年两岸青年创新创业研讨会暨两岸创新创业邀请赛。聘请中科院城环所朱永官院士等11位专家担任厦门市未来产业科技顾问。8月，厦门市科技局直属事业单位福建省亚热带植物研究所到马来西亚开展科技交流合作。10月，中日青年科技人员交流计划日本访华团一行48人到厦门考察交流。

【国际科技交流与合作】 2019年，厦门市科技局向科技部推荐申报各类国际合作项目31项，申报金额6990多万元。国际科技合作项目获科技部立项3项，资助金额984万元。推荐申报的31个项目中，申报2019年重点研发计划政府间国际科技创新合作等重点专项项目2批共22项，2020年度中国亚太经合组织合作基金项目2项，2019年度国家重点研发计划战略性国际科技创新合作2项，政府间科技交流例会项目3项，2020年发展中国家培训班项目2项。国外合作方涉及美国、英国、意大利、欧盟、日本及新加坡、泰国、马来西亚、南非、埃及等“一带一路”沿线国家。

【厦门企业参展】 2019年，厦门市科技局先后组织厦门企业参加第二十二届北京科博会、第十四届西安科博会、第二十一届深圳高交会、“6·18”海峡论坛。共组织40家企业携45个项目赴北京、西安、深圳参展。提供100项技术需求参加“6·18”海峡论坛的对接活动，参展项目涵盖生物医药、新材料、医疗器械、电子信息等领域技术成果，对接16项，达成合作意向43项，厦门代表团获论坛组委会颁发的优秀展示奖，2个项目获优秀产品奖。

【厦门两岸集成电路产业园引进百余家企业】 2019年，厦门两岸集成电路产业园引进百余家集成电路设计及相关应用企业，累计接洽企业2507余家次，完成工商注册或变更登记手续的园区内企业数206家，其中实际入驻办公企业139家，企业总注册资金17.08亿元。该产业园由厦门市科技局与湖里区政府合作，于2015年在中国（福建）自由贸易试验区厦门片区内开工建设。产业园发挥自贸区物流、税收、配套齐全等优势，推进两岸在集成电路产业方面的交流与合作，投资吸引台湾优质集成电路企业到厦门投资。

【科技招商】 2019年，厦门市开展科技招商，市校、院地合作取得新突破，与浙江大学、中科院计算所、苏州医工所等16家高校、院所和企业签署合作协议。其中，厦门半导体工业技术研究院等5个项目落地，硼中子肿瘤治疗科学装置落地启动建设，促进优秀科技成果在厦门转移转化。与福州大学、微软中国、中国技术交易所等10余家机构或上市公司洽谈合作。

【两岸青年创新创业研讨会暨两岸创新创业邀请赛】 2019年7月8—12日，2019年两岸青年创新创业研讨会暨两岸创新创业邀请赛在厦门举办。来自海峡两岸的科技专家学者、投资界人士、创业导师、知名众创空间负责人及项目团队等300余人，参与该次研讨会，进行技术交流和资本对接。作为研讨会的配套活动，2019年两岸创新创业邀请赛在厦门同期举办。该邀请赛由科技部海峡两岸科学技术交流中心和厦门市科技局共同主办，历经2个月的项目征集、初赛、复赛和最终决赛，于7月10日结束。邀请赛共征集到两岸创业项目258个，经过初赛海选、复赛、决赛等环节，最终决出获奖项目27个，其中企业组13个（台湾企业5家）、团队组14个（台湾团队6个）。

【厦门产学研对接峰会举办】 2019年10月26日，由厦门市科技局主办、厦门产业技术研究院承办的厦门产学研对接峰会在厦门举办。该对接会邀请中科院沈阳自动化所等国内院所专家与本地100多家企业技术负责人进行技术需求对接，现场签约8个项目，签约金额6000多万元，20多项技术需求达成初步合作意向。厦门市科技局分别与中科院沈阳自动化所、中铁西南科学研究院、上海航天精密机械研究所3个院所签订战略合作协议，鼓励院所到厦门设立分支机构。

（谢桂挺　马冬菊）

知识产权工作

【概　况】2019年，厦门市有效发明专利拥有量13646件，比上年增长20.6%。推荐20个优秀专利项目参评2019年省专利奖。艾德生物等10项专利通过第二十一届中国专利奖公示。全市每万人口发明专利拥有量31.8件，居全省首位，为全国平均水平的2.4倍。厦门市场监管部门推荐并通过认定国家知识产权示范企业3家、优势企业13家；推荐省知识产权优势企业20家。38家国家知识产权示范企业、优势企业全部通过复核考核；798家企业通过《企业知识产权管理规范》认证。加强专利信息分析，完成市光电、厨卫、人工智能等重点产业的专利导航，支持火炬高新区和海沧生物医药港开展园区产业导航。厦门市加快建设知识产权强市，按照高质量发展要求，全面提升知识产权创造质量、保护效果、运用效益、管理水平和服务能力，顺利通过首批国家知识产权运营服务体系建设重点城市中期考核。火炬高新区被评为国家知识产权示范园区；专利行政执法考核排名全国第三；知识产权维权援助排名全国第四。

【新增专利申请及授权】2019年，厦门市新增国内专利申请34626件，比上年增长7.4%，其中发明专利申请9029件，增长14.4%；新增国内专利授权23013件，增长7.6%，其中发明专利授权2672件，增长20.6%。新增PCT（专利合作协定）国际专利申请1958件，占全省申请量的47.1%。

【新增商标申请】2019年，厦门市新增商标申请件数100539件，商标注册数36804件；商标有效注册量累计509756件，每万户商事主体拥有商标7529件。新增驰名商标5件，累计117件。累计拥有地理标志商标4件。首个区域公用品牌“新圩嫂”进入市场化运作推进阶段；“鼓浪屿”公共品牌建设启动。市场监管部门协助符合条件的27家企业申请省、市两级驰名商标奖励金，省级马德里国际注册补助金、奖励金共计562.5万元。

【新增著作权登记】2019年，厦门市新增著作权登记数量21498件，比上年增长53.9%。版权登记数量居全省前列，登记作品种类呈现多样化趋势，动漫美术作品、软件作品稳步增长，非物质文化遗产相关作品、企业标志、产品图案等美术设计作品登记增长显著。

【知识产权金融“厦门样本”打造】2019年，厦门市市场监管局（知识产权局）调研起草《厦门市知识产权质押融资扶持管理办法》，扩大专利权质押融资金融服务机构范围。同时，该局推动成立厦门市知识产权金融服务联盟，规范参与机构行为，为中小微企业提供更加便捷、有效的融资渠道。全年，该联盟进行专利权质押76笔、金额6.7亿元，发放知识产权质押融资保险费、担保费、评估费补贴276.75万元。该项知识产权金融创新成果被《中国知识产权报》头版头条报道，作为“厦门样本”“厦门经验”向全国推广。该局与市财政局于2月联合印发《厦门市知识产权发展专项资金管理办法》，增加银行直接放款的风险代偿，完善风险分担机制，鼓励银行直接贷款，以减少中间环节，降低企业贷款成本；将补贴范围进一步扩大，同时放宽对企业累计贴息总额的限制。

【知识产权公共服务平台建设】2019年，厦门市完成“厦门知识产权运营公共服务平台”一期建设。该平台委托厦门知识产权投资有限公司建设及运营，汇集优质知识产权服务资源和数据，为厦门市创新主体提供全链条全流程的知识产权服务。该平台设有IP（智慧财产）检索、交易中心、服务集市、IP金融、IP管家、云画报、政策咨询、特色服务等板块，可为创新主体对接知识产权项目资源和优质知识产权服务，匹配政策和融资渠道，同时为广大中小微企业提供专利管理、缴费提醒、专利数据检索等公共服务。

【打击侵犯知识产权和制售假冒伪劣商品】2019年，厦门市行政执法部门立案查处侵犯知识产权和制售假冒伪劣商品案件739件，办结628件，案值4015.42万元，罚没款992.07万元，行政处罚信息公开率100%。全市公安机关破获侵权假冒犯罪案件428起，抓获犯罪嫌疑人342人，涉案金额12575.09万元。检察机关批准逮捕17件53人，起诉43件90人。两级法院新收各类侵犯知识产权及制售假冒伪劣商品案件3784件，审结3243件，法定审限内结案率100%。厦门市两级两法衔接成员单位在两法衔接平台内的接入率100%。

【专利行政保护】2019年，厦门市市场监管局办理线下专利侵权纠纷立案120件，结案113件。开展专利代理机构“蓝天”专项行动，先后对8家机构和17名代理师进行核查，进一步净化合法合规的服务环境。发挥“厦门12330公益热线”和“厦门市知识产权维权援助与举报投诉智能管理平台”的作用，接听热线电话1177个，平台咨询102件，完成咨询案件56件，接收举报投诉16个，移交执法部门查处10件（6月之后并入“12315”）。同时，为知识产权侵权诉讼中胜诉企业15个项目发放援助资金33万元。

（市科技局　市市场监督管理局）

外国专家管理

【概　况】2019年，厦门市推荐的1名外国专家入选2019年度“中国政府友谊奖”；2名外国专家及其配偶受邀出席在人民大会堂举行的“中华人民共和国成立70周年外国专家招待会”；2名外国专家及配偶受邀参加中华人民共和国成立70周年庆典。厦门市因引才引智环境良好，入选“魅力中国——外籍人才眼中最具吸引力的中国城市”排行榜，获评最具潜力城市。经科技部（国家外国专家局）批准立项2019年因公出国（境）培训项目8项、引进外国专家项目8项，获国家经费支持250万元。厦门市科技局继续深入推进外国高端人才服务“一卡通”试点工作，在厦门软件园建立全省首个产业园区“外国人才服务站”；兑现2018年度市生物医药与健康产业和高新技术企业紧缺人才薪酬津贴14人156.182万元；兑现2018年度生物医药与健康产业个税奖励55人60.44万元；兑现留学人员创业扶持项目经费610万元。

【在厦门外国专家受邀参加国庆70周年庆典】 2019年，厦门市推荐4名外国专家参评2019年度中国政府友谊奖，其中1位获奖（自2013年厦门市首位获奖专家），受到国务院总理李克强接见并受邀出席中华人民共和国成立70周年国庆庆典。2名外国专家及其配偶受邀出席在人民大会堂举行的“中华人民共和国成立70周年外国专家招待会”；另外还有2名外国专家及配偶受邀参加中华人民共和国成立70周年国庆庆典。

【引智计划落实】 2019年，厦门经科技部（国家外专局）批准立项高端外国专家项目8项，获中央财政经费支持250万元，涉及集成电路、人工智能、生物医药、电子信息等领域。

【外国高端人才“一卡通”试点工作推进】 2019年，厦门市科技局进一步优化流程、简化手续，主动配合国家移民管理局出入境新政，将“两年两签”等出入境便利措施推广到全市；通过与厦门市外办协调，外国高端人才可在厦门市科技局外国人来华工作许可窗口直接办理原由市外办开具的人才签证（居留许可）通知函，用于办理多年有效的工作类居留许可；取得福建省人社厅和厦门市人社局支持，外国人才可不受在华永久居留限制在厦门市参加职称评审。

【厦门获评外籍人才眼中最具吸引力的中国城市】 2019年4月14日，厦门市科技局会同中共厦门市委组织部人才局、市高层次人才发展中心组织企事业单位参加第十七届中国国际人才交流大会，在主展馆设置大型特装展，宣传厦门市引才政策和引智工作成果；会上，科学技术部副部长、国家外国专家局局长张建国发布2018年“魅力中国——外籍人才眼中最具吸引力的中国城市”主题活动结果。厦门、南京、乌鲁木齐、广州、徐州、海口、昆明、济南、大连、成都获选2018年“魅力中国——外籍人才眼中最具吸引力的中国城市”最具潜力城市。“魅力中国——外籍人才眼中最具吸引力的中国城市”主题活动自2010年开始成功开展9届，旨在通过外国人才在华工作、生活及相关政策环境等指标，调查全国各主要城市对在华外国专家的吸引力。

【首期“三高”企业家高级研修班】 2019年11月，厦门市科技局联合中共厦门市委组织部、厦门市工信局组织50名“三高”企业高管到苏州举办首期“三高”企业家高级研修班。该研修班依托新加坡国立大学和国家外专局合作培训渠道——新加坡新华国际教育集团的优质教育资源，聘请新加坡国立大学首席科研实践指导师季安琪等名师现场授课，到同程网络、富强科技等当地企业实地教学，引入新加坡国际化的经营管理理念和苏州高新企业的创新经验，为厦门市不同领域和行业的“三高”企业相互交流、加强合作搭建桥梁，受到参训企业家的一致好评。

【全省首个外国人才服务站建立】 2019年12月27日，厦门市科学技术局与厦门软件产业投资发展有限公司联合打造的厦门市外国人才服务站在软件园一期海外人才之家揭牌。该服务站的设立在全省范围内属首创。来自德国、日本、意大利等国家的近20位外国人才代表参加揭牌仪式。外国人才服务站将重点提供外国人才政策咨询宣导、外国人才交流培训、外国人才纠纷调处、外国人才创业就业辅导、外国人才资源对接、外国人工作许可代办等服务；移民事务服务站将重点提供出入境政策咨询宣导、外国人邀请单位备案、外语翻译志愿者服务、出入境新政调查研究、外国人创业计划评估等服务。两个服务站都旨在向外国人才提供便捷、高效、精准的服务。

（魏　云）

气象工作

【概　况】 2019年，受1月形成的较弱厄尔尼诺事件影响，厦门市天气气候较为异常。年平均气温、冬季平均气温和极端最高气温均创有气象观测以来最高纪录；全市年降雨量为1123.0毫米，较常年偏少15.9%；年大雾天气49天，较常年同期偏多8天；影响厦门市的热带气旋4个，其中11号台风“白鹿”带来相对明显风雨影响，其余台风影响均较弱，没有造成明显灾害损失。厦门气象部门全年向市委市政府等相关部门报送决策气象服务材料826期，发布预警信号512次，发送决策气象服务短信369条（受众约104万人次）。通过电视广播、微博微信、12121（天气预报查询电话）、网站、手机短信、LED显示屏、触摸屏、电子公交显示屏、门禁通等手段发布气象预警信息。启动防御气象灾害应急响应命令12次，应急时长618小时。开展灾害性天气网络、微博、微信实况直播、视频直播。全年发布微博9453条，阅读量10541.47万人次，比上年增长38.45%；推送微信1026篇。官方微博入选全国政务微博气象榜第三名，列福建十大政务机构微博第二名。完成马拉松赛、春运、海峡论坛、金鸡百花电影节、“9·8”贸易洽谈会、中招体育考试、中高考预报服务、节假日期间天气预报等重要专题气象服务30多项次。

【气象现代化重大工程】 2019年，厦门市多项气象现代化重大工程完成或取得进展。其中，厦门市“天语舟”气象科技园投入业务运行，同安雷达辅助阵地正式开始观测，厦漳泉区域气象中心工程（厦门二期）完成可研评审（可行性研究报告评审），狐尾山气象园区提升改造项目获市发改委立项批复，厦门区域人工影响天气作业能力提升工程完成标准作业点及烟炉建设并投入业务运行，厦门市边界层环境气象监测预警系统施工建设，宜居城市气象服务保障工程可研报告编制完成，厦门市突发事件预警信息发布中心投入业务运行。

【气象防灾减灾机制完善】 2019年，厦门市气象部门依托防汛微信群及时发布天气实况预警信息；完善短临预报决策服务材料，落区细化到乡镇，加强分区预警，开展点对点服务；针对厦金、厦鼓航线、厦门大学等重点区域进行加密监测、精确预警；对接机构改革及时更新决策服务对象名录信息库；修改地质灾害预警模板；建立决策服务评估表等，提升决策服务针对性与精细化程度；对接“i厦门”平台，实现气象灾害预警信息实时推送。依托科普馆和“四进”（进社区、进农村、进学校、进企业）载体，组织开展大型科普宣传20余次，市科普馆接待量1.3万人次，全年线下科普受众超过 20 万人次，科普基地获“十大优秀气象科普基地”的称号，2 项作品进入“百部气象科普好作品”，1 项作品获“十大气象科普优秀作品”。

【现代气象业务能力提升】 2019 年，厦门市气象部门逐步提升现代气象业务能力。在综合观测体系建设方面，推进全市观测自动化改革工作任务，完成同安站迁站工作。新建区域自动气象站 10 套、生态旅游气象站 2 个，完成建设、升级海岛、滨海自动气象站 6 套，新建厦鼓航线船舶自动气象站和首个灯塔自动气象站，完成双偏振雷达现场验收。在预报业务建设方面，开展预报预警市区集约工作，多项预报预警考核指标位居全省前列。开展厦漳泉沿海、厦门周边海域精细化海洋风险影响预报，实现与省突发预警信息发布系统及市公共安全管理平台对接。组织完成厦门观测质量管理体系相关文件的编制和本地化工作。在福建省预报员竞赛中，获团体第一的成绩。在气象服务建设方面，开展人工增雨作业，火箭弹增雨 28 站次，发射 104 枚，烟炉增雨 40 站次，燃放烟条 86 根，有效缓解旱情。加强为农服务，完成《2019 年气象助力乡村振兴工作主要任务实施方案》编制。推进“厦门知天气”App 本地化建设，服务闽西南协同发展，在专家连线中增加闽西南天气预报、出行指南等。推进基层防灾减灾标准化建设工作，联合应急管理、地震等部门推进全国综合减灾示范区创建和评估，指导创建综合减灾示范社区（村居）。拓展专业气象服务领域，走访调研排水公司、港口管理局、地铁办等单位，气象服务行业覆盖国土、交通、市政、能源、安全、旅游、海洋渔业、城市运行、重要工程建设等部门和单位。在研究性业务建设方面，完善双偏振雷达产品、单雷达风场反演（GBVTD）方法应用软件等创新业务成果，优化自主研发的多个气象软件功能，提升新型探测设备数据应用能力，建立对流监测与评估算法。开展多普勒雷达组网反演三维风场拼图个例收集分析。完成 2018 年《气象工作年报》《气象观测年报》《气象预报年报》《气候年报》分析编制工作。

【气象科研成果】 2019 年，厦门市获国家自然科学基金立项 1 项，连续 4 年获国家自然科学基金支持；自主研发的“地球坐标系下多普勒雷达三维风场反演分析系统”在全国多家气象台推广应用，“双多普勒雷达三维风场反演方法”获国家发明专利。年内，厦门气象工作者在一级核心及 SCI 期刊上发表科技论文 5 篇，二级核心刊物 7 篇。

【气象合作交流】 2019 年，厦门市气象局协办第十一届海峡论坛·第八届海峡两岸民生气象论坛。全年为金门提供重要天气预警报告（重要气象信息服务）25 期、短时强天气报告 6 期、一周气象 45 期以及日常公众气象服务。推进海峡气象开放实验室打造市重点实验室工作，台湾特聘专家到厦门指导、厦门市选派科技骨干到台湾交流制度化常态化。推进闽西南区域气象部门协同发展工作，开展业务培训交流 12 场次，设立气象业务研发专项课题 9 项；推进闽西南区域内 X 波段相控阵天气雷达、区域自动气象站观测统筹布局，提升灾害性天气联防水平。

（罗　丹）

海洋环境预报

【概　况】 2019 年，厦门海洋环境预报台开展厦门沿海各项日常海洋预报、中长期预报、海洋灾害预警报、专项保障预报工作。通过广播、电视、传真、网络、LED 屏、微信、手机短信、综合信息服务平台等方式，为 60 多家单位部门发送日常海洋预报单约 6.7 万份、手机短信约 12.1 万条；为 32 家单位发布中长期预测单 160 余份；制作发布专项预报服务产品 72 份。在台风和冷空气等重大天气系统影响期间，制作海浪灾害预警报产品 232 期、风暴潮灾害预警报产品 49 期，发送传真 2110 余份、手机短信 2.67 万条。参加全国海洋灾害预警会商 19 次，制作厦门市海洋灾害形式分析预测稿 11 份，制作厦门航线海浪潮位快报 14 期、厦门潮位海浪通报 17 期、厦门社区潮位预警信息 1 份，为政府防汛部门防灾减灾决策提供科学的支撑保障。自主搭建的海流数值预报系统正式业务化运行，完善数值预报业务体系、丰富数值预报产品。在风暴潮灾情预评估项目成果基础上，依托“厦门市海洋灾害风险评估与区划项目”，开展厦门市风暴潮灾害频发区实地调研，了解行政管理部门与民众对预报减灾产品的需求，首次推出社区海水淹没风险预警产品，并通过手机短信方式将该产品直接发给街道、社区的一线防汛工作人员，指导其开展防潮防汛工作。完成厦门 19 个涉海建设工程项目海洋生态监视监测和 9 个海岸带保护修复工程的现场核查工作；完成厦门海岸线修测成果技术审查初审工作，开展大兔屿开发利用无居民海岛现状监测与现场测量。

【海洋观测】 2019 年，厦门海洋环境预报台开展厦门海域海洋水文气象观测工作，获取数据量 3683527 个，实现实时数据采集率 98.3%；资料传输率 99.4%。其中，获取鼓浪屿测点数据 525112 个、翔安测点数据 525112 个、五通码头测点数据 492005 个、高崎码头测点数据 510376 个、海投码头测点数据 525178 个、马銮码头测点数据 525173 个、小嶝测点数据 525101 个、厦门南部浮标数据 13611 个、厦门东部浮标数据 8883 个、厦门湾南口浮标数据 16041 个、厦门湾北口浮标数据 16935 个，并通过数据专线向市防汛抗旱指挥部办公室发送防汛验潮点实时观测数据。

【海洋专项预报保障】 2019 年，厦门海洋环境预报台做好对台合作预报项目两岸客轮航线预报，厦门至金门、泉州至金门和马尾至马祖 3 条客轮航线预报合作项目相关预报工作平稳运行，每天 6 时、12 时和 18 时发布航线预报信息，预报信息与台湾预报机构共享。开展厦门港大潮预报、厦门渔港渔船保障预报、“海上丝绸之路”港口航线预报。开展第十届厦金海峡横渡活动、2019 年福建省青少年帆船帆板锦标赛、前埔污水处理厂排海管施工项目等体育赛事或涉海工程保障预报工作。

【海洋生态监视监测】 2019 年，厦门海洋预报台开展厦门港常年航道维护工程、厦门港主航道扩建四期工程一期、海沧航道扩建四期工程、厦门第二西通道（海沧隧道段）、厦门第二东通道项目、厦门翔安新机场快速路南段南港特大桥工程、澳头对台渔业基地（二期）起步工程等19个工程项目的施工期或运营期海洋环境跟踪监测，提交监测报告19份。

【海岸带整治修复入库工程现场核查】 2019年，厦门海洋环境预报台完成厦门海域海洋生态预警监测基础调查。根据自然资源部要求，完成厦门大桥红树林减灾保护修复工程、海沧区鳌冠红树林减灾保护修复工程、环东海域红树林减灾保护修复工程、集美区集美大桥至厦门大桥集美侧岸线整治工程、翔安区刘五店岸段整治工程等9个海岸带保护修复工程的现场核查，并将核查表、核查报告及相关项目库提交自然资源部。

【海域海岛监管】 2019年，厦门海洋环境预报台组建东海局海洋监管厦门支队，构建海域海岛监管体系。开展围填海现状调查成果审查及现场核查、海域使用疑点疑区核查、遥感解译清单制作、国管填海项目海域使用动态监视监测等海域海岛业务技术监管工作。根据自然资源部安排，开展厦门海岸线修测成果技术审查初审工作，按要求提交审查报告。开展大兔屿开发利用无居民海岛现状监测与现场测量，提交《2019年大兔屿岛用岛后评估报告》。

【海洋科普宣传】 2019年，厦门海洋环境预报台通过"厦门海洋预报台"微信公众号，发布每日海洋预报信息，在海洋灾害期间加密发布海洋灾害预警报和防御对策指南。每周四通过该公众号发布关于海洋学及防灾减灾领域的科普性文章，文章内容包含物理海洋学、海洋生态环境及海洋环保等方面的科普内容。开展海洋科普宣传系列活动，连续5次"进社区""进校园"开展海洋防灾减灾与海洋环保类科普讲座。

（袁方超）

地震监测及应对

【概　况】 2019年，厦门市地震局强化震情跟踪研判，提升地震监测预报水平。震情保障工作，实行24小时震情值班，全年及时提供震情社会服务信息约151条。提升地震监测台网科学管理和运行水平。依法加强对地震监测设施、监测环境的保护，对分布在晋江狗山、同安大帽山、长泰吴田山、漳浦二埕山及中心石泉山的5个测震子台及3个电磁波台站、东孚水氡观测点进行巡检、巡查。丰富地震监测手段，完成水平摆观测项目建设。强化震情跟踪研判，跟踪全球、全国和厦门市周边地震活动走向和趋势发展，实行周、月震情会商、年度震情会商和紧急震情会商制度，组织各类监测资料分析和地震趋势分析研判。组织召开台湾海峡4.2级地震专题研讨会和厦门地区地震趋势会商会，编写完成闽台地区2019年下半年地震趋势研究报告、闽台地区2020年度地震趋势研究报告。

【地震活动监测】 2019年，福建省及其沿海地区地震活动水平和上年度相比活动水平较低，厦门市数字化遥测台网记录到福建及其沿海地区M ≥ 2.0级地震62次。其中，福建内陆最大地震为3月27日发生在福建诏安的3.3级地震；厦门市境内最大地震为7月8日发生在同安的1.8级地震和9月2日、11月23日发生在灌口的1.8级地震。台湾及其沿海地区发生Ms5.0级以上地震10次，

表31-3　**2019年福建及其沿海地区各月份地震频次和最大震级一览表**

月份	频次（M_L ≥ 2.0）	最大震级（M_L）	月份	频次（M_L ≥ 2.0）	最大震级（M_L）
1	5	2.6	7	5	2.4
2	4	3.1	8	7	3.4
3	7	3.3	9	7	2.9
4	4	2.9	10	3	2.8
5	3	2.4	11	2	2.4
6	8	2.6	12	7	3.6

表31-4　**2009—2019年福建及其沿海地区M_L ≥ 2.0级地震情况一览表**

年份	频次	最大地震（M_L）	年份	频次	最大地震（M_L）
2009	71	4.3	2015	67	3.6
2010	56	3.2	2016	81	4.0
2011	78	3.7	2017	63	3.8
2012	117	4.1	2018	70	3.9
2013	103	5.0	2019	62	3.6
2014	80	3.8			

其中最大地震为4月18日台湾花莲海域6.7级地震，对厦门市的影响烈度约为4度。（见表31-3、表31-4）

【防震减灾宣传】 2019年，厦门市地震局结合“科技三下乡”、“5·12”防灾减灾宣传周、“7·28”唐山地震纪念日等活动，推进防震减灾科普宣传“进机关、进学校、进企业、进社区、进农村、进家庭”活动，开展防震减灾知识讲座，发放防震减灾宣传资料，普及防震减灾基础知识。在“5·12”防灾减灾日，联合诚毅科技探索中心举办“小宝当家”防震减灾科普实践活动。全年累计组织防震减灾科普宣传16次，开展防震减灾科普知识讲座10场。利用市地震局微信公众号和新闻媒体宣传防震减灾知识，快速、权威地发布震情信息。微信公众平台累计推送全球地震信息1443条，地震常识25条；新闻媒体宣传报道10次。组织指导市民、学生、部队和企业开展防震减灾科普实践活动，全年累计组织指导各类防震减灾科普实践活动8次。组织参加第三届全国防震减灾科普讲解大赛，由厦门市地震局推荐的诚毅科技探索中心科普讲解员张君雅获一等奖，并获全国“防震减灾科普大使”称号；科普讲解员陈晖获二等奖。组织参加第二届全国防震减灾知识大赛，由厦门市地震局推荐、代表福建省地震局参赛的厦门市海沧区东孚中学获一等奖。厦门市地震局推进全国综合减灾示范社区创建工作，思明区梧村街道文灶社区等7个社区被认定为全国综合减灾示范社区。

【地震应急救援】 2019年，厦门市地震局开展应急救援演练，增强防灾减灾意识。指导湖里怡景社区、民立幼儿园等社区和学校开展紧急疏散演练，提高突发公共事件下的应急能力和自救互救能力。推进地震预警信息发布终端建设，按照省委省政府的要求和市委市政府的部署，2018—2020年，厦门市规划建设面向学校、社区（村）的地震预警信息专用接收终端，规划建设任务数为1420处。至12月31日，全市有1436家学校、社区、单位签订地震预警终端安装协议，提前一年完成建设任务。

（张　群）

科研院所

自然资源部第三海洋研究所

【概　况】 2019年，自然资源部第三海洋研究所（简称海洋三所）到款各类经费合计6.33亿元，其中纵向类经费到款41889万元，横向类经费到款9960万元，产业研发类经费到款1733万元，机构运行等基本支出类经费9718万元。新签订纵向任务185项，合计经费3.71亿元；新签订横向任务341项，合同总额1.22亿元；新增产业研发类任务53项，合计经费2706万元。新增国家基金项目19项，直接经费总额1403万元，创历年新高。牵头申报的国家重点研发计划“蓝色粮仓”重点专项“渔业水域环境监测装备与预警技术”项目通过评审，获财政资助3100万元。2019年，海洋三所获海洋工程科学技术奖特等奖1项，获海洋科学技术奖一等奖1项；发表论文243篇，其中SCI收录172篇，部分论文在《Microbiome》《Environmental Science & Technology》《Organic Letters》等期刊上发表，出版专著6部；申请专利23项，授权15项。

【全球变化与海气相互作用专项】 2019年，海洋三所承担完成全球变化与海气相互作用专项3个航次调查任务，其中在马里亚纳海沟采用深水多波束系统实测的水深数据10744米，该专项6个子任务通过验收，其中“西太平洋游泳动物调查秋季独立航次”任务获评优秀，完成该专项10项任务的2018年度资料和成果集中汇交工作。

【大洋专项研究】 2019年，海洋三所组织参加中国大洋54、56航次科考，2项大洋专项通过中期评估。参与策划“深海资源环境”新增专项业务项目，获财政部预算评审中心批复。推进中国大洋样品馆（生物）筹建工作，成立所内筹建工作机构。编写《中国大洋样品馆（生物）建设与运行方案》，完善生物样品、资源共享的审批制度，修订、起草大洋生物样品、资源管理规定和细则。

【实验室及野外观测台站建设】 2019年，海洋三所海洋生物遗传资源重点实验室、海洋—大气与全球变化重点实验室通过自然资源部评估，福建省海洋生态保护与修复重点实验室获批建设，厦门市海洋物理与地质过程重点实验室的备案申请获批。与珠海市政府和中山大学签署共建南方海洋科学与工程广东省实验室（珠海）的合作协议。漳州海岛海岸带福建省野外科学观测站获福建省科技厅批准建设。海洋三所牵头的北部湾滨海湿地生态系统野外科学观测研究站、海峡西岸海岛海岸带生态系统野外科学观测研究站2个野外观测站正式纳入自然资源部野外科学观测研究站序列管理。

【海洋科研设施】 2019年，海洋三所有232台共享仪器接入国家网络管理平台，对外可开展分析测试服务的项目类别数超过100项。在2019年科技部组织的评价考核中，获“良好”等次。全年与105家高校或科研院所等单位签订检测合同144项，合同金额1030万元。国家微生物菌种库海洋微生物菌种保藏中心2019年度新增菌株信息资源3000多株，提供菌种资源共享1300株次，为国内外120多家单位提供资源共享、委托保藏、菌株鉴定等服务，为各类科技计划项目提供菌种资源保障。“向阳红03”号船通过部预警监测司组织的项目竣工业务验收，全年执行4个国家重大专项航次，在航230天，总航程4.2万海里（77784千米），组织实施开展ROV（遥控无人潜水器）项目采购。

【海洋生态保护与修复策划】 2019年，海洋三所牵头完成编制《海洋生态修复标准体系》初稿，提出海洋生态修复预算定额参考，编制完成《全国重要生态系统保护与修复重大工程规划》中海洋章节，形成“十四五”规划海洋生态修复的核心观点和具体建议。牵头编制的《海洋保护区生态补偿评估技术导则》和《北极海洋生态系统评价技术指南》2项行业标准完成报批稿。《珊瑚礁生态修复监测和效果评估技术指南》《红树林生态修复监测和效果评估技术指南》2项国家标准获批立项。

【海洋生态评估与保护科研】 2019年，

海洋三所作为技术支撑单位，持续推进漳州古雷炼化一体化工程等围填海项目的海洋生态评估和生态修复研究工作，承担完成福建省莆田市和宁德市的围填海现状调查。开展厦门海洋珍稀物种国家级自然保护区等4个国家级或省级自然保护区的相关申报或专题影响研究工作，承接福建东山湾珊瑚现状调查与醋酸对珊瑚影响分析研究、厦门文昌鱼栖息地砂床去泥化技术研究，继续实施南海岛礁的生态保护调查和厦门港海域中华白海豚生态研究。

【重大民生基础项目的涉海技术咨询服务】2019年，海洋三所承接厦门新机场、平潭海峡公铁两用大桥等重大基础交通运输项目的涉海咨询服务工作。开展平潭综合实验区总体规划（2018—2035年）等沿海地市规划设计和项目的环评、海域使用论证或价值评估工作。完成泉州市海砂资源调查及可采区选划项目工作。承担开展厦门集美污水处理厂等7个重大污水排放项目的选划论证研究工作。承接海南省海岸带保护与利用综合规划等规划项目申报，开展广西北海银滩等海湾整治、岸滩修复工程技术咨询服务工作。持续推进海南昌江核电厂等核电项目涉海咨询服务工作，承接华电福清海坛海峡海上风电场等风电评估项目，开展福建LNG（液化天然气）接收站项目等重大石化项目的用海咨询项目。

【科技成果转化公共服务】2019年，海洋三所修订并印发《科技成果转化（产业）管理办法（试行）》，将技术转让或许可净收入奖励比例提高至80%，允许科研人员到开展转让、许可、作价投资的企业中兼职从事科技成果转化活动并获取报酬。选派2名科研人员到企业兼职从事成果转化活动，4名科研人员作为科技特派员直接参与企业研发工作，申报推荐11名科研人员参与科技特派员工作。全年与31家企事业单位达成技术开发服务协议，2项专利转让企业实现专利成果当年转化当年应用；20项以海洋三所技术为依托而开发的成果在企业应用。海洋生物产业化中试技术研发公共服务平台为企事业单位提供技术服务20余项，总合同款300余万元。组织完成14个海洋产业化项目验收，启动“海洋经济高质量发展政策制定实施和监测评估”等海洋经济项目15项，完成14项产学研项目立项评审工作。洋功能生物分子活性筛选平台SPF级动物房获福建省“实验动物使用许可证”。

【国际海洋科技合作交流】2019年，海洋三所派出76批次240人次出国（境）执行各类国际学术会议参会任务、访学、海洋事务磋商、各类调查和合作研究。接待境外专家到访23批次106人次，开展学术交流和培训、技术指导与合作研究。牵头组织实施国际合作联合调查14个航次。与摩洛哥国家海洋渔业研究所签署合作意向书，与印度尼西亚科学院海洋研究中心续签合作协议，与菲律宾大学等7个国外高校或科研机构签署合作谅解备忘录。引进埃及爱资哈尔大学2名专家到海洋三所工作，与德国阿尔弗雷德韦格纳极地与海洋研究所共同申请国家重点研发计划政府间国际科技创新合作重点专项2019年第二批项目；通过南大洋有关航次，与德国赫姆霍兹基尔海洋研究中心共同开展海洋和大气生源气体的调查；与古巴环境与科技部环境保护署建立合作关系。

（龙邹霞）

中国科学院城市环境研究所

【概　况】2019年，中国科学院城市环境研究所（简称城市环境研究所）获批科研项目146项，到账合同经费13924万元，其中国家自然基金22项。发表论文600余篇，547篇论文被SCI（科学引文索引）收录（第一单位202篇），79篇被CSCD（中国科学引文数据库）收录（第一单位53篇），进入TOP 1%的高被引论文8篇，国际合作论文占比38.5%。获江西省自然科学一等奖（第二完成单位）。提交的关于飞行员健康保障的相关建议获中共中央总书记习近平批示。有中国科学院院士1人（新增）、中国工程院院士1人，国家科技创新领军人才4人、国家自然科学基金委杰出青年科学基金项目4人、国家青年科技奖2人、国家自然科学基金委优秀青年科学基金项目4人（新增1人）、享受国务院特殊津贴6人、科技部中青年科技创新领军人才3人、百千万人才工程国家级人选2人，中科院青年科学家奖1人，福建省引进高层次人才2人、福建省特殊支持高层次人才5人，“厦门市第十批拔尖人才”1人。在读外国留学生15人。出访131人次、出访国家数30个，到访267人次、到访国家数26个。中国科学院区域大气环境研究卓越创新中心（简称大气卓越中心）依托城市环境研究所新增承担各类项目36项，累计合同经费0.87亿元，累计发表SCI论文202篇。2019年，获国家自然科学奖二等奖1项，国家科技进步奖二等奖1项。申请厦门市重大科技项目“室内空气质量保障公共技术服务平台”，获批经费478.8万元。参与中国空气净化行业联盟下达的《空气用化学过滤器》等4项团体标准编制工作。

【科研成果】2019年，城市环境研究所研发基于环境物联网和大数据分析的城市景感生态监测、规划与管理集成技术和智能平台。在粤港澳大湾区等国家重要示范区开展集景感生态规划、生态基础设施建设、资源循环利用、景感生态智能管理于一体的综合示范区实践研究，“生态基础设施建设—生态系统修复—环境协同治理—资源循环利用”“四位一体”总体框架在美丽中国A类先导专项工程示范取得良好成效。在污水处理厂尾水中痕量新型污染物的环境效应方面，提出微生物群落和有害微生物物种是指示水生态恶化的新型生物指标，为评估流域生态环境质量变迁提供重要依据；首次揭示新型有机污染物对浮游微生物生态网络的干扰效应，提出新型污染物作用于网络关键物种驱动“微”生态网络演变的新理论。城市环境研究所建立的宁波站建设环境功能材料中试研究平台，开展催化材料智能化生产技术研发，推进柴油车SCR（选择性催化还原）催化剂的国产化；研发光致热及光热协同催化降解VOCs（挥发性有机物）净化技术，采用RTO/RCO（蓄热式热力）技术净化废气中的VOCs和有机颗粒物；开发用于室温氧化甲醛的新型Pd炭催化剂和室温分解臭氧的Mn基催化剂，研制用于细颗粒物去除的高效低阻微纳米复合纤维膜，研发“金砖版”空气净化器。大气卓越中心构建中国全耦合模式系统，该模式系统用于评估不同减排措施影响并提供攻关中心以支持空气保障工作。大气卓越中心自主研制

OH（羟基）、HO_2（过氧化氢）自由基探测系统，实现多地实际大气氧化性的直接观测研究。自主研制基于固体拉曼频移技术的多波长紫外光源的臭氧激光雷达。自主研制车载臭氧雷达，实现不同复杂环境条件下的臭氧廓线探测。完成机动车排放超细颗粒物高温采样、数浓度快速测量系统研制，关键技术指标达到国际先进水平。

【第九届全国青年生态学工作者学术研讨会】 2019年1月11—13日，第九届全国青年生态学工作者学术研讨会在厦门召开，会议由中国生态学学会青年工作委员会主办，城市环境研究所所、厦门大学承办，中科同恒环境科技有限公司与上海飞羽环保科技有限公司协办。出席该次会议的有中国生态学学会青年工作委员会学术委员会彭建等代表29人、中国生态学学会青年工作委员会组织委员会齐涛等代表34人以及参会代表263人。与会专家学者围绕“生态学前沿：理论、方法、技术与实践”主题展开讨论。该研讨会为中国生态学领域各类成果搭建展示平台，展现中国生态学的研究进展，扩大生态学学科的社会影响力。

【第三届海峡两岸城市环境青年学者研讨会】 2019年4月15—18日，第三届海峡两岸城市环境青年学者研讨会在厦门召开。该会议在中国科学院国际合作局的资助下，由环境生物技术组承办。海峡两岸从事城市环境研究工作的青年学者，围绕新型污染物及其生态效应等研究方向开展交流，台湾成功大学、台湾东海大学、台湾大学的学者参会。此次研讨会旨在为海峡两岸青年学者提供学术交流平台，为两岸环境科学领域合作提供通道。

【中国大气污染、健康和人力成本关系讨论会】 2019年10月17—18日，联合国环境署中国大气污染、健康和人力成本关系讨论会（Air Pollution, Health and Human Capita Nexus in Chinese Cities Scoping Meeting）在厦门城市环境研究所召开。来自美国波士顿学院（Boston College）、加拿大多伦多大学、中国社会科学院城市发展与城市环境研究所、中国疾病预防控制中心、清华大学、同济大学、中山大学等高校（科研机构）的学者出席会议。该次会议的主旨是通过多学科和多领域的视角深入看待中国大气污染对人类的影响，对相关政策提出意见，为中国可持续发展奠定坚实基础。

【第三届环境地理优秀青年学者论坛】 2019年10月26—27日，由中国地理学会环境地理专业委员会和中国科学院青年创新促进会主办，城市环境所和中科院城市环境与健康重点实验室承办的第三届环境地理优秀青年学者论坛在城市环境所召开，该论坛以“环境地理学与美丽中国”为主题。中国科学院院士陶澍以及来自北京大学、华东师范大学、清华大学、生态环境部华南环境科学研究所、中科院青藏高原研究所、中科院地理科学与资源研究所等科研机构的100余名专家学者参加会议。该论坛展示环境地理学的最新进展和成果，探讨环境地理学在解决中国环境污染问题、建设生态文明和美丽中国进程中的作用，促进环境地理学科青年学者的交流与合作。

【第十六届城市健康国际会议】 2019年11月5日，第十六届城市健康国际会议（16th International Conference on Urban Health, ICUH）在厦门召开。来自50多个国家的300余名城市健康领域的专家与会交流，共同促进跨学科和跨部门城市健康知识的产生、交流和应用。厦门市副市长孟芊、世界卫生组织总干事Tedros A. Ghebreyesus博士、世界卫生组织驻华代表Gauden Galea博士、联合国人居署执行主任Maimunah Mohd Sharif和美国国际城市健康学会主席Jo Ivey Boufford等分别致辞。厦门市副市长孟芊指出健康事业攸关每一个人的切身利益，攸关千家万户的幸福安康，攸关城市的长远发展，城市居民的健康与福祉是未来厦门关注的重点。

（聂　璇　陈伟民）

福建省水产研究所

【概　况】 2019年，福建省水产研究所新增各级各类项目27项，其中省属公益类科研院所基本专项12项，省海洋渔业经济发展补助专项3项，省海洋与渔业结构调整项目12项，实现新增科研经费5345.56万元。承接科技服务项目23项，累计到位经费1214.85万元。全年全所发表科技论文60篇，其中SCI收入9篇，EI（工程索引，是全球范围内的一个数据库，主要收录工程技术领域的重要文献）收录2篇。申请专利11项，其中发明专利6项；授权专利9项，其中发明专利3项。在第十七届中国·海峡项目成果交易会上，推荐12项对接项目参会，现场签约2项。组织参与第十三届中国（福州）国际渔业博览会，展示研究所主要科研成果。组织科技人员到全省渔业乡镇和渔村开展水产技术培训和咨询。利用福建海洋渔业科学馆科普教育示范基地，开展科普宣传活动。福建省水产研究所获省科技厅“2019年省级产学研合作示范基地”称号。

【云龙石斑鱼获批国家水产新品种】 2019年，福建省水产研究所作为主要研发团队和主要培育单位培育的石斑鱼新品种“云龙石斑鱼”通过国家审定，获水产新品种证书。云龙石斑鱼新品种在相同养殖条件下，与母本云纹石斑鱼相比，1龄鱼平均体重提高208.8%；与父本鞍带石斑鱼相比，育苗难度显著降低，耐寒性提高，相差6℃；与广泛养殖的杂交种珍珠龙胆相比，1龄鱼体重平均提高31.4%。云龙石斑鱼新品种更适合于福建地区养殖，扩大石斑鱼的养殖区域，提高养殖效益。

【赤潮水产品质量安全应急检测】 2019年，福建省水产研究所发挥专业特长开展赤潮水产品质量安全应急检测。5月，福建沿海平潭、莆田等地发生赤潮，福建省水产研究所响应上级部门应急工作小组部署，承担厦门、泉州、漳州等地贝类毒素风险监测工作，检测贝类样品27批次，并将数据报送给省局渔业与质量监督处、省监测中心以及当地海洋与渔业局。参与赤潮灾害防控工作，派技术专家到赤潮高发区域漳浦县佛昙镇整美村养殖海域，开展赤潮风险防范及水产品质量安全技术指导，为福建省海洋与渔业局应急工作小组及时应对赤潮发生事件，保障水产品质量安全工作提供技术支持。

【省种业创新与产业化工程项目】 2019年，福建省水产研究所承担的省种业创新与产业化工程项目“海带品种创新与种苗繁育产业化工程”“凡纳滨对虾品种创新与健康种苗繁育产业化工程”“东方鲀种业创新与产业化工程”，均完成年度任务目标。海带子项目完成海带遗传育种中心、海带引育种中心和苗种生长性能测试平台的建设，改造核心育苗示范基地4家，其中2家企业获批省级良种场，育成“海嘉1号”“连优1号”海带新品系。对虾子项目获凡纳滨对虾选育系7个、抗病家系12个，保有60多份800多个群体以及家系样品，培育出新品系“鸿达1号”。东方鲀子项目建立14个双斑东方鲀初选家系、5个菊黄东方鲀初选家系、1个双斑东方鲀群体及1个菊黄东方鲀群体，选育出生长快和养殖成活率高的东方鲀新品系。

【海洋公益性行业科研专项】 2019年9月22日，福建省水产研究所承担的海洋公益性行业科研专项“福建特色海洋生物资源高值化利用研究和示范”在天津通过验收。该项目完成鲍脂质、蛋白肽、肽多糖的制备及鲍熏制品、鲍鲜素、鲍壳微粉等产品的研发。以河豚毒素为原料筛选获得具有显著抗心律失常作用的复方制剂，以氨基葡萄糖为原料开展氨基葡萄糖拟肽类药源制备技术研究，以抗菌肽 Sphistin 为原料进行抗菌活性研究，并完成安全性初步评价。项目解决鲍内脏活性物质联产制备、鲍壳微粉重金属脱除、河豚毒素复方制剂、氨基葡萄糖拟肽和抗菌肽制备等关键技术问题，开发鲍内脏活性肽的酶解纯化、鲍鲜素产业化研发工艺和抗心律失常河豚毒素复方制剂等技术体系。

（郭书悦）

福建省亚热带植物研究所

【概　况】 2019年，福建省亚热带植物研究所（简称省亚植所）承担运行各类研发项目91个，其中国家自然科学基金4个、财政部条件基础建设项目2个、厦门市科技计划项目57个、国家林业种质资源平台项目1个、科研结余经费资助项目21个、对外横向合作项目2个、共享服务平台项目1个。新增研发项目34个，获科研经费868.1万元。申请发明专利21个，获发明专利授权4个、实用新型专利授权1个。完成结题验收项目15个，发表研究论文17篇。“附生蕨类——修蕨属（水龙骨科）的系统发育及多样性分化研究”项目获国家自然科学基金资助，累计获资助的基础理论研究项目13个。年内，省亚植所“厦门市亚热带植物生理生化重点实验室”因成绩优异免评估；“海西植物天然产物提取纯化中试基地”建设完成，通过厦门市科学技术局组织的验收并投入使用。

【产学研合作】 2019年，福建省亚植所与福建农林大学及华侨大学联合运作研究生工作站，进站学习工作的研究生8人，7名科研人员担任福建农林大学、华侨大学的博士生、硕士生导师和校外导师。省亚植所承接厦门大学、华侨大学、集美大学相关技术专业教学实习业务，接待实习生190人次。与台湾多家企业合作，就台湾花椰菜的品质优化、台湾黄晶果引种栽培技术等方面进行联合研发。为泉州市惠安县双展公司、厦门海沧翠绿公司、泉州市丰泽华大果林有限公司等企业在作物栽培技术、园区提升改造等方面提供技术指导。

【分析检测技术服务】 2019年，福建省亚植所完善实验室计量计证管理体系，建立标准化分析测试实验室。为广州市艺杰园林建设工程有限公司、厦门市政工程有限公司、厦门市润耕生物科技有限公司、厦门市园林植物园等38家公司、单位提供测试服务，完成55批次182个样品的检测，测试金额11.77万元。检测样品的种类包括有机肥、和土壤等，检测项目、类别包括氮、磷、钾、有机质、pH（酸碱度）值、水分等。

【“莲雾良种选育及产业化配套技术研究与应用”项目】 2019年，福建省亚植所“莲雾良种选育及产业化配套技术研究与应用”项目获福建省科学技术进步奖二等奖。项目制定标准保障莲雾生产的规范。项目研发的种苗快繁技术实现繁育智能化，高优栽培技术和采后技术促进莲雾生产技术水平的提升。该项目研发的品种和产业化配套技术，降低种苗成本，提高单产和鲜果品质，延长鲜果供应时间。

【“台湾红肉系火龙果引种及产期调控技术研究”项目】 2019年3月1日，厦门市科技计划项目“台湾红肉系火龙果引种及产期调控技术研究”项目通过厦门市科学技术局验收。该项目引进台湾红肉系火龙果品种，建立引种栽培试验园，对引进品种在本地区栽培的适应表现进行评价，筛选优良品种。在大棚设施栽培条件下诱导植株反季节抽花，实现火龙果果实上市空档期的冬春季果实生产，建立反季节高效栽培模式。该产品质量为绿色食品A级水平。

【“一种基于临夏牡丹籽油的防晒霜研制”项目】 2019年9月6日，首批厦门市东西部协作科技扶贫项目“一种基于临夏牡丹籽油的防晒霜研制”通过厦门市科学技术局验收。该项目利用甘肃省临夏州的油用牡丹资源，试制含牡丹籽油的多重结构的防晒乳霜产品，该防晒乳霜剂符合《化妆品安全技术规范》2015版的安全标准。该项目为对口临夏扶贫项目，可实现牡丹籽油低值资源高值化的跨越，促进临夏牡丹产业的发展。

（李　影）

责任编辑：曾一一
审　稿：白延蜻
孙志红
校　对：林建高

32 社会科学

课题研究和学术成果

【研究课题项目】 2019年，厦门市各高校及社会科学研究部门申报并列入国家社会科学基金项目90项（见表32-1），其中重大项目18项；申报并列入福建省社会科学基金项目109项（见表32-2），其中重大项目18项。

【学术成果】 2019年，厦门市获得省部级优秀社会科学成果奖134项（表32-3），包括学术专著和论文，其中一等奖11项；全市社科专家学者出版专著280部（见表32-4）。

表32-1　　**2019年厦门市列入国家社会科学基金项目一览表**

序号	项目承担单位	负责人	项目名称	项目类别
1	厦门大学	周颖刚	新形势下资本市场重大风险防范与化解研究	重大项目
2	厦门大学	陈勇兵	中国主动扩大进口问题研究	重大项目
3	厦门大学	焦建华	中国侨汇档案整理与研究（1915—1995）	重大项目
4	厦门大学	钞晓鸿	明清时期黄河治理工程文献的整理研究与数据库建设	重大项目
5	厦门大学	王　宇	百年中国文学女性形象谱系与现代中华文化建构整体研究	重大项目
6	厦门大学	徐延辉	新中国70年社会发展与社会变迁研究	重大项目
7	厦门大学	陈先才	“一国两制”台湾方案研究	重大项目
8	厦门大学	张　羽	百年台湾文学中的中华民族叙事研究	重大项目
9	厦门大学	佘清楚	人类命运共同体视阈下中国国家形象在西方主流媒体的百年传播研究	重大项目
10	厦门大学	林德荣	文旅融合视角下两岸宗亲联结对台湾民众国家认同的影响研究	重点项目
11	厦门大学	韩　宇	战后美国阳光带经济发展模式研究（1945—2015）	重点项目
12	厦门大学	赖国栋	20世纪70年代以来法国史学的嬗变及其影响研究	一般项目
13	厦门大学	陈明娥	日韩珍藏“语录解”类文献语言研究	一般项目
14	厦门大学	任　鹏	“文”的谱系学——汉唐之间美学话语的衍变	一般项目
15	厦门大学	水海刚	环南中国海地区海上丝绸之路的近代变迁研究	一般项目
16	厦门大学	胡　旭	传世先唐别集的编纂、刊刻与流布研究	一般项目
17	厦门大学	王　宇	中国当代女性文学本土化研究	一般项目
18	厦门大学	刘泽亮	新发现《宗镜录具体》整理与研究	一般项目

续表 32-1

序号	项目承担单位	负责人	项目名称	项目类别
19	厦门大学	吕云芳	中国城市社区与外籍移民的社会融入研究	一般项目
20	厦门大学	龙 佳	博马舍正剧诗学研究	一般项目
21	厦门大学	黄玲毅	基于人工智能多模态信息融合的大学英语口语评估理论与技术研究	一般项目
22	厦门大学	肖晓燕	手语翻译教育的中国模式研究	一般项目
23	厦门大学	谢清果	华夏文明传播的观念基础、理论体系与当代实践研究	一般项目
24	厦门大学	苏俊斌	新闻推荐算法的把关机制、伦理问题及其对策研究	一般项目
25	厦门大学	熊 慧	积极老龄化视角下流动老人数字融入路径与效果研究	一般项目
26	厦门大学	魏丽艳	新时代中国住房保障制度的实施路径研究	一般项目
27	厦门大学	雷艳红	良政的知识生长与制度确立研究	一般项目
28	厦门大学	邓力平	新时代减税降费与财政可持续性研究	一般项目
29	厦门大学	谢瑞平	财政支出对经济增长影响的区域差异研究	一般项目
30	厦门大学	高艳杰	美国对东南亚华人华侨的心理战研究（1949—1965）	一般项目
31	厦门大学	林 密	马克思政治经济学批判视域中的城乡不平衡发展问题研究	一般项目
32	厦门大学	叶兴建	习近平主持并推动的“闽宁模式”及其对实现共同富裕的意义研究	一般项目
33	厦门大学	张宝蓉	新时代大陆惠台政策对台湾基层民众的影响研究	一般项目
34	厦门大学	季 烨	《反分裂国家法》的实施机制研究	一般项目
35	厦门大学	王荔红	我国上市公司股东异质性研究	一般项目
36	厦门大学	孟 磊	融入城市社会对农民工与城市居民经济趋同的影响研究	一般项目
37	厦门大学	龚文娟	乡村生态环境协同治理效应评价与机制创新研究	一般项目
38	厦门大学	刘子曦	中国法律社会学的学术脉络与本土化理论构建研究	青年项目
39	厦门大学	李璐楠	中晚明心性问题研究——以李材、刘宗周的比较为例	青年项目
40	厦门大学	舒满君	清代徽州的田赋定额与州县实征	青年项目
41	厦门大学	刘诗古	清至民国长江中游地区滨水社会研究	青年项目
42	厦门大学	刘洪刚	马克思人民民主思想及其当代价值研究	青年项目
43	厦门大学	董世杰	菲律宾外交权的配置对中菲南海争端的影响及其对策研究	青年项目
44	厦门大学	叶玲珑	我国老年人口异质化健康状况动态变化过程及其医疗服务利用研究	青年项目
45	厦门大学	王 兰	民间金融软法治理及协同问题研究	后期资助项目
46	厦门大学	吕志奎	中国流域公共治理机制研究	后期资助项目
47	厦门大学	朱 庆	祖籍国与居住地之间：新加坡中华总商会的政治选择与身份认同（1906—1942）	后期资助项目
48	厦门大学	许旺土	高速铁路对经济影响评估与服务水平提升路径问题研究	后期资助项目
49	厦门大学	靳 涛	经济分析中的制度脉络与演进	后期资助项目
50	厦门大学	乐爱国	朱熹《论语》学阐释：问题与新意	后期资助项目
51	厦门大学	沈安妮	跨媒介的审美现代性——石黑一雄的三部小说与电影的关联研究	后期资助项目
52	厦门大学	陈素白	改革开放四十年广告图景中的消费记忆	后期资助项目
53	厦门大学	张闻捷	周代乐钟制度研究	冷门“绝学”和国别史研究专项
54	厦门大学	张惟捷	史语所藏殷墟一至十五次挖掘甲骨目验整理与研究	冷门“绝学”和国别史研究专项

续表 32-1

序号	项目承担单位	负责人	项目名称	项目类别
55	厦门大学	吴崇伯	“一带一路”建设中第三方市场合作研究	“一带一路”建设研究专项
56	厦门大学	杨　权	共建“一带一路”中的债务可持续性问题研究	“一带一路”建设研究专项
57	厦门大学	黄　莹	新时代马克思主义理论学科建设对高校思政课支撑作用研究	高校思想政治理论课研究专项
58	华侨大学	刘　超	以国家公园为主体的自然保护地体系立法研究	一般项目
59	华侨大学	王秋彬	“债务陷阱论”的兴起与加强“一带一路”建设中的民心相通研究	一般项目
60	华侨大学	郑向敏	共建共治共享理念下全域旅游安全综合治理体系研究	一般项目
61	华侨大学	徐　晞	“21 世纪海上丝绸之路”沿线华人商会发展与治理研究	一般项目
62	华侨大学	周　飞	数字经济时代移动营销中的游戏化策略研究	一般项目
63	华侨大学	叶　芳	国际货币体系改革视角下中非命运共同体金融合作研究	一般项目
64	华侨大学	杨洪涛	中国社会“关系文化”情境下创业投资家对创业者信任形成及其对投资决策的影响研究	一般项目
65	华侨大学	李　勇	《叻报》华侨社会史料汇编	一般项目
66	华侨大学	李弼程	网络舆论智能引导仿真推演与系统建模研究	一般项目
67	华侨大学	毛浩然	基于非对称博弈的弱势群体话语反操控案例库建设与理论体系建构研究	一般项目
68	华侨大学	刘守政	东南亚华人道教源流、变迁与转型研究	一般项目
69	华侨大学	王　静	日本馆藏泰山府君祭祀文献研究	一般项目
70	华侨大学	杨少涵	《中庸集释》编撰与《中庸》字义疏证	一般项目
71	华侨大学	邹永广	中国公民出境旅游突发事件应急合作治理逻辑与机制研究	青年项目
72	华侨大学	黄秋风	新时代基层公务员工作获得感的生成、作用及提升策略研究	青年项目
73	华侨大学	陈　磊	牛津大学历史学科形成研究（1850—1939）	青年项目
74	华侨大学	钱韧韧	现代汉语虚词与汉语诗歌形式建构研究	青年项目
75	华侨大学	谢朝武	中国旅游安全行政治理研究	后期资助项目
76	华侨大学	吴维忠	新时期对台传播新闻表述力的变迁与创新研究	后期资助项目
77	华侨大学	尚会鹏	印度教徒的基本人际状态与印度教价值观研究	后期资助项目
78	华侨大学	黄庆法	日本所藏清末福建调查资料的翻译和研究	冷门“绝学”和国别史等研究专项
79	华侨大学	骆文伟	高校港澳台侨学生中华民族共同体意识建构研究	高校思政课研究专项
80	集美大学	张君贤	中国武术竞技思想研究	国家社科规划基金一般项目
81	集美大学	李时学	美国左翼戏剧的多元批判向度与国家认同研究	国家社科规划基金一般项目
82	集美大学	陈其端	厦门漆线雕手工技艺传承与创新人才培养	国家艺术基金项目
83	厦门理工学院	丁智才	涉台传统村落原乡文化景观保持与提升研究	一般项目
84	厦门理工学院	方　奇	我国体育教育家型教师素养评价与培育策略研究	一般项目
85	厦门理工学院	林　祁	中国现代小说的起点	一般项目
86	厦门理工学院	刘芝凤	闽台海洋遗产民间造船绝技抢救与传承研究	重大研究专项

续表 32-1

序号	项目承担单位	负责人	项目名称	项目类别
87	厦门理工学院	刘芝凤	中国东南海海洋史研究	重大项目
88	厦门城市职业学院	陈仲义	现代诗元素化合研究	一般项目
89	厦门市委党校	彭心安	习近平关于党的作风建设重要论述研究	一般项目
90	厦门市委党校	付小红	中国共产党党政关系的历史演进与坚持党的全面领导研究	一般项目

说明："项目类别"指的是"重点项目""一般项目"或"青年项目"等

表 32-2　**2019 年厦门市列入福建省社会科学基金项目一览表**

序号	项目承担单位	负责人	项目名称	项目类别
1	厦门大学	吴崇伯	加快推进我省"丝路海运"研究	省社科重大项目
2	厦门大学	唐永红	探索海峡两岸融合发展新路研究	省社科重大项目
3	厦门大学	周　琛	福建省"多元共治"体系下垃圾综合治理制度研究	省社科年度项目
4	厦门大学	包广将	"一带一路"倡议的合作性研究	省社科年度项目
5	厦门大学	王燕武	新时代财政支出对居民消费增长作用的再研究	省社科年度项目
6	厦门大学	郭夏玫	无偿献血行为决策的框架效应研究	省社科年度项目
7	厦门大学	陈福平	智慧化背景下服务型社会组织的能力建设研究	省社科年度项目
8	厦门大学	朱　庆	新加坡中华总商会研究（1906—2016）	省社科年度项目
9	厦门大学	邹　红	冰球项目优秀运动员专项能力的结构模型及其应用研究	省社科年度项目
10	厦门大学	张玉哲	福建省 R&D 资本化核算及其影响研究	省社科年度项目
11	厦门大学	王　烨	国家纪念语境中的革命诗歌研究	省社科年度项目
12	厦门大学	乐　媛	媒体舆论视域下的"九二共识"观念史研究	省社科年度项目
13	厦门大学	孙慧英	国内移动短视频新闻发展模式研究	省社科年度项目
14	厦门大学	王传龙	明代福建阳明学者治学与交游研究	省社科年度项目
15	厦门大学	曹剑波	直觉证据的合理性研究	省社科年度项目
16	厦门大学	李慧颖	福建省"网红打卡地"的吸引力评价及其游客行为意向分析研究	省社科年度项目
17	厦门大学	木志荣	藏汉双语能力与藏族创业意向和创业绩效的关系研究	省社科年度项目
18	厦门大学	严金海	福建省集体土地建设租赁住房试点实施效果与政策优化研究	省社科年度项目
19	厦门大学	张爱功	"冷战"与国共内战双重视角下的"港九电影戏剧事业自由总会"研究	省社科年度项目
20	厦门大学	阮春黎	周淑安的音乐思想与贡献研究	省社科年度项目
21	厦门大学	邓　明	中国企业劳动生产率差异的技术选择效应与技术吸收效应研究	省社科年度项目
22	厦门大学	戚树森	网络借贷与传统金融业的互补关系研究	省社科年度项目
23	厦门大学	莫长炜	关键种行业选择及其对地区产业升级的影响机制研究	省社科年度项目
24	厦门大学	孟广洁	以大数据为依据的东盟国家孔子学院本土化研究	省社科年度项目
25	厦门大学	辛志英	经验语法的进化机制研究	省社科年度项目
26	厦门大学	郑泽芝	基于语料库的数学语言表达与理解学习资源建设与研究	省社科年度项目
27	厦门大学	文　强	性别失衡影响经济增长的机制研究	省社科年度项目
28	厦门大学	伍伶飞	近代东南沿海灯塔地理信息系统研究	省社科年度项目
29	厦门大学	王　悦	"不可靠叙述"前沿问题研究	省社科年度项目
30	厦门大学	胡晓静	谢·多甫拉托夫小说的叙事诗学研究	省社科年度项目

续表 32-2

序号	项目承担单位	负责人	项目名称	项目类别
31	厦门大学	王凡柯	本雅明语言哲学及对当代德语文学影响	省社科年度项目
32	厦门大学	和　溪	朱子祭祀礼仪研究	省社科年度项目
33	厦门大学	杨秀云	易地扶贫搬迁和宅基地有偿退出协同推进机制研究	省社科年度项目
34	厦门大学	许昳婷	IP 全产业链运营中的艺术创作与创意机制研究	省社科年度项目
35	厦门大学	岳　阳	医保支付制度改革对医疗服务效率的影响研究	省社科年度项目
36	厦门大学	李曌华	佛经音义医学词汇研究	省社科年度项目
37	厦门大学	周东平	《新编中国茶文化史》	社会科学普及出版资助项目
38	厦门大学	吴旭阳	检察机关司法监督工作的智能化研究	省法学会专项项目
39	厦门大学	李国安	金融科技的勃兴与监管科技运用的法律路径	省法学会专项项目
40	厦门大学	韩秀丽	中国境外投资立法的域外性问题	省法学会专项项目
41	厦门大学	施余兵	推进两岸南海低敏感领域合作研究	省法学会专项项目
42	厦门大学	聂爱霞	闽西南协同发展区域基本公共服务共建共享研究	省社科基地重大项目
43	厦门大学	朱芳芳	公共支出均等化与公共服务均等化：福建省基本公共服务“常住地供给”集成改革的研究	省社科基地重大项目
44	厦门大学	于文轩	公共服务需求，公共服务提供有效性和公共服务满意度—基于大数据，实验和助推的研究	省社科基地重大项目
45	厦门大学	徐　鹏	美国海岸警卫队海洋行政处罚权研究	省社科基地重大项目
46	厦门大学	汪　琳	新发展理念对人类社会发展规律认识的新贡献研究	省社科基地重大项目
47	厦门大学	朱东波	习近平绿色发展理念：思想基础、内容体系与时代价值	省社科基地重大项目
48	厦门大学	杨　卉	习近平总书记关于传统文化重要论述研究	省社科基地重大项目
49	厦门大学	李仙飞	马克思政治理论视域中的国家治理现代化研究	省社科基地重大项目
50	厦门大学	原宗丽	习近平总书记关于党内政治生态重要论述研究	省社科规划中国特色社会主义理论体系研究中心年度项目
51	厦门大学	苗瑞丹	新时代共享发展的制度安排研究	省社科规划中国特色社会主义理论体系研究中心年度项目
52	厦门大学	黄佳佳	“一带一路”背景下孔子学院跨文化传播提升文化软实力研究	省社科规划中国特色社会主义理论体系研究中心年度项目
53	厦门大学	徐梦秋	在全方位对外开放中共建人类命运共同体	省社科规划中国特色社会主义理论体系研究中心特别委托项目
54	华侨大学	赵昕东	福建省增强消费对经济发展的基础性作用研究	省社科重大项目
55	华侨大学	郑文标	提升福建文化的向心力和影响力研究	省社科重大项目
56	华侨大学	薛秀军	新时代的三重指向与我们的历史担当	省社科一般项目
57	华侨大学	陈历明	莎士比亚戏剧在中国的最早“旅行”	省社科一般项目
58	华侨大学	吴鸿雅	中国传统茶道同生态学存在共鸣	省社科一般项目
59	华侨大学	陈恒汉	“一带一路”视域下南亚地区的语言冲突和社会问题研究	省社科一般项目
60	华侨大学	陈天然	当代美国加勒比裔小说中的跨国叙事研究	省社科一般项目

续表 32-2

序号	项目承担单位	负责人	项目名称	项目类别
61	华侨大学	胡斌彬	传承与变异视角下的海峡两岸华语语法对比研究	省社科一般项目
62	华侨大学	胡建刚	“一带一路”视域下华文教育传播福建优秀文化的策略与途径研究	省社科一般项目
63	华侨大学	黄彦彦	中国家庭债务的合理规模区间研究	省社科一般项目
64	华侨大学	李继高	罗尔斯·罗伊斯公司与中国：贸易和技术交流史（1945—1985）	省社科一般项目
65	华侨大学	李倩倩	我国社会保险缴费对企业生产效率的影响研究	省社科一般项目
66	华侨大学	刘春雨	资源环境约束下福建省新型城镇化测度与异质性研究	省社科一般项目
67	华侨大学	刘京星	共生理论视角下福建省制造业参与“一带一路”国际产能合作的路径研究	省社科一般项目
68	华侨大学	邵　岑	均衡发展视阈下农业转移人口流向意愿与新型城镇化路径优化研究	省社科一般项目
69	华侨大学	宋　武	基于认知神经美学的形式美感视认机制研究	省社科一般项目
70	华侨大学	王　珊	客家村落民间信仰空间遗产及其继承研究	省社科一般项目
71	华侨大学	魏　丹	基于服务贸易新规则的福建服务业开放对策研究	省社科一般项目
72	华侨大学	鄢　晓	新时代背景下大陆高校思想道德教育与港台青年学生国家认同建构的研究	省社科一般项目
73	华侨大学	占　炜	多维视角下民国时期镀锡铁包装制品的设计研究	省社科一般项目
74	华侨大学	张　红	城市形象建设中涂鸦文化的评估模型及主旋律转化研究	省社科一般项目
75	华侨大学	张　磊	核心素养导向的我国中小学体育课程统整研究	省社科一般项目
76	华侨大学	张　媛	“海丝”视域下中国民族舞蹈在马来西亚的跨文化传播研究	省社科一般项目
77	华侨大学	张志坚	海峡两岸新媒体事件与台湾青年两岸共同体认同建构研究	省社科一般项目
78	华侨大学	纪晓光	城乡融合发展与政府治理创新研究	省社科青年项目
79	华侨大学	刘英英	福建省新型城镇化质量、公共服务水平与国民幸福感研究	省社科青年项目
80	华侨大学	郑燕霞	“一带一路”基础设施投融资机制研究	省社科青年项目
81	华侨大学	庄晓洋	复杂性视角下绿色金融市场非线性动力学特征与风险测度研究	省社科青年项目
82	华侨大学	胡国鹏	科学运动：老年健身指南	社会科学普及出版资助项目
83	华侨大学	刘　超	《国家公园法》立法研究	专项委托项目
84	华侨大学	董成雄	防范化解党的建设领域风险问题研究	省社科重大项目
85	华侨大学	谢朝武	加快推进我省文旅融合发展研究	省社科重大项目
86	华侨大学	王绍仁	建立我省港口大宗物品分拨中心研究	省社科重大项目
87	集美大学	杨中启	图说福建名书院与名人	省社科一般项目
88	集美大学	谢绵陛	金融：故事与逻辑	省社科一般项目
89	集美大学	黄诗娴	乡愁镜像：台湾地区“两岸题材”电影史研究（1949—2019）	省社科青年项目
90	集美大学	杨丽霞	福建戏曲海外演出史料辑录与研究	省社科一般项目
91	集美大学	许智富	基于 STS 理念的闽台海洋环境研学旅行品牌合作建构与评价系统研究	省社科一般项目
92	集美大学	王　园	福建省海洋生态经济协调发展模式研究	省社科一般项目
93	集美大学	邓　玮	闽西山区农村贫困脆弱性家庭的抗逆力建构研究	省社科一般项目
94	厦门理工学院	陈　意	福建省传统村落“内置金融”构建促进特色文化产业发展研究	省社科基地重大项目
95	厦门理工学院	张国权	文化生态学视角下的闽南历史文化街区保护与再生研究	省社科基地重大项目
96	厦门理工学院	卢雪英	全域旅游目的地城市主客共享的耦合研究——以厦门为例	省社科基地重大项目

续表 32-2

序号	项目承担单位	负责人	项目名称	项目类别
97	厦门理工学院	谢巧生	文旅融合背景下福建研学旅行发展战略研究	说社科基地重大项目
98	厦门理工学院	刘　芸	旅游扶贫视角下的全域乡村旅游价值共创机制研究	省社科基地重大项目
99	厦门理工学院	喻坤鹏	纽带安全视角下的国际社会危机扩散性研究	省社科一般项目
100	厦门理工学院	李　南	中国价值链升级对中国—东盟互联经济的影响研究	省社科一般项目
101	厦门理工学院	何　李	清代闽籍士人在台诗歌整理与研究	省社科一般项目
102	厦门理工学院	陈青兰	基于眼动跟踪技术和皮电实验的组织政治“读心术”研究	省社科一般项目
103	厦门理工学院	王　珏	“和而不同”——比较视野下德国艺术设计差异化教育研究	省社科一般项目
104	厦门理工学院	黄小芳	福建省应用型本科教育内涵式发展水平监测评价研究	省社科一般项目
105	厦门理工学院	陈莹盈	研学旅行视域下福建省青少年社会主义核心价值观培育研究	省社科青年项目
106	厦门理工学院	洪丽明	逆全球化、异质性与南北战略性环境政策及我国的对策	省社科青年项目
107	厦门理工学院	陈其松	19 世纪西洋画报中的闽台报导与视觉建构研究	台胞专项扶持项目
108	厦门理工学院	郑　峰	晚安好梦——走进鼓浪屿的梦幻世界	社会科学普及出版资助项目
109	厦门市委党校	张公政	古田会议探索中国共产党早期建设的政治生态学思考	省社科一般项目

说明：“项目类别”指的是“重点项目”“一般项目”或“青年项目”等

表 32-3　**2019 年厦门市获省部级优秀社会科学成果奖项目一览表**

序号	获奖者	获奖者单位	获奖成果名称	成果形式	获奖等级	颁奖单位
1	陈　安	厦门大学	中国特色话语：陈安论国际经济法学	专著	一等奖	省人民政府
2	陈振明	厦门大学	公共服务质量管理：理论、方法与应用	专著	一等奖	省人民政府
3	陈炳辉	厦门大学	西方民主理论：古典与现代	专著	一等奖	省人民政府
4	林伯强	厦门大学	中国现阶段经济发展中的煤炭需求	论文	一等奖	省人民政府
5	周颖刚	厦门大学	全球系统性金融风险溢出与外部冲击	论文	一等奖	省人民政府
6	张有奎	厦门大学	资本逻辑与虚无主义	专著	一等奖	省人民政府
7	李若晖	厦门大学	久旷大仪：汉代儒学政制研究	专著	一等奖	省人民政府
8	张　侃	厦门大学	中国近代外债制度的本土化与国际化	专著	一等奖	省人民政府
9	吴在庆	厦门大学	唐五代文编年史	专著	一等奖	省人民政府
10	李无未	厦门大学	台湾汉语音韵学史	专著	一等奖	省人民政府
11	周东平	厦门大学	《晋书·刑法志》译注	专著	二等奖	省人民政府
12	徐国栋	厦门大学	法学学派争鸣与罗马法的“争鸣的法”的性格——以被盖尤斯《法学阶梯》记载的 21 个学派争议为中心	论文	二等奖	省人民政府
13	郭春镇	厦门大学	认知神经科学在法学中的应用研究	专著	二等奖	省人民政府
14	吕志奎	厦门大学	政府治理转型的中国路径：从改革开放到新时代	专著	二等奖	省人民政府
15	严金海	厦门大学	A prospect theory based-analysis of housing satisfaction with relocations: Field evidence from China（基于前景理论的住房拆迁安置满意决定分析：来自中国的田野证据）	论文	二等奖	省人民政府
16	李德国	厦门大学	理解公共服务：基于多重约束的机制选择	专著	二等奖	省人民政府

续表 32-3

序号	获奖者	获奖者单位	获奖成果名称	成果形式	获奖等级	颁奖单位
17	庄伟芬	厦门大学	Joint Initial Stocking and Transshipment-Asymptotics and Bounds（期初订货与转运联合策略研究—渐进最优与界问题）	论文	二等奖	省人民政府
18	游家兴	厦门大学	财经媒体地域偏见实证研究	论文	二等奖	省人民政府
19	吴超鹏	厦门大学	Trust, Investment, and Business Contracting（社会资本，投资和商业契约）	论文	二等奖	省人民政府
20	杜兴强	厦门大学	论资排辈、CEO 任期与独立董事的异议行为	论文	二等奖	省人民政府
21	肖金利	厦门大学	"保守"的婚姻：夫妻共同持股与公司风险承担	论文	二等奖	省人民政府
22	史秋衡	厦门大学	国家大学生学习质量提升路径研究	专著	二等奖	省人民政府
23	邬大光	厦门大学	大学本科毕业率与高等教育质量相关性分析——基于中美大学本科毕业率数据的比较分析	论文	二等奖	省人民政府
24	余长林	厦门大学	知识产权保护对中国对外贸易的影响研究	专著	二等奖	省人民政府
25	蔡熙乾	厦门大学	Does Environmental Regulation Drive away Inbound Foreign Direct Investment? Evidence from a Quasi-Natural Experiment in China（环境监管是否会赶走外国直接投资？来自中国一个准自然实验的证据）	论文	二等奖	省人民政府
26	姚　昕	厦门大学	城市规模、空间集聚与电力强度	论文	二等奖	省人民政府
27	谢贞发	厦门大学	中国式"压力型"财政激励的财源增长效应	论文	二等奖	省人民政府
28	潘　越	厦门大学	The role of corporate philanthropy in family firm succession: A social outreach perspective（企业慈善在家族企业传承中的作用：社会拓展视角）	论文	二等奖	省人民政府
29	方　颖	厦门大学	中国环境信息披露政策是否有效：基于资本市场反应的研究	论文	二等奖	省人民政府
30	郭　晔	厦门大学	存款保险制度、银行异质性与银行个体风险	论文	二等奖	省人民政府
31	张艳涛	厦门大学	历史唯物主义视域下的"中国现代性"建构	论文	二等奖	省人民政府
32	张　曦	厦门大学	"做"伦理学：现代道德哲学及其代价	论文	二等奖	省人民政府
33	杨春时	厦门大学	中华美学概论	专著	二等奖	省人民政府
34	陈支平	厦门大学	朱熹及其后学的历史学考察	专著	二等奖	省人民政府
35	韩　宇	厦门大学	产业招募与二十世纪八十年代以来美国南部制造业转型	论文	二等奖	省人民政府
36	代　迅	厦门大学	中国美学西化问题研究	专著	二等奖	省人民政府
37	李如龙	厦门大学	汉语方言调查	专著	二等奖	省人民政府
38	叶玉英	厦门大学	林义光《文源》研究	专著	二等奖	省人民政府
39	徐延辉	厦门大学	社会质量、社会建设与幸福感	专著	二等奖	省人民政府
40	肖日葵	厦门大学	阶层的文化维度：文化资本与中产阶级研究	专著	二等奖	省人民政府
41	邹振东	厦门大学	弱传播	专著	二等奖	省人民政府
42	郑晓剑	厦门大学	比例原则在民法上的适用及展开	论文	三等奖	省人民政府
43	魏磊杰	厦门大学	法学的观念与方法	专著	三等奖	省人民政府
44	宋方青	厦门大学	我国地方立法权配置的理论与实践研究	专著	三等奖	省人民政府
45	王建学	厦门大学	论地方政府事权的法理基础与宪法结构	论文	三等奖	省人民政府
46	李艳霞	厦门大学	全球化、经济社会发展与公众的政府信任：以 48 个国家为样本的实证分析	论文	三等奖	省人民政府

续表 32-3

序号	获奖者	获奖者单位	获奖成果名称	成果形式	获奖等级	颁奖单位
47	罗进辉	厦门大学	中国资本市场低价股的溢价之谜	论文	三等奖	省人民政府
48	杜之利	厦门大学	中国城市车辆耗能与公共交通效率研究	论文	三等奖	省人民政府
49	戴亦一	厦门大学	民营企业董事长的党员身份与公司财务违规	论文	三等奖	省人民政府
50	王艳艳	厦门大学	关键审计事项段能够提高审计报告的沟通价值吗?	论文	三等奖	省人民政府
51	吴育辉	厦门大学	产品市场竞争优势、资本结构与商业信用支持——基于中国上市公司的实证研究	论文	三等奖	省人民政府
52	钟叡逸	厦门大学	On the vP Peripheral Topography of Mandarin and its Dialects《汉语及其方言轻动词边缘地貌图》	专著	三等奖	省人民政府
53	许旺土	厦门大学	The implications of high-speed rail for Chinese cities: Connectivity and accessibility（高速铁路对中国城市的影响：基于可达性和连通性的视角）	论文	三等奖	省人民政府
54	覃红霞	厦门大学	大学与政府之间的法律关系研究	专著	三等奖	省人民政府
55	郭建鹏	厦门大学	翻转课堂与高校教学创新	专著	三等奖	省人民政府
56	陈兴德	厦门大学	高等教育学的“学科”“领域”之争——基于知识社会学视角的考察	论文	三等奖	省人民政府
57	刘海峰	厦门大学	建议在13个省区设立教育部直属高校	调查报告 咨询报告	三等奖	省人民政府
58	杨　曦	厦门大学	碳关税可以有效解决碳泄漏和贸易竞争力问题吗？——基于异质性企业贸易模型的分析	论文	三等奖	省人民政府
59	柏培文	厦门大学	中国省际资本回报率与投资过度	论文	三等奖	省人民政府
60	张传国	厦门大学	Dynamic jumps in global oil price and its impacts on China's bulk commodities（国际油价动态跳跃及其对中国大宗商品市场的影响）	论文	三等奖	省人民政府
61	赵向琴	厦门大学	灾难冲击与我国最优财政货币政策选择	论文	三等奖	省人民政府
62	王艺明	厦门大学	经济增长与马克思主义视角下的收入和财富分配	论文	三等奖	省人民政府
63	许文超	厦门大学	Agricultural Water Allocation under Uncertainty: Redistribution of Water Shortage Risk（不确定性下的农业用水分配：缺水风险的再分配）	论文	三等奖	省人民政府
64	孙传旺	厦门大学	中国居民能源消费与公众环境感知	专著	三等奖	省人民政府
65	胡朝霞	厦门大学	贸易成本、比较优势与出口结构——基于30个国家行业面板数据的经验研究	论文	三等奖	省人民政府
66	雷根强	厦门大学	差别费用扣除与个人所得税制改革——基于微观数据的评估	论文	三等奖	省人民政府
67	童锦治	厦门大学	“营改增”、企业议价能力与企业实际流转税税负——基于中国上市公司的实证研究	论文	三等奖	省人民政府
68	蔡晶晶	厦门大学	农田水利基础设施合作治理的制度安排	专著	三等奖	省人民政府
69	魏志华	厦门大学	半强制分红政策、再融资动机与经典股利理论——基于股利代理理论与信号理论视角的实证研究	论文	三等奖	省人民政府
70	焦建华	厦门大学	福建侨批业研究（1896—1949）	专著	三等奖	省人民政府
71	洪永淼	厦门大学	国民幸福感的指标体系构建与影响因素分析：基于LASSO的筛选方法	论文	三等奖	省人民政府
72	李　建	厦门大学	社会主义协商民主推进国家治理现代化研究	专著	三等奖	省人民政府

续表 32-3

序号	获奖者	获奖者单位	获奖成果名称	成果形式	获奖等级	颁奖单位
73	冯　霞	厦门大学	习近平完善与发展中国特色社会主义制度的理论创新维度	论文	三等奖	省人民政府
74	李　猛	厦门大学	从“我”到“我们”：霍耐特社会自由观的历史叙事	论文	三等奖	省人民政府
75	林　密	厦门大学	西方马克思主义视阈中的资本主义社会关系再生产及其层次	论文	三等奖	省人民政府
76	施余兵	厦门大学	菲律宾所提南海仲裁案法理研究	调查报告 咨询报告	三等奖	省人民政府
77	张会永	厦门大学	论一种康德式的至善后果主义	论文	三等奖	省人民政府
78	谢晓东	厦门大学	朱熹与“四端亦有不中节”问题——兼论恻隐之心、情境与两种伦理学的分野	论文	三等奖	省人民政府
79	贺　威	厦门大学	宋元福建科技史研究	专著	三等奖	省人民政府
80	乐爱国	厦门大学	朱熹《中庸》学阐释	专著	三等奖	省人民政府
81	张惟捷	厦门大学	从古文字角度谈《夏商周：从神话到史实》的若干问题	论文	三等奖	省人民政府
82	张闻捷	厦门大学	东周青铜礼器制度研究——以中原和楚地为中心	专著	三等奖	省人民政府
83	陈　瑶	厦门大学	籴粜之局：清代湘潭的米谷贸易与地方社会	专著	三等奖	省人民政府
84	黄鸣奋	厦门大学	位置叙事学：移动互联时代的艺术创意	专著	三等奖	省人民政府
85	陈世雄	厦门大学	艺术灭亡的神话——法兰克福学派从本雅明到“新左派”的美学思想	专著	三等奖	省人民政府
86	刘子曦	厦门大学	故事与讲故事：叙事社会学何以可能——兼谈如何讲述中国故事	论文	三等奖	省人民政府
87	卜玉梅	厦门大学	从在线到离线：基于互联网的集体行动的形成及其影响因素——以反建X餐厨垃圾站运动为例	论文	三等奖	省人民政府
88	胡　荣	厦门大学	媒介使用对中国城乡居民政府信任的影响	论文	三等奖	省人民政府
89	刘　奎	厦门大学	有经有权：郭沫若与毛泽东文艺体系的传播与建立	论文	三等奖	省人民政府
90	陈孔立	厦门大学	“台独史观”的建构与严重影响	论文	三等奖	省人民政府
91	朱人求	厦门大学	朱子学年鉴（2017）	专著	三等奖	省人民政府
92	李春雨	厦门大学	老舍作品在俄罗斯	专著	三等奖	省人民政府
93	宫　贺	厦门大学	公共关系的文化想象——身份、仪式与修辞	专著	三等奖	省人民政府
94	邱红峰	厦门大学	环境风险社会放大的传播治理	专著	三等奖	省人民政府
95	谢清果	厦门大学	华夏传播学引论	专著	三等奖	省人民政府
96	周　赟	厦门大学	司法决策的过程——现实主义进路的解说	专著	青年奖	省人民政府
97	高月涛	厦门大学	On the Use of Overt Anti-Counterfeiting Technologies（论显性防伪技术的使用）	论文	青年奖	省人民政府
98	张姜知	厦门大学	系词的形式与功能——兼论名词谓语句	论文	青年奖	省人民政府
99	金　昊	厦门大学	地方政府债务风险与金融部门风险的“双螺旋”结构—基于非线性DSGE模型的分析	论文	青年奖	省人民政府
100	肖　斌	厦门大学	国企改革发展是振兴实体经济的压舱石	论文	青年奖	省人民政府
101	郑伟平	厦门大学	论断定的知识规范	论文	青年奖	省人民政府
102	朱圣明	厦门大学	现实与思想：再论春秋“华夷之辨”	论文	青年奖	省人民政府
103	陈福平	厦门大学	转型期中国的公众参与和社会资本构建	专著	青年奖	省人民政府
104	吴琳琳	厦门大学	台湾日据时期“治警事件”中的舆论抗争始末析	论文	青年奖	省人民政府

续表 32-3

序号	获奖者	获奖者单位	获奖成果名称	成果形式	获奖等级	颁奖单位
105	李忠伟	华侨大学	现象学与分析哲学融合进路中的自我问题研究	论文	一等奖	省人民政府
106	魏下海	华侨大学	生产线升级与企业内性别工资差距的收敛	论文	二等奖	省人民政府
107	何光强	华侨大学	中国—北极关系的表达与分析：世界地图的视角	论文	二等奖	省人民政府
108	吴苑华	华侨大学	重思历史唯物主义理论：基于英美学者理论的分析	专著	三等奖	省人民政府
109	马　雷	华侨大学	论“问题导向”的科学哲学	论文	三等奖	省人民政府
110	杨少涵	华侨大学	中庸原论：儒家情感形上学之创发与潜变	专著	三等奖	省人民政府
111	郭克莎	华侨大学	长期经济增长的需求因素制约——政治经济学视角的增长理论与实践分析	论文	三等奖	省人民政府
112	林春培	华侨大学	创新网络、吸收能力与企业技术创新	专著	三等奖	省人民政府
113	衣长军	华侨大学	海外华人网络是否有助于 OFDI 逆向技术溢出？	论文	三等奖	省人民政府
114	郭武斌	华侨大学	应急物流配送车辆路网路径实时生成方法研究	专著	三等奖	省人民政府
115	林宏宇	华侨大学	美国总统选举政治研究	专著	三等奖	省人民政府
116	尚会鹏	华侨大学	中日“文化基因”解码（上下卷）	专著	三等奖	省人民政府
117	毛浩然	华侨大学	话语研究的方法论与研究方法	论文	三等奖	省人民政府
118	郭　中	华侨大学	论汉语小称范畴的显赫性及其类型学意义	论文	三等奖	省人民政府
119	李　欣	华侨大学	加拿大高校招生考试制度研究	专著	三等奖	省人民政府
120	朱彦明	华侨大学	超人类主义对体育的挑战	论文	三等奖	省人民政府
121	谷玉梅	华侨大学	学堂乐歌之父——沈心工研究	专著	三等奖	省人民政府
122	骆文伟	华侨大学	内地高校香港学生国家认同亟待加强　华侨大学课题组提四点建议	研究报告	三等奖	省人民政府
123	黄燕平	华侨大学	张衡《二京赋》文体发微	论文	青年佳作奖	省人民政府
124	潘夏星	华侨大学	Harmony in diversity: The language codes in English--Chinese poetry translation（和而不同——英诗汉译过程中的语言密码）	论文	青年佳作奖	省人民政府
125	施茂枝	集美大学	这样教写作不难——基于小学生心理特征的写作教学序列与模式	专著	福建省第十届社会科学优秀成果奖专著二等奖	省人民政府
126	夏　敏	集美大学	明清中国与琉球文学关系考	专著	福建省第十届社会科学优秀成果奖专著三等奖	省人民政府
127	谢慧英	集美大学	新时期以来文学审美论的多元建构与中国现代文论的建设	论文	福建省第十届社会科学优秀成果奖专著三等奖	省人民政府
128	许国红	集美大学	福建南音旋法阐微	论文	福建省第十届社会科学优秀成果奖专著三等奖	省人民政府
129	刘芝凤	厦门理工学院	闽台历史民俗文化资源保护与产业化问题研究	专著	福建省第十三届社会科学优秀成果二等奖	省人民政府
130	张兆颖	厦门理工学院	明清南音传本曲牌研究	专著	福建省第十三届社会科学优秀成果二等奖	省人民政府

续表 32-3

序号	获奖者	获奖者单位	获奖成果名称	成果形式	获奖等级	颁奖单位
131	洪丽明	厦门理工学院	贸易自由化、南北异质性与战略性环境政策	论文	福建省第十三届社会科学优秀成果三等奖	省人民政府
132	陈海明	厦门理工学院	国际社会利益与国际法结构变迁	专著	福建省第十三届社会科学优秀成果三等奖	省人民政府
133	赵振祥	厦门理工学院	菲律宾华文报刊与中国文化传播	专著	福建省第十三届社会科学优秀成果三等奖	省人民政府
134	李泽彧	厦门理工学院	学术守门人探论：高校学术同行评议与利益冲突	专著	福建省第十三届社会科学优秀成果三等奖	省人民政府

说明："成果形式"指的是专著、论文、研究报告、教材等

表 32-4 **2019 年厦门市社科界公开出版专著一览表**

序号	著作名称	出版社名称	作者单位和姓名
1	当代中国民众财产继承观念与遗产处理习惯实证调查研究	中国人民公安大学出版社	厦门大学　何丽新
2	家庭财产保护法律问题研究	厦门大学出版社	厦门大学　何丽新
3	天下无路	光明日报出版社	厦门大学　李　琦
4	先生教书	光明日报出版社	厦门大学　李　琦
5	十二表法研究	商务印书馆	厦门大学　徐国栋
6	民法总论	高等教育出版社	厦门大学　徐国栋
7	优士丁尼法学阶梯评注	北京大学出版社	厦门大学　徐国栋
8	世界民法典编纂研究	清华大学出版社	厦门大学　徐国栋
9	证券法学	中国人民大学出版社	厦门大学　肖　伟
10	公司法的理论与实务	厦门大学出版社	厦门大学　薛夷风
11	辩方权利的语境式展开	法律出版社	厦门大学　王天民
12	新发展理念下中国金融机构社会责任立法问题研究	法律出版社	厦门大学　刘志云
13	The Rise of China and Interantional Law	Oxford University Press	厦门大学　蔡从燕
14	意见裁判主义释法	法律出版社	厦门大学　陆而启
15	缺陷产品的刑事责任研究	法律出版社	厦门大学　吕英杰
16	罗马法中的意外事故	法律出版社	厦门大学　陈帮锋
17	The Legal Barriers to Technology Transfer under the UN Framework Convention on Climate Change	Springer Press	厦门大学　周　琛
18	申不害：公元前四世纪中国的政治哲学家	江苏人民出版社	厦门大学　马　腾
19	股权众筹规制问题研究	北京大学出版社	厦门大学　毛海栋
20	个人信息的刑法保护	法律出版社	厦门大学　汪东升
21	Research Handbook on International Water Law	Edward Elgar	厦门大学　苏　宇
22	政府购买公共服务的机制设计研究	中国社会科学出版社	厦门大学　黄新华
23	地方治理现代化中的公共文明行为研究	厦门大学出版社	厦门大学　黄新华
24	我国上市公司管理者过度自信对公司财务的影响	福建教育出版社	厦门大学　朱林彬

续表 32-4

序号	著作名称	出版社名称	作者单位和姓名
25	公务消费信息公开机制研究：基于经验数据的分析	厦门大学出版社	厦门大学　李　学
26	财政分权、包容性增长与治理研究	中国社会科学出版社	厦门大学　黄君洁
27	转型期土地供给管制政策对房价波动的影响机制与政策效果评估研究	厦门大学出版社	厦门大学　严金海
28	Public Governance in Asia	Routeldge	厦门大学　Liu Hong, Yu Wenxuan
29	管控机制理论和应用——以管控为核心的管理会计	厦门大学出版社	厦门大学　傅元略
30	管理会计学（第五版）	中国人民大学出版社	厦门大学　郭晓梅，郭丹霞，汪一凡，沙云皓
31	旅游消费者行为	重庆大学出版社	厦门大学　林德荣，郭晓琳
32	西洋航路移民——明清闽粤移民荷属东印度与海峡殖民地研究	江西高校出版社	厦门大学　林德荣
33	旅游业效率评价与空间差异	旅游教育出版社	厦门大学　林璧属，骆泽顺
34	旅游景区经营权定价研究——实物期权的视角	旅游教育出版社	厦门大学　林璧属，林文凯
35	旅游体验要素研究——从瞬间愉悦到永恒美好	旅游教育出版社	厦门大学　林璧属，孙小龙
36	全球增长视角下的女性企业家	北京大学出版社	厦门大学　周　星，范乐乐，董　蕴，杨珂桢
37	量化交易学习指南——基于 R 语言	人民邮电出版社	厦门大学　曾永艺，许健男
38	经济预测与决策	厦门大学出版社	厦门大学　朱建平，靳刘蕊，阚珍珍张　莹，王　意
39	谈谈大数据的那点事	北京大学出版社	厦门大学　朱建平
40	大数据——统计理论、方法与应用	北京大学出版社	厦门大学　朱建平，谢邦昌，马双鸽张德富，方匡南，潘　璠
41	菲律宾华侨华人史话	广东教育出版社	厦门大学　施雪琴
42	东南亚经济文化问题研究	厦门大学出版社	厦门大学　吴崇伯
43	海上丝绸之路与中医药文化的海外传播	黑龙江教育出版社	厦门大学　冯立军
44	中國與中南半島國家地緣文化關係研究	金琅学术出版社	厦门大学　陈　锴
45	海丝之路：祖先的足迹与文明的和鸣（第三辑）	厦门大学出版社	厦门大学　陈支平
46	钱锺书交游考	九州出版社	厦门大学　谢　泳
47	国际汉语学报（第 10 卷）	厦门大学出版社	厦门大学　陶　涛
48	私立高等教育研究：理论与政策	厦门大学出版社	厦门大学　陈武元
49	新时代的中外合作办学	厦门大学出版社	厦门大学　林金辉，刘梦今，都继微
50	实践——理论——应用	厦门大学出版社	厦门大学　潘懋元
51	高等学校分类发展与质量卓越机制研究	厦门大学出版社	厦门大学　史秋衡
52	高等学校分类体系及其设置标准研究	经济科学出版社	厦门大学　史秋衡，康　敏
53	教育研究方法论与高等教育学建构	光明日报出版社	厦门大学　王洪才
54	大学教师的学术责任：流沙之上的朝圣之路	厦门大学出版社	厦门大学　徐　岚
55	欧洲大学教师发展组织建设研究	厦门大学出版社	厦门大学　吴　薇
56	大学战略规划：理论与实践	厦门大学出版社	厦门大学　别敦荣
57	新时代中国特色社会主义生态环境理论探索	厦门大学出版社	厦门大学　陈　工，谢贞发，黄寿峰等著
58	中国资本账户开放问题研究	光明日报出版社	厦门大学　戴淑庚，余　博

续表 32-4

序号	著作名称	出版社名称	作者单位和姓名
59	新时代中国特色社会主义财政理论探索	厦门大学出版社	厦门大学　邓力平，童锦治，刘　晔等著
60	China's Macroeconomic Outlook Quarterly Forecast and Analysis Report, February 2019	springer	厦门大学　China's Quarterly Macroeconomic Model (CQMM) Team
61	China's Macroeconomic Outlook Quarterly Forecast and Analysis Report, October 2018	springer	厦门大学　China's Quarterly Macroeconomic Model (CQMM) Team
62	中国宏观经济分析与预测（2019 年）——减税降费赋能新时代中国经济增长	经济科学出版社	厦门大学　中国季度宏观经济模型（CQMM）课题组
63	新时代中国特色社会主义税收理论探索	厦门大学出版社	厦门大学　杨　斌，雷根强，王艺明等著
64	新时代中国特色社会主义经济理论探索	厦门大学出版社	厦门大学　靳　涛，杨继国，张兴祥等著
65	货币经济学	中国人民大学出版社	厦门大学　任　力（译）
66	筚路蓝缕：中国海内移民与海岛开发	江西高校出版社 2019 年 1 月	厦门大学　李德元
67	苍南农村民俗的生态与功能	团结出版社 2018 年 2 月	厦门大学　叶兴建
68	精准扶贫的“宁德模式”	厦门大学出版社 2018 年 12 月厦门	厦门大学　叶兴建
69	德治与法治相结合的社会治理情况调查	厦门大学出版社	厦门大学　吕微平
70	“法安天下，德润人心——厦门大学新时代中国特色社会主义法治建设学术研讨会论集”	厦门大学出版社	厦门大学　吕微平，曾炜琴
71	网络问政视域下的当代中国参与式民主研究	厦门大学出版社	厦门大学　原宗丽
72	全面深化改革背景下的中国农村发展道路研究	厦门大学出版社	厦门大学　张艳涛，傅丽芬
73	《唐会要》研究	花木兰	厦门大学　董兴艳
74	班克斯的帝国博物学	上海交通大学出版社	厦门大学　李　猛
75	中国特色参政协商民主研究	鹭江出版社	厦门大学　李　建
76	新媒体时代大学生思想政治教育探索	中国商务出版社	厦门大学　刘远志，张九波，乔　慧
77	跨境证券交易法律监管研究	法律出版社	厦门大学　刘远志
78	Archaeology of Manila Galleon Seaports and Early Maritime Globalization	Springer Nature	厦门大学　吴春明，Roberto Junco Sanchez，刘　森
79	Prehistoric Maritime Cultures and Seafaring in East Asia	Springer Nature	厦门大学　吴春明，Barry V.Rolett
80	争议海域既有石油合同的法律问题研究	武汉大学出版社	厦门大学　董世杰
81	中韩船舶油污损害赔偿法律制度比较研究	厦门大学出版社	厦门大学　郝会娟
82	历史上环境与社会经济的互动	厦门大学出版社	厦门大学　钞晓鸿等
83	戏剧大三角：斯坦尼－梅耶荷德－梅兰芳	人民出版社	厦门大学　陈世雄
84	危机叙事	中国电影出版社	厦门大学　黄鸣奋
85	后人类伦理	中国电影出版社	厦门大学　黄鸣奋
86	水客走水	江西高校出版社	厦门大学　连心豪
87	中国会馆志资料集成（第 2 辑）	厦门大学出版社	厦门大学　王日根，大木康
88	厦门海上丝绸之路	福建人民出版社	厦门大学　王日根，段　芳，胡舒扬，牛震宇

续表 32-4

序号	著作名称	出版社名称	作者单位和姓名
89	中国海洋权益空间	海洋出版社	厦门大学　杨国桢
90	中国海洋资源空间	海洋出版社	厦门大学　杨国桢
91	中国海洋空间简史	海洋出版社	厦门大学　杨国桢
92	中国海洋战略空间	海洋出版社	厦门大学　杨国桢
93	东溟水土：东南中国的海洋环境与经济开发	江西高校出版社	厦门大学　杨国桢
94	海天寥廓：明清中国沿海社会与海外移民	江西高校出版社	厦门大学　杨国桢
95	瀛海方程：中国海洋发展理论与历史文化	江西高校出版社	厦门大学　杨国桢
96	涵化圆融：禅道会通论	宗教文化出版社	厦门大学　刘泽亮
97	SEJARAH PERHUBUNGAN KESUSASTERAAN ANTARA CHINA DENGAN ASIA TENGGARA	亚洲智库	厦门大学　郭惠芬
98	明清之际经史学研究	厦门大学出版社	厦门大学　吴海兰
99	人性、优良政府与正义——政治哲学视角下的先秦儒学与古典自由主义研究	中国社会科学出版社	厦门大学　谢晓东
100	一本万殊：《海山经》文化寻踪	广西师大出版社	厦门大学　汪晓云
101	逻辑学	三联书店	厦门大学　郑伟平
102	正声初起：早期桐城派作家研究	中国社会科学出版社	厦门大学　师雅惠
103	新世纪文学研究的重构	厦门大学出版社	厦门大学　杨　玲
104	朱子学年鉴（2018）	商务印书馆	厦门大学　朱子学会编，朱人求执行主编
105	福建云霄水头窑址出土宋代瓷器精粹	厦门大学出版社	厦门大学　张闻捷
106	吴越之迹：江南地区早期国家形态变迁	厦门大学出版社	厦门大学　付　琳
107	梅洛－庞蒂绘画空间观探微	人民出版社	厦门大学　仲　霞
108	技术的世界史（译）	上海文艺出版社	厦门大学　王　师
109	不丧斯文：周秦之变德性政治论微	上海人民出版社	厦门大学　李若晖
110	地不能埋：出土简帛思想文献研究	中国社会科学出版社	厦门大学　李若晖
111	老子异文总彙	上海辞书出版社	厦门大学　李若晖
112	意识研究	上海人民出版社	厦门大学　王晓阳
113	集释型《庄子》学研究	厦门大学出版社	厦门大学　江毓奇
114	限隔山海	江西高校出版社	厦门大学　陈博翼
115	蔡中郎集	北京大学出版社	厦门大学　王传龙
116	语言、族群与演化	商务印书馆	厦门大学　邓晓华
117	社会工作督导基础知识	中国社会出版社	厦门大学　童　敏
118	社会工作实务基础——专业服务技巧的综合与运用	社科文献出版	厦门大学　童　敏
119	社会工作理论——社会环境下服务实践者的声音与智慧	社科文献出版	厦门大学　童　敏
120	太姥史料汇释	厦门大学	厦门大学　张先清，张云鹤
121	山海文明：跨学科的视角	复旦大学	厦门大学　张先清
122	棠棣——一项基于汉人村庄的兄弟关系研究	商务印书馆	厦门大学　宋雷鸣

续表 32-4

序号	著作名称	出版社名称	作者单位和姓名
123	Grief, Bereavement and Meaning Making in Older People Views from Rural China	Routledge	厦门大学　潘海敏
124	台湾研究与青年探索——第五届两岸学子论坛优秀论文集（台湾研究系列）	九州出版社	厦门大学　李　鹏，张　羽，彭　莉，张文生
125	山海名邦——近代海上山东社会文化变迁	江西高校出版社	厦门大学　张彩霞
126	鳌峰书院与嘉道间闽台的学风变迁研究	厦门大学出版社	厦门大学　陈忠纯
127	民进党重返执政后的台独风险	华立出版股份有限公司	厦门大学　陈先才
128	诗人革命家：抗战时期的郭沫若	北京大学出版社	厦门大学　刘　奎
129	可持续发展视角下的电力基础设施研究	经济科学出版社	厦门大学　杨　芳
130	大学体育与健康教程	厦门大学出版社	厦门大学　陈志伟，林致诚，林顺英（三人均为主编）
131	军事理论与技能训练教程	厦门大学出版社	厦门大学　主　编：吴温暖，副主编：谢素蓉，方儒钦，李金贤，单章辉，黄伟东
132	普通高校高水平运动员社会流动研究	厦门大学出版社	厦门大学　邹　红
133	学科视野下的国防教育研究方法初探	厦门大学出版社 2018.12	厦门大学　彭荣础
134	美国后现代主义作家威廉加迪斯研究	厦门大学出版社	厦门大学　蔡春露
135	彼得·布鲁克导演实践研究	厦门大学出版社	厦门大学　邓小玲
136	辞趣翩翩，英语原来可以这么表达	清华大学出版社	厦门大学　丁燕蓉（编著），江桂英（审订）
137	萨本栋传：民族危机中的大学校长	厦门大学出版社	厦门大学　纪玉华（译）
138	语言：应用与认知	厦门大学出版社	厦门大学　江桂英
139	公共外语教学与研究	厦门大学出版社	厦门大学　江桂英
140	柔波里的水草	外语教学与研究出版社	厦门大学　李美华（著），李美华（译）
141	20 世纪美国小说赏析	厦门大学出版社	厦门大学　李美华
142	通用学术交流英语	厦门大学出版社	厦门大学　李琼花
143	美国犹太文学研究论集	厦门大学出版社	厦门大学　刘文松
144	美国拉丁裔文学研究论集	厦门大学出版社	厦门大学　萨晓丽
145	幽谷迷思	台湾长歌艺术传播有限公司	厦门大学　肖兴政
146	吉檀迦利	云南人民出版社	厦门大学　肖兴政
147	梅耶荷德戏剧创作与思想研究	中央编译出版社	厦门大学　徐　琪
148	罗伯特库弗小说的文学嬉戏性	厦门大学出版社	厦门大学　张淑芬
149	文化与形象：日本学研究前沿	厦门大学出版社	厦门大学　吴光辉
150	戏剧符号学视域下的剧本世界	中央编译出版社	厦门大学　谷容林
151	批评与洞见：美国文学批评与英语学科刍议	厦门大学出版社	厦门大学　周郁蓓
152	群际接触中的德国人刻板印象	厦门大学出版社	厦门大学　学　勤
153	布尔迪厄文艺场域理论研究	厦门大学出版社	厦门大学　翁冰莹
154	失落的猴神之城	重庆出版社	厦门大学　道格拉斯·普雷斯顿（著）吴真贞，邓菁菁（译）

续表 32-4

序号	著作名称	出版社名称	作者单位和姓名
155	失落的猴神之城	重庆出版集团	厦门大学　吴真贞、邓菁菁
156	寓言的冲动：唐纳德·巴塞尔姆作品研究	武汉大学出版社	厦门大学　郭亚娟
157	语篇分析入门	厦门大学出版社	厦门大学　辛志英
158	语篇、语法与语义	厦门大学出版社	厦门大学　辛志英
159	当代俄罗斯媒体中的旅俄华人形象	厦门大学出版社	厦门大学　于丹红
160	新技术时代模范教师视角下的外语教学策略研究	厦门大学出版社	厦门大学　孙　犁
161	跨文化学习：英国学校中文课程研究	厦门大学出版社	厦门大学　谢立达
162	司馬遼太郎における戦後ナショナリズム	厦门大学出版社	厦门大学　王　海
163	日本古代汉诗对和歌的受容研究——以《新撰万叶集》为中心	厦门大学出版社	厦门大学　梁　青
164	亚瑟王与圆桌骑士	上海外语教育出版社	厦门大学　克劳德·鲁韦（著），沈　澍（译）
165	源流与嬗变：文化交涉视野下的近代中日核心概念研究	福建人民出版社	厦门大学　王晓雨
166	自然交谈中故事叙述的会话分析	厦门大学出版社	厦门大学　彭　欣
167	什么都没有	台北博识图书出版社	厦门大学　卡门·拉弗雷特（著），李文进（译）
168	豪尔德·爱德华兹《历史之梦》的写作技巧研究	厦门大学出版社	厦门大学　张雅惠
169	清醒思考的策略	中信出版社	厦门大学　罗尔夫多贝里，杨耘硕
170	事要这样做，人要这样带	中国友谊出版公司	厦门大学　安德烈亚斯·布尔（著），杨耘硕（译）
171	德语从句关联词使用方式的教学研究	厦门大学出版社	厦门大学　杨耘硕
172	文化翻译视域下葛浩文英译莫言小说研究	中央编译出版社	厦门大学　孙　宇
173	美国本土裔文学研究论丛	厦门大学出版社	厦门大学　陆晓蕾
174	广告文案写作进阶指南	厦门大学出版社	厦门大学　周　雨
175	和老子一起思考	九州出版社	厦门大学　谢清果
176	华夏文明研究的传播学视角	厦门大学出版社	厦门大学　谢清果
177	庄子的传播思想	九州出版社	厦门大学　谢清果
178	华夏传播研究——媒介学的视角	社会科学文献出版社	厦门大学　谢清果
179	华夏自我传播的理论建构	厦门大学出版社	厦门大学　谢清果
180	共生交往观：文明传播的“中国方案”	九州出版社	厦门大学　谢清果
181	新闻传播统计学基础	厦门大学出版社	厦门大学　曾秀芹
182	Building Effective Crisis Communications for Disaster Recovery A Case of Earthquake Reconstruction and Rehabilitation in Sichuan, China	PETER LANG	厦门大学　胡　悦
183	文明的开端——从伊甸园到雅典学堂	机械工业出版社	厦门大学　陈文捷
184	感知创意——艺术设计的视觉性与社会性建构	厦门大学出版社	厦门大学　甘森忠
185	个人作品专集《剑花诗稿印存》	西泠印社出版社	厦门大学　连明生
186	叙事类电子游戏中游戏沉浸及情绪体验的研究	厦门大学出版社	厦门大学　叶　蓬
187	艺海书翰——厦门大学艺术学院美术系教师创作研究文萃	厦门大学出版社	厦门大学　陈金华
188	理性思维与艺术表达——音乐思想、创作与表演的多维观照与研究	厦门大学出版社	厦门大学　陈舒华
189	中外知识产权评论（第 4 卷）	知识产权出版社	厦门大学　林秀芹
190	“一带一路”著作权法律制度研究	知识产权出版社	厦门大学　林秀芹

续表 32-4

序号	著作名称	出版社名称	作者单位和姓名
191	产业专利布局及质量实证研究	知识产权出版社	厦门大学　乔永忠
192	专利维持理论及实证研究	科学出版社	厦门大学　乔永忠
193	创新、知识产权与政府政策	知识产权出版社	厦门大学　王　俊
194	我国专利侵权损害赔偿制度的法经济学研究	知识产权出版社	厦门大学　李　晶
195	中国能源发展报告 2019	北京大学出版社	厦门大学　林伯强
196	中国能源发展报告 2018	北京大学出版社	厦门大学　林伯强
197	能源决策：疑虑和思考	科学出版社	厦门大学　林伯强
198	基于高频数据的原油期货价格波动建模与预测研究	厦门大学出版社	厦门大学　龚　旭，林伯强
199	财务报表分析	机械工业出版社	华侨大学　胡文献
200	日本文学探缘	山东画报出版社	华侨大学　裴　蕾
201	学古琴，赏古韵	暨南大学出版社	华侨大学　胡建刚
202	中国物流通道的区域空间效应	社会科学文献出版社	华侨大学　范月娇
203	社会科学研究——比较法	中国社会科学出版社	华侨大学　王晓瑞
204	新中国农村人口政策及其演变	社会科学文献出版社	华侨大学　汤兆云
205	页岩气开发法律问题研究	法律出版社	华侨大学　刘　超
206	《批评测绘与话语历险》	河北大学出版社	华侨大学　蔡志诚
207	服务营销与管理	人民邮电出版社	华侨大学　苏朝晖
208	朱熹礼乐哲学思想研究	社会科学文献出版社	华侨大学　冯　兵
209	超越比较优势、多维度距离与服务外包	中国社会科学出版社	华侨大学　吕延方
210	哲学诠释学的理论建构及价值取向	河北大学出版社	华侨大学　林栋梁
211	互联互通蓝图下中国产业转型升级与经济中高速增长研究	北京日报出版社	华侨大学　张向前
212	科学社会主义视野下的生态社会主义	社会科学文献出版社	华侨大学　曾文婷
213	Lexical Ontological Semantics	英国劳特利奇（Routledge）出版社	华侨大学　吴国向
214	中国特色社会组织发展战略研究	经济日报出版社	华侨大学　张向前
215	《道德经》（图文本）	凤凰出版社	华侨大学　徐　华
216	城市居民与新移民的社会交往和社会态度研究	吉林大学出版社	华侨大学　王嘉顺
217	当代中国生活幸福感提升研究	经济日报出版社	华侨大学　王嘉顺
218	《聚焦一带一路：国际政治经济学的视角》	天津人民出版社	华侨大学　林宏宇
219	中国文化的印度影响力调查研究	社会科学文献出版社	华侨大学　游国龙
220	厦门侨乡历史文化资料汇编丛书：海沧卷二《海沧历史文化资料选编》（上、中、下）	花城出版社	华侨大学　许金顶
221	厦门侨乡历史文化资料汇编丛书：海沧卷三《东孚历史文化资料选编》（上、下）	花城出版社	华侨大学　许金顶
222	厦门侨乡历史文化资料汇编丛书：集美卷一《马銮历史文化资料选编》	花城出版社	华侨大学　许金顶
223	古玉藏珍——麦继强伉俪捐赠中华文物研究（上下册）	上海书画出版社	华侨大学　王怡苹
224	多极亚洲中的唐朝	上海文化出版社	华侨大学　贾永会
225	世界华文教育年鉴（2018）	社会科学文献出版社	华侨大学　贾益民
226	世界华文教学（第六辑）	社会科学文献出版社	华侨大学　贾益民

续表 32-4

序号	著作名称	出版社名称	作者单位和姓名
227	汉语情态强度研究	社会科学文献出版社	华侨大学　林刘巍
228	汉语与印尼语对比分析	社会科学文献出版社	华侨大学　季安锋
229	现代汉语复句关联标记模式的类别研究	社会科学文献出版社	华侨大学　郭　中
230	《大学与青年发展》	清华大学出版社	华侨大学　朱银端
231	生态共同体研究——习近平生态文明思想解读	中央编译出版社	华侨大学　朱银端
232	第三届世界华人华侨美术、书法作品展福建展区特展作品集	安徽美术出版社	华侨大学　金程斌
233	医患互动机制研究——从语言本体到多模态	北京交通大学出版社	华侨大学　孙飞凤
234	英语世界的《金瓶梅》研究	中国社会科学出版社	华侨大学　黄文虎
235	市场营销：网络时代的超越竞争	机械工业出版社	华侨大学　杨洪涛
236	共享经济下华商商业模式及其创新研究	东北财经大学出版社	华侨大学　徐小飞
237	中国企业红利年金制度设计——基于劳动力资本化之制度安排说	社会科学文献出版社	华侨大学　李倩倩
238	农村的“聚落经营”与农业产业化发展研究——探索土地资源的活化与农工商联合的路径	吉林大学出版社	华侨大学　张义龙
239	环境治理行政权力配置与运行研究	中国社会科学出版社	华侨大学　蔡文灿
240	中国南派雕艺	武汉大学出版社	集美大学　杨广敏
241	参与式预算：新时代政府治理的法治进路	法律出版社	集美大学　程国琴
242	海域资源市场化配置的法律机制	厦门大学出版社	集美大学　罗施福
243	中小学班主任工作理论与实践	福建教育出版社	集美大学　方元山
244	2018—2019 年厦门市经济社会发展与预测蓝皮书	厦门大学出版社	集美大学　马明申
245	居民资产负债管理行为特征与影响机制研究	经济科学出版社	集美大学　谢绵陛
246	厦门蔡氏漆线雕手工技艺研究	武汉大学出版社	集美大学　涂　慷
247	社交媒体使用与民众参与——以社会资本为中介的理论考察与实证研究	中国财政经济出版社	集美大学　吴江秋
248	中小学班主任工作新视野	上海交通大学出版社	集美大学　方元山
249	旅游景观规划与景观提升设计研究	中国水利水电出版社	集美大学　张　燕
250	走进系统识字高效课堂：系统识字与阅读教学设计	江西人民出版社	集美大学　李彦敏
251	金融资产配置与管理	经济科学出版社	集美大学　王　平
252	嘉庚家风家训	海峡文艺出版社	集美大学　余　娜
253	家庭资产配置、资产替代与宏观金融调控的有效性	经济管理出版社	集美大学　陈　蕾
254	组织社会学：多样化社会创造未来	华格那出版社	集美大学　施胜烽
255	陈氏太极拳劲理拳法实鉴	中国作家出版社	集美大学　陈　恩
256	税务行政诉讼成案研究	经济科学出版社	集美大学　罗昌财
257	中国失地农民多层次的养老保险体系研究	厦门大学出版社	集美大学　冼青华
258	音乐教育理论及方法研究	西安交通大学出版社	集美大学　林德富
259	《金融资产配置与管理》	经济科学出版社	集美大学　谢绵陛
260	财税政策理论与实践探索	经济科学出版社	集美大学　王志扬
261	宋代帖子词研究	人民出版社	集美大学　张晓红
262	组织支持和组织激励——基于研发团队的实证研究	厦门大学出版社	厦门理工学院　刘　臬

续表 32-4

序号	著作名称	出版社名称	作者单位和姓名
263	二十世纪中国戏曲改革理论研究	中国书籍出版社	厦门理工学院　郭玉琼
264	两岸创意经济研究报告（2019）	社会科学文献出版社	厦门理工学院　罗昌智
265	中国未来媒体研究报告 2019	社会科学文献出版社	厦门理工学院　林小勇
266	跨企业边界成本协同管理与竞争优势研究	中国矿业大学出版社	厦门理工学院　曾丽霞
267	面向“一带一路”的中国港口转型升级研究	中国经济出版社	厦门理工学院　王斌义
268	平台型电子商务中的私人秩序研究	经济管理出版社	厦门理工学院　林建宗
269	时尚密语：女性内衣的风格与设计制图	九州出版社	厦门理工学院　喻琳艳
270	舞蹈创作素材与舞蹈表演研究	九州出版社	厦门理工学院　沈国仁
271	中法高校课余体育比较研究	中国矿业大学出版社	厦门理工学院　陈秀平
272	武术综合防身抗暴教程	人民体育出版社	厦门理工学院　赵少聪
273	高校公共体育教学环境研究	厦门大学出版社	厦门理工学院　廖建媚
274	林树梅集	商务印书馆	厦门理工学院　陈　茗
275	仁力西——厦门生活亿略	厦门大学出版社	厦门理工学院　黄秀君
276	产业化时期中韩离农农民题材小说比较研究	民族出版社	厦门理工学院　申永镐
277	《大陆台生：两岸大历史与日常生活》	社会科学文献出版社	厦门理工学院　程　玥
278	应用型高校双创实验班人才培养模式研究	厦门大学出版社	厦门理工学院　郑　峰
279	《中国自贸试验区多元化纠纷解决机制研究》	鹭江出版社	厦门市委党校　谢　进
280	《思明老街》	团结出版社	思明区档案馆石世翔，思明区社科联金本模，福建省作家协会会员、信本文化机构创始人兰文，厦门市民俗学会副会长郭坤聪等

（市社科联）

学术活动

【概　况】 2019 年，厦门市各高校和社科研究机构的学术交流活动频繁，国际和全国性的学术会议众多。全市各类社科学术交流活动 100 多场（次），其中重大学术交流活动 33 场（次），有管理学、经济学、政治学、教育学、历史学、社会学、人类学、法学、体育科学、电影学和中外关系、建筑文化等学科。学科交叉是该年度学术交流活动的特色。公共事务管理和政治学领域学术活动频次高，举办 7 场国际和全国性的重要学术交流活动。

【国际体育产业高峰论坛】 2019 年 3 月 30 日，2019 国际体育产业高峰论坛在华侨大学厦门校区开幕。论坛由华侨大学主办，华侨大学体育学院承办，晋江国家体育城市股份有限公司协办，世界体育管理协会、《国际体育营销与赞助》杂志提供学术支持。来自国内外的 150 余位专家、学者、企业家、政府工作人员出席论坛。论坛以“体育与城市互动发展模式与商业机会”为主题。美国体育科学院院士、美国乔治亚大学教授张建辉，德国美因茨约翰内斯古滕贝格大学教授、华侨大学体育学院院长邢尊明等 10 位专家作《大型体育赛事及其对城市发展的遗产体育》《作为一年 365 天收入与娱乐流的催化剂》《驱动力与互动力：大型体育赛事与中国城市发展技术耦合》《基础设施的文化解读》《营销和提供超越比赛的娱乐体验》等主题报告。

【产教融合高峰论坛】 2019 年 4 月 5 日，产教融合高峰论坛在厦门大学科学艺术中心召开。该次论坛由厦门大学主办。全国逾百家科技型企业代表、厦门大学师生代表近 600 人参加。该次论坛以“聚焦深化产教融合，促进人才链、产业链和创新链有机衔接，推进产业转型升级，培育经济发展新动能”为主题，由主旨演讲、嘉宾访谈及校企合作项目签约 3 个议程组成。

【世界人文学术会议】 2019 年 4 月 25—28 日，世界人文学术会议在厦门大学科学艺术中心召开。会议由国际哲学与人文科学理事会（CIPSH）、亚洲新人文联网（ANHN）和厦门大学联合主办。会议以“理想、使命与执行”为主题，展开学术讲座、学术对话、开放性论坛、人文教学研讨和文化展示活动，全球多个国家及地区的 130 多位学者和学术机构的负责人出席。张荣、朝戈金、熊秉真等 15 位专家先后作特邀报告。参会学者就“全球人类史饮膳篇”“医疗人文”“科技与人文”“中国东南地区考古的前沿与展望”等主题作多角度、多层次发言，分享最新学术研究进展，共同探讨文史哲、人类学和考古学当前发展现状和面临的机遇与挑战，讨论人文学科的前沿焦点问题。

【第二届“一带一路”发展论坛】 2019年4月28—29日，第二届“一带一路”发展论坛在厦门大学科学艺术中心举办。该次论坛由厦门大学主办。论坛以“改善全球经济治理体系，促进全球共同繁荣发展，为构建人类命运共同体提供中国方案”为主题。来自“一带一路”沿线国家和地区的200余位专家学者参加。论坛围绕营商环境、知识产权、教育“走出去”、东南亚区域、非洲区域研究等、“一带一路”建设中面临的机遇和挑战展开探讨和交流。国家发改委国际合作中心发展理事会主席曹文炼等8位嘉宾作主题演讲。

【首届国际汉语教学研究论坛】 2019年5月26—28日，首届国际汉语教学研究论坛在厦门大学翔安校区坤銮楼举行。论坛由厦门大学和美国普渡大学共同主办、厦门大学海外教育学院承办。来自北京大学、北京语言大学、美国普渡大学、莱德大学等35所高校的专家、学者及海外教育学院教师、研究生120多人参加。美国普渡大学人文学院副院长洪玮、澳门大学人文学院院长靳洪刚、北京语言大学语言科学院教授施春宏、北京语言大学汉语国际教育研究院常务副院长吴应辉、厦门大学海外教育学院教授郑通涛作大会主题报告。会议设立2个分论坛，分别对二语习得与相关教学法、教材建设、学科建设、人才及师资培养等议题进行探讨。

【世界计量经济学会亚洲年会】 2019年6月14日，厦门大学经济学院、王亚南经济研究院和邹至庄经济研究中心联合承办的2019年世界计量经济学会亚洲年会（Asian Meeting of Econometric Society, AMES）在厦门大学科学艺术中心开幕。这是世界计量经济学会亚洲年会首次在内地高校举办。会议邀请14位世界计量经济学会会士参会并发表主题演讲。来自世界各国的与会者在189个平行分会场展开前沿成果的分享和探讨，讨论议题涉及应用经济学、理论经济学和统计学等方面课题。

【习近平新时代中国特色社会主义经济思想研讨会】 2019年6月22日，由省发改委、厦门大学经济学院、王亚南经济研究院联合举办的习近平新时代中国特色社会主义经济思想研讨会在厦门大学召开。该次研讨会涵盖习近平新时代中国特色社会主义经济思想的实践根源、科学内涵、理论创新和时代意义4个主题。国内经济领域专家学者及福建省9个设区市和平潭综合实验区发展改革部门代表、基层代表、厦门大学师生代表参加研讨会。会上，中国人民大学校长刘伟等专家学者围绕“习近平新时代中国特色社会主义经济思想的内在逻辑”“习近平新时代中国特色社会主义经济思想的主题”“习近平共建‘一带一路’经济思想及其重大意义”等主题，发表见解并交流研讨。

【第八届中泰战略研讨会】 2019年6月26—27日，第八届中泰战略研讨会在华侨大学厦门校区举行。研讨会由华侨大学与泰国国家研究院、泰中文化经济协会联合主办。来自中、泰两国的近百名专家学者、政府官员参加。研讨会围绕“新时代中泰战略合作”主题，开展交流讨论。中泰战略研讨会在两国连续举办八届，成为两国学界、政界、智库交流的高端平台。

【“影展与城市”国际论坛】 2019年6月26日至7月3日，第一届“影展与城市”国际论坛在厦门大学举办。该次论坛由厦门大学主办，中国电影家协会与中共厦门市思明区委宣传部协办。来自纽约大学、南加州大学、南洋理工大学、墨尔本大学、圣安德鲁斯大学、名古屋大学等海内外高校以及来自新加坡电影节、中加国际电影节等单位的专家学者出席论坛。论坛分为“影展与城市”“影展与电影修复”两个板块。来自美国、英国、日本、新加坡、澳大利亚等国专家学者围绕电影节研究、电影节选片、亚洲电影节、电影节的文化与科技、电影节的影响与维护等主题展开讨论。

【第二届全国高校党内法规研究生论坛】 2019年9月21—22日，第二届全国高校党内法规研究生论坛在厦门大学法学院举办。该次论坛由厦门大学党内法规研究中心、厦门大学法学院主办，厦门大学党规党纪学生研习社承办。论坛旨在推进党内法规理论创新、学科建设和人才培养，完善党内法规制度体系。该次论坛包括学术报告和参观陈嘉庚纪念馆等环节，集中展现党内法规制度建设的新成果，全面回顾总结中华人民共和国成立70年以来党内治理与党内法规制度建设的演化逻辑、基本经验和伟大成就。该次论坛举行4场学术报告会，来自中国政法大学、厦门大学、武汉大学、清华大学等多所高校、科研机构的研究生进行报告，专家学者结合自身的专业背景和实践经验，进行多领域、多视角的点评和互动。

【公共政策与公共管理研究国际学术研讨会】 2019年10月23日，“公共政策与公共管理研究的新趋势——行为、实验、预测与数据驱动”国际学术研讨会在厦门大学科学艺术中心召开。研讨会由厦门大学公共政策研究院主办，来自中国、美国、新加坡等国的100余位学者、师生代表参加。该次研讨会由2场主题报告和2场分论坛组成。第一场主题报告由厦门大学公共政策研究院教授于文轩主持，香港城市大学教授Richard Walker、美国Stony Brook大学教授Jason Barabas、香港科技大学教授吴逊、香港城市大学教授王小虎分别作主旨演讲。清华大学、复旦大学、中山大学、中国社会科学院、山东大学、兰州大学、湖南大学、重庆大学等10余所高校及科研机构的学者进行分论坛成果分享，交流讨论的话题涵盖公共服务动机、公务员行为、公民参与、政策扩散、政策变迁、数字治理、城市更新等方面。第二场主题报告由教授吴逊主持，新加坡南洋理工大学教授Lin Qiu、教授Hong Xu、教授Jue Wang以及香港教育大学教授和经纬分别作题主旨演讲。来自清华大学、复旦大学、中山大学、中国社会科学院、山东大学等10余所高校及科研机构的学者进行分论坛成果分享，话题涵盖公共服务动机、公务员行为、公民参与、政策扩散、政策变迁、数字治理、城市更新等方面，涉及运用机器学习、话语网络分析、实地实验、问卷调查实验、多维家庭人口预测等前沿研究方法开展的相关研究。

【第四届国际华文教学研讨会】 2019年10月26日，第四届国际华文教学研讨会在华侨大学厦门校区王源兴国际会议中心举行。会议由华侨大学、暨南大学联合主办，来自海内外华文教育界的80余位专家学者围绕“新时代华文教学的融合与发展”主题，展开为期2天的研讨。会议包括主旨报告、分组讨论等环节，邀请新加坡国立大学教授周清海、香港中文大学教授吴伟平、马来西亚莫泰熙、唐风汉语教育科技有限公司总裁李劲松、华侨大学教授贾益民、华侨大学特聘教授任弘和李无未等分别作《语言和语言教育的融合与发展应该关注的问题》《新时代华语二语教学：与时俱进与万变不离其宗》《新时代马来西亚华文教育发展的新趋势》《新时代华文教育的环境、挑战与机遇》《国际职场汉语教学初探》《华文教育与职业教育的结合——以台湾海青班经验为例》《面向东亚，深度发掘海外华人汉语语言学史文献》的学术报告。国际华文教学研讨会旨在为国内外华文教育及汉语国际教育领域学者搭建沟通和交流的学术平台，推动学科发展。

【第十届创新管理、信息与生产国际研讨会】 2019年10月26—27日，第十届创新管理、信息与生产国际研讨会在华侨大学厦门校区举行。研讨会由华侨大学举办，来自西班牙、法国、意大利、日本、巴基斯坦等国内外高校的70余名专家学者与会。创新管理、信息与生产国际研讨会主席、日本早稻田大学教授和多田淳三，西班牙瓦伦西亚大学教授玛利亚，日本香川人学教授姚峰，中国台湾中兴大学教授陈美源应邀作题为“多重不确定性条件下无限纯跳跃过程的资产定价模型”“优秀ssci期刊发表过程经验详解”“单方向因果理论及其应用”“非参数回归过程中的检验和数据结构化改变”的报告。研讨会收到报告论文30篇。

创新管理、信息与生产国际研讨会由国际管理工程师协会发起，曾在西班牙、法国和日本等国举办，旨在研究多学科综合运用与融合，寻找创新增长、信息技术应用等经济增长新动力和新方向，开创全球经济平衡发展的新出路。

【“大学教学创新与一流本科教育”国际学术研讨会】 2019年11月2日，“大学教学创新与一流本科教育”国际学术研讨会在厦门大学举行。该研讨会由厦门大学主办。海内外百名高等教育专家学者共同探讨高校教学创新与一流本科教育的新机遇、新挑战与新对策。该次研讨会为期2天，设置大学教学的科学化与专业化、学生中心与学习科学、人工智能与教学改革、一流学习环境建设、大学教师发展、大学教学改革国际比较6个主要议题，来自中国、美国、英国、芬兰、荷兰、澳大利亚、新加坡、马来西亚、泰国等多国专家学者围绕议题作大会报告。

【当代中国国家理论的发展与创新学术研讨会】 2019年11月8日，当代中国国家理论的发展与创新学术研讨会在厦门白鹭洲大酒店召开。研讨会由厦门大学公共事务学院和公共政策研究院主办，来自全国各地的60余位专家学者、师生代表参加。该次研讨会由2场主题报告、2场分论坛组成。北京大学、中共中央党校、中山大学等高校的专家学者就国家建构、县政治理、人类命运共同体等主题分享研究成果。

【全国“爱国主义与时代精神”学术研讨会】 2019年11月9—10日，全国“爱国主义与时代精神”学术研讨会在厦门大学举行。研讨会由厦门大学马克思主义学院、福建省高校人文社会科学研究基地马克思主义基础理论研究中心、厦门大学马克思主义与中国发展研究所、《思想理论教育导刊》编辑部共同主办。北京师范大学教授冯刚、武汉大学教授骆郁廷、南京师范大学教授马王永贵和胡大平、厦门大学教授徐进功作主题发言。来自全国高校的博士生、硕士生围绕“爱国主义与时代精神”主题，从自身的学科背景、学习思考出发，进行交流和讨论。

【建筑与文化学术讨论会】 2019年11月9—10日，建筑与文化学术讨论会在厦门大学举行。论坛由厦门大学、中国建筑学会主办，厦门大学建筑与土木工程学院、2019建筑与文化学术讨论会组委会共同承办。该次会议的主题为“交流与交融：一带一路背景下的建筑与文化”。会议针对“一带一路”文化交流背景下的地区建筑、文化交融中的当代新地域建筑、学科交叉与技术介入的建筑文化等相关议题进行探讨与研究。中国工程院院士、东南大学建筑学院教授程泰宁作题为《是建构自己话语体系的时候了——文化自觉引领建筑创新》的主题演讲。JJP潘冀联合建筑师事务所唐正国、重庆大学杜春兰、天津大学张玉坤、福建省建筑设计研究院黄汉民等多位专家学者分别围绕大会主题“交流与交融：‘一带一路’背景下的建筑与文化”作主题演讲。与会嘉宾分别围绕“互渐与互鉴——文化交流背景下的地区建筑”“本元与本源——文化交融中的当代新地域建筑”“观念与观照——学科交叉与技术介入的建筑文化”3个主题进行分享与点评。

【第十三届历史学前沿论坛】 2019年11月9—10日，第十三届历史学前沿论坛在厦门大学召开，论坛由中国历史研究院历史研究杂志社《历史研究》编辑部与厦门大学历史系共同主办。该届论坛以“融合与创新：新中国史学研究七十年”为主题，从历史学学科融合与创新的角度，回顾和总结“新中国史学”70年发展历程。来自中国历史研究院、中国人民大学、北京师范大学、南京大学、南开大学、复旦大学、中山大学、厦门大学等全国近30所高校与科研机构的50余位专家学者参会。与会学者围绕“新中国史学”研究七十年发展历程、地方权力与社会、国家财政与政策等实证案例等课题进行51场学术报告。

【第四届两岸社会保障论坛】 2019年11月15—17日，第四届两岸社会保障论坛在厦门市召开。论坛由中国社会保障学会主办，两岸关系和平发展协同创新中心承办，厦门大学中国高质量发展研究院协办。该次论坛以“高质量融合发展”为主题，海峡两岸约50所高校与科研院所的120多名专家学者参会。会议设立厦金社会融合论坛，两岸社会保障总论坛，两岸医护、医保论坛，两岸养老保障论坛，两岸社会服务论坛等10多个分论坛，来自海峡两岸100余位专家学者分享最新研究成果。该次会议以“担当两岸新使命，谱写社保新篇章”为宗旨，与会专家深入探讨两岸社会保障制度整合的基础、框架及策略，探索增进两岸同胞高质量融合发展的新路子。

【第二十八届中国金鸡百花电影节中国电影教育与产业高峰论坛】 2019年11

月 20 日，第二十八届中国金鸡百花电影节中国电影教育与产业高峰论坛在厦门大学科学艺术中心举办。该次论坛由厦门大学和中国电影家协会联合主办，中国电影家协会电影教育与产业发展委员会和厦门大学人文学院共同承办。700 多位高校领导、嘉宾、海内外专家学者、影视从业者参加。论坛就“中外电影产业发展的历史与新趋向”“业界对人才培养的新需求”“电影人才培养：教育与实践”“人才培养与产业对接”等议题进行交流探讨。

【“营商环境建设中的政府与市场关系”学术研讨会】 2019 年 11 月 23 日，“营商环境建设中的政府与市场关系”学术研讨会在厦门市召开。研讨会由《中国高校社会科学》编辑部、厦门大学公共事务学院、厦门大学公共政策研究院共同主办，来自全国各地的 80 余位专家、学者和杂志社的社长、主编、编辑参加。该次研讨会由 2 场主题报告、2 场分论坛和“小切口・大问题”厦门专题研讨会组成。厦门大学、对外经济贸易大学、中国人民大学、同济大学等高校分别作主题发言。

【遗产科学论坛】 2019 年 11 月 29 日至 12 月 1 日，“理论・技术・实践：遗产研究的新视角——2019 遗产科学”论坛在厦门大学科学艺术中心召开。论坛由厦门大学社会与人类学院、厦门大学文化发展研究院主办，来自国内有关高校及研究机构和校内人类学、建筑学、考古与文物保护、景观设计、空间数位、修复技术等领域以及遗产所在地政府代表等各领域 40 余位学者参加。东南大学建筑学院教授郑炘、厦门大学社会与人类学院教授张先清、厦门大学社会与人类学院教授 Augustin F.C. Holl、同济大学建筑与城市规划学院教授梅青分别作题为“传统与创新：山东淄博陶硫古镇钵厂仓库更新设计”、“遗产科学：一种跨学科视角”、Deciphering Ancient Visual Representations: The Neolithic Paintings from UanDerbuaenEarternTassili, Algeria、“重构遗产的意义：鼓浪屿与福建土楼的活化探索”的主旨演讲。与会学者围绕“遗产：诗学与政治”“遗产：保护与实践”“空间、景观与遗产技术”与“考古、DNA 技术与文明起源”4 个主题，展开讨论。

【第七届全国教育博士论坛】 2019 年 12 月 6—8 日，第七届全国教育博士论坛在厦门举办。该次论坛由全国教育专业学位研究生教育指导委员会主办，厦门大学承办。论坛以“行动研究：促进人才培养质量的提升”为主题，全国教育专业学位研究生教育指导委员会成员以及来自北京大学、清华大学、厦门大学、北京师范大学等 20 余所教育博士培养单位的师生代表 300 余人参加。论坛邀请北京师范大学教育学部高等教育研究院名誉院长钟秉林作《面向重大现实问题，深化教育科学研究》的报告，华南师范大学教授谢少华作《我国教育博士专业学位研究生教育改革与发展研究》的报告。该次论坛由 6 个分论坛组成，分别是行动研究与治理实践、行动研究与校本研究（院校研究）、行动研究与教学改革、行动研究与教师发展、行动研究与学科建设及行动研究与立德树人。

【中国经济高质量发展暨旅游产业优质发展论坛】 2019 年 12 月 7 日，中国经济高质量发展暨旅游产业优质发展论坛在厦门大学科艺中心召开。论坛由厦门大学管理学院和厦门大学中国高质量发展研究院主办，厦门大学、华东师范大学、南开大学、复旦大学、苏州大学等高校师生代表参加。该次论坛分主题报告会和交流会。主题报告会上，厦门大学社科处副处长朱圣明、华东师范大学教授冯学钢和杨勇、南开大学教授陈晔、复旦大学教授沈涵、苏州大学教授黄泰 5 位嘉宾围绕“中国经济高质量发展暨旅游产业优质发展”作主题报告。参会专家和学生代表就参会论文进行汇报，结合福建省和厦门市旅游产业的实际情况，针对其优质发展及其他热点问题，展开交流与讨论。

【公共行政改革与理论建构学术研讨会】 2019 年 12 月 21 日，中华人民共和国成立 70 年公共行政改革与理论建构学术研讨会在厦门市召开。研讨会由厦门大学公共事务学院、厦门大学公共政策研究院主办，来自北京大学、清华大学、北京师范大学、武汉大学、复旦大学、上海交通大学、中山大学、华南理工大学、四川大学、中南大学等全国高校的 40 余位专家学者和中国社会科学、中国行政管理、新华文摘、学术前沿、公共行政评论、学术研究、理论探讨等杂志社的主编或编辑参加。该次研讨会由 2 场主题报告、4 场分论坛和 1 场专题研讨会组成。武汉大学政治与公共管理学院教授丁煌、清华大学公共管理学院副院长王亚华、华南理工大学公共管理学院院长王郅强、中山大学政治与公共事务管理学院教授朱亚鹏分别作《中国公共行政改革与理论建构——应正确处理“借鉴”与“创新”关系》《新中国 70 年治水实践及其国家治理意蕴》《中国应急管理的制度优势及其溯源》的主题报告，北京师范大学政府管理学院院长章文光、复旦大学政治与公共管理学院副院长熊易寒、北京大学政府管理学院公共政策系主任杨立华、上海交通大学公共事务学院副院长樊博分别作《中国实验主义创新治理：三个试点举措的比较分析》《再造邻里：国家介入与现代熟人社区的建构》《研究取向性和实践取向性：专家协作如何影响公共行政？》《大数据驱动的人工智能算法风险治理》的主题报告。来自中国人民大学、复旦大学、中山大学、四川大学、中南大学、南京审计大学、深圳大学、华侨大学和厦门大学等高校的专家学者围绕中华人民共和国公共行政体制改革、中华人民共和国流域公共治理改革、中华人民共和国地方治理改革创新、新时代中国公共治理前沿和新时代中国特色国家治理现代化等主题分享研究成果。

（市社科联）

责任编辑：曾一一
审　稿：曲　艺
校　对：林炯程

33 教　育

综　述

【概　况】 2019年，厦门市有各级各类全日制学校1427所，其中普通高等学校16所、普通中等学校120所、小学296所、特殊教育学校6所、幼儿园989所。学年初招生数297818人，在校学生数934824人，毕业生数211009人（见表33–1）；学校教职工77503人，专任教师57444人（见表33–2）。全市财政性教育经费收入168.61亿元，比上年增长8%，其中公共财政预算安排的教育经费165.31亿元，增长9%。全市一般公共预算教育经费149.47亿元，比财政经常性收入增幅高5.29个百分点，实现教育经费“三个增长”（公共财政预算内教育经费增长高于财政经常性收入增长、生均公共财政预算教育事业费支出逐年增长、生均公共财政预算内公用经费支出逐年增长）。市本级财政性教育经费收入46.72亿元，比上年增长0.01%；公共财政预算安排的教育经费46.46亿元，增长0.03%；市本级一般公共预算教育经费42.35亿元，增长5%。

【教育基础设施建设】 2019年，厦门市完成“补短扩容”行动（新增、改、扩建一批学校加快补齐教育短板），建成中小幼学校（园）项目48个，新增学位34090个。完成年度“为民办实事”任务，建成中小学16所，开工建设幼儿园18所，新增学位数2.8万个。“十三五”期间中小学幼儿园学位增加10.85万个。推进厦门双十中学翔安校区初中部和高中部、厦门外国语学校集美校区、同安区第一中学滨海校区高中部和厦门实验小学翔安校区等项目建设。推进厦门市第二中学、厦门市第六中学等在厦门岛外地区建设实质性分校。

表33–1　**2019年厦门市各级各类全日制学历教育学生情况一览表**

单位：人

类别	毕业生数	招生数	在校学生数
全市合计	211009	297818	934824
（一）研究生	4398	5475	17453
（二）普通高等学校本专科	36946	53404	156642
1. 本科院校	21594	25052	95924
2. 专科院校	15352	28352	60718
（三）普通中等学校	63596	80844	218852
1. 中等职业学校	11193	12531	32474
# 调整后的中等职业学校	10048	11564	30351
附设中职班（不计校数）	1145	967	2123
2. 技工学校	2952	3858	8408
3. 普通中学	49451	64455	177970
# 高中	16200	18590	52050
初中	33251	45865	125920
（四）小学	48357	66802	347811
（五）特殊教育学校	82	277	850
（六）幼儿园	57630	91016	193216

注：1.2019年未设置成人学校，统计数据不包含成人学校数据；

2. 上表中研究生不包含厦门国家会计学院的研究生数（毕业生数128人、招生数100人、在校生数180人）、自然资源部第三海洋研究所的研究生数（毕业生数18人、招生数20人、在校生数61人）；

3. 附设中职班不计校数，教职工数已包含在相应主体校中，不并入总数计算

表 33-2　2019 年厦门市各级各类全日制学校及教职工情况一览表

类别	学校数（所）	教职工数（人）	# 专任教师数
全市合计	1427	77503	57444
（一）研究生	0	—	—
（二）普通高等学校本专科	16	14680	9549
1. 本科院校	7	11225	7164
2. 专科院校	9	3455	2385
（三）普通中等学校	120	17818	15311
1. 中等职业学校	17	2520	2032
调整后的中等职业学校	17	2520	2032
附设中职班（不计校数）	7	—	—
2. 技工学校	3	435	332
3. 普通中学	100	14863	12947
# 高中	33	—	—
初中	67	—	—
（四）小学	296	19278	18264
（五）特殊教育学校	6	263	228
（六）幼儿园	989	25464	14092

注：1. 普通高中包含 12 年一贯制学校专任教师数；
2. 普通初中包含 9 年一贯制学校教职工数、专任教师数；
3. 普通小学不含 9 年一贯制、12 年一贯制学校教职工数、专任教师数；
4. 部分学校为完全中学，初高中教职工数量无法分开统计；
5. 附设中职班不计校数，教职工数已包含在相应主体校中

【教育信息化建设】 2019 年，厦门市建立“i 教育”综合服务平台，优化办事流程，集成跨部门、跨层级服务，统一网上办事入口，逐步实现协同服务、网上办理事项全覆盖，推进信息惠民工程。印发《厦门教育信息化 2.0 行动计划》，出台《厦门市中小学信息化建设标准（试行）》，按基本普及（数字校园）和创新示范（智慧校园）2 个标准明确学校信息化建设标准，指导、规范中小学校信息化建设。规范信息化项目审核工作，组织专家评审会 49 场。

【依法治教体系健全】 2019 年，厦门市教育局（简称市教育局）健全“三重一大”（重大事项决策、重要干部任免、重大项目投资决策、大额资金使用）议事规则，印发《厦门市教育局重大行政决策程序规定（试行）》，建立重大行政决策征求意见、专家论证、听证、风险评估、合法性审查 5 大机制，提高依法行政、科学决策水平。深化依法治教工作，创建依法治校达标校 111 所、示范校 69 所、现代学校制度培育校 66 所、宪法教育基地学校 23 所，提高依法治教水平。

【德育一体化构建】 2019 年，厦门市设立 55 个课题，开展大中小幼德育一体化构建实施策略与实践研究，出台《关于深入推进新时代社会主义核心价值体系融入大中小幼德育一体化的工作意见》，搭建课程育人、实践育人、文化育人 3 个平台，建立全员、全程、全方位“三全”育人机制。研发优秀案例资源，完善师生评价体系，评选校外实践活动资源。创设省级思想政治示范课程 10 个，培养思想政治学科带头人 40 人，评选市优秀班主任 80 人、市优秀德育工作者 40 人。推进绿色发展理念进校园、进课堂活动，开展生态科普、节粮节水节电等生态文明教育实践活动，促进生态文明知识和实践体验融合。修订完善《厦门市生活垃圾分类示范校园评选细则》，评选生活垃圾分类示范校 56 所，将校园垃圾分类工作纳入市级德育评估体系。

【学生综合能力培养】 2019 年，厦门市设立学科基地，加强优秀学生培养工作。在第二十八届全国中学生生物学奥林匹克竞赛决赛中，厦门市第一中学集美分校学生叶天捷、厦门市第一中学学生叶梓涵获全国银牌，取得历史性突破。在第三十四届全国青少年科技创新大赛中，厦门大学附属科技中学学生王东芃的“基于电机发电的手压式免电池点火装置及拓展应用”项目、厦门第六中学学生王乐知的“基于机器视觉的球类运动反应速度智能训练机”项目、同安第一中学学生高翔的“自吸式水面垃圾收集装置”项目 3 项学生科技创新成果项目获全国二等奖，厦门市滨北小学纪艺璟的“数显式新型水轮实验仪器”项目、同安第一中学康良溪的“新型安培力定量实验探究”项目 2 项科技辅导员项目获全国一等奖。

【教师队伍建设】 2019 年，厦门市教育局联合市委机构编制委员会办公室修订《中小学幼儿园领导职数配备和党政机构后勤管理机构设置标准》，以满足学校跨岛发展、九年一贯制学校等管理需要。市教育局实施“银发计划”，向全国公开招聘 34 名优秀退休教师，补充师资不足。总结推广海沧区“区管校聘”改革试点和教师中级职称评审试点经验，委托思明区开展教师中级职称评审。启动建设名校长工作室 13 个、中小学幼儿园名师工作室 50 个、中职名师工作室 10 个，带领 1500 名青年骨干校长、教师共同成长。优化教师队伍结构，招聘新教师 1927 人；推进职业学校招聘具有行业企业工作经历教师的 35 人，其中能工巧匠 4 人。选拔确认学科带头人培养对象近 200 人、专家型教师培养对象 60 人。开展教育对口帮扶和校际交流活动，选派 2 名教师到西藏支教、10 名教师到宁夏支教、16 名教师到甘肃临夏州开展一年期支教，选派 100 名教师到甘肃临夏州开展东西部扶贫协作支教。落实市直属学校校际交流工作，组织 123 人参加校际交流。

【交流合作】 2019 年，厦门市推进教育国际化进程，新增具备招收国际学生资格的中小学 40 所。做好教育国际招商的对接工作，全年接待境外教育机构到厦门洽谈教育招商事宜 13 批次、46 人，接待境外到访师生 57 批次、1520 人。办理 52 个团组、574 人的因公赴外手续。推进各级各类学校与 53 个免签国家的教育交流与合作。推进对台教育融合工作，完成首次厦门市台湾中小学生奖学金评定工作，厦门中小学、幼儿园 50 个岗位招聘台湾教师。举办第九届海峡两岸中学生闽南文化夏令营、“青葱岁月・多彩年华”厦门—港澳台中学校际结对交流等活动。

【教育督导】 2019 年，厦门市完成福建省对市政府履行教育职责督导评估，组织协调 23 个市直部门、6 个区政府开展对标自查自评，对市督导评估结果名列全省前茅。组织开展各区政府 2018 年度履行教育职责情况自查自评，督促各区政府将自评报告在区政府网站上进行公示，接受社会监督。开展幼儿园办园行为督导评估，在区级评估的基础上，抽查部分幼儿园进行市级复评，并形成市级复评报告。启动第十轮市属普通中小学校综合督导评估工作。开展全市教师配备情况、高三毕业班工作、规范办学行为、控辍保学等专项督导，推进教育热、难点问题解决和重大教育政策落地。完善中小学校责任督学挂牌督导管理系统，服务学校自评自查、督学日常督导、问题反馈、意见建议、亮点推介等督导需求。

【校园安全】 2019 年，厦门市开展新一轮“平安校园”创建活动，创建验收学校 633 所，完成建设监控点位 1183 个。落实教育部、公安部“三个百分百”校园物防技防要求，即实现中小学百分百配备专职安保人员、百分百建成一键式报警系统、百分百实现校园封闭式管理。开展禁毒宣传，组织全市中小学生禁毒知识答题活动，平均分和参与率在全省位居第一，创建禁毒教育示范学校 10 所和“林则徐禁毒宣传室（廊）”89 个，集美大学、厦门华厦学院等 10 所高校在全省率先组建高校禁毒联盟。开展学校安全隐患清零行动，确定重点工作内容 12 项和工作举措 15 项，排查发现隐患 924 项，整改 924 项，整改率 100%。建立维护高校政治安全和校园稳定联席会议制度，落实高校校园的稳定工作。

【教育招商】 2019 年，厦门市研究制定鼓励政策，吸引国内优质教育集团到厦门开办民办学校，支持国有企事业单位参与办学，完善重点企业骨干员工子女入学政策。引进协和、阳光、东方剑桥、美达菲、阿优菲纳克思、华东师范大学附属学校等项目。推动华锐莱普顿双语高级中学、集美区万科广场梅沙学校等项目建设；推动阳光控股教育集团总部项目、杭州阿优文化公司合作项目签约落地湖里；批准设立国贸协和双语高级中学，该校于 2019 年秋季招生。在岛内外选址建设产业人才子弟学校。支持国有企业承办普惠性幼儿园，国贸集团以及海沧区、集美区、翔安区区属教育集团 2019 年开办幼儿园 8 所。

【校外培训机构整治】 2019 年，厦门市出台校外培训机构设置标准，启用《全国中小学生校外培训机构管理服务平台》，公布校外培训机构 417 家。建立联合检查、联合执法机制，查处“无证无照”（无办学许可证、无营业执照）培训机构 6 家。建立黑白名单公布制度，发布白名单 114 家、黑名单 44 家。成立教育培训行业协会，强化行业自主管理。出台《关于进一步加强校外午托机构管理的通知（试行）》，规范校外午托机构管理。

【学校体育】 2019 年，厦门市开展青少年校园体育竞赛活动，落实每天 1 小时校园体育锻炼时间。开展阳光体育运动，健全学校体育竞赛训练制度，督促学校组织落实春季运动会比赛制度。厦门市第一中学获 2019 年全国体育传统项目学校游泳比赛团体总分第一名，厦门学生代表队获奥地利国际啦啦操公开赛儿童集体花球第一名。推进青少年校园足球工作，新增教育部全国足球特色幼儿园 41 所，厦门代表队获福建省足球联赛初、高中男女各组共 4 个冠军，厦门市第二中学获全国“足协杯”高中男子甲组季军。

【学校美育】 2019 年，厦门市加大经费投入，加强美育教师队伍建设，开齐开足上好美育课程。以庆祝中华人民共和国成立 70 周年为主线，开展厦门市第二十九届中小学艺术节和第三十七届学校音乐周活动。在全国第六届中小学生艺术展演中，厦门市获一等奖 4 个、二等奖 5 个、三等奖 4 个。

【劳动教育】 2019 年，厦门市创建 10 项省级、41 项市级劳动教育特色项目，创建省级研学基地 5 个。组织开展全市首批研学实践营地和基地申报评选工作，评出研学实践教育营地 3 个、研学实践教育基地 37 个。推进竹坝青少年综合实践基地建设。

【夏令营工作】 2019 年，厦门市组织各级各类夏令营 714 个（其中市级夏令营 190 个），涵盖爱国主义教育、文化、劳动、艺术、军事、心理、体育等类别。深化“走近名家、走近经典、走近科学”主题夏令营活动，推出名家进校园夏令营 27 场。组织家庭教育讲师团，全年开展家庭教育公益讲座 150 场。

【课后延时服务改革】 2019 年，厦门市在全省率先将课后延时服务范围拓展到幼儿园，共 300 所学校（包括 153 所小学和 147 所幼儿园）开展课后延时服务，参与人数 5.7 万人。拓展特色服务项目，特色服务参与学生占比 20%。服务时间延长 30 分钟，实行弹性离校。利用“i 厦门”、厦门市民卡 App（应用程序）平台，设立线上课后延时服务窗口，为全市家长提供在线报名、缴费服务，为学校提供考勤管理等服务。

【语言文字工作】 2019 年，厦门市教育局组织开展第二十二届全国“推普周”（推广普通话宣传周）厦门市宣传系列活动，举办《中国诗词大会》第五季福建赛区厦门市选拔赛并承办该赛事全省选拔赛，举办全市中小学校规范汉字书写现场大赛。推进闽南方言与文化的保护与传承工作，完成幼儿园、小学和初中《闽南方言与文化》系列读本和教师指导用书共 15 册的再版工作，举办厦门市青少年闽南话讲古电视大赛，组织开展 2 期闽南话水平测试报名和考前培训，举办厦门市中小学校闽南文化艺术展演比赛。组织开展普通话水平测试，全年共完成普通话测试 23889 人次。

2019 年 6 月 19 日，厦门市召开全市教育大会　　（傅春榕　摄）

【厦门市教育大会召开】 2019 年 6 月 19 日，厦门市召开全市教育大会，福建省委常委、厦门市委书记胡昌升，市长庄稼汉等出席会议。会上提出加快建设现代化教育强市的具体要求，到 2022 年，力争全面解决“有学上”“上好学”问题，教育事业各项指标位居全国同类城市前列，率先基本实现教育现代化；到 2035 年，形成具有厦门特色、中国一流、国际水平的现代教育体系，实现教育现代化。会议讨论并审议《厦门教育现代化 2035》《厦门市加快推进教育现代化实施方案（2019—2022）》，勾勒加快建设教育现代化强市的蓝图和实施路线图。

（庞东海）

基础教育

【概　况】 2019 年，厦门市按照“划片招生，就近入学”原则，组织划定片区内适龄儿童按时就近入学。做好随迁子女积分入学工作，建立学位预警机制，强化宣传引导。调整完善初中多校划片，在主要城区对初中学校进行相对强弱搭配、多校划片对口小学招生。思明区、湖里区按照学籍划片招生，岛外 4 区按照户籍招生，全市所有热点小学均划入具有一般初中校的初中招生片区进行派位入学。继续将优质普通高中招生名额分配到区域内的各所初中校的比例确定为 50%，规定小学阶段跨区域择校的学生不能享受定向生政策。大同中学（兴华校区）、外国语学校瑞景分校、双十中学思明分校、湖里中学、湖里实验中学各扩招 2 个班，共新增学位 500 个；禾山中学、华侨中学高中部改办初中，增加初中学位各 300 个；在完成片区招生计划的基础上分流其他生源爆满片区的小学毕业生。实施名校跨岛战略，厦门市第一中学、厦门市科技中学扩大招生规模，将优质教育资源辐射到薄弱区域。

【学前教育】 2019 年，厦门市开展示范性幼儿园评估，共 9 所幼儿园被评为市级示范性幼儿园，推荐其中 3 所申报参评省级示范性幼儿园评估。落实《厦门市幼儿园保教质量监控指导手册》，开展首期 12 所幼儿园的保教质量监控。出台《厦门市民办普惠性学校等级评估奖励资金管理办法（试行）》，提高办园条件和保教水平。研究制定完善普惠性幼儿园补助办法，指导各区落实补助举措。完成无证幼儿园专项治理，取缔无证园 180 所，规范整改后审批 223 所，新增幼儿园学位 3.47 万个，其中 169 所办成普惠园，可提供普惠学位 2.62 万个，学前普惠资源覆盖率 90.0%。启动城镇小区配套幼儿园专项治理行动，针对小区配套幼儿园在规划、建设、移交、办园等环节存在的突出问题，对 194 所城镇小区配套幼儿园开展整治，满足市民就近入园的需求。

【义务教育】 2019 年，厦门市创建省义务教育教改示范性建设学校 82 所。市教育局出台《厦门市教育局关于开展九年一贯制学校五四学制课题研究的通知》，探索五四学制（小学五年、初中四年的制度）改革，研制九年一贯制校本资源。出台《厦门市落实中小学生减负措施实施方案》。在 13 所学校开展人工智能教育试点工作。培育农村义务教育学校质量提升改革实践项目 60 个。加强初中质量监测，将省义务教育质量监测结果纳入对区教育局年度工作绩效考核评价，全市中考成绩保持全省第一。

【高中教育】 2019 年，厦门市出台《高中阶段学校考试招生制度改革实施方案》，优化中考录取分数构成，推进综合素质评价，建设选课走班教务管理系统，推行选课走班制度。推进普通高中国际教育试点工作，增加厦门松柏中学、湖滨中学 2 所国际教育试点校。在 2019 年高考中，厦门市优秀学生人数保持全省第一，其中 49 人考进全省理科前 100 名和文科前 50 名。

【特殊教育】 2019 年，厦门市加强特殊教育改革和融合教育，出台《厦门市第二期特殊教育提升计划实施方案（2019—2020 年）》。推进融合教育工作，组织培训班 3 期，参训教师 200 人。推进集美区特殊教育学校参评省标准化学校建设评估工作。开展全市特殊教育学生劳动技能展示活动。

（庞东海）

高等教育

【概　况】 2019 年，厦门地区有高等院校和高等教育机构 21 所，其中部委院校 3 所（厦门大学、华侨大学、厦门国家会计学院），省属院校 3 所（集美大学、集美大学诚毅学院、厦门海洋职业技术学院），市属院校 12 所（本科 4 所、高职 8 所），公办本科高校二级学院 1 所，民办专修学院 2 所。在 21 所高等院校和高等教育机构中，厦门民办高校 10 所、非学历民办高等教育机构 2 所。其中，集美大学诚毅学院为独立学

表 33-3　**2019—2020 学年厦门市普通高等学校基本情况一览表**

学校	2019年毕业生数（人）	2019年招生数（人）	在校学生数（人）						教职工数（人）							校舍情况（万平方米）		占地面积（万平方米）	
			合计	其中					合计	专任教师数	行政人员	教辅人员	工勤人员	科研机构人员	其他人员	学校产权	非学校产权	学校产权	非学校产权
				女	在校研究生	本科生	专科生	毕业班学生数											
总计	41344	58879	174095	82173	17453	95924	60718	43863	14680	9549	2650	2115	366	361	2385	499.84	122.23	992.19	231.96
厦门大学	8366	9578	35581	16865	15775	19806	0	9421	4832	2816	899	1092	25	360	2074	215.05	0	490.80	0
集美大学	6587	6656	26347	12271	1163	25184	0	6943	2295	1499	408	310	78	0	59	103.54	0	155.41	0
集美大学诚毅学院	3368	3746	13256	7374	0	13256	0	3403	916	676	182	55	3	0	0	0	40.89	0	36.83
厦门理工学院	4893	4454	19119	8193	515	18604	0	5179	1625	1076	283	182	84	0	63	47.97	4.00	85.16	0
厦门医学院	1065	2414	6530	4735	0	3165	3365	1195	495	315	96	73	11	0	0	19.63	0	38.69	0
厦门工学院	2333	2893	10156	4210	0	10156	0	2615	627	458	95	66	8	0	189	24.81	14.89	33.58	53.36
厦门华厦学院	1448	2207	6791	4025	0	5753	1038	1318	435	324	60	46	5	0	0	14.87	9.78	37.27	0
厦门海洋职业技术学院	2539	5508	11368	4689	0	0	11368	2614	537	434	70	24	9	0	0	17.54	1.37	47.38	0
厦门城市职业学院	1661	4467	9377	4434	0	0	9377	2117	543	332	125	66	20	0	0	19.47	0	34.46	0
厦门演艺职业学院	376	1039	2013	1268	0	0	2013	496	222	161	42	1	18	1	0	3.03	3.45	3.43	16.57
厦门华天涉外职业技术学院	1925	2876	6794	2677	0	0	6794	1963	441	303	89	33	16	0	0	0	16.01	0	34.95
厦门兴才职业技术学院	1702	2654	6317	3038	0	0	6317	1805	403	272	75	37	19	0	0	4.07	10.93	9.34	4.66
厦门软件职业技术学院	1324	2855	6781	2312	0	0	6781	1938	394	288	45	39	22	0	0	6.01	6.76	10.00	43.33
厦门南洋职业学院	1741	2962	5383	2514	0	0	5383	986	451	303	73	54	21	0	0	16.56	0	33.39	5.73
厦门东海职业技术学院	1048	2607	4576	2428	0	0	4576	982	241	155	52	19	15	0	0	0	7.28	0	17.26
厦门安防科技职业学院	968	1963	3706	1140	0	0	3706	888	223	137	56	18	12	0	0	7.31	6.87	13.27	19.23

注：1. 表格只统计厦门大学、3 所省属高校和 12 所市属高校的详细数据；
2. 从 2016 年起，厦门大学嘉庚学院不列入厦门市高等教育统计范围

院，招收本科生；厦门工学院、厦门华厦学院为市属本科院校；华天涉外职业技术学院、演艺职业学院、兴才职业技术学院、软件职业技术学院、南洋职业学院、东海职业技术学院和安防科技职业学院为市属高职院校；远东专修学院和科技专修学院为专修学院。市属高校在校生 87543 人，其中研究生 515 人、本科生 37678 人、专科生 49350 人；2 所公办本科高校（厦门理工学院、厦门医学院）在校生 25649 人；2 所民办本科院校（厦门工学院、厦门华厦学院）在校生 16947 人；1 所公办高职院校（厦门城市职业学院）在校生 9377 人；7 所民办高职院校（华天、演艺、兴才、软件、南洋、东海和安防）在校生 35570 人。市属高校在职教职工总数 6100 人，其中专任教师 4124 人；占地总面积约 493.73 万平方米，校舍总建筑面积约 243.68 万平方米（见表 33-3）。市教育局落实厦门市“十三五”高等学校布局结构调整意见，制定《厦门市“十三五”高等学校设置规划中期调整意见》。与四川大学签订战略合作协议，共建四川大学华西厦门医院、四川大学华西医学厦门研究院；与华东师范大学签订战略合作框架协议，推动华东师范大学与集美大学开展合作，提升师范教育水平，共建海峡两岸教育宏观政策研究中心、华东师范大学厦门校（园）长与骨干教师培训基地，合作举办华东师范大学厦门附属学校。推动厦门理工学院更名为“大学”，推动厦门南洋职业学院升级为本科的工作。

【高校安全稳定工作】 2019 年，厦门市开展校园不良网贷排查工作，各高校开展教育、防范和监控工作，对学生进行宣传教育和防范引导。市教育局研究制定防范校园不良网贷、防范网络电信诈骗措施，推进各高校不良网贷摸底排查和化解工作。与市金融监督管理局、市公安局合作在 12 所市属高校举办“远离非法集资·共建美丽校园”大型公益宣讲活动。

【海峡两岸高校设计展】 2019 年 11 月 1—4 日，厦门市举办“2019 海峡两岸高校设计展”及第八届福建省高校设计奖评选活动。福建省内高校、台湾地区高校及省外高校共 44 所参加展会，征集作品 1603 件。活动期间，举办“海峡两岸文创移动课堂”“创意设计与产业对接会”等系列活动。该设计展为第十二届海峡两岸（厦门）文化产业博览交易会配套活动之一。

（庞东海）

厦门大学

【概　况】 至2019年12月31日，厦门大学设有研究生院、6个学部、15个研究院和29个学院（含76个系），其中包括新成立的厦门大学社会与人类学院。有5个学科入选国家"双一流"建设学科。24个专业获批国家级一流专业建设点，12个专业获批省级一流专业建设点。17个学科进入ESI（基本科学指标数据库）全球前1%，分别是化学、工程学、材料科学、临床医学、植物与动物学、环境与生态学、生物与生物化学、数学、农学、社会科学总论、计算机科学、分子生物与遗传学、微生物学、药理与毒理学、地学、物理学、经济学与商学，其中经济学与商学第一次进入ESI全球前1%，化学位列ESI全球前1‰。厦门大学进入ESI全球前1%学科数位列中国大陆高校第七位。有7个一级学科在全国第四轮学科评估中进入A类，有一级学科国家重点学科5个和二级学科国家重点学科9个，福建省一级学科重点学科46个、国家基础科学人才培养基地9个。有博士后流动站31个、博士学位授权一级学科34个、博士学位授权二级学科2个、硕士学位授权一级学科46个、交叉学科专业授权点6个、博士专业学位学科授权点1个、硕士专业学位授权点28个。至年末，全校有教职工4936人，含专教师2708人。其中，教授、副教授1918人，占专任教师总数的70.8%；拥有博士学位的教师2289人，占84.5%。两院院士22人（含双聘院士9人）、文科资深教授2人、国家重点基础研究发展计划（"973计划"，含重大科学研究计划）首席科学家10人次、"长江学者奖励计划"特聘教授24人、青年学者11人、国家杰出青年科学基金获得者47人、国家级教学名师6人、"万人计划"（国家高层次人才特殊支持计划）科技创新领军人才23人、哲学社会科学领军人才5人、教学名师1人、"百千万工程"领军人才2人、青年拔尖人才12人、国家"百千万人才工程"入选者24人、国家优秀青年科学基金获得者41人、获2019年国家杰出青年科学基金项目资助者6人，国家创新研究群体8个、教育部创新团队9个。2019年，厦门大学创办人陈嘉庚、校友陈景润获"最美奋斗者"称号，郑南峰教授获腾讯"科学探索奖"，艺术学院美术系教师张玉惠漆画作品《盛世花开》获第三届"中国美术奖"金奖。至年末，厦门大学有在校学生41136人，其中本科生20277人，硕士研究生16562人，博士研究生4297人，本研比约为1：1。有研究机构200多个，其中国家级协同创新中心2个（牵头单位）、国家重点实验室4个、国家工程技术研究中心1个、国家工程实验室1个、国家地方联合工程研究中心2个、国家地方联合工程实验室3个、国家研究院1个、教育部重点实验室5个、教育部工程研究中心3个、教育部人文社科重点研究基地5个。厦门大学与境外393所高校签署校际合作协议，与49所世界排名前200名的高校开展实质性交流合作，与北美洲、欧洲、亚洲、非洲等地区的大学合作建立孔子学院15所。第五次获孔子学院先进中方合作机构称号。由厦门大学与多家机构联合研制的首个国产宫颈癌疫苗（商品名"馨可宁"）获国家药品监督管理局批准上市。

【科研能力提升】 2019年，厦门大学获批国家重点研发计划项目（牵头项目）5项、课题级项目16项；国家自然科学基金项目337项；国家社会科学基金项目60项，其中重大项目9项；教育部各类项目立项32项，其中重大课题攻关项目2项。新增国家级科研平台2个，厦门大学导航与位置服务技术国家地方联合工程研究中心获批建设，是厦门大学第五个国地联合建设的工程研究中心（实验室）；教育部正式批复同意厦门大学承建国家集成电路产教融合创新平台，项目总经费2.02亿元，建设周期3年。厦门大学牵头组建中国福建能源材料科学与技术创新实验室，该实验室是首批4家省创新实验室之一。以第一作者单位在《Science》《Nature》《Cell》子刊上发表论文35篇，以共同通讯单位在《Cell》正刊上发表论文1篇。全年获国内授权专利441项、国际授权专利21项，获高等学校科学研究优秀成果奖（科学技术）1项、福建省科技奖12项。化学化工学院郑南峰教授课题组研究成果"金属纳米材料的表面配位化学"获国家自然科学二等奖。

【参赛获奖】 2019年，厦门大学男子篮球队获第二十一届中国大学生篮球联赛（CUBA）全国季军。厦门大学智能车队获第十四届全国大学生"恩智浦"杯智能汽车竞赛全国总决赛全国一等奖2项。在第五届中国"互联网+"大学生创新创业大赛全国总决赛中，厦门大学获金奖4项、铜奖2项，金奖数在参赛高校中排名第三（并列）。在2019中国国际飞行器设计挑战赛总决赛中，厦门大学航模队获一等奖2项、二等奖4项，三等奖3项以及团体季军等奖项。在第二届全国大学生嵌入式芯片与系统设计竞赛暨第四届智能互联创新大赛全国总决赛中，厦门大学"皮皮厦"团队获一等奖、大赛唯一的最佳创意奖、上海灵动微电子企业特别奖，"挑战者"团队获三等奖。

【外籍教授获习近平回信】 2019年2月1日，习近平总书记给厦门大学管理学院外籍教授潘维廉回信，祝贺《我不见外——老潘的中国来信》一书出版，感谢他把人生30年的宝贵时光献给中国的教育事业，相信他会见证一个更加繁荣进步、幸福美好的中国，一个更多地造福世界和人类的中国，潘维廉笔下的中国故事也一定会更精彩。2018年12月22日，潘维廉教授的新书《我不见外——老潘的中国来信》（中、英文版）举行首发式。该书精选作者30年来写给美国家人朋友的47封私人信件，从一个长期在华生活的外国人的视角，记录和展现改革开放的历史进程和中国的巨大变革。该书向海外读者展现中国的变化以及作者一家人的中国情。首发式后，潘维廉将该书寄送给习近平总书记。

【"嘉庚一号"火箭发射成功】 2019年4月23日7时28分，由厦门大学航空航天学院和北京凌空天行科技有限责任公司共同研制的"嘉庚一号"火箭点火升空。"嘉庚一号"是厦门大学"双一流"重大项目支持的一款新型带翼可回收重复使用火箭，火箭总长8.7米，翼展2.5米，起飞质量3700千克。此次联合飞行试验主要目的是验证由厦门大学航空航天学院提出的双乘波前体布局空气动力学性能。探索火箭的整体回收，同步验证包括地面无线测发控、伞降回收系统、低成本电气系统等关键技术，迈出中国可重复使用火箭技术发展的重要一步。

【野外科学观测研究站入选教育部名单】 2019年9月18日，厦门大学台湾海峡海洋生态系统野外科学观测研究站获批入选教育部2019年野外科学观测研究站名单，实现厦门大学部级野外科学观测站零的突破。该站依托厦门大学地球科学与技术部开展建设，保障台湾海峡生态环境安全，服务国家海洋强国战略，支持区域生态文明建设和经济可持续发展。

【“一站式”学生社区综合管理模式建设】 2019年10月8日，厦门大学入选教育部“一站式”学生社区综合管理模式建设试点高校，全国共10所。“一站式”学生社区综合管理模式建设试点工作是2019年高校党建重点推进的10项任务之一。教育部在调研100余所高校的基础上，重点走访调研其中14所。6月19日，教育部副部长翁铁慧到厦门大学调研，到海韵学生社区学习共享空间与创客空间，实地参观建设成果。

【首个国家自然科学基金基础科学中心项目立项】 2019年10月，国家自然科学基金委员会批准资助计量建模与经济政策研究基础科学中心项目。该项目由厦门大学洪永淼教授牵头，以厦门大学为依托单位，联合中国科学院数学与系统科学研究院汪寿阳研究员团队共同申请，获批直接经费6000万元，资助期限5年。该项目为厦门大学首个基础科学中心项目，也是基金委管理科学部在全国范围内资助的首个基础科学中心项目。

（钟书库）

集美大学

【概　况】 至2019年12月31日，集美大学有学院21个、本科专业71个，涵盖经济学、法学、教育学、文学、理学、工学、农学、管理学及艺术学9个学科门类。有福建省一级重点学科8个、博士后科研流动站1个、一级学科博士点2个、硕士学位授权一级学科点13个、硕士专业学位类别10个。有全日制本科生25800多人、研究生1500多人、国际学生近200人。2019年毕业生6587人，年度就业率96.04%。有专任教师约1500人，其中高级职称教师近750人。有院士3人（含双聘院士2人）、国家级高层次人才2人、国家百千万人才工程人选1人、享受国务院政府特殊津贴专家6人、国家外国专家局外国高端人才（A类）1人。引进中国工程院院士、金属材料科学家赵振业，实现集美大学全职院士零的突破。集美大学教师入选福建省高校领军人才、“百人计划”、科技创新领军人才等省（市）部级高层次人才项目共179人次。集美大学入选福建省一流大学建设高校。有国家级和省部级教学科研平台61个，其中国家地方联合工程研究中心2个、国家级实验教学示范中心2个、国家级虚拟仿真实验教学中心1个、国家级大学生校外实践教育基地1个。有国家级专业综合改革试点项目3个、国家级“卓越”人才培养计划专业6个、国家级特色专业4个、国家级一流专业建设点3个、国家级教学团队1个。有省级一流专业建设点12个，省级特色专业建设点11个、省级专业综合改革试点11个、省服务产业特色专业8个、省创新创业教育改革试点专业6个、省级教学团队11个。首次设立本科教学优秀奖，该年度表彰和奖励课堂教学成效突出的教师60余人，奖励近100万元。

【人才培养】 2019年，集美大学推进福建省高校“三全育人”综合改革试点工作，开设“习近平教育思想”公共选修课。推进“课程思政”建设，立项建设“课程思政”教改精品项目35项，其中3项获省级立项。加大对大学生创新创业项目扶持力度，4个项目获国家级立项、8个项目获省级立项。全校学生共1101人次获省级及以上学科竞赛奖项762项，其中国家级375项、省级387项。

【科研工作】 2019年，集美大学获批科研项目760项，新增科研合同经费1.1亿元，授权发明专利99项。对接地方经济社会发展和产业结构转型升级需求，新增立项省级协同创新中心2个，省、市重点实验室3个。成立智慧海洋技术与产业发展研究院、半导体产业技术研究院、装备研究院、海洋腐蚀与防护研究所4个新型研发机构。对接服务国家“一带一路”倡议，成立陈嘉庚研究院，立项重大理论和现实问题研究项目12个。何宏舟教授领衔完成的“漂浮式可移动波浪能发电技术及装置”项目获国家海洋工程科学技术奖二等奖，这是福建省首次获国家海洋局海洋工程类奖项。集美大学获福建省科技进步奖2项、获省市社科优秀成果奖19项。

【社会服务】 2019年，集美大学举办福建海洋与渔业项目成果对接会、厦门市企业技术需求对接会和龙岩高新区产学研成果对接会共3场政产学研合作对接会，对接技术项目48项。与福建省海洋与渔业局、南威软件集团签署共同推进福建省“智慧海洋”工程建设框架合作协议，与厦门银祥集团共建国家重点实验室，与龙岩高新区共建集美大学（龙岩）产业技术研究院，推进集美大学绿色铸造、节能减排、绿色食品等领域的科技成果在龙岩地区的转移转化；与龙岩市永定区签订对口支持协议。与华东师范大学合作共建师范学院，与西安交通大学共建教育部唯一的国家级技术转移中心，与天津大学、国家海洋三所签订共建协议。与中国矿业大学银川学院签订闽宁本科高校对口合作协议，推进闽宁合作工作。

【合作交流】 2019年，集美大学与美国、英国、澳大利亚等国家和港澳台地区的100多所高校、科研机构及国际海事组织（IMO）、国际航标协会（IALA）、国际海事大学联合会（IAMU）等开展学术交流与合作。与教育部（中国）留学服务中心开展战略合作，共建出国留学培训基地。出台《集美大学学生海外交流学习基金实施办法（试行）》，实施“卓越新生助飞计划”，加快学校教育国际化进程，推动学生海外访学及深造计划，新增高层次学生访学项目6个，选送368名学生分别到美国、英国、加拿大、新西兰、俄罗斯、日本等国家和中国台湾地区学习交流。扩大面向“一带一路”沿线国家和地区的招生，该年度招收“一带一路”沿线国家和地区的学生共420人。集美大学是陈嘉庚奖学金和福建省政府奖学金招生单位、大陆唯一获交通运输部海事局批准具有开展台湾船员适任培训资格的院校、香港特区政府“青年内地交流计划”福建省唯一资助单位。

（出晓铭）

华侨大学厦门校区

【概　况】 2019年，华侨大学厦门校区有哲学与社会发展学院、国际关系学院、华文学院等15个学院，有本科生14261人，有专任教师总数1089人，其中高级职称教师571人，占比52.43%；具有博士学位教师728人，占比66.85%。1位教授入选国家“百千万人才工程”并获评突出贡献中青年专家，享受国务院政府特殊津贴1人，入选国家高端境外专家引进计划30人，新增省部级及以上人才项目40人次。厦门校区有各类高层次人才近400人次。

【科研能力提升】 2019年，华侨大学立项国家自然科学基金项目、国家社科基金等各级各类科技项目605项，经费12730.23万元。获福建省科学技术奖、教育部科技进步二等奖、福建省社科优秀成果奖等学术研究奖项33项，社科成果获奖总数排名全省第三。有国家地方联合工程研究中心、教育部工程研究中心、省重点实验室、省工程研究中心、省工程技术研究中心等各类省部级以上平台50个。新增脆性材料产品智能制造技术国家地方联合工程研究中心、光电功能材料协同创新中心、结构体系创新与智慧建造协同创新中心福建省协同创新中心、智慧基础设施与建设福建省重点实验室、大数据智能与安全福建省重点实验室、机电装备过程监测及系统优化福建省高校重点实验室、计算科学福建省高校重点实验室、建筑工程智能制造与自动化福建省高校工程研究中心。全年授权专利474项。学校教师在《Nature》子刊、《Advanced Materials》等期刊上发表学术论文1000多篇，其中被SCI（科学引文索引）、EI（工程索引）、CPCI-S（科技会议引文索引）收录1032篇。以材料科学与工程学院教授魏展画为第一通讯作者、博士生林克斌为第一作者发表于《Nature》上的《外量子效率超过20%的钙钛矿发光二极管》（《Perovskite light-emitting diodes with external quantum efficiency exceeding 20 per cent》）入选2018年度中国百篇最具影响国际学术论文。材料学院吴季怀教授入选2018英国皇家化学会“Top1%高被引中国作者”榜单，连续5年入选爱思唯尔中国高被引学者榜单。

【学术交流】 2019年，华侨大学举办“2019孤立子与可积系统学术研讨会”、应用统计与数据科学论坛、第四届国际有机合成前沿研讨会、材料与化学论坛2019年能源光电研讨会、第三届精准医疗和生物医学技术国际研讨会、2019年相依性在精算及可靠性中的应用学术研讨会、2019年东部地区摩擦学学术论坛等多场学术会议。邀请中国工程院院士段宝岩、中国科学院院士丁汉、有机化学家Carsten Bolm教授等专家举行学术报告200余场。华侨大学新能源电动汽车电机控制器研究与应用项目在第二届中俄（工业）创新大赛中国赛区选拔赛中获入围奖，并代表中国到俄罗斯参加第二届中俄（工业）创新大赛总决赛。

【产学研合作】 2019年，华侨大学深化科技成果转化与产业体制机制改革。组织参与中国·海峡项目成果交易会、海峡两岸（厦门）文化产业博览交易会等项目对接活动30余场，连续第四年获海峡两岸文博会优秀组织奖。组织教授专家团队和青年教师实地走访中科院厦门育成中心、中构新材料、弘信集团、宁德时代、金龙稀土、云脉科技、蓝海科技、立林物联网研究院、厦工研究院等近50家企业，了解企业技术瓶颈问题，洽商技术对接与合作。

【“一带一路”华裔留学生新生奖助学金首次颁发】 2019年9月24日，华侨大学“一带一路”华裔留学生新生奖助学金首次颁发。华侨大学“一带一路”华裔留学生新生奖助学金总额500万元，由工商管理学院2001届校友、厦门市临家餐饮集团董事长邱尚振发起捐资，设立首期为期10年，每年50万元。首批获奖的36名华裔留学生来自马来西亚、老挝、缅甸、泰国、印度尼西亚、柬埔寨6个国家，其中11名厦门校区的学生获该奖励。

·小资料·

华侨大学： 至2019年12月31日，华侨大学有学院28个，本科专业94个，其中10个专业通过工程教育认证。有一级学科硕士点27个、二级学科硕士点2个、专业学位硕士点20个，一级学科博士点8个、二级学科博士点2个、博士后流动站5个。有哲学、经济学、法学、教育学、文学、历史学、理学、工学、农学、医学、管理学、艺术学12个学科门类。有国家重点学科、省部级重点学科41个，福建省高峰高原学科17个，工程学、材料科学、化学3个学科进入ESI（基本科学指标数据库）全球排名前1%。华侨大学位于泰晤士2020世界大学排行榜内地高校第七十一名，入选2019软科中国最好大学排名百强。机械工程、能源科学与工程2个学科进入软科世界学科排行榜，其中机械工程世界排名301—400区间，能源科学与工程世界排名401—500区间。2019年，华侨大学共17个学科上榜中国最好学科排名。学校有专任教师总数1676人。其中，高级职称人员873人，占比52.1%；具有博士学位教师1075人，占比64%；45岁以下中青年教师占专任教师总数的70%；境外教师和具有海外留学经历的教师占40%。享受国务院政府特殊津贴3人，入选国家高端境外专家引进计划36人，新增省部级及以上人才项目56人次、厦门和泉州市等各类人才项目100余项。有双聘院士6人，有国家“万人计划”领军人才入选者、“国家杰出青年科学基金”获得者、国家“百千万人才工程”入选者、全国文化名家暨“四个一批”人才入选者、国家高端外国专家项目入选者、教育部“新世纪优秀人才支持计划”入选者以及历年享受国务院政府特殊津贴专家等各类高端人才近500人次。有科技部“创新人才推进计划”重点领域创新团队和教育部“长江学者和创新团队发展计划”创新团队等创新学术群体。有全日制普通本科生25551人，研究生5953人，来自50多个国家和地区的华侨华人、港澳台和外国学生4969人，是中国拥有境外学生最多的大学之一。是国家大学生文化素质教育基地和全国深化创新创业教育改革示范高校。

四个一批： 是全国宣传文化系统的一项人才工程，具体指为适应宣传文化事业发展需要，在宣传文化系统内选拔的有过硬的思想政治素质、较大的专业成就、本科以上文化程度、年龄在50周岁以下的一批全面掌握邓小平理论和“三个代表”重要思想、学贯中西、联系实际的理论家，一批坚持正确导向、深入反映生活、受到群众喜爱的名记者、名编辑、名主持人，一批熟悉党和国家方针政策、社会责任感强、精通业务知识的出版家，一批紧跟时代步伐、热爱祖国和人民、艺术水平精湛的作家、艺术家。

（庄 蕾）

厦门理工学院

【概　况】 至2019年12月31日，厦门理工学院有院（部）18个，一级学科硕士学位授权点2个（机械工程、管理科学与工程）、硕士专业学位授权点1个（电子信息）、本科专业60个。艺术硕士专业学位授权点通过省学位办公示。至年末，有全日制在校生19325人（含研究生567人、留学生154人）。专任教师1076人，其中高级职称教师占比55.48%、硕士及以上学位教师占比93.4%、“双师双能型”（教师、工程师等资格兼具，教学能力、实践能力兼备的教师类型）教师占比53.9%。享受国务院特殊津贴6人、入选教育部新世纪优秀人才支持计划3人、闽江学者9人、全国模范教师1人、全国优秀教师2人、福建省教学名师6人、福建省优秀教师6人、省级教学团队2个、省级创新团队5个。入选首批一流本科专业建设“双万计划”专业13个，国家级一流专业建设点1个、省级12个，国家级特色专业1个、省级9个，国家级综合改革试点专业1个、省级7个，国家级卓越工程师教育培养计划实施专业5个、省级6个，省级高校服务产业特色专业8个。有教育部新工科研究与实践项目2项，国家级优秀教材4部，国家级实验教学示范中心1个、省级11个，省级人才培养模式创新实验区9个，省级教学改革试点项目9项，省级本科高校教育教学改革研究项目50项（含重大项目5项），省级虚拟仿真实验教学中心4个，省级虚拟仿真实验教学项目3项，省级公共基础课实验教学平台5个。有国家级校企合作实践教学基地1个、省级5个，国家级大学生创新创业训练计划项目263项、省级713项，省级示范性校企共建职业教育实训基地1个。获批国家自然科学基金12项、国家社科基金5项（含1项重大项目）、省部级科研项目63项。入选福建省高原建设学科1个、省应用型学科（含培育）6个。组织申报并立项2019年中央财政专项学科建设项目3项。获批省科技厅科研平台1个、省教育厅科研平台3个。新增省部级科技奖8项，其中福建省科技进步二等奖4项。获福建省社科优秀成果奖6项，其中二等奖2项，这是厦门理工学院首次获省级人文社科成果二等奖。获授权发明专利109件，比上年增长75.4%。厦门理工学院更名大学工作获教育部批准列入“十三五”高校设置规划。至年末，科研到账经费8871.5万元。

·小资料·

双万计划：即教育部“双一流专业”计划，是指教育部以建设面向未来、适应需求、引领发展、理念先进、保障有力的一流专业为目标，实施一流专业建设，建设1万个国家级一流本科专业点和1万个省级一流本科专业点。

【产学研融合】 2019年，厦门理工学院为企业解决技术难题、提供技术咨询和服务、开展联合攻关等380余项，年度科技服务到账资金6538万元。组织参加各类大型展会，宣传研究成果380余项，成果转让、转化310项，金额3808万元。与翔业集团签订校企产学研战略合作框架协议书，建立战略合作关系。与莱尔斯特（厦门）股份公司、厦门神能科技有限公司合作，成立厦门理工学院新能源材料产业学院，合办新能源材料与器件、电子封装技术专业。实施应用型研发先导项目，累计拨付先导资金3047万元，立项企业委托型项目29个、团队培育型项目21个，校企合作项目经费6000余万元，累计为合作企业创造经济效益10.29亿元。

【交流合作】 至2019年12月31日，厦门理工学院与66所国外高校开展实质性合作，其中全球学术排名前300名的高校16所。年内，与意大利罗马大学等6所高校建立合作关系并签订相关协议，与俄罗斯莫斯科工业大学等7所高校建立联系。与新西兰维多利亚大学合作开设的电子工程专业通过教育部项目检查评估。厦门理工学院新增为中国政府奖学金“领导人项目”的合作院校。面向全校各专业，开设校际人才联合培养项目30个、海外名校本硕连读项目10个、世界名校硕士直通项目15个、中外本科双学位项目5个、全球跨文化研学和实习实训项目16个、国际交换生项目16个。推进“高端外专引智”“海外教授聘请计划”等跨文化学术交流的“请进来”项目。获批科技部国家外专局高端科研项目团队项目2项、福建省科技厅外专高端团队1项、外专百人计划项目1项，获国家和省市财政配套专项经费资助约80万元。

【参赛获奖】 2019年，厦门理工学院在省级以上竞赛中共获奖780余项，获奖学生2100人次。其中，国家级奖项330余项、省级440余项。获2019年全国大学生电子设计大赛（TI杯）国家一等奖、第十四届全国大学生智能汽车竞赛一等奖、第六届全国大学生工程训练综合能力竞赛一等奖、全国大学生物流设计大赛一等奖、2019年中国大学生巴哈汽车大赛总冠军等奖项。在第五届“互联网+”大学生创新创业大赛中，参赛项目1498个，累计参赛学生5502人，在福建省赛中获得银奖2项、铜奖2项，在国赛中获铜奖1项。校健美操高水平运动队获全国啦啦操锦标赛冠军，校女篮高水平运动队蝉联第二十一届中国大学生篮球联赛（福建赛区）冠军。厦门理工学院在中国高等教育学会《高校竞赛评估与管理体系研究》专家组发布的2015—2019年全国新建本科院校学科竞赛排行榜中排名第一。

【创新创业教育】 2019年，厦门理工学院继续实施教育部大学生创新创业训练项目，全年共立项创业项目49个，其中国家级15个、省级20个。升级创业园区孵化机制，面向毕业5年内创客校友提供创业孵化服务，创新创业扶持资金提升至150万元，校创新创业园区新增注册企业17家，园区注册企业数共108家。校大学生创新创业服务中心获全国大学生创业社团联盟首批“全国十佳创业社团”称号。

【科技扶贫助农】 2019年，厦门理工

学院发挥人才、技术和学科等优势对口支援贫困地区。4月起，开展“青年红色筑梦之旅”活动，派出30多支“青年红色筑梦之旅”团队到福建革命老区、原中央苏区等贫困地区和城乡社区等开展扶贫助农活动。对口支援福建省扶贫开发重点县漳州市诏安县，通过签署校地全面合作协议、项目规划、联手共建实践基地等举措，助力提升诏安县乡村人居环境，推广诏安县品牌形象，推进诏安国家级电商进农村综合示范县建设。

（钟　然）

厦门国家会计学院

【概　况】 2019年，厦门国家会计学院有在校会计（MPAcc）、审计（MAud）、税务（MT）硕士专业学位研究生230人，其中全日制双证180人、在职单证50人。被全国会计专业学位研究生教育指导委员会授予会计专业学位教育质量认证A级成员单位。共举办培训班635期，培训学员53427人次、268615人·天，分别比上年增长16.38%、4.54%和8.35%。其中，承担全国高端会计人才的选拔和培养8期，参训学员340人次；承担地方及行业高端会计人才培养项目17期，参训学员674人次；举办大中型企事业单位总会计师素质提升工程培训班36期，培训学员2825人次；承担国际化高端会计人才培养工程分散培训2期、集中培训1期；承办财政部、公安部、国家卫健委、中国科学院等国家部委各类培训138期；举办人大系列培训班35期，培训学员4262人次；举办注册会计师协会系列培训班49期，培训学员9143人次；举办央企总部及下属企业培训班59期，金融机构培训班30期；举办公开班89期，培训学员7414人次；举办送教西部培训班7期。厦门国家会计学院党委书记刘光忠当选企业会计准则咨询委员会副主任委员，副教授陈朝琳入选企业会计准则咨询委员会咨询委员，副教授刘用铨入选政府会计准则委员会第二届咨询专家，副教授蹇薇入选财政部国际化高端会计人才培养工程。厦门国家会计学院与爱尔兰都柏林大学签订学术合作备忘录，与新加坡管理大学签订研究生联合培养合作协议。

【教研成果】 2019年，厦门国家会计学院教师在各类学术期刊上发表论文80篇，其中英文期刊6篇，核心期刊21篇；承担国家级、省部级科研课题、重大横向课题9项，出版学术专著4部。邓建平教授主持的课题《提高地方政府债券流动性研究》获部省共建联合研究优秀课题，教师翁若宇论文《The Role of Corporate Philanthropy in Family Firm Succession: A Social Outreach Perspective》（第一参与者）获福建省第十三届社会科学优秀成果奖二等奖。

【“一带一路”财经交流工作访问团出访】 2019年，厦门国家会计学院“一带一路”财经交流工作访问团分别到巴基斯坦、哈萨克斯坦、南非、埃塞俄比亚进行访问。就开展国际化专业培训、高端论坛、课题研究以及学位教育等事项与相关机构进行交流。与哈萨克斯坦阿斯塔纳国际金融中心管理局、巴基斯坦中国研究院、埃塞俄比亚亚的斯亚贝巴大学工商与经济学院签订战略合作备忘录。

【承担世界银行贷款课题子课题】 2019年，厦门国家会计学院参与的世界银行贷款课题“企业会计准则体系全面修订完善研究”结题。该课题分为5个子课题，厦门国家会计学院承担“商业模式对概念框架和会计准则的影响分析”子课题的咨询任务，咨询任务小组由黄世忠教授任组长，成员包括叶丰滢、陈朝琳、李诗、蒋艳虹等教师。“企业会计准则体系全面修订完善研究”是世界银行贷款“现代财政制度与国家治理”技援项目的子课题，目标是深入研究中国企业会计准则体系建设的相关问题及其解决方案，为修订完善企业会计准则体系提出意见和建议，跟踪研究国际财务报告准则，结合中国企业实际情况，提出高质量的反馈意见。

【会计名家网络课程上线】 2019年11月，厦门国家会计学院与中国会计学会共同制作的会计名家网络课程（第一期）完成录制，在“厦国会教务处服务号”上线。该项目由财政部会计名家培养工程30位教授担任主讲人，课程内容涵盖财务会计、管理会计、财务管理、审计内控、经营管理等领域。会计名家网络课程秉持“课程搬家”的理念，将课堂上大容量、长课时的讲解浓缩为小容量、短课时的形式，以提高学员在线学习弹性，提升学习效果。

【首届“一带一路”国家会计准则合作论坛】 2019年11月7—8日，首届“一带一路”国家会计准则合作论坛在厦门召开。该合作论坛由中国财政部主办，厦门国家会计学院承办。来自中国财政部、柬埔寨国家会计委员会、蒙古注册会计师协会、尼泊尔会计准则理事会、新西兰外部报告委员会、巴基斯坦特许会计师公会、俄罗斯联邦财政部、沙特注册会计师协会等会计准则制定机构代表参加论坛。与会代表交流各自会计准则体系建设的经验和未来的计划，

2019年11月7日，首届“一带一路”国家会计准则合作论坛在厦门国家会计学院召开

（厦门国家会计学院　供图）

探讨面临的主要挑战和合作论坛工作机制。该论坛通过加强会计准则方面的交流与合作，共同应对准则实施、能力建设、会计监管等问题，为国际经贸往来和资本流动创造良好的会计环境，实现互利共赢。

【新技术与中国管理会计发展高峰论坛】 2019年11月15日，新技术与中国管理会计发展高峰论坛在厦门举办，该论坛由厦门国家会计学院与美国管理会计师协会（简称IMA）联合主办，双方在论坛上举行战略合作现场签约仪式。厦门国家会计学院院长黄世忠教授、IMA全球董事会成员Liv Watson、厦门航空副总经理黄火灶、厦门大学陈亚盛教授、四三九九网络有限公司副总裁戴建宏、海翼集团财务部副总经理林菁等出席论坛。论坛旨在推进管理会计在全球的研究、实践和发展，推动管理会计前沿理念的实践应用，助力企事业单位财务数字化转型，以应对复杂多变的经营环境。

【国际会计准则理事会新兴经济体工作组会议】 2019年12月2—4日，国际会计准则理事会新兴经济体工作组第十八次全体会议在厦门举行。该会议由中国会计准则委员会主办，厦门国家会计学院承办。国际会计准则理事会主席汉斯·胡格沃斯特，中国财政部会计司司长、会计准则委员会主任高一斌，以及来自巴西、印度等国的代表参加会议。柬埔寨、越南代表作为观察员参会。会议为从新兴经济体的视角探讨具体会计问题提供运作平台，助力国际会计准则理事会制定国际财务报告准则，提升全球金融市场透明度。

【首届国家会计学院研究生案例大赛】 2019年12月14—15日，由厦门国家会计学院主办，北京国家会计学院和上海国家会计学院联合发起，容诚会计师事务所赞助的“诚信杯”第一届国家会计学院研究生案例大赛总决赛在厦门国家会计学院举办。厦门国家会计学院党委书记刘光忠、院长黄世忠及北京国家会计学院副院长薛伟等出席案例大赛总决赛。来自北京、上海、厦门的3所国家会计学院61支代表队参加比赛。北京国家会计学院获总决赛一等奖，厦门国家会计学院获二、三等奖；厦门国家会计学院教师高明华、陈菡获优秀指导老师奖，学生牟纹慧获最佳表现奖。

（王丽娜）

厦门工学院

【概　况】 2019年，厦门工学院有马克思主义学院、机械与制造工程学院、电子与电气工程学院等本科教学单位10个。新增智能科学与技术、产品设计、车辆工程、网络与新媒体4个专业，本科专业共33个，涵盖工学、理学、经济学、管理学、文学、艺术学6个学科门类，其中工学专业占比63.64%。信息与计算科学、机械电子工程、物联网工程3个专业通过增列学士学位授权专业审核评估。机械、电子信息、土木水利、国际商务4个学科被确定为第一批硕士点培育立项学科，建设周期3年。厦门工学院有教师500余人（含外聘教师折算后人数），其中具有高级专业技术职务的教师119人。有双聘院士3人、长江学者2人、享受国务院政府特殊津贴2人、新世纪优秀人才支持计划1人、福建省高等学校新世纪优秀人才支持计划3人、福建省高校杰出青年科研人才培育计划8人。有全日制在校生1万余人，毕业生就业率在97%以上。厦门工学院与华侨大学、台湾元智大学、台湾大叶大学、英国哈德斯菲尔德大学、卡迪夫城市大学、美国内布拉斯卡大学林肯分校等国内外高校建立战略合作关系。与西安交通大学合作开展德文商学院教育培训基地项目。厦门工学院入选“新华社民族品牌工程”项目，与新华社下属服务机构就品牌建设和学校发展等方面开展合作。

【教研教改】 2019年，厦门工学院获批立项国家重点实验室开放基金课题3项、教育部产学合作协同育人项目2项，设立教育部高等学校软科学研究基地中国管理问题研究中心厦门工学院分中心等。有高校示范性应用型专业群、高校服务产业特色专业、高校专业综合改革试点项目、实验教学示范中心、虚拟仿真实验教学中心等省级本科教学工程项目35个。获省级教学成果奖4项。在课堂教学改革、课程建设、团队建设等方面立项120余项。获批省级教育教学改革项目7项、省级虚拟仿真实验教学中心1项、省级虚拟仿真实验教学项目1个、省级线上线下混合式课程建设项目1个、省级一流专业2个，省级线下一流本科课程6个。柔性制造装备集成重点实验室通过福建省高校重点实验室项目论证，闽南石雕艺术与产业发展研究中心获福建省高校人文社会科学研究基地立项建设。发表论文163篇，其中SCI（科学论文索引）收录7篇、EI（工程索引）收录8篇、CSSCI（中文社会科学引文索引）收录4篇、CSCD（中国科学引文数据库）收录4篇、中文核心期刊收录19篇。

【参赛获奖】 2019年，厦门工学院在全国大学生电子设计竞赛获国家二等奖1项、省二等奖3项。在全国高校商业精英挑战赛“致教杯”跨境电商创新实践大赛全国总决赛中获一等奖4项、二等奖1项。

（高　敏）

厦门华厦学院

【概　况】 至2019年12月31日，厦门华厦学院有二级学院4个（信息与智能机电学院、环境与公共健康学院、商务与管理学院、人文学院）、本科专业27个、专科专业9个。教职员工435人，其中正高职称33人、副高职称101人。在校生6791人。2019届本科毕业生就业率98.43%，专科毕业生就业率99.9%。年内，本科招生1882人，专科招生325人。通信工程、环境科学与工程、食品质量与安全3个专业增列为工学学士学位授予专业，财务管理和物流工程2个专业增列为管理学学士学位授予专业。厦门华厦学院获批加入“金融科技产学协同创新联盟”首批联盟院校，入选“国家级星创天地”、省级产创融合教育实践示范基地，获福建省第四届“海清杯——黄炎培职业教育奖”优秀学校奖。

【教改教研】 2019年，厦门华厦学院物流工程、机械设计制造及其自动化专业获批教育部“1+X”（学历证书＋若干职业技能等级证书）证书制度试点专业。通信工程教学团队入选省级本科教学应用型教学团队，通信工程专业获批省级一流本科专业建设点。厦门华厦学院获福建省本科高校教育教学改革研究项目5项（含重大教育教学改革研究项目1项）、福建省终身教育重点建设项目3项、福建省本科高校应用型建设案例2个、中国物流学会物流教改教研课题计划2项。物流工程专业教授陈民伟入选教育部高等学校教学指导委员会委员。教师杨阳申报的“克氏原螯虾精氨酸激酶的抗原表位与抗体相互作用的研究”获批国家自然科学基金项目，教师林东旭、洪小坚申报的实践条件和实践基地建设项目“高校实验室安全教育的移动端应用”获教育部高教司产学合作协同育人项目立项，学校自主研发的“基于移动端的智慧迎新系统”获批国家版权局计算机软件著作权登记。

【参赛获奖】 2019年，厦门华厦学院数学建模团队在2019年全国大学生数学建模竞赛中获国家级二等奖2项、省级一等奖4项、省级二等奖10项。厦门华厦学院在第四届全国大学生金融创新大赛中获“理财规划——明日之星赛项”二等奖、“互联网金融创新与运营管理大赛”三等奖，获“智慧银行创新服务赛项”二等奖以及“保险创客核心业务赛项”三等奖。获全国商业精英挑战赛国际贸易竞赛与经贸会展创新实践赛一等奖、第六届全国大学生物流设计大赛三等奖、第七届“网中网杯”大学生财务决策大赛团体三等奖、第四届全国供应链创新设计大赛决赛本科组三等奖。获福建省教育厅主办的“互联网+”创新创业大赛铜奖，“网龙杯”第五届福建省“互联网+”大学生创新创业大赛主赛道初创组铜奖，“平潭杯”第五届福建省“互联网+”大学生创新创业大赛职教赛道暨第三届黄炎培海峡职业教育创新创业大赛应用型本科组银奖、铜奖，2019年全国大学生英语竞赛决赛（福建赛区）一等奖，福建省女大学生创新创业大赛铜奖。人文学院学生作品《瀚海未名者》获第九届福建省高校艺术设计大赛工艺美术类金奖。

【“eBay E青春”人才培养项目】 2019年5月16日，国际电子商务平台“eBay E青春”人才培养项目启动仪式在厦门华厦学院举行。eBay大中华区总监何高华、厦门安得森文化传播有限公司创始人王成华、华厦学院副校长陈民伟参加启动仪式。eBay与厦门华厦学院签订人才培养战略合作协议，eBay人才培养项目为“eBay E青春”跨境电商班学生提供理论知识培训和账号实操训练，举办跨境电商产业专场招聘会等活动，为学生和跨境电商产业中的优质企业牵线搭桥。

【全国大学生电子商务挑战赛选拔】 2019年6月29日，第九届全国大学生电子商务“创新、创意及创业”挑战赛（简称“三创赛”）福建赛区选拔赛（建行杯）在厦门华厦学院举行。该届“三创赛”福建赛区选拔赛由福建省教育厅主办、厦门华厦学院承办，全国电商“三创赛”竞赛组委主任、教育部电子商务类专业教学指导委员会副主任李琪教授，福建省商务厅电子商务与信息化处副处长林志强等出席比赛。来自省内32所高校的2082支队伍、9000余名师生报名参赛，170支队伍进入福建赛区选拔赛，其中76支队伍通过遴选入围，9支队伍进入决赛。厦门华厦学院获福建省赛一等奖2项、二等奖5项、三等奖1项，晋级全国总决赛并获国赛二等奖1项。“三创赛”为国家A类学科竞赛，由教育部主管，由教育部高等学校电子商务类专业教学指导委员会主办。

（苏文雅）

厦门城市职业学院

【概 况】 至2019年12月31日，厦门城市职业学院有教职工543人，其中专任教师332人、高级职称教师140人。开设高职招生专业36个，至年末有全日制高职在校生9397人，其中首次招收的高职扩招退役军人学生1327人；开放教育、成人学历教育学生11518人；来自11个国家的留学生227人。在马来西亚城市大学成立“中马海丝职业教育学院”，招收首届酒馆专业国际学历生。2019届毕业生就业率99.19%，专业对口率96.14%，用人单位满意度98.26%。馆藏纸质图书48万册，电子图书46万册，中外文数据库16个。有校内实训室170个、校外实习实训基地167个，中央和省财政支持实训基地12个。年内，厦门城市职业学院被教育部认定为国家优质专科高等职业院校（全国共200所），入选福建省示范性现代职业院校建设工程2019年重点建设院校（全省6所）、福建省首批“三全育人”（全员育人、全程育人、全方位育人）综合改革试点高职院校（全省10所），获福建省第四届黄炎培职业教育优秀学校奖，获福建省高职院校智慧校园示范学校、全国高职第三批数字校园建设实验校称号。数字媒体艺术设计、云计算技术与应用、旅游管理、数控技术、物流管理5个专业入选国家骨干专业，智能制造专业群生产性实训基地入选国家级生产性实训基地，海洋新能源与智能装备应用技术协同创新中心入选国家级协同创新中心。校企合作的轨道交通学院入选福建省首批高职院校产业学院试点项目，闽南文化与民间艺术传习基地入选福建省高校中华优秀传统文化传承基地，政校合作的厦门社区书院总部获2019年全国“终身学习品牌项目”，双创园区入选福建省产创融合教育实践示范基地建设名单。以教师蔡文智作为第一发明人的专利“一种并联型磁路的磁保持继电器”获第二十届中国专利奖银奖，教师陈仲义“现代诗元素化合研究”获批国家社科基金后期资助项目（全国高职院校共立项3个）。

【参赛获奖】 2019年，厦门城市职业学院在全国职业院校技能大赛中获二等奖、三等奖各4项，在福建省职业院校技能大赛中获一等奖4项、二等奖17项、三等奖17项。在第五届“互联网+”大学生创新创业大赛红旅赛道上获银奖1项、铜奖1项，职教赛道上获金奖1项、银奖1项、铜奖1项。学校帆船队获中国大学生帆船锦标赛冠军。

【“电影·产业·人才”论坛】 2019年11月22日，第二十八届中国金鸡百花电影节“影视·产业·人才”主题论坛在厦门城市职业学院云顶楼召开。该届论坛是第二十八届金鸡百花奖系列活动之一，论坛聚焦影视产业人才与主流电影的商业化发展趋势，邀请国内外的产业界专家进行讨论对话，中国电影家协会副主席喇培康到场并致辞。论坛期间，厦门城市职业学院与中影世纪教育科技（北京）有限公司签订校企人才培养合作协议，以培养国家市场急需、国内一流的影视高素质人才为目标，探索构建辐射福建省的应用型影视特色人才教育合作模式。

（王朝阳）

职业教育与成人教育

【概 况】 2019年，厦门市支持省级示范性现代职业院校建设，6所职业院校被列入A类培育项目院校，厦门城市职业学院被列为福建省示范性重点建设高职院校。根据教育部公布的《高等职业教育创新发展行动计划（2015—2018年）》项目认定结果，厦门城市职业学院被教育部认定为优质专科高等职业院校，全市高职院校共17个骨干专业、3个生产线实训基地、1个“双师型”教师培养培训基地、2个协同创新中心获教育部认定。厦门工商旅游学校入选全国职业院校学生管理50强。12个市级高职重点专业完成评估验收。厦门市启动市级服务产业特色专业群建设，遴选第一批专业群建设项目10个，推进建设省级职业院校服务产业特色专业群18个。开展年度中职学校招生资质核查，14所中职学校（含特教学校）获批招生资格。

【校企合作】 2019年，厦门市继续推动物流、软件、会计等校企合作服务中心工作，推动校企双方在专业建设、课程设置、师资培养等方面开展合作。推动旅游、电子、海洋、商贸、机械、化工、建筑、交通8个职业教育集团开展校企合作。实行校企合作、工学结合、顶岗实习、订单培养、现代学徒制等人才培养模式。厦门市职业院校与75家企事业单位开展校企合作订单培养，涉及学生5911人。职业院校与企业实施现代学徒制试点项目，其中国家级立项1个、省级35个、市级30个。8所高职院校与192家企业获批开展高职教育“二元制”人才培养改革试点项目59个。9所院校的43个试点项目列入全国“1+X”（“1”指学历证书，“X”指某种技术技能的资格证书，不同的专业对应不同的资格证书）证书制度试点。

·小资料·

高职教育“二元制”：现代学徒制的一种，主要从满足行业（企业）对高素质技术技能人才的需求出发，将传统学徒培训与现代职业教育相结合，构建以行业（企业）与学校二元主体、学徒与学生二元身份、师傅与教师二元教学、企业与学校二元管理、企业与学校二元评价、毕业证与职业资格证二元证书、全日制与非全日制二元学制为主要特征，以全面提升劳动者技术技能水平和职业素养为主要目标的现代职业教育人才培养新模式。“二元制”改革试点招生对象为与企业签订劳动合同的在职员工，由试点高职院校采取“文化综合知识考试＋专业基础考试与岗位技能测试”相结合的考试办法，单独组织考试、单列招生计划进行录取。

【师资培养】 2019年，厦门市实施国培省培联动项目和市级统筹的国培实施项目。210名职业院校教师参加市级统筹的国培项目教师企业实践、管理人员研修、卓越校长专题研修和闽台培训等6个培训班。166名学员完成省级国培项目公共基础课教师培训、“双师型”教师专业技能培训、青年教师跟岗访学和新入职教师规范化培训等项目，376名职业院校教师参加省市级教师素质提高计划培训项目。厦门市推进中职学校名师培养工作，评选首批中职名师工作室10个。

【闽西南协同发展区职业教育对接工作】 2019年，厦门市组织闽西南5市（厦门、漳州、泉州、龙岩、三明）中职、高职院校开展结对工作，首批结对中职学校30所、高职院校8所。开展跨区域的五年制高职合作办学，涉及专业32个，招生计划1000多人。100名闽西南职业院校学生参加“嘉庚精神”主题研学实践活动。厦门市教育局举办闽西南协同发展区职业教育改革发展研讨会，研讨落实国家职业教育改革实施方案的措施思路，深化职业教育改革创新，推动闽西南职业教育办学质量提升。厦门、三明、龙岩分别牵头成立闽西南协同发展区轨道交通、物流管理、建筑工程技术3个职教联盟。

【职业技能竞赛】 2019年，厦门市职业院校在全国职业院校技能大赛中获一等奖7个、二等奖25个、三等奖43个，共75个奖项，比上年增加14个。其中，集美工业学校、厦门工商旅游学校分别以42、28枚的奖牌数名列全国中职学校第二、第三名，位列福建省中职组获奖项目总数第一、二名。在福建省职业院校技能大赛中，厦门市代表队（中职）获一等奖21个、二等奖62个、三等奖49个；厦门高职院校获一等奖15个、二等奖58个、三等奖84个。在“网龙杯”2019年福建省职业院校信息化教学大赛中，厦门市代表队获一等奖3个、二等奖7个、三等奖17个。

【终身教育】 2019年，厦门市教育局与市总工会联合设立“职工学堂”10个。持续推进社区书院建设，推动社区书院总部建设，完善社区书院总部在文化资源配送、师资支持、指导培训等方面的服务功能，在社区书院信息平台上开设“产业工人在线学习”专栏，加强建设社区书院课程体系，为职工提供在线学习课程99门。组织申报省教育厅终身教育重点项目，厦门老年大学被列入高水平示范性老年大学立项单位，厦门大学老年大学、厦门南洋职业学院老年大学被列入高校老年大学建设项目。厦门市获评省级终身教育特色品牌项目7项。

（庞东海）

责任编辑：胡 恩
审 稿：林建高
校 对：曲 艺

34 文化

公共文化

【概　况】 2019年，厦门市有公共文化馆7个，公共图书馆10个，博物馆、纪念馆12家。全年市、区、镇（街道）3级公共文化服务机构开展各类群众文化活动和文化惠民活动约3600场次。厦门市属专业文艺院团深入社区、乡村、剧场、广场、旅游景点、学校等场所，开展公益性惠民演出549场，约11万名市民群众及游客参与；推动戏曲进校园展演，开展厦门市中、小学生“传统戏剧进校园”夏令营、高雅艺术进校园等活动。市属专业文艺院团进校园演出35场，进校园授课478课时，拍摄传统剧（节）目16个，并进行数字化制作，上传至厦门网展播；完成农村、社区公益广场电影放映6748场次。

【公共文化服务体系建设】 2019年，厦门市文化和旅游局（简称市文旅局）构建完善现代公共文化服务体系，推进公共文化标准化建设、基层综合性文化服务中心建设、区级文化馆总分馆制建设以及公共文化机构法人治理结构改革公共文化领域4项重点任务，全市公共文化服务体系建设持续完善提升。市文旅局指导督促各区完成5个镇（街道）综合文化站、97个村（居）文化服务中心提升达标建设任务，完成实际投资1500万元；推进文化志愿者队伍建设和常态化开展文化志愿服务，全市有文化志愿者约1.2万余人；加强社会组织管理，引导社会组织规范运行，会同厦门市民政局对文化类社会组织开展2018年年度检查，市文旅局所主管的13家社会团体和48家民办非企业单位通过年检。厦门市文化馆（美术馆）、厦门市图书馆、厦门市少儿图书馆完成公共文化机构法人治理结构改革，各区完成区级文化馆总分馆制改革。厦门艺术学校四期工程于2019年9月动工建设，完成投资1500多万元；闽南戏曲艺术中心项目于2019年10月开工建设，完成投资3000多万元。全市公共文化资源与服务供给效能和共享水平进一步提升，公共文化服务体系建设标准化均衡化建设水平、公共文化设施人均享有率等多项业务指标居全国前列。

【群众文化活动】 2019年，厦门市文旅局制定《庆祝中华人民共和国成立70周年群众文化宣传教育活动实施方案》，组织开展多场群众文化活动，做实文化惠民，营造“大庆”氛围。举办2019“阅享生活·读行厦门”悦读节系列活动和2019书香鹭岛活动月，将全民阅读活动贯穿全年，营造良好的城市阅读风尚。厦门市文化馆（美术馆）举办文化惠民文艺演出43场，观众近10万人次；举办公益培训220班次，培训5.5万人次；举办展览41场，近50万人次参观；组织公益讲座22场，约2000人次参加。厦门市图书馆各馆区接待读者546万人次，外借文献508万册次，各数据库访问量1668万次，电子书借阅123万册次；厦门市少儿图书馆接待读者118万人次，流通图书147万册次，举办阵地读者活动、“腾飞中国·辉煌70年”主题“红领巾读书”等大型读书活动、图书馆服务宣传周活动等各类读者活动938场，参与人数17万人次。

【第十三届全国美术作品展览漆画作品展】 2019年9月24日，由文旅部、中国文联和中国美协主办，福建省文联、厦门市文旅局、厦门市文联、福建省美术家协会协办的“庆祝中华人民共和国成立70周年——第十三届全国美术作品展览漆画作品展”在厦门市文化艺术中心闽南神韵剧场开幕，展会围绕漆画创作主题，进行舞蹈、音乐、诗歌、朗诵等演出，用多种艺术形式融合，诠释当代漆画艺术的时代成就与魅力。开幕式在厦门市美术馆线上平台实时转播，线上线下累计3万余人观看。该展览作为庆祝中华人民共和国成立70周年全国性重要美术活动，进一步巩固厦门市全国漆画艺术中心地位，打造厦门市城市文化“新名片”，收到全国1848件漆画作品、复评入围展出314件（其中进京展27件、获奖提名6件）。

（郑滢君）

艺术活动

【概　况】 2019年，厦门市文旅局组

织推进专业艺术创作生产与展演，一批单位、作品和个人获省级文艺奖项。厦门市专业文艺院团获中国戏剧节等国家级、省级文艺比赛各类奖项 59 个。其中，音乐剧《鼓浪如歌》、歌仔戏《侨批》入选国家艺术基金 2019 年度大型舞台剧和作品资助项目，闽台合作地方戏《阿搭嫂》入选第十二届中国艺术节展演剧目并获国台办发言人马晓光在新闻发布会上肯定，歌仔戏《侨批》获得第十六届中国戏剧节最佳剧目奖，音乐剧《鼓浪如歌》入选第十六届中国戏剧节闽台交流合作剧目暨福建省优秀剧目展演剧目，小剧场版《阿搭嫂》入选第五届“戏曲・呼吸”上海小剧场戏曲节展演，艺术学校、小白鹭民间舞艺术中心创排的女子群舞《丝海踏浪》入围第十二届中国舞蹈“荷花奖”，群众文化小品《生日》入围中华人民共和国文化和旅游部主办的第十二届中国艺术节暨第十八届群星奖决赛，原创广场舞作品获得“我和我的祖国”——文化新生活全国广场舞展播网络人气作品、百部推荐作品，现代歌仔戏《无相欠》获第二届华东六省一市现代地方小戏大赛金奖，舞蹈《小荷尖尖》获福建省文学艺术界联合会、福建省舞蹈家协会主办的“庆祝中华人民共和国成立 70 周年——第八届福建省原创少儿舞蹈大赛”创作银奖、表演金，歌仔说唱《锄山新风采》获得福建省文学艺术界联合会、福建省文化和旅游厅主办的第三届福建省曲艺丹桂奖大赛福建曲种业余组比赛三等奖。在第十四届福建省戏剧水仙花奖比赛中，市属文艺院团 11 名演员获奖。

2019 年 7 月，小白鹭民间舞艺术中心在新疆开展文艺演出　（叶玲　摄）

【文化交流活动】 2019 年 5 月，厦门市文旅局组织文化志愿者到西北开展文化援助活动。由厦门歌舞剧院组成的厦门文化艺术团创排具有闽南特色和中国元素的浓缩版《鹭岛之上》文艺晚会，到甘肃省临夏回族自治州参加“2019 河州牡丹文化月”交流活动，开展 4 场演出，走进临夏的剧院、村庄和街区，与临夏人民共叙“亲戚情”、共唱“中国梦”。7 月，小白鹭民间舞艺术中心演职员一行 65 人，应福建省对口援疆工作前方指挥部的邀请，到新疆昌吉州等地开展文化交流慰问演出。期间，全体演职员完成专场演出 3 场、快闪拍摄 4 场及“艺术家走基层”交流活动 1 场。

2019 年 8 月 16 日至 10 月 19 日，市文旅局举办庆祝中华人民共和国成立 70 周年暨厦门解放 70 周年优秀剧目展演季活动　（王夏雯　摄）

【优秀剧目展演季活动】 2019 年 8 月 16 日至 10 月 19 日，厦门市文旅局围绕庆祝中华人民共和国成立 70 周年暨厦门解放 70 周年，以“礼赞新中国　逐梦新时代”为主题，举办优秀剧目展演季活动。从中共十八大以来厦门专业文艺院团获得省级以上奖项的剧目中，挑选 10 台优秀剧目及 2 台交响音乐会，面向市民群众在岛内外主要剧场开展 31 场惠民演出，近 2 万名市民、游客参与剧场观演，5 台网络视频直播剧目点击量超 70 万人次。中央、省、市新闻媒体及其融媒体、新媒体多次宣传报道该次展演季活动。

（郑滢君）

文化遗产保护

【概　况】 2019 年，厦门市文化遗产保护体系进一步健全，闽南生态文化保护区建设持续推进。全市文物保护单位209处(261个点),其中全国重点文物保护单位7处(50个点)、省级文物保护单位54处(60个点)、市级文物保护单位79处(82个点)、区级文物保护单位69处(69个点)、涉台文物古迹88处。市级以上非物质文化遗产代表性项目89个,其中人类口头与非物质文化遗产1项(南音)、国家级11个、省级36个、市级41个;市级以上非物质文化遗产代表性项目的代表性传承人111人,其中国家级13人、省级51人、市级47人。

【文物保护】 2019年,厦门市文旅局组织开展学习习近平总书记关于文化遗产保护工作系列重要论述研讨和关于鼓浪屿申遗成功重要指示精神的2周年“回头看”。研究制定《厦门市革命文物保护利用工程工作方案》《厦门市关于加强文物保护利用改革的实施方案》;完成29处文物保护单位申报第八批全国重点文物保护单位工作,获批国家文物保护专项资金1740万元;申报2020年度国家文物保护专项资金2580万元,报审各类文物保护修缮、小修保养项目12个,指导和组织实施文物修缮工程26个,备案文物保护单位保养项目11个。配合大型基建项目,完成轨道交通4、6号线和闽南戏曲艺术中心等重大项目考古调查勘探。完成《厦门市闽南红砖建筑保护规划》编制工作。厦门市文物行政部门持续抓好文物安全工作,新增10处文物保护单位纳入厦门市文化和旅游市场综合执法支队监控平台(监控数量36处),组织参加福建省文物安全培训,落实每月“双随机”检查,突出隐患排查治理,对全市不可移动文物开展全面摸底调查,对列入濒危和需要维修的文物建筑开展为期3年的专项维修保护工作。指导同安区完成庶安楼抢救性保护、与业主签订委托代管协议、修缮方案编制等工作。

【博物馆宣教服务】 2019年,厦门市各博物馆(纪念馆)接待游客参观356万人次。市文旅局组织国有、非国有博物馆负责人参加上级培训,部分国有、非国有博物馆藏品参加福建省庆祝中华人民共和国成立70周年展览;指导推进厦门市文物商店改制任务,完成人员转隶、文物资产清点等工作;组织金砖国家领导人厦门会晤展陈工作,推进展陈设计采购,开展内部设置调整;承办市政协庆祝政协成立70周年书画展、厦门市与澳大利亚阳光海岸市缔结友好城市20周年展等展览;与中国文物报社控股的北京国文展文化发展有限公司首次合作的《财·道——中国古代财文化专题展》项目计划进入协议签署阶段。

【非物质文化遗产保护项目】 2019年,厦门市文旅局持续推进“非遗”保护传承工作,完善非物质文化遗产保护传承体系。在国家文化和旅游部、福建省文化和旅游厅支持指导下,市文旅局联合马来西亚马六甲有关方面共同向联合国教科文组织申报将“送王船”(同时为厦门市的国家级“非遗”代表性项目、马六甲的马来西亚国家级“非遗”代表性项目)列入人类“非遗”代表作名录。组织开展第五批国家级“非遗”代表性项目申报工作,厦门珠绣手工技艺、惠和影雕、福建香制作技艺、延平郡王信俗等4个项目入选推荐名单。跳鼓舞(厦门)、福建布袋木偶戏(厦门)、福建农民画(同安)、厦门漆宝斋漆艺、澳头蚝干粥传统制作技艺、大笼甜粿传统制作技艺、有应公信仰7个项目列入第六批省级“非遗”代表性项目名录,清水祖师信俗(厦金香山庙会)列入第一至第五批省级“非遗”代表性项目名录的扩展项目。厦门市人民政府审定并公布第五批市级“非遗”代表性项目名录,新增第五批市级“非遗”代表性项目25项、第一至第四批市级“非遗”代表性项目名录的扩展项目1项、第一至第四批市级“非遗”代表性项目名录的新增保护单位36个。

【闽南文化生态保护】 2019年,厦门市文旅局牵头制定《厦门经济特区闽南文化保护发展办法》,组织开展国家级文化生态保护试验区建设成果验收工作。文化和旅游部发文公布首批国家级文化生态保护区名单,全国有7个生态保护区列入,闽南文化生态保护区(福建省泉州市、漳州市、厦门市)位列名单之首。厦门市人民政府按照《国家级文化生态保护区管理办法》落实建设闽南文化生态保护区的主体责任。市文旅局组织开展“闽南文化走透透”系列活动、第十二届莲花褒歌比赛、第二十二届南音比赛、第十二届海峡两岸闽南语原创歌曲歌手大赛等活动。打造的“非遗”民歌作品——莲花褒歌曲目《茶乡来了总书记》入选2019中国原生民歌节展演活动;宣传推广《来去厦门》《多情的少年》等第十二届海峡两岸闽南语原创歌曲歌手大赛优秀作品,弘扬闽南语文化;出版《闽南非物质文化遗产丛书(第二辑)》,持续开展闽南语和闽南文化进校园、进社区活动;举办2019年提高“非遗”传承人能力培训班,整理2018年“非遗”普查暨民间文学、海洋文化专题调查成果,出版《海丝送王船》《古诗词闽南话诵读解说三百首》《思明记忆之厦门海洋历史文化》(丛书)《邵鼎辉讲古作品选》《海沧楹联匾额精选汇编》《同安文话》《翔安非遗2》《香山文化丛书》等“非遗”文化书籍;举办《人与海洋——厦门海洋历史文化学术研讨会》活动,邀请北京、上海、广西、台湾等地区专家学者参与,促进海洋历史文化及“送王船”学术研讨与交流,营造闽南文化保护的共识和氛围。

【文化和自然遗产日宣传活动】 2019年6月8日,由厦门市文旅局主办的文化和自然遗产日宣传活动在翔安区“澳头小镇”超旷美术馆举办。该活动以“非遗保护 中国实践”“保护革命文物 传承红色基因”主题,采用“主场馆+分场馆”形式进行宣传,将展示范围扩展至全市。邀请全市50家旅行社参观“非遗”展,现场与“非遗”保护单位进行洽谈、签订合作意向,为下一步旅游宣传、推介注入“非遗”文化元素。在宣传活动启动仪式中,市文旅局组织厦门文化和旅游原创歌曲《来去厦门》《多情少年》等现场演唱,首播厦门市“非遗”宣传片《“多彩非遗 美好生活”——厦门市非物质文化遗产保护与传承掠影》。活动期间,举办《厦门市红色文化资源图录》书籍首发式,为厦门市新入选省级“非遗”代表性项目名录的8个项目授牌;组织开展厦门市“非遗”6+2创意成果展、翔安农民漆画展、女画家画展、陶器展、翔安金缮(漆艺)展等约上千件的产品展出,组织约150名中小学生、“非遗”传承人、“非遗”专家现场表演、讲解、展示,为游客带来“非遗”文化互动体验。

(郑滢君)

文化产业

【概 况】 2019年，厦门市有国家级文化产业园区和基地7个，省级文化园区和示范基地24个，市级重点文化企业50家。全年厦门市文化产业主营收入1150亿元，增加值141亿元，比上年增长13.97%。新增演出经纪机构21家、文艺表演团体5家、歌舞娱乐场所12家、游艺娱乐场所3家、互联网上网服务场所7家、艺术品经营单位2家，互联网视听节目持证网站3家。市文旅局推动互联网上网服务场所拓展“互联网+咖啡”“互联网+电竞”“互联网+书店”等经营模式，全市85%以上互联网上网服务场所实现高端化、多业态发展。厦门民营实体书店行业发展呈转型升级态势，8家实体书店的8个项目获实体书店扶持资金51.83万元。

【文化产业基础建设】 2019年，厦门市推进文化产业千亿产业链建设，文化产业实现千亿产值目标。市文旅局研究完善文化产业发展政策，推进厦门市影视产业发展，扶持影视企业做大做强，扶持一批重点企业和重点项目发展。重点培育海峡两岸龙山文创园、特区1980创意园、海丝艺术品中心、沙坡尾海洋文化创意港、嘉禾良库文化创意产业园等文化产业园区和基地；支持美图科技、美亚柏科、咪咕动漫等厦门互联网文化科技企业做强做大，持续跟踪和服务保障手机（移动终端）动漫国际标准（T.621）的推广应用。

【第十二届海峡两岸文博会】 2019年11月1—4日，第十二届海峡两岸（厦门）文化产业博览交易会在厦门国际会展中心举行。该届展会由中共中央台办、文化和旅游部、国家广播电视总局、福建省人民政府主办，厦门市人民政府、台湾亚太文化创意产业协会承办，以“一脉传承·创意未来”主题，推进两岸交流、交往、交易，突出文旅融合特色，注重创意、创新、创造。该届展会展览面积7.5万平方米，设3512个展位，参观总人数30.2万人次，其中主展馆17.8万人次。台湾地区参展企业384家，展位数898个，成为展会中展商和展位数最多的地区。展会期间，签约文化和旅游投资项目103个，总签约507.22亿元；现场交易额50.62亿元，其中订单额49.75亿元。

【文化旅游会展产业发展大会】 2019年11月13日，由厦门市人民政府主办、厦门市文旅局承办的厦门市文化旅游会展产业发展大会在国际会议中心酒店召开，来自国内外文化旅游会展业界企业家、投资商700人参会。福建省委常委、厦门市委书记胡昌升出席大会并发表讲话。会议提出从高起点构筑新兴文化产业强市、高品位打造国际滨海花园旅游城市、高标准建设国际会展名城三大目标重点发力，把厦门建设成为新时代文化旅游会展名城，打造高素质、高颜值的现代化、国际化城市。大会现场有32个文化旅游会展产业项目完成签约，总投资额93.4亿元；发布《厦门市文化产业、旅游产业、会展产业高质量发展三年行动计划（2020—2022）》《厦门市文化产业人才引进和培养实施办法》《厦门市旅游产业高层次人才计划实施办法的通知》《厦门市进一步激发文化和旅游消费潜力实施意见》《厦门市繁荣商业演出市场实施办法》等一系列配套优惠政策。

（郑滢君）

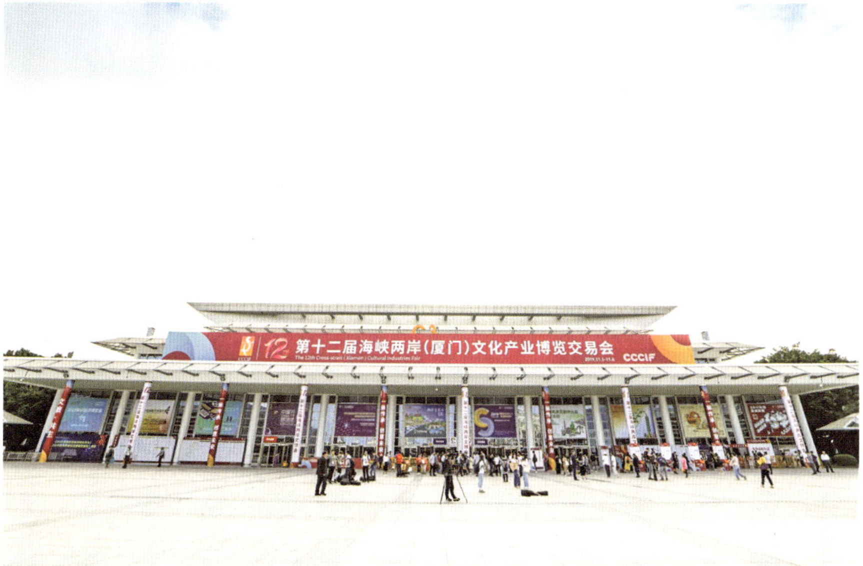

2019年11月1—4日，第十二届海峡两岸（厦门）文化产业博览交易会在厦门国际会展中心举办

（市文旅局 供图）

文化交流

【概 况】 2019年，厦门市文旅局办理文化交流40批249人次，其中出访27批172人次，包括对外交流7批45人次，对港交流4批45人次，对台交流16批82人次；接待13批77人次，13批次中包括国外20人次（含美籍华人1人）、台湾55人次、香港2人次。

【对台文化交流】 2019年，厦门市金莲陞高甲剧团与台湾戏曲学院青年剧团合作创排的闽台地方戏《阿搭嫂》到上海参加第十二届中国艺术节展演活动，将闽台地方戏曲艺术融合发展的成果搬上国家级舞台。国台办发言人马晓光称该活动为“闽台地方戏曲艺术融合发展的一次有意义的尝试”。厦门歌仔戏研习中心邀请台湾戏曲音乐协会10名乐队演奏员参与歌仔戏《侨批》的排练演出，共同参加第十六届中国戏剧节，获得最佳剧目奖。7月，厦门市南乐团到台湾开展“2019福建文化宝岛行——南音进社区”文艺演出活动，到台北、南投、苗栗等社区开展4场演出，为台湾民众呈现传统古乐南音之美。厦门市南乐团与台湾艺术动态协会、台湾玄奘大学热舞社共同创排《南音与街舞》。两岸合作举办2次“闽南传统艺术种子培训”冬令营活动，分别邀请台湾唐美云歌仔戏团和台湾戏曲学院师生到厦门参

2019 年，歌仔戏《侨批》获得第十六届中国戏剧节最佳剧目奖　（苏华琦　摄）

加歌仔戏、南音冬令营活动，为戏曲培训更多优秀的“种苗”。

【对外文化交流】 2019 年 10 月 23 日至 11 月 2 日，小白鹭民间舞艺术中心受文旅部委派，作为中国唯一的艺术团到埃及参加第四届中非艺术节演出活动，加强与“一带一路”国家的文化交流合作。在艺术节开幕式上，厦门小白鹭民间舞艺术中心精心呈现一场独具中国特色的表演——集体舞《跳春》，展现藏族、蒙古族、维吾尔族、彝族、傣族等少数民族的特色舞蹈，增进非洲人民对中国优秀文化的了解。

（郑滢君）

文化管理

【概　况】 2019 年，原厦门市文化广电新闻出版局、原厦门市旅游发展委员会的职责整合，组建厦门市文化和旅游局，加挂厦门市新闻出版广电局（厦门市版权局）、厦门市文物局牌子，完成市、区两级局机关机构改革工作。推进文化市场综合执法队伍改革，整合原厦门市文化市场综合执法支队、原厦门市旅游质量监督管理所，重新组建厦门市文化和旅游市场综合执法支队，完成涉改原 5 个单位的人员转隶工作，统一行使文化、出版、版权、广播电视、电影、旅游和文物保护相关行政执法职责。两局整合实现理念融合、队伍融合、职能融合，加强文化市场日常监管和专项整治，确保文化市场健康、安全、有序。

【文化市场监管】 2019 年，厦门市文旅局创新文化市场监管模式，加强事中事后监管。出动文化市场检查人员 10161 人次，检查各类文化市场经营场所 1937 次，查办行政案件 73 起，作出行政处罚 73 起；文化执法网上巡查 7100 家次；开展双随机抽查 36 批次，出动执法检查人员 1440 人次，抽查市场主体 360 家次；受理举报电话及文化市场投诉 473 件，全部按时保质办结。开展文化市场领域扫黑除恶专项斗争，发动各文化行业协会，加强文化市场乱象整治和线索摸排，制定《厦门市 2019 年“扫黄打非”工作行动方案》，组织召开全市“扫黄打非”工作会议，组织开展“清源”“净网”“护苗”“秋风”“固边”专项行动，查缴各类非法出版物 5.1 万多件。其中，查获政治性、宗教性违禁出版物 1.6 万多件，关闭淫秽色情网站 12 个，删除网络不良信息 4.6 万多条。查办涉黄涉非案件 52 起，其中刑事案件 3 起。海沧区嵩屿街道获评全国“扫黄打非”进基层示范标兵称号。

【行政审批制度改革与服务】 2019 年，厦门市文旅局根据全市“放管服”改革工作部署，结合“四级四同”“证照分离”等市场准入改革试点工作，对现有的审批事项进行调整优化。经梳理，文化审批事项 34 项、78 小项。其中，行政审批事项（含下放、委托项目）29 大项，69 子项；其他行政权力事项 5 大项，9 子项。优化审批服务，方便企业及群众办事，在原来 8 项“一趟不用跑”事项的基础上，对 22 项“最多跑一趟”事项提升至“一趟不用跑”；对

2019 年 10 月 23 日至 11 月 2 日，小白鹭民间舞艺术中心在埃及参加第四届中非艺术节　（市文旅局　供图）

信用状态良好的申请人或企业，推行“容缺受理”制度，文化78项审批事项均推行容缺受理。办理文化行政许可和其他行政权力事项797件，减少5.01%。其中，通过市行政服务中心窗口办理409件，通过“福建省网上办事大厅”办理80件，通过“全国文化市场技术监管与服务平台”办理308件，各类受理事项按时办结率100%。

（郑滢君）

广播影视

【概 况】2019年，厦门市有广播节目7套、电视节目7套，广播电视节目无线数字化覆盖工程免费为城乡居民提供16套中央电视台数字电视节目。全市有线电视覆盖率100%，数字电视整转率98.96%。广播节目制作经营单位285个，新增企业116家。全市院线影院55家、银幕数354块，全年商业电影票房5.41亿元。全市影视机构拍摄获得国家广播电视总局许可的电影3部，电影投拍备案100部；发行电视剧1部，电视动画片3部；获得立项的电视剧22部。

【市属主流媒体舆论宣传】2019年，厦门市文旅局指导协调市属主流媒体加强正面和主流宣传，围绕中华人民共和国成立70周年、习近平新时代中国特色社会主义思想、“壮丽70年·奋斗新时代”等开展主题主线宣传，壮大主流舆论阵地。做好“庆祝中华人民共和国成立70周年”重点电视剧、纪录片、动画片展播及国庆主题公益广告播放、《一首歌、一座城》电视音乐短片展播等。配合落实庆祝中华人民共和国成立70周年网络宣传任务。开展“歌颂祖国 奋斗新时代”优秀网络视听节目展播，加强对报纸、广播、电视台学习宣传中共十九大精神的指导，重点围绕开设“在习近平新时代中国特色社会主义思想指引下——新时代新作为新篇章”专栏，通过收听收看和报刊阅评平台，组织开展改革开放40周年、厦门城市建设、生态文明建设、防范电信诈骗和诚信经商、安全生产、扫黑除恶等重大专题宣传报道开展监评。

【两岸新闻媒体交流合作】2019年，厦门市文旅局支持推动两岸联合制作电视节目剧目，指导新闻媒体做好涉台宣传报道。厦门卫视首次针对厦门、金门在厦门环岛路和小金门海滩同时对放焰火的互贺新春活动，开办1小时新闻直播，推出海峡春节焰火晚会直播特别报道《亲望亲好传乡情 两门焰火贺新春》。厦门卫视聚焦“一带一路”国际合作高峰论坛，邀请专家、学者作客厦门卫视设在论坛北京新闻中心的工作间及台北、马来西亚演播室，解读论坛第一现场，推出“一带一路”国际合作论坛特别节目《丝路交响》、系列报道《丝路故事》等节目。厦门卫视联合台湾东森电视台推出20集系列报道《根脉》，走访北京、厦门、南宁、佛山、苏州、曲阜、台北、新北、台南、高雄、新竹、花莲等18座城市，讲述两岸共同守护文化根脉的故事。厦门卫视制播“今风古韵 四海同春——2019两岸元宵戏曲晚会”，在两岸媒体厦门卫视、台湾中视、台湾东风卫视及新媒体平台同步播出。厦门卫视围绕海峡两岸和平小天使交流互动、大甲妈祖绕境、金门“小三通”突破2000万人次等活动，推出10场网络直播，实现驻台网络直播常态化。

【行业管理】2019年，厦门市文旅局开展收听收看工作，编印《厦门视听评议》21期，刊登稿件105篇，发现问题，督促整改，严把节目政治导向、价值导向、审美导向关。不定期组织各播出机构开展违规广告的自查整改，抓好重点领域广告监管，发现广播电视广告违规问题10处，组织播出机构开展自查整改活动4次，发出巡查通报8份，约谈广告部门负责人7人次。落实广播电视公益广告播出监管责任，组织开展“中国梦”、社会主义核心价值观以及垃圾分类、禁毒禁烟、扫黑除恶、防范非法集资、节能减排等主题公益广告播出，全市电视公益广告播出194645条次，电视播出时长254638分钟；广播公益广告播出60620条次，播出时长59425分钟。组织开展全市广播电视安全播出大检查93人次，安全播出应急预案演练、岗位练兵和信息网络安全检查与演练104次，参加人数919人次。播发“三电”设施（指电力、电信和广播电视设施）保护公益广告1526条次，发放宣传资料9000份，市级广播电视播出停播率均优于国家广播电视总局下达的指标任务。开展审听、审看、审读工作，编印《厦门报刊阅评》14期。组织对全市新闻出版企业开展集中年度核验，全市印刷企业736家、出版物批发企业40家、出版物零售企业450家通过核验。加强记者站和记者证规范管理，完成申领广播电视新闻记者证初审33人，播音员主持人注册初审14人。

【项目扶持推优】2019年，厦门市文旅局开展广播电视、网络视听、电影、新闻出版项目扶持和推优工作。组织申报推荐广播电视项目和优秀网络视听节目推优项目27个、作品92件，有31件广播电视网络视听作品（企业）获得国家、省级扶持奖励，奖励资金180.6万元。其中，厦门卫视编辑的《两岸新新闻》获得2018年度中国新闻奖电视编排一等奖；厦门广电集团节目中心制作的《祖国在我心中——爱国主义大课堂》电视节目获国家广播电视总局“庆祝中华人民共和国成立70周年”优秀广播电视少儿节目三等奖；厦门舞刀弄影公司制作的《你好，时光》获得2019年度全国优秀网络视听作品“优秀短视频”；厦门广电集团报送的《心通 山海不远》及厦门文广传媒技术有限公司报送的《默》获“庆祝中华人民共和国成立70周年”主题公益广告扶持，厦门电视台被国家广播电视总局评选为2018年度优秀电视公益广告传播机构三类；厦门文广影音公司制作的《城市24小时·厦门》获评国家广播电视总局第三季度优秀国产纪录片；厦门广电集团报送的《与国同行》、厦门文广影音公司报送的《我的马拉松》、厦门牛萌影视传媒有限公司《一封信 改变两岸人生》入选福建省“中国梦 福建故事”电视短纪录片扶持项目；在“礼赞新中国 我说新福建”主题微视频活动中，厦门卫视选送的《城脉》获得优秀奖，厦门卫视制作的《彼岸》及同安区广播电视台制作的《镜看同安》获得入围奖；市文旅局传媒管理处获得先进集体荣誉称号；厦门广电集团制作的电视消息《海峡论坛的掌声和泪水》入选福建省新闻作品推优扶持项目。市文旅局组织厦门市印刷企业参加第六届全国印刷

2019 年 10 月，市文旅局在文化艺术中心开展书香鹭岛版权系列宣传活动

（市文旅局　供图）

行业职业技能大赛，获得职工组平版印刷员一等奖，厦门市选手陈其军被国家人社部授予“全国技术能手”称号。厦门市同安区新星小学获得“福建省书香校园示范点”称号。“2019 年中国印刷包装企业 100 强排行榜”评选中，厦门市有 4 家印刷企业入选，其中厦门合兴包装印刷股份有限公司位居百强榜单首位。厦门市栢科富翔彩印有限公司“欧莱雅 ECO 绿色包装”项目获评国家新闻出版署“2019 年中国印刷业创新大会绿色发展项目”。

【版权宣传与治理】 2019 年，厦门市版权登记数量 21499 件，比上年增长 53.9%，总量位居福建省第三。市文旅局针对不同社会群体，以“4.26 知识产权宣传周”“书香鹭岛活动月”为重点，围绕“严格版权保护　推进创新发展”的宣传主题，开展以“版权走进读者”“版权走进校园”“版权走进市民”“版权走进企业”“版权走进军营”为重点内容的 15 项版权宣传服务活动。厦门市版权局牵头联合市公安、网信、通信管理部门印发《关于开展打击网络侵权盗版“剑网 2019”专项行动的通知》，开展厦门市“剑网”专项行动。期间，出动执法人员 1419 人（次）、车辆 117 台（次），检查网络文学、网络文学、音乐、视频、游戏、动漫、软件等重点领域，检查图书 39 家（次）、音像制品 18 家（次）、电子出版物和网络出版物 18 家（次）。将 26 家各类互联网企业纳入主动监管名单，开展自查自纠企业 25 家。查办涉及侵权盗版案件 8 起，其中国家版权局挂牌督办的“7·13 系列游戏私服案”办结，思明区人民法院依法做出判决，涉案 3 名被告被处以有期徒刑的刑罚。

（郑滢君）

【广电集团】 2019 年，厦门广播电视集团（简称厦门广电集团）电视总体收视份额 21.05%，其中 4 个地面频道收视份额 18.93%，均进入厦门地区频道收视排行榜前 10 名；广播总体收听份额 83.12%，稳居 15 个副省级城市台收听份额排行第一位。“看厦门”App 累计装机量超过 80 万部；“厦门广电”官微粉丝数突破 45 万个，18 条推文阅读量突破 10 万次；“厦门广电”抖音号粉丝突破 100 万个，点赞数突破 3000 万次，跻身福建第一梯队。1 件作品获评中国新闻奖一等奖；16 件作品上榜福建新闻奖，其中一等奖 3 件；19 件作品入围福建省广播电视艺术奖，其中一等奖 6 件。推动厦门卫视发展，深化协作向外宣传厦门。电视向央视多个栏目和新媒体等供稿约 90 条；向福建台发送稿件约 1518 条，被录用 850 条，部分栏目在《福建新闻联播》《福建卫视新闻》重要板块播发。广播向中央广播电台供稿近 80 条，在近百家全国城市台用稿排名中位列前位，获 2019 年度中央人民广播电台新闻报道突出贡献奖。推动媒体融合发展，建设“智慧广电”。推进“看厦门”App 创新升级，移动端早新闻节目《你早，厦门！》在“看厦门”App 正式上线。推动“i 听厦门”广播全媒体平台的建设，“i 听厦门”微信公众号粉丝超 18.5 万，小程序粉丝 6.8 万，小程序日均用户活跃超万，平均在线时长超 400 秒。探索 5G、4K、AI、VR 等人工智能的运用，不断增强集团的全媒体直播技术保障能力，全年完成近 200 场网络直播。

2019 年，厦门广电集团推出“壮丽 70 年·奋斗新时代”“壮丽 70 年·奋斗新时代——推动高质量发展调研行”专栏。在主要新闻栏目中开设《爱国情　奋斗者》专栏，制作播出《数说 70 年》《与共和国同行》《厦门 70 年　我的 VLOG》等系列报道。开展“中欧班列对接‘一带一路’”新闻采访行动，联合龙岩、漳州两市电视台、广播电台，启动“共饮龙江水”联合采访行动。策划制作大型电视系列片《向海而生》和大型系列微纪录片《精彩闽南》第三季《航拍闽西南》，策划组织《祖国在我心中——爱国主义大课堂》系列活动，推出《为祖国歌唱》等系列专题节目。围绕“双千亿”攻坚战等中心工作策划开展系列重大主题宣传，开展招商主题宣传活动，播出“激发干部精气神、闯出发展新天地”“‘才’聚厦门”等专栏，摄制《爱拼才会赢》《心相伴—新成长》《诚至金开—融达天下》等一系列形象片。

2019 年，厦门广电集团推进产业经营，办好第二十八届中国金鸡百花电影节，投入人员总数 900 人，完成金鸡节 3 场主体活动以及展映、论坛、系列活动等 224 场专业活动的策划执行、宣传报道、技术保障、接待服务、招商等各项相关任务。举办第十二届海峡两岸文博会、厦门马拉松赛、“CGD 当代好设计”奖等。拓展区域化格局，取得 2019 长春马拉松赛运营权，跟进泉州马拉松、松原马拉松等赛事。建设厦门影视拍摄基地，打造厦门影视产业配套服务平台与招商引资平台。

（郭晓明）

【厦门文广影音有限公司】 2019 年，厦门文广影音有限公司（简称文广影音有限公司）营业收入8703万元，实现利润961万元。主要开展影视剧创作与发行、视频内容制作与发行、文创出版运营等业务。制作完成第二十八届金鸡百花电影节官方宣传片《金鸡奖在厦门》、献礼中华人民共和国成立70周年大型专题片《向海而生》、大型微纪录片《航拍闽西南》、大型系列微纪录片《精彩闽南》、健康步道宣传片《厦门山海健康步道》等76个纪录片、专题片、宣传片。参与小成本院线电影《灿烂的1%》、网络大电影《水怪之黑宝号沉船》、主旋律院线电影《诗巫风云》等影视剧投资。电视剧《太行赤子》获2018年福建省广播电视艺术奖电视剧类二等奖，纪录片《海洋赤子——周起元》获2018年福建省广播电视艺术奖长纪录片三等奖，电视栏目《闽南吃透透之陈声梦游记》获2018年福建省广播电视艺术奖对台闽南话节目三等奖，纪录片《城市24小时—厦门》入选国家广电总局2019年第三批优秀国产纪录片推荐。

2019年，文广影音有限公司完成第二十八届金鸡百花电影节开幕式制片工作及视频制作、电影频道联合厦门5G全景直播团队接待及保障工作、开幕式晚会场外活动（户外钢琴秀、无人机秀、晚会片头及短片制作、宣传片、资料片制作、夜景航拍工作）、金鸡电影创投大会、电影传媒峰会等工作。完成厦视三套准电影频道改版，收视率比上年增长24.14%、市场份额增长25.40%。第二十八届金鸡百花电影节期间，厦视三套准电影频道正式加入全国电影频道联盟。承制厦门卫视闽南话节目7档，完成67720分钟。其中，自制节目《斗阵来讲古》259期，《闽南通》50期，《斗阵来看戏》361期，译制《天眼归来》《小熊尼奥梦境小镇》《笨狼和他的小伙伴》《太空学院》等动画片17部、572集，译制《封神英雄》《蝴蝶行动》《家和万事兴之兄弟姐妹》等电视剧10部、425集，译制专栏《印象中国》260期，译制专栏《两岸秘密档案》200期。录制播出《新·锁麟囊》《青山岭情缘》《玉龙马》《千里姻缘》等戏曲节目。完成出版选题23个，完成《油画家　美术教育家杨浩石》《油画家　美术教育家陈禾坪》《作家陈慧瑛》《曾学文创作剧目选》《侨批》《吴兹明歌仔戏导演手记》《王文胜创作剧目选》《第二届福建省中小学生（少儿）戏剧展演》等出版，完成第二十八届金鸡百花电影节配套图书《厦门与中国电影》组稿编撰出版工作。

（袁雪鹏　蔡嘉奖）

【第十五届海峡两岸图书交易会】2019年9月20—22日，由厦门市人民政府、福建省新闻出版局、中国出版协会、台湾图书出版事业协会、台湾图书发行协进会、台北市出版商业同业公会主办，河北省新闻出版局、厦门市文化和旅游局、海峡出版发行集团、厦门外图集团有限公司、北京书友之家文化交流有限公司协办的第十五届海峡两岸图书交易会在厦门举办。该会展馆总面积3.45万平方米，其中厦门国际会展中心主展馆1.35万平方米。两岸520家出版社携20万种70万册图书参展，举办86场业界交流和全民阅读推广活动，现场图书订购零售总码洋5070万元，比第十三届增长10.3%，其中现场图书零售增长66%；达成两岸图书版权贸易396项，比第十三届增长12.5%。两岸26家单位签订涵盖版权贸易、发行代理、数字内容、出版项目投融资等多个领域的产业合作协议，项目合作意向金额近6亿元。

（郑滢君）

新闻出版

【概　况】2019年，厦门市文旅局加强对新闻、出版、印刷、发行行业的监督管理；加强对报纸、期刊、侨刊乡讯、内部资料性出版物的事中事后监管，强化阵地管理，做强做大主流思想舆论。出版发行各类报纸6种，期刊25种，侨刊乡讯14种。

【厦门日报社】2019年，厦门日报社做好习近平新时代中国特色社会主义思想宣传，开设“在习近平新时代中国特色社会主义思想指引下”专栏；宣传报道习近平总书记到闽视察5周年等重要节点和学习贯彻习近平总书记参加全国人大福建代表团审议时的重要讲话精神；新媒体平台分13期转发推送《学习时报》刊发的“习近平在厦门”系列采访实录，并组织大量反响报道；转发全会公报和人民日报社、新华社系列评论员文章，开设“深入学习贯彻党的十九届四中全会精神”专栏，反映厦门市各级各部门各区学习贯彻情况；做好两批“不忘初心　牢记使命”主题教育报道，报道中央、省市有关重要会议和工作部署，报道厦门市各部门各单位的好经验、好做法，以及为民解难题的生动事例。厦门日报社与厦门民生银行联手策划推出的首届新媒体粉丝节，吸引4万余名粉丝到场助阵和全国11家报纸、58家网站、17个权威机构微信公众号进行报道，获得第三届全国副省级城市党报媒体融合新闻大赛最佳案例奖；参与主办的第四十四届全国文房四宝艺术博览有效带动第五届海峡书画艺术产业博览会的层级，为全市文旅产业招商引资作出贡献；推动媒体产业转型发展的重点项目（“特区1980·西泠印象”文化产业园项目）成为湖里区重点招商项目和全市招商项目文化产业板块的重要组成部分。

2019年，《厦门日报》获“2018—2019中国传媒经营价值百强榜”全国副省级、省会城市日报十强第一名；人民网研究院《2019全国党报融合传播指数报告》显示，《厦门日报》进入2019党报微信公众号传播力前20位；由厦门市政府新闻办公室指导、厦门日报社新媒体中心制作推出的微视频《厦门一分钟》，在全国第四届“五个一百”网络正能量精品评选活动中获评“全国网络正能量动漫音视频作品”；《恋恋厦门》获中国报业协会党报分会2019年会新媒体报道界面一等奖；《“厦门造”自动驾驶巴士量产下线》《公章形状的方圆　难煞一对新人》《容错机制：让改革奋进者冒尖出彩》《在融合中增强政治优势》4件新闻作品获2018年度福建新闻奖一等奖。

2019年，厦门日报社所属媒体刊发报道约3000篇，推出庆祝中华人民共和国成立70周年系列特刊折合对开总版数超过200版；《厦门日报》10月1日版采用全套红印刷，以富有创意的方式向中华人民共和国成立70周年献礼；国庆期间，《厦门日报》连续3天推出封面大连版报道庆祝活动盛况，推出《厦门日报》有史以来特刊规模和版数之最的112版超大型纪念特刊《长风

2019 年 10 月 23 日，第四十四届全国文房四宝艺术博览在厦门国际会展中心启幕
（厦门日报社　供图）

万里》；厦门日报社融媒体传播创作的产品总阅读量超过 2000 万，其中《厦门日报》融媒体参与联合制作的视频专题片《人民记忆：70 年 70 城·记住厦门》在央视网播出，《厦门日报》微信同步推出的《记住厦门！这条视频刷爆朋友圈！》传播量近 40 万，《厦门日报》官方微博发布的“来去厦门”专题策划阅读量 4360 万，H5 作品《我和我的祖国》参与互动人数超过 20 万。厦门日报社组织策划以“激发干部精气神、闯出发展新天地”为主题的重大宣传报道，连续 5 周推出系列评论和相关报道；谋划传播全市招商大会、“三高”（高技术高成长高附加值）企业发展大会、金融产业促进大会、“9·8”厦洽会、文化旅游会展产业发展大会、金鸡百花电影节等重要会议和重大活动，在全市上下营造抓招商、促发展的氛围。

2019 年，厦门日报社媒体融合发展迈入 4.0 时代，系统内各种媒介资源和生产要素进一步整合，“中央厨房”功能进一步提升，信息源、指挥系统、发布终端、分发、大数据等加快融合；融媒体“A 计划”项目有序推进，最新第四代新闻客户端“潮前智媒”App 正式上线；搭建自主的大数据系统，首次运用大数据手段出色执行市委宣传部委托的《新媒体环境下厦门社会居民新闻接收习惯调查》项目；携手天猫精灵推出 AI“早上好”“我回来了”等广受听众喜爱的语音节目，“早上好”节目多次跻身“收听用户量增幅最高榜”“用户喜爱度最高榜”前列；联手厦门电信在“9·8”厦洽会首次开展 5G 直播，主动参与湖里区融媒体中心建设，成立厦门市首家全媒体记者站——厦门日报社湖里区全媒体记者站；与今日头条签订战略协作协议，开展全方位新媒体传播领域的合作；尝试重要新闻报道的全媒体参战，建立常态化深度融合指挥系统和“四报一网”（《厦门日报》《厦门晚报》《海西晨报》《城市捷报》《厦门网》）新媒体协同作战指挥室，推动全社各媒体的深度融合。

（林　宇）

【厦门晚报社】 2019 年，厦门晚报社通过理念、内容、形式、方法、手段等创新，提高新闻舆论传播力、引导力、影响力、公信力。推进媒体融合发展，推出新服务平台“晚报应帮帮”，并针对特定圈层推出分众化新媒体平台“都汇圈”“商帮圈”“最厦门圈”“教育圈”等。“新媒体 + 报纸 + 活动”的融媒体运作模式进一步取得成效，代运营 13 个单位的公众号。上线厦门晚报官方抖音号，有 8 条作品播放量超过 1000 万次，作品累计总播放量 3.28 亿次。《厦门晚报》获得“2018—2019 中国传媒经营价值百强榜”全国晚报 20 强第八名；《“谁把物业惯成大爷”》作品获得 2018 年度福建新闻奖一等奖。

2019 年，厦门晚报社做好庆祝中华人民共和国成立 70 周年宣传报道工作，开设“壮丽 70 年·奋斗新时代”专栏，综合运用消息、综述、评论、专访、特写、图片等多种形式开展宣传报道，用好新华社、人民日报社等中央媒体的稿件，及时刊发主题宣传重要文章；先后推出“同名汇·相逢是首歌”“爱上海沧的 N 个理由”“追梦”等特色报道，通过普通市民的视角，讲述沧桑巨变和感人故事，展现中华人民共和国成立 70 年来百姓的获得感和幸福感。推出 56 个版迎国庆特刊《盛世华章》，弘扬以爱国主义为核心的民族精神和以改革创新为核心的时代精神，集中书写城市发展成就，展示厦门人民的奋斗风采和爱国情怀。推动线上线下互动，形成良好传播效应。10 月 1 日，晚报官方抖音号推出的“中国女将军首次徒步受阅”，创下 10 月首条“千万 +”点击量；10 月 2 日推出的“高素质高颜值　福建彩车惊艳亮相”得到广泛关注和点赞。厦门晚报社抓住金鸡百花奖落户厦门的商机，与厦门老年活动中心推出老电影展系列策划，回顾厦门电影事业 70 年的发展；与集美区合作推出集美影事系列策划，并与各区联合推出影视产业发展报道等。抓住“3·15”消费者日节点推出金融特刊和消费特刊，医师节、护士节、教师节等也分别策划特刊。

2019 年，厦门晚报社坚持内容为主，多写“沾泥土”“带露珠”“冒热气”的文章，关注民生服务和市民生活，诠释“走进市民中，办给市民看”的主旨。策划推出“我要帮”版面，不断强化“我要帮”平台效应，及时回应读者关心的问题，帮读者解决问题；组织记者“新春走基层”，到各个重点项目建设现场，报道奋斗场景；策划推出“别把家政服务搞‘糊’了”系列报道，引发市民关注和热议，并推动行业规范和整改；推出“三伏天里的冷行当”系列报道。与市市场监督局合作策划的螃蟹话题持续推进，与市市政园林局联合面向社会各界征集健康步道名称。打造“寻找身边好人”栏目，推出的多个人物在全市、全省乃至全国产生影响。“厦门大学励志保安”周德新、“厦门海鲜哥”陈建阳的事迹经晚报版面、新媒体平台报道后，在新华社微信公众号、人民日报微信公众号等转载，全国网友点赞。陈建阳入围福建好人榜候选人，获评阿里巴巴“天天正能量”特别奖。

（谢　磊）

【海西晨报社】 2019年，海西晨报社把握正确的舆论导向，围绕习近平总书记对福建、厦门工作的重要指示精神，报道中华人民共和国成立70周年暨厦门解放70周年、厦门高素质高颜值现代化国际化城市建设、全市招商系列大会、金鸡百花电影节、厦门文明城市创建等重大主题，讲好厦门故事，传播中国声音。开展“我为祖国庆生吃长寿面”“小记者走进红色遗址”“我和我的祖国 我爱我的制服”融媒体报道、领读中国大型策划、新闻记者“四力”采访、海峡两岸汉字节、汉字创意大赛等活动。深化新闻改版工作，推出“志愿新时代 鹭岛新风采”、乡村振兴、“两违”整治、公益志愿服务活动、整治霸道鸽子锁、垃圾分类、体医融合、轨道交通建设、“快乐健步走，文明齐动手”、夜经济、名校长名师工作室、电子社保卡、惠台政策等密切联系民生实际的新闻报道。开展新闻评论、舆论监督报道，出台舆论监督报道管理规定，树立报社的传播力、引导力、影响力、公信力。新闻论文《通过汉字评选读懂两岸民意》获2018年度福建新闻奖一等奖。

2019年，海西晨报社推进《海西晨报》融媒体转型发展。坚持“压实纸媒、加大融媒”，全年出版251期，压缩刊期31.2%。融媒体成为《海西晨报》重要内容、渠道、手段，全媒体传播成为标配，新媒体运营占比19.5%；舆情信息服务质量得到中央网信办、市委市政府主要领导多次批示肯定。强化以移动媒体为主的新媒体矩阵建设，形成以《海西晨报》太阳网、两微（微博、微信）、ZAKER厦门客户端、晨念系列公号、垂直公号、代运营号4个层面的新媒体矩阵；持续推动新闻采编服务延伸，承接政务新闻服务外包、两微一端（微博、微信、新闻客户端）代运营，代运营13个单位微信公号；新增抖音号、今日头条号、书虫微信号运营，抖音号总播放量约1亿8000万，粉丝10.5万。

（张玲芳）

【城市捷报社】 2019年，城市捷报社强化特刊策划，推出《祥猪贺岁一起飞》特刊及国庆特刊。其中，《金点子》特刊164个版，深入采访集美区政协的100多位委员，将委员在助力高素质高颜值跨岛发展最美新市区建设“金点子”征集活动中所提交的建议进行整理、精编。构建以抖音、微信、微博为主的全平台新媒体生态，微信公号的推文单条最高阅读量超过3.5万次，进入大数据新媒体榜单和福建省官方媒体微信榜单前三名。城市捷报抖音账号进入万级流量池，最高播放量1127万余，最高点赞数13.5万。城市捷报社提出“客户的需求到哪里，我们的创意和服务就延伸到那里”的理念，在项目策划运营固本拓源，深挖“海峡两岸禅文化节”IP系列活动，举办同安区梵天禅寺魁星文化公益助学活动、三平祖师文化民俗活动等，以公益、民俗为主题，以红色传承为必选项，在落地活动中融入传统庙会、时尚科技元素，并结合图文直播、快闪拍摄等，增强《城市捷报》禅文化品牌的影响力。策划承办多场快闪拍摄，为厦门市交通运输局制作片长17分钟的《弘扬海堤精神，实现大跨越大发展》宣传片，作为中华人民共和国成立70周年的献礼，2分钟的短片在“学习强国”平台上推送。

2019年11月2日，海峡两岸禅文化节暨同安梵天禅寺“魁星文化”公益助学活动在同安梵天禅寺文化广场举行 （城市捷报社 供图）

2019年11月2日，由同安区佛教协会、同安区闽南文化研究会主办，梵天禅寺、城市捷报社承办的海峡两岸禅文化节暨同安梵天禅寺“魁星文化”公益助学活动在同安梵天禅寺文化广场举行。来自同安中小学的100名困难学生收到每人2000元的爱心助学款，以及来自社会各界捐助的“爱心大礼包”。禅文化节推出《梵天禅寺》连环画、魁星阁个性化邮票、纪念封等，展现梵天禅寺的人文历史积淀，助推同安文化旅游发展。活动通过新华社App、厦门网以视频和图文形式全程直播，累计在线收看人数130万人次。城市捷报社借中华人民共和国成立70周年的契机，在活动中结合《我和我和祖国》快闪拍摄，形式有所创新，展现爱国热情。

（庄 昭）

【厦门网】 2019年，厦门网开设《习近平在厦门》《在习近平新时代中国特色社会主义思想指引下—新时代、新气象、新作为》《学习贯彻落实十九届四中全会精神》《不忘初心、牢记使命》《沿着总书记指引的方向奋进——习近平总书记考察福建5周年》等专题，编发稿件3596篇。紧扣国家、省市中心工作，围绕中华人民共和国成立70周年、招商引资、2019全国省市两会、习近平参加福建代表团审议、平安厦门、深入开展扫黑除恶专项斗争、2019厦洽会、海峡论坛、厦门国际海洋周、厦门国际动漫节、第二届数字中国建设峰会、2019北京世园会、建军92周年、中国共产党成立98周年、人民海军成立70周年、“一带一路”国际合作高峰论坛等重大活动、重大会议、传统节日、重大节庆以及重要时间节点，推出 110 多个专题，编发各类新闻消息 5000 多条（篇）。策划制作《厦门精神》《城市·记忆》《厦门榜样》《最厦门·最中国》《台青鹭岛追梦记》《我和共和国同生日》《寻美厦门》《厦门老字号品牌系列采风》等栏目，推出 20 多篇长篇通讯、31 期微视频 /H5 等原创融媒体作品，全面展现厦门 70 年发生的巨变及取得的成就。厦门网重视重大活动对外宣传，通过厦门英文网讲好厦门故事，及时将厦门城市建设的最近进展，招商引资方面的最新政策，以及城市治理方面的先进经验，编发到网站、Facebook、Twitter 等平台，增进海内外友人的认知。在海洋周期间，厦门英文网原创新闻 30 篇，在 Facebook 专页和 Twitter 主页发表图文 60 组，辐射人群 100 多万。

2019 年，厦门网策划承办的中国城市网盟厦门舆情研究院举行揭牌仪式并正式运营；承办江西萍乡市首届幼儿能力公益大赛总决赛、厦门市第二届中小学创客大赛、福建省青少年蹦床锦标赛和帆船帆板锦标赛，系列赛事活动覆盖近 600 所学校（含中、小学，幼儿园）超 10 万名师生，以及 10 万多亲子家庭参与。策划并负责执行网络视频直播 2019 年第十届海峡两岸青少年中华姓氏源流知识竞赛，总观看量 17.8 万次，直播辐射台湾地区及全球华人，深化海峡两岸姓氏文化交流，促进海峡两岸文化认同与和平发展。

2019 年，厦门网发挥主流媒体引领作用，综合影响力居福建省新闻网站前列。文明小博客平台有 2109 所中小学的 166 万学生、家长和老师开博，博文总数 382 万篇。文明小博客获得“文明中国·2018”地方文明优秀品牌栏目和“2018—2019 中国媒体融合创新最佳品牌奖”（中国互联网品牌大奖组委会颁发），《从海防前线到两岸交流》获得中国城市新闻网媒联盟授予的 15 年特别奖及优秀作品（产品）奖。

（林颖蕙）

2019 年 9 月 11 日，莲前街道社区居民和物业工作人员到海峡导报社参加座谈会并在倡议书展板前签名

（海峡导报社　供图）

【海峡导报社】 2019 年，海峡导报社推进新媒体建设，做强新闻主业，成立区街全媒体中心，深入基层，贴近社会采写新闻。搭建有 17 个网络新媒体平台，平台受众面向海峡两岸，做到海内外同步推送，包括 Facebook、YouTube、Twitter、Ins、今日头条、微信公众号、抖音、微博、秒拍、百家号、人民号、一点号、搜狐号、梨视频、大风号、东方号、快手。脸书粉丝数超 40 万，头条粉丝数近 80 万，抖音粉丝数 35 万，头条号总阅读突破 7 亿，总点赞数突破 600 万。海峡导报成为报道两岸新闻最热的新闻号，官方微信粉丝数量突破 52 万，其中厦门粉丝占 70%，每月总阅读量超过 400 万次。在全国报纸微信中，位居第四强；在全国媒体微信中，位居第八强。海峡导报获“全国都市报二十强”“全国新媒体微信订阅号类 30 强”称号，其中新闻名专栏《天下无骗》、系列报道《盼了 23 年　终于喝上大陆水》（国际传播）、消息《巢已筑凤未来》和媒体融合作品《蔡后驾到》获福建省新闻奖一等奖，另有 3 篇作品获福建省新闻奖三等奖。

2019 年，海峡导报社联合 20 家单位启动“春暖花开　暖城暖事”海峡导报 20 周年 20 项暖城工程；举办平民英雄评选、节能汽车展、海峡新经济产业论坛、高招咨询会、海峡金融科技论坛、“9·8”翔安教育投资论坛、两岸茶王春秋两季茶王赛等大型活动；举办海峡两岸线上线下中秋博饼大赛，全球首次 5G 现场直播导报博饼盛会；主办海峡两岸七夕牵手会“海上恋爱巴士”邮轮联谊之旅；主办首届厦门“最具影响力”休闲旅游场所评选活动，主办“原乡风物 @ 厦门”2019 厦门“非遗”文旅体验季；推出《守艺两岸》融媒体项目，推出庆祝中华人民共和国成立 70 周年系列报道；主办的海峡论坛第二届创意涂鸦巡回赛（以“共绘家园”为主题）在央视新闻联播及《学习强国》给予报道；举办海峡论坛金点子大赛获得省委常委、厦门市委书记胡昌升等市领导的参加与点赞；发出“这个国庆，让国旗在家家户户飘扬”的倡议，得到厦门市、漳州市、台湾金门岛的 10 多万个家庭响应，江苏新华报业集团、湖北电视台跟进，《学习强国》推介《把国旗迎回家　让鹭岛红起来》。举办“帮我一把我能飞”爱心助学活动筹集社会各界爱心款 73 万元，助 32 名学子上学；与厦门市慈善总会、虎溪岩寺慈善基金、开元街道办事处联合举办 2019“迎新春　送温暖　献爱心”活动；与厦门市政协社法（民宗）委、厦门市慈善总会、开元街道办事处、虎溪岩寺慈善基金联合主办 2019 年“爱心手拉手”助学助困活动。

（陈巧凤）

【厦门大学出版社】 2019 年，厦门大学出版社（简称“厦大社”）出书 815 种。其中，新版图书 390 种，重版重印图书 425 种，图书销售码洋 13660.85 万元。《闽南传统建筑》获第七届“中华优秀出版物奖”，厦大社连续第七年获得“中国图书世界影响力出版 100 强”。获省部级以上立项 14 个，图书获省部级以上奖励25项，论文获省部级以上奖励1项，集体、个人获省部级以上奖励4项。《清代巡台御史奏折汇编》被列为2019年度国家古籍整理资助出版项目，获资助12万元；“改革开放40年法律制度变迁”、《福建理学史》2个项目被列为2019年度国家出版基金资助项目，获资助178万元；《习近平新时代中国特色社会主义经济思想的理论创新研究》被列为2019年全国高校出版社主题出版选题；《旱作物优质高产栽培技术》入选2019年农家书屋重点出版物推荐目录《粤港澳大湾区协同创新机制研究：基于自由贸易组合港模式》等8个项目被列为2019年福建省重点出版项目，《福建：砥砺奋进的七十年》被列为2019年度福建省新闻出版局—特别资助项目，5个项目获资助36万元。《跨越40年：闽商创业史》获评2019年度闽版好书，《前生源化学条件下磷对生命物质的催化与调控》获2018年度输出版优秀图书奖（2019年度颁奖）；《中国近代外债制度的本土化与国际化》获评福建省第十三届社会科学优秀成果奖一等奖；《凤凰于飞：家族文书与畲族历史研究》入选“2019中华读书报年度图书之100佳”。厦大社参与社会公益活动，向宁夏回族自治区隆德县图书馆、西藏民族大学、中国光华科技基金会、韬奋基金会、厦门大学翔安校区“一站式”学生社区综合育人平台、高殿公益图书馆、厦门市思明区莲前街道前埔东社区、厦门溢佰颐养中心等捐赠图书12批次、3498种、25857册，码洋110万元。

（王洪春）

【鹭江出版社】 2019年，鹭江出版社新书发稿154种，其中一般图书117种、教材教辅37种；出书205种，其中新书128种、重印77种。出版“中国自贸试验区研究”丛书、《国家图书馆西谛藏书善本图录（全七册）》《古诗词闽南话诵读解说300首》《县委书记》《厦门与台湾姓氏文化》《口述福州——解放1949》《那时候 我们南下》《潮涌浔江——集美红色记忆》《厦门红色文化读本》《南平红色文化读本（小学版）》《南平红色文化读本（初中版）》及“福建红色文化记忆”系列等国家及省重点项目图书；出版挖掘城市文脉的《龚洁学术文集》《彭一万学术文集》，以及“闽南非物质文化遗产”丛书（第二辑10册）、《南平年鉴（2018年）》《方志南平》《南平美丽乡村》《南平记忆》等；出版畅销图书《落花生——少年许地山》《精灵时刻》《中央帝国的军事密码》等。出版国庆成立70周年“祖国颂系列”图书，包括“小学低年级注音版”“小学中高年级版”“初中版”“高中版”4个版本。

2019年，在全国城市出版社优秀图书评选中“扬帆台海通丝路”获一等奖，“闽南童谣绘本”、《过番歌文献资料辑注（福建卷）》获二等奖。在第三十三届华东地区优秀哲学社会科学图书评选中，“扬帆台海通丝路”丛书、《厦门改革开放四十年》获一等奖，《洪卜仁学术文集》《何丙仲学术文集》《给孩子的神奇动物园》《给孩子的神奇植物园》获二等奖。在第十五届海峡两岸图书交易会上，举办《我爱读册歌》《幸福的革命》2本新书的首发式，受到新华社、人民网、学习强国、福建日报社、厦门电视台等众多媒体的关注。《县委书记》获省出版局“闽版好书”，《闽南童谣绘本》《中央帝国的哲学密码》入选集团年度10本好书，《古诗词闽南话诵读解说300首》《厦门与台湾姓氏文化》入选“闽台文化亲缘出版物”项目，“闽南之光融媒体出版平台”入选省级国资预算项目。“乡土的乡村振兴之路”丛书入选“十三五”国家重点出版规划增补项目。

2019年，鹭江出版社获集团“暑期读一本好书”活动营销策划奖、发行突出贡献奖。向厦门市出版物发行协会捐赠图书189册，码洋39578.4元。将《少年林语堂》《给孩子读唐诗》等103种图书推荐省农家书屋，并完成农家书屋的供货任务。向台湾地区输出《历史知道答案》《给孩子读唐诗》《给孩子读宋词》3种图书的繁体版权。

（金月华）

【福建新华发行（集团）有限责任公司厦门分公司】 2019年，福建新华发行（集团）有限责任公司厦门分公司（简称厦门分公司）实现销售2.61亿元，比上年增加2564万元，增长11%。全年政治读物发行26.4万册，640万元。其中《习近平新时代中国特色社会主义思想学习纲要》12万册，码洋192万元；《第五批全国干部学习培训教材》7.7万册，码洋270万元；《新中国发展面对面》1.4万册，码洋30万元；《摆脱贫困》2467册，码洋8.8万元。发挥新华书店主渠道、主阵地作用，满足全市党员干部群众学习需要。在庆祝中华人民共和国成立70周年及厦门市新华书店成立70周年之际，举办以“新华岁月，感恩同行”为主题的厦门市新华书店成立70周年座谈会。厦门分公司推进网点梳理和产业项目建设。其中新华书店海沧门店全面升级改造，面积由原来740平方米增加到960平方米，形成集阅读、休闲、娱乐、体验于一体的综合文化场所。作为海沧区唯一一家新华书店，重装后的海沧门店将成为海沧区重要的文化消费中心和全面阅读服务中心。中山门店开始第三阶段改造转型，研究探索中山门店一楼更有效的合作模式，实现社会效益和经济效益双丰收。其中，中山·阅埕入选全国新华书店“学习强国”线下体验空间。（见表34-1）

表34-1 **2019年厦门市新华书店各类畅销书排行榜**

排名	书号	书名	版别	编著者
政治类				
1	9787514709216	习近平新时代中国特色社会主义思想学习纲要	学习	编者：中共中央宣传部
2	9787514709308	新中国发展面对面（理论热点面对面2019）	学习	编者：中共中央宣传部理论局
3	9787514709223	习近平新时代中国特色社会主义思想学习纲要	学习	编者：中共中央宣传部

续表 34-1

排名	书号	书名	版别	编著者
4	9787010203560	改善民生和创新社会治理（全国干部学习培训教材）	人民	编者：全国干部培训教材编审指导委员会
5	9787010203805	新时代新思想新征程（全国干部学习培训教材）	人民	编者：全国干部培训教材编审指导委员会
6	9787509911266	全面加强党的领导和党的建设（全国干部学习培训教材）	党建读物	编者：全国干部培训教材编审指导委员会
7	9787509911280	全面践行总体国家安全观（全国干部学习培训教材）	党建读物	编者：全国干部培训教材编审指导委员会
8	9787509911242	坚持一国两制推进祖国统一（全国干部学习培训教材）	党建读物	编者：全国干部培训教材编审指导委员会
9	9787509911297	将改革进行到底（全国干部学习培训教材）	党建读物	编者：全国干部培训教材编审指导委员会
10	9787010203843	发展社会主义民主政治（全国干部学习培训教材）	人民	编者：全国干部培训教材编审指导委员会
文学类				
1	9787020116133	红星照耀中国	人民文学	作者：（美）埃德加·斯诺 译者：董乐山
2	9787544771627	傅雷家书（精）/经典译林	译林	作者：傅　雷、朱梅馥、傅　聪 编者：傅　敏
3	9787229100605	三体（典藏版）/中国科幻基石丛书	重庆	作者：刘慈欣 总主编：姚海军
4	9787530215593	活着（精）	北京十月文艺	作者：余　华
5	9787544760874	海底两万里（精）/经典译林	译林	作者：（法国）儒尔·凡尔纳 译者：沈国华、钱培鑫、曹德明
6	9787544270878	解忧杂货店（精）	南海	作者：（日）东野圭吾 译者：李盈春
7	9787544764254	骆驼祥子（精）/经典译林	译林	作者：老　舍
8	9787500601593	红岩	中国青年	作者：罗广斌、杨益言
9	9787545915556	县委书记（长篇报告文学）	鹭江	作者：李春雷
10	9787530677032	海边春秋	百花文艺	作者：陈毅达
社科类				
1	9787520803724	做个好员工其实很简单	中国商业	作者：汪承虎
2	9787559620125	天才在左疯子在右（完整版）	北京联合	作者：高　铭
3	9787540481551	蔡康永的情商课（为你自己活一次）	湖南文艺	作者：蔡康永
4	9787550025998	董卿（做一个有才情的女子）	百花洲文艺	作者：乔瑞玲
5	9787508095226	非暴力沟通	华夏	作者：（美）马歇尔·卢森堡 译者：阮胤华
6	9787508689586	薛兆丰经济学讲义	中信	作者：薛兆丰
7	9787550026261	中华好家风	百花洲文艺	编者：张天清
8	9787540481544	人性的弱点（畅销全译版）	湖南文艺	作者：（美）戴尔·卡耐基 译者：马晓佳
9	9787521702415	美国陷阱（如何通过非经济手段瓦解他国商业巨头）	中信	作者：（法）弗雷德里克·皮耶鲁齐、马修·阿
10	9787515350622	高效能人士的七个习惯（钻石版）	中国青年	作者：（美）史蒂芬·柯维 译者：高新勇、王　亦
少儿类				
1	9787545915976	祖国颂（小学中高年级版）	鹭江	编者：陈　卫
2	9787539567181	顽皮同学（4 失踪的天使鱼）	福建少儿	作者：商晓娜

续表 34-1

排名	书号	书名	版别	编著者
3	9787539559179	壮壮老师与何小兔	福建少儿	作者：何　捷
4	9787539567488	奇妙假期（拼音版 5 哈哈镜城堡）	福建少儿	作者：商晓娜
5	9787539567518	深蓝色的七千米	福建少儿	作者：于潇湉
6	9787570800674	属猫的人 / 笑猫日记	明天	作者：杨红樱
7	9787539555157	两颗燃烧的小星星 / 名家入选课本作品全集	福建少儿	作者：张秋生
8	9787539558165	绿轮胎 / 梅子涵短文学	福建少儿	作者：梅子涵
9	9787539567532	雪山上的机器人 / 王勇英惊险科幻系列	福建少儿	作者：王勇英
10	9787533558499	大鼻子外星人之谜 / 地球不流浪挑战不可能	福建科技	作者：王文华 绘画：赖　马
		生活类		
1	9787552230512	脑筋急转弯（4 册）/ 小小口袋书	北京教育	作者：魏红霞
2	9787229004002	厨房小窍门 1500 例（最新精华版）/ 大众美食系列	重庆	作者：王瑞秋
3	9787533557867	幸福女人暖出来	福建科技	作者：吴贵勋
4	9787122321718	中老年常见病饮食调养指南	化学工业	编者：孟昭泉、孙树印
5	9787509397855	烧脑天团（好玩到停不下来的推理游戏）	中国法制	作者：李　洁
6	9787518053780	家常菜一本就够 / 百姓家常菜系列	中国纺织	编者：尚锦文化
7	9787518940493	医学就会（懒兔子漫画中医）	科技文献	作者：懒兔子 绘画：懒兔子
8	9787540487980	黄小厨的春夏秋冬	湖南文艺	作者：黄　磊
9	9787552230475	智力游戏（4 册）/ 小小口袋书	北京教育	作者：魏红霞
10	9787122301116	煲好汤（24 节气广东靓汤轻松学）	化学工业	作者：余自强
		旅游类		
1	9787546701028	厦门市交通旅游图 / 福建省交通游地图系列图	福建省地图	编者：福建省制图院
2	9787546703206	厦门市商贸旅游交通图	福建省地图	编者：福建省制图院
3	9787546701165	迷失鼓浪屿 / 福建手绘图系列	福建省地图	作者：胡本光、程维新、洪　辉
4	9787503198212	中国地图（水晶版地理学习图典）	中国地图	编者：中国地图出版社
5	9787807547808	中国地图（1∶1460 万）/ 新课标学生磁力拼图	山东省地图	编者：李炳星
6	7539412577	到鼓浪屿看老别墅 / 老别墅丛书	湖北美术	作者：龚洁著
7	9787114119125	福建省（2019）/ 中国分省交通地图	人民交通	编者：人民交通出版社股份有限公司
8	9787555016786	福建省主要旅游景区景点讲解词（福建省导游人员资格现场考试导游服务能力辅导教材）	海峡文艺	编者：福建海峡旅游人才发展中心
9	9787563739844	阅厦门悦厦门——精编厦门导游词	旅游教育	编者：厦门市文化和旅游局
10	9787115413222	厦门（飞乐鸟的手绘旅行笔记）	人民邮电	编者：飞乐鸟

（战　琪）

责任编辑：林德全
审　　稿：曲　艺
校　　对：林炯程

35 卫生健康·体育

综　　述

【公共卫生服务】 2019年，厦门市继续推进公共卫生服务。厦门市家庭医生签约服务创新实践案例入选中央组织部组织编写的《贯彻落实习近平新时代中国特色社会主义思想、在改革发展稳定中攻坚克难案例》丛书。二级以上医院50%门诊预约号源向基层医疗卫生机构提前开放，实现户籍异地医保居民签约服务。截至年底，厦门市签约服务78.15万人，户籍人口签约覆盖率32.39%；重点人群中，65岁以上老年人签约服务15.42万人，签约覆盖率70.48%。居民在签约基层医疗机构的首诊意愿88.32%；签约居民对签约机构的综合满意度95.94%。在39家基层医疗机构安装厦门市基层合理用药系统，加强药品使用管理的合理化、同质化、规范化、信息化。厦门市政府办公厅印发《厦门市改革完善全科医生培养与使用激励机制的实施方案》，创新全科医生使用激励机制，鼓励社会力量举办全科诊所。厦门市在福建省2018年度基本公共卫生服务项目省级绩效评价中位列第一，海沧街道石塘社区卫生服务中心、集美街道社区卫生服务中心、杏滨街道社区卫生服务中心、鹭江街道社区卫生服务中心被国家卫生健康委办公厅通报表扬为2019年度在“优质服务基层行”活动中表现突出、达到推荐标准的机构。结核病、艾滋病、病毒性肝炎等重大传染病得到有效控制。厦门市甲乙类传染病发病率比上年下降1.69%，通过国家消除疟疾终审评估，获批创建全国艾滋病综合防治城市示范区。厦门市儿童疫苗预约接种比例超80%，免疫规划疫苗接种率90%以上。开展健康生活方式干预，海沧区开展“政府主导强体系，全民参与促健康”工作并获全国十佳特色慢性病示范区称号，湖里区创建国家级健康促进示范区工作入选国家级健康促进县区工作经验典型名单。全市开展区级以上大型主题宣传活动115场，组织大型专家讲座82场；制作各类健康教育折页、手册等健康宣传材料41种53万份；按照国家新标准规范在厦门市创建37个健康促进社区、33所健康促进学校。厦门精神卫生综合管理经验被福建省卫健委专门行文在全省各地推广。开展以城乡环境卫生整洁、控制蚊媒等病媒生物密度为重点的爱国卫生运动。厦门市连续23年蝉联“国家卫生城市”称号。10月24日，省爱卫办向国家爱卫办推荐莲花镇、新圩镇为国家级卫生乡镇。

【医疗服务水平提升】 2019年，厦门市继续提升医疗服务水平。深化市校医疗领域合作，厦门市与四川大学签署战略合作协议，四川大学华西厦门医院、四川大学华西医学厦门研究院落地厦门。厦门市卫健委与北京大学肿瘤医院签署合作备忘录，由北京大学肿瘤医院托管厦门市马銮湾医院。厦门市儿童医院与复旦大学附属儿科医院签署厦门市儿童医院第二轮托管协议（2019—2025）。新批复名医工作室11家，全市累计批复名医工作室43家（其中36家揭牌），柔性引进国内人才及其团队近200人。厦门大学附属中山医院肝胆胰外科成为全国首批6家获得“肝胆外科加速康复外科病房”资质的医院（科室）之一。厦门市中医院的厦门康氏肝病学术流派传承工作室获批福建省中医学术流派传承工作室建设项目。厦门市妇幼保健院入选国家“先天性国家结构畸形救助项目优秀定点医疗机构”。厦门市仙岳医院成为福建省精神医学中心承建单位，获评中国医师协会精神科医师分会首批心理健康宣传示范建设基地。厦门市儿童医院成为国家儿童医学中心心血管专科联盟首批联盟单位。厦门大学附属心血管病医院获批全国首批“中国心脏康复中心”“中国高血压达标中心”，入选首批心脏康复中心示范单位。厦门医学院附属口腔医院成为全国首家通过国家卫健委专家组测评的互联互通标准化成熟度四级甲等口腔医院。厦门长庚医院获评三级甲等综合医院，成为海沧区首家三甲医院。厦门市第三医院入选“国家心血管病中心心力衰竭专病医联体成员单位”。厦门市第五医院成为厦门市首家通过中国医院竞争力星级医院最高级别认证的三级综合医院，被授予“中国医院竞争力五星级医院”牌匾。厦门大学附属翔安医院获得国家卫健委认定肝脏移植、肾脏移植执业资格，被福建省卫健委选为全省4家人体器官获取组织之一，负责服务厦门、漳州、龙岩地区。厦门大学附属第一医院、厦门大学附属中山医院、复旦大学附属中山医院厦门医院、厦门市第五医院、厦门市海沧医院5家三级综合医院全面实施多学科诊疗模式（MDT），主要针对肿瘤患者提供“一站式”服务。厦门市中心血站全年采供血量与上年同期持平，总献血人数5.8万人次，供血量17吨。厦门市人口无偿献血率20‰，连续20年实现临床用血100%来自无偿献血。引进新设备、新技术、新项目，厦门大学附属第一医院引进福建省第二台手术机器人，并完成闽西南地区首例手术机器人肺癌切除手术；厦门弘爱医院启用福建省首家超场强术中磁共振一体化手术室（iMRI），成功开展福建省第一台术中核磁手术；引入国际领先的硼中子俘获治疗技术，国内首座加速器硼中子俘获肿瘤治疗中心在厦门弘爱医院启动建设。厦门大学附属心血管病医院成功完成全国首例运用国内自主研发的Vita Flow瓣膜，经升主动脉途径的微创主动脉瓣膜置换手术（TAVR）。厦门市推进电子健康卡建设，实现无卡就诊。6月20日，该工作获“2019年度全国电子健康卡普及应用优秀案例”。建设智能影像图像识别平台，为各级医疗机构提供人工智能辅助诊断服务。全年获取影像文件225241份，辅助诊断1098个病例。

【卫生应急处置能力提升】 2019年，厦门市卫生应急能力得到提升。加强卫生应急信息化建设，完善重大活动医疗救治应急指挥平台和急危重症远程救治指挥平台，实现视频数字化查房和远程查房。对接完成4家综合性医院院前院内互联互通，实现信息共享。增设弘爱医院急救站，合理调整医疗急救资源，迁址厦心急救站和后溪急救站。组建4支市级卫生应急队伍和8支区级卫生应急队伍，调整应急物资储备。指导鼓浪屿景区、码头等公共场所配置AED（体外自动除颤器）共32台。全年院前急救接警105244次，出车79008次，接诊病人55236人次，比上年增长10.93%。处置“3·3”高速交通事故、杏南中学聚集性胃肠炎、“12·5”厦门湾沉船等27起突发事件紧急医学救援。处置突发公共卫生事件26起，无死亡病例。完成2019建发厦门国际马拉松赛、第十一届海峡论坛、第二十八届中国金鸡百花电影节等各类医疗卫生保障工作368场次。组织开展2019厦门市口岸输入埃博拉疫情卫生应急联合演练，参与2019厦门市“5·10”人防演练、2019厦门市突发事件应急救援综合演练、2019厦门市航空器突发事件应急救援演练等14场重大演练活动。

【卫生科研】 2019年，厦门市卫生健康委员会（简称市卫健委）强化卫生科技项目管理。组织各级各类医疗机构申报并获批国家自然科学基金项目41项，比上年增长32%，创历史新高。申报2019年福建省科技计划项目106项（含重点项目5项、杰青项目6项、青年创新项目10项、面上项目15项、引导性项目10项、卫生联合资金面上项目60项）、2019年度福建省卫生健康科研人才培养项目98项（含医学创新课题20项、中青年骨干人才培养项目30项、软科学研究项目4项、青年科研课题40项、面向农村和城市社区推广适宜技术项目4项）、第五轮福建省卫生教育联合攻关计划项目12项，配合市科技局组织申报2019年厦门市医疗卫生科技计划项目121项；获2019年福建省科技计划项目资助19项、2019年度福建省卫生健康科研人才培养项目资助50项、第五轮福建省卫生教育联合攻关计划项目资助12项、2019年厦门市医疗卫生科技计划项目资助100项。市卫健系统获省级科技进步奖2项，市级科学技术奖9项（含科技创新杰出人才奖1项、科技进步一等奖1项、二等奖4项、三等奖3项）。全市发表SCI（美国《科学引文索引》）论文475篇，比上年增长47%。

【卫生人力资源】 2019年，厦门市加大卫生人力资源管理力度。出台《厦门市（引进）高层次卫生人才评价与考核实施细则（暂行）》，完善卫生人才政策。组织开展市属卫生健康单位及岛内社区卫生服务中心2019年春季、秋季公开招聘，录用476人，其中社区录用59人，疾控、急救、血站等公共卫生单位录用14人。支持推荐人才评先评优，择优推荐省百千万人才工程国家级人选5人、市第十批拔尖人才人选13人、市级引进重点人才3人。组织开展2018年度厦门市卫生系列正高级专业技术职务任职资格评审工作，共申报正高151人，初审通过148人；组织申报2018年度厦门市卫生系列副高级专业技术职务任职资格的材料收集、预审等工作，初审通过普通副高623人，基层副高49人。组织推荐151人申报福建省卫生系列高级专业技术职务任职资格评审委员库委员。开展在厦门台湾人才申报认定卫生专业技术职务任职资格工作，73名在厦门的台湾医师取得《在厦就业台湾人才专业技术职务任职资格认定书》，其中正高60人、副高10人、主治3人。印发《厦门市城市医生晋升职称前到基层服务和基层医生晋升职务前进修学习实施办法》。组织福建省全科医生医师培训分中心招收2019级福建省临床类别全科医生转岗培训学员158名。组织选派4批次100名专业技术人才到甘肃省临夏州开展支医帮扶，接收临夏州进修人员2批次64人到厦门进修学习；选派2名医生到西藏支医帮扶。

【中医药发展】 2019年，厦门市加大中医药发展。厦门市100%社区卫生服务中心、镇卫生院能够提供6类以上中医药技术方法，97.4%的基层医疗机构（包括社区卫生服务中心和乡镇卫生院）建成中医馆。厦门市2名中医专家被评为全国西学中骨干人才培训项目培养对象，6名中医专家被评为全国中医临床特色技术传承骨干人才培训项目培养对象，3名专家被评为2019年全国中药特色技术传承人才培训项目培养对象，3名中医专家被评为第三批省级优秀中医临床人才。厦门市3个专科被评为第七批省级中医重点专科建设项目，3个专科被评为第六批省级农村医疗机构中医特色专科建设项目，2个专科被评为省级中医重点专科培育项目。厦门市中医院获2019年全省中医药实践技能大赛团体一等奖。纳入北京中医药大学硕士、博士研究生、博士后等高层次人才培养单位。首批30名临床教师获得学校本科生实习带教上岗资格。厦门中医院获批福建省博士后创新实践基地。八宝丹中医药文化馆被评为“福建省中医药文化宣传教育基地建设单位”。厦门海峡两岸中医药文化展示馆申报国家级中医药文化宣传教育基地。

（市卫健委　市医保局）

【体育事业发展】 2019年，厦门市登记注册的体育社会组织245家。人均体育场地面积居全省首位，平均每万人拥有体育场地居全省第三位。厦门市运动员在国际、国内大赛中获22项世界冠军、3项亚洲冠军、26项全国冠军、46个青少年全国冠军。厦门市举办近1000场赛事活动，参与人次超过100万人次。全长约23千米的健康步道建成，全市总里程1100千米。总投资3.36亿元的市体育中心综合健身馆于9月投入使用，市体育中心游泳馆改造一期项目竣工。市、区两级体育部门投入经费1260余万元，用于健身器材与设施进社区、进乡村、进公园、进机关、进军营。厦门市出台《关于促进全民健身和体育消费 推动体育产业高质量发展的实施意见》。

（市体育局）

预防保健

【健康厦门建设】 2019年，厦门市继续实施健康厦门战略。3月25日，厦门市卫生健康委员会举行揭牌仪式，厦门市人民政府副市长国桂荣出席并揭牌。厦门市卫生健康委员会是厦门市卫生健康工作主管部门，同时承担市老龄工作委员会的日常工作，整合市卫生和计划生育委员会的职责，以及市发展和改革委员会的市深化医药卫生体制改革领导小组办公室、市老龄工作委员会办公室、市安全生产监督管理局的职业安全健康监督管理的职责。10月21日，厦门市召开“健康厦门”建设大会，省委常委、市委书记胡昌升在会议上作《凝心聚力建设高水平健康之城》主旨报告。12月27日，健康厦门行动推进委员会印发《健康厦门行动（2019—2030年）》，将“健康厦门2030”行动规划转化为实施健康知识普及行动、合理膳食行动、全民健身行动、控烟行动、心理健康促进行动、健康环境促进行动、妇幼健康促进行动、中小学健康促进行动、职业健康保护行动、老年健康促进行动、心脑血管疾病防治行动、癌症防治行动、慢性呼吸系统疾病防治行动、糖尿病防治行动、传染病及地方病防控行动、“互联网+健康行动”等17项专项健康行动，并把健康厦门行动执行情况纳入各级党委和政府考核内容。

【妇幼健康服务】 2019年，厦门市推进妇幼健康服务。推广无痛分娩，市级无痛分娩试点单位16家（分娩量占厦门市90%以上）。将辖区母婴安全工作纳入市对区的年度绩效考核，建立厦门市妊娠风险管理员队伍，邀请国内教授、市级多学科救治核心专家开展专题授课。修订《厦门市母子健康手册》（第四版），依托厦门市妇幼保健院成立厦门市出生缺陷防治中心，新增厦门长庚医院作为产前筛查机构，厦门市婚检率95%以上。厦门市妇幼保健院为发育障碍儿童提供康复训练服务3万余人次，为1.24万名孕产妇提供心理筛查服务；举办儿童早期发展培训16项，其中全国性培训3项、省级3项，市级13项，累计培训1000余人；开展儿童早期发展家长讲座50余期，参加家长5000余人。开展农村妇女及城镇女职工免费“两癌”（乳腺癌、宫颈癌）检查项目，完成“两癌”检查4.3万余人；开展增补叶酸预防神经管缺陷项目，全年累计免费发放叶酸片4.9万余瓶，任务完成率135%；厦门市产妇艾滋病、梅毒和乙肝的检测率均为99.98%以上，其中孕期检测率99.45%以上。

【老龄健康工作】 2019年，厦门市共有医养结合机构34家。厦门市实施老年人心理关爱项目，选取18个老年人心理关爱项目点，宣传普及老年人心理健康相关政策、知识，开展专项项目活动，参与活动老年人累计3000余人。开展以“懂健康知识，做健康老人”为主题的厦门市老年健康宣传周活动，组织老医学专家下基层开展义诊，举办健康讲座，利用网站、微信公众号、老年云课堂等科普老年健康知识。开展关爱老年眼健康筛查活动，共筛查1320人。推进老年宜居环境建设，全市完成10个老旧小区适老化改造。举办老电影物件展览、老电影展播、老电影征文比赛、老电影竞猜、电影歌曲歌手赛合唱展演等“约会老电影”系列活动5项，丰富老年人精神文化生活。

【慢性病分级诊治】 2019年，厦门市卫健委印发《厦门市慢性阻塞性肺疾病分级诊疗工作方案》和《厦门市社区居民大肠癌筛查项目工作方案》，开展高危人群慢阻肺筛查及适龄人群大肠癌筛查，促进慢性病早诊早治。全市接受肺功能筛查人数6.5万人，接受大肠癌筛查人数4.5万人。

（张逍宇）

医疗保障

【概　况】 截至2019年12月31日，厦门市基本医疗保险参保人数421.88万人，比上年同期增长6.1%，其中城镇职工参保人数为273.88万人，增长6.4%（含当地职工122.61万人，外来员工151.27万人）；城乡居民参保人数为148万人，增长5.55%（城镇居民8.41万人、未成年人87.44万人、农村居民38.75万人、大学生13.4万人）。扣除部分行业职工参加省医保统筹外，厦门市基本医疗保险覆盖率98%。生育保险参保人数227.7万人，比上年同期增长6.55%。其中，厦门市人员参保人数76.81万人，外来员工参保人数150.89万人。2019年，全市基本医疗保险基金总收入1148315.99万元，总支出1026063.89万元。职工基本医疗保险基金收入969000.82万元，比上年增长4.36%，其中统筹基金收入326786.14万元。基金支出846795.19万元，比上年增长26.92%，其中统筹基金支出422789.76万元。城乡居民基本医疗保险的筹资标准为每人每年1000元，提高7.53%。城乡居民基本医疗保险基金收入179315.18万元，比上年增长18.31%；支出179268.70万元，增长19.03%。生育保险基金收入83373.12万元，比上年增长21.93%；支出69893.36万元，增长30.05%。大病保险共支付28.82万人次，总金额32900万元。医疗救助特困供养人员、“低保”人员、残疾人等五类对象147.17万人次，救助金额18105.87万元。其中，门诊救助141.79万次，救助金额5839.73万元；住院救助5.38万人次，救助金额12266.14万元。累计资助参加城乡居民基本医疗保险3.66万人。厦门市定点医疗机构共711家，其中三级医疗机构21家、二级医疗机构23家、一级及以下（含门诊部、村卫生所等）641家、养老服务机构内设医疗机构25家、急救中心1家；定点零售药店1250家，覆盖全市六区。全市医保服务人员共22157人，其中执业医师11946人、执业药师（药师、执业药师）2228人、收费员7220人。全年实现对1961家定点医药机构全覆盖检查，稽核查处定点医药机构430家。对99家定点医药机构暂停医保服务连线，对违规问题比较严重的39家定点医药机构解除医保服务协议，对110名违规医保服务人员暂停医保服务资格。厦门市被列为全国医保智能监控示范点城市。

【医疗保障机构组建】 2017年1月22日，按照全省统一部署，厦门市启动医保管理体制改革工作，组建成立厦门市医疗保障管理局、厦门市医疗保障基金管理中心，承接分散在厦门市人力资源和社会保障局、厦门市发展改革委员会、厦门市卫生和计划生育委员会、厦门市民事政务局等部门有关基本医疗保险、生育保险、医疗救助、医疗服务价格、药品医用耗材联合采购配送等业务工作，挂靠厦门市财政局，相对独立运作。2019年3月25日，厦门市医疗保障管理局更名为厦门市医疗保障局（简称市医保局）并挂牌。6月17日，市医保局成立机关工会、妇委会；6月28日，成立共青团厦门市医疗保障局总支部委员会；11月12日，成立机关党委。市医保局内设综合处、基金管理和稽查处、待遇保障处、医疗服务价格处（药械采购监管处），下设第一、第二直属分局，共有在编干部19人。

【医保服务项目进驻市政务中心窗口】 2019年，厦门市医疗保障中心（简称市医保中心）推动服务项目进驻市行政服务中心窗口，共有分娩项目生育保险待遇审核给付，计划生育项目生育保险待遇审核给付，本地医疗、生育保险关系转出，异地医疗、生育保险关系转入，异地工作、居住医疗保险报备办理，健康综合账户家庭共济网办理，出国出境定居退付个人医疗账户基金，基本医疗保险个人账户退付，个人医疗账户基金继承，补缴2004年5月前的医疗保险费（不含5月）。，退休人员医保在职转退休，参保人医疗费用报销12项权责清单事项。全年受理业务事项（含网办）440438件。

【医保支付方式改革】 2019年3月，厦门市医保局成立专项改革小组，创新性开展“总额预算下的点数法”为核心的医保支付方式改革，在一级及以下定点医疗机构推行“医疗服务能力分值法”的门诊总额编制办法。围绕“以收定支”，确保“有多少钱办多少事”，通过分值量化执业医师的学历学位、从业时间、执业类别、职称等级及年资年龄等因素确定医师工作量，通过系数调节机构所属区域特点、专业专科特色、服务人群构成及机构级别等因素确定机构服务能力，实现“以供定量”。以年度门诊医保基金支出预算总额及全市机构服务能力总和测算全市医保服务能力分值单价，匹配机构医保服务收益，确定各医疗机构门诊医疗费总额控制指标，实现“按量计付”，推动医疗机构提升医疗供给服务能力。至年末，3017个病种纳入按分值结算范围。在参保人享受医疗保障服务不变的前提下，每年节约医保基金支出约5亿元。

【医保业务实现“全程网办”】 2019年3月，厦门市医保部门行政服务中心窗口推动审批服务事项优化升级，推动医保业务“应上尽上、全程在线”。除“补缴2004年5月前的医疗保险费（不含5月）、退休人员医保在职转退休、参保人医疗费用报销”3个事项外，其余9个事项“分娩项目生育保险待遇审核给付；计划生育项目生育保险待遇审核给付；健康综合账户家庭共济网办理；异地工作、居住医疗保险报备办理；当地医疗、生育保险关系转出；异地医疗、生育保险关系转入；出国出境定居退付个人医疗账户基金；基本医疗保险个人账户退付；个人医疗账户基金继承”，均通过厦门市医疗保障局官网、“厦门医疗保障”微信公众号、“i厦门”App（应用程序）等实现“全程网办”。全年共有1.6万人次通过“全程网办”方式申领生育保险待遇，金额约1.9亿元。

【跨省市医保骗保案破获】 2019年3月21日，厦门市医保局与公安部门合作，破获跨全国多省市、全链条非法倒卖药品骗取医保基金案。市医保局成立17个行动组（5个外地组、12个本地组），在厦门、天津、佳木斯、长春、沈阳、泉州南安等六地市与公安部门配合展开统一集中收网行动，抓获多名犯罪嫌疑人。

【医疗服务项目价格管理】 2019年4月，厦门市统一执行福建省医疗服务价格项目，共9299项。至年末，市医保局动态调整医疗服务项目价格214项。会同市卫生和计划生育委员会先后向福建省医疗保障局转报3批次48项新增医疗服务项目。12月，医疗服务价格网上明码标价公示平台建成，在市医保局官网、微信公众号均可实时查询厦门市医疗服务价格信息。全市77家公立医疗机构均在该平台进行公示和价格申报，各医疗机构累计公示医疗服务项目59854条。

【高层次人才医保“绿色通道”开通】 2019年7月，厦门市医保部门行政服务中心窗口对高层次人才，包括院士专家、国家“千人计划”专家、省“百人计划”人才、市“双百计划”海外高层次人才以及“海纳百川”金鹭英才卡获得者等，开通医保经办服务“绿色通道”，高层次人才申请办理异地医疗报备、医保关系转移接续、医疗保险健康账户共济等业务时，可享受特事特办、快捷办理。

【医保服务协议电子签约平台上线】 2019年9月，厦门市医保局上线医保服务协议电子签约平台，通过该平台完成与全市1600余家定点医药机构医保服务协议的网上签订工作。该平台减少现场签约花费的人力、时间成本，减少纸质协议书的印刷、保存、记录等管理运行成本，通过信息同步公证处保存证据链条，实时保障协议的法律效力。为保障网签工作顺利开展，市医保部门制作协议网签培训教程、操作视频，开展医保服务协议网签现场培训，共服务1600人次。

【医保业务“全城通办”】 2019年10月，厦门市医保部门行政服务中心窗口破医保业务属地办理的限制，推进市、区医保经办统一管理，满足参保人“就近、便利、高效”的办事需求，推动生育保险待遇申领两个事项“全城通办”。除“退休人员医保在职转退休”事项外，其余11个事项“参保人员医疗费用报销，分娩项目生育保险待遇审核给付，计划生育项目生育保险待遇审核给付，健康综合账户家庭共济网办理，异地工作、居住医疗保险报备办理，本地医疗、生育保险关系转出，异地医疗、生育保险关系转入，出国出境定居退付个人医疗账户基金，基本医疗保险个人账户退付，个人医疗账户基金继承，补缴2004年5月前医疗保险费（不含5月）”均实现“全城通办”。

【全国首家医保反欺诈宣教展厅建成】 2019年10月，厦门市建成全国首家医保反欺诈宣教展厅。该展厅分为党建融合业务发展、加大基金监管力度、重拳出击严打欺诈骗保、完善全民医保体系、推进信息化建设、健全医保管理体制、推进“4+7”药品集采和使用7个板块，重点通过文字和视频，展示“防、控、查、管”医保信息化监管体系，现场对收缴的药品和医保卡进行实物展示，曝光打击欺诈骗保的典型案例、违法违规行为，展示相关法律规章等。该展厅采取预约制逐步对外开放。

【医保电子凭证上线】 2019年12月，厦门市经过医保信息系统升级改造，推动医保电子凭证上线。参保人可通过“厦门医疗保障”公众号、国家医保局App、支付宝、微信4种渠道领取医保电子凭证，通过扫描医保电子凭证，可实现在全市1200余家定点零售药店和省内外地全省联网定点零售药店结算购药费用，以及在厦门市医保窗口办理异地就医备案、医保关系转移等各类业务。该凭证通过实名和实人认证，采用加密算法，动态二维码展示，确保个人信息和医保基金使用安全，不依托实体卡，由国家医保信息平台统一生成，全国统一标准，跨区域互认，一人一码全国通用。

【全国跨省异地就医直接结算】 2019年，厦门市医保局简化跨省异地就医备案手续，持续扩大异地就医即时结算范围，厦门市符合条件的43家定点医疗机构已全部接入全国跨省异地就医平台。全年全市参保人员通过经办窗口、微信公众号、“i厦门”等平台实现跨省异地就医登记备案43727人次，直接结算3386人次，费用9914.91万元。

【病种收费改革】 截至2019年12月31日，厦门市医保局推出256个按病种收费病种，厦门市参保人共7355例参与，累计费用8596万元。厦门大学附属第一医院被纳入福建省按疾病诊断相关分组试点医院，进行DRG（定额预付）收费模拟运行1年。

【新版医保目录印发】 2019年12月，厦门市医保局转发国家医疗保障局《关于印发国家基本医疗保险、工伤保险和生育保险药品目录的通知》和《关于将2019年谈判药品纳入〈国家基本医疗保险、工伤保险和生育保险药品目录〉乙类范围的通知》，计划2020年1月1日起实施新版医保目录。该版目录收录药品2709个，与2017版目录相比，调入药品218个，调出药品154个，净增药品64个。新增药品覆盖优先考虑的国家基本药物、癌症及罕见病等重大疾病治疗用药、慢性病用药、儿童用药等，国家医保药品目录中重点监控的8个药品及57个临床价值不高且易滥用的药品全部被调出。相比新版医保目录之前，新版医保目录中，国家谈判药品新增70个品种，价格平均下降60.7%；3种丙肝治疗用药降幅平均在85%以上；肿瘤、糖尿病等治疗用药的降幅平均在65%左右。

【两险合并实施】 2019年12月，厦门市医保局转发福建省全面推进生育保险与职工基本医疗保险合并实施工作方案，按照“保留险种、保障待遇、统一管理、降低成本”的总体思路，推进职工基本医疗保险和生育保险合并工作，统一参保登记、统一基金征缴和管理、统一医疗服务管理、统一经办和信息服务，确保职工生育期间的生育保险待遇不变。两险合并计划2020年1月1日起实施。

【减负降费】 2019年，厦门市医保局继续执行减负降费政策，厦门市城镇职工基本医疗保险费用人单位缴费费率6%，比上年减少2个百分点；外来从业人员基本医疗保险费用人单位缴费费率3%，减少1个百分点。全年减轻用人单位缴费负担17.35亿元。市医保局出台《关于调整职工医保缴费上下限基数的通知》，自2019年5月1日起，调整职工医保缴费上下限基数，厦门市月社会平均工资由6288元调整为5389.25元，基本医疗保险、生育保险月缴费基数上限和下限分别调整为16168元和3234元。5—12月，全市医疗保险、生育保险分别减征9.26亿元、0.92亿元。市医保局继续完善大病保险制度，城乡居民基本医疗保险参保人大病保险起付标准由3万元降低至25474元。

（市医保局）

卫生监督

【概　况】 2019年，厦门市全面落实医疗卫生、职业健康和食品安全等监督执法工作，启动医疗机构驻点监督工作，印发《厦门市改革完善医疗卫生行业综合监管制度实施方案》，加强卫生计生综合监督。

【卫生监督检查抽查】 2019年，厦门市加强卫生监督检查抽查。开展公共场所监督抽检，抽查监督单位1279家，其中立案查处34件，责令整改80件，对突出问题立案查处违法违规行为34起。食品安全风险监测，食品污染物采样完成率100%。餐饮具、消毒产品监督，抽检消毒企业餐具、饮具647套，合格率97.3%。厦门市3个案件入选福建省级优秀案例，其中2个案例被评为国家级优秀案例，创下历史新高。

【职业健康监管】 2019年6月1日，厦门市卫健委承接市级职业健康监管职能。牵头制定《厦门市尘肺病防治攻坚行动实施方案》，开展重点行业领域尘毒危害专项治理、职业卫生技术服务机构专项执法情况整改、职业健康检查机构专项监督检查等工作，落实完成职业病危害因素五大监测任务。

（张道宇　陈　怡）

医疗机构管理

【概　况】2019年，厦门市卫生机构总数2111个（不含部队医院）。其中，医院63个，基层医疗卫生机构2005个，专业公共卫生机构24个，其他卫生机构19个。卫生机构比上年增加307个。其中，医院增加9个，基层医疗卫生机构增加292个，其他机构增加6个。公立医疗卫生机构676个，比上年增加108个；民营医疗卫生机构1435个，增加199个。全市实有床位总数18784张。其中，医院床位17539张，基层医疗机构床位354张，公共卫生机构床位数751张，其他医疗卫生机构床位140张。卫生机构实有床位比上年增加2180张。每千人实有床位数为4.38张（按照2019年常住人口429万人计算），比上年增加0.34张。公立医疗机构床位14215张，增加1098张；民营医疗机构床位4569张，增加1082张。（见表35-1）

厦门市卫生人员46092人，比上年增加3213人，其中卫生技术人员36957人，增加2783人。卫生技术人员中，执业（助理）医师15207人，比上年增加1377人；注册护士16302人，增加1225人；药师（士）2012人，增加58人；技师（士）1965人，增加102人；其他卫生技术人员1471人。执业（助理）医师中，执业医师14048人，比上年增加1293人。

厦门市每千人拥有卫生技术人员8.61人、执业（助理）医师3.54人、注册护士3.80人（按照2019年常住人口429万人计算），分别比上年增加0.30人、0.18人、0.13人。（见表35-2）

医疗卫生领域2019年度市重点在建项目5个，年度计划投资合计2.63亿元，实际完成投资3.26亿元，完成年度总计划的124%。全市新增建成床位1900张。全市医疗卫生机构拥有房屋建筑面积317.43万平方米，比上年增

表35-1　**2019年厦门市医疗卫生机构分类情况一览表**

类别		机构数（个、家）	床位数（张）
医院	综合医院	35	12185
	中医医院	5	1630
	专科医院	21	3624
	护理院	2	100
基层医疗卫生机构	社区卫生服务中心	26	95
	卫生院	13	259
	村卫生室	278	
	门诊部	440	
	诊所、卫生所、医务室	1248	
专业公共卫生机构	疾病预防控制中心	7	
	专科疾病防治院（所、站）	1	18
	妇幼保健院（所、站）	7	733
	急救中心（站）	1	
	卫生监督所（中心）	1	
其他卫生机构	疗养院	1	140
	医学科学研究机构	1	
	临床检验中心（所、站）	8	
	其他	9	

表35-2　**2019年厦门市医疗卫生人员情况表**

单位：人

类别		总计	医院	基层医疗卫生机构	专业公共卫生机构	其他卫生机构
卫生技术人员	执业（助理）医师	15207	7717	6566	862	62
	#执业医师	14048	7530	5609	850	59
	注册护士	16302	11405	4060	780	57
	药师（士）	2012	1072	851	82	7
	技师（士）	1965	1139	492	263	71
	其他卫生技术人员	1471	875	220	352	24
其他技术人员		1897	1331	358	128	80
管理人员		2250	1393	586	175	96
工勤技能人员		4330	2917	975	316	122
乡村医生和卫生员		658	—	658	—	—

加 38.92 万平方米。其中，业务用房面积 219.49 万平方米，比上年增加 26.73 万平方米。全市医院共有房屋建筑面积 242.03 万平方米，比上年增加 31.4 万平方米，其中业务用房面积 185.9 万平方米，增加 25.41 万平方米。医疗卫生机构 1 万元以上设备有 41162 台，比上年增加 6953 台；总价值为 767965 万元，增加 127484 万元。

【医疗机构业务量】 2019 年，厦门市医疗卫生机构总诊疗 3837.24 万人次，比上年增长 5.3%。医院诊疗人次数 1935.43 万人次，比上年增长 6.8%；基层医疗卫生机构诊疗 1648.24 万人次，增长 5.8%；专业公共卫生机构及其他机构诊疗 253.57 万人次，减少 7.8%。公立医疗卫生机构总诊疗 2829.35 万人次，比上年增长 33.9%；民营机构总诊疗 1007.89 万人次，增长 10.9%。医院病床使用率 86.11%，下降 2.14 个百分点。其中，公立医院病床使用率 98.65%，上升 1.45 个百分点；民营医院病床使用率 48.30%，下降 3.55 个百分点。全年医院出院者平均住院日为 8.0 日，缩短 0.3 日。其中，公立医院 8.6 日，缩短 0.4 日；民营医院 5.6 日，延长 0.5 日。

【医院管理制度改革】 2019 年，厦门市中医院入选现代医院管理制度国家级试点，厦门大学附属第一医院、厦门市仙岳医院入选现代医院管理制度省级试点，厦门市公立医院全部纳入推进现代医院管理制度建设试点。5 月 23 日，国家卫健委体改司在厦门举办推进建立健全现代医院管理制度试点工作培训班，国家卫健委体改司巡视员朱洪彪出席培训班并讲话。厦门市修订院长目标年薪制及公立医院工资总额核定办法。重点提高医务性收入，科学控制医药费用不合理增长。同安区总医院（厦门市第三医院）指导组织安全生产、医疗质量、医院感染等检查，强化各成员单位的服务意识，促进总医院内部质控同质化；规范各基层单位的医疗质量、院感、护理等制度、流程，院感发生率逐步下降；通过专家下基层、慢病基层长处方等不同方式引导慢性病、稳定疾病患者就近在基层看病取药，基层门诊量比上年增长超 18%。

【“信易医”应用试点】 2019 年，厦门市在厦门医学院附属口腔医院开展信用就医（信易医）试点改革。厦门市白鹭分 650 分以上的医保用户，就诊所需的各项医保类范畴费用可延期 3 天结算，解决预存缴费及多次缴费结算难题。

【医疗机构监督检查】 2019 年，厦门市打击无证行医，查处非法行医案件 87 起，罚没款 98.499 万元，吊销执业许可 2 家，移送司法机关涉嫌犯罪案件 2 件；查处医疗机构和医师挂证行为案件 1 起，吊销执业许可 1 家；查处医疗机构使用非卫生技术人员、超范围、违反执业医师法等案件 26 起，罚没款 38.6 万元，吊销执业许可 2 家。

（市医保局）

药品管理

【国家组织药品集采试点工作落实】 2019 年 2 月，厦门市医保局出台《关于贯彻落实国家组织药品集中采购和使用试点工作配套措施有关事项的通知》《关于建立我市落实国家组织药品集中采购和使用试点工作动态信息报送和联络机制的通知》等配套政策，创新保障机制、完善监管手段、重建货款结算方式。围绕“确保使用、确保质量、确保供应、确保回款”的原则，打造药品采购和使用新机制，并将试点工作考核结果与医保结算、医保考核协同，保障药品集中采购结果的落地实施。打通药品采购、货款结算等平台间的信息壁垒，全国首创厦门市“国家组织药品集中采购和使用监管平台”，实现医保部门对药品配送、采购、结算、库存和使用的一体化全流程监管。全国首创药品集采货款由医保部门与配送企业直接结算模式，药品回款周期由原来的 3 个月左右减少到 27 天，降低药企流通成本，优化药企营商环境，最大限度控制医保基金支付风险，提高基金使用效率。3 月 15 日，厦门市率先在全国启动国家组织药品集中采购和使用试点工作（“4+7”药品集采试点工作），该项工作获得国务院副总理孙春兰书面肯定批示。至年末，25 个中选药品价格平均比集采试点前下降 52%，最高下降 96%，试点医疗机构节省采购资金 1.9 亿元，参保人刷卡药品费减少支出 1.4 亿元，人均相关药品费用下降 60.4%。厦门市“4+7”药品集采试点工作经验在第二届“推进机制活、建设新福建”全省机关体制机制创新优秀案例评选中获得一等奖，被全省借鉴和推广、多省复制和应用，获央视新闻直播间、《人民日报》等媒体和《中国卫生》杂志多方报道。10 月 25 日，国家卫健委药政司在厦门市举办全国药政工作经验交流会，31 个省（区、市）和新疆生产建设兵团卫健委药政管理部门有关处室负责人参加会议。

【药品集采监管平台上线】 2019 年 3 月，厦门市自主研发的“国家组织药品集中采购和使用监管平台”上线，通过对药品采购、配送、结算、库存和使用在同一平台上公开透明化展示，实现一体化全流程监管，为“4+7”药品集采试点工作在厦门市平稳实施提供技术支持。4 月，该监管平台及全流程监管模式获得国家医保局肯定，经验做法在河北、重庆等省市得到复制推广，该监管平台的技术团队参与国家药品和医用耗材招采管理子系统建设。

【药品包装处置新规出台】 2019 年 5 月，厦门市医保局出台《关于加强药品包装处置工作的通知》，要求全市定点医疗机构针对倒卖风险较大的 100 种重点药品进行“拆零毁形”（在保证药品安全有效的前提下，在药品外包装上标注明显、不可逆、不可移除的标识，并对拆除的包装进行统一销毁处理）。开展专项检查行动，巡查督导定点医疗机构 83 家次。重点监控药品目录内有 80.61% 的药品使用量比上年同期下降 53.62%，个别药品使用量下降接近 100%。

（市医保局）

计生服务

【概　况】 2019 年，厦门市落实市级计划生育各项奖励经费 10354.36 万元。其中，奖励扶助经费 9902.8 万元；发放计生特殊家庭成员扶助金3687.18万元；发放一次性紧急救助金275万元，救助140户。奖励年满60周岁独生子女家庭父母，全市共2.19亿元。计划生育奖励兑现率100%。厦门市纳入医疗救助的计生特殊家庭成员4300余人，其中得到医疗救助1200人，报销经费170多万元。厦门市户籍人口人均期望寿命80.89岁。孕产妇死亡率0.0314‰，婴儿死亡率1.76‰，5岁以下儿童死亡率2.83‰。人口主要健康评价指标连续14年保持在发达国家和地区较好水平。截至2019年计生统计年度，厦门市总人口466.1万人，其中常住人口250.4万人、流动人口215.6万人；常住人口政策符合率95.79%，出生性别比116.21（女性为100），出生率13.87‰，出生二孩占比52.04%，信息统计准确率99%以上。无计划生育行政侵权恶性案件发生，计生服务群众满意率95%。

【计划生育目标管理责任制落实】 2019年，厦门市落实计划生育目标管理责任制。办结一孩生育登记15130人次、二孩登记13546人次、再生育审批473人次。

【计生服务管理】 2019年5月17日，《厦门市卫生健康委员会　厦门市财政局关于独生子女幼儿园管理费（保育教育费）报销有关问题的通知》出台，明确实施两孩政策前出生的独生子女入园继续享受幼儿园管理费（保育教育费）相关政策。厦门市新建68处母婴设施，累计建设母婴设施434处（其中公共场所265处），获评省级示范母婴室7家。在厦门市8个地铁站点设立独立母婴室，实现轨道交通母婴室建设零的突破。落实婴幼儿照护服务发展行动，率先在有条件的医疗机构内部建立托育试点。开展优生优育指导，开展100多场家庭健康教育讲座，5000人次参加，举办3期家庭健康知识培训班，探索推动6815名计生协会小组长向“家庭健康助理员”“家庭健康宣导员”转型。厦门市计生家庭意外伤害保险项目的政府投入、保障内容、理赔金额、保险覆盖率、赔付率等方面都居全省、全国前列，人均保费全国第一。

【计划生育协会】 2019年，厦门市计划生育协会（简称计生协）有计生协组织1492个、团体会员7240个、个人会员20万人，计生协会小组长6815人，志愿者队伍565支、2万余人。各级计生协围绕“六项重点任务”（宣传教育、生殖健康咨询服务、优生优育指导、计生家庭帮扶、流动人口服务、权益维护），聚焦生育关怀与家庭健康，投入工作经费近1亿元，生育关怀经费3830万元，受益计生家庭23.39万户次、惠及人口66.83万人次。建立区级以上计生协典型项目和示范点94个，其中精品工程项目18个。市计生协按照中国计生协、省计生协要求，在前期调研准备、与相关部门沟通协商征求意见的基础上，起草《厦门市计划生育协会改革方案》，报市委常委会、市深改小组研究通过，11月29日印发。《中国人口报》和中国计生协《工作通讯》先后刊发《厦门市计生协“三驾马车”驱动转型发展》《厦门市计生协创新五大载体，加快改革转型升级服务》《厦门市计生协守正创新，奋力开创宣传工作新局面》等。

【计划生育特殊家庭扶助】 2019年，《厦门市卫生健康委员会　厦门市民政局关于落实计划生育特殊家庭监护人制度的通知》出台，探索建立计划生育特殊家庭监护人制度。厦门市各级计生协开展生育关怀项目，农村计生帮扶投入149.5万元（含区级配套14.5万元）、惠及计生家庭299户。幸福工程投入经费188.44万元，帮扶92户次，脱贫率为99.27%，思明区获得全国幸福工程组委会表彰。市级金秋助学投入41万元，助学模式从一次性资助拓展为一次性与续助［直至完成大学（专）毕业］相结合。开展“爱之屋—生育关怀基金”劝募活动，募集资金224.16万元，使用95.12万元，救助1162人。开展节日走访、结对帮扶、心理疏导、联谊活动等“暖心工程”8项系列关怀服务，开展各类慰问、联谊、讲座等节日主题帮扶活动130多场（期），参与目标人群4500多人（户）次。思明区、海沧区申报中国计生协“暖心家园”项目点。

【人口文化宣传】 2019年，厦门市各级计生协开展“不忘初心担使命、我与祖国共奋进”“会员心向党、建功新时代”等人口文化宣传活动1100余场次，参与群众12万人次。在主流媒体刊发人口文化新闻信息2338篇。在《厦门日报》开通《健康课堂》专版，“5·29”会员活动日期间连续7天在《厦门日报》进行专题报道。制作《讲政治、谋创新、求实效》工作成果展示宣传片和特殊家庭帮扶题材微电影《老谢和他的茶聊室》、幸福工程题材微电影《山乡民声》。《计生协会小组长转型之路——打造一支复合全面型素质人才队伍》等3件新闻作品获中国计生协第二届“计生协好新闻”奖，《振兴中华》书画作品、“5·29”随手拍多项作品获中国计生协表彰。市计生协宣传工作被中国计生协、省计生协授予优秀组织奖。

【流动人口计生服务】 2019年，厦门市建立流动人口计生协组织931个，其中流动人口计生协项目点国家级4个、市级6个、区级33个。建立12个流动人口基本公共卫生计生服务均等化示范点、10个流动人口社会融合示范社区。路达（厦门）工业有限公司、ECCO（厦门）有限公司、厦门公交集团海沧公共交通有限公司、百路达（厦门）工业有限公司被确立为全国流动人口计生协项目点，海沧区新阳街道被确定为全国新市民健康行动项目点。市计生协印制发放《关爱新市民服务手册》3万余册，组织“关爱流动人口生殖健康”进企业活动开展生殖健康咨询364场次，服务市民46132人次；依托“会员之家”开设“四点钟”学堂，帮助解决引进人才和外来员工子女教育托管问题。

【流动人口融入社会治理】 2019年，厦门市133个村（居）达到计生基层群众自治“六好”（组织保障好、政策倡导好、民情联络好、家庭关怀好、文明诚信好、群众参与好）示范标准，海沧区、思明区、集美区被确立为全国计生基层群众自治示范区。各级计生协融入公共法律服务体系，协调维护计生家庭合法权益1234件，翔安区被确立为全国计生家庭维权项目名誉点。计生协会小组长和骨干会员参与乡村振兴、防抗重大自然灾害、清洁家园、垃圾分类、平安创建、打黑扫恶等活动。

（唐绍密）

体　育

【概　况】 2019年，厦门市登记注册的体育社会组织245家。全民健身运动场地4195个，面积15.1万平方米；人均体育场地面积为2.6平方米，居全省首位，平均每万人拥有体育场地29.64个，居全省第三位。厦门市运动员在国际、国内大赛中获22项世界冠军、3项亚洲冠军、26项全国冠军、46个青少年全国冠军。

【全民健身活动】 2019年，厦门市举办近1000场赛事活动，参与人次超过100万人次。厦门市体育局（简称市体育局）组织开展“全民健身季”系列赛事活动，将赛事主体从政府部门拓展到社会体育组织、企事业单位，形成“政府搭台、部门协同、社会办赛”的格局。8—10月，全市举办155项活动，10万余人参加。2019年，市体育局继续向基层推广工间操运动，由镇街、社区和各类企业组成的19支队伍参赛。创编简易版工间操。市体育局指导各级各类体育社会组织、企事业单位举办厦门市足球超级、甲级联赛，篮球甲乙级联赛、“谁是球王”乒乓球民间争霸赛、“工体杯”羽毛球公开赛、东方高尔夫球名人赛、亚洲竞技叠杯运动锦标赛、垂直登高大奖赛、国际健体大赛等赛事活动200余场。

【老年人体育】 2019年，厦门市体育局、市老体协举办万名老年人新春健步行、重阳节万名老年人登山周活动。推进康乐家园创建工作，新增市级康乐家园75个、省级康乐家园62个。厦门市创建康乐家园近300家，创建率接近80%，居全省第一。98.85%的社区成立社区老体协，年活动经费投入533万元。各区开展社区老年人体育健身示范点的建设工作。

【体育场馆设施规划建设】 2019年，厦门市贯全长约23千米的健康步道建成，全市总里程1100千米。总投资3.36亿元的市体育中心综合健身馆于9月投入使用，市体育中心游泳馆改造一期项目竣工。市、区两级体育部门投入经费1260余万元，用于健身器材与设施进社区、进乡村、进公园、进机关、进军营。总投资2.19亿元的海沧街道文体活动中心项目年初完成主体建筑封顶。

【运动员参加全国青运会】 2019年，厦门市体育代表团210名运动员参加第二届全国青年运动会，获12枚金牌、20枚银牌、21枚铜牌。市体育局被省体育局授予“福建省参加第二届全国青年运动会贡献奖”。

【竞技体育】 2019年，厦门市体育局开展竞技体育后备人才培养工作调研，加强对各项目三线训练点的审核，对重新考查合格的训练点统一命名为“后备人才训练基地”，完成举重、游泳、跳水、射箭、田径、乒乓球、射击等7个项目的挂牌工作。市体育局与海沧区、翔安区合作在2所小学新创设2个“水上运动后备人才训练基地”。市体育局制定竞技体育品牌项目建设实施方案，规范专项资金的使用和管理。市田径、游泳、羽毛球、体操（含蹦床）、射箭、足球、帆船（含帆板）、皮划赛艇（含激流）8个项目入选省竞技体育品牌项目，项目数量全省最多。厦门市成功申办成为2023亚洲杯足球赛承办城市之一，建成社会足球场地92块。

【青少年体育】 2019年，厦门市体育局推动建立社会力量办青少年体育的新模式。推动落实“百万青少年上冰雪”和“校园冰雪计划”。组织开展全国青少年体育冬夏令营活动包含三大球、游泳、田径、乒乓、羽毛球、射击、跆拳道、棒球、冰球等项目，厦门市6个区参加，首次开展冰雪项目。组织25支队伍共1300名运动员参加省青少年儿童年度锦标赛田径、游泳、足球、篮球、排球等项目，获羽毛球、蹦床、帆船帆板、武术散打等18个团体冠军。

【体育产业】 2019年，厦门市体育局出台《关于促进全民健身和体育消费　推动体育产业高质量发展的实施意见》。奥佳华智能健康科技集团股份有限公司、厦门奥林匹克·诺斯蒂文化体育公园分别获评2018年度国家体育产业示范单位（项目）。市体育局推动建设环东海域滨海旅游体育产业带，建成17.9千米的滨海浪漫线马拉松赛道和美峰体育公园。推广室内高尔夫、小轮车、跑酷、轮滑、滑板、飞盘、台科搏、定向越野等新兴时尚体育项目，举办首届中国（厦门）台科搏国际挑战赛及极限飞盘、定向越野等赛事。

【体育交流合作】 2019年，厦门市体育局共组团6批16人次到德国、匈牙利、韩国、菲律宾、西班牙、卡塔尔等国家进行田径、游泳、跳水、体育产业、马拉松等项目的交流。组团4批276人到台湾地区开展游泳、帆船、马拉松等项目的交流。厦门市举办厦门马拉松赛配套赛事“2019海峡两岸城市马拉松邀请赛”，70个大陆城市代表队和40个台湾地区城市代表队参赛。举办2019年“全国冬泳日”系列活动（厦门站）暨厦门市第二十一届迎新春海峡两岸冬泳活动，海峡两岸16支代表队近300名冬泳爱好者参赛。集美区举办联发2019海峡两岸（集美）龙舟文化节暨“嘉庚杯”“敬贤杯”海峡两岸龙舟赛，海峡两岸的53支龙舟队伍参赛。厦门市举办第七届海峡杯帆船赛，海峡两岸的13支队伍参赛。举行第十届厦金海峡横渡活动，来自北京、上海、福建、香港、澳门、台湾等地的81支队伍162名选手参赛，该赛事首次被中央电视台在当天《新闻联播》栏目报道。

【建发厦门马拉松赛】 2019年1月6日，建发厦门马拉松赛开赛，来自38个国家、地区的参赛选手28219人。埃塞俄比亚选手德杰内·德比拉·贡发以2小时9分26秒的成绩获男子冠军，米迪娜·德米·阿瑞米诺2小时27分25秒的成绩获女子冠军。厦门马拉松赛成为全球首个加入联合国环境规划署“清洁海洋计划”的马拉松赛事，连续12年入选国际田联“路跑金标赛事”和中国田协“金牌”赛事。2019年，厦门马拉松赛成为亚洲首个、全球第七个获国际马拉松路跑协会“绿色环保奖”的马拉松赛。

（陈　晨）

责任编辑：曾一一
审　　稿：林建高
校　　对：林德全

36 社会民生

居民生活

【概　况】 2019年，厦门市全体居民人均可支配收入55870元，比上年增长9.7%。城镇居民人均可支配收入59018元，比上年增长8.5%；农村居民人均可支配收入24802元，增长10.7%。2019年，厦门市全体居民人均生活消费支出36809元，比上年增长10.9%。其中，城镇居民人均生活消费支出38442元，比上年增长10.1%；农村居民人均生活消费支出20698元，增长9.8%。全体居民、城镇居民、农村居民人均消费水平均为福建省第一，增幅分别比上年高1.6、1.0、2.7个百分点。

【城乡居民收入】 2019年，厦门市全体居民人均可支配收入55870元，比上年增长9.7%。居民收入水平位居全国前列，分别比全国高25137元，比全省高20254元；增幅分别比全国和全省平均水平高0.8和0.6个百分点。区域城乡收入差异逐渐缩小，从城乡看，农村居民收入增速快于城镇居民，城乡居民收入差距继续缩小，2019年城乡居民人均可支配收入比为2.38：1（以农村居民收入为1），比上年缩小0.05。从分区看，岛内外居民收入的差距也逐步减小，岛外居民生活质量得到快速提升。2019年，厦门海沧区、集美区、同安区、翔安区居民人均可支配收入增幅分别为9.9%、10.5%、10.7%和10.7%，与思明区（8.8%）、湖里区（8.1%）相比，增长更为迅速。

2019年厦门城乡居民人均可支配收入的四大收入（工资性收入、财产净收入、经营净收入、转移净收入）来源全部实现增长，收入构成更加多元，推动城乡居民收入提升。工资性收入是居民增收的主要支撑。2019年，厦门城乡居民人均工资性收入分别为41797元和16526元，分别比上年增长8.1%和11.3%，分别占人均可支配收入的比重70.8%和66.6%，分别拉动城乡居民人均可支配收入增长5.8和7.5个百分点。财产净收入是居民收入增长第二拉力。2019年，城镇居民人均财产净收入比上年增长14.3%，对城镇居民人均可支配收入增长的贡献率为19.7%；农村居民人均财产净收入增长21.9%，对于农村居民人均可支配收入增长的贡献率为8.8%。经营净收入和转移净收入稳定增长，城镇居民人均经营净收入5179元，比上年增长9.2%；农村居民人均经营净收入5355元，增长3.0%。城镇居民人均转移净收入4769元，比上年增长2.7%；农村居民人均转移净收入1745元，增长24.8%。

【城乡居民消费】 2019年，厦门市全体居民人均生活消费支出36809元，比上年增长10.9%。至年末，住户存款余额比上年增长17.0%，增幅比城镇居民人均消费支出增速高6.9个百分点，比农村居民人均消费支出高7.2个百分点，居民预防性储蓄倾向程度仍然偏重。城镇居民平均消费倾向（人均消费性支出占可支配收入的比重）为65.1%，比上年扩大0.9个百分点；农村居民平均消费倾向为83.5%，比上年缩小0.6个百分点，农村居民消费热情有所回落，但仍明显高于城镇居民。从城乡居民消费结构来看，前4位消费项目涵盖城乡居民基础生存型消费和发展享受型消费，分别是食品烟酒、居住、交通通信、教育文化娱乐消费项目。其中，城镇居民前4项消费合计32100元，占生活消费支出的比重为83.5%；农村居民前4项消费合计17240元，占生活消费支出的比重为83.3%。城乡居民消费结构趋向一致，食品烟酒和居住仍然是居民消费支出的主要组成部分。受食品价格上涨影响，2019年，全体居民人均食品烟酒消费支出10845元，比上年增长12.4%，增幅比上年高10.4个百分点，居民恩格尔系数为29.5%，比上年提高0.4个百分点；居住支出11703元，增长12.3%，占生活消费支出31.8%，两项支出仍然是居民生活消费支出中最重要的组成部分，共拉动生活消费支出增长7.5个百分点。其中，城镇居民人均食品烟酒支出11239元、比上年增长11.8%，居住支出12334元、增长11.2%；农村居民人均食品烟酒支出6955元、增长9.2%，居住支出5481元、增长12.7%。随着居民收入水平的提高，居民对发展型消费的需求日益增加。居民医疗卫生意识的逐步加强，对身体健康的日渐重视，推动居民医疗保健消费支出增长，2019年，全体居民人均医疗保健消费支出1548元，比上年增加293元，增长23.4%，增速居八大类消费（食品烟酒、衣着、居住、生活用品及服务、交通通信、教育文化娱乐、医疗保健、其他用品和服务）支出首位，拉动居民生活消费支出增长0.9个百分点。居民重视对子女教育、个人提升的投入，通过旅游、休闲娱乐提升生活品质。2019年，全体居民人均教育文化娱乐消费支出3371元，比上年增加539元，增长19.0%，增速居八大类消费支出第二位，拉动居民生活消费支出增长1.6个百分点。

【城乡居民家庭居住情况】 2019年，厦门市城镇居民家庭现住房人均建筑面积30.32平方米，比上年减少1.64平方米；农村居民家庭现住房人均建筑面积77.02平方米。（见表36-1、36-2）

表36-1 **2018—2019年厦门市城镇居民家庭居住情况表**

	2019年	2018年		2019年	2018年
现住房人均建筑面积（平方米）	30.32	31.96	其他	0.11	0.11
按房屋产权分（%）			按用水情况分（%）		
租赁公房	1.88	1.77	经过净化处理的自来水	100.00	99.59
租赁私房	52.15	52.43	井水和泉水		0.14
原有私房	15.91	16.06	按卫生设备情况分（%）		
房改私房	2.12	2.13	水冲式卫生厕所	99.90	99.90
商品房	21.92	21.20	水冲式非卫生厕所		
其他	6.02	6.40	卫生旱厕		
按住宅建筑式样（%）			普通旱厕		
单栋楼房	17.44	18.26	无厕所	0.10	0.10
单栋平房	1.22	0.85	按炊用燃料使用情况分（%）		
四居室及以上	5.31	5.81	液化石油气	27.29	30.78
三居室	17.95	16.75	管道天然气	26.60	25.13
二居室	17.65	17.37	电	38.17	36.12
一居室	36.35	36.68	其他	7.94	7.97
筒子楼或连片平房	3.98	4.17			

表36-2 **2019年厦门市农民家庭居住情况表**

	单位	2019年		单位	2019年
现住房建筑面积	平方米/人	77.02	沙石或石板等硬质路面	%	9.11
住房空间样式			其他路面	%	0.52
单栋楼房	%	87.15	住房卫生设备使用情况		
单栋平房	%	10.51	使用水冲式厕所	%	100.00
单元房	%	2.10	使用旱厕	%	
其他	%	0.24	无厕所	%	
住房建筑材料			炊事使用的主要能源		
钢筋混凝土	%	42.60	使用燃气	%	41.71
砖混材料	%	51.77	使用电	%	56.87
砖瓦砖木	%	3.99	其他	%	1.42
其他	%	1.64	饮用水来源情况		
住宅外道路路面状况			饮用自来水	%	91.78
水泥或柏油路面	%	90.37	井水和泉水	%	8.22

（《厦门经济特区年鉴》）

就业创业

【概　况】2019年，厦门市城镇新增就业26.18万人，失业人员再就业12.40万人，城镇就业困难对象就业1.33万人。至12月末，城镇登记失业率为2.84%。全年累计向53450家企业发放稳岗补贴1.68亿元。

2019年，厦门市人力资源和社会保障局（简称市人社局）开展各类培训73216人。其中，“一企一策”职工职业技能培训58095人，厦门市农业富余劳动力转移（失地失海人员）培训3030人，户籍人员就业培训（失业人员）3244人，其他类培训9487人。开展职业技能鉴定考核31011人次。其中，国家职业资格鉴定21948人次，全国计算机信息高新技术考试9519人次，专项职业能力考核144人次。核发职业资格证书12701本，其中高级工以上3762本，完成全年“新增高技能人才3000人”指标任务的125%。

市人社局强化30万名院校毕业生招聘行动。组织8587家次用人单位到192所厦门市及福建省内外各类院校开展校园招聘，提供岗位5.68万个次，收到简历5.43万份，达成意向2.5万人。在北京、南昌、合肥举办重点高校就业座谈对接会及厦门市企事业单位招聘会（北京站）、厦门市2020届毕业生需求信息和入厦政策发布会（南昌站、合肥站）。配套开展“一日一校”招聘活动68场，覆盖福建省内外院校500所。携手厦门大学、集美大学等厦门市高校举办“相约高校·携手未来”校园招聘会26场，在福建师范大学、福建农林大学、龙岩学院等12所省内院校开展“30万院校毕业生招聘行动”配套校园招聘会。发放167家单位共432名厦门生源待就业毕业生见习补贴金590.57万元。

2019年，厦门市累计发放创业扶持资金1621.96万元，分别为创业场地补贴1438人次、1076.26万元，自主创业奖励1103人次、521.7万元，创业带动就业奖励69家次、120人、24万元。

【市人力资源和社会保障工作会议】2019年1月12日，厦门市召开全市人社工作视频会议。会议通报2018年人社工作情况，部署2019年工作。会议提出，全市人社工作重点把握4个层面：以“服务发展、服务民生、服务社会”为主线，以求实效、看实效、比实效为核心，服务厦门市高素质高颜值现代化国际化城市建设和高质量发展的新作为；把服务厦门发展与服务全省、全国大局结合起来；把人力资源开发，增加厦门市人力资源总量与防范失业风险、确保就业稳定结合起来；把重点突破与整体推进结合起来。

会议围绕“服务发展、服务民生、服务社会”工作主线，部署人社系统2019年主要工作：加强人力资源服务，支持实体经济发展；服务乡村振兴；厦门、台湾人力资源合作；厦门市户籍困难群体就业帮扶；服务院校与加强院校协同；重构适应发展需要、适应社会需求的技能培训体系；社会保障制度改革的衔接工作；构建和谐劳动关系；就业服务和就业稳定；“放管服”改革的深化。

【高校毕业生人才交流大会】2019年1月19日，厦门市2019年高校毕业生人才交流大会在厦门人才市场举办。大会由市人社局主办，市人才中心承办，380余家用人单位提供逾1万个岗位，包括友达光电、通士达照明、古龙食品、厦门会展集团、鸿星尔克等企业。大会吸引大批来自福建省内外的毕业生人才到场求职。该次交流会中，千亿产业链群人才需求大，包括巨龙信息科技、三安光电、正新橡胶工业、海翼物流、华夏文化旅游集团、厦门文广影音等在内近80家千亿产业链群企业到场招聘。交流会有74%的用人单位为中小企业。从招聘岗位对学历总体需求看，大专及以上学历需求占65%，中专占25%，其他10%；从具体岗位看，计算机软件技术人员、贸易业务员、工程技术人员、营销人员、财会人员及行政人员需求大。

【“春风行动”外出招聘活动】2019年2月11—15日，厦门市人社局组织开展“春风行动”外出招聘活动，安排8条线路，涉及7省20个市县，包括省外（河南省、四川省、江西省、湖南省、贵州省、广西壮族自治区）18个市县，福建省龙岩、三明两地市。此次外出招聘中，有79家次企业参加专场招聘会24场，提供岗位数10351个次，发放资料7972份，达成意向945人。

【第三批厦门市技能大师工作室授牌】2019年3月14日，第三批20家厦门市技能大师工作室授牌仪式在市人社局举行。20家技能大师工作室是由各行业协会、企业提出申请，经专家组评估后确定的，有效期从2019年1月至2021年12月，市级财政计划给予每个厦门市技能大师工作室建设项目一次性补助经费8万元。

【闽西南协同发展区项目推介会】2019年12月3日，闽西南协同发展区第一

2019年12月3日，闽西南协同发展区第一届暨厦门市第十九届创业项目推介会召开
（市人社局　供图）

届暨厦门市第十九届创业项目推介会在集美区举行。推介会由厦门市人社局主办，首次联合漳州、泉州、三明、龙岩4个城市共同举办。推介会重点针对创业潜在群体推出119个项目，其中厦门市项目80个，漳州、泉州、三明市各10个，龙岩市9个。推介项目涵盖电商计算机服务业、教育咨询业、社区服务业、制造加工业、农、林、牧、渔业等，吸引860多人次参加，300多人次和119家参展商达成项目共识，表达合作意向。

【闽西南校企合作对接会】 2019年12月30日，闽西南第二届暨厦门市第十七届校企合作对接会在厦门市举行。该届对接会由厦门市人民政府主办，厦门市、漳州市、泉州市、龙岩市、三明市的人力资源和社会保障局承办。对接会吸引来自安徽省、吉林省等10个省市的156所院校报名参会，其中本科院校39所，职业院校、技工学校117所，涉及21万名毕业生。参会院校提供机械类、教育学类、土建类、经济贸易类、财政金融类、艺术设计类、计算机软件类等95个专业和工种类别。吸引来自厦门市、漳州市、泉州市、龙岩市、三明市近600家企业参会，其中漳州市、泉州市、龙岩市、三明市企业80家。

（吴斯婷）

人才服务与管理

【概　况】 2019年，厦门市引进人才58126人，比上年增长23.36%。其中，引进大专以上院校毕业生50781人，比上年增长24.76%；引进成熟人才5837人，增长10.23%；引进留学人员1519人，增长20.84%，其中博士265人、增长45.6%，硕士996人、增长10.91%。厦门市评审、确认中高级职称4122人，其中中级2861人、高级1261人，制发中高级职称证书4101本。

2019年，市人社局梳理、审核及发放厦门市188位国务院特贴专家补贴134.89万元。梳理、核验及发放厦门市101位福建省高层次引进人才津贴57.25万元。推荐5家企事业单位参评福建省专家服务基地，推荐3家单位9人申报福建省高层次人才和青年优秀人才到国（境）内外开展访学研修工作，推荐5名专家参加福建省高级专家国情省情研修班，审核专业技术人员三级保健对象83人。厦门市首次面向临夏州建档立卡贫困高校毕业生招聘15名事业单位编内工作人员，3月15日办结聘用手续并到单位报到。2019年，厦门市有博士后科研工作站28家、省级创新实践基地6家。进站博士后24人，出站博士后6人，在站博士后总数52人。核发博士后补助经费60人次400万元。市人社局兑现发放各类人才住房补贴768人次、2810.6万元，其中引进高层次人才住房补贴76人次、376.4万元，创新创业人才住房补贴692人次、2434.2万元。

【职称改革】 2019年，厦门市人社局扩大海沧生物医药和自贸区航空维修产业职称评审改革试点范围，增加副高级职称，首次分别评出高级、副高级工程师24人和34人。复制推广职称改革试点经验，推动火炬高新区输配电行业、物联网行业、宏发电声股份有限公司职称改革试点，物联网、智能输配电行业首次分别评出高级、副高级工程师36人和181人，宏发电声股份有限公司85人通过评审取得中级工程师职称。探索适应新兴行业设立新的评审专业，拟定大数据和机电元器件2个专业的职称申报条件并上报福建省人社厅。

【第十四届台湾专业人才就业创业厦门对接会】 2019年6月15日，第十一届海峡论坛·第十四届台湾专业人才就业创业暨台生实习见习厦门对接会在厦门市悦华酒店举行。对接会由厦门市委组织部、市人社局主办，市人才服务中心承办。对接会现场同步举办政策说明会，市台港澳办、市人社局相关负责人解读厦门市相关惠台政策和支持、服务举措。活动现场举办“逐梦两岸、筑梦未来”主题沙龙，隆领投资合伙人倪英伟、一品创客联合创始人CEO田承明、格密制振创始人CEO赖秉豊、正新（厦门）集团有限公司人力资源总监林孟学4位台湾人才分享他们在厦门创业就业的感受。大会吸引厦门市及泉州、漳州、龙岩、三明、温州等115家用人单位、8家政策咨询机构、6家海峡两岸青年就业创业基地（示范点）以及来自海峡两岸300多名台湾专业人才和学生参与，其中专程从台湾赶来214人，不少在厦门及周边城市生活工作的台湾人才、就读的台湾学生到场交流对接。电子、电气、半导体、集成电路、酒店餐饮、教育培训、生物医药等行业需求相对旺盛。

【高层次人才网络交流会】 2019年9月1—11日，高层次人才网络交流会在厦门人才网通过在线网络交流会的形式举行。该次交流会由中共厦门市委组织部、市人社局协同漳州、泉州、龙岩、三明市委组织部联合举办，市人才服务中心承办。交流会期间，对接会累计访问量2.3万次，来自闽西南地区5个地市的120家单位参与交流，与1072名高层次人才网上对接，人才和用人单位同步在线对接2088次，产生意向1014次。人才通过网络交流会与单位对接，应参会单位邀请在规定时间到厦门应聘，给予差旅费补贴。

【闽西南人才精品项目路演】 2019年9月8日，2019厦门国际投资贸易洽谈会暨丝路投资大会——留学人员暨闽西南人才精品项目路演在厦门市会展中心举行。该次活动由投洽会组委会、市委组织部、市人社局主办，市留学中心、市高层次人才发展中心、市创业投资有限公司、市创业与投资协会承办。活动收到64个高层次人才项目报名，涉及光电、软件、生物与新医药、电力电器、视听通信等行业领域，报名企业和路演项目数量为历年来最多。路演项目重点向符合“双千亿”产业链倾斜，优中选优，在64个项目中最终挑选出10个精品项目参加现场路演，吸引40余家投资机构、60多家企业近百人参加，帮助留学人才初创企业解决融资难问题。主办方汇编制作《留学人员暨闽西南人才项目信息手册》，在现场发放近300份。

【秋季事业单位招聘】 2019年11月16日，2019年秋季事业单位市、区联合招聘编内工作人员考试笔试举行。该次考试由厦门市委组织部、市人社局和各区组织部、人社部门联合组织，市人事

2019年11月16日，福建省2019年第四届海峡博士人才交流合作对接会签约仪式举行
（市人社局　供图）

考试测评中心承担具体考务工作。全市岛内外设30个考点、931间考室，笔试题型为客观题和主观题。该次招聘推出423个岗位，计划招聘480人，实际开考410个岗位，计划招聘462人。共有27913名考生报名参加笔试，实际参考17727人，到考率63.51%。

【第四届海峡博士人才交流合作对接会】2019年11月16日，福建省2019年第四届海峡博士人才交流合作对接会在厦门市举办。该次活动吸引厦门大学、华侨大学、福建医科大学及其附属第一医院、协和医院、福建省立医院、厦门宏发电声、三安光电、第一医院、中山医院、心血管病医院、厦门中医院12家设站单位和甄选特邀的9位台湾博士参加。9位台湾博士全部对接成功，并在签约仪式现场签订意向协议书。

【海外留学人才项目对接洽谈会】2019年11月28日，由厦门市委人才工作领导小组办公室、市人社局联合福建省人力资源和社会保障厅共同举办的“海外高层次人才福建行·厦门站”暨2019年厦门市海外留学人才项目对接洽谈会在厦门开幕。吸引来自全球14个国家（地区）的23位海外留学人才、人才机构和近30家园区、风投机构、高校等企事业单位50余位代表参加。会前，市人社局征集厦门市198家企事业单位345个高层次人才岗位需求，将这些信息编印成册，发给参会人员，让参会人员根据需求挑选厦门企业。该届洽谈会内容包括召开留学人才项目路演和对接洽谈，并针对海外人才项目特点和产业需求，重点安排人才到留学人员创业园等园区实地参观考察，现场了解厦门市的创新创业平台。

（吴斯婷）

社会保障

【概　况】2019年，厦门市人社局为31.2万人发放企业退休人员基本养老金96.8亿元，为3000人发放遗属抚恤金7176万元，为4万人发放城乡居民养老金1.52亿元，为2.59万人发放机关事业单位退休人员养老金22.12亿元。2019年度，厦门市的省对市绩效考核指标“基本养老保险参保率”继续保持福建省第一。市人社局全年完成工伤保险待遇核定支付1.73万件，合计支付工伤保险待遇4.22亿元，涉及工伤职工6554人。为3.75万人发放厦门市失业人员失业保险金3.32亿元并为其缴纳职工医疗保险费5882.97万元，为4.9万人发放外来失业员工一次性生活补助金4500.71万元，为3.87万人发放灵活就业人员社保补贴2.69亿元。

2019年，厦门市基本养老、工伤、失业保险参保人数分别为315.79万人、239.43万人和237.91万人，分别比上年增长6.46%、5.96%、5.62%；有效社保卡持卡人数435万人，增长6.10%。

市人社局继续推进“15分钟便民服务圈”建设。“15分钟便民服务圈”窗口前移事项共70项，其中前移至区级70项，前移区、镇（街）17项，前移至区、镇（街）、村（居）10项。全市经办点466个，其中区级经办点18个，镇街经办点34个，村居经办点414个。审批服务窗口受理业务59万件。“12333”受理市民咨询电话277.94万人次（人工服务占总量46.85%），综合接通率88.20%，人工服务接通率73.99%。厦门市正式启动签发电子社保卡，全市410万参保人可通过多个渠道自助领取电子社保卡，最快不到1分钟即可完成。

【城乡居民基本养老保险缴费标准调整】2019年，厦门市人社局、市财政局联合印发《关于建立城乡居民基本养老保险待遇确定和基础养老金正常调整机制的实施意见》，调整城乡居民基本养老保险个人缴费档次和缴费补贴标准。2019年1月起，城乡居民基本养老保险最低缴费档次从100元调整为200元，最低缴费补贴标准从45元调整为50元。即取消100元的档次，其他缴费档次的金额不变；缴费补贴标准从原来的45—90元提高到50—230元。

【退休人员基本养老金调整】2019年，厦门市人社局、市财政局联合印发《关于2019年调整退休人员基本养老金的通知》，公布厦门市调整方案，从2019年1月1日起执行。这是厦门市连续第十五年基本养老金调整，调整范围是2018年12月31日前按规定办理退休（含退职）手续并按月领取基本养老金的退休人员，机关事业单位退休人员和企业退休人员同步调整。

调整水平按2018年12月退休人员月人均基本养老金的5%左右确定。月增加标准由定额调整部分与挂钩调整部分构成，对符合条件的人员予以适当倾斜。定额调整部分每人按55元调整增加，统一增加工龄调整32元；挂钩调整部分按本人2018年12月基本养老金（由基本养老保险基金支付部分，不含军转补贴等各类代发项目）标准的2.56%调整增加。适当倾斜部分：对2018年12月31日前办理退休手续的企业军转干部，其2018年12月的基本养老金（不含军转补贴等各类代发项目）低于3526元的，补齐至3526元后再参加该次基本养老金调整。2018年1月1日至12月31日期间达到70周岁的机关事业单位退休人员，在该次定额调整、挂钩调整的基础上每人每月增发40元。企业退休高龄人员的倾斜调整继续按厦门市现行的标准和做法执行。

【领取养老保险待遇资格认证】2019年，厦门市纳入社会化管理服务的退休人员均完成年度领取养老保险待遇资格认证工作。330242人完成认证，认证完成率100%，通过率99.94%。其中，278411人通过微信认证，占84.3%；27671人通过自助机认证，占8.4%；19456人通过手持机上门认证，占5.9%；4704人通过其他方式认证，占1.4%。

【“12333”智能咨询平台上线】2019年3月26日，厦门市“12333”智能咨询平台“小智”上线。“12333”智能咨询平台支持模糊咨询，只需在咨询界面输入所要咨询问题的关键字，系统自动检索含有关键字的相关问题。“12333”智能咨询平台主要提供以下业务的政策咨询：社会保险（养老保险、工伤保险、失业保险、社保卡，不含医疗保险、生育保险），劳动关系和劳动工资，人才落户审批，就业再就业，继续教育学时验证，市人才中心，留学人员、新引进人才生活补贴，专业技术人员、毕业生和干部调动，人事考试测试中心，就业训练和技能鉴定，职业见习，劳务派遣，人力资源服务机构审批等。

（吴斯婷）

劳动关系

【概　况】2019年，厦门市劳动保障监察机构检查用人单位3799户次；受理群众举报投诉案件752件；督促用人单位补签、续签劳动合同4142人次；处理工资纠纷案件补发金额6161万元，涉及1.34万人，其中追发农民工工资1819万多元，涉及4006人；清退违规押金1.24万元；清退童工6人；对24家用人单位实施行政处罚20.15万元，向社会公布有重大劳动保障违法行为的用人单位13家。

2019年，厦门市460个在建工程项目全面开展“无欠薪项目部”创建活动，其中非政府投资工程项目192个。公布2018年度用人单位劳动保障（含工资支付行为）信用登记评价结果，其中A级守信企业341家、B级一般失信企业10家、C级严重失信企业17家。

【劳动力市场工资指导价位】2019年9月4日，厦门市人社局发布厦门市部分工种（职位）的工资指导价位，涵盖厦门国民经济各行业通用性、流动性较强的420个工种（职位），并对其中135个职位按不同专业（技术）等级发布相应的工资指导价位。（见P446《2019年厦门市劳动力市场部分工种（职位）工资指导价位表》，P479《2019年厦门市劳动力市场分技术等级工种工资指导价位表》）

【企业使用超龄人员政策出台】2019年10月，厦门市人社局出台《企业使用超龄人员政策规范指引》。超龄人员是指达到或超过法定退休年龄人员，即男性60周岁，女干部55周岁，女工人50周岁，或者虽未满上述年龄，但已领取基本养老保险待遇的人员。《企业使用超龄人员政策规范指引》所称的企业是指在厦门市行政区域内进行商事主体登记注册的企业和个体工商户。企业使用超龄人员，可通过市人社局网上办事服务大厅对公综合服务平台“企业使用超龄人员备案”功能模块进行备案，在平等、自愿协商一致情况下，签订劳务协议，明确劳务期内的工作内容、报酬、职业伤害责任保险、劳动保护、福利待遇等权利和义务，约定管理考核办法以及纠纷处理办法等事项。用工双方发生用工争议的，按劳务关系处理。

【企业工资增长指导线】2019年11月22日，厦门市人社局发布厦门市企业工资增长指导线。企业货币工资指导线上线为13%，企业货币工资指导线基准线为8%，企业货币工资指导线下线为3%。

（吴斯婷）

救灾救济和城乡低保

【概　况】2019年，厦门市民政局（简称市民政局）健全社会救助制度，印发《厦门市民政局等9部门关于进一步加强和改进困难群众基本生活保障工作的实施意见》，进一步优化救助流程，探索将审批权限下放到社区，明确核算就业成本的扣除比例，完善城乡低保对象延续保障渐退机制，保障低保对象稳定脱困。全年，民政领域支出社会救助资金2.65亿元，为全市72644户次、118367人次低保对象发放低保金9514.12万元，人均月补差803.8元。厦门市特困人员有1639人，供养支出3280.68万元。临时救助5333人次，支出临时救助资金1415.09万元，其中主动发现并实施救助827人次。累计发放价格临时补贴9次涉及11.4万人次，共695万元。困难残疾人8512人，发放生活补贴3800.41万元；重度残疾人15383人，发放护理补贴7830.32万元。

【走访慰问困难群众】2019年元旦、春节、国庆、中秋4个法定节日，厦门市民政局慰问低保对象、特困供养人员每人每年1300元，慰问低收入家庭每户每年2500元。全年慰问29471人次、1886.91万元。

【救助管理】2019年，厦门市救助管理站救助生活无着人员3499人次。其中，救助进站2952人次、街面救助547人次；男性受助3089人、女性受助410人；未成年人172人；务工不着者1491人，乞讨316人，寻亲不遇82人，遗失财物89人，被盗被抢515人，被骗125人，走失48人，长期流浪1036人；特殊对象260人，包括肢体残疾123人、智力残疾36人、疑似精神障碍82人、行动困难19人；提供食宿2900人次，提供乘车凭证2085人次，提供通信1984人次，托养7人，护送154人次，站内寻亲成功303人，托养安置对象寻亲成功22人；医疗救治求助人员197人；特困对象235人（男116人，女107人，福利中心儿童12人），救助对象1人。处理市公共安全管理平台指令、群众、有关单位求助来电158条。

【困难群众生活保障标准提高】 2019年6月26日，厦门市民政局、市财政局出台《关于调整困难群众基本生活保障标准的通知》。主要内容包括：低保标准由每人每月720元提高到800元，调整后的低保标准占厦门市2018年度居民人均消费支出的28.9%，占最低工资标准的47%；特困人员救助供养标准的基本生活标准由每人每月1080元提高到1200元，照料护理标准与最低工资标准挂钩按原标准保持不变；与分散特困人员半护理供养标准相对应，60年代退职职工救济对象、矽肺病救济对象补助标准由每人每月1590元提高到1710元；孤儿保障标准由每人每月1800元提高到2000元；受助流浪乞讨人员生活费标准与低保标准衔接，未成年人和特殊类型受助人员由每人每天24元提高到27元，成年人由每人每天18元提高到20元；低收入家庭人均收入标准按低保月标准2倍计算，由每人每月1440元调整到1600元。

（张贤日）

社会福利

【概　况】 2019年，厦门市有养老服务机构39所，拥有各类养老床位数13683张，每千名老人养老床位数37.1张。29家养老机构内设有医疗机构，占养老机构的74.4%；有护理型床位8009张，占养老机构总床位84.8%。养老机构实现医保刷卡服务，支付范围涵盖床位费及医务室看病就医费用。落实养老公共财政补贴政策，发放2019年度床位运营资金等各项补贴3328.38万元。市福利中心在院“特困”老人141人。厦门市累计建成居家社区养老服务站387个、日间照料中心30个、农村幸福院117个，居家养老实现全覆盖。集美区养老项目“太保·国际颐养”社区建成。

2019年，厦门市有孤儿292人，其中机构养育239人，分散养育53人；农村留守儿童22人；困境儿童3003人；事实无人抚养儿童158人。从2020年1月1日起参照孤儿基本生活保障，厦门市孤儿纳入政府兜底保障范围。厦门市在福建省率先出台《厦门市民政局等13部门关于加强和完善农村留守儿童和困境儿童关爱服务体系的实施意见》《厦门市民政局等12部门关于做好事实无人抚养儿童保障工作的若干意见》规范性文件，填补厦门市儿童福利保障制度的空白。市民政局设立市、区未成年人救助保护中心，建立困境儿童市级样板示范点、区级特色示范点、乡村基础示范点。全市已挂牌1个市级、6个区级未成年人救助保护中心。统筹规划市社会福利中心和市、区级未成年人救助保护中心工作职权和工作机制。全市各镇（街）配备儿童督导员83人，各村居儿童主任523人，全覆盖、全方位提升儿童关爱保障水平。

【福利彩票发行】 2019年，厦门市销售福利彩票8.01亿元，完成福建省福利彩票发行中心下达的全年保底任务的123.18%。其中，快3游戏和即开票销量及占比居福建省首位。

【《厦门市养老服务机构财政扶持资金管理办法》出台】 2019年3月7日，厦门市民政局修订出台《厦门市养老服务机构财政扶持资金管理办法》，对社会资本投资养老机构实施床位建设、床位运营、床位综合责任险等7项财政补贴操作进行规范，明确责任、奖惩和诚信机制。完成2019年度养老机构财政补贴审核工作，拨付补贴资金1581.16万元。

【养老机构许可取消】 2019年4月30日，厦门市民政局根据新修订的《老年人权益保障法》和民政部、福建省民政厅关于取消养老机构设立许可，加强事中事后监管的相关政策文件，制定《厦门市民政局关于做好取消养老机构许可后有关工作的通知》及政策解读，梳理取消养老机构设立许可后养老机构登记、备案流程，指引和方便社会资本投资厦门市养老服务。全年新备案养老机构5个，床位1781张。

【养老服务星级评定】 2019年8月18日，厦门市民政局向福建省民政厅推荐的3家养老机构、4家照料中心和2家幸福院全部获评五星级养老服务设施称号。12月17日，开展市级四星级养老服务设施评定工作，厦门市2家养老机构、4家照料中心、10家幸福院参评。通过开展星级评定工作，督促各养老服务设施提升管理服务水平。全市有五星级养老机构9家、老年人照料中心5家、农村幸福院5家，四星级养老机构8家、老年人照料中心4家、农村幸福院12家。

【农村留守儿童和困境儿童关爱保护】 2019年11月5日，厦门市民政局等13部门出台《关于加强和完善农村留守儿童和困境儿童关爱服务体系的实施意见》，提出厦门市儿童关爱服务体系的工作目标，到2020年基本建成四级联通互动覆盖所有农村留守儿童和困境儿童保障工作体系，构建党委领导、政府主导、社会协同、公众参与、法治保障的儿童关爱服务工作新格局。建立包括临时救助保障机制、强制报告机制、应急处置机制、评估帮扶机制、强化监护干预五大长效保护机制，为避免儿童领域恶性事件发生建立防线。

【事实无人抚养儿童保障】 2019年11月27日，厦门市民政局等12部门出台《关于做好事实无人抚养儿童保障工作的若干意见》。事实无人抚养儿童是指父母双方均符合重残、重病、服刑在押、强制隔离戒毒、被执行其他限制人身自由措施的、失联情形之一或者父母一方死亡或失踪，另一方符合重残、重病、服刑在押、强制隔离戒毒、被执行其他限制人身自由措施的、失联情形之一的儿童。该意见将事实无人抚养儿童纳入政府兜底保障范围，重点解决其基本生活保障、医疗康复保障、助学保障和落实监护责任4个方面的突出问题。

（张贤日）

慈善事业

【概　况】 2019年，厦门市慈善组织发展至46家，比上年增长12%。厦门市民政局支持市慈善总会发动社会各界爱心人士结对帮扶孤困儿童，帮扶1509人，发放帮扶资金304万元。发动各类慈善组织、社工机构及其他公益性社会组织参加第二届善行八闽——海峡公益慈善项目大赛，有41个项目参赛，数量福建省最多，15个项目获奖。

【爱心食物银行建设】 2019年，厦门市民政局配合市市场监督管理局实施“爱心食物银行”项目，鼓励企业捐赠临近过期食品，通过“慈善超市”及相关便利店，免费发放给有需要的组织和个人。截至年底，已在闽蓝超市、见福便利店各门店及思明区嘉莲街道设置150个“银行”，发放物资2.5万余份，总价值50多万元。

【慈善组织管理】 2019年，厦门市民政局系统梳理全市慈善组织情况，全面了解、掌握市区两级慈善组织具体信息。组织开展1期慈善组织合法运营管理培训，对50名慈善组织相关负责人开展培训，提升各慈善组织的法律意识、法治观念并依法开展活动。联合市社会组织管理局依法对1起非法公开募捐活动进行处理，维护慈善事业发展良好环境。

（张贤日）

民政事务管理

【概　况】 2019年，厦门市民政局办理国内婚姻登记结婚约2万对、离婚约8000对，涉外婚姻登记200多对。办理国内居民收养登记40件，解除收养登记4件；办理涉外收养登记3件。婚姻和收养登记合格率均为100%。全年火化人数11109人，火化率100%；海葬人数227人，对124名厦门市户籍市民减免费用，每人1600元，共减免27.84万元。

【婚姻（收养）登记】 2019年，厦门市民政局完成存量收养登记证的电子化转化生成工作，将全市收养登记电子证照推送入市电子证照库。加强权限管控，

2019年6月15日，第八届海峡两岸家庭婚姻论坛在厦门召开　（市民政局　供图）

向市政务信息共享服务平台开放厦门市婚姻登记数据库端口，探索“互联网+行政协助”。做好婚俗改革宣传引导工作。

【殡葬管理】 2019年清明期间，厦门市9个主要祭扫点接待祭扫群众81.8万人次，车辆8.4万辆，未发生安全事故。市民政局组织开展殡葬领域突出问题专项整治，建立市直12个相关部门共同参与的专项摸排部门联席会议机制，全市发现并整治完成违法、违规私建硬化大墓80座。推进城市公益性公墓建设。完成公墓建设项目报建、代建、招标代理、造价咨询、可研编制和水土保持方案编制等工作，完成地形测量和可行性研究报告编制。做好殡葬改革试点工作，构建“互联网+殡葬服务”，推出殡葬自助服务终端——“孝管家—云孝通”，在“i厦门”平台上线“孝管家—白事通”在线商城和无丧葬补助居民基本丧葬费申请窗口，方便市民办理殡葬业务。殡葬试点工作成果被民政部列入全国殡葬综合改革试点优秀案例。

【海葬活动】 2019年5月24日和10月25日，厦门市举办2次集体海葬活动，为227名逝者的骨灰举行海葬。其中，厦门市亡故居民骨灰176具，福建省内其他城市和外省市亡故居民骨灰51具。为倡导文明殡葬、绿色殡葬，鼓励群众将故人骨灰撒入大海，厦门市2014年起推出骨灰免费撒海政策，免除厦门市常住户籍死亡居民骨灰撒海费用每具1600元，由市财政统一承担。自2008年起厦门举行集体海葬活动，共有1296名逝者骨灰撒向大海。

【第八届海峡两岸婚姻家庭论坛】 2019年6月15—18日，由海峡两岸婚姻家庭协会主办，厦门市海峡两岸婚姻家庭服务中心承办的第八届海峡两岸婚姻家庭论坛系列活动在厦门举办，来自台湾的两岸婚姻家庭代表、两岸国学书院学员和校友会成员，大陆有关部委领导和两岸婚姻家庭服务相关机构人员共计370余人参会。论坛通过“根脉——两岸家庭70年变迁纪念展”、“我和我的祖国”主题晚会、“快闪”入场等多种形式，分享两岸家庭发展故事，展现新时代两岸家庭取得的成就。该次论坛活动中，30多家陆配团体自发组织两岸婚姻家庭服务座谈会，在会上初步达成联盟共识，并于7月27日在台北宣告中华两岸婚姻家庭服务联盟成立。

（张贤日）

基层政权和社区建设

【概　况】 2019年，厦门市民政局探索新形势下城乡社区治理的特点规律，深化社区治理重点领域改革，激发社会活力，完善社区服务体系，回应居民服务需求，促进社区治理水平的整体提升，为打造共建、共治、共享社区治理

体系提供支撑。湖里区小区治理经验做法获得 2019 年全国“十大社区发展治理创新案例”称号，获市委书记胡昌升点赞。厦门市 6 个社区工作法被民政部主管的《社区》杂志推荐为“和谐善治厦门样本”向全国推广，7 个社区工作法被福建省民政厅确认为省级“优秀工作法”。

【基层减负】 2019 年，厦门市民政局贯彻中央“基层减负年”的要求，配合市委办深入社区开展调研，先后召开 10 多场座谈会，与社区主干、专职社区工作者以及居民代表 160 多人次座谈。市委副书记陈秋雄主持召开全市基层减负工作部署推进会，对基层减负增效工作进行部署。市民政局会同 27 家市直单位及各区有关部门对 2016 年确定的厦门市社区有关职责事项、台账报表等清单逐条梳理，对下放社区事项的合法性和政策依据进行审核，修订社区职责清单。10 月 28 日，市社区办出台《关于修订厦门市村（居）民委员会有关职责事项一览表的通知》。总事项从原来的 163 项减少到 117 项，减少 46 项，减少比例为 28%。

【城乡社区共建】 2019 年 6 月，厦门市为统筹推进城乡均衡发展，促进公共服务均等化，实现农村社区治理体系和治理能力现代化，开展城乡社区结对共建工作。在 2018 年第一批城乡社区结对基础上，厦门市第二批 50 对城乡社区签约结对。第二批城乡社区共建总结第一批城乡社区结对帮扶的中期经验做法，及时调整不足，进一步扩大帮扶范围，将制度创建、社区社会组织孵化、购买服务、发动多元参与等内容纳入其中。推进结对社区在更新社区治理理念、创新社区体制机制、打造结对共建项目品牌、培养社区治理人才等方面，以党建引领社区治理核心，围绕工作重点、培育共同精神、覆盖各类村居、实现共治共享。同时配合市委农办、市委政法委、市委组织部、市委文明办开展乡村振兴城乡社区治理、队伍建设、文明乡风等工作。

【第六届海峡两岸社区治理论坛】 2019 年 6 月 15 日，第六届海峡两岸社区治理论坛暨两岸社区“家”年华在厦门召开。该届论坛由中国社区发展协会、台湾社区发展协会联合总会共同主办，主题为“共同参与治理共建幸福家园”。中共中央台办、国务院台办副主任龙明彪出席开幕式，民政部副部长王爱文在开幕式上致辞。来自海峡两岸的 200 多名嘉宾和媒体记者参加论坛。国台办、民政部、福建省人大、厦门市政府等有关部门领导和来自台湾的中国国民党、“中华救助总会”代表出席论坛。两岸嘉宾围绕社区治理、社区养老等议题进行务实研讨，开展“社区看透透·咱厝风采展”“社区说透透·社区会客厅”“社区走透透·两岸社区‘家’年华”“社区吃透透·厝边有好料”等活动。

（张贤日）

2019 年 6 月 26 日，厦门市第二批城乡社区（思明区—同安区）结对共建签约仪式在思明区嘉莲街道友邻中心举行

（市民政局　供图）

社会组织管理

【概　况】 2019 年，厦门市民政局推进“互联网 +”审批服务，深化综合监管，加强党建引领，激发社会组织活力，促进社会组织在服务发展、服务社会、服务群众中发挥作用。全市新增登记备案社会组织 560 个。其中，社会团体 89 个、民办非企业单位 341 个、基金会 2 个、备案社区社会组织 128 个。办理变更登记 450 个，注销登记 48 个。至年底，全市有社会组织 6159 个，其中社会团体 1650 个、民办非企业单位 1794 个、基金会 33 个、备案社区社会组织 2682 个。

【社会组织监督】 2019 年 4—8 月，厦门市民政局组织开展 2018 年社会组织年度检查工作，应检 1171 家，已检 1017 家（社团 706 家、民非组织 283 家、基金会 28 家），年检率 86.85%。开展“双随机”检查，抽检社会组织 100 家，下发整改通知书 26 份。委托市民间组织服务中心开展 2018 年度社会组织等级评估工作，评估社会组织 59 家，其中 AAAAA 级 10 家、AAAA 级 32 家、AAA 级 17 家。强化财务监管，委托会计师事务所开展社会组织法定代表人离任、注销清算审计，审计社会组织 148 家，其中法人离任审计 118 家、注销清算审计 29 家，专项财务审计 1 家，下发整改通知书 72 份。受理关于社会组织的投诉、举报 12 件，约谈社会组织 10 人次，解决侵害群众利益问题 4 个。

【社会组织参与脱贫攻坚】 2019 年 11 月 22 日，厦门市民政局修订完善《关于进一步引导和动员社会组织参与脱贫攻坚的通知》。密切厦门、临夏州民政部门交流，加强帮扶需求、帮扶项目对接，集中组织 2 批 30 多人前往临夏州调研考察项目。加强宣传发动，通过召开动员部署会、广发倡议书、走访社会组织等形式，引导、鼓励、支持厦门社会组织加大对口帮扶临夏州力度。引导社会组织参与“扶贫日”活动，通过开展“八项活动”（调研、对接、推广、倡议、培训、宣传、总结和特色活动），进一步引导动员社会组织参与扶贫事业，促进形成政府、市场、社会协同推进扶贫工作的格局。至年底，厦门市有 43 家社会组织与临夏州签订 118 对帮扶协议，其中与贫困村签订协议 102 对。落实 105 对帮扶协议，钱物合计价值 1026.52 万元。

（张贤日）

地名管理

【概　况】 2019 年，厦门市民政局指导相关区完成年度界线联检工作，推进平安边界创建工作。会同公安等部门进一步推进标准地址二维码管理，全市制作、安装门牌 17.2 万块。通过市政府命名全市地名 232 个，审核把关建筑物、住宅区名称 1079 个。规范全市路名牌设置，刊播各类主题公益广告 5000 多个版面，公益广告覆盖率 50%。继续做好地名普查成果转化利用，挖掘保护地名文化遗产。

【新地名设置】 2019 年 12 月 24 日，厦门市命名、更名地名 232 个。其中，道路 217 条（思明区 3 条、湖里区 19 条、海沧区 34 条、集美区 152 条、同安区 5 条、翔安区 4 条），居民点 12 个（湖里区 1 个、集美区 1 个、同安区 2 个、翔安区 8 个），道路更名 3 条（湖里区 2 条、海沧区 1 条）。（见 P494《新地名公布》）

（张贤日）

民族与宗教事务

【概　况】 2019 年，厦门市民族与宗教事务局（简称市民宗局）推动全国少数民族流动人口服务管理体系建设试点城市创建，从加强体制机制建设、构建民族工作网络等 6 个方面加以推进。做好国家民委“互观互学”活动到厦门考察调研相关工作，《中国民族报》以《建设各民族群众安居乐业的幸福和谐家园》为题专题介绍厦门市工作成效。加强民族团结进步创建，指导各区举办 6 场民族团结进步宣传月广场活动，深化民族团结进步教育和政策法规教育，厦门市 1 人获评全国民族团结进步模范个人，集美中学被国家民委授予“全国民族团结进步示范单位”称号。加强少数民族流动人口服务管理，加强与输出地政府联系，加强少数民族流动人口双向服务管理。举办少数民族群众语言政策法规培训班，进一步引导外来少数民族群众适应城市、融入社区。

市民宗局以庆祝中华人民共和国成立 70 周年为契机，在宗教界部署开展“五教同行、礼赞华诞”主题活动，引导宗教界加强爱国主义教育实践活动，组织民族宗教界观看庆祝中华人民共和国成立 70 周年大会及阅兵式直播，举办升国旗仪式，参观古田会议旧址等爱国主义教育基地，观看爱国主义教育片，引导宗教界通过讲经交流、征文活动、自传研究等对宗教教义作出适应时代进步要求的阐释，坚持宗教中国化方向。落实上级关于宗教工作的重大决策部署，推进各宗教领域重点工作，维护宗教领域的和谐稳定。引导宗教界加强自身建设，与市委统战部联合举办全市宗教界骨干培训班，指导宗教团体落实定期学习制度；加强宗教界人士队伍培训，市佛协在中国人民大学举办厦门市佛教界人士研修班。指导基督教完成全市基督教堂点管理组织同步换届。推进场所规范管理，深化“五个再提升”（素质、管理、环境、文明、作用）活动，分别举办佛教场所和民间信仰活动场所管理经验交流会，进一步提高场所管理水平。倡导生态理念，在岛内全面推动寺院生态文明祭祀。加强政策法规学习教育，印发《宪法》《民族宗教政策法规》等宣传资料，引导宗教界遵法守法，自觉在法律法规允许的范围内开展活动。引导民族宗教界投身慈善公益事业，参与“爱心厦门”建设，开展“佛教界书画慈善行”“迎新春、送温暖”“金秋助学”等慈善公益活动，帮助困难群众，捐资捐物总价值超 3000 万元。虎溪岩寺慈善基金增资 500 万元，累计 2000 万元。鸿山寺慈善会白内障复明公益项目帮助 1500 多人恢复光明。指导义工参与消防安全宣传、垃圾分类引导、义务献血、义诊施药、助老扶老等社会公益活动，倡导公共文明行为规范。青礁慈济宫举办第十二届海峡两岸保生慈济文化节，仙岳山土地公庙组团到台湾参加福德文化节。

【“四爱”系列主题活动】 2019 年，厦

2019 年 9 月 7 日，厦门佛教界在南普陀寺举行“四爱同行　礼赞华诞”主题图片展揭幕仪式

（市民宗局　供图）

门市佛教界为庆祝中华人民共和国成立70周年，开展以“爱国、爱教、爱众生、爱生活”为主题的“四爱”系列活动，用实际行动，献礼祖国七十华诞。开展爱国主义主题活动，举行“中华人民共和国成立70周年”主题书画图片展，展示厦门佛教界爱国爱教相关事迹、践行人间佛教思想各项成果，举行全市佛教界升国旗仪式、义工红歌大合唱等活动。坚持佛教中国化方向，加强宗教思想建设，闽南佛学院举办“佛教中国化”主题演讲比赛和爱国爱教主题教育讲座，引导青年学僧增强国家意识、公民意识。开展“中华人民共和国成立70周年”“文明敬香”“垃圾分类”“绿色环保”等主题知识竞赛，开展文明敬香，参与垃圾分类，倡导公共文明行为规范。6—12月期间，南普陀寺慈善会开展“不忘初心·牢记使命——助力革命老区、苏区扶贫巡回义诊”主题活动，深入福建省内25个中央苏区、革命老区县市开展慈善公益活动，深刻体会革命先烈伟大的奉献精神。

【“慈悲心·翰墨情”新年书画慈善行活动】 2019年1月1—7日，由厦门佛教界与厦门书法艺术界联和发起的“慈悲心·翰墨情”2019年厦门新年书画慈善行义卖活动在南普陀寺举行。该次活动征集到600余幅书画参与展出和义卖，筹集善款51万元，帮助510位困难群众。该活动从2014年元旦发起，至2019年，累计征集义卖书画作品2300多幅，筹集爱心善款约600万元，关心慰问厦门市社区约3000户困难群众、5000多位一线环卫工人。

【第十二届海峡两岸保生慈济文化旅游节】 2019年4月22日，由海沧区民宗局、厦门海沧投资集团有限公司、厦门海沧城建集团有限公司主办，厦门市青礁慈济祖宫理事会、青礁慈济宫景区管理处、厦门海沧国际旅行社有限公司承办的第十二届海峡两岸（厦门海沧）保生慈济文化旅游节在海沧开幕，来自海峡两岸及东南亚约2000名嘉宾参加，共祭保生大帝，弘扬慈济精神。该届文化旅游节以“慈济缘连接两岸情　新时代共筑中国梦”为主题，涵盖两岸经济、文化、宗亲、宫庙、教育、医疗等方面内容，包括闽南侨乡旧影展、两岸乡村振兴与社区治理论坛、“慈济广流传·书院文化行”学习交流、海沧特色资源考察等主题版块，着重展示海沧台商投资区成立30年来，发挥对台区域优势，在两岸交流工作中努力探索、先行先试，助力厦门建设成为台胞台企登陆第一家园的成果。

【闽南佛学院毕业僧到台湾参访】 2019年5月31日至6月9日，为进一步加强两岸佛教界的法谊，促进两岸青年僧伽相互学习、共同进步，闽南佛学院第十六届本科毕业僧到中国台湾地区进行参访学习。该参访团一行146人，由中国佛教协会副会长、闽南佛学院院长则悟大和尚担任名誉团长。参访团一行先后拜访台湾圆光佛学院、法鼓山、佛光山及灵鹫山世界宗教博物馆等地，与参访单位僧伽就教育与人才培养、佛教慈善与利生事业等方面进行交流。该次参访学习促进闽南佛学院和台湾佛教界各团体之间在僧伽教育、学术研究、人才培养、弘法合作等事业方面的了解与互鉴，推动两岸佛教的交流。

【隐元禅师东渡日本365周年纪念祈福法会】 2019年6月21日，厦门市虎溪岩寺举办隐元禅师东渡日本365周年纪念祈福法会。中国佛教协会副会长圣辉大和尚、厦门市佛教协会会长则悟大和尚、福清黄檗山万福寺住持戒文大和尚、日本黄檗宗管长近藤博道长老、日本黄檗宗总务长荒木将旭长老等中日法师出席活动。圣辉大和尚、近藤博道长老、则悟大和尚、荒木将旭长老等共同为隐元禅师东渡之地纪念碑揭幕。

【民间信仰活动场所联系点管理经验交流会】 2019年9月12日，由厦门市民宗局组织的厦门市民间信仰活动场所联系点管理经验交流会在仙岳山土地公庙召开。厦门市24个民间信仰活动场所联系点负责人参加会议。会议要求民间信仰活动场所要加强爱国主义教育，发挥积极作用；要加强政策法规学习，促进规范管理；要加强场所安全管理，参与和谐创建，为服务厦门建设高素质高颜值现代化国际化城市作出贡献。

【民族团结进步宣传月活动】 2019年9月21日下午，厦门市“礼赞70年铸牢中华民族共同体意识”喜迎中华人民共和国成立70周年暨民族团结进步宣传月活动在海沧区海虹社区举行。活动由市委宣传部、市委统战部、市民宗局主办，海沧区民宗局、嵩屿街道办事处及海虹社区承办。活动通过文艺会演、举办百家宴、现场发放宣传册、有奖问答、展板宣传等方式，宣传党和国家民族宗教政策、法律法规和民族相关基本知识，展现少数民族积极向上的精神风貌，展示丰富多彩的民族文化和各族文艺百花齐放的生机活力，反映各族群众喜迎国庆、向伟大祖国致敬的共同心声。

【市基督教无偿献血爱心活动】 2019年10月12日，厦门市基督教两会联合厦门市中心血站在新区基督教堂举行主题为“分享生命·传递真爱”的全市信徒无偿献血爱心活动，有110名各区教会的信众参与爱心无偿献血，其中64名献血者的血液符合采血标准，采血总量共计21200毫升。厦门市基督教两会自2017年以来连续3年组织全市教会开展无偿献血爱心活动。

【少数民族进城务工人员培训班】 2019年11月15日，厦门市民宗局为进一步提高在厦门少数民族进城务工人员国家通用语言交流能力和文字使用能力，帮助到厦门的少数民族务工人员更好地适应城市生活，联合市公安局和新疆驻福建省工作组举办新疆在厦门少数民族进城务工人员语言文化政策培训班，主要讲授国家通用语言文字、民族宗教政策法规及城市管理有关规定等知识。少数民族进城务工人员约60人参加培训。

（刘超颖）

社情民意调查

【首届“最具影响力”休闲旅游场所评选】 2019年，首届厦门最具影响力休闲旅游场所评选活动由厦门市旅游发展委员会全程指导，《海峡导报》主办，是厦门市最具权威和影响力的休闲旅游品牌评选。活动通过报名征集、专家评审、实力探访、读者投票等方式，最终确定入选名单。其中，厦门“最具影响力”艺术文创休闲旅游场所：厦门市博物馆、联发华美空间；厦门“最具影响力”城市综合休闲旅游场所：厦门万象城、磐基名品中心、闽南古镇、天虹君尚购物中心、厦门世贸海峡大厦、厦门嘉禾良库生活美学文创园、凌云玉石博物馆；厦门“最具影响力”城市度假休闲旅游场所：厦门海悦山庄酒店（最佳城市度假酒店）、厦门金光湖生态旅游度假区；厦门“最具影响力”特色餐饮休闲旅游场所：临家闽南菜、叁號渔市平价海鲜城、厦门荣誉国际酒店梵尔纳美人鱼海洋文化主题餐厅；厦门“最具影响力”休闲旅游场所：厦门威斯汀酒店（最佳健康生活方式酒店）、厦门喜来登酒店（最具人气自助餐酒店）、厦门泰地万豪酒店（最佳会议会展酒店）、迈阿密游泳健身会所（最佳乐活运动会所）。

（《海峡导报》）

【白领秋季跳槽及职业发展调研】 2019年，智联招聘发布《2019年厦门白领秋季跳槽及职业发展调研》，涉及事业信心情况、跳槽意愿以及行为、职场影响下的生活状态等方面。受访的厦门白领中，有61.8%的人在实施跳槽行动，较2018年同期的48.8%有显著提升。其中，14.5%的人在办理离职/入职手续，47.3%的人已更新简历在找工作，38.2%的人有跳槽意向。

薪酬是导致厦门白领跳槽的主要因素，有80%的受访白领认为薪酬水平导致其跳槽，其他导致跳槽的因素包括职位晋升受限、企业发展前景不明、上下级/同事关系、工作生活严重失衡、对目前的工作不感兴趣等。47.3%的受访白领认为2019年跳槽难度高于往年，43.6%的受访厦门白领有副业。（见图36-1）

（《海峡导报》）

【夜经济大数据】 2019年7月9日，口碑饿了么发布“厦门夜经济大数据”显示，厦门整体夜晚订单仅次于福州，位列福建省第二。2019年，厦门晚上11点之后的订单占比比全国整体高出5%，夜晚订单量比上年增长近40%。深夜最偏好的菜品依然是厦门当地特色沙茶面，沙茶面在厦门人夜宵中的占比是全国平均水平的近25倍。从夜晚订单最高的10个地址来看，深夜订单主要集中在高校、小区、商业广场和软件园，其中位于集美区的诚毅学院夺得夜晚订单第一，其次是思明区的厦门大学；从个人夜晚订单总量来看，最高1位用户订单量为238单。从时段偏好来看，厦门夜晚外卖偏好度最高的是翔安，夜晚订单占全天份额的18%；其次是海沧区，夜晚订单占比为16%。

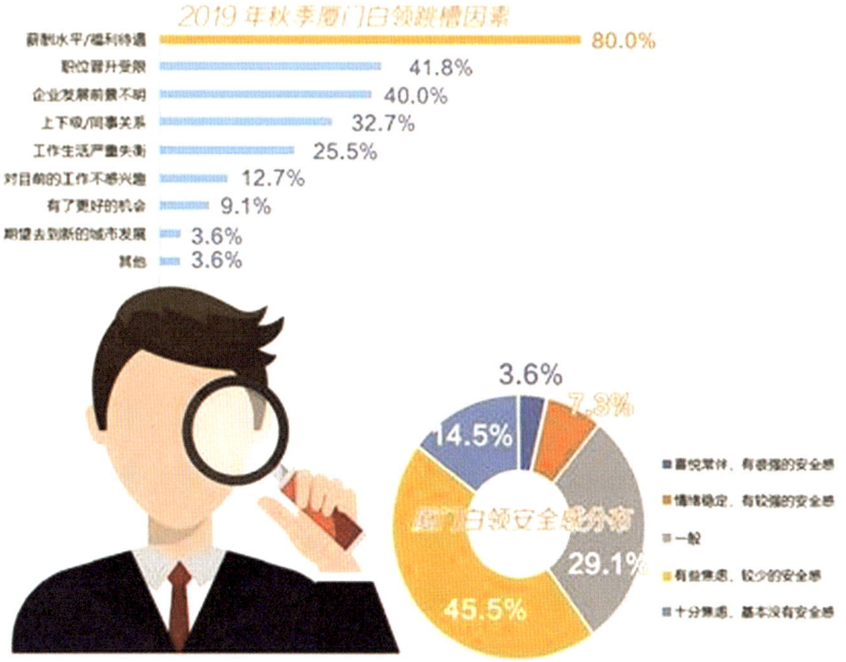

图36-1　2019年秋季厦门白领跳槽因素图

厦门岛外的夜晚非餐订单增速显著。其中，果蔬生鲜订单增长最快的前3名为翔安区（比上年增长300%）、同安区（增长168%）和集美区（增长163%）；医药用品订单增长最快的区域为海沧区、翔安区，增长均超过7倍。

思明区和湖里区是厦门“夜猫子”集中地，超70%的夜间外出消费发生在此；同时，集美区的杏林商圈超过岛内火车站、中山路、SM等传统商圈，成为厦门外卖商圈热度的第一名。

（《海峡导报》）

【“双11”厦门消费数据调查】 2019年11月11日，天猫“双11”落下帷幕，厦门当天交易额21亿元，比上年同期增长24%。按照2019年厦门常住人口411万计算，人均“剁手”510元。90后成为消费主力，占全市消费者4成多，思明区的“剁手力”排名福建省第一。天猫数据显示，厦门人最爱的商品是手机、裤子、面部护理、卫衣；最爱买的新品是电子产品，比如华为手机、苹果手机、科沃斯扫地机器人、小米扫地拖地一体机等。

2019年的“双11”，厦门企业表现突出，截至11月11日凌晨2点，全国销售额突破1亿元的品牌有148个，其中有安踏、七匹狼、匹克、特步、乔丹等厦门企业。厦门“新服务”行业与“新零售”合作，饿了么首次联合星巴克、麦当劳、肯德基等品牌，以“饭票”的形式，推出可分开多次使用的电子券包，用于“到家”或“到店”消费。CoCo都可、星巴克、华莱士、汉堡王、大润发高居“饭票”销售量前5名。

“双11”期间，厦门快递收派总量为2500万件，比上年同期增长30%。其中，收件量1300万件，比上年同期增长45%；派件量1200万件，增长20%，平均每个厦门人要收3个快递。

（《海峡导报》）

责任编辑：曲　艺
审　　稿：阳晓儒
校　　对：孙志红

37 市辖区概览

思 明 区

【概　况】思明区是厦门市的经济、政治、文化、金融中心，位于厦门市南部（含鼓浪屿全岛），三面临海，与小金门诸岛和漳州大陆隔海相望，面积84.28平方千米。2019年，全区常住人口102.3万人，户籍人口85.05万人。下辖鼓浪屿、鹭江、中华、厦港、开元、筼筜、梧村、嘉莲、莲前、滨海10个街道办事处，设有98个社区居委会。2019年，完成地区生产总值1896.46亿元，比上年增长7.2%。财政总收入252.89亿元，比上年增长5.1%；区级收入58.62亿元，增长5.2%。合同利用外资167.67亿元，比上年增长19%；实际利用外资20.79亿元，增长12.5%；合同利用内资991.58亿元，下降10.7%。固定资产投资216.24亿元，比上年增长11.7%。城镇登记失业率2.93%。（见表37-1）

2019年，思明区办理市、区人大代表议案2件、建议112件，政协委员提案151件，办结率100%；深化“放管服”改革，取消行政审批事项53项，企业设立登记压缩至1个工作日；深入推进“一网、一门、一次”办理，“一趟不用跑”事项占比由21.6%提高到60.9%；深化工程审批制度改革，可研审批和施工许可时限分别压缩50%和60%，实现7个工作日内完成联合验收；落实减税降费政策，累计减税降费超30亿元，压减一般性支出15%，集中财力保重点、办大事；推进基层减负，督查检查考核事项压力下降69.7%，发文和会议数量均下降超50%。

表37-1　**2019年思明区各街道基本情况表**

名称	面积（平方千米）	户籍人口（人）	财政总收入（亿元）	社区居委会（个）
鼓浪屿街道	3.12	12851	1.72	2
鹭江街道	2.42	65338	27.44	7
中华街道	1.47	43979	34.44	6
厦港街道	1.75	38576	10.55	7
开元街道	6.65	93970	17.11	12
筼筜街道	10.35	173284	29.12	15
梧村街道	6.02	111736	30.91	11
嘉莲街道	4.58	112360	40.62	10
莲前街道	29.25	158462	34.81	23
滨海街道	18.66	39926	23.83	5

·小资料·

“放管服”改革：2016年5月9日，国务院召开电视电话会议要求深化简政放权、放管结合、优化服务改革，简称“放管服”改革。

“一网、一门、一次”办理：国务院深化“互联网＋政务服务”政策，旨在加快推进政务服务“一网通”和企业群众办事“只进一扇门”“最多跑一次”“一趟不用跑”。

【第三产业】2019年，思明区举办会议展览6558场，带动实现经济效益210亿元。接待国内外游客人数、旅游总收入连续5年保持2位数增长。举办第三届美哉·思明国际美容产业博览会，世界500强阳光龙净集团养老板块落地。推动“金鸡百花电影节”落户厦门，举办“思明影视季”系列配套活动。打造“思明体育时尚季”“厦门音乐季”系列活动，线上线下互动人数5.4亿人次，拉动消费2.5亿元。新增瑞达期货、瑞幸咖啡、蓝帽子3家上市公司，累计23家。完成第四次经济普查，法人和产业活动单位数较第三次经济普查增长97.1%。新认定2个国家级、2个省级、1个市级企业技术中心。安排科技创新与研发资金2亿元，惠及企业540家。

新认定国家高新技术企业 199 家，新增 30 家省级、36 家市级科技“小巨人”领军企业。“三高”企业数 566 家，占全市近三成，其中 246 家入选重点培育库。思明区探索政策兑现“免申报”机制，兑现各级优惠政策超 35 亿元。

·小资料·

科技“小巨人”：是指以新一代信息技术、先进制造、新材料、新能源与节能环保、生物与新医药、文化创意、海洋高新和现代农业等新兴产业领域为重点，拥有自主知识产权和自主创新能力，获得省、市科技部门科技“小巨人”企业认定的创新型中小企业。

“三高”企业：即具备“高技术、高成长、高附加值”特征，具有较强创新能力、市场竞争力、抗风险能力和良好发展前景的优质企业。具体包括国家级高新技术企业和技术先进型服务企业，市重点工业企业和市重点现代服务业企业，以及营收超亿元且上年度增速超 20% 或者纳税 500 万元以上的工业企业及战略性新兴产业领域企业。

【招商引资】 2019 年，思明区引进高端专业服务业项目 77 个，总规模 7.8 亿元；引进安捷生物医学等大健康项目 48 个；引入红杉资本等顶级基金管理机构，区产业引导基金参股基金总规模超 150 亿元，撬动资本近 12 倍，辐射带动多个新兴产业发展；引进北航科技园厦门孵化器、西安交大国家技术转移中心等创新平台；引进滴滴出行、优刻得、喜马拉雅等新经济领域独角兽企业项目；引进华策影视、泰洋川禾、笑果文化等影视传媒项目 25 个，总投资超 60 亿元。全年合同利用外资 167.67 亿元，比上年增长 19.0%，完成年度计划的 391.76%，实际利用外资 20.79 亿元，增长 12.5%，完成年度计划的 109.4%；引进内资 995.36 亿元，下降 10.3%，完成年度计划的 165.9%。合同利用外资、实际利用外资和引进内资均居全市各区第一。自贸区和台湾招商稳步推进，引进自贸区合同外资项目 59 个，注册资金 39.28 亿元；引进台资项目 344 个，注册资金 11.94 亿元。

·小资料·

独角兽企业：一般指投资界对于 10 亿美元以上估值，并且创办时间相对较短（一般为 10 年内）还未上市的公司。

【城区建设】 2019 年，思明区坚持规划引领，开展滨北超级总部、黄厝、茂后片区空间详规编制，加快沙坡尾片区有机更新，启动开元工业园整体改造策划。率先全市以“预商谈 + 预签约 + 发布房屋征收公告”的全新模式推进片区改造，何厝、岭兜片区预签约率超 95%，成为全市整建制村改造典范。仅用 133 天完成黄厝会议中心安置房建设用地征收工作，实现签约、征地、交地“三个提前”。完成瑞景中学、水产冷冻厂、轨道二号线何厝安置房地块征收扫尾。全年新增项目 204 个，总投资 825 亿元，在一季度正向激励综合考评中位居福建省各县（市、区）第二。扎实开展第三轮城区整治提升，改造提升中山、松柏片区市政基础设施，完成东浦路—文兴隧道、梧村—嘉莲段铁路沿线立面整治。新改建道路 22 条，打通断头路 5 条，新增停车位 980 个，在梧村等 3 个街道实施道路“亮灯工程”，群众出行更加便利。改造提升 70 个老旧小区、127 处老旧线路、10 个老旧二次供水设施、20 座公厕。东山、东坪山专项整治取得重大成果，拆除违建 1099 栋、面积 8.5 万平方米。

·小资料·

亮灯工程：在梧村街道、莲前街道和滨海街道部分路段安装太阳能路灯，让居民夜间出行更加便利。

【生态环境建设】 2019 年，思明区加强污染防治，做好中央生态环保督察反馈问题整改，开展守护蓝天百日攻坚行动，完成 25 家企业挥发性有机物治理。落实河（湖）长制，试点雨污管网溯源排查，完成 11 个雨污管网项目改造、8 个入海排放口整治，西坑水库流域排水防涝工程（一期）稳步推进。加强危险废物和医疗废物监管监测，防控土壤污染风险。建立油烟监管长效机制，在全市率先出台餐饮服务业环保规范。完善绿色生态系统，改造提升 15 个公共节点绿化 1.5 万平方米，实施屋顶、墙体绿化 1.83 万平方米。强化环卫保洁作业，保障各类垃圾日产日清，转运各类生活垃圾 25.86 万吨；做好扬尘防治工作，投入 72360 人次，各类作业车 65070 辆次，用水 520560 吨，道路清洗面积 10.68 万平方米。推进垃圾分类，开具罚单 340 张，日均垃圾减量 350 吨，提前 5 个月完成高楼撤桶目标。空气质量指数呈优的天数 222 天、良的天数 141 天、轻度污染 2 天，空气质量指数优良率 99.45%；空气质量综合指数 2.74，改善 4.9%，改善率排名全市第一。环保资金投入 375.79 万元，比上年增长 8.5%。

·小资料·

河（湖）长制：即由各级党政主要负责人担任“河（湖）长”，负责组织

2019 年，厦门 BRT 与空中自行车道夜景　　（余承攀　摄）

领导相应河湖的管理和保护工作。

【社会事业】 2019年，思明区发放各类补贴1.2亿元，惠及8.6万人次，帮扶4.5万人实现再就业，出台促进残疾人自主创业补助办法。健全“8+1+1”救助体系，发放低保、特困、圆梦助学等救助款5392万元，惠及8.4万人次。出台私危房解危治理方案，实施“差异化”以奖代补，办结私危房翻改建项目30件，分类处置重大危险房屋165栋。建立区、街、居三级退役军人服务保障体系，发放优待、慰问及补助金5950万元，惠及4907人次。新建和改造提升3个街道居家社区养老服务照料中心，3家照料中心、2家养老机构获评福建省五星级养老服务设施，率先全市实现街道、社区养老服务机构全覆盖。提升文教发展水平，群惠小学扩建等8个基建项目开工，九幼禾祥分园等新建项目投用，新增及柔性释放学位3820个。省基础教育质量监测综合评定居福建省前列。新增9名市级专家型教师培养对象，名师后备队伍进一步充实。发放民办校惠民补助9594万元，完成17所无证幼儿园排查整治。在区属公办小学、幼儿园全面开展课后延时服务。区文化馆重装启用，区青少年宫项目开工建设，实现社区书院全覆盖，更多优质文化资源惠及群众。“思明运动银行”注册人数突破47万，世界休闲体育协会在中国唯 代表处落户思明。新增9所学校（10个校区）体育场地设施面向公众开放，举办“思明文物传承跑”大型群众体育项目。新增10个省级卫生社区。试点民营医疗机构承接家庭医生签约服务，开发上门出诊服务信息平台，实现线上预约、医护上门。坚持预防为主，逐步实施多病种分级诊疗，开展爱国卫生运动，重点传染病发病率维持在较低水平。试点国家“老年人心理关爱”项目、特殊家庭“暖心家园”项目，探索引入社会力量助推医养多元化发展。

·小资料·

“8+1+1”救助体系：“8”为最低生活保障、特困人员供养、受灾救助、医疗救助、教育救助、住房救助、就业救助和临时救助等8项救助制度，“1”分别为“圆梦”助学特色项目、社会力量帮扶。

思明运动银行：思明区政府运用阿里体育强大的互联网技术和产品能力，打通运动场景，智能采集数据，以“运动换卡币、卡币当钱花”的方式，实现全民健身的线上线下互动新玩法。

【社会治理】 2019年，思明区解决基层治理难题，实现居民、组织之间就近资源共享、融合共管、联动共治，物业纠纷数连续2年下降超50%，官任、巡司顶、鹭江道3个社区工作法获评福建省第二批优秀社区工作法。启用区新时代文明实践中心和3个试点实践所（站），3人入选省道德模范，发布福建省首个区级公共文明行为指数，完善“片长制”“随手拍”机制，发起“净走”活动，掀起全民文明创建新风。打掉恶势力犯罪团伙3个、恶势力犯罪集团4个，全区刑事警情连续4年呈2位数下降，莲前派出所获评全国首批百个“枫桥式公安派出所”，群众安全感率全市第一。建成投用3所校园食品安全快速检测实验室，华润万象城成为全省首个明厨亮灶“双100%”示范商圈。深化建筑施工、交通、危险化学品等重点领域专项整治，安全生产事故数、死亡人数分别比上年下降4.2%、25%。率先全省开发“厦门法律援助援务通”微信小程序。出台非法集资举报奖励办法，引导10家网贷机构良性退出，清理整顿融资租赁和商业保理公司225家，受理涉众型金融案件19起，挽回群众经济损失13亿元。推进脱贫攻坚，安排对口帮扶资金8598万元，东西部扶贫协作、省级扶贫开发、山海协作取得新进展。实施教育医疗基础领域扶贫项目72个，引进产业帮扶企业5家，援建扶贫车间21个，组织职业技能培训640人，劳务输转至厦门就业548人，吸纳建档立卡贫困户就业298人，带动742人增收达到现行脱贫标准。

·小资料·

片长制：区四套班子领导挂钩、协调、督促推进各自片区安全稳定、文明创建、市容环境提升等工作的机制。

随手拍：从2016年7月以来，思明区建立“文明创建随手拍”微信群工作机制，以问题为导向，采取发现问题拍照上传、责任单位快速响应、整改结果即时反馈、数据汇总深度分析的运行模式。

“净走”活动：2019年3月，响应市委文明办“健步两小时，洁净一座城”的倡议，思明区以“片长制”为依托，发起“净走”主题活动，区街居干部职工、志愿者、居民群众踊跃参与洁净家园行动，掀起全民创建新风，激发广大党员干部群众将“大街小巷”当作“自家客厅”的文明精气神，至年底开展2000余场，超过10万人次参与，光明日报社、新华网、中国文明网等中央级媒体、网站多次报道。

“双100%”示范商圈：“明厨亮灶”网络数据接入率和实时展示率“双100%”的商圈。

【厦门音乐季】 2019年7月31日，思明区人民政府主办的2019厦门音乐季在厦门大学音乐厅开幕。音乐季以钢琴、弦乐、打击乐、吉他四大音乐为主题，举办3场国际级音乐赛事、4场规模超过4000人的专场音乐演出和80余场音乐艺术活动，吸引5万多人次参与，带动旅游消费约7500万元。厦门音乐季邀请100余名国内外音乐艺术家参与音乐季的筹办过程及相关活动，用全球化视野组建世界级别的音乐内容，让各种音乐类型在厦门发生新的艺术体验，展现出新的艺术新声。

（纪兴塔）

湖里区

【概　况】 湖里区位于厦门岛北部，南与思明区交界，总面积73.77平方千米。辖区设5个街道、55个社区居委会，常住人口102.6万人。2019年，实现地区生产总值1297.3亿元，比上年增长8.3%；全区规模以上工业增加值409.2亿元，增长10.5%；财政总收入216.6亿元，其中区级财政收入49.6亿元、增长4.5%。（见表37-2）

2019年，地区生产总值增幅全市各区第二，财政总收入增幅全市各区第一；招商引资绩效考评总成绩全市各区第一、实绩竞赛全市各区第二；完成11个自然村房屋征收整村签约，占全市征

表 37-2　**2019 年湖里区各街道基本情况表**

名称	面积（平方千米）	户籍人口（人）	财政收入（亿元）	社区居委会（个）
湖里街道	12	105829	35.7	18
殿前街道	29	46222	60.7	9
江头街道	10	71760	25.8	9
禾山街道	16.04	80566	33.3	10
金山街道	13.8	56804	38.6	9

收总量的 60%，创下湖里新速度。获评国家级健康促进区、全省商务系统先进集体、全省民政系统先进集体、全省人民调解先进集体称号，小区治理经验被评为全国创新社会治理典型案例、全国“十大社区发展治理创新案例”，城市管理季度综合考评、生活垃圾分类每月考评连续排名全市第一。

【第三产业】 2019 年，湖里区产业升级步伐加快，平板显示、通信设备制造分别比上年增长 25.1%、8.9%，高新技术产业增加值占全区规模以上工业增加值 86.4%，高出全市 19.2 个百分点。销售额超百亿元商贸企业增至 8 家。开辟多币种中外合伙股权投资基金设立路径，引进中金海盈、车和家等基金项目。以“金鸡奖”落户厦门为契机，引进 6 个影视产业运营平台，签约 14 个影视文化项目。旅游总收入 373.59 亿元，接待国内外游客 2470.07 万人次，比上年增长 21.2%，首艘国内豪华邮轮“鼓浪屿”号从国际邮轮母港启航。

【招商引资】 2019 年，湖里区招商引资能级提升，贯彻落实全市招商大会、“三高”企业发展大会、新经济发展大会等重要会议部署，研究出台《关于进一步加强招商引资工作的若干意见》，组建招商公司，建立“六个一”招商工作机制，分类别成立 10 个招商工作组，形成大招商、招大商的氛围。全区生成招商项目 358 个、总投资 1626 亿元，阳光龙净“一带一路”国际总部、微医集团厦门总部等一批大项目、好项目签约落户。全年合同利用外资 67.35 亿元，实际利用外资 19.5 亿元，引进内资 1043 亿元。

·小资料·

“六个一”招商工作机制： 一个企业大数据服务系统、一张产业招商空间地图、一个招商目标企业项目库、一条招商服务热线电话、一本招商项目手册、一部招商引资宣传片。

【城区建设】 2019 年，湖里区推进重点项目，开工建设两岸金融中心人才租赁房等 18 个项目，英蓝国际金融中心等 59 个项目顺利推进，湖边小学等 27 个项目全面竣工，辖区 39 个省市级重点项目超额完成年度投资计划。策划生成一批重大项目，“厦门之眼”项目被厦门市确定为岛内大提升的“点睛之笔”。出让 7 幅商住、产业用地，开展违建别墅清查整治，加快“批而未供、供而未用”用地处置。地铁 1 号线、2 号线贯通 SM、闽南古镇购物中心等大型商圈，途径湿地公园、湖边公园等城市景区，途径厦门英兰国际金融中心、火炬高新区等商务办公大楼。厦门山海健康步道全长约 23 千米，途经金山、湖边水库、五缘湾等“八山三水”，穿越城区高密度居住和商业区，将城市景观与自然风景衔接。

湖里区加快东部旧村整村改造作为“岛内大提升”重中之重的任务，充分保障被拆迁群众利益。强化“指挥部 + 国企 + 街道 + 社区”工作机制，探索创新“先商谈、预签约、再公告、后选房”新模式，七大片区土地房屋征收工作大规模快速推进，完成 14 个自然村房屋征收整村签约，占全市征收总量的 53%，完成房屋征收签约 362.7 万平方米，支付征拆补偿金 51 亿元，投入安置房建设资金 22 亿元。

·小资料·

“厦门之眼”项目： 该项目选址于厦门岛东部环岛东路外侧，北邻五通码头，东临厦门东海域，南接观音山营运中心，西为两岸金融中心核心区，因地形拟似人眼，故名“厦门之眼”。

八山三水： 狐尾山、仙岳山、园山、薛岭山、虎头山、金山、虎仔山、观音山、筼筜湖、湖边水库、五缘湾。

【生态环境建设】 2019 年，湖里区生态环境不断改善，配合第二轮中央生态环保督察，率先在全市完成海域退养。专项整治 130 家“散乱污”企业，办理中

2019 年，厦门山海健康步道邮轮码头起点段　（陈立新　摄）

央督察组交办的48件信访件，办结39件，销号35件。完成全国第二次污染源普查工作，省、市危险废物规范化管理考核位居全市各区首位，空气质量优良率99.4%。全面排查污水管网断头、混接等“病害”问题，启动污水管网建设一期工程。建成寨上公园，开展自贸片区道路绿化提升，基本完成福厦铁路7.8千米沿线环境综合整治任务。实行“网格＋路巡员”“智慧＋”环卫保洁新机制，基本实现道路清扫“零死角”。有序推进西部旧村整村更新提升，完成改造54栋房屋，总建筑面积5.9万平方米。不断深化生活垃圾分类工作，实现示范社区全覆盖，直运量率先全市达到70%，生活垃圾分类每月考评连续排名全市第一。

【社会事业】2019年，湖里区教育事业出台鼓励社会力量开办优质普惠义务教育学校、幼儿园暂行办法，开办19所优质普惠校（园），新增学位7390个；全面完成150所无证园专项整治；中考学业质量位居全市前列。文体事业繁荣发展，开展“悦游湖里”系列文旅活动，支持举办“F1摩托艇世界锦标赛大奖赛”“厦门国际时尚周”等品牌赛事活动。医疗卫生服务体系日益完善，厦门大学附属心血管病医院、如心妇婴医院开业运营，61家小区卫生服务站、工作室、护理站投入使用，家庭医生签约覆盖率32.8%，人均期望寿命82.96岁。促进失业人员再就业2.4万人，接收高校毕业生1.3万人。财政支付8330万元为辖区居民办理全民医保补贴，辖区60周岁以上贫困人口实现全部享受基本养老保险。建成禾山街道老年人日间照料中心，爱鹭老年养护中心、区社会福利服务中心开业，平均每千名老人养老床位数为81张。与甘肃省东乡县扶贫协作，落实扶贫协作资金7120万元，建扶贫车间12个，劳务输转444人；对口帮扶省内浦城县实现脱贫摘帽。

【社会治理】2019年，湖里区制定社区职责清单，出台社区减负若干规定，推进社区管理体制改革。开展小区治理，全区成立小区党支部358个、小区调委会234家，359个小区纳入物业管理。严格落实食品安全监管责任，创建食品安全示范城市。打造“大城管”深化版，完善“路长制”，启用“数字湖里”公共管理集成平台，实现城区管理“覆盖到面、精准到点”。严格城市管理行政执法，拆除历史“两违”（违法建设、违章建筑）65.4万平方米，开出全市“门前三包”处罚第一单。成立13个安全生产专业委员会，分领域开展安全整治行动，事故起数和死亡人数实现双下降。开展主动创稳工作，推进扫黑除恶专项斗争，打掉全市首例网络空间领域涉恶犯罪团伙，破获全市首起医疗领域恶势力集团案件，110刑事警情比上年下降18.9%。开展“最多投一次”阳光信访工作试点，调处各类矛盾纠纷4874件，化解信访积案28件，维护社会和谐稳定。

·小资料·

路长制：由区领导包街道、部门包社区、机关干部包路段，定路定人定责的区—街—社区—网格管理工作机制。

门前三包：包卫生、包秩序、包设施。

【“悦游·湖里”系列文化旅游活动】2019年，湖里区人民政府主办跨全年的“悦游·湖里”系列文化旅游活动。活动以“追梦新时代，幸福在湖里”为主题，分别在五缘湾城市新客厅、“特区·1980”湖里创意产业园、仙岳山公园举办核心价值观宣传、行业发展品牌、区域品牌推广、节庆赛事拉动消费、文化旅游推介群众性文体活动六大类25场。活动在形式上推进“文化＋旅游”的融合，在组织上实现“政府＋报社＋企业＋社会组织”的共同参与。

（蓝芳婷）

集 美 区

【概　况】集美区位于厦门西北部，东北与同安区接壤，西北与漳州市长泰县交界，西南毗邻海沧区，东南由高集海堤、厦门大桥、集美大桥和杏林大桥连接至厦门岛，辖区总面积275.79平方千米（含农林场），海岸线长约60千米。下辖2个镇、4个街道办事处、21个行政村、47个社区居委会。全区总人口1090564人，其中户籍人口368881人，流动人口721683人。（见表37-3）

2019年，集美区实现生产总值789.37亿元，比上年增长7.7%。规上工业总产值首次突破千亿大关。全社会固定资产投资330亿元。财政总收入126.1亿元，区级财政收入37.9亿元，分别比上年增长1.0%和9.6%。合同利用外资15.97亿元，实际利用外资13.16亿元。

2019年，集美区推动“基层减负年”各项举措落地见效，会议和文件比上年下降45%，办理区人大代表议案1件、建议84件，区政协提案157件，办复率均为100%。全面推行行政执法制度，不断强化信访复查、行政复议和行政应诉工作，法治政府建设不断推进。

【农　业】2019年，集美区农林牧渔业总产值6.43亿元，比上年增长2.9%。主要种植水稻、水果、甘薯、花生、油菜等农作物，农村居民人均可支配收入2.99万元，增长10.6%。农作物播种面积2640.87万平方米，比上年下降1.26%。全区补贴耕地面积1445.37万平

表37-3　**2019年集美区各镇（街）基本情况表**

名称	面积（平方千米）	总人口/流动人口（人）	地方级财政收入（万元）	村委会（个）	社区居委会（个）
灌口镇	70.2	172179/108818	25565	12	7
后溪镇	111	155373/95056	29489	9	5
杏林街道	24.7	217072/121630	33661	—	11
集美街道	4.6	76718/45022	7824	—	5
侨英街道	18.4	264917/206536	21396	—	10
杏滨街道	21.6	204290/144606	11448	—	8

2019 年，集美园博苑远眺集美新城核心区　（林志杰　摄）

方米，补贴资金 188.96 万元。集美区加快 18 个农业基础设施建设，搭建区名特优农产品推荐平台，扶持仙景芋、坂头蜜柚等特色产业，做大金玲珑、塔斯曼等高新农业基地，引进并推动嘉康集团总部、文源山等 4 个现代农业项目。乡村旅游首批试点民宿 10 家，加快果乐园、白虎岩休闲农业项目建设。开展农村人居环境综合整治，市级重点示范村二农村、田头村基本实现试点示范效果，23 个自然村农房整治全面铺开，实现农村污水治理管网全覆盖，田头村入围全国乡村治理示范村。42 个村居农村集体产权制度改革按期完成，赋予农民集体资产更多权能。三李城等 3 个国企合作开发的集体发展项目加快推进，孙厝、东安等 2 个集体发展项目签约。

【工　业】 2019 年，集美区规模以上工业增加值比上年增长 7.8%。金龙、宏发等 4 家企业跻身 2019 年福建省“制造业企业百强”，立林科技、中汽客等获评福建省单项技术冠军，加快厦钨永磁电机产业园、奥佳华、厦晖气门嘴等项目开工建设。全区专利申请量、授权量均排名全市第一。中科院计算技术研究所厦门分所落地运营，厦门地质科研实验基地建设快速推进。中国高校（厦门）科技成果转化中心、中科院知识产权运营中心转换产学研合作成果 10 项。依托卓越创新中心等企业，设立企业首席技术顾问，引进市级以上高层次人才 156 人，柔性引才 1425 人，选拔区级拔尖人才 21 人，兑现各类人才扶持奖励补助 1.1 亿元。

【第三产业】 集美区软件园三期实现营收 245 亿元，比上年增长 40%，入驻企业增至 1900 余家，员工超 3 万人；宇信鸿泰、柚子家等一批新兴龙头企业迅速成长，巨龙信息、快商通等一批企业落地运营，推进电子城、易尔通等一批重大项目建设。新增注册影视企业 200 余家，“集美集”影视文创园营收近 9 亿元，厦门影视拍摄基地（包印地块）改造项目开工。集美新城夜间经济发展规划完成编制，国内首个音乐产业艺术综合体星巢・越中心对外运营。全年，旅游接待人数超 2300 万人次，比上年增长 15.7%；实现旅游收入超 120 亿元，增长 19.1%。商贸物流业持续发展，同集路商业带、集美新城核心商圈、北站商圈三大商圈初具雏形，尚柏奥特莱斯、宝象红星美凯龙、集美湖豪生大酒店开业，嘉晟供应链二期、中马普洛斯投入运营，橙联跨境电商产业园开工。

【招商引资】 2019 年，集美区梳理公布可招商的土地、厂房、办公空间“三张地图”，围绕“六大产业链群”布局，形成总部、龙头企业等 9 种招商力量，打造前端招大商、中端落政策、后端抓服务的全链条招商队伍。到北京、深圳等地召开专场推介会，引进太平洋保险、鼎晖基金等高能级企业，策划生成招商项目 324 个、总投资近 1100 亿元，其中落地 38 个。杏林湾基金聚集区吸引 200 家股权投资类企业注册，基金规模 303 亿元。集美产业引导基金进入全国百强榜单，促进 43 家优质外地产业项目落户集美，基金投资项目总体估值约 70 亿元。

【城乡建设】 2019 年，集美区率先完成在岛外征地任务。福厦高铁客运专线，地铁 4 号线、6 号线建设提速。新增、优化公交线路 16 条，建成候车亭 20 座，投用停车场 3 个，新增停车位 754 个，杏东路、集源路等 4 条道路试点收费停车。新建公园绿地 24 个，新增绿化面积 93.2 万平方米，建成区绿化覆盖率居全市前列。完善垃圾收集转运体系，投用大件废弃物处理厂，完成垃圾分类 30 个示范小区和 10 个示范村建设，全区垃圾分类覆盖率 100%。完成荣坪老旧小区改造，园博公寓、珩琦公寓竣工，西客明珠等 7 个安置房项目加快建设，窗内等 35 个新增安置房项目加快选址，新增安置房产权证办理 371 套。

【生态环境建设】 2019 年，集美区空气质量居全市前列，优良率排名全市第一，综合指数排名全市第二。通过第二轮中央生态环保督察，53 件主办的信访件办结 48 件，阶段性办结 5 件，西海域养殖清退整治工作基本完成。坂头石兜水库饮用水源地水质达到Ⅲ类标准，省控断面许溪下庄鱼鳞闸及深青溪浦边桥水质均值达到Ⅲ类标准，河、湖长制高分通过水利部考核评估。编制完成“三溪”流域系统化治理方案，实施污染源网格化管理，有效解决水环境问题 155 起。率先全市开展雨污水管网溯源排查，编制海绵城市、污水治理专项规划，生成水环境治理项目 44 项，策划 114 个污水设施新建改造项目，实施月美池截污，完成排海口整治项目 16 个，完成杏林污水厂扩容改造。

【社会事业】 2019 年，集美区民生支出 51.4 亿元，占财政一般预算支出 78% 以上。新改扩建、移交竣工中小学幼儿园项目 14 个，新增中小学、幼儿园建设学位 6000 个。区中小学生社会实践基地开工，小学、幼儿园全面开展课后延时服务，在全市率先完成无证幼儿园整治。14所中小学通过省义务教育管理标准化验收，区特殊教育学校通过省特殊教育标准化学校验收。柔性引进高层次教育人才17人，招聘教师336人。灌口镇中心卫生院提升改造工程竣工，初步达到二级医院水平。在全市率先开通家庭医生服务热线，家庭医生签约突破10万人。全区实现再就业1.5万人。建成农村幸福院6家、镇（街）级居家社区养老服务照料中心2家，基本建成区级养老服务信息展示和监管平台。引进中交集团参与养老社会化运营，推进高端养老社区项目落地。建成退役军人3级服务体系，加大双拥优抚安置力度，发放各类抚恤补助安置经费2408万元。发放全市第一本低保电子证照，残疾人“两项补贴”（困难残疾人生活补贴和重度残疾人护理补贴）对象覆盖率100%。

【社会治理】 2019年，集美区完成中华人民共和国成立70周年大庆安保，刑事警情下降幅度连续3年居全市第一。完成28个“雪亮社区”建设，“家住厦门”智慧小区治理平台试点增至6个，城市公共安全平台、“12345”热线平台实现多中心合一实体化运作。67个村级党群活动中心全部完成优化提升。食品药品安全监管水平得到全面提升，乡厨合作社获得“厦门市食品安全社会共治十佳优秀案例”。成立集美区新时代文明实践中心，推进6个镇街、4个村居新时代文明实践所（站）试点工作。为2名受到不实举报的正处级领导干部公开澄清，查处群众身边腐败和作风问题8起、30人。

【云上马拉松比赛】 2019年4月20日，由集美区委宣传部、集美新城开发建设指挥部办公室、厦门日报社主办的“杏林建设杯”—集美云上马拉松比赛在诚毅国际商务中心举行。活动以“奋勇追梦高瞰集美”为主题，作为集美区庆祝中华人民共和国成立70周年的系列活动之一，旨在以“云上马拉松”活动为载体，更好地展示厦门跨岛发展的成就和集美新城奋发向上的城市活力。活动有500名选手参加，男女冠军分别由深圳选手薛剑东和泉州选手吴美霞获得。

·小资料·

云上马拉松：又叫垂直马拉松，以室内爬楼梯登高为主，起源于1978年攀登美国帝国大厦，全球有超过90个国家每年数百万人参与该赛事，每次均选择当地地标性建筑进行比赛。

（梁琳珊）

海 沧 区

【概　况】 海沧位于厦门岛西面、闽南金三角突出部，西与漳州接壤，北与集美相连，东南与厦门岛隔海相望。海沧区国土总面积184.73平方千米，海岸线长35千米（大陆岸线）。下辖4个街道，28个社区、15个建制村，及第一农场、海沧农场和天竺山林场3个农（林）场。海沧区户籍人口242165人，流动人口379111人。（见表37–4）

2019年，海沧区实现地区生产总值796.87亿元，比上年增长7.8%；固定资产投资（不含农户）增长10.6%；区财政总收入176.81亿元，增长1.6%；区级财政收入39.84亿元，增长1.9%。全年实际利用外资10.35亿元，实现城镇居民人均可支配收入5.39万元，比上年增长8.5%；实现农村居民人均可支配收入3.06万元，增长10.1%。

【农　业】 2019年，海沧区实现农林牧渔业总产值3.97亿元，比上年下降4.4%。种植业以蔬菜种植为主，蔬菜播种面积1.41万亩（940万平方米），粮食作物0.11万亩（73.33万平方米），辖区有国家级农业化龙头企业1家，农产品质量安全追溯点3家、农产品质量安全固定监测点1家、放心农资信息化监管试点单位1家。实施农产品加工提升工程创建新品种推广、绿色防控与统防统治融合、农业标准化等农业示范基地，推广应用商品有机肥、堆肥和其他农家肥面积0.25万亩（166.67万平方米），完成新品种引进示范点1个、绿色防控与统防统治融合示范点建设2个。发展壮大乡村产业，完成贞岱现代设施农业综合示范园11座大棚和设备房建设、投产并采收上市；引进德国花卉种子和泥炭土资材种植技术，完成对基地温室大棚智能化系统进行改良并投产；伊甸园企业转型发展现代设施农业，探索规模化花卉蔬菜种植。全年免疫各类畜禽约33.95万头羽，使用高致病性禽流感等各类疫苗34万毫升/头份，完成全区应免畜禽集中强制免疫任务。全年，未发生重大动物疫情和重大畜禽产品质量安全事故。全区水产养殖户89户，育苗场41家。加强水产品质量安全执法，做好水产品质量安全监管、监测，抽检水产品18批次，产地水产品监督抽查合格率100%。对辖区内水生野生动物经营利用场所进行专项检查4次，未发现非法出售、加工利用水生野生保护动物行为。全面清退辖区海域养殖，面积138.2360万平方米，年内未发现海域养殖回潮现象。全区有渔船44艘，其中捕捞渔船39艘、渔业辅助船5艘。

【第三产业】 2019年，海沧区完成外贸进出口总额707.51亿元，比上年增长12.7%；批发零售贸易业完成销售额1269.48亿元，增长12.6%；社会消费品零售总额170.48亿元，增长10%。制定《海沧区加快旅游会展业发展奖励扶持措施》，进一步促进海沧区旅游企业

表37–4　**2019年海沧区各街道基本情况表**

名称	面积（平方千米）	户籍人口（人）	本级财政收入（万元）	行政村（个）	社区（个）
海沧街道	37.61	58937	10118	6	4
新阳街道	22.36	33982	13654	1	5
东孚街道	48.82	39850	10500	6	7
嵩屿街道	27.06	109396	7670.36	2	12

注：面积来源资源规划局海沧分局，其余面积不显示，人口数据由海沧公安分局提供

2019 年 12 月 27 日，轨道 2 号线开通运营的海沧行政中心站　　（郑伟明　摄）

提升服务、创建品牌。借助金鸡百花奖连续 10 年落户厦门的契机，对接香港耀达国际投资有限公司和中国影视工业网，推动建设耀达影视工业基地；引进厦门欢兔旅行社入驻海沧；推动松霖生活空间酒店、紫云山庄度假酒店、古楼 H2016P04 地块酒店、中沧 e 创酒店等酒店建设和天竺山旅游景区提升项目。正元希尔顿酒店获评国家级五星级酒店。全年接待游客 1050.58 万人次，旅游收入 91.18 亿元，分别比上年增长 15.98% 和 19.12%。限额以上住宿业营业额 2.99 亿元，增长 23.4%；限额以上餐饮业营业额 2.18 亿元，下降 10.1%。全年新增金融项目 20 家，总注册资本 17.30 亿元，外资 1016.56 万美元，其中基金和股权投资类企业 12 家、担保服务类企业 3 家，其他金融类企业 5 家。汽车销售限上入统企业（入统企业也称列统企业，是指列入政府统计部门名单，需要按时上报相关统计报表的企业）数达到 63 家，比上年增长 12.5%。至年末，厦门（海沧）电子商务产业园集聚 46 家电商企业；中达电商园集聚 191 家零售电商企业，整体产业链产值超 20 亿元，覆盖美妆、护理、母婴、服装、保健品、食品、装饰等多个电商零售类目。

【城乡建设】 2019 年，海沧区“两环七横七纵”骨干路网基本形成，轨道 2 号线竣工验收并投入运营，轨道 6 号线马銮湾片区段全线动工；海沧货运通道、海翔大道（孚莲路—厦漳界段）建成通车；海新路与翁角路立交工程完工。建设完成海沧街道公交首末站、15 座候车亭、东孚大道大庵路口 7 个交通信号灯等项目。改造市政道路 9.6 千米、雨水管网 16 千米、污水管网 21.4 千米、综合管廊 2.4 千米，建成 13.3 千米燃气管道，新增公共停车位 1310 个、新能源充电桩 317 个。海沧污水处理厂扩建工程开工，全区排水防涝应急指挥平台试运行。率先搭建省探索智慧水务调度系统，新阳片区排水设施智慧调度系统投用。启动海沧主城区全网 5G 规划，开通 5G 基站 115 个，5G 信号连续覆盖远海码头和海润码头，实现 5G 信号覆盖海沧区政府区域和厦门首个智慧港口的 5G 应用。生活垃圾分类实现城乡全覆盖，城区生活垃圾分类直运率 100%，农村生活垃圾分类投放点全面建成。率先厦门市推行全域海绵城市建设，代表厦门通过全国首批海绵城市试点验收，全区新、改、扩建项目均落实海绵城市管控指标。完成星河小区、吉祥花园等 10 个小区消防管网改造。鳌冠片区启动开发，东屿 CBD 片区建设提速。

2019 年，海沧区实施乡村振兴发展规划，完成青礁芦塘社、过坂社区 2 个美丽乡村示范点建设，贞岱现代设施农业综合示范园建成投产，过坂社区获评中国美丽休闲乡村，青礁村入选福建省首批“金牌旅游村”，院前社入选全国首批“美好环境与幸福生活共同缔造活动”精选试点村，农民人均可支配收入实现全省“十四连冠”。制定出台《关于支持区属国企参与集体经济项目合作开发的实施细则》和《海沧区（村）居集体经济项目监管协议》，莲花集体经济项目开工建设，新垵正顺公寓进度加快。全区 28 个建制村（含村改居社区）完成农村集体产权制度改革。推进村庄整治，提升农村人居环境，青礁芦塘社、过坂社区作为乡村振兴市级重点示范村、市级人居环境试点村，农房“平改坡”及裸房整治工程显见成效，“平改坡”累计完工 158 栋，裸房整治累计完工 59 栋；开展过田社、院前社、芦塘社、湖头村、过坂社等 5 个村庄农房整治试点，完成“平改坡”177 栋，裸房整治 76 栋。推进农村路灯提升改造，改造路灯 2000 盏；推进 8 条农村公路建设，新增道路 5 千米。

·小资料·

“两环七横七纵”骨干路网：“两环”指外环（海翔大道—孚莲路—翁角路—新阳大桥—西滨路）和内环（环湾路）；“七横”指前场一路、海翔大道、浦鳌路、孚莲东二路、东孚东（西）路、新阳大道、翁角路；“七纵”指孚莲路、东孚北（南）路、马銮湾西路、灌新路、灌口南路—环湾路—新景路、钱潮路—外湾东路、西滨路—新阳大桥。

【生态环境建设】 2019 年，海沧区推进国家级生态文明试验区和示范区建设，生态文明建设和环境保护目标考核全市“四连冠”。空气质量优良率 100%。完成国家生态园林城市考核验收，开展竹兰山采石场生态修复工程，完成坡面复绿 11.9 万平方米和平面复绿 18.4 万平方米。完成青礁开台文化公园、大屏山花海风景林二期、厦门市铁路沿线环境整治工程等项目建设，累计新增或改造提升园林绿地 136 万平方米；完成大屏山步道系统工程、蔡岭山绿地等绿道（登山步道）建设，新建（含改造）绿道 15.1 千米；完成 7006 亩（467 万平方米）天竺山生态风景林工程建设，种植苗木 58 万余株。新增青礁开台文化公园、东埔社区公园 2 个城市公园。完成森林抚育面积 16590 亩（1106 万平方米），全区森林面积 6740 万平方米，森林覆盖率 39.34%，森林蓄积 35.026 万立方米。工业、机动车、扬尘“三大污染源”治理持续深化，鳌冠育苗场锅炉整治全面完成。打好碧水攻坚战，落实“河（湖）长制”，溪流保洁率100%；过芸溪小流域率先全市完成全域消灭劣Ⅴ类水质；完成国家海洋督查反馈海沧区17个入海排污口治理和全区第二次污染源普查的301个入河排污口排查、监测。持续推进蓝色海湾治理行动，对海沧湾所拥有的山、海、湖、溪等自然资源综合规划，开展岸线整治、海域清淤、湿地重构及生态岛礁等一系列修复，累计修复岸线6.4千米，种植红树林约25.4万平方米，完成清淤泥2200万立方米。打好土壤和危废防治攻坚战，完成土壤污染自行监测和47家重点企业土壤污染风险源排查监测工作，全年转运危废2.99万吨，危废、医疗废物规范处置率100%。配合第二轮中央生态环保督察，做好督察反馈问题整改。

2019年，海沧区新时代文明实践中心（郑伟明 摄）

【社会事业】2019年，海沧区民生支出57.98亿元，占总支出70.64%。新阳保障房一期配套幼儿园、洪塘学校等10个项目竣工，新增10530个学位，鼎美中学、新阳西中学等7个项目开工。学前教育优质普惠发展，新增2所市级“示范性幼儿园”，公办幼儿园示范率70%，民办园普惠率95%，支持国企兴办幼儿园，新增两所幼儿园开园。学区化改革深入推进，制定《海沧区义务教育薄弱校质量三年提升行动计划》，推动区域教育均衡发展。全区公办学校全部通过福建省义务教育管理标准化学校省级评估验收。海沧区跻身全省9个“教育强区”之一，中考均分超过全市平均水平，海沧中学和海沧实验中学两所高中通过省一级达标高中复评，海沧实验中学被确认为福建省高中课程改革基地校。临港社区卫生服务分中心开工建设，东孚街道社区卫生服务中心、马銮湾医院完成结构封顶。全区门急诊量331.15万人次，比上年增加5.01%，医院、卫生院实际拥有床位1950张。推动海沧医院与北京协和医院、长庚医院与清华大学医学院合作。深化“社区—医院”分级诊疗经验，推进与复旦中山厦门医院开展双向转诊、远程会诊、远程教学等协作，提升基层医疗卫生服务能力。长庚医院通过三级甲等综合医院评审，实现海沧区三甲医院“零”的突破。佳芸花园、兴钟林安居房三期等项目完成结构封顶；渐美村安居房、佳美安置房动工建设。强化就业服务，企业用工信息平台实现村居全覆盖，人力资源市场达成就业意向5万多人次。城乡居民养老保险参保率连续8年实现100%。完善贫、学、老、住、病、残、灾、难等8个方面救助和社会互助帮困制度，形成覆盖广、整体性高的社会救助体系，发放各类救助金1523.59万元。完成三级养老服务体系建设，推动信息化专业化助老员项目进展，实现全区43个村居助老员服务全覆盖，打造“15分钟养老服务圈”，累计服务老年人33964人次。全区开办3个老年幸福食堂，为本村（居）75周岁以上老人免费提供“幸福午餐”，日均服务老人约300人次。完成东埔、贞庵、海农等8个村居综合性文化服务中心达标建设，区老年活动中心主体建筑完成封顶。建立以区文化馆图书馆为总馆，街道综合文化站为分馆，村（社区）综合文化服务中心为服务点的总分馆制，打造“上下联通、资源共享、服务优质、惠民利民”的公共文化服务新模式。新增嵩屿街道图书分馆1个，流通点4个。新增育才小学等4所学校的体育设施向居民免费开放。海沧区成为全国建设新时代文明实践中心的试点。大力推进新时代文明实践中心（所、站）建设，除区级实践中心外，全区4个街道和43个村居同步成立新时代文明实践所、站，区、街道、村居三级共组建成立各类志愿服务队伍超过330支，重点推动区老年大学教学点向村居实践站下沉。全年开展新时代文明实践活动2800余场。推进区级融媒体中心建设，高位嫁接新华社，打造“上接天线、下接地气、海沧特色、新华味道”的新型传播平台，获得2019年中国报业媒体融合优秀案例特别奖。

【社会治理】2019年，海沧区开展平安建设，通过福建省第四轮首批平安区达标验收。建成雪亮工程基础支撑平台，在前端完成32个“雪亮社区”、26个无入室盗窃案件小区和入室盗窃案必破小区建设、67所学校（幼儿园）视频监控建设。全面推进“五安工程”建设，推广“家住厦门”城市小区治理模式，完成8个试点社区的小区治理工作，成立小区物业纠纷调解委员会、小区个人调解工作室、调解小组等小区调解组织形式，排查化解小区矛盾纠纷；推广午餐工程创建平安校园，解决中小学生中午用餐的安全卫生问题。刑事警情连续4年下降，降幅10.36%。安全发展示范区创建稳步实施，各重点行业（领域）安全隐患专项整治和“打非治违”成效明显；海沧道路交通综合整治成效全市第一，道路交通事故死亡人数比上年下降40%，降幅均位居全市首位。全国范围内率先上线运行“AI+家庭律师”，为百姓提供360°法律护航服务、5对1专属家庭律师、AI法律辅助引擎、法律法规工具四大专属权益，为人民群众提供立体化、全天候、全地域的优质公共法律服务。建成和运行1个区级公共法律服务中心、4个公共法律服务工作站、43个村居公共法律服务工作室、4个法律服务驿站、5台12348法律服务智能终端机，三级公共法律服务实体平台实现城乡全覆盖。全区推广向社会组织购买服务的警民联调新模式，东孚街道创新探索推行矛盾纠纷多元化解中心“一心四室”模式，及时化解各类矛盾纠纷。“海沧e调解”获评2019全国政法智能化建设优秀解决方案，成为全国司法行政领域“互联网+”多元化纠纷调解标杆。

·小资料·

五安工程：指从老百姓最关心的吃、住、行、就业等方面的安全问题抓起，打造“家安”“路安”“食安”“业安”“心安”等平安建设工程。

【第二届全国青年运动会现代五项预赛（厦门站）】 2019年6月17—23日，第二届全国青年运动会现代五项预赛（厦门站）在海沧区体育中心举行。赛事由中国现代五项运动协会主办，厦门市海沧区人民政府承办，厦门市海旅天视文化体育产业有限公司策划执行。赛事包括激光跑射联项、游泳、击剑等4个比赛项目，吸引来自全国11个省市的200名运动员参与。赛事决出33枚金牌，中国现代五项运动协会秘书长沈克俭等领导出席颁奖仪式，并为在多项U16、U19混合接力赛中获奖的选手们颁发奖牌及证书。

（李彩兰）

同安区

【概　况】 同安区位于厦门市北部，东与翔安区相连，南与湖里区隔海相望，西南与集美区相连，北与泉州南安市、安溪县交界，西北与漳州长泰县接壤。全区土地面积669.36平方千米，海岸线长11千米，森林覆盖率54.43%。下辖2个街道、6个镇，81个行政村、60个社区。年末户籍人口40.54万人，常住人口66.3万人。人口自然增长率13.5‰。（见表37-5）

表37-5　**2019年同安区各镇（街道、农林场）基本情况**

名称	面积（平方千米）	户籍人口（人）	本级财政收入（万元）	行政村（个）	社区（个）
大同街道	19.51	65378	3389	6	14
祥平街道	29.00	67512	2834	3	14
洪塘镇	35.94	41629	2302	13	3
五显镇	81.64	48443	2239	15	3
汀溪镇	114.30	24959	1877	13	1
莲花镇	203.72	46330	1641	19	1
新民镇	74.64	52260	5268	10	9
西柯镇	39.70	58851	3129	2	15
双溪林场	58.93	—	—	—	—
北山农场	0.30	—	—	—	—

2019年，同安区实现地区生产总值551.23亿元，比上年增长8.3%。规模以上工业增加值241.30亿元，比上年增长6.0%。财政总收入96.32亿元、区级财政收入25.67亿元，分别比上年增长6.6%、11.6%。合同利用外资31.40亿元，增长64.9%；实际利用外资16.32亿元，增长11.3%；固定资产投资增长17.3%。社会消费品零售总额264.93亿元，比上年增长8.6%。城镇居民人均可支配收入49818元，比上年增长8.5%；农村居民人均可支配收入22942元，增长10.7%。在全市公布的12项主要经济指标中，区级财政收入、固定资产投资、全体居民人均可支配收入3项指标增速位居全市各区第一，地区生产总值、财政总收入、农村居民人均可支配收入3项指标增速位居全市各区第二。

【农　业】 2019年，同安区农林牧渔业总产值21.3亿元，比上年增长0.1%。完成现代农业招商引资34亿元，九龙谷农业、炉容家庭农场等6个240亩（16万平方米）设施大棚项目通过验收，百利现代农业科技园区完成建设，禾沣现代农业产业园、美埔农光旅三产融合项目基本建成并投入运营。落实新型农业经营主体扶持奖励资金92家（次）641.84万元，绿惠园果蔬专业合作社获评省级示范社，农村合作经济组织数量居全市首位。三秀山村获得“中国美丽休闲乡村”，军营村入选福建省首批“金牌旅游村”，莲花村、古坑村、白交祠村等5个乡村获评福建省三星级以上休闲旅游地，全区国家级美丽休闲乡村、市级以上休闲农业示范点分别增至4个和17个。

【工　业】 2019年，同安区规模以上工业企业662家，完成规模以上工业总产值973亿元，比上年分别增长8.8%。生物医药与健康、机械装备、新材料、半导体、通讯与移动设备、软件与信息服务6条重点产业链持续发展壮大，实现年产值859.7亿元，比上年增长3.38%。中禾实业、银祥油脂、保沣实业、金路通等产值前20名骨干企业支撑作用明显，拉动规模以上工业产值增长5.8个百分点；全区产值超亿元企业增至198家。232家高新技术企业研发投入大幅提升，全区研发投入占GDP比重4%；分别新增省、市级科技“小巨人”领军企业24家和13家。

【第三产业】 2019年，同安区第三产业在三次产业结构中占比42.2%。批发零售贸易业销售额832.45亿元，社会消费品零售总额264.93亿元，分别比上年增长15.9%和8.6%，其中批发零售贸易业销售额增速高于福建省平均水平，社会消费品零售总额增速位列全市第三。京东东和、瑞悦隆等限上企业通过互联网实现商品销售额155.98亿元，比上年增

2019 年，滨海旅游浪漫线二期同安段建成开放　　（李文鸿　摄）

长 13.84%。趣店科技、华强方特、智联信通等带动营利性服务业比上年增长 68.1%，增幅位居全市第一。全区住宿餐饮业实现营业收入 17.72 亿元，比上年增长 8.2%。全年接待游客 1534.5 万人次、实现旅游收入 58.3 亿元，分别比上年增长 20% 和 31%。

【招商引资】 2019 年，同安区强化“用地少、产值高、带动力强”的总部结算项目、平台项目和基金项目的招商强度，总部结算项目招商签约 11 个。在 2019 厦洽会期间，签约和对接项目共计 55 个，投资总额 460 亿元，项目涵盖先进制造业、文旅项目、基金项目、平台项目、总部经济项目、央企项目及现代农业项目。全年批准新设立项目 67 个（含自贸区项目 11 个），累计投资总额 36.73 亿元，合同利用外资 31.40 亿元，完成市任务 15.5 亿元的 202.59%，比上年同期（19.05 亿元）上升 64.87%，完成比例列全市六区第二位。主要项目为新设立瑞幸咖啡烘焙（厦门）有限公司 6000 万美元，厦门快乐时代科技有限公司新增合同外资 2000 万美元，设立厦门灏景盛供应链管理有限公司 5000 万美元，新设立瑞幸烘焙科技（厦门）有限公司 4500 万美元，佳好集团（厦门）有限公司新增合同外资 1000 万美元，厦门成发国际酒店集团有限公司新增合同外资 1200 万美元。实际利用外资 16.32 亿元，完成市任务 14.25 亿元的 114.54%，比上年增长 11.3%，完成比例列全市 6 区第四位。到资主要项目为趣店融资租赁、沛乐迪卫浴、海普锐、同恒金属、可维莱、高时实业、瑞幸咖啡等。引进内资 179 亿元，完成市任务 120 亿元的 149.17%（市级统计口径）。

【城乡建设】 2019 年，同安区加快完善交通网络，基本建成厦门北动车客整所、同安大道（同南公路—同安东路段）、同安大道（海翔大道—同南路段）交通监控设施提升工程等 3 个项目，推进福厦客车专线、轨道交通 4 号线、同翔大道等 14 项工程。提速建设同安新城，实施项目 130 个，完成投资 179 亿元，丙洲、美峰两个现代服务业基地基本建成，万豪、万丽等高端酒店投入运营；美峰生态公园正式开放，滨海旅游浪漫线二期道路全线贯通；后田变电站建成运行。持续改善老城环境，实施中山路等 24 条市政道路改造提升工程，完成 7 个老旧小区改造和第二轮城市街区立面整治，新建城镇公厕 16 座、市政道路燃气管道 29.23 千米，新增停车场 16 座公共停车位 1630 个，调整公交线路 8 条，更新投放纯电动公交车 13 台。

2019 年，同安区实施乡村振兴试点项目 178 个，开工建设 145 个，完成 61 个村庄规划编制，完成 566 栋房屋“平改坡”及裸房整治；县道 421（后烧—竹坝）、竹坝开发区至京东连接线、上陵至白交祠道路等 30 条农村公路完成改造，726 个自然村集中纳管和分散式污水处理设施建成投用，汀溪镇入选福建省 100 个乡村振兴特色乡（镇）。

【生态文明建设】 2019 年，同安区迎接第二轮中央生态环保督察，落实第一轮中央环保督察反馈问题整改，基本完成全国第二次污染源普查。有序推进 52 项生态文明体制改革任务，发放汀溪水库、莲花水库水源保护区生态补偿资金 1.98 亿元；完成“大棚房”专项清理整治，复耕复垦面积 157.7 亩（10.51 万平方米）；新增绿地 160.5 万平方米，完成造林 3006 亩（200.4 万平方米）。推进流域综合治理，建成埭头溪梧侣溪水闸至瑶浦水闸段、西溪汀溪水库至大岭溪桥段等 11 个安全生态水系项目，完成 245 千米雨污管道排查清淤；新增污水管网 33.1 千米，投用汀溪、布塘、科技创新园等 3 个污水处理站；汀溪水库饮用水源和国省控断面水质达标率 100%。严格执行大气污染排放限值和轻度污染天气应急管理，空气质量优良率 99.7%。持续强化危险废物全过程实时监管，转移处置危险废物 1.57 万吨。加快建设智慧环保，全国首个区级生态文明建设目标评价考核平台建成投用，隘头潭水环境质量管理应用平台获福建省一等奖。

【社会事业】 2019 年，同安区完成教育领域投资 7.1 亿元，建成投用后田学校等 11 个项目，提升改造莲花后埔小学等 13 所学校，新增学位 8400 个；建成运行全市首个教育公共服务平台“人人通”；职业技术学校通过国家中等职业教育改革发展示范学校评估验收；高考贡献率居全市前列。建成投用中医院信息系统等 5 个医疗机构改扩建项目，加快建设疾控中心改造提升等 6 个项目，环东海域医院主体结构封顶；高分通过全国基层中医药工作先进单位复审；全区 14.5 万人签约家庭医生。在全市率先实现城乡居家养老信息化服务全覆盖，新增 2 所养老院，建成镇级照料中心 4 家、农村幸福院 21 家，标准化村级卫生所增至 96 个；完成 27 个基层文化服务中心提升改造；新增同安农民画等省级“非遗”项目 3 个。城乡居民基本医疗保险、养老保险参保人数分别达到 28 万人和 5.16 万人，参保率均 100%。出台《困难群众协同救助工作实施意见》，发放救助帮扶资金 10187 人（次）5868 万元。举办各类招聘会 105 场，提供就业岗位 3.75 万个（次），实现失业人员再就业 8758 人、城镇就业困难对象再就业1525人。安排优抚资金900万元，组织407名重点优抚对象、部分进藏兵免费体检，帮扶47名退役军人再就业。

【社会治理】 2019年，同安区实行社区工作清单化管理，试点整合11个村（居）便民服务代办点，重点指导17个无物业小区提升自治管理水平；创新成立区级房东协会，65家村级房东协会基本覆盖外来人口1000人以上的村（居）；探索社区治理新路径，凤祥社区“商居共融、诚信共创”工作法获评福建省优秀案例；乡村治理经验在全省现场推进会作典型发言。持续加强城市管理，拆除“两违”（违法占地、违法建设）建筑274宗7.8万平方米；140个村（居）实现生活垃圾分类全覆盖，136个村（居）推行“一把扫把扫到底”一体化管养机制；全年考评成绩保持全市前三。全面推进移风易俗，累计节约开支4.31亿元，获省纪委通报表扬。加快建设“平安同安”，打掉恶势力犯罪集团2个、恶势力犯罪团伙2个和3人以上十类犯罪团伙29个，全区刑事警情比上年下降8.53%，省对区群众安全感调查综合测评成绩全市第一、扫黑除恶成效评价全市第二。

【同安区中国农民丰收节】 2019年9月5日，同安区主办的“中国农民丰收节”暨“凤梨穗”龙眼采摘节在竹坝侨安社区举行。丰收节重点展示同安区乡村振兴金融服务及农业产业化成果，以乡村振兴为抓手，结合竹坝特色南洋文化，打造面向村民、市民和游客独具风味的特色打卡环节。期间，开展龙眼现场采摘、流沙启动仪式等一系列富有地域特色和贴近农民生活的活动。35家“凤梨穗”龙眼生产经营主体获得同安区第一批同安“凤梨穗”国家地理商标使用权，40家新型农业经营主体展示新鲜采摘的“凤梨穗”龙眼、烘焙出炉的龙眼干等同安名、优、特产品。

（蔡　杰）

翔 安 区

【概　况】 翔安区位于厦门市东北部，地处厦（门）、漳（州）、泉（州）闽南“金三角”中心地带，东、北与泉州市交界，西与同安区接壤，南与厦门岛、金门岛隔海相望，经翔安隧道可直通厦门岛。全区陆域总面积412.15平方千米（其中滩涂面积为57.9平方千米），大陆海岸线长56.71千米，占厦门市大陆海岸线总长的28.01%。辖4镇1街，有30个村委会，90个社区居委会。2019年，全区户籍人口378168人，暂住人口265556人，人口出生率14.14‰，人口自然增长率9.19‰。（见表37-6）

表37-6　**2019年翔安区各镇（街）基本情况表**

名称	土地面积（平方千米）	户籍人口数（人）	财政收入（万元）	社区居委会（个）	村委会（个）
大嶝街道	14.17	27031	20481.53	9	0
新店镇	107.05	136881	183355.64	41	0
马巷镇	59.46	113566	308819	36	0
内厝镇	69.94	47415	34553.29	1	16
新圩镇	103.58	53275	70700	3	14
滩涂	57.95	—	—	—	—

2019年，翔安区实现地区生产总值663.83亿元，比上年增长9.3%；规模以上工业增加值396.2亿元，增长10.4%；固定资产投资增长9.5%；财政总收入66.95亿元，增长6.3%；区级财政收入20.9亿元，增长5.6%；社会消费品零售总额90.9亿元，增长12.4%；限额以上批发零售额416.76亿元，增长29%；城镇居民人均可支配收入41968元，增长8.3%，农村居民人均可支配收入22467元，增长10.8%。其中，地区生产总值、财政支出、限额以上批发零售额、全体居民可支配收入4项指标增幅位居全市第一，规模以上工业增加值、实际利用外资2项指标增幅位居全市第二。

2019年，翔安区深化“放管服”改革，成立全市第一个区级行政审批局，相对集中行政许可权试点方案上报福建省政府。行政审批服务网上可办率100%，“一趟不用跑”“最多跑一趟”事项占比超95%。证照实现同步受理，企业设立登记办理时限压缩至1个工作日，新增商事主体超11000家，增长26.6%。落实“六必访”机制，区领导挂钩服务58家“三高”企业，落实减税降费6.3亿元，兑现企业扶持补助2.8亿元。

·小资料·

“一趟不用跑”“最多跑一趟”事项：“一趟不用跑”事项指可以全流程网上办理的事项，审批环节全部实现网上通办。“最多跑一趟”事项指最多需要一次到窗口申请或取件的事项。

“六必访”机制：指企业创业孵化时必访，入库纳统时必访，增资扩产时必访，战略调整时必访，筹备上市时必访，经营困难时必访。

【农　业】 2019年，翔安区林业用地为105.99平方千米，占土地面积的31.34%；全区非规划林地9.75平方千米，占土地总面积2.88%。建设2个设施农业项目、新建3个农田水利基础设施项目，新建2个农作物主推品种核心展示示范片点，新建2个绿色防控示范点，新增1家省级农业产业化重点龙头企业，中厦、文兴和如意等公司获评2018—2020年度省级重点农作物种子企业。12家市级农业龙头企业完成产值35.6亿元，比上年增长6.6%。“大帽山境”田园综合体品牌特色明显，获评“2019年省级养生旅游休闲基地”。承办全市第二届“中国农民丰收节”。水环境治理成效明显，多措并举推进非洲猪瘟“防火墙”。防汛防台风工作落实到位，森林防火工作稳妥有序。农机道路交通安全连续10年保持“零事故”，渔业安全生产继续保持“零死亡”，胡萝卜实现连续6年出口“零通报”，38座水库等平稳运行。

【工　业】 2019年，翔安区力推“5+5”主导产业链群，完成规模以上工业企业产值1463.14亿元，规上工业增加值位居全市第二。天马第六代柔性AMOLED生产线、中航锂电等62个项目落地建设，ABB系企业、瀚天天成、宸鸿科技百亿级手机触控项目、美日丰创十亿级光罩基地等71个项目建成投产、66家企业新增入统。开建厦门南方海洋研究中心，启用厦门大学能源与石墨烯创新研发平台、厦门（翔安）健康医疗大数据展示中心。新评审7个工程技术研究中心、6个企业技术中心，天马微电子技术中心获评国家企业技术中心。新认定261家“三高”企业、90家高新技术企业、15家市重点工业企业、21家科技“小巨人”企业，引育40名高层次人才、15名拔尖人才。106家建筑业企业完成产值266.36亿元，比上年增长13%。完成第四次全国经济普查。

· 小资料 ·

“5+5”主导产业链群：指做强壮大平板显示、半导体和集成电路、机械装备、生物医药与健康、新材料等5条重点产业链群，加快发展旅游会展、现代物流、软件和信息服务、文化创意、现代都市农业等5条潜力产业链群。

【第三产业】 2019年，翔安区社会消费品零售总额90.9亿元，比上年增长12.4%；批发零售贸易业销售总额416.76亿元，增长29%。拉卡拉、深圳悦服等一批现代服务业项目签约落地，首创奥特莱斯、建发国际汽车城动工建设，高端汽车品牌增至7个。修订《乡村民宿管理实施细则》，翔安区全年接待游客806万人次，旅游收入16.3亿元，分别比上年增长16.5%、20.7%。引进杭州华清旅游集团、同程旅游产业基金、美高梅美荟酒店，推动悦华酒店开业运营。大帽山境、大宅等乡村游景点新增民宿客房56间。火炬（翔安）保税物流中心进出口货值居全国前三。抓住厦门市主办金鸡电影节的契机，加快发展文化影视产业，引进东南国际影视中心等影视产业项目。

【招商引资】 2019年，翔安区成立区属招商集团，构建“一个中心、三个平台、五张图”体系，招商引资全要素全周期服务保障机制不断完善。建成厦门大学国家大学科技园主园区，数字经济产业园新入驻52家企业。招商平台持续拓展，承办翔台医疗健康创新项目对接会、“魅力金嶝”两岸旅游推介会，依托数字中国建设峰会、厦洽会、新经济大会、闽港“一带一路”高峰研讨会等各类招商平台推介翔安，全年累计签约项目69个，其中34个项目落地，17个项目投入运营，合同利用台资5914万美元，比上年增长830%，全年179个招商项目纳入市级项目库。

· 小资料 ·

一个中心、三个平台、五张图：指重大片区建设与招商调度中心；火炬片区、新城片区、机场片区等三个平台；专项规划一张图、产业招商一张图、重点项目一张图、城市管理一张图、综合评价一张图等五张图。

【城乡建设】 2019年，翔安区翔安机场、环东海域新城、东部体育会展新城等六大片区完成投资462亿元，占全区固定资产投资总量的82.5%。翔安机场立项、总规划获批，航站区轨道工程等关键项目率先动工建设，东山公建群城市设计方案通过评审，东部体育会展新城城市设计方案及新体育中心、新会展中心建筑方案确定，翔安高新技术产业基地市头片区基础设施全面启动，福厦高铁马巷段、滨海旅游浪漫线二期完成交地，阳塘安居小区、会展嘉园开工建设，新浦嘉园、珩边居住区加快推进。轨道3、4号线13个车站主体结构完成，第二东通道（翔安大桥）、滨海旅游浪漫线二、三期加快建设，全市首座双层跨海大桥溪东特大桥、福厦高铁西溪特大桥全面动工建设，机场快速路南段、新城后浦路建成通车，文教园区规划三路等一批历史遗留“断头路”打通。西水东调原水管道工程建成通水，7个村庄自来水管网启动改造。电信生产调度楼、洪钟变等进场施工，建成20千米综合管廊，铺设19千米市政燃气管道。开建38个公交候车亭，投用1300个公共停车位，新增优化29条公交线路。新增管理污水管道200千米，修复人行道7500平方米，“巷灯工程”点亮8万盏，惠及92个村（居）。强化“门前三包”，新建38条标准街，规范141个流动摊点，改造投用新圩农贸市场，市容环卫综合考评全市第三。新增、改造园林绿地94万平方米，海绵城市试点建设通过国家住建部考核，建成、提升7个公园绿地，完成高铁、高速公路沿线环境整治提升，铁路沿线安全隐患治理，改造火炬（翔安）产业区10条道路。

翔安区落实农村人居环境整治“一革命四行动”，新改建城乡公厕16座，完成“平改坡”1500栋、裸房整治782栋，农房“平改坡”经验成为福建省范本。全区106个村（居）农村集体产权

2019年，翔安区下潭尾湿地公园　　（朱毅力　摄）

制度改革工作实现 4 个 100%。内厝莲塘、新圩云头等 8 个社区获评福建省级农村社区建设示范单位，农村集体资产确权登记颁证工作基本完成。健全城乡环卫一体化体制，与市属国企合作成立城建集团，生活垃圾分类收集、转运、处理实现全覆盖。

·小资料·

一革命四行动：指农村厕所革命及农村垃圾治理行动、农村污水治理行动、农房整治行动、村容村貌提升行动。四个 100%。（即 100% 按程序完成章程表决、股份量化以及设立三会治理机构，100% 按进度要求成立股份经济合作社，100% 在全国农村集体经济组织登记赋码管理系统成功登记，100% 颁发《农村集体经济组织登记证书》。）

巷灯工程：指将无杆式 LED 路灯直接安装在村民房屋的外墙、围墙，打通农村亮灯"最后一千米"。

【生态环境建设】 2019 年，翔安区抓好中央和省环保督察，国家海洋督察反馈问题完成整改。对 281 家不符合环保要求的"散乱污"企业进行分类整治，坚决防止"一刀切"。污染源普查工作通过国家核查，空气质量优良率 99.7%。落实"双总河（湖）长制"，地表水环境提升改善，古宅水库水质保持Ⅱ类，九溪溪边后断面、曾溪水库水质提至Ⅳ类，浯溪水质通过国家城市黑臭水体整治专项督察。启动污水处理设施高质量高标准建设行动，策划生成项目 116 个，总投资 890 亿元，建成 11 个农村污水处理站点、70 个村庄雨污分流工程，澳头污水处理厂负荷率提高至 75%。

【社会事业】 2019 年，翔安区修订升级"民生 17 条"，各类民生支出 42 亿元。建成 12 个教育项目，增加各类学位 4680 个。全面完成无证幼儿园整改，新增 2 所省示范性幼儿园、1 所市示范性幼儿园，5 所农村完小升格为区直属校。新引进 8 名高层次教育人才，直招 52 名应届"双一流"师范院校毕业生，成立翔安校企合作联盟。中高考成绩进步幅度全市最大，省对区教育"两项督导"评估获得肯定。组建福建省首个区域健康医疗大数据运营管理中心，家庭医生签约服务 13 万人，65 岁以上老年人签约覆盖率超 74%。翔安医院开业运营，第五医院获评中国医院竞争力最高级别"五星级医院"称号，各类医疗机构新增床位 500 个。被征地人员养老保险新增参保 18648 人、比上年增长 265%，城乡居民养老保险参保 11.5 万人、参保率 99.4%。发放各类困难群体救助资金 6167 万元，为 81 个村（居）购买居家养老服务、惠及全区 70% 老年人。九溪小区、东方新城二期竣工，新增保障房 5820 套，受理保障性租赁房申请 1125 户，发放保障性住房租金补贴 769 万元。大嶝八二三炮战喇叭堡旧址、中共同安县委旧址列入第九批省级文物保护单位。举办国际短片节、翔台医疗健康创新项目对接会、"魅力金嶝"两岸旅游推介会，举办 2019 厦门（翔安）武林大会、"海峡杯"全国书画作品展等两岸文体活动，宋江阵文化研究会成为全区首个省级对台交流基地。区图书馆"翔安红色记忆""智绘书"2 个项目获得第二届全国公共图书馆创新创意征集推广活动二等奖，村（居）社区书院覆盖率 70%。全民健身广泛开展，翔安健儿在第二十届市运会中获得 92 枚金牌。

·小资料·

民生 17 条：为进一步提升民生保障水平，翔安区委、区政府在原"民生 15 条"的基础上，新修订出台《翔安区关于进一步改善和保障民生工作的实施意见（2019 修订版）》。

教育"两项督导"：指对县级政府教育工作督导评估及县级党政主要领导干部教育实绩督导考核。

【社会治理】 2019 年，翔安区推进扫黑除恶专项斗争，打掉涉黑组织 1 个、涉恶集团团伙 4 个，打击九类涉黑涉恶犯罪嫌疑人 221 人，参与侦破"8·21"特大贩毒案，综治"三率"持续提升。建成"雪亮社区"30 个，新改建高清监控 6683 路。整改危化品、工商贸行业等安全隐患 6535 处。在全市率先构建镇（街）消防工作实体化格局，新建社区消防工作室 119 个。开展国家食品安全示范城市创建工作，3291 家餐饮服务单位、115 家学校（幼儿园）食堂实施"明厨亮灶"，学校"明厨亮灶"率 100%。425 家食品生产经营主体累计上传追溯数据 14 万条，备案食品信息 34 种，大型商超销售的食品信息追溯覆盖率超 85%，在产食品生产企业追溯覆盖率 100%。开展整治食品安全问题联合行动、保健食品行业等专项治理，查处食品违法违规案件 34 件，罚没 189.1 万元。拆除"两违"（违法占地、违法建设）230 万平方米，"两违"综合治理位居全市首位，完成"大棚房"专项整治及违建别墅清查整治。开展建筑废土集中处置行动，首次将非法倾倒建筑土头垃圾行为移送审查起诉，开创全国司法先例。

·小资料·

综治"三率"：指群众安全感率、平安建设知晓率、执法工作满意率。

【第一届翔台乡创春耕节】 2019 年 4 月 28 日，翔安区主办的第一届翔台乡创春耕节在翔安区新圩镇面前埔村举办，海峡两岸青年相聚翔安，投身乡村振兴事业。春耕节展示百果百蔬祭典、春牛耕地等传统农耕文化，市民参与手工豆腐制作、扎染等亲子互动课程，举行台湾东海大学厦门地方创生中心筹备处揭牌仪式。其中，"七彩创意"田园项目作为面前埔田园综合体首个子项目正式启动，以农业创意发展为主题，以亲子教育为目标，以四季果蔬采摘体验为特色。

（许晨光）

责任编辑：林德全
审　　稿：曲　艺
校　　对：林炯程

38 人物·名录

新任市领导

胡昌升 1963年12月出生，籍贯江西高安，1986年7月参加工作，1986年1月加入中国共产党，在职研究生学历、历史学博士，副教授。现任中共中央候补委员，福建省委常委、厦门市委书记、厦门警备区党委第一书记。

1982年9月至1986年7月在成都地质学院资源与经济系地质矿产调查专业学习。1986年7月至1991年1月任成都地质学院地质矿产勘察系教师、团总支副书记、书记。1991年1月至1993年3月任成都地质学院地质矿产勘察系学生党支部书记。1993年3月至1994年1月任成都地质学院地质矿产勘察系党总支副书记。1994年1月至1997年2月任成都地质学院资源与经济系党总支副书记。1997年2月至2002年11月任成都地质学院资源与经济系党总支书记（其间：1995.9—1998.7参加四川联合大学经济系政治经济学专业研究生课程班学习，1998.12—2002.11挂职任四川省成都市锦江区副区长）。2002年11月至2003年1月任四川省荥经县委书记。2003年1月至2004年2月任四川省荥经县委书记、县人大常委会主任（其间：2000.9—2003.12参加山东大学中国古代史专业在职研究生学习，获历史学博士学位）。2004年2月至2005年10月任四川省雅安市委常委、组织部部长。2005年10月至2006年1月任四川省雅安市委常委、组织部部长，汉源县委书记。2006年1—10月任四川省雅安市委常委、组织部部长，汉源县委书记、县人大常委会主任。2006年10—11月任四川省遂宁市委副书记。2006年11月至2007年2月任四川省遂宁市委副书记、代市长。2007年2月至2012年2月任四川省遂宁市委副书记、市长。2012年2—4月任四川省甘孜州委副书记（正厅级）。2012年4月至2015年6月任四川省甘孜州委书记。2015年6月至2017年7月任青海省委常委、组织部部长。2017年7月至2019年2月任福建省委常委、组织部部长，兼省委党校校长、省委编委副主任。

2019年2月起任福建省委常委，厦门市委书记，厦门警备区党委第一书记，中共十九届中央候补委员，中共十八大、十九大代表，十一届全国人大代表，十二届、十三届中共青海省委委员、常委，十届中共福建省委委员、常委，福建省十三届人大代表，十二届中共厦门市委委员。

模范人物

刘子芳 1977年12月25日出生，女，厦门星星工艺品有限公司车间主任。1999年到厦门务工。她利用业余时间，完成浙江大学人力资源管理专业的本科学习，取得通过率极低的“高级人力资源管理师”证书；她多次在车间内部组织员工开展合理化意见和建议的活动，为企业直接创造经济效益数十万元；她关心车间员工，为家庭困难、突遭不幸的职工排忧解难，多次组织献爱心活动。

2008年，公司受全球金融危机的影响，企业濒临破产，刘子芳积极善后，维护企业的利益，让6千多名的员工权益最大限度得到保障。公司在政府的支持下得到破产重整许可后，刘子芳积极开展工作，从生产架构搭建、生产体系建设、生产人力资源建设、供应链的协助打造等方面全面配合，顺利完成了重整，成为全国司法系统中破产重整成功的经典案例。

刘子芳2005年被评选为厦门市劳动模范。2007年、2011年、2016年连续担任3届厦门市人大代表，2010年被评为厦门市优秀人大代表。2014年获得福建省总工会评选的福建省“五一劳动奖章”，2019年获得全国“五一劳动奖章”。

周云明 1989年2月7日出生，厦门EPCOS有限公司焊片制造部现场主管。

2006年5月进入该公司，他坚持“用户第一、改进永无止尽”的理念，主动组织其他机电维修同事进行设备顽固故障的修复与改善，为部门设备稳定、品质稳定、产量提升提出诸多宝贵意见，做了诸多改善。他参与的T117财年卷绕极间检测装置改善，获得技改二等奖；参与T118财年杜绝卷绕机折箔改善，获得技改一等奖；参与T119财年手工产品防止短路治具改善，获得技改三等奖；参与老化长短焊针检测装置改善，获得技改一等奖。2019年获得全国“五一劳动奖章”。

新闻人物

黄聪龙 1978年出生，厦门市长泰枋洋水利枢纽工程建设指挥部办公室副主任、厦门市莲花水库工程建设指挥部办公室负责人、厦门市水利工程质量安全站一级主任科员。作为枋洋水利枢纽工程的主要负责人之一，黄聪龙“舍小家为大家”，为实现厦门的“第二水源梦”，常年住在枋洋、莲花等大山深处，为引水工程排忧解难。他常常要进入14千米长、最大埋深200多米的引水隧洞，过程中可能遇到岩爆、地热、塌方和涌水等突发情况。黄聪龙的妻子不在厦门工作，年老的母亲陪着他年幼的女儿在厦门上小学，对于自己的家庭，他有未尽的责任，但是为了更多的家庭，他只能暂时舍弃小家，背上行囊入驻大山深处。2019年，被评为“2019感动厦门十大人物”。

黄希呆 1949年出生，曾任翔安区新圩镇后埔村卫生所医疗组长。黄希呆从医51年，扎根乡村医疗一线，服务乡村医疗事业。他出生在贫困山村，7岁时，不幸成了孤儿，靠党和政府以及邻里乡亲的抚养长大成人。这样的经历，让他从小就立志要报效社会。20岁，从同安卫生学校毕业后，黄希呆来到新圩镇后埔村任医疗组长。村里人多，居住很分散，山路也很不好走，最远的患者距他的卫生所有4千米之遥。为了能让患者得到及时医治，几十年来，不管刮风下雨，黄希呆总是不分昼夜，主动上门服务，主动跟踪患者病情。哪里有群众生病，只要他知道，他就走到哪里。他不仅是一名乡村医生，又是村老年人协会会长。他想方设法为老人排忧解难，用自己每个月收入给贫困的老人送去慰问金。2019年，他被评为“2019感动厦门十大人物”。

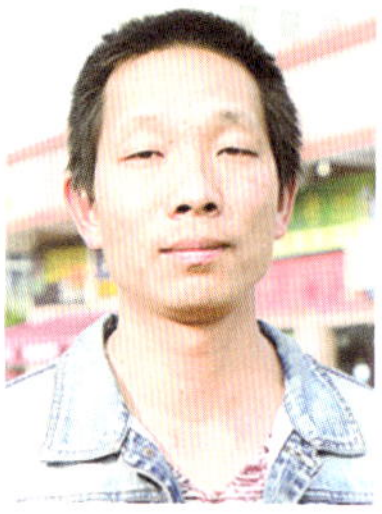

苏圣财 1986年出生，厦门达达城市站外送员。2019年1月4日晚上，苏圣财到同安区国贸金沙湾小区送餐，正准备离开时，发现一栋居民楼着火，他毅然冲入火场救火。他用双拳打破消防栓门，取出消防器械，扛起水枪持续喷了近半小时。最终，火势被扑灭，人们这才发现这位没有穿任何护具的“消防员”因为吸入过多的浓烟，呼吸困难，险些失去意识。他在现场待1个多小时，恢复过来，婉拒到医院就诊的建议，离开现场。在日常生活中，帮助他人早已成为他的一种习惯。每当别人遇到困难、危险时，他都愿意伸出援助之手。2019年，他被评为“2019感动厦门十大人物”。

王丽华 1934年出生，女，退休人员。王丽华从1993年开始，省吃俭用捐款130多万元，包括爱心助学、抗震救灾、帮助特困户等。多年来，她没有落下一次对重大自然灾害的捐款，她还先后资助60名学生完成大学梦。2016年，王丽华不顾家人反对，卖掉楼中楼，住进小房子，结余出50万元，用来做慈善。她的生活非常节俭，就连白萝卜削下的皮都舍不得扔，捡起来腌咸菜。2019年，她被评为“2019感动厦门十大人物”。

谢汉慈 1935年出生，原厦门动植物检疫局（现并入厦门海关）退休干部，高级农艺师。1999年开始，谢汉慈不断用书信、电话的形式为厦门城市发展建言献策409项，包含路、桥、隧、公交、园林绿化等17大类项目。他曾患有偏瘫，身体行动略有不协调。但是他坚持用自己不太灵便的腿脚行路过桥，找出城市建设中的痛点，整理出问题并向有关部门建言献策，让更多人生活在这座城市更加方便。2019年，他被评为“2019感动厦门十大人物”。

郑　狮 1943年出生，厦门市海沧区嵩屿街道贞庵村人。郑狮一生未娶，陪伴照顾患有精神障碍的弟弟郑亚婴60年。兄弟同吃同住、同床而卧，郑狮不断尝试各种办法，帮助弟弟掌握基本的生活自理能力。弟弟不愿走出家门，郑狮便耐心教他起火烧饭；弟弟喜欢浇菜劈柴，郑狮便用心为他在家门口开辟一片菜园。郑亚婴能够打理家门口的一畦菜地，能够起火烧饭。2019年，他被评为“2019感动厦门十大人物”。

周德新 1967年出生，厦门大学保安。2013年他到厦门大学当保安。2019年，拿到厦门大学法学学位（成人高等教育），从一名普通的保安变身为厦门大学的学生。学生时代，周德新的成绩并不好。2014年，厦门大学继

劳动者港湾团队

续教育学院开设职工夜校，为求学员工减免一定的学费。周德新不顾质疑，报考了职工夜校，并被录取。之后 5 年，他特意调换夜班，以便能在白天上课和“蹭”课，在晚上守护校园、间隙里温习功课。2019 年，精读近百本法学专著之后，周德新经过 40 多次专业考试，终于拿到厦门大学法学学位（成人高等教育），参加毕业典礼，实现“逆袭”的梦想。2019 年，他被评为“2019 感动厦门十大人物”。

庄香香 1979 年出生，女，厦门市心欣幼儿园副园长。心欣幼儿园里，聚集着听障、孤独症、脑瘫、智障等特殊学龄前孩子，庄香香是他们的“香妈妈”。她想尽办法来帮助孩子们克服语言难关，有比孩子家长更多的耐心，来面对不断的尝试、挑战和失败。作为特殊孩子的个训老师，庄香香一方面很“着急”，因为要拼命抓住儿童学龄前的黄金康复期，为他们争取更好的人生，否则便可能为时太晚；从事特殊教育工作的 23 年里，庄香香另一方面是很耐心，她用爱消除孩子身上的攻击情绪，甚至能够进入普通学校，和正常孩子一起学习。她从特殊孩子们细微的进步汲取前行的能量，呼吁更多人给予特殊孩子更多的包容，让城市更加开放和美好。2019 年，她被评为“2019 感动厦门十大人物”。

劳动者港湾团队（团体） 中国建设银行厦门分行营业部及各支行营业厅近年来都规划一片区域作为劳动者港湾，方便劳动者进来歇脚、午休，后来升级为便民休憩区域。劳动者港湾团队将“港湾”定义为一个不设门槛的爱心平台：无论是否办理金融业务，这里永远敞开大门，充满人情味。在团队成员的精心设计下，人性化的设施和配置备受好评：从炎夏里的防虫喷雾，到寒冬里的长椅明灯，还有残疾人通道，每个细节都彰显着劳动者港湾团队对劳动者的尊重，用实际行动温暖人心。2019 年，该团体被评为“2019 感动厦门十大人物”。

逝世人物

高至凡 1991 年出生，福建平潭人，厦门市第六中学音乐教师。2014 年，从厦门大学音乐系毕业后，他来到厦门市第六中学当 1 名音乐教师。在 5 年的教育生涯中，他带领厦门市第六中学合唱团多次登上全国舞台，用阿卡贝拉等编排，配合书本、水杯等带有校园气息的道具，将《青花瓷》《稻香》《夜空中最亮的星》这些歌曲唱出耳目一新的味道。高至凡在培养厦门市第六中学合唱团的过程中，也无形中促进了整个厦门中小学的合唱发展，为全国中小学合唱的发展营造了一个良好的氛围。2019 年 7 月 19 日下午因突犯重疾，抢救无效，不幸离世，年仅 28 岁。2019 年，他被评为“2019 感动厦门十大人物”。

组织机构及干部名录

（以 2019 年 12 月 31 日在职者为准）

中共厦门市委员会

书　记　胡昌升
副书记　庄稼汉　陈秋雄
常　委　蔡建新　林文生　孙明忠
　　　　黄　强　李伟华
　　　　倪　超　黄文辉　陈沈阳
　　　　张毅恭　李辉跃
秘书长　黄文辉
副秘书长　赖建州　庄荣良　蔡蔚荻
　　　　　赖祖辉　李　刚

中共厦门市纪律检查委员会、厦门市监察委员会

书　记　孙明忠
副书记　黄聪敏　周　进　柯　军
常　委　莫建鹰　张美彪　邓英志
　　　　林志明　洪全艺
秘书长　谢国辉
市监委主任　孙明忠
副主任　黄聪敏　周　进　柯　军
委　员　莫建鹰　邓英志　林志明
　　　　吴国仁　黄华松
内设机构负责人　吴鲤鹏　潘敏毅
　　　　　　　　何光喜　汪　威
　　　　　　　　卢建华　薛　芬
　　　　　　　　李艳春　徐少敏
　　　　　　　　柯庆龙　张建春
　　　　　　　　王泽岩

市委工作部门及直属单位

市委办公厅（市档案局）

主　任　赖建州
市档案局局长　柯献星
副主任　郑　耀　张善斌　陈江波
　　　　郑尚定

纪检组长　马海陆
厅务会成员、二级巡视员　蒋仕东
市专用通信局局长　许显峰
厅务会成员　陈仲坚

市委组织部（市委非公有制企业和社会组织工委、市公务员局）
部　长　陈沈阳
部务会成员、二级巡视员　石牵助
副部长　陈秀蕊（兼）　颜云蔚　曾丽娟
部务委员　施志勇
市公务员局局长　颜云蔚
市委非公有制企业和社会组织工委书记　曾丽娟
市委巡察组副局级巡察专员　戴晓蓉
纪检组长　章高祥

市委宣传部（市人民政府新闻办公室）
部　长　李辉跃
常务副部长　上官军
副部长　陈高润　江曙曜（兼）　卢秀萍（兼）　戴志望　唐向阳
纪检组长　王才能

市委统一战线工作部（市人民政府侨务办公室）
部　长　张毅恭
常务副部长　何秀珍
副部长　陈永东（兼）　陈　宏　曾庆军　陈俊泳　郑秀文
纪检组长　陈善志

市委政法委员会
书　记　李伟华
常务副书记　刘炳泉
副书记　卢炳椿（兼）　姚新民　余小明
政治部主任　彭剑平
委务会成员、一级巡视员　洪春火
委务会成员　陈挺华　王　强　杨长明　严为民

市委政策研究室
主　任　庄荣良
副主任　温金辉　翁振生

市委全面深化改革委员会办公室（市委财经委员会办公室）
主　任　黄文辉（兼）
常务副主任　李　刚
副主任　唐明娟

市委网络安全和信息化委员会办公室（市互联网信息办公室）
主　任　卢秀萍
副主任　符长泉

机构编制委员会办公室
主　任　吴毅飚
室务会成员、二级巡视员　杨土墩
室务会成员、一级调研员　周温平

市委台港澳工作办公室（市人民政府台港澳事务办公室）
主　任　刘金柱
副主任　林奕田　谢永福　邵育秦

市委市直机关工作委员会
书　记　黄文辉（兼）
常务副书记　苏培雄
纪工委书记　黄继红
专职委员　陈瑞芬
副书记　李庆东

市委巡察工作领导小组办公室
主　任　陈甦帆
副主任　许海溪　林永基
副局级巡察专员　戴晓蓉　陈建国　吴劲谦　袁丰平

市委机要保密局（市密码管理局、市国家保密局）
副局长　林　源　田承洋

市委老干部局
局　长　陈秀蕊
副局长　吴启成　柯东熙　郭　龙
市委离退休工委专职副书记　黄光华

市委精神文明建设办公室（市精神文明建设指导委员会办公室）
主　任　陈高润
副主任　纪　菁　虞圣贤
一级调研员、室务会成员　雷清平

市人大常委会

主　任　陈家东
副主任　叶重耕　陈紫萱　刘育生　陈　琛　刘绍清　林德志　郑岳林
秘书长　陈鸿萍
副秘书长　王　飞　陈灿煌　韩文祥　陈泰生　陈进春
委　员　李　虹　姚新民　王　飞　宋方青　叶勇义　陈李升　陈永茂　徐平东　杨　琪　许晓斌　由　欣　何秀珍　万文蓉　邹庆键　郭晓芳　江根云　林进川　上官军　黄向阳　颜云蔚　吴丽冰　许晓曦　许毅青　陈甦帆　则　悟

市人大常委会工作部门

办公厅
主　任　王　飞
副主任　邱拱东
纪检组长　谢飞国

人事代表工作室
主　任　许晓斌
副主任　孙桂艳

研究与宣传工作室
主　任　陈泰生

信访局
局　长　方　斌

市人大常委会各专门委员会

法制委员会（法制工作委员会）
主任委员（主任）　郭晓芳
副主任委员　李本年　宋方青（兼）
法制工委副主任　李明哲

财政经济委员会（预算工作委员会）
主任委员　陈永茂
副主任委员　张凌云　江孔雀（兼）　王国利（兼）　张祖康（兼）　王彦青（兼）
预算工委副主任　郑旭伟

监察和司法委员会
主任委员　邹庆键
副主任委员　姚新民（兼）　陈甦帆（兼）　张玉生（兼）　苏国强（兼）

城市建设环境资源委员会
主任委员　由　欣
副主任委员　杨贤平（兼）

教育科学文化卫生委员会
主任委员　陈李升
副主任委员　周君力（兼）

侨务外事委员会（台胞工作委员会）
台胞工作委员会主任　王春生
副主任委员　洪春凤（兼）
徐平东（兼）

社会建设委员会
主任委员　叶勇义
副主任委员　许毅青（兼）
杨　琪（兼）
江根云（兼）
黄向阳（兼）

市人民政府

市　长　庄稼汉
常务副市长　黄　强
副市长　国桂荣　孟　芊　韩景义
卢炳椿　黄燕添　黄晓舟
郑福源
秘书长　黄　杰
副秘书长　颜文聪　陈通汕　詹艳清
兰贵兴　廖兆平　林海平
李宗泽

市政府工作部门及直属单位

市政府办公厅
党组书记　黄　杰
党组副书记　陈通汕
党组成员、二级巡视员　沈顺文
洪耀发
副主任　王庭亮　白晓辉　练更生
纪检组长　周会德

市发展和改革委员会
党组书记　潘力方
主　任　张志红
副主任　傅如荣　张伟生　梁向阳
李晓燕
党组成员、二级巡视员　罗咚玲
林晓辉
纪检组长　侯卫群

市教育局（市委教育工作委员会）
工委书记、局长　郭献文
工委副书记　施琦婷
副局长　吴亿年　陈　珍　郑朝南
洪　军
纪工委书记、纪检组长　张国兴

市科学技术局
党组书记、局长　孔曙光
党组成员、中科院城市环境研究所党委副书记　白国华
市委巡察办室务会成员、二级巡视员
白世伟
副局长　曹伟民　黄尉萍
纪检组长　于珍凤

市工业和信息化局（市大数据管理局）
党组书记、局长　柯继安
党组成员、二级巡视员　张世照
市大数据管理局局长　童平平
副局长　邓建华　叶　健　阮燕山
李建明
总工程师　童平平
纪检组长　陈志毅

市民族与宗教事务局
党组书记、局长　苏清臻
党组成员、二级巡视员　陈国荣
副局长　苏人登　张　智

市公安局
党委书记、局长　卢炳椿
党委副书记、二级巡视员　范锦昌
党委委员、二级巡视员　林明良
纪检组长　汪成旺
副局长、二级巡视员　邓海鹰　张书晖
林少强
党委副书记　陈志洪
副局长　黄卫东　林传灿
政治部主任　曾嘉贤
政治部副主任　白惠敏
指挥情报中心主任　杜昌营
指挥情报中心政委　纪边强
支队长　黄嘉雄　陈　煌　陈清钳
韩小明　郑勇胜　田　耕
郭清松　杨振亮
支队政委　李丰山　叶出宗　刘忠全
王福建
机关党委专职副书记　王海堤
分局局长　王嘉兴　戚乐健　刘海闽
韦信斌　陈大铭　由　辉
梁鹭生　黄文墙
分局政委　林志强

市民政局
党组书记、局长　王　中
副局长　李　龙　李丽红
纪检组长　李信扬

市司法局
党组书记、局长　丁贤志
副局长　蔡永华　贺菊英　唐　乾
贾国先　石德明　崔永贵
政治部主任　李祖宝
司法强制隔离戒毒所第一政委
叶勇义（兼）
司法强制隔离戒毒所党委副书记、政委
戴福生

市财政局
党组书记、局长　黄珠龙
副局长　陈向光　王明汉　李祖光
总会计师　纪　豪
纪检组长　陈本杰

市人力资源和社会保障局
党组书记、局长　吴新奎
党组成员、二级巡视员　陈国栋
副局长　林权水　蒋娇容　彭新良
总会计师　陈国荣
纪检组长　黄文展

市自然资源和规划局
党组书记、局长　龚建阳
党组成员、二级巡视员　吴志坚
副局长　代　敏　陈　勇　黄铭典
总规划师　沈瑞全
总工程师　胡仕汉
纪检组长　缪太生

市生态环境局
党组书记、局长　何伯星
副局长　周海萍　张　宇　胡　军
副局长兼市河长制办公室副主任　陈秋茹
纪检组长　占从林

市建设局
党组书记、局长　陈锦良
副局长　魏晓荣　许勇铁　张文勤
叶文语
总工程师　庄毅伟
总建筑师　朱文彬

纪检组长　李少安

市交通运输局（市委交通运输工委）
工委书记、局长　王文杰
总工程师、二级巡视员　林树枝
工委委员、副局长　吴洪钦
工委副书记　张　松
副局长　任国岩　师　强　黄锦城
纪工委书记、纪检组长　钟少伟

市水利局
党组书记、局长　王伟文
副局长　陈　忠　庄少生　周光明
市河长制办公室专职副主任　康永滨
纪检组长　李永福

市农业农村局（市委农办）
党组书记、局长、主任　吕参军
副局长、副主任、二级巡视员　许心凌　邱武伟
党组成员、二级巡视员　陈世真
副局长、副主任　方文群　许　龙　周绍金
纪检组长　李金玉

市商务局（市口岸工作办公室、市会议展览局）
党组书记、局长、市口岸办主任　黄河明
党组成员、二级巡视员　张凤清
副局长　洪本祝　王琼文　陈跃进　林珍雅　戴乐生
市口岸办副主任　王宝玉
党组成员　江美月
纪检组长　陈波澜

市文化和旅游局（市新闻出版广电局〔版权局〕、文物局）
党组书记、局长，市新闻出版广电局（市版权局）局长、市文物局局长　张　权
党组成员、二级巡视员　李云丽
副局长　张剑辉　陈章志　张国良　陈桂林　钟海林　王国娣
纪检组长　贾兆营
党组成员、一级调研员　叶细致　黄　荣　许丽玲

市卫生健康委员会
党组书记、主任　姚冠华
党组副书记、市计生协常务专职副会长　魏晓萌
副主任　陈文锋　王挹青　苏妙玲　林进春
纪检组长　王章荣
党组成员　林　刚

市退役军人事务局（市双拥共建工作领导小组办公室）
党组书记、局长、市双拥办主任　张剑鸣
党组成员、二级巡视员　许加坤
副局长　曾福华

市应急管理局
党组书记、局长　连坤明
副局长　郑宝华　欧卫国　王亚平　庄育霖　项文胜
党组成员、市地震局局长　毛松林
总工程师　罗水香
纪检组长　郭小岩

市审计局
党组书记、局长　陈添友
原党组书记　林起核
副局长　陈爱忠　洪再福　许希嘉
市经济责任审计工作联席会议办公室主任　杨水凉
副局级稽查专员　蔡乾坤　杨佳音　程进国　余永福

市人民政府外事办公室
党组书记、主任，市对外友好协会常务副会长　李啸萍
副主任　孔速婷　姚　建　洪喻皓
市对外友好协会专职副会长　丘勇才

市人民政府国有资产监督管理委员会（市委国有资产监督管理工作委员会）
党工委书记、主任、一级巡视员　王龙雏
党工委副书记、二级巡视员　陈　华　傅建洪
副主任　陈海涛　曹征宇
纪工委书记、纪检组长　张汝君
监管工委委员　万红丹　颜清旗

市海洋发展局
党组书记、局长　曾东生
副局长　吴国梁　林国忠　林宜光
总工程师　林怀远
纪检组长　王少瑜

市市场监督管理局（市知识产权局）
党组书记、局长　许国华
党组副书记、总会计师　吴惠芬
党组成员、二级巡视员　洪龙泉
市知识产权局局长、二级巡视员　卢琳兵
副局长　饶满华　曾　琳　张金龙　张治祥　黄立红　罗承贤
药品安全总监　杨学勇
纪检组长　陈全兵
党组成员、一级调研员　田　伟

市体育局
党组书记、局长　阮敦梁
副局长　陈　岚　李丽娜　杜新飞

市统计局
党组书记、局长　郭华生
原党组书记　孙延风
副局长　梁玉珍　彭　勇
总统计师　李　薇

市人民防空办公室（市民防局）
党组书记、主任、市民防局局长　赵晓波
副主任　李　华　万国辉　刘继明

市市政园林局
党组书记、局长　柯玉宗
市委巡察办室务会成员、二级巡视员　蔡山田
党组副书记、副局长　王伟军
副局长　李敢良　曹国华
总工程师　王艳艳
纪检组长　林丹东
党组成员、一级调研员　翟庆伟

厦门港口管理局
党组书记、局长　吴顺彬
副局长、二级巡视员　洪里专
副局长　朱建良　余先锋
总工程师　张丽炜
党组成员、一级调研员　林建宁

市城市管理行政执法局
党组书记、局长　胡旭彬
党组副书记、副局长　叶恒忠
副局长　李伟宏　李明泉　陈志永
纪检组长　熊余清

市医疗保障局
党组书记、局长　花育明
副局长　陈秀新　曹小平　蒋更生

市住房保障和房屋管理局
党组书记、局长　郭俊胜
副局长　王星旦　吴振志　叶德传
纪检组长　潘贵泉
党组成员、一级调研员　张国仁

市地方金融监督管理局（市金融工作办公室）
党组书记、主任，市金融办主任　王跃平
党组副书记、副主任　姚志萍
副主任　连　任

市行政审批局
党组书记、局长　张朱及
副局长　陈玉辉　林　曦

市人民政府信访局（市委信访局）
党组书记、局长　颜文聪
副局长（兼）、市政府办公厅二级巡视员　吕曙辉
副局长　沈庆章　黄道清
党组成员、一级调研员　林吉春　李祖康

市机关事务管理局
党组书记、局长　林培森
副局长　童育才　郑端文　漆陆安

海沧台商投资区
党工委
书　记　林文生
副书记　游文昌
纪工委书记　黄炳文

管理委员会
主　任　游文昌
副主任　张善美　章春杰

建设局
局　长　卢少进

经信局
局　长　蔡德进

自贸区厦门片区（海沧保税港区）
党工委
书　记　熊衍良
副书记　林树溪
纪工委书记　薛　坚
纪工委副书记　吕　宁

管理委员会
主　任　倪　超
常务副主任　熊衍良
副主任　游文昌（兼）　林树溪（兼）　陈　敏　卢海林　林重阳（兼）
党工委委员、二级巡视员　马自力
内设机构负责人　陈燕彬　林江帆　黄劲松　代　斌　孙宏宇

象屿保税区管理委员会
党工委书记、主任　林树溪
副主任　陈青峰　周　谋

火炬高技术产业开发区管理委员会
党工委书记、主任　黄晓舟
党工委委员、二级巡视员谢松
副主任　郭清贤　施立华　林卫东
纪工委书记　吕舰艇
总经济师　眭国瑜
总工程师　倪　杰
党工委委员、一级调研员　邱　尖

鼓浪屿—万石山风景名胜区管理委员会
党工委书记　廖华生（兼）
党工委副书记、主任　郑一琳
副主任　梁怡新　张顺彬
纪工委书记　吴志生

市政府驻北京办事处
党组书记、主任　叶茂伟
副主任　郑永泓　谢少慧　郑小明（兼）

市政府驻福州办事处
主　任　吕曙辉

政协厦门市委员会

主　席　张　健
副主席　高玉顺　江曙霞　陈昌生（兼）　黄世忠（兼）　黄培强（兼）　黄学惠　陈永裕　黄国彬　王　焱（兼）
秘书长　张仁芾
副秘书长　徐文东　许黎明（兼）　陈永东（兼）　曾庆军（兼）
常　委　王　强　王少华　王东红　王丽玲　王春新　吕　鑫　朱俊福　汤惠华　许黎明　孙　黎　孙弘宇　巫　斌　李跃民　杨　槐　杨泽声　杨毅融　吴亿年　吴丽雪　吴秋北　陈永东　陈志炜　陈佩玲　陈育斌　陈泽荣　陈荣旋　陈铁铭　陈敏伟　周文勇　周永伟　郑幸红　郑金泉　郑智敏　胡政兴　柯　军　柯希平　柯明哲　柏华冰　施立华　施佳汶　洪永森　徐文东　徐芳菲　徐爱聪　郭英兰　唐怡源　涂崇禹　黄娇灵　黄敏沁　黄新英　蒋志鹏　程　璇　傅一民　释定恒　曾庆军　蔡炳瑞　滕　达

市政协工作部门

办公厅
主　任　徐文东
副主任　于之义

委员工作室
主　任　洪忠捍

提案委员会
主　任　蔡加培
副主任　周文勇（兼）　黄敏沁（兼）　柯明哲（兼）　李友华（兼）　陈敏伟（兼）

经济城建委员会（人口资源环境委员会）
主　任　郭勇毅
副主任　王文杰（兼）　卢海林（兼）　张新潭（兼）　陈飞铭（兼）　陈铁民（兼）　林志成（兼）　郑　耀（兼）　曾　琳（兼）　傅如荣（兼）

资源环境和农业农村委员会
主　任　齐晓玲
副主任　杨　槐（兼）　陈世真（兼）　葛小清（兼）　蔡庆丰（兼）

教科卫体委员会
主　任　吴亚汝
副主任　傅一民　巫　斌（兼）　吴亿年（兼）　徐爱聪（兼）　童绥君（兼）

社会法制委员会（民族宗教委员会）
主　任　王丽玲

副主任　黄娇灵　王　强（兼）
　　　　吴丽雪（兼）　李志远（兼）
　　　　张尚清（兼）　陈俊泳（兼）
　　　　范锦昌（兼）

港澳台侨和外事委员会
主　任　胡政兴
副主任　王少华（兼）　邓　飚（兼）
　　　　刘国深（兼）　李啸萍（兼）
　　　　陈永东（兼）　黄河明（兼）

文化文史和学习委员会
主　任　邱太厦
副主任　陈怀群（兼）　陈章志（兼）
　　　　林朝晖（兼）　夏　炜（兼）
　　　　蔡廷谦（兼）　戴志望（兼）

研究室
主　任　杜　亮

法检机关

市中级人民法院
党组书记、院长　王成全
党组副书记、副院长　李志远
副院长　吴丽雪　傅远平　廖惠敏
党组成员、二级巡视员　洪志坚
纪检组长、二级巡视员　洪朝墙
政治部主任　陈平狮
执行局局长　郭福全
审判委员会专职委员　温文华

市人民检察院
党组书记、副检察长、代理检察长
　　　　吴金喜
党组副书记、副检察长　丁丽贞
副检察长　张尚清　曾文生　郑国钦
纪检组长、二级巡视员　陈　辉
政治部主任、二级巡视员　林育清
检察委员会专职委员　洪智勇　郭有评
市委选查办室务会成员、二级巡视员
　　　　林建木

厦门海事法院
党组书记　邱志雄
院　长　夏先鹏
纪检组长、二级巡视员　陈建南
副院长　周红岩　许俊强
政治部主任　黄素丽
审判委员会专职委　员李涛

群团组织

市总工会
主　席　倪　超
党组书记、副主席　许毅青
党组成员、二级巡视员　陈幼萍
副主席　陈超英　朱福志　刘义平
　　　　黄新英（兼）　彭新良
　　　　郑龙枝（兼）　冯鸿昌（挂职）
　　　　章威炜（兼）
纪检组长　张长建

团市委
副书记　黄　芳　洪清岩　赵冰（挂职）
　　　　陈怀锋（兼）　王舜钦（兼）

市妇女联合会
党组书记、主席　杨　琪
党组成员、二级巡视员　黄新英
副主席　朱秀敏　谢立武　陈幼萍（兼）
　　　　王挹青（兼）　张劲秋（兼）
　　　　谭筱英（兼）

市工商业联合会（总商会）
党组书记、常务副主席　陈永东
主　席　柯希平（兼）
专职副主席　何培昆　邱加海　林志宏

市科学技术协会
党组书记、副主席　徐爱聪
主　席　江云宝（兼）
党组成员、二级巡视员　郑颖聪
副主席　段小红　林秋松

市文学艺术界联合会
党组书记、副主席　林跃锋
主　席　舒　婷（兼）
副主席　陈　影　王　元
党组成员　林汝勋

市台湾同胞联谊会
党组书记、会长　苏　甦
党组副书记　陈　鸣
副会长　张劲秋

市归国华侨联合会
党组书记、主席　潘少銮
副主席　洪春风　邓　飚

社会科学界联合会
党组书记、常务副主席　何瑞福
主　席　李辉跃（兼）
副主席　陈怀群　庄志辉　吴文祥

市残疾人联合会
党组书记　吴明哲
理事长　傅晓春
副理事长　陈艺真　林跃算　林建业
　　　　苏秋华（兼）

市国际贸易促进委员会
党组书记、会长　张全军
副会长　颜志平　黄安杰　朱红旗

市红十字会
会　长　国桂荣（兼）
党组书记、常务副会长　蔡伟中
专职副会长　周　敏　蔡志凯　张福林

市法学会
党组书记　姚新民（兼）
专职副会长　吴少鹰

中华职业教育社
主　任　黄世忠（兼）
专职副主任　翁玉华　张培和
民主党派

中国国民党革命委员会厦门市委员会
主　委　国桂荣（兼）
副主委　涂崇禹（兼）　黄向阳（兼）
　　　　周立新（兼）　骆　阳（兼）
专职副主委兼秘书长　周文勇

中国民主同盟厦门市委员会
主　委　陈昌生（兼）
副主委　黄敏沁　胡　荣（兼）
　　　　李　波（兼）
　　　　齐晓玲（兼）　陈希梅（兼）
秘书长　王东良

中国民主建国会厦门市委员会
主　委　黄世忠（兼）
副主委　杨清泉（兼）　薛雄志（兼）
　　　　曾文生（兼）　吴　迪（兼）
专职副主委兼秘书长　柯明哲

中国民主促进会厦门市委员会
主　委　吴丽冰
副主委　许黎明（兼）　赖妙宽（兼）
　　　　黄继义（兼）　林升栋（兼）
　　　　陈佩玲（兼）

中国农工民主党厦门市委员会

主　委　王　焱（兼）
副主委　陈育斌　黄格成　万文蓉（兼）
　　　　吴崇伯（兼）　李友华（兼）
　　　　谢　强（兼）

中国致公党厦门市委员会

主　委　徐平东
副主委　张志红（兼）　关琰珠（兼）
　　　　滕　达（兼）　施雪琴（兼）

九三学社厦门市委员会

主　委　黄培强（兼）
副主委　张玉生（兼）　杨　槐（兼）
　　　　林少芬（兼）　吕　鑫（兼）

台湾民主自治同盟厦门市委员会

主　委　陈紫萱（兼）
副主委　廖明宏（兼）　郑　直（兼）
　　　　许勇铁（兼）　郭海峰（兼）
专职副主委兼秘书长　陈敏伟

市辖区

思明区

中共思明区委员会

书　记　廖华生
副书记　夏长文
常　委　苏德本　张家伟　黄　峰
　　　　黄碧珊　吴申宇　张　谷
　　　　金季昆　孙燕杰

思明区人大常委会

主　任　吕永辉
副主任　傅秀菊　张顺彬　李　伟
　　　　柯友谊　肖明发

思明区人民政府

区　长　夏长文
副区长　张家伟　许　霖　卢　彬
　　　　姚玉萍　洪　亮　颜跃喜
　　　　王嘉兴

政协思明区委员会

主　席　陈炳良
副主席　俞　娟　郑尤男　陈向忠
　　　　许建民

思明区法院

院　长　刘新平

思明区检察院

检察长　李永军

湖里区

中共湖里区委员会

书　记　林　建
副书记　林重阳　钟伟东
常　委　胡鹏程　刘仁宇　丁红斌
　　　　吴旗荣　黄绿青　林天德
　　　　陈晓东

湖里区人大常委会

主　任　黄　炜
副主任　戴宗垒　林充贺　曾国建
　　　　梁国富　曾文生

湖里区人民政府

区　长　林重阳
副区长　吴旗荣　刘云标　洪耀同
　　　　陈颢颖　陈仲谋　陈　滨
　　　　戚乐健

政协湖里区委员会

主　席　林　凡
副主席　黄向阳　陈雄辉　谢国勇
　　　　张金坪

湖里区法院

院　长　高碧青

湖里区检察院

检察长　吴华峰

集美区

中共集美区委员会

副书记　何东宁　林志成
常　委　赖朝晖　杜　刚　范启德
　　　　蔡冬梅　刘琦龙　孙建辉
　　　　肖　峰　聂　辉

集美区人大常委会

主　任　陈建荣
副主任　陈来福　李梅英　邱晓晖
　　　　丁加生　苏群明

集美区人民政府

区　长　何东宁
副区长　孙建辉　石　扬　黄　颖
　　　　吴金平　林声群　李大出
　　　　刘海闽

政协集美区委员会

主　席　胡亚才
副主席　陈小强　纪永强　李瑞盛

集美区法院

院　长　刘辉煌

集美区检察院

检察长　彭明武

总工会主席　黄云茜

海沧区

中共海沧区委员会

书　记　林文生
副书记　游文昌　庄海英
常　委　黄炳文　章春杰　廖　凡
　　　　欧阳丽娟　王树强　周桂良
　　　　黄平南

海沧区人大常委会

主　任　江根云
副主任　陈延年　王明德　王常忠
　　　　王斌元　郭素芬

海沧区人民政府

区　长　游文昌
副区长　章春杰　苏亮文　柯碧如
　　　　连维兴　柯少敏　韦信斌
　　　　黄书枚

政协海沧区委员会

主　席　曹　放
副主席　林丽卿　乐智强　陆晓红
　　　　赵雪晖

海沧区法院

院　长　黄冬阳

海沧区检察院

检察长　陈子龙

同安区

中共同安区委员会

副书记　王雪敏
常　委　王军荣　林国财　许永良
　　　　许珠明　李　毅　张　毅

路　辰

同安区人大常委会
主　任　王秀珠
副主任　王　松　许巩固（兼）
　　　　林中英　李水龙　蔡志宏

同安区人民政府
区　长　王雪敏
副区长　李毅曾　繁　振　林进柱
　　　　康自展　陈艺萍　陈大铭
　　　　张斌娜

政协同安区委员会
主　席　黄小林
副主席　洪祖溢　赵建明　叶文雅
　　　　蔡江瑶

同安区法院
院　长　李　桦

同安区检察院
检察长　郑祥发

翔安区

中共翔安区委员会
副书记　胡　盛　叶晓东
常　委　洪国平　陈明夫　陈佳锻
　　　　施耿瑶　黄　运　庄平勇
　　　　潘全胜　温普华

翔安区人大常委会
主　任　林进胜
副主任　许生强　董振力　林大树
　　　　沈金德　邱明发

翔安区人民政府
区　长　胡　盛
副区长　潘全胜　程　明　李德才
　　　　王婴水　苏青云　由　辉
　　　　林生海

政协翔安区委员会
主　席　周鲁闽
副主席　傅亚林　蔡清发　徐得志

翔安区法院
院　长　刘友国

翔安区检察院
检察长　洪庆福

部分市管事业单位

厦门理工学院
党委书记　林进川
党委副书记、院长　朱文章
党委副书记　李泽彧　林志成
副院长　尤国顺　赵振祥　吴克寿
纪委书记　林春才

厦门医学院
党委书记　徐国庆
院　长　吴小南
副书记　李黎明
纪委书记　蔡顺华
副院长　张永裕　洪丰颖

厦门城市职业学院、厦门市广播电视大学
厦门城市职业学院党委书记　蒋先立
厦门城市职业学院党委副书记、院长，市广播电视大学校长　唐　宁

市委党校（行政学院、社会主义学院、城市党建学院）
校（院）长　陈沈阳
常务副校（院）长、一级巡视员　林朝晖
副校（院）长　彭心安　林玉梅　陈顺龙
城市党建学院院长　曾丽娟

市委党史和地方志研究室
主　任　赖祖辉
副主任　李志宏　樊荣兵　刘世生

市档案馆
馆　长　柯献星
副馆长　林金煌　曹　丽

厦门日报社
党委书记、社长　江曙曜
副书记、总编辑　蔡廷谦
副书记　郭红燕
副总编辑　汪金铭　许若鲲

厦门广播电视集团
党委书记、总裁　沈艺奇
总工程师　林晓尧
副总裁　陈桂林　林洪美　沈　勇

市公立医院发展管理中心
党组书记　姚冠华（兼）

市委讲师团
团　长　苏秋华

文化和旅游市场综合执法支队
支队长　李智国

厦门大学附属第一医院
原党委书记　童绥君

厦门大学附属中山医院
党委副书记、院长　蔡建春

市中医院
党委书记、副院长　周　文

厦门一中
党委书记、校长　周君力

双十中学
党委书记、校长　陈文强

福建省亚热带植物研究所
党委书记、所长　邱晓晖

社会保险管理中心
主　任　关庆勇

市土地开发总公司
总经理　朱旭东

厦门经济管理学院
常务副校长　程常建

市属国有企业

厦门建发集团有限公司
党委书记、董事长　黄文洲
党委副书记、总经理　王　沁
纪委书记　马陈华
工会主席　苏江萍
副总经理　张勇峰（职业经理人）
　　　　　庄跃凯（职业经理人）
　　　　　叶衍榴（职业经理人）
　　　　　郑永达（职业经理人）
　　　　　王文怀（职业经理人）

厦门港务控股集团有限公司
党委书记、董事长　陈志平
党委副书记、总经理　缪鲁萍
党委副书记　张先文
副总经理、总会计师　傅承景
副总经理　林开标　蔡立群　白雪卿
总工程师　黄子榕
纪委书记　杜宏佳

工会主席　陈再福

厦门翔业集团有限公司

党委书记、董事长　陈　斌
党委副书记、总经理　王良睦
党委副书记、工会主席　方弘哲
副总经理　汪晓林　蔡明理　张　波
纪委书记　刘丽仙

厦门夏商集团有限公司

党委书记、董事长　陈希方
党委副书记、总经理　文　杰
党委副书记　郭晓芳
副总经理　谢　垠　林韶坚　陈亨溉
　　　　　欧鹭红
总经济师　陈一江
副董事长　陈守碰
纪委书记　黄永金
工会主席　熊彬辉

厦门路桥建设集团有限公司

党委书记、董事长　林小雄
党委副书记、总经理　吴灿东
党委副书记　柳颂清
副总经理　吴明显　李春龙　谢子山
纪委书记　王纯泉

厦门国贸控股集团有限公司

党委书记、董事长　许晓曦
党委副书记、总经理　郭聪明
党委副书记、工会主席　黄威飘
副董事长　陈金铭
副总经理　王燕惠　郑家辉　杜少华
　　　　　张运明（职业经理人）
　　　　　李植煌（职业经理人）
纪委书记　杨建东

厦门海翼集团有限公司

党委书记、董事长　刘冬林
党委副书记、总经理　谷　涛
党委副书记　朱国安
总会计师　刘艺虹
工会主席　杨全发
副总经理　黄　荣　王功尤
纪委书记　戴伟建

厦门轻工集团有限公司

党委书记、董事长　杨庆伟
党委副书记、总经理　黄聪海
党委副书记、副董事长　张伟忠
副总经理　黄东文　陈炎村　郭青峰
工会主席　邱曙平
纪委书记　洪海波

厦门住宅建设集团有限公司

党委书记、董事长　杨贤平
党委副书记、总经理　马洪斌
党委副书记　周奕麟
纪委书记、工会主席　陈　明
副董事　长甄宁
副总经理　王水育　徐晓煜
总会计师　邱怀东

厦门经济特区房地产开发集团有限公司

党委书记、董事长　黄偏明
党委副书记、总经理　许文杰
党委副书记、工会主席　陈上族
副总经理　卢荣度　阮悦欣
总会计师　徐金臻
总经济师　卢丹丹
纪委书记　刘苏红

厦门信息集团有限公司

党委书记、董事长　江孔雀
党委副书记　苏永忠
副总经理　高友弟　黄中祥　张　瑜
　　　　　林荣生
纪委书记　郑陆全

厦门金圆投资集团有限公司

党委书记、董事长　檀庄龙
党委副书记、总经理　洪文瑾
党委副书记、工会主席　黄雀喧
副总经理　黄昆明　薛　荷　李云祥
总会计师　杨清榕
纪委书记　方伟毅

厦门轨道交通集团有限公司

党委书记、董事长　王文格
党委副书记、总经理　程正明
党委副书记　张建军
副总经理　许黎明　徐建平　张大成
　　　　　蔡　波
总会计师　方耀民
总工程师　李少波
纪委书记　史永飞

厦门市政集团有限公司

党委书记、董事长　陈飞铭
党委副书记、总经理　黄志华
党委副书　记杨辉
纪委书记　陈瑞珍
副总经理　张立勇　陈智强　庄志龙
　　　　　赵付一
总会计师　李晓阳
总工程师　谢志金
工会主席　兰　勇

厦门象屿集团有限公司

党委书记、董事长　张水利
党委副书记、总裁　陈　方
党委副书记、工会主席　邵蕴默
纪委书记　许振龙
副总裁　廖世泽（职业经理人）
　　　　刘新平（职业经理人）
　　　　林俊杰（职业经理人）
　　　　曾仰峰（职业经理人）
　　　　林志勇（职业经理人）

厦门火炬集团有限公司

党委书记、董事长　苏玉荣
党委副书记　邢　津
副总经理　王　宇　吴成灶　李宏辉
纪委书记　邵友亮

厦门旅游集团有限公司

党委书记、总经理　肖　平

厦门公交集团有限公司

党委书记、董事长　陈卫文

厦门市储备粮管理集团有限公司

党委书记、董事长　陈友贺
党委副书记、总经理、副董事长　赵康成

厦门市供销社集团公司

党委副书记、总经理　陈朝峰

厦门安居集团有限公司

党委书记、董事长　钟兴弘
党委副书记、总经理　王朝晖

厦门银行股份有限公司

党委书记、董事长　吴世群
党委副书记、监事长、纪委书记、工会
　　　主席　张永欢

厦门农村商业银行股份有限公司

党委书记、董事长　王晓健

责任编辑：曲　艺
审　　稿：白延蜻
校　　对：林德全

39 附录

文献选编

中共厦门市委常委会工作报告

（2019 年 12 月 25 日在中共厦门市委十二届十次全会上）

胡昌升

现在，我受市委常委会委托，向全会作工作报告。

市委十二届八次全会以来，在以习近平同志为核心的党中央坚强领导下，市委常委会坚持以习近平新时代中国特色社会主义思想为指导，认真落实省委决策部署，坚持和加强党的全面领导，坚持稳中求进工作总基调，坚持新发展理念，坚持高质量发展落实赶超，紧紧围绕统筹推进“五位一体”总体布局和协调推进“四个全面”战略布局，积极应对外部环境深刻变化，着力稳增长、促改革、调结构、惠民生、防风险、保稳定，全力抓招商促发展、抓项目强后劲，团结带领全市凝心聚力、开拓创新，加快建设高素质高颜值现代化国际化城市，全市经济社会发展和党的建设各项事业呈现新气象、迈上新台阶。

一、深入学习贯彻习近平新时代中国特色社会主义思想和党中央决策部署，坚决做到“两个维护”

把深入学习贯彻习近平新时代中国特色社会主义思想作为检验“四个意识”“四个自信”“两个维护”的重大标尺，及时传达学习领会习近平总书记重要讲话重要指示批示精神、党的十九大精神和党中央决策部署，全面对标对表，扛起政治责任，狠抓贯彻落实。一是全面贯彻落实习近平总书记在参加十三届全国人大二次会议福建代表团审议时的重要讲话精神。坚决把抓好贯彻落实习总书记重要讲话精神作为首要政治任务，引导广大党员干部用习总书记重要讲话精神统一思想和行动，感恩奋进、担当实干。召开市委十二届九次全会，研究出台贯彻落实的《决定》和配套文件，推出 104 项具体举措，对探索海峡两岸融合发展新路、营造有利于创新创业创造良好发展环境、纵深推进跨岛发展、加强新时代党的建设等作出部署。认真落实省委关于深入贯彻落实习总书记重要讲话精神的部署要求，对学习贯彻落实情况进行再检查、再部署、再推动，确保学习贯彻落实工作往深里走、往实里走。二是认真传达学习党的十九届四中精神。第一时间召开市委常委会（扩大）会议、理论学习中心组学习会，对全市学习贯彻作出部署。市委班子成员带头抓学习、抓宣讲、抓执行，深入基层一线，带动全市各级各部门迅速掀起学习宣传高潮，深刻领会全会精神内涵。认真筹备市委十二届十次全会，研究提出贯彻实施意见，确保四中全会确定的各项目标任务和省委十届九次全会的部署安排在厦门落实到位。三是持续兴起新思想“大学习”热潮。把习近平新时代中国特色社会主义思想作为政治信仰和行动指南，市委理论学习中心组集中学习讨论 14 场。市委班子成员带头上党课，市委党校举办各主体班次 30 期，全市理论宣讲轻骑兵进基层宣讲 5000 余场。用好《学习时报》连载刊发的《习近平在厦门》系列采访实录等鲜活教材，编印《习近平同志对福建、厦门工作的重要指示批示精神选编》等特色辅学资料，带动全市深入学习习总书记在福建、厦门工作期间留下的科学理念、宝贵经验和优良作风，引导党员干部进一步坚定思想认同、政治认同、情感认同。四是久久为功推进贯彻落实。把抓好习近平总书记重要讲话重要指示批示精神的贯彻落实作为市委常委会的重大政治责任，通过召开市委常委会会议、专题会等认真研究部署，细化落实举措，层层抓好贯彻落实。按照省委部署，全面梳理党的十八大以来习总书记重要指示批示涉及厦门市的有关工作，制定《专项整治实施方案》，健全定期开展“回头看”工作机制，深化整改落实措施，常抓不懈，确保实效。五是科学谋划提升发展战略思路。牢记习总书记的殷切嘱托，对标对表高素质高颜值现代化国际化的要求，不断完善提升发展思路。牢牢抓住招商引资这个“牛鼻子”，召开全市招商大会、金融产业促进大会、央地合作座谈会、文化旅游会展产业发展大会、新经济发展大会，瞄准优势重点领域，出台优惠政策，建立一整套工作推进机制，致力在扩大优质经济增量方面实现新突破。牢牢抓住存量企业这个“基本盘”，召开高技术高成长高附加值企业发展大会，完善鼓励企业加大研发投入、增资扩产的配套政策，推动存量企业做强做优。牢牢抓住项目推进这个“主引擎”，建立健全项目分级调度和快速联动推进等机制，加快项目落地建设，推进经济发展全面提速增效。牢牢抓住民生需求这个“落脚点”，召开全市教育大会、健康厦门建设大会、主动创稳暨公安工作会议等，持续补齐民生社会事业短板，提升公共服务和市域社会治理现代化水平。牢牢抓住干部担当这个“动力源”，召开全市机关党的建设工作会议，每季度召开工作分析反思会，持续开展“对标先进、查找短板、争先进位”活动，通过正面激励、反向鞭策，引导全市干部坚决摒弃小岛意识，坚定跳起摸高、勇争一流的决心信心。

二、认真落实党中央和省委重要部署，精心组织完成各项重大任务

一是隆重举行我市庆祝新中国成立70周年系列活动。认真学习贯彻习总书记在庆祝新中国成立70周年大会上的重要讲话精神，坚持正确政治方向和舆论导向，组织开展研讨、宣讲、文化活动和网络宣传。成功举办福建省庆祝新中国成立70周年厦门专场新闻发布会，宣传推介70年来厦门各项事业取得的辉煌成就。二是扎实开展“不忘初心、牢记使命”主题教育。牢牢抓住深入学习贯彻习近平新时代中国特色社会主义思想这个根本任务，全面落实“十二字”总要求，按照“对标对表全国先进，争取走在全国前列”要求扎实推进主题教育。深入开展第一批主题教育，市委常委班子开展8场集中辅导和9次集中学习研讨，带动第一批参学单位集中学习研讨2689场次。针对10个方面突出问题开展专项整治，推动第一批参学单位排查专项整治问题1476个、整改到位1308个。开展“找差距、抓落实、解难题、化积案”行动，梳理难题积案181件，完成化解136件。组织第一批参学单位开展“回头看”，持续巩固成果。扎实推进第二批主题教育，确保全覆盖，增强针对性。第二批参学单位组织8398场次调研，查找问题6085个，排查专项整治问题3121个，完成整改1633个。人民日报、新华社、央视等权威媒体对我市主题教育创新做法进行了报道。三是如期完成机构改革各项任务。严格按照中央和省委要求，制定市级机构改革实施方案，强化各类机构编制资源统筹使用，提高机构编制资源使用效益。重点优化涉及民生的机构设置，上下对应设置改革办、网信办、退役军人事务局等部门，优化调整有关涉海工程、林业执法等40余项部门职责分工，完成相关事业单位改革任务。四是成功举办第二十八届中国金鸡百花电影节。认真做好筹备和服务保障工作，电影节规格、规模、影响力均创历届之最，实现“安全、精彩、圆满”目标，并获得未来10年每年一届的中国电影金鸡奖举办权，得到各界高度赞誉。着力“以节促产”，出台促进影视产业发展行动计划，加快“全域影城”建设，中影、华策、凤凰卫视等160个影视产业项目签约落地，签约额190.1亿元。

三、坚持稳中求进工作总基调，全力加快经济高质量发展

千方百计推动经济持续健康发展，经济运行呈现稳中有进、稳中提质、稳中向好的态势。全年生产总值预计增长8%，增速为近年来最高。1—11月，规上工业增加值增长8.5%；财政总收入和地方级财政收入均增长2.6%。一是全面做好“六稳”工作。召开重点外资企业代表交流座谈会、民营企业家恳谈会等，引导市场主体稳预期、增定力、添信心。推出加强就业服务促进就业稳定的29条措施，城镇新增就业人数25万人，城镇登记失业率2.93%。积极应对中美经贸摩擦，出台促进外贸高质量发展实施意见，完善贸易龙头企业“一对一”跟踪服务机制，外贸综合竞争力居全国第六。以贯彻《外商投资法》为契机，加大新开放领域和鼓励外商投资领域招商力度，实际使用外资增长16.3%，总量占全省42%。二是坚决打好三大攻坚战。在打好精准脱贫攻坚战方面，坚决扛起对口支援、东西部扶贫协作、省内挂钩帮扶政治责任。召开厦门市—临夏州东西部扶贫协作党政联席会议，落实各级财政帮扶资金8.6亿元，引进45家东部国企民企到临夏投资兴业，实施援宁扶贫项目39个。省内挂钩帮扶的诏安县实现脱贫摘帽。在打好污染防治攻坚战方面，深入实施“气十条”“水十条”“土十条”，全面落实“1+8+N”实施方案，坚决打好蓝天、碧水和净土保卫战。1—11月空气质量综合指数和优良率在全国168个重点城市中均排名第五，水源、土壤和声环境质量保持稳定，未发生重大以上突发环境事件。在防范化解重大风险方面，净化互联网金融市场，严打非法集资行为，加大地方金融整治检查力度，银行业不良贷款率维持在较低水平。坚持“房住不炒”定位，完善分类调控政策，维护房地产市场平稳健康发展，成为住房租赁市场发展试点示范城市。规范举债程序和资金用途，加强债务风险预警监测和动态监控，有效防控政府债务风险。三是深化供给侧结构性改革。落实“巩固、增强、提升、畅通”八字方针，扎实推进“三去一降一补”。深入实施降低增值税税率、小微企业所得税优惠、个税专项附加扣除等政策，维持全国最低企业职工养老保险单位缴费比例不变，累计为企业和个人减负超400亿元。取消“四桥一隧”通行费。搭建政银企对接平台，累计放款1.7万笔、100亿元。持续推进补短板项目建设，今年主要推进项目670个、计划投资495.8亿元。全力配合做好第四次全国经济普查工作，全面做实数据、摸清家底。四是积极营造创新创业创造良好发展环境。深入实施创新驱动战略，大力发展新经济，出台“创新驱动9条”，进一步鼓励企业加大研发投入，全市R&D投入占

GDP 比重 3.2%，居副省级城市前列。健全完善科技型企业全周期梯次培育体系，新培育省级科技小巨人领军企业 139 家。加快国家自主创新示范区建设，推出公共技术服务平台运营奖励、企业研发费用补助政策"无需申报、直接兑现"试点，累计推出 3 批 104 项创新事项，20 项在全省复制推广。针对第三方评估所提出的薄弱环节，对标北京、上海等先进做法，找差距补短板，出台营商环境改进任务清单，精准抓好整改提升。大力发展直接融资，与上交所、深交所和港交所分别签订战略合作协议，新增境内外上市公司 7 家。五是全面掀起大招商、招大商热潮。聚焦高端制造业和现代服务业等，瞄准世界 500 强、中国 500 强等行业领军企业，出台加强全链条全周期立体化招商引资工作意见等，推出"一个招商网站、一张产业招商地图、一条 24 小时双语招商热线"，建立健全招商引资和产业发展全要素保障和服务机制。各级主要领导干部前往境内外重点城市广泛推介厦门、带头抓招商，持续掀起抓招商促发展热潮。今年来共生成招商项目 1632 个，预计总投资 8896 亿元，其中世界 500 强、大型央企、新锐企业等优质项目 267 个，中航锂电、天马 6 代、浪潮等百亿级制造业项目签约落地。六是大力实施"三高"企业倍增行动。出台关于做强做大高技术高成长高附加值企业三年倍增行动计划，首批筛选确定 2079 家"三高"企业，推出 21 条扶持措施，启动 9 个公共技术创新与服务平台，为存量企业加快发展进行"精准滴灌"。全年新增国家高新技术企业 300 家左右，全市总数达 1900 家以上；1—11 月规上高新技术产业产值占规上工业总产值 69.7%。七是加快推动项目落地建设。创新构建"1+3+1"决策推进机制，推动"6+2+8"实施主体、责任主体扩权赋能，有效加快项目决策和落地建设进程。全市入库亿元以上"五个一批"项目新增 823 个，总投资 4803 亿。88 个省重大在建项目、88 个省重点在建项目均超额完成年度计划投资。八是加快壮大现代产业集群。出台加快现代制造业和信息产业发展三年行动纲要，争取国家集成电路大基金、国开行等加大对我市集成电路项目支持力度。生物医药与健康、平板显示、软件和信息服务业、文化创意产业等战略性新兴产业继续保持两位数增长。入选首批国家物流枢纽建设名单。生物医药产业集群、新型功能材料产业集群入选国家首批战略性新兴产业集群名单。信息集团、吉比特、美亚柏科入选"2019 年中国软件企业百强榜"。

四、全面深化改革扩大开放，增创开放发展优势

出台进一步深化改革打造开放发展新高地行动方案，推出 10 个方面 98 条举措，推动更深层次改革、更高水平开放。承办第八次中老两党理论研讨会议，推介厦门经济特区建设的成功经验。一是加快推进自贸区改革试验。坚持以制度创新为核心，2019 年 49 项改革创新试验任务中已实施 36 项，部分实施 10 项。17 项改革举措获评全国首创，新增 3 项最佳实践案例。福建省评选自贸试验区成立四周年来 30 项最佳创新举措，厦门片区占 22 项。大力建设航空维修等重点平台，开展全国首个集成电路保税研发试点，率先开展国际集拼业务试点，飞机融资租赁规模位居全国前列。深入推进"双自联动"，加快建设生物材料特殊物品出入境公共服务平台、集成电路"双创"平台，试点开展离岸贸易业务。获批跨境金融区块链服务平台试点城市，办理跨境融资业务量位居全国第四。二是全面深化重点领域和关键环节改革。加强统筹谋划和系统推进，召开 4 次深改委会议，重点突破 51 项改革事项。深化"放管服"改革，企业开办时间压缩至 2.5 个工作日，建设工程项目施工许可审批时间压缩一半以上，口岸中介收费降低 30%。承建运营全国中小企业融资综合信用服务平台，可望两年内覆盖 100 个城市、100 万家企业，信用融资规模突破万亿。关检"一站式"查验平台 + 监管互认协同机制等 5 条典型经验在全国推广。指导市属企业推进混合所有制改革，加快推进国有资本投资运营授权试点。集美区纳入全省县域集成改革试点。三是持续推进更高水平对外开放。成功举办 2019 年厦洽会暨丝路投资大会、闽港"一带一路"高峰研讨会。深化与中远海运、招商集团等龙头航商战略合作，组建"丝路海运"联盟，航线达 43 条，完成 1407 个航次，中欧班列发运 206 列、货值 45 亿元，分别比增 26.4% 和 45.3%。实施外国人 144 小时过境免签政策，使用人次居全国第二。我市与"一带一路"沿线国家进出口额 1650 亿元，增长 11.1%。四是积极探索两岸融合发展新路。落细落实中央和我省一系列惠台举措，在去年"惠台 60 条"基础上进一步推出"融合发展 45 条"，着力在"新、实、通、融"上下功夫，打造台胞台企登陆第一家园。认真落实中央台办支持厦门建设两岸融合发展示范区的 24 条举措，深化厦金合作，争取厦金区域率先实现"四通三化"。持续推进"一区三中心"建设，新增在两岸股权交易中心"台资板"挂牌的台企 226 家，增幅 97.4%。大陆首家两岸律师事务所联营办公室在自贸区成立。成功举办第十一届海峡论坛，台胞参与人数再创新高。

五、纵深推进跨岛发展，进一步增强城市综合承载力和集聚辐射力

加快岛内外一体化建设，在更高水平上推进城乡统筹和区域协调发展，促进城市功能和品质进一步提升。一是全力推动"岛内大提升岛外大发展"。出台加快推进岛内大提升的意见，成立工作领导小组，出台三年行动计划。加大岛内旧村拆迁改造力度，共完成土地征收 1276 亩，房屋拆除 93 万平方米，分别比增 65.5%、519.9%。成立市重大片区开发建设工作领导小组，提升新城建设科学规划水平，充实 8 个重大片区指挥部领导和工作力量，健全工作推进机制，分别制定三年行动计划。厦门新机场立项和总规获批。骨干路网和轨道交通建设加快推进，地铁 2 号线开通运营，第二西通道隧道工程预计明年 1 月贯通。二是持续提高城市精细化管理水平。国土空间规划编制工作走在全国前列，自然资源部在我市召开推进"多规合一"国土空间规划工作现场会。全面启动"批而未供"土地盘活、"供而未用"土地处置等专项行动，清理形成净地 1099 公顷，已供历年存量用地面积 685 公顷。"城市双修"持续推进，完成老旧小区改造 110 个，街区立面整治建筑 221 栋，拆除违建 521.2 万平方米；排查违建别墅 110 宗 223 栋，已拆除 73 宗 141 栋。全链条全覆盖精准化做好生活垃圾分类处理工作，工作成效连续 6 个季度排名全国第一。三是大力实施乡村振兴战略。完成乡村振兴项目投资 257 亿元，都市现代农业产业集群

营收920亿元，增长11.1%。因地制宜推进村庄规划编制，完成村庄规划编制92个。农村一二三产业加快融合，全市休闲农业和乡村旅游共接待游客800万人次，增长23%，7家企业进入全国农业产业化龙头企业500强。深入推进农村集体产权制度改革，在全省率先完成村居股份合作制改革工作。四是积极推进闽西南协同发展区建设。牵头召集第二次联席会议，审议通过贯彻落实协同发展规划的意见、陆路交通互联互通三年行动计划等文件。健全市领导挂钩机制，每月定期调度涉厦27个重大项目，完成投资223亿元。牵头组建闽西南城市协作开发集团和发展投资基金。探索跨区域联合招商，引导产业链跨市布局，分别与漳州、泉州、三明签署《经济合作区合作备忘录》。

六、大力加强民主政治建设，汇聚干事创业的强大合力

积极稳妥推进社会主义民主政治制度化、规范化、程序化，广泛凝聚社会共识和发展合力。一是提升新时代人大工作水平。支持加强和改进人大立法、监督、决定、任免工作，审议《厦门经济特区鼓浪屿世界文化遗产保护条例》等法规草案17项，听取专项工作报告18项，开展执法检查5项、专题询问2项，出台决议决定5项，任免国家机关人员93人次。支持和保障代表依法履职，建立列席常委会代表座谈会制度。二是加强和改进新时代人民政协工作。召开市委政协工作会议，制定新时代加强和改进人民政协工作的实施意见。支持政协在全省率先成立党员委员为主体的功能型党支部，实现市政协党组织对党员委员的全覆盖。支持政协发挥社会主义协商民主重要渠道和专门协商机构作用，开展4场常委会专题协商和主席会议专题协商、9场提案办理协商、7场对口协商和界别专题协商、提案立案430件。三是巩固和发展爱国统一战线。坚持大统战工作格局，召开政党协商各类会议9次，支持各民主党派开展"不忘合作初心，继续携手前进"主题教育活动。推进全国少数民族流动人口服务管理试点城市创建，深入开展宗教工作督查整改，全面攻克基督教私设聚集点取缔整治难点工作。健全新的社会阶层人士联谊组织工作机制，实现镇（街）新阶联全覆盖。积极推进非公有制经济发展，举办了第六届世界闽商大会厦门推介会活动，深化了与台港澳侨的联络联谊。四是推动双拥工作走在前列。不断丰富双拥共建内涵，争创双拥全国"十连冠"。完成市、区、镇街、村居四级退役军人服务保障体系建设，共接收军转干部554人，占全省32.6%，重点优抚对象定期抚恤金和补助金平均标准居全省之首。

七、加强和改进宣传思想文化工作，繁荣发展文化事业和文化产业

认真贯彻中国共产党宣传工作条例，自觉承担起举旗帜、聚民心、育新人、兴文化、展形象的使命任务。一是牢牢掌握意识形态工作领导权。坚持党管宣传、党管意识形态，修订完善意识形态工作责任制考核指标体系，首次向被巡察单位的下属单位拓展延伸，督促各级党组织加强对新闻媒体、高校、社科、网络等各类意识形态阵地管理，层层传导工作压力。扎实推进高校思想政治工作，开展"爱党、爱祖国、爱人民"主题教育系列活动。二是推进社会主义核心价值观建设。深入推进核心价值观"一区一品"建设，将核心价值观要求融入法治建设。配合做好中央电视台大型纪录片《陈嘉庚》拍摄工作，积极宣传我市英模和先进典型事迹。策划庆祝新中国成立70周年、"不忘初心、牢记使命"主题教育、"激发干部精气神，闯出发展新天地"等系列重大主题宣传。4件作品被评为第十五届精神文明建设"五个一工程"福建省贡献奖。三是持续打造全国文明城市标杆。推进"互联网＋志愿服务"，实现注册、登记、招募、记录"一站式"服务，志愿者、服务对象和服务项目有效对接。制定推进区级融媒体中心建设和社区书院与新时代文明实践中心相融合工作意见。广泛开展"快乐健步走、文明齐动手"洁净家园活动，近百万人次参与。创建文明城市经验被确定为全国"不忘初心、牢记使命"主题教育案例。四是加快建设文化旅游会展名城。出台文化、旅游、会展产业高质量发展三年行动计划等扶持政策，推动新兴文化产业强市、国际滨海花园旅游城市、国际会展名城建设。扎实做好我市"六个一批"文化遗产保护，推动文化遗产保护利用工作实现新提升。

八、着力保障和改善民生，不断满足人民美好生活需要

坚持以人民为中心的发展思想，持续提升基本公共服务水平，前三季度全市城镇和农村居民人均可支配收入分别增长8.3%、10.8%；今年开工建设保障性住房2.1万套，累计达9万套，完成首批保障房地铁社区选房；年初确定的36件为民办实事项目全部得到落实。一是加快建设现代化教育强市。编制《厦门教育现代化2035》《加快推进教育现代化实施方案（2019—2022年）》。加大补短扩容力度，建成中小学幼儿园项目48个，新增学位3.4万个，双十中学翔安校区、实验小学翔安校区等项目开工建设。2019年高考再创佳绩，共有49人进入全省理科前100名和文科前50名。深化高中考试招生综合改革，推进"区管校聘"改革和教师中级职称评审试点，启动校长职级制改革，持续提升高教职教办学质量，拓宽民办教育多元办学路子。二是大力建设高水平健康之城。出台《健康厦门行动（2019—2030年）》，推动医疗卫生服务更好惠及人民群众。实施高位嫁接，扩大优质资源供给，厦大附属翔安医院、市心血管病医院新址开业运营，四川大学华西厦门医院、华西厦门医学研究院项目开工建设，复旦中山厦门医院成为首批国家区域医疗中心建设试点。实施食品安全战略，建立供厦食品标准体系，创建人民满意的食品安全城市。推动体育事业全面提质升级，厦门马拉松赛获评中国首个"绿色环保奖"，连续12年获评国际田联"路跑金标"赛事；打造"15分钟健身圈"，全长23公里的健康步道即将建成开放，形成贯穿本岛的山海步行通廊。三是全面推进"爱心厦门"建设。年底前出台推进"爱心厦门"建设工作纲要及九项配套措施，实施"爱心助残、爱心敬老、爱心济困、爱心扶幼、关爱特殊岗位工人"五大行动。出台加强困难群体就业帮扶、促进困难群体增收、开发困难群体人力资源等意见，覆盖残疾人、低保人员等10类人员。加强社会化管理服务，基本养老、工伤、失业保险参保人数稳步增长，低保标准由720元提高到800元，特困供养人员基本生活标准由1080元提高到1200元。四是致力

建设最具安全感城市。成立市委全面依法治市委员会，扎实推进法治厦门建设，创新市域社会治理经验获全国会议推广。出台全面推进主动创稳工作意见，实施主动创稳、铸魂创安、强基创先“三创工程”。推进以“五安”工程为重点的平安创建，强化社会治安综合治理，深入推进矛盾纠纷多元化解，完善社会治安防控体系，1—11月全市刑事类警情同比下降12%，前三季度进京到非接待场所信访人次创历史新低。道路交通事故死亡人数连续三年大幅递减，未发生重特大安全生产事故。深入推进扫黑除恶专项斗争，共查办涉黑涉恶案52个739人，发现涉黑涉恶腐败和“保护伞”问题线索91件141人。开展“大排查、早调解、护稳定、迎国庆”专项活动，圆满完成大庆安保维稳任务。

九、深化国家生态文明试验区建设，持续提升生态环境质量

严格落实生态环境保护责任制度，持续推进“六大行动”，推出55项改革成果，生态文明指数位列全国地级及以上城市第一名。一是抓好督察整改。全力配合中央第二轮生态环境保护督察，积极抓好督察组下沉督察指出问题和转办信访件的立整立改。开展东坪山生态敏感区域违法建设专项整治和片区发展提升工作，拆除违建8.5万平方米，清理违法违章占地面积58.1万平方米，并引导区域内两个村庄走生态旅游发展路子。二是加强制度创新。全国首推环评审批告知承诺制，8个片区、4个行业、48类项目实现环评批复立等可取。筼筜湖生态治理、生态文明建设目标评价考核、生态系统价值核算、自然资源统一确权登记、排污权有偿使用和交易等创新经验在全省推广。编制《厦门市创建全国生态文明示范市指标体系》。修订生态环境损害赔偿制度改革实施方案。牵头推进厦漳泉大气污染、厦漳泉龙九龙江流域等生态环境联防联控联治。三是坚持绿色发展。加快实施工信部绿色制造集成项目，推进节能降耗和清洁生产改造，11家企业列入省级绿色工厂名单。海洋经济发展示范区建设总体方案获批。海绵城市试点建设通过住建部等三部委考核验收。

十、纵深推进全面从严治党，巩固风清气正的良好政治生态

全面落实新时代党的建设总要求，坚决扛起全面从严治党政治责任，按照省委“五抓五看”“八个坚定不移”要求，不断提高党的建设质量。一是坚持把党的政治建设摆在首位。全面贯彻落实党中央关于加强党的政治建设的意见，进一步增强“四个意识”、坚定“四个自信”、做到“两个维护”，始终在思想上政治上行动上同以习近平同志为核心的党中央保持高度一致。全面提高机关党建质量，践行“三个表率”、建设模范机关。开展2018年度全面从严治党主体责任检查，强化压力传导。贯彻落实党组工作条例、重大事项请示报告条例，严格执行新形势下党内政治生活若干准则等党内法规，进一步规范党组织工作活动和党员行为。严明政治纪律和政治规矩，立案审查违反政治纪律案件17起。二是锻造忠诚干净担当的干部队伍。坚持新时代好干部标准原则，严格执行新修订的干部选拔任用条例，始终把政治标准放在首位。开展重点指挥部蹲点调研、重点一线考核等工作，完成4批次、410人次干部调配，其中提拔重用210人，实现“一降两升”格局。倡导构建“亲清”新型政商关系，健全领导干部挂钩联系企业制度，全面推行“六必访”，制定政商交往“负面清单”。全面推进公务员职务职级并行制度，在全省率先完成职级套转及首次职级晋升工作。全年累计评选高层次人才500余人，柔性引进人才5500余人，接收毕业生超过5万人。三是强化基层党组织战斗堡垒作用。落实中国共产党支部工作条例（试行），大抓基层、大抓支部，整顿软弱涣散党组织36个。实施村（居）组织“头雁培养”工程，持续推进“党建富民强村”工程，开展村级组织换届“回头看”。出台推进城市基层党建高质量发展意见，集中开展“基层党建工作巡查月”活动，推行“党支部建在小区上”，全市小区党支部覆盖率达82%。深入开展“双报到”活动，推动5万多名在职党员干部到社区报到，解决群众困难问题8.6万余件。四是扎实落实“基层减负年”各项工作。深入开展为基层减负工作，建立市级层面专项工作机制，今年市本级文件同比减少53%，会议同比减少53.9%。修订《厦门市村（居）民委员会有关职责事项一览表》，总事项减少28%。五是深入推进正风肃纪反腐。紧盯隐形变异“四风”问题，深化“1+X”专项督查，查处违反中央八项规定精神问题112起143人。贯通运用“四种形态”，各级党委（党组）班子成员开展谈话1065人次，比增164.9%。保持惩治腐败高压态势，持续深化分领域整治，立案526件，给予党纪政务处分419人，移送司法机关61人。稳步推进市级常规巡察，覆盖率达67%。做好中央巡视整改后半篇文章，建立健全长效机制。

市委十二届八次全会以来，市委常委会带头深入学习贯彻习近平新时代中国特色社会主义思想，带头增强“四个意识”、坚定“四个自信”、做到“两个维护”。认真执行加强和维护党中央集中统一领导若干规定，贯彻民主集中制，严格遵守请示报告制度，坚决贯彻落实党中央和省委各项决策部署。扎实推进“不忘初心、牢记使命”主题教育，带头学、带头做，持续推动问题整改。召开2018年度民主生活会和“不忘初心、牢记使命”专题民主生活会，进行自我检查、党性分析，开展批评和自我批评。坚持底线思维，增强忧患意识，发扬斗争精神，防范化解重大风险。市委班子成员严格执行中央八项规定及其实施细则精神和我省实施办法、我市执行办法，自觉遵守廉洁自律准则，从严教育管理亲属和身边工作人员，自觉同特权思想和特权现象作斗争。

以上报告是市委十二届八次全会以来市委常委会的主要工作。常委会工作取得的成绩，是党中央和省委坚强领导的结果，是市各套班子齐心协力和广大党员干部群众团结奋斗的结果，各位市委委员、候补委员对常委会工作给予了真诚帮助和大力支持。我代表市委常委会，向同志们表示衷心感谢！请同志们对市委常委会的工作提出意见和建议。

政府工作报告

（2020年1月6日在厦门市第十五届人民代表大会第五次会议上）

庄稼汉

各位代表：

现在，我代表市人民政府向大会报告工作，请予审议，并请市政协委员提出意见。

一、2019年工作回顾

2019年是中华人民共和国成立70周年。我们坚持以习近平新时代中国特色社会主义思想为指导，全面贯彻落实党的十九大和十九届二中、三中、四中全会精神，在市委的坚强领导下，坚持稳中求进工作总基调，坚持新发展理念，着力稳增长、促改革、调结构、惠民生、防风险、保稳定，全力落实“六稳”措施，推进高质量发展落实赶超，经济社会保持平稳健康发展。全年地区生产总值增长8%左右；固定资产投资增长9%；财政总收入1328.5亿元，增长1.7%，其中，地方级财政收入768.3亿元，增长1.8%；城乡居民人均可支配收入增幅高于经济增速；居民消费价格上涨3%；完成年度节能减排任务。

一年来的主要工作和成效：

（一）着力稳增长促转型，实体经济实力不断增强

企业帮扶成效明显。积极应对经济下行压力和贸易摩擦不利影响，全面落实国家减税降费等稳增长政策，出台一系列支持企业增资扩产、促进高质量发展等政策措施，下调工商企业用电用气价格，取消“四桥一隧”通行费，全年减税降费超400亿元。建立挂钩服务企业“六必访”制度，落实落细“民营经济30条”，清偿民营企业中小企业欠款4.6亿元。健全政银企常态化对接机制，小微贷款余额增长19.7%，银税互动贷款余额增长183%，融资成本下降0.8个百分点，累计使用115亿元应急转贷纾困资金。

招商引资有力有效。成功举办“厦洽会”和系列招商大会，奏响抓招商促发展最强音。建立全链条全周期立体化工作体系，健全招商落实、工作协同、督查问效等工作机制，出台一系列优惠政策和全要素保障措施，成功组织赴北上广深杭和日本、欧洲等境内外大型招商推介活动，累计生成对接招商项目2383个，总投资1.2万亿元；已签约落地项目439个，总投资1933.2亿元。

创新能力显著提升。国家自主创新示范区新推出创新举措15项。火炬高新区获评国家知识产权示范园区。高新技术产业增加值增长10.4%，占规上工业增加值67.1%。净增国家级高新技术企业300家左右，累计超过1900家。建立“三高”企业培育库，首批入库企业2079家。新增众创空间48家、科技企业孵化器10家，新培育企业1500家。与浙江大学等16家院所签署战略合作协议，厦门半导体工业技术研究院等5个新型研究院落地建设。能源材料福建省创新实验室启动建设。新增国家级企业技术中心4家、工业设计中心2家。每万人拥有有效发明专利数量达32.8个，国际专利申请占全省近一半。招智引才工作取得新进展，柔性引进人才5300多人，引进高校毕业生5.1万人，引进留学人员增长25.1%。

先进制造业规模壮大。规上工业增加值增长8.6%。323个亿元以上产业项目完成投资超过360亿元，厦钨新能源材料等227个在建项目加快建设，士兰半导体、通富微电子等33个项目投产。生物医药、新型功能材料产业集群入选首批国家级战略性新兴产业集群。中国人工智能大赛永久落户我市，人工智能产业水平位居全国第八。获批中国软件特色名城。我市质量工作获国务院表扬。

现代服务业快速发展。成功举办第二十八届金鸡百花电影节，带动影视产业异军突起。金融业快速发展，引进金融项目43个，总投资738.9亿元。新增境内上市公司2家，累计49家；新增境外上市公司4家，累计27家；新增“新三板”挂牌企业3家，累计130家。黄金珠宝产业园正式开园。旅游会展业营业收入增长17.3%，接待国内外游客1亿人次，增长12.5%，举办商务会议和展览9000多场。中远海运、中旅邮轮运营总部落户厦门，首艘国内豪华邮轮“鼓浪屿”号从厦门港启航。现代物流业增长12.6%，集装箱吞吐量保持全球第十四位，入选港口型国家物流枢纽城市。社会消费品零售总额增长12.2%。服务外包示范城市综合评价位居全国第六。

（二）着力加大改革开放力度，发展动力活力持续释放

营商环境更加优化。对标世界一流标准，出台52条优化营商环境措施，营商环境建设继续走在全国前列。深化“放管服”改革，取消行政许可事项9项，精简前置审批项目14项，97%的事项实现“一网通办”。实施70条便民办税新措施，网上申报、缴税率超过99%。推行建设项目环评审批告知承诺制，31类项目实现环评批复立等可取。全面推广国际贸易单一窗口标准版，压缩通关时间和口岸降费成效明显，在全国十大海运集装箱口岸营商环境评测中位列第一。实施《厦门经济特区社会信用条例》，城市信用体系更加完善。

重点领域改革持续深化。加快供给侧结构性改革，积极推进中央赋予的重大改革任务。顺利完成市、区两级机构改革，政府职能进一步优化。深化国企改革，创新监事会体制机制，启动国有资本投资、运营公司试点，国企混合所有制改革力度进一步加大，国企资产总额、营业收入分别增长12.8%和10.5%。深化财政体制改革，推行预算绩效管理，财政资源配置效率不断提升。深化医药卫生体制改革，公立医院全部纳入现代医院管理制度建设试点，同安区紧密型医共体运作顺畅，药品集中采购试点取得成效，相关药品人均费用下降61%。58项生态文明体制改革任务基本完成，生态文明指数在全国地级及以上城市中排名第一。

自贸试验区建设加速推进。更好发挥“保税+”“金融+”等特色优势，新推出全国首创创新举措19项，累计达82项。加快建设14个重点产业平台，融资租赁、进口酒总量居全国前列。在全国率先开展集成电路保税研发试点，获批国家“芯火”双创基地。中欧（厦门）班列开行班次增长32%。“丝路海运”航线开行1575航次。国际集拼货值增长46.8%。跨境金融区块链服务平台业务量位居全国第四。

对外开放步伐加快。实际使用外资134.2亿元，增长25%。进出口贸易总额6412.9亿元，增长6.9%，其中出口增长5.7%。对“海丝”沿线国家出口增长14%。实施外国人144小时过境免签政策。成功举办“丝路海运”国际合作论坛、闽港“一带一路”高峰研讨会、万国邮联跨境合作全球大会、厦门国际海洋周等重大对外交流活动。外事侨务服务发展力度加大，厦门与港澳交流合作持续深化。闽西南协同发展区27个我市牵头项目完成投资252.5亿元。

对台交流合作更加紧密。落实在厦台胞台企同等待遇政策，出台45条措施，打造两岸融合发展示范区。新批台资项目874个，增长10.1%。海峡两岸投资基金落户厦门。“小三通”客运量182万人次。国家级海峡两岸交流基地增至3家。厦金通电、通气、通桥前期工作取得积极进展。成功举办海峡论坛、文博会、旅博会、工博会、海图会等两岸交流活动。对台科技、文化、教育、卫生、体育等各领域交流更加密切。

（三）着力推进跨岛发展，城市功能品质持续提升

“岛内大提升、岛外大发展”稳步推进。岛内策划生成首批30个重大项目，总投资2269亿元；东部城中村整村改造顺利实施，签约率90%以上，完成拆迁361万平方米，安置房开工建设1019套。改造老旧小区70个。岛外新城基地建设提速提效，重大片区分别制定三年行动规划，总投资超6000亿元，完成年度投资超1530亿元；一批骨干路网加速形成，学校、医院、保障房等一批公建配套全面铺开，中航锂电、华为鲲鹏生态基地等一批重大产业项目落地建设，产城融合更加紧密，人气商气加速聚集。

基础设施建设取得重大进展。新机场立项和总规获批，航站区轨道工程等关键项目启动建设，机场大道等骨干项目加快推进。轨道交通1号线稳定运营，2号线开通运营，3号线、4号线、6号线建设按序时推进。第二西通道主隧道贯通，第二东通道加速推进，同安大道等提升改造工程竣工。长泰枋洋水利枢纽工程基本建成，具备蓄水条件。汀溪水库群至翔安输水支线、西水东调管道一期等重点水利工程竣工。新建改造供水管网82公里，完成燃气管线建设100.5公里，投用输变电工程10个、线路64.1公里。

乡村振兴战略深入实施。完成乡村振兴项目投资306亿元。都市现代农业产业集群营业收入增长11.1%。完成92个村庄规划编制，乡村振兴示范村建设成效明显。完成全市“大棚房”和农地非农化问题专项整治。完成1049个自然村农村生活污水治理。在全省率先完成农村集体产权制度改革试点工作。农民人均可支配收入居全省第一。

城市治理更加精细。大力整治高铁高速等重要通道沿线环境，完成房屋整治1584栋。全面完成违建别墅整治自查自纠工作。拆除“两违”801.1万平方米。东坪山整治提升取得阶段性成果。开展房屋安全隐患排查专项行动，整治危房4237栋。国土空间总体规划编制走在全国前列，清理盘活“批而未供”土地22.7平方公里，处置“供而未用”土地6.3平方公里。大力整治露天烧烤、占道经营，市容市貌明显改观。加快推进22条综合治堵措施，完成247处道路安全隐患整治，打通8条断头路，提高翔安隧道等7条主干道路限速。厦门绿色交通获评中华环境奖。入围中国智慧城市十强，“i厦门”荣获2019中国智慧城市创新示范奖。

（四）着力增进民生福祉，发展成果更好惠及全体市民

社会事业加快发展。全力落实教育大会、健康厦门建设大会政策措施，办好群众最关心的身边事。建成幼儿园中小学项目48个，新增学位3.4万个。完成403所无证幼儿园、27所小区配套幼儿园整治提升，普惠性幼儿园覆盖率增至88%。300所小学幼儿园开展课后延时服务，惠及学生5.7万人。厦大附属翔安医院、心血管病医院等一批项目投用，新增床位1900张。马銮湾医院、环东海域医院主体结构封顶；四川大学华西厦门医院和华西厦门研究院开工建设。累计开设36个名医工作室。连续23年蝉联“国家卫生城市”称号。实施《厦门经济特区鼓浪屿世界文化遗产保护条例》，16处文化遗产核心要素获批全国重点文物保护单位。获评中国十佳数字阅读城市。总长23公里的山海健康步道建成投用，新增36个校园对社会开放体育场地，成功举办市运会，群众体育蓬勃开展。厦门马拉松赛获全球“绿色环保奖”。成为2023年亚洲杯足球赛承办城市之一。

民生保障水平提高。完成36个为民办实事项目。新增就业26.2万人，城镇登记失业率2.84%。基本养老参保人数增长6.5%。城乡居民基本医疗保险财政补助标准提高至每人每年680元。低保标准和特困供养人员基本生活标准分别提高至800元和1200元。开工建设保障性住房2.1万套，配租配售1.3万套。建成6个社区养老服务照料中心、25个农村幸福院，爱心护理院改扩建等项目竣工，养老机构医养结合覆盖率达到100%。

社会保持和谐稳定。城乡社区结对帮扶共建机制在全国复制推广。创建国家食品安全示范城市，消费者满意度居全国第五，“菜篮子”市长负责制考评居全国前列。深入推进扫黑除恶专项斗争，大力推进主动创稳，刑事警情下降13.8%，发案数为近十年新低，群众安全感率位居全省第一。健全应急管理和防灾减灾机制，推进消防体制机制改革，整治危化品等重点领域安全隐患，安全生产形势总体平稳。注册志愿者总数超过71万人，志愿活动常态化开展。文明城市创建深入推进，市民道德水准和文明素养持续提升。加强退役军人服务保障，双拥共建继续走在全国前列。民族宗教、档案方志、人防海防、仲裁、信访、粮食、气象工作取得新进展，妇女儿童、青年、老龄、残疾人、红十字、慈善事业实现新进步。

（五）着力打好三大攻坚战，重点任务得到有效落实

重大风险防控有力有效。出台融资担保公司监督管理办法，建设全国首批地方金融非现场监管系统，成立全国首个金融司法协同工作平台，狠抓非法集资、“套路贷”等专项整治，完成59家地方金融机构排查整治，清退22家不合规网贷信息中介机构。持续压降不良贷款，不良贷款率1.1%。规范政府债务管理，债务风险安全可控。建立房地产市场长效调控机制，加快推进住房租赁市场试点示范城市建设，地价房价稳定在合理区间，房地产市场平稳健康发展。

扶贫协作取得扎实成效。帮扶甘肃省临夏州工作在全国考核中继续位居前列，落实各类帮扶资金6.3亿元，实施扶贫项目416个，援建扶贫车间113个。落实援宁援藏援疆援渝资金2.6亿元，健康扶贫、教育扶贫等重点工程扎实推进。抓好省内6个县对口帮扶协作，形成长效工作机制，各项帮扶举措取得实效。

生态环境质量保持领先。全力做好中央生态环保督察、国家海洋督察反馈问题整改落实，已完成22项，其余7项按序时推进。开展守护蓝天百日攻坚行动，空气质量在全国168个重点城市排名第四。大力实施污水处理“三个一百”计划，开工建设污水处理厂7座，新建污水管网111公里。落实河湖长制，加快小流域综合治理，国、省控断面水质达标率和集中式饮用水源水质达标率均保持100%。清退海域养殖796公顷，近岸海域水质优良面积比例达83.1%，创近年来最好水平。全市土壤环境质量总体良好，危险废物处置利用率、医疗废物集中处置率100%。垃圾分类工作在全国考评中名列第一。新增、改造城市园林绿地521公顷，顺利通过国家生态园林城市创建验收。

（六）着力加强政府自身建设，服务能力持续提升

扎实开展“不忘初心、牢记使命”主题教育，加强中央巡视整改结果运用，有效整治了一批重点问题，持续化解了一批难题积案，效能建设不断增强，干部精气神持续提升。严格落实中央八项规定及实施细则精神，大力整治形式主义、官僚主义，深化“基层减负年”活动，政府发文、办会均压减近一半。“三公经费”持续下降，一般性支出压缩10%。法治政府建设不断加强，自觉接受人大监督、政协监督、监察监督、审计监督和社会监督，认真办理人大代表建议331件、议案2件、政协提案401件，办复率100%。提请市人大常委会审议法规草案和法规修正案11件，制定市政府规章4件。强化廉政风险源头防控，严肃查处侵害群众利益的不正之风和腐败问题，反腐败斗争压倒性态势进一步巩固。

各位代表！成绩来之不易，这是习近平新时代中国特色社会主义思想科学指引的结果，是在市委坚强领导下，在市人大、市政协的大力支持和监督下，全市人民齐心协力、砥砺奋进的结果。在此，我谨代表市人民政府，向全市人民，向全体人大代表和政协委员、各民主党派、工商联、各人民团体、无党派人士、离退休老同志和社会各界人士，向中央和省驻厦单位、驻厦部队、武警官兵，向来厦的投资者和劳动者，向关心支持厦门发展的台港澳同胞、海外侨胞和国际友人，表示衷心的感谢和崇高的敬意！

我们清醒认识到，当前发展还存在不少困难和挑战，主要是：国内外经济形势复杂严峻，不稳定不确定因素增多，经济下行压力加大，财政收支矛盾较为突出，部分企业生产经营困难；产业链群规模亟待提升，具有引领作用的龙头企业不多，发展后劲还需继续增强；岛内外发展仍不平衡不充分，岛外新城建设、产城融合、公共服务需大力推进；户籍政策放宽后幼儿园、中小学学位供需矛盾加大，医疗水平还有待提升，养老服务设施建设相对滞后；一些干部担当作为还不够，腐败案件仍有发生。对这些问题，我们将坚决采取有力有效措施加快解决，决不辜负全市人民的期待。

二、2020年主要工作

今年是全面建成小康社会和“十三五”规划收官之年。我们要坚持以习近平新时代中国特色社会主义思想为指导，全面贯彻党的十九大和十九届二中、三中、四中全会精神，坚决贯彻党的基本理论、基本路线、基本方略，深入贯彻落实习近平总书记对福建、厦门工作的重要指示批示精神，增强“四个意识”、坚定“四个自信”、做到“两个维护”，紧扣全面建成小康社会目标任务，坚持稳中求进工作总基调，坚持新发展理念，坚持以供给侧结构性改革为主线，坚持以改革开放为动力，坚持抓招商促发展，推动高质量发展，坚决打赢三大攻坚战，全面做好“六稳”工作，统筹推进稳增长、促改革、调结构、惠民生、防风险、保稳定，加快建设高素质高颜值现代化国际化城市，为全国全省发展大局做出新的更大贡献。

今年发展的主要预期目标为：地区生产总值增长7.5%左右，固定资产投资增长7.5%，财政总收入和地方级财政收入分别增长3%和2.5%，社会消费品零售总额增长10%，城镇、农村居民人均可支配收入分别增长8%和8.5%，居民消费价格涨幅控制在3.5%左右，完成国家和省下达的节能减排任务。

重点做好九个方面工作：

（一）持续壮大实体经济，加快高质量发展落实赶超

贯彻“巩固、增强、提升、畅通”八字方针，持续推进供给侧结构性改革，加快产业结构优化升级，努力构建现代化经济体系。

推进先进制造业高质量发展。实施“百亿龙头成长计划”，切实提升产业链群的价值链效益链。实施投资促进计划，加快天马6代线、中航锂电等一批项目建设，力促厦钨永磁电机、盈趣科技创新园等一批项目竣工投产。实施增资扩产计划，开展技改专项行动，强化用地、融资、审批服务等要素保障。实施互联网与制造业深度融合计划，创建一批智能车间和智慧工厂，促进“厦门制造”向“厦门智造”转变。

力促现代服务业提质增效。深化国家服务业综合改革试点，推动生产性服务业向专业化和价值链高端延伸，推动生活性服务业向高品质和多样化升级。引进一批区域性总部和职能型总部，提升总部经济能级。加快建设港口型国家物流枢纽，发展采购分拨、智能仓储、城际城市配送等新业态，推动线上线下融合发展。拓展跨境电商供应链，提升海外仓功能，开展结汇便利化试点。壮大旅游会展产业，塑造“海上花园·诗意厦门”城市形象，引进国际一流旅游和会展项目，打造新时代文化旅游会展名城。

支持民营企业健康发展。在市场准入、政府采购、信贷支持等方面对民营经济一视同仁、平等对待。全面落实国家减税降费政策，持续降低企业成本。健全政策性融资担保体系，用好应急转贷纾困资金，帮助企业化解流动性风险。为企业提供精准服务，打通政策落实的“最后一公里”。构建亲清新型政商关系，培育企业家精神，办好中国（厦门）商人节，依法保护民营企业合法权益。

加快建设金融强市。建好金融科技集聚区等一批重大平台，大力引进金融机构总部、地方金融机构、金融科技企业，提升金融资产规模和运行效益。规范发展区域性股权市场，与上交所、深交所共建资本市场服务基地，提升上市公司质量，推动企业扩大直接融资。加快金融改革创新，推进国家促进科技与金融结合试点城市建设，做优金融特色业务，增加制造业中长期融资，更好缓解企业融资难、融资贵问题。

（二）持续实施创新驱动战略，加快建设区域科技创新中心

坚持以创新引领发展，强化人才支撑，加快新旧动能转换，提升产业核心竞争力。

抓好国家自主创新示范区建设。发挥高新区、双创示范基地带动作用，培育一批新型研发机构、科技企业孵化器、专业化众创空间，激发大众创业万众创新活力。策划实施10项创新举措，深入推进“双自联动”。深化科技体制改革，加强知识产权创造、保护和运用，组织实施20个重大技术攻关和成果转化示范项目，加大全社会研发投入。全面开展质量提升行动，加快建设质量强市。

打造新经济发展高地。全力推动制造业和服务业数字化转型，大力发展大数据、云计算和5G通信等新技术新产业新业态新模式，努力在发展数字经济、平台经济、智能经济等方面率先实现突破。加快实施工业互联网、电子商务、家政服务等12大领域平台发展行动，高标准规划建设环东海域新经济产业园，持续壮大新材料、半导体和集成电路、生物医药等战略性新兴产业，建设一批新经济载体，促进新经济蓬勃发展。

加快“三高”企业倍增发展。进一步完善高新技术企业全周期梯次培育体系，发展一批“专精特新”企业，净增国家级高新技术企业300家。加强企业技术需求、经营需求、人才需求三张清单收集办理，扩大“无需申报、直接兑现”政策覆盖，进一步集中科技资金扶持重点企业和项目。

强化创新人才支撑。深入实施海纳百川工程和高校毕业生招聘行动，大力引进高层次科技领军人才、高水平创新团队，力争引进高层次人才600名、柔性人才6000名、高校毕业生6万人以上。完善“一站式”人才服务机制，做好住房、子女教育等保障，推进人才评价和职称评审改革，更好激发各类人才创新活力。

（三）持续深化改革扩大开放，全面优化发展环境

聚焦特区发展新定位新要求，坚持以开放促改革、促发展、促创新，进一步激发市场主体活力、增强发展动力。

建设一流营商环境。贯彻落实国务院《优化营商环境条例》，以市场主体和群众满意度为导向，补短板、强弱项，保持营商环境全国领先水平。持续深化“放管服”改革，提升政务服务“一网通办”水平，整合全市自助终端，推进数据共享和业务协同，实现“一窗受理、集成服务”。全面推行“双随机、一公开”监管，大力推广证明事项告知承诺制、电子证照互信互认等创新举措。深化商事制度改革，推动企业设立、变更、注销全生命周期登记便利化，推动企业开办“一个环节、一个工作日、零收费”。

深化重点领域改革。实施“强区放权”改革，加快向“6+2+8”实施主体、责任主体放权赋能。提升国资国企改革综合成效，聚焦主责主业，改革完善国有资本授权经营体制，打造一批具有全球竞争力的国有企业。加快医药卫生体制改革，落实公立医院综合改革任务，启动优质高效医疗卫生服务体系试点建设，强化慢病分级诊疗和健康管理，加强“药价保”联动，做好药品集中采购，切实减轻群众医药负担。深化财税体制改革，全面实施零基预算管理，以绩效为导向推进支出政策实质性清理整合，坚决取消不必要的支出，从严控制新增支出。建设信用大数据创新中心，推动信用产品在各领域广泛应用。推动生态文明体制改革成果落地生效，谋划和实施一批新的改革任务。

提升自贸试验区发展水平。坚持以制度创新为核心，探索实施自由港的某些政策，构建高层次开放发展新格局。加快建设国际贸易单一窗口3.0版，进一步提高通关效率。全面落实外商投资准入负面清单，加快推进“证照分离”改革全覆盖试点工作。实施重点平台三年行动方案，提高特色平台国际影响力，做大做强新兴平台。加快培育区块链金融服务、艺术品保税仓储等新业务。

全力大招商招大商。抓住国家扩大开放领域、大幅放宽市场准入机遇，全力办好第二十一届中国国际投资贸易洽谈会，滚动更新招商地图和目标企业库，强化全要素保障和全链条服务，聚焦高能级项目精准发力，着力引进一批企业总部，一批投资10亿元以上重大产业项目，一批世界500强、央企等项目，推动更多优质项目落地开工、建成投产，保持抓招商促发展强劲势头。

促进内外贸平稳增长。引导企业开拓多元化出口市场，扩大高附加值产品出口。做强做优跨境电商综合试验区、服务外包示范城市等试点，推动货物贸易和服务贸易、双边贸易和双向投资、贸易和产业协调发展。推动消费稳定增长，大力发展夜间经济，全面提升中山路等重点商圈、重点街区商业品位，建成投用一批高端消费综合体，加快发展品牌连锁便利店，全力打造消费中心城市。

打造海丝战略支点城市。加快建设互联互通枢纽，打造“丝路海运”“丝路飞翔”品牌，做大国际中转和集拼业务，加密“一带一路”航线。加快建设经贸合作枢纽，与“一带一路”国家、金砖国家扩大合作，用好海丝投资基金、“一带一路”知识产权运营基金。加快建设海洋合作枢纽，推进厦门海洋国际合作中心等项目建设，加强海洋生态保护、科技创新等合作，打造海洋经济发展示范区。加快建设人文合作枢纽，深化国际友城合作，促进文明交流互鉴。扩大与香港、澳门交流合作，鼓励海外侨胞回厦投资兴业。

（四）持续落实跨岛发展战略，构建高颜值城市新格局

深入推进岛内外一体化，优化城市空间布局，提升城市发展能级，增强中心城市集聚辐射带动能力。

推进岛内大提升。围绕城市功能再造，优化城市规划和设计，加快实施六大领域30个重大项目建设，提升中心城区服务功能。加快疏解非核心功能，大力发展金融、科技服务、商贸消费等现代服务业，加快打造现代服务业万亿产业集群；依托自创区、自贸试验区、火炬高新区，加快打造高新技术产业集聚区。有序推进“三旧”改造，对老城区开展“以留为主、改拆为辅”有机更新，对城中村实行整村拆迁或更新提升，加快旧厂房改造，加大“工改工”更新力度。

推进岛外大发展。坚持高起点、高标准、高层次、高水平，按照“一年有突破、两年见成效、三年大变样”的目标，推动岛外新城和重大片区建设提速提质提效。围绕功能定位，统筹各新城（片区）规划设计，推动城市风貌与自然景观和谐统一。围绕产城融合，大力推进软件园三期、海沧集成电路产业园、翔安临空产业区等园区建设，引进更多带动力强的先进制造业和现代服务业项目，打造现代产业发展新高地。围绕聚集人气商气，加快完善学校、医院、商业综合体等公共服务设施配套，提高生活便利性。围绕生态优先，加快流域治理、生态修复、景观绿化等公共项目建设，提高环境舒适度。

加快重大基础设施建设。开工建设新机场主体工程，全面加快航空公司基地、滨海东大道等配套项目建设。基本建成轨道交通3号线，加快推进4号线和6号线建设。巩固提升国际航运中心枢纽地位，整合提升东渡、海沧、刘五店各港区功能。畅通城市组团连接通道，开工建设滨海西大道改造提升等项目，建成第二西通道。加快建设福厦高铁。加快建设一批水源连通工程和水厂新改扩建工程。全面开展5G通信网络建设，岛内区域、岛外核心城区、重要产业园区实现5G网络覆盖。

提升城市治理水平。实施新一轮环境提升行动，大力实施高铁高速公路沿线、综合交通枢纽、主要街区、市政绿化、水环境整治、公厕改造、老旧小区改造等七大提升工程。保持打击“两违”高压态势，坚决查处新增“两违”。强化“门前三包”考评，开展流动摊贩无序经营、户外违规广告店招等专项治理。继续加快一批交通治堵项目建设。

推进闽西南协同发展区建设。推动对口协作常态化运作，完善对口协作机制，有效发挥闽西南城市协作开发集团和发展投资基金作用，加快各类协作项目建设。加快实施交通互联互通三年行动计划，深化产业、教育、医疗、人力资源、环境保护、应急救灾等领域合作。

（五）持续实施乡村振兴战略，加快城乡协调发展

坚持农业农村优先发展，健全城乡融合发展体制机制，促进农村进步、农业升级、农民增收。

加快美丽乡村建设。继续开展农村人居环境整治“一革命四行动”，实现全市农村生活污水治理全覆盖。推进城乡基础设施互联互通，提高农村公路、供水、供电、通信等保障能力，实现村庄高速宽带100%覆盖、农网供电可靠率达100%、农村自来水普及率达95%。

力促农业提质增效。大力推进农村土地经营权有序流转，提高规模化专业化经营水平。大力发展优势特色农业，积极发展设施农业，提升农产品精深加工水平，推动一二三产融合发展。稳定粮食生产，提升生猪生态养殖水平，全力保障市场供应。推进农村集体产权制度改革，加强集体资产监管。

提高乡村治理水平。健全现代乡村社会治理体制，坚持自治、法治、德治相结合，加强农村思想道德建设和公共文化建设，大力推进农村移风易俗，积极培育文明乡风、良好家风、淳朴民风，打造善治乡村。

（六）持续深化对台交流合作，推进两岸融合发展

坚决落实中央对台大政方针，发挥对台前沿平台优势，打造台胞台企登陆的第一家园。

促进应通尽通。推动经贸合作畅通，持续推进“一区三中心”建设，深化先进制造业和现代服务业等方面合作，精准引进一批台湾百大项目，鼓励支持台企转型升级、创新发展。推广台湾商品“源头管理、口岸验放”模式，做大贸易集散等业务，使厦门成为两岸货物集散转运枢纽。推动基础设施联通，加快厦金大桥前期工作，建设五通码头智慧口岸，提高对台航线通行效率。推动能源资源互通，加快厦金电力联网工程落地。推动行业标准共通，建设台湾地区标准化（厦门）研究中心，扩大台企资质和行业标准互认。

深化融合发展。与台湾同胞分享大陆发展机遇，为台胞台企在厦发展提供同等待遇，推广台湾人才职称、技能等级匹配认定。持续提升两岸青创基地、研学基地，推荐更多的项目、提供更多的岗位，吸引台湾青年来厦实习实训、就业创业。切实增强海峡论坛等重大涉台活动的影响力和实效性，扩大人文宗亲、教育医疗、社区治理等领域交流合作，促进心灵契合。提升与金门在公共卫生、防灾减灾、环境保护等方面合作水平，推进基本公共服务均等化、普惠化、便捷化，打造两岸融合发展示范区。

（七）持续优化公共服务，不断提升民生保障水平

用心用情解决人民群众所需所盼，让人民群众获得感、幸福感、安全感更加充实、更有保障、更可持续。

加强就业和社会保障。强化技能培训、转产转业、就业创业扶持，重点帮扶被征地农民、海域退养渔民、城镇零就业家庭成员等10类群体，实现城镇新增就业15万人。健全完善以居家为基础、社区为依托、机构为补充、医养相结合的养老服务体系，适度发展高端养老。健全特困人员和低保对象救助机制，确保困难群众实现“两不愁三保障”。全面完成10万套保障性住房开工建设目标，加快配租配售，增加租赁住房供应，逐步实现住有所居。

加快建设教育强市。坚持教育优先发展，着力提升教育基本公共服务供给能力。建成中小学幼儿园项目56个、新增学位4.3万个。建成双十中学翔安校区初中部和实验小学翔安校区，开工建设厦门二中、厦门六中等岛外新校区，岛外四区各开工建设一所区属普通高中。全面推行课后延时服务，整顿规范校外培训机构。深化与华东师大联合办学工作，引进境内外一流高校来厦联合或独立举办学科院所。支持在厦高校加快“双一流”和高水平应用型本科大学建设。全力提升职教质量，紧密结合产业发展需要，推行现代“学徒制”培育模式，提升技能人才质量。提升名校长名师工作室辐射带动作用，加强教师培训培养，营造尊师重教的良好氛围。

加快建设健康厦门。加快推进国家区域医疗中心试点建设，持续高位嫁接优质医疗资源，支持复旦中山厦门医院等做强做大，支持本地医院打造一批高水平重点专科、引进一批高水平医学人才，新设立一批名医工作室。建成弘爱妇产医院和一批社区卫生服务中心，加快四川大学华西厦门医院建设，完成马銮湾医院、环东海域医院土建工程，开工建设市妇幼集美院区，新增床位2900张。实施中医“名医、名院、名科”建设，开展基层中医药服务能力提升工程。聚焦“治未病”，重点实施慢性病综合防控、传染病防控、心理健康促进、中小学健康促进、职业健康保护等行动，完善疾病预防控制应急体系。

确保社会安定稳定。持续完善城乡社区治理体系，促进城乡社区共建帮扶，推动社会治理共建共治共享。强化食品药品安全全过程全链条监管，深化“餐桌污染”治理，让老百姓买得放心、吃得安心。落实安全生产责任，强化安全隐患排查，深化重点行业、重点领域专项整治，完善应急救援体系，牢牢守住安全生产底线。加强国防动员、双拥共建、退役军人服务管理工作，争创全国双拥模范城“十连冠”。推进民族团结进步和繁荣发展，提升宗教工作法治化水平。深入推进铸魂创安、强基创先工程，着力化解信访难题积案，深化扫黑除恶专项斗争，争创社会治安防控体系建设示范城市。

（八）持续打造城市文化品牌，增强城市文化自信

繁荣发展社会主义先进文化，以创新激发文化活力，让文化深度融入城市发展。

持之以恒建设爱心厦门。全面落实爱心厦门建设“五大行动”，常态化开展爱心结对、爱心捐献、爱心志愿服务，广泛弘扬爱心文化。大力培育和践行社会主义核心价值观，加快新时代文明实践中心建设，加强新时代爱国主义教育和公民道德建设。牢牢把握意识形态工作主动权，传递正能量、唱响主旋律。深化群众性精神文明创建活动，争创全国文明城市“六连冠”。

精心呵护历史文化遗产。认真做好第四十四届世界遗产大会相关工作，抓好“六个一批”，推动文化和自然遗产保护利用实现新提升。做好鼓浪屿世界文化遗产保护修缮、活化利用，打造高尚的文化之岛、优雅的宜居之岛、精致的旅游之岛。建好闽南文化生态保护区，加强历史风貌建筑修缮展示，传承好非物质文化遗产。积极推动国家历史文化名城申报工作。

繁荣发展文体事业。完善现代公共文化服务体系，推动诚毅科技探索中心、市图书馆集美新馆夜间常态化开放，鼓励全民阅读，打造书香厦门。深化国有文艺院团改革，支持厦门爱乐乐团、小白鹭民间舞艺术中心等文艺团体发展，打造厦门文艺品牌。广泛开展全民健身运动，持续向社会开放一批学校体育设施。

创新发展文体产业。放大金鸡百花电影节效应，做好“以节促产”工作，大力引进培育骨干影视企业，延伸电影产业链，着力打造电影之城、影视之都。加强国家文化出口基地、龙山文创园等平台园区功能整合，加快发展文化创意产业。加快体育制造业转型升级，发展壮大体育服务业，引进培育高水平国际赛事。

（九）持续打好三大攻坚战，确保全面建成小康社会

坚持问题导向，强化精准施策，补齐短板弱项，确保全面建成小康社会得到人民认可，经得起历史检验。

坚决防范化解重大风险。健全地方金融风险监测、预警、处置机制，推进互联网金融风险专项整治，严厉打击非法金融活动，加快地方融资平台转型，多措并举压降不良贷款。开展政府债务风险评估，提高债务资金使用效益。认真落实城市主体责任，完善租购并举住房制度和房地联动调控机制，实现稳地价、稳房价、稳预期目标。

坚决完成对口支援和精准扶贫任务。认真做好甘肃省临夏州东西部扶贫协作和援宁援藏援疆援渝各项工作，落实好省内对口帮扶任务，聚焦建档立卡贫困人口，在产业扶贫、劳务协作、结对帮扶上持续加力，增强被帮扶地区经济发展“造血功能”，把闽宁镇建成东西部携手奔小康示范点。

坚决打好污染防治攻坚战。立足精准治污、科学治污、依法治污，推动生态环境质量持续提升。全力抓好中央生态环保督察和国家海洋督察反馈问题整改，打造全国生态文明示范市。全力推进移动源污染防治，有效压降主要污染指标，确保空气质量保持全国前列。加强入海入河排污口治理，推进小流域整治、黑臭水体治理等六个标志性战役，深入实施污水处理“三个一百”计划，全面清退海域养殖，提升水环境质量。推进土壤污染状况详查、风险防控、治理修复，加强固体废物污染防治。强化陆海统筹，加强水土保持工作，保护滨海生态系统。打造生活垃圾分类升级版，完成3个垃圾填埋场整治，建成投用东部生活垃圾焚烧发电厂二期，确保原生垃圾零填埋。

三、建设人民满意的服务型政府

深入贯彻落实十九届四中全会精神，增强推进国家治理体系和治理能力现代化的政治自觉和责任担当，加快构建职责明确、依法行政的政府治理体系。

加强政治建设。持续学懂弄通做实习近平新时代中国特色社会主义思想，始终不忘初心、牢记使命，在思想上政治上行动上同以习近平同志为核心的党中央保持高度一致，增强“四个意识”，坚定“四个自信”，做到“两个维护”，确保党中央国务院、省委省政府和市委各项决策部署落地生根。

严格依法行政。弘扬宪法精神，树立宪法权威，加快推进公共法律服务体系建设，严格落实重大行政决策合法性审查，将政府活动全面纳入法治轨道。坚决执行人大及其常委会各项决议决定，坚持重大事项向市人大报告、向市政协通报，自觉接受人大法律和工作监督、政协民主监督、媒体监督和公众监督，认真办好人大代表议案、建议和政协提案，广泛听取民主党派、工商联、无党派人士和各人民团体意见。

提高行政效能。聚焦观念转变、职能转变、流程转变，优化政府工作流程，实现跨部门高效协同推进工作。推行政务服务“好差评”制度，增强政府执行力，确保说一件、干一件、成一件。严格落实中央八项规定及实施细则精神，大力整治形式主义、官僚主义，切实转变工作作风。坚持严管与厚爱结合、激励与约束并重，强化实干实绩导向，规范检查考核，改进文风会风，为基层减负、为干部松绑。

坚持廉洁从政。严格落实全面从严治党主体责任和“八个坚定不移”要求，严明纪律规矩，营造风清气正的良好政治生态。树立过紧日子思想，勤俭节约办事业，切实把钱用在刀刃上。保持正风肃纪高压态势，主动接受纪检监察监督，坚决整治群众身边腐败和作风问题，做到严明责任不含糊、严抓纪律不放松、严管队伍不懈怠。

各位代表，奋斗成就梦想，实干创造未来。让我们紧密团结在以习近平同志为核心的党中央周围，高举习近平新时代中国特色社会主义思想伟大旗帜，在省委省政府和市委坚强领导下，开拓进取、奋勇争先，加快建设高素质高颜值现代化国际化城市，为决胜全面建成小康社会而努力奋斗！

统计资料

表 39-1　**2019 年厦门市社会经济主要指标完成情况表**

	单位	2019 年	2018 年	比 2018 年增长（%）
一、城市基本情况				
全年供水量	万吨	48179	47187	2.1
# 居民家庭用水	万吨	19209	18078	6.3
全年用电总量	亿千瓦小时	283	270	5.0
# 居民生活用量	亿千瓦小时	64	60	6.2
年末实有公交营运车辆	辆	4387	4632	-5.3
全年公交客运总量	万人次	77552	80139	-3.2
年末实有出租汽车数	辆	5621	5482	2.5
轮渡客运总量	万人次	3003	3088	-2.7
二、人口情况				
全市总人口	万人	429	411	4.4
户籍总人口	人	2611003	2425251	7.7
# 城镇人口	人	2260098	2078890	8.7
自然净增人口数	人	36142	37044	-2.4
人口自然增长率	‰	14.35	15.65	-8.3
年平均户籍总人口	人	2518127	2367765	6.4
三、劳动就业和工资				
城镇非私营单位从业人员数	人	1269027	1555914	-18.4
职工平均工资	元	97779	85166	14.8
四、经济总量指标				
地区生产总值（当年价）	万元	59950422	54686098	7.9
第一产业	万元	264854	245571	0.7
第二产业	万元	24939928	22644124	9.7
第三产业	万元	34745640	31796404	6.6
人均生产总值（按常住人口计算）	元	142739	134695	4.3
五、工业				
规模以上工业增加值	万元			8.6
# 国有控股企业	万元			6.3
# 外商及港、澳、台商投资企业	万元			5.0
# 轻工业	万元			6.1

续表 39-1

	单位	2019 年	2018 年	比 2018 年增长（%）
重工业	万元			9.8
# 大中型工业企业	万元			8.3
规模以上工业销售产值	万元			5.4
# 出口交货值	万元			2.4
六、农业				
农林牧渔业总产值（现价含农林牧渔服务业产值）	万元	574045	472356	2.8
农业	万元	262062	225995	7.2
林业	万元	1799	2812	-38.0
牧业	万元	112575	110811	-16.2
渔业	万元	81254	80388	6.0
农林牧渔服务业	万元	116355	52350	21.5
七、运输、邮电（系统内）				
客运量	万人	10450	10144	3.0
铁路（发送量）	万人	2819	2796	0.9
公路	万人	4137	3951	4.7
水路	万人	752	742	1.4
航空	万人	2741	2655	3.2
货运量	万吨	35612	31659	12.5
铁路（发送量）	万吨	826	821	0.7
公路	万吨	23159	20900	10.8
水路	万吨	11594	9904	17.1
航空	万吨	33	35	-4.5
港口货物吞吐量	万吨	21344	21720	-1.7
集装箱吞吐量	万标箱	1019	1070	-4.8
邮电业务总量（可比价）	亿元	612	399	53.5
# 邮政业务总量	亿元	102	70	45.3
电信（移动通信、无线寻呼）业务总量	亿元	510	329	55.2
八、固定资产投资				
# 固定资产投资（不含农户）	万元			9.0
# 岛外固定资产投资额	万元			8.6
# 基础设施投资	万元			1.8
# 房地产开发投资	万元			1.7

续表 39-1

	单位	2019年	2018年	比2018年增长（%）
当年新增固定资产	万元			22.4
房屋竣工面积	万平方米			-39.3
#住宅	万平方米			-58.2
九、商业、物价				
社会消费品零售总额	万元	22579165	20125526	12.2
居民消费价格指数（以上年为基数）	%	103	101.8	
十、对外经济				
利用外资：项目个数	个	1322	1216	8.7
合同外资金额	万美元	514164	713298	-27.9
实际利用外资	万美元	197995	162500	21.8
外贸进出口总额（海关数）	万元	64128906	60013922	6.9
出口总额	万元	35287089	33381820	5.7
进口总额	万元	28841816	26632102	8.3
国家银行结汇收入	万美元	3328565	3884860	-14.3
国家银行售汇支出	万美元	3913635	4017498	-2.6
十一、财政				
财政总收入（含上划中央税收）	万元	13285237	13060638	1.7
#地方级财政收入	万元	7683751	7545412	1.8
财政支出	万元	9129770	8924985	2.3
十二、金融				
中资金融机构各项人民币存款余额	万元	109861369	103299792	6.4
#境内住户存款余额	万元	30535199	26101770	17.0
中资金融机构各项人民币贷款余额	万元	108925421	96626579	12.7
十三、教育				
各级学校专任教师数	人	57444	56045	2.5
普通高等学校本专科	人	9549	9324	2.4
普通中等学校	人	15311	14520	5.4
中等职业学校（机构）	人	2032	2012	1.0
技工学校	人	332	330	0.6
普通中学	人	12947	12178	6.3
小学	人	18264	17211	6.1
特殊教育学校	人	228	194	17.5

续表 39-1

	单位	2019 年	2018 年	比 2018 年增长（%）
幼儿园	人	14092	11325	24.4
各级学校在校学员	人	934824	1052894	-11.2
研究生	人	17453	19414	-10.1
普通高等学校本专科	人	156642	162459	-3.6
普通中等学校	人	218852	206736	5.9
中等职业学校（机构）	人	32474	33034	-1.7
技工学校	人	8408	8063	4.3
普通中学	人	177970	165639	7.4
小学	人	347811	328848	5.8
特殊教育学校	人	850	537	58.3
幼儿园	人	193216	167215	15.5
十四、文化				
公共图书馆数	个	10	10	
公共图书馆藏书量	万册	709	652	8.7
图书流通册次	万册次	1074	895	19.9
十五、卫生、福利				
卫生机构数	个	2111	1804	17.0
# 医院	个	63	54	16.7
卫生机构床位数	张	18784	16604	13.1
# 医院	张	17539	15342	14.3
工作人员数	人	46092	42879	7.5
# 卫生技术人员	人	36957	34174	8.1
# 执业（助理）医师	人	15207	13830	10.0
十六、人民生活				
城镇居民人均可支配收入	元	59018	54401	8.5
城镇居民人均消费性支出	元	38442	34929	10.1
农村居民人均可支配收入	元	24802	22410	10.7

注：表中生产总值、工业增加值、农业总产值等总量指标绝对数以当年价标出，相对数则以可比价计算

表 39-2　**2019 年全国副省级城市主要经济指标（快报数）表**

	厦门	沈阳	大连	长春	哈尔滨	南京	杭州	宁波	济南	青岛	武汉	广州	深圳	成都	西安
地区生产总值（亿元）	5995.04	6470.30	7001.70	5904.10	5249.40	14030.15	15373.00	11985.10	9443.40	11741.31	16223.21	23628.60	26927.09	17012.65	9321.19
比上年增长（±%）	7.9	4.2	6.5	3.0	4.4	7.8	6.8	6.8	7.0	6.5	7.4	6.8	6.7	7.8	7.0
规模以上工业增加值（亿元）															
比上年增长（±%）	8.6	2.8	16.1	6.2	2.5	7	5.1	6.4	4.2	0.6	4.4	5.1	4.7	7.8	6.9
工业销售产值（亿元）															
比上年增长（±%）															
全社会固定资产投资（亿元）															
比上年增长（±%）	9.0	13.2	-19.8	-19.0	7.3	8.0	11.6	8.1	12.6	21.6	9.8	16.5	18.8	10.0	1.1
社会消费品零售总额（亿元）	1731.9	4479.6	3948.6			6135.7	6215.0	4473.7	5162.2	5234.2	7449.6		6582.9	7478.4	
比上年增长（±%）	12.2	10.6	1.8	3.9	5.6	5.2	8.8	7.7	8.1	8.1	8.9	7.8	6.7	9.9	6.0
进出口总额（海关口径）（亿元）	6412.9	1072.8	4352.8	995.8	251.5	4828.2	5597.0	9170.3	1103.3	5925.6	2440.2	9995.8	29773.9	5822.7	3243.1
比上年增长（±%）	6.9	9.0	-7.5	-5.6	19.9	11.8	6.7	6.9	17.9	11.2	13.7	1.9	-0.6	16.9	-1.8
外商直接投资实际到位金额（亿美元）	134.2	16.5	8.7	3.3		41.0	61.3	23.6	22.4	58.4	123.1	71.4	78.1	80.4	
比上年增长（±%）	25.0	15.3	67.5			6.4	14.0	19.7	23.8	0.7	12.6	8.1	0.2	11.8	
地方财政一般预算收入（亿元）	768.4	730.3	692.8	420.0	370.9	1580.0	1966.0	1468.5	874.2	1241.7	1564.1	1697.2	3773.2	1483.0	702.6
比上年增长（±%）	1.8	1.3	-1.6	-12.1	-3.5	7.5	7.7	6.4	7.2	0.8	2.3	4.0	6.5	7.9	2.6
地方财政一般预算支出（亿元）	914.7	1048.2	1016.3	896.0	1101.1	1658.6	1953.0	1767.9	1197.3	1576.6	2237.1	2865.1	4551.0	2006.8	1250.4
比上年增长（±%）	2.5	8.6	1.5	0.2	14.4	8.2	13.7	10.9	7.0	1.1	15.9	14.3	6.2	9.2	8.6
城镇居民人均可支配收入（元）	59018.0	46786.0	46468.0	37844.0	40007.0	64372.0	66068.0	64886.0	51913.0	54484.0	51706.0	65052.0	62522.0	45878.0	41850.0
比上年增长（±%）	8.5	6.2	6.7	7.0	5.8	8.5	8.0	7.9	7.3	7.2	9.2	8.5	8.7	8.9	8.1
城镇居民人均消费性支出（元）	38442.0					35933.0				35266.0	34005.0		43113.0		
比上年增长（±%）	10.1					7.1				7.2	9.0		6.4		

注：1. 厦门固定资产投资为不含农户口径

2. 厦门、济南外商直接投资到位、直接投资合同金额单位为亿元

表 39–3

2019 年福建省设区市主要经济指标（快报数）表

	单位	厦门市	福州市	其中：平潭	其中：福州（不含平潭）	莆田市	三明市	泉州市	漳州市	南平市	龙岩市	宁德市
地区生产总值	亿元	5995.04	9392.30			2595.39	2601.56	9946.66	4741.83	1991.57	2678.96	2451.70
比上年增长	%	7.9	7.9			6.6	8.0	8.0	6.5	6.0	7.1	9.2
规模以上工业增加值	亿元											
比上年增长	%	8.6	8.7			8.6	8.8	8.6	9.1	7.1	8.2	14.6
工业产品产销率	亿元											
比上年增长	%											
社会消费品零售总额	亿元	1731.85	5120.26			833.38	649.22	3761.82	1222.30	748.97	977.90	675.90
比上年增长	%	12.2	9.6			9.0	10.2	10.2	9.8	10.7	7.7	10.4
固定资产投资额（不含农户）	亿元											
比上年增长	%	9.0	9.1			6.3	8.9	6.3	6.3	0.1	6.2	5.9
进出口总额	亿元	6412.89		100.39	2525.76	392.77	184.47	2111.80	725.90	121.87	304.48	426.36
比上年增长	%	6.9		70.3	3.2	6.0	7.1	13.9	4.6	8.4	8.5	20.3
财政总收入	亿元	1328.52	1095.36	70.83	1024.52	226.39	168.41	838.97	356.20	149.10	324.90	221.58
比上年增长	%	1.7	–2.0	17.0	–3.1	0.2	1.6	–2.6	1.2	1.0	9.5	10.4
财政支出（不含基金）	亿元	914.72	952.17	95.27	856.90	238.96	315.61	657.43	442.97	314.60	324.62	340.25
比上年增长	%	2.5	3.0	6.0	2.6	4.8	6.2	4.0	3.1	6.1	7.7	13.8
金融机构本外币存款余额	亿元	11609.56	15757.34	483.72	15273.62	2036.43	1899.52	7728.61	3179.77	2032.53	2104.40	2056.22
比上年增长	%	5.6	10.9	7.8	11.0	12.9	8.7	11.2	6.7	9.4	9.9	11.6
金融机构本外币贷款余额	亿元	11800.90	17443.42	527.63	16916.09	1977.77	1523.66	7140.23	2921.94	1533.83	2166.75	2006.73
比上年增长	%	11.8	13.5	29.1	13.1	6.5	11.4	11.7	11.5	10.8	16.0	15.1
城镇居民人均可支配收入	元	59018	47920	41646		40065	37942	49592	38975	35148	38815	35887
比上年增长	%	8.5	7.8	7.8		7.8	8.8	7.5	8.3	8.2	8.5	9.0
城镇居民人均消费性支出	元	38442	32662	27919		26541	26431	30754	26590	22821	25915	24868
比上年增长	%	10.1	9.4	9.4		9.4	10.4	9.1	9.9	9.8	10.1	10.6
农村居民人均可支配收入	元	24802	21320	17577		19687	18312	22142	19885	17385	18859	17804
比上年增长	%	10.7	9.8	9.8		9.4	10.3	9.2	9.3	9.6	9.9	10.3
农村居民人均消费性支出	元	20697	17711	15006		16251	13473	16794	13830	12721	13576	13577
比上年增长	%	9.8	9.0	9.0		8.5	9.4	8.3	8.5	8.7	9.0	9.5

厦门市2019年国民经济和社会发展统计公报

（2020年3月20日）

厦门市统计局　国家统计局厦门调查队

2019年，厦门市以习近平新时代中国特色社会主义思想为指导，在市委、市政府的统一领导下，紧紧围绕“六稳”工作部署，坚定贯彻新发展理念，突出以供给侧结构性改革为主线，加快高质量发展落实赶超，经济运行保持在合理区间，总体呈现出积极活跃的发展态势。

一、综合

经济总量

初步核算，全年地区生产总值（GDP）5995.04亿元，按可比价格计算，比上年增长7.9%。其中，第一产业增加值26.49亿元，增长0.7%；第二产业增加值2493.99亿元，增长9.7%；第三产业增加值3474.56亿元，增长6.6%。三次产业结构为0.4∶41.6∶58.0。按常住人口计算的人均地区生产总值142739元，折合20691美元。全市万元地区生产总值耗电472.02千瓦时，比上年减少90.63千瓦时；万元地区生产总值耗水7.30吨，减少1.52吨。

财政收支

全市实现公共财政预算总收入1328.52亿元，比上年增长1.7%，其中地方级财政收入768.37亿元，增长1.8%。在地方级财政收入中，实现税收收入599.53亿元，下降0.6%，其中增值税185.64亿元，下降7.3%；企业所得税106.15亿元，下降4.7%；个人所得税84.14亿元，增长15.9%；土地增值税96.59亿元，增长8.0%。

全年财政支出914.72亿元，增长2.5%。其中教育支出147.67亿元，增长8.3%；科学技术支出38.43亿元，增长34.6%；城乡社区事务支出159.45亿元，下降24.2%；社会保障和就业支出62.55亿元，下降1.7%；医疗卫生与计划生育支出69.49亿元，增长9.0%。

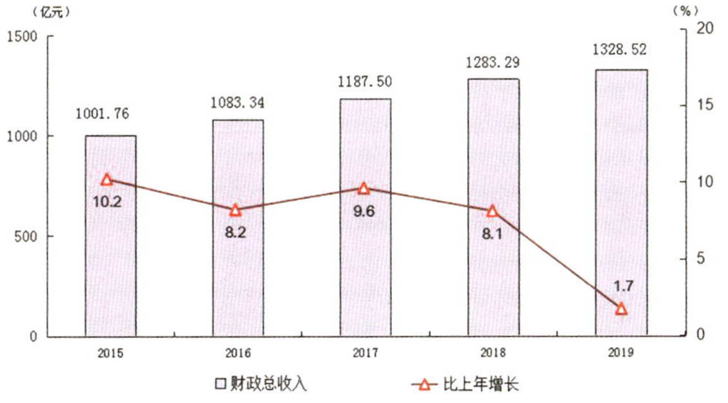

图39-1　2015—2019年财政总收入及其增长速度图

价格

全年居民消费价格比上年上涨3.0%（见表39-4），其中，服务项目价格上涨0.4%，消费品价格上涨4.7%。

表39-4　**2019年居民消费价格总指数一览表**

项目名称	指数（以上年为100）
居民消费价格总指数	103.0
一、食品烟酒	107.8
1. 食品	111.2
#粮食	100.5
食用油	99.9
菜	105.8
畜肉类	131.7
禽肉类	110.5
水产品	103.5
蛋类	101.8
干鲜瓜果类	116.5
2. 茶及饮料	100.1
3. 烟酒	99.7
4. 在外餐饮	102.3
二、衣着	107.3
三、居住	101.1
四、生活用品及服务	101.2
五、交通和通信	97.6
六、教育文化和娱乐	99.9
七、医疗保健	101.4
八、其他用品和服务	102.6

各区经济

各区实现地区生产总值分别为：思明区1896.46亿元，比上年增长7.2%；湖里区1297.29亿元，增长8.3%；海沧区796.87亿元，增长7.8%；集美区789.37亿元，增长7.7%；

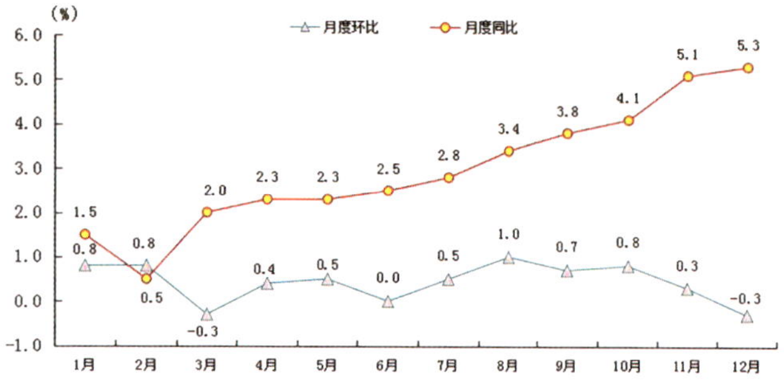

图 39-2　2019 年居民消费价格月涨跌幅度图

同安区 551.23 亿元，增长 8.3%；翔安区 663.83 亿元，增长 9.3%。

其中各区规模以上工业增加值速度分别为：思明区比上年增长 5.1%，湖里区增长 10.5%，海沧区增长 8.5%，集美区增长 6.8%，同安区增长 6.0%，翔安区增长 10.4%。

各区实现社会消费品零售总额分别为：思明区 648.51 亿元，比上年增长 13.4%；湖里区 377.72 亿元，增长 13.9%；海沧区 170.48 亿元，增长 10.0%；集美区 179.32 亿元，增长 12.0%；同安区 264.93 亿元，增长 8.6%；翔安区 90.90 亿元，增长 12.4%。

各区固定资产投资（不含农户）速度分别为：思明区比上年增长 11.7%，湖里区增长 9.5%，海沧区增长 10.6%，集美区下降 3.7%，同安区增长 17.3%，翔安区增长 9.5%。

全年区级公共财政预算收入 232.51 亿元，比上年增长 5.8%，其中思明区 58.62 亿元，增长 5.2%；湖里区 49.60 亿元，增长 4.5%；海沧区 39.84 亿元，增长 1.9%；集美区 37.89 亿元，增长 9.6%；同安区 25.67 亿元，增长 11.6%；翔安区 20.90 亿元，增长 5.6%。

二、农村经济

全年农林牧渔业总产值 57.40 亿元，比上年增长 2.8%。全年农作物总播种面积 33.15 万亩，比上年增长 1.9%。粮食播种面积 6.01 万亩，下降 0.2%，粮食总产量 2.43 万吨，增长 6.1%；蔬菜播种面积 23.38 万亩，增长 3.4%，蔬菜总产量 55.75 万吨，增长 8.4%；水果播种面积 9.13 万亩，下降 0.8%，水果总产量 6.66 万吨，下降 9.0%。肉类总产量 3.18 万吨，下降 25.4%；蛋品总产量 3288 吨，下降 34.7%；乳品总产量 612 吨，下降 14.6%。至年末，全市生猪存栏数 13.86 万头，下降 6.2%，生猪累计出栏 27.38 万头，下降 13.8%；年末家禽存栏数 277.73 万只，增长 48.8%，家禽累计出栏数 772.13 万只，下降 36.4%；水产品产量 7.47 万吨，增长 5.8%。

三、工业和建筑业

工业

全年规模以上工业增加值增长 8.6%。分经济类型看，股份制企业增加值增长 13.7%，外商及港澳台商投资企业增加值增长 5.0%，其中台资企业增加值增长 9.2%；国有控股企业增加值增长 6.3%，私营企业增加值增长 15.9%。分轻重工业看，轻工业增加值增长 6.1%，重工业增加值增长 9.8%，轻工业与重工业之比为 1∶1.91。工业产品产销率为 93.97%，比上年下降 1.35 个百分点。

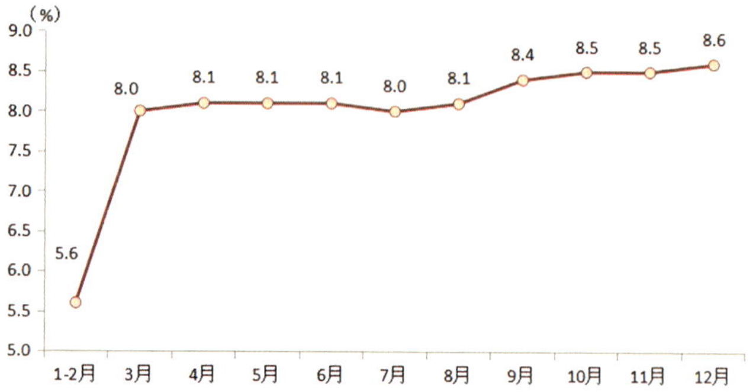

图 39-3　2019 年规模以上工业增加值增长速度图（月度累计同比）

规模以上工业 35 个行业大类中有 27 个增加值实现增长。其中化学纤维制造业增长 33.4%，医药制造业增长 21.8%，有色金属冶炼和压延加工业增长 21.6%。总量前三位分别是计算机、通信和其他电子设备制造业增加值增长 15.9%，电气机械和器材制造业下降 2.3%，橡胶和塑料制品业增长 7.5%，三大行业合计增加值占规模以上工业的 49.0%。规模以上高新技术产业增加值增长 10.4%，占规模以上工业的 67.1%。

至年末，全市规模以上工业企业 2110 家，其中产值超亿元企业 753 家，合计产值占规模以上工业的 91.4%。电子、机械两大支柱行业共有规模以上工业企业 1071 家，占规模以上工业企业数的 50.8%，合计工业产值占规模以上工业的 68.8%，其中电子行业产值占规模以上工业的 39.3%，机械行业产值占规模以上工业的 29.5%。

规模以上工业经济效益综合指数为 265.23，比上年提高 13.34 个点。其中，总资产贡献率 9.18%，下降 0.17 个百分点；资本保值增值率 103.52%，下降 5.36 个百分点；资产负债率 49.89%，下降 1.66 个百分点；流动资产周转率 1.64 次，减慢 0.03 次；成本费用利润率 5.6%，下降 0.03 个百分点；规模以上工业全员劳动生产率为 28.43 万元 / 人，净增 2.47 万元 / 人。实现利润总额 340.08 亿元，下降 0.4%。

主要工业产品生产情况：全市规模以上工业企业生产集成电路 8.97 亿块，增长 39.9%；液晶显示模组 3173 万套，增长 2.2 倍；微型电子计算机 1700 万台，增长 79.4%（见表 39-5）。

表 39-5　**2019 年主要工业产品产量一览表**

产品名称	单位	2019 年	比 2018 年增长（%）
液晶显示屏	万片	6224	-41.0
集成电路	万块	89743	39.9
轮胎外胎	万条	1792	-4.6
彩色电视机	万台	756	-15.8
液晶显示模组	万套	3173	223.9
微型电子计算机	万台	1700	79.4

续表 39-5

产品名称	单位	2019 年	比 2018 年增长（%）
笔记本计算机	万台	353	6.6
移动电话	万台	1105	53.0
印制电路板	万平方米	427	-12.8
数码相机	万台	103	-20.0
民用钢质船舶	万载重吨	3.41	-78.2
路由器	万台	32.98	33.6
摩托车	万辆	17.60	12.8
客车	万辆	4.60	-10.0

建筑业

建筑业增加值 613.99 亿元，比上年增长 15.1%。全市具有资质等级的建筑业企业共完成建筑业总产值 2475.24 亿元，增长 14.3%，其中建筑工程产值 2336.05 亿元，增长 13.4%；安装工程产值 119.85 亿元，增长 21.7%；当年建筑业企业新签合同额 2446.78 亿元，下降 0.2%。

四、固定资产投资

固定资产投资（不含农户）比上年增长 9.0%。分产业看，第一产业投资下降 32.2%，第二产业投资增长 4.8%，第三产业投资增长 9.9%。

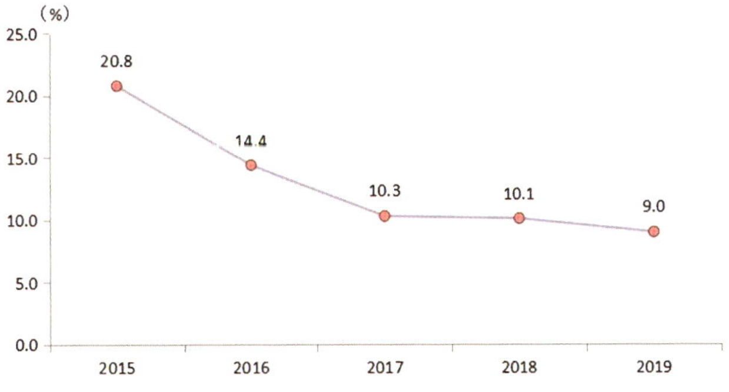

图 39-4　2015—2019 年固定资产投资增长速度图

基础设施投资增长 1.8%，其中交通运输业投资下降 16.8%。工业投资增长 5.2%，其中制造业投资增长 5.8%。社会事业投资增长 70.0%。

房地产开发投资增长 1.7%。其中土地购置费下降 15.6%，占房地产投资的 43.7%。全市商品房施工面积 4089.16 万平方米，下降 5.9%；商品房新开工面积 505.22 万平方米，增长 21.9%。

五、交通、邮电、旅游和会展

交通

交通运输、仓储和邮政业增加值 300.24 亿元，比上年增长 11.3%。旅客运输量 1.04 亿人次，增长 3.0%；旅客周转量 572.70 亿人公里，增长 8.1%；货物运输量 3.56 亿吨，增长 12.5%；货物周转量 2382.29 亿吨公里，增长 14.4%。至年末，厦门港现有生产性泊位 175 个（含漳州），其中万吨级以上泊位 80 个；全年港口货物吞吐量 2.13 亿吨，下降 1.7%；港口集装箱吞吐量 1112.22 万标箱，增长 3.9%。

厦门空港现开通运营城市航线 174 条，含国际（地区）航线 35 条，其中洲际航线 7 条。在厦门机场通航运营的外国（地区）航空公司 19 家，与 29 个国际及境外城市（含香港、澳门、台北、高雄）通航。空港旅客吞吐量 2741.34 万人次，比上年增长 3.2%，其中，国际及地区航线旅客吞吐量 365.93 万人次，与上年持平；空港货邮吞吐量 33.05 万吨，下降 4.3%。

邮电

全年邮电业务总量 612.47 亿元，比上年增长 53.5%，其中邮政业务总量 102.25 亿元，增长 45.3%；电信业务总量 510.22 亿元，增长 55.2%。至年末，全市固定电话用户 110.73 万户，增加 0.75 万户；移动电话用户 648.77 万户，增加 17.39 万户，其中 3G 移动电话用户 34.61 万户，4G 移动电话用户 568.04 万户；固定互联网宽带接入用户 236.33 万户，减少 1.27 万户；移动互联网用户 559.33 万户，增加 1.30 万户。

旅游

全年接待国内外游客 10012.87 万人次，比上年增长 12.5%，旅游总收入 1655.90 亿元，增长 18.1%。其中，接待入境游客 450.69 万人次，增长 4.7%，入境过夜游客 297.34 万人次，增长 5.4%，旅游创汇 42.86 亿美元，增长 13.6%。接待国内游客 9562.18 万人次，增长 12.9%，过夜国内游客 4048.66 万人次，增长 9.8%，国内旅游收入 1359.78 亿元，增长 19.1%。至年末，全市共有旅游住宿单位 2909 家，其中星级酒店 57 家，五星级酒店 19 家。

会展

全年举办各类展览活动 236 场，展览总面积 240.03 万平方米，增长 1.0%。举办 50 人以上的商业性会议 9978 场，增长 7.7%，参会总人数 205.04 万人，增长 8.9%。会展经济总体效益 450.94 亿元，增长 12.0%。

六、国内贸易

社会消费品零售总额 1731.85 亿元，比上年增长 12.2%。

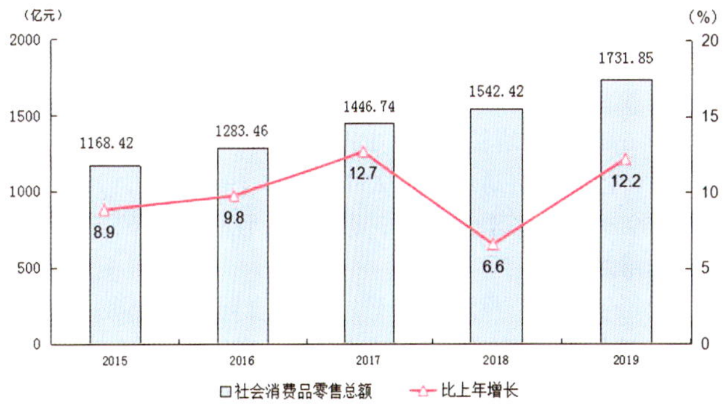

图 39-5　2015—2019 年社会消费品零售总额及其增长速度图

按消费形态分，商品零售 1542.12 亿元，增长 12.5%；餐饮收入 189.73 亿元，增长 9.9%。

限额以上企业实现零售额 1250.39 亿元，增长 15.3%，占全市社会消费品零售总额的 72.2%；限额以下单位实现零售额 481.46 亿元，增长 5.0%。全年零售额超亿元的批发零售贸易企业有 190 家，实现零售额 1018.69 亿元，净增 167.79 亿元，增长 19.7%；零售额超千万元的住宿餐饮企业有 138 家，实现零售额 78.71 亿元，净增 13.49 亿元，增长 20.7%。

在限额以上批发零售贸易企业商品零售额中，汽车类零售额 331.86 亿元，增长 4.3%；服装、鞋帽、针纺织品类零售额 256.62 亿元，增长 27.3%；粮油食品烟酒饮料类零售额 137.66 亿元，增长 25.9%；石油及制品类零售额 83.60 亿元，下降 2.0%；通讯器材类零售额 90.34 亿元，增长 21.0%；日用品类零售额 62.66 亿元，增长 38.0%；文化办公用品类零售额 40.98 亿元，增长 59.4%；金银珠宝类零售额 20.78 亿元，增长 71.5%；化妆品类零售额 10.75 亿元，下降 9.9%。

七、对外经济

对外贸易

全年实现外贸进出口总值 6412.89 亿元，比上年增长 6.9%，其中出口 3528.71 亿元，增长 5.7%；进口 2884.18 亿元，增长 8.3%；贸易顺差 644.53 亿元，下降 4.5%。

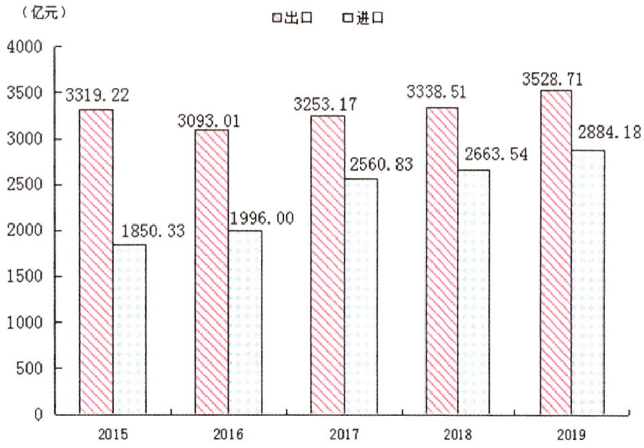

图 39-6 2015—2019 年货物进出口总额图

民营企业进出口总值 2210.40 亿元，增长 6.8%，其中出口 1589.50 亿元，增长 8.2%，进口 620.90 亿元，增长 3.1%；外资企业进出口总值 2222.91 亿元，下降 6.9%，其中出口 1267.93 亿元，下降 9.1%，进口 954.98 亿元，下降 3.9%。

一般贸易进出口总值 4244.83 亿元，增长 10.4%，其中出口 2064.69 亿元，增长 2.5%；进口 2180.14 亿元，增长 19.0%。

对台进出口贸易总值 392.77 亿元，下降 1.3%，其中对台出口 109.28 亿元，增长 7.3%；进口 283.49 亿元，下降 4.3%。

利用外资

全年新批外商投资项目 1322 个，合同外资 355.17 亿元，比上年下降 23.8%；实际使用外资 134.16 亿元，增长 25.0%。

全年引进千万美元以上项目 92 个，合同外资 48.88 亿美元，比上年下降 26.7%，其中新设项目 62 个，合同外资 28.09 亿美元，增资项目 30 个，合同外资 20.79 亿美元。至年末，历年累计共有 63 个全球 500 强公司在厦投资 114 个项目，合同外资 41.12 亿美元，实际使用外资 33.45 亿美元。

对外劳务与投资

全年对外协议投资项目 138 个，投资额 51.39 亿美元，增长 4.2 倍。实现对外承包劳务合同总金额 1.32 亿美元，增长 64.1%；实现营业额 2.45 亿美元，增长 10.3%；派出各类劳务人员 15069 人，增长 11.3%；至年末，在外劳务人数 15154 人，比上年末增加 2835 人。

八、金融、保险和证券

金融

至年末，全市各类银行业金融机构主体 48 家，其中法人银行业金融机构 12 家，与上年末持平。中外资金融机构本外币各项存款余额 11609.56 亿元，比上年末增长 5.6%；中资金融机构人民币各项存款余额 10986.14 亿元，增长 6.4%，其中住户存款余额 3053.52 亿元，增长 17.0%，非金融企业存款余额 4375.32 亿元，增长 13.1%。

至年末，中外资金融机构本外币各项贷款余额 11800.90 亿元，增长 11.8%；中资金融机构人民币各项贷款余额 10892.54 亿元，增长 12.7%，其中短期贷款余额 3359.82 亿元，增长 10.5%，中长期贷款余额 6831.00 亿元，增长 11.1%。

保险

至年末，全市共有保险公司主体 39 家，其中财产保险公司 21 家，人身保险公司 18 家；保险专业中介机构 87 家。全年实现保费收入 226.68 亿元，增长 7.7%，其中财产险实现保费收入 78.86 亿元，下降 1.8%；人身险实现保费收入 147.82 亿元，增长 13.5%。全年提供保险保障金额 31.85 万亿元。赔付支出 78.81 亿元，增长 7.9%，其中财产险赔付支出 49.16 亿元，增长 12.1%；人身险赔付支出 29.65 亿元，增长 1.7%。

证券

全市法人证券公司 1 家；证券公司分公司 27 家，比上年增加 2 家；证券营业部 109 家，增加 4 家；法人期货公司 2 家；期货分公司 17 家，增加 7 家；期货营业部 21 家，减少 8 家。至年末，全市证券投资者开立资金账户数 218.61 万户，增长 11.3%；客户交易结算资金余额 153.37 亿元，增长 58.4%；全年证券交易额 4.95 万亿元，增长 28.9%。至年末，期货投资者开立资金账户数 5.84 万户，增长 15.4%；客户交易结算资金余额 62.22 亿元，增长 51.2%；全年期货交易额 3.50 万亿元，增长 29.6%。

九、教育、科学技术和城市信息化

教育

全市拥有各级各类全日制学校 1427 所，学年初招生数 29.80 万人，在校学生数 93.51 万人。其中普通高等学校 16 所，学年初招生数 5.90 万人，在校学生数 17.43 万人；普通中等学校 120 所，学年初招生数 8.08 万人，在校学生数 21.89 万人；小学 296 所，学年初招生数 6.68 万人，在校学生数 34.78 万人；幼儿园 989 所，学年初在园人数 19.32 万人；特殊教育学校 6 所，学年初在校学生 850 人。在各级各类全日制学校中任职的专任教师 5.70 万人，平均一名教师负担学生 16 人。

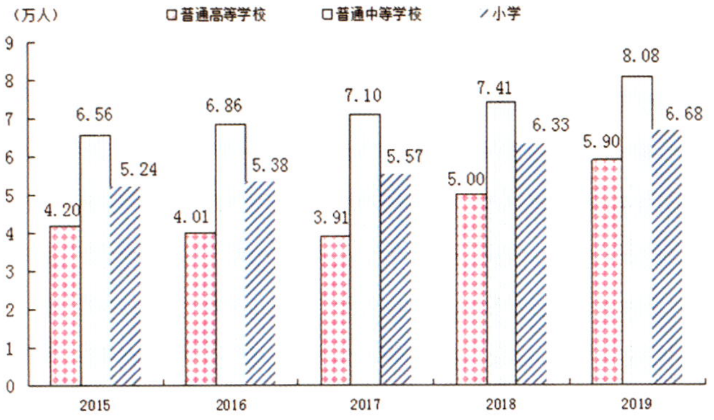

图 39-7　2015—2019 年各类学校招生人数图

科学技术

全市国家高新技术企业 1928 家、国家技术先进型服务企业 38 家。全市科技小巨人企业 852 家，其中省级科技小巨人领军企业 581 家；科技企业孵化器 31 家，其中国家级 7 家。全市国家、省、市级重点实验室 148 家、工程技术研究中心 128 家、企业技术中心 170 家、企业博士后工作站 28 家。市级众创空间 225 家，其中省级 86 家、国家备案 31 家、国家专业化示范 2 家，市级专业化 30 家。国内专利授权量 23013 件，其中发明专利授权量 2672 件。PCT 国际专利申请量 1958 件。每万人有效发明专利拥有量达到 31.8 件。新登记科技成果 331 项，6 项科技成果获国家科技奖。

城市信息化

至年末，“i 厦门”平台注册用户数超 290 万人，共集成 28 个政府部门、51 个业务系统、310 项应用和服务，获评“数字政府特色评选 50 强——数字政府示范引领奖”“全国市级十大优秀创新案例”。至年末，市民卡 App 累计注册用户数突破 65 万人，日均活跃用户数突破 2 万人，目前已对接 15 个部门，实现 30 类事项、57 种功能，获“中国智慧城市示范案例”和“智慧城市典型解决方案”。“i 厦门服务体系建设实践”获全国惠民服务项目第一名，被评为“2018-2019 新型智慧城市建设评价典型优秀案例”。

工信部正式批复厦门“中国软件特色名城”称号。3 家企业入选中国软件和信息技术服务综合竞争力百强，5 家企业获评“中国互联网企业 100 强”，14 家企业入选“福建省互联网企业 20 强”，4 个大数据应用解决方案获得国家级优秀案例荣誉。

成功举办首届中国人工智能大赛，集中签约 13 个优质项目。25 个项目入选福建省人工智能“双百”工程。建成市级工业互联网公共服务平台。2 个项目入选工信部制造业与互联网融合发展试点示范项目。3 个项目入选省第一批工业互联网示范平台；2 家企业入选省第一批工业互联网应用标杆企业。

十、文化、卫生和体育

文化

成功举办第 28 届金鸡百花电影节。成功举办“礼赞新中国　逐梦新时代——庆祝新中国成立 70 周年暨厦门解放 70 周年优秀剧目展演季”，精挑细选 10 台优秀剧目及 2 台交响音乐会，在岛内外主要剧场面向市民群众开展 31 场惠民演出，吸引了近 2 万市民游客走进剧场观演，5 场网络视频直播点击量超 70 万人次。厦门市专业文艺院团获中国戏剧节等国家级、省级文艺比赛各类奖项 59 个。音乐剧《鼓浪如歌》、歌仔戏《侨批》入选国家艺术基金 2019 年度大型舞台剧和作品资助项目，并圆满完成演出任务。

全市文物保护单位 209 处（共 261 个点），其中全国重点文物保护单位 7 处（50 个点），省级文物保护单位 54 处（60 个点），市级文物保护单位 79 处（82 个点），县（区）级文物保护单位 69 处（69 个点）；厦门市涉台文物古迹 88 处。市级以上非物质文化遗产代表性项目 89 个，其中世界级人类口头与非物质文化遗产 1 个（南音）、国家级 11 个、省级 36 个、市级 41 个；市级以上非物质文化遗产代表性传承人 111 人，其中国家级 13 人、省级 51 人、市级 47 人。

全市共有公共文化馆 7 个；经福建省文物局登记备案博物馆、纪念馆 12 家；公共图书馆 10 个。出版发行各类报纸 6 种，期刊 25 种，侨刊乡讯 14 种。共有广播节目 7 套、电视节目 7 套。全市院线影院 52 家、银幕数 341 块，全年商业电影票房 5.41 亿元。

卫生

全市共有各级各类医疗卫生机构 2111 个，其中医院 63 家、社区卫生服务中心 26 个、卫生院 13 个、门诊部 440 个、妇幼保健机构 7 个、疾控预防控制中心 7 个、专科防治院 1 个、疗养院 1 个。专业卫生技术人员 36957 人，其中执业医师 14048 人，执业助理医师 1159 人，注册护士 16302 人。医疗机构实有床位 18784 张，其中医院 17539 张，疗养院 140 张，社区卫生服务中心、卫生院 354 张，公共卫生机构床位数 751 张。全市人口平均期望寿命 80.89 岁，其中男性 78.52 岁，女性 83.51 岁。

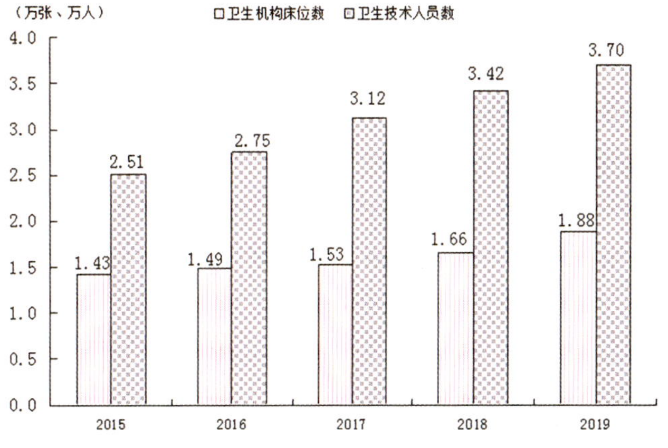

图 39-8　2015—2019 年卫生机构床位数和卫生技术人员数图

体育

2019 年厦门国际马拉松赛于 1 月 6 日成功举办，共吸引 38 个国家和地区的 28219 名选手到场参赛，连续 12 次获评国际田联路跑金标赛事，成为全球首个加入联合国环境规划署“清洁海洋计划”的马拉松赛事，荣获国际马拉松路跑协会颁发的全球第七个、亚洲第一个“绿色环保奖”。国际、国内大赛共获得22项世界冠军、3项亚洲冠军、26项全国冠军、46个青少年全国冠军。特房羽毛球俱乐部获得中国羽毛球超级联赛2018-2019赛季第四名。参加第二届全国青年运动会，共取得12枚金牌、20枚银牌、21枚铜牌的优异成绩，获评“福建省参加第二届全国青年运动会贡献奖”。举办厦门市第二十届运动会。全市13所学校获得“省级体育传统特色项目学校”表彰和扶持。体育彩票年销售额18.13亿元。全市登记注册体育协会269家，拥有各级社会体育指导员7858人，共有50所学校体育场地设施对社会开放。

十一、人口、人民生活、就业和社会保障

人口

全市常住人口429万人，常住人口城镇化率89.2%。全市人口出生率14.3‰，人口死亡率3.1‰，人口自然增长率11.2‰，比上年下降0.2个千分点。

全市户籍人口261.10万人，户籍人口城镇化率86.6%。户籍人口中，城镇人口226.01万人。思明、湖里两区合计121.64万人，占全市户籍人口的46.6%。户籍人口中，男性人口和女性人口分别为128.41万人、132.69万人，性别比为96.77（女性为100）。

人民生活

全体居民人均可支配收入55870元，比上年增长9.7%。其中，人均工资性收入39472元，增长9.4%；人均经营净收入5195元，增长8.5%；人均财产净收入6713元，增长16.1%；人均转移净收入4491元，增长4.6%。全体居民人均生活消费支出36809元，增长10.9%。

厦门城镇居民人均可支配收入59018元，增长8.5%。其中，人均工资性收入41797元，增长8.1%；人均经营净收入5179元，增长9.2%；人均财产净收入7273元，增长14.3%；人均转移净收入4769元，增长2.7%。城镇居民人均生活消费支出38442元，增长10.1%。

厦门农村居民人均可支配收入24802元，增长10.7%。其中，人均工资性收入16526元，增长11.3%；人均经营净收入5355元，增长3.0%；人均财产净收入1176元，增长21.9%；人均转移净收入1745元，增长24.8%。农村居民人均生活消费支出20697元，增长9.8%。

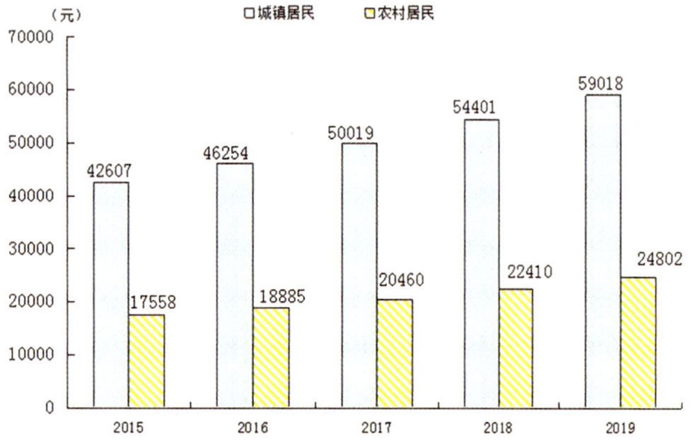

图39-9　2015—2019年城镇居民和农村居民人均可支配收入图

就业

全市城镇新增就业26.18万人。至年末，实有城镇登记失业人数2.49万人，城镇登记失业率为2.84%。

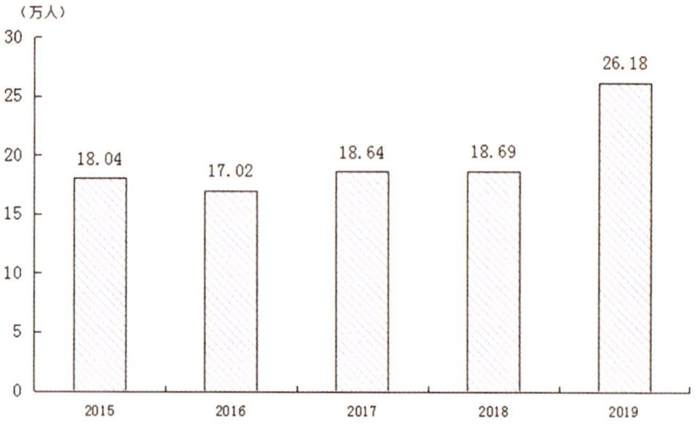

图39-10　2015—2019年城镇新增就业人数图

社会保障

至年末，基本养老、工伤、失业保险参保人数分别达到320.21万人、241.95万人、240.66万人，分别比上年末增长8.2%、7.4%、7.2%。其中外来从业人员参加基本养老、工伤、失业的人数分别达到152.60万人、153.11万人、152.21万人，分别增长7.0%、6.7%、7.0%。基本养老、工伤、失业社会保险基金收入157.75亿元、支出140.19亿元，三项社会保险基金历年累计结余721.39亿元。

全市有工伤保险协议医疗机构34家，工伤保险协议辅助器具配置机构4家，工伤保险协议康复机构4家。共发放本市失业人员失业保险金3.75万人3.32亿元。35.53万名退休人员移交社会化管理服务，全市社会化管理率为99.99%，社区管理率达到100%。

医疗保障

至年末，基本医疗、生育保险参保人数分别达到421.88万人、227.70万人，分别比上年末增长6.1%、6.6%。其中，外来从业人员参加基本医疗、生育保险的人数分别达到151.27万人、150.89万人，分别增长6.2%、6.3%。基本医疗、生育保险合计基金收入123.17亿元、支出109.60亿元，两项社会保险基金历年累计结余242.17亿元。

全市有医疗保险定点医疗机构705家，医疗保险定点零售药店1244家，纳入医疗保险定点服务管理的养老服务机构医务室25家、村卫生所295家。发放医疗救助资金18105.88万元，救助179.91万人次。

社会福利与救助

共发放低保金9514.12万元，其中城市低保金6531.26万元，发放低保对象7.77万人次；农村低保金2982.86万元，发放低保对象4.07万人次。发放临时救助资金1415.09万元，救助5333人次。救助流浪乞讨人员3499人次，其中未成年人172人次。全市共有养老服务机构40家、床位10255张。其中，公办养老机构7家（含公建民营）、床位2548张；民办养老机构33家、床位7707张。

十二、环境保护和安全生产

环境保护和治理

全市生态环境质量保持全国前列，生态文明指数在全国地级及以上城市名列第一。空气质量综合指数2.98，空气质量优良率97.5%，在全国169个重点城市分别排名并列第四、第五。小流域国省控断面和集中式饮用水源地水质达标率均持续保持100%；东西溪流域年度水质优良（达到或优于Ⅲ类）比例达80%；筼筜湖水质两项主要指标无机氮、活性磷酸盐较基准年（2015年）分别下降49.3%、39.6%。土壤环境质量保护稳定。声环境质量总体良好，昼间区域环境噪声平均等效声级为55.8dB（A），昼间道路交通噪声平均等效声级为67.2dB（A）。

城市绿化

城市建设用地面积382.89平方公里。拥有公园150个，占地面积3741.09公顷；人均公园绿地面积15.6平方米；建成区绿化覆盖面积17954.05公顷，绿化覆盖率为45.13%；污水集中处理率96.36%；生活垃圾无害化处理率100%。

公用事业

全年全市自来水用水总量4.38亿吨，其中生产运营用水1.15亿吨，居民家庭用水1.92亿吨，公共服务用水0.71亿吨。全市用电总量282.98亿千瓦时，其中工业用电137.63亿千瓦时，城乡居民生活用电63.73亿千瓦时。全市天然气供气总量34141.62万立方米，其中居民家庭用量4732.14万立方米，用气户数63.09万户。

安全生产

全市发生各类生产安全事故203起、死亡80人，未发生较大及以上事故；农林牧渔业、采矿业、水上运输业、航空运输业未发生事故，商贸制造业发生事故6起、死亡6人，建筑业发生事故11起、死亡9人，交通运输和仓储业（不含高速公路、铁路运输）发生事故177起、死亡55人，其他行业发生事故9起、死亡10人。亿元GDP生产安全事故死亡率为0.013。

1. 本公报为初步统计数，部分合计数或相对数由于单位取舍不同而产生的计算误差，均不做机械调整。

2.2019年，全市地区生产总值总量及结构均为第四次经济普查调整后数据。

3. 本公报地区生产总值、各行业增加值、农林牧渔业及工业总产值绝对数按现价计算，增长速度按可比价计算。

4. 本公报万元GDP耗电、万元GDP耗水指标GDP按现价计算，耗水、耗电以全社会口径计算。

5.“城乡居民月人均基础养老金”更新为“城乡居民月人均养老金”口径。

专项调查

2019年厦门市水资源公报

综　　述

根据厦门市统计局发布的《厦门市2019年国民经济和社会发展统计公报》，厦门市土地总面积1699.39平方千米，当年底户籍人口261.10万人，其中城镇人口226.01万人，农村人口35.09万人，常住人口429万人。全年实现生产总值（GDP）5995.04亿元，其中第一产业增加值26.49亿元，第二产业增加值2493.99亿元（规模以上工业增加值1795.95亿元，建筑业增加值613.99亿元），第三产业增加值3474.56亿元。规模以上工业总产值6978.45亿元。当年财政总收入1328.52亿元，其中地方级财政收入768.37亿元，城镇居民人均可支配收入59018元，农村居民人均可支配收入24802元。

当年全市平均降水量1343.7毫米，比多年平均值（1956年至2015年，下同）1513.3毫米减少11.21%，属偏枯水年。全市地表水资源量10.938亿立方米，地下水资源量2.987亿立方米，扣除重复计算量后水资源总量为10.938亿立方米。

当年末中型及主要小（1）型水库蓄水量与上年末比较，减少192.5万立方米，其中中型水库的蓄水量减少205.3万立方米，主要小（1）型水库的蓄水量增加12.8万立方米。

全市年供用水量6.81亿立方米，其中地表水供应量最大为6.30亿立方米，占供水总量的92.41%。城镇居民用水量最多，为2.29亿立方米，占用水总量的33.59%。

1　水资源量

1.1　降水量

当年全市平均降水量1343.7毫米，比上年增加4.15%，比多年平均值减少11.21%，折合年降水总量22.835亿立方米，属偏枯水年。全市按照行政区域分成思明区、湖里区、海沧区、集美区、同安区、翔安区这六个单元。其中年降水量最大的是同安区，最小的是湖里区。与多年平均值比较，2019年各单元年降水量均有不同程度的减少。当年降水量与上年及多

表 39-6　　**各单元降水量情况表**

项目	思明区	湖里区	海沧区	集美区	同安区	翔安区	全市
年降水量（毫米）	1076	1074.5	1368.2	1356.2	1541	1106.2	1343.7
折合水量（亿立方米）	0.904	0.793	2.551	3.720	10.315	4.552	22.835
上年降水量（毫米）	1058.7	1018.3	1023.7	1044.2	1560.2	1231.7	1290.2
多年平均降水量（毫米）	1235.4	1210.5	1406.9	1478.8	1793.9	1239.1	1513.3
与上年比较（±%）	1.63	5.52	33.65	29.88	-1.23	-10.19	4.15
与多年比较（±%）	-12.90	-11.24	-2.75	-8.29	-14.10	-10.73	-11.21

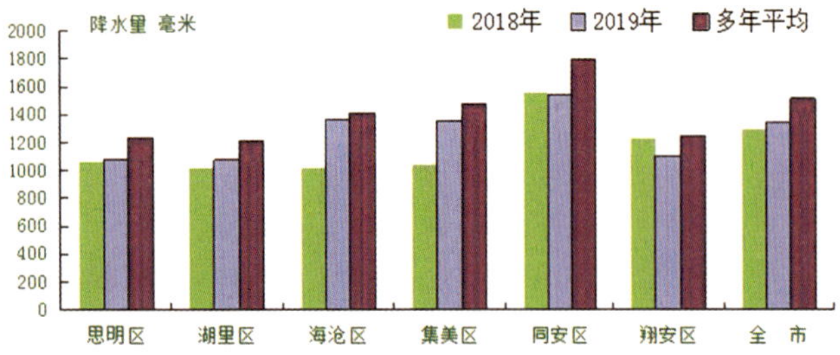

图 39-11　2019 年各单元降水量与上年及多年平均值比较图

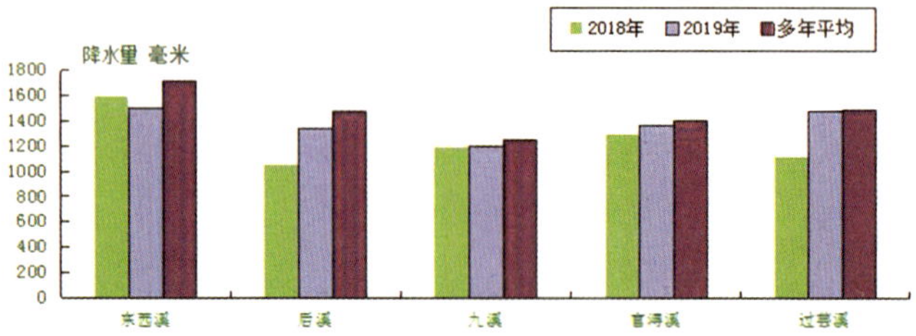

图 39-13　2019 年主要河流降水量与上年及多年平均值比较图

年平均值比较情况见表 39-6、图 39-11。

选定思明区前埔站、湖里区马垄站、海沧区海沧站、集美区杏林湾水库站、同安区汀溪水库站、翔安区马巷站作为各单元的月降水量代表站。各代表站降水量年内分配不均匀，3—8 月份降水量约占全年降水量的 85.6%—89.0%，其月降水量过程线见图 39-12。

东西溪流域年降水量 1505.1 毫米，比多年平均值减少 12.22%，属偏枯水年；后溪流域年降水量 1338.2 毫米，比多年平均值减少 9.08%，属平水年；九溪流域年降水量 1200.0 毫米，比多年平均值减少 3.75%，属平水年；官浔溪流域年降水量 1364.7 毫米，比多年平均值减少 2.35%，属平水年；过芸溪流域年降水量 1473.5 毫米，比多年平均值减少 0.94%，属平水年。主要河流降水量与上年及多年平均值比较见图 39-13。

厦门市降水在空间上分布不均匀，同安北部山区为降水高值区，中部平原及沿海一带为低值区。从当年降水等值线图上可以看出，降水区域的分布与多年平均值大体一致。降水量由北向东南沿海递减，汀溪水库以北山区年降水量在 1500.0 毫米以上。全市最大年降水量发生在同安区汀溪镇莲后站 2045.8 毫米，最小年降水量发生在翔安区新店镇张埭桥水库站 723.1 毫米。当年厦门市降水量变化和距平等值线见图 39-14 和图 39-15。

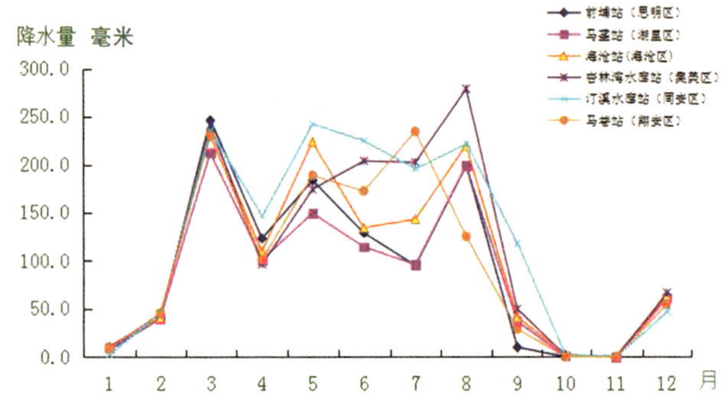

图 39-12　2019 年代表站月降水量过程线图

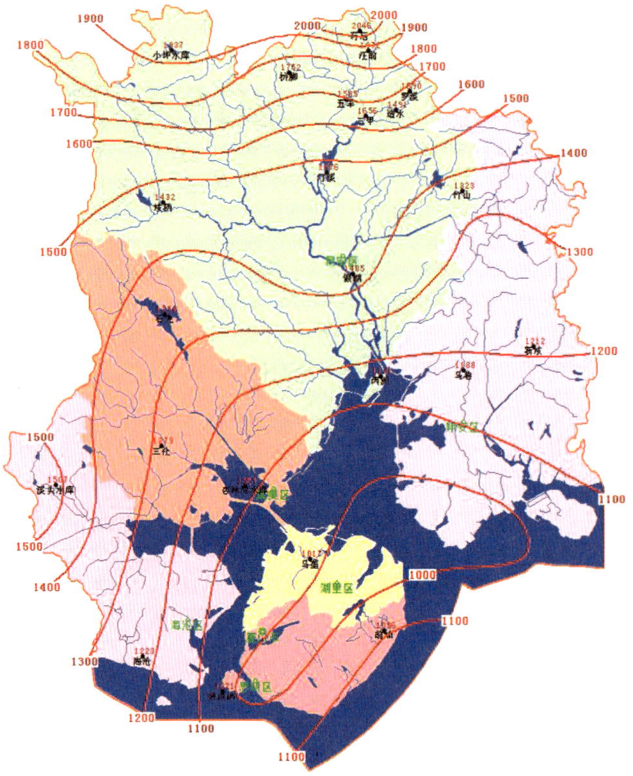
图 39-14　2019 年厦门市年降水量等值线图

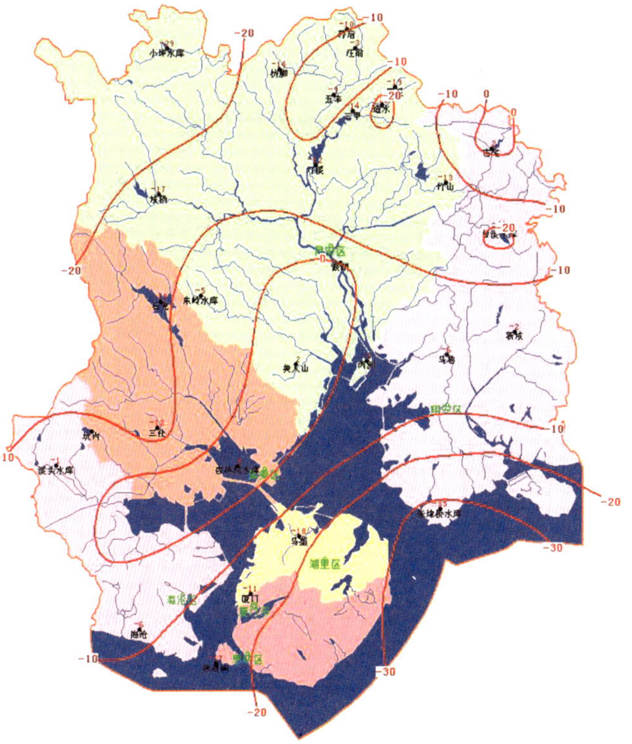

图 39-15 2019 年厦门市年降水量距平等值线图

1.2 地表水资源量

全市地表水资源量 10.938 亿立方米，比上年增加 16.09%，比多年平均值减少 15.20%，折合径流深 643.6 毫米。同安区地表水资源量为 5.498 亿立方米，占全市地表水资源量 50.27%，比上年增加 5.29%，比多年平均值减少 21.06%；思明区、湖里区、海沧区、集美区和翔安区地表水资源量分别为 0.344 亿立方米、0.302 亿立方米、1.224 亿立方米、1.786 亿立方米、1.784 亿立方米，比上年分别增加 7.50%、增加 11.85%、增加 78.17%、增加 73.23%、减少 5.71%，比多年平均值分别减少 19.06%、减少 17.49%、增加 1.41%、减少 8.27%、减少 10.26%。各单元地表水资源量与上年及多年平均值比较见图 39-16。

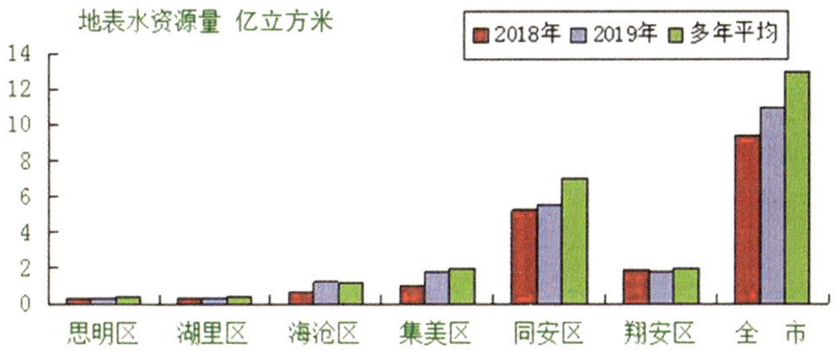

图 39-16 2019 年各单元地表水资源量与上年及多年平均值比较图

全市主要河流东西溪、后溪、九溪、官浔溪、过芸溪的地表水资源量分别为 3.847 亿立方米、1.344 亿立方米、0.467 亿立方米、0.381 亿立方米和 0.333 亿立方米，其中东西溪的地表水资源量最大，占全市的 35.17%，东西溪的地表水资源量比上年减少 10.49%，与多年平均值比较，减少 19.90%；后溪、九溪、官浔溪、过芸溪的地表水资源量比上年分别增加 64.91%、增加 0.86%、增加 10.43%、增加 77.13%，与多年平均值比较，分别减少 16.10%、增加 3.78%、减少 4.27%、减少 0.89%。主要河流地表水资源量与上年及多年平均值比较见图 39-17。

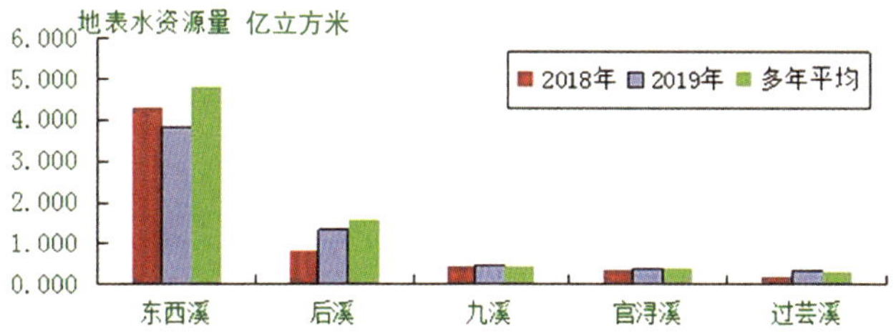

图 39-17 2019 年主要河流地表水资源量与上年及多年平均值比较图

1.3 地下水资源量

全市地下水资源量 2.987 亿立方米，比上年增加 4.33%，其中思明区、湖里区、海沧区、集美区、同安区和翔安区分别为 0.118 亿立方米、0.104 亿立方米、0.332 亿立方米、0.484 亿立方米、1.357 亿立方米和 0.592 亿立方米，各单元与上年同比，分别增加 1.72%、增加 6.12%、增加 33.87%、增加 30.11%、减少 0.95%、减少 10.17%。地下水资源量最多的是同安区，占全市地下水资源量的 45.43%，最少的是湖里区，仅占全市地下水资源量的 3.48%。

1.4 水资源总量

水资源总量是由地表水资源量和地下水资源量相加扣除重复计算量而得。当年全市水资源总量 10.938 亿立方米，比上年增加 16.08%，比多年平均值减少 11.39%。全市平均产水系数 0.48，平均产水模数 64.4 万立方米 / 平方千米。各单元中水资源量最多的是同安区，占全市的 50.27%；最少的是湖里区，占全市的 2.76%。各单元水资源总量见表 39-7，各单元水资

表 39-7 **各单元水资源量一览表**

单位：亿立方米

项目	思明区	湖里区	海沧区	集美区	同安区	翔安区	合计
地表水资源量	0.344	0.302	1.224	1.786	5.498	1.784	10.938
地下水资源量	0.118	0.104	0.332	0.484	1.357	0.592	2.987
重复计算量	0.118	0.104	0.332	0.484	1.357	0.592	2.987
水资源总量	0.343	0.302	1.224	1.786	5.498	1.784	10.938

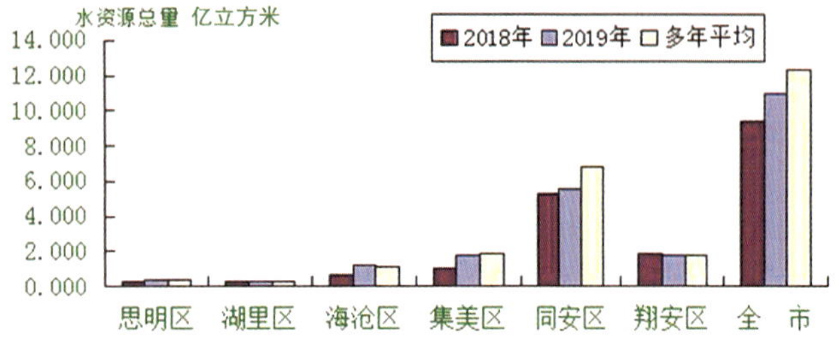

图 39-18　2019 年各单元水资源总量与上年及多年平均值比较图

源量与上年及多年平均值比较见图 39-18。

1.5　九龙江流域地表水资源概况

根据福建省水文水资源勘测中心提供的资料，九龙江流域当年降水量 1685.8 毫米，折合降水总量 248.50 亿立方米，与上年相比偏多 13.2%，与多年平均值相比偏多 0.1%。地表水资源量 141.85 亿立方米，与上年相比偏多 74.3%，与多年平均值相比偏少 8.5%。

2　蓄水动态

全市现有中型水库 6 座，小型水库 87 座，总库容 29541.4 万立方米。根据统计，当年末中型及主要小（1）型水库蓄水量与上年末比较，减少 192.5 万立方米，其中中型水库的蓄水量减少 205.3 万立方米，主要小（1）型水库的蓄水量增加 12.8 万立方米。中型及主要小（1）型水库蓄水动态见表 39-8。

3　供水量与用水量

3.1　供水情况

当年全市供水量 68139 万立方米（不含海水供应量和生态补水），比上年增加 1.31%。其中地表水供应量为 62965 万立方米，占 92.41%，地下水源供应量为 4354 万立方米，占 6.39%，其他水源供应量 820 万立方米，占 1.20%；当地水资源供应量为 29100 万立方米，占 42.71%，区域外调入水量为 39039 万立方米，占 57.29%。全市供水情况见表 39-9。

此外，当年海水主要用于火电厂冷却等未经淡化处理直接利用，供应量为 130834 万立方米，与上年相比略有上升。当年中水回用于生态补水量为 4700 万立方米，其中埭头溪生态补水量 2800 万立方米，浯溪生态补水量 1900 万立方米。

3.2　用水情况

当年全市用水总量为 68139 万立方米，比上年增加 1.31%。其中城镇居民用水量最大，为 22892 万立方米，占 33.59%；其次是第二产业用水量（包括建筑业用水 2001 万立方米）为 13573 万立方米，占 19.92%；第三产业用水量为 12987 万立方米，占 19.06%；第一产业用水量为 12788 万立方米，占 18.77%；农村居民用水量为 2479 万立方米，占 3.64%；

表 39-8　**中型及主要小（1）型水库蓄水动态情况表**

单位：万立方米

水库类别	水库名称	所属区域	总库容	正常水位库容	上年末蓄水量	当年末蓄水量	年末蓄水变量
中型水库	石兜水库	集美区	9011.0	8793.0	2703.5	3009.4	305.9
	汀溪水库	同安区	4845.0	3797.0	2137.2	1606.1	-531.1
	莲花水库	同安区	3286.0	1958.0	1816.4	1889.4	73.0
	杏林湾水库	集美区	2568.0	1306.8	1225.4	1415.7	190.3
	溪东水库	同安区	1386.0	1128.0	1130.9	1052.7	-78.2
	竹坝水库	同安区	1149.0	850.0	264.4	99.2	-165.2
	小计		22245.0	17832.8	9277.8	9072.5	-205.3
主要小（1）型水库	坂头水库	集美区	700.4	426.7	352.1	391.7	39.6
	湖边水库	湖里区	624.0	529.8	439.3	442.7	3.4
	曾溪水库	翔安区	553.2	505.0	169.2	206.1	36.9
	河溪水库	同安区	545.5	487.1	157.0	120.1	-36.9
	小坪水库	同安区	406.3	406.3	107.7	107.8	0.1
	坑内水库	集美区	364.4	318.0	183.8	189.3	5.5
	溪美水库	翔安区	373.5	298.6	107.7	80.0	-27.7
	溪头水库	海沧区	354.6	293.3	161.7	217.8	56.1
	古宅水库	翔安区	258.0	253.9	201.9	137.7	-64.2
	小计		4179.9	3518.7	1880.4	1893.2	12.8
合计			26424.9	21351.5	11158.2	10965.7	-192.5

备注：2019 年厦门市有上头水库、山头后水库、铁西坑水库等三座水库降等为山塘

表 39-9 **全市供水情况表**

单位：万立方米

年份	地表水源供水量						地下水源供水量	其他水源供水量	供水总量			海水利用量
	小计	蓄水	调水	引水	提水	其他			合计	其中当地水资源	其中区域外调入水	
2019	62965	16493	39039	3700	2800	933	4354	820	68139	29100	39039	130834
2018	62110	13208	41693	3500	2782	927	4455	690	67255	25562	41693	127807
与上年比较（±%）	1.38	24.87	-6.37	5.71	0.65	0.65	-2.27	18.84	1.31	13.84	-6.37	2.37

表 39-10 **全市用水情况表**

单位：万立方米

年份	生活用水			生产用水				生态环境用水	用水总量	
	农村	城镇	其中地下水	第一产业	第二产业	第三产业	其中地下水		用水量	其中地下水
2019	2479	22892	1152	12788	13573	12987	3202	3419	68139	4354
2018	2465	21298	1147	13340	14423	12763	3308	2965	67255	4455
与上年比较（±%）	0.57	7.48	0.44	-4.14	-5.89	1.76	-3.20	15.31	1.31	-2.27

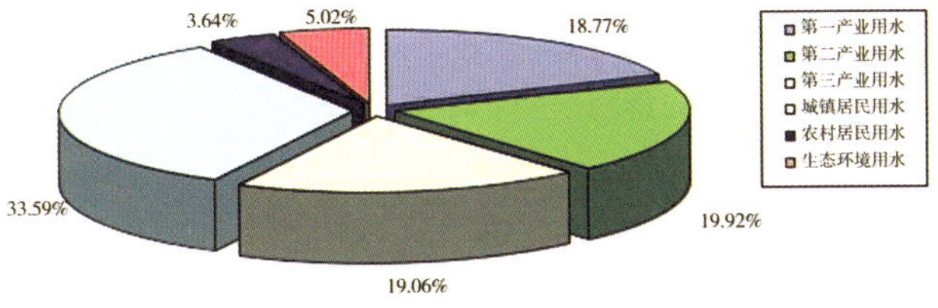

图 39-19 行业用水比例图

生态环境用水量为 3419 万立方米，占 5.02%。全市用水情况见表 39-10 和图 39-19。生产、生活、生态用水量比例分别为 57.75%、37.23%、5.02%。

全市总用水量按行政区统计，思明区总用水量 11987 万立方米，湖里区总用水量 10907 万立方米，集美区总用水量 10392 万立方米，海沧区总用水量 7761 万立方米，同安区总用水量 15036 万立方米，翔安区总用水量 12056 万立方米，各区用水情况和比例见表 39-11 和图 39-20。

表 39-11 **各区用水情况表**

单位：万立方米

年份	思明区	湖里区	集美区	海沧区	同安区	翔安区
2019 年	11987	10907	10392	7761	15036	12056
2018 年	11904	10837	10310	7596	14953	11655
与上年比较（±%）	0.70	0.65	0.80	2.17	0.56	3.44

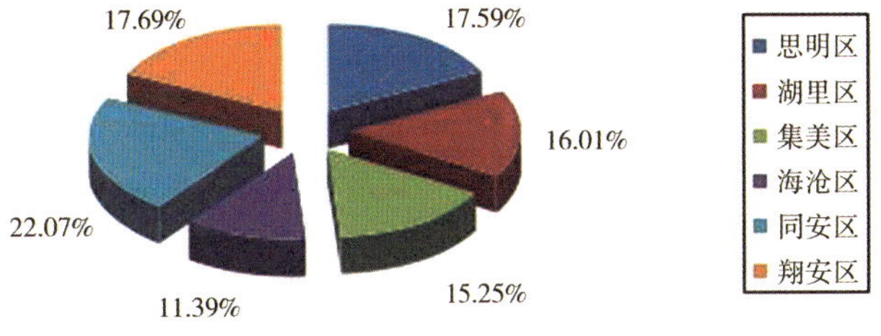

图 39-20 各区用水比例图

4 用水指标分析

据统计，当年本地水资源供应量为 29100 万立方米，水资源总量为 10.938 亿立方米，水资源利用率为 26.60%。以户籍人口计算，当年人均水资源量为 419 立方米，比上年增加 7.71%；以常住人口计算，当年人均水资源量为 255 立方米，比上年增加 11.35%。

根据用水情况，比照社会经济发展水平，万元生产总值（GDP）用水量（包括农林牧渔用水）为 11.4 立方米，比上年减少 18.57%；万元工业产值用水量为 1.7 立方米，比上年减少 10.53%；万元工业增加值用水量为 6.4 立方米，比上年减少 16.88%；第三产业万元增加值用水量为 3.7 立方米，比上年减少 19.57%；农业亩均用水量为 502.6 立方米，比上年减少 1.68%。

以户籍人口计算，人均综合用水量为 261 立方米，比上年减少 5.78%；城镇人均生活日用水量为 278 升，比上年减少 1.07%；农村人均生活日用水量为 194 升，比上年减少 0.51%。以常住人口计算，人均综合用水量为 159 立方米，比上年减少 3.05%；城镇人均生活日用水量为 163 升，比上年增加 2.52%；农村人均生活日用水量为 153 升，比上年减少 0.65%。全市用水指标分析情况见表 39-12。

表 39-12 **用水指标分析情况表**

年份	万元GDP用水量（立方米）	万元工业产值用水量（立方米）	万元工业增加值用水量（立方米）	第三产业万元增加值用水量（立方米）	农业亩均用水量（立方米）	人均水资源量（立方米）	人均综合用水量（立方米）	城镇人均生活日用水量（升）	农村人均生活日用水量（升）
2019	11.4	1.7	6.4	3.7	502.6	419（255）	261（159）	278（163）	194（153）
2018	14.0	1.9	7.7	4.6	511.2	389（229）	277（164）	281（159）	195（154）
与上年比较（±%）	-18.57	-10.53	-16.88	-19.57	-1.68	7.71（11.35）	-5.78（-3.05）	-1.07（2.52）	-0.51（-0.65）

备注：表中所示人均指标括号前数据以户籍人口数计算，括号内数据以常住人口数计算

5 重要水事

5.1 防汛抗旱工作扎实有效

2019年，厦门市组织防汛隐患排查6430处，培训覆盖1.8万人次，防汛演练88场，市级防汛综合演练获中央电视台报道，夯实防灾减灾基础。入汛后精准施策、科学调度，先后成功防御12场强降雨、4个台风影响，特别是有效应对6、7月份超百年一遇短历时暴雨，及时转移群众3.9万人次，成功应对气象重旱，获得市主要领导肯定。全市未出现因灾人员伤亡和重大险情灾情，实现“不死人、少损失”目标。

5.2 水利工程补短板

水利前期工作加快推进，落实加快建设高颜值生态花园之城部署，组织编制《厦门市供水大水网系统工程规划》和《城乡供水提质扩容三年行动方案》，持续推进九龙江雨洪利用工程前期工作，牵头推进闽西南协同发展区水资源合作。

长泰枋洋水利枢纽工程上存大坝主体于4月16日全面封顶，12月27日顺利通过省水利厅组织的下闸蓄水验收，工程已具备下闸蓄水条件。

杏林湾排涝泵站工程全年完成投资1.6亿元，超年初计划。6月份完成围堰工程施工，12月份完成基坑开挖及支护施工，完成主体结构桩基施工，开展泵房底板钢筋混凝土施工。

汀溪水库群至翔安原水输水工程支线于7月份贯通具备通水条件，每年输水能力最高可达8212.5万吨；12月底总长15千米的西水东调原水管道一期工程贯通具备通水条件，每年输水能力最高达9125万吨。这两个项目的投入使用，实现了东、西部主要水源及主要水厂的互联互通，实现水资源联合调度、联合保障。大大缓解了翔安区供水紧张的局面，解决了我市区域性缺水问题。

5.3 水利行业强监管

深入开展水利系统扫黑除恶专项斗争，集中整治乱象乱点，采取“四不两直”方式，先后开展近百座水库水闸安全运行专项督查，强化农村小水电站生态流量监管。在国庆节等重要时段，专项开展水利安全生产隐患排查整治和反恐怖安全督导，确保安全稳定。

强化水土保持监管和审批，市委办、市政府办联合印发《关于进一步加强水土保持工作的意见》，建立水土保持“天地一体化监管”体系，开展水土保持监督检查85次，在全省率先实现“水土流失率下降到7%以内”目标。试行水土保持区域评估，区域内工程建设项目共享评审结果，进一步提高审批效能；推行水土保持方案报告表及登记表全程网办，目前全程网办比例达52%以上。

5.4 修订出台《厦门经济特区水资源条例》

根据近年来新修订的《中华人民共和国水污染防治法》和出台的《福建省水资源条例》，结合新实施的河湖长制及机构改革实施方案，对《厦门经济特区水资源条例》部分条文作修正。经过多轮的征求意见和研究讨论，8月30日厦门市第十五届人民代表大会常务委员会第二十七次会议通过了《厦门市人民代表大会常务委员会关于修改〈厦门经济特区水资源条例〉的决定》。

5.5 持续深化推行河湖长制

2019年厦门市持续深化推行河湖长制，市双总河长率先签发总河长令，高位强力推动小流域综合治理；紧扣“工程补短板”，在污水处理率全省第一的情况下，高质量高标准推进污水处理设施建设；持续保持对9条溪流“乱占、乱采、乱堆、乱建”的清理整治，实现动态清零；持续加快推进9条溪流安全生态水系建设，累计完成401公里生态河道建设；修编完成《厦门市溪流养护实施方案》，完善溪流养护社会化管养长效机制；市政府出台的《厦门经济特区筼筜湖区保护办法》，成为全省首个在单个湖泊管理法规中明确施行湖长制的地方性法规。全市水环境质量持续改善，2019年市域范围饮用水源达标率保持100%，国控隘头潭断面水质继续保持Ⅲ类，小流域10个考核断面水质达标率100%，筼筜湖等水质持续提升，群众对河湖管理满意度创新高。

（厦门市水利局）

2019年厦门市环境质量公报

1. 综述

2019年，在厦门市委、市政府和省生态环境厅的正确领导下，市生态环境局深入学习贯彻习近平新时代中国特色社会主义思想和党的十九大、十九届二中、三中、四中全会精神，认真落实省委“八个坚定不移”要求，贯彻落实市委、市政府加快发展的重大决策，坚决扛起全面从严治党和生态环境保护“两个政治责任”，致力打造政治生态和自然生态“两个绿水青山”，围绕建设全国生态文明示范市目标，全力抓好“攻坚突破年、企业服务年、铁军建设年”建设，精心精准精细在更高起点打造高颜值生态花园之城，倾情倾智倾力协同推进社会经济高质量发展和生态环境高水平保护，以实际行动当好新时代生态文明建设的排头兵，取得了较好的成效。

2019年全市生态环境质量持续改善，保持全国前列。全市空气质量综合指数2.98，在全国168个重点城市中排名第四；集中式饮用水水源地水质达标率持续保持100%，流域国省控断面水质达标率保持100%，筼筜湖水质较基准年明显改善；土壤和声环境质量保持稳定；全年未发生较大以上突发环境事件。生态文明指数在全国地级及以上城市名列第一；海洋生态环保管理工作形成典型经验在全国会议交流推广；环评审批告知承诺制改革经验由省审改办向全省推广；生态系统价值核算、生态环境目标责任书“三合一”考核经验由省生态办列为国家生态文明试验区第三批改革成果复制推广，排污权交易制度在全省推广，生态云平台建设应用在全省走前头、作示范。

2. 大气环境

2019年，全市环境空气质量综合指数2.98，在全国168个城市中排名并列第四；六项主要污染物浓度均优于国家环境空气质量二级标准，其中二氧化硫（SO_2）、二氧化氮（NO_2）、一氧化碳（CO）、可吸入颗粒物（PM_{10}）符合一级标准要求，环境空气质量继续保持全国前列。

环境空气质量状况

2019年全市环境空气质量综合指数2.98，较2018年改善0.08。空气质量优的天数为185天，良的天数为171天，轻度污染的天数9天（首要污染物为臭氧7天、细颗粒物2天）。空气质量优良率为97.5%、优级率为50.7%（以工况数据计），与2018年相比（以标况数据计）分别下降4.3个百分点和7.6个百分点。

六项污染物年际变化

全市国控评价点位六项主要污染物年均浓度值分别为：二氧化硫（SO_2）6 $\mu g/m^3$、二氧化氮（NO_2）23 $\mu g/m^3$、可吸入颗粒物（PM_{10}）40 $\mu g/m^3$、细颗粒物（$PM_{2.5}$）24 $\mu g/m^3$、一氧化碳（CO）95百分位浓度值0.8mg/m^3、臭氧（O_3）90百分位浓度值136 $\mu g/m^3$。按照《环境空气质量标准》（GB3095-2012）评价，SO_2、NO_2、CO、PM_{10}年均浓度符合一级标准要求；$PM_{2.5}$、O_3年均浓度符合二级标准要求。

与2018年相比（以标况数据计），SO_2、NO_2、PM_{10}和浓度分别下降22.2%、19.4%、6.5%，CO浓度持平，$PM_{2.5}$、O_3浓度分别上升4.0%、16.5%。

酸雨

全市降水pH范围为3.91—7.17，pH加权平均值为5.29，酸雨发生率为60.0%，降水总离子浓度平均值为305 μeq/L。与2018年相比，厦门酸雨发生率有所下降，降水总离子浓度、pH加权平均值有所上升。

表39-13 **2014—2019年厦门市环境空气主要污染物年均浓度统计表**

年度＼指标		主要污染物名称及浓度					
		SO_2（$\mu g/m^3$）	NO_2（$\mu g/m^3$）	PM_{10}（$\mu g/m^3$）	$PM_{2.5}$（$\mu g/m^3$）	CO（mg/m^3）	O_3（$\mu g/m^3$）
2014年		16	37	59	37	1.0	128
2015年		10	31	48	29	0.9	95
2016年		11	31	47	28	0.9	103
2017年		11	32	48	27	0.8	117
2018年		9	31	46	25	0.9	127
2019年		6	23	40	24	0.8	136
《环境空气质量标准》（GB3095-2012）	一级	20	40	40	15	4*	100**
	二级	60	40	70	35	4*	160**

备注：*24小时平均浓度限值，**日最大8小时平均浓度限值，数据为标况数据（2019年为工况数据）

措施与行动

组织开展三轮“守护蓝天百日攻坚”专项行动。推进大气精准治理“一十百”工程项目，135 个重点治理项目全部完成，累计完成 7 个行业 1025 家企业 VOCs 污染整治工作，基本完成 1398 家“散乱污”企业整治。实施高排放机动车限行，划定高污染燃料禁燃区和高排放非道路移动机械禁止使用区域；在全省率先开展全市非道路移动机械摸底调查和编码登记，完成登记 16015 台；推广新能源汽车 12991 辆。加强船舶大气污染物排放控制区执法，完成船舶燃油快检抽查 587 单；海港高压岸电建设覆盖率全省最高，机场桥载电源使用率达到 90.22%。开展《厦门市工地扬尘污染防治工作方案》落实情况回顾性评估，建立健全工地扬尘污染违法行为查处工作机制；全年扬尘防治抽查通报问题 6471 个，整改率 97.1%。深化厦漳泉大气污染联防联控联治协作机制，实现厦漳泉三地高架源在线数据共享。承接梳理“十三五”应对气候变化工作，积极推进低碳城市建设，举办 2019 年第七届全国低碳日主题活动。

3. 水环境

2019 年全市集中式饮用水源地水质优；主要湖库水质良好；厦门近岸海域水质有所改善，无机氮与活性磷酸盐两项主要污染物浓度有所下降；海滨浴场水质良好。

集中式饮用水源

全市集中式饮用水源地北溪引水、坂头—石兜水库和汀溪水库饮用水源地达标率 100%，水质监测指标全年均符合《地表水环境质量标准》（GB3838-2002）Ⅱ类水质标准，较 2018 年水质有所提高。

主要河流

主要流域国考断面Ⅰ－Ⅲ类水质比例达到 100%，小流域省考核断面Ⅰ－Ⅲ类水质比例达到 83.3%。

湖泊水库

上李水库水质类别为Ⅲ类，营养状态为中营养。

新丰水库水质类别为Ⅲ类，营养状态为中营养。

两二水库水质类别为Ⅱ类，营养状态为中营养。

溪东水库水质类别为Ⅱ类，营养状态为中营养。

古宅水库水质类别为Ⅱ类，营养状态为中营养。

杏林湾水库水质类别为劣Ⅴ类，营养状态为重度富营养。

近岸海域

2019 年，近岸海域水质监测 12 个点位中有 11 个点位在海域环境功能区内，7 个点位符合功能区划水质要求，功能区达标率为 63.6%，较去年上升 9.1%；海水中主要超标污染物为活性磷酸盐和无机氮。

无机氮浓度变化范围在 0.075mg/L—1.00mg/L，均值为 0.310mg/L，较去年均值 0.361mg/L 有所下降；活性磷酸盐浓度变化范围在 0.011mg/L—0.051mg/L，均值为 0.025mg/L，较去年均值 0.033mg/L 有所下降。其余监测项目（高锰酸盐指数、溶解氧、汞、铜、铅、镉、砷、石油类等）浓度均基本符合一、二类海水水质标准。厦门近岸海域为轻度富营养，富营养化指数 E 为 1.1，较去年同期显著下降。

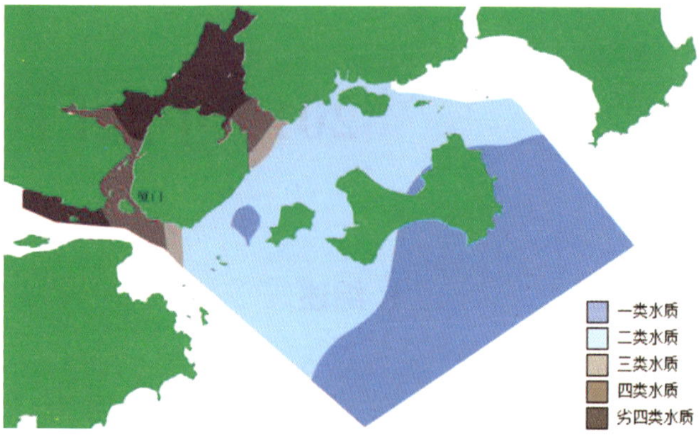

图 39-21　2019 年厦门近岸海域活性磷酸盐浓度分布图

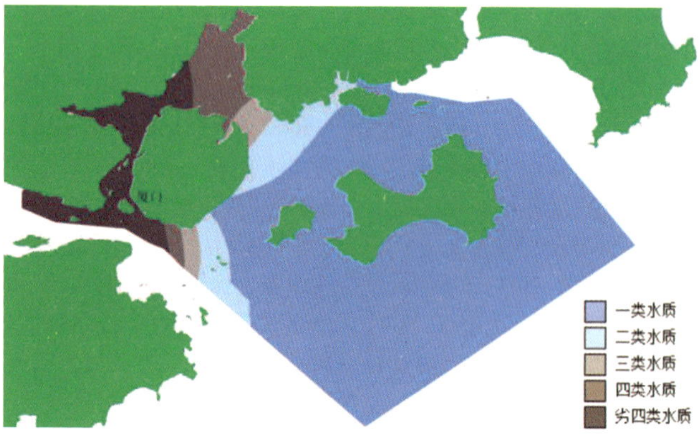

图 39-22　2019 年厦门近岸海域无机氮浓度分布图

表 39-14　**2018—2019 年厦门近岸海域富营养状况表**

监测时间	活性磷酸盐（mg/L）	无机氮（mg/L）	化学需氧量（mg/L）	富营养化指数	富营养化等级
2018 年	0.033	0.361	0.56	1.5	轻度富营养
2019 年	0.025 ↓	0.310 ↓	0.66 ↑	1.1 ↓	轻度富营养

筼筜湖

2019 年筼筜湖水质主要污染物为无机氮、活性磷酸盐；无机氮的浓度范围 0.546—2.01mg/L，浓度均值 0.984mg/L；活性磷酸盐的浓度范围 0.016—0.132mg/L，浓度均值 0.051mg/L，与基准年（2015 年无机氮 1.94mg/L、活性磷酸盐 0.085mg/L）相比，无机氮、活性磷酸盐浓度均显著下降，下降幅度分别为 49.3%、39.6%。

海滨浴场

2019 年黄厝华天学院外浴场（H1）、椰风寨外浴场（H2）、明丽山庄外浴场（H3）、港仔后菽庄花园外浴场（G3）和厦大白城浴场（Z2）水质总体良好，适宜游泳；公主园海鲜酒店外浴场（Z1）、水产研究所外浴场（G1）、鼓浪屿别墅美华浴场（G2）水质一般，较适宜游泳；浴场水体中的主要污染物为粪大肠菌群。

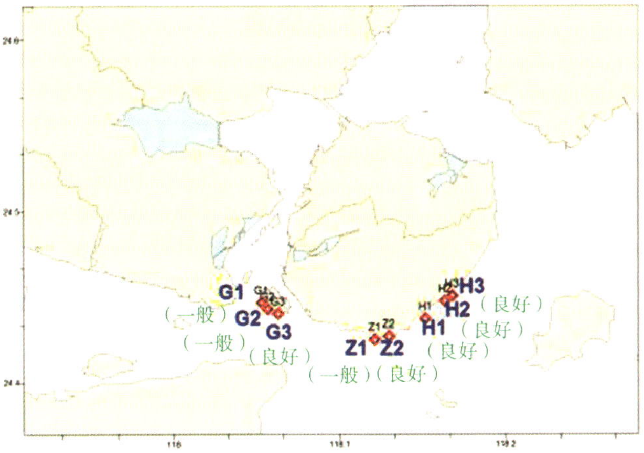

图 39-23　2019 年厦门 8 个海滨浴场水质状况图

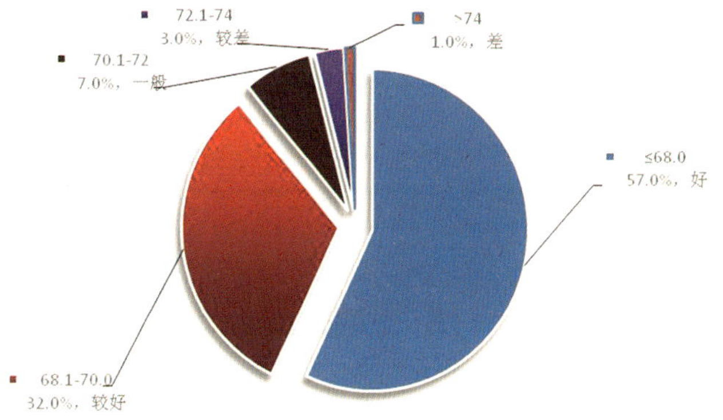

图 39-24　2019 年厦门市昼间道路交通噪声暴露在不同等效声级下的路段分布图

措施与行动

投入重点流域生态补偿和小流域“以奖促治”专项资金，实施 14 个“小流域综合治理”为民办实事工程项目，累计完成投资 7128 万元。组织开展 395 个入河排水口整治，完成核查检测并实施清单式管理。印发实施《饮用水水源地环境管理特别限制措施（环保负面清单）》，在全省率先实行饮用水水源地负面清单管理，修订市级饮用水水源应急预案，扎实推进界标设置和排查问题整改，完成全市“万人千吨”饮用水源基础信息调查。印发实施《九龙江口和厦门湾生态综合治理攻坚战行动计划实施方案》，强化陆海统筹，开展九龙江—厦门湾污染物排海总量控制试点，按照“查、测、溯、治”的要求，全面开展入海排污口排查整治。出台《厦门市近岸海域海漂垃圾综合治理工作方案》，完善“海上环卫”工作机制，实施源头分类管控。

4. 声环境

2019 年，全市区域环境噪声质量为三级，道路交通噪声强度等级为一级，城市功能区噪声达标率略有下降；区域环境噪声污染程度同比保持不变、昼间道路交通噪声污染程度同比均略有加重。

区域环境噪声

昼间区域环境噪声质量为三级，声级范围在 49.8dB（A）—63.2dB（A），平均等效声级为 55.8dB（A），污染程度同比保持不变。

道路交通噪声

昼间道路交通噪声质量为一级，平均等效声级为 67.2dB（A），其中等效声级超过 70dB（A）路段长为 18.5 千米，同比减少 10.4 千米。与 2018 年相比，城市昼间道路交通噪声污染程度同比略有加重。

功能区噪声

城市功能区噪声质量较好，昼间、夜间达标率分别为 98.8%、75.0%，同比昼间、夜间达标率均略有下降。

措施与行动

及时响应解决噪声扰民投诉问题，消除噪声对周边居民影

表 39-15　**2015—2019 年厦门市昼间区域环境、道路交通噪声等效声级统计表**

项目	单位	2015 年	2016 年	2017 年	2018 年	2019 年
区域环境噪声平均值	dB（A）	56.0	55.5	55.2	55.3	55.8
道路交通噪声平均值	dB（A）	67.9	67.8	67.3	66.4	67.2

表 39-16　**2018—2019 年各类功能区监测点次达标率情况表**

年度	功能区达标率（%）									
	全年		1 类		2 类		3 类		4a 类	
	昼	夜	昼	夜	昼	夜	昼	夜	昼	夜
2019	98.8	75.0	100	87.5	96.4	67.9	100	95.0	100	50.0
2018	100	77.5	100	100	100	67.9	100	95.0	100	50.0
增幅	−1.2	−2.5	0	−12.5	−3.6	0	0	0	0	0

备注：声环境功能区类别引用《声环境质量标准》（GB3096−2008）

响。实行严格施工审批，除因生产工艺或特殊工期要求外，一律不允许夜间施工。强化工业企业管理，督促工业企业严格落实环境噪声污染防治措施，加强厂界的立体绿化，减小噪声对周边环境的影响。合力做好绿色护考工作，中考、高考期间加强噪声监测及执法巡查，保障考生安静的考试环境。广泛开展噪声污染防治法律法规的宣传教育活动，进一步增强公众声环境保护意识。

5. 土壤环境

2019 年，危险废物规范化管理持续保持全省领先水平，土壤污染防治工作有序推进，土壤环境质量保持稳定。

完成 24 个土壤点位（包括 11 个市控点位和 13 个农村环境土壤监测点位）的土壤环境监测工作，收集三个选测村庄基本信息，并完成点位布设及监测；完成 136 家土壤详查企业用地调查基础信息采集，督促 16 家重点监管企业开展土壤自行监测，完成率 100%，组织开展重点监管企业用地周边土壤环境监测，完成率 100%。

全市危险废物产生量 10.64 万吨（不含医疗废物），处置利用量 10.62 万吨，贮存量 0.26 万吨（含跨年度贮存）。

全市医疗废物产生量 0.60 万吨，处置量 0.60 万吨，处置率 100%。全市利用单位限制进口类可用作原料的固体废物实现“零进口”。

措施与行动

全面推进重点行业企业用地调查。将第二次污染源普查企业、列入排污许可管理的重金属排放企业、土壤环境重点监管企业、一址多厂企业和已有调查名单比对，增补企业全部完成调查，纳入空间信息整合与信息采集成果。136 家重点行业企业用地调查信息采集全面完成，初步采样调查开展试点。加强土壤重点企业监管，完成 2 个疑似污染地块初步调查报告；动态更新并公开土壤环境重点监管企业，建立一企一档，推动落实土壤污染隐患排查制度和自行监测制度；开展重点监管企业周边区域土壤环境监测；建立 96 家重金属企业全口径清单，完成 2019 年涉镉等重金属重点行业企业排查整治。落实危险废物规范化管理考核制度，全省率先建设医疗废物环境监管平台，提升信息化管理水平。

6. 辐射环境

2019 年，厦门市辐射环境质量保持稳定，电离辐射与电磁辐射环境处于正常水平。所有放射源及射线装置均处于可控的状态下，未发生放射源失控的事件。

措施与行动

制定印发《2019 年度市级核与辐射项目监督检查与监测计划》，完成监测检查 180 家企业，配合省生态环境厅、省辐射环境监督站对我市核技术利用单位进行监督检查。办理辐射安全许可证事项 119 件。

7. 生态环境

全市林业自然保护区面积达 3359 公顷，森林覆盖率为 41.65%。初步划定陆域生态保护红线 228.72 平方公里。珍稀海洋物种国家级自然保护区面积达 7588 公顷，五缘湾栗喉蜂虎自然保护区面积约 40 公顷。海域白海豚数量保持稳定；栗喉蜂虎繁殖亲鸟数量约 120 只，比前两年略有增加。

自然保护地

国家级自然保护区 1 个（厦门海洋珍稀物种国家级自然保护区），水源保护区 3 个（石兜—坂头水库、汀溪水库、九龙江北溪），建制镇水源保护区 1 个（新圩镇古宅水库），森林公园 6 个（莲花国家森林公园、天竺山森林公园、同安郭山村森林公园、集美灌口镇越尾山森林公园、翔安吕塘村森林公园、同安洋麻山森林公园），国家重点风景名胜区 1 个（鼓浪屿—万石山风景名胜区），省级风景名胜区 2 个（香山风景名胜区、北辰山风景名胜区），市级自然保护区 1 个（厦门五缘湾栗喉蜂虎自然保护区）。

措施与行动

会同市自然资源和规划局联合印发《厦门市生态保护红线评估工作方案》及《关于联合开展“绿盾 2019”自然保护区强化监督工作的通知》，开展生态保护红线技术评估，督促自然保护区自查工作。协同市自然资源和规划局开展保护区违建项目清查整治专项行动。对厦门珍稀海洋物种国家级自然保护区的遥感点位进行现场核查。

8. 环境监管

（1）坚持依法执政。依法开展行政复议与行政诉讼工作，共受理行政复议案件 13 起，受理听证案件 2 起，办理行政诉讼案件 8 起。严把重大环境案件法制审查关，共召开 4 次重大环境案件审查会议，审议了 6 个重大环境案件。严禁环保“一刀切”，制定《厦门市生态环境局关于修定〈水污染防治法〉和〈大气污染防治法〉行政处罚自由裁量权执行标准（试行）的通知》，进一步加强生态环境行政执法监督，规范行使行政处罚自由裁量权。全面推行行政执法公示、执法全过程纪录、重大执法决定法制审核“三项制度”。健全行政执法和刑事司法衔接机制，向公安机关移送涉嫌污染环境罪 4 件、移送实施行政拘留 12 件，与市公安局联合开展清水蓝天环保专项执法行动。全年累计出动执法人员 26387 人次，检查企业 8718 家次，立案查处 731 件，罚款 3971 万元，实施查封扣押 157 起、限产停产 2 起。

（2）优化审批服务。深化在全国率先实行的环评审批告知承诺制改革，重点片区、行业项目实现环评批复立等可取，2019 年有 186 个项目受益，缩减审批时间 4092 个工作日；在全省率先制定实施《生态环境准入清单》，实行差异化环境准入管控，率先全国实行区域环评“一本制”管理。成立重大项目环评审批工作专班，有力保障新机场和宸鸿新一代手机触控、中航锂电 A 6 等重大项目落地。

（3）加强要素保障。统筹使用全市五类重金属总量，优先保障重点企业排放指标需求。深入做好排污权保障服务，鼓励现有排污单位减排形成可交易排污权指标 452 吨，组织收储 31 家关停企业排污权总量指标 642 吨，保障天马微电子和士兰集科 2 个重点项目和 91 个小微排放项目排污权。持续委托省交易平台直接出让政府储备排污权，政策实施以来共有 215 个项目受益，节省审批时间约 2150 个工作日；在全省率先实行在排污之前取得排污权制度，减少企业的资金压力。

（4）**强化平安建设。**严格落实综治责任制，不定期专题研究部署安全生产、环境安全和反恐等工作。制定年度安全隐患排查治理专项行动工作方案，对放射源、废弃危化品处置和涉危化品企业环境安全等开展检查，消除一批环境安全隐患。完善环境应急物资库，开展年度突发环境事件实战式应急演练；完成海峡论坛和 70 周年国庆等重要节点应急值守和反恐等级响应保障任务；妥善处理沈海高速翔安段柴油泄露事故。

（5）**积极办理信访投诉。**制定百姓身边突出生态环境问题专项整治方案，明确特殊监管对象产生及管控措施，进一步规范重复投诉件受理工作。全年共受理环境投诉 5545 件（电话 3930 件、微信 1287 件、网络 328 件），及时办结率 100%。采取驻厂蹲点等方式重点监管，积极化解集美民兴工业、海沧新阳工业区、翔安东部固废中心废气扰民问题，投诉量同比分别下降 68.1%、26.7% 和 75.6%，全市受理群众环保信访投诉量同比下降 26%。

（6）**强化科技支撑。**深入推进省生态云平台建设应用，按照“一区一应用、一区一特色”的思路，大气、水、机动车、重金属等应急指挥应用模块在全省走前头做示范，水环境调度指挥模块在“数字中国”建设峰会“数字生态”分论坛展示推广，新阳排洪渠、东部固废、涉税信息交换等四个模块有序推进。基本完成第二次全国污染源普查，采集和录入全市 12001 家（个）普查对象信息，全面掌握全市污染源状况，完成数据分析报告，成果应用为全市生态环境管理、污染治理和产业结构调整提供决策支撑。

（7）**完善监测网络。**监测站新建实验室取得质量认证，完成集美中学、同安二实小两个“十四五”空气质量国控站点建设验收交接；布设 39 个空气自动监测站和 35 个水质自动站；在 159 家重点排污单位安装 234 套自动在线监控。会同市场监督管理局组织检查 15 家环境检测机构和 19 家机动车检测机构。定期分析通报环境质量 72 期；空气质量预警分析工作获得国家监测总站表彰。

（8）**坚持规划引领。**着力建设全国生态文明示范市。深入实施省生态环境厅助力厦门市创建全国生态文明示范市工作方案，4 个方面 12 项具体措施取得阶段性成果。对标国际国内生态文明建设先进经验，构建厦门市创建全国生态文明示范市指标体系，确定全国领先的示范值和分阶段目标值。开展生态环境网络布局规划、臭氧机理等课题研究，启动厦门市“十四五”生态环境保护专项规划研究；完成厦门市乡村生态振兴专项规划及闽西南协作区生态环保专项规划编制，为生态环境保护重大决策提供坚实基础。

9. 公众参与

宣传教育

依托主流媒体，大力宣传中央生态环境保护督察等重点工作，共发布中央生态环境保护督察相关消息 582 篇（条），微博及微信、新闻客户端、融媒体等平台共刊发、播报相关消息 2273 篇（条）。会同厦门电视台新闻中心，办好“厦门环境空气质量播报”电视栏目，实时推送环境空气质量状况。做好“厦门生态环境”微信公众号、微博及网站的信息推送运维工作，全年共编辑、制作及推送微信信息 1235 条，微博信息 1533 条，网站信息 289 条。

推进公众参与环境保护

着力引导公众履行自身环保责任，形成践行绿色生活的社会风尚。编制《厦门市环境教育规划》，举办全市师生生态环境教育培训，开发建设厦门环境教育平台，全年共有 2308 家企业注册学习。结合“美丽中国，我是行动者”的六五环境日主题，开放环保设施组织公众参观。举办厦门市文化科技卫生“三下乡”服务活动，编制分发环保宣传手册、宣传品 2 万多份，深入社区开展生态环境文化宣传。

人大提案、政协建议

高度重视人大建议、政协提案办理工作，严格按照办理程序交办反馈，积极主动与人大代表、政协委员沟通协商，深刻领会交办意图，确保如期高质量办结。2019 年，共受理生态环境类政协提案 24 件、人大建议 16 件，全部完成办理，并依法依规做好答复意见公开。

（厦门市生态环境局）

表 39–17

2019 年厦门市劳动力市场部分工种（职位）工资指导价位表

单位：元 / 人 · 月

序号	职业编码	职位名称	高位数	中位数	低位数
一、全行业					
1	1060100	企业董事	56094	21646	9103
2	1060200	企业总经理	55344	24921	10577
3	1060300	国有企业中国共产党组织负责人	50353	30882	14142
4	1060400	生产经营部门经理	36913	13103	5624
5	1060500	财务部门经理	39071	14655	5592
6	1060600	行政部门经理	40603	11299	5175
7	1060700	人事部门经理	31934	9844	4815
8	1060800	销售和营销部门经理	34312	12287	5155
9	1060900	广告和公关部门经理	31318	10837	5802
10	1061000	采购部门经理	27470	10035	5313
11	1061100	计算机服务部门经理	33418	15682	6919
12	1061200	研究和开发部门经理	40067	14188	6818
13	1061300	餐厅部门经理	16540	6470	4282
14	1061400	客房部门经理	13802	6329	4467
15	1069800	其他职能部门经理	35845	18017	6440
16	1069900	其他企业中高级管理人员	32797	9977	5345
17	2010800	医学研究人员	8890	5770	4560
18	2020202	工程测量工程技术人员	10745	6459	5201
19	2020204	地图制图工程技术人员	13207	7702	4974
20	2020601	化工实验工程技术人员	12890	7604	6271
21	2020602	化工设计工程技术人员	12655	7690	5921
22	2020603	化工生产工程技术人员	13011	7712	5600
23	2020701	机械设计工程技术人员	13890	7561	4375
24	2020702	机械制造工程技术人员	10284	7145	4915
25	2020703	仪器仪表工程技术人员	16758	8592	4107
26	2020704	设备工程技术人员	13262	8121	4545
27	2020706	模具设计工程技术人员	9449	6760	5348
28	2020707	自动控制工程技术人员	10527	5931	4926
29	2020708	材料成形与改性工程技术人员	12564	8016	5304
30	2020709	焊接工程技术人员	9611	6191	4819
31	2020710	特种设备管理和应用工程技术人员	10762	7603	6512
32	2020711	汽车工程技术人员	14379	7862	4861
33	2020712	船舶工程技术人员	9310	6511	4669
34	2020802	飞行器制造工程技术人员	17193	13773	10343
35	2020806	航空产品适航工程技术人员	36052	29897	21747

续表 39-17

序号	职业编码	职位名称	高位数	中位数	低位数
36	2020901	电子材料工程技术人员	11601	7000	4680
37	2020902	电子元器件工程技术人员	11467	7066	4850
38	2020904	电子仪器与电子测量工程技术人员	10958	8885	5052
39	2021001	通信工程技术人员	14209	6686	4607
40	2021002	计算机硬件工程技术人员	17103	7291	4802
41	2021003	计算机软件工程技术人员	19153	8694	4622
42	2021004	计算机网络工程技术人员	20411	7219	5108
43	2021005	信息系统分析工程技术人员	20643	14104	6498
44	2021006	嵌入式系统设计工程技术人员	17310	13264	5566
45	2021007	信息安全工程技术人员	13440	7874	6050
46	2021008	信息系统运行维护工程技术人员	21736	10848	6495
47	2021101	电工电器工程技术人员	12966	6095	5034
48	2021103	光源与照明工程技术人员	11664	7027	4351
49	2021201	发电工程技术人员	14124	10040	6770
50	2021202	供用电工程技术人员	11183	7737	5480
51	2021203	变电工程技术人员	10969	7275	5631
52	2021204	输电工程技术人员	14145	9024	7179
53	2021205	电力工程安装工程技术人员	15412	7636	5485
54	2021301	邮政工程技术人员	8746	6677	3789
55	2021508	道路交通工程技术人员	14349	7207	5196
56	2021802	建筑和市政设计工程技术人员	13539	7871	5185
57	2021803	土木建筑工程技术人员	13449	7468	3985
58	2021804	风景园林工程技术人员	10715	6803	4470
59	2021805	供水排水工程技术人员	14811	7387	3088
60	2021807	城镇燃气供热工程技术人员	12057	9731	7633
61	2021809	道路与桥梁工程技术人员	15336	8733	6363
62	2021813	水利水电建筑工程技术人员	7062	6582	5881
63	2022301	纺织工程技术人员	7096	5487	5082
64	2022303	化学纤维工程技术人员	9577	8189	5469
65	2022304	非织造工程技术人员	11584	9945	5202
66	2022305	服装工程技术人员	8773	5535	4082
67	2022400	食品工程技术人员	7052	5923	4785
68	2022701	环境监测工程技术人员	7561	4625	4400
69	2022702	环境污染防治工程技术人员	9658	7027	5519
70	2022706	健康安全环境工程技术人员	7581	6202	4787
71	2022801	安全防范设计评估工程技术人员	9699	8232	4951
72	2022802	消防工程技术人员	9155	6937	4251
73	2022803	安全生产管理工程技术人员	9961	7316	3946

续表 39-17

序号	职业编码	职位名称	高位数	中位数	低位数
74	2022901	标准化工程技术人员	13859	9118	5283
75	2022903	质量管理工程技术人员	11557	8555	7681
76	2022904	质量认证认可工程技术人员	12517	9975	7868
77	2022905	可靠性工程技术人员	9186	8358	5670
78	2023001	工业工程技术人员	12590	7689	5360
79	2023002	物流工程技术人员	9172	7272	4955
80	2023003	战略规划与管理工程技术人员	6878	6159	5260
81	2023004	项目管理工程技术人员	9350	6446	4879
82	2023007	监理工程技术人员	12563	6204	3999
83	2023009	数据分析处理工程技术人员	12160	6694	5030
84	2023010	工程造价工程技术人员	13110	10110	4483
85	2023101	产品质量检验工程技术人员	10637	6102	4916
86	2023200	制药工程技术人员	9570	6703	4892
87	2023300	印刷复制工程技术人员	11316	5772	4000
88	2023401	产品设计工程技术人员	9880	7177	4572
89	2023402	工业设计工程技术人员	11845	7611	5167
90	2023602	皮革化学工程技术人员	13483	8083	5307
91	2030200	农业技术指导人员	8784	6805	4445
92	2030400	园艺技术人员	9520	5480	3234
93	2030900	农业工程技术人员	10737	8040	5407
94	2049900	其他飞机和船舶技术人员	13393	6713	5104
95	2050104	妇产科医师	9740	7911	5976
96	2050201	中医内科医师	12571	9317	8079
97	2050601	药师	14991	11661	3063
98	2050701	影像技师	13246	10037	6142
99	2050704	临床检验技师	17315	10765	6581
100	2050801	内科护士	5599	5087	3778
101	2050802	儿科护士	11864	8579	5382
102	2050803	急诊护士	9320	7395	5431
103	2050804	外科护士	8106	5629	3981
104	2050805	社区护士	11874	9265	3498
105	2050806	助产士	4707	4291	3876
106	2050808	妇产科护士	6507	5661	4259
107	2059900	其他卫生专业技术人员	6779	5408	2136
108	2060101	经济规划专业人员	14692	8024	4033
109	2060103	价格专业人员	6333	3240	2867
110	2060200	统计专业人员	12836	5282	3228
111	2060300	会计专业人员	16076	6800	3912

续表 39-17

序号	职业编码	职位名称	高位数	中位数	低位数
112	2060400	审计专业人员	22375	9875	5236
113	2060500	税务专业人员	12670	6625	3719
114	2060601	资产评估人员	6324	4083	1732
115	2060602	房地产估价专业人员	7837	5225	3340
116	2060701	国际商务专业人员	11281	6533	4530
117	2060702	市场营销专业人员	18478	8419	4722
118	2060703	商务策划专业人员	16385	9454	6056
119	2060704	品牌专业人员	17941	9887	6700
120	2060710	物业经营管理专业人员	8303	7076	6007
121	2060712	报关专业人员	11106	6226	4250
122	2060713	报检专业人员	11594	6410	4738
123	2060801	人力资源管理专业人员	15932	6938	4073
124	2060802	人力资源服务专业人员	11105	5967	3500
125	2060904	银行清算专业人员	24828	16651	11279
126	2060905	信贷审核专业人员	39400	20497	10690
127	2061001	精算专业人员	13501	8015	4942
128	2061002	保险核保专业人员	14604	8377	5259
129	2061003	保险理赔专业人员	13530	9211	5981
130	2061102	证券交易专业人员	32741	9837	5627
131	2061103	证券投资专业人员	36788	15722	6876
132	2061104	理财专业人员	18299	11539	6420
133	2061203	专利管理专业人员	11782	8942	5348
134	2069900	其他经济和金融专业人员	24395	10283	5155
135	2070300	律师	15352	9500	6143
136	2070700	法律顾问	16195	8677	6282
137	2079900	其他法律、社会和宗教专业人员	19575	10501	5840
138	2080400	幼儿教育教师	6368	4179	3293
139	2089900	其他教学人员	12169	4352	2429
140	2090601	视觉传达设计人员	11727	6756	4176
141	2090602	服装设计人员	10105	7901	5376
142	2090606	工艺美术专业人员	12275	7223	4818
143	2090607	数字媒体艺术专业人员	8939	5978	4671
144	2090609	陈列展览设计人员	9098	6793	4541
145	2099900	其他文学艺术、体育专业人员	9509	6065	4195
146	2100201	文字编辑	9175	7156	4896
147	2100202	美术编辑	6949	5519	4224
148	2100501	翻译	9920	7696	5211
149	2100700	档案专业人员	7031	6125	3702

续表 39-17

序号	职业编码	职位名称	高位数	中位数	低位数
150	2109900	其他新闻出版、文化专业人员	9586	6303	4728
151	2990000	其他专业技术人员	12607	6088	4197
152	3010101	行政办事员	10723	5630	3495
153	3010201	机要员	12508	5879	3827
154	3010202	秘书	14816	5916	3189
155	3010203	公关员	11145	5841	3875
156	3010204	收发员	6445	3901	2834
157	3010205	打字员	5514	4274	2712
158	3010206	速录师	5580	3791	3255
159	3010207	制图员	9012	5087	3546
160	3010208	后勤管理员	12087	5907	3500
161	3019900	其他办事人员	17258	6323	4400
162	3020200	保卫管理员	7734	5600	3356
163	3020304	消防安全管理员	8964	6622	4288
164	3029900	其他安全和消防人员	8064	5259	3081
165	3990000	其他办事人员和有关人员	10288	5610	3333
166	4010100	采购员	8306	6334	4171
167	4010201	营销员	11343	6882	3834
168	4010202	电子商务师	8906	5910	4238
169	4010203	商品营业员	9776	4491	3627
170	4010204	收银员	4215	3705	2792
171	4010503	出版物发行员	11343	7365	5638
172	4019900	其他批发与零售服务人员	8985	4000	2802
173	4020106	轨道交通调度员	7635	6227	5324
174	4020201	道路客运汽车驾驶员	9714	6891	3954
175	4020202	道路货运汽车驾驶员	9024	6267	4252
176	4020203	道路客运服务员	6518	5779	5242
177	4020204	道路货运业务员	7824	6245	4265
178	4020205	道路运输调度员	10342	7412	5641
179	4020206	公路收费及监控员	6556	5707	5190
180	4020207	机动车驾驶教练员	6396	5069	4296
181	4020208	油气电站操作员	9874	7025	4412
182	4020301	客运船舶驾驶员	12265	5441	4038
183	4020302	船舶业务员	9140	5600	4146
184	4020402	航空运输地面服务员	5755	4156	3253
185	4020501	装卸搬运工	6023	3840	3433
186	4020502	客运售票员	6806	5687	4738
187	4020503	运输代理服务员	14336	9592	5687

续表 39-17

序号	职业编码	职位名称	高位数	中位数	低位数
188	4020601	仓储管理员	9239	5419	3545
189	4020602	理货员	10076	5901	3513
190	4020603	物流服务师	7259	5262	3975
191	4020701	邮政营业员	7584	5515	4571
192	4020702	邮件分拣员	7576	5415	4198
193	4020703	邮件转运员	5938	5093	3809
194	4020704	邮政投递员	6213	4822	3102
195	4020707	邮政市场业务员	12858	6762	4383
196	4020709	快件处理员	4888	4289	3719
197	4029900	其他交通运输、仓储和邮政业服务人员	11864	6232	3746
198	4030101	前厅服务员	5995	4106	3083
199	4030102	客房服务员	5844	4050	2720
200	4030103	旅店服务员	6345	4344	3163
201	4030201	中式烹调师	8820	5017	3413
202	4030202	中式面点师	6410	4242	3213
203	4030203	西式烹调师	9796	5018	3375
204	4030204	西式面点师	6518	4849	4211
205	4030205	餐厅服务员	5974	4136	2839
206	4030206	营养配餐员	7074	4396	3206
207	4030207	茶艺师	4683	4182	2876
208	4039900	其他住宿和餐饮服务人员	6001	4000	2410
209	4040201	信息通信网络机务员	12029	8639	3920
210	4040401	信息通信网络运行管理员	15446	6382	4058
211	4040403	信息通信信息化系统管理员	12733	8494	5393
212	4040501	计算机程序设计员	14112	8396	5417
213	4040502	计算机软件测试员	16186	11772	5366
214	4040503	呼叫中心服务员	7520	5111	3689
215	4049900	其他信息传输、软件和信息技术服务人员	12707	6163	4109
216	4050101	银行综合柜员	20081	12951	8035
217	4050102	银行信贷员	38307	21683	10548
218	4050103	银行客户业务员	32257	16152	10239
219	4050104	银行信用卡业务员	16319	11167	10020
220	4050300	期货交易员	12749	6175	3531
221	4050401	保险代理人	26224	9716	4927
222	4050402	保险保全员	15176	6881	5605
223	4059900	其他金融服务人员	19295	9554	5025
224	4060101	物业管理员	6323	4521	2501
225	4060103	停车管理员	4131	2685	2211

续表 39-17

序号	职业编码	职位名称	高位数	中位数	低位数
226	4060201	房地产经纪人	9315	7692	6840
227	4069900	其他房地产服务人员	6154	3776	2723
228	4070100	租赁业务员	9814	7392	4446
229	4070201	风险管理师	17378	14091	6292
230	4070203	客户服务管理员	10440	5604	2740
231	4070401	导游	5447	3688	2430
232	4070403	旅行社计调	9477	3825	1800
233	4070404	旅游咨询员	10130	6915	3824
234	4070501	保安员	6738	4008	3068
235	4070503	智能楼宇管理员	5583	4879	4622
236	4070504	消防设施操作员	6169	5078	3519
237	4070601	商品监督员	4512	3481	2774
238	4070602	商品防损员	4434	3613	2831
239	4070603	市场管理员	8875	7405	4427
240	4070702	装饰美工	8132	5062	4104
241	4079900	其他租赁和商务服务人员	10140	5339	2692
242	4080304	工程测量员	11212	6786	4241
243	4080505	机动车检测工	7990	6299	4261
244	4080506	计量员	6624	5449	4006
245	4080807	室内装饰设计师	6856	4908	3620
246	4080808	广告设计师	12059	8863	3923
247	4080809	包装设计师	9724	6535	4518
248	4080812	家具设计师	5984	3946	2837
249	4089900	其他技术辅助服务人员	9523	4380	3541
250	4090701	污水处理工	7080	6268	3348
251	4090801	保洁员	5283	3196	2413
252	4090802	生活垃圾清运工	4058	3188	2871
253	4091001	园林绿化工	5240	4334	3720
254	4099900	其他水利、环境和公共设施管理服务人员	9146	6636	4473
255	4100402	保健按摩师	8059	5955	4098
256	4109900	其他居民服务人员	4973	3267	2450
257	4110100	供电服务员	8266	7433	5370
258	4110200	燃气燃煤供应服务员	6115	5220	3000
259	4119900	其他电力、燃气及水供应服务人员	8266	6185	5231
260	4120101	汽车维修工	11105	6594	3841
261	4120201	计算机维修工	7899	5325	4234
262	4120202	办公设备维修工	7058	5102	3961
263	4120203	信息通信网络终端维修员	8226	5312	4307

续表 39-17

序号	职业编码	职位名称	高位数	中位数	低位数
264	4120301	家用电器产品维修工	6723	5279	3020
265	4129900	其他修理及制作服务人员	7395	4137	3494
266	4139900	其他文化、体育和娱乐服务人员	7335	4650	3016
267	4140303	眼镜验光员	4283	3466	3092
268	4140304	眼镜定配工	3905	3258	2683
269	4990000	其他社会生产和生活服务人员	6966	4403	3236
270	5059900	其他农林牧渔业生产辅助人员	5608	3781	3116
271	5990000	其他农、林、牧、渔业生产加工人员	4350	3784	2994
272	6010101	制米工	5041	3668	3000
273	6019900	其他农副产品加工人员	4688	3931	2863
274	6020101	糕点面包烘焙工	6100	4790	3293
275	6020102	糕点装饰师	5791	5022	3860
276	6020610	茶叶加工工	8125	5208	4142
277	6029900	其他食品、饮料生产加工人员	7421	5571	3315
278	6040103	纺织纤维梳理工	4932	3520	3220
279	6040301	整经工	11540	6111	4717
280	6040303	织布工	5363	4773	4211
281	6040605	印染后整理工	11006	5246	4585
282	6049900	其他纺织、针织、印染人员	6273	5402	4291
283	6050101	服装制版师	8371	6546	4510
284	6050102	裁剪工	7918	5331	3723
285	6050103	缝纫工	6655	5047	3452
286	6050104	缝纫品整型工	6472	5455	3865
287	6050201	皮革及皮革制品加工工	5494	5071	4203
288	6050401	制鞋工	5493	4317	3918
289	6059900	其他纺织品、服装和皮革、毛皮制品加工制作人员	6025	4561	2361
290	6060301	手工木工	10940	7187	4953
291	6060302	机械木工	5564	4436	3693
292	6060400	家具制作工	6700	5872	4752
293	6069900	其他木材加工、家具与木制品制作人员	7265	5156	4511
294	6070200	纸箱纸盒制作工	7625	5535	4371
295	6079900	其他纸及纸制品生产加工人员	6905	4563	3952
296	6080101	印前处理和制作员	8566	4388	3223
297	6080102	印刷操作员	7832	4970	3504
298	6080103	印后制作员	7904	5287	3595
299	6089900	其他印刷和记录媒介复制人员	5815	5043	3838
300	6090401	制球工	5325	4067	2865
301	6090402	球拍球网制作工	5818	4748	3918

续表 39-17

序号	职业编码	职位名称	高位数	中位数	低位数
302	6090403	健身器材制作工	5846	4912	4287
303	6099900	其他文教、工美、体育和娱乐用品制造人员	7140	5103	4243
304	6100110	油品储运工	7890	6050	3521
305	6110102	化工单元操作工	6490	6170	5373
306	6111002	肥皂制造工	5040	4374	3925
307	6119900	其他化学原料和化学制品制造人员	6477	5658	3570
308	6120300	药物制剂工	8656	7486	6036
309	6129900	其他医药制造人员	6966	5215	3552
310	6130101	化纤聚合工	6059	5302	4727
311	6130201	纺丝工	6187	5208	4672
312	6130202	化纤后处理工	6227	5441	4594
313	6139900	其他化学纤维制造人员	6605	5802	5059
314	6140101	橡胶制品生产工	6562	5334	4650
315	6140200	塑料制品成型制作工	5956	5193	3319
316	6149900	其他橡胶和塑料制品制造人员	5613	4874	4319
317	6150101	水泥生产工	5911	4514	3658
318	6150203	石材生产工	9464	6367	4016
319	6150303	玻璃加工工	6094	4799	3765
320	6150402	玻璃钢制品工	8293	6044	4800
321	6170902	金属轧制工	6572	5764	5208
322	6170904	金属材涂层机组操作工	6510	5425	4891
323	6180101	车工	7301	5418	4281
324	6180102	铣工	7789	5807	5209
325	6180104	磨工	7544	5476	4559
326	6180106	钻床工	5885	5172	3905
327	6180107	多工序数控机床操作调整工	8704	6640	4760
328	6180110	下料工	6806	5389	4369
329	6180112	冲压工	6094	5068	4406
330	6180201	铸造工	6634	5941	4528
331	6180202	锻造工	6599	6281	4844
332	6180203	金属热处理工	7468	5446	4071
333	6180204	焊工	6783	5115	4038
334	6180205	机械加工材料切割工	6994	5470	4017
335	6180301	镀层工	6920	5062	4693
336	6180302	镀膜工	5614	5140	4514
337	6180303	涂装工	7370	5539	3762
338	6180304	喷涂喷焊工	9016	5805	4911
339	6180401	模具工	7927	6417	5067

续表 39-17

序号	职业编码	职位名称	高位数	中位数	低位数
340	6180402	模型制作工	8529	6057	4869
341	6180404	磨具制造工	8228	7165	5041
342	6180406	工具钳工	7748	6395	4437
343	6189900	其他机械制造基础加工人员	7342	4381	3421
344	6190101	工具五金制作工	5087	4836	3065
345	6190102	建筑五金制品制作工	7054	5250	4491
346	6190105	日用五金制品制作工	6806	5091	4266
347	6199900	其他金属制品制造人员	7973	6180	2791
348	6200101	装配钳工	7983	6410	4764
349	6200501	泵装配调试工	7660	6130	5571
350	6209900	其他通用设备制造人员	7428	4500	2074
351	6210401	电子专用设备装调工	12625	8866	5436
352	6210601	医疗器械装配工	5658	4654	4076
353	6210604	医用材料产品生产工	5093	4670	4368
354	6219900	其他专用设备制造人员	7948	6414	5050
355	6220101	汽车生产线操作工	9629	6592	5029
356	6220103	汽车零部件再制造工	7034	5320	3689
357	6220201	汽车装调工	4832	4035	2387
358	6230202	船舶机械装配工	7883	6057	5112
359	6230204	船舶附件制造工	9505	7303	5076
360	6240100	电机制造工	7392	6343	5140
361	6240201	变压器互感器制造工	6657	5539	4337
362	6240202	高低压电器及成套设备装配工	7549	6657	5748
363	6240701	电光源制造工	5397	4502	3784
364	6240702	灯具制造工	5878	4562	3917
365	6249900	其他电气机械和器材制造人员	6538	4649	3871
366	6250107	电声器件制造工	7438	6796	6284
367	6250109	继电器制造工	5355	4458	4090
368	6250110	高频电感器制造工	5160	4292	3700
369	6250112	电子产品制版工	4771	4397	3626
370	6250113	印制电路制作工	6275	4930	4227
371	6250115	温差电器件制造工	5063	4654	4199
372	6250116	电子绝缘与介质材料制造工	5021	4481	3824
373	6250203	液晶显示器件制造工	9146	7825	5539
374	6250205	半导体芯片制造工	6326	5240	4206
375	6250405	激光机装调工	7376	6903	6365
376	6250407	广电和通信设备电子装接工	4159	3538	2837
377	6259900	其他计算机、通信和其他电子设备制造人员	6417	4966	3899

续表 39-17

序号	职业编码	职位名称	高位数	中位数	低位数
378	6260101	仪器仪表制造工	4623	3965	3758
379	6280101	锅炉运行值班员	8469	6129	4689
380	6280103	汽轮机运行值班员	5755	5145	4310
381	6280105	发电集控值班员	12303	8371	6395
382	6280106	电气值班员	10969	5004	3965
383	6280111	锅炉操作工	8176	6457	4557
384	6280114	变配电运行值班员	6949	4246	3645
385	6280203	工业气体生产工	5940	5127	4263
386	6280301	水生产处理工	6245	4924	3673
387	6280303	工业废水处理工	8875	6175	3889
388	6289900	其他电力、热力、气体、水生产和输配人员	10015	7414	4859
389	6290101	砌筑工	5395	4011	3800
390	6290102	石工	4567	4020	3800
391	6290103	混凝土工	7284	4841	3654
392	6290104	钢筋工	5344	4094	3800
393	6290105	架子工	5518	4046	3800
394	6290303	电梯安装维修工	4795	4210	3607
395	6290401	装饰装修工	7585	5886	3743
396	6299900	其他建筑施工人员	5796	5012	3629
397	6300100	专用车辆驾驶员	8056	6241	4435
398	6300501	起重装卸机械操作工	10039	6404	4732
399	6300502	起重工	5990	5331	4693
400	6300503	输送机操作工	6725	5451	4182
401	6300505	挖掘铲运和桩工机械司机	5401	4854	4383
402	6309900	其他运输设备和通用工程机械操作人员及有关人员	8050	6240	4092
403	6310101	设备点检员	7971	6544	4577
404	6310102	机修钳工	7801	6058	4553
405	6310103	电工	8511	5621	3722
406	6310104	仪器仪表维修工	9281	7440	5384
407	6310105	锅炉设备检修工	6308	5121	4305
408	6310109	工程机械维修工	8235	6572	4659
409	6310202	民用航空器机械维护员	16061	7814	4691
410	6310301	化学检验员	7863	5586	4300
411	6310302	物理性能检验员	7477	5391	4297
412	6310303	生化检验员	6942	5618	4618
413	6310304	无损检测员	19894	14217	8688
414	6310305	质检员	6979	4990	4156
415	6310306	试验员	9777	5284	3790

续表 39-17

序号	职业编码	职位名称	高位数	中位数	低位数
416	6310400	称重计量工	6051	5102	3000
417	6310500	包装工	6353	4982	3190
418	6310600	安全员	12788	5803	4334
419	6319900	其他生产辅助人员	8280	5522	3672
420	6990000	其他生产制造及有关人员	6973	5181	3585
二、制造业					
1	1060100	企业董事	56962	22573	5043
2	1060200	企业总经理	51523	20850	5887
3	1060400	生产经营部门经理	26413	12528	6004
4	1060500	财务部门经理	28930	10932	4893
5	1060600	行政部门经理	28379	13702	6077
6	1060700	人事部门经理	30965	11058	4880
7	1060800	销售和营销部门经理	32759	13244	5060
8	1060900	广告和公关部门经理	25693	13077	5366
9	1061000	采购部门经理	25941	10776	4978
10	1061100	计算机服务部门经理	27960	13841	6769
11	1061200	研究和开发部门经理	35314	15572	7636
12	1069800	其他职能部门经理	23741	10436	4857
13	1069900	其他企业中高级管理人员	21080	9158	5634
14	2010800	医学研究人员	9348	6637	5102
15	2020204	地图制图工程技术人员	7785	5950	4580
16	2020601	化工实验工程技术人员	10193	7612	6107
17	2020602	化工设计工程技术人员	10725	7750	5453
18	2020603	化工生产工程技术人员	11722	7346	4602
19	2020701	机械设计工程技术人员	11281	6679	4268
20	2020702	机械制造工程技术人员	10221	7107	4681
21	2020703	仪器仪表工程技术人员	9494	5933	3832
22	2020704	设备工程技术人员	11602	8225	5573
23	2020706	模具设计工程技术人员	9466	6051	4483
24	2020707	自动控制工程技术人员	10527	5931	4926
25	2020708	材料成形与改性工程技术人员	12564	8016	5304
26	2020709	焊接工程技术人员	7687	6268	5045
27	2020711	汽车工程技术人员	18718	9802	5950
28	2020712	船舶工程技术人员	10624	7666	5692
29	2020802	飞行器制造工程技术人员	17193	13773	10343
30	2020806	航空产品适航工程技术人员	36052	29897	21747
31	2020901	电子材料工程技术人员	12048	7181	5148
32	2020902	电子元器件工程技术人员	13990	8247	4840

续表 39-17

序号	职业编码	职位名称	高位数	中位数	低位数
33	2020904	电子仪器与电子测量工程技术人员	10958	8885	5052
34	2021002	计算机硬件工程技术人员	9736	6432	4354
35	2021003	计算机软件工程技术人员	24126	12823	5495
36	2021004	计算机网络工程技术人员	10607	6748	5164
37	2021005	信息系统分析工程技术人员	10904	9701	5270
38	2021008	信息系统运行维护工程技术人员	10312	7025	5518
39	2021101	电工电器工程技术人员	15410	9523	4636
40	2021103	光源与照明工程技术人员	9404	7030	4930
41	2021203	变电工程技术人员	9105	6665	5629
42	2021802	建筑和市政设计工程技术人员	27880	12859	9807
43	2021803	土木建筑工程技术人员	13996	8596	4603
44	2022301	纺织工程技术人员	7096	5487	5082
45	2022303	化学纤维工程技术人员	9577	8189	5469
46	2022304	非织造工程技术人员	11584	9945	5202
47	2022305	服装工程技术人员	7220	5517	4407
48	2022400	食品工程技术人员	8676	6133	4958
49	2022702	环境污染防治工程技术人员	10355	7959	5931
50	2022706	健康安全环境工程技术人员	7581	6202	4787
51	2022803	安全生产管理工程技术人员	10499	6897	4396
52	2022901	标准化工程技术人员	13859	9118	5283
53	2022903	质量管理工程技术人员	10662	5681	4098
54	2022904	质量认证认可工程技术人员	12517	9975	7868
55	2022905	可靠性工程技术人员	9186	8358	5670
56	2023001	工业工程技术人员	12650	7842	5382
57	2023002	物流工程技术人员	9172	7272	4955
58	2023003	战略规划与管理工程技术人员	6878	6159	5260
59	2023004	项目管理工程技术人员	15967	7158	4757
60	2023009	数据分析处理工程技术人员	12160	6694	5030
61	2023101	产品质量检验工程技术人员	11123	6072	4875
62	2023200	制药工程技术人员	9570	6703	4892
63	2023300	印刷复制工程技术人员	11316	5772	4000
64	2023401	产品设计工程技术人员	10088	7182	4690
65	2023402	工业设计工程技术人员	11845	7611	5167
66	2023602	皮革化学工程技术人员	13483	8083	5307
67	2049900	其他飞机和船舶技术人员	18581	15788	13182
68	2059900	其他卫生专业技术人员	8260	6267	4123
69	2060101	经济规划专业人员	12582	6857	4760
70	2060103	价格专业人员	9025	6867	4147

续表 39-17

序号	职业编码	职位名称	高位数	中位数	低位数
71	2060200	统计专业人员	11060	5049	3241
72	2060300	会计专业人员	10571	5781	3947
73	2060500	税务专业人员	10943	6438	4187
74	2060701	国际商务专业人员	11346	7103	4901
75	2060702	市场营销专业人员	13025	8355	5050
76	2060703	商务策划专业人员	12004	9001	6505
77	2060704	品牌专业人员	11652	8506	3977
78	2060712	报关专业人员	10089	6989	4380
79	2060801	人力资源管理专业人员	9356	5804	4003
80	2060802	人力资源服务专业人员	9093	5593	3847
81	2061203	专利管理专业人员	11782	8942	5348
82	2069900	其他经济和金融专业人员	10963	6317	4141
83	2079900	其他法律、社会和宗教专业人员	10339	7746	5649
84	2089900	其他教学人员	17811	14774	7336
85	2090601	视觉传达设计人员	7359	5829	3759
86	2100501	翻译	9819	7376	5001
87	2990000	其他专业技术人员	11226	6000	3788
88	3010101	行政办事员	10263	5151	3700
89	3010202	秘书	9171	5433	3310
90	3010204	收发员	5658	4439	2963
91	3010205	打字员	5267	4256	2606
92	3010207	制图员	7952	4805	3663
93	3010208	后勤管理员	9505	5834	3333
94	3019900	其他办事人员	8519	5667	4287
95	3020200	保卫管理员	7691	5732	3551
96	3020304	消防安全管理员	9749	7416	5621
97	3029900	其他安全和消防人员	7947	6085	3290
98	3990000	其他办事人员和有关人员	10027	5448	3400
99	4010100	采购员	13322	6859	4315
100	4010201	营销员	12522	6276	3584
101	4010202	电子商务师	10268	5910	4436
102	4010203	商品营业员	7233	3941	2527
103	4010204	收银员	4588	3517	2594
104	4019900	其他批发与零售服务人员	10027	5287	3822
105	4020201	道路客运汽车驾驶员	8195	5982	4346
106	4020202	道路货运汽车驾驶员	7767	5310	3805
107	4020205	道路运输调度员	6829	5998	4540
108	4020501	装卸搬运工	7009	5110	3488

续表 39-17

序号	职业编码	职位名称	高位数	中位数	低位数
109	4020503	运输代理服务员	6756	4741	3948
110	4020601	仓储管理员	9463	5611	3888
111	4020602	理货员	6435	4581	3349
112	4020603	物流服务师	5887	5051	3916
113	4029900	其他交通运输、仓储和邮政业服务人员	7507	5487	2362
114	4030201	中式烹调师	8266	5221	3201
115	4030205	餐厅服务员	5983	5006	2837
116	4030207	茶艺师	4683	4182	2876
117	4039900	其他住宿和餐饮服务人员	5351	3930	3110
118	4040401	信息通信网络运行管理员	16242	5914	3477
119	4040501	计算机程序设计员	15952	6422	3903
120	4049900	其他信息传输、软件和信息技术服务人员	11898	8859	5911
121	4059900	其他金融服务人员	5708	4553	2503
122	4070203	客户服务管理员	10734	4758	2755
123	4070501	保安员	8168	5747	3494
124	4070603	市场管理员	9710	5649	4268
125	4080505	机动车检测工	5913	4500	3219
126	4080506	计量员	6624	5449	4006
127	4080809	包装设计师	9724	6535	4518
128	4089900	其他技术辅助服务人员	7365	5448	4082
129	4090701	污水处理工	5770	4635	3258
130	4090801	保洁员	4801	3578	2697
131	4091001	园林绿化工	6459	4445	3467
132	4099900	其他水利、环境和公共设施管理服务人员	10139	7527	5689
133	4119900	其他电力、燃气及水供应服务人员	9665	7072	5717
134	4120101	汽车维修工	6073	5009	3870
135	4120201	计算机维修工	6975	5268	4458
136	4120202	办公设备维修工	6691	5223	4655
137	4120203	信息通信网络终端维修员	7485	6639	5486
138	4120301	家用电器产品维修工	6771	5819	2541
139	4129900	其他修理及制作服务人员	8479	4596	3790
140	4990000	其他社会生产和生活服务人员	6043	4634	3575
141	5990000	其他农、林、牧、渔业生产加工人员	2273	2158	2040
142	6010101	制米工	5041	3668	3000
143	6019900	其他农副产品加工人员	4688	3931	2863
144	6020101	糕点面包烘焙工	6100	4790	3293
145	6020102	糕点装饰师	5791	5022	3860
146	6020610	茶叶加工工	5189	4830	3624

续表 39-17

序号	职业编码	职位名称	高位数	中位数	低位数
147	6029900	其他食品、饮料生产加工人员	7914	5822	3813
148	6040301	整经工	11540	6111	4717
149	6040302	浆纱浆染工	4662	4275	3547
150	6040303	织布工	5363	4773	4211
151	6040605	印染后整理工	11006	5246	4585
152	6049900	其他纺织、针织、印染人员	6273	5402	4291
153	6050101	服装制版师	8000	6706	4549
154	6050102	裁剪工	7934	5331	3675
155	6050103	缝纫工	6014	5005	2716
156	6050104	缝纫品整型工	6472	5455	3865
157	6050201	皮革及皮革制品加工工	5494	5071	4203
158	6050401	制鞋工	5493	4317	3918
159	6059900	其他纺织品、服装和皮革、毛皮制品加工制作人员	6034	4577	2206
160	6060301	手工木工	10940	7187	4953
161	6060302	机械木工	5564	4436	3693
162	6060400	家具制作工	6700	5872	4752
163	6069900	其他木材加工、家具与木制品制作人员	6660	5177	4559
164	6070200	纸箱纸盒制作工	7625	5535	4371
165	6079900	其他纸及纸制品生产加工人员	6905	4563	3952
166	6080101	印前处理和制作员	8566	4388	3223
167	6080102	印刷操作员	10732	6009	3464
168	6080103	印后制作员	7904	5287	3595
169	6089900	其他印刷和记录媒介复制人员	5871	4835	3885
170	6090401	制球工	5325	4067	2865
171	6090402	球拍球网制作工	5818	4748	3918
172	6090403	健身器材制作工	5846	4912	4287
173	6099900	其他文教、工美、体育和娱乐用品制造人员	7140	5103	4243
174	6110102	化工单元操作工	6490	6170	5373
175	6111002	肥皂制造工	5040	4374	3925
176	6119900	其他化学原料和化学制品制造人员	6477	5658	3570
177	6120300	药物制剂工	8656	7486	6036
178	6129900	其他医药制造人员	6966	5215	3552
179	6130101	化纤聚合工	6059	5302	4727
180	6130201	纺丝工	6187	5208	4672
181	6130202	化纤后处理工	6227	5441	4594
182	6139900	其他化学纤维制造人员	6605	5802	5059
183	6140101	橡胶制品生产工	7162	5315	4650
184	6140200	塑料制品成型制作工	5956	5193	3319

续表 39-17

序号	职业编码	职位名称	高位数	中位数	低位数
185	6149900	其他橡胶和塑料制品制造人员	5613	4874	4319
186	6150101	水泥生产工	5911	4514	3658
187	6150203	石材生产工	9464	6367	4016
188	6150303	玻璃加工工	6094	4799	3765
189	6150402	玻璃钢制品工	8293	6044	4800
190	6170902	金属轧制工	6572	5764	5208
191	6170904	金属材涂层机组操作工	6510	5425	4891
192	6180101	车工	7507	5506	4435
193	6180102	铣工	7789	5807	5209
194	6180104	磨工	7647	5479	4592
195	6180106	钻床工	5885	5172	3905
196	6180107	多工序数控机床操作调整工	8704	6640	4760
197	6180110	下料工	6549	5479	4365
198	6180112	冲压工	6094	5068	4406
199	6180201	铸造工	6634	5941	4528
200	6180202	锻造工	6599	6281	4844
201	6180203	金属热处理工	7483	5578	4241
202	6180204	焊工	7255	5225	3308
203	6180205	机械加工材料切割工	7024	5834	3894
204	6180301	镀层工	6920	5062	4693
205	6180302	镀膜工	5614	5140	4514
206	6180303	涂装工	7452	5439	3737
207	6180304	喷涂喷焊工	6856	5454	4906
208	6180401	模具工	7927	6417	5067
209	6180402	模型制作工	8529	6057	4869
210	6180404	磨具制造工	8228	7165	5041
211	6180406	工具钳工	7748	6395	4437
212	6189900	其他机械制造基础加工人员	7342	4381	3421
213	6190101	工具五金制作工	5087	4836	3065
214	6190102	建筑五金制品制作工	7054	5250	4491
215	6190105	日用五金制品制作工	6806	5091	4266
216	6199900	其他金属制品制造人员	7973	6180	2791
217	6200101	装配钳工	8174	6259	5174
218	6200501	泵装配调试工	7660	6130	5571
219	6209900	其他通用设备制造人员	7428	4500	2074
220	6210401	电子专用设备装调工	12625	8866	5436
221	6210601	医疗器械装配工	5658	4654	4076
222	6210604	医用材料产品生产工	5093	4670	4368

续表 39-17

序号	职业编码	职位名称	高位数	中位数	低位数
223	6219900	其他专用设备制造人员	7948	6414	5050
224	6220101	汽车生产线操作工	9629	6592	5029
225	6220103	汽车零部件再制造工	7034	5320	3689
226	6220201	汽车装调工	4832	4035	2387
227	6230202	船舶机械装配工	7883	6057	5112
228	6230204	船舶附件制造工	9522	6912	4700
229	6240100	电机制造工	7392	6343	5140
230	6240201	变压器互感器制造工	6657	5539	4337
231	6240701	电光源制造工	5397	4502	3784
232	6240702	灯具制造工	5878	4562	3917
233	6249900	其他电气机械和器材制造人员	6538	4649	3871
234	6250107	电声器件制造工	7438	6796	6284
235	6250109	继电器制造工	5355	4458	4090
236	6250110	高频电感器制造工	5160	4292	3700
237	6250112	电子产品制版工	4771	4397	3626
238	6250113	印制电路制作工	6275	4930	4227
239	6250115	温差电器件制造工	5063	4654	4199
240	6250116	电子绝缘与介质材料制造工	5021	4481	3824
241	6250203	液晶显示器件制造工	9146	7825	5539
242	6250205	半导体芯片制造工	6326	5240	4206
243	6250405	激光机装调工	7376	6903	6365
244	6250407	广电和通信设备电子装接工	4159	3538	2837
245	6259900	其他计算机、通信和其他电子设备制造人员	6417	4966	3899
246	6260101	仪器仪表制造工	4623	3965	3758
247	6280106	电气值班员	6851	4792	4235
248	6280111	锅炉操作工	8336	6322	4275
249	6280114	变配电运行值班员	6851	4617	4269
250	6280203	工业气体生产工	5940	5127	4263
251	6280301	水生产处理工	7427	5560	4961
252	6280303	工业废水处理工	7820	5978	3688
253	6300100	专用车辆驾驶员	7020	5589	2348
254	6300501	起重装卸机械操作工	6185	5443	5136
255	6300502	起重工	5909	5292	4661
256	6300503	输送机操作工	6725	5451	4182
257	6309900	其他运输设备和通用工程机械操作人员及有关人员	13320	6634	4170
258	6310101	设备点检员	7971	6544	4577
259	6310102	机修钳工	7935	6057	4492
260	6310103	电工	9282	6514	4827

续表 39-17

序号	职业编码	职位名称	高位数	中位数	低位数
261	6310104	仪器仪表维修工	8569	5919	4539
262	6310109	工程机械维修工	8363	6779	5556
263	6310202	民用航空器机械维护员	16061	7814	4691
264	6310301	化学检验员	7863	5586	4300
265	6310302	物理性能检验员	7477	5391	4297
266	6310303	生化检验员	6942	5618	4618
267	6310304	无损检测员	19894	14217	8688
268	6310305	质检员	7059	4986	4158
269	6310306	试验员	6049	5195	4443
270	6310400	称重计量工	5209	4288	3539
271	6310500	包装工	6312	4856	3164
272	6310600	安全员	11941	5876	4578
273	6319900	其他生产辅助人员	8383	5569	3863
274	6990000	其他生产制造及有关人员	6843	5146	3264
三、电力、热力、燃气及水生产和供应业					
1	1060200	企业总经理	52680	26373	7833
2	1060400	生产经营部门经理	27131	17694	5668
3	1069800	其他职能部门经理	38378	12050	4950
4	1069900	其他企业中高级管理人员	21343	12542	6908
5	2020603	化工生产工程技术人员	9960	8017	6676
6	2020703	仪器仪表工程技术人员	11886	8579	6427
7	2020704	设备工程技术人员	12177	9468	7027
8	2020709	焊接工程技术人员	8824	7913	5805
9	2021101	电工电器工程技术人员	9773	5222	3831
10	2021201	发电工程技术人员	14124	10040	6770
11	2021204	输电工程技术人员	14145	9024	7179
12	2021807	城镇燃气供热工程技术人员	11910	9381	7548
13	2023101	产品质量检验工程技术人员	8177	6477	5951
14	2060300	会计专业人员	9238	5734	4529
15	2990000	其他专业技术人员	9540	7276	6024
16	3010101	行政办事员	8707	5793	4566
17	3010208	后勤管理员	9478	6800	5085
18	3990000	其他办事人员和有关人员	9652	4615	2645
19	4070501	保安员	6386	5490	5012
20	4110200	燃气燃煤供应服务员	6115	5220	3000
21	4990000	其他社会生产和生活服务人员	9427	8064	6942
22	6240202	高低压电器及成套设备装配工	11150	7892	5552
23	6280101	锅炉运行值班员	8469	6129	4689

续表 39-17

序号	职业编码	职位名称	高位数	中位数	低位数
24	6280103	汽轮机运行值班员	5755	5145	4310
25	6280105	发电集控值班员	11222	7189	5228
26	6280106	电气值班员	5806	4754	3864
27	6280111	锅炉操作工	10312	8651	7092
28	6289900	其他电力、热力、气体、水生产和输配人员	9821	7117	4610
29	6310102	机修钳工	9724	8209	7215
30	6310104	仪器仪表维修工	9356	8105	7188
31	6319900	其他生产辅助人员	7539	6071	5142
32	6990000	其他生产制造及有关人员	12098	7793	6367
四、建筑业					
1	1060100	企业董事	39639	14247	6326
2	1060200	企业总经理	53581	20523	5592
3	1060400	生产经营部门经理	17167	9406	6315
4	1060500	财务部门经理	20344	13290	6644
5	1060600	行政部门经理	22025	9940	5451
6	1060700	人事部门经理	16644	10837	6233
7	1060800	销售和营销部门经理	19138	8909	6296
8	1061000	采购部门经理	15584	8900	5940
9	1069800	其他职能部门经理	24296	12594	5637
10	1069900	其他企业中高级管理人员	50598	17018	5555
11	2020704	设备工程技术人员	8156	5988	3403
12	2021001	通信工程技术人员	4597	3177	2363
13	2021101	电工电器工程技术人员	8761	6000	3306
14	2021802	建筑和市政设计工程技术人员	28258	11850	4620
15	2021803	土木建筑工程技术人员	13333	7106	4098
16	2021804	风景园林工程技术人员	12357	6252	3060
17	2021805	供水排水工程技术人员	20960	9281	3344
18	2021809	道路与桥梁工程技术人员	9500	7900	6567
19	2022803	安全生产管理工程技术人员	8762	6417	4115
20	2023007	监理工程技术人员	12952	6496	3965
21	2023010	工程造价工程技术人员	11583	8752	3823
22	2060300	会计专业人员	9982	6100	3592
23	2060702	市场营销专业人员	10574	7488	5765
24	2060801	人力资源管理专业人员	9397	7610	5226
25	2069900	其他经济和金融专业人员	12674	9130	7928
26	2990000	其他专业技术人员	8209	5388	4378
27	3010101	行政办事员	7518	4966	3145
28	3010202	秘书	7603	4600	3337

续表 39-17

序号	职业编码	职位名称	高位数	中位数	低位数
29	3010208	后勤管理员	7048	4532	3287
30	3020200	保卫管理员	3730	3508	3095
31	3029900	其他安全和消防人员	6670	5483	4939
32	3990000	其他办事人员和有关人员	9170	4931	3257
33	4080807	室内装饰设计师	6856	4908	3620
34	4091001	园林绿化工	5298	4421	3813
35	6290101	砌筑工	5395	4011	3800
36	6290102	石工	4567	4020	3800
37	6290103	混凝土工	7284	4841	3654
38	6290104	钢筋工	5344	4094	3800
39	6290105	架子工	5518	4046	3800
40	6299900	其他建筑施工人员	4929	4427	3626
41	6300100	专用车辆驾驶员	5645	4774	4096
42	6319900	其他生产辅助人员	4506	4121	3600
43	6990000	其他生产制造及有关人员	4912	4375	3799
五、批发和零售业					
1	1060100	企业董事	42893	11125	4874
2	1060200	企业总经理	71365	17194	4834
3	1060400	生产经营部门经理	21900	9672	4324
4	1060500	财务部门经理	35072	10849	4863
5	1060600	行政部门经理	32992	9040	4817
6	1060700	人事部门经理	31390	10095	4350
7	1060800	销售和营销部门经理	39061	10979	4484
8	1060900	广告和公关部门经理	27637	11518	6276
9	1061000	采购部门经理	18832	8570	3990
10	1061100	计算机服务部门经理	38952	13199	6919
11	1061200	研究和开发部门经理	26131	14855	6509
12	1069800	其他职能部门经理	30046	6190	3648
13	1069900	其他企业中高级管理人员	33422	10739	4788
14	2020602	化工设计工程技术人员	9300	7100	5648
15	2020603	化工生产工程技术人员	5540	4179	3964
16	2020701	机械设计工程技术人员	7652	5836	5000
17	2020704	设备工程技术人员	10240	5247	3707
18	2020706	模具设计工程技术人员	5655	5045	4311
19	2020711	汽车工程技术人员	9591	6075	3605
20	2020902	电子元器件工程技术人员	7654	6398	5157
21	2021002	计算机硬件工程技术人员	14684	7480	5380
22	2021003	计算机软件工程技术人员	32117	14841	7613

续表 39-17

序号	职业编码	职位名称	高位数	中位数	低位数
23	2021004	计算机网络工程技术人员	21077	8245	4363
24	2021006	嵌入式系统设计工程技术人员	17310	13264	5566
25	2021008	信息系统运行维护工程技术人员	12953	7490	4213
26	2022305	服装工程技术人员	11919	8553	4096
27	2060103	价格专业人员	3539	3295	2857
28	2060200	统计专业人员	10277	5217	3025
29	2060300	会计专业人员	17887	6999	4026
30	2060400	审计专业人员	21341	8997	4819
31	2060500	税务专业人员	12821	7567	4843
32	2060701	国际商务专业人员	12722	6863	4512
33	2060702	市场营销专业人员	14087	8708	4961
34	2060703	商务策划专业人员	11917	8239	4959
35	2060704	品牌专业人员	24083	12432	7066
36	2060712	报关专业人员	7469	6764	5075
37	2060801	人力资源管理专业人员	18237	7590	3687
38	2060802	人力资源服务专业人员	9775	5800	3635
39	2061002	保险核保专业人员	9541	6870	5392
40	2061003	保险理赔专业人员	9922	7289	4947
41	2069900	其他经济和金融专业人员	19261	8321	5597
42	2079900	其他法律、社会和宗教专业人员	22020	13925	8578
43	2090601	视觉传达设计人员	7710	5827	4277
44	2090602	服装设计人员	10105	7901	5376
45	2090609	陈列展览设计人员	9098	6793	4541
46	2099900	其他文学艺术、体育专业人员	26193	8452	2551
47	2109900	其他新闻出版、文化专业人员	12242	9313	4996
48	2990000	其他专业技术人员	16651	6558	3420
49	3010101	行政办事员	10793	5000	3127
50	3010201	机要员	9822	5703	3701
51	3010202	秘书	15429	6629	3284
52	3010203	公关员	7606	5332	4307
53	3010205	打字员	5836	4115	2729
54	3010208	后勤管理员	11427	5888	3466
55	3020200	保卫管理员	5124	3834	2755
56	3029900	其他安全和消防人员	6415	4791	3980
57	3990000	其他办事人员和有关人员	11785	4800	3769
58	4010100	采购员	17422	8286	4078
59	4010201	营销员	13032	6100	3179
60	4010202	电子商务师	7899	5428	3697

续表 39-17

序号	职业编码	职位名称	高位数	中位数	低位数
61	4010203	商品营业员	6395	4045	2625
62	4010204	收银员	4139	3692	2804
63	4010503	出版物发行员	11343	7365	5638
64	4019900	其他批发与零售服务人员	8829	3996	2750
65	4020201	道路客运汽车驾驶员	8240	5690	4568
66	4020202	道路货运汽车驾驶员	6112	4759	3622
67	4020208	油气电站操作员	9874	7025	4412
68	4020501	装卸搬运工	5472	4103	3436
69	4020601	仓储管理员	8385	4445	3120
70	4020602	理货员	6121	4617	3454
71	4020603	物流服务师	6045	5337	3676
72	4029900	其他交通运输、仓储和邮政业服务人员	13673	5871	3297
73	4040503	呼叫中心服务员	6500	4858	3860
74	4070201	风险管理师	17378	14091	6292
75	4070203	客户服务管理员	10381	4808	3074
76	4070501	保安员	4549	3485	2941
77	4070601	商品监督员	4512	3481	2774
78	4070602	商品防损员	4434	3613	2831
79	4070603	市场管理员	18779	10350	7524
80	4079900	其他租赁和商务服务人员	13596	3961	3334
81	4080808	广告设计师	10240	5733	3759
82	4080812	家具设计师	5984	3946	2837
83	4089900	其他技术辅助服务人员	9926	6417	4821
84	4090801	保洁员	4315	3242	2463
85	4120101	汽车维修工	13542	7500	4240
86	4120301	家用电器产品维修工	9206	5692	1825
87	4129900	其他修理及制作服务人员	9864	4864	3462
88	4140303	眼镜验光员	4283	3466	3092
89	4140304	眼镜定配工	3905	3258	2683
90	4990000	其他社会生产和生活服务人员	9606	4971	3044
91	6010401	畜禽屠宰加工工	5334	4217	3455
92	6020610	茶叶加工工	5116	3856	3207
93	6029900	其他食品、饮料生产加工人员	5468	4615	3799
94	6040103	纺织纤维梳理工	4932	3520	3220
95	6100110	油品储运工	7890	6050	3521
96	6290303	电梯安装维修工	4274	3826	3600
97	6290401	装饰装修工	3312	2826	2368
98	6300100	专用车辆驾驶员	6015	5233	4683

续表 39-17

序号	职业编码	职位名称	高位数	中位数	低位数
99	6310103	电工	10199	4297	3640
100	6310109	工程机械维修工	12810	8454	6047
101	6310305	质检员	7856	5251	4768
102	6310500	包装工	4530	3748	3537
103	6319900	其他生产辅助人员	6430	5139	4137
104	6990000	其他生产制造及有关人员	6306	4744	3667
六、交通运输、仓储和邮政业					
1	1060200	企业总经理	49129	26790	7000
2	1060400	生产经营部门经理	29238	18305	8777
3	1060500	财务部门经理	28453	11418	5595
4	1060600	行政部门经理	23710	10712	5240
5	1060700	人事部门经理	24612	16101	4514
6	1060800	销售和营销部门经理	26916	12797	6551
7	1061100	计算机服务部门经理	23492	17751	6374
8	1069800	其他职能部门经理	24692	10485	5946
9	1069900	其他企业中高级管理人员	28052	8719	3594
10	2020701	机械设计工程技术人员	10422	7421	4846
11	2020704	设备工程技术人员	10151	7515	5868
12	2021001	通信工程技术人员	13173	7078	5699
13	2021003	计算机软件工程技术人员	14382	9048	4803
14	2021005	信息系统分析工程技术人员	13646	9597	5593
15	2021803	土木建筑工程技术人员	14702	7608	6442
16	2022803	安全生产管理工程技术人员	10067	6971	6481
17	2049900	其他飞机和船舶技术人员	18816	8381	6269
18	2060200	统计专业人员	8366	5597	4242
19	2060300	会计专业人员	12180	7981	4395
20	2060500	税务专业人员	10726	7883	5293
21	2060702	市场营销专业人员	15108	7973	4378
22	2060801	人力资源管理专业人员	12652	8506	5089
23	2060802	人力资源服务专业人员	11448	6679	4176
24	2990000	其他专业技术人员	14184	7897	5236
25	3010101	行政办事员	13431	7325	4195
26	3010208	后勤管理员	13148	6433	3640
27	3019900	其他办事人员	10740	7833	4588
28	3020200	保卫管理员	7620	6911	3056
29	3990000	其他办事人员和有关人员	8875	5658	3702
30	4020106	轨道交通调度员	7635	6227	5324
31	4020201	道路客运汽车驾驶员	10190	7680	5784

续表 39-17

序号	职业编码	职位名称	高位数	中位数	低位数
32	4020202	道路货运汽车驾驶员	9479	7219	4563
33	4020203	道路客运服务员	6867	5362	4714
34	4020204	道路货运业务员	8036	6744	4923
35	4020205	道路运输调度员	8945	7412	5236
36	4020302	船舶业务员	9140	5600	4146
37	4020501	装卸搬运工	7011	5253	4141
38	4020503	运输代理服务员	9497	6903	5028
39	4020601	仓储管理员	6690	4975	3382
40	4020602	理货员	10528	6953	4955
41	4020702	邮件分拣员	7576	5415	4198
42	4020703	邮件转运员	5938	5093	3809
43	4020704	邮政投递员	6213	4822	3102
44	4020707	邮政市场业务员	12858	6762	4383
45	4029900	其他交通运输、仓储和邮政业服务人员	10630	6613	4277
46	4059900	其他金融服务人员	17614	12806	9307
47	4070203	客户服务管理员	8208	7334	5749
48	4070501	保安员	6814	4120	3694
49	4120101	汽车维修工	9244	6343	4582
50	6230204	船舶附件制造工	8426	6860	4984
51	6300100	专用车辆驾驶员	8720	6581	4824
52	6300501	起重装卸机械操作工	12699	10926	8527
53	6310102	机修钳工	7334	5989	4876
54	6310103	电工	5385	4808	4304
55	6310600	安全员	10023	7633	3845
56	6319900	其他生产辅助人员	7205	5531	4228
57	6990000	其他生产制造及有关人员	5014	4460	3550
七、住宿和餐饮业					
1	1060200	企业总经理	41926	25469	10248
2	1060500	财务部门经理	17130	8677	5496
3	1060600	行政部门经理	16253	9743	5586
4	1060700	人事部门经理	16945	9299	5165
5	1060800	销售和营销部门经理	16548	8816	5480
6	1060900	广告和公关部门经理	12663	8026	5524
7	1061000	采购部门经理	14010	8821	4710
8	1061100	计算机服务部门经理	11546	9937	5249
9	1061300	餐厅部门经理	12488	6781	4305
10	1061400	客房部门经理	15483	6904	6010
11	1069800	其他职能部门经理	11788	6647	4535

续表 39-17

序号	职业编码	职位名称	高位数	中位数	低位数
12	1069900	其他企业中高级管理人员	17099	5127	3378
13	2020704	设备工程技术人员	7864	6072	4005
14	2021205	电力工程安装工程技术人员	4676	4054	3486
15	2022802	消防工程技术人员	5150	3772	3180
16	2060300	会计专业人员	5985	4000	3081
17	2060801	人力资源管理专业人员	8254	5298	3693
18	2060802	人力资源服务专业人员	5033	3641	2204
19	2990000	其他专业技术人员	5681	3141	2100
20	3010101	行政办事员	7160	4446	3463
21	3010202	秘书	6250	4151	2653
22	3010208	后勤管理员	6832	5110	3122
23	3020200	保卫管理员	5150	3867	2921
24	3029900	其他安全和消防人员	4502	3625	2815
25	3990000	其他办事人员和有关人员	6950	3970	2590
26	4010201	营销员	9459	7124	3416
27	4020201	道路客运汽车驾驶员	5564	4159	3270
28	4020202	道路货运汽车驾驶员	5622	5293	4546
29	4020601	仓储管理员	5238	4110	3191
30	4020602	理货员	5187	4088	3476
31	4030101	前厅服务员	5995	4106	3083
32	4030102	客房服务员	5817	4021	2747
33	4030103	旅店服务员	6299	4304	3140
34	4030201	中式烹调师	8086	5098	3029
35	4030202	中式面点师	6410	4242	3213
36	4030203	西式烹调师	9796	5018	3375
37	4030204	西式面点师	5356	3785	3249
38	4030205	餐厅服务员	5332	4019	2993
39	4030206	营养配餐员	7081	4702	3205
40	4039900	其他住宿和餐饮服务人员	6082	4057	2849
41	4070501	保安员	5938	3974	3042
42	4090801	保洁员	5092	3830	3202
43	4110100	供电服务员	6476	5751	4474
44	6029900	其他食品、饮料生产加工人员	5348	3976	3177
45	6310103	电工	5566	4139	3667
八、传输、软件和信息技术服务业					
1	1060100	企业董事	45833	25548	10083
2	1060200	企业总经理	57601	30549	7553
3	1060400	生产经营部门经理	38196	12844	6530

续表 39-17

序号	职业编码	职位名称	高位数	中位数	低位数
4	1060500	财务部门经理	29978	13050	6119
5	1060600	行政部门经理	36216	15978	6493
6	1060700	人事部门经理	24213	10419	5995
7	1060800	销售和营销部门经理	31128	14712	5483
8	1061000	采购部门经理	38165	22184	6261
9	1061100	计算机服务部门经理	32116	17000	9139
10	1061200	研究和开发部门经理	24804	16000	9850
11	1069800	其他职能部门经理	33534	8668	5041
12	1069900	其他企业中高级管理人员	38481	20778	6168
13	2020204	地图制图工程技术人员	18325	11182	7802
14	2020902	电子元器件工程技术人员	15002	10184	6619
15	2021001	通信工程技术人员	17091	7738	4876
16	2021002	计算机硬件工程技术人员	16324	8100	5340
17	2021003	计算机软件工程技术人员	18236	9408	5044
18	2021004	计算机网络工程技术人员	18752	6087	3844
19	2021005	信息系统分析工程技术人员	22641	14222	10028
20	2021008	信息系统运行维护工程技术人员	16936	10938	8135
21	2023004	项目管理工程技术人员	17124	12159	9028
22	2060300	会计专业人员	13729	9294	5000
23	2060702	市场营销专业人员	23505	12958	5500
24	2060703	商务策划专业人员	12755	8861	4855
25	2060704	品牌专业人员	18286	10366	7013
26	2060801	人力资源管理专业人员	18956	10288	4189
27	2060802	人力资源服务专业人员	18007	10322	5463
28	2090601	视觉传达设计人员	13272	10528	7700
29	2100201	文字编辑	6938	5495	4865
30	2990000	其他专业技术人员	18321	9417	4709
31	3010101	行政办事员	12745	5930	3300
32	3010202	秘书	9780	8639	3655
33	3010208	后勤管理员	11109	6487	4222
34	3990000	其他办事人员和有关人员	13080	5545	3961
35	4010100	采购员	13473	10965	4613
36	4010201	营销员	14064	9316	5254
37	4020601	仓储管理员	8270	6610	4117
38	4040201	信息通信网络机务员	11795	8723	5240
39	4040501	计算机程序设计员	14917	11775	5417
40	4040502	计算机软件测试员	18423	10660	6084
41	4040503	呼叫中心服务员	8100	5288	3590

续表 39-17

序号	职业编码	职位名称	高位数	中位数	低位数
42	4049900	其他信息传输、软件和信息技术服务人员	10925	5503	4321
43	4070203	客户服务管理员	7464	4704	3697
44	4080304	工程测量员	12889	8889	7258
45	4090801	保洁员	3949	3270	2759
46	4120201	计算机维修工	6500	4792	3817
47	4120202	办公设备维修工	5687	5138	4171
48	4990000	其他社会生产和生活服务人员	3600	3365	3093
九、金融业					
1	1060200	企业总经理	154385	57986	14586
2	1060400	生产经营部门经理	95229	36241	13752
3	1060500	财务部门经理	64337	24390	10218
4	1060600	行政部门经理	51884	31428	13314
5	1060700	人事部门经理	109006	22286	11248
6	1060800	销售和营销部门经理	100427	28619	12323
7	1061100	计算机服务部门经理	86686	27438	16537
8	1069800	其他职能部门经理	95385	28971	11897
9	1069900	其他企业中高级管理人员	59667	32764	10952
10	2021001	通信工程技术人员	10907	6070	4705
11	2021003	计算机软件工程技术人员	31263	12087	6918
12	2021004	计算机网络工程技术人员	34643	18547	7526
13	2021005	信息系统分析工程技术人员	29647	13829	9638
14	2021008	信息系统运行维护工程技术人员	20463	16650	9976
15	2022801	安全防范设计评估工程技术人员	9699	8232	4951
16	2060101	经济规划专业人员	19630	9975	6608
17	2060200	统计专业人员	13022	8185	5405
18	2060300	会计专业人员	27379	13145	5294
19	2060400	审计专业人员	28019	19413	8662
20	2060801	人力资源管理专业人员	29886	12966	6813
21	2060802	人力资源服务专业人员	16491	7739	4537
22	2060904	银行清算专业人员	24828	16651	11279
23	2060905	信贷审核专业人员	39400	20497	10690
24	2061002	保险核保专业人员	17293	9627	5880
25	2061003	保险理赔专业人员	14402	9600	6022
26	2061103	证券投资专业人员	36788	15722	6876
27	2061104	理财专业人员	18299	11539	6420
28	2069900	其他经济和金融专业人员	33882	15503	6428
29	2070700	法律顾问	21237	9644	6898
30	2990000	其他专业技术人员	15899	10664	7193

续表 39-17

序号	职业编码	职位名称	高位数	中位数	低位数
31	3010101	行政办事员	16596	10128	5667
32	3010202	秘书	28050	21219	13010
33	3010208	后勤管理员	15838	9281	5320
34	3019900	其他办事人员	15173	11490	6567
35	3020200	保卫管理员	13691	7429	5066
36	3990000	其他办事人员和有关人员	15817	8872	5760
37	4040403	信息通信信息化系统管理员	12095	7448	6663
38	4050101	银行综合柜员	20872	15189	9956
39	4050102	银行信贷员	38307	21683	10548
40	4050103	银行客户业务员	34577	18796	11857
41	4050104	银行信用卡业务员	16319	11167	10020
42	4050300	期货交易员	12749	6175	3531
43	4050401	保险代理人	23176	9887	4935
44	4050402	保险保全员	14574	8106	5510
45	4059900	其他金融服务人员	19782	9204	5061
十、房地产业					
1	1060200	企业总经理	109557	38268	14513
2	1060400	生产经营部门经理	45988	15474	8897
3	1060500	财务部门经理	48969	36251	4750
4	1060600	行政部门经理	28604	18070	7127
5	1060700	人事部门经理	26233	19012	8582
6	1060800	销售和营销部门经理	45184	16346	4184
7	1069800	其他职能部门经理	41239	17603	6272
8	1069900	其他企业中高级管理人员	39963	11456	6312
9	2020704	设备工程技术人员	20731	18625	6891
10	2021202	供用电工程技术人员	16241	8508	4443
11	2021803	土木建筑工程技术人员	29669	18681	8309
12	2023010	工程造价工程技术人员	23432	12911	8467
13	2060300	会计专业人员	25195	9205	4754
14	2060710	物业经营管理专业人员	8303	7076	6007
15	2060801	人力资源管理专业人员	25725	9901	5724
16	2990000	其他专业技术人员	12081	10955	5909
17	3010101	行政办事员	12330	8408	4602
18	3010208	后勤管理员	10333	7090	4032
19	3029900	其他安全和消防人员	8277	5925	3292
20	3990000	其他办事人员和有关人员	11889	6788	3425
21	4039900	其他住宿和餐饮服务人员	4368	4111	2555
22	4060101	物业管理员	6252	4596	2393

续表 39-17

序号	职业编码	职位名称	高位数	中位数	低位数
23	4060103	停车管理员	3507	2672	2211
24	4069900	其他房地产服务人员	5951	3565	3073
25	4070100	租赁业务员	12387	6650	4656
26	4070203	客户服务管理员	8530	6055	3585
27	4070501	保安员	5015	3985	3001
28	4070504	消防设施操作员	5629	4759	3715
29	4090801	保洁员	4508	3093	2265
30	4091001	园林绿化工	5217	3847	2722
31	4109900	其他居民服务人员	4184	3369	2348
32	4990000	其他社会生产和生活服务人员	8650	4265	3219
33	6310103	电工	6747	4945	3464
十一、租赁和商务服务业					
1	1060100	企业董事	39648	29070	7294
2	1060200	企业总经理	42131	18709	6257
3	1060400	生产经营部门经理	18324	11239	9752
4	1060500	财务部门经理	21168	9147	5129
5	1060600	行政部门经理	15854	9362	5431
6	1060700	人事部门经理	19311	8779	4948
7	1060800	销售和营销部门经理	18401	7883	5739
8	1061100	计算机服务部门经理	22999	14259	8776
9	1069800	其他职能部门经理	20312	10690	4034
10	1069900	其他企业中高级管理人员	35199	10173	6462
11	2021003	计算机软件工程技术人员	15761	8478	6038
12	2021005	信息系统分析工程技术人员	7467	6203	5045
13	2060300	会计专业人员	10880	6257	3667
14	2060400	审计专业人员	16713	9342	4682
15	2060500	税务专业人员	9482	5478	3108
16	2060702	市场营销专业人员	8325	5151	3417
17	2060712	报关专业人员	7471	5464	3651
18	2060801	人力资源管理专业人员	7858	6706	4073
19	2069900	其他经济和金融专业人员	8425	6428	4981
20	2070300	律师	14692	13750	12150
21	2079900	其他法律、社会和宗教专业人员	16181	10537	7108
22	2090601	视觉传达设计人员	11487	8120	5168
23	2990000	其他专业技术人员	11500	8357	5377
24	3010101	行政办事员	8738	6799	3606
25	3010202	秘书	10184	6856	3653
26	3010208	后勤管理员	6481	4231	3185

续表 39-17

序号	职业编码	职位名称	高位数	中位数	低位数
27	3990000	其他办事人员和有关人员	8804	4340	3366
28	4010201	营销员	8532	7368	5751
29	4020201	道路客运汽车驾驶员	8430	7453	6796
30	4020202	道路货运汽车驾驶员	6149	5675	5219
31	4060101	物业管理员	4770	3500	2730
32	4060201	房地产经纪人	4496	3836	3318
33	4069900	其他房地产服务人员	4092	3755	2852
34	4070203	客户服务管理员	7382	5009	3907
35	4070401	导游	5447	3688	2430
36	4070403	旅行社计调	9477	3825	1800
37	4070404	旅游咨询员	13285	7733	1883
38	4070501	保安员	4730	4110	3244
39	4079900	其他租赁和商务服务人员	7291	3096	2800
40	4089900	其他技术辅助服务人员	4033	3625	3358
41	4090801	保洁员	3529	2763	2419
42	4990000	其他社会生产和生活服务人员	5891	4922	3496
十二、科学研究和技术服务业					
1	1060100	企业董事	43729	23146	7818
2	1060200	企业总经理	41519	24844	8953
3	1060400	生产经营部门经理	27713	15184	7700
4	1060800	销售和营销部门经理	23799	12511	8569
5	1069800	其他职能部门经理	23120	15859	14033
6	1069900	其他企业中高级管理人员	35394	17708	9485
7	2021001	通信工程技术人员	12256	6100	3604
8	2021101	电工电器工程技术人员	14127	8296	6574
9	2021802	建筑和市政设计工程技术人员	21744	10154	4617
10	2021803	土木建筑工程技术人员	16203	8125	4752
11	2023007	监理工程技术人员	6348	5692	4129
12	2023010	工程造价工程技术人员	5908	5205	2525
13	2060300	会计专业人员	12962	8386	5332
14	2070300	律师	11775	6167	5500
15	2990000	其他专业技术人员	12079	6763	4684
16	3010101	行政办事员	10457	8094	4175
17	3010208	后勤管理员	5060	4200	3340
18	3990000	其他办事人员和有关人员	9054	6546	2583
19	4020201	道路客运汽车驾驶员	5937	5299	3193
十三、水利环境和公共设施管理业					
1	1069800	其他职能部门经理	24553	20702	14647

续表 39-17

序号	职业编码	职位名称	高位数	中位数	低位数
2	1069900	其他企业中高级管理人员	35211	24559	16418
3	2021101	电工电器工程技术人员	11932	10058	5452
4	2021508	道路交通工程技术人员	11795	9908	6247
5	2021803	土木建筑工程技术人员	13598	7628	5286
6	2021809	道路与桥梁工程技术人员	16344	13556	9684
7	2030400	园艺技术人员	11381	10563	8284
8	2060300	会计专业人员	15011	10380	8589
9	2069900	其他经济和金融专业人员	14943	12619	10195
10	2990000	其他专业技术人员	12306	6717	4502
11	3010101	行政办事员	11649	9204	6055
12	3020304	消防安全管理员	7327	6766	5916
13	4020201	道路客运汽车驾驶员	6203	5351	4882
14	4020206	公路收费及监控员	6560	5715	5194
15	6240202	高低压电器及成套设备装配工	6780	6339	5881
16	6990000	其他生产制造及有关人员	7072	6646	5934
十四、居民服务、修理和其他服务业					
1	1060100	企业董事	45602	33578	9268
2	1060200	企业总经理	34854	16148	4741
3	1060400	生产经营部门经理	19178	11453	5848
4	1060500	财务部门经理	20495	11636	6684
5	1060600	行政部门经理	16394	9720	4572
6	1060700	人事部门经理	22234	9425	5279
7	1060800	销售和营销部门经理	25754	14345	6249
8	1069800	其他职能部门经理	17536	8670	4797
9	1069900	其他企业中高级管理人员	22852	9834	5226
10	2020202	工程测量工程技术人员	8949	6312	5159
11	2021803	土木建筑工程技术人员	12390	5502	3608
12	2021809	道路与桥梁工程技术人员	10981	7694	5362
13	2022803	安全生产管理工程技术人员	9881	6722	4739
14	2060300	会计专业人员	9730	5848	3513
15	2060801	人力资源管理专业人员	10179	6894	4331
16	2100700	档案专业人员	5316	3648	2609
17	2990000	其他专业技术人员	9200	4763	3830
18	3010101	行政办事员	8383	6026	3550
19	3010208	后勤管理员	7973	5321	3420
20	3020200	保卫管理员	4893	4214	2845
21	3990000	其他办事人员和有关人员	9148	5172	3383
22	4010100	采购员	9215	6611	2828

续表 39-17

序号	职业编码	职位名称	高位数	中位数	低位数
23	4010201	营销员	12295	6678	2840
24	4020201	道路客运汽车驾驶员	4213	3731	3271
25	4020202	道路货运汽车驾驶员	7085	5804	5090
26	4020204	道路货运业务员	6187	4948	4648
27	4020501	装卸搬运工	5482	3334	3081
28	4020601	仓储管理员	5542	4541	2822
29	4030201	中式烹调师	4647	3656	2958
30	4030205	餐厅服务员	4696	3537	3043
31	4039900	其他住宿和餐饮服务人员	6000	4000	2200
32	4060101	物业管理员	8487	5040	3847
33	4070203	客户服务管理员	9389	7033	4754
34	4070501	保安员	5579	3985	2821
35	4090801	保洁员	4445	3016	2409
36	4090802	生活垃圾清运工	4058	3188	2871
37	4091001	园林绿化工	4460	3213	2338
38	4099900	其他水利、环境和公共设施管理服务人员	6790	6063	4555
39	4109900	其他居民服务人员	6732	4666	2673
40	4120101	汽车维修工	7805	5604	2805
41	4129900	其他修理及制作服务人员	5861	3705	3390
42	4990000	其他社会生产和生活服务人员	7509	4180	2300
43	6300100	专用车辆驾驶员	6807	6429	5863
44	6319900	其他生产辅助人员	5123	4730	4188
十五、卫生和社会工作					
1	2050104	妇产科医师	9740	7911	5976
2	2050704	临床检验技师	17315	10765	6581
3	2050801	内科护士	5595	5057	3778
4	2050802	儿科护士	11864	8579	5382
5	2050804	外科护士	8106	5629	3981
6	2050806	助产士	4707	4291	3876
7	2050808	妇产科护士	6507	5661	4259
8	2059900	其他卫生专业技术人员	2901	2479	2018
9	2990000	其他专业技术人员	5574	3832	3263
10	3010101	行政办事员	9809	6732	3722
11	3010208	后勤管理员	5549	4028	2263
12	3990000	其他办事人员和有关人员	7193	3647	2141
十六、文化、体育和娱乐业					
1	1060200	企业总经理	51297	31715	21000
2	1060400	生产经营部门经理	23120	12538	7929

续表 39-17

序号	职业编码	职位名称	高位数	中位数	低位数
3	1060800	销售和营销部门经理	29149	20204	7570
4	1069900	其他企业中高级管理人员	27823	11595	4770
5	2060300	会计专业人员	8629	7183	5121
6	2089900	其他教学人员	12269	9655	7988
7	2100201	文字编辑	9853	7235	5148
8	2990000	其他专业技术人员	7912	6132	3635
9	3010101	行政办事员	9227	4534	3514
10	3010208	后勤管理员	7149	4442	3553
11	3990000	其他办事人员和有关人员	4870	3871	3409
12	4040501	计算机程序设计员	13978	10543	8201
13	4139900	其他文化、体育和娱乐服务人员	7672	3506	3048
14	4990000	其他社会生产和生活服务人员	5653	5128	4213

表 39-18　**2019 年厦门市劳动力市场分技术等级工种工资指导价位表**

单位：元 / 人 · 月

序号	职业编码	职位名称	技能等级	高位数	中位数	低位数
1	4010100	采购员	没有取得资格证书	6191	5544	3147
			初级技能	6830	6054	3394
			中级技能	7628	6443	4284
			高级技能	9380	6824	4404
			技师	12089	8012	5477
2	4010201	营销员	没有取得资格证书	6042	4416	2971
			初级技能	6428	4714	3112
			中级技能	7048	5689	3285
			高级技能	8559	6914	4943
			技师	16901	8187	5944
3	4010202	电子商务师	没有取得资格证书	6845	5531	4232
			初级技能	7440	6000	5149
			中级技能	8004	6505	5833
			高级技能	8757	7158	6632
4	4010203	商品营业员	没有取得资格证书	5714	3833	2486
			初级技能	6332	4211	2842
			中级技能	6495	4339	2903
			高级技能	6717	4593	3150
			技师	7745	4993	3706

续表 39-18

序号	职业编码	职位名称	技能等级	高位数	中位数	低位数
5	4010204	收银员	没有取得资格证书	4412	3500	2667
			初级技能	4485	3917	2991
			中级技能	4535	3943	3163
			高级技能	4608	4110	3461
6	4019900	其他批发与零售服务人员	没有取得资格证书	7087	3738	2684
			初级技能	10978	5372	3067
			中级技能	11612	5431	3278
			高级技能	12161	5585	3509
			技师	13008	5768	3941
7	4020201	道路客运汽车驾驶员	没有取得资格证书	7085	5453	3730
			初级技能	7743	5639	4012
			中级技能	8201	6137	4349
			高级技能	9077	7240	4961
8	4020202	道路货运汽车驾驶员	没有取得资格证书	8276	5753	4015
			初级技能	8393	6572	4350
			中级技能	8436	6635	4555
			高级技能	8698	7363	6088
9	4020204	道路货运业务员	没有取得资格证书	6043	4960	4402
			初级技能	6255	5183	4617
			中级技能	6430	5495	4872
			高级技能	7105	6044	5384
10	4020205	道路运输调度员	没有取得资格证书	7673	6839	4618
			初级技能	8034	7117	5052
			中级技能	8250	7477	5344
			高级技能	8802	7676	5437
11	4020208	油气电站操作员	中级技能	7073	5293	4222
			高级技能	8093	7134	5116
12	4020501	装卸搬运工	没有取得资格证书	6030	3771	3429
			初级技能	6265	4316	3593
			中级技能	6336	4821	3851
			高级技能	6740	5308	4142
13	4020503	运输代理服务员	没有取得资格证书	8342	5947	3563
			初级技能	9449	6282	3600
			中级技能	10125	6750	3746
			高级技能	11590	7958	3995
14	4020601	仓储管理员	没有取得资格证书	6643	4650	3245
			初级技能	6809	4696	3291
			中级技能	7334	5438	3549
			高级技能	8426	5541	4055

续表 39-18

序号	职业编码	职位名称	技能等级	高位数	中位数	低位数
15	4020602	理货员	没有取得资格证书	6578	5013	3513
			初级技能	6739	5688	4331
			中级技能	6954	6118	4889
16	4020702	邮件分拣员	没有取得资格证书	5473	3811	2870
			中级技能	6579	4903	4540
			高级技能	7384	5627	5216
17	4020704	邮政投递员	没有取得资格证书	4526	2860	2553
			初级技能	9987	8262	6515
			中级技能	10900	8441	6523
			高级技能	10952	8506	6570
18	4029900	其他交通运输、仓储和邮政业服务人员	没有取得资格证书	8045	5847	3037
			初级技能	8535	6158	4524
			中级技能	9127	6954	4753
			高级技能	10390	7868	6033
19	4030101	前厅服务员	没有取得资格证书	3238	2967	2446
			初级技能	3705	3568	3083
			中级技能	6285	5201	3789
20	4030102	客房服务员	没有取得资格证书	4762	3455	2745
			初级技能	5299	3629	2991
			中级技能	5505	3878	3279
21	4030201	中式烹调师	没有取得资格证书	8103	4883	2859
			初级技能	8298	5411	3343
			中级技能	8381	5626	4927
			高级技能	8918	5754	5017
22	4030203	西式烹调师	没有取得资格证书	5244	3721	2889
			初级技能	7005	4628	3207
			中级技能	7573	5187	3450
23	4030205	餐厅服务员	没有取得资格证书	4182	3146	2720
			初级技能	5059	3449	2997
			中级技能	7191	4314	3250
24	4039900	其他住宿和餐饮服务人员	没有取得资格证书	6098	4000	2414
			初级技能	7049	4081	3008
			中级技能	7547	4954	3718
			高级技能	7951	5315	3962
			技师	8607	6090	4563

续表 39-18

序号	职业编码	职位名称	技能等级	高位数	中位数	低位数
25	4040201	信息通信网络机务员	没有取得资格证书	5789	4050	3121
			初级技能	10331	7827	4691
26	4040501	计算机程序设计员	没有取得资格证书	14840	8166	5019
			初级技能	15473	8663	5636
			中级技能	16843	9354	6211
			高级技能	18781	9593	6358
27	4040502	计算机软件测试员	没有取得资格证书	10848	7080	5339
			初级技能	14100	11622	5926
			中级技能	16409	14634	7517
28	4049900	其他信息传输、软件和信息技术服务人员	没有取得资格证书	9643	5915	3909
			初级技能	11197	7063	5918
			中级技能	12908	7927	6308
			高级技能	13383	9323	6768
29	4050101	银行综合柜员	没有取得资格证书	12593	9902	7437
			初级技能	15068	10493	7980
			中级技能	17518	10887	8431
			高级技能	18054	11019	8581
30	4050102	银行信贷员	没有取得资格证书	23817	17652	11207
			初级技能	34788	19941	12878
			中级技能	38321	24673	17981
			高级技能	39353	27422	18332
31	4050103	银行客户业务员	没有取得资格证书	18845	12661	7576
			初级技能	24470	13451	9301
			中级技能	25490	15701	9771
			高级技能	25840	17970	14734
32	4050104	银行信用卡业务员	初级技能	14942	7646	5038
			中级技能	14947	7925	5479
			高级技能	16148	9316	5595
33	4050401	保险代理人	初级技能	17417	10455	5485
			中级技能	18195	10927	6540
34	4050402	保险保全员	没有取得资格证书	13279	6889	5326
			初级技能	15080	7043	5862
			中级技能	15545	7366	6126
			高级技能	15835	7477	6386
35	4059900	其他金融服务人员	没有取得资格证书	16398	9162	4946
			中级技能	16841	11179	6176
			高级技能	18227	12428	7305

续表 39-18

序号	职业编码	职位名称	技能等级	高位数	中位数	低位数
36	4060101	物业管理员	没有取得资格证书	5217	3846	2472
			初级技能	5842	4145	3210
			中级技能	7599	5182	3700
			高级技能	7752	5406	3883
37	4070201	风险管理师	没有取得资格证书	12247	10550	8877
			初级技能	16967	13667	9323
38	4070203	客户服务管理员	没有取得资格证书	8150	4553	2651
			初级技能	8535	5989	4109
			中级技能	10326	8821	4414
			高级技能	11491	9135	5134
39	4070401	导游	初级技能	3807	2577	1846
			中级技能	4053	2977	1911
40	4070403	旅行社计调	没有取得资格证书	7016	3692	2634
			初级技能	7673	3969	3060
			中级技能	7926	5948	4397
			高级技能	8984	6318	4774
41	4070501	保安员	没有取得资格证书	5938	4208	2954
			初级技能	5944	4412	3369
42	4070503	智能楼宇管理员	没有取得资格证书	5214	4480	3816
			初级技能	5471	4861	4078
			中级技能	5518	5266	4326
			高级技能	5896	5281	4449
43	4070504	消防设施操作员	初级技能	5404	4400	3353
44	4070603	市场管理员	没有取得资格证书	9089	6260	3923
			初级技能	11057	7434	4611
			中级技能	14284	9695	9360
			高级技能	18384	10348	9661
			技师	18389	12319	9890
45	4079900	其他租赁和商务服务人员	没有取得资格证书	9249	4466	2644
			初级技能	10224	5110	3552
			中级技能	10839	6855	4425
			高级技能	11311	7117	4628
46	4080809	包装设计师	没有取得资格证书	9512	6678	4917
			初级技能	10324	7508	6132
47	4089900	其他技术辅助服务人员	没有取得资格证书	5838	4161	3541
			初级技能	6133	4385	3736
			中级技能	7573	5222	4299
			高级技能	8314	5630	4347

续表 39-18

序号	职业编码	职位名称	技能等级	高位数	中位数	低位数
48	4090801	保洁员	没有取得资格证书	4689	2958	2149
			初级技能	4935	3371	2671
			中级技能	5147	3931	2904
			高级技能	5719	4681	3146
49	4090802	生活垃圾清运工	没有取得资格证书	4602	4128	3581
			初级技能	4841	4343	4302
			中级技能	5023	4423	4389
			高级技能	5246	4599	4392
50	4091001	园林绿化工	初级技能	3131	2762	2392
			中级技能	4901	3266	3134
			高级技能	4969	4172	3981
51	4099900	其他水利、环境和公共设施管理服务人员	没有取得资格证书	7965	6067	4250
			初级技能	8607	6486	4503
52	4109900	其他居民服务人员	没有取得资格证书	4480	3472	2450
			初级技能	5543	4116	2775
			中级技能	6819	5535	4830
53	4110100	供电服务员	初级技能	8870	7953	5406
			中级技能	9156	8101	7586
54	4110200	燃气燃煤供应服务员	初级技能	5932	5130	4654
			中级技能	10108	8646	8077
55	4120101	汽车维修工	没有取得资格证书	6490	4712	3584
			初级技能	7035	4913	3847
			中级技能	9135	6677	4418
			高级技能	10210	7165	4618
			技师	11178	7803	5760
			高级技师	12082	8869	6370
56	4120301	家用电器产品维修工	没有取得资格证书	7522	5087	2433
			中级技能	8577	6412	3775
57	4129900	其他修理及制作服务人员	没有取得资格证书	5405	3583	3530
			初级技能	5463	3982	3690
			中级技能	7750	4808	3855
			高级技能	8706	5480	4345
58	4139900	其他文化、体育和娱乐服务人员	没有取得资格证书	4290	3553	2947
			高级技能	8765	8051	5366
59	4140303	眼镜验光员	中级技能	4247	3332	3038
			高级技能	4777	3438	3122
			技师	5238	4382	3710

续表 39-18

序号	职业编码	职位名称	技能等级	高位数	中位数	低位数
60	4990000	其他社会生产和生活服务人员	没有取得资格证书	6822	4523	2487
			初级技能	8550	5170	3414
			中级技能	9961	6509	3733
			高级技能	10445	6843	3951
61	6020101	糕点面包烘焙工	没有取得资格证书	5261	3845	2954
			中级技能	5888	5042	3610
62	6020610	茶叶加工工	没有取得资格证书	6548	4444	3370
			初级技能	8276	5021	4097
			中级技能	8712	5210	4693
			高级技能	9308	5657	4886
63	6029900	其他食品、饮料生产加工人员	没有取得资格证书	7099	5381	3216
			初级技能	7396	5531	3543
			中级技能	7734	6146	3907
			高级技能	8519	6258	4134
64	6050102	裁剪工	没有取得资格证书	6565	5112	3421
			初级技能	6613	5380	3607
65	6050103	缝纫工	没有取得资格证书	4721	3588	2463
			初级技能	4763	3923	2618
			中级技能	6342	5360	2891
			高级技能	6480	5636	3019
66	6050104	缝纫品整型工	没有取得资格证书	5560	4479	2902
			初级技能	5848	5066	2981
67	6059900	其他纺织品、服装和皮革、毛皮制品加工制作人员	没有取得资格证书	5793	4297	2192
			初级技能	6009	4493	4295
68	6060302	机械木工	没有取得资格证书	5531	4779	3634
			初级技能	5645	5260	3835
69	6069900	其他木材加工、家具与木制品制作人员	没有取得资格证书	4910	4653	4104
			初级技能	5563	5009	4383
70	6080101	印前处理和制作员	没有取得资格证书	7149	4050	3102
			初级技能	8257	4913	3877
71	6080102	印刷操作员	没有取得资格证书	5323	3900	3118
			初级技能	5757	4612	3353
72	6080103	印后制作员	没有取得资格证书	6105	4216	3194
			初级技能	7676	6547	5302
73	6089900	其他印刷和记录媒介复制人员	初级技能	5079	4389	3268
			中级技能	5477	4764	4120

续表 39-18

序号	职业编码	职位名称	技能等级	高位数	中位数	低位数
74	6100110	油品储运工	中级技能	6122	4385	3425
			高级技能	6895	5895	4023
75	6130101	化纤聚合工	没有取得资格证书	5787	4988	4604
			初级技能	6113	5579	5301
76	6140101	橡胶制品生产工	没有取得资格证书	5343	4238	3275
			初级技能	5902	4951	3846
77	6140200	塑料制品成型制作工	没有取得资格证书	5919	4957	3329
			初级技能	6303	5238	3876
			中级技能	6747	5520	4065
			高级技能	7116	5873	4345
78	6149900	其他橡胶和塑料制品制造人员	没有取得资格证书	5726	4874	4319
			初级技能	7020	6178	4834
79	6150203	石材生产工	没有取得资格证书	4677	3979	3308
			初级技能	4960	4424	3676
80	6180101	车工	没有取得资格证书	6644	5057	3448
			初级技能	6900	5240	3950
			中级技能	7677	5557	4474
81	6180102	铣工	没有取得资格证书	5683	4808	2973
			初级技能	6015	5183	4031
82	6180104	磨工	没有取得资格证书	5266	4702	3443
			初级技能	5893	4797	3878
			中级技能	8634	6376	4949
			高级技能	9374	6773	5248
83	6180106	钻床工	没有取得资格证书	5924	4492	3777
			初级技能	6470	4683	4420
84	6180107	多工序数控机床操作调整工	没有取得资格证书	7046	5470	4092
			初级技能	7121	5629	4698
			中级技能	8447	6086	5187
85	6180110	下料工	没有取得资格证书	6332	4788	3997
			初级技能	6668	5311	4375
			中级技能	6894	5748	4612
			高级技能	7642	5882	4880
86	6180112	冲压工	没有取得资格证书	4730	4138	2976
			初级技能	4912	4239	3499
			中级技能	5193	4740	3752
87	6180203	金属热处理工	没有取得资格证书	5855	5056	3237
			初级技能	6103	5225	3679

续表 39-18

序号	职业编码	职位名称	技能等级	高位数	中位数	低位数
88	6180204	焊工	没有取得资格证书	6716	4901	2957
			初级技能	6760	5115	3212
			中级技能	7416	5938	4250
			高级技能	7638	6139	4726
89	6180205	机械加工材料切割工	没有取得资格证书	6077	4550	3750
			初级技能	6247	4550	4118
			中级技能	6281	5607	4441
90	6180302	镀膜工	初级技能	5773	5351	4270
91	6180304	喷涂喷焊工	没有取得资格证书	8176	5317	4615
			初级技能	8328	5603	4909
			中级技能	8804	6084	5044
92	6180402	模型制作工	没有取得资格证书	6532	5433	4010
			初级技能	7006	6383	4581
93	6180406	工具钳工	没有取得资格证书	7011	4687	3455
			初级技能	7107	4918	4103
94	6189900	其他机械制造基础加工人员	没有取得资格证书	6259	4415	3169
			初级技能	7527	5244	4407
			中级技能	7749	5439	4686
			高级技能	8118	5816	4799
95	6190105	日用五金制品制作工	没有取得资格证书	6613	5020	4185
			初级技能	7664	5703	4620
96	6199900	其他金属制品制造人员	没有取得资格证书	7451	5442	2693
			初级技能	8193	6308	5111
			中级技能	8691	7089	5433
			高级技能	10738	7308	5742
97	6200101	装配钳工	没有取得资格证书	5565	4448	3258
			初级技能	5941	4818	4041
			中级技能	7323	6339	4344
			高级技能	7478	6579	4540
98	6209900	其他通用设备制造人员	没有取得资格证书	6265	4741	2004
			中级技能	6853	6113	3334
99	6219900	其他专用设备制造人员	没有取得资格证书	7980	6084	5106
			初级技能	8277	7471	5995

续表 39-18

序号	职业编码	职位名称	技能等级	高位数	中位数	低位数
100	6230204	船舶附件制造工	没有取得资格证书	8580	6571	5122
			初级技能	9011	6626	5218
			中级技能	9335	7396	6161
			高级技能	9738	8239	6282
			技师	10401	9001	7026
			高级技师	10760	9684	7324
101	6240202	高低压电器及成套设备装配工	没有取得资格证书	7881	6375	5700
			初级技能	9028	6623	5954
			中级技能	9445	7245	6060
			技师	10684	8456	7079
			高级技师	10976	10012	9511
102	6250110	高频电感器制造工	没有取得资格证书	5432	4028	3470
			中级技能	6338	5528	5108
103	6250113	印制电路制作工	没有取得资格证书	5690	4704	4080
			初级技能	5834	4835	4174
			中级技能	6248	5113	4283
			高级技能	6424	5577	4390
104	6259900	其他计算机、通信和其他电子设备制造人员	没有取得资格证书	5592	4967	3412
			初级技能	6196	5007	3815
			中级技能	7102	5971	4190
105	6280101	锅炉运行值班员	初级技能	6848	6238	4713
			高级技能	8278	6670	5238
106	6280105	发电集控值班员	高级技能	8534	7176	5205
107	6280114	变配电运行值班员	没有取得资格证书	6261	3890	3376
			初级技能	6689	4079	3872
108	6289900	其他电力、热力、气体、水生产和输配人员	初级技能	7906	6521	4421
			中级技能	9331	7576	6264
109	6290101	砌筑工	没有取得资格证书	4599	4092	3800
			初级技能	6740	5694	5159
			中级技能	6860	6221	5475
110	6290103	混凝土工	没有取得资格证书	4000	3600	2753
			初级技能	6100	4042	3680
111	6290104	钢筋工	没有取得资格证书	4531	3800	3598
			高级技能	7080	5266	4405
112	6290105	架子工	初级技能	4567	4018	3800
			高级技能	11417	9817	8400
113	6290303	电梯安装维修工	没有取得资格证书	4106	3600	3540
			初级技能	4779	4541	3930

续表 39-18

序号	职业编码	职位名称	技能等级	高位数	中位数	低位数
114	6300100	专用车辆驾驶员	没有取得资格证书	6576	5683	4050
			初级技能	7176	5897	4250
			中级技能	7408	6481	4471
			高级技能	7822	6500	4626
115	6300501	起重装卸机械操作工	没有取得资格证书	7155	4591	4336
			中级技能	7354	4971	4678
116	6300502	起重工	没有取得资格证书	6214	5036	4095
			初级技能	6328	5352	4312
			中级技能	6484	5855	5181
117	6310102	机修钳工	没有取得资格证书	7627	4804	3512
			初级技能	7639	5029	3733
			中级技能	7909	6131	4631
			高级技能	8218	6667	5023
			技师	9567	6799	5293
118	6310103	电工	没有取得资格证书	8018	6003	3890
			初级技能	8297	6302	4087
			中级技能	8780	6358	4346
			高级技能	9216	6691	4657
			技师	10628	7327	5261
119	6310109	工程机械维修工	没有取得资格证书	6986	5348	4542
			初级技能	8247	6294	5446
			中级技能	8503	6583	5505
			高级技能	8751	6841	5743
120	6310305	质检员	没有取得资格证书	5923	4984	3542
			初级技能	7926	5080	3707
			中级技能	7994	5851	4570
			高级技能	9092	6052	4644
			技师	9559	6298	5223
			高级技师	9839	6606	5364
121	6310500	包装工	没有取得资格证书	4695	3952	2812
			初级技能	5022	4175	2943
122	6310600	安全员	没有取得资格证书	7334	5540	4041
			初级技能	8493	6436	4787
			中级技能	8794	7027	5196
123	6319900	其他生产辅助人员	没有取得资格证书	7417	5481	3515
			初级技能	7717	5696	3800
			中级技能	8325	5841	4482
			高级技能	9055	6196	4621

续表 39-18

序号	职业编码	职位名称	技能等级	高位数	中位数	低位数
124	6990000	其他生产制造及有关人员	没有取得资格证书	6841	5160	3046
			初级技能	7945	5323	3454
			中级技能	8753	5892	4618
			高级技能	18923	6032	4645
			技师	20061	7033	5373
125	4020207	机动车驾驶教练员	没有取得资格证书	5463	4608	4183
			初级技能	6274	5650	5018
126	4020502	客运售票员	没有取得资格证书	6993	5834	5106
			初级技能	7566	6327	5559
127	6250405	激光机装调工	初级技能	7267	6524	4770
			中级技能	7559	7351	7193
128	4069900	其他房地产服务人员	没有取得资格证书	7976	5877	4183
			初级技能	9046	6598	4773
			中级技能	9909	7560	5210
			高级技能	12572	9143	5744
			高级技师	13344	9947	6901
129	6280111	锅炉操作工	没有取得资格证书	7090	5476	4220
			初级技能	7922	6636	5668
			中级技能	9424	7696	5966
			高级技能	10502	8819	7136
130	6310104	仪器仪表维修工	没有取得资格证书	6689	5446	4687
			初级技能	7388	6468	5215
			中级技能	7951	6919	5886
			高级技能	9302	7446	6302
			技师	10176	8541	7150
131	6090302	雕塑翻制工	初级技能	5567	4482	3923
132	6010103	制油工	没有取得资格证书	5081	4153	3577
			初级技能	5384	4274	3773
			中级技能	5825	4442	3859
			高级技能	6083	4626	4300
133	6020609	饮料制作工	没有取得资格证书	6518	5810	5067
			中级技能	7706	7362	6013
134	6040402	经编工	初级技能	4097	3600	2771
			中级技能	4421	3886	3745
			高级技师	5504	4318	4051
135	6250206	半导体分立器件和集成电路装调工	没有取得资格证书	4631	4391	3698
			初级技能	4973	4636	3916

报刊集萃

海风海浪依旧 鹭岛已换新颜——探寻厦门蝶变之路

《光明日报》记者 张碧涌 马跃华

【壮丽70年 奋斗新时代——基层蹲点调研】

海还是那片海，岛还是那个岛。如今的福建省厦门市，早已不再是那个偏远荒芜的渔村，不再是那个炮声隆隆的海防前线，她已蝶变成一座高素质的创新创业之城，一座高颜值的生态花园之城。

“勇敢坚毅、吃苦耐劳的厦门人民，乘着改革开放的浪潮，用自己的双手，把厦门变成了一座经济蓬勃发展、人民安居乐业、对外交流密切的现代化国际化城市。”习近平总书记在金砖国家领导人厦门会晤上指出，“厦门的发展就是中国改革开放所走过历程的一个缩影。”

凤凰木轻舞，三角梅怒放。初夏时节，记者深入鹭岛调研采访，探寻厦门蝶变之路。

对台先行先试

“今年的目标，是为儿童编程小车拿下更多融资，拓展更大市场。”来自台湾的数学博士张安昇正在为梦想奔走。“头一年我们的‘沪尾一号’面包店营业收入过千万元，现在已经开了3家面包店。”老台商王江明和“台青”邓宇钧的“甜蜜事业”蒸蒸日上……

2018年4月，在国台办“31条措施”推出后，厦门率先推出惠及台胞的60条措施，涵盖了厦台经济交流合作、社会文化交流合作以及台湾同胞在厦门学习实习、就业创业、居住生活等5个方面。

说起在厦门创业的过程，来自高雄的林忠谕用“顺风顺水”形容。他说：“大陆的好政策，为台湾人才西进提供了广阔空间。我在台湾的同行纷纷打来电话咨询，表达到厦门创业或者工作的意愿。”

厦门与台湾隔海相望，与金门更是一衣带水、鸡犬相闻。厦门经济特区因“台”而设、因“台”而特，改革开放以来，进行了许多探路性、试验性、开拓性的对台工作。从1984年第一家台资企业“三德兴公司”在厦门登记注册，到1997年创办首届对台出口商品交易会，到1999年开办大嶝对台小额商品交易市场，再到2006年正式挂牌成立国台办命名的“厦门台湾水果销售集散中心”，随着两岸交流的不断深化，台湾已成为厦门第二大贸易伙伴、第一大进口来源地、第六大出口市场。目前，有12万台胞常住厦门。

2015年4月，厦门市政府与两岸清华大学共同成立了清华海峡研究院。这是一个充分发挥市场作用的新型产学研综合平台，注册于厦门，面向福建和台湾，辐射全球。旨在依托两岸清华和厦门三方的人才、技术优势，连接和整合海峡两岸产业、金融、科技、教育、文化资源，在厦门打造人才高地、科技高地、创新经济示范高地。

筑巢引凤栖，花开蝶自来。顺应厦门发展实体产业的趋势，清华海峡研究院今年1月成立了先进制造产业赋能中心。该中心主任吴新谦告诉记者：“我们整合两岸技术团队，专门找对社会资本而言还‘不成熟’的新兴产业项目，主要是做中试孵化，实现‘从1到N’的量产，打通科技成果产业化的最后一公里。中心已设立了iFace、宽禁带半导体材料、永磁电机、增材制造4个实验室，现在培育的新兴产业项目未来有望为厦门带动百亿元产值。”

扩大开放格局

2015年4月，中国（福建）自由贸易试验区厦门片区正式挂牌。作为一项配套改革措施，厦门自贸试验区国际贸易“单一窗口”随即启动建设，同年即被商务部评为全国自贸试验区8个最佳实践案例之一。2016年，海关总署在厦门口岸启动全国首个“互联网+自主报关”改革试点。2017年，厦门成为继上海后全国第二个加入亚太示范电子口岸网络的成员口岸。2018年，在国家发改委组织的全国营商环境评价中，厦门荣获第二名。

“过去企业搞进出口，要带一大叠纸质材料，跑多个审批窗口，多次往返各个联检单位，信息也要重复录入。现在有了国际贸易‘单一窗口’，企业上网注册之后，只需输入业务申报数据，联检单位据此进行审批，一有结果企业就可以随时查询，通关效率大幅提高。”厦门自贸试验区电子口岸有限公司负责人刘少华告诉记者，“单一窗口”从最初的“线下到线上”，现在已进入3.0版阶段，真正实现了“一个窗口、一个平台、一次申报、一次办结”。

2018年，厦门口岸进口通关时间较上年压缩37.54%，出口通关时间较上年压缩51.59%，让众多外贸企业享受到实实在在的改革红利。刘少华介绍：“以前海关不接受个人报关，现在‘单一窗口’已经注册了4.99万个人用户，而且可以通过网页和客户端双模式报关。”为了助力跨境电子商务发展，“单一窗口”还整合了跨境电商、快件、邮政小包服务，对合格商品即查即放。

为了加快自贸试验区建设，厦门积极融入“一带一路”建设，为“引进来”“走出去”注入新的活力。厦门自贸试验区挂牌至今，累计推出380项创新举措，全国首创69项，有273项在全市复制推广。自贸试验区已经成为厦门市改革开放的试验田和地方经济转型升级的重要引擎。

“厦门是投资兴业的热土，是企业发展的福地。”4月29日，在厦门市举行的招商大会上，福建省委常委、厦门市委书记胡昌升向800多名海内外客商推介厦门优越的营商环境。如今，已有119家世界500强企业在厦投资322个项目，有219家企业总部落户厦门，3家本土企业跻身世界500强。胡昌升表示，对新引进的高层次人才，厦门将提供120万至1000万元的购房补贴，或提供100至200平方米的保障性商品房。

作为我国最早实行对外开放的经济特区之一，厦门通过全面深化改革，逐步构建起全方位、多层次的对外开放格局，成为境外资本的重要聚集地和对外交流对内辐射的重要窗口。数据显示，外资（含港澳台）企业为厦门贡献约70%的工业产值、60%的经济增长、40%的进出口、40%的就业和30%的税收收入。

建设生态之城

昔日的夜晚，渔舟停泊在码头，灯火星星点点，仿佛无数繁星，厦门八大景之“筼筜渔火”因此而得名。然而，筼筜湖这个承载着无数厦门人美好回忆的地方，也曾给厦门人留下过无法忘却的痛楚。

“我们那时候看电视，要‘垂帘听戏’。”在筼筜湖边，记者遇到了正在环湖步道散步的陈磐老人。他回忆说，20世纪80年代，筼筜湖区杂草丛生、垃圾遍地，湖水黑臭、鱼虾绝迹，人过掩鼻、车过关窗。由于蚊蝇滋生，沿湖老百姓白天在家都要放下蚊帐。“现在可是大变样了！”陈磐说，“我每天都喜欢到筼筜湖边散步。看着绿意盎然、碧波荡漾、水天一色的美景，就很惬意。”

筼筜湖是20世纪70年代厦门围海造堤而成的城市内湖。由于水的动力条件差，加之周边大量污水、垃圾直排湖区，筼筜湖水质不断恶化，逐渐成为令人望而生畏的臭水湖。“30多年来，先后进行了4期大规模的综合整治。”厦门市筼筜湖管理中心主任魏道军向记者回顾了治湖过程。他说，1988年，时任厦门市委常委、常务副市长的习近平同志牵头，打响厦门治污的第一号硬仗——筼筜湖综合治理，明确提出了“依法治湖、截污处理、清淤筑岸、搞活水体、美化环境”的20字方针。此后，一代接着一代干，久久为功不放松，终于换来了今天的一湖碧水。而湖心的白鹭岛，就是由历年清出的淤泥堆积而成。

站在筼筜湖边，不时有飞鸟从记者头顶掠过。筼筜湖管理中心副主任林雪苹说，现在在这里安家的鸟类已经达到70多种，在湖里的游泳生物有50多种，中华鲎等珍稀物种也陆续出现，呈现出一幅人与自然和谐共生的美景。她说：“市里专门成立了执法中队，按照湖区管理办法严格执法，确保晴天污水不入湖。”湖水质量定期监测，大多数指标基本优于四类海水水质标准，部分指标优于三类海水水质标准。

良好的生态环境是厦门的亮丽品牌和宝贵财富，也是重要的竞争优势和发展潜力。今年年初，好消息不断传出：2018年，厦门市生态环境质量满意率高达91.2%，连续三年位列全省九市一区第一名；厦门市城镇污水处理设施建设和运行情况考核，连续三季度排名全国分区第一。

红树林苍翠，白鹭鸟翱翔。鼓浪屿上，海内外游人在郑成功雕像边流连瞻仰；厦门大学校园里，青年学子在陈嘉庚雕像前沉思伫望。作为闽南文化的发源地，侨乡厦门正以开放包容的性格、海纳百川的气度、敢拼会赢的精神，在新时代中国特色社会主义道路上开拓进取、再创辉煌！

（《光明日报》2019-5-27）

厦门：建设人民满意的文明城市

《光明日报》记者　马跃华

日前，厦门市翔安区“四套班子”领导和区各机关企事业单位、各镇街干部职工及学生、热心市民1200余人走上浪漫的滨海东大道，参与“逐梦新翔安　文明健康行”2019翔安健步走活动。

此次活动将全民健身与文明创建相融合。在健步走过程中，志愿者在澳头、刘五店、陈新三个社区开展洁净家园活动，进一步提升城区“颜值”。

多年来，厦门市以建设人民满意的高素质高颜值文明城市为目标，持续深化各类群众性精神文明创建活动，推动文明创建从“要我做”变为“我要做”。群众创建参与率、满意率保持在98%以上。

创建惠民

出生在鼓浪屿的陈其华老人，曾在香港住过很长时间。过去，陈其华总羡慕香港的繁华夜景，如今，每当华灯初上，他在鹭江道的家中就能看到不输香港的璀璨景色。

厦门市为了让全体市民在创建中受益，将文明城市创建工作与夜景提升、市容市貌整治、城市提升改造有机结合起来。陈其华30多年前搬到鹭江道，现在居住的房子经过提升改造后，斑驳的墙面得到修补，楼下坑坑洼洼的路面铺上了透水砖。

在文明创建中，厦门不是简单地以拿奖牌、争荣誉为目标，而是始终从群众需求出发，注重实现好维护好发展好群众的根本利益，把创建为民理念落实到城市规划、建设、管理全过程，力求给群众带去更多实惠。

顺应民意

最近，在思明区开元街道西边社区的街道上，出现了一群蓝色的“小海鸥”。他们是西边社区垃圾分类小小督导员，通过“大手拉小手”，以寓教于乐的形式，教孩子们垃圾分类的知识。

在社区党员的带领下，小督导员们还分组到各个垃圾投放点位上，跟着督导员学习垃圾分类知识。带孩子参加活动的居民张先生说：“之前我女儿所在的幼儿园也教过垃圾分类，但孩子还不是很清楚，通过参加社区的活动，孩子和家长对垃圾分类有了更清晰的认识。”如今，张先生一家人都养成了垃圾分类的好习惯。

顺应市民群众对优美环境、优良秩序、优质服务的新期待，厦门不断提升城市品质。

据了解，厦门2018年空气质量优良率在全国169个重点城市中排名第二，生活垃圾分类工作在全国46个重点城市考评中连续两个季度排名第一，获评国家森林城市；创新社会治理，成为全国和谐社区建设示范城市，2018年群众安全感率达到98.91%；集中整治交通问题，推进门前“三包”、共享单车管理，获评全国绿色交通城市。

匠心创建

巡查主干道时，发现工地土方车进出常把沙土带到马路上，路长立即要求有关单位及时整改；深入小区，路长发现竟然有垃圾堵住消防通道，马上联系业委会叫来物业进行处理。不久前，湖里区“四套班子”领导带队组成的“路长”队伍上街“找茬”，一路走一路发现问题、整改问题、解决问题。

日前，福建省委常委、厦门市委书记胡昌升在《湖里区城市管理“路长制”主要做法》及相关材料上作出批示，号召全市干部把洁净家园当成自觉行动。

为推动文明创建持续深入，厦门市制定全国文明城市工作责任书、创建工作奖惩问责暂行办法等，形成领导有力、责任落实、齐抓共创的良好格局。

在厦门不仅有“路长制”还有“街长制”“片长制”等，不断把文明创建工作落实到网格、延伸到街巷楼栋、融入社区日常服务管理中。

（《光明日报》2019-6-27）

一座城，一个人

《人民日报》记者　钟自炜

福建省厦门市集美区嘉庚公园北门外，一座中西合璧的建筑格外引人注目——占地10万余平方米，由48根长柱环绕四面，屋顶则是中式传统重檐歇山顶。朱瓦飞甍、灰墙高耸之间，集闽南红砖古厝之质朴与西洋建筑风格之典雅于一体，这里是陈嘉庚纪念馆。

陈嘉庚生于厦门，后在南洋经商，成为侨界领袖，一生爱国爱乡、倾资兴学、服务社会。抗战时期，他动员南洋华侨踊跃捐款，为祖国的抗战作出了巨大的贡献。“纪念馆不仅是陈嘉庚文物资料的主要收藏机构，还是宣传教育机构和学术研究机构。”陈嘉庚纪念馆馆长陈呈介绍。由陈嘉庚书写的《南侨回忆录》手稿是纪念馆的镇馆之宝，他在书中详尽地叙述了自己的人生经历，记录了南洋华侨为襄助祖国抗战而作出的巨大贡献。

漫步厦门，陈嘉庚先生的痕迹处处可见：陈嘉庚一手创办的厦门大学，如今设立了嘉庚学院；集美学村东南海滨，坐落着嘉庚公园；嘉庚体育馆、嘉庚剧院……

一座城，一个人。自2014年起，厦门将每年10月定为“嘉庚精神宣传月”。“在厦门，陈嘉庚不仅是一个熟悉的名字，‘忠公、诚毅、勤俭、创新’的嘉庚精神，更是厦门宝贵的精神财富。”陈呈说。

打造各种形式的传播载体，用优秀的文艺作品感染人。厦门特别成立“嘉庚精神宣讲团”，还专门组织编写出版了《嘉庚精神简明读本》；歌仔戏《陈嘉庚还乡记》、动画系列剧《陈嘉庚的故事》等一批弘扬嘉庚精神的歌曲、诗歌、儿童剧、闽南戏曲，用文艺的形式和生动的故事，让人们走近陈嘉庚。

在集美区，一个以“诚毅”为名的志愿者联盟不断壮大，包括大学生志愿团体、文明单位、社区志愿服务组织和社会爱心团体等多个志愿者队伍，并引进了社工组织，探索志愿服务项目化、常态化和规范化。“弘扬嘉庚精神，贵在实际行动。”厦门市有关负责人表示，把弘扬嘉庚精神与创建文明城市、志愿服务等结合起来，持续开展各类实践行动，让嘉庚精神落地生根。

（《人民日报》2019-9-17）

新地名公布

2019 年厦门市新命名道路 220 条

1. 金山东路（Jīnshān Dōnglù）金山中路东，五缘湾道南，西起金山中路金山路，东至田中央路；长 900 米，宽 18 米。

2. 汤屿路（Tāngyǔ Lù）南起仙岳路金林西路叉口，经汤屿，东北接环岛东路；原汤屿路延伸；长 4000 米，宽 18 米。

3. 五通路（Wǔtōng Lù）五通社区内，南起下堡路半屏山路，北至店里路仙岳路；长 2400 米，宽 24 米。

4. 东宅路（Dōngzhái Lù）东宅社区中部，西起环岛干道西宫路，东至环岛东路；长 880 米，宽 32 米。

5. 东宅东路（Dōngzhái Dōnglù）东宅社区东部，五通路东，南起东宅路，北至东宅北三路；长 400 米，宽 18 米。

6. 东宅北路（Dōngzhái Běilù）东宅社区北部，东宅路北，西起环岛干道西宫路，东至五通路；长 400 米，宽 18 米。

7. 东宅北二路（Dōngzhái Běi 2 Lù）东宅北路北，西起五通西路，东至东宅东路；长 370 米，宽 18 米。

8. 东宅北三路（Dōngzhái Běi 3 Lù）东宅北二路北，西起五通西路，东至环岛东路；长 600 米，宽 18 米。

9. 东宅南路（Dōngzhái Nánlù）东宅社区南部，东宅路南，西起环岛干道西宫路，东至五通路；长 400 米，宽 18 米。

10. 东宅南二路（Dōngzhái Nán 2 Lù）东宅社区南部，东宅南路南，西起环岛干道，东至五通路；黄头路更名；长 450 米，宽 18 米。

11. 东宅南三路（Dōngzhái Nán 3 Lù）东宅社区南部，五通西路西，南起下堡路，北至东宅路；塔埔西路部分更名；长 370 米，宽 18 米。

12. 金民西路（Jīnmín Xīlù）金民路西，东北起侯卿路，经金昌路、金盛路，南至吕岭路；长 640 米，宽 7 米。

13. 侯卿路（Hòuqīng Lù）后坑社湖边水库西北岸，北起仙岳路，拐西经云顶北路、金泰路，西南接金民路；长 1700 米，宽 18 米。

14. 金山西三路（Jīnshān Xī 3 Lù）南起仙岳路，经金山西三里、马山安置房小区，拐东接金山西二路；长 150 米，宽 8.6 米。

15. 五通港路（Wǔtōnggǎng Lù）五通港北部，西起环岛东路，经五通港二路，东至海边；长 230 米，宽 24 米。

16. 五通港三路（Wǔtōnggǎng 3 Lù）五通港路灯塔公园间，西起环岛东路，经五通港二路，东至海边；长 460 米，宽 24 米。

17. 兴园二路（Xīngyuán 2 Lù）园山北路兴园路之间，西起新丰路，东拐南接园山北路；长 180 米，宽 6 米。

18. 高殿小学路（Gāodiàn Xiǎoxué Lù）南起殿前六路高殿中心小学，北至高殿北路早龙厂房；长 210 米，宽 7 米。

19. 柯林洋路（Kēlínyáng Lù）西南起殿前三路殿前五路叉口，东北至中埔西路停车场、殿前航线排洪沟；殿前旧称柯林洋；长 220 米，宽 4 米。

20. 寨上东社路（Zhàishàng Dōngshè Lù）殿前街道长河路东北，东南起长乐路，经寨上东社，西北至长虹路；长 348 米，宽 4 米。

21. 湖山路（Húshān Lù）西南起长歌路长兴路叉口，经寨上湖山戏台，东北接长虹路长浩路叉口；长 763 米，宽 4 米。

22. 盈翠中路（Yíngcuì Zhōnglù）北起莲花北路，经盈翠里，南至实验小学接原盈翠中路；长 900 米，宽 10 米。

23. 桃园路（Táoyuán Lù）台中路北，西起环岛干道，东至半屏山路；长 450 米，宽 12 米。

24. 文园巷（Wényuán Xiàng）原文灶社文园支路，西起文园路，东拐西北接文园路；长 300 米，宽 5 米。

25. 石囷路（Shíqún Lù）海沧街道囷瑶石囷社内，南起石岑南路，北至慈济路；长 700 米，宽 18 米。

26. 石囷南路（Shíqún Nánlù）石囷中路南，西起石岑西路西，东至石囷东路；长 500 米，宽 15 米。

27. 慈济南路（Cíjì Nánlù）慈济路南，西北起石囷中路，南拐东至慈济东路石囷中路；长 1500 米，宽 18 米。

28. 慈济路（Cíjì Lù）南起石囷中路三都路叉口，绕网山，经慈济一二三里，北至马青路；长 1850 米，宽 15 米。

29. 兰英路（Lángyīng Lù）海沧信息园南海三路南，西起海沧南大道，经后山尾，东至南海路；纪念半导体科学家林兰英，后山尾路更名；长 1400 米，宽 12 米。

30. 柯井路（Kēyǐng Lù）海沧街道柯井社沧江路北，西起三都路，东至海沧南大道；长 762 米，宽 30 米。

31. 青礁西路（Qīngjiāo Xīlù）青礁路西，南起建港西路，北至青礁路；长 617 米，宽 30 米。

32. 青礁东路（Qīngjiāo Dōnglù）青礁路东，南起建港西路，北至角嵩路；长 616 米，宽 22 米。

33. 埭岸头路（Dài'àntóu Lù）海沧街道埭岸头社，南起港南路，北至沧江路；长 283 米，宽 12 米。

34. 海景北三路（Hǎijǐng Běi 3 Lù）出口加工区北，南起海景北路，北至海景北二路；长 270 米，宽 15 米。

35. 海景东五路（Hǎijǐng Dōng 5 Lù）出口加工区海景东三路东，南起角嵩路，北至南海三路；长 1400 米，宽 12 米。

36. 钟林北三路（Zhōnglín Běi 3 Lù）南起钟林路，北至钟林北路；长 391 米，宽 7 米。

37. 拥军路（Yōngjūn Lù）嵩屿街道大屏山东，西起海沧大道，东至海警三支队营地；长 800 米，宽 12 米。

38. 环鳌大道（Huán'áo Dàdào）南起海沧大道，北至新阳大桥与新阳大道叉口；长 6560 米，宽 30 米。

39. 新光北路（Xīnguāng Běi lù）新阳街道，西起新光路，东至新阳北路与霞飞路叉口；长 355 米，宽 12 米。

40. 霞光东二路（Xiáguāng Dōng 2 Lù）新阳街道霞光东里，南起霞光东三路，北至霞阳南路；长 300 米，宽 12 米。

41. 霞光东三路（Xiáguāng Dōng 3 Lù）新阳街道霞光东里，西起霞光路翁角路，东至霞光东路翁角路；长 400 米，宽 12 米。

42. 龙井西路（Lòngjǐng Xīlù）东孚街道龙井路西，南起过芸路，北至留塘路；长 323 米，宽 22 米。

43. 过芸路（Guóyún Lù）四栈桥路南，西起孚莲路，经过芸社，东至孚莲东路；长 1304 米，宽 30 米。

44. 四栈桥路（Sìzhànqiáo Lù）过芸路北，旧属四栈桥，西起官塘路，东至芸头路；长 200 米，宽 30 米。

45. 洪诗路（Hóngshī Lù）西起诗坂大溪路寨后北路叉口，东至洪塘天竺山路；长 1000 米，宽 15 米。

46. 孚安北路（Fú'ān Běilù）孚安路北，西起东孚南路，东至新景路；长 2000 米，宽 18 米。

47. 孚祥路（Fúxiáng Lù）西园路东，南起后祥北路，北至东孚东二路；长 623 米，宽 22 米。

48. 新景西路（Xīnjǐng Xīlù）新阳街道新阳路北，西起海沧北大道，东至新景路；长 700 米，宽 20 米。

49. 新景西二路（Xīnjǐng Xī 2 Lù）新景西路西，南起新景西路，北至新阳大道；长 930 米，宽 12 米。

50. 新景西三路（Xīnjǐng Xī 3 Lù）新景西路北，西起海沧北大道，东至新景路；长 720 米，宽 12 米。

51. 新景西五路（Xīnjǐng Xi 5 Lù）新景西三路西，南起新景西路，北至新阳大道；长 880 米，宽 12 米。

52. 东孚东二路（Dōngfú Dōng 2 Lù）西起孚莲路东孚西二路叉口，东至新阳大道海沧北大道叉口；长 1400 米，宽 45 米。

53. 东孚北路（Dōngfú Běilù）南起东孚南路东孚西路叉口，北至东孚大道天竺山路叉口；长 3000 米，宽 43 米。

54. 孚莲东二路（Fúlián Dōng 2 Lù）西起孚莲路与孚莲西二路叉口，东至东孚北二路贞岱路叉口；长 2000 米，宽 43 米。

55. 鼎山东路（Dǐngshān Dōnglù）鼎山路东，南起东孚西路，北至海翔大道；长 1100 米，宽 18 米。

56. 东瑶西路（Dōngyáo Xīlù）东孚街道东瑶路西，南起东孚西二路，北至海翔大道东孚立交；长 2500 米，宽 25 米。

57. 东瑶南路（Dōngyáo Nánlù）东孚东瑶村南，西起孚莲路鼎山中路，东至东孚南路芸美路；长 1100 米，宽 43 米。

58. 东瑶南二路（Dōngyáo Nán 2 Lù）东瑶南路南，西起孚莲路鼎山中路，东至东孚南路芸美路；长 1000 米，宽 24 米。

59. 龙瑶路（Lòngyáo Lù）东瑶（俗称龙瑶）芸美小学北，西起东瑶西路，东至东孚南路；长 741 米，宽 24 米。

60. 天马场路（Tiānmǎchǎng Lù）南起同集南路，经天马山种猪场，北至黄金工业区西北；长 840 米，宽 24 米。

61. 天马场一路（Tiānmǎchǎng 1 Lù）东起天马场路，西拐南至种猪场西南；长 520 米，宽 6 米。

62. 天马山东路（Tiānmǎchǎng Dōnglù）天马山东麓，东起天马场路，西至天马山顶；长 4200 米，宽 4 米。

63. 西大帽山路（Xīdàmàoshān Lù）西北起海翔大道，东拐北至西大帽山顶 94895 部队营区；长 5000 米，宽 8 米。

64. 东辉路（Dōnghuī Lù）东辉村内，西南起金辉西路，北至环美北路；长 800 米，宽 8 米。

65. 金辉西路（Jīnhuī Xīlù）金辉路西，南起后溪大道，北至环美北路；长 2100 米，宽 16

66. 曾厝一路（Zēngcuò 1 Lù）侨英街道东垵曾厝社内，西起同集南路汽修店，东至乐天路；长 337 米，宽 6 米。

67. 曾厝二路（Zēngcuò 2 Lù）侨英街道东垵曾厝一路南，西起同集南路，东至乐天路；长 418 米，宽 4 米。

68. 曾厝三路（Zēngcuò 3 Lù）东垵曾厝社内，西起曾厝二路欣绿尔康，东至曾厝五路祖厝；长 148 米，宽 4 米。

69. 曾厝四路（Zēngcuò 4 Lù）东垵曾厝社内，北起曾厝一路篮球场，南至曾厝二路欣绿尔康；长 160 米，宽 5 米。

70. 曾厝五路（Zēngcuò 5 Lù）东垵曾厝社内，北起曾厝一路 61 号，东南至乐天路；104 米，宽 4 米。

71. 磁窑南二路（Cíyáo Nán 2 Lù）东垵磁窑社南，东安新厝路东，西北起磁窑中路南，东南至天马路；长 143 米，宽 5 米。

72. 磁窑南一路（Cíyáo Nán 1 Lù）东垵磁窑社南，西南起天马路磁窑南二路叉口，东北至磁窑中路圆明堂；长 140 米，宽 4 米。

73. 磁窑南路（Cíyáo Nánlù）东垵磁窑社南，西起磁窑中路新一代，东拐西南至天马路；长 169 米，宽 5 米。

74. 磁窑中路（Cíyáo Zhōnglù）磁窑社中部，西北起东林路，东南至天马路；长 506 米，宽 5 米。

75. 东安新厝路（Dōng'ān Xīncuò Lù）东垵新厝社内，磁窑南二路西，东北起磁窑中路，东南至天马路；长 167 米，宽 5 米。

76. 兑山双塔路（Duìshān Shuāngtǎ Lù）东南起兑山里，经兑山双塔社，西南至孙坂南路；长 732 米，宽 6 米。

77. 兑山西珩南路（Duìshān Xīhéng Nánlù）兑山西珩路南，东南起杏林湾路，经西珩新社，西北至兑山西珩路；长 364 米，宽 6 米。

78. 兑山红树林路（Duìshān Hóngshùlín Lù）东起孙坂南路祖厝后社，环兑山小学红树林，南拐东接孙坂南路；长 826 米，宽 11 米。

79. 兑山路（Duìshān Lù）侨英街道兑山中部，北起兑山红树林路，东南至兑山东路；长 1000 米，宽 6 米。

80. 兑山埭岸路（Duìshān Dài'àn Lù）兑山杏林弯路北，东北起兑山路下蔡涵洞，南拐东接兑山东路；长 854 米，宽 6 米。

81. 兑山大塘路（Duìshān Dàtáng Lù）东起兑山路，环潘涂社，经大池塘，西拐南接集美大道辅路；长 556 米，宽 6 米。

82. 兑山井珩路（Duìshān Jǐnghéng Lù）东起孙坂南路，东南至兑山西珩社 17 号；长 650 米，宽 10 米。

83. 兑山西园路（Duìshān Xīyuán Lù）西南起兑山西珩社 17 号，东北至孙坂南路；长 298 米，宽 10 米。

84. 华陵一路（Huálíng 1 Lù）环珠路北，西起华陵路，东至天凤路；长 400 米，宽 10 米。

85. 霞梧南路（Xiáwú Nánlù）霞梧里南、同悦小区旁，西起天安路霞梧路，东至同集南路；长 230 米，宽 6 米。

86. 古榕路（Gǔròng Lù）西南起孙坂南路，经古榕树，东北至浒井中路；长 268 米，宽 6 米。

87. 浒井中路（Hǔjǐng Zhōnglù）西南起孙坂南路，东北至王爷宫路原浒井中路；长 672 米，宽 6 米。

88. 王爷宫路（Wángyégōng Lù）西南起浒井中路，经王爷宫，东北至浒井东路；长 190 米，宽 6 米。

89. 水尾宫路（Shuǐwěigōng Lù）浒井南路北，西起古榕路，经水尾宫，东至浒井东路；长 221 米，宽 6 米。

90. 乐安东路（Lè'ān Dōnglù）南起同集南路孙厝村口，北至乐安东里集美大道；长 600 米，宽 6 米。

91. 乐安西路（Lè'ān Xīlù）北起乐安北路庙口鱼塘，经乐安西里，南至乐安南路诚毅铁门；长 600 米，宽 6 米。

92. 乐安南路（Lè'ān Nánlù）东起乐安东路诚都宾馆，西至乐安西路庙口鱼塘、乐安南里；长400米，宽6米。

93. 乐安北路（Lè'ān Běilù）东起集美大道乐安北里路口，西至乐安西路诚毅铁门；长550米，宽6米。

94. 乐安中路（Lè'ān Zhōnglù）乐安小区中部，东起乐安东路旧菜市场路口，西至乐安西路一组祖祠；长600米，宽4米。

95. 乐安南一路（Lè'ān Nán 1 lù）西起乐安南里乐安北一路云龙岩宫，东至乐安东路星巴达；长600米，宽4米。

96. 乐安北一路（Lè'ān Běi 1 lù）南起乐安西路云龙岩宫，经乐安北路乐乐幼儿园，北接集美大道；长600米，宽4米。

97. 乐安北二路（Lè'ān Běi 2 lù）西起乐安北一路二组祖祠，东至地乐安东路税路口；长600米，宽4米。

98. 田墘中路（Tiánqián Zhōnglù）侨英叶厝社区田墘中部，西南起英瑶路东江医疗，东北至侨英路江西食府；长372米，宽7米。

99. 田墘二路（Tiánqián 2 Lù）西起田墘中路欣闽耀超市，东至英瑶路闽海成电器；长276米，宽7米。

100. 田墘一路（Tiánqián 1 Lù）英瑶路田墘二路北，西起田墘中路佳乐幼儿园，东至英瑶路；长235米，宽7米。

101. 田墘东路（Tiánqián Dōnglù）田墘社东、田墘一路东北，东起英瑶路，西至张氏祠堂；长140米，宽4米。

102. 田墘北路（Tiánqián Běilù）田墘社北、田墘中路东，北起侨英路木楼食府，南至田墘一路北；长197米，宽4米。

103. 东内一路（Dōngnèi 1 Lù）东起田墘中路建设银行，经东内角落，西至邵阳职业技术学院；长173米，宽4米。

104. 祖厝边一路（Zǔcuòbiān 1 Lù）祖厝边内，南起侨英路田墘中路，北拐西至盛达超市；长218米，宽12米。

105. 祖厝边二路（Zǔcuòbiān 2 Lù）祖厝边内，北起古榕公园餐厅，南至祖厝边一路张氏宗祠；长102米，宽7米。

106. 叶厝北路（Yècuò Běilù）叶厝北部，西起叶厝北一路思霓艺术，东至同集南路；长472米，宽8米。

107. 叶厝北一路（Yècuò Běi 1 Lù）叶厝北部，西起天凤路侨英小学西门，东拐北至英瑶路金红日超市；长207米，宽12米。

108. 叶厝北二路（Yècuò Běi 2 Lù）西起叶厝北一路福康福食品，东拐北接叶厝北路九州绵兴兰店；长128米，宽6米。

109. 叶厝西路（Yècuò Xīlù）西北起叶厝北二路金秋养生馆，东南至叶厝南路伯康药房；长180米，宽5米。

110. 叶厝中一路（Yècuò Zhōng 1 Lù）叶厝北路南，西起叶厝西路惠圆超市，东至叶厝中路；长185米，宽4米。

111. 叶厝中路（Yècuò Zhōnglù）北起叶厝北路芙蓉超市，南至叶厝西路康佰大药房；长219米，宽5米。

112. 叶厝南路（Yècuò Nánlù）西南起天凤路叶厝商业街路口，东北叶厝中路、西路叉口叶厝老人会；长277米，宽9米。

113. 叶厝南一路（Yècuò Nán 1 Lù）西起叶厝南路卉霞诊所，东至同集南路集立东南门；长153米，宽7米。

114. 叶厝东路（Yècuò Dōnglù）西起叶厝中路、南路叉口叶厝老人会，东至同集南路；长150米，宽6米。

115. 叶厝东一路（Yècuò Dōng 1 lù）西起叶厝中路欢欢幼儿园，东至同集南路；长170米，宽4米。

116. 叶厝东二路（Yècuò Dōng 2 lù）叶厝东一路北，西起叶厝北路来佳惠超市，东至同集南路；长165米，宽4米。

117. 霞梧北路（Xiáwú Běilù）霞梧北部，西起天安路集北工商，东至霞梧东路雅苑路口；长285米，宽6米。

118. 霞梧北一路（Xiáwú Běi 1 Lù）北起霞梧北路粥店，南拐东至霞梧西路嘉诚超市；长174米，宽4米。

119. 霞梧北二路（Xiáwú Běi 2 Lù）北起霞梧北路祥悦佳超市，南至霞梧西路泸州川菜馆；长120米，宽4米。

120. 霞梧北三路（Xiáwú Běi 3 Lù）西南起霞梧路，经祖厅，拐东南至霞梧路和安药业；长187米，宽5米。

121. 霞梧西路（Xiáwú Xīlù）南起霞梧路霞梧菜市场，北至十里粥铺；长120米，宽4米。

122. 霞梧南二路（Xiáwú Nán 2 Lù）北起霞梧路霞梧西路叉口，经霞梧幼儿园、英福阁，西南至同集南路长247米，宽9米。

123. 霞梧南一路（Xiáwú Nán 1 Lù）西北起天安路康佰家药房，东南接同集南路长247米，宽9米。

124. 霞梧南三路（Xiáwú Nán 3 Lù）西北起霞梧路霞梧西路叉口，经区幼儿园，东至居委会；长183米，宽4米。

125. 霞梧东路（Xiáwú Dōnglù）南起同集南路居委会路口，经社区卫生服务中心，北至天凤路；长292米，宽6米。

126. 岑东一巷（Céndōng 1 Xiàng）集美岑西社区，集岑路北，东起岑东路，西至岑西路；长150米，宽10米。

127. 岑东二巷（Céndōng 2 Xiàng）集岑路北，西起岑东路，东至石鼓路；长230米，宽8米。

128. 岑东三巷（Céndōng 3 Xiàng）集源路南，西起岑东路，东至石鼓路；长100米，宽8米。

129. 岑东四巷（Céndōng 4 Xiàng）集源路北，西起岑东路，东至石鼓路；长130米，宽6米。

130. 银江二路（Yínjiāng 2 Lù）东起银江路集源路叉口，西至滨水路；长570米，宽12米。

131. 银江三路（Yínjiāng 3 Lù）银江二路南，东起银江路，西至滨水路；长460米，宽8米。

132. 银亭一巷（Yíntíng 1 Xiàng）盛光路西，西起石鼓路，东拐南至集源路；长210米，宽6米。

133. 银亭二巷（Yíntíng 2 Xiàng）岑西路东，北起银亭路，向南拐东至石鼓路；长200米，宽8米。

134. 银亭三巷（Yíntíng 3 Xiàng）盛光路西，西起石鼓路，东拐北至银亭路；长160米，宽6米。

135. 塘埔一巷（Tángbù 1 Xiàng）石鼓路东，南起塘埔路，北至集源路；长230米，宽7米。

136. 塘埔二巷（Tángbù 2 Xiàng）塘埔路北，东起塘埔一巷，西至石鼓路；长107米，宽6米。

137. 塘埔三巷（Tángbù 3 Xiàng）塘埔路北，西起塘埔一巷，东至塘埔四巷；长126米，宽6米。

138. 塘埔四巷（Tángbù 4 Xiàng）盛光路西，南起塘埔路，北至集源路；长250米，宽7米。

139. 塘埔五巷（Tángbù 5 Xiàng）塘埔路北，西起塘埔四巷，东至盛光路；长100米，宽6米。

140. 集岑二路（Jícén 2 Lù）石鼓路东，北起集岑路，南至嘉庚路；长160米，宽5米。

141. 后英一路（Hòuyīng 1 Lù）杏滨锦园锦英路东，北起锦园南路，南至后英三路；长 678 米，宽 7 米。

142. 后英二路（Hòuyīng 2 Lù）后英三路北，西起后英一路，东至新村二路；长 165 米，宽 7 米。

143. 后英三路（Hòuyīng 3 Lù）后英二路南，西起后英一路，东至新村二路；长 115 米，宽 7 米。

144. 后英四路（Hòuyīng 4 Lù）锦英二路东，北起后英一路，南至锦英南路；长 173 米，宽 7 米。

145. 锦园新村一路（Jǐnyuán Xīncūn 1 Lù）锦园新村北部，北起锦园南路，拐南接新村中路；长 405 米，宽 7 米。

146. 锦园新村中路（Jǐnyuán Xīncūn Zhōnglù）新村中部，西起后英二路，东接新村一路；长 200 米，宽 7 米。

147. 锦园新村二路（Jǐnyuán Xīncūn 2 Lù）新村三路西，北起新村一路，南至锦英南路；长 270 米，宽 7 米。

148. 锦园新村三路（Jǐnyuán Xīncūn 3 Lù）新村二路东，北起新村一路，南拐东接海翔大道辅道；长 369 米，宽 7 米。

149. 锦园新村四路（Jǐnyuán Xīncūn 4 Lù）新村三路东，北起新村一路，南至锦英南路；长 170 米，宽 7 米。

150. 锦园新村五路（Jǐnyuán Xīncūn 5 Lù）新村四路东，北起锦园南路辅道，南至新村中路；长 172 米，宽 7 米。

151. 锦英一路（Jǐnyīn 1 Lù）锦英二路西，南起锦园南二路，北至锦英路；长 394 米，宽 11 米。

152. 锦英二路（Jǐnyīn 2 Lù）锦英一路东，南起锦园南二路，北至锦英路；长 412 米，宽 12 米。

153. 锦英南二路（Jǐnyīn Nán 2 Lù）锦英南路南，西起杏前路，东至海翔大道；长 838 米，宽 11 米。

154. 中宛一路（Zhōngwǎn 1 Lù）中宛路西，南起杏前路，北至海翔大道；长 343 米，宽 10 米。

155. 中宛二路（Zhōngwǎn 2 Lù）杏前路北，东起中宛路，西至中宛一路；长 223 米，宽 9 米。

156. 中宛三路（Zhōngwǎn 3 Lù）锦园东路西，南起杏前路，北至中宛路；长 305 米，宽 10 米。

157. 九大湖路（Jiǔtiānhú Lù）杏林园博社区，西起杏林北路原九天湖路，东至苑亭路诚毅中学；长 680 米，宽 40 米。

158. 内林路（Nèilín Lù）杏林北路东，南起杏前路，经内林村，北至九天湖路；长 1300 米，宽 40 米。

159. 内林洪厝路（Nèilín Hòngcuò Lù）杏林北二路北，东起杏林北路，经内林洪厝村，西至杏林北三路；长 860 米，宽 12 米。

160. 杏北四路（Xìngběi 4 Lù）内林洪厝路北，东起杏林北路，经杏北四里北，西至杏林北三路；长 350 米，宽 12 米。

161. 杏北七路（Xìngběi 7 Lù）西北起杏林北路，经杏北七里、苑亭路，东南接杏林北二路；长 850 米，宽 18 米。

162. 文滨东路（Wénbīn Dōnglù）杏林宁海社区，建南路东，北起文滨路东段，南至纺织东路；长 270 米，宽 12 米。

163. 文滨南路（Wénbīn Nánlù）文滨路南，西起建南路，东至纺织东路；长 460 米，宽 12 米。

164. 纺织路（Fǎngzhī Lù）南起纺织东路纺织西路叉口，北至文滨西路；长 230 米，宽 7 米。

165. 建南一路（Jiànnán 1 Lù）文达路南，西起建南路，东至“金海湾”小区西门；长 360 米，宽 12 米。

166. 东边小学路（Dōngbiān Xiǎoxué Lù）东起孙坂北路，经东边小学，北至西井铁炉宫路西井中一路；长 355 米，宽 5.5 米。

167. 铁炉宫路（Tiělúgōng Lù）西井东部，东起东边小学路，经铁炉宫，至西井中路；长 540 米，宽 5.5 米。

168. 西井中路（Xījǐng Zhōnglù）西井中部，北起 324 国道，南至溪西下梧社；长 750 米，宽 6.5 米。

169. 西井中一路（Xījǐng Zhōng 1 Lù）东起铁炉宫路东边小学路，西至西井中路；长 365 米，宽 3.5 米。

170. 西井南路（Xījǐng Nánlù）东起东边小学路西井中一路叉口，西至西井中路西井铁鸟尾路叉口；长 455 米，宽 6.5 米。

171. 西井车房路（Xījǐng Chēfáng Lù）西井中一路北，东起铁炉宫路，西至西井中路；长 190 米，宽 4.5 米。

172. 西井机耕路（Xījǐng Jīgēng Lù）西井中路西，北起 324 国道，南至铁鸟尾路；长 570 米，宽 4.3 米。

173. 西井铁鸟尾路（Xījǐng Tiěniǎowěi Lù）西井圳头宅路南，东起西井中路，西至西井耕地；长 380 米，宽 4.3 米。

174. 西井圳头宅路（Xījǐng Zhèntòuzhái Lù）西井圳头宅路北，东起西井中路，西至西井鱼塘边；长 215 米，宽 4.3 米。

175. 东边小学东路（Dōngbiān Xiǎoxué Dōnglù）东边小学西路东，南起东边小学路，北至新村社区；长 285 米，宽 5 米。

176. 东边小学西路（Dōngbiān Xiǎoxué Xīlù）东边小学东路西，南起东边小学路，北至新村污水厂；长 450 米，宽 7 米。

177. 东边爱门路（Dōngbiān'àimén Xīlù）东起孙坂北路，西至东边小学东路；长 300 米，宽 7 米。

178. 郭仔头中路（Guōzītóu Zhōnglù）郭仔头中部，西起郭仔头西路，东至郭仔头东路；长 230 米，宽 3 米。

179. 郭仔头南路（Guōzītóu Nánlù）郭仔头南部，西起东边小学路，南至溪边；长 820 米，宽 5.5 米。

180. 郭仔头东路（Guōzītóu Dōnglù）郭仔头东部，东起中保中路，南至郭仔头南路；长 455 米，宽 4 米。

181. 苏营中路（Sūyíng Zhōnglù）苏营中部，北起 324 国道，南至苏营北路；长 510 米，宽 4.6 米。

182. 苏营北路（Sūyíng Běilù）苏营北部，北起 324 国道，南至苏营中路；长 900 米，宽 6 米。

183. 苏营田中央路（Sūyíng Tiánzhōngyāng Lù）北起 324 国道，经苏营田中央，南至苏营北路；长 390 米，宽 4 米。

184. 苏营球埔路（Sūyíng Qiúbù Lù）东起苏营北路，经苏营球埔，西至苏营中路；长 321 米，宽 2.8 米。

185. 苏营石龟路（Sūyíng Shíguī Lù）北起苏营西路，经苏营石龟，南至苏营溪边；长 1020 米，宽 3 米。

186. 苏营石路（Sūyíng Shí Lù）北起苏营西路，南至苏营石龟路；长 540 米，宽 4 米。

187. 苏营地顶路（Sūyíng Dìdǐng Lù）北起苏营北路，南至苏营球埔路；长 162 米，宽 3 米。

188. 苏营土地公路（Sūyíng Tǔdìgōng Lù）西起苏营北路，经苏营土地公，东至苏营溪边；长 140 米，宽 3 米。

189. 苏营沙沦路（Sūyíng Shālún Lù）北起苏营北路，南至苏营石龟路；长 170 米，宽 3 米。

190. 苏营下榕树路（Sūyíng Xiàróngshù Lù）西起苏营北路，经下榕树，东至苏营溪边；长 200 米，宽 3 米。

191. 苏营西厝路（Sūyíng Xīcuò Lù）东起苏营东路，经西厝，西至苏营二里球场；长 209 米，宽 3.5 米。

192. 苏营西路（Sūyíng Xīlù）苏营西部，西起 324 国道，东至苏营中路；长 600 米，宽 6 米。

193. 苏营南路（Sūyíng Nánlù）苏营南部，西起孙坂北路，东至苏营中路；长 550 米，宽 6 米。

194. 苏营大坑头路（Sūyíng Dàkēngtóu Lù）南起新 324 国道，经大坑头，北至苏营山地止；长 3200 米，宽 4 米。

195. 苏营善塘内路（Sūyíng Shàntángnèi Lù）东起苏营大坑头路，经善塘内，西至苏营林秋仑路；长 2150 米，宽 4 米。

196. 苏营红头仑路（Sūyíng Hóngtóulún Lù）东起苏营大坑头路，西至苏营红头仑；长 3500 米，宽 4 米。

197. 苏营林秋仑路（Sūyíng Línqīulún Lù）南起新 324 国道，经林秋仑，北至苏营山地止；长 1800 米，宽 4 米。

198. 苏营中崎路（Sūyíng Zhōngqí Lù）南起苏营林秋仑路，北至苏营中崎；长 300 米，宽 5 米。

199. 洪村新环路（Hòngcūn Xīnhuán Lù）环洪村，西起孙坂北路，南至郭孙坂北路；长 400 米，宽 5 米。

200. 洪村洪东路（Hòngcūn Hòngdōng Lù）洪村东部，南起洪村新环路，东至耕地；长 300 米，宽 5 米。

201. 前进新区路（Qiánjìn Xīnqū Lù）西起孙坂北路，东至中保洪村新区；长 400 米，宽 4 米。

202. 洪村御溪路（Hòngcūn Yùxī Lù）北起洪村洪福路，南至洪村御溪边；长 300 米，宽 4 米。

203. 中保中路（Zhōngbǎo Zhōnglù）东起孙坂北路，经中保社，北至东边小学路；长 700 米，宽 4 米。

204. 洪村燕溢路（Hòngcūn Yànyì Lù）北起前进御溪路，经燕溢，南至洪村洪东路；长 250 米，宽 4 米。

205. 英村中路（Yīngcūn Zhōnglù）英村中部，西起理工路，东至杏林湾路；长 650 米，宽 24 米。

206. 英顶路（Yīngdǐng Lù）南起杏林湾路，经英村、顶新厝，拐东至天马路；长 1600 米，宽 5 米。

207. 何山埔中路（Héshānbù Zhōnglù）何山埔中部，南起天马路，西至海翔大道；长 1000 米，宽 4 米。

208. 英埭头中路（Yīngdàitóu Zhōnglù）英埭头中部，北起孙板南路，南至兑英东路；长 200 米，宽 24 米。

209. 英埭头路（Yīngdàitóu Lù）侨英街道英村英埭头里南，北起东英南路，南至兑英南路；长 300 米，宽 24 米。

210. 英埭头西路（Yīngdàitóu Xīlù）英村英埭头里、兑英东路西，北起东英路，南至东英南路；长 200 米，宽 24 米。

211. 英埭头西二路（YīngdàitóuXī 2 Lù）英村英埭头里、兑英东路西南，北起兑英路，南至兑英南路；长 200 米，宽 24 米。

212. 观学路（GuānXué Lù）西北起美峰南路，拐东经美山路，接滨海西大道观洋路；长 900 米，宽 18 米。

213. 西塘小学西路（Xītángxiǎoxué Xīlù）北起新民大道，南至集安路，西塘小学西；长 450 米，宽 5 米。

214. 西塘小学东路（Xītángxiǎoxué dōnglù）西塘小学东，北起新民大道，南至西塘西路；长 300 米，宽 5 米。

215. 梧侣南街（Wúlǚ Nānjiē）梧侣大社南部，西起同宏路，东至同辉路；长 1200 米，宽 5 米。

216. 西洪塘塘边路（Xīhóngtáng Tángbiān Lù）环城西二路西，北起集银路，经西洪塘塘边里，南至集安路；长 500 米，宽 9 米。

217. 鸿山北路（Hóngshān Běilù）鸿山村北，西起黄山路，东至八一路；长 1800 米，宽 20 米。

218. 东莲一路（Dōnglián 1 Lù）洪琳湖路西，东南起新兴路，经洪前东莲里，北接长远路；长 800 米，宽 4 米。

219. 东莲二路（Dōnglián 2 Lù）洪前东莲社西岩路北，西起翔安大道，经东莲一路，东至新兴路；长 250 米，宽 4 米。

220. 东莲三路（Dōnglián 3 Lù）东莲一路东，南起东莲二路洪琳湖五里，北至规划路洪琳湖东二路；长 400 米，宽 4 米。

2019 年厦门市新命名居民点 12 个

1. 枋湖北里（Fǎnghú Běilǐ）枋湖西路枋湖北二路叉口东南住宅群；用地 10 万平方米，建筑面积 30 万平方米 。

2. 珩山二里（Héngshān 2 Lǐ）集美北大道岩顺路叉口东北、珩山一里西、珩山街两侧住宅群；用地 6 万平方米，建筑面积 26 万平方米，1200 户，7 幢，33 层。

3. 溪尾二里（Xīwěi 2 Lǐ）洪钟东路新店路叉口西南、溪尾社区内住宅群；用地 6 万平方米，建筑面积 26 万平方米，1374 户，18 幢，33 层。

4. 西湖嘉园（Xīhú Jiāyuán）同安区二环南路西湖东路叉口西南住宅群；用地 9 万平方米，建筑面积 34 万平方米，2259 户，27 幢，34 层。

5. 西福一里（Xīfú 1 Lǐ）西福路滨海西大道叉口西北住宅群；用地 4.5 万平方米，建筑面积 23 万平方米，3459 户，9 幢，33 层。

6. 新曦西三里（Xīnxī Xī 3 Lǐ）新曦西路新市桥路叉口西北住宅群；用地 3.1 万平方米，建筑面积 6.8 万平方米，638 户，14 幢，8 层。

7. 普山二里（Pǔshān 2 Lǐ）鸿翔东路普山路路叉西北住宅群；用地 2.6 万平方米，建筑面积 8.3 万平方米，567 户，12 幢，34 层。

8. 普山三里（Pǔshān 3 Lǐ）普山路与鸿翔东路交叉口西北、西南住宅群；用地 3.5 万平方米，建筑面积 16.2 万平方米，1140 户，14 幢，34 层。

9. 鼓岩二里（Gǔyán 2 Lǐ）鼓锣路金泉路叉口东北住宅群；用地 2.6 万平方米，建筑面积 11.9 万平方米，892 户，10 幢，33 层。

10. 澳头一里（àotóu 1 Lǐ）新澳路滨海东大道叉口西南住宅群；用地 2.5 万平方米，建筑面积 11.2 万平方米，670 户，10 幢，33 层。

11. 鼓锣西五里（Gǔluó Xi 5 Lǐ）鼓锣西路洞庭南路叉口东南住宅群；用地 2.5 万平方米，建筑面积 10 万平方米，588 户，12 幢，41 层。

12. 竹浦一里（Zhúpǔ 1 Lǐ）后村竹浦村西部，洪钟大道金泉路叉口东南住宅群；用地 1.8 万平方米，建筑面积 5.4 万平方米，328 户，12 幢，26 层。

责任编辑：林炯程
审　　稿：白延蜻
校　　对：林德全

40 索　引

说　明

（1）本索引采用主题分析索引法，按主题词首字的字母顺序排列（首字为英文字母的，集中置于索引前面，首字为阿拉伯数字的，按其读音置于相关字母之前）。（2）类目标题用黑体字表明。（3）索引后面用数字标明内容所在的页码，并用a、b、c分别表示在该页的左、中、右位置。（4）表格和示意图除了标明页码外，还分别括注“表”“图”。（5）为简便起见，主题词中涉及本市的组织机构、会议、活动等，一般均省略“厦门”二字；涉及“2019年”的，一般均省略。

C

D

E

F

J

Y

图书在版编目(CIP)数据

厦门年鉴. 2020/中共厦门市委党史和地方志研究室编.
—北京:方志出版社,2020. 11
ISBN 978-7-5144-4605-0

Ⅰ. ①厦… Ⅱ. ①中… Ⅲ. ①厦门—2020—年鉴
Ⅳ. ①Z525. 73

中国版本图书馆 CIP 数据核字(2020)第 247000 号

厦门年鉴(2020)

编　　者:中共厦门市委党史和地方志研究室
责任编辑:刘　珊

出 版 者:方志出版社
地址　北京市朝阳区潘家园东里 9 号(国家方志馆 4 层)
邮编　100021
网址　http://www. zgfzcb. cn
发　　行:方志出版社图书经销中心
电话(010)67110500
经　　销:各地新华书店
印　　刷:福州力人彩印有限公司

开　　本:889×1194　　1/16
印　　张:34. 5　　插页:26
字　　数:1455 千
版　　次:2020 年 11 月第 1 版　　2020 年 11 月第 1 次印刷
印　　数:0001～1100 册

ISBN 978-7-5144-4605-0　　**定价**:260. 00 元